上海交通大學

百年报刊集成

第一辑（1896—1949）

学 术 学 科

综合卷（第七册）

上海交通大学
档案文博管理中心　编

目　录

交大季刊

第十九期

要 目

中華民國二十五年三月　上海國立交通大學編行

中華郵政特准掛號認爲新聞紙類　內政部登記證警字第一七五三號

每册大洋三角
全年壹元

交大季刊

本校出版處發行
各地書局代售

第十五期要目

線積分∫LF(x,y)dx之極大極小是否爲變分學中之問題
氣象四變談
電力發光的新途徑
前漢時代陸路交通攷
機車鍋爐之檢驗
蒸汽機車及煤水車之檢驗
解決中國運輸問題之途徑
改進設備及業務與鐵路之前途
農村生活之科學進步與經濟計畫
正太鐵路機廠機段實習總報告
公路參觀報告

第十六期要目

前漢時代陸路交通攷(續)
中國公路運輸概況
流體動力學上之相似性
On a Theorem of Lebesgue's.
煤粉用爲燃料之檢討
道路材料試驗撮要
國有各路車輛過軌問題
Book Review on Technical Mechanics by Maurer and Roark.
粵漢鐵路株韶段鐵道測量總報告
上海市中心區道路工程管理處實習報告
蘇次河先生榕蔭廬詩集序
仁義釋
法蘭梯電器製造廠記略
What Prevents Social Progress?

第十七期要目

前漢時代陸路交通考(續)
陶藝淺說
鼠籠式交流感應電動機之現勢
無空氣注射狄思爾引擎之燃燒方法
道路材料試驗撮要(續)
擬議鍋爐場電焊規章草案
研究所化學組油漆試驗報告
待焚文稿自敘
漫遊記自序
墨子間詁補正敍
中國要早日實行工業化
Recent Advances in Industrial Electro Chemistry

第十八期要目

前漢時代陸路交通考(續)
江西公路處之營運概況與改進
滬杭甬綫列車車輛調度概況
無窮級數之理論及應用
Peg Metnod 簡易法
研究所化學組油漆試驗報告(續)
Brief Moment in Messrs. Dorman L ng & Co, Ltd.
記桂林之遊
茹經堂畫記
工程——怎樣研究與選擇
歐游追憶錄

管理學院叢書

1.	鐵道經濟論叢	鍾偉成編	每册大洋二角
2.	東北鐵路問題之研究	王同文著	上下册合購壹元二角
3.	吾國鐵路枕木問題之研究	楊城 王以瑗著 陳善繼	每册大洋四角
4.	鐵路估值	凃宓著	每册大洋二角

發行者　上海徐家匯交通大學管理學院

代售處　各地大書局

總理遺像

革命尚未成功

同志仍須努力

總理遺囑

余致力國民革命凡四十年其目的在求中國之自由平等積四十年之經驗深知欲達到此目的必須喚起民衆及聯合世界上以平等待我之民族共同奮鬥

現在革命尚未成功凡我同志務須依照余所著建國方略建國大綱三民主義及第一次全國代表大會宣言繼續努力以求貫徹最近主張開國民會議及廢除不平等條約尤須於最短期間促其實現是所至囑

工程學與實業之關係

——從教育學者的立場觀察——

黎照寰

實業制度,——無論爲公有的或私有的,——常能激勵研究與試驗,並資助之以經費,故工程學往往賴之以發達;同時工程學無論在理論或實用方面,均能引起實業設備及計劃之需要,故實業又有賴於工程學以擴張。然工程學之發展,要視乎教育之組織與管理如何;蓋教育能應用企業之精神,或所謂自由之精神,以提倡思想之能力也。反之,實業由應用工程學而發展,亦有賴於人類之工程觀念。因一種發明或設計,一人能否獲得欣賞與報酬,胥視此種觀念而定。工程學與實業二者,又皆視教育之傾向與適應而進展。故無論從社會方面或個人方面言之,教育實與工程及實業以一種問題,亦足予以一種解決。吾輩從事於實業工程或教育者,可不一究其互相關係之重要何如乎?

據不佞觀察,在日常生活中,吾人絕少能認識工程之爲實用科學與實業之爲經濟制度,均有輔車相依之關係。世人常視工程與實業爲截然二物,以爲各能自謀其進步,至於能見及教育對於二者所負之責任,則尤爲鳳毛麟角。尤有不少之工程家或實業家,既能自爲研究創造而達於聲名雀起之地位,對於教育之價值,不免視爲無足輕重;尤以出於所謂建樹成功者之口爲甚。現在一般的教育家,工程家,實業家,各自爲謀,缺少聯絡,因有傳統的偏見爲之障礙故也。所以卽如在中國教育工程與實業之進展,不能協調一致,而不佞認爲亟應加以補救者也。

二

在歷史上,工程學之發達較之實業爲早。先,有新的創造及發明,然後實業之力量乃能發展擴大;而世所期望的創造及發明,又有賴於工程方面之努力,得以見之於實施。譬如紡紗機,織布機,蒸汽機及電力引擎,皆直接經工程上之努力;然後能成生產之工具,而十八世紀之英國紡織業,得以發達。及乎工程事務之更有進步,礦業,製造業,運輸業遂繼之而起,日見擴張;此後鐵道,電報,輪舟,鋼煤混凝土的建築等,蓋能引致實業之進步。當機械,電機,土木,採冶及船務工程之應用日增,而新工業遂以發生,舊工業亦日見發達。

在歷史上教育之進展,實較職業及商業之工程爲尤早;雖未受相當教育者,亦曾有不少的創造及發見,與工程上之成就。然而工程學得以繼續進步,實爲教育之功。未受教育者固不時有偶然的成就,然惟已受教育者能加以改進,而致於實用,盡量裨補於人類之福利也。試考事實,則英,法,德,美,及日本,中國之科學技術與工程教育,均視實業發展爲早,新式學校較新式工廠爲先,學校畢業生實比普通從事實業者效能爲高。工程之可以成爲職業,實爲學校訓練之結果;工程之用於商業,則爲教育應用於實業之結果。

至二十世紀,工程與實業在質量兩方面,乃均有驚人之發展。其結果至使匱乏經濟改變,而有剩餘經濟以代替之;許多實業所積存之剩餘,增加甚速,富源竟得超過消耗矣。一般教育,一而尤其是科學技術及工程之教育,一遂得以受各種實業之資助。此項資助之出諸政府者,視法律租稅而定;出諸直接自動者,則稱爲捐助。資助教育之結果,卽爲各大學,專門及普通學校之設立,及擴充與研究試驗之推廣,並轉而促成實業之繁榮;故居今而追究實業爲工程學之源,抑工程學爲實業之母,蓋未易言。大概二者互相爲因,吾人今可預言矣。

三

或問實業之進步與繁榮,究與吾人所居之社會有何意義?換言之,其與社會之繁榮進步,大體關係若何?以吾人觀察,近代實業之發展,足使人生可更舒適,生活可更便利,生計可更奢侈,乃顯然之事。人類今日所得之衣食住娛樂及教育,多而且精,又能享其祖若父所夢想不到之旅行與交通之種種便利,其健康可以增加,壽命亦可延長。然而從深切的考究,反之,其所受之痛苦,亦有甚於其先輩耳。其恐懼憂慮疑惑之心,或與其祖若父所恐懼憂慮疑惑者不同,而其性質則更加深刻廣遠,且非簡單的,而是複雜的。失業,罷工,戰爭,革命諸問題,無時脫離其心境,或視線,或耳鼓。一般人不知生命何以安全,人類有無友誼,科學宗教是否可信,政府,政治,商業能否穩固,而造福於人類,現在社會之保存或改革,可否免流血之慘劇,彼等固企求戰爭,革命,罷工,失業之避免,然日恐其來臨也。所見,所聞,無非失業之問題,罷工之實現,革命之醞釀,戰爭之預備,掌權者猶抱古時部落的觀念,而普遍人民的心理,又更爲貪慾與仇恨之傳統所染化。人類之同情心,神聖之希望心及世界大同之最高理想,反日漸萎靡不興。昔日普遍期望之理想的和平,今則置諸腦後;强弱之間,更無和平之可言。試問人類生活於仇恨,貪慾,憂慮,疑懼之中,尙有眞實的人生幸福乎?

由於失業,罷工,革命,戰爭之盛行,足見國與國人與人間之鬬爭,日趨嚴厲,吾人實不能忽視工程發達之所以給與人間之不幸及痛苦。如發明機械而勞工因之失業,減少成本,增加生產,而引起勞資之爭。資本制度之演進,竟使利潤多歸於不事勞作之主人。貧者雖或能漸富,而富者益可以暴富。社會上之不公平,非特未能糾正,而利用機械,且使變本加厲。機械工程本所以建築工廠,機器製造物品,以滿足人類之需要舒適及便利者,而亦造槍礮以殺人,使爲所謂光榮之犧牲品;造船工程本所以建造輪舟,以爲國際貿易及交通之用者，而亦造戰艦，潛水艇，以爲轟擊封鎖之用；航空工程本所以造飛艇，飛船，供給提運者，而亦造軍用機以炸毁城市；電機工程本所以造奇妙之電報，電話，無線電以利全球交通者，而亦造電氣之機器用具，以供國際之詭謀，及人類之殘殺；軍事或土木工程，本所以造橋樑房屋，以應人生之所需要者，亦造利戰之建築工程。是故科學與工程之本身，實足擴大爭奪之範圍，鼓勵侵略之心理，而使戰爭工具益趨尖銳化，乃無可否認者也。

卽言衞生工程，雖使吾人增進健康延長壽命，然亦能消滅世界觀念，及增加天然人口，適足使生存競爭，愈趨緊迫。

工程之爲毁滅工具，尙有另一方向之可應用；蓋工程學旣能使實業日趨發達，實業卽不得不賴商業及投資二途，力求擴張；如中國卽爲是項擴張之尾閭。其直接所受之影響，第一爲家庭工業之毁滅；第二農業之衰落；第三穩定之經濟變爲不穩定，自足之經濟變爲不自足。工商業之建於中國國內，而享有治外法權，又不盡同等義務者，亦日見其多；遂使中國之社會秩序，商業道德，法律警權，受無形之損失。昔日之有相當組織者，今乃完全崩潰。雖爲自保及利益起見，吾人亦有實業及商業之組織，但設計不良，財政不充，管理不善，無法在種種競爭之下以求生存。中國之實業與經濟已入於破產情形，因外界之牽制，其經濟地位，實已岌岌可危。雖有工程與教育，亦不能加以拯救焉。

四

中國之實業與工程，較之世界先進國落後約三四十年；爲其本身及鄰國之利益起見，自應努力前進，獲得經濟自足。倘再受侵略，而日見貧乏，—尤其於農業方面，—將來必致旣不能生產，亦不能消費矣。今全世界已視中國爲未來無可限量之市場與原料之供給者，然若市場欠乏有效之需求，旣有原料而又缺資本，以爲之開發，轉爲無用耳。故中國欲求經濟復興，必得相當之贊助；而贊助之換獲,必基於平等之條件,此觀於中國近代史及全世界之經濟經驗,而知其應爾者也。對於顧客與出產者加以侵略,在經濟上已屬不智,何況其鄰友乎?凡經濟制度之能垂悠久者,必基於公利,而非私利;基於相互之同意,而非單方面之限制。

以上所述,對於國家經濟及國際經濟皆然。工業革命所予人類之創痕,至今猶在。良以後起工業,亦非建於平等友誼之上,而建於自利與獨佔政策之上者也。故工程與實業在此種經濟制度之下,不能絕對無惡果;且其所產生之惡果,尚日見其擴大。吾人因工程與實業之進展,既受其利,亦受其害,則對於現在之經濟制度,焉可不設法加以糾正哉。

吾人所組織管理之實業,賴工程學以進展。吾人講授工程學,並指導其實施,所以求改良人類之生活。豈吾人僅爲奴隸而不能爲主人乎?豈吾人不能覓一研究工程之新途徑思想行爲之新方法,與建築在新經濟上之新社會觀念乎?吾人豈不能創設一人生或社會工程學,且或國際工程學,俾吾輩之後人,能不事侵略,而知自尊;不事毀壞,而知創造;不事戰爭,而知合作;不事分裂,而知團結乎?此不佞所望諸君加以思考者也!

前漢時代陸路交通考

（續第十八期）

鄭師許

8. 鹽澤　鹽澤在當時實爲地名，非國名。惟因樓蘭、姑師，俱臨鹽澤，鹽澤亦當時交通要道，鹽澤不明，則樓蘭、姑師亦無以明，故不可不述之也。史記大宛列傳載張騫具爲天子言之，其言曰：

于闐之西，則水皆西流，注西海；其東，水東流，注鹽澤。

又曰：

鹽澤潛行地下，其南則河源出焉。…………鹽澤去長安可五千里。匈奴右方居鹽澤以東至隴西長城，南接羌，鬲漢道焉。

是其時地居重要，爲通西域斷絕匈奴一大地也。漢書西域傳則云：

于闐在南山下，其河北流，與葱嶺河合，東注蒲昌海。蒲昌海，一名鹽澤者也，去玉門，陽關三百餘里，廣袤三百里。其水亭居，冬夏不增減，皆以爲潛行地下，南出於積石，爲中國河云。

是鹽澤又名蒲昌海，而漢書所記又加詳焉。王先謙漢書補注曰：

河水注河水又東注於泑澤，卽經所謂蒲昌海也。水積鄯善之東北，龍城之西南。龍城地廣千里，皆爲鹽，而剛堅，行人所經，畜產皆布氈臥之，掘發其下，大鹽方如巨枕，以次相累類。霧起雲浮，寡見星日，少禽，多鬼。西接鄯善，東連三沙，爲海之北隘矣。故蒲昌亦有鹽澤之稱也。史記正義引括地志云：蒲昌海一名泑澤，一名鹽澤，一名輔日海，一名牢蘭，亦名臨海，在沙州東南。說文泑澤在昆侖下。今回部語謂之羅布淖爾。

其考證視漢書尤詳，今回彊謂之羅布淖爾，則信而又徵矣。補注又

引徐松之言曰:

羅布淖爾水潛於地下,東南行千五百餘里,至今敦煌縣西南六百餘里之巴顏哈喇山麓,伏流始出。山麓有巨石高數丈,山崖土壁皆黃赤色。蒙古語謂石爲齊老,謂北極星爲噶達素,謂黃金爲阿勒坦;山麓之石,遠望如北極星,故蒙古名其地曰阿勒坦噶達素齊老。伏流自壁上天池湧出,畝爲百道,皆黃金色。東南流爲阿勒坦河。又東北出,東流五十里,折而東南,百四十里,又南流二百六十里,折而東南三百里,又東北二百四十里,經阿木奈瑪勒占木遜山南麓,即大積石山。漢書地理志金城郡河關縣積石山在西南羌中,今在西甯府西南邊外五百三十餘里,卽禹貢導河之地。自古言河源者多不了,獨此傳綜括詳盡,蓋孟堅迎北單于,親至私渠海,定遠道長西域,本其家乘以爲國史,故所言地形,與今若合符節。惟謂重源出於積石,仍因山海經之訛,而後儒異議,有指河州之小積石爲禹貢之積石,轉以班所言積石爲妄。又謂載張騫窮河源事,乃意度之,非實見蒲昌海與積石通流,繆悠之論,不足依據。唐辨機西域記云:阿那婆答多池北面頗胝師子口流出徙多河,繞池一帀,入東北海。或曰潛流地下,出積石山。卽徙多河之流,爲中國之河源云。蓋初唐人猶祖班說也。

其言更詳,爲王氏所本者也。於經流里數及曲折方向,足與漢書相發明,蓋求之今日,目驗而可覩者也。漢書云:『廣袤三百里』,此『三百里』三字有誤,王念孫辨之甚詳,其言曰:

三百里本作三四百里,謂之廣袤,不能知其確數,大約在三四百里之間也。河水注無四字,亦後人据漢書删之。御覽地部三十七引水經注作廣輪四百里又脫去三字;然據此知水經注原有四字也。漢紀作廣長三,四百里,西山經注及通典州郡四並作廣袤三、四百里,郭璞爾雅音義引漢書作廣輪三、四百里,禹貢正義及史記大宛傳正義,爾雅釋水疏並引作廣袤三、四百里,則今脫去『四』字明矣。

徐松又曰:

> 今測淖爾東西二百餘里,北有圓池三,南有方橢池四。

則地形今古略有變遷,而汙塞有日矣。蓋鹽澤附近原為西方一大草原,適於初民生活,而又隨地產鹽,便於人畜,近人黃文弼所謂『鹽殼縐折,迤邐皆是,古鹽澤之涸牀也,』是也。此其所以為上世交通往來之一要道,而樓蘭,姑師諸國所由環立於其間也歟!

張騫云:『鹽澤去長安可五千里,』漢書則謂其去玉門,陽關三百餘里。案玉門,陽關在長安西約四千五百里。可字疑辭,雖張騫之言不得視為確數,而漢書亦必不得作為三百餘里也。王念孫曰:

> 戴震水地記云:玉門關在故壽昌縣西百一十八里,陽關在縣西六里,壽昌本漢龍勒縣地,今安西府西百五十里有壽昌城,鹽澤去玉門千三百餘里,前後書皆脫去千字。念孫案郭璞西山經注及爾雅音義引漢書(見釋水釋文)皆無千字,蓋後人據漢書刪之也。漢紀孝武紀作去陽關三千餘里,卽千三百餘里之誤。河水注作東去玉門,陽關一千三百里,以二書考之,則漢書原有千字明矣。

徐松又曰:

> 玉門,陽關在今色爾騰海之東,羅布淖爾在今吐魯番城西南,自色爾騰海西北至羅布淖爾,相去千餘里,不得云三百餘里,明傳寫奪千字。

是則鹽澤去玉門,陽關千三百餘里,已無可疑矣。其間有樓蘭,姑師兩國臨立,漢書騫本傳云:『樓蘭,姑師小國,當空道。』空道卽孔道也,猶言大道,通道云耳。然則彼兩國者亦當時交通上之要地也。請得進而陳說樓蘭,姑師兩國。

9. 樓蘭　樓蘭為鄯善國之本名,最在東陲,近漢,與漢交涉最繁,屢為匈奴所反間,其後漢傅介子刺殺其王,更名其國為鄯善。漢書西域傳曰:

鄯善國本名樓蘭,王治扜泥城,去陽關千六百里,去長安六千一百里。戶千五百七十,口萬四千一百,勝兵二千九百十二人,輔國侯,卻胡侯,鄯善都尉,擊車師都尉,左右且渠,擊車師君各一人,譯長二人。西北去都護治所千七百八十五里,至山國千三百六十五里,西北至車師千八百九十里。地沙鹵少田,寄田仰穀旁國。國出玉,多葭葦檉柳胡桐白草。民隨畜牧逐水草,有驢馬多橐它。能作兵,與婼羌同。初,武帝感張騫之言,甘心欲通大宛諸國,使者相望於道,一歲中,多至十餘輩,樓蘭,姑師當道,苦之,攻劫漢使王恢等;又數爲匈奴耳目,令其兵遮漢使。漢使多言其國有城邑,兵弱易擊,於是武帝遣從票侯趙破奴,將屬國騎,及郡兵數萬擊姑師。王恢數爲樓蘭所苦,上令恢佐破奴將兵。破奴與輕騎七百人先至,虜樓蘭王,遂破姑師。因暴兵威,以動烏孫大宛之屬。還封破奴爲浞野侯,恢爲浩侯。於是漢列亭障至玉門矣。樓蘭既降服貢獻,匈奴聞,發兵擊之。於是樓蘭遣一子質匈奴,一子質漢。後貳師軍擊大宛,匈奴欲遮之,貳師兵盛,不敢當,即遣騎因樓蘭,候漢使後過者,欲絕勿通。時漢軍正任文,將兵屯玉門關,爲貳師後距,捕得生口,知狀,以聞。上詔文便道引兵,捕樓蘭王,將詣闕。簿責王,對曰:『小國在大國間,不兩屬無以自安,願徙國入居漢地。』上直其言,遣歸國,亦因使候司匈奴。匈奴自是不甚親信樓蘭。征和元年,樓蘭王死,國人來請質子在漢者欲立之,質子常坐漢法,下蠶室宮刑,故不遣。報曰:『侍子,天子愛之,不能遣,其更立其次當立者。』樓蘭更立王。漢復責其質子,亦遣一子質匈奴。後王又死,匈奴先聞之,遣質子歸,得立爲王。漢遣使詔新王令入朝,天子將加厚賞,樓蘭王後妻,故繼母也,謂王曰,『先王遣兩子質漢皆不還,奈何欲往朝乎?』王用其計,謝使曰,『新立,國未定,願待後年入見天子。』然樓蘭國最在東垂,近漢,當白龍堆,乏水草,常主發導,負水儋糧,送迎漢使,又數爲吏卒所寇,懲艾不便與漢通,後復爲匈奴反間，數遮殺漢使。其弟尉屠耆降漢，具言狀。元鳳四年，大將軍霍光白遣平樂監傅介子往刺其王，介子輕將勇敢士，齎金幣，揚言以賜外國爲名，既至樓蘭，詐其王欲賜之，王喜，與介子飲醉，將其王屏語，壯士二人從後刺殺之，貴人左右皆散走，介子告諭以『王負漢罪，天子遣我誅王，當更立王弟尉屠耆在漢者，漢兵方至，毋敢動，自令滅國矣。』介子遂斬王嘗歸首，馳傳詣闕，縣首北闕下，封介子爲義陽侯。乃立尉屠耆爲王，更名其國爲鄯善。爲刻印章，賜以宮女爲夫人，備車騎輜重，丞相率百官送至橫門外，祖而遣之。王自請天子曰，『身在漢久，今歸單弱，而前王有子在，恐爲所殺。國中有伊循城，其地肥美，願漢遣一將屯田積穀，令臣得依其威重。』於是漢遣司馬一人，吏士四十人，田伊循以塡撫之。其後更置都尉，伊循官置始此矣。鄯善當漢道衝，西通且末七百二十里。………………………

據漢書本傳全文以觀，樓蘭與前漢之關係述說甚詳，可毋庸置喙。惟當時樓蘭疆域大小若何？都城在今何處？則迄今尚無定讞。幸近世考古學日益發達，而中央亞細亞探險之事亦日繁，據吾所見，重要論文，有：斯坦因新疆南路探訪記，斯文赫定亞洲腹地旅行記。藤田豐八西域研究之扜泥城與伊循城。大谷勝眞鄯善國都考。馮承鈞樓蘭鄯善問題。黃文弼樓蘭之位置及其與漢代之關係諸篇，皆能各詳其說，不妨彙而核之，以資考定焉。

先是一九〇〇年瑞典人斯文赫定東來考古，在羅布淖爾北發見一片全無水草之沙漠。其後在樓蘭廢墟發見古代文書。及至一九〇六年十一月匈牙利人斯坦因再往考古，在窣堵波南之一平坦頂上發掘，其蹟爲一建築華麗之住宅，各室多已坍塌，至於全圮，就殘部搜檢，得狹木片上及紙上之中國文件各若干，其他文件爲海塞文，木簡形勢，與尼雅之發現相同，亦有寫在紙上者。又西南有一大建築，一部用日晒之磚築成，雖殘敗已甚，猶可認識該蹟爲一衙門，即中國政府發號施令之所。其中某一屋似四房，赫定博士曾於其中檢獲大宗木上及紙上之中國文籍,其上日期爲公元二六四年至二七〇年。詳細檢查後,又得該類文籍甚多。此項中國古代文籍,其後由法國已故漢學家沙畹博士譯註成書,由牛津大學印刷處印行。該書證明此遺址爲樓蘭古驛,而樓蘭二字,原爲全區之總名,說乃與赫定博士之說相合。文件中有西域大都護發出之通報,及呈大都護之報告,有關于他站軍事行動之記錄。惟大多數文件屬於中國小屯田內管理開墾,積穀,運輸等官吏之例行公事。足見驛站位置扼塞,紀元前二世紀之末葉時,爲中國通塔里木盆地之通津。據斯坦因新疆南路探訪記第八章所言如此。因此歐洲學者遂定樓蘭故國都在羅布淖爾之北。吾國學者昔亦多從之。最近西北科學考查團團員黃文弼曾隨斯文赫定前往考察,逗遛最久,乃大不以爲然。黃氏曾在燕京大學史學會演講『樓蘭之位置及其與漢代之關係』一題,其中有一段曰:

樓蘭亦爲西域諸國之一,最在東垂,與漢鄰接,據漢書說去玉門,陽關千六百里。近土人通稱之爲羅布淖爾,蓋新疆南路有二塊大沙漠,在西者名爲塔克拉馬堪,緣此沙漠之國都,北爲焉耆,龜茲;南爲沙車,于闐等古國。在東者名爲羅布沙漠。沙漠之東,爲古樓蘭國,西爲山國。羅布沙漠之南,有大海,爲寬車河,塔里木河及車爾成河所洩之尾閭,故土人又稱爲羅布淖爾即羅布海之義。在古時又爲樓蘭海,因澤在樓蘭國北之故也。羅布時有遷移,羅布所受之水,環流羅布沙漠,故土人凡庫魯克達格(魯克沁南)之南,阿拉騰達格(在婼羌之南)之北,中間數百里不毛之地,均以羅布淖爾呼之,而樓蘭即羅布淖爾附近之一國也。

樓蘭國都問題,漢書西域傳說:『樓蘭王治扜泥城』,然究未指明扜泥城在何地。近來東西人士,數到新疆遊歷,在三十年前後,瑞典斯文赫定博士,遊歷羅布淖爾之北岸,發現一古城,採獲若干文書,德人孔位第二考訂爲古樓蘭國城地,在經度八十九度四十四分,緯度四十度三十(?)分。後英人斯坦因亦到此處,法人沙畹博士据所發現之文書,亦從其說。我國王靜安先生本日人瑞橘超氏之遺物,定此地爲海頭而以龍城居盧倉當之。余意國都與國地爲二事,赫定先生所發現者,謂爲在古樓蘭國地,尙無不合,謂即古樓蘭國都,實無確證。流沙墜簡所錄關於言樓蘭者有二:一曰『謹案文書前至樓蘭』,二曰,『八月二十八樓蘭白疏惲惶恐白』。皆樓蘭王所來之函件,而不能證明此地爲樓蘭王所居。且樓蘭國都,自漢昭帝時即已南遷,而此所獲文書,皆魏晉間物,决不能爲西漢故址之證。故王先生疑非樓蘭故都甚是。至以爲即古龍城居盧倉,疑非盡然。龍城之說,本之水經注,詞涉誇大,究否有此城,尙是問題。余疑龍城猶新疆土人名大沙漠爲『開太克沁』即沙漠城,而實非城,取其形以名其地耳。中國古時,名沙漠爲龍。如白龍堆即言白色沙漠之堆阜,同沙漠經風水之組織,稍成龍形,故以龍當之。此時居民適居於龍沙漠之旁,故名龍城。就此次發現之古地址地名土垠,此一帶土阜重疊,故取以名其地耳。再就水經注所云之方位言之,亦有疑點。据云:『蒲昌海水積鄯善之東北,龍城之西南』。是明言鄯善在鹽澤之西南,龍城在鹽澤之東北。以余此次考查來證明,鹽澤本在北岸,後漸南徙;近又恢復兩千年前之故道,而赫定先生所發現之故址,適在故海之西南,而龍城尙在故海之東北也。至於所云之居盧倉,則相差更遠。魏略西戎傳云:『從玉門關西出,發都護井廻三隴沙北頭,經居盧倉,從沙西井轉西北,過龍堆,到故樓蘭』。是居盧倉在三隴沙之西,白龍堆之東南,而樓蘭尙在白龍堆之西也。據斯坦因路線圖所謂玉門關西之三隴沙,疑即拜什托革拉克一帶之沙漠,居盧倉疑在此沙漠之西沙,西井疑即庫木呼都克一帶,庫木呼都克亦即沙井之義,由此往西北行,繞涸海鹽層,疑即白龍堆之險,方能到故樓蘭,即赫定先生發現之故址,與居盧倉有東南之隔,故赫定先生之城,與其謂爲龍城居盧倉,毋甯謂爲北城,在古樓蘭國墟,較爲妥善也。至所云海頭,乃地名而非城名,與余之土垠同一意義,茲不論列。

其後馮承鈞氏亦不以爲然,氏在樓蘭鄯善問題一文云:

二十多年前,瑞典學者斯文赫定(*Savn Hedin,*)在羅布泊北發現了一座古城,並發現了許多魏末晉初的木簡,城在格林威線北緯四十度三十分東經線八十九度四十五分之間。後來斯坦因又在其地發現了好幾個城,得了不少材料,並在寫本之上發現了一個*Kroraina*名稱,曾假定是樓蘭的對音;就算是對音不錯,也不能說發現地名的地方便是樓蘭。……………

以前所說的,無非證明樓蘭,鄯善的北界很遠,而他的都城好像始終在羅布泊南;不能因爲在泊北發現了一座古城,便來翻案。又況泊北的樓蘭,鄯善人的居地不止一處,設若有人到拉布楚克去發掘,也許得着不少的史料。

馮氏之言,較之黃氏更爲痛快。吾意樓蘭故都固不應在羅布淖爾北岸,而在前漢時代其國力亦不能及於此地。蓋斯文赫定與斯坦因所發現之文書,大率爲公元二六四至二七〇年之物,其時距前漢已爲二百六十餘年矣。矧其文書又誠如黃文弼氏所言『皆爲樓蘭王所來之函件』乎。馮氏又恐讀史者不察,誤信魚豢魏略西戎傳『從沙西井轉西北,過龍堆,到故樓蘭……………凡西域所出有前史已具詳,今故略說,南道西行且志國,小宛國,精絕國,樓蘭國,皆并屬鄯善也。』之說,因再加以辯論云:

魏略的記載,有可以注意的兩點,中道別有一『故樓蘭』,南道鄯善所屬又有一樓蘭國。這樣看來,樓蘭,鄯善好像是二國了。所以沙畹曾經假定紀元前七七年樓蘭改名鄯善之時,便遷都了。(見通報一九〇五年刊魏略西戎傳箋註)這一說完全是未細勘史文的錯誤。魏略中的且志國,是且末之誤,沙畹的改正是不錯的。不過南道中的樓蘭國三字,怕是衍文。何以見得呢?魏略列舉國名的次序,是按照漢書的,看他的後文『戎盧國,扜彌國,渠勒國,皮宂(應作山)國,皆並屬于闐國』一段,可以知之。漢書精絕,戎盧二國中間,並未列舉他國,想是魚豢因樓蘭鄯善兩個國名,誤把樓蘭加在裏面;就算是別有一個樓蘭國,也不應該列在精絕國之後。漢書說精絕國北至都護治所二千七百二十三里,西通扜彌四百六十里,扜彌大概在今于闐縣治之北 *Uzum tati* 地方,則精絕國似在哈喇木倫同尼雅兩河之間。我們要是盡信魏略,豈不要把這個樓蘭國位置於尼雅同克里雅兩河之間嗎?這當然是不對的。剩下來中道的故樓蘭,這個樓蘭上加故字,下無國字,我想所指必是樓蘭之一舊城,不是樓蘭國都。

鄯善遷都之說,可以拿水經注來附會,卷二伊循條下又說『注濱河又東逕鄯善國北,治伊循城故樓蘭之地也』。一看這條,好像伊循是鄯善國的都城,但是我覺得水經注此處必有脫訛。縱然不誤,也祇能假定鄯善都城六世紀初年在伊循,而不能證明五百多年前的樓蘭遷都。

由此看來,魏略的記載不能補助赫定羅布泊北樓蘭國一說了。

因此吾人大略可以決定前漢時代樓蘭國境之所在矣。據馮氏之意,以爲樓蘭或鄯善境界,東近陽關,南接古之婼羌,西盡巴什什里 *Vash shashri*,北邊移民曾至哈密,闢展,其都城卽在今婼羌縣治。並云現今鄯善縣土名闢展,闢展卽昔日蒲昌一音之今讀,疑唐時蒲昌縣治卽在其地。馮氏除根據大唐西域記卷十三『從此(覩貨羅) *Tukhara* 故國)東行六百餘里,至折摩馱那故國,卽沮末地也,………復此東行千餘里,至納縛波故國,卽樓蘭地也』;及大慈恩寺三藏法師傳卷五等書,以折摩馱那曾經有人還原爲 *Calmadana* 經新疆出土文件證明屬實,因梵語寫法與于闐語寫法相同,所以納縛波亦可還原爲 *Nanapa* 外,並尋求大宗材料以證明樓蘭都城卽鄯善

都城,其言曰:

以前所引諸文,還未說到伊循,伊循他書也有作伊脩者,古籍中脩循婆娑等字互相錯用的例子頗不少見,現在還無法證明此城是伊循或是伊脩。唐代有三種史料。對於伊循特有說明;一種是斯坦因先在敦煌所得的一部沙州都督府圖經寫本;一種是伯希和(*Pelliot*)後在敦煌所得的八八六年沙州都督府圖經寫本;一種是賈耽所撰的入四夷道里述,原書已佚,此文幸尙爲新唐書地理志卷四三下所保存。…………

綜合唐代的證據,皆說當時的鄯善就是古時的樓蘭。此外唐人所修的史書,周書異域傳同北史西域傳皆云:『鄯善國都扜泥城,故樓蘭國也』。

還有許多旁證,不過太簡略,不能拿他來證明樓蘭的方位;此處姑列兩條,以見一般:

法顯傳云:『從敦煌行十七日,計可千五百里,得到鄯善國。復西北行十五日,到偽夷國』。

法顯是從三九九年出發,他的路程同別人不同,偽夷應是僧傳中的烏耆,也就是史傳裏的焉耆。

洛陽伽藍記卷五引宋雲行紀云:『從吐谷渾西行三千五百里至鄯善城,其城自立王爲吐谷渾所吞,今城內主是吐吞渾第二息,甯西將軍,總部落三千以禦西胡,從鄯善西行一千六百十里至左末城』。

宋雲等是五一八年出發的,他所行的路程是假道青海到鄯善。行紀中之左末城應是且末,他的里數比玄奘更多,可見諸行紀中之『里』,是無標準的。…………

我們再把斯坦因新撰的 *Innermost Asia* 所附的地圖對照一下,對照的結果如下。伊循是今之彌朗(*Miran*)扜泥可當今之婼羌縣治卡克里克(*Charkhik*)。新城可當今之巴仕什里(*Vash-shahri*)。且末可當今之且末縣治車爾城(*Charchan*)。

從上述的考證結果看起來，樓蘭都城即是鄯善都城。其城在羅布泊南（？）三百餘里。

馮氏爲學之勤，搜羅證據之豐，吾人不得不爲佩服。羅布淖爾遷徙或有其事，而樓蘭在鹽澤南或西南，則大略可以決定。

至於樓蘭國都問題，則日人藤田豐八箸扜泥城與伊循城一文所說最爲詳明，往往有足與吾國學者相發明者，其言曰：

據漢書西域傳謂：『鄯善國本名樓蘭，王治扜泥城』。又謂及昭帝元鳳四年（B.C.77）大將軍遣傅介子刺殺其王，王弟在漢者降漢，立爲新王，從漢歸時有：『王自請天子，…………國中有伊循城，…………願漢遣一將屯田積穀，…………伊循官置始此矣』之語。而漢書馮奉世傳又謂『使持節送大宛諸國客，至伊脩城』。脩字與循字以後者爲是，此所謂伊脩城即西域傳之伊循城殆無疑也。關於扜泥城與伊循城之位置，北魏酈道元水經注卷二引釋氏西域記云：

且末河東北流，逕且末北，又流而左會南河，會流東逝，通爲注濱河，注濱河又東逕鄯善國北治伊循城，故樓蘭之地也。………其水東注澤，澤在樓蘭國北扜泥城，其俗謂之東故城。

此文中之且末，即今之 Charchan；且末河即今之 Charchan 河；注濱河者 Charchan 河與 Tarim 河相會合後以下之河名也。澤卽鹽澤，又名蒲昌海，卽今之 Lobnor 也。所謂伊循城，殆在扜泥城之西，徐松已在其漢書西域傳補注卷上言之，卽據水經注此文，謂『是伊循在樓蘭國西界』。及至近時，Anrel Stein 氏以其第二次西域考古學的探檢之結果，據水經注及其他中國史籍所傳，乃考定今之 Charkhik oasis 爲伊循城之廢墟，其東方之 Miran 爲扜泥城之廢墟。

然在唐代文獻則全然與之相反。其事在 Stein 在敦煌千佛洞所發見而想定爲『沙州都督府圖經』之斷片之抄本云：

石城鎮東去沙州一千五百八十里,去上都六千一百里,本漢樓蘭國漢書西域傳云,地沙鹵少田出玉,傅介子既殺其王,漢立其第(弟),更名鄯善國。隋置鄯善鎮。隋亂,其城遂廢。貞觀中康國大首領康豔典東來居此城,胡人隨之,因成聚落,亦曰典合城。其城四面,皆是沙磧。上元二年改爲石城鎮隸沙州。

屯城西去石城鎮一百八十里,鄯善質子尉屠耆歸,單弱,請天子,國中有伊循城肥美,願遣一將,屯田積穀,得衣(依)其威重,漢遣司馬及吏士,屯田伊循以鎮之,即此城是也。胡以西有鄯善大城,遂爲小鄯善,今屯城也。

又云:

鄯善城周迴一千六百卄步,西去石城鎮卄步,漢鄯善城見今摧壞。

蓋以漢之伊循城爲唐之屯城,扜泥城爲其石城鎮,而屯城在石城鎮之東一百八十里,殆即伊循城在扜泥城之東一百八十里矣。此兩城之位置,與水經注相傳,東西全相反如此。又此抄本之裏面有『光啓元年十二月卄五日張大慶因靈州安慰使嗣大夫等來至州,於嗣使邊(處?)寫得此文書記』等字樣,此僅言抄本書寫之年月,不云纂輯之年月。又有同爲想定之此書斷片爲Pelliot氏燉煌發見之抄本通覽此兩抄本,書中之紀元不及開元九年(A.D. 721)以後者。又從唐代諱虎作武,四民作四人,隆作隆,基作其,等推之,殆開元年間,遲則天寶年間或肅代以後出來者。從而見於新唐書卷四三下地理志中貞元宰相賈耽所傳之西域通路,凡此等地方之記事,頗有據此書者即是:

又一路,自沙州壽昌縣西十里,至陽關故城。又西至蒲昌海南岸千里。自蒲昌海南岸西經七屯城漢伊脩城也。又西八十里,至石城鎮,漢樓蘭國也。亦名鄯善。在蒲昌海南三百里，康艷典爲鎮使，以通西域者。

此文於大體上與引於Stein本文書爲同一。尤其是『七屯城』之『七』字或即如Pelliat氏所指摘，誤看『屯』字爲『七』字因而更於『屯』上加『七』字歟！『西八十里』則明是悦去『百』字。特賈耽所傳接前文云：

> 又西二百里，至新城，亦謂之弩支城，艷典所築。又西經特勒井，渡且末河五百里，至播仙鎮，故且末城也。高宗上元中更名。

Stein本文書中則云：

> 新城東去石城鎮二百廿里，康艷典之居鄯善，先循此城，因名新城，漢爲弩之城。
>
> 㸑仙鎮故且末國也漢書西域傳云：去上都六千八百廿里。隋置且末郡。上元三年，改㸑仙鎮。

如上所言，水經注所傳，與想定之沙州都督府圖經Stein氏發見抄本所傳，及抄錄於新唐書地理志中賈耽所傳者，關於扜泥城與伊循(脩)城之位置，與東西正相反。若水經注所傳爲正，則Stein氏以Charkhlik爲伊循(脩)城Miran爲扜泥城爲有相當之理由；若Stein氏發見本抄本及賈耽所傳爲正，則Herrmann氏本於Grenard氏所見認Charkhlik爲扜泥城爲有相當理由。Stein氏關於此問題，以水經注所傳較之圖經及唐書爲遙遠，在此以前實不足以解決此問題。且此等地方，至唐代以前久離中國人之手，且於圖經及其他記錄撰成時，此等地方已久被吐蕃侵入，此不得不熟考也。雖然此等漠然之議論(其謬誤之處姑不措論)抹殺圖經及唐書所傳，亦殊薄弱。

然則此等相反又將如何解釋乎？唐初此等地方之中心爲石城鎮，在其東百八十里爲屯城(七屯城)，據圖經及唐書所傳，無疑是事實也。而謂當時稱石城鎮爲大鄯善，屯城(七屯城)爲小鄯善，據圖經所傳，亦無疑是事實也。特稱接於石城鎮之鄯善城爲廢城，謂之漢鄯善城此疑是此書編者架空之言。若以石城鎭爲漢書鄯善城卽扜泥城爲有相當理由，從而其東百八十里之屯城（七屯城）爲伊循（脩）城亦有相當之理由。又石城鎭傍之廢城，果如當時所傳爲漢鄯善城乎，抑單稱爲古鄯善城乎？其問題實在此處。

就實際言，北魏時鄯善稱扜泥城之外爲東城者，其事在北魏書中已有記載。卽據此書卷一〇二西域傳云，『鄯善國都扜泥城，古樓蘭國也』。又同傳敍北魏世祖平涼州，沮渠無諱走保敦煌，其弟安周擊鄯善云：

（鄯善）王比龍恐懼欲降，會魏使者自天竺，罽賓還，俱會鄯善，勸比龍拒之，遂與連戰，安周不能尅，退保東城，後比龍懼，率衆西奔且末。

北魏書西域傳已佚，今所傳者就北史採補耳，然此等記事，自其內容觀之，殆爲北魏書之原文。又同書卷九九沮渠蒙遜傳敍述同一事實處亦見東城之名，不特此也，安周自東向西擊鄯善，且云『退保東城』，則當時鄯善王都此城之西方可知。且云『會魏使者在天竺，罽賓還，俱會鄯善』，又云『後比龍懼，率衆西奔且末』，從此等言觀之，益益覺其然矣。換言之鄯善城在東城之西，當時之鄯善城與東城，於唐代之石城鎭與屯城（七屯城）在方位上相當。予輩據圖經以石城鎭爲漢鄯善城，所謂漢鄯善城者，或以爲非北魏時代之鄯善城歟？

固如北魏書所舉『鄯善國都扜泥城，古樓蘭國也』。其文自，不得不言北魏時代之鄯善城者漢代之鄯善城也，卽扜泥城，予輩疑其文爲插入者以上所言，在北魏人酈道元已如此用於其水經注注鄯善國明言『治伊循城，故樓蘭之地也』。蓋北魏時代此國之都城不在扜泥城而在伊循城也。蓋沮渠安周攻伐此國之時，此國之王比龍之都，不在扜泥城而爲伊循城也。換言之，當時之鄯善城卽伊循城是也。又酈道元謂『扜泥城其俗謂之東故城』。又謂安周『退保東城』之東城則在其東,故稱東城。漢代之故都,故稱『故城』,不得不視爲即謂扜泥城也。如是,不拘酈道元所傳與歷史的事實相吻合,而北魏書之編者亦謂『鄯善國都扜泥城古樓蘭國也』。中國史家通例,沿襲前史之文,不顧時與地之變化。如其文,不過改書漢書『鄯善國本名樓蘭,王治扜泥城』之言而已。而圖經之編者,則據傳說以北魏時代之鄯善城即伊循城爲漢代之鄯善城,東西位置倒轉,至擬之爲石城鎮云。若夫無批判的解釋北魏書所傳之時,博識如賈耽,亦得謂其充分陷於謬誤也。

又關伊循與伊脩脩,得費一言。此前舉漢書西域傳及水經注其城名作伊循,漢書馮奉世傳及沙州都督府圖經,唐書地理志作伊脩脩。徐松於其漢書西域傳補注卷上云:

> 按淮南俶眞訓處士脩其道,御覽引脩作循。後漢書獻帝紀吳脩,袁紹傳作吳循。循脩雙聲字。

此說祇有一面理由。但是脩字古時往往作脩。因此與循字字形頗類似。王念孫在讀書雜志卷三之五謂『隸書循脩二字相似』舉許多例證云:

> 繫辭傳損德之脩也,釋文曰『脩,馬作循』。莊子大宗師篇以德爲循,釋文『循本亦作脩』。史記曆書朕唯未能循明也,漢志循作脩。商君傳湯武不循古而王,索隱曰『商君書作脩古』。漢北海相景君碑陰故脩行都昌台邱遷,金石錄曰『案後漢書百官志注,河南尹官屬有循行一百三十人,而晉書職官志州縣吏』皆有循行,今此碑陰載故吏都昌台邱遷而下十九人皆作脩行,他漢及晉碑數有之,亦與此碑陰所書同,豈循脩字畫相近,遂致訛謬耶』?隸續曰,『循脩二字,隸法只爭一畫,書碑者好奇,所以從省借用。』

想因『伊循』與『伊脩』字畫近似,可視爲譌誤。然至孰爲譌誤,則因此城原名不明之今日,不能决之,殊爲遺憾。

其後日人大谷勝眞著鄯善國都考,大率演繹藤田氏之說,而無甚新發明。謂:『漢魏之時,扜泥城爲關係南北兩道交通之衝要處,以意度之,當接近羅布泊之南岸,且可通北道,若是求其所在,當不外 *Miran, Abdal, Charkhlik* 三地中之一。若從水經注『澤在樓蘭北扜泥城』之語意判斷則扜泥城必係近於澤之 *Abdal*, 或其附近之處。即卡牆河(*Charchan darya*)與塔里木(*Tarim*)合併而入現在羅布泊之 *Kara Koshun* 地方,沿 *Apkol* 之漁村。據 *Stein* 氏之調查,不認其處有何舊跡。惟新疆圖志卷八十一,中記漢代玉門,陽關路南道有二路,其一沿湖岸而西至阿不旦(*Abdal*)其他則沿南山麓至密阮(*Miran*)。……著者最初亦以扜泥城應於此方面求之,後以其地接近南道,距離北方之孔道過遠,致難同意原來之主張』。然則樓蘭國都問題,亦大致可以决定。

至於樓蘭國得名之由來,及其人種問題,則說者尚少,而馮承鈞氏所言爲詳,因節錄於下:

> 八六六年寫本沙州圖經云:『納職縣東去州一百二十里。『右唐初有土人鄯伏陁,屬東突厥,以徵稅繁重,率城人入磧奔鄯善,至幷吐渾居住,歷焉耆,又投高昌,(哈喇和卓)不安而歸;胡人呼鄯善爲納職,既從鄯善而歸,遂以爲號耳』。
>
> 圖經之文似以納職名稱之起源在唐初,不過要注意的,『土人鄯伏陁』五字,既然是土人,必是居於本地之人。既然以鄯爲姓,同當時歸化中國的蕃胡以國爲姓之例正合,可見其是鄯善人。雖有圖經之文,我仍取舊唐書『後魏後周鄯善戎居之』一說,我以爲鄯善戎在漢晉時早已到了此地。現在再將納職的名稱考究一下。
>
> 元和郡縣志同沙州圖經皆說胡謂鄯善爲納職,可見納職是個譯名,本於何種胡語,這就很難說了。鄯善國除開假定原有的土著之外,還有吐火羅人康國人吐谷渾人吐蕃人同其他

種種『胡』人。在西域的語言尚未研究整理告一段落以前，我們不敢斷定他屬於何種。不過我們知道納職唐人讀法等若 *Napcik* 而已。他的方位既在哈密西南或西一百二十里，我想祇拉布楚克 *Lapchuk* 一地可以當之。楚克（*Chuk*）是突厥語的接尾詞，新疆現在的地名，用的不少。比方巴爾楚克（*Barchuk*）此言虎地，現今的巴楚縣治，雖然在瑪喇爾巴什（*Maral bashi*，）可是用的是巴爾楚克的省稱。碩爾楚克（*Shorchuk*），今屬焉耆縣，此言硝地。拉布楚克（*Lapchuk*）拉布無義。

由拉布（*Lap*-）我就聯想到羅布（*Lop*-，）來了。我想樓蘭鄯善與羅布泊的名稱很有關係，不是拿國名作湖名，便是拿湖名作國名。水經注卷二引釋氏西域記名羅布泊爲牢蘭海，這個牢蘭與樓蘭，恐怕也是同名異譯。吐蕃語，別言之西藏語，名羅布泊爲*Nob*，名大鄯善城爲 *Nob-chen*，名小鄯善城爲 *Nob-chung*，國與湖名同一稱呼。西藏人的譯法，向來是謹嚴的，可見羅布泊原來的發音用 *n*，後來一轉而爲 *l*，這樣看起來，*Lap*，*LopNob*，諸名，都是指的是羅布泊或鄯善國，唐朝的納職 *Napcik* 是 *n*字發音，還未變作 *l* 字發音時的對音，也是指的是鄯善，-*cik* 或者也是同-*chuk*-樣的接尾詞。

廣州人現在讀音 *l* 往往變作 *n*，而 *n* 亦往往變作 *l* 聲音演變之道，古今而然，馮氏之言是也。然則樓蘭之國或起於羅布泊也歟！而其人則誠土耳其種也。

10 姑師　姑師史記大宛列傳，集解徐廣曰卽車師。漢書西域傳『樓蘭，姑師當道苦之』句，王先謙補注曰：胡注漢出西域有兩道：南道從樓蘭，北道從車師，故二國當漢使空道』。近人馮承鈞曰：『漢書的車師，史記卷一二三大宛列傳作姑師，此處所指的當然是王治交河城（今雅爾和屯 *Yar-Khoto*）的車師前國』，徐廣明言姑師卽車師，王先謙又以車師注姑師，今復以地望考之，馮氏之言可信。案漢書西域傳車師前國有傳，可惜語焉不詳，其言曰：

> 車師前國,王治交河城,河水分流繞城下,故號交河。去長安八千一百五十里。戶七百,口六千五十,勝兵千八百六十五人。輔國侯,安國侯,左右將,都尉,歸漢都尉,車師君,通善君,鄉善君各一人,譯長二人。西南至都護所千八百七里,至焉耆八百三十五里。

交河城馮氏謂在今雅爾和屯。

又曰:

> 史記卷一二三大宛列傳云:『樓蘭,姑師邑有城郭,臨鹽澤』,姑師就是車師,車師前部,王治交河,交河就是今吐魯番縣治西之雅爾和屯(西域水道紀作雅爾湖),鹽澤就是羅布泊,似乎古時羅布泊在北方了。其實臨鹽澤的話,是指車師國境,不是指交河都城。當時車師國境,可以南抵鹽澤。

徐松曰:

> 唐書地理志交河縣有交河,水源出縣北天山,今吐魯番廣安城二十里雅爾湖有故城,周七里即古交河城,城北三里許有山谷,一谷出四泉,流逕城東,一谷出五泉,流逕城西,至城南三十餘里入沙而伏。

西域圖考又謂其在今吐魯番廣安城西二十里。然則姑師在今何地,因無異議而可決定矣。

漢紀以車師爲小國,今案漢書其戶口不繁,足徵其言不誤。惟以其地當孔道,北鄰匈奴,叛服不常,屢爲漢患,漢於其旁爲置車師都尉國以監護之。西域圖考謂:『在廣安城東七十里喀喇和卓即車師都尉國治,』是也。蓋漢之征匈奴,其成功與否,全視爭車師之得不得也。漢書西域傳車師後城長國條云:

> 武帝天漢二年以匈奴降者介和王爲開陵侯,將樓蘭國兵,始擊車師,匈奴遣右賢王將數萬騎救之,漢兵不利,引去。

此漢爭車師而未得者也,李陵以兵敗降匈奴,此一役也。其下文又云:

征和四年，遣重合侯馬通，將四萬騎擊匈奴，道過車師北。復遣開陵侯，將樓蘭，尉犁，危須凡六國兵，別擊車師，勿令得遮重合侯。諸國兵共圍車師，車師王降服，臣屬漢。

此漢爭車師而得者也。又云：

昭帝時，匈奴復使四千騎田車師。宣帝卽位，遣五將將兵擊匈奴，車師田者，驚去。車師復通於漢。

此漢爭車師而再得者也。又云：

匈奴怒，召其太子軍宿，欲以爲質，軍宿，焉耆外孫，不欲質匈奴，亡走焉耆。車師王更立子烏貴爲太子。及烏貴立爲王，與匈奴結婚姻，教匈奴遮漢道通烏孫者。地節二年，漢遣侍郎鄭吉，校尉司馬憙將免刑罪人，田渠犂積穀，欲以攻車師。至秋收穀，吉憙發城郭諸國兵萬餘人，自與所將田士千五百人，共擊車師，攻交河城，破之。王尚在其北石城中，未得，會軍食盡，吉等且罷兵歸渠犂田。秋收畢，復發兵攻車師王於石城，王聞漢兵且至，北走匈奴求救，匈奴未爲發兵，王來還，與貴人蘇猶議，欲降漢，恐不見信，蘇猶教王擊匈奴邊國小蒲類，斬首略其人民，以降吉。車師旁小金附國隨漢軍後盜車師，車師王復自請擊破金附。匈奴聞車師降漢，發兵攻車師，吉，憙引兵北逢之，匈奴不敢前。吉，憙卽留一侯，與卒二十人留守王，吉等引兵歸渠犂。車師王恐匈奴兵復至而見殺也，迺輕騎奔烏孫，吉卽迎其妻子置渠犂東，奏事至酒泉，有詔『還田渠犂及車師，益積穀，以安西國，侵匈奴；』吉還。傳送車師王妻子詣長安，賞賜甚厚，每朝會四夷，常尊顯以示之。於是吉始使吏卒三百人別田車師。

此言漢爭車師，車師復降漢，漢始田車師也。其下文又云：

得降者言：單于大臣皆曰，『車師地肥美，近匈奴，使漢得之，多田積穀，必害人國，不可不爭也』，果遣騎來擊田者。吉迺與校尉盡將渠犂田士千五百人往田。匈奴復益遣騎來，漢田卒少，不能當，保車師城中。匈奴將（左大將）卽其城下，謂吉曰，『單于必爭此地，不可田也』。圍城數日迺解。後常數千騎往來守車師。吉上書言：『車師去渠犂千餘里，間以河山，北近匈奴，漢兵在渠犂者勢不能相救，願益田卒』。公卿議以爲道遠煩費，可且罷車師田者。詔遣長羅侯將張掖、酒泉騎，出車師北千餘里，揚威武車師旁，胡騎引去。吉迺得出歸渠犂，凡三校尉屯田。車師王之走烏孫也，烏孫留不遣，遣使上書，願留車師王，備國有急，可從西道以擊匈奴。漢許之。於是漢召故車師太子軍宿在焉耆者，立以爲王，盡徙車師國民，令居渠犂，遂以車師故地與匈奴。車師王得近漢田官，與匈奴絕，亦安樂親漢。

此言漢爭車師，漢得其民，而匈奴得其地，自是車師與匈奴絕而樂親漢矣。由此觀之，漢與車師之關係甚鉅，漢不得車師，漢無以制匈奴，車師歸漢，而匈奴不能爲漢患，彰彰明矣。

惟車師與樓蘭相接境，故漢爭車師，每將樓蘭之兵。此徵之漢書本傳而可信者也。

宣帝時雖破姑師，未盡殄，分以爲車師前後王及山北六國。元康四年，以後置戊己校尉屯田，居車師故地，當並徙還前王，而後國之建，疑亦於此時也。至元帝時復置戊己校尉，屯田車師前王庭。是時匈奴東蒲類王茲力支將人衆千七百餘人降都護，都護分車師後王之西，爲烏貪訾離地以處之，自宣元後，單于稱臣，西域服從。漢與車師遂相終始焉。 （下期續完）

中國之國防與鐵道

王同文

一 鐵道與國防之關係

今之覲人國者,時以鐵道之稀密,定國家之强弱,蓋鐵道交通,固爲發展本國之經濟,而於國防之軍運,尤爲切要。曩者,俄之經營遠東,謀出太平洋,而築西伯利亞大鐵道,德之經營近東,謀出印度洋,着手建築自柏林起經達巴格達而抵波斯灣之鐵道,類此皆非謀開發各該地之經濟,實爲其國家政策上之國防關係也。

夫國防之要素有三:曰軍備,曰交通,曰物資,而交通則尤以鐵道爲主幹。當於軍事動員之時,須有聯絡之鐵道網,以爲兵力運輸集中分布之用,其在戰時,尤須掌握鐵道網,以爲兵力轉移,軍實供給,軍隊補充之用。是以觀察戰役之勝敗,必以戰線之形勢,與交通網之健全與否以爲斷。

以歐戰證之:德軍集中力最爲敏捷,於三日內集中三軍團於國境,八日攻克比之要塞,十日卽有一百三十萬大軍侵入法境。餘如法軍,亦於十五日內集中二十軍團,俄軍亦於十五日內集中二十五軍團,此皆由鐵道輸送之便利,有以致之也。又英某作家云:我國(指英國)自對德宣戰令頒布後,因禍起倉卒,一切籌設,諸多急促簡陋,故戰事之初,殊少順利,而德國以交通之便利,鐵道之暢達,籌劃之有條,是以西部一帶,一經交鋒,銳不可當,勢如破竹,鐵路對於軍運之價値,於斯可見。或曰,暗示戰爭勝利者,鐵路交通乃其中要素之一也。

二　毫無國防觀念之中國鐵道政策

吾國在過去數十年中，對於國防建設，可謂無絲毫準備，即以鐵道而論，在光緒年間，清廷疊與列强簽訂路約喪權失利，我爲魚肉，人爲刀俎，藩籬盡撤，門戶洞開，此吾國鐵道政策失計一也。

後於袁氏執政之時，盛倡「路礦開放，利用外資」之說，藉鞏固國防興築鐵路之美名，大舉外債，以解除財政上之困難，以供軍政費之挪用，此吾國鐵道政策失計二也。

論及東北之鐵道，日本對於鐵道之經營，始終抱其鐵道網計畫，以席捲滿蒙，爲實現其大陸政策之夢想，而反視吾國，在東北之鐵道網，渙散如沙，感覺需要，立即修築，全無整個之遠大國防計劃。例如京奉鐵路建築之動機，係由於招商局欲應用開灤煤礦之煤，乃决定建設京奉路，以爲運煤之用。他如瀋海與吉海二路，名爲開發遼吉之富源，作爲北甯路之培養線，而事實上取道於南滿者，較多於北甯，徒供南滿路之繁榮耳。（參閱拙著東北鐵路問題之研究下册）若中國不急乎修築打通線，則日方决無藉詞所謂平行線問題，而與我國起鐵道糾紛論者有謂九一八事件之爆發，而東三省亡於一朝夕之間，打通線之完成，乃有以促成之，不能謂之毫無理由。作者非謂打通線不宜修築，不過主張宜先修平熱路線，以取漸進包圍南滿之政策，並於長城內外，除北甯路外，多一縱貫線，用資聯絡，爲東北國防上之大幹線。須知東北現在交通雖稱便利，但戰時其可恃以與關內各鐵路線相聯絡者，祇一北甯鐵路而已。查北甯鐵路，由北平至天津後，沿渤海岸平行而入瀋陽，戰時即受敵人嚴重之威脅，其由塘沽至蘆台之一段，及北戴河至前所之一段，緊貼海岸，是北甯全線之黃蜂腰也。敵人在此斷之，吾軍事盡失聯絡，即使吾之兵力，可保此全線，防禦敵人之襲擊，所需兵力甚大，在戰時又將慣死海岸之側矣。作者之意以爲吾關內欲與東北之軍事打成一片，在戰時能具有國防交通之力量者，當首先完成平熱鐵路。此線係由北平起，向北經古北口灤平承德圍場赤峯開魯以達洮南，與洮昂路相接，縱貫熱河，對中東路（同南滿路）成丁字形；並在洮南引一線而入吉林之長春，是爲長洮鐵路；又於平熱線之承德，向東經平泉至朝陽，與北甯路之錦朝線相聯。如是則對南滿作一大包圍勢，吾關內之兵力，在戰時可從熱河而深入於東北，可不如北甯路感受之痛苦。就交通時間言之，亦不下於北甯鐵路。若我方於昔年先築此線，日本亦不急乎提出作難我方之中日鐵道交涉；即以九一八後，日軍侵佔遼吉而論，中國方面，可利用平熱線進軍至洮南，以擾日軍之後方，再由承德至朝陽，向錦朝線進攻，日軍之正面如此，則當時日方軍事中心之錦州，必受搖動。更退一步而言，日軍侵刼熱河，我方可盡量利用平熱線，作長期抵抗，開魯不致因鞭長莫及，而自動放棄。總之，設使無此次日軍進攻我東三省之實現，平熱線據其地位而言，終爲我東北國防上唯一之鐵路，東可扼日人勢力之西進，西可保障東部內外蒙古俄人勢力之侵入，當時昧於國防思想，未曾顧及，此實東北鐵道國防政策失計之最甚者也。

總言之，偌大之東北，與關內鐵路上之聯絡，早應取扇形佈置，假定以北平爲扇形之中心，而敷設多數之直接及紆迴路線，四出以達於東北各地；即使不然，至少亦應有二線之聯絡，在軍事上庶可收循環利用之效也。

三 中國邊陲之危機

（一）西北邊陲之危機叢伏——蘇俄自受日人掣肘，不得逞於東北後，即集全力，以謀我西北。以是一四四二公里之土西鐵路，已於一九三〇年五月一日，於蘇俄民窮財盡時，提早一年半完成。該路有一千公里之路程，與我西北邊境平行，則中俄有事時，即可利用此現成防線，向新疆作包圍之進攻，如是則我邊陲延長一千公里之地域，勢必受俄鐵蹄之蹂躪；並由俄京至新疆邊境，僅八日里程,而我國北方軍事中心之北平至新疆,無尺寸鐵路相聯,請問何以防邊?

(二)**毫無準備之西南國防**——西南各省與英法毗連者,有雲南廣西康藏諸省,而尤以雲南為更重要。雲南之東部,連接安南,法國有滇越鐵路,由安南之海防長驅直入雲南之昆明,至為迅速,由滇越交界之河口,至雲南省城之昆明,計長四百七十公里,法軍如侵雲南,利用其滇越鐵路,則兩日可至省城。雲南之西部,連接緬甸,英國有緬甸鐵路,自仰光北來於雲南邊境,分向兩地,一止於與騰越相對之八莫,一止於較北之孟拱,更築汽車路,以達我雲南西北之片馬。反觀我方對於雲南境內,則毫無交通線與內地各省聯絡,設一旦有事,欲輸送外省兵力入雲南,至少須一月至二月。如是則雲南在國防上,實孤立無援,如欲攫取雲南於十日內,法可盡佔東部英可割據西部矣。

廣西雖與法之安南相接,有海防至廣西南境之龍州一路,因未深入內地,故其勢尚緩。而英人之於西藏,則躍躍欲試,積極侵略,於民國八年英人催我國速決西藏問題,即欲將崑崙山以南,當拉嶺以北之地,歸其統治。自一九三〇年土西鐵路完成後,英人深恐蘇俄勢力侵入西藏,乃積極對西藏加以侵略,如慫恿西藏政教首領達賴喇嘛,出兵進擾西康等等。

由此可見英法建設鐵道之用心,及西南邊陲之危機,前所有片馬與江心坡問題,不過帝國主義者初試其技,而滇越鐵路之鋪設,亦不過帝國主義者進攻之初步。若為惡不戢,預籌抵制,則法人必根據條約,以建支線,英必援法人之例,另建鐵道以代中國開發西南,至此則中國更欲築路,則必如東北築路,而受日俄橫加干涉相類也。然亡羊補牢,未為晚也,凡我國人,苟能急起直追,建設西南與西北之鐵道系統,一所以固國防,若一旦邊陲有變,則國內大軍可朝發夕至,不難從容籌抵禦之策;二所以塞外人之野心,使無隙可乘,則自免邊防若干糾紛也。

四 鞏固中國國防之鐵道政策

(一) 計劃國防鐵道網之原則——爲今之計,宜力矯前非,以國防爲核心,而作統一之整理。其根本之原則有三:(A)按照國防方針,選定幹路線,及路網中心,須有系統而不渙散,並有適宜向敵國進攻,或國防抵禦之效能。(B)所選定之幹路線,應按國防軍事上之緩急,規定其修築之先後,與完成之時期。(C)所選定之幹路線,應積極國營(由中央與地方政府合力),同時促進各民營交通事業,一面請專家研究設計,分別緩急,次第施行,如需要外資,外才,及外國過剩貨品時,亦不妨利用,但以不至受任何牽制及束縛爲主。

(二) 國防鐵道網中心之審定——我國因幅員廣闊,爲控制全國交通動員計,應在長江南北,分設國防鐵道網中心點二處江北以鄭州爲宜,理由有三:(A)鄭州得地理上之優勝,將來隴海線續通,鄭州地位將愈臻重要。(B)地位適中,平漢隴海交會於此,事實上現已成爲鐵道中心點。(C)並計劃中(詳後)之同成,道濟各線,均可作爲由鄭州發出之輻射線。江南則以長沙較妥,理由有四:(A)長沙地位適中,水陸交通,均極便利(B)粤漢線株韶段,現已動工興築,(株韶間之汽車道早告竣工)此後長沙可以廣州爲海口。(C)長沙附近,富有煤鐵硝與硫磺等礦,可供國防物質上之應用。(D)並計劃中(詳後)之京湘,川湘,滇湘等線與最近完成之浙贛鐵路,及部定線之寶欽,沙興,株欽各線,均將會集於長沙。有此二完整之路網中心點則長江南北之軍事交通動員,方始有健全之支配也。

五 目前中國之交通動員線

動員之一詞,就狹義言之,爲軍事行動,就廣義解釋,凡戰時有關各種事業,依一定之順序進行,如勞力動員,產業動員,科學動員等皆是。本文所謂「動員」,指軍事行動而言,所謂「交通線」指鐵道而言。

動員交通線與戰爭之關係,開始爲制先權之獲得,其後爲制勝點之解决,所謂先制勝人也。目前中國之動員交通線,散漫殘缺,毫無聯絡,難收戰略上之功效。吾國本部之縱線可供戰時之動員者,爲平漢線,津浦線,粵漢線南北段,京滬線,滬杭線,北甯線,南潯線等,橫線可供戰時動員者,在長江以北有隴海綫,膠濟線,正太線,平綏線等,江南有最近完成之浙贛線。準此以觀,吾國本部戰時,鐵道可施行迅速動員之省區,惟有河北山東山西陝西江蘇浙江江西河南湖北湖南廣東安徽等十二省,其餘如甘肅四川雲南貴州廣西福建等六省,皆無適宜之交通網以爲採得聯絡之動作。若一旦作戰,以十八省之兵力,盡向上述數路輸送,其困難與危殆之情形,莫可言狀,其實吾國本部,現時尙無一完整縱貫之交通線,亦無一完整橫貫之交通線,設吾人欲自廣州赴北平,有一鐵路可直達乎?又由江蘇之海州,赴甘肅之皋蘭,有一鐵路可直達乎?

由此言之,若一旦中國對外發生戰事,其交通動員線,可得言者,實屬寥寥。設由廣東動員之兵,可從粵漢路廣韶段北上至於樂昌(二十二年六月由韶州修至樂昌有五十一公里),樂昌以上,僅有汽車路相通,轉運之繁,堪稱難矣。由河北動員之兵,一可從平漢路南下,至粵漢路湘鄂段之滌口,滌口以下,同受上述困難,二可從津浦,京滬,滬杭,浙贛等路南下但南萍段尙在進行興築,交通卽行阻斷,北方之兵力,不能傾注於南方,猶如人身受血脈不通之病也。由山西動員之兵,可利用正太路運至平漢路,由張家口動員之兵,可利用平綏路南下北平。由南京動員之兵可利用京滬南下,或津浦北上,但南京以西,無鐵路以通華中各省,不得與平漢粵漢等路相聯,以收戰時軍運之效。由山東動員之兵,可從膠濟路開赴青島,然濟南之西,無鐵路以通平漢,或戰時不能於迅速時間內,得平漢路一帶兵力之援助。雖有隴海路橫貫其間,聯絡平漢津浦,然難能廣爲利用;並西北富於農礦產品,戰時資源在焉,因隴海尚未續通,不能盡量輸出,亦屬遺憾。今中國本部之交通動員線,尚屬如此困難,其於邊防數省,如外蒙新疆西藏西康等省,對於交通之聯絡更無論矣。

六 鞏固中國本部之國防鐵道系統計劃

（一）急切完成粵漢線株韶段——吾國南部之廣州,北部之北平,中部之鄭州武漢長沙等地,均爲中國政治軍事及經濟上之重鎮,而能貫通此數重鎮者,即平漢與粵漢二大縱貫幹線,其經過之地,均爲我國精華繁榮之區,中原物質之流轉,文化之溝通,此二線實負有重大使命,湖北之漢陽兵工廠,河南之鞏縣兵工廠,廣東之石井兵工廠,皆位此幹線之內,得此而爲之運轉,其發揚之力,愈爲宏大,匪特全國交通之孔道,實戰時神經系統之中樞也。惟粵漢線之株韶段,尚未完成,猶如吾神經系統之中樞折斷。幸吾鐵路當局,有鑒於此,現已積極動工興築,全部工程已完成半數以上,以期其早日接通也。

（二）提早續通隴海線——隴海鐵路爲中國唯一橫貫中部之大幹線,於經濟文化政治軍事上之重要,盡人皆知。現西安以西,已於二十五年元旦日通至咸陽,(西安至咸陽計二十五公里)惟咸陽至寶鷄一段,長約一百五十公里需款千萬,籌款興工,尚未聞有具體之消息。論者有謂造成陝甘連年之饑饉,赤地千里,餓莩呼號而無救者,隴海路未完成之失策也。設隴海續線完成,陝甘之凶災,雖不盡免,而皖豫各省富裕之糧食,得調劑其盈虛,互受其惠。再就國防意義言之,此線之西端,可轉移陝甘之兵力,以出蘇魯,其東端可轉移蘇豫之兵力,以赴甘新,又可據臯蘭以鞏固青新之邊塞,有如同成川湘二線之於成都,大可充實康藏之空虛;且此線出臯蘭時,可收包蘭線之交通聯絡,并陝甘各地,國防資源,俯拾皆是。故隴海續線之完成,實爲國防上交通與物資之重要橫貫幹線也。

（三）**京粤線**——此線起自南京，經安徽之當塗蕪湖宣城（與江南鐵路公司之一段同軌）甯國徽州（與京湘線同軌）至浙江之常山江山，由江山越浙贛路入福建之蒲城建甌延平沙縣永安龍岩大浦梅縣，入廣東之龍川，河源，博羅，至廣州止，長約一千二百餘英里。又於本幹線上，向東分築三支線：(A)在延平向東伸出，經水口至福州；(B)於龍岩向東，經漳州聯接漳廈鐵路以至廈門；(C)於梅縣向東，聯潮汕鐵路於潮安。本幹支線，因經閩省多山，工程浩大，約需建築費一萬萬六七千萬元左右。此線爲沿海諸省之國防縱貫大幹線，其價値至爲重要。蓋吾國沿海各省，交通梗塞，形成孤立者，厥爲福建，而我華南沿海接近敵國領土，而最受威脅者，亦莫如福建。試一察福建之形勢，卽可知之。福建背山面海，境內峯巒重疊，道阻難行，與隣省聯絡，至爲不易。其面海之方，距日屬台灣，約一百三四十海里，距馬公軍港，約一百海里，日之海軍，六七小時可達，而福建無尺寸鐵路，與浙粤贛諸省聯絡，戰時環境之困苦，莫過於此；况最近日帝國主義有侵窺華南之企圖，日浪人時在廈門各地，肆意擾動，將來福建之危機，不亞於華北。若京粤線完成，貫通蘇浙閩粤諸省，在蘇浙贛可通浙贛滬杭京滬津浦各已成路，并可與計劃中之京湘，福昌二線，建築中之南萍路相通。如此吾國沿海各省之國防交通線，方始完成，戰時可得健全之應付矣。

（四）**粤滇線**——此線起自廣州，向西至廣西省會之南甯，轉向西北經百色，入貴州之興義後，經羅平曲靖至雲南省會之昆明，再經大理至中緬邊界之騰越止。又在南甯分築二支線：一向南赴東京灣之欽州，一向西南發出，經龍州至鎭南關，與安南鐵路相聯，此支線現已築汽車路，可作爲次要之籌築支線。粤滇線先從經濟價値而言，雲南之商業，每年出入口貨約值一萬萬元，出口爲五金礦產，入口爲工藝製造品，均須假道於滇越鐵路，運輸權操法人，沿途尤多苛捐，所溢權利，何可勝言。如粤滇線成，則滇黔桂等省，可自由通海，滇越鐵路又不能獨占其勢。再從國防價値而言，如吾與敵人作戰於沿海,此線能將桂省之兵力,直引而至於南海之濱;幷與計劃中之川滇線相通成都,能會聚滇黔川之物資,以赴粵省,又可從粵漢平漢,引而至於華北,從京粵線引而至於東海沿岸;再桂省毗連於法屬之安南,已有鐵路達我之鎮南關,而我桂省境內,無鐵路線與隣省相聯,若粵滇線溝通,可無慮矣。又本線對於國際上,亦見重要,因此線一端係騰越,將來可連接緬甸境內之八莫,由八莫仰光線南下印度,爲中印交通最敏捷之路。不特此也,我國若與日本開戰,日之海軍,勢必將我海上盡行封鎖,而我戰時所需外洋物資,卽告中絕,戰事可立成僵局,今能由粵省,藉粵滇線直入法屬安南,或英屬緬甸,以吸採戰時之物資,是以粵滇線可稱爲吾國戰時之生存線也。

(五) 京湘線——此線起自南京,與京粵線同軌至安徽南境之徽州,由此向西南,經江西之景德鎮南昌豐城臨江袁州萍鄉,與株萍路相聯,轉達長沙,本綫長約六百餘英里,建築費預計約九千萬餘元。現浙贛方面,積極完成之玉南段,由玉山至南昌,有半數里程,與京湘線相同,若因經費困難,此線可暫緩,若京粵線之自南京至江山一段能築通,則不啻爲京湘線,其在國防上之功效相等。本線一端之南京,爲吾國之政治中心,藉京湘線能舉湘贛皖三省之兵力,以至南京,大可充實政略中心,使之穩固;且湘贛爲煤鐵出產之區,安徽爲糧米生聚之地,平時得藉京湘線,將各省生產消費,得其均衡。再就國防交通而言,若京湘線完成,能引津浦線交會於粵漢線,戰時可將江蘇之兵力,移於津浦線山東河北一帶,將湘贛皖三省之兵力,移注於江蘇,如此轉換,可調劑兵力之盈虛,可互易兵力之位置,可緩息兵力之疲勞,其經江西時,又可會南潯路於南昌,復得長江一帶物資,以爲挹注。

(六) 川湘線——由華中區入川之路線,前有信成川漢二合同線之計劃,信成線起自信陽,經湖北陝西入四川成都,川漢線起自漢口,經宜昌,沿長江經夔州重慶至成都,其中以川漢線較爲重要。惟從建築工程而論，川漢線須沿長江經巫峽而達重慶，其中巫峽一段，因須沿削壁而行，山洞及石工浩繁，工程困難，建築費必高，將來運價率，難以減低；且與長江並行，有水運競爭，是以從經濟上觀察，亦不適合爲入川路線。其最合國防與經濟二點者，爲成都長沙線。該線起自成都，經重慶涪陵沿烏江越分水嶺下湖南湘江流域，經永順辰州，而達國防鐵道網南部中心之長沙，約長一千八百二十公里，較信成川漢二線爲短。將來建築完成，與粵漢浙贛京湘三大幹線聯絡，成一中部橫貫大幹線，使四川與湘粵贛皖蘇浙等省，聯成一片，將來客貨聯運必繁。再就國防立場而言，四川連年內戰實由與中央遠隔之故，若川湘線完成，則四川可藉川湘京湘二線與中央聯結，四川政局，易爲安定。若一旦對外戰事發生，可盡用川湘線，輸出川中軍力，以謀集中於軍事交通中心之長沙，又康藏毗隣於英，四川可爲康藏之後援，康藏有事，其需川湘線以爲用，至爲急遽。且四川爲天富之區，長沙亦可藉此以爲國防物資之後盾。

（七）滇湘線——雲南僻處邊陲，毗於英法所屬之緬甸與安南，法人所築之滇越鐵路，已達滇省省會之昆明，英人所築之緬甸鐵路已接近吾之邊壤。反觀吾雲南境內，無一與隣省交通之鐵路線，外實而內虛，形勢至爲惡劣。現雖有粵滇線之計劃，但尚少一直接鐵路，與國防鐵道網中心之長沙聯合，戰時必感周轉之苦。此線起自雲南之昆明，與粵滇線同軌至興義，經貴州省會之貴陽，以終於湖南之長沙。就國防而言，能將黔湘之兵力，長驅而至昆明，以救西南邊陲之危急。復次，貴州疊嶂高山，橫亙其中，無尺寸鐵路，與隣省之滇桂湘聯絡，此線完成，大可廓清其阻塞。且滇湘線之價值，有如粵滇線然，同爲戰時之生存線，又東可通京湘線或浙贛路，再成爲南部一橫貫之國防大幹線也。

（八）同成線——我國本部縱貫之交通線，爲平漢粵漢二路，此線祇限於中部各省，沿海東部各省，有津浦與計劃中之京粵線，足以構通南北，其在西北各省，雖有隴海橫貫其間，但對於開發西北大陸,鞏固國防大計,尚少一溝通山西陝西四川之西部縱貫大幹線。是以作者有籌築同成綫之建議,此綫起自平綏路中段之大同,經太原與正太路相聯,縱貫山西至蒲州,長五一〇英里,即前部定之同蒲線,(現同蒲線南段,已築成輕便鐵路,)跨黃河至潼關,沿隴海路至西安,再由西安向西南經漢中廣元綿陽至成都,由西安至成都一段,長約一千三百公里,須經過大巴山山脈,工程重大。本線之重要點有四(A)扼大同要隘,而占平綏鐵路之中心,可控制蒙古各部於長城之外。(B)自大同直下,可收晉秦兵力,以西注於成都。(C)以成都爲西南邊陲國防根據地,將來與川滇川藏各線相聯,以鞏固西南邊防。(D)山西之煤鐵,甲於全國,棉產亦甚富饒,陝西蘊藏之石油,爲舉世所注目,四川以天惠之厚,農產亦爲發達,此線能將四川之糧米,接濟晉秦之災區,不致西北再告荒災,是以本線一方固可爲戰略上之運用,但又可爲物資上之調劑也。

(九)川滇線——此線起自成都,與川湘線同軌至資中,再向南經貴州西部至曲靖,與粵滇線同軌至昆明止。此線一端之成都,可聯同成與川湘二線,一端之昆明,可聯滇湘粵滇二線。吾國西部計劃中之縱貫線,西北有同成線,在成都由川滇線引而至於雲南,成一西部縱貫完全大幹線。戰時能將晉秦兵力,轉移於四川,而四川兵力,可盡注於雲南,與滇湘線所轉移黔湘之兵力,粵滇線所轉移粵桂之兵力,採得協調之動作。

(十)福昌聯絡線——此線自福州起,沿閩江左岸,過水口至延平,與京粵線支線同軌,自延平經順昌邵武光澤新城南城撫州至南昌,與南潯路及京湘線相通。此線就國防而言,上可趨南潯路,而握九江,下可占延平,而固福州之海防,在南昌聯結京湘浙贛二路,西可引湘贛之兵力,以赴福州,並可與國防鐵道網南部中心之長沙,得以聯絡,東可引蘇浙皖之兵力,以赴閩省,在戰時移轉兵力,及輸送物資,大可減輕京粵線之勞頓,以收幅射交通網之效用,此聯絡線之完成,則閩省之防務,更益鞏固矣。

（十一）道濟聯絡線——此線由道清路之道口,聯接濟南,經河南河北山東,長約一八二英里,建築費預計約一千三百四十餘萬元,爲前部定路線。茲就本線國防形勢而言,山東半島與遼東半島日人海軍根據地之旅大相對峙,最易受日人威脅,其形勢最爲嚴重,國恥創痕,亦最深刻,現山東雖有津浦鐵路縱貫南北,惟其北至天津一段,易受海上侵襲,戰時必受牽制,膠濟鐵路由濟南直至青島,具有控制海岸之力,然濟南以西,無一直接鐵路線以通平漢,不能使平漢津浦膠濟三路,得以聯絡,盡其所用,若道濟線溝通,三路藉此聯成一片,戰時之兵力,得敏捷流通也。

（十二）包蘭聯絡線——平綏路西端之包頭,原有汽車大道,經五原直達甯夏,然甯夏與皋蘭,尙無聯絡,不能採得協調運輸,若經費有着,急宜聯接包蘭一線,或最低限度,溝通甯夏與皋蘭之汽車道,使平綏與隴海二線,交會於皋蘭,以充實皋蘭在西北國防上之重大意義,且可藉包蘭線,以鞏固綏遠甯夏之國防也。

總上各線,就全部路網之形勢言,能使本部之兵力,得此而流通於其間,試自江蘇之上海爲起點,南行從滬杭路以至杭州,從浙贛路以至江山,沿京粵線以至廣州,從粵滇線以至昆明,從川滇線以至成都,從同成線以至大同,從平綏路以至北平,從北甯路以至天津,從津浦路以至南京,從京滬路還至於起點之上海,成一大循環;在此大循環之內,又有縱横幹線,交會其間,吾兵力均得四通八達,按時而至,如此,吾國本部之國防鐵道大系統,始告完成也。

七 邊防鐵道系統之大聯合計劃

（一）目前赴邊交通之一斑——我國幅員廣大,交通如是阻塞,本部尙無能有聯絡之交通動員線,何況沿邊之蒙新藏數省。試從上海欲往新疆之伊犂,可從京滬津浦隴海三線,轉至西安,惟西安以西,尙無通新之鐵路,則難行可見,由西安至皋蘭,約爲一千七百里,由皋蘭至迪化,約爲四千三百里,由迪化至伊犂,約爲一千七百里,計費時九十餘日,可通迪化,又二十餘日,可至伊犂,反不如在上海,先赴東三省,假道中東路,與西伯利亞鐵路及土西鐵路,至土耳其斯坦之浩罕,以入伊犂,二旬即可至矣。又試從上海欲往西藏之拉薩,可從長江水道至成都,但成都以上,水陸交通阻塞,在成都赴康定,約爲七百里,需十餘日可至,在康定赴拉薩,約爲四千二百里,需七十日可至,其艱難遲緩,有如此者;反不如在上海取水道,以赴印度,在印度從鐵路轉至拉薩之爲便也。

（二）邊防鐵道系統之出發點與路網中心——觀此,我國邊陲之交通,平時尙須假道隣國,則戰時軍事之不幸可知。然須如何方致邊陲之交通於便利?如何可引本部之兵力物資,移注於邊陲決戰之點?如何能將邊陲河山之形勢,妥爲運用,以爲攻守之助?誠能將上述各點,分晰解決,則吾國之軍事,方能適應於全國;苟不然,雖本部之軍事,如何强勁而嚴密,必無補於邊陲各部之安危。夫解決之道,急須完成邊防鐵道系統。又欲使邊防鐵道系統,與本部國防鐵道系統,互相聯合,首先選定邊防鐵道系統之出發點,以此點爲根據,計劃適合國防意義,并有相互聯絡之邊防鐵道網,同時亦可稱爲本部與邊防二大鐵道系統之聯接點。玆據作者觀察,邊防鐵道系統之出發點有三:在北方爲張家口,在西北爲臯蘭,在西南爲成都。張家口據平綏路中段,有華北軍政中心之北平爲後援,可藉平漢津浦同成各線與內部以通聲息。臯蘭爲隴海路之西端,可由隴海路以通國防鐵道北部中心之鄭州;并臯蘭可由包蘭線與平綏路以通張家口,或隴海路及同成線之一段,北上經大同至張家口,使二出發點,亦得聯絡。成都爲同成川湘川滇三線聚合點,可由同成隴海以通臯蘭,及至路網中心之鄭州,可由川湘線以至國防鐵道南部中心之長沙,其聯絡可謂周密,一旦若邊陲有急,則不難應付矣。

今邊防鐵道系統各部之出發點,既已選定,其第二部之設施,即選擇邊防鐵道系統各部之路網中心,從此點幅射達邊,或引伸向內。査路網中心，在蒙古爲庫倫，在新疆爲迪化，在西藏爲拉薩，此三中心點確定後，其餘如內蒙甯夏青海西康各省之軍事交通，得此皆網羅於本部及邊防鐵道系統之內矣。

（三）外蒙之邊防鐵道系統——吾以庫倫爲外蒙之路網中心，因其爲外蒙之政治首邑，地理上又據中心，北控買賣城，西聯烏里雅蘇台，東接克魯倫，形勢至爲雄峻。今日外蒙之交通，在庫倫北者，有庫倫恰克圖汽車道，在南有張家口庫倫汽車道，張庫道長約三千五百餘里，爲外蒙溝通國內之唯一交通大道。對於外蒙之國防鐵路計劃，先築張庫線與庫倫買賣城線，以縱貫內外蒙古；次由庫倫起，向東沿克魯倫河至東蒙邊防重鎮之克魯倫，爲庫克線；再由庫倫向南，沿張庫線南下至賽爾烏蘇，向西沿沙漠北境，經烏里雅蘇台，至西境之科布多。在科布多分築二支線：一向西入新疆北境之承化，一向南入新疆，經奇台而至迪化，爲蒙新線，以聯新疆之國防鐵道網。若將來外蒙一旦有事，輓粟飛芻，可由張家口長驅直入，以華北之兵力，盡注於外蒙，以庫倫爲根據，以買賣城爲前衞，以張家口爲後盾，以庫克線蒙新線爲左右翼，國防之形勢乃成，吾之軍事方可得而運用。

（四）新疆之邊防鐵道系統——新疆之迪化，猶如外蒙之庫倫，可西聯邊陲重鎮之塔城伊犂阿克蘇疏勒等地，以上述諸地爲前衞，而迪化可致於安全。建設新疆之國防鐵道計劃，較爲適當者，以臯蘭爲入新之起點，以疏勒爲終點，由臯蘭向西北經武威，出嘉峪關，上安西，至安西後，分作二線：（A）北上星星峽，斜出哈密，經吐魯番而入迪化，更經綏來烏蘇而至伊犂，是爲伊蘭線，或前所謂海伊線，（併隴海伊蘭線而稱）；在烏蘇向北築一支線，北上至塔城，再在吐魯番向西經焉耆阿克蘇至極西邊境之疏勒止。（B）在安西向西經敦煌出陽關以入新疆之婼羌，沿大戈壁沙漠南境而至于闐，再從于闐轉向西北，經和闐沙車，會合至疏勒，此第二線暫爲次要線，可先築汽車道以爲用。如上述諸線完成，可盡將新疆諸重鎮,聯而爲一,以當蘇俄有一千餘里與吾邊陲平行之土西鐵路之衝,則吾新疆之邊圉固矣。查伊蘭線除爲國防線外,并在國際地位上,佔重要位置。蓋目前歐亞交通,操於俄人之手,俄有西伯利亞鐵道,商旅雖苦於寒冷,亦不得不繞道以趨,因舍此別無他道,設令伊蘭線成功,并由伊犂向西與俄之土西鐵路相接,則所經路線,既較西伯利亞鐵道爲短,其所經地域之氣候,亦較溫和。如是西北邊防鐵道系統,居歐亞交通之主幹,爲太平洋前往歐陸之必經旅途,實佔支配世界之重要位置也。

(五)西藏之邊防鐵道系統——西藏之拉薩,爲全藏政治宗教中心,有雅魯藏布江橫列其前;又得喜馬拉雅山之天險,以爲掩護,爲全藏軍事重地。查西藏與本部現有之交通大道有二:一由皋蘭以入青海,而至拉薩,一由成都穿西康,而入拉薩,此二線之長度,各約四千餘里。自國防緩急形勢觀之,應先建築由川通藏之線,蓋以青海有西康以爲衛,不若西康之僻處邊陲也。且川康藏之交通,在歷史地理文化經濟上,早有密切關係,故比之甘新藏之一線爲急迫。川藏線係起自成都,向西經康定巴安昌都碩督太昭而至拉薩,若此線完成,在昔由成都赴拉薩,須八十餘日,今五六日可至。吾人可以四川之兵力,迅速移注於西藏決戰之點。再以拉薩爲全藏路網之中心,南築一線,經江孜而至亞東,西築一線,經江孜日喀則拉孜薩噶,沿岡底斯山脈南境,再經卓書特噶大克,向北越察察嶺,而入新疆于闐,成爲新藏線,以聯新疆之國防鐵路系統,此線暫作次要,可先築汽車道以爲用。如是路網完成,邊防鞏固,大可以戢英人之野心,使此高原之地,雄振西南,爲吾國之一大屏障也。

八 結論

中國自遜清末葉以還,無年不在國難之中,言其遠者,如中英中法中日庚子諸役,舉其近者,如二十一條濟南中俄以及瀋陽之變,率皆動搖國本,危害全民,在理早應發奮圖强,洗此奇辱,無如事過境遷,依舊門戶洞開,從未講究中國整個之國防。其最危急者,卽在不久之將來,第二次世界大戰,將於遠東爆發,現各國均集中全國財力,擴張軍備,籌設國防,以待最後之決算。竊以爲我國當今急務,必須上下一心,以國防爲中心,傾全國之力,以謀國防建設,幷使國防建設,高於一切,其與國防有關之事業,盡先舉辦,其無關及關係較輕者,可擱置不辦或緩辦,以濟目前之急難。凡中央所有政策方針,均以國防爲其唯一目標,集合全國人財,以求其整個完成國防大計。爰本此旨,將有關中國國防之鐵道網,早日促其實現,以求鞏固中國國防之一端也。

鐵路零擔貨運安全辦法

許　靖

第一章　車輛之查驗及預備

第一條　車輛為構成全部運輸機能之主要工具,言數量,當力謀供求之適合,蓋所以防缺乏與過剩之患也;論運用,當視貨物之性質,以定分配之標準,蓋所以策進運用之效率與運輸之安全也;二者兼籌並顧,然後車輛問題自有其解決之道矣。茲就實際所應遵守之事項舉述於下。

一曰車輛之完整。車輛是否堅固完善,關係貨運之安全至鉅,破漏者一律不宜使用,以其易遭雨水之侵害,及盜竊之損失也。

二曰車輛之清潔。凡車輛中有因裝運油類或惡劣臭氣之物品而被汚染者,必須設法掃除淨盡,然後方可用以再裝其他貨物,以防受其薰染,致滋損壞。假定某車曾經一度裝運菸草,則卸空後不能即行以之再運食糖麵粉等物,以殘留車內之菸味,勢將被其吸收,傷其本質,是其例也。

三曰車輛之查驗與記錄。查驗者,所以確定車輛有無損壞及是否合用之必要手續也。無論任何情况之下,在裝用以前,必須按照規定辦法,逐車實施查驗,而於車之頂蓋,四周,門扉,有無破漏,車內有無不潔之殘物,尤宜特別注意。且其檢查之結果如何,以及何時由何人經手負責檢查,應依一定格式記錄保存之,俾主管者隨時有所稽考,以杜陽奉陰違,或奉行不力之流弊。是記錄雖屬小節,而寓意殊深也。

四曰車輛之預備。除損壞者非待修理完善不得使用外，舉凡關於車內污穢之清除，臭氣之消滅，釘頭之排除，或用他物以掩覆之，在在與裝運貨物之安全有關，故預備車輛又爲使用以前不可忽視之必要手續也。

五曰車輛之選擇。運用車輛，以經濟爲原則，其實現之道有二：一則應按貨物之性質，選用適當之車輛；一則應依愛護優良車輛之原則，以定選擇之標準；蓋鐵路之貨運，品類不齊，性質懸殊，而車輛構造亦有優劣新舊之差別，所以一方面固不得使用不適當之車輛，藉謀貨物之安全，然在另一方面，如某種貨物有足以損壞車輛之性質，或有損及同車內其他貨物之可能性者，尤當分開裝運，且以裝入次等車輛爲宜。如是既可免除意外之損壞，而優等車輛又得賴以延長其壽命，可爲運輸高貴物品之用，其無形中所獲之經濟效果，蓋有未易以數字表明者。

第二條 冷藏車之構造特殊，其主要之功用，乃在便於保護鮮貨運輸之安全，雖鮮貨之種類繁夥，需要之冷藏程度不一，然其不宜接近污穢，乃爲任何鮮貨具有之通性，是以裝運鮮貨，不惟應於冷藏車輛內部及所用之冰力求清潔，卽原有之殘餘污水，亦要開管排洩淨盡，以防感受惡劣濕氣，轉而加强其損壞之速率及程度。

冷藏車雖以裝運鮮貨爲其固有之功用，然遇普通車輛缺乏塲合，亦可以之裝運非鮮貨之物品，以濟急需，惟當裝車之前，須按貨物之性質，分別妥爲準備：如爲易受潮濕侵害之物品，不但車內之殘餘冰水悉宜除盡，卽原置車內之草藁鋸屑等物，亦當一律掃除，以其富有吸收潮濕之性質，轉令貨物有受潮之危險。簡言之，冷藏車不獨應力求清潔，且須絕對乾燥，此其一。如以裝運麵粉，粉食，或其他易於損壞之物品，則又不僅以車之內部已經乾燥清潔爲滿足，其全車之通風器及冰倉門蓋，更應於裝車前一律關閉牢固，以防風雨之侵襲，致滋損壞，此其二。

復次冬季氣候凜冽，鮮貨需要保暖業務，故冷藏車亦爲冬令運輸鮮貨之主要車輛,以其構造較爲堅固,且泰半裝有全部絕緣設備,門窗關閉之後,外界寒氣無從侵入車內,而車內之暖爐溫度亦可保持常態,不致散出車外。惟在冷藏車內裝置暖爐,務須力求穩妥,以防顛覆,引起火險,考其裝法;約有二端:一爲在冰倉內安置暖爐於冰格之上,其位置以近於倉之中心爲適宜,用鐵練繞纒爐之頂部,成平行式以螺旋緊釘於車身。二爲在冰倉外車內安置暖爐,用多數木楔圍壓爐脚,牢釘於車底。無論暖爐之式樣如何,裝設位置若何,總以力求穩固,足以抵抗行車之震撼,不致發生傾倒滑動爲第一要義。

第三條 冷藏車之設備特殊,構造精緻,成本極昂,凡屬普通貨物,卽可以普通車裝運之,非必要時,不宜輕易代以冷藏車輛。且有多數物品,不但就其本身之安全論,不宜用冷藏車裝運,甚有足以損及冷藏車之完好者,故爲冷藏車之運用經濟計,及貨物之本身安全計,凡有左列之性質者,應以絕對不用冷藏車裝運爲原則:

一.易受潮濕而起損壞之物品如米,麥,麵粉,及其他一切易於吸收潮氣之乾貨(除非車內全乾)。

二.易銹壞之物品,如銅鐵等質之製造品屬之。

三.有惡劣臭氣,能使冷藏車受其薰染,以致不能再作裝運鮮貨之用者,若菸草等類是也。

四.體質過於粗重,易於損壞車身或車底者,如笨重機件之類是也。

五.爆炸品,酸性品,或有腐蝕性之流質品。

六.或因貨物之性質或因裝法不妥,有使車身絕緣裝置發生潮濕或損壞者,如無包裝起運之散冰散鹽 (Ice or Salt in Bulk) 之類。

第二章 零擔貨物之接收

貨物之由甲地運往乙地,其行動總稱之曰運輸。如按運輸之整個程序分析言之,無論任何貨物,皆須經過「接收」「裝車」「運轉」「卸車」「交付」五種手續,在未經接收以前,鐵路對於貨物不生責任問題,一經承受接運之後,如有短少損壞情事,則鐵路卽須擔負賠償。是故接收貨物之際,卽爲貨主與鐵路劃分責任之關鍵。易詞言之,卽貨物在接收以前之損壞,由貨主自行負責;接收後所生之損失,當由鐵路負責也。本章各條規定之要旨,一在指示路商雙方所應共同遵守之原則,共謀運輸之安全;同時列舉鐵路人員接收貨物時所應注意之事項,以明本身之責任,而防意外之糾紛。

第四條 貨物之包裝宜乎堅固,標誌宜乎清楚,說明宜乎簡明,重量宜乎準確,而標誌之塡寫,尤以筆書或印記爲最妥,不宜使用吊牌以其易於脫落故也。凡此種種,關係貨物之安全至大,倘能辦理完善,於路於商,兩有裨益,此義應由鐵路人員廣爲宣傳,使一般貨商明其意,知其用,而後乃能收普及之效。

第五條 貨物之包裝法及標誌法,均於貨物分等表內詳爲規定,托運人當絕對遵照辦理,如有違反情事,鐵路可以拒絕收受;其包裝上如有已經用過之舊標誌,務須設法除去,以免與新標誌混淆不分;如包裝上寫明托運人之姓名,其前面應加一「自」字或「由」字。(註一)

第六條 托運單或提貨單(註二)如有模糊不明,或塡寫不實不全

註一:在包裝上寫明託運人姓名之場合,其前面如不加一「自」字或「由」字,則易與收貨人之姓名相混,因而發生錯誤,所在多有。

註二:按美國鐵路運貨辦法,先由商人塡就寄貨單三份,連同貨物送交鐵路。此項寄貨單之第一張爲 Bill of Lading, 第二張爲 Shipping Order or Shipping Ticket, 第三張爲 Memorandum, 其格式內容係經州際商務委員會規定,三份完全相同,通行全國各路。商人亦可照樣自行印用,不限於專用由鐵路所備製者,所以商人寄貨,照例先將此單自行塡妥,連同貨物送交鐵路之貨棧 Freight House。經貨棧之接收員 Receiving Clerk 及唱對員 Caller 過磅點收,卽在三張上同時簽收,並在第二張註明裝車之車號,以第一三兩張交還

之情事,即不得接收其貨物;且當貨物未經鐵路點收無訛以前,更不得遽然在提貨單上輕於簽收,同時應以實在收到貨物之日期,作爲托運單及提貨單上之日期。

第七條 起運之貨物,無論爲包件,或零件,或捆紮,所有各件上之標誌,須與托運單逐項核對,如有應加更正者,非俟托運人或其代理人自行照改後,不得率爾簽收。

第八條 凡用特許提貨單託運之貨物,應於包裝上標明「特許提貨」之字樣,并須附加一種鑑別標記或號碼,同時以此等標記或號碼記入托運單及提貨單(註三),以便核對。

第九條 貨物一經由路方接收,應立即存入貨棧,或藏於關閉之車內,除在有人負責看守時間以外,貨棧及此等保存貨物之車輛,均應妥爲封鎖,以昭愼重而防盜竊。

第十條 接收貨物時,如發現有損壞情狀者,應按實在之損壞程度,在提貨單內切實註明(註四),其措詞應依第卅一條之規定辦理。

托運人,第一張由托運人寄至收貨人,作爲在到達站提貨之憑證;第三張由托運人自行收存,以爲寄貨之根據;第二張則由鐵路保存,用以塡寫運費及塡造貨票 Waybill。由此可見在美國鐵路上之所謂 Bills of Lading 與 Shipping Orders or Tickets 者,內容實爲同物,絕無二致,所異者乃名稱耳。前者在吾國通稱爲提貨單而後者之意義實爲托運單,惟與吾國所用之托運單不無出入之處。以後本書各條文中之譯稱提貨單者,即指第一張之 Bill of Lading;譯爲托運單者,即係第二張之 Shipping Order or Ticket;按其性質,並無若何差別,爰加解釋,俾免誤會。

註三:按美國鐵路托運貨物,有直接提貨及特許提貨兩項辦法:其在後者,第一張之提貨單,大率由托運人寄至到達站之銀行,收貨人接到鐵路之到達通知,應先到指定之銀行繳清運費及貨價,方能取得提貨單,向鐵路提取貨物。因事實上往往發生假冒欺詐情事,故於此等貨運,必須特別鄭重其事,本條之各項規定,即在保障特許提貨運輸之安全,而防疏忽誤交之流弊。

註四:收貨時註明損壞情狀,乃分明責任之必要手續,良以他日如有損失賠償問題發生,此項註明,即爲決定賠償程度最有力之證據也。

第十一條 遇有雨雪暴風之時,當特加注意,設法保護易於受損之貨物。

第十二條 遇有鮮貨未克當日運出之時,必須特別加以保護(註五)。

第十三條 由無人經理之車站(註六)起運之貨物,應由列車長直接接收查驗裝運,對於收到貨物之件數,應逐項開單列明,如有包件,亦應妥加查驗,其有例外或特殊異狀者,當於單內切實註明之(註七)。凡此一切情形,應由該列車長通知起票站。

第三章 零擔貨物之裝車原則

裝車有兩種不同之意義:一指裝載貨物於車內之行動,是謂loading;一指貨物在車內之如何安置排列,是謂Stowing;二者在中文同名之曰裝車,而一究其涵義,實大有區別在焉。夫貨運所以不免損壞者,泰半由於行車之震撼,以致在車內發生傾倒滑動衝突各種異狀,爲防止及減少損壞賠償之損失,故貨物在起運站之當如何按其種類性質,妥爲裝置,殆爲極堪研究之問題。本章所陳,蓋就第二種涵義舉其重要原則,至於各種貨物之按類裝放辦法,則詳列於第八章之裝車細則,前者爲概括的,後者係列舉的,要之直接保護貨物在運轉中之安全,間接減少鐵路賠償之損失,實爲共

註五:按零担冷藏車輛運輸不必逐日開行,所謂未克當日運出者,卽指在無冷藏車次之日所收進之鮮貨而言,惟鮮貨之性質又極易損壞,故在等候裝運期間,應卽以之存入貨棧內部所設之冷藏室,或冬季之保暖室,是卽特加保護之意也。

註六:最小之車站,通常不設員司,間有貨物起運,其起票及收費,由附近車站代理,而貨物則由托運人直接交於列車長裝運;至若寄往此等無員司站點 Non-agency Stations 之貨物,其運費或在起運站預付,或由附近車站代收,而貨物則一律寄由附近車站收交。

註七:與註四之理由同。

同之目的,而裝車技術之重要可知矣。

第十四條 貨物應順車身成長行式裝入車內,幷以在運轉中抵抗震動力最大之方面向下放置爲原則,但遇有某種貨物,能以各件互相交錯疊放,而得更經濟更有利之堆裝者,則可變通辦理,不必拘泥。凡易滑動之物品,應加釘木楔,妥爲圍住,不使移動。

第十五條 無論裝運任何貨物,所應注意之要點有三:(一)全車裝載之重量,須分配均匀,使各部分所受之壓力得其平衡;(二)在可能範圍內,全車貨物應裝至同一之高度;(三)不致發生傾倒或損壞其他同車物品之危險。

第十六條 易受雨水浸毀之物品,不宜裝於車門附近,以離門愈遠爲愈妙。

第十七條 易於凝凍之物品,其上下左右各方,應用同車內之其他貨物妥爲包圍,以資保護,幷須離開車底至少在兩吋之距離以上,不宜緊靠車門及車之前後兩端與左右兩邊(註八)。

第十八條 須在沿途各站停卸之區間貨車,其貨物應順各站次序製置(註九)。

第十九條 凡屬包件之貨物,應以寫明住址之方面向上放置爲原則,但某件如有特別註明「此邊向上」之字樣,則視爲例外,當仍按該特別聲明辦理(註十)。

第二十條 以笨重之包件裝於下層,質輕之包件裝於上層(註十一)。

註八:車之兩端兩邊及車底,與外界寒氣接觸太近,所以易於凝凍之物,不宜放於此等位置,以避傷害也。

註九:到達站最近者,裝於車門附近,最遠者裝於車之兩端。

註十:以住址向上者,意在便於裝卸,其有特別註明某一方面向上者,蓋鑑於貨物之性質,不如是恐卽有損壞之危險也。貨主知之較切,因而始有特殊指定之放法,鐵路自當依照行事,否則如有意外,其咎不在貨主而在鐵路也。

註十一:以輕者置於重者之上,一則車輛之容積,可得堆裝之經濟,一則重者之抵抗力較強,不致有壓傷之虞。

第二十一條 凡用盆桶及活塞罐頭盛裝之貨物,應將頂端向上裝載,以防滲漏。

第二十二條 凡用布袋,布包(棉花包除外)紙盒,或其他易壞的盛具裝運之物品,不得使用鐵鈎搬運。

第二十三條 凡帶傳染性臭氣之物品,不得與易於吸收此類臭氣之貨物同放一處,并不得用冷藏車輛裝運(註十二)。

第四章 沿途零擔貨物之裝卸

第二十四條 站長接收由列車卸下之貨物,或列車長收裝由車站起運之貨物,雙方均須與貨票逐件妥爲核對,倘有例外情形,亦應在貨票上切實註明(註十三),并簽字負責。

第二十五條 列車長及列車人員,必須留心考察車內所有貨物,均經裝置妥當,不致在運轉中發生倒塌,滲漏,磨擦,滑動等項情事,而起損壞(註十四)。

第二十六條 沿途有卸淨之空車,在未甩下之前,列車長務須親身查看一過,以防車內尚有餘貨未卸。

第五章 零擔貨物之交付

貨物既已終其行程,運抵到達站矣,然在未經交付於收貨人以前,鐵路之責任仍未終了,但當正式交付之前,尚須經過許多點驗及轉搬手續,稍一不愼,則不獨到達站與起運站或中途轉運時

註十二:冷藏車爲運輸鮮貨之特殊設備,而鮮貨所最忌者又爲惡劣臭氣,此爲主要之理由,餘則詳見第二三兩條之說明。

註十三:此爲行車人員與車站人員對於貨物安全劃分責任之必要手續;將來如有損失案件發生,究應由何方負責,不難考查而知矣。

註十四:貨物在起運站之如何裝車,歸站內貨棧裝車人員負責,列車出發以後,由列車人員負責,可見裝車之知識,非獨站內人員所應具備,卽行車員工亦當研究也。

之責任不分,而鐵路與貨主之責任亦不清。故就表面觀之,交付似乎事之小焉者,不足介意,然在卸車時之如何點驗貨物,如何查驗車鎖,如何存入貨棧,如何寄出到達通知,如何取具交貨證據,如何清理不能交出之積貨,無一而非貨棧之職責,無一不與交付貨物有密切之關係,本章之要旨,殊無異乎列舉到達貨棧 Inbound Freight House 之職責,良以零擔貨物之交付,實爲到達貨棧之主要事務也。

第二十七條 車輛調入貨棧預備卸貨以前,所有車門封鎖狀況,應予查驗一過,加以記錄。及至開車卸貨,對車之內部及貨物情狀,亦應詳爲記錄,至貨物由車內卸出時,各件應詳爲核對(註十五),所有站名,車號,及卸出日期,或連續號碼(註十六)等項,均應於每一包件

註十五:按美國處理到達貨物之實况,在車輛尚未甩入貨棧以前,先將收到之貨票,按照各車分別彙齊,根據貨票上之所載明者,塡具一種卸車點單,名曰 Tally Slip,開列各批貨物之收貨人姓名,到達站,標誌,件數,及品類等項。此項卸車點單,在卸車時由卸車員 Unloading Clerk,亦稱 Check Clerk,持以點卸貨物,同時由唱對員,名曰 Caller,依照包裝上之標誌逐件點唱,如此雙方核對,如有短少或其他不符之情節,即可査出矣,此即條文內「詳爲核對」所指之具體方法也。

註十六:連續號碼爲 Pro number, pro 即 progressive 之簡寫。凡屬關於運到貨物之貨票,一律在到達站另行編號,每號代表由一托運人所運之貨物,因原貨票來自各站,各票之號碼當然不相連貫,於計算到達貨物運費之會計上極爲不便,故集合一處,另編號數,使其互相連續,一則使散亂之貨票得爲有系統之編列,便於檢査,二則由是可知收進貨物之批數(number of consignments of freight received),以凡係由一人托運之貨物,無論件數若干,皆爲另列一號也。請同時參閱美國 John A. Droedge 一九一六年所著之「Passenger Terminals and Trains」第一百七十五頁之附註一。

上印明或標記之(註十七),然後移置於適當位置(註十八),以利交付。

第二十八條 貨物之到達通知,應於貨物到站後廿四小時內,用書面或依其他路商雙方同意之特定辦法,送達收貨人,此項通知應於起運站及貨物種類兩項特別載明之。

如收貨人之住址未經載入貨票,而又無從考查,則以通知裝入印有退還住址之信封,委託郵局代遞,倘郵局無從投遞,退還鐵路,即應以之存案備查。

如托運人之姓名住址,已經明白標記於貨物之上,而其前面又有「自」字或「由」字,則無人招領貨物之通知,應立卽寄於托運人。凡超過鐵路所定之免費時間後十五日以外,仍未經人領去之貨物,即作無人招領論。

如托運人在起運站當初已向鐵路提出正式書面請求,則四十八小時內無人領取之爆炸品及其他危險品之通知,得逕寄於托運人,但此項請求,須用州際商務委員會規定之各種顏色方形紙片塡寫清楚,貼於包裝之上,并以距離收貨人之姓名愈近爲愈妥。

倘托運人請求用電報通知無人領取之貨物,其電費應歸托運人擔負。

第二十九條 如在免費時間後十五日以內,鐵路將貨物由貨棧移存於公共堆棧,應於移存時以該公共堆棧之名稱及住址通知托運人。如知托運人之姓名住址,則用書面逕行通知;倘貨物包裝

註十七:由唱對員 Callers 於唱對貨物,由車卸出時,隨手用戳記蓋印之。

註十八:所謂適當位置者,指與卸車地點相距最近之貨棧位置 Section 而言。緣貨物卸車以後,不必皆能當時交出,大抵須在貨棧經過一度停留,而貨棧面積極爲廣大,故分成若干段落,各以 1,2,3,4,5,6 等數字,代表各段落之號數;此種段落,謂之棧位,其號數謂之棧位號碼 Section number。某貨卸車後,究應存於何號棧位,係由卸車員臨時决定,口頭指示搬貨工人 Truckers 依照推送存放。

上未經記明托運人之姓名住址,而貨票上亦未載明則由到達站先用書面通知起運站,再由起運站用書面轉告托運人。

第三十條 鐵路可從收貨人之聲請,於查驗完畢及確定實在情況後,得於交貨時在交貨地將貨物損失程度,在運費收據(註十九)上特別爲之簽註。

第三十一條 凡註明例外情狀,不得使用摸稜兩可之詞句,例如「似乎被竊」「損壞」「爆裂」「內容暴露」「受損」「破漏」「磨擦」或「抓傷」一類之語句,應一律禁止使用(註二十)。

註十九:按美國鐵路之情形,貨物運至到達站,即由貨票改填一種單據,總名之曰收費單據 Expense Bills, 共爲六聯,內容完全相同,但各有其特殊之名稱與用途耳。茲列舉之:最上面之一聯爲 Freight Bill, 於貨主繳付運費後交其收執,作爲已付運費之證據,是即本條所指之「運費收據」也。第二聯爲 Cashier's Memorandum, 爲鐵路收費之存根。第三聯爲 Delivery Receipt, 於交貨時由貨主或其代理人簽收,作爲鐵路已經交付貨物之收據。第四聯爲到達通知 Arrival Notice, 於填妥後,送達收貨人,作爲到達通知。第五聯爲 Record of Freight Received, 可稱之曰收到貨物單,連同各關係到達貨票用作會計方面計算運費之根據。第六聯名曰點單 Tally Bill, 係於卸車時用以點查貨物,與上文註十六所述之卸車點單名稱性質雖相類似,但前者爲包括全車貨物之總單,而此間之點單,則爲代表車內每批貨物之個別細單,是其別也。總上六者,除第五聯先行分開,附於關係之到達貨票,交於會計方面應用外。餘則一律先交卸車員備用,由卸車員在 Freight Bill, Delivery Receipt, 及 Tally Bill 三聯上註明貨物存入棧內之棧位號碼,及至貨主到棧提貨,先至收款處繳付運費,然後由收款員 Cashier 在 Freight Bill 及 Delivery Receipt 之上加蓋「運費付訖」之戳記,即以此兩聯一併交於提貨人,由提貨人根據單上註明之棧位號碼,持向關係交貨員 Delivery Clerk 提取貨物,交貨員一閱單上指明之棧位號碼,即知貨物所在之位置,其交貨之便利,一若探囊而取物也。交貨之手續既畢,則以 Freight Bill 交提貨人收執,而 Delivery Receipt 則由交貨員收同繳呈貨棧辦公室,存作鐵路交貨之證據,此各聯之大概用法也。

註二十:查各方授受貨物時所發現之損失等例外情形,乃將來決定賠償案件之最主要根據,故其詞句宜肯定而不宜含糊也。

第三十二條 收貨人或其代表搬貨人,均不准入車卸貨,即由貨棧提取貨物,亦須鐵路有人在場。無論任何閑人,不得與車內及貨棧內外之貨物接近。

第三十三條 對於前來提貨之人,必須知其確爲收貨人或其眞實之代理人,如爲代理人,必須收貨人親向鐵路事先聲明有案可查者,方得准其代搬,以防假冒。

交付貨物時,務須向收貨人本人或其代理人取具收據,并須令其簽署整個姓名,不得簡寫,如係交由收貨人之僱傭,或代理人之僱傭代收,應由該僱傭簽押本人完全姓名,不得簡寫。在鐵路方面負責交貨人員,亦應將交貨收據與所交之貨妥爲核對,在收據上註明交貨時刻,并簽名於上(註二十一)。

第三十四條 到達站有時遇見誤裝運回之貨物,或無貨票之貨物,非待收貨人交回提貨單,或提出已付運費之收據,而在收據上幷有「短少」之註明,或提出原來之發貨單,或由托運人出具確實之證明書,或能提出其他確能證明其所有權之證據,幷同時證明托運人之姓名及起運之地點,不得輕於交付,蓋以純憑貨物包裝本身上所有之標誌,不能確定其所有權究將誰屬也。

第三十五條 如提貨人提出運費收據,以證明其所有權,而該收據內亦附有「短交」之註明,則須將此項「短交」註明取消(註二十二),幷應在關係之迷途貨票上敍明,然後方可交貨。其一切經過手續

註二十一:所謂路方負責交貨人員,即係註十九所述之交貨員 Delivery Clerk, 而所謂取具收據者,即同註內所云之交貨收據 Delivery Receipt。一切簽收手續,均係在此項收據註明,如有錯誤,應由關係之交貨員負責,此其實在情形也。

註二十二:此爲補交第一次未經運到之貨物,故於原來發給收貨人之運費收據上有「短交」之聲明。第二次既已補交齊全,當然應將原有「短交」之註明劃銷,否則收貨人仍可根據該項聲明,向鐵路提出賠償要求。

情節，務須詳記於第一次交貨時由鐵路留存之交貨收據(註二十三)，俾完站上之記錄。

第三十六條 貨棧應按定期檢查一次(註二十四)，藉以清理存貨，而免滯塞積壓之弊，如無人招領之物，誤運退回之貨，無標誌或無票據之貨物，及有票無貨等等，是其例也。

第三十七條 在不設員司之最小車站，卸貨事務，由列車長親身到場督理，兼負核對貨票之責任，遇有短少或損壞情事，應在貨票上各關係項下切實註明，并須填明卸貨之列車車次，卸貨日期及時刻，然後在票上簽字。

第六章 零擔貨物之轉車

轉車亦為全部運輸程序中有時不可避免之手續，無論其性質如何，既為貨物所經過之一種轉換，則必有以記載之，將來如無意外之事發生則已，有則皆有根據就以覆按，此則本章之要旨也。

第三十八條 凡貨物在中途經列車人員由一車轉入他車，其移轉地點，日期，移入車號，以及短少損壞一切例外情事，均應註明於貨票內，并由經手人簽字負責。

貨物在車站由一車轉入他車時，須將移動地點，日期，移入車號，轉入車之到達站，以及短少，溢出，或損壞等一切例外，及在何站發覺等情，均當一併記入貨票。

註二十三：依前面註十九之敘述，交貨收據本係由鐵路保存，第一次既未交清，原交貨收據上當亦有同樣「短交」之說明，第二次補交餘件時，自應檢出原收據加以更正，以清前後之手續。

註二十四：按美國通行之辦法，存於貨棧之貨物，由各主管交貨員 Delivery Clerks in Charge of Sections 負責清理，照例每星期對於經管棧位舉行一度檢查，凡已超過一星期尚未交出之貨物，一律開單具報，送交站內賠償處 Local Claim Department 查核，由其設法與托運人或收貨人商洽處置之方，萬一無法交付者，則移置於無人招領貨物處，另行囤存，藉以疏通貨棧。

第七章　零擔運輸貨票之處理

第三十九條　零擔車之貨票,應由起運站按照各車分類釘集裝袋,處理時務須特別謹慎,不得粗率從事,以防遺漏。

凡屬於同車貨物之貨票,應裝於同一信封之內,倘遇貨票與貨物分離,應將貨票寄往到達站,幷附簡要說明。

第八章　零擔貨物之裝車細則

貨物之應如何裝車,有其種種决定之因素,舉其大要:一爲貨物之性質,二爲貨物之包裝法,三爲貨物之起運量,四爲貨物體質之大小輕重。本章之規定,卽係按物詳列各種裝車辦法,殆全書中最重要最精華之部分也。

第四十條　酸性品

用球形大玻璃瓶或其他盛具裝置之酸性物品,其裝車法詳見I.C.C.Regulations, Agent B.W. Dunn's Freight Tariff No.1; also Bureau of Explosives Pamphlet No.6,Supplements thereto and reissues thereof(註二十六)。

凡用於裝容汽油及酸性物品之一切回頭空件,切不可置諸同車內其他貨物之上,必須按照去程時同樣裝置,一如內中盛滿

註二十五:本條之規定,在美國最大之終點貨運車站 Freight Terminal Stations,係由起票處 Billing Department (亦稱 Rate 或 Out Freight Department)之貨票分類員 Waybill Sorters 負責辦理,其分類貨票,應用一種特製之分格長架,各格上標明排車號碼 Spot numbers,與起運貨棧 Out Freight House 所用之裝車表 Loading Chart上車號完全相同,故雖成千累萬之零担貨票,均得有條不紊,分類極爲迅速。至裝車表及排車號碼之性質及其用途,以與本書無直接之關係,故略而不詳。

註二十六:關於酸性物品之裝車方法,在本條所舉各書中規定極爲詳盡,故仍就原書名稱列出,俾便參閱,其在他處仍用原文者,亦本此同樣之理由也。

原物者然。蓋以此類空件常難絕對乾淨，不免時有殘餘，往往足以使置於下面之物品發生重大之損壞。(其詳見 I. C. C. Regulations, Agent B.W. Dunn's Freight Tariff No.1, Supplements thereto and reissues thereof)

第四十一條　農具類

凡耕犂，鏟尖，以及其他各種農事工具，或零件，不得置於同車內其他包件貨物之上，不得與袋裝或捆紮之貨物接觸，更不得與裝有爆炸品之包件貨物相近。

用廠車裝運農具時，所有可以卸下之零件應一律拆下，或另以木箱盛之，附於農具本體之內部。如另裝木箱，則應用鐵絲繞過箱之兩端，周圍捆妥，然後緊繫於農具本體，或牢着於車底。此項箱匣，須於托運單及提貨單內特別註明，如有未經拆下之易碎零件，仍須另加保護。

凡托運零件農具之貨商，應用連續數字標明各件之號碼(註二十七)，併將各件號碼同時記於提貨單內，鐵路則據以轉入貨票。

第四十二條　蘋菓

用條簍裝運蘋菓，應以底端向下放置，幷用木條撐緊，不使滑動。

第四十三條　地瀝青

用圓桶裝運地瀝青，其裝車法如圖例第五所示。幷應於車底面上加鋪乾沙(註二十八)，以資保護。此法於裝運酸性物品時亦適用之。

第四十四條　包捆商品

打捆或用蔴布包裝之商品，不能使用鐵鈎搬運，裝車時不能

註二十七：用連續數字表示各另件農具之數目，意在便於考察有無短少或遺失，蓋以號碼之次序如有間斷，是即短少之明證也。

註二十八：於車底上加鋪乾沙，以防萬一滲漏時不致直接損壞車輛，因地瀝青及酸類同爲富於毀壞性之物品也。

與油桶或其他盛有流質之包件,未經製鍊之獸皮,或其他帶潮濕性之物品,互相抵觸,亦不得接近車內之樑柱,支柱,鐵釘,螺釘,或其他貨物之邊角,以免因磨擦,衝撞,撕扯而起損壞。凡屬此項商品,總以置於車角較為穩妥。

商品中之地毯,成圓筒起運者,如長度超過三呎以上,則以平放(註二十九)為妥。

圖例第三,表示用他項貨物保護裝運地毯之狀。

圖例第四,表示用隔板將地毯與他貨分開裝運之狀。

車內所裝地毯之周圍,可選他種貨物保護之,尤以硬紙盒之包件為佳。

第四十五條　香蕉

當用豎立法裝車,一則不致發生壓毀之虞,一則車輛可得經濟之裝載。

第四十六條　用圓桶裝載流質品油類,或質重物品。

圖例第五,表示用木塊夾住個別圓桶之正當裝車辦法。

圖例第六,表示用木塊,木柱緊夾多數圓桶之正當裝車辦法。

圖例第七,表示用木柱,木楔,撑住多數圓桶之另一正當裝車辦法。

裝載油類之圓桶,必須與其他貨物分開裝車,以防損壞。

裝載非油類或非質重物品之圓桶,必須豎立之,再以其他同車貨物在四周圍住之。

有活塞之回空圓桶,應豎立之,并以有栓眼之端向上。

盛裝富於燃燒性的物品之圓桶,其裝車詳見 I. C. C. Regulations, Agent B. W. Dunn's Freight Tariff No. 1, Supplements thereto and reissues thereof。

第四十七條　浴盆

註二十九:長度超過三呎以上者,則易因行車震動發生折毀,故以平放車底為妥。

用汽車搬運時,以盆口向上放置爲原則;裝入鐵路貨車時,應以盆口向下置放,幷於左右兩邊及前後兩端加釘木楔夾住之。

第四十八條　豆類

見第九十一條袋裝物品之裝車方法。

第四十九條　自行車

見第一百條車類之裝車法。

第五十條　建築木工

見第一百零三條之規定。

第五十一條　牛油猪油等類

必須與魚葱及其他帶污染性之物品(註三十)隔開,相隔愈遠愈妙。再用桶盛載之牛油猪油及其相類似之物品,除非依圖例第八及第九兩例用木塊木樁緊爲夾住,其裝車之高度,不得超過一層。

第五十二條　陶器,玻璃,及其他脆性物品

用桶裝運時,必須豎立,而又切不可傾倒滾動。

裝箱之玻璃,在可能範圍內,必須平正裝近車底,不得以任何重貨壓於其上。

第五十三條　鑄造物

見第七十四條之鋼鐵物品裝車法。

第五十四條　三合土袋

回空三合土袋成捆起運者,至少應用鐵絲或繩索三條捆緊,如用繩索,其粗度至少須在一呎的十六分之三以上,幷於各捆上用鐵絲附掛布質吊牌一個,寫明收件人之姓名及住址,由何人寄運,及托運人之姓名住址。(貨物分類通則有如是之規定——如不按照本條辦法打捆,鐵路卽可拒絕承運。)

參閱圖例第卅一,卅二,卅三及卅四各圖樣。

註三十:魚葱等類物品之腥膻最盛,牛油猪油同屬鮮貨之列,最忌惡劣臭味,故不宜同裝一處。

第五十五條　泥土品

陰溝水管,屋宇溝瓦,煙突管,及土磚一類之物品,應分段隔開裝平。在陰溝水管則以各排帶鐘狀一端彼此倒置,於上下各層之間,夾放乾草或木條(註三十一)。如爲長大水管,則最下一層之底下,必須安置兩條厚木片,將帶鐘形之端架高,使其不與車底相抵觸。

第五十六條　棉織品,乾貨等類

見第四十四條包捆商品之裝車法。

第五十七條　經過氣壓之煤氣

用圓桶罐裝運,其裝車法見各圖例之所顯示,及Bureau of Explosives Pamphlet No. 6, Supplements thereto and reissues thereof。

第五十八條　未經鑲嵌玻璃之門扉

見第一〇三條之規定。

第五十九條　雞蛋

雞蛋裝箱起運,應成直行排列,上裝下卸時,尤須特別愼重。見圖例第十一。

第六十條　爆炸品

詳見 I. C. C. Regulations, Agent B. W. Dunn's Freight Tariff No. 1; also Bureau of Explosives Pamphlet No. 6, Supplements thereto and reissues thereof。

第六十一條　肥料

海鳥糞,硝酸鹽,骨灰,膠質物,與其他類似之物品,不能與易受惡氣薰染之貨物同裝一處,以免因互相接觸而受損也。

第六十二條　魚及家禽類

用冰或鹹水打包裝運之魚及家禽或其他類似物品,其裝車

註三十一:各層間夾以乾草等物,可以抵銷行車之震動,上下水管可免擠破之危險。

註三十二:無論任何肥料,皆髒物也,故不宜與他貨同裝一處,尤當與富有吸收性之物品隔開。

之地位,務須近於車門,幷於包件四周用木楔包圍,鋪以乾沙,木屑,煤灰,或其他有吸收水分性質之物質,一則用以吸收小量漏滴,一則使大量漏滴可由車門下面流出車外。

倘按上法辦理,水量仍不能得適宜之排洩,則同車之其他貨物,應以裝于臨時添設之假車底之上爲宜。（按假車底爲 False Floors, 指臨時安設車內之方孔木架而言,裝運最潮濕之貨物時多用之。）

第六十三條　麵粉

見第九十一條袋裝物品之裝車法。

第六十四條　烟突及內部夾管

見第五十五條泥土品之裝車法。

第六十五條　爐灶

見第九十六條之規定。

第六十六條　傢俱

以最輕之件放于最上層。凡衣鏡,鏡片,及其帶玻璃之物件,應以有玻璃之一方,向車邊置放,並於各件背面放一大件,以資保護,此類物品最易損壞,故裝車必須特別愼重。倘遇大宗傢俱起運,當完全裝於車之一端,加以隔欄,釘於車之兩邊,使與其他貨物分開,此爲裝運傢俱最安全之方法,遵而引之,則不致發生滑動顛倒之損失。

運輸傢俱及移民用具,除須依照貨物分類表及運價表內規定辦法,分別加以包裝及標誌外,后表所擬之各項建議,尤爲切於實用,托運人如能遵照行事,可獲安全運抵到達站之便利,不致有意外之損壞也。

各件傢俱應用連續數字標記之,幷以此項數字一併載於提貨單及貨票之內,此爲鑑別多數不同運件之最妥方法,幷於最末之包件上,應註明「最末件」之字樣。

各件應分開過磅,幷將重量分別記入提貨單及貨票。

為便於認明失落吊牌或標籤之包件,或原標誌已經磨滅塗抹不明之包件,最好於各包裝之內部附同樣紙片或紙條,載明左列各項:

一. 起運地點及托運人

二. 起運日期

三. 起運鐵路

四. 收貨人姓名

五. 到達站

此外尤宜注意者,切勿因易於取得之故,使用舊桶破箱裝運物品,總以用完善者為妥,并不得裝之過重,以策安全。

運輸傢俱及移民用具之包裝辦法表

物名	包裝法
床頭:銅質,鐵質,或木質。	先卸下脚輪,然後將床之兩端用繩捆束一起,其空隙處填以乾草或鉋屑,再用蔴袋布或其他相當布類包裹之。
床欄杆:銅質或鐵質。	以床之欄杆紮成一捆,再用厚紙包之。
床欄杆:木質。	先用蔴袋布或他種合宜布類包裹之,以正面向裏然後束成一捆。
被褥	捲束成捆,用蔴袋布或其他布類包裹縫紉之。
長凳:大廳用或音樂廳用。	先以紙,蔴布,或舊衣,或他種布料包裹之,再用條板在四周箱夾之。
書籍	裝箱
紙盒類:襯衣短褲	以紙,布,或舊衣,或其他相當物包裹之,再以條板釘之成箱。
櫥櫃(Cabinets):骨董,瓷器,樂器,廚房用具。 框架(Cases):書籍或古玩。 壁櫥(Closets):瓷器	所有脚輪,瓶架,及其盛物,一概卸下,裝於桶箱之中,鏡架應妥為包置箱內,木架則亦應包裹妥善,可束成捆,或用條板釘箱,或裝箱均可。再將Cabinets,Cases,及Closets用條板釘箱,其有可以分開之頂端或某一部分,應將各件分開用條板釘箱,其條板不得薄於一吋之7/8,不得寬過四吋。倘板箱與內裝物品之間不現空隙,互相抵觸,則應用相當之物填塞其間以防擦壞。

地毯	捲束成捆，包以蔴布或他種布料縫紉之。
兒童用車	用條板釘箱。
箱盒類：書籍或古玩	與前述內室物同。
坐椅：轉動的或油漆的。	先以紙，草，或鉋屑塡塞之，再用蔴布包好，加條板釘箱。
坐椅：不能轉動，或無油漆者，	僅用蔴布包裹足矣。
坐椅：餐用，普通用椅，或搖椅。	用厚紙包裹，以坐位對坐位，成雙束之。 搖椅則須加條板釘箱。
箱櫃：西洋杉木	用厚紙包之，再加裝箱，或用條板釘裝。
箱櫃：工具類	用釘釘固，或用鐵條釘包之。
玻璃衣橱	將所有輪脚及附件一律卸下，裝入盒匣中，鎖於抽屜內，鏡子拆下，分開加以條板釘圍，并以木板掩護整個鏡面，其厚度至少須在半吋以上。鏡框亦卸下，并轉向後面，使框之兩端不致越出橱之頂端之上，或兩端之外，然後用紙，或舊衣，或蔴布，或其他布料包裹之，再用條板釘箱。
內室(Closets)：瓷器	與 Cabinets 同。
衣服：各種各類	裝箱
面湯臺(Commodes)	與玻璃衣橱同
榻床(Couches)：皮的或旋轉的。	卸下脚輪，以鉋屑，乾草，或紙張塡塞榻床，再用蔴布或其他適宜布料包裹之，另於四周加條板釘箱。
榻床：鐵的或衛生的	卸下脚輪，將床折疊合，而以繩索緊束之。
碗橱：廚房用	與 Closets 同。
寫字臺(Davenports)	卸下脚輪，并分開包裝。用蔴布或厚紙，或他項相當紙張包裹，再以條板釘箱。
書桌	與玻璃衣橱同。
盤碟：瓷質或瓦質	各件包以紙張，或裝入桶箱，塡塞鉋屑，或乾草，或他類相當之物，以愈多爲愈妙。

梳妝臺	與玻璃衣櫥同。
罐頭水菓：各種各樣	裝箱或裝桶，并在包裝上端標誌「此端向上」字樣。
玻璃器：各種各樣	除須標誌「玻璃」字樣外，餘與盤碟同。
燈類	拆散裝桶或裝箱，并以多量乾草或鉋屑等物填塞之。
油漆布	捲束成捆，加條板釘箱。
機器：縫紉用	所用抽屜一齊封鎖，頂端用厚紙，或蔴布，或舊衣，或他項相當之布料包裹，而以條板釘箱。
機器：洗衣用	用條板釘箱。
機器：留聲機	裝箱，并用填塞物及支柱物，使在箱內不致滑動。
大理石板片	用條板釘箱，或裝箱，每件上面須夾以相當之填塞物。
地蓆或桌蓆	捲捆繩束，并用蔴布或他項相當之布包縫之。
墊褥	與地蓆桌蓆同。
鏡子：各種各樣	分別包纏，或裝箱，或以條板釘箱。不能夾入被褥之內，或放於抽屜內，或與他物同裝箱內。
音樂器具：除別有規定外	裝箱或以條板釘箱。
風琴	必須裝箱，并以後部用螺旋釘於箱上，不得與他物同裝一箱。
烤爐：用煤油或汽油的	將內部盛物一齊卸出，另行包裝，烤爐則用條板釘箱。
鋼琴	與風琴同。
嵌鏡景片：各樣	裝箱或以條板釘箱。大者應分開包裝。如用條板釘箱，其鏡面應用木板完全掩護，其木板至少須有半吋之厚度。
醃藏物或水菓：用瓶裝者	裝箱，并在箱上標誌「玻璃」及「此端向上」字樣。
衣帽架(Racks)：廳用的	用紙張，蔴布，舊衣，或他項相當之布包裹之，再用條板釘箱。

爨爐(Ranges):各種各樣	用條板釘箱,木料須極堅實,并不得薄於一吋之7/8,及窄於二吋又1/2。
冰箱	內中盛物一齊去下，分開包裝。冰箱外部用蔴布，或舊衣,或他項相當之布裹之。
碗橱	與玻璃衣橱同。
凳子:用於風琴或鋼琴者	用蔴布,紙張,或舊衣，或他項相當之布裹之，而以條板釘。
火爐:各種	與爨爐同。
桌類: 裝飾桌,餐桌,圓桌,或圖書桌。	桌脚如能卸下,則卸下另包,以條板釘箱，并用蔴布或其他相當之布掩蓋桌面,然後用條板裝釘之。 如爲漆面之桌，則桌面與掩護物之間，更須夾以其他墳塞物。
鐵衣箱	必須封鎖牢固,妥爲裝箱或用條板釘裝之。
工具:花園用的	用鐵絲框裝
器具:廚房用的	應裝箱,或裝桶,或以條板釘箱。
衣橱:各類	如能分成各部,則分開用蔴布或他項相當布料裹之,然後用條板釘裝。有玻璃鏡之部分,應用木板遮護之,所用木板不得薄於半吋,或寬過四吋。
盥洗臺(Washstands)	與玻璃衣橱同。

其有未經列舉者,則依上表中性質相類似者變通酌定包裝之。

第六十七條　玻璃板,玻璃窗,及鑲嵌玻璃之門扉及窗框

務須依靠車邊側立(註三十三)裝車,而以有標誌之面向外。玻璃板及特別大號玻璃之包件,當按圖例第十二之辦法,用一個或一個以上之長短木塊緊爲撐夾。

用箱桶載裝之玻璃器,見第五十二條陶器裝車法。

註三十三:凡屬玻璃物皆宜側立裝車,以平放易於震破之故也。

圖列第十三,顯示小號玻璃裝車及用長短木塊釘夾正當辦法。

圖例第十四,顯示大宗玻璃窗框之裝車法。

第六十八條　磨石

在可能範圍內,應靠車邊側立之,幷須按圖例第十五及十六兩項所示方法辦理。(註三十四)

第六十九條　草秣類

凡枯草,稻草,棉花,亞麻,麻屑,鉋屑,及其他同類之物品,必須緊裝於蓬車內(註三十五),所有門窗隙處,應一律關閉嚴密,且於必要時爲預防火險起見,並須條封之。如以上述各物掩護其他貨物,亦得適用此項規則。

第七十條　鮮獸皮

如有畜牲車或煤油車可用,則應用畜牲車或煤油車裝載。若用普通車輛,則小批者務須裝於車之門道,周圍安設楔溝(註三十六),通至門口;大批者則置於車之一端,用楔溝橫過車之兩邊,以防侵害其他同車貨物;凡屬鮮腥獸皮,一概不能與牛油猪油,乾酪,或其他易受薰染而致損壞之物品同車裝運。

用零擔起運之生獸皮生毛皮,應裝束成捆,一捆一張,其捆外宜用堅實繩索,比用鐵絲(註三十七)爲佳;而各件之標誌,尤以用金屬吊牌(註三十八)爲妥,此點應向貨商廣爲開導,促其採用。

註三十四:磨石之形體,圓而易滾,平放有震破之虞,以之側立堅裝,則抵抗力強;周圍加以長短木塊,則不致傾倒滾動,影響同車貨物之安全。

註三十五:乾枯草類之性質,最易着火,故裝運時以用蓬車爲妥。

註三十六:鮮獸皮猶有餘血未盡,殘水未乾,如不設置楔溝,引其流入車外,必致全車血水淋漓,既壞車皮,復損其他同車貨物。

註三十七:鐵絲之性硬易銹,以之捆束血水未盡之鮮獸皮,有損壞皮質之危險。

註三十八:用金屬吊牌標記鮮獸皮,較之紙質者實爲穩妥,以後者易爲血水所浸毀也。

各捆用連續數碼之車鎖加封(註三十九),藉資鑑別,幷以車鎖號碼一併記入提貨單及貨票;無論在中途或到終點交貨時,均應加以核對。

第七十一條　傢俱類

見第六十六條之規定。

第七十二條　冰

以冰與他物同用一車裝運時,應裝於車之門道,幷於四周設置楔溝,以免融化之冰水,侵及同車之貨物。

第七十三條　易燃燒品

詳見I. C. C. 之規定, Agent B.W. Dunn's Freight Tariff No. 1, also Bureau of Explosives Famphlet No. 6, Supplements thereto and reissues thereof。

第七十四條　鋼鐵品

有波紋之鐵板等件,切不可用破漏或潮濕車輛裝運,幷應裝於車隅(註四十),按圖例第十七加以支柱。

圖例第十八,顯示不能裝於車隅時另一特別合適之支柱方法。

重大之鐵鼓,鍋爐,柱桿,鐵軌,轍叉,及轉轍尖等,應裝於車之兩端(註四十一),實落車底之上,幷加支柱以制止之。

圖例第十九,顯示波紋形涵洞水管之正當裝載及使用木楔夾住之方法。

註三十九:用連續號碼之車鎖Car Seals, 表示獸皮之捆數,其用意與「註二七」同。惟因皮上不便寫字,故改用車鎖,以爲代替數字之變通辦法,其作用固無二致也。

註四十:有波紋之鐵板,品質甚高,生銹即壞,故不宜用破車或濕車裝運,且其四角成方,以之裝於車隅,極爲適宜,而與車身接觸之一端,即可無須另設支柱,較之兩端皆空,殊爲安全便利。

註四十一:與註四十之理由大致相同。

鐵管,鐵條,以及金屬鑄造物,切不可裝於包件物品之上部,或接近爆炸品。

運輸重大之鑄造物及他項機件,當特別慎重,并須使用木楔木板妥爲支住,令其不能移動,不致損害其他同車貨物。搬運小號鑄造物,不得由車上隨意向下拋擲,以防損毀。

暖氣管之裝車法,見第八十九條。

圖例第十,例證用支柱圍制笨重機器之正當方法。

第七十五條　桶裝猪油

其裝車法見第五十一條。

第七十六條　檸檬,橘子,柚子。(用條板釘裝或裝箱者)

當用豎立法裝車,并另加支柱,妥爲圍制,不使發生移動。

第七十七條　活家禽

活家禽當裝於車內空氣流通之處,如於夏季用蓬車裝運,則應置于兩門之間,而車門叉必使用栓楔,保持微開(註四十二)之狀態。

第七十八條　漆布油布類(未用條板釘裝者)

應按第四十四條之規定裝車,而於冬季寒冷之時,尤當特別慎重處理,以防發生裂痕破損。

第七十九條　流質品及半流質品

流質及半流質之包件,應以雖或在中途轉運時發生傾倒情事,仍不致有損壞,爲其最妥善之裝車法。

參閱圖例第八九兩項。

帶鹼水之包件,應實地裝近門道,並設楔溝(註四十三)。

用桶裝之流質品,以豎立直裝爲原則,但遇桶側塞孔有明顯之損壞時,則爲例外,應以彎曲部分向下裝置,並加支柱,而以眼孔

註四十二:人類賴有空氣以生存,有生命之動物亦然,運輸活家禽之車門,其所以不能關閉太緊者,恐因空氣不通而悶死也。

註四十三:與第七十二條運卷法之理由同。

向上。

裝於瓶內之流質桶,當豎立裝車(註四十四)。

易燃流質品之裝車法,詳於 I. C. C. Regulations, Agent B. W. Dunn's Freight Tariff No. 1; also Bureau of Explosives Pamphlet No. 6, Supplements thereto and reissues thereof。

第八十條 機械類

機械裝車,應實落于車底,且當順車身成長行排列,庶不致於翻倒,或傷及其他同車貨物。如用蓬車裝載笨重機械,則如轉動機 Lathe, 鉋板機 Planer, 鑽孔機 Boring Machine 之類,應各用寬四吋厚二吋之堅實木板從頭至尾全體固釘於車底。機器中有腿脚者,應在兩頭用木塊木條妥爲撐夾,但在任何情況之下,其脚部不得用物制住(註四十五),亦不得固釘于車底,遇有脚部發生折斷之危險塲合,當以脚部卸下,而以機器本體用條板釘裝,其卸下之脚部,可裝入同一條板釘箱之內。(此爲鐵路協會機務處 Mechanical Division 規定之第三〇九條裝車規則。)

參閱圖例第十。

與前項笨重機械接連裝車之貨物,以不易因滑動而致損壞者爲限。

第八十一條 大理石,花岡石,等類。(未用條板釘裝者)

當用支柱分開裝車,以防磨擋擦傷;凡油漆及有浸透性之物質,應一律隔絕之,以防損毀石之外觀。

搬動時不得使用鐵條鐵片等物。

第八十二條 火柴

火柴列於易燃燒物品之類,其裝車法詳定于I.C.C.Regulations,

註四十四:用瓶桶裝運流質品,其栓眼常在瓶之頂端,故不宜倒放,以防向外流出。

註四十五:機械全體之重量,集中于脚部,如固釘之,則不能隨上部機身而移動,於列車行動時即有折斷之危險。

Agent B.W. Dunn's Freight Tariff No. 1; also Bureau of Explosives Pamphlet No. 6, Supplements thereto and reissues thereof。

第八十三條　墊褥

搬動時不得使用鐵鈎,并不得裝於有油跡之車內,如同車貨物有尖角或銳邊者,當設法隔絕之,以免受損。

第八十四條　油類

油用桶裝者,其裝車法見第四十六條之規定。

用罐頭裝運煤油或其他流質品,當裝近車門,另以鐵絲縛緊或木塊支住之,並不得與任何易受損害之貨物同裝一處。

易燃燒之煤油,其裝車法詳見I.C. C. Regulations, Agent B. W. Dunn's Freight Tariff No. 1; also Bureau of Explosives Pamphlet No. 1, Supplement thereto and reissues thereof。

第八十五條　紙類

紙張之種類不齊,包裝不同,因而裝車之法亦不一致:

一.印刷紙成圓捆起運者,當用豎立法裝於平滑無釘之位置,并加支柱,使其堅實不移,不致發生傾倒或滑動之情事。

二.印刷紙成平捆起運者,須平裝於車底,切不可使其豎立。

三.蓋屋紙成圓捆起運者,用豎立法裝車,幷設支柱,以防粘着及移動之發生。

四.糊牆紙不宜豎立裝車,亦不得與他貨混雜放置。

第八十六條　油漆類

詳見I. C. C. Regulations, Agent B.W. Dunn's Freight Tariff No. 1; also Bureau of Explosives Pamphlet No. 6, Supplement thereto and reissues thereof。

第八十七條　風琴鋼琴

當順車邊裝載,以琴之背面靠着車邊,而以裝於車角爲尤妙,幷用木楔或鐵絲支縛之。

第八十八條　杆柱類

重大之杆柱,當於其旁或兩端用木塊釘夾之,以防滑動傷壞同車其他貨物。

第八十九條　暖氣管

不潔整車起運之暖氣管,當依橫列法裝於車之頂頭,于各排之外用條木木板從上而下,妥爲撐夾,防其傾倒,如第二十,二十一,二十二,及二十三圖例之所顯示者然。

第九十條　鐵軌及釘件

見第七十四條鋼鐵品之裝車法。

第九十一條　袋裝物

凡豆類,麵粉,粉食,糖,米,粗麥粉,及其類似物品之用袋裝者,其裝運之車輛,必須完固乾燥,而未受任何濁物之污染,或受鮮獸皮,生毛皮,肥料等物臭味之薰染者,或無煤炭,石炭,三合土等灰屑者。車內如有突出之釘頭,當排除之,以乾潔之厚紙鋪墊車底,或用他法保護之,不宜過於裝近車之邊際或門道,恐遇釘頭或雨水而發生損壞,並不宜與鐵器或帶銳角之貨物接觸,以免布袋有簇破之虞。

第九十二條　鐵質保險櫃

其重量在五百磅或不及五百磅之鐵質保險櫃,不拘於車內任何位置,皆可裝置,惟當按圖例第二十四之辦法保護之。

其重量超過五百磅以上之保險櫃,當裝于車輛一端之中部,并按圖例第二十五之例證安設支柱。

第九十三條　鐵鋸

有木架之圓鋸,當靠車邊裝置,并用木塊或木片束縛之。

兩邊無木架之鋸,亦沿車邊裝放,并加支柱,而以有口一面靠於車邊。

第九十四條　屏門及窗簾

屏門及窗簾一類之物品,當從車邊側立裝放,并加支柱,以免受同車貨物之損害。

第九十五條　陰溝水管

見第五十五條之裝車法。

第九十六條　暖爐及爨爐

圖例第二十六,表示裝載餐爐之正當方法。

大號暖爐,當個別的分開妥爲裝放,并用支柱。

大批暖爐同時起運,當按圖例第二十八排列裝車,以免互撞而致損壞。

圖例第二十七,顯示沿車邊裝置及安設支柱之方法。

小號煤氣爐之用條板釘裝者,應以裝車後不致發生倒壓崩塌情事爲妥。

第九十七條　石類

見第八十一條之裝車法。

第九十八條　糖漿,油漆,猪油,及其他用活蓋盛俱裝置者

當以頂端向上,沿車成長行排列,并用木塊及木片撐夾之。

第九十九條　油桶

鐵質或鋼質油桶 tanks,當靠車邊排置,并於上下四周設柱支之,以防移動,損害同車之貨物。

電鍍油桶,當避開帶尖銳邊口之貨物,如工具等類。

第一〇〇條　車類

上等光潔車輛,宜用未沾石灰,三合土,及磚屑等類之貨車裝運之,兹按車之類別分述其裝車法於后:

甲. 汽車

未裝入車內以前,應先關閉汽油管之瓣Valve,并開放其發動機,聽其轉動,使殘餘之汽油得從炭化器Carburetor盡行排出,直至發動機自停爲止,汽油箱之蓋,應關閉嚴密,如有漏象,則當以汽車移於安全場所,將箱內汽油一齊排出。

及至裝車時,當與車邊平行,離開車之一端約十二吋或十二吋以上,將前後車輪安排平正,使其同在一直線之上,同時關閉氣韌。車輪最下部三分之一,應用至少二層厚之完好蔴布包纏之,以防磨損擦傷。各輪應用堅韌結實布帶,(最好用帆布)妥爲纏裹,連結於長十二吋寬四吋厚二吋的木楔之上,此項木楔放於各輪之兩旁,與輪平行,緊釘于車底,以防布帶拉鬆。又於各輪前後用角形或彎曲楔木阻塞之,其所用之楔木,應比車輪寬過二吋,僅及車輪三分之一之高。如爲不連橡皮輪胎裝運之汽車,除緣邊中心外,其餘任何輪部,不得與此項阻攔之楔木相接觸。

爲預防冰凍起見,凡在每年十月一日起至翌年五月一日之間運輸汽車者,應將汽車暖氣管內之水氣放空,方能裝車。

除非必要時,不得在汽車內使用手提燈,萬一使用時,當以離開發動機愈遠愈妙。

乙. 四輪馬車

當靠車邊順放,用條板釘裝,并於板箱及車底之間,加釘木楔,使車軸兩端得以高出車底之上,不致互相抵觸(如圖例第二十九)。

裝有汽車,柩車,馬車,或其他油漆車輛之一端,不應再裝其他普通商貨,其商品包件當另裝於同車之他端,并加支柱,使與車輛不相抵觸。

丙. 自行車

順車邊側下平放,以堆至可能之高度爲止,再以其他平正包件貨物覆於其上,用蓆掩護。

丁. 小貨車及其零件

先將貨車各部拆散,一齊裝於車之角際,使與其他貨物離開,以免損傷。

除各零件上已有之標誌外,商人仍應用連續數字註明各件號碼,并以之記入提貨單,鐵路則根據之轉載于貨票。

第一〇一條 鐵絲

帶倒鈎之鐵絲 barbed wire, 應裝至不能滑動及不至傷及其他物品爲妥。

第一〇二條　鐵絲繩索

捲於捲鏈上之鐵絲及鐵索（Wire rope & Cable on Reels），當按圖例第三十之狀，裝於車輛一端之中部。

第一〇三條　建築木工

凡地板料，模造物等類之建築木工 Building Woodwork，以不置于他項包件之上爲原則，萬一裝於包件之上，則當斟酌情形，以不至引起損傷爲主，而最安全之辦法，仍爲著落於車底，如是則尖銳之邊緣易於保護，不至發生損壞。

他如門扉等物，當順着車邊側立，裝於整潔平坦之車底，幷設支柱以固定之，既不宜平放，亦不宜以之裝於同車他貨之上。

第九章　零擔貨物裝車之圖例

按先進國貨物損失賠償統計之分析，單就損壞一端而論，其發生之原因，或由於調車之粗心，或則由於搬運，裝車，卸車及裝置之失當，或因使用破壞或不適宜之車輛裝運，或因冷藏溫度及調氣之失宜，或因保暖業務之失誤，亦有因行車事變而生者，更有因行車誤點（指鮮貨一類之運輸）或員工過失者，其他不勝枚舉。要之發生之原因不一，而救濟之方亦異耳。

其中因在中途發生傾倒滑動，以致破壞損傷者，每年輒逾數百萬元以上，將欲避免及減少如許之賠償損失，鐵路於其承運之貨物，必須按其性質，視其需要，採取適當之裝車法，其有易於滑動或易危及他貨之物品，或則分開單裝，或則安設支柱等物以制止之，凡此辦法，在英文稱爲 Partitioning, Bracing and Bulkheading，本書所附各種圖樣，即其例也。惟貨物之種類千萬，而需要此等保護辦法者復不一而足，故本書所載圖例，不過舉其犖犖大者，藉以顯示其在實際上如何實施與運用之情狀而已，其在貨棧服務之員工，倘能以此作爲參考，融會變通，善爲運用，則於預防貨物損壞，必有莫大之效果,是又可以斷言者也。

圖例一:此爲用木楔支住個別刈草機之妥當辦法。其法以厚二吋寬四吋長八吋之木楔兩塊,用 20d 號鐵釘四個釘於機輪之前;然後以輪放下,使其一輪距恰落於車底,以十號鐵絲由輪距隙處纏繞其輪,兩端繫於厚一吋寬三吋長六吋之木楔,一邊一塊,各離輪子二吋之遠,且用 8d 號釘至少八個釘入車底,其繞過輪隙之鐵絲,至少須在三道以上,然後方可打結收束。最後將手握之推動部分提起,靠車邊放置。

圖例二:此圖一則表示在一部分裝有貨物之車內如何保護易受農具傷害之貨物;一則顯示裝於車輛一端已鑲玻璃之窗框如何使用隔板之辦法。

圖例三:顯示用車內其他貨物以保護成圓捆裝運之地毯之方法。

圖例四:此爲用分隔法保護成圓捆裝運之地毯之圖樣。

圖例五:此圖表示用特別製定之木楔,支住單一油桶裝車之方法,其法用 4×4 吋大之木楔,以 20d 號釘兩個或三個釘於車底及車邊。

圖例六: 此爲用木楔木桿支住多數桶裝貨物之圖。右邊用 2×4 吋之木楔;左邊用 4×4 吋之木楔。

圖例七:此爲用隔斷法 Bulkhead Plan 在車輛一端裝載油桶之圖。所用之木楔爲 2×4 吋,其所以另加輔助木楔支柱,成歪形釘于車邊者,蓋恐僅用正角形之支柱,不免發生損傷車身裏部 Carlining 之危險。

圖例八:此爲用隔斷法保護裝運牛油,猪油,乾酪,及其他雜項包件貨物之圖。

圖例九:此爲用支柱,保護用活蓋木桶盛裝猪油,牛油,糖果,及其他同類等物之裝車圖。

圖例十:此爲用木楔支住笨重電機及其他同樣板裝機械之

圖。其法用兩個厚二吋寬四吋長十二吋之木楔釘於兩端，另在兩旁各釘一個，每塊至少須用20d號釘八個釘之。

圖例十一：此為裝運鷄蛋之圖，其法在車底鑲以厚2吋又$\frac{1}{2}$寬$\frac{5}{8}$吋之木楔，以防潮濕，各排各層，均以木條鑲之，故蛋盒不致發生傾倒情事。

圖例十二：此為用支柱裝載玻璃板之圖。

圖例十三：此為用支柱裝置小號玻璃之圖。

圖例十四：此為在車尾裝置大宗玻璃窗之圖。

圖例十五：此為順車邊用木楔裝置未經釘箱之磨石之圖。其法用厚二吋寬四吋長六吋之木楔隔開各個磨石，以20d號鐵釘至少三個釘之。如磨石厚於間隔之木楔，則用厚二吋寬四吋之木楔兩個填塞之，再以一個厚一吋寬三吋之木楔釘于間隔木楔之上，使磨石得固定其位置，不生移動，其標明收貨人之方面，應向外面放置，以便查驗。

圖例十六：此為用支柱裝置大號磨石之圖。其裝放地位，以在車之角間為最妥。

圖例十七：此為裝置波形鐵板之圖。其法裝於車之角際，用厚二吋寬八吋之木板作成三角形的支架，以20d號鐵釘十二個釘于車底。

圖例十八：此為用木楔裝放小批波形鐵板之圖。其法用厚二吋寬四吋長十二吋之木楔四個，兩頭各一，兩頭旁邊各一，用20d號鐵釘至少八個，將木楔釘於車底，木楔用十號鐵絲緊為連繫，由鐵板上面橫過，其鐵絲距鐵板兩端之角際，至少須在十吋以上。凡屬電鍍鐵板，應用乾潔車輛裝運，并宜平放，不可用側立豎裝法。

圖例十九：此為裝置口徑不過二十四吋之波形涵洞水管之圖。其法用厚二吋寬四吋長十二吋之木一根，橫放水管之前面及邊際，用20d號鐵釘至少八個釘於車底。如各水管大小一致，則祇用一個厚二吋寬四吋之木楔足矣，但每一水管需釘之木楔，至少應用20d號鐵釘八個釘住之。如須離開車輛一端之車壁裝載，則管之兩端，均須如是設楔制之。

圖例二十：此爲在車之兩邊及各排之間安設木楔支住暖氣管之圖。

圖例二十一：此爲在車邊及各排間安設木條裝載三柱式暖氣管之圖。

圖例二十二：此爲半整車暖氣管不能順邊從頭至尾安置木楔之圖。其法在裝完之端，釘一木楔於車之兩邊，再於橫面用厚寬各四吋，或厚二吋寬八吋之木桿一根，落於兩邊之木楔上，再加同樣木料之木桿兩根，斜落於車底以撐持之，其位置應與兩面車邊成同等之距離，而以落於車底之一端，各用木楔一方釘於車底，以阻擋之，方不致於移動。此項支柱法最爲穩妥，可保整車暖氣管不因震動而移其位置。

又於管之下端，橫放一根厚二吋寬四吋之木桿，加以至少四塊木楔，釘於車底，以阻擋之，如是則暖氣管又可不至有從支柱下面倒出之虞。

圖例二十三：此爲用木楔裝支半整車牆壁間暖氣管 Wall Radiators 之圖。其木楔厚二吋，寬四吋，支法如圖，甚爲簡單，如此則暖氣管不致滑動。

圖例二十四：此爲支住不過五百磅重之保險櫃之圖。其法爲在可能時，置櫃於一車角，與車邊車尾略爲離開，不可緊接，以有鎖之正面 Combination of safes 向外於輪前輪旁設置厚二吋寬四吋之木楔 floor cleats，又在背後牆上安設木楔 wall cleats，各木楔用8d號鐵釘至少八個釘於車底及車牆。再以厚二吋寬六吋之槲木或松木木桿一根，斜靠櫃旁，一端抵在車邊，一端落於車底，與車底成六十度之角形，兩端各用20d鐵釘至少五個釘之。木桿上下兩端之旁邊，又各添加厚二吋寬四吋長九吋之木楔一塊，用20d號鐵釘至少六個釘之，以厚其力。（此等木楔名曰輔助木楔 —— reinforced braces)。櫃輪應順車身方向放置,而以櫃之背部向着車牆。

圖例二十五:此爲支住超過五百磅重之保險櫃之圖。其法如圖所示。

圖例二十六:此爲支住火爐及爨爐之圖。其法用厚二吋寬四吋長十二吋之木楔,於各爐之各邊各放一支,用 20d 號鐵釘至少四個釘之。遇有兩爐以上同時起運場合,則均須隔開裝放,不使互相抵觸并應順着車邊放置。

圖例二十七:此爲順車邊裝運暖爐之一法,各爐之間,夾以木桿分開,不使互相抵觸,其詳如圖所示。

圖例二十八:此爲小號暖爐裝於單層或雙層車輛,頂頭之狀。兩爐間夾設木楔,使其不相接觸而免擦損。左邊小圖爲用厚二吋寬四吋之木桿兩根,在車邊支住小號暖爐之狀。

圖例二十九:此爲用支柱裝設已經拆散用條板釘裝之四輪馬車之狀。其法先以板箱釘於自動木楔 automobile blocks, 使突出之車軸,不至與車底接觸,再以自動木楔釘於車底,每楔須用 20d 號鐵釘兩個。又於板箱前面,設一厚二吋寬四吋長三十吋之撑木 Strut, 用 20d 號鐵釘釘緊之,如欲更爲堅固穩妥,則可於撑木上下兩端之旁加設輔助支柱。

圖例三十:此爲裝支架於捲錘上鐵繩電線之狀。

圖例三十一:此爲空袋打捆手續之第一步之圖。以每五十個空袋爲一堆,散平放置,兩頭底下各放四十吋長之鐵絲或繩索一根,再於上面放置八呎半長之鐵絲或繩索一根,如用繩索,至少須有一吋的 3/16 之粗度,然後捆緊,并以布製吊牌填明各捆之標誌,懸於袋上,以資鑑別,而免失落。

圖例三十二:此爲空袋打捆手續之第二步。將兩根短鐵絲或繩索捆於兩端。

圖例三十三:此爲空袋打捆手續第三步之圖。將捆束翻掉過來,以長繩繞過兩頭,并在兩端短繩上繞過一匝,以防短繩滑脫,然後在捆之中部將兩端交錯而捆結之。

圖例三十四:爲捆束完成形狀之圖。如是則不易於損壞,而又便於搬動,且因內中夾有一條長繩之故,卽欲從中竊抽一袋,亦不可能,最後用布條,最好是由原來托運貨物廠家供給之布質吊牌,在雙方註明各件之標誌,用鐵絲繫吊捆上。

圖例第一

圖例第二

圖例第三

综合卷（第七册） 交大季刊 第十九期（1936）

圖 例 第 四

圖 例 第 五

圖例第六

圖例第七

圖例第八

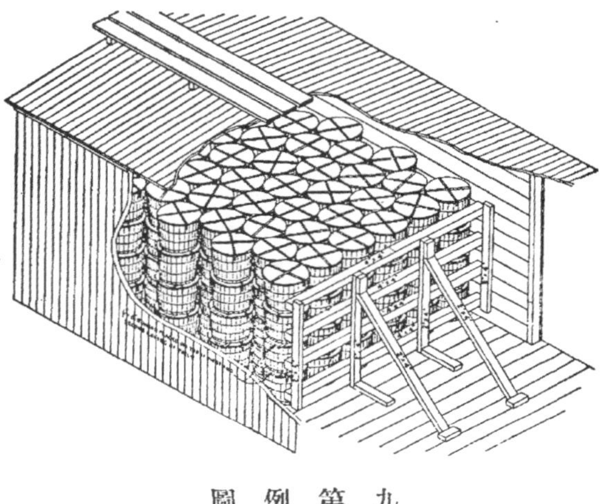

圖例第九

圖例第十

圖例第十一

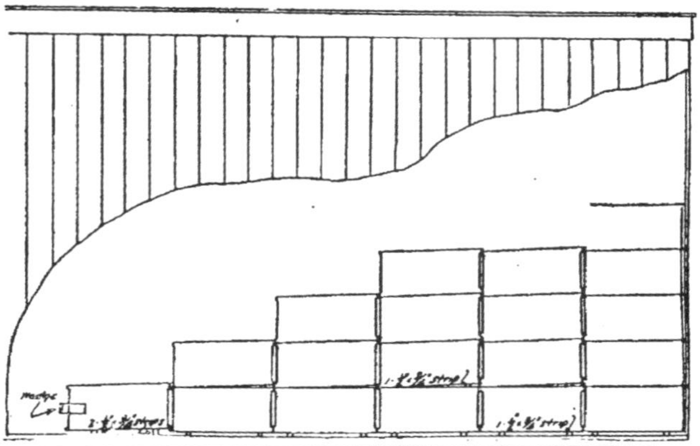

圖例第十二

圖例第十三

圖例第十四

圖例第十五

圖例第十六

圖例第十七

圖例第十八

圖例第十九

圖例第二十

圖例第二十一

圖例第二十二

圖例第二十三

圖例第二十四

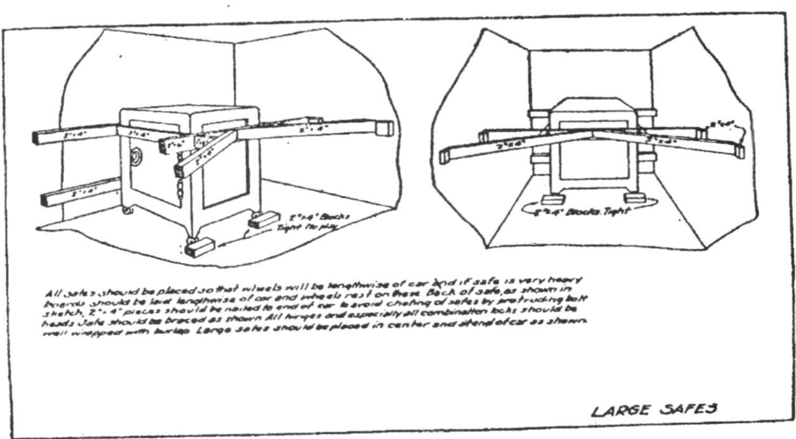

圖例第二十五

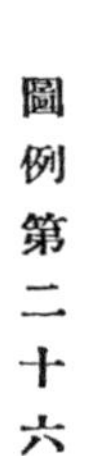

圖例第二十六

圖例第二十七

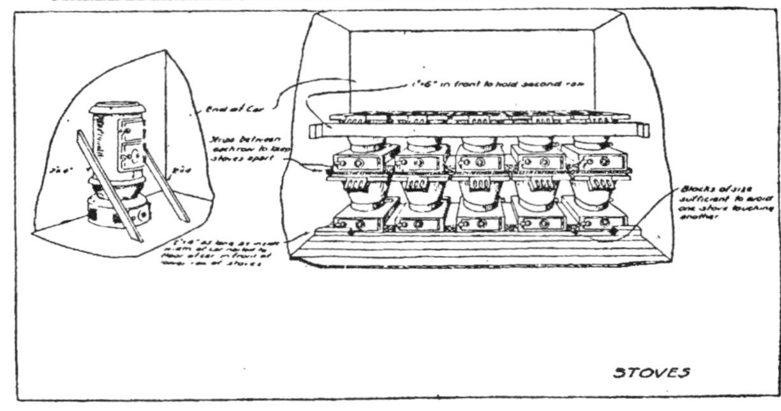

圖例第二十八

圖例第二十九

圖例第三十

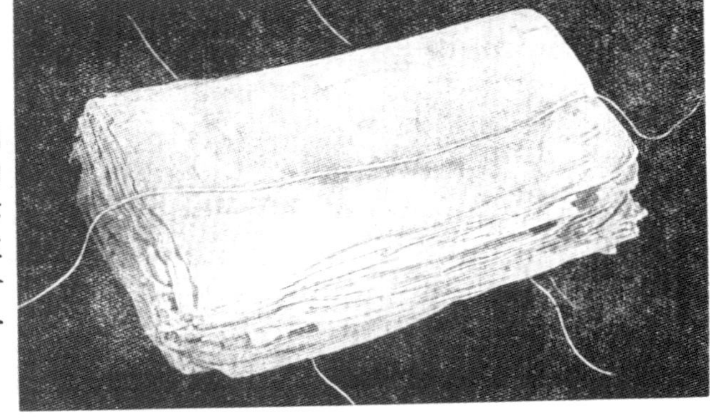

圖例第三十一

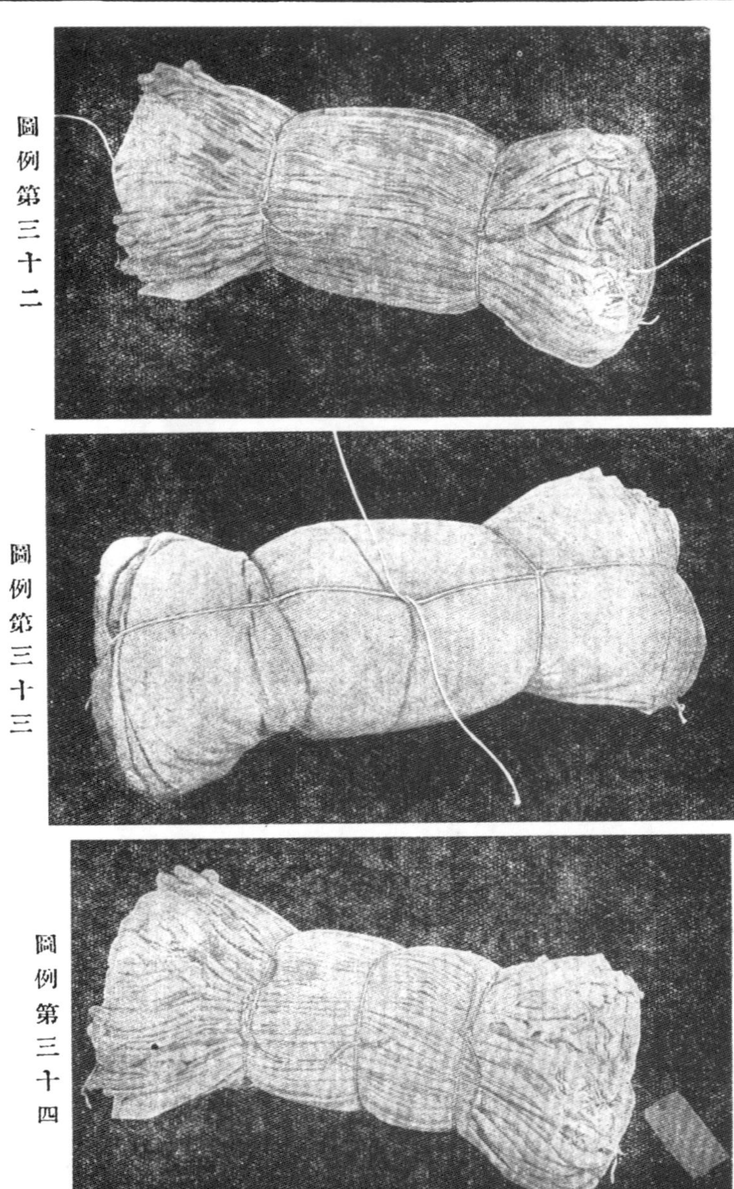

圖例第三十二

圖例第三十三

圖例第三十四

综合卷（第七册） 交大季刊 第十九期（1936）

冷鑄鐵的成分及冷鑄件型的製法

王自新

緒言——普通生鐵鑄件,大部分用砂型或砂土型鑄成。我國對於這種鑄件的論述,已經數見不鮮,而普通工廠,對於此類鑄件,已有相當經驗。可是還有一部分生鐵鑄件,用鐵型鑄成的,或者用鐵型和砂型聯合鑄成的。這種生鐵鑄件,另外有一個名字叫「冷鑄件」。在數量上說,冷鑄件也不在少數。例如大小鐵圓滾子的圓筒面,車輪的切軌面,機器的滑道,軋石機的軋石部分,以及其他機器和零件等,需要堅實耐用的表面的,都要冷鑄。所以對於冷鑄件的材料,和鑄型的製法,是值得介紹的。本篇是由「萬國工藝專科叢書」第一百四十二冊,及「派勒門兒」氏之翻砂教本,搜集編譯出來的。關於專門名詞方面,爲避免誤解起見,都把原文附註於本篇之末。

(甲) 冷鑄鐵的成分

(一)冷鑄件的組合——冷鑄鐵是已經急速變冷的鐵。其中的炭質,大部變成「化合形態」,只有一點,也許一點都沒有黑鉛質的炭。這樣鑄件,如果打碎,切面呈現白色,或者夾雜一些灰色斑點。冷鑄鐵料,是在急速變冷以後,所含的炭質,變成化合形態的鐵。冷鑄件的變冷,可以使一部分冷鑄,別的部分還是灰色的軟生鐵;可是很少完全冷鑄到全體都是白色生鐵的程度。外層因爲冷鑄的影響,常呈白色;內部冷鑄的影響達不到,所以還呈灰色。鑄件能夠冷鑄的深度,視矽,硫,錳,炭及燐的多少,和灌鑄的溫度而定。

(二)矽對於冷鑄的影響——矽對於鐵的冷鑄的性質很重要。牠最有分開炭成黑鉛,阻止冷鑄的趨勢。所以在冷鑄鐵內,矽應該少才好。矽能夠准許的數量,隨鑄件的厚度,冷鑄層的厚度,灌鐵的溫度,和他種原素的數量而定。第一表示鐵能包含的矽量,與冷鑄層厚度的關係。該表應用於包含三·五百分的總炭量,〇·〇八百分的硫,〇·五百分的錳的鐵。

第一表

冷鑄鐵內矽量限度

冷鑄層深度 Depth of C ill 英吋	最多矽量 Allowable Silicon 百分數
$\frac{1}{16}$	1.50
$\frac{1}{8}$	1.25
$\frac{3}{16}$	1.00
$\frac{3}{8}$	0.75
$\frac{3}{4}$	0.50
1	0.40

(三)硫對於冷鑄的影響——硫有增加冷鑄影響的趨勢,因爲牠能阻止黑鉛質炭的形成。加硫所得的冷鑄,有時發脆,但是這個影響,可以用錳,抵消一部分。例如冷鑄車輪,有時包含〇·一五百分的硫,其惡影響,可以用錳化鐵抵償。要想讓鐵冷鑄得好,一些硫是必須的。例如鹹性鐵的矽和硫都少,雖然放在鐵型裏,也不能有冷鑄層發生的。可是,假設讓鹹性鐵的矽質照常,而多含一點硫,就會有冷鑄的趨勢,有的生鐵塊,甚至白到中部。

(四)錳和燐對於冷鑄的影響——如錳在〇·八百分以內,能減少化合炭量,也就是有減少冷鑄層的厚度的趨勢。如果錳超過

○·八百分,牠的影響正相反。錳對於冷鑄料的軟化作用,在含○·一二的硫,或更多時,爲最顯。如冷鑄層太深了,應該在盛鐵筒內,加錳化鐵,以減少冷鑄的影響。這樣加的錳,不只減少冷鑄層和非冷鑄層的化合炭量,還能得較硬和耐磨的冷鑄層。加錳應該小心,不要太多,只要能夠達到希望的結果就行。

燐對於冷鑄層的深度,沒有明顯的影響,可是能減低鐵的材力。所以燐越少越好。燐的變弱性,在鑄件的灰色部分,特別顯著。

(五)冷鑄件的材料——如果要想得到耐用,不怕磨損的冷鑄層,炭的總量,應該多點。鋼曾經用來配合冷鑄的材料;但是因爲比普通配合的材料的炭質較少,結果冷鑄層厚,可是比炭質多的時候較軟。冷鑄鐵料,雖然也用點較好的焦炭和無煙煤製的鐵,可是普通多是木炭鐵,尤其是自從用化學分析方法,選擇鐵料以來,採用的更是很普遍。在冷鑄鐵料裏,也可以利用一點廢鐵,摻雜在一塊。爲這種目的而用的廢鐵,包含冷鑄件,如冷鑄鐵桿,車輪,閘瓦,犂頭等。

(六)冷鑄性質的試驗——在灌冷鑄件的鐵時,冷鑄的性質,能夠用下法,試驗出來。試驗方法是:把熔鐵向鐵型裏面灌,作成試驗條。當試驗條,涼到紅熱以下的溫度時,猛浸入水內;涼後取出,然後晾乾,再急速軋壞了;至於熔鐵還在鐵筒內。如破裂的面,表示鐵太硬,可以加上矽化鐵或錳化鐵把鐵弄軟。

(七)冷鑄鐵料的成分——冷鑄鐵料的成分,要看鑄件的用途而定。鑄件的大小,厚薄,和是否還要鏇鉋磨光,都是要考慮的。(機器的滑道,就是要鉋平磨光的一例)。第二表,就示幾種常見鑄件,所應有的成分。

第 二 表

冷 鑄 鐵 料 的 成 分

鑄件種類	矽 %	硫 %	燐 %	錳 %	總炭量%	化合炭%

冷鑄車輪	.6—.75	.1—.15	.3—.5	.45—.7	3.4—3.7	.6—1.0
冷鑄鐵件	.4—1.0	.08—.15	.2—.4	.5—.8	3—3.5	
冷鑄犂端	.9—1.25	.08—.13	.2—.5	.4—.8	3.5	
冷鑄圓滾	.6—.8	.08—	.2—.4	.4—.6	3—3.4	

(乙) 冷鑄件型的製法

(一)冷鑄鐵件的性質——冷鑄件是由整個或一部分用鐵作的型,所鑄出來的鐵件。鐵型的目的,在急速散熱,以保持鐵內的炭質,呈化合形態,使鐵質堅硬冷鑄件的製造,比其他任何種鑄件,都多費一些金錢,時間和人工,才達到成功的階段。以前所經的困難,是在防止冷鑄部分的破裂,和得到適當的冷鑄層的性質與厚度。影響冷鑄性質和厚度的因子,是應用的鐵的性質,鐵型的厚度,和灌鑄的溫度。

第一圖

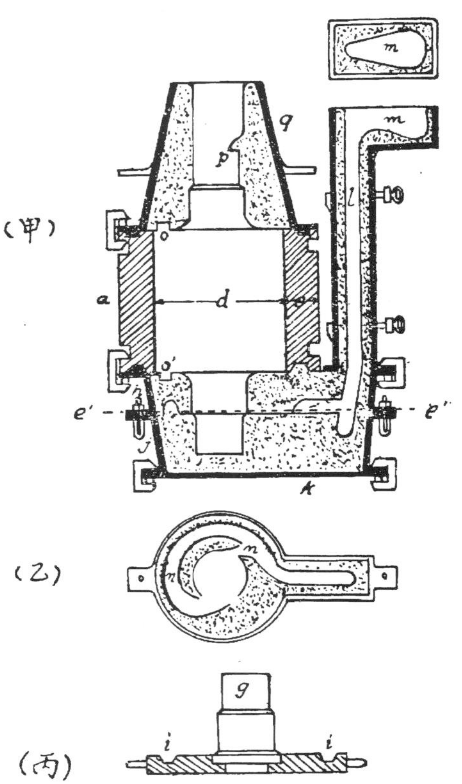

(二)冷鑄件型的構成——第一圖示一冷鑄件型的立剖面。使鐵急速變冷的部分,是鐵型 a。牠是一個圓筒式的生鐵筒,其內徑等於鑄件的直徑,其厚度視鑄件直徑而定。此例的鐵型,是整塊的,因爲圓滾各部的直徑相同的原故。在圓滾變涼以後，就能夠容易的，從鐵型內滑出來。製鐵型的鐵，必須要堅實和有展性，以便受交互的漲縮。如用壞料，鐵型也許在第一次灌鐵時，就會破裂的，絕不會長久。

（三）分成數節的鐵型——長的圓滾的鐵型，可以分成幾節，如第二圖所示。各節相隣的那端，要鏇了，好使牠們嚴密接合。其外面，鑄上摺緣，以便把二節用螺釘擰緊。鏇各節的隣端，必須注意正確，因為接口，必定要不透氣才行。接口如有空隙，將使冷鑄部分破裂，損壞鑄件。所以如果好作，還是用整塊鐵型好。鐵型內面，必須要極光和正確，並且要注意，不使光面生銹。在鐵型不經常使用時，其表面，應該擦點好油。再用前，擦的油必須揩去。

（四）鐵型厚度——鑄件愈厚，鐵型也愈要厚。這個規定的目的，並不全為抵抗熔鐵的壓力，主要的目的，還是在很快的把鐵的熱

第 三 表

圓滾鐵型的厚度

圓滾直徑 吋	鐵型厚度 吋	圓滾直徑 吋	鐵型厚度 吋	圓滾直徑 吋	鐵型厚度 吋
4	2	13	$4\frac{7}{8}$	22	$8\frac{1}{4}$
5	$2\frac{1}{2}$	14	$5\frac{1}{4}$	23	$8\frac{5}{8}$
6	3	15	$5\frac{5}{8}$	24	9
7	$3\frac{1}{8}$	16	6	25	$9\frac{3}{8}$
8	$3\frac{1}{4}$	17	$6\frac{3}{8}$	26	$9\frac{3}{4}$
9	$3\frac{3}{8}$	18	$6\frac{3}{4}$	27	$10\frac{1}{8}$
10	$3\frac{3}{4}$	19	$7\frac{1}{8}$	28	$10\frac{1}{2}$
11	$4\frac{1}{8}$	20	$7\frac{1}{2}$	29	$10\frac{7}{8}$
12	$4\frac{1}{2}$	21	$7\frac{7}{8}$	30	$11\frac{1}{4}$

量散出去，使鑄件表面驟涼，同時也在防止鐵型驟熱時漲裂了。第三表列各種粗細長短圓滾，所需的鐵型厚度。由該表可知，九吋直徑以上的圓滾，每增一吋直徑，即須增加八分之三吋的鐵型厚度。例如第一圖內，d等於十八吋，所以鐵型的厚度e等於三又八分之三吋加九乘八分之三吋共六又四分之三吋。第二圖內，d為十四吋，故e為三又八分之三吋加五乘八分之三吋共五又四分之一吋。如鐵型過薄，當驟熱時，就有破裂的危險。

第二圖

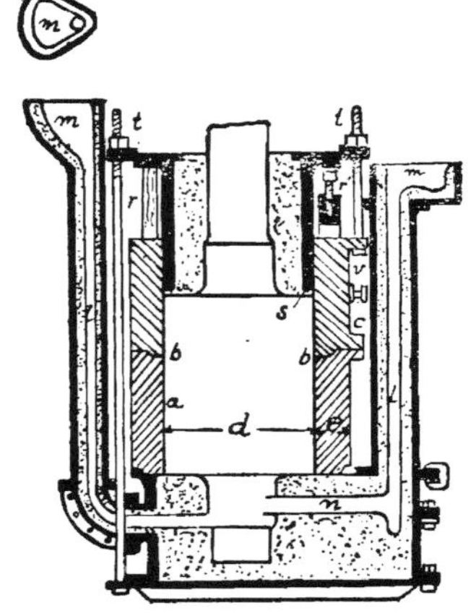

(五)冷鑄件型的作法——第一圖(甲)表示一個正待灌鐵的冷鑄圓滾型的切面圖；(乙)表示沿ee′線的切面。作這個型，先把製型板f放硬地上，如圖丙。圓滾頸的型樣g，放於其位。置型箱h節於f上，將其突出部分，套入i溝，以使h位置正中。在(甲)圖h節內，軋入砂子，並作一接合面；再把型箱的底節j，放在h上，並軋入砂子。把底板k放j上，並且夾緊了。然後全部翻上，拔出型樣，修理鑄型，提起中節h，和作一個迴旋鑄口n，如圖(乙)。冷鑄的和非冷鑄的圓滾的型，向例都是乾砂作法。軋砂，留氣孔，修型，塗鉛，烘乾等的工作法，和一切乾砂型相同。圓滾上頸型的作法，和下頸同。

製冷鑄型，留一個像第一圖(乙)的n，那樣的迴旋鑄口，是永遠重要的。牠的作用，在使進型內的鐵，有一種迴旋運動，把裏面的雜質，集聚於鑄件的中心。(鐵質較重，被離心力摔到外邊；雜質較輕，擠到中心。)如此，雜質可以升至補鐵口之上，冷鑄層可以無雜質摻雜。如果沒有迴旋鑄口，雜質將有少許到鑄件的外部，形成雜質孔或缺點,使鑄件不能應用。製流鐵孔 l, 及灌鐵槽 m(第一圖甲及第二圖), 應該同製型一樣謹慎。二者以乾砂製成,然後照製型之法,刷一層黑鉛。第一圖甲所示突出部分 p,爲減少補鐵口與圓滾頸接連處之尺寸而設;目的在容易用鎚,把補鐵口那一段打去。爲保險鑄件更堅實起見,普通讓補鐵口直徑,和圓滾頸直徑相同,以便於使雜質升上,補的鐵流下,毫無阻滯。補鐵口的那一段,可以在鏇時切下。

第一圖甲,示各部分之詳細完備,足使扣砂箱及夾緊等工作,一目瞭然。凹下部分 o 及 o′, 預備在鑄件上,鑄成約一吋深,四分之三吋厚的小塊,以便於鑄完了之後,打去,好看看冷鑄層的深淺。流鐵孔框,分成段,爲得是易於除去流鐵孔 l, 和灌鐵槽 m。鑄件在取去上砂箱以後,因爲收縮的原故,可以使之容易由鐵型內取出,普通冷鑄件,不到涼至比黑暗中呈紅色時的溫度低,不從型內拿出;最好是涼到空氣的溫度時,再拿出。

(六)鐵型之烘烤與塗黑鉛——鐵型最好於封閉砂箱前,放爐內或用火置鐵型內,將表面烘烤通例把鐵型內面,擦上一薄層黑鉛及糖漿的混合液,比較好一點。糖漿之多少,要看牠的力量如何,普通比例爲:一品脫糖漿,和一桶水。如混合液糖漿太多,黑鉛層當乾時,就要裂開。塗此類混合液,應該注點意,因爲如果用能發生氣體的材料,比不用什麼東西還要壞。有時用輕油代替塗黑鉛,但於此際,須注意擦的油層愈薄愈好。油層如太厚了,當鐵上升時,氣體將發生,把鐵噴開,結果表面粗糙,不能合用。

(七)圓滾縱方向的收縮——圓滾縱方向的收縮,常把上端頂部拉掉,不然,也有發現看不出來的裂縫的可能;等到用時,就會損壞。免除這種弊病,好幾種方法,已經採用了。一種示於第二圖:作一個生鐵套 s, 約四分之三吋厚,六吋至二十吋長(隨圓滾的長度而定)。圓滾上頸的型,製於這個套內,作法同普通一樣。關閉砂箱時,上頸所需之高度,用三個支持條 r, 或三個頂螺絲 r′, 校準了。支持條用鐵或木作成,其長度須適合需要。上頸型或鐵套,用螺絲 t 搬住。在灌完鐵以後,取下支持條 r,或頂螺絲 r′,然後時時擰緊螺絲 t 之母,以壓下鐵套,使之隨鐵的收縮而下降。不到凝固開始時,不要擰緊螺絲。

(八)冷鑄層厚度均勻的方法——鑄冷鑄圓滾,車輪和同樣工作的另一困難,就是使表面四週,得到均勻的冷鑄層。在某類工作,這是很重要的。第三圖表示一得到均勻冷鑄圓滾的方法。其原理爲:當圓滾縮短時,鐵型 a 內的 g 溝,强迫鑄件居型的正中,使鑄件全體,都受同等的變涼影響。要把上下頸的砂箱或鐵型,作成溝或用其他方法,把牠們固定,使之不能移動,還能更好;因爲砂有點堅固性,不至發生充足的燃燒作用,使圓滾的上下頸移動位置。圖中也示鐵型的形成,冷鑄圓滾製型與灌鐵的方法。圓滾縮短時的沉下形狀,也表示出來了。鐵型的溝很淺,當圓滾冷時,牠的收縮,足以使之由鐵型內提起,或把鐵型提起。

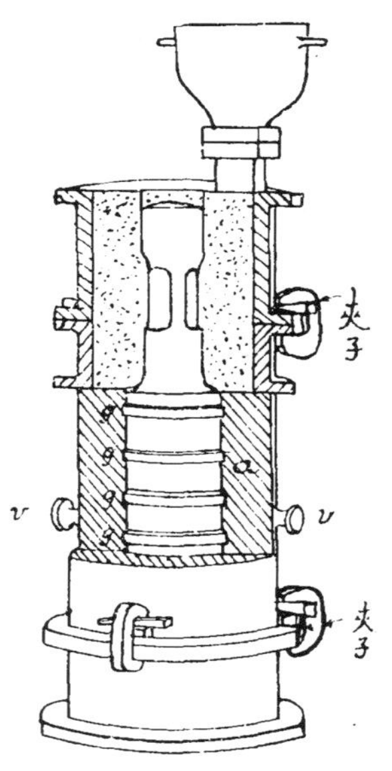

(九)帶溝圓滾的型——一個帶深溝圓滾的乾砂型和鐵型的立剖面,示於第四圖甲。爲得帶溝的圓滾能夠拿出來,鐵型必須作兩半的,用螺釘擰一塊圓滾承軸 c d 和兩端 e f,製於乾砂型內。底砂箱 g 和中砂箱 h,都帶耳子,好夾緊於鐵型上的耳子,如 i 和 j。鐵型每端都有三個耳子,如剖面圖(乙)。上節 k 形成升鐵孔 l。

第四圖

（甲）

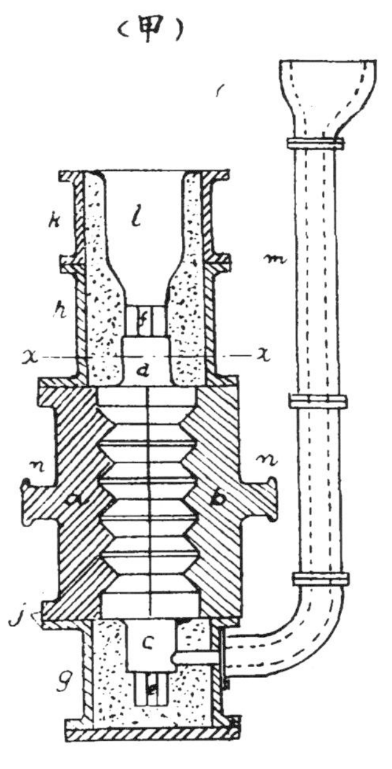

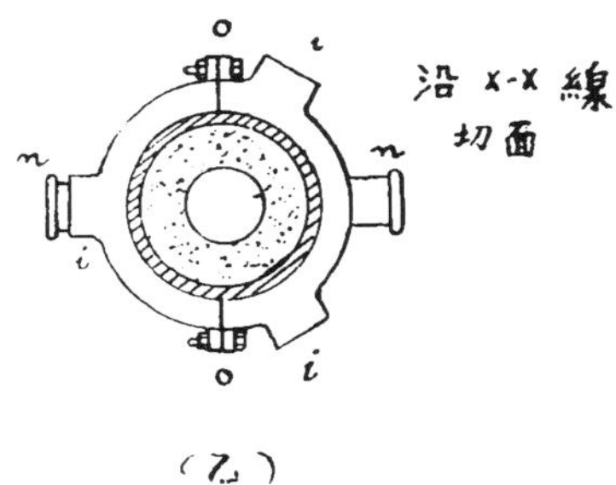

（乙）

流鐵孔m,由幾節掛泥的管子作成。最下一節,用螺絲固定於下砂箱g。搬柄n可使鐵型由下砂箱提起。兩半鐵型,用螺釘釘一塊,如圖乙的o。

（十）冷鑄車輪的製造——製造冷鑄車輪,冷鑄層必須均勻。為保證此點,有時用「收縮鐵型」。其構造,在車輪收縮時,鐵型可向內緊縮,使與鑄件接觸。普通工作法,還是用整塊鐵型,如第五圖之a,厚度由四吋至五吋。鐵型外鑄搬柄,以便搬運鐵型。上砂箱g,和下砂箱j,利用插銷,跟鐵型對正。輪的砂箱,照平常方法,製於濕砂內。然後把鐵灌入m槽,經過l到型內。有很多例子,灌鐵口開在輪轂之端,型心之旁,而不通過型心。切軌面冷鑄層的厚度,由半吋至四分之三吋;應該很硬,以應鐵路之使用。

（十一冷鑄車輪之鍛煉與試驗——車輪已凝固後,由型內取出,放在能容八個以上車輪的鍛煉坑內。放置二三日,取出,弄乾淨了。鍛煉能夠解除車輪內部變形,可免用時破裂。在車輪弄乾淨後,要加以檢查。從每五十個一批鑄出來的車輪裏,拿出一個來,實施受熱和受擊試驗,以證實合用與否。作受熱試驗,是在圍切軌面的

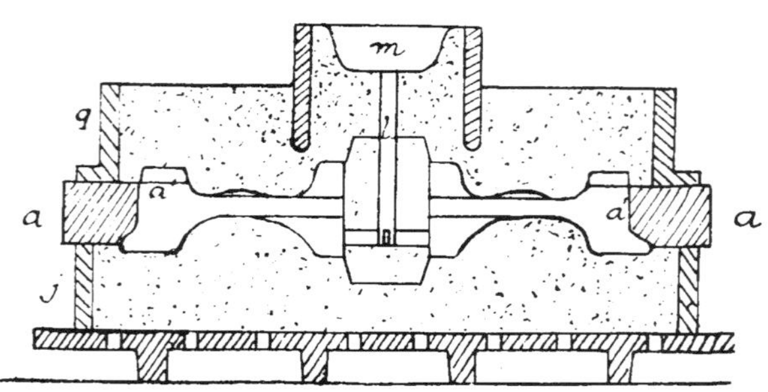

第五圖

濕砂內作槽,把熔鐵灌入槽內,圍燒車輪變涼,然後取出車輪。在車輪由鐵環內取出後,如切軌面發現裂痕,這個車輪就不能要了。要是這個車輪,代表一堆同爐鑄出的車輪,全部都不要。作受擊試驗,把一個特別預備的重量,由一定的高度,落到平放車輪的輪轂上。如在指定的衝擊次數內,發生裂痕,就要作廢。

(十二)他式冷鑄件——有好幾類粗糙鑄件,都在鐵型內鑄成。大概最普通的,就是窗戶之平衡重.像其他型一樣,一半在上砂箱,一半在下砂箱,灌鐵口和流鐵孔,必須作活的,好易於分開或擊去。同樣,冷鑄鐵球,必須在用樞紐連接的兩半型內鑄成,其灌鐵口或灌鐵孔,應在接合處,以便於由型上敲去。鐵管和標準生鐵管配件的外面,也能夠製於冷鑄型內,但內面或型心,必須用砂子製,最好用濕砂。除去窗戶平衡重,是一組一組的,放在鐵架上外,其他各型,全像一本書似的,那樣開合。複雜的鑄件,要在鐵型內鑄,通常是不很成功的。作鐵型是很費的,並且僅能經過短時的應用。鑄件的收縮,常常限制鐵型的用途,

中英名詞對照表

題目　冷鑄鐵 Chilled cast iron 冷鑄件 Chilled castings 型 Mold

緒言　砂型 Sand mold 砂土型 Loam mold

		鐵型 Chill 或 chiller 圓滾子 Roll
		車輪的切軌面 Tread of wheel 機器的滑道 Ways of machine
		軋石機的軋石部分 Jaws of stone crushers
		萬國工藝專科叢書 International Library of Technology
		派勒門兒氏之翻砂教本 Foundry Practice by Palmer
甲	一	化合形態 Combined state 黑鉛質的炭 Graphitic carbon
		矽 Silicon 硫 sulphur
		錳 manganese 燐 phosphorus
甲	二	黑鉛 graphite 百分 per cent 總炭量 total carbon
甲	三	錳化鐵 ferromanganese 鹹性鐵 basic iron
甲	四	盛鐵筒 ladle 材力 strength
甲	五	木炭鐵 Charcoal iron 紅熱 red heat 矽化鐵 ferrosilicon
甲	七	冷鑄車輪 chilled cast iron wheel 冷鑄圓滾 chilled roll
乙	二	立剖面 vertical section 展性 ductility
乙	五	製型板 mold board 圓滾頸 neck of the roll 型樣 pattern
		型箱 flask 底板 bottom plate 迴旋whirl
		鑄口 gate 軋砂 ramming 留氣孔 venting
		塗鉛 blackening 補鐵口 feeding head 流鐵孔 runner
		灌鐵槽 pouring basin 流鐵孔框 runner casing 上砂箱 cope
乙	六	糖漿 molasses 品脫 pint
乙	七	縱方向的收縮 axial contraction 生鐵套 sleeve
乙	九	帶溝圓滾 grooved roll 承軸 bearings
		耳子 lug 搬柄 trunnions
乙	十	收縮鐵型 contracting chill 插銷 dowel-pin
		輪轂 hub 型心 core
乙十一		鍛鍊 annealing 內部變形 internal strains
		受熱試驗 thermal test 受擊試驗 drop test
乙十二		窗戶之平衡重 sash weights for windows

無窮級數之理論及應用

（續）

Knopp 氏原著　顧澄達恉

此數系以後謂之實數系。因其中不但有「有理套」且有他種套，故此數系爲有理數系之推廣。此所謂推廣其意義與10面所言者同。

此實數系與數軸上之點一一相應。其理由如下。從 23，24 面之研究，可直接斷言：每一節套σ必有（及只有）一點與之相應，此點卽其一切節 J_n 所共含之點：因從 Cantor-Dedkind 公設，凡如此之點可作爲在各種地位皆能存在也。又若（惟）兩節套σ及σ′照14之意義爲相等，則（方）只有一相同之點與此σ及σ′相應〔以上但說明每一數必有一點與之相應；至每一點必有一數與之相應則從25頁之一圖可知，因數軸上任意一點必可照一圖之法作一緊圍此點之節套也〕。故各數（卽互相等之一切節套）必有（及只有）一點與之相應；及各點必有（及只有）一數與之相應。在此種相應法之下，凡與某數相應之點謂之某數之影點，或謂之某數之表點。因此可云：實數系與直線上之點互相惟一代表。

四章　實數系之完滿性及惟一性

尙有兩種疑義須將除去。[27] 茲先言其一。三章之出發點，由於有理數系有缺點，不足供給初等算法之一切需要。今新造之數系（以下簡稱Z系）就此種方面討論，其効用已是較大；例如其中已有數σ能合於$\sigma^2=2$[28]。但此新數系是否仍有類於舊數系之缺點，是否尙有他種方法將其推廣，亦須加以討論。

---

27. 參觀引論中末數語。

28. 設19面兩頁關於方程式 $x^2=2$ 所作之節套以 $\sigma=(x_n|y_n)$ 表之，則從**18**得$\sigma^2=(x^2{}_n|y^2{}_n)$。因$x^2{}_n<2$及$y^2>2$，故$\sigma^2=2$。

前期本刊37面卽是本文第一面。故此處所謂19面卽是前期本刊55面。餘類推。

因此發生下之問題：是否尚能想出具下兩條件之$\overline{Z}$系，(一)可照**4**之意義名之爲數系，(二)其中既含Z系中之一切原素，復能含Z系外之他原素。[29]

此種$\overline{Z}$系不能再有，不難明白。此從下定理可知：

20 **完滿性定理** 實數系Z不能再照**4**之條件作進一步之推廣。

證： 設$\overline{Z}$爲一系，並設此系既全合**4**中諸條件復盡含Z中之原素。若α爲$\overline{Z}$中任一原素及再取Z中之1爲$\overline{Z}$中之β(因1在Z中亦必在$\overline{Z}$中)，則從**4**,4，可知必有一整數$p>\alpha$；同理，必再有一整數$p'>-\alpha$。* 因此得$-p'<\alpha<p$[30]。從$-p'$起依次查察$-p'$及p間之整數(其個數爲有盡)，必能在其中查出不大於α之最後一個。設名此最後一個爲g，則

$$g\leqq\alpha<g+1。$$

將以前所用逐次十等分法施於此節$g\cdots g+1$，卽可得一完全確定之節套$(x_n|y_n)$。照**15**,3證中所言，再重複覆一遍，可知如此所定之數必既不$>\alpha$，亦不$<\alpha$。由是，$\overline{Z}$中各原素必各與一實數相等；而$\overline{Z}$中遂不能有實數外之他原素。

第二疑義爲：以前所作之Z系，雖在比較上已頗合於自然；但就其作法言，終覺出於隨意。爲補充有理數系之空隙計，顯必尚有他法可以採用(下章卽可舉出他種方法，其能達此目的，與節套法同樣便捷)。因此，未嘗不可想及可由他種方法引出他種數系(卽與前作數系Z在要素上有些不同之他數系)。故就此疑義可詳細規定一問題如下：

設已用某種方法，從有理數入手，作成具下性質之一系原素，名之爲$\mathfrak{Z}$系：此$\mathfrak{Z}$系在合**4**中諸條件(與Z系合此諸條件之情形一樣)應得數系之名稱外，并能滿足進一步之需要卽所謂**完滿公設***(Postulate of Completness)。——從**4**,3，此$\mathfrak{Z}$中必

29. 關於此(二)之問題，卽$\overline{Z}$之是否能爲Z之推廣猶Z爲有理數系之推廣。

*附註。 必有一整數$p>\alpha$，卽必有一「大於α之整數p」之意，亦卽必有一個比α大之整數p之意。此種句法以後常用，讀者注意。

30. Eudoxus 氏公設在此處已得其公設之要義。

*附註 完滿公設之名稱，從上之完滿性之定理發生；假定$\mathfrak{Z}$合此公設，卽假定$\mathfrak{Z}$亦無空隙不能再推廣。Z之不能再推廣而有完滿性定理，實由其用節套法作成後所自具之性質。從他法作成之$\mathfrak{Z}$，自須亦具此性質方能與Z有等否之可言。要之完滿性定理，所以明Z之無空隙不能再推廣；下之惟一性定理，所以明凡用節套法外之他法所作之數系無不與Z系全等(卽互相似，互同質)；倘他法所作之Z系不合此完滿公設而尚有空隙能推廣，則不但顯與Z不全等何必研究其等否，抑且決不能滿足吾人之需要儘可置之不議之列。此所以必假定由他法所作之$\mathfrak{Z}$系應合此完滿設也。

含「與有理數系相應之諸原素」。設$(x_n|y_n)$為任一節套，並設$\mathfrak{Z}$中原素照**4**,3與x_n及y_n依次相應者為$\mathfrak{r}_n$及$\mathfrak{y}_n$，則假定$\mathfrak{Z}$合完滿公設卽假定$\mathfrak{Z}$合下之新規約：$\mathfrak{Z}$中至少常有一原素能對每一n皆合於$\mathfrak{r}_n\leqq\mathfrak{s}\leqq\mathfrak{y}_n$。

於是此問題之適當形式如下：如此之$\mathfrak{Z}$系能否與實數系Z在要素上有所不同？卽此$\mathfrak{Z}$，Z兩系是否在實質上必能視作全等？此所謂全等，卽此兩系間有「互相似」及「互同質」之關係之意。

此問題可以下定理解决之，而實數系之構造亦可以此定理結束之：

惟一性定理。 凡如此之$\mathfrak{Z}$系必與實數系Z相似及同質。要之，如此之系只有 **21**
一個。

證 從**4**,3，此$\mathfrak{Z}$中含有一子系$\mathfrak{Z}'$，此$\mathfrak{Z}'$為與「Z中所含之有理數系」相似及同質者；為簡便計，此$\mathfrak{Z}'$中原素謂之$\mathfrak{Z}$中有理原素。設$\sigma=(x_n|y_n)$為任意一實數，而$\mathfrak{r}_n$及$\mathfrak{y}_n$為$\mathfrak{Z}$中原素之與有理數x_n及y_n相應者；則照上言之新規約，$\mathfrak{Z}$中必有一原素$\mathfrak{s}$能對於各n皆合於$\mathfrak{r}_n\leqq\mathfrak{s}\leqq\mathfrak{y}_n$之條件。

又合此條件之$\mathfrak{s}$只有一個(卽此條件能惟一决定$\mathfrak{s}$)。蓋若有第二$\mathfrak{s}'$能與$\mathfrak{s}$同時對於各n皆合於$\mathfrak{r}_n\leqq\mathfrak{s}'\leqq\mathfrak{y}_n$之條件，則照**12**之證法，可得下之結果：對於各n皆

$$\mathfrak{y}_n-\mathfrak{r}_n\geqq|\mathfrak{s}-\mathfrak{s}'|,$$

卽$\mathfrak{y}_n-\mathfrak{r}_n\geqq$兩原素$\mathfrak{s}-\mathfrak{s}'$及$\mathfrak{s}'-\mathfrak{s}$中之不負者。設$r$為任一正有理數而$\mathfrak{r}$為其相應之$\mathfrak{Z}$中原素($\mathfrak{r}$亦必在$\mathfrak{Z}'$中)；則因$\mathfrak{Z}'$與有理數系為相似及同質，必有一適宜之$p$能使$\mathfrak{y}_p-\mathfrak{r}_p<\mathfrak{r}$之關係與$y_p-x_p<r$同時成立。因此，對於每一個此種$r$，必有一

$$|\mathfrak{s}-\mathfrak{s}'|<\mathfrak{r}$$

與之相應〔註意此種r有無窮多，其相應之$\mathfrak{r}$亦有無窮多〕。

故若$\mathfrak{r}_1$為此種$\mathfrak{r}$之一，及$\mathfrak{r}_n$($n=1,2,\cdots$)為重複n次其和為$\mathfrak{r}_1$之原素*（卽$\mathfrak{r}_1=\mathfrak{r}_1$，$\mathfrak{r}_2+\mathfrak{r}_2=\mathfrak{r}_1$，$\mathfrak{r}_3+\mathfrak{r}_3+\mathfrak{r}_3=\mathfrak{r}_1$，…；又因**4**,2，此$\mathfrak{r}_n$必在$\mathfrak{Z}$中)；則對於各$n=1,2,\cdots\cdots$必能成立下之關係：

$$n\cdot|\mathfrak{s}-\mathfrak{s}'|\leqq\mathfrak{r}_1。$$

但$\mathfrak{Z}$旣合於**4**,4之公設則必$\mathfrak{s}=\mathfrak{s}'$。

*附註。以粗疏之語明之卽令$\mathfrak{r}_n$為$\mathfrak{r}_1$之$\frac{1}{n}$。亦卽設$\mathfrak{r}_1$與有理數r_1相應，則$\mathfrak{r}_n$與$\frac{r_1}{n}$相應。

若以此惟一定出之$\mathfrak{z}$與實數σ相應，則$\mathfrak{Z}$必含一與「實數系Z」相似及同質之子系$\mathfrak{Z}^*$；乃顯而易見之事。至此$\mathfrak{Z}^*$系不能再照**4**中諸條件作進一步之推廣，而必與$\mathfrak{Z}$全相等；從上所證明之完全性定理可知。由是，此$\mathfrak{Z}$與Z爲相似及同質已經證明；故就一切要素言，此兩系可視爲全相等：即就一切要素言，實數系Z爲旣合**4**中諸條件又合完滿公設之惟一數系。

在此類抽象討論之後，由以上一切研究所得之主要結果，可總括如下：

在吾人所熟知之有理數外，有無理數存在，每一無理數可以一適宜之節套緊圍之（決定之），而此種節套之作法，當然有許多。以此類無理數插入有理數中，可以互相和諧，凡**4**中所言諸條件均能爲此「有理數及無理數之聯合數系」所滿足；簡言之，即一切計算施之於此聯合數系，其能在形式上有效，正與但施於有理數系時相同，而其效且益大。

又此較廣之數系不能再照**4**中諸條件作任何之推廣；且就一切要素而論，此較廣之數系爲旣合**4**中諸條件又合完滿性公設之惟一「記號系」。

此較廣數系謂之實數系。

在此後之工作中所言及之數，先專爲此系中之原素，即實數。若某一實數爲有理數（此可藉整數之助以文字將其寫出，遇必要時再加一分數橫線或一負號）或定出此數之節套[31]（無論爲有理或無理），則此數即作爲已知（已決定，已有定義，可以計算，……）。

但在節套之外，尚有許多他法定出實數，以下即將論及。在此類他法已知之後，以上所舉「一數作爲已知」之諸條件尚可將其放寬。

五章 n進小數*及 Denkind 氏分截

定實數之法，今再略述數種於下。此在理論實用方面皆頗重要。

---

31. 其節端點（有理點），皆須顯明列舉，如以上所示者。

*附註。 尋常所用之數爲十進數。紀數法中所論二進，三進，…等各種進法之數，讀者想已早知。n進法之n謂之n進法之底。n進法之數爲小數或帶小數者，皆稱爲n進小數。其作$p+\frac{z_1}{n}+\frac{z_2}{n^2}+\frac{z_3}{n^3}$之式形者爲radix fraction。直譯爲根分數，恐讀者誤解爲「分數之爲方根者」如$\sqrt{\frac{3}{4}}$；如譯爲底分數，意亦難明，故改爲n進小數，以求通俗。

其一，節套不必常寫作$(x_n|y_n)$之形式，往往可代以更便利之形式。前曾言及之十進小數即可用作節套之簡號。例如照下之假定，1·41421…即可釋爲一節套：即假定

$$x_1=1\cdot 4,\quad x_2=14\cdot 1,\quad x_3=1\cdot 414,\cdots$$

及凡x_n皆等於在1·41421…中截去第n小數後之尾部所留之數；y_n爲於x_n之末位加一單位之數，即$y_n=x_n+\frac{1}{10^n}$；則1·41421…即可視作一節套（即可作爲節套之簡寫法）。故在實用上，可云此類小數爲節套之明便表示法。(32)

其二，尋常小數雖皆爲十進小數；實則在此種情形之下，所用小數應否十進，顯爲無關要旨。若g爲≧2之整數，則以g進法小數代表節套亦是一樣。設有一實數σ，即可先照

$$p\leqq\sigma<p+1$$

之條件覓定一個惟一整數p（>，=或<o）。再以p及$p+1$間之節分爲g等分，並規定其每一部分皆含左端點而不含右端點（以下各步驟中，皆照此規定）。如是，則σ必在（及只在）其某一部分之中，即在諸數0，1，2，…$g-1$中，必有（及只有）一數能合於

$$p+\frac{z_1}{g}\leqq\sigma<p+\frac{z_1+1}{g}$$

式中之z_1；如此之數簡稱爲數字。

再以此式所定之節J_1分爲g等分，則σ必如前在（及只在）其某一部分中，即必能照

$$p+\frac{z_1}{g}+\frac{z_2}{g^2}\leqq\sigma<p+\frac{z_1}{g}+\frac{z_2+1}{g^2}$$

覓得一確定之數字z_2。

再以此式所定之節J_2分爲g等分，並照上法依次進行。於是，由此法決定一節套$(J_n)=(x_n|y_n)$，其中之x_n及y_n爲

$$\left.\begin{aligned}x_n&=p+\frac{z_1}{g}+\frac{z_2}{g^2}+\cdots+\frac{z_{n-1}}{g^{n-1}}+\frac{z_n}{g_n}\\y_n&=p+\frac{z_1}{g}+\frac{z_2}{g^2}+\cdots+\frac{z_{n-1}}{g^{n-1}}+\frac{z_{n+1}}{g^n}\end{aligned}\right\}(n=1,2,3,\cdots)$$

32. 此法之美中不足爲不易知其各位小數之前進律，即不易知諸x_n及諸y_n之作成律。

此節套顯然定出σ；因此，$\sigma=(x_n|y_n)$[33]。但此亦如十進小數，可寫作

$$\sigma=p+o\cdot z_1z_2z_3\cdots$$

此g進法之底g，自應於此式之上下文說明之。

因此得下定理：

22 **定理1** 每一實數必能以g進小數表之，但其表法只能有一種。[34]

再加關於此種表法之一定理，惟假定其為已知，不加證明，述之於次：

定理2 若（惟）實數σ為有理，則（方）不論$g\geqq 2$為何數，表此σ之g進小數必為循環小數。[35]〔不論$g\geqq 2$為何數，即於「不論g為何數」之語再加一g須$\geqq 2$之限制。亦即不論g為$\geqq 2$之何數〕

此$g=2$時（即以2進小數表σ時）常有特別之便利；以2進法表σ，常簡稱為平分法(method of bisection)；由此法所得之小數，其數字只有o或1兩種，故稱為兩字小數(binary fraction)。以平分法表實數之法如下：從一確定之節J_0起，照某種特定規則先取定其一半，名之為J_1；再按定則取定J_1之一半，名之為J_2；以下照此繼續進行。凡用此法，每進一步按照一種規則取定上所謂之一半，即可定出一確定之實數，且如此所得之實數有一無二。[36]〔各步之規則可以不同，如先取左一半，再取右一

33. 因此x_n及y_n始終為$x_{n-1}\leqq x_n<y_n\leqq y_{n-1}$，又$y_n-x_n=\frac{1}{g^n}$為空列（從**10**，7），故此$(x_n|y_n)$顯為一節套。

34. 若各節皆作為含右端點而不含左端點，則表法稍變；讀者可自考之。若（惟）所設之數σ為有理，及將其寫作「g之羃」為分母之分數時，點σ適為某節之一端點，則因各節作為但含右端點或左端點之不同而所得之兩節套形式稍異；即

$$p+o\cdot z_1z_2\cdots z_{r-1}(z_r-1)(g-1)(g-1)\cdots \text{ 及 } p+o\cdot z_1z_2\cdots z_{r-1}z_r oo\cdots$$

此兩式中假定$z_r\geqq 1$；從**14**可知此兩節套相等。此外則凡兩n進小數其形式不全同者皆不相等，此從**14**可知。除如上舉之數σ有兩種不同之表法外，無論何種實數σ，以g進小數表之，皆絕對只有一種表法：此證不難，讀者可自為之。

35. 此處為簡明計，凡n進小數之有盡者，皆以o作為其循環節〔又此所謂循環，不必自小數之首位起，凡自小數之某位起以後為循環者皆謂之循環。〕凡有理數皆可以循環10進小數表之為J. Wallis所證明；見De Algebra tractatus p. 364,1693。其逆凡無理數常能以不循環10進小數表之及其表法只有一種，則O.Stolz首先普遍證明之；見V. Allgemeine Arithmetik I, p. 119,1885。

36. 其一例見前**12**，2。

半；再取左一半，再取右一半，…；或第一二步皆取右一半，第三四步皆取左一半，以下則先左後右之類。此前後兩法所定之實數當然不同，所謂有一無二乃謂按一法所定之數只有一種耳。又從第一步起一系之規則總稱爲一種規則〕。

由此類推，可知以n進小數代表節套，亦爲一特別顯明便利之方法，其情形正與以十進小數表節套相類。故以後儘可以n進小數爲實數之定義，其根據與十進小數爲實數之定義同。

其三，下法亦可爲實數之定義，*此與節套法不同之處比前兩法較多：

設按照任意特定之法，取定合於下三條件之兩類數A及B：(37)

（1）每一類中至少有一數。

（2）A類中數皆$\leqq B$類中數。

（3）若ε爲一預設之任意（小）之正數，則在此兩類中必能選出兩數——例如A類中選出a'，B類中選出b'——使合於

$$b'-a'<\varepsilon^{(38)}$$

之條件。由是得下之定理：*

37. 例如A類中所含之數盡爲其立方<5之一切有理數，B類中所含之數盡爲其立方>5之一切有理數。

38. 簡言之，即：此兩類中之數可互相任意接近。例如前注37之A及B，其能滿足(1)，(2)兩條件顯而易見；若再承認可算出（用十等分法）下述之10進小數x_n及y_n，則(3)條件亦能滿足：x_n，y_n皆有n位小數，其差爲末位之一單位，並能$x_n^3<5$，$y_n^3>5$；n取至能使$\frac{1}{10^n}<\varepsilon$。

*附註。上言下法可爲實數之定義，而其下只有定理3及4。定理4之x_n及y_n皆爲實數，只能以$(x_n|y_n)$決定一實數，而不能以之爲一實數之定義（因不能以實數釋實數）。如是，則所謂下法似指定理3之內容，否則所謂下法即無着落。以定理之內容爲實數之定義之法，即設有合於定理3前(1)，(2)，(3)之兩類數A，B，而以$(A|B)$表之，則可以此$(A|B)$定出定理3中所言之實數σ。

惟定理3前但言兩類數A及B，並未言明此A及B純爲有理數抑爲實數。如純爲有理數，自可以$(A|B)$爲此實數σ之定義。如非純爲有理數而爲實數，則只能云以$(A|B)$決定此實數σ，而不能云以$(A|B)$爲此實數σ之定義。

下註37所舉之例，雖A及B皆爲有理數，但此係舉例不能因此斷定理3中所言A及B必爲有理。且照定理3之證法，A及B皆爲實數時，此定理仍能成立。又證中有「$a_1 \neq b_1 \cdots a_1<b_1$；因此，可取兩有理數

定理3 必有(及只有)一實數σ能合於下之條件：對於A中每一數a及B中每一數b，皆

$$a \leqq \sigma \leqq b$$

之關係常爲眞確。

證 必無不同兩數 σ，σ' 能皆有此性質，乃顯然之事。蓋倘有如此兩數，則令 $|\sigma-\sigma'|=\varepsilon$ 時將得下之關係：對於凡從 A，B依次所得之每兩原素 a 及 b，皆能 $a-b \geqq \varepsilon$。此與假設相背。

於是，至多只能有一數σ能具此性質。此數可照下法求得：從假設，A中至少有一數a_1及B中至少有一數b_1。若$a_1=b_1$，則其公有值顯爲所求之數σ。若$a_1 \neq b_1$，則從(2) $a_1<b_1$；因此可先取兩有理數$x_1 \leqq a_1$及$y_1 \geqq b_1$以之定出一節J_1；再以平分法施於J_1；再照其左一半(兩端點皆含在內)中仍有B類之一點或否，而名J_1之左一半或右一半爲J_2；再照同法擇定J_2之一半名之爲J_3；以下照此進行。〔$a_1 \neq b_1$ 則A，B兩類中決不止此二數，此從(3)可知。故可作此$J_2 J_3 \cdots$〕。

此諸節$J_1, J_2, J_3, \cdots$既皆從平分法作成，則必能成一套，而

$$(J_n)=(x_n | y_n)=\sigma。$$

從此諸節J_n之作成法，可知此諸節J_n更有下之性質：B中之數無一能在J_n之任意左

$x_1 \leqq a_1$及$y_1 \geqq b_1$而施二等分法於其所定之J_1」云云。如a_1及b_1皆爲有理，儘可以以a_1及b_1爲J_1之兩端點，而即施此二等分法；何必於a_1及b_1外另取x_1及y_1爲J_1之兩端點。(從其$\leqq$及$\geqq$之兩$=$號着想，更可知其有「a_1及b_1爲有理則用$=$號，爲無理則用<及>號」之意)。故就此證測著者之用意，似以A及B爲實數。又定理4證中云「以左端點x_n組成A類實數…」。益可見著者視A及B爲實數。

據譯者私意，凡合於定理3前(1)，(2)，(3)之兩類數A及B以$(A|B)$表之。如A及B皆爲有理數；則$(A|B)$可表一實數即定理中之σ，且即可以$(A|B)$爲σ之定義，甚至可視$(A|B)$爲σ。如A及B爲實數，則此定理3只能純爲一定理，而不能以$(A|B)$爲σ之定義；但仍可云$(A|B)$決定σ，代表σ，及$(A|B)$爲已知則其所決定之σ亦爲已知，所不能云者僅以$(A|B)$爲σ之定義而已。

惟本書常有正文中之缺略，藉下註或所附注意中所言補充者。下注意第7條中有「…公認一有理數範圍內之分截可視作一數…」云云。著者或借此說明「A及B爲有理數時，可以$(A|B)$作實數定義之方法」以補正文所不及亦未可知。

下注意及例中3，4，6 三條中及以下各編中有類此情形。不再註。

端點之左，及A中之數無一能在J_n之任意右端點之右。

由是，此諸節J_n所緊圍之數σ卽定理3所言必有（及只有）之實數。蓋若否認此定理所言，而假定A中有某數$\bar{a}$能$>\sigma$而$\bar{a}-\sigma>o$，則就諸節J_n依次尋覓，必能覓得一$J_p=x_p\cdots y_p$，其長適$<\bar{a}-\sigma$。因$x_p\leqq\sigma\leqq y_p$，則

$$y_p-\sigma\leqq y_p-x_p<\bar{a}-\sigma, \qquad \text{卽} \qquad y_p<\bar{a},$$

但A中之點實無一能在「J_p之右端點y_p」之右。又若有$\bar{b}<\sigma$，則同理應有一下標q能合於$\bar{b}<x_q$，但B中之點實無一能在（J_q之左端點x_q」之左。故$a\leqq\sigma\leqq b$必常眞確。已證畢。*

下定理爲本定理之一附理，且此爲定理**12**之推廣（**12**中所言之數皆爲有理數，此則推廣至任意實數）。在下定理中預先應用下編23－25之定義。

定理4　若(x_n)爲任意實數之單調升敍列，(y_n)爲任意實數之單調降敍敍；又若對於各n皆$x_n\leqq y_n$及$y_n-x_n=d_n$爲空列；則常有（及只有）一實數σ能合於下式：

對於各n，皆能　　$x_n\leqq\sigma\leqq y_n$。

此仍如前（參觀定義11），謂之：此兩敍列定出一節套$(x_n|y_n)$，及此σ爲此節套惟一決定之數。

證　設以一切左端點x_n組成A類實數及以一切右端點y_n組成B類實數，則此兩類顯合於定理3之條件(1)至(3)。由此可知本定理爲眞確。

注意及例

1.　(3)改爲他種規約時，往往更覺便利。例如改爲每一有理數應屬於A或B（其情形如附注37之例）。在附注37之例，因有理數在數軸上有稠密性，故其本身必能滿足(3)之條件。明欲此理，只須設想再將數軸分作若干等分，使其每部分之長$<\varepsilon/2$。如是則沿此軸尋覓，必在某處適有鄰接兩部份，其一含一A中點，

*附註。此證頭緒太多，茲略述其證法之次序，使讀者易明其意旨所在：

1.　先證明不能有兩數合於定理中之σ。

但不能有如此之兩數雖明，而可斷至多 只有 如此之一數。然亦許如此之一數竟無，仍無法保證其 必有 。故

2.　用平分法定出一數σ，希望其能爲如此之一數。

然此僅希望而已，故

3.　證明此所作之σ確能爲定理中之σ。

其二含一B中點，此兩點之距離自必$<\varepsilon$，與(3)相合，

2. 以全體實數分爲A，B兩類，往往仍覺便利。因如是則其本身自合於(3)。

3. 若A，B兩類，照上舉兩法中之一法定之，則從其爲前法或後法所定。而謂之有理數範圍或實數範圍內之 Dedekind 氏分截 (Dedekind Section)。定理3中所言之兩類，其意義雖較此稍寬，仍可簡稱爲分截，而以$(A|B)$表之。於是定理3可簡言之如下；一分截$(A|B)$常定出一確定之實數。其證中云云，亦可簡爲：列舉一分截便可列舉一節套，而此套適供給一「具所需性質之數σ」。

4. 從此3可知：從每一分截可逕得一確定之節套。因此，以後可視分截爲定出(決定，舉出，)實數之法；又若分截$(A|B)$定出數σ，即可寫作

$$(A|B)=\sigma。$$

5. 其逆自然亦眞，且其證明更易。設有一套$(x_n|y_n)=\sigma$，即可以其一切左端點x_n作成A類及一切右端點y_n作成B類；此二類成一分截，而此分截所定之數亦顯爲此套所定之數σ。因此，一套可視作一種分截。

6. 從此5可知：下實數之定義，分截法比節套法意義較廣。又就直覺上之見地着想，亦分截法較便；其理如下。若取分截$(A|B)$之特種形式，如2中所言實數範圍內之分截，則定理3之內容爲：若設想數軸上點之全體分爲A，B兩類，其一類之點盡着黑色，其又一類之點盡着白色；又若着色之後，(1)每種至少有一點，(2)凡黑點皆在白點之左，(3)凡數軸上之點皆非黑即白；則此兩類之點必在數軸上一定之處相接觸，且此處之左皆爲黑，右皆爲白。

7. 但必須注意者，決不能視此6中之說法爲證明。若不先藉節套之助創造此兩類實數，則此定理決不能證明，——此與不能證明「每一節套定一實數」正同。吾人僅公認每一節套可視作一數，及由其結果詳細說明其正當。照同法亦可公認「每一有理數範圍內之分截可視作一數(此即 R. Dedkind 在其實數系之構造中所行之法)，[39]」，而再照3款之研究討論此事是否可許(即應再研究一切分截$(A|B)$之全體是否可成合於4中諸條件之數系)，此項研究並不較難於3款中曾實行之同類研究。〔如研究之結果認爲可許，則儘可以此種分截爲實數。〕

此後工作以實數爲材料。儘可去此實字，凡所謂數皆指實數，至論及複素數時，當特別說明之。

---

*附註。以節套定數，以節套爲數之定義而已，決非可以證明之事。原文於此所謂 any more than it could be proved that every nest defines a number 乃作俏皮語，謂「倘云此定理可以 Dedkind氏分截直接證明，無異云節套定數之可以證明耳」。惟譯者爲意義顯明之計，故改作此直捷了當之語。復恐失原文之意。特加此附註，以明文責。

39. Stetigkert und irrational Zahlen Braunschweig 1872。

第 一 編 之 習 題

1. 試從定律1及2推出其他重要算術規則，例如(a)兩負數之積爲正，(b)$a+c<b+c$則$a<b$，(c)無論a爲何數，必$a\cdot o=o$。

2. 在3，II，4中，等號在何時爲眞確？

3. 下數以二進小數及三進小數表之，

$$\frac{1}{2},\ \frac{3}{8},\ \frac{1}{3},\ \frac{1}{7},\ \frac{10}{17}:$$

以二進小數及三進小數表$\sqrt{2}$，$\sqrt{3}$，π 及 e，寫出其前幾位之數字。

4. 在敍列6，7中，證明$x_n=\dfrac{\alpha^n-\beta^n}{\alpha-\beta}$，此$\alpha$及$\beta$爲方程式$x^2=x+1$之根。(略示：$(\alpha^n)$及$(\beta^n)$兩敍列之作成律與敍例6，7同)。

5. 設(x_n)爲由公式

$$x_{n+1}=ax_n+bx_{n-1},\qquad n\geqq 1,$$

所定之敍列；此a,b爲已知正數及此敍列開始兩項爲$x_0,x_1=0,1;=1,0;=1,\alpha;=1,\beta$；或其他（此$\alpha$及$\beta$依次表方程式$x^2=ax+b$之正根及負根）。在上四種情形之下，求作成$x_n$之公式。

6. 若$J_0,J_1,J_2,\cdots$爲成套諸節（即各節皆含於其前一節中）之敍列，而此各節之長尙無所知，則至少有一點在一切J_n之中。

7. 設σ爲一實數。若能覓得一整數之升敍列(q_n)能使n爲任何數時$q_n\sigma$不爲整數，且令p_n爲與$q_n\sigma$最近之整數時$q_n\sigma-p_n$爲空列，則此σ爲無理，試證之。

8. 證以下各例所成之$(x_n|y_n)$爲一套：

(a) $x_n=\dfrac{1^2+2^2+\cdots+(n-1)^2}{n^3}$, $y_n=\dfrac{1^2+2^2+\cdots+n^2}{y^3}$, $(n=1,2,\cdots)$;

(b) $o<x_1<y_1$, 及對於各$n\geqq 1$, $x_{n+1}=\sqrt{x_ny_n}$, $y_{n+1}=\frac{1}{2}(x_n+y_n)$;

(c) $o<x_1<y_1$, 及對於各$n\geqq 1$, $x_{n+1}=\frac{1}{2}(x_n+y_n)$, $y_{n+1}=\sqrt{x_{n+1}y_n}$;

(d) $o<x_1<y_1$, 及對於各$n\geqq 1$, $y_{n+1}=\frac{1}{2}(x_n+y_n)$, $x_{n+1}=\sqrt{x_ny_{n+1}}$;

(e) $o<x_1<y_1$, 及對於各$n\geqq 1$, $x_{n+1}=\sqrt{x_ny_n}$, $y_{n+1}=\frac{1}{2}(x_{n+1}+y_n)$;

(f) $o<x_1<y_1$, 及對於各$n\geqq 1$, $y_{n+1}=\sqrt{x_ny_n}$, $x_{n+1}=\frac{1}{2}(x_n+y_{n+1})$;

(g) $o<x_1<y_1$, 及對於各$n\geqq 1$, $y_{n+1}=\frac{1}{2}(x_n+y_n)$, $x_{n+1}=\dfrac{x_ny_n}{y_{n+1}}$;

求出(a)及(g)所定之數(參觀問題91及92)。

第 二 篇

實 數 敍 列

六章 任意敍列及任意空列

今再續二章之研究，並推廣之，凡二章中之數前以有理數爲限者今皆准其爲任意實數。因照第一編所言之結果，凡可施於有理數之運算皆可施於實數(三章末)，故凡二章中定義及定理，將其中有理數改爲實數後，在要旨上，仍無所變，而但略述如下：

23 °**定義**(1) 若對於各正整數1，2，3，…各有一確定實數x_n與之相應，則謂諸數

$$x_1, x_2, x_3, \cdots x_n, \cdots$$

成一敍列。

6，1－12諸例，仍可爲此處之例。**7**，1－6諸註意，在此仍全有效。今再略加數例(其中諸數不易一望即知其爲有理與否者)於次：

例：1. 設$a=0.3010\cdots$，即十進小數之「其前幾數字爲三章下注13中從方程式$10^x=2$所得」者(即a爲合於此式之x)，及令

$$x_n=a^n, \qquad 對於n=1,2,3,\cdots^*$$

2. a仍如上，令 $x_n=\dfrac{1}{a+n}$

3. 施逐次平分法於節 $J_0=0\cdots1$，先取左半，再連取兩右半，再連取三左半，再連取四右半，以下類推(即J_1爲J_0之左半：J_2爲J_1之右半，J_3又爲J_2之右半；J_4爲J_3之左半，J_5又爲J_4之左半，J_6又爲J_5之

---

1. 此左上角之o，表明此類定義定理當其中之數改爲複素數時亦能成立，至如**24**之K等，當然不能爲複數，自能一望而知，其修正之法。再參觀五二章開始所言與此記號o相關之處。

*附註。 $x_n=a^n$， 對於$n=1,2,3,\cdots$

爲「對於各$n=1,2,3,\cdots$皆$x_n=a^n$」之意，此於中文方面雖覺不順，但一經說明其意義所在，以後遇上下文意思複雜處，此種寫法易於醒目。入後自知。

左半；J_7爲J_6之右半；J_8又爲J_7之右半，J_9又爲J_8之右半，J_{10}又爲J_9之右半；J_{11}爲J_{10}之左半，……成一(J_n))，以b表如此定出之數(2)(其近似值爲何數?)，及令x_n依次爲

$$+b,\ -b,\ +\frac{1}{b},\ -\frac{1}{b},\ +b^2,\ -b^2,\ +\frac{1}{b^2},\ -\frac{1}{b^2},\ +b^3,\cdots$$

4. b仍如上，令x_n依次爲

$$1-b,\ 1+b,\ 1-b^2,\ 1+b^2,\ 1-b^3,\ 1+b^3,\cdots$$

5. a及b仍如1及3，令x_1爲a，b間之中點，即$x_1=\frac{1}{2}(a+b)$；x_2爲x_1，b間之中點；x_3爲x_2，a間之中點；x_4爲x_3，b間之中點，…；即照n爲偶或奇，而x_{n+1}爲在x_n，a間或x_n，b間之中點。

定義. °1. 設(x_n)爲一敍列，若有一常數K能滿足不等式 **24**

$$|x_n|\leqq K,\qquad 對於各n,^*$$

則謂此敍列爲有界。

2. 設(x_n)爲一敍列，若

$$x_n\leqq x_{n+1},\qquad 對於各n,$$

則謂此敍列爲單調升；又若

$$x_n\geqq x_{n+1},\qquad 對於各n,$$

則謂此敍列爲單調降。

凡8及9中之注意，在此均有效。

例： 1. **23**中之敍列1，2，4及5皆顯爲有界。敍列3則非有界，且在左右兩方皆是無界。蓋從$0<b<\frac{1}{2}$，可知$\frac{1}{b^m}>2^m>m$及$-\frac{1}{b^m}<-m$，故無論K如何大，在此敍列3中終可覓出$>K$或$<-K$之項也。至敍列5之爲有界，從其中各項皆在a及b間可知。

2. **23**之敍列中，1及2皆爲單調降；其餘3，4及5則皆非單調敍列。

10之空列定義及所附各注意，皆仍如前，無須變更。讀者於此項注意，宜再細讀一遍。

°**定義.** 設(x_n)爲一敍列，若對於「任意取定之正數ε」，常有第二數$n_0=n_0(\varepsilon)$能合於

$$|x_n|<\varepsilon,\qquad 對於各n>n_0{}^*$$ **25**

2，以二進小數表之，$b=0.01100011110\cdots$

*附註。此即對於各n，皆$|x_n|\leqq K$之意。

*附註。此即對於比n_0大之n，皆$|x_n|<\varepsilon$之意。亦即凡$n>n_0$時皆$|x_n|<\varepsilon$之意。亦即對於每一$n>n_0$皆$|x_n|<\varepsilon$之意(即對於每一個比n_0大之n皆$|x_n|<\varepsilon$之意)。

則此敍列謂之空列。

例。 1. 敍列23, 1為空列;因凡實數a,其$|a|<1$時10, 7之證皆有效也。

2. 23, 2亦為空列;因其$|x_n|<\frac{1}{n}$,故只要$n>\frac{1}{\varepsilon}$自能$|x_n|<\varepsilon$也。

因空列為支配以後一切之要物,故其若干簡單定理為下文所常用者,先證明於此,以備後用。下兩定理,極易明白:

26 °**定理1.** 若(x_n)為空列及(a_n)為任意有界敍列,則諸數

$$x'_n=a_nx_n$$

亦成一空列。

證. 設對於各n,皆$|a_n|<K$,並設$\varepsilon>o$為已知;則從假設,必有一n_0能合於

$$|x_n|<\frac{\varepsilon}{K}, \qquad \text{對於各}\ n>n_0,$$

於是

$$|x'_n|=|a_n|\,|x_n|<K\cdot\frac{\varepsilon}{K}=\varepsilon, \qquad \text{對於各}\ n>n_0;$$

故(x'_n)為空列。此定理為簡便易記計,可云:空列可乘以「有界因數」。(3)

例。 1. 若(x_n)為空列,則

$$10x_1,\ \frac{x_2}{10},\ 10x_3,\ \frac{x_4}{10},\ 10x_5,\cdots$$

亦為空列。

2. 若(x_n)為空列23, 2及(a_n)為敍列23, 5則(a_nx_n)仍為空列。

3. 凡敍列之其各項為同值者(例如皆為c)當然為有界,故若(x_n)為空列,則(cx_n)自必亦為空列。其特例,如$\left(\frac{c}{n}\right)$;(ca^n), $|a|<1$;……等皆為空列。

°**定理2** 設(x_n)為空列;並設凡n超過某數m(即$m>n$)時,(x'_n)中之項皆能滿足條件$|x'_n|<|x_n|$,則(x'_n)亦為空列。或更廣言之,凡$n>m$時,(x'_n)之皆能滿足

$$|x'_n|\leqq K\cdot|x_n|,$$

之條件及此K為任意之確定正數;則(x'_n)亦為空列。

證. 若凡$n>m$時,條件$|x'_n|\leqq K|x_n|$皆能滿足,及$\varepsilon>o$為已知;則從假設必有

3. 此自然無須得特種允許而即可如此。此種說法,意在凡一敍列之各項乘以「有界因數」之後,仍不變更其目前所考之特性(即不變其為空列之性質);此外別無他意。以後遇此類簡語可照此類推。

$n_0>m$能合於

$$|x_n|<\frac{\varepsilon}{K}, \qquad 對於各n>n_0,$$

如是，則對於此類n（卽$>n_0$之一切n），必$|x'_n|\leqq K|x_n|<K\frac{\varepsilon}{K}=\varepsilon$。故$(x'_n)$爲空列。

此下諸定理，不如以上兩定理之顯而易明：

°**定理1.** 若(x_n)爲空列，則(x_n)之子敍列[4] (x'_n)亦爲空列。 27

證. 若對於各$n>n_0$皆$|x_n|<\varepsilon$，則自必對於此類n_0（卽比n_0大之一切n），亦

$$|x'_n|=|x_{k_n}|<\varepsilon,$$

因$n>n_0$時，k_n當然$>n_0$也。

°**定理2.** 設將任一敍列(x_n)分爲兩子敍列(x'_n)及(x''_n)，使凡(x_n)之項不屬於(x'_n)卽屬於(x''_n)。若(x'_n)及(x''_n)皆爲空列，則(x_n)亦爲空列。

證. 若$\varepsilon>0$爲已知，則從假設必有一n'能合於

$$|x'_n|<\varepsilon, \qquad 對於各n>n',$$

及必有一n''能合於

$$|x''_n|<\varepsilon, \qquad 對於各n>n''。$$

於是，凡下標$\leqq n'$之項x'_n及凡下標$\leqq n''$之項x''_n在原敍列(x_n)中皆有確定之位置（卽皆有確定之下標）。故若n_0爲n'及n''中之大者，自必對於各$n>n_0$皆$|x_n|<\varepsilon$。已證完。

°**定理3.** 若(x_n)爲空列及(x'_n)爲(x_n)之任意更列[5] (arbitrary rearrange-

---

4. 設$k_1<k_2<k_3<\cdots<k_n<\cdots$爲專由正整數所成之任意敍列，則諸數

$$x_n'=x_{k_n} \qquad (n=1,2,3,\cdots)$$

所成之敍列(x_n')謂之原敍列(x_n)之子敍列。

〔簡言之，在(x_n)中任意抽出無窮個項，按其原有先後之次序列成一新敍列(x_n)則此新敍列謂之原敍列(x_n)之子敍列。〕

5. 若$k_1, k_2, \cdots k_n, \cdots$爲正整數之敍列，而一切正整數皆各在此敍列中見一次且只見一次。則諸數

$$x_n'=x_{k_n}$$

所成之敍列謂之原敍列(x_n)之更列。

〔簡言之，任意更改原敍列(x_n)中各項之位置所成之新敍列(x'_n)謂之原敍列(x_n)之更列。〕

〔此定理3，簡言之，卽空列中各項之位置任意改列後，仍爲空列〕

ment)，則(x'_n)亦爲空列。

證. 因對於各$n>n_0$，皆$|x_n|<\varepsilon$。又因$x_1, x_2, \cdots x_{n_0}$*僅爲(x_n)中有窮個項，故(x'_n)中自x_1'起至含盡此有窮個項止之一段†內亦只有有窮個位置。設此有窮個位置中之最大下標爲n'，，則顯爲對於各$n>n'$皆$|x'_n|<\varepsilon$。故(x'_n)亦爲空列。

°**定理4.** 若(x_n)爲空列，及(x'_n)爲施任意有窮次改易[6]於(x_n)而成之新敍列，則(x'_n)亦爲空列。

證. 此證可從「必有一適宜之整數$p \gtreqless 0$能使從某n起皆$x'_n=x_{n+p}$」直接推知。至何以必能有此適宜之p，則其理如下：設凡$n>n_1$時之x_n皆未經改易，及x_{n_1}在(x'_n)中時其下標變爲n'，則令$p=n_1-n'$自必凡$n>n'$時皆

$$x'_n=x_{n+p}\text{。}^{(7)}*$$

---

*附註。 嚴格言之， 此x_{n_0}之下標n_0不妥；因n_0不一定爲整數也。欲避此不妥只須再取一大於n_0之整數n'_0，改x_{n_0}爲$x_{n'_0}$。但如此則須加數語殊覺辭費，故未改之。要之此種地方乃原文欲簡明而省略處，讀者勿以辭害意可也。

†附註。 自(x'_n)之第一項x'_1起至x'_m止之一部分$x'_1, x'_2, \cdots x'_m$謂之一段；又從x'_m起至x'_{m+p}止之$x'_m, x'_{m+1}, x'_{m+2}, \cdots x'_{m+p}$亦可謂之一段。此處因原文太簡，直譯恐讀者難明，故略改之。但仍不失原意，「含盡此有窮個項」卽此有窮個項盡在其中之意。

6. 所謂有窮次改易(finite number of allerations)；，其意如下： 在(x_n)中取去若干項，或插進若干項，或更改其若干項之值（此三者或同時並施，或但施其二，或但施其一）後，再重其列下標作成一新敍列(x'_n)；則此(x'_n)謂之施有窮次改易於(x_n)而成之新敍列。以上凡「若干」二字所表之數皆爲有窮數。又凡(x_n)中未經改易之項，其在(x'_n)中所居之位置仍各保存其原有先後之次序；上所謂「重列其下標」須受此限制。

7. 因有此定理，故或云研究一敍列是否爲空列只須研究其末尾之情形(參及7末8前)〔敍列$x_1, x_2, x_3, \cdots x_m, x_{m+1}; \cdots x_n, \cdots$中自某項起之後部(例如自$x_m$起之$x_m, x_{m+1} \cdots x_n, \cdots$)謂之此敍列之尾部。末尾卽尾部之極後者。所謂「極後」，亦實無一定標準，隨敍列之性質而變；因無論何種尾部，其中終有無窮個項，嚴格言之實無所謂極後。惟以此定理爲例，如未受改易之項自x_{10}起則$x_{10}, x_{11}, x_{12}, \cdots$已可謂極後之尾部。如未受改易之項自$x_{10000}$起則$x_{10001}, x_{10002}, \cdots$方可爲極後之尾部，此在讀者善思而已〕。

*附註。 按此7中云云，「本定理」爲因，「只須研究其末尾之情形」爲果。實則空列之條件旣爲對於各$n>n_0$皆$|x_n|<\varepsilon$，則敍列之前段(有窮個項所成者)中各項本已置之不管。今受改易之影響者旣只有有窮個項，則其不受改易之尾部自必仍合於空列之條件。照此作證極易明白。原證中$x'_n=x_{n+p}$亦卽此意。蓋意在改$n>n_0$爲$n+p>n_0+p$也。

定理5　若(x'_n)及(x''_n)爲兩空列，又若他敍列(x_n)與此兩空列從某m前進有

$$x'_n \leqq x_n \leqq x''_n \qquad (n>m)$$

之關係，則(x_n)亦爲空列。〔「從某m前進有…之關係」卽「下標爲 $m, m+1, m+2, \cdots$時，有…之關係」，亦卽凡「$n \geqq m$時有…之關係」。但$n \geqq m$時有此關係，則$n>m$時自必仍有此關係；故下用$(n>m)$之記號與「從某m前進」五字雖不一致亦不抵觸。m前之某字，其義與「從某人起如何如何」中之某字同。〕。

證.　設$\varepsilon>0$爲已定，卽可取定$n_0>m$使凡$n>n_0$時$-\varepsilon<x'_n$及 $x''_n<+\varepsilon$。如是，則凡$n>n_0$時，必$-\varepsilon<x_n<+\varepsilon$，此卽$|x_n|<\varepsilon$。已證完。

〔以上所謂「凡$n>n_0$時」其意與「對於各$n>n_0$」同〕。

最後，關於空列之計算，可以「下兩定理」爲根據：

°**定理1.**　若(x_n)及(x'_n)爲兩空列，則 28

$$(y_n) \equiv (x_n + x'_n)$$

亦爲空列；$(y_n)=(x_n+x'_n)$ 卽以諸數 x_n+y_n 爲項作成之敍列。簡言之，兩空列可項與項加。

證.　設$\varepsilon>0$已取定，則從假設(參攷**10**，12)必有一數n_1及一數n_2能合於

$$|x_n|<\frac{\varepsilon}{2}，對於各n>n_1 \quad 及 \quad |x'_n|<\frac{\varepsilon}{2}，對於各n>n_2。$$

若n_0爲$\geqq n_1$及$\geqq n_2$之數，則凡$n>n_0$時必

$$|y_n| = |x_n+x'_n| \leqq |x_n| + |x'_n|^{(8)} < \frac{\varepsilon}{2}+\frac{\varepsilon}{2}=\varepsilon。$$

故(y_n)爲空列。已證完。

因從**26**，3(或**10**，5)，若(x'_n)爲空列則$(-x'_n)$亦爲空列。故從本定理及證可知$(y_n)=(x_n-x'_n)$亦爲空列。故得下定理：

°**定理2.**　若(x_n)及(x'_n)皆爲空列，則$(y_n)\equiv(x_n-x'_n)$亦爲空列。簡言之，兩空列可項與項減。

注　意

1. 因兩空列可項與項加，故三空列或任意有窮個空列皆可將其項與項加。蓋若於$(p-1)$個空列(x'_n)，(x''_n)，…$(x_n^{(p-1)})$作爲已經證明此理(卽假定已承認

---

8. 從**3**，*11*，4

$$(x'_n+x''_n+\cdots+x_n^{(p-1)})$$

爲空列)，則定理1卽能保證由

$$x_n=(x'_n+x''_n+\cdots+x_n^{(p-1)})+x_n^{(p)}$$

所成之空列(x_n)亦爲空列。無論幾個空列，只要其個數爲定數此定理皆能有效。

2. 從26，1可知兩空列可項與項乘；蓋從10，11凡空列必爲有界也。

3. 反是，兩空列通例不准項與項除；例如$x_n\neq o$而(x_n)爲空列，則$\frac{x_n}{x_n}$常$=1$；又若$x_n=\frac{1}{n}$及$x'_n=\frac{1}{n^2}$，則諸比$\frac{x_n}{x'_n}$甚至不能成一有界敍列。

4. 凡他種敍列(卽不是空列之敍列)(x_n)，其各項之倒數所成之敍列$\left(\frac{1}{x_n}\right)$，初觀似亦無甚可講；惟下定理則頗理顯而用多：

°**定理3.** 若敍列(x_n)之各項之絕對值所成之敍列$(|x_n|)$有一正下界——卽若*有一數$\nu>o$能合於

$$|x_n|\geqq\nu>o,\qquad 對於各n,$$

則(x_n)中各項之倒數之敍列$\left(\frac{1}{x_n}\right)$亦爲有界。

蓋旣$|x_n|\geqq\nu>o$，則令$K=\frac{1}{\nu}$，立可知

$$\left|\frac{1}{x_n}\right|\leqq K,\qquad 對於各n$$

也。

欲廣「以上觀念之應用及例題之構造與解答」之範圍，加入關於冪，根，對數及圓函數之一章如下：

---

*附註。原文 if 下有 therefore 一字，今删去不譯出者，因欲保存定理之形式耳。實則「有一數$\nu>o$能合於$|x_n|\geqq\nu>o$，對於各n」乃從「$(|x_n|)$有一正下界」推出，以嚴格論自應將therefore字譯出。但中英文法不同，如此處改「卽若」爲「故若」卽不可通。且用「卽」字亦可略表「若有…對於各n」爲從上一語推出之意，故如此譯之，而另加此註。又原文一下「if… $|x_n|\geqq\nu>o$」乃一種簡句法，實則應將此「if…$>o$」一語在定理中除去而置之證明中，定理之形式方潔淨。今原文於定理中隨手帶此一語，以便易於理解而少作證明；然譯成中文時欲保存定理之形式卽覺甚難。若譯時將「此定理及下附之略證」完全改組，在定理中除去此語，再另作證明加入此語；自屬最宜之譯法。但太失原文本相，非至不得已時，似乎不必耳。

七章 羃,根及對數。特種空列

前編討論實數系時,本書之目的不在其節目之詳論而在其基本思想之說明;至其基本思想已經說明之後，凡盡人能曉之一切算術的規則及觀念，皆假定讀者已知,不再陳述。現在討論羃,根及對數亦是如此,但就其諸定義作確當說明†,至其應用上之詳細節目,皆假定讀者已知,悉置不論。

I 整指數之羃

若x爲任意數及k爲正整數，則記號x^k之定義爲k個因數之積,其各因數皆等於x;此是已知,毫無新理,不過一種簡號而已〔例如x^3僅爲xxx之簡號〕。若$x \neq o$,則爲便利計,公認

$$x^0\text{表數}1, \qquad x^{-k}\text{表數}\frac{1}{x^k}, \qquad (k=1,2,3,\cdots)$$

故對於一切整數 $p \overset{>}{\underset{<}{=}} o$,記號$x^p$皆有定義〔注意$x=o$及$p \leqq o$時,$x^p$無定義〕。** 今關於整指數之羃*,只須注意下列各條:

1. 設p及$q(\overset{>}{\underset{<}{=}} o)$爲任意整數,則下列三基本規則皆有效: 29

$$x^p \cdot x^q = x^{p+q}; \quad x^p \cdot y^p = (xy)^p; \quad (x^p)^q = x^{pq}。$$

凡整理「羃算」之其他規則皆可由此推出(9)(羃算卽關於羃之計算)。

---

†附註。 讀者或以爲此類定義在代數中已經說過何必再言。殊不知普通代數於a及μ爲無理數時之a^μ之定義等,大抵未講，卽有講者亦大抵不精確。僅讀普通代數者於羃根,及對數之形式計算，縱已十分純熟,於a^μ爲何物,往往仍茫無所知。且惟此種形式計算已經習慣，遂自覺羃,根及對數已經周知,不再求澈底了解;進讀高等解析,亦只能書云子曰依樣葫蘆,一遇義奧理賾卽無法明白。本書於此,雖本章專爲以後理論之預備,但讀者宜十分注意;切勿以爲羃,根及對數之定義已經知道,忽略過去。蓋此實進學高等解析之必不可少之知識也。

* x^p 之全體謂之羃,x謂之此羃之底,p謂之此羃之指數。指數之爲整數者謂之整指數。

9. 若底x或y爲o，則惟指數爲正時此三基本規則方有效。由此三基本規則推出之他規則自然亦是如此。

2. 整指數之冪僅爲疊乘及疊除，故其計算之効力實生自**18**及**19**。故若x爲正而爲節套$(x_n | y_n)$所定，且此節套之節端點皆$\geqq o$（參攷15,5），則立知：凡k爲正整數時，皆

$$x=(x_n | y_n), \quad x^k=(x_n^k | y_n^k);$$

若$x \leqq o$或$k \leqq o$則加應有之限制後，卽可類推。上以乘法爲例，除法可以類推。

3. 設x爲正，則

$$\text{隨} \quad x \gtreqless 1 \quad \text{而} \quad x^{k+1} \gtreqless x^k;$$

此逕可從 $x \gtreqless 1$ 推知，因以x^k乘 $x \gtreqless 1$ 即得上之右式也。（參攷**3**,1,3）。——又下結果極易明白：

若x_1, x_2及整指數k皆爲正，則

$$\text{隨} \quad x_1 \gtreqless x_2 \quad \text{而} \quad x_1^k \gtreqless x_2^k。$$

4. 設指數n爲正整數及a, b爲任意兩數，則有公式

$$(a+b)^n=a^n+\binom{n}{1}a^{n-1}b+\binom{n}{2}a^{n-2}b^2+\cdots$$

$$+\binom{n}{k}a^{n-k}b^k+\cdots+\binom{n}{n}b^n$$

此$\binom{n}{k}$（當$1 \leqq k \leqq n$時）之意義爲

$$\binom{n}{k}=\frac{n(n-1)(n-2)\cdots(n-k+1)}{1\cdot 2\cdot 3\cdots k},$$

又可令$\binom{n}{o}=1$. （二項定理）

**附註。 o^0爲無意義，勿誤認爲$o^0=1$。因若

$$1=o^0=o^{r-r}=o^r \cdot o^{-r}=\frac{o^r}{o^r}=\frac{o}{o} \qquad r>o。$$

則此第三等號右之o^{-r}爲無意義。又「不能以o除」前編已說明。此第四等號後之各式亦不能成立。故o^0無意義。若令$o^0=1$作爲定義；則**29**,1之三基本規則不能通行矣。但遇爲特種記號上便利計，臨時規定「不問x爲何數，凡x^0皆爲1」之類，則另是一事，與此處所言不生衝突。

II 根

若a爲正實數及k爲正整數，則以

$$\sqrt[k]{a}$$

表「一數之其k次冪爲a者」。（即假定有一x，能$x^k=a$，於是以 $\sqrt[k]{a}$ 表x）。此數之有味處，專在一存在問題：能有如此之數否？，此問題已解決至何種程度？

下定理卽處分此問題者。

定理。 在正數中必有（及只有）一數ξ能滿足方程式 30

$$\xi^k=a, \quad (a>o), \quad (k\text{爲正整數})^{+}$$

此可寫作$\xi=\sqrt[k]{a}$及名ξ爲a之k次根。

證 合此定理之一數可以一套決定之，其爲存在亦即可因此證實。作此節套仍可用十進分法。因$o^k=o<a$，又p爲$>a$之任一正整數，則$p^k\geqq p>a$；故必有（及只有）一整數$g\geqq o$能合[(10)]

$$g^k\leqq a<(g+1)^k。$$

此g及$(g+1)$所定之節J_o再10等分之；照前編所屢言之作套法，在數字 0，1，2，…9中必能覓出一個，以z_1表之，適合於

$$\left(g+\frac{z_1}{10}\right)^k\leqq a<\left(g+\frac{z_1+1}{10}\right)^k,$$

十附註。 原文無此「(k爲正整數)」之註明。但加此較妥。雖定理前已說過k爲正整數，但亦說過a爲正實數。此處既有$(a>o)$，自應亦有(k爲正整數)。若因前已說過而省去之，亦是不宜。因既是一定理則應有之限制以寫入爲宜也。

10. g爲0，1，2，…p中其k次冪$\leqq a$者中之最後一數。〔「其k次冪$\leqq a$之一數」卽「一數之其k次冪$\leqq a$者」之意。卽此可見譯書造句往往極淺近之事實亦不易顯明。如簡爲「k次冪$\leqq a$之數」則恐誤解爲冪之全體；例如$a=10$，則$3^2=9<10$，恐誤解所言之數是9而不是3，加一「其」字，卽欲顯出其是3而不是9。本書譯文，凡冗沓支蔓之處，非不知修辭，皆因有此類情形於其中，不得已耳。〕

以下照此進行。(參觀三章一圖及5款開始之作套法),於是得一節套$(J_n)=(x_n|y_n)$,其一切節端點皆有確定之值而為

$$x_n=g+\frac{z_1}{10}+\frac{z_2}{10^2}+\cdots+\frac{z_{n-1}}{10^{n-1}}+\frac{z_n}{10^n}\qquad n=(1,2,3,\cdots)$$

及

$$y_n=g+\frac{z_1}{10}+\frac{z_2}{10^2}+\cdots+\frac{z_{n-1}}{10^{n-1}}+\frac{z_{n+1}}{10^n}。$$

若$\xi=(x_n|y_n)$為如此定出之數,則因其節端點皆$\geqq o$,從**29**,2立可知

$$\xi^k=(x_n^k|y_n^k)。$$

由此作套法可知對於各n皆$x_n^k\leqq a\leqq y_n^k$,故從5章定理4必

$$\xi^k=a。$$

如是則必有一正數ξ如本定理所言已無疑義。至合於本定理所示方程式之正解亦惟此一ξ,亦立可從**29**,3明白;因其中已說明正數$\xi_1\neq\xi$時必$\xi_1^k\neq\xi^k$卽$\neq a$也。

當k為偶數時,雖$-\xi$亦為本定理所示方程式之解。惟本書於此解$(-\xi)$,以後不加考慮;對於「正數a之k次根」之解釋,但作為「只此正數ξ已為**30**完全惟一決定」[11]而已。 $a=o$時亦令$\sqrt[k]{a}=o$。[12]

凡計算根之規則已為盡人所曉,無須再論,而但證明以下諸定理:

從**29**,3得

31 **定理1.** 若$a>o$,$a_1>o$及k為正整數,*則隨$a\lesseqgtr a_1$而$\sqrt[k]{a}\lesseqgtr\sqrt[k]{a_1}$

更進得

11. 照此則$\sqrt{x^2}$不常$=x$而常$=|x|$,以此為例,餘可類推。

12. a為負數時,此處未下定義。但$a<o$及k為奇數時可寫作$\sqrt[k]{a}=-\sqrt[k]{|a|}$。

*附註 原文無「k為正整數」。加此之意與**30**,定理之附註同。又n在習慣上表正整數,故下定理2等未再加此種說明。

定理2. 若$a>o$，則$(\sqrt[n]{a})$爲單調敍列；爲更清楚計又可分爲

$$\text{若}a>1\text{，則}\qquad a>\sqrt{a}>\sqrt[3]{a}>\cdots>1,$$

及

$$\text{若}a<1\text{，則}\qquad a<\sqrt{a}<\sqrt[3]{a}<\cdots<1.$$

（至$a=1$時，自必$(\sqrt[n]{a})\equiv 1$）。

證. 從**29**，3凡$a>1$則$a^{n+1}>a^n>1$；再從前定理求其$n(n+1)$次根，則

$$\sqrt[n]{a}>\sqrt[n+1]{a}>1.$$

又因$a<1$則此諸式之不等號皆須反向。如是則凡定理中所言，已皆可遞此證明矣。

最後，得

定理3. 若$a>o$則諸數

$$x_n=\sqrt[n]{a}-1$$

成一空列（從前定理知此爲單調）。

證. $a=1$則$x_n\equiv o$，此無關重要不必多說。

若$a>1$，則$\sqrt[n]{a}>1$卽$x_n=\sqrt[n]{a}-1>o$，於是可推考如下：從 Bernoulli 氏不等式(**10**,7)，

因　$\sqrt[n]{a}=1+x_n$，得

$$a=(1+x_n)^n>1+nx_n>nx_n,$$

因此，$x_n=|x_n|<\frac{a}{n}$；故從**26**，1或2，可知(x_n)爲空列。

若$o<a<1$，則$\frac{1}{a}>1$；故從上結果，可知

$$\left(\sqrt[n]{\frac{1}{a}}-1\right)$$

爲空列。若項項以因數$\sqrt[n]{a}$乘之（**26**，1之項與項乘，因$a\leqq\sqrt[n]{a}<1$，此$(\sqrt[n]{a})$當然有界），則

$$(1-\sqrt[n]{a})$$

顯爲空列，故(x_n)爲空列，已證完。

III 指數爲有理之冪

以整指數根寫成有理指數冪之法，假定讀者已知。*設$p \gtreqless o$，$q>o$及$a>o$，則$a^{\frac{p}{q}}$之意義爲 $(\sqrt[q]{a})^p$ 所惟一決定之正數，卽

$$a^{\frac{p}{q}} \quad = \quad (\sqrt[q]{a})^p \text{。†}$$

若$p>o$則此式中之a可$=o$；故$p>o$及$a=o$ 時 $a^{\frac{p}{q}}$ 之値爲o。

在此諸定義之下，**29**，1之三基本規則卽三公式

$$a^r \cdot a^{r'}=a^{r+r'};\ a^r b^r=(ab)^r;\ (a^r)^{r'}=a^{rr'}$$

在指數爲任意有理數時仍可適用，而關於此類冪之計算在形式上仍可與指數爲整數時同。

既根皆可寫成有理指數之冪，則凡計算根之一切規則已皆包括於此三公式之中。玆取尋常不甚注意而於下文有要用之若干定理，證明如下：

32 **定理1.** $a>1$時，若(惟)$r>o$則(方)$a^r>1$。同樣，$a<1$而爲正時，若(惟)$r>o$則$a^r<1$。

證. 從**31**，2，a 及 $\sqrt[q]{a}$必皆大於1或皆小於1。再從**29**，若(惟) $p>o$ 則(方)a及 $(\sqrt[q]{a})^p=a^r$亦是如此。

定理1a. 若有理數指數r及兩底a，a_1皆爲正，則隨$a \gtreqless a_1$而$a^r \gtreqless a_1{}^r$。

此證從**31**，1及**29**，3卽可推知。

定理2. 若$a>o$及有理數 r在他兩有理數r'及r''之間 則a^r 亦在 $a^{r'}$ 及 $a^{r''}$之間；(13)其逆亦眞。——無論$a<$，$=$或>1，及無論$r'<$，$=$或$>r''$均是如此。

---

*附註 $\sqrt[k]{a}$之k亦稱指數。「整指數根」卽「指數爲整數之根」，例如 $\sqrt[5]{a}$。「有理指數冪」卽「指數爲有理數之冪」。

†附註。 因q爲偶時 $\sqrt[q]{a}$ 之負根30中已除去不論，故此 $(\sqrt[q]{a})^p$亦只用其正數。

13. 此「之間」二字之意，兩邊之等號有無均可。〔例如，$l \leqq x \leqq m$，$l<x<m$，$l<x \leqq m$，$l \leqq x<l$皆可謂之x在l及m之間〕。但$a=1$須除去，因$a=1$則無論r爲何數，a^r皆爲1也(如是，則$a^{r'}=a^r=a^{r''}$不能有$<$ $>$兩號矣)。

證. 先設$a>1$及$r'<r<r''$，則

$$a^r=a^{r'}\cdot a^{r-r'}=\frac{a^{r''}}{a^{r''-r}}。$$

再從前定理，卽可知在此種情形之下本定理爲眞。至在他種可能情形之下，其證至易不贅。從此證可推知更清楚之定理如下：

定理2a. 若$a>1$，則指數(有理)較大冪亦較大（卽$a>1$及兩有理數$r>r'$，則$a^r>a^{r'}$)。若$a<1$而爲正則指數(有理)較大冪反較小（卽$o<a<1$及兩有理數$r>r'$則$a^r<a^{r'}$)。其特例：若正底$a\neq 1$則指數不同時冪亦不同（卽$a>o$而$\neq 1$及兩有理數$r\neq r'$，則$a^r\neq a^{r'}$)。

於是，再進一步，可推出下定理：

定理3. 若(r_n)爲任一有理空列*，則諸數

$$x_n=a^{r_n}-1$$

亦成一空列。若(r_n)爲單調，則(x_n)亦爲單調。

證. 從**31**，3 $(\sqrt[n]{a}-1)$ 及 $\left(\sqrt[n]{\frac{1}{a}}-1\right)$ 皆爲空列。故若$\varepsilon>o$爲已定，則必能覓得合於

$$\left|\sqrt[n]{a}-1\right|<\varepsilon,\qquad 對於各n>n_1$$

$$\left|\sqrt[n]{\frac{1}{a}}-1\right|<\varepsilon,\qquad 對於各n>n_2$$

之n_1及n_2。

若m爲比n_1及n_2皆大之整數，則$(a^{\frac{1}{m}}-1)$及$(a^{-\frac{1}{m}}-1)$皆在$-\varepsilon$及ε之間，即

$$a^{\frac{1}{m}} 及 a^{-\frac{1}{m}} 皆在 1-\varepsilon 及 1+\varepsilon 之間。$$

從定理2，若r在$-\frac{1}{m}$及$\frac{1}{m}$之間，則a^r亦在此$1-\varepsilon$及$1+\varepsilon$之間。從假設，必能覓得一n_0使

$$|r_n|<\frac{1}{m},\qquad 對於各n>n_0,$$

*附註 「有理空列」爲「各項皆爲有理數所成之空列」。

卽 $-\frac{1}{m}<r_n<+\frac{1}{m}$, 對於各$n>n_0$;

如是，則a^{r_n}在 $1-\varepsilon$ 及 $1+\varepsilon$ 之間。故凡 $n>n_0$ 時，必

$$|a^{r_n}-1|<\varepsilon,$$

而$(a^{r_n}-1)$爲空列。至「若(r_n)爲單調則$(a^{r_n}-1)$亦爲單調」之理可從定理2a直接推知。

此諸定理爲下任意實指數羃之根據。

IV 任意實指數羃

任意實指數羃卽羃之「其指數爲任意實數」者。在講此羃前，先講下定理：

33 **定理.** 若$(x_n|y_n)$爲任意節套(其端點皆爲有理點者)及$a>o$，則

$$\sigma=(a^{x_n}|a^{y_n}),\qquad a\geqq 1\text{時},\tag{1}$$

及

$$\sigma=(a^{y_n}|a^{x_n}),\qquad a\leqq 1\text{時},\tag{2}$$

亦皆爲一節套.又若$(x_n|y_n)$爲有理值$=r$，則$\sigma=a^r$。

證. 此(1)及(2)之左端點皆爲單調升敍列，右端點皆爲單調降敍列(此從**32**，2a可知)。又 $a\geqq 1$ 時 $a^{x_n}\leqq a^{y_n}$；$a\leqq 1$ 時 $a^{y_n}\leqq a^{x_n}$(此亦從**32**，2a 可知)。再若證明(1)及(2)之節長爲空列，則(1)及(2)皆爲節套卽無疑義。今證此如下：因

$$|a^{y_n}-a^{x_n}|=|a^{y_n-x_n}-1|\,a^{x_n},\tag{3}$$

從假設(y_n-x_n)爲空列，再從**32**，3可知(3)右第一因數爲空列；又$a\geqq 1$時，

$$o<a^{x_n}<a^{y_1},$$

及$a\leqq 1$時，

$$o<a^{x_n}<a^{x_1},$$

因此，又可知(3)右第二因數爲有界。於是從**26**，可知(1)及(2)之節長皆爲空列。本定理之前部已證完。

再若$(x_n|y_n)=r$，則對於各n皆r在x_n及y_n之間。因此可知(從**32**，2)，對於各n，皆a^r必在a^{x_n}及a^{y_n}之間。故(從五章，定理4)必$\sigma=a^r$。

從此定理，可公認下定義：

定義． 若$a>o$及$\varrho=(x_n|y_n)$爲一任意實數，則

$$a^{\varrho}=\sigma \text{ 即} \begin{cases} =(a^{x_n}|a^{y_n}), & a\geqq 1\text{時}, \\ =(a^{y_n}|a^{x_n}), & a\leqq 1^{(14)}\text{時}, \end{cases}$$

必有理指數冪所服從之諸定律，亦能爲由此定義定出之普遍冪(general power)所服從，此定義方稱允當，從下諸研究，可知此定義確能如此。

1．指數爲有理，則此新定義與舊定義所生之結果同。 **34**

2．若$\varrho=\varrho'$，則$a^{\varrho}=a^{\varrho'}$[15]。

3．設ϱ及ϱ'爲任意兩實數及$a>o$，$b>o$，則三基本規則

$$a^{\varrho}\cdot a^{\varrho'}=a^{\varrho+\varrho'};\quad (a^{\varrho}\cdot b^{\varrho})=(ab)^{\varrho};\quad (a^{\varrho})^{\varrho'}=a^{\varrho\varrho'},$$

仍全有效。由是，此普遍冪與特冪之形式計算可以全同；卽關於此普遍冪之一切計算，在形式上可與有理指數冪之計算同。

照小引末所言之理由，此三條所言不必再加證明[16]，而逕以**32**，1－3諸定理推廣至普遍冪；此亦各作說明及略示證法已足。**32**，1－3，之推廣如下：

定理1． $a>1$時，若(惟)$\varrho>o$則(方)$a^{\varrho}>1$。同樣，$a<1$(而爲正)時，若(惟) **35**

14．以此定理及定義合成**33**，立法之意旨與**14**－**19**同。卽先取有理指數方面可證命題之內容爲任意指數方面之定義。再驗明其爲允當。

15．此條在形式上雖貌似微末無關重要，但詳言之實爲：若$(x_n|y_n)=\varrho$及$(x'_n|y'_n)=\varrho'$爲兩節套，且此兩節套照**14**之意義爲相等，則按**33**定義所作a^{ϱ}及$a^{\varrho'}$之兩節套亦照**14**之意義爲相等。

16．作此三基本規則中第一規則之證明以示模範如下：若$\varrho=(x_n|y_n)$及$\varrho'=(x'_n|y'_n)$則從**16**，$\varrho+\varrho'=(x_n+x'_n|y_n+y'_n)$。故——假定$a\geqq 1$——

$$a^{\varrho}=(a^{x_n}|a^{y_n}),\quad a^{\varrho'}=(a^{x'_n}|a^{y'_n}),\qquad a^{\varrho+\varrho'}=(a^{x_n+x_n'}|a^{y_n+y_n'})。$$

因一切端點(有理指數冪)皆爲正，從**18**，得

$$a^{\varrho}\cdot a^{\varrho'}=(a^{x_n}\cdot a^{x'_n}|a^{y^n}\cdot a^{y'_n})。$$

凡指數爲有理時，此三基本規則之第一規則已知其有效，故此末一節套不但照**14**之意義與定$a^{\varrho+\varrho'}$之節套相等，且能與之項項相同。

$\varrho>o$則(方)$a^{\varrho}<1$。

此證從**32**,1可知。例如$a>1$時,若(惟)$x_n>o$則(方)$a^{x_n}>1$。

定理1a. 若實數$\varrho>o$及兩底a及a_1皆爲正,則隨 $a\lesseqgtr a_1$ 而 $a^{\varrho}\lesseqgtr a_1^{\varrho}$。

此證從**32**,1a 及**15**可知。

定理2. 若$a>o$及ϱ在ϱ'及ϱ''之間,則a^{ϱ}常在$a^{\varrho'}$及$a^{\varrho''}$之間。

此證與**32**,2同。從此證可推出更清楚之定理如下:

定理2a. 若底$a>1$則指數較大冪亦較大;若底$a<1$(而爲正)則指數較大冪反較小(參觀**32**,2a)。

從此定理可推得下定理(此正如**32**,3):

定理3. 若(ϱ_n)爲空列,則諸數

$$x_n=a^{\varrho_n}-1,\qquad a>o$$

成一空列。若(ϱ_n)爲單調,則(x_n)亦爲單調。

爲特用計,再述下定理:

定理4. 若(x_n)爲空列而其中各項皆爲正,則凡α爲正時,諸數

$$x'_n=x_n^{\alpha}$$

成一空列。——例如,凡$\alpha>o$時$\left(\frac{1}{n^{\alpha}}\right)$爲空列。

證. 若$\varepsilon>o$爲任意正數,則$\varepsilon^{\frac{1}{\alpha}}$亦爲正數。從假設,必能覓得一合於

$$|x_n|=x_n<\varepsilon^{\frac{1}{\alpha}}\qquad 對於各n>n_0$$

之n_0。

從**35**,1a,可知凡$n>n_0$時必

$$|x_n^{\alpha}|=|x'_n|<\varepsilon,$$

本定理至此巳經證明。

上諸定理巳包含計算普遍冪之主要諸原則。

V 對數

對數之定義，以下定理爲基礎。

定理。 若$a>o$及$b>1$爲兩實數*，則必有（及只有）一實數ξ能合於 36.

$$b^{\xi}=a。$$

證. 從**35**，2a，凡b爲定數時，若ξ爲不同兩數ξ_1及ξ_2，則b^{ξ_1}及b^{ξ_2}亦決爲不同兩數，必不能同爲一數a故合於$b^{\xi}=a$之ξ至多只有一數。如是，則定理中「只有」二字已經證明，所尚須證者爲必有合於$b^{\xi}=a$之ξ。今可以構造法證明必有如此之ξ如下。

此構造證法，卽作一決定此ξ之節套（例如，以十進小數法所作之節套）。既$b>1$，則$(b^{-n})=(\frac{1}{b^n})$爲空列（**10**，7）。又因a及$\frac{1}{a}$皆爲正數，必有兩自然數p及q能合於

$$b^{-p}<a,\ 及\ b^{-q}<\frac{1}{a}\ 卽\ b^{q}>a。$$

於是，以p及q間之整數從小而大依次爲b之指數，卽可知其中必有（及只有）一數——名之爲g——能使

$$b^{g}\leqq a\ 而\ b^{g+1}\geqq a，$$

再以此g及$g+1$所定之節$J_1=g\cdots g+1$分爲十等分，則如**30**之證法，必能覓得一合於

$$b^{g+\frac{z_1}{10}}\leqq a\ 而\ b^{g+\frac{z_1+1}{10}}\geqq a$$

---

*附註。 a及b除此$>o$及>1之外，可以十分隨意。至所以有此兩種限制之理由如下；

（一）**30**定理中既將k爲偶時之負根除去，則此定理之b自不能不有$>o$之限制。（二）如顧及此負根則$b<o$時此定理中「必有」二字亦不能成立，故b雖不必>1但不能不有$>o$之限制。（三）b不能$=1$亦顯然之事（例如$a=2$及$b=1$，則此定理之ξ卽不存在）。（四）$a=o$時無論b爲何數，此定理之ξ決不存在，故$a\neq o$之限制仍不能無。（五）$a<o$時定理中之ξ雖存在時頗多，然不存在時亦很多，欲保存此定理中「必有」二字，$a>o$之限制亦不可無。

由以上所言，則a之限制不能放寬，b之限制尚能略寬。因b之限制只須$>o$及$\neq 1$，此外則此定理仍能成立。但原文欲以此定理爲對數定義之根據。故限$b>1$耳。

之數字z_1。再照此法繼續進行，必能得一確定之節套

$$\xi=(x_n|y_n)\text{，其}x_n,y_n\text{爲}\begin{cases}x_n=g+\dfrac{z_1}{10}+\cdots+\dfrac{z_{n-1}}{10^{n-1}}+\dfrac{z_n}{10^n}\\ y_n=g+\dfrac{z_1}{10}+\cdots+\dfrac{z_{n-1}}{10^{n-1}}+\dfrac{z_n+1}{10^n}\end{cases}$$

此節套之x_n及y_n與a有

$$b^{x_n}\leqq a\leqq b^{y_n},\qquad \text{對於各}n\text{。}$$

之關係。故從**33**，知必

$$b^{\xi}=a\text{。}$$

如是，則決定此定理中ξ之節套已經作成，而此定理已經證完。

此定理爲下定義之保證。

定義 若$a>o$及$b>1$爲任意†有定之數，則爲

$$b^{\xi}=a$$

所決定之惟一實數*ξ謂之底爲b之a之對數；以記號

$$\xi=\log_b a$$

表之。（上定理證中之g謂之對首，一組數字$z_1,z_2,z_3,\cdots$謂之對尾）。

設底b爲確定不變之數，a爲$>o$**之一切數，則凡以此b爲底之一切對數$\log_b a$

---

†附註。 此「任意」二字當然受$>o$及>1之限制。詳言之，即若a爲大于o之任意有定之數及b爲大于1之任意有定之數。但寫作若$a>o$及$b>1$爲任意有定之數，則$>o$，>1之眉目較清。以下類此者，不再註。

*附註。 此實字可删，因從本編起，凡數皆表實數也。此處原文爲 real number 故從之。但以下原文爲實數，亦但譯爲「數」。至整數，有理數，…等則於「數」字前加「整」，「有理」…以別之。

**附註。 $a<o$ 時雖有時亦有對數，例如 $b=16$，則 $16^{\frac{1}{2}}=\pm4$，$16^{\frac{1}{4}}=\pm2$，故 $\log_{16}(-4)=\frac{1}{2}$，$\log_{16}(-2)=\frac{1}{4}$。但皆除去不算。此爲一種規約，無絕對之理由。但此種規約，亦有其目的:

(1) 限$a>o$，則數a與其對數$\log_b a$一一相應，否則不能。例如$\log_{64}4=\frac{1}{3}$而$\log_{64}(-4)$則不存在；及 $\log_{64}8$，$\log_{64}(-8)$皆等於$\frac{1}{2}$。故有此限制則不但作表易，且在理論實用上皆有許多便利，否則將生許多糾紛。

(2) 撇去此種限制之對數，如欲討論，儘可在複素數範圍內討論之。實數範圍內既不講虛數，即欲講負數之對數亦決不能圓滿。故置之複素數範圍內爲宜。

謂之一系對數，$\log_b$ 之下標 b 既經確定，即儘可省去不必寫出。不久卽說及尋常 e 所代表之特數，若以之爲底，則於一切理論上研究，皆極自然而便利；以此爲底之對數系，常謂之自然對數系。爲實用計，以10爲底最便；10爲底之對數系謂之常用對數或 Briggs 對數。此兩系對數可在尋常對數表中查閱。(17)

凡用對數計算之一切規則，亦照冪之辦法，皆假定讀者已知；但取其最重要者，不加證明，列舉於下。若底 $b>1$ 爲任意有定之數，及 $a, a', a'' \cdots$ 爲任意正數，則

1. $\log(a'a'')=\log a'+\log a''$。 **37**

2. $\log 1=o$； $\log\frac{1}{a}=-\log a$； $\log b=1$。

3. $\log a^{\varrho}=\varrho \log a$ （ϱ爲任意實數）

4. 隨 $a \lesseqgtr a_1$ 而 $\log a \lesseqgtr \log a_1$。

5. 隨 $a \gtreqless 1$ 而 $\log a \gtreqless o$， 此爲4之特例。

6. 若 $b>1, b_1>1$ 爲不同兩底，及 ξ, ξ_1 爲同數 a 之兩對數卽

$$\xi=\mathrm{lag}_b a, \quad \xi_1=\log_{b_1} a,$$

則

$$\xi=\xi_1 \cdot \log_b b_1$$

此因 $a=b^{\xi}=b_1^{\xi_1}$，再以 b 爲底求 $b^{\xi}=b_1^{\xi_1}$ 兩邊之對數，則從37，2，3卽可得上式。

7. $\left(\frac{1}{\log n}\right), n=2,3,4,\cdots$ 爲空列。

此因 $\log n>\frac{1}{\varepsilon}$ 卽 $n>b^{\frac{1}{\varepsilon}}$ 則 $\frac{1}{\log n}<\varepsilon$。

VI 圜函數

17. 實則一系對數亦可建於比 1 小之正底上。但此非常用之法。以前 Napier 第一次算出之對數(1614)，曾建於底 $b<1$ 之上〔此 b 爲 .9999999〕，但其利益甚微，僅於三角函數之對數有特用而已。

所謂圓函數(卽已知角[18] 之正弦,餘弦,正切,餘切……等)如欲照冪，根對數等作同樣嚴格之講述(卽避去以「凡與幾何方面之直覺相關之原則」爲證明之原素,而專以實數之觀念爲基礎)在此處尙有所不能。只能俟諸以後(下二四章當再論此問題)。現爲應用豐富及使設例有生氣起見,將其先行登記以便隨時錄用;因其普通知識,已詳初等三角,不妨假定讀者已知也。

37a. 例如,下兩簡理,在此處卽可說明。

1. 若 $\alpha_1, \alpha_2, \cdots \alpha_n, \cdots$ 爲任意角(卽任意數),則

$$(\mathrm{Sin}\ \alpha_n)\ 及\ (\mathrm{Cos}\ \alpha_n)$$

爲有界敍列;及

2. $$\left(\frac{\mathrm{Sin}\ \alpha_n}{n}\right)\ 及\ \left(\frac{\mathrm{Cos}\ \alpha_n}{n}\right)$$

爲空列; 此因其各項爲「空列$\left(\frac{1}{n}\right)$之各項與有界因數之積」,故從**26**,知此兩敍列皆爲空列。

VII　特殊空列

上所定之諸觀念作進一步之應用。再討論若干特殊敍列於次:

38　°1. 若$a<1$,則(a^n)外,(na^n)亦爲空列。

證. 此證與**10**, 7[19]之證相類: 設 $a=o$ 則此理甚顯，無須再說。今但就 $o<|a|<1$證之。設$\varrho>o$及

$$|a|=\frac{1}{1+\varrho},\quad 則\quad |a^n|=\frac{1}{1+\binom{n}{1}\varrho+\cdots+\binom{n}{n}\varrho^n}$$

因此式之分母,各項皆正,故凡$n>1$時,

$$|a^n|<\frac{1}{\binom{n}{2}\varrho};\ 因此,\ |na^n|<\frac{1\cdot 2}{(n-1)\varrho^2}$$

18. 角以弧度表之。 於一單位圓 (卽半徑爲單位之圓),設想其半徑從一「定位置」開始轉動,於是以其半徑之一端在圓周上所走路線之長量其所轉之角。(以此路線之長表此角之大)。半徑反鐘針轉時,角之量數 (卽量得之數,卽角之値) 爲正,半徑照鐘針轉時,角之量數爲負。故角卽是數; 平角之量數爲 $+\pi$ 或 $-\pi$,直角之量數爲$+\frac{\pi}{2}$或$-\frac{\pi}{2}$。每一有確定位置之角有無窮種量數,但其量數之差皆爲 2π之整倍數(2π卽完全一轉,半徑端轉一週卽2π)。量數1所屬之角 (卽角之其對弧之長適等于半徑者)約有尋常度數57°17′44·8″。

19. a及ϱ不必再爲有理。

由是，可知欲

$$|na^n|<\varepsilon,\text{只須}\quad \frac{1\cdot 2}{(n-1)\varrho^2}<\varepsilon,$$

卽凡

$$n>1+\frac{2}{\varepsilon\cdot\varrho}$$

時，

$$|na^n|<\varepsilon。$$

此證明之結果，非常卓異。從此可知n很大時，分數$\frac{n}{(1+\varrho)^n}$可以很小；而其分母可比其分子很大。此分母於$\varrho=o$時爲一常數($=1$)，且於ϱ很小(及爲正)時雖隨n增長而增率甚慢。但上所證明之結果實昭示吾人，只須n夠大，分母便可比分子很大。ε爲定數時，能使

$$|na^n|=\frac{n}{(1+\varrho)^n}<\varepsilon,\qquad n>n_0$$

之點n_0，(上已求得$n_0=1+\frac{2}{\varepsilon\cdot\varrho^2}$)不但當$\varepsilon$很小時在右方極遠之處，即於$\varrho=\frac{1}{|a|}-1$爲很小時(卽$|a|$極近於1時)亦是如此 實則如下云云方爲眞確：無論$|a|<1$及$\varepsilon>o$爲何數，必有一易定之點，能在此點之後常$|na^n|<\varepsilon$。[20]。

從此結果，可再推出許多同類之結果，例如推出更奇之：

°2.　若$|a|<1$，及α爲任意數，則$(n^\alpha a^n)$亦爲空列。

證.　若$\alpha\leqq o$，則從**10**，7及**26**，2，此理顯爲眞確。

若$\alpha>o$，先令$|a|^{\frac{1}{\alpha}}=a_1$；從**35**，1$a$，此正數$a_1$亦$<1$。從前結果知$(na_1^n)$爲空列。從**35**，4

20.　如前寫作$|a|=\frac{1}{1+\varrho}$，$|na^n|=\frac{n}{(1+\varrho)^n}$，則亦可云：$\varrho$爲一正數時，$(1+\varrho)^n$比$n$之本身更顯著的大或更顯著的無窮大(more pronouncedly large or more prounouncedly infinite)。又此仍與「(na^n)爲空列」之意無所出入(參觀**7**，3)。凡1,2所證明之結果，a爲複素數時仍有效，只要$|a|<1$；爲以後參考計，先註明於此。〔此$|a|$爲複素數a之輻模(卽a之絕對值)〕。

$$[na_1^{\,n}]^{\alpha}\text{，卽}n^{\alpha}\,|a|^{\,n}\text{，卽}\,|n^{\alpha}a^{n}|$$

爲空列之項，再從**10**，5，$n^{\alpha}a^{n}$之本身亦爲空列之項。故$(n^{\alpha}a^{n})$爲空列。

（試設想α爲很大之正數及$|a|$爲比1小而與1相差極微之數，自知此結果比前結果更是非凡[21]）

3. 若$\sigma>o$，則$\left(\dfrac{\log n}{n^{\sigma}}\right)$爲空列[22]；此對數底$b>1$可爲任意數。

證. 既$b>1$，$\sigma>o$則$b^{\sigma}>1$（從**35**，1a）。故$\dfrac{n}{(b^{\sigma})^{n}}$爲空列（從1）。由是，$\varepsilon>o$爲已知，則從一適當之點前進——設凡$n>m$時——必能

$$\frac{n}{(b^{\sigma})^{n}}<\varepsilon'=\frac{\varepsilon}{b\sigma}\text{。} \qquad (\text{一})$$

若以g表$\log n$之對首（如是，則$g\leqq\log n<g+1$），則

$$\frac{\log n}{n^{\sigma}}<\frac{g+1}{(b^{g})^{\sigma}}=b^{\sigma}\cdot\frac{g+1}{(b^{\sigma})^{g+1}}, \qquad (\text{二})$$

〔此因，$n^{\sigma}=(b^{\log n})^{\sigma}>(b^{g})^{\sigma}$〕。今若取$n>b^{m}$則$\log n>m$而$g+1>m$更屬當然之事。故取定如此之$m$，則從上（一），（二）兩式知凡$n>n_0=b^{m}$時必

---

21. $|a|$仍如前寫作$\dfrac{1}{1+\varrho}$，在此可云$(1+\varrho)^{n}$比無論如何大之「n本身之各（定）冪」更顯著的無窮大。

22. $\log n$比無論如何小之「n本身之各冪（但須有定及爲正者）」之大顯著的較弱（less pronouncedly large）。

按此 more pronouncedly large, more pronouncedly infinite, less pronouncedly large 皆無妥譯，卽原文亦不能表足其所表之意。尤其是 less pronouncedly large 在中文方面不易與 more pronouncedly large譯成一律。詳言之，n增大不已時，$(1+\varrho)^{n}$無窮增大，n亦無窮增大。但後者之前進，至適當程度時，遠遜於前者；卽後者之變大，至適當程度時，比前者之變大，更顯著的大得利害。簡稱「更顯著的大」或「更顯著的無窮大」。又n增大時，$\log n$無窮增大，$n\sigma$亦無窮增大，但前者之前進，至適當程度時，遠遲於後者；卽前者之變大，至適當程度時，比後者之變大顯著的弱得利害，簡稱「顯着的較弱」。爲一律計，「$(1+\varrho)^{n}$比n之本身更顯著的大」可改爲「$(1+\varrho)^{n}$比本身之大顯著的較強」；以後或用之，特先註明於此，但「更顯著的無窮大」仍無法改，故譯文如上。

要之「無窮大」已通用成習，不能更改。凡有此三字之處，往往發生困難。實則「無窮大」三字爲「愈變愈大，永無已時」之簡語；更說得明白一點，卽「一直大下去，沒有了結」或「增大復增大，永不終止」之簡語。不可認爲一數。

$$b^{\sigma}\cdot\frac{g+1}{(b^{\sigma})^{g+1}}<b^{\sigma}\cdot\frac{\varepsilon}{b^{\sigma}}=\varepsilon,\text{故}\frac{\log n}{n^{\sigma}}<\varepsilon。$$

4. 若 α及β爲任意正數，則

$$\left(\frac{(\log n)^{\alpha}}{n^{\beta}}\right)$$

爲空列；無論α如何大，β如何小均可。[23]

證. 從3，因$\frac{\beta}{\alpha}>o$，知$\left(\frac{\log n}{n^{\beta/\alpha}}\right)$爲空列。再從**35**,4,知$\left(\frac{(\log n)^{\alpha}}{n^{\beta}}\right)$必爲空列*。

5. $(x_n)\equiv(\sqrt[n]{n}-1)$爲空列。(此結果亦甚卓異。因$n$很大時，$\sqrt{\ }$號下之數雖很大，但$\sqrt{\ }$左角之指數亦很大；此二者——被開方數及指數——之力究竟孰强，殊無自然明顯之理可憑以立斷。〔詳言之，$\sqrt[n]{a}$之被開方數$a>1$定時，n愈增$\sqrt[n]{a}$愈小；$\sqrt[k]{n}$之指數k定時，n愈增$\sqrt[k]{n}$愈大。故根之指數增時有縮小力；被開方數增時有漲大力。今$\sqrt[n]{n}$之指數及被開方數皆爲n，同時增大；縮漲兩力，同時並作；究竟孰强，非經研究，不易預斷〕)。

證. $n>1$，則$\sqrt[n]{n}>1$(**31**,2)。故$x_n=\sqrt[n]{n}-1$必$>o$。因此，

$$n=(1+x_n)^n=1+\binom{n}{1}x_n+\cdots\cdots+\binom{n}{n}x_n^n$$

---

* 附註. 上22下之按語，因限於地位不能多講，今補數語如下。

設敍列爲$\left(\frac{n}{n^2+1}\right)$。其公項$\frac{n}{n^2+1}$之分子及分母雖皆爲無窮增大(照前按語之解釋)，但詳列其各項爲

$$\frac{1}{2},\ \frac{2}{5},\ \frac{3}{10},\ \frac{4}{17},\ \frac{5}{26},\ \frac{6}{37},\ \frac{7}{50},\ \frac{8}{65},\ \frac{9}{82},\ \cdots\cdots(1)$$

又因 $\frac{n}{n^2+1}=\frac{1}{n+\frac{1}{n}}$，(1)可改爲

$$\frac{1}{2},\ \frac{1}{2+\frac{1}{2}},\ \frac{1}{3+\frac{1}{3}},\ \frac{1}{4+\frac{1}{4}},\ \frac{1}{5+\frac{1}{5}},\ \frac{1}{6+\frac{1}{6}},\ \frac{1}{7+\frac{1}{7}},\ \frac{1}{8+\frac{1}{8}},\ \frac{1}{9+\frac{1}{9}},\cdots\cdots(2)$$

卽可知$\frac{n}{n^2+1}$之分母子雖皆爲無窮增大，而此各項可逐漸小至比「任何小而有一定之$\varepsilon>o$」還小。又(1)中項之分母分子，雖逐漸變大永無已時，而分母之變大速於分子，分子之變大遲於分母；變至適當程度，其遲速之差相去甚遠。此雖似一極淺之理，讀者再向前細細推想以後必極有益處。

23. 無論 $\log n$ 之各正羃爲如何大(定數)，n本身之各正羃爲如何小(定數)；前者之增長比後者之增長顯著的較弱。

中之各項必皆爲正。由是，

$$n>\binom{n}{2}x_n^2=\frac{n(n-1)}{1\cdot 2}x_n^2$$

卽

$$x<\frac{2}{n-1}\leqq\frac{2}{n-\frac{n}{2}}=\frac{4}{n}$$ [24]

故

$$|x_n|<\frac{2}{n^{\frac{1}{2}}},$$

從**26**，3及**35**，4，可知$(x_n)=(\sqrt[n]{n}-1)$爲空列。

6. 若(x_n)爲空列其各項皆>-1，則凡k爲確定之整數時，諸數

$$x'_n=\sqrt[k]{1+x_n}-1$$

亦成一空列[25]。

證. 在二章下註11之公式中，令$a=\sqrt[k]{1+x_n}$，$b=1$，則得[26]

$$x'_n=\frac{x_n}{(\sqrt[k]{1+x_n})^{k-1}+(\sqrt[k]{1+x_n})^{k-2}+\cdots+1};$$

此分母中各項皆爲正及其末項爲1，故

$$|x'_n|\leqq|x_n|;$$

再從**26**，可知(x'_n)必爲空列。

7. 若(x_n)爲空列其各項皆>-1，則諸數

---

24. $n>1$時，此以$n-\frac{n}{2}$代$n-1$之法爲令計算簡單之一種巧法，可以利用之處甚多。當$n>1$時，$n-\frac{n}{2}$之值$\leqq n-1$；$n>2$則$n-\frac{n}{2}<n-1$；故此處可用。注意n係代表正整數者，故$n>1$則n爲從2起之數(卽爲2或2以上之數)。

25. 此假定一切$x_n>-1$，僅爲保證諸x'_n對於任一n皆有定義而已。蓋旣假定(x_n)爲空列，則必能從某定點前進，皆$(x_n)<1$；因此，亦必$x_n>-1$。由是，則凡(x_n)爲空列時，必能從某項起其後各項皆>-1。但欲無論n爲何數，x'_n皆有定義，則必假定一切$x_n>-1$耳。(爲活用此定理計，凡空列(x_n)之有$\ngtr -1$之項者，將其除去另作一新空列，使凡x'_n皆有定義可耳)。下7，8同此。

26. 此處假定$k\geqq 2$。因$k=1$時x'_n卽是x_n，無須講述也。

$$y_n=\log(1+x_n)$$

亦成一空列。

證. 設對數底 $b>1$ 及 $\varepsilon>o$ 爲已知，先令

$$b^{\varepsilon}-1=\varepsilon_1 \quad 1-b^{-\varepsilon}=\varepsilon_2,$$

及兩數（皆爲正）ε_1 及 ε_2 中之較小者以 ε' 表之。

於是，取一合於

$$|x_n|<\varepsilon', \quad 對於\ n>n_0,$$

之 n_0。則凡 $n>n_0$ 時，必

$$-\varepsilon_2<x_n<\varepsilon_1, 故\ b^{-\varepsilon}<1+x_n<b^{\varepsilon},$$

因此，及從35，2或37，4知

$$|y_n| = |\log(1+x_n)| <\varepsilon;$$

故 (y_n) 爲空列。

8. 若 (x_n) 爲空列其各項皆 >-1，則 ϱ 爲任意數時諸數

$$z_n=(1+x_n)^{\varrho}-1$$

亦成一空列。

證. 從7及26，3，諸數

$$\varrho_n=\varrho\cdot\log(1+x_n) \qquad (一)$$

成一空列。從35，3，諸數

$$b^{\varrho_n}-1=(1+x_n)^{\varrho}-1=z_n \qquad (二)$$

亦成一空列。已證完。〔從（一），$\varrho_n=\log(1+x_n)^{\varrho}$ 即 $b^{\varrho_n}=(1+x_n)^{\varrho}$，故得（二）〕。

（待續）

近世中國國外貿易要略及書評

孫 葆 棠

小 引

近世中國國外貿易一書,乃立法院祕書處統計科刊行,民國廿二年出版。所述我國國外貿易,括盡概要;舉凡出入口貨物,價値數量,無不詳述。分條別類,較其消長;於是我國國際貿易,或替或興,可窺其勢;出入口貨,何多何寡,易見其由。知鄰國之所無,遂可投其缺乏;明國產之遇敵,更宜極力改良。拯國家於衰微,經濟是賴,而經濟之得失,貿易爲要。略舉大綱,作爲筆記。

要 略

全書分三部:第一部爲說明,第二部爲統計表,第三部爲統計圖。第一部又分十二節。今此撮要,卽從此十二節中提出。玆將此十二節之名目錄列於次:

(一) 中國國外貿易之由來

(二) 廣東公行與外國商館貿易

(三) 主要通商條約

(四) 國外貿易之普通情形

(五) 重要進口商品

(六) 重要出口商品

(七) 機製洋式貨物之出口

(八) 與世界主要國及主要屬地之貿易

(九) 中國主要通商口岸之貿易

(十) 金融

(十一) 主要國之商船

(十二) 結論

由第一至第三節,可略述之如下:

最先直接與中國通商者爲葡萄牙人,始於一五一六年。(明正德十一年——原書第一頁)其次爲西班牙人始於一五八〇年。(西班牙人雖於一五七五年遣兩教士來華,而貿易則在五年後,故爲一五八〇年,此文注重貿易,無貿易性質者不計也——原書第二頁)英人則始於一六三七年,僅以其運來之貨換中國之薑糖而歸。法人始於一六六〇年。美人與中國貿易始爲間接;中國之茶由英商輸入美國,至一七八四年,始直接運人參等貨來華,以易絲茶。俄人於一五六七年初次由陸地來華,名爲通商,意在侵掠而已。

外人來華漸多,商務漸繁,中國方面,主其事者爲官商。其後廣州商人,得政府之許可,於一七二〇年組織公行,(正式成立,則在一七六〇年——原書第五頁)凡政府之一切交涉,皆以公行爲代理人,並代政府徵收課税,權力甚大。

中國自南京條約以來,對外通商大受外力之壓迫。自一八五八年,敗於英法聯軍,成立天津條約,中國益處處讓步,幾不成國體。最近關税條約:如十七年七月廿五日之中美條約,同年十二月二十日之中英條約,十九年五月六日之中日條約,其他如中那,中比,中義,中丹,中和,中葡,中瑞,中法,中西各條約,皆有關税自主之規定,則中國又有起色矣。

第四節述國外貿易之普通情形,將中國國外貿易,分劃爲六個時期。一八四二年以前爲第一時期。在此時期,中國人民不需要西洋貨物;而外國人則極喜中國之茶。西方各國於一八二八年消費中國茶約有七千萬磅之多。一八四二至一八七一年爲第二時期。在此時期,外來貨物,除鴉片外,仍無甚銷路。一八七一至一九〇〇年爲第三時期。此時中國人民漸感西洋貨物之需要。一八七六年以前,出口貨值常超過進口貨值;自該年後,入超年甚一年。一九〇〇至一九一四年爲第四時期。中國國外貿易,受拳匪事變影響甚巨;但自辛丑條約簽字以後,貿易不特恢復常態,且總值較前爲大,入超加增。一九一四至一九二一年爲第五時期。歐戰發生,國人乘機振興出口貿易,輸出驟增。惟歐戰告終後,進口又增,出口又減。一九二一年以後爲第六時期。在此時期進口出口價值均與年俱增,而出口增加之比率較進口增加之比率爲高。(棠按自一九三一年後,出入口貨總值均大減:一九三四年之進出口總值皆約佔一九三一年之進出口總值之半數耳。)

第五節述重要進口商品。按民國二十年海關貿易總册,進口商品,計有八百六十八種,玆僅述其要者。

(一) 棉貨:此項貨物,不包括棉花與棉紗,一八九一年以來,輸入值恆佔第一位。一九二九年輸入最多,值關平銀一七三,三九五,〇〇〇兩。

(二) 糖:一八九二年以前,糖之貿易恆爲出超。次年卽入超。歐戰後則進口愈增。一九二九年入口最多,值關平銀九八,七六〇,五四五兩。

(三) 棉花:十九世紀之初,棉花爲重要進口品之一。自一八八八年後每年總是出超。(除一八九九年)至一九二〇年,進口又恢復,且漸增加。

(棠按我國近年來棉紗業日漸發達,需棉量甚多,而國內連年水旱災交相煎迫,產棉量大減,故入口大增也。此所謂凶爲吉兆,不足以爲慮,祗望將來提倡植棉,自無庸仰給於人矣。)

(四) 棉紗:棉紗之輸入,一八七六年後,增加甚多。近年來已大減:一九二一年輸入爲一,二七三,四三八擔,至一九三一年減至四七,九五一擔,前途甚可樂觀也。

(五) 五金及礦物:五金中之最要者爲(子)未鍍鉾花素馬口

鐵,由英美運來最多。(丑)未鍍鋅銅鐵條,由比國及魯生堡運來最多。(寅)未鍍鋅銅鐵片與板,來源與(丑)同。(卯)鍍鋅銅鐵瓦紋片與平片,由日本台灣運來最多。一九三一年進口總值爲關平銀三四,九五六,三三九兩。

(六) 米:米之輸入,向不重要,近來災情重大,故入口增加耳。來源爲暹羅及印度。

(七) 煤油:煤油自一八八四年以後輸入增加甚速。一九三一年之輸入值爲關平銀六四,五四九,三七一兩。

(八) 毛製品:最重要者爲細嗶嘰,直貢呢,薄花呢,及純毛粗細絨線。輸入來源以英國爲首。一九二八年進口最多,值關平銀四八,三八一,〇〇〇兩。

(九) 菸:一九二八年菸之輸入值爲關平銀六一,九三六,〇〇〇兩。以後進口漸減。來源爲英美兩國。

(十) 麵粉等:此項進口,向不重要,近數年來始漸增加。一九二九年入口值爲關平銀六四,〇〇八,三五七兩,以後又大減,約佔該年之半數耳。來源爲日本,加拿大,及美國。

(十一)機器:一八八六年,始有輸入,僅值關平銀一八一,〇六六兩,以後逐年遞增,一九三一年之百分數已增至三·〇四。(棠按機器之進口,但願其增,增至相當程度,始求其減也。目前數年進口如能超過百分之五十,尤爲吾儕所歡迎也。)

第六節,述重要出口貨物。出口貨物種類,雖不及進口者多;據一九三一年之關冊,亦有三百九十三種。茲僅述其重要者。

(一) 茶:茶爲中國最早出口商品之一。一八八六年之出口爲二,二一七,二〇〇擔,開破天荒之紀錄,以後亦不能及也。紅茶多運往英國及土,埃,波等處。綠茶多運往美,俄,及土,埃,波,等處。磚茶則多運往俄國。一九二〇年輸出量祗有三〇五,九〇六擔,近年略有起色,但爲數仍不多,尙須設法振興也。

(二)絲:絲之出口,向佔重要地位,在十九世紀末,中國絲尙能與日本絲抗衡。自二十世紀始,各國多用日本絲;近數年來,出口更差,一九三一年之出口僅值一二六,一〇七,〇〇〇兩。

(三)荳及荳產品:此項物品之出口,以前不甚重要;一九〇九年超過茶之出口值。最近數年則更進步,(蓋指九一八以前也)。荳之重要輸往地爲日本,俄國及和國。荳油之輸往地爲和國及英國。荳餅之輸往地爲日本及俄國。一九三一年共輸出六千七百萬擔。

(四)蛋及蛋產品:此項輸出,年有增加,多運往英,德,美,法,及日本。一九三〇年輸出值爲關平銀五一,一六一,〇〇〇兩。

(五)皮貨:分生皮熟皮兩種。一八八七年以後,生熟皮之出口逐漸增加,迨一九一三年,輸出價値,增至關平銀二四,三七二,〇〇〇兩。皮貨大半運往美國,英國及日本。生皮大半輸往日本及德國;熟皮則輸往香港,安南及朝鮮。

(六)棉花:自一八八八至一八九五年,因日本之紡業發達,棉花之輸出甚多。一九一四至一九一九年輸出更有進步。一九二七年,輸出値關平銀四七,三〇六,六九九兩。此數年則大減。

(七)煤:煤於一九〇四年海關冊始有記載,一九一四年則爲出超,近年來出口更巨。一九二八年輸出三,八八五,二五八噸,主要輸往地爲日本朝鮮。

(八)桐油:洞油多運往美國,一九一九年輸出最多,値關平銀七,九六〇,九六八兩。

(九)子仁及子餅:除荳餅及花生餅外,包括各種子仁及子餅;主要者爲芝蔴,菓子及棉子三種。出口歷年增加,一九一九年之出口,値關平銀二五,五九一,三八二兩。後因災情稍差,近又復興盛。此種物品,祇中國及印度有出產,其他多爲吸收國。

第七節述機製洋式貨物之出口。此種貨物,可分爲兩種:一爲按照現行稅法之機製洋式貨物,有特惠之稅率待遇;一爲非按照現行稅法之機製洋式貨物,無特惠稅之待遇。有特惠稅待遇者,如市布與粗布,本色棉紗,純綈,繭綢,粗細斜紋布,火柴,麵粉等。市布粗布及本色棉紗,出口增加甚速。純綈則消長無定。繭綢亦稍增。粗細斜紋布出口甚發達。火柴則往昔出口甚盛,近年來頗衰敗。麵粉則因近年災情大減。非按照現行稅法之機製洋式貨物而無特惠稅待遇者;如紙菸,本色棉紗,過十英尺見方之地毯,花邊與飾,抽紗品,金絲草帽,十英尺見方及以下之地毯,棉布與蔴布繡品,及髮網等。此種貨物,近年來出口總値亦佔數千萬元之巨。

第十節述金融。大意謂如各種情形皆固定不變,則銀之貴賤,大有影響於金之進出口。

第十一節爲主要之商船。商船分兩種:一爲往來外洋之商船,一爲往來沿海及內河之商船。後者與國外貿易無關,從略。英國船在中國國外航業中,恆執牛耳。一九三一年總噸數爲五一,五六八,八〇四噸,佔百分之三五·三〇。次爲日本船,歐戰時曾佔第一位,一九三一年之噸數爲一六,二五九,四三三噸,佔百分之三一·五。再次爲中國船:一八七六年中國有船三十二隻,噸數爲二二,一九九噸;一九一三年增至百分之一六,一九三一年減爲百分之九.七。再次爲美國船,一八七五年美國船佔百分之八。後更愈趨愈下。再次爲德國船,歐戰時德國船無形消滅,一九三一年始增至一,三一〇,四六二噸;若以次序論,應居第六。和國船一九三一年佔總噸數百分之三.四,應居第五。再次爲俄國船,佔百分之二.三。

末爲結論,大意謂統觀中國國外貿易情形,近年來有低減之勢(依據金鎊計算)中國各地皆爲入超,祇有東三省爲出超,但望能收復也。中國出口多半是粗製品。進口多爲精製品。宜發達國內工業,輸出製造品,則挽回權利矣。自協定關稅條約修改,使中國恢復關稅自主以來,中國進出口貿易之關平銀價值,皆有進步,中外皆有利焉。

附註:原文第八節及第九節似無甚重要,略之。

評

余於國際貿易,向無研究,此次工作,實爲初次。自閱近世中國國外貿易一書,頓開茅塞。該書上自中國始創國外貿易之由來,下至最近我國貿易之得失,均曾分類述及,頗爲完備。豈余初學所能妄舉是非,論其長短;然而學術之研究,貴乎切磋討論,則心有所疑惑者,自不宜緘口不言也。

該書優點有二:統系次序清晰,易於研究,一也;取材豐富,研究中國國外貿易者,可有所根據,二也。缺點亦有二:所論重要進口商品及重要出口商品,似過籠統而欠分析。蓋對進口及出口之商品,均偏重於總量數學;至其來源及目的地,雖偶有述及,但僅舉一二而略其他,且欠周詳。例如進口棉貨,主要來源爲英國及日本,香港爲數亦不少,卽德,法,美,俄,印度,緬甸,朝鮮,菲律濱,暹羅等處,皆有棉貨來華。其爲量甚微者,雖可忽之;但書中僅述英國,而不及其他,即日本亦全爲略去,似棉貨來源,祇有英國一處者。如此疏忽之處尙多,無庸枚舉;舉其一可以例其他矣;缺點一也。所論與主要國及主要屬地之貿易一段,亦蹈不能兼顧之弊。此段亦側重出入口總額數字,惟所貿易者爲何物,則大半忽之;僅於論與主要屬地貿易上,略述其一二而已,例如單述某國某年輸往中國之貨物總值爲幾何,及中國某年輸入某國之貨物總值爲幾何;而於我國所需於某國者爲何物,及某國所需於我國者爲何物,則忽之,是豈非仍不能窺其全豹耶?論重要進口商品及重要出口商品時,則略其國別;今論與主要國貿易時,則又忽其商品,彼此不能相輔,此缺點二也。

以上所舉優劣二點,乃愚陋之見,未敢據爲定論,尙祈積學之士,有以教之。

論語類纂孝弟篇大義

陳　柱

人之所以爲人者仁也，而仁之本則在孝弟，故曰孝弟也者其爲仁之本與，此有子聞於孔子之微言大義也，夫人之相親，孰如父母兄弟，父母兄弟且不愛，而曰吾有以愛國愛民，其孰從而信之。

人之呱呱墮地也，非能自食之也，必賴父母養之，及其長也，不能自有知識也，必賴父母延師傅以教之，父母終身愛其子，故孝子亦終身慕父母，別其名則曰父慈子孝，渾言之則亦今之所謂互助耳，何也，人幼而父母助之長成，人老而子孫助之終老，非互助而何，今之朋友，尚有互助之義，豈父母之親，尚不及朋友邪，嗚呼，最親愛之父母，尚不能助，而曰我有以助朋友，其誰信之。

昔人有言曰，父子之道，天性也，誠以父母愛子，子愛父母，均出於天性也，然而今乃有非孝者，何也，夫孝者子愛父母之別名也，不孝父母，是不愛父母也，積不愛之漸，不至於仇視父母疾害父母不止，夫養子而至於自害其身，人又何樂而有子，夫使天下之人，不樂有子，則人類不幾於滅絶邪，而爲非孝之說者，乃曰，人之生子，爲情欲也，禽獸生子而禽獸不孝，然未聞禽獸因子不孝而不樂有子，故樂有子物類之自然也，雖不孝，而人類不憂其滅矣，嗚呼，是何言也，昔之教人者唯恐人之似禽獸，有以禽獸相比者，則勃然而怒，而今之教人者，唯恐其不近禽獸，而自比於禽獸，何其反耶，夫禽獸之愛其子，有一定之期限，故禽獸之親其父母，亦有一定之期限，逾此則各不相識，此獸道之自然也，人爲萬物之靈，爲物類之最演進者，故人之愛子及於後世，而子孫之於父母祖先，亦養生送死，愼終追遠，此人道之自然也，今父母以人道生子，而子乃以獸道報其父母，其可乎，夫朋友之相餽遺，厚來而薄往，猶恥之，奈何以父母之慈而獨報以不孝乎，孟子曰，人皆可以爲堯舜，又曰，堯舜之道，孝弟而已，古之人教人爲聖人，而今乃教人爲禽獸邪。

或引曾子身體髮膚，受之父母，不敢毀傷之說，謂充此說也，將無有爲國殉難者矣，然而豈知尚有戰陳無勇非孝也之說乎。

或又引孟子不孝有三，無後爲大之說，以謂充此說也，則人唯務生子而不務教養，唯務傳種而不肯輕生，然而豈知尚有舍生取義，中也養不中，才也養也不才之說乎。

夫平居則守身莫如謹，戰陳則舍身莫如勇，君子之言，固各有攸當也，今乃執平居之言以律戰陳，然則所謂勇士者，平日亦將自戕其身而後謂之勇乎，則所謂勇士者，早已自殺死矣，烏得以其身殉國難，然則古人所謂求忠臣必於孝子之門者，豈虛也哉。

且夫人孰不欲其種族之繁昌，若使人人皆不以無子爲慮，則勢必至以有子爲憂，如是則人人不欲傳其種，而民族不將滅乎，夫愛其身欲傳其種於無窮，故愛其家，而欲傳其家於無窮，由是愛其國而亦欲傳其於無窮，今乃於傳種傳家之觀念，統謚之曰傳統思想，而必欲打倒之而後快，則中國之必爲中國人之中國，亦傳統思想也，必欲去統而不傳，是必以中國拱手讓人而後可也，嗚呼，亡國滅種之禍，必自非孝非弟之說始矣，吾撰次論語孝弟篇，未嘗不爲之太息也。

孔門論孝之大義，已詳於孝經及大小戴諸篇，故論語記孝弟之說較少，欲明孝弟之義，學者尤當詳觀者也。

八桂豪游圖記

陳　杜

同游者黃賓翁，吾家斠玄定謨與余而四，從蒼梧揚帆行，緣江上，兩岸皆土山，愈上水愈綠，山愈峻，將抵昭平，始略見平蕪，山愈好綽約如邈姑射仙人，夜招從游諸生陶守中等坐船頭狂飲，高歌余前游桂林詩，曰，我愛桂江水，清如碧綠酒，死化桂江魚，江水不離口，又歌曰，我愛桂江山，淑靜如處女，死化桂江鳥，江頭常對語，碧綠酒，桂林名酒也，相與同聲而歌，響徹雲霄，聲震山谷，明月欲下，流魚出聽，山村笳聲忽起，䁌而步槍聲起，人馬聲起，鄰船呼盜之聲亦起矣，斠玄定謨大恐，余與賓翁及諸生飲且歌如故，痛飲幾達旦，故賓翁詩曰，星餐露栖不得息，鵂鶹宵唬吹篳篥，先生豪飲方高吟，料有詩名動綠林也，一路土山甚可愛，抵昭平，始見石山，有老榕一，臨水枕影橫臥，枝葉乑乑欲撥水，苦旱數日，息此嘉蔭，濯足清流，遠望黑雲如墨，又如石壁千萬塊，欲從天邊墜，可稱快意矣，石峰屼然，狀甚雄偉，如金剛怒立，森嚴令人可畏，然而令人不能不愛，江邊人家三五，或半山，或山下，或小商，或農家，久在市井囂塵中人來此遇之，莫不羨之如高隱，歎爲羲皇上人矣，高樹尤森秀，如三軍列隊立，風聲如角聲，蟬聲如樂聲，送涼氣到枕上，清夢一覺，舟又別一境矣，平蕪遠天，與江同碧，山不石而土，娟麗益無雙，草樹芊嶽，山色藹然，望之令人和平溫厚之氣，悠然生於懷，不覺高吟言念君子溫其如玉之詩矣，行約數里，抵平樂，遂舍舟陸行，奔車如飛，萬峯如劍，向人迎頭痛擊，由是而陽朔，而涼風，而桂林，忽水忽山，水青於藍而寒於冰，山瘦於僧而多於人,舉目而望,但見山不見人也,山似亂非亂,石之瘦皺透,無不有,其多且奇,難以言語疏狀矣,吾嘗謂同游者曰,江南園亭以假山相尙,多可賞者,若桂林陽朔間之山,其狀與江南假山同,而偉大乃千百萬倍,綿延數百千里,蓋天帝之一大花園,園中之無數假山也,不知何年謫下於此,故江南之假山,可稱爲人假山,桂林陽朔間之假山,可稱爲天假山,黃賓翁嘗謂余曰,吾嘗以山水作字,而以字作畫,凡山,其力無不下壓而氣則莫不上宣,故說文曰,山宣也,吾以此爲字之努,筆欲下而氣轉向上,故能無垂不縮,凡水,雖黃河從天而下,其流百曲,其勢亦莫不準於平,故說文曰,水準也,吾以此爲字之勒,運筆欲圓,而出筆欲平,故能逆入平出,凡山,一連或三峰,或五峯,其氣莫不左右相顧,牝牡相得,凡山之石,其左者莫不皆左,右者莫不皆右,凡水其波浪起伏無不齊,而風之所激則時或不齊,吾以此知字之布白,當有顧盼,當有趨向,當寓齊於不齊,寓不齊於齊,凡畫山,其轉折處欲其圓而氣厚也,故吾以懷素草書折釵股之法行之,凡畫山其向背處欲其陰陽之明也,故吾以蔡中郎八分飛白之法行之,凡畫山,有屋有橋,欲其體正而意貞也,故吾以顏魯正書如錐畫沙之法行之,凡畫山,其遠樹如點落,欲其渾而沉也,故吾以魯公正書如印印泥之法行之,凡畫山,山上必有雲,欲其流行自在而無滯相也,故吾以鐘鼎大篆之法行之,凡畫山,山下必有水,欲其波之整而理也,故吾以斯翁小篆之法行之,凡畫山,山中必有隱者,或相語,或獨哦,欲其聲之不可聞而可聞也,故吾以六書會意之法行之,凡畫山,山中必有屋,屋中必有人,屋中之人欲其不可見而可見也,故吾以六書象形之法行之,凡畫山不必眞似山,凡畫水不必眞似水,欲其察而可識,視而見意也,故吾以六書指事之法行之,今以賓翁之言論之賓翁斯圖不其信哉,圖成於桂林,時同寓疊綵山下,民國十七年夏秋之交也,余爲篆額曰八桂豪游圖,又集毛公鼎字題曰,國畫之光,吾師陳石遺先生及潘蘭史張孟劬夏劍丞楊鐵夫諸詩家皆有詩。

SCIENCE ADVISORY SERVICE TO THE GOVERNMENT

BY DR. KARL T. COMPTON

President of The Massachusetts Institute of Technology and Chairman of The Science Advisory Board

(From "The Scientific Monthly," Jan., 1936, p. 30-39)

In his book, "The Advance of Science," Mr. Watson Davis has estimated the total national expenditure for work in science by government, industry, foundations and universities combined to be of the order of one hundred million dollars per year. Of this amount, roughly one third appears in the budgets of the scientific bureaus of the Federal Government, and roughly one third each is expended by universities and industries. Because of the difficulties in defining scientific work and of securing data on comparable bases, these estimates can only be considered to represent the orders of magnitude. They do, however, give an idea of the dollar value which the general public places upon the scientific work which forms a basis for its future welfare.

In comparison with the total national budget, the expenditures for science are an exceedingly small item. Scientific work of the government accounts for considerably less than half of 1 per cent. of the Federal budget. The total national expenditure for science amounts to something like the cost of a half-dozen warships. Altogether it amounts to about one cent out of five dollars of the total national income. On the other hand, it is this scientific work which has brought about our present standard of living and which is basic to our opportunities for future betterment in health, industrial and agricultural prosperity, and in avoiding those misfortunes which will otherwise inevitably beset us with the exhaustion of certain natural resources.

In this public service of science and scientists, the government, of necessity, plays a role whose importance to the country is far greater than the proportionate amount of interest and support which it customarily receives from the occupants of political office. Fortunately, however, there have been, from time to time, public administrators of great vision who have realized the immediate services and ultimate values of scientific work and have brought about the establishment of various scientific bureaus. Fortunately also these bureaus have attracted a great group of able and loyal public servants without whose cooperative effort a great and complex country like ours would utterly fail to function. They advise us regarding the weather, maintain consistency in our technical and manufacturing standards, aid and advise the farmer, maintain the safety and improve the quality of transportation, maintain our health and in innumerable ways aid every group of our population. To quote from the second annual report of the Science Advisory Board:

In a democracy like ours, designed to safeguard personal liberty and to stimulate individual initiative with the framework of "general welfare," there is no need for the Government to embark upon comprehensive programs in pure science, invention or industrial development. There are, however, numerous scientific services of such wide scope and universal utility that no agency except the Government is competent adequately to handle them. There are other scientific services which are essentially supplementary to non-scientific government activities. There are also fields of scientific or technical development which hold evident promise of benefiting the public but which are not proper or practical fields for private initiative. In these three categories and in this order of importance lie the proper scientific activities of the Government.

The first scientific bureaus to be established had to concern themselves but little with the coordination of their programs. Each filled a definite need and its purpose was to gather facts in a designated field. Each one was organized because of clearly recognized national opportunities. The several fields of science are now rather fully represented by bureaus. This has led to duplication of effort because the boundary lines between fields of science have tended to grow indistinct. We now talk much more about the borderlands of science. Side by side with the growth in the number of bureaus and in the multiplicity of their functions, there should have been applied the principle of coordination of related work, no matter in what bureaus the work may be done.

Freedom of scientific work from political or policy-making influences is a second prime consideration. It is not our function to appraise national planning by federal agencies or express an opinion on it. Whatever the trend of social or political thought and whatever the degree of national planning, the people of the country have the right to expect that the scientific services are always free to report and interpret the facts in a given field of enquiry as they find them and not as the government of the day may wish to have them reported or interpreted.

Over and above the work of particular scientific bureaus, there is increasing activity on the part of the Government in undertaking large projects whose feasibility or justification are matters for technical decision from many points of view: scientific, economic, humanitarian. Examples of such projects are: irrigation, power development, flood control, soil erosion control, shelter belt, waterways, retirement of sub-marginal land and colonization. Where huge sums are involved and large groups of people affected, it is more than ever necessary that decisions and policies should be settled only after the most thorough, competent and disinterested study of such questions as: Is the project technically feasible? Will it accomplish its purpose? What are the alternatives, and has the best plan been selected? Will the benefits justify the expenditure? For technical advice on such questions, Congress and the Executive Departments should have ready access to, and should use, the best talent available both within and outside of the government services.

In an economic and social structure of growing complexity which we witness every where to-day, government, either federal or local, must of necessity assume a more positive role than was required in a simpler civilization. The extent of these new responsibilities is one of the most important questions of our times, but it is reasonable to assume that the guiding hand of government will not be relaxed in the future. With government in the stage of transition from the more passive and regulatory part played in the past, to one of more intelligent and broad supervision and initiation, it is the concern of every citizen that there be available to government the competent and impartial advice which can be found. The endurance of our traditional form of government will depend in increasing measure upon the quality of expert judgment, tempered with experience, which is available to government, and the willingness of government to follow such judgment.

The people of the country thus have a vital interest in the essential scientific services of the Government. It is to the people that the Congress and the Administration are responsible for the effective and efficient operation of these services. It is, therefore, both proper and essential that the scientific personnel of the country, outside the government bureaus, should take an active and cooperative interest in seeing that the scientific work of the Government is conducted in such manner as to render the necessary services effective from the standpoint of science and efficient from the standpoint of management. In science, as in other fields, "to omit from the councils of men any sources of wisdom, judgment, or experience, or to ignore the normal aspirations of any group in the determination of public policy, is to rob society of some of the quality it might possess".

The scientific work of the government can not be maintained on a plane of high efficiency, and have the scope that the national welfare demands, unless the best civilian as well as official judgment is applied to the problems of the several bureaus and their personnel. Congress has both the right and the duty to determine the worth of the scientific bureaus and make appropriations for their support. But in arriving at such a determination the individual members of Congress and the appropriate Congressional committees need to call upon disinterested civilian judgments outside the bureaus and not rely wholly upon the advice and information presented by the bureau officials concerned. When the latter are efficient and broadminded, as most of them are, little more than confirmation of judgment and opportunity for helpful discussion may be contributed from outside sources. But neither the existing methods of selection and appointment of bureau chiefs, nor the coordination of their work, has reached the point of desired efficiency. It is a commonplace that projects are not always dropped when completed; that coordination is not always welcomed; that personnel is not always as alert and competent as it should be; that duplication of effort amounts in some instances to a disease; that the effective relation of governmental to non-governmental agencies is not a lively concern of some scientific bureaus; that the best advice is not always sought in the public interest; and that the better judgment of bureau chiefs can not always stand up, unaided, against political pressure for certain programs and expenditures.

Still more important, in the long run, is guardianship by scientific men outside the government lest the scientific bureaus be used for political ends. As fact-finding agencies the scientific services should be free to produce results that are not discolored by the opinions and snap judgments of policymaking political groups who may wish to put the dignity of "science" behind their plans in order to win public approval.

Granting, therefore, the need and opportunity for a science advisory service, there is required a form of organization that can function effectively and a personnel that is informed, alert, judicial, courageous and wise. In the last analysis "by their fruits ye shall know them"; in other words, the strength and value of any science advisory body will grow or die in accordance with its ability to render valuable service, whatever may be its authority, composition or procedure. Recent events have given scientists an unprecedented opportunity to participate in the solution of important problems of policy, administration and personnel, by advising responsible officers of the government. On the degree of their ability cooperatively to handle this opportunity will largely depend its continuance and extension.

All through history from the time that Archimedes was called on to aid, by his scientific inventions, in the defense of Syracuse, scientific men have been called to work for their governments and to advise them on matters within their fields of expert knowledge. Experience has indicated that there is no group more eager to place their knowledge and services at the disposal of the government, even at considerable personal sacrifice. Experience has also shown that these advisory services to government may be of great value if properly organized and treated with understanding and respect by those in political power.

An outstanding example of successful scientific advisory service to government is found in the present organization of advisory councils to the British Government. The first of these councils to be organized, and the one having the most extensive responsibilities, is the Advisory Council to the Department of Scientific and Industrial Research. The ten members of this council are chosen for their scientific and industrial qualifications and are appointed for terms of five years by the lord president of the Privy Council after consultation with the president of the Royal Society. The annual parliamentary grant for governmental scientific and industrial research is expended in a manner recommended by this advisory council, and the Department of Scientific and Industrial Research is in fact the administrative agency for carrying out the recommendations of the advisory council when approved by the lord president. The members of this council attend meetings on official business on about twenty days in each year and receive an honorarium of 150 pounds per annum in lieu of reimbursement for personal expenses. In addition to the responsibility for governmental research agencies, this advisory council also submits recommendations for governmental grants to universities for research projects and research fellowships and also to industrial associations on a joint contributory basis for scientific research of general benefit to these industries.

There is an analogous Medical Research Council and an Agricultural Research Council, both organized under the Privy Council and with similar responsibilities in their special fields. The finest scientific and industrial talent of the country is freely drawn upon by the government in the appointments of these advisory groups. It takes only a superficial study of the operations of these councils and their numerous subcommittees to become quickly convinced of the effective manner in which this sister English-speaking nation has created a plan of cooperation between the technical talent of the country and the government, which is leading to splendid results for the economic and social welfare of the country.

There are similar tendencies in the other European nations. In Norway, for example, no appropriations are made to certain scientific services of the government without examination and approval by a distinguished civilian advisory committee, and the government now has under way a study of means of improving and extending this advisory service. In Italy the National Research Council is assisting the government to bring about more comprehensive programs of research by Italian industrial organizations. In Russia the Academy of Sciences of Moscow has been called upon to aid the government in organizing the great system of research institutes recently created throughout the country and now in process of doing some of the finest and most progressive scientific work to be found anywhere in the world.

In the United States three notable steps have been taken by the Federal Government to provide for itself disinterested and competent advice upon scientific matters:

(1) The National Academy of Sciences was established by an act of Congress and approved by President Lincoln on March 3, 1863, with the specification that "the Academy shall, whenever called upon by any department of the Government, investigate, examine, experiment and report upon any subject of science or art, the actual expense of such investigations, examinations, experiments and reports to be paid from appropriations which may be made for the purpose," subject to the condition that "the Academy shall receive no compensation whatever for any service to the Government of the United States." Throughout its history the academy has rendered valuable service, principally in advising the government in regard to the organization of some of the federal scientific bureaus. In comparison, however, with the magnitude of scientific activity in the government and continued importance of problems involving organization, programs, personnel and budgets, I think that it may fairly be said that this arrangement has fallen far short of meeting the needs and opportunities for scientific advisory service. For example, the academy has been called upon by governmental agencies only about 100 times in the last seventy-two years, and of the eleven subjects thus referred to the academy directly by the Congress, only three related directly to the program or administration of the federal

scientific services. These involved the National Board of Health (1870), the Coast and Geodetic Survey (1884), and a general report on the scientific work of the scientific services (1909). The other requests concerned scientific questions such as the introduction of the metric system, vivisection, the adoption of centigrade and Fahrenheit temperaure scales and other matters of like nature.

The reason for this relative inactivity of the academy in the field in which it was created to perform can not, in my judgment, be ascribed to dearth, in the academy membership, of men eminently qualified to advise the government on its scientific problems, for there is no question but that its membership has contained men of outstanding distinction and accomplishments in all fields of science. There may be a minor element of weakness in the very fact that absence of active duty in advising the government has resulted in relatively little attention by the academy to peculiar qualifications for such service in considering nominees for election.

I believe that the major weakness in the present organization of the National Academy of Sciences, as an agency for advising the government upon scientific matters, lies in the phrase "whenever called upon by any department of the Government." There is no provision in the government, as there is in the British Government, whereby the scientific advisory services are automatically called upon when important scientific problems arise. The result is that few of the high administrative officers in the government, as they change from one administration to another, realize or take advantage of the opportunities for disinterested and competent assistance from the academy in handling the problems continually arising in the administration of the scientific bureaus under their jurisdiction. As a consequence this type of service has not been actively in the minds of the members of the academy, of whom the majority have rarely, if ever, been called upon to exercise this advisory function.

While, therefore, the National Academy of Sciences has had a distinguished history and has performed some very useful functions for the advancement of science, it has not handled the needs and opportunities for scientific advice to the government in an adequate manner. This failure is no reflection on the academy but has been, I believe, inherent in its organization and is also due in part to the type of public servant who is usually elected to high office in our government. For the most part these men have a legal training and a political and opportunistic outlook. They may be able and well-intentioned, but they, too, rarely have sufficient scientific background or philosophic outlook to give them a sympathy and understanding of the nature, purposes and values of scientific work.

(2) The National Research Council was organized by the National Academy of Sciences in 1916 at the request of President Wilson as a measure of national preparedness in the face of the serious international situation at that time. At the President's further request, it was perpetuated by the National Academy of Sciences on April 29, 1919. As stated in its articles of organization, the purpose of the National Research Council is "to promote research in the mathematical, physical, and biological sciences and in the application of these sciences to engineering, agriculture, medicine, and other useful arts, with the object of increasing knowledge, of strengthening the national defense, and of contributing in other ways to the public welfare, as expressed in the Executive Order of May 11, 1918." This executive order stated the objectives of the National Research Council to be "to stimulate research...., to survey the larger possibilities of science, to formulate comprehensive projects of research, and to develop effective means of utilizing the scientific and technical resources of the country for dealing with these projects, to promote cooperation in research at home and abroad...., to serve as a means of bringing American and foreign investigators into active cooperation with the scientific and technical services of the War and Navy Departments and with those of the civil branches of the Government, to direct the attention of scientific and technical investigators to the present importance of military and industrial problems in connection with the war...., and to gather and collate scientific and technical information."

The National Research Council is, in a sense, an operating arm of the National Academy of Sciences and is permanently organized into divisions with representatives from all major scientific bodies. These divisions are served by numerous permanent and temporary committees, whose membership in each subject represents a cross-section of American leadership in the respective fields within and without government circles. There is thus provided an extensive framework for mobilizing the scientific forces of the country, which functioned with great effectiveness during the war and which is permanently available, even if not always active, as an important element of national preparedness.

The National Research Council is admirably set up to assist the government in one aspect of science advisory service; namely, in the organization and supervision of cooperative investigations aimed at specific scientific or technical objectives of interest to the scientific bureaus. For such purposes, the National Research Council is continually active, though, like other organizations, this activity is limited through limitation of funds for operating expenses. In its present organization, however, the National Research Council is not well organized for rendering effective advisory service to the government in matters of policy or organization. Its essentially representative character is admirable from the point of view of coordinating scientific agencies, but is not well adapted to the selection of the best personnel for advisory service on matters of policy. Furthermore, an inherent element of strength of the National Research Council is the inclusion of representatives of the governmental scientific services, but for obvious reasons, any organization which is created to give disinterested advice to the government on matters of policies, programs and administration of its scientific bureaus, can not contain in its membership representatives of these bureaus. For these reasons. therefore, the National Research Council is not well adapted to act as scientific adviser to the government.

(3) The Science Advisory Board was appointed by Executive Order of President Roosevelt on July 31, 1933, "in order to carry out to the fullest extent the intent of the above Executive Order (that of President Wilson creating the National Research Council)-with authority, acting through the machinery and under the jurisdiction of the National Academy of Sciences and the National Research Council, to appoint committees to deal with specific problems in the various departments." This board was created for a limited period, which expired on December 1, 1935, and was composed of the following scientists and engineers:

Karl T. Compton, Chairman, president of the Massachusetts Institute of Technology, Cambridge, Massachusetts.

Roger Adams, professor of organic chemistry and chairman of the department of chemistry, University of Illinois, Urbana, Illinois (president-elect of the American Chemical Society).

Isaiah Bowman, chairman, National Research Council; Director, American Geographical Society, New York City (now president of the Johns Hopkins University).

W. W. Campbell, president, National Academy of Sciences, Washington, D. C.

Gano Dunn, president, J. G. White Engineering Corporation, New York City.

Simon Flexner, formerly director of the laboratories of the Rockefeller Institute for Medical Research, New York City.

Frank B. Jewett, vice-president, American Telephone and Telegraph Company; president, Bell Telephone Laboratories, Incorporated, New York City.

Lewis R. Jones, professor of plant pathology, University of Wisconsin, Madison, Wisconsin.

Charles F. Kettering, vice-president, General Motors Corporation; president, General Motors Research Corporation, Detroit, Michigan.

C. K. Leith, professor of geology, University of Wisconsin, Madison, Wisconsin.

Frank R. Lillie, Andrew MacLeish distinguished service professor of zoology and embryology and dean of the biological sciences, University of Chicago, Illinois.

John C. Merriam, president, Carnegie Institution of Washington, Washington, D. C.

R. A. Millikan, director, Norman Bridge Laboratory of Physics, and chairman of the executive council, California Institute of Technology, Pasadena, California.

Milton J. Rosenau, Charles Wilder professor of preventive medicine and hygiene, Harvard Medical School, and professor of epidemiology, Harvard School of Public Health, Boston, Massachusetts.

Thomas Parran, state commissioner of health of New York, Albany, N. Y.

The most active work of this board has been done through its nineteen special committees with an aggregate personnel of 101 scientists, engineers and industrialists, who, in each case, were selected for their peculiar fitness for the problem in question. It is significant proof of the willingness of the highest type of technical talent of the country to serve the government on important matters that not a single individual who was asked to serve on one of these committees refused the assignment. In some cases this work involved several months of almost continuous duty and in all cases was done without remuneration except for reimbursement of personal expenses incurred. These committees were usually under the chairmanship of a member of the board and were given the greatest freedom of initiative, and absence of red tape, actively to pursue their objectives. The effectiveness of their work is due jointly to their able personnel and to the freedom and responsibility which was given them.

The board as a whole met at intervals of two or three months to plan the organization of new projects, to receive and discuss the reports of its committees and to take action on matters of policy. While the committees were given great freedom in carrying out their studies and formulating their recommendations, the board itself exercised control of the manner in which these recommendations were submitted to the appropriate government officials and carried on the subsequent work of conference with these officials for the purpose of putting the recommendations, as far as possible, into effect.

The scope of activities of the Science Advisory Board is best illustrated by the names of the committees. These committees were set up to handle specific assignments, but most of them handled a succession of problems submitted to the board from the responsible government officers, who included department secretaries, the director of the budget, the federal coordinator of transportation and the President himself.

Executive Committee
Committee on the Weather Bureau
Committee on the Geological Survey and Bureau of Mines
Committee on Economic Resources of the Boulder Dam Region
Committee on the War and Navy Department
Committee on the Policy of the Government in relation to scientific research
Committee on Land Use
Committee on the relation between fundamental sciences and the scientific study of human problems
Committee on Railway Research
Committee on the Bureau of Standards
Committee on Surveying and Mapping Services of the Federal government
Committee on Research in the Land-Grant Colleges
Committee on the Bureau of Chemistry and Soils
Committee on Soil Surveying and Soil Research
Committee on Medicine and Public Health
New Industries Patent Committee
Committee on the Design and Construction of Airships
Committee on Signalling for Safety at Sea
Committee on Biological Abstracts

In addition to the work suggested by these committees, there were some activities of a confidential nature, not publicly reported, and there were others which were carried through by the board as a whole, notably the recommendation to the President of "A National Program for Putting Science to Work for the National Welfare."

Although the executive order of the President assigned to the Science Advisory Board a task which proved to be of considerable magnitude, no provision was made for financing the operations of the board. The necessary expenses of operation included secretarial help and office supplies, reimbursement of travel and other out-of-pocket expenses of the board and its committees, and occasionally the employment of an expert to gather and collate necessary information. The appointment of the board would therefore have been largely futile had not the Public Administration Clearing House made an initial grant to support the work of the board in its first month or two, and had not the Rockefeller Foundation then stepped into the breach and made an appropriation to the board of $50,000, which was just sufficient to cover its operating expenses for the balance of its term of appointment.

It would be impossible in this brief article to go into the details of the activities of the Science Advisory Board. A full description of these activities may be found in the two official reports of the Science Advisory Board, published in September, 1934, and November, 1935. A limited number of copies of these reports is available on application to the National Research Council, 2101 Constitution Avenue, Washington, D. C. It may be interesting, however, to summarize very briefly the extent to which the work of the board has led to positive results.

In several instance the board was requested by department secretaries to nominate candidates for appointment to the highest administrative posts in scientific bureaus. In every case the appointments were made in accordance with the nominations submitted by the board.

In a goodly number of cases the recommendations by the board have been put completely into effect. These cases include the consolidation and strengthening of the Mineral Statistics Services, the institution of scientific methods for determining the efficacy of measures to combat soil erosion, increased appropriations for scientific research in the public health service, the appointment by the President of a planning committee on mineral policy, the introduction of new features of program and interdepartmental coordination in the work of the United State Weather Bureau, and the introduction of a cost accounting system with a new form of organization for appropriation purposes in the activities of the National Bureau of Standards.

In the majority of cases the recommendations of the board have been partially put into effect as fast as appropriations, personnel or ability to secure necessary authorization or cooperation have permitted.

In this category satisfactory progress is being made in the organization of a cooperative research agency by the Association of American Railroads, in the application of new methods of forecasting by the Weather Bureau, in a realignment of some aspects in the programs of the Geological Survey, Bureau of Mines and Bureau of Standards, and in the modification of practices in the Patent Office and in the handling of patent cases in the courts.

In some cases the board's report was purely factual, as in the study of the economic resources of the Boulder Dam region and in the compilation of information and programs for the use of federal agencies engaged in studies of soil erosion and land use.

In the report on mapping services of the Federal Government, there was recommended a consolidation of those bureaus whose sole activity is the production of maps to form a single efficient mapping bureau. It was shown that decided economies could thereby be secured and that the enormous economic interest of the country in the completion of its mapping program could be greatly facilitated. Unfortunately, lack of authorization to effect these consolidations has blocked the favorable action which for a time appeared probable, and it is greatly to be hoped that this subject will receive due consideration in the next session of Congress.

On the whole the board feels that the positive results of its work have been as great as could reasonably have been expected and it offers tribute to the sincere desire of government officials to conduct the affairs of the scientific bureaus for which they are responsible in such manner as to give the best possible service to the country. The friendly cooperation of department secretaries and bureau officials throughout has been most noteworthy.

CONCLUSION

Whatever may have been the successes and failures in the efforts of the National Academy of Sciences, the National Research Council and the Science Advisory Board to render effective advisory service to the Federal Government, there is no doubt that the most important consideration is of the future rather than the past. The ideal program would be the planning of a science advisory service based upon the lessons from all past experience. Realizing this fact, the President has opened the way for such a constructive step through the following letter addressed to the president of the National Academy of Sciences.

THE WHITE HOUSE

Washington

July 15, 1935.

Dr. Frank R. Lillie,
President, National Academy of Sciences,
Constitution Avenue and 21st Street, N. W.,
Washington, D. C.

My dear President Lillie:

In accordance with recommendations from you and from Doctor Karl T. Compton of the Science Advisory Board, I am signing an Executive Order extending the Science Advisory Board to December 1, 1935, in order that the work now under way can be carried on until more permanent arrangements are made by the National Academy of Sciences.

The National Academy of Sciences under the provisions of its Congressional charter is required "whenever called upon by any department of the Government to investigate, examine, experiment and report upon any subject of science or art." It has, through its National Research Council, permanently organized contacts with the scientific and technical bodies of the country. During the past two years it has been implemented by the Science Advisory Board, through which its members have become more intensively acquainted with the scientific services of the Government and their problems.

In order to secure the most effective scientific advisory service, based on the experience of these three agencies, I hereby request the Academy to provide some single agency, board or committee which can carry on the work of the Science Advisory Board and related activities after December 1, 1935.

Upon receipt of word from the Academy as to the committee or other organization through which the Academy wishes to perform this service, I shall be glad to request the Government departments and scientific bureaus to utilize and cooperate with that agency.

Sincerely yours,

S/Franklin D. Roosevelt.

Just what form this revised science advisory service will take as to its organization and methods is now in process of development. Certain aspects of the situation must receive consideration. It is important that duplication of science advisory services be eliminated as far as possible and that the existing one be closely coordinated.

For this reason a science advisory service should certainly be set up under the Congressional authority vested in the National Academy of Sciences but in such manner as to avoid any conditions which may hitherto have prevented the academy from its best possible performance in this field. It is also important that the science advisory service operate in sympathetic coordination with the National Resources Committee, which has been given broad powers to coordinate and mobilize the resources of the country, both physical and intellectual.

Science Advisory Board, in March, 1935, submitted to the President a recommendation embodying its best judgment at that time in regard to the organization of a permanent science advisory service. Certain situations which have subsequently intervened make it probable that some details of this recommendation will have to be modified, but the basic features of the plan there outlined would seem to embody the best past experience of the United States and Great Britain as applicable to the situation under our own government.

This plan envisages the appointment of central science advisory board or committee of completely non-political character, selected by the National Academy of Sciences. Such a board would have certain authority under the Congressional charter of the academy. In addition to this, it is believed to be essential that the board should have specific recognition and authorization by the President of the United States and his official family of the department secretaries, since experience has shown that it is through these secretaries that requests for advice in scientific programs or policies are most frequently received. It is furthermore specifically recommended that the director of the budget be requested by the President to secure the advice of this board in regard to the budgets and appropriations of the scientific bureaus. While doubt has been expressed in some quarters as to whether such an arrangement would be entirely acceptable to all parties concerned, this plan has operated effectively in Great Britain and has precedent in our own country in the work of the Fine Arts Commission. It has furthermore been warmly approved by a number of prominent men who hold, or have held, official positions in the government departments which are involved.

In order to enable such a central science advisory board to deal effectively with problems of the various departments, it is further recommended that permanent subcommittees of the central board be established in connection with the more important scientific bureaus of the government. Ever since the establishment of the National Bureau of Standards, there has been a visiting committee of this type, which has operated with considerable influence in consultations with the Secretary of Commerce, the director of the bureau and the director of the budget. More recently at the recommendation of the Science Advisory Board, a similar advisory subcommittee has been set up to serve the United States Weather Bureau. There are advisory committees also attached to the United States Public Health Service and the Geological Survey. The present proposal would coordinate these advisory groups through the central science advisory board and would bring to the aid of the Federal Government the best scientific and technical talent of the country in a coordinated advisory service on scientific matters. Such a comprehensive service would be of inestimable value to the future welfare of the country and it is greatly to be hoped that some form of organization along these general lines may be consummated and may receive from the government the necessary authorization and financial support for its effective functioning.

工業經濟研究

世界銲綴工程會議錄

陸祥百譯

世界各國工業之猛進，吾國科學之落後，夫人而知之。國人每不知迎頭趕上，所以仍難希望達到　總理所云，「……便可以減少二百多年的光陰。」西洋自一八八〇年，貝納特氏發明炭精弧銲，至今已有半世紀之歷史。回觀吾國此項銲綴事業，至若何程度耶。

據載德國製造之九千噸巡洋艦，每小時速率爲二十海哩。所用砲彈，重六百六十磅，遠射力達十五海哩。而普通一萬噸巡洋艦，其速率僅十五海哩。砲彈重二百六十八磅，遠射力十海哩耳。兩相比較，能不驚奇。此無他，全賴電銲有以成功者也。由此觀之，銲綴豈僅有利於工程而已哉。

譯者於民國二十一年，曾爲文論之，提出於中國工程師學會年會。近見英國「工程」雜誌一九三五年五月份，載有鋼鐵銲綴工程會議錄。再爲節譯，以告國人。　　　　（祥誌）

原題 The Welding of Iron and Steel.

開會日期　西曆一九三五年五月十日十點鐘

開會地點　Westminster 土木工程學會大禮堂

大會主席　Sir Harold Carpenter

主席報告　本會籌備已一年餘茲，起先由 H. J. Gough 博士發起者。統計此次加入團體，有十五個單位。收到論文，一百五十篇。現在劃分五組，分別討論之。

銲綴工程與工業(第一組)

(甲) 橋樑，建築，壓力器具，鐵路材料，及船舶類。

(一) 此組由S.F. Dorey博士主席。

杜博士宣稱本組船舶銲綴論文，來自英美德三國。其內容可概括介紹如下。論文著者均曾注意於銲綴之主要優點：如減輕重量，裝配省事，工事簡單而保養容易。D. E. Baldwin君在其論文中，陳述運油駁船之電銲結果，較之鉚釘連接之駁船，皮重減輕百分之十，製造經費節省百分之十五云。再者船舶論文著者結論，大都認為平接及其他接合式之銲綴，其施工研究，已有相當成績。

關於橋樑及建築物一類之論文，共收到十有九篇，來自世界各部。如英，澳，加拿大，比，德，荷蘭，瑞士等國。論文內容充實豐富。多數著者贊成裝配工作在銲廠施工者，愈多愈好。亦即在橋工處之工作，以少為妙也。但此項原則，適與A. S. Atkinson, C. J. O'Malley合著之鐵路橋樑銲綴實地報告，意見相反。合著論文內述，所有大部份工程，並不經過建築工場，而由材料廠所直接送至橋工處者。先用養氣和炭輕氣割成需要長度及形狀，然後加上增加貼鈑，而後裝配，銲綴。如是不經工場施工手續，節省費用甚鉅云。

至於以後橋樑及建築工程之銲綴問題，如何進展，當取決於疲乏性(fatigue properties)之一問題也。現下已有少數試驗疲乏性之機器，從事試驗工作矣。再有滴銲金屬之防銹性，亦頗關緊要，須加以研究者也。

屬於壓力器具之論文，英，澳，美諸國材料，採集甚為廣博。最近接到一報告，得悉美國海軍有六百隻鍋爐，正在使用及建築期中，均用銲綴，而非鉚釘接合者也。美國保險公司，亦已贊同銲綴鍋體。亦即銲綴之壓力器具，現下並不需增高保險費矣。

(二) J. L. Adam君首先提出討論云：Strelow博士論文，根據德國船舶工程電銲經驗,用光桿銲綫,結果甚爲滿意云云。惟本席對此項問題,稍有疑意。蓋所有小號船舶,非經過若干年變遷以後,無人能十分確定其駛用成績之良好程度也。而實際上,已有若干事實,指示光桿銲綫所銲之船舶工程,未必見佳。

繼阿氏演講者,爲 J. F. Samuely 君。彼愼重發言,謂工程經濟問題,是第一要義。總而言之,統而言之,銲綴比較鉚釘接縫,來得節省,毫無疑義。

其次 P. L. Roberts 君陳述彼聽得關於應用銲綫二個相反意見,卽 Strelow 博士認爲光桿銲綫於船舶工程,頗爲合用,而 Adam君之意,以爲不盡然者。二君之論,固根據於一般見解而言。愚見認爲應先研究各種接式之實地試驗,而後下斷語,較爲切當。夫光桿銲線比之最賤之包皮銲綫價值尙低。但依現下情勢而論,包皮銲綫,具有特殊優點,即如滴集較快,而能確切地供給某種接口適當之質量,即無過多過少之弊,故省工。至於光桿銲綫之伸長力小,有收縮生裂之虞,故須費相當時候,施行預防工作。以愚見所及,贊成用包皮銲綫。還祈委員會設法進行二者比較試驗工作,以確定其優劣所在。

(三) A. Dörnen 報告最近德國銲綴工程之一之 Rügen 水閘橋工,現已完成云。

A. C. Vivian 君謂若干工程師之意見,以爲光桿銲綫較包皮銲綫之性氣,來得脆些。倘若不受屈曲力量之銲物,用光桿銲綫,尙稱滿意。反之,若建築物之易受屈曲作用者,則光桿銲綫,實不甚合用也。實際上光桿銲綫,最適用於鑄鐵件。而包皮銲綫,則宜於輭鋼件也。至於包皮銲綫,可分爲二種,即石棉及氣罩 (Gas-Shield) 是也。若以重量論價,包皮銲綫,又多一利焉。

L. Reeve 博士之意,德國之所以贊成用光桿銲綫者,大概由於德國所訂之規定工作應力,較他國爲低之故。此則在 Schaper 論文中,可見及之。例如 B. S. I. 規範中屈曲試驗之灣度,應達九十度。而在德國則五十度可矣。

（四） W. H. Hatfield 說明銲綴定律云。照嚴格而論，銲綴是接合同類金屬之一種技藝，而所成銲綴部份材料之成份及特性，為聯接二部份之連續並和合之相似物質。凡房屋橋樑汽鍋及其他銲綴工程，均應合乎此定規。依據冶金學及電氣學會立場而論，極願所有銲工，能具有如是完美技藝。夫所謂標準技能，及用費二項，不無有考慮之價值。再有一點，吾人應加注意者。蓋燒銲是滴集金屬流質的綴連工作。是以冷縮時間，决不能盡同。而因此連帶問題，隨之而生。建築物之殘餘應力，(Residual Stress) 是一種簡單的熱作用所致。或為滴集工作之因果。第三種原因，由於銲件放置不端正而然者。

G. Roberts 君聞悉 Hatfield 博士之言及殘餘應力問題，甚表歡欣之意。並云若用較粗銲綫及較大電流，殘餘應力，或可減少。而燒銲動作較慢，亦於殘餘應力有利云。

N. H. Charles 君云，Hatfield 博士銲綴定律，可稱完備。惟求合乎此規定之工作，所費甚鉅。再者銲綴所生之殘餘應力，尤以汽壓器具之縱縫為甚，較之鉚釘接縫之局部應力，其害孰大，當應研究者也。

（五） W. Hamilton Martin 君陳述腐蝕性及高溫度之物件，須要最精良之銲綴手藝。水氣銲法 (Water-gas Welding Process) 並不見高明也。

A. McCance 博士報告其最近大規模試驗結果云：單行鉚釘每吋長疊縫，為一·五至二噸。同樣接縫而用雙面填銲者，工人手藝較遜，為五噸。技能優良之工作，可達十噸至十二噸之多。

C. Helsby 君云，銲綴工程已達到重要之進展時期。其卓特地位，實屬毫無疑義。蓋用他種方式裝配，已告失敗者，可由銲綴代替矣。如油櫃，如每方吋一千磅壓力之管子等等。聞有一飛機製造廠，所有飛機之 Fuselage 均用銲綴者。鐵路公司為用銲之先鋒隊，而應用範圍亦最廣。銲綴工程之優點,事實照彰,故不僅法術佔優勢,而費用亦低廉。

（乙） 飛機,汽車,鍊條,電工,笨重工程,機器,鋼鐵鑄件,及熟鐵類。

（六） 此組由 B. P. Haigh 教授主席。

Haigh 教授先述簡單之介紹辭云,本組共有論文二十七篇。論文中討論各項用料及銲綴方法,頗爲詳細。而都集中於輭鋼之電銲問題。關於熟鐵及高應力鋼,亦有論及者。其次則爲鑄鐵。因爲燒銲工作,進行迅速而又須合調。故此最新銲術,全賴乎各個人之聰明又勇敢之目光,以及事前之妥當佈置,施工時之通力合作焉。又論文中,陳述許多成功法門。但困難之處,亦有所說明,即如當冷却時之溫度管制是也。此項問題,現下尚缺少科學研究之根據云。吾人雖可用形容字,以區別電銲風銲水氣銲等,容形其發生熱量。但對於冷却情形,實無適當形容字可用也。而銲後冷却如何,將影響於物質之結晶機械力量及柔韌性焉。

（七） 雖則銲綴工作,於修理方面,已告成功。而鑄件破裂之銲綴,至今仍以爲不可能。究其失敗之原因,是否由於修補手藝之過失,實屬疑問。上述問題若已認爲成功,可喜也。凡銲綴所用銲綫之選擇,豈能全憑機械式之試驗成績報告而定。銲匠之技能,如管制電弧之大小及溶滓流動術之合適與否,優良與否,大有影響也。

G. Zeriali 君陳述其扇形輪弧銲十年經驗云,此項工作,在高度離心應力及震動極盛之情形下,而得成功,實堪注目者也。銲綴之於引擎及笨重機器之底板及地基工程,實大有用處。省去模樣工作,一也。用輭鋼爲料,較之鑄鐵爲强,二也。因此得以分部計畫,三也。徐君繼續申述彼國船舶銲綴事業,自始至今,爲著名工程。不僅施用於新建築物及修理工場,即在海洋中最不幸之時候,亦應用之。銲綴工程於航船,可云無價之寶。以前有一次在格林威(Greenwich)地方,有一塊鍋爐鈑,發生孔隙,其時即當烈火之下,施行銲工貼補。此鈑現保存於大學博物陳列館中。

（八） G.R. Grange 宣稱，多數工程師，已經承認銲綴較鉚釘接合爲廉。實則許多機件，有非銲工不辦者。例如Velox鍋爐。若無銲工，頗覺辣手也。講到電銲工作，完全與鉚釘方法不同，其一切計劃，須從頭做起。

（九） J. F. Cuss 君云，飛艇工程所用管形建築物之銲綴工作，彼極感興趣。現下飛艇建造所用之薄鈑厚可百分之四吋，未知亦得銲綴否。極願聞其詳。

（十） H. J. Gough 博士述及關於英國鍊條工業，表示失望態度。以前以爲鐵鍊有改用鋼絲繩代替之勢，其實不盡善也。據彼所知，英國製造之鐵鍊，實較他國爲優。毋奈美德法比諸國，均用銲綴法大量出產，將奪英國之商場矣。有二位 Czechoslovakian 工程師名 Napravnik 及 Popov 者曾說過，苟選用之材料適合，用電銲連接之輭鋼鍊條，與煆接之熟鐵鍊條，同樣的優良。旨哉此言。

（十一） J. A. Dorrat 君並代表 A. M. Robert 發言云，彼等所云鋼質鑄件，是指汽輪而言。其汽壓逐漸增高，至今將達每方吋一千磅矣。用於此種高壓力下之鑄件，務必十分優良，毫無疑意。但事實上能做到如此地步者甚少。盧先生之貢獻。志在報告在高壓力同高溫度下鑄件之實際困難情形，以作研究之藍本而已。得悉最近一種新發明之銲綫，專爲此項工作應用者。其成份及包皮材料，均有特殊性云。

（十二） E. T. Williams君云，事實上此間仍有若干公司銲綴術，未達優良程度。工作之可靠與否，爲先决問題。先講價廉，而不談物美，將鑄成大錯矣。個人訓練，頗爲重要。銲匠務必時常有人在旁指導。而工作施工時，亦宜有專家隨時檢驗也。欲省一便士，而所費於解除困難者，須一金鎊，當非上策。銲綴建築構造物，雖得減輕重量，及節省費用。然未始非一種新的危機。蓋銲匠偶一不愼，則困難發生矣。

T. A. Swindell 宣稱彼與彼之同事負責管理 Messrs. Dorman Long & Co. 公司之一萬一千噸銲鐵,及三萬三千噸機件。苟遇有銲件發生不良情形,彼等須負解答之責。銲件所用銲綫,光桿者佔百分之六十,包皮者佔百分之四十。彼等實地工作,遇有之困難,並非銲綫問題也。Haigh 教授前曾述及冷縮率之重要性。用光桿銲綫動作慢,而堆積高,有阻礙傳熱之患,是以銲成之件,冷縮自始則以愈慢愈好。屈曲是最不容易處置之一件事。彼等第一次所製之齒輪,是完全失敗。其故在乎先製輪廓,而後銲上其他零件。茲後改良將輪輻先銲,而後輪廓,始告成功。

銲綴經驗及技術(第二組)

(十三) 此組由 A. McCance 博士主席。

麥博士宣稱本組論文,因討論範圍關係,擬分為二部討論之。第一部電力方面者,可包括 T. C. R. Shepherd, S. W. Carpenter, H. O. Burge, A. L. Whiteley, P. W. Townsend及E.Rosenberg 諸位論文。Shepherd Carpenter 合著論文中,指示金屬質在小球形狀態中,自銲綫傳至銲體者。其遞傳率,計光桿銲綫每秒鐘自二十至二十五次,包皮銲綫每秒鐘約為五次。當小球金屬每次跨過縫隙時,發電機則變為短流。是時發電機之伏安特性,應適合於短流時發生過大之電流。且也斷絕電流之電壓,亦須足以立刻維持工作進行為要。人工動作,僅可適用於平接及小件工程。至若點銲 (Spot Welding) 及迅速之銲綴工程,須利用機器管制動作焉。

本組論文之涉及船舶電銲者,大都根據海軍界之經驗,頗有價值。平接及 V 形接均有用,而後者用銲綫量要多一倍半,被銲之鈑亦要多燒鎔百分之三十云。照海軍慣例。超過七磅厚(即十六分之三吋)之鈑,應有六十度角之 V 形接。較輕之鈑,則可不必斤斤於此矣。因薄鈑銲綴時,起臌較易,故疊接較為有利焉。

現下高應力鋼之銲綴,尚未能認為十分滿意。如鞕鋼者,第一,因爲炭素成份不得超過千分之三,而適用之銲綫材料亦尙未研究成功。

據 P. Mitchell 與 H. Martin 二位意見,建築工程之應用銲綴問題,大有討論餘地。而銲綴效率如何,亦尙須有深切之研究。所有銲綴用之零星用具。應充分準備,以便銲匠利用其寶貴之工作時間也。

有好幾篇論文,以扭歪及初應力爲討論目的者。普通立論,各種應力,用包皮銲綫者,比之光桿者爲高。用複行線路燒銲法,比之重而單行者,銲工節省。殘餘應力每方吋爲十四五噸。若能將被銲物,當燒銲時,用蒸汽管預熱至華氏二百度,並於華氏一千二百度間,行退火工作,則可減低殘餘應力一二噸云。

J. A. Dorrat 君告訴吾們,包皮銲綫每一磅金屬溶質,約需電力一又十分之二基羅瓦特,而光桿銲綫僅需百分之八十六基羅瓦特。如是發生之熱量以及殘餘應力,自然前者較大。測驗拉力及屈曲應力用直接測驗法者。L. E. Benson 及 H. Allison 二位,證明在攝氏六百度時,施行退火工作經二小時後,所有應力,至少可移去百分之九十云。重大銲件,放置爐中退火時,冷却至平均溫度達攝氏一百度爲止可也。

(十四) L. W. Schuster 君提出討論意見云, Benson與 Allison 二位論文中提及銲綴之殘餘應力,確是十分重要。雖然熱力處置所得補救程度,爲冶金學者所熟知。但此種學問,學電綴工程者,明了於心中者尙少。人人所知,開始銲綴固定建築物時,其內應力甚大,實足以引起金屬鈑之裂紋也。退火度低之材料,當銲時其內部(建築物)變遷,不可忽視也。燒銲工作,進行遲緩,輕氣是在一種穩定狀態之下。當完工以後,迅速冷却,則有使鐵質輕炭化之活動力。不論何種熱力處置,冷却務必遲緩爲宜。苟使所用材料質地優良,此項變化,較爲不重要耳。總而言之,熱力處置後之冷却速率,應以不致再引起發生內應力危險爲準則。或則銲件不在冷却開始時取出,而在此物料所能忍受之最高溫度時即取出之。

（十五） 法人 J. E. Languepin 君提出關於 Whiteley 君所云銲綫粗細，可以不管之說之意見云，據彼個人意見，銲綫之粗細，頗屬重要。同時電流之密度，亦有密切關係。若銲綫太粗，其結果不甚優良。P. W. Townsend 論文內曾述及電流之機械管理，有因銲面情形之更變，以致關於安全之錯覺，頗屬危險云云。

（十六） W. H. Hatfield 博士云，輕氣有發生不良影響之作用，進行燒銲時，當以不引入氣體為要。Schuster 君曾建議熱力處置之後，即速冷却。但是事實上不可能，如大廈建築及船身，倘無法施行熱力處置也。是以惟有集中心思於改進銲時金屬燒溶情况之一途。

L. E. Benson 君表示贊同燒銲時最好不受輕氣之濺染。若然者，熱力處置較好，而任其自然冷却可也。如用良好包皮銲綫，可以避免輕氣之禍患云。

（十七） A. Ramsay Moon 君陳述最近由 Dörnen 博士負責建築之橋樑桁樑鈑，其殘餘應力，固不知其確數，但悉其值，當比輥製者為小。Dörnen 博士主持德國國有鐵路之橋樑建築，已有一百零三座矣。

（十八） E. H. Lockhead 君陳述英國船舶建築工程之銲綴業，受海軍部之贊助甚多。軍部不但供給建築物各部份適用之銲綴式樣及規範，而且指示皇家船廠實地工作詳情及經驗焉。如是廠家可專心於訓練，試驗，監督等等工作之研究。燒銲工作最主要者，為銲質之透達，即溶化正確深度之謂也。故銲匠須隨時注意銲隙底部如何。船舶銲綴「角隅」銲佔工作之大部份。所用銲綫，大都為八號十號十二號等。因為從電弧所發生之熱量，高出於燒溶銲件所需者無幾，故銲匠須善為利用為要。銲綫端頭與銲路所成之角度，頗為重要。雖不同銲法，其適度角度相差無幾，但自始至終，宜乎一致。用屈曲及扭轉之銲綫，是最不相宜。蓋其結果，或將影響於被銲二鈑之熱量分佈也。燒至銲綫之屈扭處尤甚。

（十九） A. L. Whiteley君宣稱Languepin君提及拙稿中銲綫粗細忽視一點，本席愼重申明原文爲“Shape”而非“Size”。但對於銲綫面積，是十分重要之意見，表示贊同。

（二十） A. Dörnen 博士云，銲件之殘餘應力問題之討論，未免太不合乎情理。由試驗所得之結果，指示輾製機件之應力，要比銲件大八九倍。有人認爲殘餘應力，是由燒銲時發生者。

銲綴冶金學（第三組）

（廿一） 此組由 T. Swinden 博士主席。

史博士宣稱本組敘述輭鋼弧銲冶金問題之九篇論文，是以各種銲綫比較爲主體，而關於滴銲金屬之性質及氣體之接觸，尤特別注意。從銲件機械式試驗成績看來，公認一養化鐵（Fe O）及輕氣，愈少愈妙。若干著者認爲欲達此目的，宜用珊瑚纖維包皮銲綫。養輕二氣，影響於柔韌性及衝擊二項者，適爲相反。輕氣有增加强力之可能，而養氣則反是。所有論文中，均未提及疲乏之研究。蓋此問題尙缺少多數參考資料也。至於銲綫之包皮作用有三。即（a）工作時保護銲綫與空氣接觸。（b）形成電弧圈內穩定養化作用，或引導合金退養化物質於銲金屬之媒介。及（c）藉以節制銲的溶質流動及冷却率。吾人應直接注意於重纖維包皮銲綫之特性，因論文中未見有何討論也。

至若銲綫及存儲期之關係，則甚顯明。蓋歷時久暫，與養輕二種氣體之作用有關係也。

輭鋼銲綴，已覺甚爲複雜，不知特製鋼所遇之困難，數倍於此也。關於此問題，W. H. Hatfield 博士曾有下列說明。各式特種鋼如銹蝕鋼，酸性鋼，熱阻鋼等，均能銲綴成功。惟技術上有所不同，而各有巧妙之處，以臻成功焉。此則所宜切實訓練者也。建築應用之鎳鋼銲綴，尙少困難，鎳鉻鋼亦然。但事後冷却處理，應特別注意者也。

鎳鉻鋼每有生裂之虞。

(廿二) 法人 A. M. Portevin 教授云,銲件成績檢驗,現下除X光線外,尙無其他良好方法可施,惟X光線試驗設備,費用甚鉅。以後或許可用一種名謂部份毀壞器試驗之。

(廿三) 德人 F. Rapatz 博士又提到光桿及包皮銲綫問題云。養氣之存在,由於化學一方面而論,是不好的。輕氣從機械一方面而言,是無益的。光桿電綫,可形成硬性銲之趨勢。但數種高應力鋼之炭素,亦有同樣硬化影響。遊離輕氣及遊離炭素,均無硬化作用。德國有一種抽心銲綫,因能折中光桿包皮之利弊故採用甚廣。Hatfield之銲綴定義,未免太嚴格。愚見以爲銲綴金屬之性質及成份,能和原件者相類,則可矣。

電綴之規範檢查試驗及安全諸問題
(第四組)

(廿四) 本組由 H. J. Gough 博士主席。

顧博士報告宣稱,J. O. Cooke; S. F. Dorey; A. Vogel; J. L. Adam; O. Simonis 諸位提出討論之標準及規範,以及目下各工廠之實際情形,詢爲本組討論之好題目。關於檢查事項 Adam 君與 Dorey 博士,討論詳盡。賅括言之,在工作時期,所經過之各步驟,均須施以適合檢查。亦即始自所用原料,以及工作進行順序,機器工匠,施工之三時期,(以前.現在.以後)銲件之熱力處置,均宜逐一予以檢查者也。

Dorey 博士, M. Ros 教授及 A. Eichinger 君三位,均認爲自攝氏六百度起漸漸冷却,得減少銲件之內應力云。

每篇論文均載有詳細檢查方法,以及豐富的參考材料。而最堪注意者,即燒銲之阻力與循環應力關係之試驗報告是也。

O. Graf 教授曾用一百九十七噸重之疲乏試驗機,測驗銲件疲乏程度。五六十噸之試驗機,在德國甚屬普遍。銲件之靜止拉力,並不能表出任何疲乏阻力之隱示,乃爲一般所公認之理。

R. Bernhard 博士陳述,德國經驗用X光線試驗銲件,爲目下最滿意之檢驗方法。此項器具,已能應用三十萬伏之高壓力焉。德國國有鐵路新橋樑銲件之重力承受面,須受X光線之檢驗合格,方准使用,已列入規範矣。

金屬鈑銲綴之新技藝,現下各工業採用者,不可勝數。最近並有集中大規模組織之主張。

由本組各篇論文所書經歷及討論範圍觀之,當可推及將來銲綴工業之一切發展及改進諸問題,如 (1)電銲機之改良。(2)各種銲綴阻力,與舊式聯接之比較研究。(3)動的載重銲綴式樣之進展。(如橋樑一類)(4)高度炭素及合金鋼更大效率之銲法。(5)銲綴完善檢驗方法之研究等等。

(廿五) J. L. Adam 君開始辯論云, Dorey 博士提議壓力器具,之分類,其用意甚善。但船舶工程,不論何項壓力器具,務必列入一等。杜博士又提及製造廠家與檢驗員之互相信任一點,實爲扼要。若干製造廠不願意完全信任檢驗員,恐其洩漏廠家之祕密也。再有壓力器具之熱力處置,則公衆認爲必需辦理之事項。至於在使用以前,是否須經過手錘試驗手續,頗多討論,而各有不同之主見。

(廿六) G. A. Hankins博士云,爲便利參考研究起見,銲綴與鉚釘接合二者波動載重試驗比較表,頗爲需要。蓋此項報告,實予工程師一種工作借鏡也。此次論文中,缺少鉚釘接縫强力比較討論,不得不認爲憾事也。

B. P. Haigh教授報告云,此項比較試驗,曾在格林威皇家海軍工程試驗所實驗過,但試驗次數不多耳。再則Ros教授同Eichinger君說明,當波動載重情形之下,鉚釘接合比較平頭銲綴爲優。英國標準規範是不准波動載重件用銲綴者,而德瑞士等國,則不在禁止之列。吾輩尚缺少震動載重之正實學問乎?

(廿七) E.G. Coker君云,欲在接合處,免去應力之集中,實不易辦到。一般工程師久習於鉚釘接合之經驗,而忘却有如許複雜情形也。

（廿八） O. Simonis君談及美國銲綴工業,進展甚速。若各大學均有銲綴研究學會之組織,可見一般。英國各大學如何情形,本席不得而知。但悉在造船及其他工業之設計室,尙未見有銲綴工程員也。

（廿九） A. B. Kinzel博士云,美國各公司中,從事銲綴工作者,幾乎每一吋長之工作,均經適當檢驗。

（三十） L. W. Schuster君贊同Dorey博士之主張,以不加貼鈑爲宜。蓋其結果,徒然增加鍋爐接連處之頑固性也。倘使銲匠手藝超絕,各步工作均小心翼翼,銲匠本人,亦不願用貼鈑也。壓力器具之不宜附加貼鈑,同此原理。兩面平整無瑕的銲綴,方可期望應力不致集中云。

（卅一） S. F. Dorey博士思索須臾,愼重申述疲乏試驗之重要性。所可惜者,無人提及其疲乏試驗物件之熱力處置詳情爲憾。而此項經驗尙少,或不足以解答疑問乎。Haigh教授試驗疲乏性之結果,認爲合理的疲乏性限,爲每方吋 ±5.5 噸。壓力器具則爲每方吋 ±9 噸。彼個人試驗結果則爲 ±11 噸。

（卅二） 至此大會主席Carpenter博士宣佈散會。

所有全部論文及會議錄,刊成二卷,當時卽售出五百本。

本刊廣告價目表

等級	地位	全頁價目	半頁價目
甲	底封面外頁	伍拾元	
乙	底面裏頁及封面裏頁	三十五元	二十元
丙	封面裏頁底面裏頁之對面	二十五元	十五元
丁	普通	二十元	十二元

一、乙丙丁四分之一頁按照半頁價目六折計算
二、廣告概用白紙黑字如用彩印色紙價目另議
三、廣告如用銅鋅版由本刊代辦照收製版費
四、連登多期價目從廉請逕函本校出版處經理組接洽

交大季刊投稿簡章

一、投稿不拘文言白話凡中英德法文均所歡迎
二、論說新聞雜俎均以科學經濟管理工程學問爲範圍
三、投寄之稿如係翻譯請附寄原本否則須將原文題目著者姓名出版日期及地點詳細開示
四、投寄之稿務望繕寫清楚並加新式標點凡外國文稿件並請打印之如有插圖附表必須製版者請用墨色
五、來稿請註明姓名住址以便通訊并加蓋印章俾於發給稿費時核對之
六、投寄之稿無論登載與否概不退還但預有聲明並備足回寄郵資者不在此限
七、投寄之稿經本刊揭載後每篇酌致酬金若本刊尚未揭載已先在他處發表者恕不致酬
八、投寄之稿經本刊揭載後版權卽爲本校出版委員會所有但有另行約定者不在此限
九、投寄之稿本院委員會有酌量增删之權如投稿人不願有何增删則應於投稿時聲明
十、投寄之稿應逕寄上海徐家滙交通大學出版處

中華民國二十五年三月出版

交大季刊 第十九期

編輯者　胡端行
發行者　交通大學出版處（上海徐家滙）
印刷者　上海中國科學公司
代售處　上海　世界出版社　上海雜誌公司　作者書社　黎明書局　蘇新書社
南京　正中書局
天津　志恆書店　大公報社代辦部
漢口　光華書局
安慶　世界書局
武昌　學生書店　新光書店
廣州　廣州圖書消費合作社
雲南　雲南文化書店

本刊價目

每册大洋三角　全年四册一元
郵費國內不加　國外每册二角

THE CHIAO-TUNG UNIVERSITY QUARTERLY

Volume 5 *Number 3*

Shanghai, China
March, 1936

交大季刊

第二十期

要目

中華民國二十五年六月　上海國立交通大學編行

中華郵政特准掛號認爲新聞紙類　內政部登記證警字第一七五三號

交通大學出版刊物

一. 期刊

1. 交大季刊	每册三角	全年一元
2. 交大三日刊	半年五角	全年一元
3. 科學通訊(全年八期)	每册二角	全年一元四角
4. 管理二月刊(全年五期)	每册四角	全年一元六角

二. 本校一覽

1. 中文本	每册四角
2. 英文本	每册六角

三. 本校研究所編輯刊物

1. 油漆試驗報告,第一號	每册二角
2. 油漆試驗報告,第二號	每册六角
3. 油漆試驗報告,第三號	每册一元
4. 地下流水問題之解法(英文本)	每册三角
5. 美國鐵道會計實務,第一編(英文本)	每册六角
6. 解决中國運輸問題之途徑(英文本)	每册四角
7. 解决中國運輸問題之途徑(譯本)	每册三角
8. 鐵路零担貨運安全辦法	每册四角
9. 中國國民經濟在條約上所受之束縛	每册六角
10. 皖中稻米產銷之調查	每册六角
11. 小麥及麵粉	每册五角

經售處　上海徐家匯本校出版處

總理遺像

革命尚未成功

同志仍須努力

總理遺囑

余致力國民革命凡四十年其目的在求中國之自由平等積四十年之經驗深知欲達到此目的必須喚起民衆及聯合世界上以平等待我之民族共同奮鬥

現在革命尚未成功凡我同志務須依照余所著建國方略建國大綱三民主義及第一次全國代表大會宣言繼續努力以求貫徹最近主張開國民會議及廢除不平等條約尤須於最短期間促其實現是所至囑

改進我國農業教育芻議

鄧植儀

導言

我國數千年來,以農立國,歷代相沿,雖均有重農之政,但向來教育文化對於農業之應如何發展,多未注及。無亦以中原地大物博,天然環境優美,已能滿足吾人羣之需求歟,抑歷代文化祇向理想哲學方面發展,而膜視格致之學歟,此雖無暇深究,然而因此而使騖學者,不屑於農,業農者不可得學,馴至農業古國未能繼續維持其繁榮,則為不可諱之事實也。迨乎清末科學制能,教育文化改革一新,於是而農業教育,乃得列入教育制度之中,蓋倣法東瀛與歐美也。而自清代創立農業學校迄今,各級農業學校制度屢有改變,雖大體上均能向上進展,然就實際觀察,則其收效仍微。在初一二十年,以基礎薄弱,不免略受當時政潮波動之影響,近十年則政局漸定,波動極少,益以年來政府厲行建設,尤注意於農業教育一途,有抑文法重農工之趨勢,此誠農業教育發展前途之一良好時機也。吾輩從事農業教育,正應乘此時機,相與協力推進,使之得獲相當成效,始無負於國家及社會之期望。然而欲推進一種事業,須要顧慮周詳,視其有無弊病之處,有則設法去之,然後樹立鵠的認定目標做去,始易收效,農業教育之推進亦然。現政府於四鄰交迫,內憂外患紛至沓來之秋,仍能毅然下决心,積極從事於教育建設事業,以立國本,不可謂非根本之救國良圖。從表面而觀之,農業教育之推進,似應乘此時機加以積極,而無庸思疑矣。然推進固宜積極,弊病仍當顧慮,蓋嘗考察現有農業教育之種種設施,而細為研究之,覺其尚未有十分健全之處,倘貿貿然而從事積極推進,恐未能盡如所期望而收良好之結果,換言之,即農業教育中尚潛伏有各種之病症,非先去其病症,未足遽施以重大補劑也。即以過去三十年而論,農業教育收效之微,其咎未必盡在政變頻煩之影響,與經濟人才之不足,而實亦另有其他之病症障礙乎其間。倘對於病症不先加以愼重研究,設法除去,而遽欲施以重大補劑,未治標而先治本,竊恐難得完滿之收效。即收效矣,而亦事倍功半,耗費物力也。際此扶危振敝發憤圖存之秋,凡百設施,均願其急生良好效果,農業教育,自不能例外,况其性質尤比較趨重實際,苟在進展當中而認其尚有弊病,足以障碍或貽誤目前與將來之發展者,非表而出之,為公開之討論,以急事救正不可。植儀不敏,本此愚誠,就所觀感,證以近來考察歐美各國,農業教育之所得,認為弊病足以影響將來農業教育之進展者,分別提出,幷貢獻改進之策,以與邦人熱心農業教育者,共商榷焉。

一 我國農業教育現有之弊病

在未提出及討論各種弊病之前,吾人須要明白各種弊病之構成原因,多數乃由教育政權之散漫,且與他種有關之政權不為切實之合作,即貌為合作而不能有澈底之辦法所致,馴至各種病態逐漸發生而不知覺,即知覺矣,而一時亦尚未有善法以救正之,農業教育之未能認眞發展,職是故也。幸而各種病症尚在幼稚時期,未至深重,倘能及早設法救治,當不難於消除,謹將其病症所在,分别述之如次:

(1) 農業教育祇具有籠統之目的或方針

農業教育為現實教育,注重天然環境,及人事所演成之現象,與一般之文法工等教育不受或略受天然人事之限制影響者,根本固有不同,故其教育目的或方針亦不能如其他教育之籠統規定,隨便幹去,而能見效,換言之,卽應詳定施行之辦法,始不致流於空泛而不切實也。過去之農業教育卽多犯空泛之病,如各級農業學校之設立,宗旨則祇爲文字上之籠統規定,而一細究其意義則類皆大同小異,其課程之名目內容,亦幾各級雷同,而出入有限,馴至高等教材,可用諸中初等而無人過問,或舶來之法,不加檢討,而隨意採用。此種事實,在農業初辦之期,以一時難得教材,及充分之準備,爲權宜計,楚材晉用,尙不深怪,但仍繼續如故,不予救正,則對於前途進展障礙殊多。救正之法,仍須從農業教育之目的或方針,及其施敎之詳細辦法,重爲明白規定,使根本不致空泛,收果自可趨於切實也。

（2）農業敎育與農業建設之不相呼應

農業敎育與農業建設,爲共通之事業,而互爲因果者也,故兩者應打成一片,方利進行。換言之,卽農業敎育與農業建設,應明定一互相關係之政策,同向一目標而進展,然後始得互爲利用互爲滋長,而整個農業生產者,乃易改造整個農業之建設,乃易收效。否則各行其道,各自爲謀,結果必至敎者不切實用,而用者無需乎敎,分道而馳,徒勞無補,殊非敎育與建設之初旨也。我國現在之農業敎育與農業建設多犯此病,無用諱言。玆略引事實,以證一二。查現在政制,各省均有敎育廳與建設廳之設置,敎育廳主管之下,則有各種農業學校之分途設立,建設廳主管之下,則有各種農業建設之分途舉辦,其名目之多,幾難枚舉,然試考此種種之農業學校,其養就之人才,是否將爲發展農業而用,此種敎育,是否繼續辦去,則多未之深究也;又農業建設,是否短期足以完全辦了,建設進行,是否需賴農業人材,又多未之深究也;再就其相互間之關係而觀之,現在農業敎育與農業建設是否具有整個計劃,而整個計劃中,彼此曾研究將來可發生如何關係否,此際曾爲統籌兼顧否,凡此種種,就所觀察則多見各省對於敎建兩方面,各就其現有行政之能力,而分途計劃,罕聞有以整個農業爲對象,而瞻前顧後,爲統盤之籌算,趨同一之目標,互相溝通,互相倚賴,以立其計劃者,如此而欲收良好之效,恐未易得也。故目前所得之社會批評,非謂教育不切實用,則謂建設不全爲民,此亦難怪其然矣。欲救此弊,竊以爲非先從農業教育與農業建設之行政,爲一切實之組合,統盤打算不可。

（3）**農業教育制度之欠完備**

我國現有之農業教育制度,從教育系統方面而言,有大學專門,中等,初等,各學校之設置,表面觀之,似覺完備,然農業教育原重實施,而求實效,現有之農業教育,祇以能養成將來之農業人材,便算了事,而對於大多數之農業生產者,類皆擱置而不注意,或欲注意,而有所不能,此乃現在農教制度最疏忽之處也。查歐美各國,一般之國民義務教育,均比我國爲高,而其農教制度,對於各種人材之如何養成,與及農業生產者之如何補助其教育,尙能統籌兼顧,不使偏枯。我國農民教育,向來落後,則農敎制度,對於農業生產者之教育,又烏可忽略而不兼顧耶。雖則初等農業學校,亦可容納多少農民子弟,然實際上,則眞正農民子弟之就學者極少,故其結果,中初等農校,多造成不上不下之靑年學子,深造固所甚難,經營又無途徑,學如不學,無補實益。且中初等農校之辦理,又多失於板滯,如學科之內容,與修業之年限,每不切於實際,致令眞正欲求新智識之農民子弟,縱想入學,亦不容易,此又有待於改善之處。故鄙意以爲,現行之農教制度,關於高級者,問題尙少,而對於中初兩級,應宜改訂,以適應現有農民子弟易於就學爲本旨,而大多數之農民,尤應於農教制度之中,詳爲規定施教之方,使其不致向隅,庶乎有當。

（4）**教育材料之不充實**

教育材料,係指教育上需用之一切物質,材料,而言也。農業教育,爲一種實驗教育,尤須注意於教育材料之充實,易言之,卽須注意於設備之完善,然教育材料之充實與否,關係於學校經濟能力之如何,以我國情形而觀,則無論何級之農業學校,經濟多未能充裕,故對於教育材料上,當難望其能得充實,然苟用之得法,又未嘗不可以逐漸擴充,而一般之農校,多不問地方環境之如何,究應注重於何種學科,大都貪多騖廣,對於學科之設置,幾乎應有盡有,因此經費之用於職薪及行政者,幾佔十之八九,而教育材料,當更無法使其充實或適用矣,教育材料,既不充實,又不適用,自難使教者,學者,得發生充分之興趣,領悟科學之意義,及其利用之要旨,結果徒造成黑板上之教育而已,安望其能養成切於實用之人材耶,此種現象,隨地可見,毋庸諱言,非設法救正不可也。

(5) 教師任用之不經濟

教師之良否,固足影響於學校之前途,而其專責與否,又與學校之進展有關。我國各種農業學校,一向對於教師之任用,祇着重其上課教授時間,而課餘之研究工作,則多採取放任,相習成風,不以爲怪,故多數担任教席者,一離講檯,便算責任完了,望望然去,幾若不與學校發生關係者,此種講堂式之教材,在普通教育,或尙可如此,而不見有若何弊病,若在農業教育,則萬不宜如此,誠以農業教育,乃爲實用之教育,除授課外,仍須着重於實驗,材料之搜集,及各種問題之研究探討,始能望其在農業教育或農業上有相當之貢獻也。近年來在高等農業學校方面,對於此項弊病,已漸改革,然尙未能澈底,而中初等農業學校,則尙不鮮此種習慣,是則仍有待於救正也。

此外,則在現在經濟狀況之下,全國高等農業教育機關,如大學農院,或獨立農院之設立,質量常不能相稱,各個農院,每困於經費之缺乏,未能臻於健全,因之不易求得相當教材,以肩任教務及研究工作,須知高等農校,所負之使命,不僅造就人材而已,尤須負有改進地方農業之責,而地方農業問題,至爲複雜,非多聘專材,假以時日,分頭研究,未易獲得相當成效,然欲多聘專材,以求解決地方農業問題,又非造成一完善之高等農校不可,換言之,高等農校之設,不貴乎多,而貴乎健全,能確實勝任上述責任也。乃我國現在情形,多不注重於此,而只鶩設立之多,遂使能力薄弱,專材化整爲散,不能爲適當之集中,以共同研究,改進農業之方,甚有極不經濟,不合理,而仍不思設法改併者,則同一城市之中,尙有同等之高等學校對立,或同在一極相似之農業環境,竟有二三所高等農校之設,其敎程與硏究多屬相同,而敎材經濟,尙未聞其肯對此事業爲通盤之着想,謀其合作之方,能不謂爲可惜乎,此亦農業敎育進展中之一大弊病也.

二 改進農業敎育之管見

由上述之種種事實而觀,可知我國農業敎育,尙伏有各種之弊病,未盡消除.倘認定此各種之弊病,足以障礙農業敎育之發展,則對於今後之改進辦法,自可對症施藥,迎刃而解,竊不敏,願就所見而提出

（1）農業敎育應依據整個農業政策而規劃

凡一國家,欲謀其全國生產事業之發達,自應有其整個政策,以運用其間,始易達到目的,農業爲生產事業之一,且佔重要地位,亦自應有其整個政策,方利推進,整個之農業政策,旣已樹立,則無論建設方面,敎育方面,均得有所依據,分別進行,而收殊途同歸之功效。不過農業建設,因其偏重於物質上之實行改進方面,故農業政策之運用,較爲直接,而農業敎育,因其偏重於物質上之科學探討方面,且易與普通敎育混雜,故農業政策之運用,稍爲間接,是則必須詳爲規劃,始免方針之錯誤,而目標能歸於一致。其規劃之要點有二:(一)農業敎育,係以整個農業爲對象,故其辦理,應按照整個農業政策而進行,使農業敎育之效果,不致失於空泛,或太不顧事實,(二)農業敎育,雖爲對整個農業而設施,然以我國幅員之大,風土習慣,與及其他農業環境,易地而殊,故農業敎育,亦應體察整個與局部情形,而統籌兼顧,視地方之緩急需要,而爲先後之設施,

始能切於實用,免至浪費精神與財力,而對於整個之農業政策,亦不至有所違背也。

（2）農業教育制度應加訂立

我國現有農業教育制度,雖初中高各級學校均有設立,然大體祇對於一般青年學子而施教,以期養成各項之農業人材,而對於現在之一般農民教育,多未加以注意,此誠農教制度之欠完備也。夫農民爲國家整個農業之主體,居於直接生產地位,其能否接受新農業智識,影響於農業生產至爲重大,而欲使其有充分接受新農業智識之能力,根本非施以教育不可。況我國之普通國民教育,比較一般爲低下,則對於農民,尤有施以教育之必要,此現有農教制度中,所宜予以訂正,而加入補助農民教育一項也。但農民人數衆多,而國家經濟情形,又陷枯竭,對於此種教育,一時恐難於普遍舉辦,則又將如何,竊以爲爲適應國情起見,施行此種補助教育,可不必一定設校而施教,只宜用巡迴演講式,或短期夜學,附設於鄉村原有學校或公所之內,以灌輸農業新智識爲主旨,注重於理論之解釋事實,同時,將其日中工作,及生活環境之演成現象,予以明白理解,又須注意於精神之訓練,養成其良好習慣,使其能夠認識個人對於國家社會之關係,而設法利用環境,以造福國家社會,如丹麥英國之現有辦法,是其好模樣也。惟此種教育,對於教材一項,須慎爲選擇或預備,最好則由地方上之農學家而富有經驗者任之,使一般農民,發生濃厚興趣,不致裹足不前,形同虛設也。

（3）農業教育與農業建設當謀其溝通

我國現有政制,農業教育,與農業建設,概分部管理,中央如是,各省亦如是,而兩行政機關,對於此兩種事業,皆忽略其有合作之必要,故從未計劃其如何溝通之策,馴至教育與建設,各自分途進行,失其聯絡之功用,農業教育之未收實效,此爲最大原因之一,故今後對於此點應宜特別注意。查歐美各國,此兩種行政因其關係密切,故有將農業教育完全劃歸農業部主管者,亦有將大部分之農政,分交大學掌理,而同時與農部或有關係之實業行政機關,作相當之聯絡者,又有共同組織一委員會,以主持整個農業教育者,關於委員會之組織,由農部教育部與實業部各委派若干人充任之,其中行政管理,屬於教育部,技術方面,屬於農部,而共同合作,此種辦法,在我國頗爲適合,甚可倣行也。其辦理之法,卽將全國農業教育,由教育部與實業部共同組織一機關,以主理之,幷詳定計劃,以策進行,各省亦得依據之而組織同樣之合作管理機關,如此,則將來農業教育與農業建設,不復有隔閡之弊,相倚並進,互利之處正多也。

（4）集中農業專材爲最經濟之分配

農業教育應以最高農業學府爲中樞,於造就專門人材之外,幷負推進及解决農業之一切問題,而欲期其勝此重任,一方面固要此最高學府,有完善之組織,一方面又要延攬優異之農業專家,專心致志,以從事於教務及研究工作,然後,此種重大事業,始得賴以推進而求其解决,惟是優異之農業專材,得之非易,况我國之幅員廣大,最高農業學府之設立,爲數不下十七八所,而教育經費有限,每一最高農業學府常費多者,不過三四十萬元,少者不及十萬元,專材之延攬能力有限,故每門科學多者不過三二員,少者或一員或全無,如此而欲希望各個最高農業學府,均能負解决當地農業及教育一切問題,戛戛乎其難矣。是則對於專材之如何設法使其爲適當之集中,以共負解决農業一切問題之責,誠爲現在之急務,竊以爲對此可有三種辦法:（一）由國家或地方政府增加教育經費,加撥各個學府以大宗款項,使得多聘農業專材,分頭担任各個科學,而求其問題之解决,此層如能做到,當是根本辦法。（二）或體察地方情形,認定各個最高農業學府有併合之必要及可能者,則併合之,使其經費充實,組織健全,則專材自較易於延攬,而此項最高農業學府應由國家或地方政府負責辦理,不宜於私立,俾便統盤計劃,而免同一農業環境之內有同等學校之駢枝,徒耗費物力與教材而已。(三)應就現有經濟人材,統籌計劃,視各個地方之需要情形重新分配其工作與責任,換言之,卽以各地方之農業現況爲對象,就原有財力人力共同分工合作,以解决其地方之農業一切問題也。其詳細辦法,可由教育部與實業部召集各省教育廳及全國各農業最高學府會議,共同商定之,務使專材有適當之集中,能充分發展其技能,以解决農業一切問題爲主旨,勿以省界爲限也。

（5）積極推廣農村義務教育

國民程度低下,足以障礙一切新政之推行,顧欲提高國民程度,唯一之方法,在乎推廣國民義務教育,查歐美各國之國民義務教育,普通均在八九年,少者亦有六年,我國則望塵不及,兒童之失學者,所在皆是,而農村爲尤甚,故無論何種農業改良方法,一推到農村便發生多少障礙,而不易施行,此誠農業進展上之一大問題也。雖年來政府對於義務教育之推行,頗知注意,然多偏重於都市方面,而農村方面則閉塞如故,須知我國係農業國家,農民佔全人口之大多數,而皆居住於農村,又烏可以忽視農村,不使其與都市同其步驟耶。况農村現有之兒童,卽將來之農民,倘不於現在切實强迫其教育,使其程度提高,則將來對於新農業之輸進,當甚困難,影響殊大。故爲謀我國農業之發展起見,不可不積極推廣農村義務教育,或以爲當此世界不景農村破產之際,地方教育經費殊難籌措,欲於此時積極推廣農村義務教育,恐非易事,此亦誠然,但事實之重要如此,斷不能因噎而廢食,苟能於難籌措之中,而肯積極爲種種之設法,未始絕對無辦法也,是在力行之何如耳。

上所提出,不過就其犖犖大者而言,然倘能卽此而加以注意,實行,則對於我國農業教育之改進,不無多少實效,惟是否有當,仍願執政諸公,與熱心農業教育之士,予以指正,則幸甚焉。

前漢時代陸路交通考

(續第十九期)

鄭師許

11.張騫未到諸國　史記大宛列傳曰:『騫身所至者,大宛,大月氏,大夏,康居。而傳聞其旁大國五六,具爲天子言之。……安息在大月氏西可數千里。……其西則條支,北有奄蔡,黎軒。』又曰:『大夏在大宛西南二千餘里,……其東南有身毒國。……以騫度之,大夏去漢萬二千里,居漢西南,今身毒國又居大夏東南數千里,有蜀物,此其去蜀不遠矣。』云云。曰傳聞其旁大國五六,曰以騫度之,則此五六國者,當卽安息,奄蔡,黎軒,條支,身毒等國無疑。傳末又云:『而漢始築令居以西。初置酒泉郡以通西北國。因益發使,抵安息,奄蔡,黎軒,條支,身毒國。』蓋以騫未嘗到,因益發使以窮究之也。

今者西域與前漢交通諸國,如:月氏,大宛,康居,大夏,烏孫,扜罙,于闐,樓蘭,姑師諸國與鹽澤之地,均已考證;則張騫所身未到而傳聞之五六國,如安息,奄蔡,黎軒,條支,身毒等,亦應爲之考證。因復糅合近人成說而分述之焉。

甲.安息　安息史實,最初見於史記大宛傳,張騫據傳聞之言曰:

> 安息在大月氏西,可數千里。其俗土著耕田,田稻麥,蒲陶酒。城邑如大宛,其屬大小數百城,地方數千里,最爲大國。臨嬀水,有市民商賈,用車及船,行旁國,或數千里。以銀爲錢,錢如其王面。王死輒更錢,效王面焉。畫革旁行,以爲書記。其西則條支,北有奄蔡黎軒。

惟語焉不詳。所謂可數千里』,亦不能明指確數,蓋得之傳聞者也。

其下文述天子以騫言爲然,令騫因蜀犍爲,發間使四道並出。而述副使所至云:

> 初漢使至安息,安息王令將二萬騎迎於東界,東界去王都千里。行比至,過數十城,人民相屬甚多。漢使還而後使隨漢使來觀漢廣大,以大鳥卵及黎軒善眩人獻於漢。及宛西小國驩潛,大益,宛東,姑師,扜罙,蘇薤之屬,皆隨漢使獻見天子,天子大悅。

此爲漢使所親歷而漢朝在廷諸臣所親見者,故言之親切有味。其後漢書西域傳乃據此文而補足之。其言曰:

> 安息國,王治番兜城,去長安萬一千六百里,不屬都護。北與康居,東與烏弋山離,西與條支接。土地風氣,物類所有。民俗與烏弋罽賓同。亦以銀爲錢,文獨爲王面,幕爲夫人面。王死,輒更鑄錢。有大馬「大」爵。其屬小大數百城,地方數千里,最大國也。臨嬀水,商賈車船行旁國。書革旁行爲書記。武帝始遣使至安息,王令將將二萬騎,迎於東界,東界去王都數千里;行比至,過數十城,人民相屬。因發使隨漢使者來觀漢地,以鳥卵及犂軒眩人獻於漢,天子大說。安息東則大月氏。

今者欲考明安息,則其四至鄰國,皆當熟知。除月氏康居已前見,條支留待下文外,則烏弋山離國當先於此言之。本傳云:『東與烏弋山離接』,王先謙補注引徐松曰:『東當從後書作南』,是也。茲爲讀者易於明瞭起見,因不憚煩,復錄漢書烏弋山離條於下:

> 烏弋山離國王,去長安萬二千二百里。不屬都護,戶口勝兵,大國也。東北至諸護治所,六十日行。東與罽賓,北與撲挑,西與犂軒條支接。行可百餘日,乃至條支。……烏弋,地暑熱莽平。其草木畜產,五穀果菜,食飲宮室,市列,錢貨兵器,金珠之屬,皆與罽賓同。而有桃拔,師子,犀牛。俗重妄殺。其錢獨文爲人頭,幕爲騎馬。以金銀飾杖。絕遠,漢使希至。自玉門陽關出

> 南道,歷鄯善而南行,至烏弋山離,南道極矣。轉北而東,得安息。

所謂『轉北而東』,則烏弋山離自當在安息之南可知矣。今所欲知者,烏弋山離是一國名,或二國名?本傳下文云:『烏弋地暑熱莽平』,三國志卷三十魏略又作烏弋,又云烏弋一名排持;而漢書陳湯傳記此則又作山離烏弋,似此烏弋山離疑是二國之連稱。惟山離未見另述,亦不聞獨立用,然則決決不是二國名。漢人譯音每有省去語尾者,則烏弋實爲烏弋山離之略稱。原來希臘人稱*Seystan*地方爲*Saranga Zarangiana, Drangiana*等名。其都城稱爲*Zarin Zaring* (*Zaranj*),蓋從*Zarah* (*Zirrah*)湖而得名也。*Zarin Zaring*者,伊蘭語海之義,據阿剌伯人所傳*Zarah* (*Zirrah*)湖在中世時,較今日爲廣。在漢代時則更大也。在此湖之南端有廣大之湖床。自此湖床而東南,又有第二湖床。在雨水季節,*Zarah* (*Zirrah*)湖水漲,流入此湖床中云。名第二湖床,爲*Gawd-i-Zarah* (*Gud-i-Zirrah*),意卽爲『*Zarah*之窪地』之義(此說見*Le Strange*氏著東方大食地誌三三八頁註引*Sykes*氏之*Persia*一書中。)然則此附近沙地在漢代時必爲*Gawd-i-Zarah* (*Gud-i-Zirrah*)無疑。吾意烏弋山離者卽此*Gawd-i-Zarah*(*Gud-i-Zirrah*)之音譯也。即烏弋者*Gawd* (*Gud*)之對音,山離者*Zarah* (*Zirrah*)之對音。又*Gawd-i-Zarah* (*Gud-i-Zirrah*)亦可稱爲*Zarah-Gawd* (*Zirrah-Gud*)此卽山離烏弋之對音。烏弋者固省略之稱呼也蓋漢人及希臘人均因湖水之名以呼此國,漢書謂其地莽平,益以見其形容湖邊平地之用字之妙也。在此湖邊之北卽爲安息所在,此在今日而尙可指數也。魏略所記亞洲極西諸國情形,極爲詳細,爲史記漢書所不及。其言曰:

> 自是(案即指疏勒)以西,大宛,安息,條支,烏弋。烏弋一名排持。此四國,次在西。本國也無增損。前世謬以條支在大秦西,今其實在東。前世謬以爲彊於安息,今更役屬之,號爲安息西界。前世又謬以爲弱水在條支西,今弱水在大秦西。前世又

謬以爲從條支西行二百餘日,近日所入。今從大秦西,近日所入。大秦國一號黎軒,在安息條支西,大海之西。從安息界安谷城乘船直截海西,遇風利,二月到。風遲,或一歲無風或三歲。

魏略確能補正史記漢書等前人之誤不少。今合此三書觀之,則安息當日之國境可見矣。

番兜城王先謙補注曰:『番兜後書作和櫝,又云其東界木鹿城號小安息,後魏書云都蔚搜城。隋書云城有五重,環以流水。』今人張星烺謂即帕提亞 *Parthia* 之訛音,乃部落名,非城名也。是也。其地臨嬀水,商賈車船行旁國,據王先謙補注引徐松曰:『嬀水卽河水注所謂發原身毒之河水,安息都城,南臨嬀水,通考云今謂烏滸河』又曰:「安息西界臨雷翥海。又有陸道繞海北行,出海,西至大秦,故車船輻輳。」又曰:『河水注引竺芝扶南記曰,安息國去私訶條國二萬里,國土臨海上,即漢書天竺安息國也。水道古今可考,故安息都城當時所在之地,亦可見也。

關於安息建國始末,日人羽溪了諦言之甚詳。其言曰;

公元前二四八年或二五〇年,叙利亞國王安秦奥卡斯二世時,巴克特里亞之守將第奥多特斯(*Diodotos*)一世,叛變而獨立,占領今阿姆河兩岸,建立大夏國時,有司克典(*Skythen*)族之一派特赫部之酋長名阿爾薩克斯 (*Arsakes*)者,亦崛起於波斯之北,據帕提亞 (*Parthia*),而建立中國史書所稱爲安息國。中國史稱帕提亞王國爲安息國者,蓋本其國王名阿爾薩克斯(或阿爾刺卡 *Arshaka*)而譯其音以爲其國號也。

帕提亞人與今之土耳古人風俗相同,爲一粗野勇敢騎射之種族,居於裏海東南比較的荒蕪之地。但此民族,則不如巴亞特亞人之同化於希臘文化然。當其役屬於波斯王及馬基頓王時,尙未變其遊牧的習慣。阿爾薩克斯一世時,所謂安息國者,不過僅據阿提里克(*Atrek*)河上流之地,其東方則受制於新興之大夏國而西與敍利亞王國接境,故巴克特里亞人於獨立後之數年間,實處於窮困之境,甚可想見矣。

公元前二四七年,阿爾薩克斯二世卽提利達特斯(*Tiridates*)王卽位時,雖尙未發展,但至公元二三七年敍利亞國王塞爾卡斯二世與大夏同盟來攻安息;王遂投奔司克典族之阿斯帕西卡部落,藉其助力而克敍利亞軍,於是安息國獨立之基礎,及至此始形固定。其後經三世紀,至米斯理(*Mithradates*)大王(公元前一七四——一三六)國勢頓爲興隆,蓋當大夏忙於侵略印度時,米斯理遂乘其國內防禦空虛,占領其一部,更轉而西向,乘敍利亞之內亂,並蠶食米太(*Media*)蘇細亞那(*Susiana*)波斯巴比侖(*Babilania*)於是版圖驟形擴大,東起大雪山,西至幼發拉的河,若從史密司之說,謂安息此時之領土,已越大雪山及印度河以東矣。(*V. Simith: Early History of India 2nd, ed. P.212*)米斯理大王死後,其子發拉第斯(*Phraatis*)二世(*Arsakes VII*)立與敍利亞戰復勝之,旋遭塞種之侵寇,戰歿。公元前一二七年,其叔父阿爾塔巴奴斯(*Arthabanus*)代立,又與塞種戰,中毒矢陣亡。公元前一二四年,其子米斯理二世卽位,遂擊破塞種,平定東北境。其後與阿爾美尼亞王提格拉利斯(*Tigranes*)戰,而失西部之地。但王於南方則極力擴張其勢力,舉凡印度安息王忽諾萊斯(*Vonones*)及其親屬所領之阿剌科細亞(*Arachosia*)與栖斯坦(*Sistan*)皆在其領轄之下,於是安息獨立之主權於此確立。其後又於塔克息拉(*Taxila*)征服印度安息王阿慝斯(*Azes*)一世。

中國之知安息國當自此時始。漢武帝元朔三年(公元前一二六年)張騫使大月氏歸,初述此國事情。………張騫使西域時,安息爲西域諸國中最大强國,其領域東及於阿母河。然則當時安息人已脫離遊牧的生活而爲土著之民也。且據城郭,從事耕作,容受希臘文化,亦可得而知矣。

安息與中國正式交通,蓋當安息王米斯理二世,卽漢武帝之時。……自是以後,二百年間,中國與安息之交通……斷絕。

如……史記大宛傳所述,安息國蓋爲一行商甚盛之國,東西諸國貿易之中心。中國所產之絹布繒綵,夙昔皆經由印度及安息而輸入歐洲,尤以西羅馬人最爲珍視,而商業上所用之黃金與重量亦相同,故羅馬欲與中國通使聘,常於其東境與安息交涉不絕,安息於其間,遂得壟斷東方貿易之利,從可知矣。

羽溪氏鈎稽中西史籍,詳爲敍述,其言可信。自此以後,安息從塞種諸國輾轉輸入佛敎,佛法大盛。其後從西方入中國之高僧,凡以『安』字爲名者,如安高世安玄等,皆安息國來者也。

乙.奄蔡 奄蔡在康居之西北,安息之北,今日蘇俄所屬也。初見於史記大宛列傳,張騫述安息旣畢,曰:『其西則條枝,北有奄蔡,黎軒。』而語焉不詳。漢書西域傳曰:『北道西逾葱嶺則出大宛康居奄蔡。』補注引王念孫曰:『大宛康居奄蔡,皆在葱嶺之西,自諸護治所西至大宛四千三十一里,至康居五千五百五十里,又自康居西北至奄蔡可二千里。』此有里數可指者也。王先謙曰:『由疏勒而西爲大宛,在大月氏北,亦葱嶺西國也。其北爲康居,爲奄蔡。又極西北爲條支。是爲葱嶺西北諸國,又極西爲大秦。』此言其方向可考者也。又曰:『康居西北可二千里,有奄蔡國。控弦者十餘萬人。與康居同俗。臨大澤無崖,蓋北海云。』又曰,『西域諸國,大率土著,有城郭田畜,與匈奴烏孫異俗,故皆役屬於匈奴。』此其社會政俗之大較也。

魏略西戎傳於康居後,云:『又有奄蔡國,一名阿蘭。』法人沙畹博士魏略西戎傳箋注云:『按夏德(*Hirth*)考定奄蔡即希臘古地理學者所名之 *Aorsoi*。據魏略所誌,此族一名阿蘭,即中世紀之 *Alani* 也。此族先兼有奄蔡(*Aorsi*)阿蘭(*Alani*)二稱。後惟有阿蘭之號。』案沙畹氏之言是也。魏略又謂其:『皆與康居同俗。西與大秦,東南與康居接。其國多貂,畜牧水草,臨大澤。故時羈屬康居。今不屬也。』大澤即 *Lake Oxus*。漢書言其服屬於匈奴,魏略言其羈屬康居,則兩國勢力消長之不同,因時而異也。

丙.犂靬　犂靬即黎軒。史記大宛列傳張騫謂安息『北有奄蔡黎軒』是也。漢書西域傳爲綜合史記大宛傳與其後使者往來所得之材料而成。其說當較史記張騫傳聞之言爲確。今試觀其安息國條中所載,叙其四至曰:『西與條支接。』大體與大宛傳同;惟至『北與康居接』之句,則大宛傳作『北有奄蔡黎軒』矣。又烏弋山離國條中,云『西與犂靬條支接』。黎軒之與犂靬爲同音異字,固不待言。然而漢書西域傳,叙述條支則較詳,而對於犂靬,則不見記載。可知班固時,對於犂靬之在何處與所在之如何關係,未見具有何等明確之知識也。若照班固之見解,犂靬在烏弋山離之西,固屬當然,但於烏弋山離條中,祇能詳叙條支,而對於犂靬,仍不能道及隻字,則又何也?要之,班固之說,關於條支奄蔡之知識,已漸較史記大宛傳時爲多,而獨於犂靬則不見勝於史記大宛傳也。蓋前漢時,尙無人親到此國也。其後甘英奉班超命,抵條支得觀西海。乃始知犂靬即大秦。後世史家始於此得一曙光焉。三國志引魏略云:

> 大秦國一號犂靬,在安息條支之西,大海之西。………其國在海西。故俗謂之海西。

其後吳謝承之後漢書,晉司馬彪之續漢書宋范曄之後漢書,皆同此說。雖犂靬或作犂鞬,或作犂鞮鞬,要皆同音異字而已。

惟犂靬究在西方何地,近世學者,言之紛紜。法人鮑梯氏(*Panthier*)謂犂靬乃指叙利亞亞歷山大部將賽流柯斯(*Seleucus*)後裔而言。一八八五年德人夏德博士(*Dr. Friedrich Hirth*)將中國歷代史書所載大秦或拂菻匯譯成書,題曰中國與羅馬東邊地（*China and the Roman Orient*）則謂犂軒在古代交通紅海海頭諸港,當東西貿易要衝,即希臘人之*Petra*（羅馬人呼其四周地方曰 *Arabia Petraea*）。蓋其地土名曰:*Rekem*或*Rekam*（*Rokom, Arekeme, Arkem*）,故擬爲犂軒之對音。同時愛德克斯（*Dr.J. Edkins*）又著一論文題爲羅馬及比散丁姆(即君士但丁堡)之訴說（*A plea for Rome and Byzantium*）登於中國雜誌（*Chinese Recorder*）中,謂大秦或拂菻,實指羅馬帝國及東羅馬帝國,而非專指叙利亞。我國學者王先謙,亦同此說,其漢書補注曰:

> 犂軒張騫傳作犛軒,後書作犂鞬,西域圖考云,犂軒即後書大秦,兼有今歐羅巴一洲之地,國都羅馬,拓地直至土耳其東境,與安息鄰後書云,從安息陸路繞海北行,出海西至大秦,十里一亭,三十里一置。又云有飛橋,數百里可渡海北諸國。其繞黑海之南,出海,及渡海,即渡他大尼里峽。由黑海通地中海處,闊僅數里者也。過峽爲土耳其西土,則入歐羅巴洲境矣。犂軒爲葱嶺極西之國。

其後白鳥庫吉在史學雜誌發表關於大秦及拂菻國一文,以之擬於埃及尼羅河口歷山港古代最有名之*Alexandria*城。其言曰:

> ……因*Alexandria*之名甚長,故他國對此,每作種種省略稱呼。例如在巴利語所書*Milinda*「—*panha*」則作*Alosadda*「*Alasanda*」,波斯阿剌伯人則作*Skander*,故以*Skanderia*呼*Alexandria*;匈牙利語則作*Sander*,故以*Sandaria*呼*Alexandria*,在阿輸迦王之碑文中,則將*Alexandria*,寫爲*Alikasunari*。依此考之漢史之犂軒,豈非（*A*）*lek*（*S*）*an*（*dria*）之訛。

其後伯希和（*Pelliot*）氏於一九一五年在通報著犂軒爲埃及亞歷山大城說一文,其說亦與白鳥氏相同。其言曰:

> 當紀元一世紀,中國人名地中海東部爲大秦。據三國志引魏略云:大秦國一號犂軒,前漢書亦作犂軒,但後漢書晉書

作犂靬，史記北史魏書作黎軒。要之，紀元前一二六年張騫歸國之時，地中海東部，初名犂靬，至紀元一世紀，始易名大秦耳。

犂靬之名，何所本？夏德（*Hirth*）之『中國與羅馬邊地』（*China and the Roman Orient*, 1885.）一書，已列舉*pegnum, hellenekon, legions, Lycia, badiliken*諸名，皆斷其非是。而以犂靬爲*Petra*種族原名*Rekem*之譯音。自是以後，三十年矣。無人提出異議也。夏德之解說，雖見敏思，然吾不解昔日張騫所至之大夏中亞人民，何以以一外省之城名，統名地中海全部耶？

吾以爲應別爲解說也。當紀元前二世紀時，尚屬希臘化大夏國之眞正地中海母國，蓋爲埃及之亞歷山大城。吾前已於一九一四年九十月刊之亞洲報中說明。巴利文那先比丘經（*Milindapanha*）中之『我本生大秦國，國名阿荔散』，二語中之阿荔散，卽指埃及之亞歷山大城。此犂靬亦卽亞歷山大之譯音也。當時史記漢書所記此國之事，惟言紀元前一四〇至一八六年間，安息王以犂靬眩人，獻於漢。當時亞歷山大之魔術者，頗著名。後漢書亦曾誌及其人由印度赴東方也。則當時之犂靬，卽指埃及之*Alexandria*。至紀元一世紀末年，中國人與希利亞（*Orient Syrien*）相接之處，始以大秦名其地。………

伯希和氏此論一出，學者之間，羣焉宗之。我國學人及日人箭內亙等均主其說，惟小川琢治則謂小亞細亞以至美索不達迷亞波斯西部，中部，東部一帶，古代以亞歷山大名城者共有九處，其十則爲尼羅河口歷山港之亞歷山大城；白鳥之說，容有修正之必要。或當於紅海沿岸或叙利亞海岸或尼羅河口之間求之。藤田豐八則謂犂靬爲 *Ragha* (*Raghä*) 之對音，其國不外爲 *Magi* 宗教之國體。*Ragha* (*Raghä*) 一語，*Arrian*, *Strabo* 均謂之 *Rhagä*，而 *Tobit* 則謂之 *Ragea*, *Judith* 則謂之 *Ragan*；故在音韻上言，*Ragan* 一音，最與

黎軒、犂靬犂鞬)相近云。最近我國學者張星烺則祖護愛德京斯之說,謂:

> 犂靬原音,吾意卽由*Rome*而來。今人譯作羅馬。閩南及粵東兩地人,今所用之話,多眞正古代漢音。靬字粵人讀爲 *gam* (嵛姆)或 *ham* (哈姆)。犂靬二字就粵人之音而速讀之,則與 *Rome* 或波斯人用之 *Rum* 相近矣。

云云。又近人又有謂:『犂靬卽拉丁。拉丁本人種之名,其字作 *Latin*。此類人種,居於 *Latium*,故以地得名。漢書之犂靬乃 *Latium* 之譯音』云云。此外言者尙有多說,茲不俱引。

今請得以藤田豐八之說言之,*Ragha* (*Raghä*) 原非獨立國家,在當時不足震驚於異國,與安息條支相伯仲而見稱於遠道之人。而以*Magi*爲卽唐世傳入之摩尼教,尤爲附會不經,不足置信。犂靬爲*Rome* 或 *Latin* 之譯音,在音韻上全無根據,作者爲粵人,亦略習閩南語,無論如何讀之,均不能相近也。小川琢治謂葱嶺以西有十亞歷山大城之說,此稍治西史者所熟知。馬基頓王亞歷山大帝,好大喜功,當其揮刀東指,兵威所及,無不建亞歷山大城,不獨西亞爲然,卽東歐亦有亞歷山大城不少也。惟白鳥伯希和箭內亙諸人之說,必不得不信,蓋以其在安息條支以西,又爲海西之國,其地非尼羅河口之亞歷山大城莫屬也。此犂靬當日之所在地之可得斷言者也。

史記大宛列傳稱安息以犂靬善眩人獻於漢,此善眩人者,殆歐人之最初至吾國者歟!

丁.條支　條支之名,最初見於史記大宛列傳張騫告漢武帝之言,其言曰:

> 條支在安息西數千里,臨西海,暑濕耕田,田稻。有大鳥,卵如甕,人衆甚多,往往有小君長。而安息役屬之,以爲外國,國善眩。安息長老傳聞:條支西有弱水西王母,而未嘗見。

張騫雖得自傳述,然其所言甚爲正確,足資考證。漢書西域傳不爲

條支立傳,附見烏弋山離條中。其言曰:

> 烏弋山離國……西與犂靬條支接。行可百餘日乃至。條支國臨西海,暑濕田稻。有大鳥,卵如甕。人衆甚多,往往有小君長。安息役屬之,以爲外國。善眩。安息長老傳聞:條支有弱水西王母,亦未嘗見也。自條支乘水西行可百餘日,近日所入云。

漢書此文襲史記大宛傳語,惟加烏弋山離至條支行可百餘日,及條支乘水西行可百餘日,近日所入,二語耳。王先謙補注據後書大秦國下所記,斷爲自條支乘水西行二百餘日,近日所入。

惟後漢書所記獨詳,其言曰:

> 自皮山西南,經烏耗,涉懸度,歷罽賓,六十餘日行,至烏弋山離國,地方數千里,時改名排持。復西南行百餘日,至條支。條支國城在山上,周回四十餘里,臨西海。海水曲環。其南及東北三面路絕,唯西北隅通陸道。……轉北而東復馬行六十餘日至安息。

又云:

> 前世漢使皆自烏弋以還,莫有至條支者。

又云:

> 班超遣甘英使大秦,抵條支,臨大海,欲渡,而安息西界船人謂英曰,海水廣大,往來者逢善風,三月乃得渡,若遇遲風,亦有二歲者,故入海人皆齎三歲糧;海中善使人思土戀慕,數有死亡者。英聞之乃止。

蓋以甘英曾親至其地,所言獨得其詳也。至云前漢使者,莫有至條支者,則殊未可信。杜佑通典條支條云:

> 條支,漢時通焉。去陽關二萬二千一百里。在葱嶺之西。城在山之上,周迴四十餘里。臨西海,水曲環,其南及東北三面路絕,唯西北隅通陸道。土地暑熱下濕,田宜稻。出幫牛,孔雀。有大鳥,卵如甕。人衆較多,往往有小君長。安息役屬之以爲外

> 國。其草木,畜產,五穀果菜,食飲,宮室,市列,錢貨兵器,金珠之屬,皆與罽賓同。而有挑拔獅子,犀牛。其錢獨文為人,幕為騎馬。絕遠,漢使希至。自玉門陽關出南道,歷鄯善,而南行烏弋山離,南道極矣。轉北而東,復馬行六十餘日,至安息。後和帝永元中,班超遣掾甘英使大秦,抵條支。臨大海欲渡,而安息西界船人謂英曰:『海水廣大,往來者遇善風,三月乃得渡。若遇惡風雨,亦有三歲者。』英聞而止。

杜氏之言,蓋集合史記漢書後漢書三文而成,而獨云『條支,漢時通焉』,可知其不信漢使莫有至者之語。而云:『絕遠,漢使希至』,則可謂得其情矣。

在紀元前後,回教尚未興盛以前,條支與中國之關係,如此而已。

關於條支之考證,在西洋學者之間,至不一致。*De Guignes* 氏"*Histoirdes Huns*"書云:

> 安息之西,有條支國。其所在恰與*Perse*相當。所謂國臨西海者,無疑卽指波斯灣而言。又謂地多稻田,且出大鳥卵,往往有小君長,後安息役屬之以為蕃國,即謂 *Parthia* 曾對於 *Perse* 所行者也。

惟此說以條支為波斯,在中國史家,亦有言之,如魏書西域傳波斯國條下云:「古條支國也」云云,其說不自 *De Guignes* 始也。因魏書有『都宿利城』並云:『河經其城中南流』之語,宿利城卽 *Seleucia*, 河卽 *Tigris* 河,故 *De Guignes* 氏卽據此考定所謂 *Perse* 者,卽謂 *Persis* 也。然此說不能成立,學者不甚採用。

其後 *Hirth* 氏在"*China and the Roman Orient*"書中,以為條支卽于羅,比定之為 *Hira*, 且考證甚為精細,故曾風靡一時,視同定說。其言曰:

> 具備關聯於條支而為中國史籍所記載之二條件,卽位於安息 (*Parthia*) 之極西界,且同時以臨西海之地方,求之於

Parthia 帝國者,獨一 *Chaldaea*耳。……故其時由*Parthia*之西界一港而得航行之海洋,唯有波斯灣耳。

城在山上,三面路絕,唯西北一隅通陸路之條支城之記述,恰與*Chaldaea*湖中之半島相符合。……

予欲取 *Chaldaea* 湖中之半島爲條支之遺址。且認爲惟一適合中國史籍所記載之地。彼爲波斯灣航路之終點,自中央亞細亞,經由 *Ktesiphon* 之旅客乘船,吾意此路爲最便利者。何則?由 *Hira* 至灣頭之水路,比之現今,由 *Ktesiphon* 至 *Tigris* 河口之水路,均近六百 *Stadia*。苟如 *Strabo* 所言 *Euphrates*(與*Tigris*)別有河口,或者 *Pallacopas* 運河,更可爲*Chaldaea*湖直達*Persia*灣之捷徑,於是由湖中之一港出發之便利,益得明瞭矣。依此理由,予以爲甘英耳聞航海可怖之處,卽爲條支,在現今 *Nedjef* 之附近。其地名不見於甘英征行記述中,蓋 *Hira* 其名原爲王國之大貿易市,且爲其首都。其建設約在公元二〇〇年,卽後漢末業。但在其建設以前,早爲此半島上之繁盛城市,固不難想像也。(現 *Nedjef* 與 *Hira* 廢墟相距離極近。)予以爲 *Hira* 之名,早爲漢人所知,其所名之都城及國家,早經成立,業爲後漢書所記載。然則予輩在由安息之都城西向大秦,至乘船海口之表中,見有于羅一名之記載。于羅者,與甘英所言之海口條支城,實爲一地,至少亦占同樣之位置。彼在安息 (*Parthia*) 之極西界,而由此歷南方之海以至大秦。至條支國之所屬,漢時係屬 *Parthia*, 固不待言,然其城市有曾屬羅馬者,此卽于羅被魏書記其爲大秦屬邦之故。當時羅馬之境界線,蓋在于羅(*Hira*)斯羅(*Seleucia*)之間。魏略記由于羅東北渡河(*Euphrates*)而至斯羅,又在其東北渡河者,蓋斯羅屬於安息,與大秦相接之故耳。最後,予考漢人之斯賓,與今之 *Ktesiphon* 同爲一地。卽斯賓至于羅之距離,據後漢書爲九百六十里,按此里卽 *Stadium*,若就現在 *Kerbela* 經由之陸路測定之,略與此數相等。可知後漢書此篇所記,最足憑信。

又關於魏略之安谷城,氏之意見如左:

前述于羅卽 *Chaldaea* 湖中半島上之 *Hira* 其理由爲從 *Ktesiphon*,乘船而下 *Tigris* 之水路,較之由 *Hira* 更遠。唯與 *Tigris*, *Euphrates* 相連之運河,在現今最大之 *Schattel*.—— *Amara*,河如乘小舟,或伴以陸路,(此爲近世中國屢見之狀態,想在古代西方亞細亞,必甚普及。)用作交易之通路,實爲欲往 *Hira* 者,予以捷徑。此運河與現在 *Euphrates* 河相會處,其主要之都市,爲 *Uruku* (*Hebr Erek*, *Greek*, *Opxon*, 今之 *Warka*)。予以爲旅客欲至大秦,例當由此乘船,爲 *Parthia* 第二海口。

惟此說其後爲日人藤田豐八氏所痛駁,以爲條支與于羅(卽 *Hira*)應分爲兩地,不得視爲一地。氏在條支國考文中云:

通觀 *Hirth* 氏所言,第一可注意者,位於安息之極西界,同時復以臨西海之地方,求之於 *Parthia* 帝國,謂僅有 *Chaldaea* 一地而已。按此西海之爲波斯灣,今日固絕無疑義。惟安息領內之極西界,其臨波斯灣之地方,决不若氏所言,僅有 *Chaldaea* 一地而已也。前已言之,*Persis* 固然,*Carmania* 亦然也。若嚴密分析此西界,乃西南界,現後漢書條支國條中,示條支至安息(都城)之方位曰:『轉北而東,復馬行六十餘日,至安息』且在漢書中,以條支與烏弋山離合傳,其文末曰:『轉北而東,得安息。』是以若謂條支在烏弋山離之西時,則條支在安息之西南,亦與此書相同。然則,就安息(都城)而言,條支位於其西南界,乃臨波斯灣之地,以此得求之於 *Chaldaea* 時,則同樣亦得求之於 *Persis* 也。但如在當時,*Chaldaea* 爲 *Parthia* 之領土,則 *Persis* 亦爲其屬地,漢書所謂『安息役屬之以爲外國』,與後漢書所載:『(安息)役屬條支,爲置大將,監領諸小城焉』,均適合此兩地也。

Hirth氏以位於安息西界,臨波斯灣之地,斷定在安息國內,獨 Chaldaea 而已。因之,由安息國都西行至其極西,而臨西海,由此向南,通大秦之于羅,與『城在山上,臨西海,海水曲環其南及東北,三面路絕,僅西北一隅通陸』之條支,同一視之,以此地求之於Chaldaea地方,乃得位於湖中半島上之Hira城。Hira 城之地形,與後漢書條支國傳所說,略相近似。惟Hira 城之建設氏以爲約在公元二〇〇年之頃,按甘英之到達條支,乃後漢和帝永元九年,即公元九七年,此明記於後漢書安息國傳中者,換言之,即此城之建設,較之甘英之到達條支約後百餘年也。至氏言此城在建設之前,已爲繁盛之城市,遂得傳其名於中國,而爲後漢書所載,惟此不過想像之談,別無何等證據。且條支一名,在張騫之時,傳聞之矣,

云云。其下文藤田氏復從音韻上辨駁Hira非條支之原音,以文長不具錄。於是藤田氏自創一說,謂條支原音,當爲Taôke。其言曰。

………G. Rawlinson 氏於其所著"The Five Great Monarchies of the Ancient Eastern World"書中,列舉Taôcene:爲古波斯王國之一區劃,謂爲:『Taôcê環近地方,爲低海岸沙地之一部。』

………且自阿爾薩(安息 Arsacidae)王朝末季迄薩珊(Sassanidae)王朝,Mesopotamia 地方,爲與羅馬爭奪之區,因此可想見 Taôkê 地方之海口,實相當殷盛也。至被回教征服後,Siraf 大興,此等地方之海口,遂歸衰落。

按條支之『條』字,在漢書周勃傳『迺封爲條侯』之註中,有曰:『師古曰縣在勃海。地理志作脩字,其音同耳。』又曰:『宋祁曰脩當作蓨,集韻音祧。』然則條與祧同音,其在今日,廣東音爲tiu,客家音爲tiau,福建音爲tau,溫州音爲 dioe,甯波音爲dioa,北平中國中部,四川音爲 tiaw,揚州音爲tiou,安南音爲diou,蓋皆屬古音tao或與tao音相近也。至於『支』字,在

今雖爲 *ci, si* 音,但在古音則爲 *Ki*, 證之魏略倭人條中,以日本之壹歧作『一支』而得知之。且其在今之南音,亦有如古之 *Ki* 音也。史記支作『枝』,枝與支音相通,不成問題。然則所謂條支條枝者,完全爲 *Taôkê* 之對音也。

再 *Strabo* 於其 *Persis* 記事之末曰:『現在之 *Persis* 人,爲一別個之人民而臣屬於其他之王的王所轄治。〔此王〕昔〔臣屬〕於 *Macedon* 之王,今則〔臣屬〕於 *Parthea*。』所謂『現在』者,乃 *Strabo* 當時,即紀元前後也。按此記載,無論如何,皆與史記漢書所載之『往往有小君長,安息役屬之,以爲外國。』相符合也。………至於 *Touj* (*Toug, Tawaz*), 固不待言,爲 *Taoke* 之轉化,根據 *Arabia* 地理學家所傳, *Shapur* (*Granis*) 河上,距離河口,稍處於上游,在公元第十世紀頃,猶爲重要商市,及至第十二世紀時,已歸頹廢,苟此 *Shapur* 河亦呼 *Tawwaj* 河,(見 *Le Strange, The Lands of the Eastern Caliphate*), 則頗似 *Arrian* 之 *Taoke* 也。因此,後漢書之條支,或卽指此乎?惜其遺址,至今猶未明瞭,甚爲憾事。………惟對於條支之爲 *Taoke*, 乃予輩所確信不疑者。

藤田氏之說,確較前二說爲佳,惟尙不得爲確論也。法人沙畹博士謂條支國都之位置,應在 *Tigris* 河之河口。日人白鳥博士則以條支二字,爲亞拉伯語語源,即 *Jezir*, 爲漢時敍利亞語之當於美索不達米亞也。又謂條字之發音爲 *tiao*, 與今音大異,支字漢書地理志遼西郡令支,孟康注支音祇,卽 *ki*, 其所示古音與金城郡令居爲同名異字云。其後日人小川琢治則謂:

兩漢三國之條支國明爲在安息國卽 *Parthia* 及波斯國之西之敍利亞國之意味。

吾以爲此說亦極當注意也。

戊.身毒　身毒之名,最初見於史記大宛列傳。其言曰:

大夏在大宛西南二千餘里,嬀水南。………其東南有身毒國。

騫曰:『臣在大夏時,見卭竹杖,蜀布。問曰,「安得此」?大夏國人曰,「吾國人往市之身毒。」身毒在大夏東南,可數千里。其俗土著,大與大夏同,而卑濕暑熱云。其人民乘象以戰。其國臨大水焉。以騫度之,大夏去漢萬二千里,居漢西南。今身毒又居大夏東南數千里,有蜀物,此其去蜀不遠矣。今使大夏從羌中,險,羌人惡之,少北則爲匈奴所得。從蜀宜徑,又無寇。』天子旣聞大宛及大夏,安息之屬,皆大國多奇物,土著頗與中國同業,而兵弱,貴漢財物。其北有大月氏康居之屬,兵彊,可以賂遺設利朝也。且誠得而以義屬之,則廣地萬里,重九譯,致殊俗,威得徧於四海。天子欣然以騫言爲然。乃令騫由蜀犍爲發間使,四道並出:出駹,出冉,出徙,出卭,出僰。皆各行一二千里。其北方閉氐筰,南方閉嶲昆明。昆明之屬,無君長,善寇盜。輒殺略漢使,終莫得通。然聞其西可千餘里,有乘象國,名曰滇越,而蜀賈姦出物者,或至焉。於是漢以求大夏道,始通滇國。……初置酒泉郡,以通西北國。因益發使,抵安息奄蔡黎軒條枝身毒國。……是時漢旣滅越,而蜀西南夷皆震,請吏入朝。於是置益州越嶲牂牁沈黎汶山郡,欲地接以前通大夏,乃遣使柏始昌呂越人等歲十餘輩,出此初郡,抵大夏。皆復閉昆明,爲所殺,奪幣財。終莫能通至大夏焉。

其言因益發使,抵……身毒國,是漢使已曾至其地。又謂終莫能通至大夏焉,又疑未曾至其地。

至前漢書西南夷傳,則云:

元狩元年(公元前一二二年)博望侯張騫言使大夏時,見蜀布卭竹杖,問所從來?曰從東南身毒國可數千里,得蜀賈人市。或聞卭西可二千里,有身毒國。騫因盛言大夏在漢西南,慕中國,患匈奴隔其道。誠通蜀,身毒國道便近,又亡害。於是天子迺令王然于柏始昌呂越人等十餘輩,間出西南夷,指求身毒國。至滇,滇王當羌迺留爲求道。四歲餘,皆閉昆明莫能通。

則斷言漢武帝時,欲通印度而未成也。

身毒原名 *Sindhu, Sind,* 專指印度西北部而言。後世又有欣都斯坦,其原音為 *Hindustan*,則指印度北部,中部。今云臨大水,大水即指印度河,則身毒實為印度西北部也。漢武帝時,既屢欲與印度直接交通,而屢為昆明所閉,則佛祖歷代通載卷五記秦始皇帝癸未年(始皇二九年,公元前二一八年)『沙門室利防等一十八人來自西域,帝惡其異俗,以付獄,俄有金剛神,碎獄門而出之,帝懼,卽厚禮遣之,時國事區區,弗克敬奉;』之室利防,其原名當為普通印度人 *Sribandhu* 之譯音,為阿輸迦王(*Asoka*)所派遣弘布佛教之僧人;及佛祖統記卷三十五,記迦葉摩騰謂漢明帝曰:『昔阿育王藏佛舍利八萬四千塔,震旦之境,有十九處』之言,甯復可信?梁任公師謂決無其事,宜哉!或謂更早時已有人來至中國,老子墨翟皆印度人,則『余尙何言哉!』

其後佛法東來,實由罽賓間接而至。罽賓為今之克什米爾(*Kashmir*)在印度北境。漢書西域傳言之甚詳。曰:

罽賓國,王治循鮮城。去長安萬二千二百里,不屬都護。戶口勝兵多,大國也。東北至都護治所六千八百四十里。東至烏秅國,二千二百五十里。東北至難兜國,九日行。西北與大月氏,西南與烏弋山離接。昔匈奴破大月氏,大月氏西君大夏,而塞王南君罽賓,塞種多散,往往為數國。自疏勒以西北,休循捐毒之屬,皆故塞種也。罽賓地平溫和,有目宿,雜草奇木,檀櫰梓竹漆,種五穀蒲陶諸果,糞治園田,地下濕,生稻,冬食生菜。其民巧,雕文刻鏤,治宮室,織罽,刺文繡,好治食,有金銀銅錫以為器。市列,以金銀為錢,文為騎馬,幕為人面。出封牛,水牛,象,大狗,沐猴,孔爵,珠璣,珊瑚,虎魄,璧,流離。它畜與諸國同。自武帝始通罽賓。自以絕遠,漢兵不能至,其王烏頭勞,數剽殺漢使。烏頭勞死,子代立,遣使奉獻,漢使關都尉文忠,送其使。王復欲害忠,忠覺之,迺與容屈王子陰末赴,共合謀攻罽賓,殺其王。立陰末赴爲罽賓王,授印綬。後軍候趙德使罽賓,與陰末赴相失,陰末赴鎖琅當德,殺副已下七十餘人。遣使者上書謝。孝元帝以絕域不錄,放其使者於縣度,絕而不通。成帝時,復遣使獻謝罪,漢欲遣使者報送其使。杜欽說大將軍王鳳曰,『前罽賓王陰末赴本漢所立,後卒畔逆。夫德莫大於有國子民,罪莫大於執殺使者,所以不報恩不懼誅者,自知絕遠,兵不至也。有求則卑辭,無欲則嬌嫚,終不可懷服,凡中國所以爲通厚蠻夷,慝快其求者,爲壤比而爲寇也。今縣度之阸,非罽賓所能越也。其鄉慕不足以安西域,雖不足附,不能危城郭,前親逆節,惡暴西域,故絕而不通。今悔過來,而無親屬貴人。奉獻者皆行賈賤人,欲通貨市買,以獻爲名。故使者送至縣度,恐失實見欺。凡遣使送客者,欲爲防護寇害。起皮山南,更不屬漢之國四五,斥候士百餘人,五分夜,擊刀斗自守,尙時爲所侵盜。驢畜負糧,須諸國稟食,得以自贍;國或貧小不能食,或桀黠不肯給。擁彊漢之節,餧山谷之間,乞匃無所得。離一二旬,則人畜棄捐曠野而不反。又歷大頭痛小頭痛之山,赤土身熱之阪,令人身熱無色,頭痛嘔吐,驢畜盡然。又有三池盤石阪道,陿者尺六七寸,長者徑三十里。臨崢嶸不測之深,行者騎步相持,繩索相引,二千餘里乃到縣度。畜隊未半阬谷盡靡碎,人墮勢不得相收視,險阻危害,不可勝言。聖王分九州,制五服,務盛內,不求外。今遣使者,承至尊之命,送蠻夷之賈,勞吏士之衆,涉危難之路,罷弊所恃,以事無用,非長計也。使者業已受節,可至皮山而還。』於是鳳白從欽言,罽賓實利賞賜賈市,其使數年而壹至云。

自此文觀之,罽賓自漢武帝時始通中國,終漢之世,時通時絕。

一八九五年法人烈維,沙畹在亞洲報合著罽賓考一文,謂漢時罽賓,卽今之克什米爾,與唐時罽賓不同,其言曰:

> 中國史書以罽賓即今之克什米爾(*Kacmira*)。此譯音或近是。蓋迦膩色迦(*Kaniska*)一名,悟空行記有譯爲罽膩吒者,首一音相合也。後一音之賓,爲印度文*pil*(*a*)或*pir*(*a*)之譯音。蓋中國譯梵文,首尾無聲母,則以鼻音代之,已有此例;如*rahula*譯爲羅雲之例是也。則罽賓之原音,應爲*Kapil*(*a*),或*Kapir*(*a*)。又考*ptslêmée*之地理,克什米爾名*Kasperia*,則漢時之名克什米爾爲罽賓,亦不足異也。……唐之罽賓,與漢之罽賓不同。……唐之罽賓,與克什米爾毫不相涉。……此外西域圖志又誤以罽賓爲痕都斯坦(*Hindustan*)則又以罽賓名別一地域也。

然則漢時罽賓,實指印度北境諸國而言無疑。烏秅與難兜,亦皆在克什米爾,拉達克(*Ladak*)境內。則漢時印度雖未全通中國,而其北境諸國,則時有往來也。其後佛教輾轉由罽賓歷西域諸國而入於漢,則又交通之結果也。

以上考證,如:月氏,大宛,康居,大夏,烏孫,扜罙,于闐,鹽澤,樓蘭,姑師諸國,前已言之。張騫未到諸國,如:安息,奄蔡犂靬,條支,身毒諸國,又已分別敘述。其他如:婼羌,且末,小宛,精絕,戎盧,渠勒,皮山,西夜,蒲犂,依耐,無雷,桃槐,休循,捐毒,莎車,疏勒,尉頭,龜茲,烏壘,渠犂,尉犂,危須,焉耆,烏貪訾離,卑陸,卑陸後國,郁立師,單桓,蒲類,蒲類後國,西且彌國,東且彌國,刧國,狐胡,山國,及夜郎,滇,印却,巂,昆明徙,莋都,冉駹,白馬,等城國,爲當時漢使往來車輪馬蹟所踐踏者,咸詳漢書西域傳及西南夷傳中,其後或爲大國所分併,或夷爲漢郡縣,或淪爲沙漠,即今日大半皆屬我國版圖,山川不遷,城郭依舊,無待考證,恕不具論。

凡此皆當時陸路與西域交通之大概也。　　　　(未完)

美國鐵路管理起運貨棧之報告及統計

許　靖

本文中所謂「貨棧」云者,即美國鐵路上慣用之*Freight-House*,英國鐵路上通稱之 *Goods Shed*,亦即我國一般路界人士所稱之倉庫,惟「倉庫」二字之中文意義,似不能表現英文 *Freight-House* 或 *Goods Shed* 之正確性質與涵義,故就個人管見,依舊主張譯稱爲「貨棧」也。貨棧之種類不一,但均具有一種共同之性質,即鐵路建築所謂任何貨棧之目的,原係專爲處理零担貨運之便利,因之專用於處理起運零担貨物之貨棧,在英文稱爲 *Outbound L.C.L. Freight-House*,或省稱爲 *Out-Freight-House*,在中文即可簡稱爲「起運貨棧」;依同樣之理由,凡有專於處理到達零担貨物之貨棧,在英文爲 *Inbound L.C.L. Freight-House*,或省稱爲 *In-Freight-House*,在中文即可簡稱爲「到達貨棧」也。

鐵路上之起運貨棧乃貨運衝要車站中最重要組織之一部分,規模龐大,事務綦繁,非有健全之組織制度,與夫完善之管理方法,決不足以處之有條不紊,尤不足以發展其作業效能。美國鐵路之衝要車站,大都貨運頻繁,而起運貨棧之作業成績,亦常效能宏著,考其所用方法,頗多足供我管理方法缺乏之國家之借鏡攻錯者,蓋以不僅其組織之完善,尤在考核作業成績之有方也。推動作業者爲組織制度,而其成效之考核,則端賴統計報告之運用,故其較量得失,鑒往知來之功,其重要殊又超乎組織制度本身之上也。

關於美國鐵路起運貨棧之性質,作用,組織,人事,管理等項,作者前於北甯改進專刊第九期「美國終點站起運貨棧之組織及管理」拙著中闡述之矣。茲復就其所用之各種統計報告方法簡略貢獻於此，以見整個起運貨棧作業管理方法之一斑。

起運貨棧日常採用之報告統計，種類繁多，用途互異，而其格式之規劃，亦復隨功用之特殊而各各不同，爲便於了解個別之作用，分別縷陳於後，并於各附式內列舉實在例證，藉以顯示在實際上究應如何運用之大概情况焉。

一　副監工報告裝車人員工畢時刻日報　英美各國鐵路僱用之裝車工人，採按時給薪制者居多，雖各工人之上班下班時刻另有專人——計時員（*Timekeeper*）——監理其事，別有詳細記錄可考。惟計時員所記之工作時刻，純以工人交還及取去工作號牌（*Check*）之時刻爲憑，倘有不肖工人本在下午六時即已完工，然仍遲至六時半方始交還工作號牌，於是可以多得半小時之工資，爲防止此種取巧之工人計，故各裝車工人確於何時完工，責令各主管副監工切實填報，於每日下班以前繳呈監工室，故各工人之眞實工作時刻，是否與計時員之記載相符，不難互相核對而知，此

起運貨棧（*Out Freight House*）　日期　七月廿九日，1931

副監工 *Assistant Foreman*

簽　名 ______________

			裝畢時刻（*Time Through Work*）
裝車夫（*Stowman*）	工作號牌 *Check No.*	216	6:25 *p.m.*
助　手（*Helper*）	,,　,,	269	6:25 ,,
助　手（*Helper*）	,,　,,	202	6:25 ,,
助　手（*Helper*）	,,　,,	272	6:15 ,,
助　手（*Helper*）	,,　,,	215	6:25 ,,
附　註（*Remarks*）:	,,　,,		

其功用之一。起運貨棧所有排入之空車,必須在規定時刻以前,一律裝載妥貼,以各空車所代表之各列車,均須準時開行,倘裝工遲鈍,則有延誤行車時刻影響。有此報告,即可明瞭全棧逐日裝工之情況,此其功用之二。觀乎上頁之格式及例證,可知其實際之眞象也。

二　各車裝運噸量日報　每日開往各地之貨車,其中各車裝有貨物噸量若干,由各主管副監工隨時考察,加以記錄,於下班前依下列格式塡報總監工室。是爲「各車裝運噸量日報」。語其作用,大要有二:一則營業處 *Traffic Department* 在各地招攬營業之人員,可從此項報告「到達站」「起運站」及「噸量」各項消息,取得參考之資料,以定進行招攬營業之計劃。二則車務處 *Operating Department* 管理人員得以明瞭各車在實際上裝載之程度,如某一車輛載量過少,則是運往該到達站之運輸量,不足維持日常之專掛車輛,即可取消,以免車輛與運輸上之虛靡與損失焉。

副監工 (*Assistant Foreman*) *John Cone*　　日期 7月27日，1931

車位排號 *Spot Number*	到達站 *Destination*	噸量 *Tonnage*
47	*Cincinatti, Ohio*	6000(磅)
48	*Evansville, Ind.*	12000
49	*Rossville, Ga.*	11000
50	*Dubuque, Ala.*	15000

三　收貨員之日報 (*Receiving or Check clerk's daily report*) 本報告表示下列各項:

1. 由各托運人收進起運貨物之車數 *Number of teams or freight wagons received from shippers*)
2. 有損壞之貨物件數 (*Bad order notations*)

3. 因包裝不固或標誌不淸拒絕承運之貨物件數 (*Packages Refused A/C improperly marked, packed, etc*)

4. 各隊工作人數 (*Gang members*)

本報告由派駐棧內各收貨門道之收貨員於工畢時依下列格式塡報,塡妥後置于本人辦公室內之桌上,每日晨間由總監工室指定之人沿門提取,由總監工室將各收貨員之日報彙集,編成總報告,呈報貨站長 (*Freight Agent*) 而以原來收集之個別報告存總監工室。因此不但各收貨員所經手之工作狀況得以互相比較,而全棧事務之變遷,亦復隨時瞭如指掌。

起運貨棧 (*Out Freight House*)　日期 七月廿九日,1931

收貨員姓名(*Checker*) *Hughes*

隊員工作牌號
Gang check numbers

5	收貨員 (*Checker*)	收進車數 *Teams Handled*	17
97–112	唱對員 (*Caller*)	損壞件數 *Bad order notation*	2
		因包裝標誌等項不妥拒絕承運之件數	0
	助手 (*Helpers*) 或 *or* 搬貨夫 (*Truckers*)		

四　通知起票處改裝車輛之格式　按美國鐵路托運貨物之慣例,貨物一經貨棧接收,應予裝入之車輛當即決定,其車號當由收貨員隨手用鉛筆註明於托運單,此時托運單即與貨物分離,即貨物進行裝車手續,而托運單則已送至起票處 (*Billing Department*) 辦理改換貨票是也。惟原經收貨員所指之車,有時或因發現錯誤,或以其他關係,副監工有隨時改換裝車之權,但同時不得不向起票處加以通知,否則起票處當照原托運單上所註明之車

號,轉填於貨票,果爾則在到達站勢必發生車與貨不符之現象,且其影響所及,不僅收到最初指定之車輛之該站,發現貨物短少情事,而在收到改裝車輛之該站又必發生貨物溢出之事變。因此採用下列格式,由副監工用爲填報改車之通知,較之不依一定格式自由填報,殊爲敏捷簡便多矣。

起票主管人鑒（Mr…………）：

請查照下列貨物,改正車位排號：

（*Change spot numbers on the following articles*）：__________

托運人（*Shipper*）__________

收貨人（*Consignee*）__________

到達站（*Destination*）__________

原定車位排號（*Directed to spot number*）______ 改爲車位排號（*To read spot no.*）______ 車號（*Car No.*）____

總監工署名

副監工代簽

五　考核副監工裝車失當事件之比較統計。裝車事務,須有相當之技術及經驗,如某貨應平放而側裝者,或應加支柱或打圍而未照辦者,因而在行車時發生損壞,由到達站發覺,經調查結果,應由起運站之副監工負責,凡因任何事故而致貨物發生損壞,此等事變,是謂之裝車失當事件（*Bad orders*）在鐵路管理方法嚴密之國家,不難按照一定方法一查而知,在起站副監工應負責任之裝車失當損壞事件,係依該站之發覺報告,轉向起站存留之托運單,貨票存根,及裝車表查明而確定也。依查明之事件,作成比較統計,每月或每半月在棧內公布一次,俾衆週知,不但可以比較各副監工之成績優劣,幷能引起各副監工之爭勝心理,隨時不斷增進其工作效率。茲就實例表示如下：

一九三一年六月份各副監工負責之裝車失當損壞事件比較表
(*Comparative Statement of Bad Orders Charged to Assistant Foreman*)

副監工	6'-30
甲	0
乙	0
丙	25
丁	26
戊	27
己	33
庚	34
辛	38
壬	39
癸	52
共計	274

總監工署名

六　考核誤裝車輛事件之統計。所謂誤裝事件(*Wrong loads*)云者，指本應裝至甲車而裝入乙車之事件而言，其錯誤之責任，亦應由副監工負責，以其爲實際指揮監督裝車事務之主要人員也。此等事件亦係每月或每半月統計一次公佈之，其方式如下：

1931年七月份裝車錯誤事件統計表
(*Wrong loads for July*, 1931)

副監工：	7–24	累計(*To Date*)
甲	0	0
乙	1	1
丙	1	1
丁	1	4
戊	2	3
己	0	5
庚	2	5
辛	3	6
壬	3	7
癸	3	7
共計	16	39

總監工署名

七　考核短少事件之統計　所謂短少(*Shorts*)云者,指短少之貨物而言,亦即有票無貨之事件。其發生之原因不一,如係由於起運站收貨員指定裝車之錯誤,則應由收貨員負責,故本統計設置之目的,在於考核收貨員之成績,而使此種例外事件得以逐漸減少,其內容如下,亦係每月或每半月統計公布一次。

1931年五月份短少事件統計
(*Short Reports for May 1931*)

收貨員 (*Checkers*):	5-31
A	1
B	1
C	1
D	1
E	1
F	1
G	1
H	1
I	1
J	1
K	1
L	2
M	2
N	2
O	2
P	3
Q	3
R	3
S	3
T	3
U	3
V	3
W	3
X	3
Y	3
Z	4
A	4
B	4

C……………………………………………4
D……………………………………………5
E……………………………………………5
F……………………………………………5
G……………………………………………7
共計……………………………………………83

八　考核全棧員工加班薪資之統計　按加班薪資之薪率(*Rates of pay*)在英美各國鐵路,往往比照正班鐘點加半倍給薪,爲統計此項費用計,非有精細之統計不爲功。編製此項統計之根據有二:一爲計時員所按照員工工作時刻記算之額數,但服務貨棧之員司,亦有不用工作號牌(*checks*)者,故此等員司之薪額,係以各人所塡之散張服務時數報單作爲計算之根據,均由總監工室某職員逐日負責彙集核算,關於前一日之統計,必於翌日上班後

起運貨棧
(*Out-bound House*)
加班薪資統計
(*Overtime Statement*)

日期　7–28　1931

職別 (*Occupation*)	人數 (*No.*)	本年薪額 (*Amount this year*)	上年薪額 (*Amount last year*)
總監工 (*G'nal Foreman*)	1	$	$
副監工 (*Ass't Foreman*)	13	11.34	
收貨員 (*Checkers*)	33	16.38	
唱對員 (*Callers*)	79	19.27	
裝車夫 (*Stowmen*)	43	27.69	
其他工人 (*Laborers*)	67	19.69	
其他職員 (*Clerks*)	29	1.22	
共計 (*Total*)	265	95.59	

累計
(*Accumulation to date*)

本年數 (*Amount this year*) $2128.63
上年數 (*Amount last year*) $1141.72

二小時內塡造完畢。由此統計可知下列各項情況:

1、全棧各項員工之加班薪資逐日增減情形,如總監工,副監工,收貨員,唱對員,裝車夫等等之加班薪資是也。

2. 本年與上年同月同日之比較。

3. 本年各月各日之加班薪資累計,與上年同月內各日累計之比較,其詳見上附格式中之實例。

九　考核全棧員工正班薪資之統計　貨棧員工之額數,當視事務之繁簡,隨時為之增減,庶不致演成人浮於事,馴至入不敷出之現象,加以各級員工之薪率高低不一,無論任何一部員工發生增加表現,皆足以增加貨棧之負担,欲令全棧日常營業費用與經營狀況維持平衡,必於全棧全體員工正班時間以內之薪資,亦須逐日統計,以便隨時有所統制,蓋以此項正班薪資與前項加班薪資之總和,即為構成貨棧之整個營業成本 *Operating Costs* 之要素,關係管理貨棧之經濟及效率,至為密切,歐美各國鐵路考核裝車事務成績之優劣,皆須首先計算營業成本者,職是故也。本統計對於各級員工之薪率,按實際所定之待遇辦法,分為「按月」「按日」「按時」三種,均在表格上分別印明,如某類員工僅用按時計薪者,則僅印明每小時之薪率而已。例如附式中第二項總監工室辦事員

起運貨棧營業成本日報 (*Daily Expense Report*)　7-28-1931

人數 (*No. Men*)	職位 (*Position*)	八小時工資 (*Wages 8 hrs.*)	加班工資 (*Over time*)
1	總監工	$	$
1	*G.F. Clerk* $6.28,.78½$1.17¾	$	$
⋮ 中略 ⋮			
264	共計……	$ 1233.16	$ 95.59
	總計 (*Grand total*)	$ 1328.75 (註:此項總計,指八小時正班薪額及八小時外之加班薪額兩項共計之和而言)	

之薪額,定爲每日六元二角八分,同時對於每小時正班薪率之78½,及每加班小時之 $1.17¾ 等等亦均印明表上,蓋爲日常編造統計時便於參考之意耳。

十　起運貨棧作業狀況統計(*Daily Report of Out-bound House Operation*)　此皆考核起運貨棧日常工作效率及管理經濟之基本統計,內容包括貨棧本部作業狀況及附帶之地道作業(註一)兩大部份,核其重要項目,計分下列各項統計單位:

(1)裝運車數(*No. of cars loaded*):由裝車表計算而知。

(2)裝運噸數(*Tons loaded*):棧內設有專人,稱爲 *Messengers* 每半小時到各收貨員處提取托運單一次,交於噸量計算員(*Adding Machine Operator*)由其計算全棧一日內收進之噸量,是爲本項數目之根源。

(3)成本共計(*Total Cost*):即係前述第八九兩項薪資之總和。

(4)每車之平均重量(*Average weight per car*):以「裝運車數」除「裝運噸數」即得。

(5)工作人數(*No. of men*):包括全棧員工,自總監工以至內外全體職員及裝車人員,一併算入,亦即前面第八九兩項報單上列支之人數。

(6)已經轉裝車數(*tips handled*):指由各商家私有岔道送到轉裝之 *trap cars* 而言,於收到時,棧內另有記錄隨時登記之。

(7)未經轉裝之餘存車數(*tips left over*):即當日尚未轉裝完畢尚待次日繼續轉裝之 *trap cars*。

(8)每噸裝工之平均成本(*cost per ton*):以「裝運噸數」除「成本共計」即得。

(9)每人平均裝運噸數(*average tons per man*):以「工作人數」除「裝運噸數」即得。

以上共計九項,其中以第八九兩項之平均數(*averages*)最關重要,前者之平均數以愈低爲愈經濟,後者之平均數以愈大爲愈妙;蓋前者代表因裝車事務所費之成本,而後者則爲裝工成績優劣,或效率大小之表現也。

起運貨棧作業狀況統計(見下頁)

註:在美國芝加哥城,商業中心區域與各鐵路貨棧之間,皆有地下輕便鐵道(*Tunnel Railway*)可通,故商人之托運貨物,或提取貨物,初不限於地面上之交通工具,同時亦可由地下鐵道運送,本統計中之所謂「地道作業狀況」一項,即爲管理由地道收進貨物之特殊事務之特殊方法,故在缺乏如此交通情狀之國家,此項統計即可不必彷行,惟本篇所陳其他報告統計方法,似可權宜變通,實行於任何國家之鐵路也。

一九三六,三,十二,于交大平院。

起運貨棧作業狀況統計 (Daily Report of Out-Freight House)

7月，28日，1931

	年份 (Year)	日期 (Date)	裝運車數 (No. Cars Loaded)	裝運噸數 (Tons loaded)	成本共計 (Total cost)	每車之平均重量 (Av. wgt. per car)	工作人數 (No. Men)	轉裝車數 (Tips Handled)	存餘車數 (Tips left over)	每噸平均成本 (Av. cost per ton)	每人平均噸數 (Av. tons per man)
	1931	7/28	200	1134	$1368.00	11340 (磅)	264	72	0	$1.20	
上年同月同日	1930	7/28	223	1202	1477.74	10800	291	87	10	1.23	
本年上月同日	L.M.T.Y.	6/28	星期日		10.24		2				
累　計 Total to date											
	1931	7/28	4614	25803	$31808.47	11192 •	6205	2357	170	$1.23	4.16
上年同月同日	1930	7/28	5134	28351	34589.24	11001	6901	1822	284	1.22	4.11
本年上月同日	L.M.	6/28	5938	26995	35381.52	10900	6600	2281	150	1.23	4.09

地道作業狀況 Tunnel Operation

	年份 (Year)	日期 (Date)	收到之地道車數 (No. cars received)	已裝車數 No. cars handled	剩餘車數 (No. cars left over)	已裝之運貨車數 (No. teams handled)
	1931	7/28	136	136	0	351
上年同月同日	1930	7/28	112	111	1	401
本年上月同日	L.M.	6/28				
累　計 (Total to date)						
	1931	7/28	2948	2948	0	8591
上年同月同日	1930	7/28	2987	2767	220	9303
本年上月同日	L.M.	6/28	2679	2576	103	7051

滬杭甬綫列車車輛調度概況

(續第十八期)

吳祿增

第四章 應用簿册及表格

調度股日常應用之簿册與表格,種類繁多。就其功用言,可大別之爲二類:(一)紀錄用,(二)報告用。本章祗就第一類各表册之功用,性質,及內容,逐一說明之。至調度員司工作時之如何使用此項表册,當於「車輛之調度」及「列車之運行與調度」兩章內,隨時引申說明。又第二類報告用表格,詳見「調度報告」章。

調度股紀錄用之簿册表格,得再就其用途分爲下列五類:(一)關於列車運行者;(二)關於調度及編配車輛者;(三)關於車輛運行紀錄者;(四)關於稽核車輛者;及(五)雜項簿册。玆分別述之。

(一)關於列車運行者

1.行車時刻紀錄表 本表係紀錄全段(上海至閘口)幹支綫客貨列車及單行機車等行駛時刻,延誤狀況,機車種類號數,掛車輛數,及天氣狀況等用。每日一張,自上午零點起,至半夜廿四點鐘止,由早中夜三班調度員根據各站報告,逐項紀錄。全表分(甲)上北閘口間,(乙)上南新龍華間及(丙)閘口拱宸橋間支綫三部份。

本表內容複雜,包括下列十七項:

(1)站名 就表之中心,由上而下,依次排列。

(2)橋樑 每兩站間之橋樑,於站名之左,另闢一欄,按其號數,依次排列。

（3）道房　每兩站間之道房,於站名之右,另闢一欄,按其號數,依次排列。

（4）旂站　旂站未裝調度電話,不報行車時刻,故本表內此項車站之行車時刻,亦付闕如;惟於兩錯車站間,將旂站站名列入,以括弧區別之錯車站與旂站間之距離,亦另行註明。

（5）站間距離　每兩站間相距里程,於兩站站名中間空白處,分別印明。

（6）距終點站距離　各站距終點站里程,亦於表內列入,以便檢查。惟此項時刻,因客貨列車出發站地點之不同。（如下行客列車有自上北站出發者,有自上南站出發者,有自嘉興出發者;貨車有自上北站出發者,有自麥根路出發者,有自上南站出發者;上行客貨列車亦然)不能一一統行列入,祗就關係較大者,選擇一二種,如各站距上北站或各站距閘口站之里程,於表之左右極邊空白處,分別印列。

（7）貨列車行駛時間　爲便利計算貨列車行駛時刻計,各貨列車於每兩站間行駛所須之時間,亦於貨列車各站行車時刻之旁,分上下行兩項註明。（按本路軌線平坦,坡道極小,故上下行貨列車兩站間所駛時間,完全相同。京滬浙贛等路,皆有區別。)

（8）車次　各列車車次,依行車時刻表規定,分印於站名之左右,左爲上行車,右爲下行車,左右各先依次排印客列車,然後單機及貨列車等。

車次之下,各註明列車性質,以資醒目。如一次及二次之下,註明通快車;七五次及七六次之下,註明聯運區間車;八〇一次及八〇二次之下,註明零貨車;八一一次及八一二次之下,註明臨時貨車等等皆是。

兩路幹綫列車,雖非直達聯運,但行車時刻,互相啣接者,亦於車次之旁,加一星號(*)及啣接列車次數,以表示之,例如11 *5表示本路十一次下行早特快車與京滬路昨日五次下行夜快車啣接;又 32 *302 表示本路卅二次上行快車與京滬路三〇二次滬平通快車時刻相啣接是。

下行列車由上讀下,上行列車出下讀上。爲防止混淆起見,下行車車次,在出發時用正體字(Bold Type),到達時用斜體字(Italic Type); 上行車反是。

列車行駛時間,不能於一日二十四小時之內畢程者,則分二項時刻以紀錄之:屬於本日者爲一項,屬於昨日者爲又一項。屬於昨日列車之時刻,於各該列車車次之上,加「接昨」兩字以區別之。

(9) 機車種類及號數　車次之下,另備一行,專註所用機車之種類及號數,如用雙機,或半路調換機車,均於本項內註明之。例如 O－6 爲機車O字六號; P－7 P－8爲用P字七八兩號雙機; M－1(閘杭) P－3(杭滬) 爲M字一號機車由閘至杭,到杭後換用P字三號拖行至滬;等等是。

(10) 掛車輛數　機車種類及號數之下,又列一行,備註掛車輛數之用。此項掛車輛數,就原則上言,客貨列車,應同塡註;但按之實際,貨物列車所掛車輛,沿途時有解掛,頗難一定。若將逐站情形塡入,則又不勝其繁,且亦無此需要,故實際上貨物列車掛車輛數,並不塡註,至客列車則因解掛機會極少,故每次均須塡註;其沿途有解掛者,亦分別塡註。例如:

2 通快	車　次	31 快車
0–6	機車種類及號數	0–2
8	掛車輛數	9 杭+1 禾–1

意即卅一次車原掛客車九輛;到杭後加掛一輛,合十輛;到禾後,復解去一輛,仍爲九輛。

(11) 行車時刻　各列車行駛時刻,依照現行行車時刻表規定,用和靜而又顯著之顏色(淡藍),詳印於行車時刻紀錄表內。如實際行車時刻與規定時間相同,則於各站報告後,即在相當時刻之下,作一同上記號(普通用'');如實際行車時刻與規定行車時刻不符時,則以實際時刻,記於規定時刻之上,並結算其延誤時間。

(12) 交會等記號　在規定行車時刻之下,又附有交會扣讓等列車之車號,用括弧以區示之。例如:

(甲)

#62		#91
9.48　9.57 (91)	南　星　橋	9.44　9.49 (62)

意即:

(子) 九一次於南星橋站交會六二次。

(丑) 六二次於南星橋站交會九一次。

(乙)

#1		#801
19.03 (801)	臨　平	18.49　19.18 (1)

意即:

(子) 八〇一次零貨車,扣留臨平站讓一次通快車先行。

(丑) 一次通快車於臨平站越過八〇一次零貨車。

幹　線　(丙)

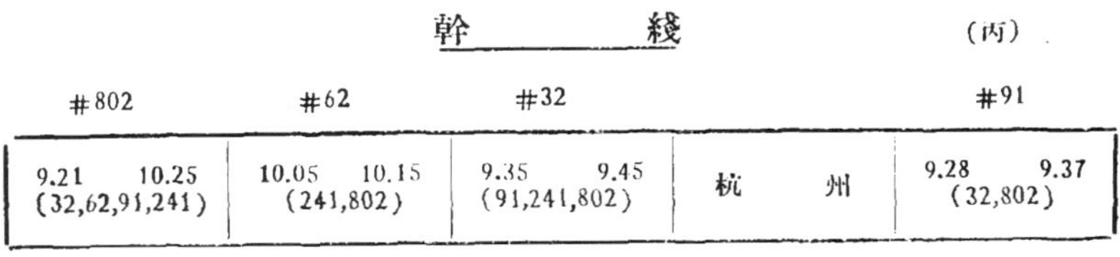

#802	#62	#32		#91
9.21　10.25 (32,62,91,241)	10.05　10.15 (241,802)	9.35　9.45 (91,241,802)	杭　州	9.28　9.37 (32,802)

支　線

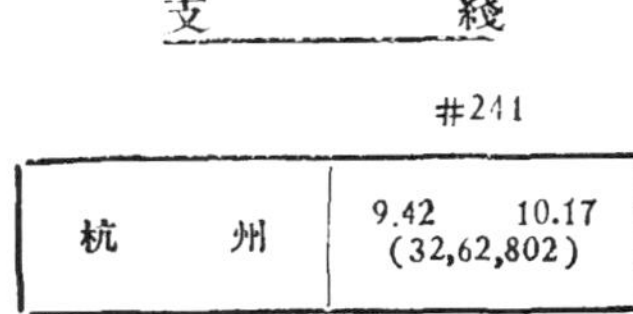

	#241
杭　州	9.42　10.17 (32,62,802)

意即:

(子) 卅二次快車,在杭州站交會九一次區間客車及二四一次江墅支綫貨車,又在同站超過八〇二次零貨車先行。

(丑) 六二次三四等客車,在杭州站交會二四一次江墅支綫貨車,並越過八〇二次零貨車先行。

(寅) 八〇二次零貨車,扣留杭州站讓三十二次快車及六二次三四等客車先行,並於該站交會九一次區間客車及二四一次江墅支綫貨車。

(卯) 九一次區間客車,在杭州站交會三十二次快車及八〇二次零貨車。

(辰) 二四一次江墅支綫貨列車,在杭州站交會三十二快車,六二次三四等車及八〇二次零貨車。

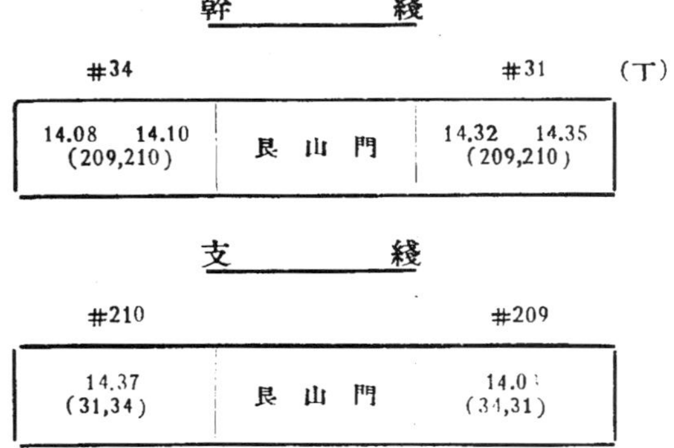

幹 綫

(丁)

#34		#31
14.08 14.10 (209,210)	艮山門	14.32 14.35 (209,210)

支 綫

#210		#209
14.37 (31,34)	艮山門	14.0[illegible] (34,31)

意即:

(子) 幹綫三十一次下行快客車,於艮山門站啣接二〇九及二一〇兩次江墅支綫客車。二〇九次車上由拱宸橋往杭州,南星,閘口等站旅客,可換乘三十一次車到達目的地。三十一次車上由艮山門以上各站上車至拱宸橋之旅客,可換乘二一〇次車到達目的地。

(丑) 幹綫三十四次上行快客車,於艮山門站啣接二〇九及二一〇兩次江墅支綫客車。三十四次車上到拱宸橋之旅客,可於艮山門站換乘二一〇次車到達目的地。二〇九次車上由拱宸橋站至艮山門以上各站之旅客,亦可於艮山門站換乘三十四次車到達目的地。

（寅）江墅支綫客車二〇九及二一〇兩次,在艮山門站斷接幹綫快客車三十四及三十一兩次之意義相同。

（註）行車時刻表上用下列各種記號,以區別列車交會,斷接或扣讓之性質:

X 交會。 S 扣讓他車。

P 被他車越過。 * 幹支綫或兩幹綫斷接。

行車時刻紀錄表內,因地位關係,故前項記號,往往從簡免註,僅將關係列車之車次,逐一列入,用括弧區隔之。各調度員對於各站行車情形,記憶純熟,故不註符號,亦能應付裕如。

（13）加水車站 機車加水,於行車之關係甚大,故設有水塔或水鶴各站,均以英文W字註明之。

（14）區段隔線 上南新龍華段及閘口拱宸橋支綫,均以複綫在表內區隔之,以免混雜。又全線各大站時刻之下,各用一細長紅綫區隔之,以資醒目。調度員於填註行車時刻時,幾可不閱車站站名,而沿紅綫地位,尋覓應註時刻之所在,迅速簡便,百無一失。

（15）空白地位 時刻紀錄表左右兩邊。各留空白地位數行,以備填註專車及單機等之行駛時刻。

（16）天氣狀況 每日天氣狀況,於表之左上角,按當日情形,註明「晴」「陰」「風」「雨」及「上午晴下午陰」「日間陰夜間風雨」………等字樣,以便與行車時刻相核對,參證氣候對於行車之影響。

（17）值班調度員姓名 每日三班調度員及副調度員姓名,應在時刻紀錄表右端下角方格內,依次填註,以明責任,而便日後稽核。

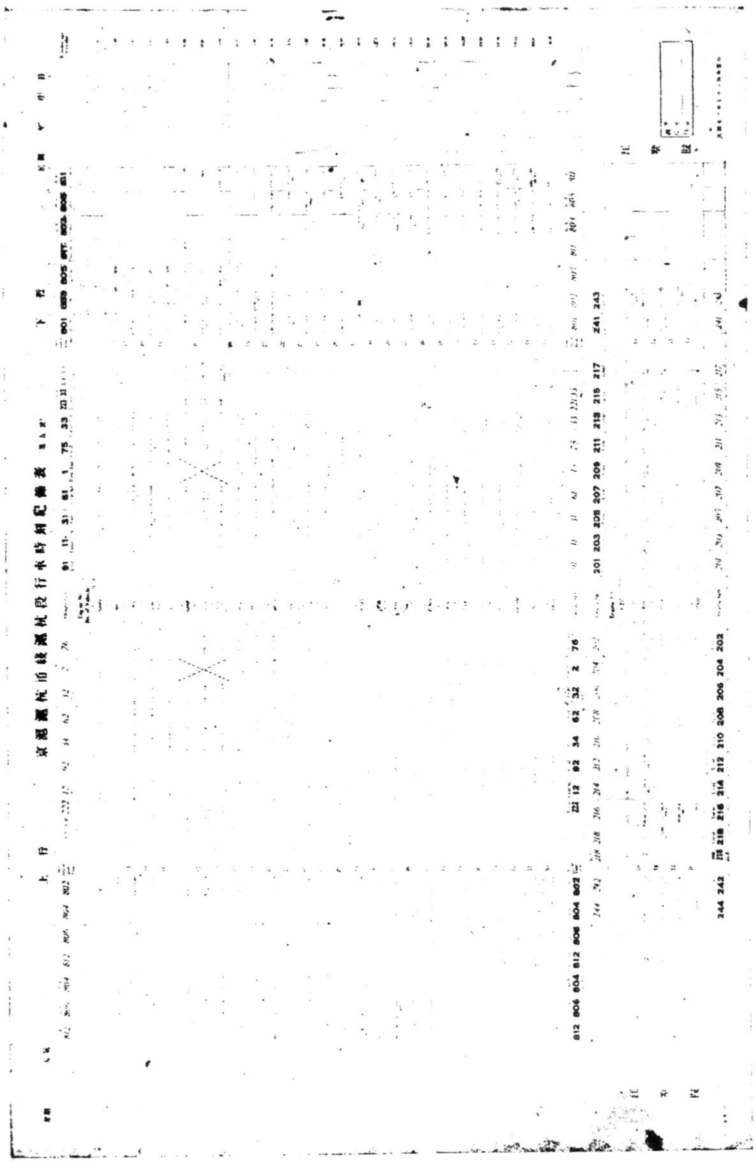

京滬滬杭甬綫滬杭段行車時刻記錄表

2.列車運行圖 本圖係更新式而更合科學化之行車圖表,亦係一種更進步的管理行車之方法。其特長,在運用劃綫方法,顯示列車運行情形;於列車之交會及延誤,更易稽核幷指示。本路曾有廢除舊式行車時刻紀錄表改用新式列車運行圖之試驗,旋因設備及組織上種種困難,(設備未臻完善,調度員兼任支配車輛工作。)未能推行便利,惟以事關部令,遂變通辦理,於逐日繪製是項運行圖之外,仍不廢除行車時刻紀錄表之紀載,以便稽核。茲將本路列車運行圖格式附後,並將部定列車運行圖說明及繪製辦法摘錄如下:

摘錄部頒各路列車運行圖說明

(一)路綫縱斷面,係表示各站間路綫高低形勢者,須將各站路綫高度之公尺數,在該欄之站綫上註明。

(二)代表車站之綫,分二種:頭二等站以較粗之綫表示之;三四等站以細綫表示之。

(三)代表列車之綫,分下列各種:

1.特別快行旅客列車以 ═ 綫代表之。

2.快行旅客列車以 ━━ 綫代表之。

3.普通旅客列車以 ── 綫代表之。

4.客貨混合列車以 -·-·- 綫代表之,

5.貨物列車以 ---- 綫代表之。

6.未經在列車運行圖內規定臨時增加之列車以……綫代表之。

(四)岔道長度,係表示每站客貨岔道之共有長度者,應將每站客貨各岔道(專用岔道包括在內,調車綫及會車綫除外)長度之總計公尺數註明。

(五)機車房係表示某站設有機車房,並能停放機車若干輛者,須將每一機車房所能停放機車之輛數(以大機車爲標準,)註明于圖中機車之上面。

(六)水塔係表示某站設有水塔,並其容水量者,應將該站水塔容水若干立方公寸,註明于圖中水塔之上面。

(七)轉盤係表示某站設有轉盤,並轉盤之直徑長度者,應將每一轉盤之

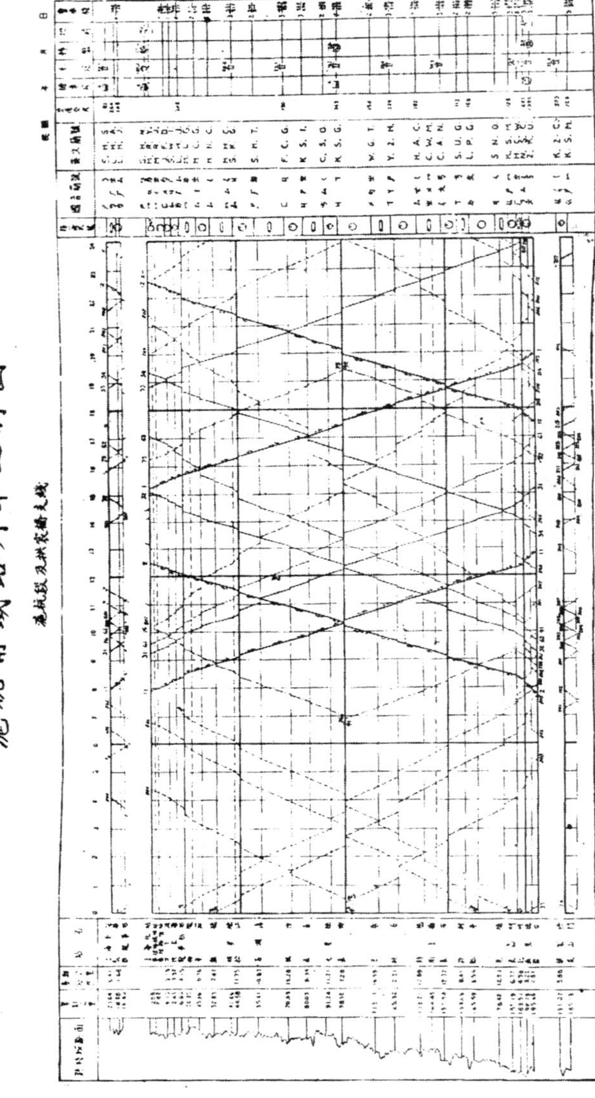

滬杭甬鐵路列車運行圖

滬杭段及拱宸橋支綫

直徑公尺數,註明于圖中轉盤之上面。

(八)地磅係表示某站設有地磅,並其衡量者,應將該地磅之最大衡之公噸數,註明于圖中地磅之上面。

(九)會車綫係表示某站會車綫之數目及長度者,應將每站會車綫有幾股,其中之最長者及最短者,各若干公尺,註明如下:

甲
乙/丙　甲代表若干股,乙代表最短之一股,丙代表最長之一股。

摘錄部頒列車運行圖繪製辦法

(一)各路應照附發之列車運行圖樣,將全綫(路綫短之路)或每段(路綫長之路)之列車運行圖,分別繪製。

(二)全綫或分段列車運行圖,應隨時用石印或鉛印印發各調度所及各站應用。

(三)各段之列車調度員,每日應用列車運行圖一張,登記該日各站列車行駛情形,並抄發二份,寄呈主管課,一存局,一存部。其登記方法如左:

1. 凡當日在該段內實際運行之列車,應在運行圖內將各該次列車車次之數目字,用紅墨水圈之。例如三次車之③字是。餘類推。如有臨時加車,則將定點照規定之臨時加車代表綫,用黑墨水劃入運行圖內。

2. 凡當日在段內實際運行之列車,如有誤點情形,應用紅色墨水,照誤點之時刻,在運行圖內,將劃綫表明,並將誤點原因註明。

(二) 關於編配及調度車輛者

1. 旅客列車組合簿　本簿係紀錄旅客列車掛車情形及存站客車數目之用;每本用二月,每日用一頁。內容分兩大部份:

(甲) 旅客列車組合紀錄　本部份紀錄幹支綫上下行各客列車所掛客車之車號。凡列車在出發站開出前,先由抄車號司事或站長(不設抄車號司事車站)報告調度股,調度員即隨手記入本簿內。如客車在中途站有所解掛,每次應報告調度員紀錄。

(乙) 在站客車紀錄　除列車車輛外,各站存站客車,不論大修,小修,軍用,公務,備用或其他用途,均須逐日報告調度員分別紀錄,以便稽核。

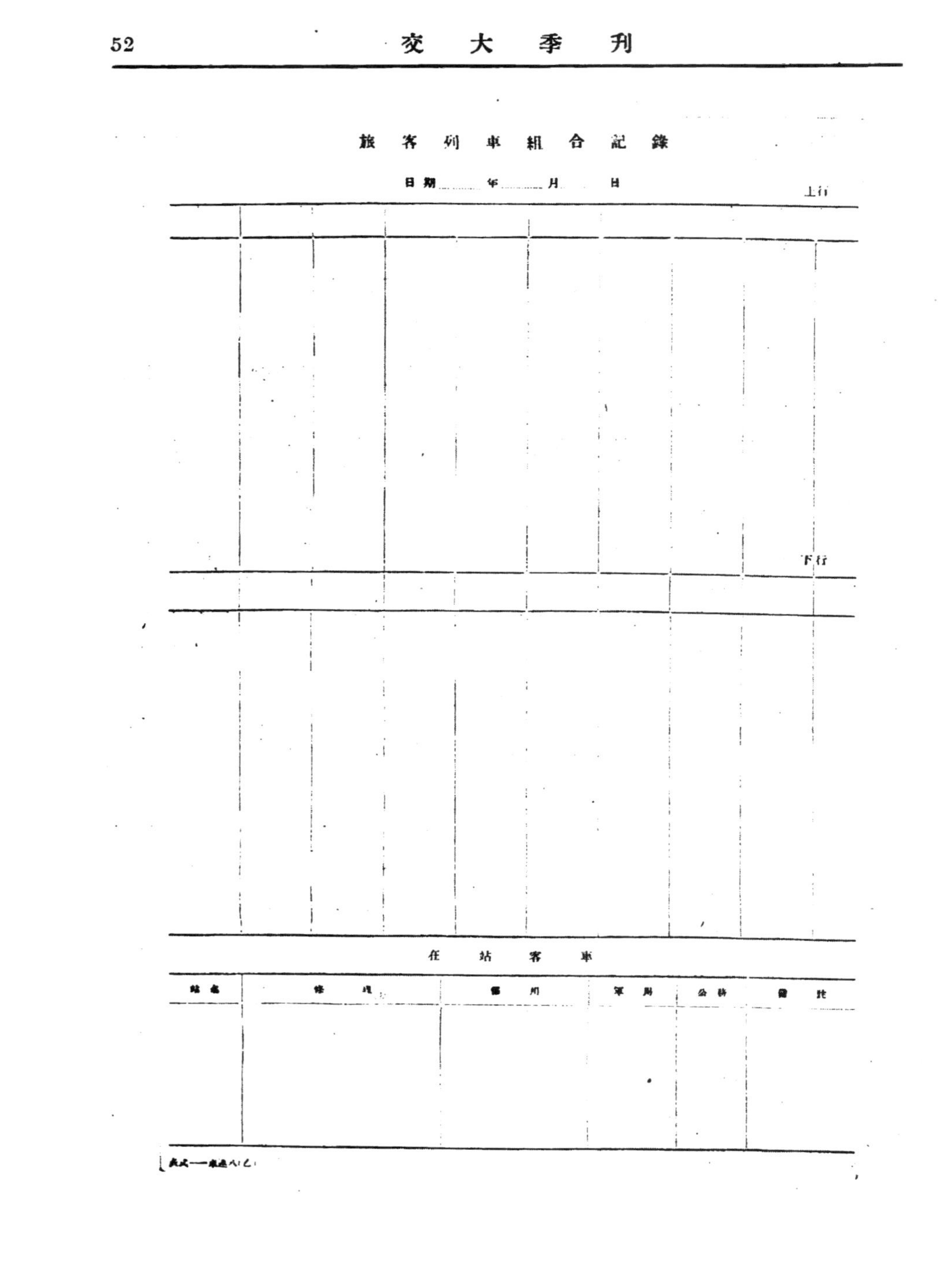

旅客列車組合記錄

日期____年____月____日

上行

下行

在站客車

站名	修理	備用	軍用	公務	備註

表式一一○八(乙)

2. 貨物列車組合簿　本簿爲紀錄貨車供求及貨列車編配之用;亦每二月用一册,每日用二頁,一頁紀錄索車,撥車,及待掛車輛情形;一頁紀錄各貨列車配組及過夜重車情形。

(甲) 索車及撥車紀錄　本項紀錄之地位,占貨物列車組合簿前頁之上半截,係記錄(1)索車站站名及時刻(時刻一項,表内不列,應附註在站名之下,)(2)需要貨車之種類,噸位,數目及用途,(3)已得運輸課允許留用車輛之種類,噸位及數目,(4)多餘車輛之種類,噸位與數目,(5)不敷車輛之種類噸位與數目,(6)撥車種類,噸位及數目,(内分撥給空車與利用重車二項),(7)撥車站站名,(8)應掛車次,(9)是否急要,與何人接洽,有否正式通知等等,均於「附記」欄内註明。凡各站由電話索車時,由調度員隨手記錄,隨時設法撥車,並通知掛出。

(乙) 待掛車輛紀錄　本項紀錄之地位,占貨物列車組合簿前頁之下半截,分上行與下行二部份,左右並列;每部又分四行,記載(1)各掛車站站名,(2)待掛空重車輛種類,數目,噸位,及到達站站名。以上兩項,係於每日下午四時前詢據各站站長報告而塡。調度員根據前項報告,通盤計核,決定加掛何次列車後,於是再將(3)應掛列車次數及(4)接洽人員姓名及其他有關事項(如臨時改掛,或臨時留作裝貨用等),於正式通知後,逐項塡入。

(丙) 列車組合紀錄　凡上下行貨列車,軍用列車(除完全用客車者外),及材料專車等之組合,與沿途解掛情形,均於本項紀錄内,分上下頁(上半頁爲上行列車,下半頁爲下行列車)逐項記載,所以示各列車載運噸位及隨時加減情形,以求達到儘量利用機力之目的也。此項紀錄,應包括下列各項:(1)貨列車車次(註於頂上

貨物列車組合記錄

站名 (1)	(2) [illegible]車輛								(3) [illegible]	(4) 多餘輛數				(5) 不敷輛數				(6) 指撥輛數		撥給站名 (7)	車次 (8)	附記 (9)
	40 TC	TC	TC	PG	TO	TO	TF	用途		TC	TO	TF	PG	TC	TO	TF	PG	利用重車	空車			

待掛車輛

下行	上行

說明 （一） 第2, 3, 4, 5, 四項每日上午由各站報告本課。

（二） 第6, 7, 8, 三項由調度員填注之。

（正 面）

中華民國　　年　　月　　日　氣候

過夜重車	
站名	輛數
上行	
下行	

（背　面）

方格內),(2)所用機車種類與號數,(3)各解掛車輛站站名,(4)每次解掛車輛輛數及噸位(解車以「一」記號表示,掛車以「+」記號表示),(5)每次解掛後,各列車淨拖車輛數目及噸位。

(丁)過夜重車紀錄　凡貨車已經裝載封鎖,開發貨票,因故未能當日掛出,在原車站中途站或聯運站過夜,須配掛次日貨列車出發者,均謂之過夜重車,紀錄本項事項之地位,占貨列車組合簿後面上半截之右邊,分上行及下行二部;每部各將(1)重車過夜關係車站站名,(2)車輛數目及噸位,及(3)不能掛出原因,分別記入,以資查考,並留使關係調度員注意。其在貨運繁劇時,過夜重車數目或噸位之足配一列車,或不足一列車而另有空車撥掛同方向之各站,或有其他原因時,例應由調度員斟酌情形,與機車房設法機力,開駛專車以疏通之。

(三)關於車輛運行紀錄者

1.旅客列車記錄單　本項紀錄單之功用有三:(1)爲調度員查核各客列車掛車輛數及沿途解掛情形之單據,(按實際上,調度員因另備旅客列車組合紀錄簿一冊,可資查核,故此單對調度員之功用,名存實亡。)(2)爲車輛紀錄員登記客車運行狀况之根據,(按實際上車輛紀錄員,亦常憑旅客列車組合紀錄簿造賬,故此單對車輛紀錄員之功用,亦徒有其名。)(3)爲行車股編造行車統計客座里程,列車載重里程,機車載運量百分數等等之根據(按此單由行車股保存。)

本記錄單一律以紅色紙印,上下行顏色一律。單之內容,如下頁所附格式(原記錄單中間空白地位過長縮短後製版)

2.貨物列車紀錄單　本項紀錄單,具有三種功用:(1)爲調度員查核各貨列車掛車輛數及沿途解掛情形之單據,(2)爲車輛紀

上/下行 **京滬滬杭甬鐵路** 棧

旅客列車記錄單

列車次數 機車種類及號數

到達站名 日期 時刻 載運量 噸

何路車輛	客車	車輛淨重	重或空	站名		備考	客座數量				列車載重噸數
	種類及號數			由	至		頭等	二等	三等	四等	

段別	站名		客車里程	客座里程				列車載重里程
	由	至		頭等	二等	三等	四等	

錄員登記貨車運行情形,及稽核在站貨車總數之根據,(3)爲行車股編造行車統計,貨車噸里程,列車載重里程,機車載運量百分數等等之根據。

本紀錄單分長路與短路兩類;長路列車用者,又分上下行二種,各以不同顏色區別之,計上行用藍色,下行用白色。短路列車用者,亦分(1)吳淞上北間及(2)上南日暉港間與上北麥根路間二種。前者用綠色,後者用紅色。上述各色紀錄單,均劃横綫五十條,足供塡寫五十輛貨車之用,每五格又劃紅線一條區示之,以省計算車輛數目時間。

紀錄單之內容,長路與短路繁簡不同。前者包括編造行車統計需用資料,後者祇記列車運行狀況;前者紙張較大(34×22公分),後者紙張較小(34×10.5公分);前者每一列車用一單,後者每一區段用一單(如上海吳淞間,上南日暉港間等)。又短路單上下行應否區別,得視往來車輛數目之多寡而定。每次列車出發與到達時間,單內雖未專印一欄,報車時亦應逐次記入,以便查考。

貨物列車記錄單

日期　時刻　下行第　次　由　站至　站機車種類號數　載運量　噸

<table>
<tr><th rowspan="3">何路車輛</th><th rowspan="3">車輛種類及號數</th><th rowspan="3">重或空</th><th rowspan="3">起碼站</th><th rowspan="3">到達站</th><th rowspan="3">車輛淨重</th><th rowspan="3">附註</th><th colspan="4">段別</th><th colspan="4">段別</th></tr>
<tr><th rowspan="2">里程</th><th colspan="2">貨車輛里程</th><th rowspan="2">列車載重里程</th><th rowspan="2">里程</th><th colspan="2">貨車輛里程</th><th rowspan="2">列車載重里程</th></tr>
<tr><th>重</th><th>空</th><th>重</th><th>空</th></tr>
<tr><td></td><td></td><td></td><td></td><td></td><td></td><td></td><td></td><td></td><td></td><td></td><td></td><td></td><td></td><td></td></tr>
</table>

日期　由　至

車輛種類及號數	重或空	車輛種類及號數	重或空

3. 客車逐日紀錄簿　本項紀錄,係車輛紀錄中主要簿冊之一,裝訂成簿。由此紀錄,可知每一客車逐日運用或分佈狀況。凡全綫所有客車,按類印入簿內,先公事車(即花車),次頭二等車,再次三四等車,又次車長車等,最後其他車輛,逐日由車輛紀錄員登記。其頂端橫行內所印一至十各號,係指日期,亦可添改爲十一至二十及廿一至三十及三十一日之用。

4. 貨車逐日紀錄卡　貨車因數目較多,運轉及交換次數,更爲複雜,故此項逐日紀錄,採用卡片式,一則易於紀錄,一則易於查核。此項紀錄卡,依貨車種類,分印各色:如篷車爲白色,敞車爲藍色,牲口車爲淡紅色,平車爲黃色,車長車爲橙色,油櫃車以數目極少,

客車逐日記錄

滬杭甬綫滬杭段

中華民國　　年　　月

種類 Description	號數 Number	1	2	3	4	5	6	7	8	9	10	
P. C.	M1											
	M2											
	S1											
	S2											
F. S. D.	201											
	202											
F.D.	157											
	161											
	171											
	172											
	203											
	204											
F.S.P.D.	144											
F. S. P.	81											
	162											
	205											
	206											
	207											
	208											
[illegible].T. P.	41											
S.D.	173											

暫用紅色,其他各類車類,另定他色以區別之。(按貨車逐日紀錄卡顏色,與貨車號牌顏色相同。)

此項紀錄卡之上部,爲車輛種類及車號二項,其下爲車次,站名及運行狀況等項。(詳見下附格式)每次登記後,將各卡插入車輛紀錄卡木櫃內。車輛種類及車號二項,適露出木格之上,一望卽見,査覓頗易。卡片頂緣,排印十二小格,以一至十二諸數字區別之。其功用爲在該貨車在站延擱日期稍多時,卽應予以注意。注意之法,卽在該貨車紀錄卡頂緣相當日數格內,(如延擱八天,則在「8」字處;延擱十一天,則在「11」處)用迴文夾軋出,使調度人員注意或查究,設法早予掛出。

1	2	3	4	5	6	7	8	9	10	11	12

車輛種類…………　　車號…………

次數	站名	內容	公里		到站		出發				在站延擱
			重	空	日期	時刻	日期	車次	時刻		

5. 機車逐日紀錄　本項紀錄格式內容,與客車逐日紀錄相彷,亦裝訂成冊,附樣如下頁。

6. 交換車輛紀錄簿　本項紀錄,係記載本路與京滬路車輛交換狀況之用。凡本路過江駛往津浦,隴海,北甯等路之貨車,概照駛往京滬路登記;反之,由京滬交來津浦,隴海,北甯等路之貨車,亦照京滬路車登記,(按此項聯運過軌貨車,實際所經路程,有聯運過軌貨車路程單可查)不另分簿。車輛紀錄員逐日根據各次貨物列車紀錄單內交換車輛情形,在本簿內逐輛登記其交付或歸還日期與時刻等,詳細內容附後。

機車逐日記錄

滬杭甬綫滬杭段

中華民國　　年　　月

機類 Class	號數 No.	1	2	3	4	5	6	7	8	9	0	
A	1											
	2											
B	3											
C	1											
D	1											
E	1											
F	1											
G	1											
K	1											
	2											
	4											
	5											
	6											
L	2											
M	1											
	2											
O	1											
	2											
	3											
	4											
	5											
	6											
	7											
	8											
P	1											
	2											
	3											
	4											
	5											
	6											
	7											
	10											

京滬滬杭甬鐵路

交換車輛紀錄

……聯站　民國……年……月

路別	種類	車號	站名		交付		重或空	站名		歸還		重或空	延日		附記
			由	至	日期	時刻		由	至	日期	時刻		擱	期	

7. 聯運過軌貨車路程紀錄　此項紀錄單,滬杭路現因除京滬路外,並無直接與其他各路交換車輛之事,故暫不塡用。京滬路則逐次根據聯運過軌貨車路程單,塡錄查核。

京滬滬杭甬鐵路

聯運過軌貨車路程紀錄

車輛……

路號	單數	路別	車次	起站	日	時	訖站	日	時	重或空	公里		附記
											重	空	

（四）關於稽核車輛者

1. 每日上午九點鐘車輛情形報告　此項報告,係根據各站及機車房電話報告塡造,分客,貨,機車三部份。（參閱列車與車輛調度規章第三十條）

（甲）客車　客車報告,於各客列車配組完畢後行之。調度員即於旅客列車組合簿內（參閱本章第二節）「在站客車」部份內,逐項塡註之。

（乙）貨車　上午九點鐘前貨車情形報告,可按實際需要,擇貨運較繁之大站行之。在本路有上南,日暉港,麥根路,拱宸橋,南星橋及閘口等六站。每站貨車情形,又分待裝空車,待掛重車,待卸重車,零貨車,軍用車,材料車,修理車,在站空車,待運噸位及需車種類及數目等項,逐一由各站報明,錄入報告單內。從廣義言之,此項報告,實卽稽核上午貨車情形之表格也。

滬杭甬綫

每日九點鐘時貨車情形報告

民國廿　年　月　日

站名 項別	上南	日暉港	麥根路	拱宸橋	南星橋	閘口貨站
待裝車輛						
待掛重車						
待卸重車						
零貨車						
軍用車						
材料車						
在站空車						
修理車						
待運貨物噸位						
需車輛數及種類						

(丙) 機車　此項報告,各機車房於每晨由調度電話互相通知,調度員卽同時紀錄,並與各出發站所報機車核對。(按從前曾用電報報告,現已廢除)。

2. 每日下午十八點鐘前貨車情形報告　此項報告,由各站站長於每日下午二時或四時起至十八時止,用調度電話報告之。(參閱列車與車輛調度規章第三十一條)調度員接到此項報告後,卽於貨物列車組合簿前頁下半截內,分別將(1)掛車站站名,(2)待掛重車(分鮮貨,牲畜,軍用材料,乾貨等)之到達站,及每一到達站之輛數及噸數，3）待掛空車之種類與輛數等三項，逐項紀錄，以備計算噸位，斟酌機力，組配貨物列車之用。（註：待掛空車，俟撥定車站後，卽於相當項內，註明到達站站名及車皮噸位各項。）

貨物列車組合紀錄簿

（前頁下半截格式）

下行			待掛車輛			上行
（本行內塡註出發站站名）	（本行內塡註空重車輛種類，輛數，到達站站名，及噸位）例如：	（本行內塡註配掛列車車次）	（本行內塡註接洽人員姓名及其他事項）			
杭州	36 上南126 210（長硖）34	804 804	站長李 站長李			

3. 每日廿四點鐘時機車車輛情形報告　此項報告，由各站及機車房用調度電話逐日報告調度股，由調度員紀錄並編造，分客貨機車及交換車輛四大部。貨車部份，最爲複雜，實係全日車輛調度情形之一篇總賬。（參閱列車與車輛調度規章第三十二條）

（甲）（乙）機車及客車　機車及客車報告，除特別情形外，在本路往往可於下午十八點鐘前，卽行舉行，緣本路行車情形，不甚繁劇，機車支配，能早預定；逐日客車次數，並不爲多，客車分配情形，在下午十八時前，亦巳能確定，故提早報告一節，於事實完全無妨，並可免除廿四時後與他種報告同時報告時之擁擠。本

機車車輛情形報告

項報告內容,見附表第廿六至卅六項。

(丙) 貨車　貨車報告,自下午二十時起至廿四時後,各站待最後貨物列車過站後,卽可分別舉行,由調度員逐站紀錄入簿。此項報告之內容,可依性質分爲五類:(1)全日索車撥車情形及昨日存站輛數,(2)全日車輛出入情形(第一項至第十項),(3)廿四點鐘時貨車空重及使用情形(第十一項至第廿二項),(4)廿四點鐘時在站貨車種類及種數(第廿三項至廿五項),(5)在列車上之車輛(見左邊站名一欄。又關於本表編造法,詳見「調度報告」章內機車車輛情形報告一項)。

(丁) 交換車輛　本項紀錄,係爲記載本路在外路及外路在本路客貨車輛之總數而設。自南京輪渡開辦後,各路客貨車輛,頗多直達交換者。除本表第廿四項對於外路貨車已分別站名種類記載外,此處「交換車輛」一欄,復備結算各路間客貨車輛交換總數,以便核結全路車輛數目。

4. 報車簿　滬杭調度員於編造廿四點鐘車輛情形報告前,另設「在站貨車車輛紀錄」一種(簡稱報車簿)目的在利用此項紀錄,逐輛核對車號。故各站報車,一有錯誤,調度員立能察出,查詢糾正。在辦事上,此項手續,雖稍費時,第於車輛稽核之正確上,裨益不淺也。(關於車輛之如何稽核,詳見「車輛紀錄與稽核」一章)

滬杭甬綫

報車簿

中華民國　　年　　月　　日

站名	需要車輛				撥給車輛	待運噸數	上日存站車輛	到站車輛					掛出車站					待卸重車			待掛重		
	商用	路用	軍用	共計				重車本站 1	重車轉口 2	空車本站 3	空車轉口 4	共計 5	重車本站 6	重車轉口 7	空車本站 8	空車轉口 9	共計 10	商用 11	路用 12	軍用 13	商用 15	路用 16	軍 17

車用	在站空車		修理
	留用	待掛	
	19	20	22

(註)另於本簿空白地位,填註在京滬車輛之車號。

5. 在站貨車總數紀錄　本項紀錄,係爲記載及稽核各站每日每次列車空重貨車出入情形,及結算全日存站貨車輛數而設,(在廿四點鐘時,在站貨車總數,應與報車簿或機車車輛情形報告內各站總數相等。)乃車輛紀錄中重要簿册之一。用活頁彙裝成册,每頁靠右邊緣,印有站名,依次排列,擇有關係者存之,無關係者切去之。例如關係京滬車輛者,則將英文縮寫站名SHN(上北)及上北以下各站名切去,如關係上北站者,則將麥根路MRD及麥根路以下各站切去;餘類推。每站又視貨車出入多寡,而定用紙頁數,少則隨時添加。紀錄內容,除日期,車次,時刻等外,計分三大類:(1)到站車輛,(2)掛出車輛,(3)存站車輛,每類又分爲外路及本路二項。本路或外路之下,又分各種車類與噸位,如下頁所附格式。

(五) 雜項簿册

除上述各項表格簿册以外,調度股尙有雜項紀錄數種,記載關於行車及車輛調度事項,玆擇要列舉之。

1. 專車編號簿　本簿係登記(1)客運,(2)貨運,(3)軍用及(4)公務(包括道木,煤觔,石碴等)等專車號目之用,全簿分四部,每部復分上下行兩類,每類用奇偶數編號,格式附後(分號辦法,詳列車之行駛與調度一章)。

專車編號簿

(1) 旅客列車

京滬滬杭甬鐵路在站貨車車輛總數紀錄

運輸段

上行　　　　　　下行

車次	站名		日期	何項團體	車輛		發電號數	餘記	
	自	至			客	貨			(同左)

(2) 貨物列車

上行　　　　　　下行

車次	站名		日期	車輛		時間		發電號數	餘記	
	自	至		重	空	出發	到達			(同左)

(3) 軍用列車

上行　　　　　　下行

車次	站名		日期	軍隊名稱	車輛		時間		發電號數	餘記	
	自	至			客	貨	出發	到達			(同左)

(4) 公務列車

上行　　　　　　下行

車次	站名		日期	時間		車輛		發電號數	餘記	
	自	至		出發	到着	重	空			(同左)

2. 備查錄　本簿記載(1)區段閉塞,(2)行車留意單,(3)車輛損壞及(4)其他行車上雜項事件,由調度員根據各站長及軌道工程司等電報,隨時紀錄。

備　查　錄

(1) 閉塞區段紀錄

日期	何人命令	電報		閉塞原由	閉塞時期		閉塞區段		公里或橋樑號數	取消閉塞電報		餘記
		日期	號數		日期	時間	自站	至站		日期	號數	

(2) 綏駛單紀錄

日期	何人命令	電報		用綏駛單原由	綏駛時期		綏駛區段		公里或橋樑號數	取消綏駛單電報		餘記
		日期	號數		日期	時間	自站	至站		日期	號數	

(3) 車輛損壞紀錄

日期	車輛		損壞日期	車次	站名		解下站名	損壞狀況及原由	報告損壞電報號數	翻車或須要修理厂	修復掛出		報告修復電報	餘記
	種類	號數			自	至					日期	車次		

3. 貨列車開行時刻紀錄簿　本簿記載每日貨列車實際出發之時刻;遇實際出發時刻,較遲於規定時刻時,併應將延誤時間及延誤原因,逐次填入簿內,以備查考。

日期	上行					下行				
	車次	規定時刻	出發時刻	延誤分數	延誤原由	車次	規定時刻	出發時刻	延誤分發	延誤原由

4. 團體旅行紀錄簿　本簿登記團體旅行人數及所乘車次等,以便客運擁擠時,預行佈置加掛客車之用。簿分上下行列車兩

部,由調度員於收到處長致各站團體旅行減價通知單抄單或各段站電話通知時,隨手摘錄。

(上 行)

日期	團體名稱	人數	等級	車次	站名		公函號數	餘記
					自	至		

(下行者同)

5. 日記簿　本簿專爲各班調度員逐日記載經辦關係重要或有永久紀錄價值之行車及調度事項而設。因所記範圍頗廣,故無規定格式,僅用大號夫士紙簿權充。每項記載,由塡註之調度員簽字,以明責任。

6. 交班留言簿　本簿亦爲各班調度員逐次記載應行交班事項而設。調度員不論經辦任何事項,如覺不能於本班畢事,或於本班接洽事項,須於次班辦理時,均須隨時記入本簿,所以免遺忘也。本簿亦不規定格式,暫以大夫士紙簿權用,調度員逐次紀錄時,須逐項簽字,以明責任。又本簿所記事項,均係具短時間性者,過一二班後,卽可辦訖,極尠永久查考機會,故性質與日記簿不同。

7. 電報底稿簿　本項底稿簿,卽利用站上普通電報簿。不復另備格式。

8. 待辦事項便查夾　凡待辦案件,不論函電條諭,或電話通知,一經收到,卽彙集一起(電話通知應先錄出)用夾板夾住,置放案頭,隨時查閱,事畢抽去。又爲便利辦事計,此進待辦案件,常分爲軍用待辦及普通待辦兩宗,用兩個紙夾夾住,以免混亂。按此項紙夾,雖非簿冊,但其功用,與簿冊相等,且又較爲簡便也。

(本章完,本文待續)

過熱蒸汽機車

陸祥百

蒸汽概述

每公斤蒸汽所佔容積比較圖

(汽壓 14 公斤/方公分)

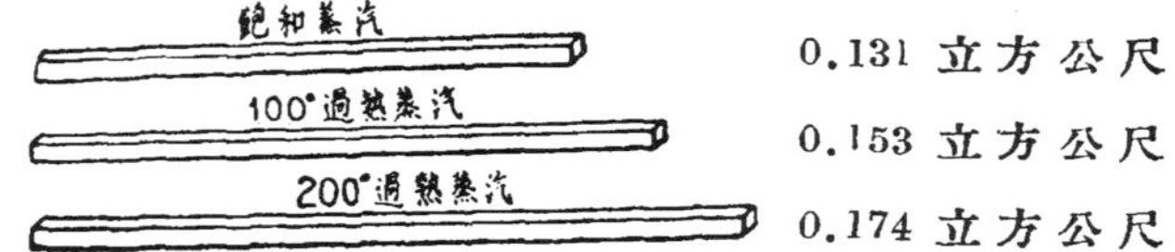

1. 蒸汽云者,加熱於水所成之氣體也。一單位容積之水,約可澎漲為 130 餘倍容積之蒸汽。(14 公斤/方公分汽壓時)蒸汽機車,卽利用此澎漲力,以牽引列車。由物理學研究所得,氣體之容積與溫度及壓力之關係如下,卽容積 $\propto \frac{\text{溫度}}{\text{壓力}}$。蒸汽機車之壓力,設計時既已規定為一定數。而溫度愈高,容積愈大。故欲改進蒸汽性質,增加鍋爐效率,可利用過熱蒸汽。輓近過熱蒸汽機車之普遍使用,其故在此。

2. 過熱之意,卽用過熱器,(Superheater)再加熱於飽和蒸汽,使成過熱蒸汽,以增加其容積也。(參閱上圖)

過熱蒸汽之優點

3. 過熱蒸汽之優點,可概述如下。

(1)過熱蒸汽容積較大,而汽缸𬋸䡝每一行程所耗蒸汽容量爲定數,故每公斤過熱蒸汽所能使用於汽缸之行程數亦較多。易言之,行駛每公里所需水量較少,煤斤耗費亦減。按之實際使用成績,利用過熱蒸汽,較之飽和蒸汽,可省水30%,煤20%之譜。

(2)免除水汽共發(Priming)之弊。即使有少些水份帶入過熱器內,當可立即蒸發成汽。

(3)飽和蒸汽流入汽缸後,遇到較冷之汽缸壁,卽易凝結成水,是爲汽缸凝結(Cylinder Condensation)亦卽飽和蒸汽之最大缺點。若用過熱蒸汽,則經過蒸汽管,汽罨(Steam Chest)汽缸等壁時,雖失去若干熱量,仍不致有凝結之虞。

(4)煤水旣較節省,沿途上煤上水需時,亦可較少。故機務行車誤點情事,亦可減少云。

(5)機車行駛達相當速度時,因鍋爐蒸汽供給,不能比例增加,故必提早閉汽點(Gut-off),以免鍋爐汽壓之降落。以此汽缸內平均壓力必減低,而機車牽引力(Tractive force)隨之減低。飽和蒸汽機車之費汽重量較大,故機車牽引力降落較早,過熱蒸汽機車之費汽量較小,故機車牽引力之降落較遲。易言之,過熱蒸汽機車在較高速度行駛時,其淨餘之牽引力,較之飽和蒸汽機車爲大。按之實際試驗,設某機車用飽和蒸汽,能曳客車八輛,改爲過熱蒸汽後,可曳十二輛。但若沿途停站較多,其顯著效率則較少云。

(6)當機車初出發時,雖不見過熱之顯著效能,但爲時甚暫。蓋不久通風(Draft)增强,過熱溫度卽增加甚速。再則機車總汽門開放愈大,熱度增加愈高,亦即過熱作用之有助於機車工作者愈大。

吹炱器之應用

4. 機車採用過熱蒸汽,旣已成普遍性。其優點已如上節所述。但亦有若干困難點也。除汽缸油必改用過熱者,及機件用料亦有不同,姑置不論外,大焰管內過熱管周圍,務必清淨,以免除汽水蒸發及過熱之障礙。職此之故,過熱蒸汽機車,必須裝置吹炱器(Soot-Blower)附件。

5. 吹炱器之裝置地位有二,鍋面鈑(Back-Head)一也,火箱旁鈑二也。

6. 在行車途次,當總汽門開啓時,每隔二三小時必用吹炱器吹一次,則大焰管內部與過熱管周圍之煙炱,即能被汽吹淨。上坡時用之,更妙。因上坡時總汽門開啓較大,吹力較足。到房及出房以前,焰管亦須吹過,以保持清淨。

總汽門之改進

一 緒論

7. 自輓近蒸汽機車鍋爐增大,汽壓較高。又以機車之操縱法,以全開汽門,而用倒順手把(Reverse Lever)調整爲準則。職此之故,舊時所用裝入汽室之總汽門,遂不甚合用。且鍋爐內蒸汽地位,甚屬寶貴,雖總汽門所佔地位有限,亦以節省爲是。自裝置烟箱內之平均總汽門研究成功,新製機車,無不改用之。

8. 由於穩妥及需要二方面關係,機車附件,逐漸增加。各種附件之原動力,大都利用蒸汽。而蒸汽之利用,過熱較飽和爲經濟,前已詳述。是以苟能應用過熱蒸汽,於經濟方面,不無小補。如風泵,水泵,渦輪發電機,吹炱器,吹風器,警笛等附件,其中有數種每馬力單位之蒸汽消耗量甚大;計其總數,約耗費汽鍋蒸發全量20%以上。且改用過熱蒸汽後,非但耗費蒸汽節省,附件之工作行爲,(Working Performance)亦較爲良好。

9. 以前曾有數種均壓總汽門之設計,但因裝置地位,及於較大面積中保持汽密(Steam Tight)等問題,未能認爲滿意,故未普遍應用。俟多閥式總汽門(Multiple Valve Regulator)發明後,遂無上述之困難,其用亦廣。

二 構造及動作

10. 附圖爲過熱聚汽箱(Superheater Header)與多閥式總汽門合鑄件實樣。計有三主閥(Main Valves),一導閥(Pilot Valve),(註:

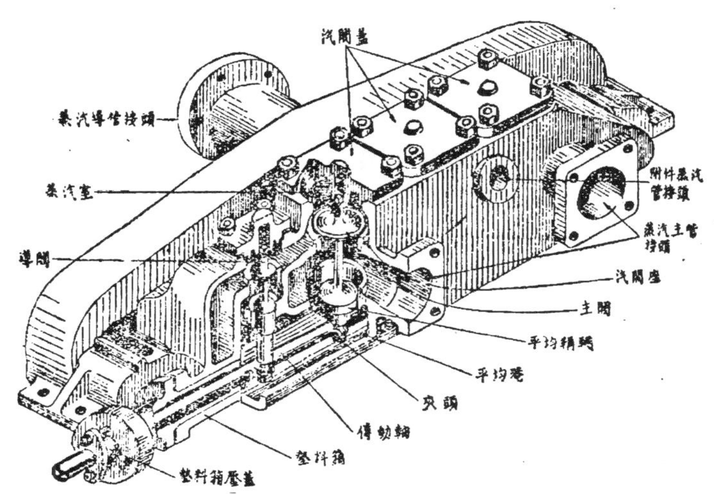

小機車因地位關係,有用二主閥,一導閥),垂直並列。各閥桿(Valve Stem)下端成爲凹形,以鑲入傳動軸(Camshaft)上之四付夾頭(Operaiting Cams)中。各夾頭之中心線與動軸中心線所成之角度不同,以司汽閥開閉之先後。

11. 主閥直徑甚小,約爲蒸汽導管(Day Pipe)直徑之四分之一。各閥之開關,由傳動軸上之偏心夾頭動作之。一若汽車然,惟不用彈簧,上下均直接受偏心夾頭之作用耳。

12. 因此項汽閥之平衡作用,設計甚佳,故所需轉動之動力甚小。其平衡作用之構成,有如下述。

依據傳動軸轉動方向之不同,而開放或關閉汽閥。又因夾頭之地位角度不同,各閥開關之先後亦不同。小型導閥(Small Pilot Valve),最先開放,引入蒸汽至平均罨(Balancing Chamber),使主閥之下面,亦受有汽壓。然後開啓主閥,則較爲省力。如此主閥順序逐一開放。其關閉順序,適爲相反。最後導閥關閉時,平均罨內主閥下面之蒸汽,經洩水管漏去;而上面汽壓遂壓緊關閉閥座。

13. 司機棚內總汽門之動作機件,其地位等與普通汽閥相倣,係在垂直平面動作。手把動作,賴活節曲拐(Bell Cranks),成爲槓桿或拉或推之動作。以達煙箱外部,連接於傳動軸。全部機件,裝在鍋爐外部。

14. 自司機棚內手把至烟箱旁傳動主軸,接連槓桿甚長,爲防免汽鍋冷熱漲縮,致影響汽閥開關程度計,故在中途另裝調整槓(Compensated Lever),使兩端互有漲縮,自行抵消。

15. 槓桿最先動作,乃啓開導閥,引入過熱蒸汽,由聚汽室(Header)至平均罨。此間汽壓增高至與聚汽室內者相同。待槓桿再向前進,則第一主閥舉起矣。傳動軸上夾頭之設計,係第一主閥開放一部份時,第二主閥卽開始升舉,如是順序以至第三第四……。當手把或槓桿達到盡頭時,各主閥亦完全開放矣。

關閉汽閥工作,則藉手下把傳達夾頭之機械動作,汽閥本身重量,與閥體上部壓力之差,足以增加其動作效能。(見圖汽閥上端之韛鞲面較下端爲大)其順序,適與開時相反,卽導閥最後關閉也。

平均罨內所存留之少量蒸汽,經由平均韛鞲(Balancing Piston)滲入蒸汽主管(Main Steam Pipes),至汽壓相等時爲止。蓋以平均韛鞲裝置稍鬆,總汽門關閉以後,存汽得以洩出也。

16. 洩水連接,裝於平均罨之底部,以便放出存留汽水。其洩水塞門(Drain Cock),裝在汽缸下部正中。當汽缸洩水塞門開放時,此項塞門同時開放。

三 優點概述

17. 多閥式總汽門之優點,可總括如下:

(1) 各種附件如渦輪發電機,風泵,水泵,吹風器等,均得應用過熱蒸汽。

(2) 過熱管內常有蒸汽流通,故過熱管管頭(Element Ends)可免燒傷。

(3) 普通過熱蒸汽機車應用之自動擋鈑(Damper)及附件,可以廢除不用。

(4) 因汽缸與總汽門相距甚近,蒸汽功用敏捷。於調車及車站工作,尤稱便利。

(5) 因蒸汽供給之節制在量,而不在汽壓之降落。故蒸汽在汽缸內之澎漲較佳,引擎效率(Engine Eff.)較高。

(6) 汽閥小,保持汽密較易。

(7) 與過熱聚汽箱同一鑄件。機件簡單,減少鬆動機會。

(8) 因裝在烟箱內,故修理工作,較為便利。

第十七期要目

前漢時代陸路交通考（續）
陶藝淺說
鼠籠式交流感應電動機之現勢
無空氣注射狄思爾引擎之燃燒方法
道路材料試驗撮要（續）
擬議鍋爐揚電焊規章草案
研究所化學組油漆試驗報告
待焚文稿自敍
漫遊記自序
墨子間詁補正敗
中國要早日實行工業化
Recent Advances in Industrial Electro Chemistry

第十八期要目

前漢時代陸路交通考（續）
江西公路處之營運概況與改進
滬杭甬綫列車車輛調度概況
無窮級數之理論及應用
Peg Method 簡易法
研究所化學組油漆試驗報告（續）
Brief Moment in Messrs. Dorman Long & Co, Ltd.
記桂林之遊
茹經堂畫記
工程——怎樣研究與選擇
歐游追憶錄

第十九期要目

工程學與實業之關係
前漢時代陸路交通攷（續）
中國之國防與鐵道
鐵路零擔貨運安全辦法
冷鑄鐵的成分及冷鑄件型的製法
無窮級數之理論及應用（續）
近世中國國外貿易要略及書評
論語類纂孝弟篇大義
八桂豪游圖記
Science Advisory Service to the Government
世界銲綫工程會議錄

第二十期要目

改進我國農業教育芻議
前漢時代陸路交通考（續）
美國鐵路管理起運貨棧之報告及統計
滬杭甬綫列車車輛調度概況（續）
過熱蒸汽機車
無窮級數之理論及應用（續）
中央及地方預算法規之研究
The L.N.E. Railway Dynamometer Car
看雲圖記
歲寒閣記
Physics Metaphysics & Common Sense

管理學院叢書

1.	鐵道經濟論叢	鍾偉成編	每冊大洋二角
2.	東北鐵路問題之研究	王同文著	上下冊合購壹元二角
3.	吾國鐵路枕木問題之研究	楊城 王以瑗著 陳善繼	每冊大洋四角
4.	鐵路估值	凃宓著	每冊大洋二角

發行者　上海徐家匯交通大學管理學院

代售處　各地大書局

無窮級數之理論及應用

（續）

Knopp 氏原著

顧 澄 達 恉

八章　收斂敍列

定　義

以前討論敍列之狀況，要在研究其是否爲空列．此項觀點：略事推廣，可得一最重要之觀念，卽所謂敍列之收斂．推廣之法，旣極自然，且復甚易．今所討論，卽在於此。

前於**10**，10，曾言描寫空列(x_n)所具之性質，可云：n增大時，其諸項隨之而變小，且可隨之而變爲任意小．此亦可謂之n增大時，其諸項**趨於** o*——就大概論，雖不能達到o；但可與o任意接近；所謂與o 任意接近，其意義爲：其諸項之値（卽其各項與0之差）可逐漸小至比任意小之各$\varepsilon(>o)$還小．設此o以任意一數ξ代之，則如何？今將討論敍列(x_n)之「其各項與定數ξ之差，能逐漸小至比任意小之 $\varepsilon>o$ 還小」者．† 此各項與 ξ 之差指 $|x_n-\xi|$ (**3**，II，6)．

今作一意義精密之定義，以明此事於下：

39　**定義．** 若(x_n)爲一敍列，ξ爲一定數，且二者之間有

$$(x_n-\xi)^{(1)}$$

爲空列之關係，則謂此敍列(x_n)歛於ξ；或謂此敍列爲**收歛**及其**極限値**爲ξ；或謂其諸項**趨於**極限ξ；或謂其諸項之極限爲ξ．此以記號表之，爲

---

*附註．「趨於(approach)o」三字，本爲一種術語，其含義甚複，非簡單數語所能說明．讀者苟於空列之定義已十分明瞭當不至發生誤會，惟讀者於此宜再注意空列之定義，及注意此定義中之$|x_n|<\varepsilon$及「ε可任意小」而以此作爲x_n「趨於o」之解釋．「趨於」二字以後常用，此二字之本身決顯不出其所含意義之全體，易以他二字亦然．必須詳察其所自來之定義方眞能知其含義．凡重要術語皆是如此．因此「趨於」二字在數學中非常重要，讀者萬勿專在其本身求解釋，故特註明．

†「之」「者」二字間「　」中云云，係表(x_n)之性質者．此種句法，中文中常有．例如馬之白者，人之潔身自好不願隨俗浮沈者．人之學問淵博律己甚嚴雖曾居高官享厚祿以不願隨衆誤國寧退執教鞭獨行其意攸然自得而不稍悔者．此句之…者二字間有41字之多，仍能一望而知其意．如再作更長之句，於之…者，二字間插入七八十字，亦仍易明白．惟數學離常謫遠，句稍長即難解．但讀者苟留心析句法，注意符號「　」之作用，亦自易明白．故作一例於此．

1．　從**10**，5或寫作$(\xi-x_n)$，或寫作$|x_n-\xi|$，其結果相同．

2．　此中前式讀作「n趨於無窮時x_n趨於ξ」，後式讀作「n趨於無窮時，x_n之極限等于ξ」．

$$x_n\to\xi \quad 或 \quad \lim x_n=\xi.$$

因x_n趨於ξ,乃隨下標n增大而前趨;故為更顯明計常寫作

$$n\to\infty,時x_n\to\xi \quad 或 \quad \lim_{n\to\infty} x_n=\xi.^{(2)}$$

以空列之定義包括在新定義之內,則可云:

若對於每一定數$\varepsilon>o$,常能覓得一數$n_0=n_0(\varepsilon)$使凡$n>n_0$時,皆

$$|x_n-\xi|<\varepsilon,$$

則

$$n\to\infty時\ x_n\to\xi\ 或\left(\lim_{n\to\infty} x_n=\xi\right)$$

注意及例

1. 「(x_n)為空列」一語,現可簡寫為「$x_n\to o$」。空列為收斂敍列之極限為o者。

2. 凡10中之注意,就本質上言,皆在此有效,因此定義為空列觀念之極顯明之推廣也。

3. 從31,3及38,5得$a>o$時

$$\sqrt[n]{a}\to1 \ 及\ \sqrt[n]{n}\to1.$$

4. 若$(x_n|y_n)=\sigma$則$x_n\to\sigma$及$y_n\to\sigma$。此因

$$|x_n-\sigma|\ 及\ |y_n-\sigma|\ 皆\leq|y_n-x_n|,$$

故從26,2此二者皆與(y_n-x_n)同為空列。

---

3. 此亦常有簡稱:每ε鄰中,敍列之項差不多全在其內。但「差不多全」(almost all)四字尚他義,例如在點集論中。

譯者按「差不多全」四字好極,詞簡意該,讀者可深味之。例如x_m後之項$x_{m+1},x_{m+2},x_{m+3},\cdots$皆在ε鄰內。從$x_1$至$x_m$,無論$m$如何大,其數終屬有窮。以從$x_1$至$x_m$之有窮個項,較諸$x_m$後之無窮個項,就個數言相去甚遠。故儘可謂$x_m$後之項$x_{m+1},x_{m+2},x_{m+3},\cdots$差不多居$(x_n)$中項之全體。又凡云「從$x_m$起之項」,指$x_m,x_{m+1},x_{m+2},\cdots$;亦稱從$m$起(或從$m$前進,或$m-1$後)之諸項;或更簡稱「$m$尾」。須注意雖名曰「尾」,而實差不多居$(x_n)$中項之全體。又每ε鄰之「每」字亦宜十分注意。「每」字之意已經十分明白不妨云「無論如何小之ε鄰」,但「無論如何小」五字雖足顯定義之作用而終屬籠統,不及「每」字之確定;且既云「每ε」,則「無論如何小之ε」自亦包括其中。但「每」改為「各」,有時文句較順。故常以「各」代「每」。

又此3中「每ε鄰中,敍列之項差不多全在其內」雖改為「敍列之項差不多全在各ε鄰中」似句法較順。但不如將「每ε鄰」提在前,以明每一ε必有一m尾在其中。「m尾」實更言簡意該,以後遇須避長句時當用之。先註於此。

5. 設 $x_n=1-\frac{(-1)^n}{n}$,卽敍列 $2,\frac{1}{2},\frac{4}{3},\frac{3}{4},\frac{6}{5},\frac{5}{6},\cdots$

則 $x_n\to1$,此因 $|x_n-1|=\frac{1}{n}$ 成一空列。

6. $x_n\to\xi$ 之義,釋以幾何,卽下標夠大之項全在定點 ξ 之鄰內。更詳言之(參觀10,13),卽每一 ε 鄰中含有「(x_n) 中至多除去有窮個項後之一切項」,(3)卽每一 ε 鄰中皆含 (x_n) 之 n_0 尾。以7,6之圖表法明之。過兩點 $(0,\xi\pm\varepsilon)$ 作平行 x 軸之兩線,若將敍列 (x_n) 之圖象完全畫出,則此圖象除去開始之有窮部分外其餘皆在 ε 帶中(此 ε 帶可任意狹)。

7. 代替 $x_n\to\xi$ 之不嚴格論調,所謂「$x=\infty$ 時,$x_n=\xi$」,實屬不通,切不可用;蓋整數 $n=\infty$ 實不存在,且 x_n 絕不須 $=\xi$ 也。從以上所言,很可明白所謂 $x_n\to\xi$ 僅是一種遞近方法;絕無何種理由,可設想其已經完成(遞近方法,遞近而已,永無止境)。(但較舊之書中,常有寫成 $\lim\limits_{n=\infty}x_n=\xi$ 形式者,此僅一種記號表法,——除嫌式太笨拙,及「$n=\infty$」之寫法於數學中無窮之觀念必至發生混亂之外——實無可反對)。

8. 若 $x_n\to\xi$,則敍列 (x_n) 中之單獨項亦謂之對于 ξ 之遞近(approximetion)(例如 x_m 爲對于 ξ 之第 m 遞近,x_{m+1} 爲對于 ξ 之第 $m+1$ 遞近,…)。差 $\xi-x_n$ 謂之「與遞近 x_n 相應之誤差」簡稱「遞近 x_n 之相應差」。(error corresponding to the approximation x_n)。

9. 收斂(convergent)之名,J. Gregory 所始用(Vera circuli et hyperbolae qudratura Padua 1667)發散(divergent)之名(40)則Bernoulli所始用(見其與 Leibnitz書中7.4.1713)。(「收斂」以後或簡稱「斂」,「發散」以後或簡稱「散」)。

從收斂之定義,立可作發散之定義:

40 **定義1.** 凡敍列之非收斂(照39之意義)者,謂之**發散**敍列.

從此定義,6中2,4,7,8,11 皆爲發散敍列.

在發散敍列中,有一部分,因其狀態簡明,遂居特殊之地位.例如,(n^2),(n),$(\log n)$ 及 $a>1$ 之 (a^n)….等.其公有性質爲其項隨 n 增大,能超過任何高之各界(bound).因此亦可謂其趨於 $+\infty$,或謂其變至無窮大.其精密定義如下:

定義2. 若敍列 (x_n) 有下性質:對於任一正數 G(無論如何大,只要確定),必有一他數 n_0 能使凡 $n>n_0$ 時皆

$$x_n>G.^{(4)}$$

則謂此 (x_n) 散於(diveres to)$+\infty$,趨於* $+\infty$;或謂此 (x_n) 爲**有定的發散**(definit-

---

*附註.原文因 $+\infty$ 不是數,不用approach $+\infty$ 而用tends to $+\infty$,有的書用 becomes $+\infty$,但在中文方面如譯tends to爲「趨向」,譯becomes爲「變爲」,仍表示不出「$+\infty$ 不是數」之意。故亦譯「趨於」。既有此註(且以上亦已屢言 $+\infty$ 不是數)讀者當不至因此二字發生誤會。

4. 注意此不但絕對值 $|x_n|>G$,並且 x_n 之本身 $>G$。

ly divergent)(略稱定散)及其極限爲$+\infty$;(6) 以記號表之,

$$n\to\infty\text{時 } x_n\to+\infty,\text{或}\lim x_n=+\infty,\text{或}\lim_{n\to\infty}x_n=+\infty.$$

變右爲左,卽成下定義:

定義3. 若敍列(x_n)有下性質:對於任一負數$-G$(其絕值無論如何大,只要確定),必有一他數n_0能使凡$n>n_0$時

$$x_n<-G.$$

則謂此(x_n)散於$-\infty$,趨於$-\infty$;或謂此(x_n)爲有定的發散及其極限爲$-\infty$;以記號表之,

$$n\to\infty\text{時 } x_n\to-\infty,\text{或 }\lim x_n=-\infty,\text{或}\lim_{n\to\infty}x_n=-\infty.$$

注 意 及 例

1. 敍列(n),(n^2),(n^a),$(\log n)$,$((\log n)^a)$(其α皆$>o$)皆趨於$+\infty$。此諸敍列如其項皆加負號,則爲趨於$-\infty$。

2. 通例:若$x_n\to+\infty$,則 $x'_n=-x_n\to-\infty$;其逆亦眞確。故在本質上,但論散於$+\infty$已足。故以下專言散於$+\infty$者。

3. $x_n\to+\infty$,釋以幾何,卽在右方無論如何遠之處取定一點G,則一切點 x_n 中,至多除去有窮個點外,皆能超過G而更在其右。以7,6之圖表法明之,卽在x軸上作平行x軸之綫,無論此綫如何高,敍列(x_n)之圖象,除去開始之有窮部分外,皆能更在此綫之上。

4. 散於$\pm\infty$無須單調。例如,敍列$1,2^1,2,2^2,3,2^3,4,2^4,\cdots,k,2^k,\cdots$亦爲散於$+\infty$。

5. 敍列$1,-2,3,-4,\cdots,(-1)^{n-1}n,\cdots$旣非散于$+\infty$亦非散于$-\infty$。

從此5,可引起下定義:

定義4. 凡敍列(x_n)之或照**39**定義爲收斂或照**40**,2,3爲定散者,謂之$n\to\infty$時)狀態確定(behave definitly)之敍列,簡稱定態*敍列.凡旣非收斂亦非定散之

---

5. 有時甚至云:此敍列斂於$+\infty$,其理由實因定義2中所言之性質其情形類於收斂定義(**39**)中所舉者頗多。此種說法,雖無慮引起誤會,但不必採用。$-\infty$方面仿是。

*附註. 凡敍敍(x_n)之爲收斂者,其項x_n有一定之趨向,$(x_n\to\xi)$;其爲定散而 $x_n\to+\infty$者其項亦有一定之趨向($x_n\to-\infty$者亦然);一言以蔽之,此類敍列其x_n之前進狀態有定,故謂之定態敍列,但改定態爲定趨,意似更顯,故以後或用此名。同理,「非定態」以後或稱無定趨。且如下敍列,其項x_n 大而復小,小而復大,迂迴曲折終趨於$(\to)+\infty$,與其謂之定態(恐疑爲單調),不如謂之定趨。

$(n\sin n)$卽 $\sin 1,\ 2\sin 2,\ 3\sin 3,\ 4\sin 4,\cdots$

因此,以後「有定散發」或稱爲定趨發散。

其他敍列皆謂之**無定發散**(indefinitly divergent)之敍列，簡稱**非定態敍列**.

注 意 及 例

1. 敍列$[(-1)^n]$；$[(-2)^n]$；$a\leqq-1$之(a^n)；$0,1,0,2,0,3,0,4,\cdots$；$0,-1,0,-2,0,-3,\cdots$；及**6**，4，8皆顯爲無定發散。即此諸敍列皆爲非定態(即無定趨)。

2. 反是，a爲任一數之$(|a^n|)$及$(3^n+(-2)^n)$，$(n+(-1)\log n)$，(不管其小節上之不規則)皆爲有定發散敍列。即諸敍列皆爲定態(即定趨)。

3. 非定態之幾何上解釋，可從既非收斂(**39**，6)亦非定散(**40**，3，注意3)推想之。

4. 從$x_n\to+\infty$及$x_n\to-\infty$(只要其各項$\neq o$[7])，皆可得$\frac{1}{x_n}\to0$；此因$|x_n|>G=\frac{1}{\varepsilon}$，故必$\left|\frac{1}{x^n}\right|<\varepsilon$。但不能從$x_n\to o$斷$\left(\frac{1}{x_n}\right)$爲定態。例如$x^n=\frac{(-1)^n}{n}$，則$x_n\to o$，但$\frac{1}{x_n}$不是定態。惟下定理仍易證明：

定理. 若(x_n)爲空列，且其項皆爲同號，則敍列$\left(\frac{1}{x_n}\right)$爲定散；——且自必因諸$x_n$皆爲正或皆爲負，而$\to+\infty$或$\to-\infty$。

下爲常遇之情形，爲便利說明計，再作一定義如下：

定義. 若兩敍列(x_n)及(y_n)（無須收斂）間有相互之關係：當$n\to\infty$時，其比

$$\frac{x_n}{y_n}$$

趨於「不等於o之確定極限」[8]；則謂之此兩敍列成**漸近比例**(asymptotically proportional)；及以記號

$$x_n\sim y_n$$

表之.其特例，若此極限爲1，則謂之此兩敍列爲**漸近相等**(asymptotically equal)；

---

6. 照上所言，敍列共有三種形式：(a)照定義**39**，斂於ξ($x_n\to\xi$)；(b)照定義**40**，2，3，散於$\pm\infty$($x_n\to\pm\infty$)；(c)既非(a)亦非(b)(x_n既不$\to\xi$，亦不$\to\pm\infty$)。因(b)之狀態與(a)及(c)皆有些相似，其名稱遂有種種不同，平常皆以(b)歸入發散方面(此是對的：至前一下註中之說法，所謂「斂於$+\infty$」，爲一致起見，是不應保存的)，但同時亦稱$+\infty$及$-\infty$爲「極限值」；故吾人於此三種狀況：(a)及(b)皆謂之定態，而(c)則謂之非定態；且惟(a)謂之收斂而(b)及(c)則皆謂之發散。定趨發散及無定趨發散亦有謂之眞發散及假發散(properly and improperly divergent)者。但定趨發散，既如上述，與收斂相似之處頗多，且稱其有一極限；則謂之眞發散亦似乎不宜。[譯者按。照此末語，則divergent應譯作「不斂」不應譯作「發散」。因稱(b)爲「眞不斂」似不宜；稱爲「眞發散」則不覺不宜也。但發散二字，通行已久，不應再改耳]。

7. 必能從某處起，可以如此[因x_n既$\to+\infty$則自必有一n_0能凡$n>n_0$時皆$x_n>c$也]。

8. 必須從某處起，x_n及y_n皆$\neq o$。此定義中，無須對於任何n皆如此。

及以記號

$$x_n \cong y_n$$

表之.

例如,

$$\sqrt{n^2+1} \cong n,\ \log(5n^9+23) \sim \log n,\ \sqrt{n+1} - \sqrt{n} \sim \frac{1}{\sqrt{n}}.$$

$$1+2+\cdots+n \sim n^2,\quad 1^2+2^2+\cdots+n^2 \cong \frac{1}{3}n^2$$

此種名稱實爲 P. du Bios-Reymond 所創(Annali de matematica pura de appl. (2)IV, S. 338, 1870/71).

收斂叙列之定理

°**定理1.** 一收斂敍列決定其惟一極限(卽斂敍列只有一極限).(9) 41

證. 設有兩極限而$x_n \to \xi$及$x_n \to \xi'$同時成立,則$(x_n-\xi)$及$(x_n-\xi')$皆爲空列.從**28**,2,

$$((x_n-\xi)-(x_n-\xi'))=(\xi'-\xi)$$

必亦爲空列,卽$\xi=\xi'$,已證完.(10)

°**定理2.** 凡斂敍列(x_n)必有界.若$|x_n| \leqq K$及(x_n)之極限爲ξ,則必$|\xi| \leqq K$.(11)

---

9. 由是,一斂敍列可定出(決定,供給,…)其惟一極限,此與節套或 Dedekind 分截定出其相應之數同。故從此點着想,若知一敍列斂于一數,此數卽可作爲已知。以前曾言,爲簡便計,可稱一節套 $(x_n|y_n)$ 或一Dedekind分截$(A|B)$或一n進小數爲一實數;今亦有同樣之正當理由,可稱一「斂于ξ之敍列(x_n)」爲一實數,以記號表之:$(x_n)=\xi$。G. Cantor曾對此作詳細討論,以之建築其實數論。參觀下88及106面。

10. 此證末一步,讀者驟見必覺奇怪,特說明如次。若對一確定之數值,知:對於每一$\varepsilon>o$皆能$|\alpha|<\varepsilon$,則不能不$\alpha=o$。蓋若$\alpha \neq o$,則必$|\alpha|>o$;只須取ε爲$\frac{1}{2}|\alpha|$,立卽不能$|\alpha|<\varepsilon$,與假設相矛盾;故非$\alpha=o$不可。同理,若α爲一確定之數及已知:對於每一$\varepsilon>o$,皆$\alpha \leqq K+\varepsilon$,則不能不$\alpha \leqq K$。此處所用之推理方法:「若對於每一$\varepsilon>o$皆$|\alpha|<\varepsilon$,則不能不$\alpha=o$」與希臘數學家頻用之推理法,卽所謂竭盡法(method of exhaustions)相同。(參觀Euchid, Elements X)。

11. 此$|\xi| \leqq K$中之=號決不可少却;甚至在「對于各n,$|x_n|<K$」時亦然;[卽(x_n)爲有界之定義中,改$|x_n| \leqq K$爲$|x_n|<K$後,此$|\xi| \leqq K$中之=號仍不可去]。

證. 若$x_n\to\xi$,則對於任意取定之 $\varepsilon>o$,必有一m能使凡$n>m$時,

$$\xi-\varepsilon<x_n<\xi+\varepsilon.$$

故若K為比m個值$|x_1|$, $|x_2|$,…, $|x_m|$皆大,且比$|\xi|+\varepsilon$亦大之數,則顯為

$$|x_n|<K,\quad 對於各n.$$

倘竟能$|\xi|>K$;則將$|\xi|-K>o$,而在此敍列中從某處起,能

$$|\xi|-|x_n|\leqq|x_n-\xi|<|\xi|-K$$

矣;如是,則$|x_n|>K$與定理中假定K之意義相矛盾.故知$|\xi|$決不能$>K$.

°**定理2a.** 若$x_n\to\xi$則$|x_n|\to|\xi|$.

證. 因(參覩**3**, II, 4) $|x_n|-|\xi|\leqq|x_n-\xi|$,故$(x_n-\xi)$為空列時,$(|x_n|-|\xi|)$亦為空列(**26**, 2).

°**定理3.** 若斂敍列(x_n)之各項皆不為o,及其極限ξ亦$\neq o$,則敍列$\left(\frac{1}{x_n}\right)$為有界;換言之卽在此假設之下,必有一數$\gamma>o$能使

$$|x_n|\geqq\gamma>o,\quad 對於各n;$$

卽諸數$|x_n|$必有一正下界.

證. 從假設,$\frac{1}{2}|\xi|=\varepsilon>o$,及必有一$m$能使凡$n>m$時$|x_n-\xi|<\varepsilon$,及因此得$|x_n|>\frac{1}{2}|\xi|$.[12]若$(m+1)$個正數,$|x_1|$, $|x_2|$,…, $|x_m|$, $\frac{1}{2}|\xi|$中之最小者以γ表之,則$\gamma>o$而對於各n皆$|x_n|\geqq\gamma$,故$\left|\frac{1}{x_n}\right|\leqq K=\frac{1}{\gamma}$,已證完.

設(x_n)為斂於ξ之敍列,則以**27**, 1至5之諸定理施於空列$(x_n-\xi)$,卽可得下列

---

12. 故凡$n>m$時之諸x_n皆必$\neq o$。

*附註.所謂「分為」乃將其全體分成兩子敍列。非謂在其中抽出兩子敍列。例如將$\left(\frac{1}{n}\right)$分為兩子敍列$\left(\frac{1}{2n}\right)$及$\left(\frac{1}{2n-1}\right)$。凡$\left(\frac{1}{n}\right)$中之項,非在$\left(\frac{1}{2n}\right)$中卽在$\left(\frac{1}{2n-1}\right)$中。倘但抽出兩子敍列而非分為兩子敍列,則此定理可以不眞。例如母敍列為

$$1,\frac{1}{2},2,\frac{1}{3},3,\frac{1}{4},4,\frac{1}{5},6,\frac{1}{6},\cdots n,\frac{1}{n},\cdots$$

在其中抽出兩子敍列

$$\left(\frac{1}{2n-1}\right),卽1,\ \frac{1}{3},\ \frac{1}{5},\ \frac{1}{7},\cdots$$

$$\left(\frac{1}{2n}\right),卽\frac{1}{2},\ \frac{1}{4},\ \frac{1}{6},\ \frac{1}{8},\cdots$$

則此兩子敍列雖皆斂于o,而母敍列則並不斂于o。

諸定理:

°**定理4.** 若(x'_n)爲(x_n)之子敍列，則在

$x_n \to \xi$時，必$x'_n \to \xi$.

°**定理5.** 若敍列(x_n)能分爲*各歛於ξ之兩子敍列[13]，則(x_n)之本身亦歛於ξ.

°**定理6.** 若(x'_n)爲(x_n)之任意更列，則在

$x_n \to \xi$時，必$x'_n \to \xi$.

°**定理7.** 若(x'_n)爲施任意有窮次更易於(x_n)所得之結果及$x_n \to \xi$，則$x'_n \to \xi$.

°**定理8.** 若$x'_n \to \xi$，$x''_n \to \xi$及敍列(x_n)與$(x'_n)$$(x''_n)$有

$x'_n \leqq x_n \leqq x''_n$ 對於各$n \geqq m$

之關係，則$x_n \to \xi$.

關於歛敍列之計算，皆以下諸定理爲根據:

°**定理9.** 若$x_n \to \xi$及$y_n \to \eta$，則$(x_n + y_n) \to \xi + \eta$. 又凡有窮個（例如$p$個）歛敍列，其項與項加之相類定理皆有效.+

證. 既$(x_n - \xi)$及$(y_n - \eta)$皆爲空列，則從**28**，1，$((x_n + y_n) - (\xi + \eta))$亦爲空列.

同法，從**28**，2，得:

°**定理9a.** 若$x_n \to \xi$及$y_n \to \eta$，則$(x_n - y_n) \to \xi - \eta$.

°**定理10.** 若$x_n \to \xi$及$y_n \to \eta$，則$x_n y_n \to \xi\eta$. 又凡有窮個（例如p個）歛敍列，其項與項乘之相類定理皆有效.

其特例，若$x_n \to \xi$，則不論c爲何數皆$cx_n \to c\xi$.

證. 因

$$x_n y_n - \xi\eta = (x_n - \xi) y_n + (y_n - \eta)\xi,$$

及此式之右邊爲:兩空列各與有界因數項項相乘，而後再以之相加，所得之結果.故此右邊之全式爲一空列之公項.已證完.

---

13. 分爲三子列，或分爲若干（定數）子敍列，皆成同樣之定理。

+附註。卽$x'_n \to \xi'$，$x''_n \to \xi''$，$x'''_n \to \xi'''$，$\cdots x_n^{(p)} \to \xi^{(p)}$，則$(x'_n + x''_n + x'''_n + \cdots + x_n^{(p)}) \to \xi' + \xi'' + \xi''' + \cdots + \xi^{(p)}$。此定理亦有效。但$p$須爲確定之數。

°**定理11.** 設$x_n \to \xi$及$y_n \to \eta$，若各$x_n \neq o$及$\xi \neq o$，則

$$\frac{y_n}{x_n} \to \frac{\eta}{\xi}$$ (14)

證. 因

$$\frac{y_n}{x_n} - \frac{\eta}{\xi} = \frac{y_n\xi - x_n\eta}{x_n \cdot \xi} = \frac{(y_n - \eta)\xi - (x_n - \xi)\eta}{x_n \cdot \xi},$$

及此式右邊之分子，照前定理證中所言之各理，爲一空列之公項，且諸因數$\frac{1}{\xi \cdot x_n}$爲有界(從定理3)．故此右邊之全式仍爲一空列之公項．

此定理之特例爲：

°**定理11a.** 設$x_n \to \xi$．若各x_n及$\xi \neq o$，則

$$\frac{1}{x_n} \to \frac{1}{\xi}.$$

重複引用8至11諸基本定理，可得範圍較廣之下定理：

°**定理12.** 設 $R = R(x^{(1)}, x^{(2)}, x^{(3)}, \cdots x^{(p)})$ 代表施有窮次加減乘除於諸文字$x^{(1)}, x^{(2)}, x^{(3)}, \cdots x^{(p)}$及諸任意數目係數所成之算式；(15) 及設

$$(x_n^{(1)}),\ (x_n^{(2)}), \cdots, (x_n^{(p)})$$

爲斂於$\xi^{(1)}, \xi^{(2)} \cdots \xi^{(p)}$之$p$個已知敍列；則敍列$(R_n)$之諸項

$$R_n = R(x_n^{(1)},\ x_n^{(2)}, \cdots x_n^{(p)}) \to R(\xi^{(1)}, \xi^{(2)}, \cdots \xi^{(p)});$$

但各項R_n之計算及$R(\xi^{(1)}, \xi^{(2)}, \cdots \xi^{(p)})$之計算中皆無論何處不能有「以$o$除」，〔否

---

14. 在定理3，11，11a中，但假定分母之極限$\xi \neq o$亦已足夠。旣 $\xi \neq o$，則必有一m能使$n > m$時分母x_n亦$\neq o$。因此，只須於(x_n)中作「有窮次改易」，卽可使分母皆$\neq o$，而此三定理全能成立。

15. 此R可簡稱爲p個變數$x^{(1)}, x^{(2)} \cdots x^{(p)}$及數目係數之有理函數。

則，此定理無效」.*

此諸定理，足備處分歛敍列之工作.再略述需用之數定理於次：

例 42

1. 設$x_n\to\xi$；若$a>o$，則

$$a^{x_n}\to a^{\xi}.$$

此因

$$a^{x_n}-a^{\xi}=a^{\xi}(a^{x_n-\xi}-1)$$

爲空列(從35,3)。

2. 設$x_n\to\xi$；若各x_n及ξ皆$>o$，則

$$\log x_n\to\log\xi.$$

證. 因

$$\log x_n-\log\xi=\log\frac{x_n}{\xi}=\log\left(1+\frac{x_n-\xi}{\xi}\right),$$

爲空列之公項；此從38,7 可知，蓋既$x_n>o$則自必$\frac{x_n-\xi}{\xi}>-1$，適合於38,7 之條件也。

3. 設$x_n\to\xi$；若各x_n及ξ皆$>o$，則ϱ爲任意一數時，

$$x_n^{\varrho}\to\xi^{\varrho}.$$

證. 因

$$x_n^{\varrho}-\xi^{\varrho}=\xi^{\varrho}\left(\frac{x_n^{\varrho}}{\xi^{\varrho}}-1\right)=\xi^{\varrho}\left[\left(1-\frac{x_n-\xi}{\xi}\right)^{p}-1\right], \qquad (一)$$

---

*附註.此定理記號稍簡，恐初學難明。附數語明之如下：設p爲 4；$x^{(1)}$，$x^{(2)}$，$x^{(3)}$，$x^{(4)}$爲 x，y,z,w；則$R(x^{(1)},x^{(2)},x^{(3)},x^{(4)})=R(x,y,z,w)$爲有理分數式如 $\frac{3x^2+4xy+7y^2+9z+w}{x^3+5xy+8z+9yw+w^5}$之類。$R_n$ 爲以 (x_n)，(y_n)，(z_n)，(w_n) 諸敍列中之項依次代入此式中所成之數，如：

$R_1=\frac{3x_1^2+4x_1y_1+7y_1^2+9z_1+w_1}{x_1^3+5x_1y_1+8z_1+9y_1w_1+w_1^5}$，$R_2=\frac{3x_2^2+4x_2y_2+7y_2^2+9z_2+w_2}{x_2^3+5x_2y_2+8z_2+9y_2w_2+w_2^5}$，…$(R_n)$即敍列 $R_1,R_2,\cdots$ 餘類推。

此定理(在此例)即言：若四敍列(x_n)，(y_n)，(z_n)，(w_n)皆爲收斂則(R_n)亦爲收斂，其極限即以此四敍列之極限代入R中x,y,z,w後所得之結果。所最宜注意者爲此定理末句所言，即凡 R_n 之計算不可有「以o除」，以四敍列之極限代入R中之計算亦不能有「以o除」。如此類計算免不了「以0除」，則此定理即不成立。

及$\frac{x_n-\xi}{\xi}>-1$，且$n\to\infty$時$\frac{x_n-\xi}{\xi}\to 0$，故從38，8，(一)爲空列之公項[16]。(在$\xi=0$時，可用35，4)。

Cauchy之極限定理及其推廣

有一羣關於極限之定理，[17]較以上所述者稍深奥，於本書後部之工作非常重要.其形式最簡者源於 Cauchy，[18]至其向各方面之推廣則屬於近代之事.今先述其簡者：

43 °**定理1.** 若$(x_0,x_1,\cdots)$爲空列，則其諸算術均數

$$x'_n=\frac{x_0+x_1+\cdots x_n}{n+1}\qquad n=0,1,2,\cdots$$

亦成空列.

證. 從假設，若$\varepsilon>0$已定，則必有一m能使凡$n>m$時皆$|x_n|<\frac{\varepsilon}{2}$.因此，凡$n>m$時，皆

$$|x'_n|\leqq\frac{|x_0+x_1+\cdots+x_m|}{n+1}+\frac{\varepsilon}{2}\cdot\frac{n-m}{n+1}.$$

此式右邊第一分數之分子爲一個定數，故可再取一比m大之n_0，使凡$n>n_0$時，此第一分數皆$<\frac{\varepsilon}{2}$.如是，則凡$n<n_0$時，皆$|x'_n|<\varepsilon$，而此定理已證明.*

---

16. 此三例1至3，以函數論之語言之，即函a^x在各點上連續，函數log x及 x^ϱ 在各正點上連續。

17. 此諸定理，讀者儘可緩讀.至本書後諸編中需用時再讀。

18. Augustin Louis Cauchy 1789 生於Paris, 1857死於Sceaux.在其所著 Analyse algebrique, Paris 1821(德文本,Berlin 1885, Julius Springer)中，於高等解析之基礎實首先作十分嚴格之發展，其中有無窮級數之理論。本書以後常援引此書，上定理2，見此書 p. 59。

*附註 此類證法有應注意者如下：

(1) 此種證法必須對於任何小之各正ε皆能成立，方爲有效。今此證開始但言「若$\varepsilon>0$已定，…」者，意在讀者已明ε之用法，故以簡語出之耳。

(2) 此證中之ε，從假定(x_n)爲空列而來。照空列之定義，下式本能對於任何小之各正ε皆能成立：

$$|x_n|<\frac{\varepsilon}{2},\qquad n>m(\varepsilon).$$

故此證亦必對於任何小之各正ε皆能成立。

(3) 讀者於以前及以後此類之證，皆須注意與(2)相類之理而加以思索。因書中各證不便大改原文，且亦不必皆加入類於(2)之云云，致嫌辭費也。

(4) 讀者自己作此類之證時，須注意此(1)中第一語，勿專就一特種之ε着想。

下定理比此定理範圍較廣，但可直接作爲此定理之附理：

°**定理2.** 若$x_n \to \xi$，則其諸算術均數

$$x'_n = \frac{x_0 + x_1 + \cdots + x_n}{n+1} \to \xi$$

證. 從定理1，$(x_n - \xi)$爲空列時

$$\left(\frac{(x_0-\xi)+(x_1-\xi)+\cdots+(x_n-\xi)}{n+1}\right) = (x_n' - \xi)$$

亦爲空列．已證完．

從此定理再證與幾何均數相關之定理，卽極容易：

定理3. 設敘列$(y_1, y_2, \cdots) \to \eta$，且其各項及極限$\eta$皆爲正．則其諸幾何均數所成之敍列亦

$$y'_n = \sqrt[n]{y_1 y_2 \cdots y_n} \to \eta.$$

證. 從$y_n \to \eta$，因此諸數皆爲正，可引用**42**，2得

$$x_n = \log y_n \to \xi = \log \eta.$$

再從定理2，得

$$x'_n = \frac{x_1 + x_2 + \cdots + x_n}{n} = \log \sqrt[n]{y_1 y_2 \cdots y_n} = \log y'_n \to \log \eta.$$

再從**42**，1卽可證明此定理．$[y'_n = e^{\log y'_n} \to e^{\log \eta} = \eta]$．

例

1. $\dfrac{1 + \frac{1}{2} + \cdots + \frac{1}{n}}{n} \to 0$，　因$\frac{1}{n} \to 0$．

2. $\sqrt[n]{n} = \sqrt[n]{1 \cdot \frac{2}{1} \cdot \frac{3}{2} \cdots \frac{n}{n-1}} \to 1$，　因$\frac{n}{n-1} \to 1$．

3. $\dfrac{1 + \sqrt{2} + \sqrt[3]{3} + \cdots + \sqrt[n]{n}}{n} \to 1$，　因$\sqrt[n]{n} \to 1$，

4. 因　$(1 + \frac{1}{n})^n \to e$（參觀下款**46** a），從定理3，

$$\sqrt[n]{\left(\frac{2}{1}\right)^1 \cdot \left(\frac{3}{2}\right)^2 \cdot \left(\frac{4}{3}\right)^3 \cdots \left(\frac{n+1}{n}\right)^n} = \sqrt[n]{\frac{(n+1)^n}{n!}} = \frac{n+1}{\sqrt[n]{n!}}\text{亦} \to e.$$

故

$$\frac{1}{n}\sqrt[n]{n!}\to\frac{1}{e}.$$

此關係亦可寫作 $\sqrt[n]{n!}\cong\frac{n}{e}$.

下爲 Cauchy 定理1及2之推廣，乃 O. Toeplitz[19]之作品．此種推廣，就本質，雖已極深入，但證明尚易。

°**定理4.** 設$(x_0, x_1, \cdots)$爲空列，及一系係數 $a_{\mu\nu}$ 卽

$$A\quad\left\{\begin{array}{lllllll} a_{00} & & & & & & \\ a_{10} & a_{11} & & & & & \\ a_{20} & a_{21} & a_{22} & & & & \\ \cdots & \cdots & \cdots & \cdots & & & \\ \cdots & \cdots & \cdots & \cdots & & & \\ a_{n0} & a_{n1} & a_{n2} & \cdots & a_{nn} & & \\ \cdots & \cdots & \cdots & \cdots & \cdots & \cdots & \\ \cdots & \cdots & \cdots & \cdots & \cdots & \cdots & \cdots \end{array}\right.$$

能滿足下兩條件：

(a). 每行爲一空列，卽對於每一確定之$p\geqq 0$，皆

$$n\to\infty\text{時},\quad a_{np}\to 0.$$

(b). 有一正常數K能比「任一列中各數之絕對值之和」皆大，卽有一正常數K能令

$$|a_{n0}|+|a_{n1}|+\cdots+|a_{nn}|<K,\qquad \text{對於各}n:$$

則諸數

$$x'_n=a_{n0}x_0+a_{n1}x_1+a_{n2}x_2+\cdots+a_{nn}x_n$$

---

19. Caucly 定理1，曾有數種推廣。其特列，如 J.L.W.V. Jensen之推廣(Om en Sätning af Cauchy, Tidskrift for Mathematik, (5) Vol. 2, pp. 81—83)，及O. Stolz之推廣(Über eine Verallgemeinerung eines Satzes von Cauchy, Mathemat, Annalen, Vol. 33, p. 237, 1889)。此定理4之形式爲 O. Toeplitz 所作成(Über lineare Mittelbildungen, Prace matematycznofizyczne Vol. 22, p. 113—119. 1911)，在某種意義之下，此已爲最後之推廣。因是，此書中已就各種方面說明定理5中所認爲「$x_n\to\xi$則$x'_n\to\xi$」之充分條件，亦爲其必要條件。

所成之敍列亦爲空列.

證. 從假設，對於每一 $\varepsilon>o$，必能覓得一合於

$$|x_n|<\frac{\varepsilon}{2K}, \qquad \text{對於各} n>m,$$

之m.於是凡$n>m$時，皆

$$|x'_n|<|a_{n0}x_0+\cdots+a_{nm}x_m|+\frac{\varepsilon}{2}.$$

從假設(a)，可再擇定$n_0>m$(m仍爲上所定之數)，使凡$n>n_0$時皆

$$|a_{n0}x_0+\cdots+a_{nm}x_m|<\frac{\varepsilon}{2}.$$

如是則凡$n>n_0$時，皆$|x'_n|<\varepsilon$，而本定理已證明.

在應用上，下之補充頗有用處：

補充定理. 若上定理中諸係數 $a_{n\lambda}$ 以諸數$a'_{n\lambda}=a_{n\lambda}\ \alpha_{n\lambda}$ 代之，此諸 $\alpha_{n\lambda}$ 之絕對值皆小於一定數 α，則諸數

$$x''=a'_{n0}x_0+a'_{n1}x_1+\cdots+a'_{nn}x_n$$

所成之敍列亦爲空列(簡言之，定理4中之諸係數$a_{n\lambda}$ 可各以一絕對值小於α之 $\alpha_{n\lambda}$ 乘之).

證. 此諸$a'_{n\lambda}$ 仍合定理4之(a)及(b)兩條件；蓋從 **26**, 1，可知p爲定數則$a'_{np}\to o$，又諸和

$$|a'_{n0}|+|a'_{n1}|+\cdots+|a'_{nn}| \text{ 常} <K'=\alpha K$$

亦顯而易見也.

從定理4可推得下定理：

定理5. 若$x_n\to\xi$及諸係數$a_{\mu\nu}$，於合定理4之(a)及(b)兩條件外，并合第三條件

$$(c) \qquad a_{n0}+a_{n1}+\cdots+a_{nn}=A_n\to 1^{(20)};$$

則

$$x'_n=a_{n0}x_1+a_{n1}x_1+\cdots+a_{nn}\to\xi.$$

---

20. 在應用此定理時，大抵爲$A_n=1$.

(卽敍列(x'_n)亦斂於ξ).

證. 因

$$x'_n=A_n\cdot\xi+a_{n0}(x_0-\xi)+a_{n1}(x_1-\xi)+\cdots+a_{nn}(x_n-\xi),$$

從(c)及定理4,可知此定理所云眞確.

在講此諸重要定理之釋例及應用之前,先述上定理更進一層之推廣,此乃又向一新方向推廣者也:

°**定理6.** 若A系係數$a_{\mu\nu}$,於合定理4,5之(a),(b),(c)三條件外,幷合第四條件:

(d) A中各對角線上之數各成一空列,卽對於每定數p,若$n\to\infty$時$a_{nn-p}\to o$.

則在$x_n\to\xi$及$y_n\to\eta$時,必

$$z_n=a_{n0}x_0y_n+a_{n1}x_1y_{n-1}+\cdots+a_{nn}x_ny_0\to\xi\eta.^{(21)}$$

證. 因

$$x_\nu\, y_{n-\nu}=(x_\nu-\xi)y_{n-\nu}+\xi\cdot y_{n-\nu},$$

得

$$z_n=\sum_{\nu=o}^{n}a_{n\nu}\,y_{n-\nu}\,(x_\nu-\xi)+\xi\cdot\sum_{\nu=o}^{n}a_{n\nu}\,y_{n-\nu}.$$

此式右邊第一和中,$(x_\nu-\xi)$爲空列,因數$y_{n-\nu}$爲有界,故從定理4及其補充定理知此第一和必趨於o.

又若將此式右邊之第二和寫成

$$\xi\cdot\sum_{\nu=o}^{n}a_{nn-\nu}\,y_\nu\equiv\xi\cdot\sum_{\nu=o}^{n}a'_{n\nu}\,y_\nu$$

之形式,則此諸數$a'_{n\nu}=a_{n\,n-\nu}$旣合條件(d)亦卽合於定理5之條件(a);故從定理5,此第二和必$\to\xi\eta$.因此z_n必$\to\xi\eta$.

44 注 意 及 例

21. $a_{\mu\nu}$爲正數之此定理,見著者(Knopp)之論文 Über Summen der Form $a_0b_n+a_1b_{n-1}+\cdots+a_nb_0$中(Rend. del circolo mat. di Palermo, Vol. 32, p. 95—110, 1911).

1. 定理1卽定理4之特例；此只須在定理4中令

$$\alpha_{n0}=\alpha_{n1}=\cdots=\alpha_{nn}=\frac{1}{n+1}, \qquad (n=0,1,2,\cdots)$$

卽可得定理1.照同法,可從定理5得定理2,其(a),(b),(c)三條件，於以$\frac{1}{n+1}$爲諸 $\alpha_{\mu\nu}$時，仍完全能合。

2. 若$\alpha_0,\alpha_1,\alpha_2,\cdots$皆爲任意正數，而其和

$$\alpha_0+\alpha_1+\cdots+\alpha_n=\sigma_n\to\infty;$$

則從$x_n\to\xi$可斷定

$$x'_n=\frac{\alpha_0x_0+\alpha_1x_1+\cdots+\alpha_nx_n}{\alpha_0+\alpha_1+\cdots+\alpha_n}\text{亦}\to\xi.^{(22)}$$

此只須在定理5中令

$$\alpha_{n\nu}=\frac{\alpha_\nu}{\sigma_n}, \qquad \begin{cases} n=0,1,2,\cdots \\ \nu=0,1,2,\cdots \end{cases}$$

卽可知上所云云爲眞確。蓋此諸係數$\alpha_{n\nu}$顯能滿足(a),(b),(c),三條件也。令$\alpha_n=1$仍得定理2.

2a. 定理2之ξ爲$+\infty$或$-\infty$時，定理2仍爲眞確。又其推廣定理5亦是如此，只要其諸係數$\alpha_{\mu\nu}$皆$\geqq o$。理由如下。若$x_n\to+\infty$，則照定理4之證明，任設一$G>c$，必有一合于

$$x_n>G+1. \qquad \text{對于各}n>m.$$

之m與之相應。如是，則凡$n>m$時

$$x'_n>(G+1)(\alpha_{n\,m+1}+\cdots+\alpha_{nn})-\alpha_{n0}|x_0|-\cdots-\alpha_{nm}|x_m|$$

（參觀3，II，4）。再援定理4及5之(a)及(c)兩條件，必再有一n_0能使凡$n>n_0$時皆$x'_n>G$。故$x'_n\to\infty$。

3. 上所假定之諸α_n皆正及$\sigma_n\to\infty$，代以下之假定已足〔從(b)〕:

$$|\alpha_0|+|\alpha_1|+\cdots+|\alpha_n|\to+\infty. \tag{1}$$

及有一常數K，能對于各n皆

$$|\alpha_0|+|\alpha_1|+\cdots+|\alpha_n|\leqq K\cdot|\alpha_0+\alpha_1+\cdots+\alpha_n|.^{(23)} \tag{2}$$

〔此(2)與(b)同。此假定，實卽假定(1)及原有之(b)而已。〕

（α_n皆爲正，及$K=1$，則自合此處所言之一切需要）。

4. 若在2及3中，爲簡單計，令$\alpha_nx_n=y_n$，則得：若$\frac{y_n}{\alpha_n}\to\xi$，及諸$\alpha_n$皆合2或3中諸條件，則

---

22. O. Stolz. loc. cit——但照下之假定，自亦已足：從某點起（卽$n\geqq$某數後），諸α皆$\geqq o$，但須$\sigma_n\to+\infty$，（卽只須$\sigma_n\to+\infty$，諸α儘可從某點起皆$\geqq o$）。如是，則諸x_n必須作爲從「點之σ_n在其後$>o$者」起。（例如$n>m'$後$\sigma_n>o$，則x_n必須從$x_{m'+1}$起）。

23. Jensen, loc. cit. 若諸α中首先$\neq o$者爲α_m，則諸x_n從$n\geqq m$起始有定義。

$$\frac{y_0+y_1+\cdots+y_n}{\alpha_0+\alpha_1+\cdots+\alpha_n}\to\xi.$$

5. 若再令 $y_0+y_1+\cdots+y_n=Y_n$ 及 $\alpha_0+\alpha_1+\cdots+\alpha_n=A_n$，則此4之結果可寫成下之形式：

若 $\frac{Y_n-Y_{n-1}}{A_n-A_{n-1}}\to\xi$ 及諸數 $\alpha_n=A_n-A_{n-1}(n\geqq1,\alpha_0=A_0)$ 合2或3中諸條件，則

$$\frac{Y_n}{A_n}\to\xi.$$

6. 下為5之例；

$$\lim\frac{1+2+\cdots+n}{n^2}=\lim\frac{n}{n^2-(n-1)^2}=\lim\frac{n}{2n-1}=\frac{1}{2}.$$

同法，

$$\lim\frac{1^2+2^2+\cdots+n^2}{n^3}=\lim\frac{n^2}{n^3-(n-1)^3}=\frac{1}{3}.$$

公例，若p為正整數，則

$$\lim\frac{1^p+2^p+\cdots+n^p}{n^{p+1}}=\lim\frac{n^p}{n^{p+1}-(n-1)^{p+1}}$$

$$=\frac{n^p}{(p+1)n^p-\binom{p+1}{2}n^{p-1}+\cdots}=\frac{1}{p+1}.$$

7. 設 46a 之諸數 $(1+\frac{1}{n})^{n+1}$ 所成之敍列為收斂，其證明已經知道；則得

$$\frac{\log1+\log2+\cdots+\log n}{n\log n}=\frac{\log n!}{\log n^n}\to1\text{ 即 }\log n!\cong\log n^n.$$

8. 諸數

$$a_{n\nu}=\frac{1}{2^n}\binom{n}{\nu}\qquad\begin{cases}n=0,1,2,\cdots\\ \nu=0,1,\cdots n\end{cases}$$

合定理4及5之(a)，(b)，(c)三條件；蓋若p為定數，則

$$a_{np}=\frac{1}{2^n}\binom{n}{p}<\frac{n^p}{2^n},$$

從38，2，知$a_{np}\to0$；又對於各n，皆顯為

$$|a_{n0}|+\cdots+|a_n|=a_{n0}+\cdots+a_n=1,$$

故諸$a_{n\nu}$全合定理4，5之(a)，(b)，(c)三條件。

由此可知：若$x_n\to\xi$則

$$\frac{x_0+\binom{n}{1}x_1+\binom{n}{2}x_2+\cdots+\binom{n}{n}x_n}{2^n}\to\xi.$$

9. 上於1，2，3及8中專對定理5所言之諸事，自亦可施之於定理6。此祗須說明下兩定理：

(a) 若 $x_n\to\xi$ 及 $y_n\to\eta$，則

$$\frac{x_0y_n+x_1y_{n-1}+x_2y_{n-2}+\cdots+x_ny_0}{n+1}\to\xi\eta.$$

(b) 若(x_n)及(y_n)皆爲空列，且(y_n)更合

$$|y_0|+|y_1|+\cdots+|y_n|<\text{定數}K, \qquad \text{對於各}n,$$

之條件，則諸數

$$z_n=x_0y_n+x_1y_{n-1}+\cdots+x_ny_0$$

所成之敍列亦爲空列。（證此，只須在定理4中令$a_{n\nu}=a_{n-\nu}$）。

10. 讀者當已注意及「定理4之(A)系中各列，皆恰截至第n項」實無關要旨。詳言之，其各列中項數儘可任意多，不必至第n項即須截止。在無窮級數論之開始諸原則已經熟悉之後，可知此諸列中之項數儘可多至無窮$(a_{n0},a_{n1},a_{n2},\cdots a_{n\nu},\cdots)$，只要附在此系上之他種條件皆能滿足而已。此處所示之定理，俟下221中作成之及證明之。

九章　兩主要審歛法

今可討論收歛之實際問題矣。有兩主要觀點，吾人將遂以研究以下之敍列 其尤要者爲考慮問題A：

問題A. 設有一敍列(x_n)，此敍列是歛乎，*定散乎，抑非定散乎？（簡言之，此敍列歛否之狀態如何？）.

若一敍列已證明其爲收歛，則其必有一極限値，已能保證。但其極限値究爲何數？於是應進考下問題B：

問題B. 設已知敍列(x_n)收歛，則此敍列趨於何種極限ξ？

今設數例於下，以明此兩問題之意義：設有敍列 45

$$(n(\sqrt[n]{2}-1)),\ (n(\sqrt[n]{n}-1)),\ ((1+\frac{1}{n})^n),\ ((1+\frac{1}{n^2})^n),$$

$$\left(\frac{1+2^2+3^3+\cdots+n^n}{n^2}\right),\ \left(\frac{1+\frac{1}{2}+\cdots+\frac{1}{n}}{\log n}\right),\cdots$$

考察其組織，可知此每一敍列含有二（或二以上）種互相反抗之勢力，以引起其中諸項之變動。此二力中，一力使諸項增漲，一力使諸項縮小：而此二力孰强及强至何種度，則殊難一見即明。凡各種方法，可遂以斷定一已知敍列爲歛或散者，謂之**歛散**

*「乎」即「麼？」之意。白話雖通行已久，但此「乎」字亦許學生尙識，故用之。並非譯者喜謅文，有酸氣；實因「乎」比「麼」可省筆畫不少，可偷懶些。其他類推。

審核法(criterion of convergence or divergence),或簡稱審斂法(因發散卽不斂;審斂否,則審不斂亦自在其中).問題A可以此類審斂法解決之.

此問題B,大抵較難解決.實則,幾可云無法解決,或竟視爲無足輕重.謂之無足輕重者,實因如定理**41**,1所言,一斂敍列(x_n)完全可決定其極限ξ,故此ξ卽可視作此敍列之本身(參觀**41**,1下註).[卽認(x_n)卽是ξ,如是則問題B卽無討論之必要].但敍列之形式,往往非常繁複;以之表數,頗覺不便;此種論斷,似不甚宜.故與其如上所云,不如俟求得可以表此ξ之Dedekind分截或更善之節套(例如一個n進小數,或爲其特例之一個十進小數)後,方作爲「此ξ爲已知」.此以n進小數或十進小數表ξ之法,實爲吾人最習慣之表示實數法.如問題B按此種目光解決之,則可謂之此極限之計數問題.[1] 或求極限之數值問題.

此問題在實用方面極重要;在理論方面則較次,蓋就理論上之觀點言,凡代表實數之一切方式(如節套,分截,敍列……等)實無不相等也.若在表示實數之一切方式中再作進一步之觀察,而認「敍列表示式」爲最普遍之方式;則問題B可改爲下式:

問題B'. 設有兩斂敍列(x_n)及(x'_n),則此兩敍列所定之極限是否相同?如不相同,其間有無簡單之關係?其同與否,如何決之?其間關係,如何求之?

今設數例,以明此問題B'如下:

1. 設

$$x_n=\left(1+\frac{1}{n}\right)^n \text{ 及 } x'_n=\left(1+\frac{2}{n}\right)^n$$

此兩敍列皆極易知其爲收斂(參觀 **46**a及**111**)但不易看出其後者爲前者之平方;卽設$x_n\to\xi$及$x'_n\to\xi'$時,不易看出$\xi'=\xi^2$之關係.

2. 設有一敍列

$$\frac{1}{1},\ \frac{3}{2},\ \frac{7}{5},\ \frac{17}{12},\ \frac{41}{29},\ \ldots$$

此各分數之分子爲於「前一分數之分子之二倍」加「更前一分數之分子」之結果(例如$41=2\cdot17+7$),其分母之作成法同此.欲知此敍列爲收斂及求其極限之數值,兩皆不難.但如何斷定此極限$=\sqrt{2}$?則此答卽不甚易.

3. 設

1. 實數之計數=以十進小數表此實數.其詳見第八編.

$$x_n=(1-\frac{1}{3}+\frac{1}{5}-\frac{1}{7}+\cdots+\frac{(-1)^{n-1}}{2n-1})$$

及設x'_n爲單位圓*之內接n正多邊形之周長。則兩敍列(x_n)及(x'_n)皆爲收斂極易看出。但若以ξ及ξ'表此兩敍列之極限，則如何能知$\xi'=8\cdot\xi$?(此答亦不甚易)。

從此諸例，足知問題B或B'大抵較問題A難多，故現先專究問題A，并從兩審斂法入手，此兩審斂法乃他種一切審斂法可從之推出者也.

第一主要審斂法(關於單調敍列者).

凡單調有界敍列皆爲收斂，凡無界單調敍列† 皆爲定散.(故凡單調敍列之 **46**
狀態皆爲定趨；及當(惟)其爲有界時，必(方)爲收斂；及當(惟)其非有界時，必(方)爲發散.其爲發散者，視敍列爲單調升或降，而爲趨於$+\infty$或$-\infty$).

證. (a) 設敍列(x_n)爲單調升及無界.則因$x_n\geqq x_1$，此敍列必左有界而右無界.故任設一無論如何大之正數G；必常有一下標n_0，能使

$$x_{n_0}>G.$$

既此敍列爲單調升，自必凡$n>n_0$時，皆$x_n>G$.故從定義**40**,2，必確能$x_n\to+\infty$.改左爲右，可照同法推知：凡無界單調降敍列必散於$-\infty$.

(b) 設(x_n)爲單調升而有界之敍列，則必有一K，能

$$|x_n|\leqq K,\quad 對於各n;$$

故

$$x_1\leqq x_n\leqq K,\quad 對於各n.$$

由是，節$J_1=x_1\cdots K$中必含有(x_n)之一切項(卽凡(x_n)之項皆在此節J_1之中).施逐次二等分法於此節J_1：按J_1之右半中有無(x_n)之點，而以J_1之右半或左半爲J_2(卽J_1之右半中有(x_n)之點，卽以J_1之右半爲J_2；如J_1之右半中無(x_n)之點，則以J_1之左半爲J_2).再照此法，取定J_2之半爲J_3；依次如此，卽得一節套.此套之各節皆有下之性質[2]：此敍列之點無一能在此各節之右，但至少有一點在此各節之中(亦卽在一切節中).換言之，(此敍列之點，單調向右前進時)，此敍列中點進各節中後不再

*附註。單位圓卽半經爲1之圓。

†附註。無界單調敍列卽單調敍列之非有界者。以後凡敍列之非有界者謂之無界敍列。

2。 讀者應在數軸上作圖，顯出此項情形。

向右走出；*故在此各節中各有「從某下標起之一切點」(即各含此敍列之一尾)．故若取定適當之 $n_1, n_2, \cdots$，可云：

凡$n>n_k$之一切x_n皆在 J_k 中，而在 J_k 之右則無一x_n(即J_k中含此敍列之n_k尾，而J_k之右無此敍列之點)．

設ξ為此套(J_n)所定之數，即可證明$x_n\to\xi$如下．任設一 $\varepsilon>o$，必同時有一 p，能使J_p之長小於ε．因凡$n>n_p$之x_n皆與ξ同在J_p中，故凡$n>n_p$時必

$$|x_n-\xi|<\varepsilon.$$

於是$(x_n-\xi)$為空列，而$x_n\to\xi$．已證完．

再以適宜之法，改右為左，即可知有界單調降敍列亦必收斂．本定理之各部分，至此已全證明矣．

注 意 及 例

1. 應首先注意者．即使$|x_n|<K$時，$|\xi|$亦不一定$<K$，而有$|\xi|=K$之可能．(參觀**41**,1)．此ξ為(x_n)之極限．

2. 設

$$x_n=\frac{1}{n+1}+\frac{1}{n+2}+\cdots+\frac{1}{2n},\qquad (n=1,2,\cdots).$$

因

$$x_{n+1}-x_n=\frac{1}{2n+1}+\frac{1}{2n+2}-\frac{1}{n+1}=\frac{1}{2n+1}-\frac{1}{2n+2}>o,$$

故此敍列為單調升；又$x_n\leqq n\cdot\frac{1}{n+1}<1$，故此敍列為有界．故此敍列為收斂．至其極限$\xi$，則照上之研究，所知者不過

$$x_n<\xi\leqq 1,\qquad 對于各n$$

而已．例如，$n=3$，則$\frac{37}{60}<\xi\leqq 1$．此ξ是否為有理數，是否因他種情形而與某數有密切之關係(簡言之，即問題B之答案)，在此處皆不能立即想出．入後當說明此ξ為2之自然對數．

3. 設 $x_n=(1+\frac{1}{2}+\frac{1}{3}+\cdots+\frac{1}{n})$．$(x_n)$ 為單調升敍列 (參觀 **6**,12)．此敍列是否有界?

設有一任意大之$G>o$．再取$m>2G$．於是凡$n>2^m$時，

---

*附註．讀者可照**7**,6作此敍列之圖像，再將此證中所謂「左」「右」改為「下」,「上」而就y軸上着想，則此數語所言之理必更易明白．

$$x_n>(1+\frac{1}{2})+(\frac{1}{3}+\frac{1}{4})+(\frac{1}{5}+\cdots+\frac{1}{8})+\cdots+(\frac{1}{2^{m-1}+1}+\cdots+\frac{1}{2^m})$$

$$>\frac{1}{2}+2\cdot\frac{1}{4}+4\cdot\frac{1}{8}+\cdots+2^{m-1}\cdot\frac{1}{2^m}=\frac{m}{2}>G.$$

故此敍列無界而爲發散$\to+\infty$。

4. 若$\sigma=(x_n|y_n)$爲任意節套，則其諸節之左右端點各成一單調有界而因此爲歛之敍列，故

$$\lim x_n=\lim y_n=(x_n|y_n)=\sigma.$$

下爲一特別重要之例：設有兩敍列，其公項依次爲 **4€a**

$$x_n=(1+\frac{1}{n})^n \quad 及 \quad y_n=(1+\frac{1}{n})^{n+1}.$$

當n增長時，此兩敍列消長之態度如何，不易直接想像（參觀九章開始諸列下所言）.

今先證明此第二敍列爲單調降，即證明$n>2$時

$$y_{n-1}>y_n \text{ 即 } (1+\frac{1}{n-1})^n>(1+\frac{1}{n})^{n+1}$$

如下：

此右方之不等式，卽

$$\left(\frac{1+\frac{1}{n-1}}{1+\frac{1}{n}}\right)^n>1+\frac{1}{n},$$

卽

$$\left(\frac{n^2}{n^2-1}\right)^n>1+\frac{1}{n}, \text{ 卽 } \left(1+\frac{1}{n^2-1}\right)^n>1+\frac{1}{n}, \qquad (一)$$

欲知(y_n)是否單調降，只須知此不等式(一)是否成立.今此不等式顯能成立.何則，蓋從 Bernoulli 不等式(**10**,7)，凡$\alpha>-1$，$\alpha\neq0$及$n>1$時，皆

$$(1+\alpha)^n>1+n\alpha;$$

其特例，卽是

$$(1+\frac{1}{n^2-1})^n>1+\frac{n}{n^2-1}>1+\frac{n}{n^2}=1+\frac{1}{n}$$

又因對於各n，皆$y_n>1$，故此單調降敍列(y_n)又必爲有界；且因此而必爲收斂.其極限爲以後常見之數，自 Euler 以來，皆以特字e表之[3].就此數而論，在此處只能推知其有

$$1\leqq e<y_n$$

之關係而已；例如，$n=5$，則此關係變爲

$$1\leqq e<\frac{6^6}{5^6}<3.$$

此第一敍列(x_n)則反是而爲單調升，卽$x_{n-1}<x_n$.欲證明此事，須證明

$$\left(1+\frac{1}{n-1}\right)^{n-1}<\left(1+\frac{1}{n}\right)^n,$$

卽

$$\left(1+\frac{1}{n-1}\right)^{-1}<\left(\frac{1+\frac{1}{n}}{1+\frac{1}{n-1}}\right)^n,$$

亦卽

$$1-\frac{1}{n}<\left(\frac{n^2-1}{n^2}\right)^n=\left(1-\frac{1}{n^2}\right)^n. \qquad (二)$$

再從10，7，可知凡$n>1$時皆

$$\left(1-\frac{1}{n^2}\right)^n>1-\frac{n}{n^2}=1-\frac{1}{n},$$

故(二)爲眞確，而(x_n)爲單調升.

因此，在任何情形之下，皆

$$\left(1+\frac{1}{n}\right)^n<\left(1+\frac{1}{n}\right)^{n+1},\ 卽\ x_n<y_n,$$

故對於各n，皆$x_n<y_1$.因此，(x_n)亦爲有界亦爲收斂.

又諸數

$$y_n-x_n=\left(1+\frac{1}{n}\right)^n\cdot\left(1+\frac{1}{n}-1\right)=\frac{1}{n}\cdot x_n$$

---

3. Euler 以此字(e)表此極限，見其致 Goldbach書中(25 Nov.1731)及其著作(1736)(Mechanica sive motus scientia analytice, exposita, II, p. 251.)中。

皆爲正數，且成一空列（從**26**，1）；故(x_n)及(y_n)之極限相同，而

$$\lim x_n = \lim y_n = e.$$

由是，此e可以一節套定之，卽

$$e = (x_n | y_n) = \left(\left(1+\frac{1}{n}\right)^n \middle| \left(1+\frac{1}{n}\right)^{n+1} \right)$$

此從上證可知，（例如，令$n=3$，可從此得$\frac{64}{27}<e<\frac{256}{81}$；下23章中，有歛於$e$之他種敍列，其計數法較易於此）。

此第一主要審歛法之效果高於一切，實由其假設甚少，憑以推斷「諸數所成敍列之收歛」頗易；蓋所須審核者，僅單調及有界二事也。惟其所審核之敍列，縱爲常見及重要之品，終屬敍列中之特例，欲恃以處理一切敍列，其力量終嫌不足。故仍須再求極普遍之審歛法，藉以審核任意敍列之歛散，以下所言，目的卽在於此。

°第二主要審歛法（形式1） 47

設(x_n)爲任意敍列，若（惟）對於每一$\varepsilon>0$必有一數$n_0=n_0(\varepsilon)$，能使

$$|x_n - x_{n'}| < \varepsilon, \qquad \text{對於各}\, n, n' > n_0^{**}$$

則(x_n)爲（方）收歛。（$n, n'>n$爲n及n'皆$>n_0$之意）。

先加說明及實例於此，以便讀者先熟悉此定理之內容，而後再閱其證，可易明白。

說 明 及 例

1. **10**中1，3，4，9在本質上仍可爲此處之說明，讀者應再重讀數遍。

**附註　n及n'皆爲大於n_6之下標。大于n_0之下標有無窮多。大于n_0之一對一對下標(n_1, n'_1)，(n_2, n'_2)，…亦有無窮多。此式之意爲$|x_n - x_{n'}|<\varepsilon$對于任何一對此種下標皆須成立。例如　$\varepsilon=\frac{1}{2}$，$n_\theta=3$，則$|x_4-x_5|<\frac{1}{2}$，$|x_4-x_6|<\frac{1}{2}$，…$|x_4-x_{100}|<\frac{1}{2}$，$|x_4-x_{101}|<\frac{1}{2}$，…；$|x_5-x_6|<\frac{1}{2}$，$|x_5-x_7|<\frac{1}{2}$，$|x_5-x_{1000}|<\frac{1}{2}$，$|x_5-x_{1001}|<\frac{1}{2}$，…，…，…皆須成立。換一$\varepsilon=\frac{1}{3}$，又必有一相應之$n, n'$能如上云云。且無論$\varepsilon>0$如何換，皆能有相應之$n, n'$能如上云云（卽$|x_n - x_{n'}|<\varepsilon$對于「比$n_0$大之各對$n, n'$」皆能一一成立）。此爲$(x_n)$爲收歛之必要及充分條件。尤須注意者，$\varepsilon>0$可任意小，$n$及$n'$之距離可任意大。此前者讀者必已經習慣，此後者尙是初見宜細細玩味。

2. 此審斂法中所言，以幾何上直覺說法明之：有極高下標之一切x_n必互相密集（極相緊擠）。

3. 設(x_n)為一數列，其$x_0=o$及$x_1=1$，此後每一項為前兩項之算術均數，即$n\geqq 2$時

$$x_n=\frac{x_{n-1}+x_{n-2}}{2};$$

如是，則$x_2=\frac{1}{2}$，$x_3=\frac{3}{4}$，$x_4=\frac{5}{8}$，…。從此可知此數列顯非單調。又從此數列各項之作成法，可知其每連接兩項之差數成一空列；此事證明甚易，因用數學歸納法，可推知

$$x_{n-1}-x_n=\frac{(-1)^n}{2^n}\ ^{(4)} \qquad (一)$$

而此→0也。又凡其每連接兩項間皆含有其後之一切項（例如x_n後之項皆在x_{n-1}，x_n兩項之間；此亦從此數列之作成法可知）。故在每定一$\varepsilon>o$後，取一合于$\frac{1}{2^p}<\varepsilon$之$p$，則凡$n$及$n'$皆$>p$時必

$$|x_n-x_{n'}|<\varepsilon.$$

故可以此第二主要審斂法斷定此數列(x_n)為收斂。其極限ξ亦易求得，蓋稍從此數列之作成法着想，即可猜測$\xi=\frac{2}{3}$。再用數學歸納法，即可證明公式

$$x_n-\frac{2}{3}=\frac{2}{3}\cdot\frac{(-1)^{n+1}}{2^n},$$

而知$x_n-\frac{2}{3}$確為空列。

今可作此第二主要審斂法之證明矣.

證. 此定理(即此審斂法)之條件，為簡便計，謂之ε條件.證此定理須分兩部，其一為證ε條件為必要，其二為證ε條件為充分.

(a) 先證此ε條件的必要，即證：若(x_n)為收斂，則此條件必能滿足.

設$x_n\to\xi$，則$(x_n-\xi)$為空列；故任定一$\varepsilon>o$，則必有一n_0，能使

$$|x_n-\xi|<\frac{\varepsilon}{2}, \qquad n>n_0$$

又於合此條件之任一n外，再任取一$n'>n_0$，則

$$|x_{n'}-\xi|<\frac{\varepsilon}{2}, \qquad n'>n_0$$

---

4. 此(一)在$n=o$及1時為真。再從

$$x_{k+1}-x_k=\frac{x_{k+1}-x_k}{2}+\frac{x_k-x_{k-1}}{2},$$

可知此(一)對於各$n\leqq k$為真，則對於$n=k+1$亦為真。

故

$$|x_n - x_{n'}| = |(x_n - \xi) - (x_{n'} - \xi)| \leqq |x_n - \xi| + |x_{n'} - \xi| < \frac{\varepsilon}{2} + \frac{\varepsilon}{2} = \varepsilon.$$

ε 條件爲必要，已經證明.

(b) 再證此ε條件爲充分，卽證(x_n)之項合此ε條件，則(x_n)爲收斂.

此爲充分，不易看出. 今以搆造法證之，卽先還合此 ε 條件之(x_n) 造成一節套(J_n)，再證此(J_n)所定之數卽(x_n)之極限.

(x_n)既合ε條件，則任定一$\varepsilon > o$，卽有一n_0能使

$$|x_n - x_{n'}| < \varepsilon, \qquad n, n' > n_0.$$

在此類n, n'中固定其一，名之爲p，則亦可云：任定一 $\varepsilon > o$，必能覓得一下標 p(此 p 可在n_0右任意遠之處)，使

$$|x_n - x_p| < \varepsilon, \qquad 對於各n > p.$$

設 $\varepsilon = \frac{1}{2}, \frac{1}{4}, \cdots \frac{1}{2^k} \cdots$，則依次得

(1) 必有一下標p_1，能使

$$凡n > p_1時，皆 \quad |x_n - x_{p_1}| < \frac{1}{2}.$$

(2) 必有一下標$p_2 > p_1$(卽必有大於p_1之p_2)，能使

$$凡n > p_2時，皆 \quad |x_n - x_{p_2}| < \frac{1}{2^2},$$

照此類推，至第k次，得

(k) 必有一下標$p_k > p_{k-1}$，能使

$$凡n > p_k時，皆 \quad |x_n - x_{p_k}| < \frac{1}{2^k}.$$

從此可作成諸節J_k如下：

(1) 名 $x_{p_1} - \frac{1}{2} \cdots x_{p_1} + \frac{1}{2}$ 節爲J_1；則凡$n > p_1$之一切x_n皆在此J_1中；因此，x_{p_2}亦在此J_1中. 故J_1必含節$x_{p_2} - \frac{1}{4} \cdots x_{p_2} + \frac{1}{4}$之全體或其一部(凡$n > p_2$之一切$x_n$皆在此一部中). 因凡$n > p_2$之一切$x_n$亦皆在 J_1中，故亦必在此兩節之公共

部分中.

(2) 名此公共部分爲J_2;則J_2既在J_1中,且含有凡$n>p_2$之一切x_n. 在此結果中,以p_{k-1}及p_k代p_1及p_2,幷

(K) 名J_{k-1}中所含節$x_{p_k}-\frac{1}{2^k}\cdots x_{p_k}+\frac{1}{2^k}$之部分爲$J_k$;則$J_k$既在$J_{k-1}$中,且含有凡$n>p_k$之一切$x_n$.

照此進行,得一節套(J_k);因此中各節皆含在其前一節中,且J_k之長$\leqq\frac{2}{2^k}$也.

設ξ爲此(J_k)所定之數,則可斷言

$$x_n\to\xi.$$

蓋任定一$\varepsilon>o$,必能覓出一合於$\frac{2}{2^r}<\varepsilon$之$r$,而得

$$\text{凡}n>p_r\text{時,皆}|x_n-\xi|<\varepsilon \qquad (\text{二})$$

也;至此(二)之所以成立,則由ξ及「凡$n>p_r$之一切x_n」皆在J_r之中,及此J_r之長$<\varepsilon$之故.ε條件爲充分已經證明.本定理之全體亦已證完[5]

注 意 及 例

48 1. 45,3之敘列,今已易知其爲歛.設$n'>n$,則

$$x_{n'}-x_n=\pm\left(\frac{1}{2n+1}-\frac{1}{2n+3}+\cdots\pm\frac{1}{2n'-1}\right).$$

在此括弧中以每連接兩項作一項觀(參觀下81c,3),則可知此括弧中值爲正;故

$$|x_{n'}-x_n|=\frac{1}{2n+1}-\frac{1}{2n+3}+\cdots\pm\frac{1}{2n'-1}.$$

又若令此右第一項爲獨立一項,其後則每兩項作一項觀,則又可知

$$|x_{n'}-x_n|<\frac{1}{2n+1}.$$

故只要n及n'皆$>\frac{1}{2\varepsilon}$,即能$|x_{n'}-x_n|<\varepsilon$。故此敘列爲歛。

2. 設 $x_n=\left(1+\frac{1}{2}+\cdots+\frac{1}{n}\right)$,前在46,3中已知由此作成之$(x_n)$爲不歛。今用此第二主要審歛法,可從其$\varepsilon$條件對 $\varepsilon<\frac{1}{2}$不能滿足,而證其爲不歛如下:無論n_0爲何數,凡 $n>n_0$ 及 $n'=2n$(自必 >

---

5. 此基本審歛法尚有他種證法,即將論及。此利用節套之證法可直接決定(x_n)之極限。以前此審歛法之各種證法,A. Pringsheim 曾有一批評的記載(Sitzungsber. d. Akad. Munchen, Vol. 27, p. 303 1897)。

n_0)時，皆

$$x_{n'}-x_n=\frac{1}{n+1}+\frac{1}{n+2}+\cdots+\frac{1}{2n}>n\frac{1}{2n}=\frac{1}{2},$$

故$|x_{n'}-x_n|\nless\varepsilon$.故此敘列必不斂。又因此敘列顯爲單調升，故必爲定散。

3. 上例同時示「ε條件之能滿足」之反面(參觀10,12)爲：不能對于各 $\varepsilon>o$ 皆有一n_0，可使ε條件滿足；亦卽必至少有一特殊之$\varepsilon_0>o$，吾人對之能覓出超過「任何大之各數n_0」之兩正整數n及n'，使

$$|x_{n'}-x_n|\geqq\varepsilon_0>o.^* \qquad (三)$$

[此宜注意者，旣云各n_0，則此種n_0必有無窮多，且必須有無窮多。倘此種n_0只有有窮個其最大者爲 n'_0，而大于n'_0之n及n'皆不能使(三)成立，則不能斷ε條件不滿足矣。又須注意，但有大于某一n_0之一對n，n'能使(三)成立，不能斷言 ε 條件不滿足。又斷定 ε 條件不滿足之法，亦可簡言之如下：若至少有一特殊之$\varepsilon_0>o$，能使(x_n)之任一n_0尾中有兩項合于(三)，則(x_n)不能滿足ε條件]。

4. 此第二主要審斂法，自 P. du Bois Reymond (Allgemeine Funktionentheorie, Tübingen 1882)之後，常稱爲收斂之普遍原則。以實質言，此審斂法實源於B. Bolzano(1817. cf O.Stolz, Mathem. Ann. Vol. 18, 1881, p. 259)，但首將明白規定，作爲開始原則者，則爲A.L. Cauchy (Analyse algebrique, p. 125)

此主要審斂法尙可改爲於應用上有時較便之他種形式.設表兩數n及n'之記號中，常以n'表較大之一數，卽$n'>n$.則n'可寫作 $n'=n+k$，此k 仍爲一正整數.於是此審斂法可改爲：

°**第二主要審斂法(形式1a)** **49**

<u>敍列(x_n)爲收斂之必要及充分條件爲：對於每一$\varepsilon>o$，必有一相應之$n_0=n_0(\varepsilon)$，能使</u>

$$|x_{n+k}-x_n|<\varepsilon, \qquad 對於各n>n_0及各k\geqq1.^\dagger$$

從此審斂法之此種說法，可再進推，得下之結論. 設任擇一組自然數 $k_1,k_2,\cdots k_n,\cdots$則從此第二審斂法之形式1$a$，必能

$$|x_{n+k_n}-x_n|<\varepsilon, \qquad 對於各n>n_0.$$

如是，則諸差

---

*附註 換言之，必有一特殊之ε_0能具下之性質：對于無論如何大之各n_0，必能覓得比n_0 更大之兩數n及n'能使(三)式成立。

†附註。旣云各 k，則k之値不一，須 k爲任意正整數時，此$|x_{n+k}-x_n|<\varepsilon$ 皆成立而後可，又此一組 k 不能有界，須十分注意。

$$d_n=(x_{n+k_n}-x_n)$$

所成之敍列必爲空列.爲說理易明起見,可簡稱此敍列(d_n)爲(x_n)之差列（difference-sequence).此中之(d_n)爲「x_n及其後某定項之差」.於是,此審斂法又可如下:

50 °**第二主要審斂法(形式2)**

若(惟)敍列(x_n)之每一差列爲空列,則此敍列爲(方)收斂〔卽(x_n)爲收斂之必要及充分條件爲:其一切差列皆爲空列〕.

證. 此條件爲必要,上已說明;所須證者爲其充分.故可假定其每一差列皆趨於0,而證(x_n)爲收斂.倘(x_n)不收斂,則從**48**,3應有一特殊之$\varepsilon_0>o$,吾人對之能覓出超過「任意大之各n_0」之兩數n及$n'=n+k$,使

$$|x_{n+k}-x_n|\geqq\varepsilon_0, \qquad (四)$$

因如此之n_0有無窮多,其相應之一對一對n,n'亦有無窮多,則勢必有一差列不趨於o[6],此與假設相盾.故(x_n)必爲收斂.已證完.

注意 若(x_n)爲收斂,及取出其一特種差列(d_n),則自必$d_n\to o$.但有極須注意者,當尚未知(x_n)爲收斂時,決不能單憑其一差列(d_n)爲空列(卽$d_n\to o$),而斷定此(x_n)爲收斂.蓋(x_n)收斂之充分條件爲其每一任意差列應爲空列(卽其一切差列應爲空列),而非其一特種差列爲空列也.

例如敍列爲$(1,0,1,0,1\cdots)$,則凡k爲偶數之一切差列無不爲空列(無論從何點起,只要k爲偶數,皆如此.例如從$x_3(=1)$起,$x_{3+2}-x_3$,$x_{4+4}-x_4$,$x_{5+6}-x_5$,…皆爲$1-1=0$).但此敍列並不收斂.

再稍進推,則此審斂法(形式2)又可改爲下式:

51 °**第二主要審斂法(形式3)**

設$\nu_1,\nu_2,\cdots,\nu_n,\cdots$爲趨於$+\infty$之任意正整數[7]之任意敍列;及$k_1,k_2,\cdots k_n,\cdots$皆爲任意正整數,並仍稱諸差

$$d_n=x_{\nu_{n}+k_n}-x_{\nu_n}$$

所成之敍列爲(x_n)之差列.則(x_n)收斂之必要及充分條件爲:凡(d_n)皆爲空列.

證. 此條件爲充分,從上形式2已極顯然;蓋令此d_n中之$\nu_n=n$卽爲形式2中

6. 設可使不等式(四)成立之n之無窮個値,以$n_1,n_2,n_3,\cdots$表之(及取定其相當之各k),則可以之作成一差列,其第n_1,第n_2,第n_3,…項之絕對値皆$\geqq\varepsilon_0>o$.如是,則此差列卽非空列.

7. 等或不等,調單或非單調,均可.[但注意(ν_n)須$\to+\infty$].

之 d_n，既凡此(d_n)皆爲空列則凡形式2中所言之差列自無不爲空列，而(x_n)必爲收歛也．至此條件爲必要，亦極易明：既(x_n)爲歛，則任取一 $\varepsilon>o$ 時，必同時有一m能使(參觀形式1a)

$$|x_{n+k}-x_n|<\varepsilon,\qquad 對於各n>m及各k\geqq 1,\qquad (五)$$

既$\nu_n\to+\infty$，則必有一n_0，能使

$$凡\ n>n_0時，皆\ \nu_n>m.$$

由是，從上式(五)可知凡$n>n_0$時，皆

$$|x_{\nu_{n+k_n}}-x_{\nu_n}|=|d_n|<\varepsilon,$$

卽(d_n)爲空列，已證完．

十章　極限點及上下限

敍列收歛之觀念，如上兩章所下之定義外，尙可以別法說明之．此項說法，意義較廣，且可從之認識他種極要觀念，以備後用．

在**39**，6中，曾說明敍列(x_n)爲收歛時，ξ之每一 ε 鄰(無爲ε如何小)必含有(x_n)中至多除去有窮個項後之一切項〔卽凡此敍列之項，至多除去有窮個外，其餘皆在此ξ之ε鄰中，且無論ε如何小，必皆如此〕；故在ξ之每一任何小之鄰近中必有此敍列之無窮個項，因此可稱ξ爲此敍列之極限點或聚點 (limiting point or point of accumulation)．但此種聚點，發散敍列亦或有之，故下其普遍定義於次：

定義　設有一敍列(x_n)及一數ξ．若ξ之每一 ε 鄰(無論如何小)中皆有此敍 **52**
列之項無窮多，則稱ξ爲(x_n)之**極限點**，簡稱**限點**．* 卽若對於每一 $\varepsilon>o$，皆有無窮個下標n 能使

$$|x_n-\xi|<\varepsilon,$$

則ξ爲(x_n)之限點．

注 意 及 例

1．此定義與39 極限之定義有別，極限之定義須某點後(卽$n>n_0$)之一切n皆合于$|x_n-\xi|<\varepsilon$；而 **53**

---

*附註　因原文此處既是 limiting point 故譯限點較宜．但限點與表極限之點不同．故此名原文及譯名皆不甚妥．至於「聚點」亦易誤解爲聚於一處之許多點．既無妥譯，還以直譯原名較宜耳．

此定義則無須如此，只要某點後有任意無窮個n能合$|x_n-\xi|<\varepsilon$而已；故此定義之條件亦即爲：在每一n_0後至少須有一n能合於$|x_n-\xi|<\varepsilon$。*故歛敍列(x_n)之極限ξ（照39）必爲(x_n)之限點，而任何敍列之限點則未必皆爲其極限。

2。6之敍列1有限點o；6之敍列4有兩限點，即0及1（凡一數在敍列（x_n）中見無窮次者當然爲限點）；6之2，7，11三敍列皆無限點；6之9，10兩敍列之限點皆爲1。

3。今作一例如下，此例頗重要，不但爲一種釋例而已。設p爲$\geqq 2$之整數，則凡正分數之其分母子之和爲p者只有有窮個，即$\frac{p-1}{1}$，$\frac{p-2}{2}$，$\cdots\frac{1}{p-1}$。在此中除去其非最小項者（即凡非約盡分數均除去之，而但留下其分母子爲互素者），而按$p=2,3,4,\cdots$之次序，依次作成下列諸分數

$$(a)\qquad 1,2,\frac{1}{2},\ 3,\frac{1}{3},\ 4,\frac{3}{2},\ \frac{2}{3},\ \frac{1}{4},\ \cdots$$

此爲一敍列，凡正有理數盡在其中。若在各項之後插入符號相反之數（例如，1後插入-1，2後插入-2，$\frac{1}{2}$後插入$-\frac{1}{2}$），並以0爲首項，作成敍列

$$(b)\qquad 0,1,-1,2,-2,\frac{1}{2},\ -\frac{1}{2},3,\ -3,\frac{1}{3},\ -\frac{1}{3},4,\ -4,\frac{3}{2},\ -\frac{3}{2},\ \frac{2}{3},\ -\frac{2}{3}\ \frac{1}{4},\ \cdots$$

則一切有理數盡在其中，且每一有理數只在其中一次。

此敍列頗奇異，凡實數無一不爲其限點；因各實數之每一鄰中皆有無窮個有理數也（參觀10面）。

---

*附註 「每一n_0後至少有一n合於$|x_n-\xi|<\varepsilon$」與「每一n_0後有無窮個n合於$|x_n-\xi|<\varepsilon$」在表面上此二語相差甚遠，而其性質實相同，皆爲「ξ爲限點」之條件。讀者於此，宜加注意。n_0有無窮多，設$n_0'<n_0''<n_0'''<n_0^{(4)}<n_0^{(5)}<\cdots$若大于$n_0',n_0'',n_0'''\ n_0^{(4)}\cdots$之各$n$皆合于不等式$|x_n-\xi|<\varepsilon$，則此各$n$自必皆大于$n'_0$而$n'_0$後有無窮個$n$合此不等式矣。再從$n_0'''$起，大于$n_0''',n_0^{(4)},\cdots$之各$n$皆合此不等式，則$n''_0$後自必有無窮個$n$合此不等式，照此類推，可知上一語與後一語之性質相同。或疑大於$n_0^{(m)}$之n，自必大于$n_0'n_0'',\cdots n_0^{(m-1)}$，亦許大于各$n_0$之$n$同是一數，則$n'_0$後仍僅有一$n$能合此不等式，何能必其有無窮個$n$能合此不等式。此種疑問之發生，實由於無窮及有窮之觀念尚分別不清；倘n_0之個數或諸n_0之值爲有界，則誠如所疑；但二者皆爲無界，則n_1雖大於$n'_0,n''_0\cdots n_0^{(m)}$而仍有大于$n_1$之$n_0^{(\mu_1)}$，決不能無窮個$n_0$同小于一數（即不能有一數同在此無窮個$n_0$之後）。如是則在$n_0^{(\mu_1)}$後合此不等式之$n_2$必不能與$n_1$相同；照此類推，又必有大于$n_2$之$n_0^{(\mu_2)}$，在$n_0^{(\mu_2)}$後合此不等式之$n_3$又必與$n_2$不同，$\cdots$故每一$n_0$後必有無窮個$n$能合此不等式。又所謂「每一$n_0$後至少有一$n$之$n$」必須每次拿定一數，不可但從「可以向右推移之活動數」着想。（此處假定$n_0',n_0''\cdots n_0^{(m)},\cdots n_0^{(\mu_1)},n_0^{(\mu_2)},\cdots$皆爲正整數。此種假定無損通性。）

4. 此例所用之按序排列原則，爲吾人所常用。故再推廣其意，規定如下（此排列與普通代數中之「排列」不同，觀下自知）：

設 $k=0,1,2,\cdots$ 及對于 k 之每一値有一敍列

$$x_0^{(k)},\ x_1^{(k)},\ x_2^{(k)},\ \cdots \qquad (k=0,1,2,\cdots) \qquad (一)$$

則可用許多不同方法作成一敍列 (x_n)，使(一)中各敍列之各項皆在此 (x_n) 中，且各在此 (x_n) 中只見一次。

證明此理，只須作成一合此要求之敍列 (x_n)。爲達此目的計，將(一)中各敍列依排列如下：

$$\left\{\begin{array}{l} x_0^{(0)},\ x_1^{(0)},\ x_2^{(0)},\cdots x_n^{(0)},\ \cdots \\ x_0^{(1)},\ x_1^{(1)},\ x_2^{(1)},\cdots x_n^{(1)},\ \cdots \\ \cdots\cdots\cdots\cdots\cdots\cdots\cdots\cdots \\ \cdots\cdots\cdots\cdots\cdots\cdots\cdots\cdots \\ x_0^{(k)},\ x_1^{(k)},\ x_2^{(k)},\cdots x_n^{(k)},\ \cdots \\ \cdots\cdots\cdots\cdots\cdots\cdots\cdots\cdots \end{array}\right. \qquad (二)$$

設此系之對角線其連合從 $x_0^{(p)}$ 至 $x_p^{(0)}$ 之諸原素者，稱爲第 p 對角線；則凡 $k+n=p$ 之原素 $x_n^{(k)}$ 皆在此第 p 對角線中，而此外之原素則無一在其中。此第 p 對角線中共有 $p+1$ 個原素，按 $p=0,1,2,\cdots$ 之次序寫出各對角線，及每一對角線中原素皆由下向上依次寫出，成爲由左向右，如下：

$$x_0^{(0)},\ x_0^{(1)},\ x_1^{(0)},\ x_0^{(2)},\ x_1^{(1)},\ x_2^{(0)},\ x_0^{(3)},\ x_1^{(2)},\ \cdots \qquad (三)$$

此敍列顯合所需諸要求。此謂之對角線排列法。〔(三)中第一項爲第0對角線；第2，3兩項爲第一對角線；第3，4，5三項爲第二對角線；…〕

又一種常用排列法爲由平方排成者。卽先寫出(二)中第 p 列中原素 $x_0^{(p)},\ x_1^{(p)},\cdots x_p^{(p)}$，再寫出垂直 $x_p^{(p)}$ 上之諸原素 $x_p^{(p-1)},\ x_p^{(p-2)}\cdots\cdots x_p^{(0)}$，先後共 $2p+1$ 原素。按 $p=0,1,2,\cdots$ 之次序，依次照此寫出如下：

$$x_0,\ x_0^{(1)},\ x_0^{(1)},\ x_1^{(0)},\ x_0^{(2)},\ x_1^{(2)},\ x_2^{(2)},\ x_2^{(1)},\ x_2^{(0)},\ x_0^{(3)},\ \cdots$$

此爲平方排列法。〔再作一略圖以明之如下：

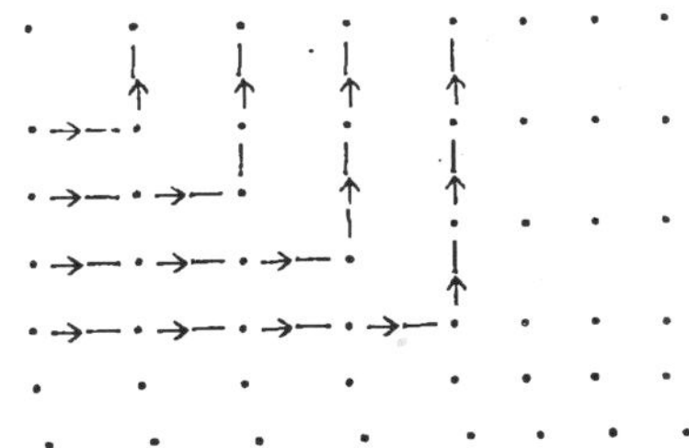

注意→之先從左向右，再從下向上〕。

若(二)中有若干列只含有窮個原素，或(二)中之列皆只含有窮個原素，或(二)中只有有窮個列．則上述兩排列法自應有些更改．至如何改法當各隨其情形而定，且皆顯而易見不必詳述．

5．與3相類之例如下：對于每一$p\geqq 2$有$p-1$個「形式爲$\frac{1}{k}+\frac{1}{m}$」之數，其兩分母k及m皆爲正數且$k+m=p$．按$p=2,3,4,\cdots$之次序，將此諸數依次寫下，成一敍列

$$2,\frac{3}{2},\ \frac{3}{2},\ \frac{4}{3},1,\frac{4}{3},\ \frac{5}{4},\ \frac{5}{6},\ \frac{5}{6},\ \cdots \qquad (四)$$

則此敍列之限點爲$0,1,\frac{1}{2},\ \frac{1}{3},\ \frac{1}{4},\cdots$此外並無其他限點．〔此例先將$\frac{1}{1}+\frac{1}{1}$；$\frac{1}{1}+\frac{1}{2}$，$\frac{1}{2}+\frac{1}{1}$；$\frac{1}{1}+\frac{1}{3}$，$\frac{1}{2}+\frac{1}{2}$，$\frac{1}{3}+\frac{1}{1}$；$\cdots$寫出，再作成(四)，易知其限點〕．

6．斂級數之極限亦許不在敍列之中，任意敍列之限點亦是如此．此如3例凡無理數雖皆爲限點，而皆不在敍列中；又如5例，0亦不在敍列中．但如$\frac{1}{2}$則既爲3，4兩例中敍列之限點，亦爲此兩敍列中之項．一言以蔽之，敍列之限點可在敍列中，亦可不在敍列中．

就我們之目的言，先述一基本定理於次．此定理出於 B. Bolzano,[8]其意義之重要則K. Wieirstrass[9]始十分承認之．

54 °**定理．** 凡有界敍列至少有一點．

證． 表此限點之數，可以適宜之節套決定之．從假設，必有一節J_0能統含此敍列(x_n)中之一切項．以逐次平分法施於此J_0．若其左半節中有此敍列之項無窮個，則以此左半節爲J_1，否則以其右半節爲J_1；再照同法以J_1之半爲J_2；再照此法依次進行，作成一套(J_n)．於是此套(J_n)有下之性質：其各節之中，皆有此敍列之項無窮個；而在其各節左端點之左，則只有此敍列之項有窮個*．此套所定之ξ自必爲此敍

---

*附註 「而在其各節左端點之左則只有此敍列之項有窮個」一語，與本證無關（卽無此一語，本定理亦能證明）．就本證論，實屬一種衍辭．因原文有此，故譯之耳．至著者亦決不至不知此爲衍辭而無端寫出．蓋意在順便寫出此語，則可引出下文及以下之定理定義，省得以後辭費耳．此觀56 定理前云云自知．原文他處有此種情形，讀者自可意會，不再註．著者此書，意在明白曉暢，使讀者易明一切，而不拘拘於論證格調之嚴，防人難讀；嘉惠後學，實非淺鮮，心乎教育者，當不以此種衍辭責之．

8．Rein analytischer Beweis des Lehrsatzes, datszwischen je zwey Werthen, die ein entgegenge setztes Resultat gewahren, wenigstens eine reelle Wurzel der Gleichung liege, Prag 1887.

9．見其講義中．

列之一限點；蓋對於任設之$\varepsilon>o$，必能在諸節J_n中依次覓出一其長$<\varepsilon$之J_p；而(x_n)之無窮個項在J_p中者，必當然在ξ之ε鄰中．此定理已經證明．

今限點及極限兩定義，不問其不同之處（卽**53**，1中所謂極限必爲限點，而限點則未必爲極限），而但觀其相似之處，則可知兩者之間自必有一種關係，以定理明之如次：

°**定理．** 敍列(x_n)之各限點各爲其某一子列之極限．（卽每一限點ξ必有一適宜之子列以之爲極限）． **55**

證． 從假設，對於每一$\varepsilon<o$，必有無窮個下標n能合於$|x_n-\xi|<\varepsilon$．故其特例，必有適宜之$n=k_1$能合於$|x_{k_1}-\xi|<1$；又必有適宜之$n=k_2>k_1$能合於$|x_{k_2}-\xi|<\frac{1}{2}$，…及適宜之$n=k_v>k_{v-1}$能合於

$$|x_{k_v}-\xi|<\frac{1}{v}, \qquad (v=2,3,4,\cdots)$$

依次如此，在(x_n)中取出一子列$(x'_n)\equiv(x_{k_n})$，則$x'_n\to\xi$，因從**26**，2，$(x_{k_n}-\xi)$爲一空列也．

在上述 Bolzano-Wieistrass 之證明中，已說及進一步之極重要情形，卽：該證中所作之套，不但在其諸節J_n中各有(x_n)之無窮個項，且在其各節之左端點之左只有(x_n)之有窮個項．由是可知此套所定限點ξ之左，不能再有限點；其理由如下．設取任一實數$\xi'<\xi$，則$\varepsilon=\frac{1}{2}(\xi-\xi')>o$；在$J_n$中取出一其長$<\varepsilon$之$J_p$，則點$\xi'$之$\varepsilon$鄰必在$J_p$之左端點之左，而其中只有$(x_n)$之項有窮個．故在$\xi$之左不能再有一點$\xi'$能爲$(x_n)$之限點（卽$\xi$左之點無一能爲$(x_n)$之限點）．因此得：

定理． 凡有界敍列皆有一最小限點． **56**

若在以上所言中右左互換，則同理得：[10]

定理． 凡有界敍列皆有一最大限點．[11]* **57**

此兩特殊限點可與以特殊之名稱：

---

10. 或從原點返射之。

11. 此諸定理，除如**53**，5之敍列之類有無窮個限點者外，皆意極明顯，因在有窮個值中當然有最大及最小兩數也。

58　**定義**　凡敘列(有界者)(x_n)之最小限點謂之敘列之**下限或內限**(lower limit or limes inferior),以$\varkappa$表之,其記號為

$$\underline{\lim}_{n\to\infty}\, x_n=\varkappa \quad \text{或} \quad \lim\inf_{n\to\infty}\, x_n=\varkappa.$$

(此下標$n\to\infty$不妨略去).若μ為此敘列之最大限點*,則其記號為

$$\overline{\lim}_{n\to\infty}\, x_n=\mu \quad \text{或} \quad \lim\sup_{n\to\infty}\, x_n=\mu.$$

此μ謂之敘列(x_n)之**上限或外限**(the upper limit or limes superior).

因點$\varkappa$之每一ε鄰中皆含有(x_n)之無窮個項,而在$\varkappa$之各ε鄰左端點之左至多只能有(x_n)之有窮個項,故$\varkappa$(同樣,μ)之特性又可以下條件顯出之:

59　**定理.**　若(惟)任定一$\varepsilon>o$,必有無窮個n能合於

$$x_n<\varkappa+\varepsilon \qquad (\text{或}>\mu-\varepsilon),$$

而至多只有有窮個n能合於

$$x_n<\varkappa-\varepsilon \qquad (\text{或}>\mu+\varepsilon),^{(12)}$$

則數$\varkappa$(或μ)必(方)為敘列(x_n)之下限(或上限).

在設例說明此定理之前,先對無界敘列下一定義,使上下限之定義可以完備:

60　**定義1.**　若一敘列為左無界,則謂$-\infty$為此敘列之限點;又若此敘列為右無界,則謂$+\infty$為此敘列之限點.

在此兩種情形之下,取一任意大之$G>o$,此敘列必有無窮個項在$-G$之左或

---

*附註　「最大限點」原文為 Well-defined greatest limiting point. 原文 well-defined 一字之意,實因凡無窮個數未必有最大或最小之數;若限點有無窮多則以常理論則未必有最大及最小者;但今已證明凡有界敘列縱其限點有無窮多,亦必有最大及最小者.且此最大限點並非只可想像而不能確定的,是可將其好好地定出來的。故於 greatest limiting point 之前加 well-defined 一字。但此字可刪以求文簡。因既云「有最大限點」則已確定其有。可不必再加形容字也。凡他處刪去之字類此情形者不再註。

又「有界」二字須注意,未下60定義之前,但照52定義如此處時,如53,3,(b)之敘列,其限點有無窮多,而其中無最大及最小者。即因此(b)為無界之故。及下60定義之後,則此「有界」之限制可去。

12. 此即:必有一下標n_0,其後不再有$x_n<\varkappa-\varepsilon(>\mu+\varepsilon)$,但在每一下標$n$後常有別種$n$合於$x_n<\varkappa+\varepsilon(>\mu-\varepsilon)$。

$+G$之右.(13)*

2. 故若敍列(x_n)為左無界，則$-\infty$自為其最小限點，因此，可寫作

$$\varkappa=\lim_{n\to\infty} x_n=-\infty,$$

同樣，若此敍列為右無界，則$+\infty$自為其最大限點，因此，可寫作

$$\mu=\overline{\lim_{n\to\infty}}\, x_n=+\infty.$$

在此兩種情形之下，無論取定如何大之$G>o$，必有無窮個下標n能合於$x_n<-G$或$x_n>+G$.

3. 最後，若一敍列為左有界而右無界，且除$+\infty$外無他限點，則$+\infty$不但為其最大限點，且同時為其最小限點.故令其下限亦等於$+\infty$:

$$\varkappa=\lim_{n\to\infty} x_n=+\infty;$$

又若一敍列右有界而左無界，且除$-\infty$外無他限點，則令其上限亦等於$-\infty$:

$$\mu=\overline{\lim_{n\to\infty}}\, x_n=-\infty.$$

此前者(後者)在有下述之情形時必能發生，亦惟在有下述之情形時方能發生：任定一$G>o$必有無窮個n合於不等式

$$x_n>G \qquad (x_n<-G),$$

而合於不等式

$$x_n<G \qquad (x_n>-G)$$

之n至多只有有窮個.

例 及 說 明

1. 既有以上諸定義，則凡昔所謂數之敍列今其本身已各能絕對地及惟一地定出兩確定的記號 $\varkappa$ 及

13. 故直線上在G右之線分可作為$+\infty$之ε鄰，又其在$-G$左之線分可作$-\infty$之ε鄰。下定義亦如此。

*附註 詳言之，若敍列(x_n)為左無界，則必有無窮個項x_n在$-G$之左。若敍列(x_n)為右無界則必有無窮個項x_n在G之右。原文但作略辭，意讀者必自能辨別耳。故譯文從之，而加此一註。他處類推，不再註。

μ*.此$\varkappa$及μ現可代表$+\infty$或$-\infty$,或尋常之數,而常有$\varkappa\leqq\mu$之關係。(14) 以下諸例,示$\varkappa$及μ確能代表合于不等式$\varkappa\leqq\mu$之一切有窮或無窮之數。

敘列 $(x_1, x_2, x_3, \cdots)$	下上限 $\varkappa=$	$\mu=$
1. $(n)=1,2,3,\cdots$	$+\infty$	$+\infty$
2. $(a+n^{(-1)^n})=a+1, a+2, a+\frac{1}{3}, a+4,\cdots$	a	$+\infty$
3. $a,b,a,b,a,b,\cdots \quad (a<b)$	a	b
4. $(a+\frac{(-1)^n}{n})=a-1, a+\frac{1}{2}, a-\frac{1}{3}, a+\frac{1}{4},\cdots$	a	a
5. $((-1)^n\cdot n)=-1,+2,-3,+4,\cdots$	$-\infty$	$+\infty$
6. $(a-n^{(-1)^n})=a-1, a-2, a-\frac{1}{3}, a-4,\cdots$	$-\infty$	a
7. $(-n)=-1,-2,-3,\cdots$	$-\infty$	$-\infty$

2. 讀者應特別注意:「一敘列有無窮個項在其$\varkappa$之左或μ之右」並不與 59 之定理相矛盾。例如敘列 $((-1)^n\frac{n+1}{n})$ 卽$-\frac{1}{2}$, $+\frac{3}{2}$, $-\frac{4}{3}$, $+\frac{5}{4}$, $-\frac{6}{5}$, $\cdots$;其下上限顯爲$\varkappa=-1$及$\mu=+1$,且其項之在$\varkappa$左及μ右者皆有無窮多(而在$\varkappa$及μ之間反無一項!)。因此可知敘列之項在節$\varkappa\cdots\mu$之外者,無須只有有窮個。須知59之定理但言敘列之項在$\varkappa-\varepsilon$之左或$\mu+\varepsilon$之右者至多只有有窮個,並未言在$\varkappa$之左或μ之右者至多只有有窮個;$\varkappa-\varepsilon$與$\varkappa$不同,須加注意。

3. 「有窮次改易」於敘列之限點不生影響(卽凡敘列施以有窮次改易後,於其限點毫無影響);其特例,於上限及下限皆不生影響。故凡限點及上下限,皆敘列之最後性質(ultimate property)〔卽但關於敘列之末尾之性質〕。

4. 一敘列(x_n)既惟一地決定兩數$\varkappa$及μ;及此二者之值既就其定義而論,亦皆能以確定之節套緊圍之,故現在又得一合法之「定(決定)實數之法」:若一實數爲「一已知敘列之上限或下限」則此實數亦作爲已知。〔卽以後可以敘列之上限或下限決定實數,敘列之項皆爲有理數,則遂可以其上限或下限爲實數

---

*附註 以前以數定敘列,今有以上諸定義後又可以敘列定數(卽$\varkappa$及μ)。「絕對地」及「惟一地」乃形容「定出」二字者,此「地」字不過一種記號同于 absolutely 之 ly 在白話文中已經通用,故採用之。「絕對」謂不受任何限制,「惟一」謂有一無二(卽必能定出一個$\varkappa$及一個μ,且只能定出一個$\varkappa$及一個μ)。

14. 吾人於實數皆謂其$<+\infty$及$>-\infty$,因此,常以「有窮」容形實數。例如言μ爲有窮時,卽指μ爲實數。

之定義]。此種定實數之法較41，1所言者意義更廣，因此處所言之敍列無須收斂且不受任何限制也。(15)

從55之理可得下定理：

定理． $\mu \neq \pm\infty$時，敍列(x_n)之上限μ，即$\mu = \overline{\lim\limits_{n\to\infty}}\, x_n$，之特性，可以下二條件決定之： 62

(*a*)　(x_n)之各斂子列(x'_n)之極限ξ'皆$\leqq\mu$；但

(*b*)　至少有一個斂子列其極限等於μ．

關於下限之情形，可以類推．

有一種觀念，雖與上下限極有分別，但與上下限頗有關係：此即上境界*及下境界之觀念，可就下之討論說明之：若敍列(x_n)之項無一在$\mu = \overline{\lim\limits_{n\to\infty}}\, x_n$之右，即無論何$n$皆$x_n\leqq\mu$，則$\mu$爲此敍之上界(8，4)，且再無一較小之數可以爲此敍列之上界；故在此種情形之下，μ爲此敍列之最小上界 (least bound above)．但敍列之項如有$>\mu$者此種最小上界仍是存在，其理如下．例如$x_p>\mu$，則從59可知$\geqq x_p$之項只有有窮個，而在此有窮個中必有一最大者(8，5)；設此最大者爲x_q，則無論何n皆$x_n\leqq x_q$，即x_q爲此敍列之上界，且亦再無較小之數可爲此敍列之上界．故凡右有界之敍列必有一確定之最小上界．同理，凡左有界之敍列必有一確定之最大下界．故得下定義：

定義　稱敍列之最小上界爲敍列之上境界*(the upper bound)，稱敍列之最

15． 以前專以節套(其各節之端點爲有理者)爲定出實數之法，今已推出一組別法皆可用以決定實數(且同爲合理)，即n進小數，Dedekind 分截，實端點之節套，斂敍列，敍列之上限及下限，皆可以之決定實數；且無論以此諸法中之何法決定實數，皆一樣合理無所差別。凡上舉各法所定之實數，皆可作一節套(其各節之端點爲有理者)將其圍住。

*附註　bound above 前已譯爲上界，此 upper bound 不能再譯爲上界，且爲明一致之關係起見 bound 亦不能譯成兩字，如譯此爲「上邊」之類。又 bound above如改譯爲高界，右界等而譯此爲上界便與上限一致；則「高」「右」「上」，僅字面上之不同，仍顯不出其性質上之分別。今譯爲「上境界」雖亦不妥，其與上界之別，略加說明如次：例如敍列$\left(\frac{1}{n}\right)$即1，$\frac{1}{2}$，$\frac{1}{3}$，…全在0…1節中，此節可稱爲此敍列所居之境。$-2，-1，-\frac{1}{2}$等皆爲此敍列之下界，5，4，3，2，$\frac{3}{2}$等皆爲此敍列之上界（參觀8，4）。但此上下諸界皆在此敍列所居之境外而非其所居境之界。惟1及0則爲此敍列所居境之上下兩界。故名爲上境界及下境界。此種說法固有不妥之處，例如upper bound 乃敍列之上界，與敍列所居之境何關。須知此不過一種說法而已。各種名詞本不能離其定義而與以他種解釋。至代表名詞之「字」則大抵不過從取譯而來，即以「界」字論，敍列既非疆，非地，非田，何來「界」。又如此敍列所居之境何以不是0…2而必是0…1等，此皆只能由讀者自思其用意所在，而此處不便作詳細說明者也。要之「上境界」三字並非妥譯。今姑用之而已。

大下界爲敍列之下境界(the lower bound).凡敍列之右無界者以$+\infty$爲其上境界;凡敍列之左無界者以$-\infty$爲其下境界.

上下限之觀念出於 A.L. Cauchy(Analyse alge'brique, p. 132. Paris 1821),但首使其顯於世者則P. du Bois-Reymond 之力。(Allgemeine Funktionentheorie, Türbingen 1882)。但其名稱及記號則常有所變,直至現在,尚未有定。其特別便利之記號 $\overline{\lim}$ 及 $\underline{\lim}$ 爲本書所用者,出於 A.Pringsheim (Sitzungsber. d. Akad. zu München Vol. 28, p. 62. 1898),此上限及下限(upper and lower limit)之名稱亦其所定。

本款以上諸研究,完全離八,九兩章中收斂論而獨立;因此,得一研究「九章收斂問題A」之新法.今可說明:一知敍列之下上限$\varkappa$及μ(此爲一定存在之兩數),即足斷定此敍列之斂散.其詳如下:

63 **定理1.** 若(惟)一敍列(x_n)之下上限$\varkappa$及μ爲相等及有窮,則此敍列必(方)爲收斂.若λ爲$\varkappa$及μ之公有值(既爲有窮,自非$+\infty$或$-\infty$),則$x_n\to\lambda$.

證. (a)設$\varkappa=\mu$及其公有值$=\lambda$.則從**59**,凡ε一經取定,至多只有有窮個n能合於

$$x_n<\varkappa-\varepsilon=\lambda-\varepsilon,$$

及同理,至多只有有窮個n能合於

$$x_n>\mu+\varepsilon=\lambda+\varepsilon.$$

故必有一n_0,能使凡$n>n_0$時

$$\lambda-\varepsilon<x_n<\lambda+\varepsilon \quad \text{即} \ |x_n-\lambda|<\varepsilon,$$

即此敍列爲斂而其極限爲λ.

(b) 其逆,設 $\lim x_n=\lambda$,則任定一$\varepsilon>o$,必對於每一$n>n_0(\varepsilon)$皆$\lambda-\varepsilon<x_n<\lambda+\varepsilon$.故必有無窮個$n$合於不等式

$$x_n<\lambda+\varepsilon \qquad (>\lambda-\varepsilon).$$

及至多只有有窮個n能合於不等式

$$x_n<\lambda-\varepsilon \qquad (>\lambda+\varepsilon).$$

從此左邊兩不等式(有<者),得$\varkappa=\lambda$,從此右邊兩不等式(有>者),得$\mu=\lambda$.此定理已證明.

定理2， 若(惟)一敍列(x_n)之上限及下限相等，且其公有値爲$+\infty$或$-\infty$[16] 則此敍列必(方)爲定散.(又前者自必散於$+\infty$，後者自必散於$-\infty$).

證． (a) 設$\varkappa=\mu=+\infty$(或$-\infty$)，則從**60**，2及3，此式之意即：任取一$G>o$，必在某n_0後皆

$$x_n>+G \qquad (\text{或} <-G)；$$

故 $\lim x_n=+\infty$(或$-\infty$).

(b) 其逆，若$\lim x_n=+\infty$，則任取一$G>o$，必對於某n_0後之各n，皆$x_n>+G$；故

$$\text{至多只有有窮個}n\text{能合不等式}x_n<+G,$$

而

$$\text{有無窮個}n\text{能合不等式}x_n>+G.$$

由是(從**60**) $\varkappa=+\infty$，及當然μ亦$=+\infty$.故$\varkappa=\mu=+\infty$.同法，可證：若 $\lim x_n=-\infty$，則$\varkappa=\mu=-\infty$.

定理3． 若(惟)一敍列(x_n)之上限及下限不同，則此敍列必(方)爲無定發散.

證． (a) 若$\varkappa\neq\mu$，則必$\varkappa<\mu$.而旣非定理1之情形亦非定理2之情形.故(x_n)必爲無定發散.

(b) 若(x_n)爲無定發散，則旣非第一定理之情形亦非第二定理之情形，故决不能$\varkappa=\mu$.

從此三定理之內容，得：

第三主要審歛法． 敍列(x_n)爲定趨或非定趨，視其上限與下限爲相等或不 **64**
等而定.其爲定趨者，視「其上下限之公有值爲有窮或無窮」而爲收歛或發散.

玆作一表於下．凡敍列之歛散及其相關之名稱所有可以發生之情形皆綜括於此表.

16. 記號$+\infty$及$-\infty$(此皆一定不是數)，有時亦謂之「値」，此不過一種破格特許之說法而已，並無何種其他要義.

<table>
<tr><td>$\varkappa=\mu$，皆$=\lambda\neq\pm\infty$</td><td>$\varkappa=\mu=+\infty$或$-\infty$</td><td>$\varkappa<\mu$</td></tr>
<tr><td>收斂(極限爲 λ)
$\lim\limits_{(n\to+\infty)} x_n=\lambda$
$(n\to+\infty$時$)x_n\to\lambda$.</td><td>發散，趨於$+\infty$或$-\infty$(或可謂之收斂，其極限爲$+\infty$或$-\infty$)*，兩者皆定散：
$\lim x_n=+\infty$或$-\infty$
$x_n\to+\infty$或$-\infty$</td><td>無定發散</td></tr>
<tr><td>收　　斂</td><td colspan="2">發　　散</td></tr>
<tr><td colspan="2">定　　趨</td><td>非　定　趨</td></tr>
</table>

今再證一較複雜之極限定理以結本款，並藉示本款新述諸定理之應用．此定理在以後頗有用處(60款)，且有時可代替 Cauchy定理**43**，2或其廣理**44**，2所失去之逆．下定理中仍用**44**，2之記號．

65　**定理．** 設 $\alpha_0,\alpha_1,\cdots\alpha_n,\cdots$爲任意正數之合於

$$\alpha_0+\alpha_1+\cdots+\alpha_n+\cdots\to\infty,\ (n\to\infty\text{時}),$$

者，又設$\alpha>0$時，

$$(a)\qquad \alpha x_n+(1-\alpha)\frac{\alpha_0x_0+\alpha_1x_1+\cdots+\alpha_nx_n}{\alpha_0+\alpha_1+\cdots+\alpha_n}\to\xi$$

則

$$(b)\qquad x_n\to\xi.$$

證． 此可先作下之研究：

1．若(x_n)收斂而$\to\xi'$，則從**44**，2，諸數

$$x'_n=\frac{\alpha_0x_0+\alpha_1x_1+\cdots+\alpha_nx_n}{\alpha_0+\alpha_1+\cdots+\alpha_n}$$

亦趨於ξ'．於是從(a)得$\xi'=\xi$．

2．故此證只須證明$\lim x_n$存在——甚至但證明$\lim x'_n$存在亦已無異證明本理，因從(a)可知此兩極限一存在則他亦存在，一不存在則他亦不存在也．

3．若$x_n\to+\infty$則從**44**，2a，x'_n亦$\to+\infty$；從(a)可知此一情形不必考慮．何

*附註　前 8 款**40**，下註5，已聲明對于「稱級列斂于∞」不必採用。此處忽又插入，似欠一律。惟兼存此說，亦無不可。加「可謂之」三字者藉免突兀也。

則，既$x_n \to +\infty$則x_n大於其左方一切項x_ν $(\nu < n)$時必有無窮次之多；因此，$x_n < x_n$時亦必有無窮次之多†；因此

$$\alpha x_n + (1+\alpha) x'_n = \alpha(x_n - x'_n) + x'_n > x'_n$$

亦必有無窮次之多．如是則此不等式左邊之值必能爲任意大之數，而與(a)矛盾矣．同理，$x_n \to -\infty$之情形亦不必考慮．

4．由上所言及從(a)，可知(x_n)如非無定發散則必$x_n \to \xi$，而(x'_n)亦必如此．

故現在所須證明者，僅爲(x'_n)不能是無定發散，亦卽只須證明「(x'_n)爲無定發散」與(a)相衝突．欲證此事，先說明下之I，II兩類情形：

I類．若對於某一n，

$$x_n < x'_n \quad 則 \quad x'_{n-1} > x'_n.$$

蓋　$x_n < x'_n$，則

$$x_n(\alpha_0 + \alpha_1 + \cdots + \alpha_n) < \alpha_0 x_0 + \alpha_1 x_1 + \cdots + \alpha_n x_n,$$

卽

$$\alpha_n x_n(\alpha_0 + \cdots + \alpha_{n-1}) < \alpha_n(\alpha_0 x_0 + \cdots + \alpha_{n-1} x_{n-1}),$$

卽

$$(\alpha_0 x_0 + \cdots + \alpha_n x_n)(\alpha_0 + \cdots + \alpha_{n-1}) < (\alpha_0 + \cdots + \alpha_n)(\alpha_0 x_0 + \cdots + \alpha_{n-1} x_{n-1}),$$

此卽

$$x'_n < x'_{n-1}.$$

同法可推知：

II類．若對於某一n，

$$x_n > x'_n \quad 則 \quad x'_{n-1} < x'_n.$$

今可進而證明「(x'_n)爲無定發散」與(a)矛盾矣．若(x'_n)爲無定發散，則下上限$\underline{\lim}\, x_n = \varkappa$及$\overline{\lim}\, x_n = \mu$必不相等．取合於$\varkappa < u < \nu < \mu$之兩數$u$及$\nu$．則從**58**或**59**，可知凡大於$n_0$之下標$n$中必既有無窮個能合於$x'_n < u$，復有他無窮個能合於$x'_n > \nu$．

設p爲合此第一不等式之下標，及$q > p$爲合此第二不等式之下標，卽

†附註　左方一切項x_ν謂自x_1起$x_{\nu-1}$止之一切項，例如x_0，$x_1 \cdots x_9$爲x_{10}之左方一切項．x_n雖未必常大于其左方一切項，但必有無窮次大於其左方一切項（因x_n既$\to +\infty$自能超過有窮個定數）．當$x_n >$其左方一切項時x_n必$> x'_n$，此因x_n旣比x_0，$x_1 \cdots x_{n-1}$皆大，則

$$\alpha_0 x_n + \alpha_1 x_n + \cdots + \alpha_n x_n > \alpha_0 x_0 + \alpha_1 x_1 + \cdots + \alpha_n x_n$$

卽

$$x_n > \frac{\alpha_0 x_0 + \alpha_1 x_1 + \cdots + \alpha_n x_n}{\alpha_0 + \alpha_1 + \cdots + \alpha_n} = x'_n$$

$$x'_p < u \qquad x'_q > \nu.$$

今若$n=q$適屬於I(即若此q適爲I類之n)，即若$x_q < x'_q$，則從I得$x'_{q-1} > x'_q > \nu$. 若$n=q-1$仍屬I類，則又必$x'_{q-2} > x'_{q-1} > x'_q > \nu$，依次如此．但決不能所有 $n=q$，$q-1$，$q-2$，$\cdots$ $p+2$，$p+1$全屬於I，蓋若全屬於I則仍可從I推得 $x'_p > \nu$，而與p之原意矛盾也．故在此諸數 q，$q-1$，$\cdots$ $p+2$，$p+1$中必有第一個不屬I類之數，設此數爲m，則$x_m \geqq x'_m$及$x'_m > x'_{m+1} > \cdots > x'_q > \nu$，故在無論何類情形之下皆有

$$x_m \geqq x'_m > \nu.$$

又因$\alpha > o$，故

$$\alpha x_m + (1-\alpha)x'_m = x'_m + \alpha(x_m - x'_m) \geqq x'_m > \nu. \qquad (一)$$

故若(x'_m)爲無定發散，則必有無窮個下標m能合此不等式；且同時又能遇II 所言，再照同法推知必有無窮個下標m能合不等式

$$\alpha x_m + (1-\alpha)x'_m < u.$$

從此可知「敍列(x'_n)爲無定發散」與「設假(α)」相矛盾．故從此假設非 $x_n \to \xi$ 不可．已證完．

中央及地方預算法規之研究

楊汝梅 予戒

本校管理學院爲增進學生之實際智識起見,特設財政法規講座,歷請國內專家主講,本篇卽爲楊先生之講稿,內分中國新預算制度成立之根據,辦理預算必須依據之各種法令及辦理預算之程序三點,學理與經驗兼備,用特爲讀者介紹。 編者附誌

中國新預算制度成立之根據

預算法規之制定,以預算制度爲根據。預算制度之內容,大別爲編製議決公布執行四項。其中編製議決兩項,尤關重要,往往隨政治之進化潮流,而有所變更。吾國現行預算制度,以編製預算之職責,屬諸國民政府主計處,將核定概算之權,提歸中央政治委員會。主計處依據中央核定之歲計概數,編成總預算案,呈請國民政府,交行政院,提出立法院核議。立法院議決後,呈請國民政府公布,由各主管機關分別執行。就此制度之內容,加以分析,與舊制度不同之要點有二:

(1) 編製預算機關,以超然地位之國民政府主計處擔任。由財政部內,劃出此一部份職掌,俾財政上之其他一切重要職務;均得由財政部專責處理。

(2) 中央政治委員會核定概算,與他國責任內閣之決定概算,性質相近,而地位略異。因中央政治委員會爲黨與政府之連鎖機關,其職權僅在發動政治根本方案而執行政治方案之責,

仍在國民政府也。立法院之議決預算，衡以從前國會之性質，亦微有不同，因五權憲法之立法院，仍爲治權機關，而非政權機關也。

上述新預算制度之成立，吾人權衡學理，揆度事實，認爲有下列之三種根據。甲.世界政治之潮流。乙.財政分權之趨向。丙.吾國政治之背景。

玆分述其理由於下：

甲. 世界政治之潮流

預算爲政府表示歲入歲出之一種平衡計劃，而構成一國歲入歲出之現象，又多以近代之政治潮流爲背景。故預算制度，恆隨一個時代之政治信條，而有所變更。古時由封建社會，變爲中央集權之國家時，因兵農分化，而國家歲出，以維持國家威力之常備軍費爲最巨。充此經費之一切歲入，均爲特權收入。此時代之財政，對於人民之全部經濟活動，均有干涉之權。財政不公開，一國之歲入歲出，由執掌政權者，自由支配。故在此時代，無所謂預算制度也。

預算制度，實由自由主義之政治學說所促成。自十八世紀後半以來，都市工商業逐漸發達，人民對於政治，發生覺悟。咸認爲國民之經濟活動，應絕對自由，不受政治上之干涉。而政府之財政，應絕對公開。當時有不出代議士則不納租稅之要求，政治革新以後，而議決預算，遂爲國會最重要職權之一。此一時代之政治信條，爲自由主義。彼盧梭之民約論，亞丹斯密之自由競爭說，皆可爲當時之代表學說。政府之財政政策，以不干涉人民之經濟活動爲原則。國家之財政設施，與人民之經濟活動，截然劃分。一般人之政治思想，均認爲國家歲出，完全歸於消費，不生產任何財物。政府之政治設施應限於極小範圍，以保護人民之生命財產安全，爲其主要職責。於是政府歲出大受限制。政府歲入，以無害國民經濟爲原則。國家自身不可經營產業，所有從前之官產官業，逐漸售讓於人民。而政府歲入，遂以租稅爲中心。此時代之政治範圍狹隘，財政事務簡單，故將籌集財源與分配用途之兩種職權，歸同一機關辦理，因而編製預算之職務，在各國均歸財政部掌理。

自由主義積極發展以後，社會一般之生產消費，均在無政府狀態之下，盲目進行。社會之財富，集中於少數資本家。多數人民之生計及政府財政，悉受少數資本家之操縱支配，而貧富不均，階級爭鬥，成爲社會莫大之隱憂。於是社會政策之財政學說，乃應時勢之需要，而自然產生。此種政策頗有緩和社會革命之功效。然比派學說，偏重分配，忽略生產。主張以財政手段，調劑社會財物之分配，對於歲入，重取直接稅，輕取間接稅。於所得稅則舍比例稅而採累進稅。對於歲出，則主張削減其他政費，而擴充社會改良費，社會救濟費。由是社會事業費，在歲出預算內，驟占巨額，而其他政費，仍爲經費膨脹之趨勢所支配，無法緊縮。軍費反因列强競爭，而逐年增加，收入反因財源枯竭，而逐年短少。其結果，財政愈陷困窘，而產業衰弱，國民之生產力降低，社會之失業問題，益加嚴重。是偏重分配問題之財政政策，亦告失敗。於是統制經濟之財政理論，乃應時勢之需要，而自然產生所謂統制經濟之財政，乃並重生產分配之政策，其表現於國家歲出預算者，除內政外交國防教育交通衛生救貧等支出外，屬於統制企業之投資經費，增加甚巨。其表現於歲入預算者，除普通租稅收入外，而各種公有事業之收入，漸占多數。國家財政，對於社會經濟有統制指導之責任。財政機關之職責，在政治上並占重要地位。不僅整理租稅，整理國債，及統制金融貨幣之關係，並較以前爲複雜。而對於各種生產事業之財政統制，亦有賴於財政部之擘畫。從整個政治觀察，財政地位，已立於其他政治之上。苟非將舊有之政治機構，酌予改造，則政治上職權之分配，無法平衡。於是財政分權之理論，因之產生。而原歸財政部掌理之預算職務，乃首先特設機關辦理。藉以平衡政治上之職權。法國於一九二五年創設預算部。義大利曾於財政部外，創設國庫部。美國自一九二一年六月以後，以編審預算之權，提歸大總統。由預算局專任其事務。吾國特設主計處，直隸於國民政府。凡此皆爲迎合世界之政治潮流，而產生之新財政制度。

乙. 財政分權之趨向

前此各國財政制度，有一共同之錯誤，即財政部兼有籌集財源，及分配用途之兩重責任是也。夫籌集財源，本爲財政部之專責，如整理租稅，整理公債，統一貨幣，統一金庫出納，調劑金融匯兌等職務，均應歸財政部專掌，不宜另設駢枝機關，分割財政部權限，致令辦事掣肘。籌集財源之權限統一，則容易獲得巨額收入，用以滿足人民公共之需要。至於分配財政用途，以達到政治上之目的爲標準。具有分配權者，含有左右政治之威力。須屬之政治上之最高機關，始能統籌全局，公平分配。在此私有財產權時代，財之力量，足以支配一切。一國之資本家，對於其他階級之經濟生活，隱具操縱支配之力。富有資力之銀行，恆能支配社會之產業，並進而操縱政府之財政。財政部掌理國庫出納，其職權在無形中已重於其他機關。若再兼分配用途之權，則一切政治，有爲此一機關操縱把持之危險。且一機關之能力有限，使擔任過多之事務，則不免顧此失彼，放棄其應負之職責。試觀我國過去之政治事實，財政當局，常因支配款項，引起各方面之責難。致財政當局，以全副精神，消耗於敷衍周旋之中，不暇爲整理財源之根本計劃。此非主管人員之咎，實制度不良之咎也。故近代財政之新趨向，多主張將籌集財源，及分配用途之兩種財政職權，分屬於兩種機關，各別執行，以盡政治上分工合作之妙用。現代各國政府之會計收支，均劃分爲命令系統，及出納系統之兩種程序，早已認爲一定不易之原則。準此推論，可知財政上分配用途與籌集財源之兩種主要職權，更不應併於一機關之內，混合辦理也。或謂英國預算制度之產生最早，英國預算，至今尙由財政部編製，似不必另設編製機關。然英國監視國庫金之權責，不屬於財政部，而屬於審計長官。（亦稱管庫審計長，代表國會，監督國庫金。）財政部欲支出國庫金，須先編概算，送經審計長官核定,通知英蘭銀行或愛蘭銀行後,始能支出國庫金。就此點觀察,英國財政部之職權,實不如他國財政部職權之完全。且英國財政部爲委員制,其第一委員係國務總理兼任,故其地位職權,與他國之財政部,差異甚多。英國財政部之職權,注重於財務監督,不注重於執行普通財務行政。財政部對於各部之會計事務,具有監督之權限,然各部長官皆爲政務官,以處理政務爲其專責。各部之會計事務,由各部之會計長負責辦理。而財政部對於各部之會計長有直接指揮監督之權。質言之,英國財政部之性質,實可稱爲主計部,與他國財政部之性質不同。吾人認爲財政分權,乃世界政治之新趨向,不能因英國之特殊情形,致疑於財政分權之不必要也。

（附註一）因英國之國庫金在審計長官監視之下,財政部不能直接支出國庫金,故財政部不妨有編製預算之全權。

（附註二）日本帝國大學教授土方博士,對其本國之預算制度,亦有批評曰,「我國財政部（日本稱爲文藏省）爲各部中之一部,一面司租稅徵收及其他行政事務,同時立於各部之上,有查定各部預算之權。在統制經濟必要之今日,此種制度,是否適當,大是疑問。」

丙. 吾國政治之背景

吾國現行五權政治,所有政治機關之組織,與三權政治之精神,根本差異。三權憲法,產生於自由主義之政治思想,其主旨在防止政府之專制,故偏重立法權。國會對於行政方面,有立法權,有彈劾權,其地位立於政府之上。五權憲法之主旨,在充實政府之權力,故將立法權,及監察權,均列入治權之內。在訓政時期,更應斟酌吾國實際政治情形,使治權內之五權,互相監視補助,以造成運用靈敏,集中國力之制度。吾國現行之新預算制度,實以五權政治之事實爲背景,而產生者也。預算爲政府公開財政之手段同時爲國民監督財政之工具,預算議決公布後,須有强迫施行之力。此强迫力量,出自被動,政府不得隨意伸縮。彼政府自編自決,且可自由伸縮變更者,已失預算制度之本旨。國府以前,曾設財政監理委員會,嗣改爲預算委員會，又改爲財政委員會，此等委員會，雖均稱爲議決預算之機關，然皆無憲政之根據，其自身議決之數目，仍可以自身之決議，增減變更之，不合於預算之强迫性質。故十七十八十九各年度之預算，均未能成立。國民政府爲中國國民黨之政府，在訓政時期，以黨代表人民，是現在議決政府概算之權，應屬於黨。惟黨之力量，常隱藏於政府之背後，故特設中央政治委員會，使爲黨與政府之連鎖機關。黨與政府建國大計及其對內對外政策，有所發動，須經此連鎖，而達於政府。質言之，政治委員會，在發動政治根本方案，對黨負責。國民政府，在執行政治方案，對中央政治委員會負責。中央政治委員會之地位，立於國民政府之上，有似於各國之國會，而實非國會。故中政會議決之概算，仍交主計處再編預算案，送立法院議決，以完法治手續。就中政會議決概算之權限而論，有似於他國之責任內閣，而執行之權，仍在國民政府。故中央政治委員會議決之概算，須送由國民政府，發交主計處，依法編製。國民政府主計處，於二十年三月，依據第三屆四中全會之決議案，因促成二十年度預算而正式成立。主計處掌理關於預算之一切事務，直接對於國民政府委員會負責，間接對於中央政治委員會負責。國民政府總攬治權，爲行政立法司法考試監察五院之集合權，五院各自獨立行使治權之一，而不相統屬。主計處直隸於國民政府，以超然地位，依法編成預算案，再呈國府交行政院，提出立法院核議。此種新制，於各方面職權，均無抵觸，實最合五權政治之精神，在訓政時期，似無其他制度，較此更爲適宜也。

或因修正國民政府組織法，規定國民政府主席，不負實際政治責任，遂致疑於主計處所編預算，亦爲不負責任之預算。此種議論，實未就現行政治組織之內容，細加研究也。蓋世界各國，不負責任之元首，其府內皆別無其他有責任之組織，如我國北京政府之大總統，法國之大總統，英日兩國之皇帝，皆爲不負責任之元首，其府內宮內，皆別無其他負責任之組織。若我國現在之國民政府，固明明於五院之上，設有國民政府委員會，以總攬治權也。（中央政治委員會，只有發動政治根本方案之權，其執行權，仍在國民政府，）五院各自獨立行使治權之一部分，必須有一國民政府委員會，立於其上，始完總攬治權之作用也。或謂編製預算，爲行政權最要之一部份，惟有身當行政之衝，完全了解各方面情形者，方勝此任。各國編製預算之權，多屬責任內閣，如英德日本等國是。或屬責任總統，如美國是，吾國之國民政府主席，爲不負責任之元首，編製預算機關，不宜直屬於主席之下。然此說不能認爲圓滿，試就下列之各政治組織，比較而分析之，卽可證明此說之錯誤矣。

甲. 三權政治組織。在三權政治之國家，如爲責任內閣，其上僅有不負責任之元首，則內閣卽爲總攬政治全權之機關，故以編製預算之權，屬之責任內閣，由財政部專任其事務，如英日兩國之例。如爲責任總統，則總統卽爲總攬政治全權之機關，故以編製預算之權，屬諸總統，而特設預算局專任其事務，如美國之例。

乙. 五權政治組織。吾國現行五權憲法，五院各自獨立行使其治權之一，而不相統屬，五院均立於平等地位，以編製預算之權，屬之任何一院，均不相宜。財政部係屬行政院內之一部分，非組織國民政府之一權。若仍如三權政治之例，由財政部編製總預算，則顯與五權政治之精神抵觸。今依國民政府組織法第九條，設一超然地位之主計處，俾任編製預算之事務。此機關直接秉承國府之命令，間接遵照中政會之決議。從辦理程序上觀察，亦極便利，實爲施行五權憲法之當然結果也。

現行國民政府組織，五院之上，明明有一總攬治權之機關。故負有國防重大責任之機關，如軍事委員會，參謀本部，訓練總監部，軍事參議院等機關，均依此理由，直屬於國民政府，而軍事委員會，在現時政治上所負責任，與行政院相等。夫以如此重大責任之機關，尙可直屬於國民政府。今將編製預算機關之主計處，直屬於國府，似更無懷疑之餘地也。

以上三點，爲新預算制度成立之根據，亦卽各種預算法規之根據也。

辦理預算必須依據之各種法令

政府財政之處理，始終不能脫離預算範圍，在會計年度開始以前，須先制定預算公佈，以爲歲入歲出之基礎。然成立預算，須經過法定手續，下列之法規，皆爲應此需要，而制定者也。

甲． 現行法規

1. 預算章程
2. 辦理預算收支分類標準
3. 預算科目細則預算書表格式及說明
4. 營業機關預算科目及編製概算書實例

乙． 預備施行之法規

1. 預算法
2. 財政收支系統法

由預算章程，改爲預算法，其差異之點頗多，主計處歲計局編有「預算章程與預算法所定辦理國家地方預概算各要點之表解」極便查對，載在歲計年鑑第二輯第六章，及二十四年度國家總預算內。

關於預算之執行，除依據預算法規外，尙須依據各種會計法規。在新會計法未成立以前，民三會計法，亦暫准援用，而財政部會計則例，及主計處所定「中央各機關及所屬編製收支報告暫行辦法」，均可爲過渡時期收支程序之準繩。自會計法公佈以後，而前此頒行之「中央各機關及所屬統一會計制度」必須大加改造，始符新法之精神。考會計法之內容，對於簿記事務之設計處理，規定異常精密完備，在吾國會計法規內，可謂特創一新紀元。惟實係狹義之會計法，至屬於廣義會計之預算決算，及財務收支程序，均須另定專法,同時頒佈,始易貫澈施行。現在關於執行預算之補充法規,有暫行决算章程,及主計處對於决算附表塡法之補充說明,中央各機關經營收支欵項由國庫統一處理辦法,二十二年度以前未能依限辦結之收支處理辦法,結束二十二年度收支辦法,二十三年度國庫收支結束辦法,銓釋動支第二預備費限制及追加預算限制令(以上各法令均載在歲計法令彙編內)等法令,預備制定之法律,有庫藏法,决算法及財物經理法等,而預算法自較預算章程爲完備,惟現因政治上之窒礙,尙須再行酌予修訂,始易實行。

關於預算之監督,須有完善之審計法令,而超然主計制度之實行,亦於監督預算執行,大有補助。

現時關於此類法令之已行者,有審計法,審計法施行細則,支出單據證明規則,修正國內出差旅費規則,修正監督地方財政暫行辦法,公務員交代條例,及關於推行主計制度之各種法令。(以上各法令均載在歲計法令彙編內)

預備制定者;爲審計法一種。

關於公有營業預算之編製及執行,對於上列各種法令,大多不合實用。現在中央政治委員會,已另定公有營業預算暫行標準,立法院亦正另定,關於營業預算之法規。

辦理預算之程序

辦理預算程序,分編製,議决,公布,執行四層。茲先摘述吾國現行之程序如左:

甲. 中央預算之辦理程序

中央各機關所編本機關(包括附屬機關)歲入歲出概算,爲第一級概算,(卽單位機關之概算)限十一月三十日前,(卽年度開始七個月以前)送達各該主管機關。各主管機關彙編之分類概算,稱爲第二級概算,限一月十五日以前送達國民政府主計處。主計處彙編總概算書,稱爲第三級概算,限三月十五日以前呈經國民政府核轉中央政治委員會。現因每年歲出概算總額均超過歲入概算總額,故主計處每年均附陳補救意見書,條列收支適合之辦法,以待中政會決定施行。中政會核定總概算於四月十五日以前,送由國民政府發交主計處,主計處編成總預算案,於五月十五日以前,呈國府交由行政院提出立法院核議。立法院於六月十五日以前,將總預算議決呈請國民政府公布。

以上係預算能如期成立之辦法,如年度開始而預算尚未成立,則另定有救濟辦法兩項。

1. 得由主管機關擬定概數,送由主計處簽註意見,呈國府轉送中政會核定施行。

2. 如有特殊應急之經費,得由五院之主管院長提請中政會議決,先行動支,再行補辦概算手續。

預算成立以後,亦有幾種例外辦法。1. 本於法令或契約所必不可免之經費,致預算發生不足時,得提出追加預算。但須自籌財源或商請財政部籌定財源,始能提出。2. 因特殊事故致收入短少,不能適應原定歲出預算時,由國府提出補救方法,送中政會核定施行。3. 因特殊應急之設施或處置,由五院主管院長之提請,經中政會議決,得先爲預算外之支出,事後再請立法院追認。4. 因政策變更,得縮減一部份歲出。

國府建都南京以來,政治組織,時有變動,由十六年至十九年,均未能成立正式預算。二十年四月主計處成立後,始有二十年度國家總預算,二十二年度十三類假預算,及二十三年度二十四年度國家總預算公布施行。營業概算,亦經主計處編送中政會,惟始終未奉核准,嗣後尚須另定營業預算標準,以資依據。

乙. 地方預算之辦理程序

依照新定財政收支系統法之規定,地方預算之範圍,可至縣爲止。但依現行法令,尚只有省市預算之規定。省市各單位機關,編造各該機關之概算書,爲第一級概算。限十一月三十日以前送達各該省財政廳或市財政局。各省財政廳或市財政局,彙編各該省市歲入歲出概算案,限一月十五日以前,送達各該省市政府。各省市政府,依據全年行政計劃,及收支適合原則,議定各該省市概算案,限一月三十一日以前,發還財政廳或財政局。歲出概算總額,如超過歲入概算總額,應由省市政府議定補救辦法,呈請中央核准。各省財政廳或市財政局,編成各該省市總概算書,即第二級概算,限二月十五日以前,連同行政計劃,繕具五份,以一份送行政院,一份送財政部,以三份連同一級概算書,送國民政府主計處。行政院審查各該省市行政計劃,及第二級概算,作成意見書,於三月十五日以前,轉送主計處,主計處審核各省市總概算書,簽註意見,限三月三十一日以前,連同行政院審查意見書,呈國府轉送中政會。中央政治委員會,核定總概算書,於四月三十日以前,送由國府發交主計處。主計處編成各該省市總預算案,限五月十五日以前,呈國府交由行政院,提出立法院核議。立法院議決後,於六月十五日以前,呈請國民政府公布。主計處應彙編全國地方總預算書,呈報國民政府。地方預算不能如期成立時,由各該省市政府,參照最近年度預算,及本年度財力,議定暫行救濟辦法,呈報中央備案施行。

預算成立以後,亦有幾種例外辦法。1.本於法令契約必不可免之經費,得為追加預算。2.因特殊應急之設施,得以省市政府命令,為預算外之支出。3.因特殊事故或政策變更,得縮減一部份歲出。如不能縮減歲出,而另定加稅募債等彌補辦法,須呈經中央核定施行。

近年以來,各省市政府財政,已逐漸整理,依中央規定之法令範圍,擬定收支適合計劃,而成立正式預算者,已居多數。惟目前呈送中央正式核定之預算,只及於省及行政院直轄各市。將來逐漸推行縣預算,及普通市預算,始可將整個之地方財政收支實況,完全表現。

丙. 執行預算之程序

政府歲入歲出，根據預算執行，須有法令以規定其收支程序；俾繁複之收支事務，得依一定程序進行，始能互相輔助，以增加行政效率，互相監視，以減少舞弊機會。在金庫統一之國家，能將命令系統與出納系統，截然劃分，故出納人員舞弊之機會較少。吾國現因金庫尚未統一，承轉收支較多，故收支程序，極為繁雜。茲列圖解如下：

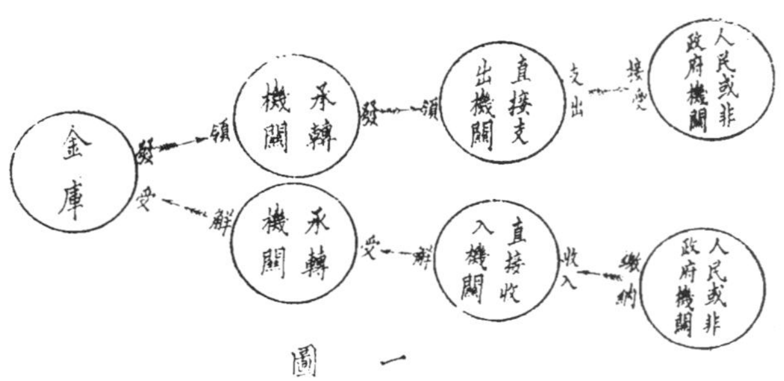

圖 一

觀察此圖，可知收入機關，自人民或非政府機關，直接收到現款須與收入預算對照。支出機關，直接支出款項，使政府所有金錢，離開政府機關，(變為人民或非政府機關所有)須與支出預算對照此兩類計算，均屬預算會計之範圍。

由收入機關，將所收款項，解到承轉機關，而承轉機關，又以所受款項，解送金庫。所有金庫之受款發款，承轉機關之領款發欵，以及支出機關之領欵等程序，均不過政府內部各機關之金錢移轉而已。其受入也，並未增加政府之財產，不得稱為財源增加，其付出也，並未減輕政府預算上之負擔。此類計算，悉屬現金會計之範圍。故政府會計之要素，可大別為金錢會計及預算會計兩類，官廳收支計算之唯一對象，為金錢出納，而統制金錢出納之關鍵，即為預算。國家普通預算之目的，以財政的統制為主，故其預算上之收支，止於貨幣數目的表示，換言之，即金錢數目的表示也。

金庫統一之國家，其金錢移轉之責任，集中於金庫，至於承轉機關，移轉巨額款項，乃金庫尚未統一之特殊現象，政府全部之銀錢出納，以集中於金庫爲原則，但吾國各機關所收現款，不必定解金庫，多依撥付坐支等方式，在中途付出。各機關領受之款項，不必盡付於人民，或非政府機關，亦有在中途輾轉還解金庫者。

吾國政府會計之收支程序，規定較爲詳明者，有「中央各機關經管收支欵項由國庫統一辦法」，及「財政部會計則例」兩種法規。提要言之，其入欵的方式有三，卽直接收入及受款領欵。其出欵的方式亦有三，卽直接支出卽解欵發款是也。同一解欵，有現金解納及抵解之分。同一發款，有直放及坐支撥付之分。吾國現行法令，類皆詳定承轉收支程序，於直接收支之應如何使之互相牽制，杜絕弊端，大多不甚注意。惟海關之收支程序，較爲完善，惜乎只按多年之習慣辦法處理，並未以正式法令，將其辦理程序，規定公布也。

再列兩圖，表示金庫統一後之收支程序如下：

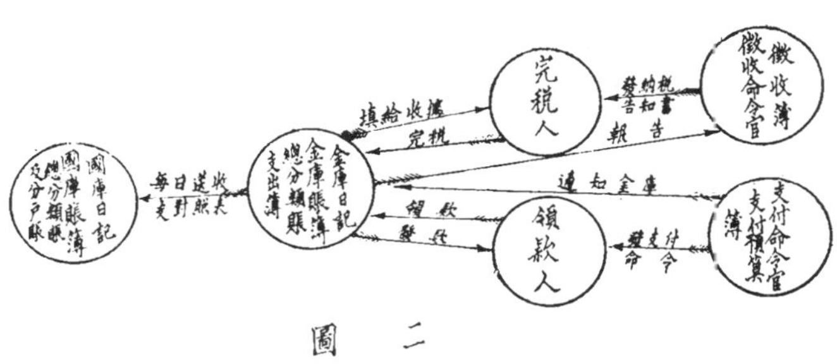

圖　二

表示每日之收支程序

在金庫統一之國家，凡收稅先由徵收命令官，發給三聯式納稅告知書於完稅人，由完稅人持赴金庫完納。金庫將此書第一聯截下記賬，將第二聯作爲收據，塡給完稅人，第三聯作爲報告，送交徵收命令官記賬。凡支出先由支付命令官,查照預算,塡發三聯式支付命令,留一聯存根,以一聯通知金庫,以一聯交領款人。金庫據此支付命令,發款並記賬。金庫有支庫分庫總庫。支庫每日報告分庫分庫每日報告總庫,總庫每日報告國庫。故國庫不必直接收支現金,而全國現金出納之數,悉可於國庫賬簿上表現之。徵收命令官及支付命令官,爲命令系統之會計機關,金庫爲出納系統之會計機關,而統制整個政府之現金會計者,厥爲國庫。

照上述程序辦理,全國各機關之現金收支實况,可依國庫賬簿隨時編製報告公布之。

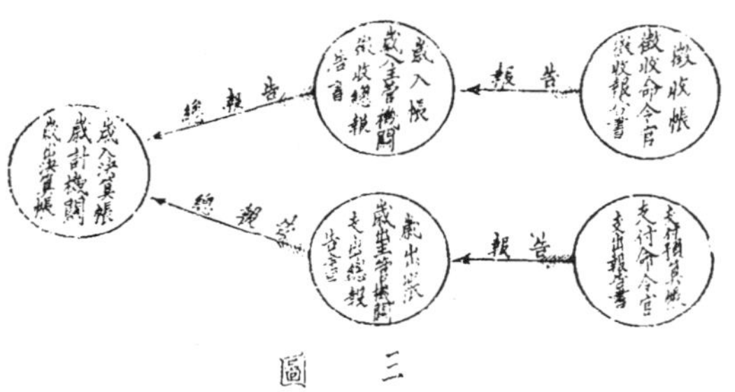

圖　三

表示每月之收支程序

就上圖觀察,徵收命令官之徵收簿,照歲入預算科目,分戶登記。每月終了後,結算其徵收賬,編成徵收報告書,送呈其上級之主管機關。各主管機關,查照預算科目,登入歲入賬,再行彙編總報告書,送交綜理歲計事務之機關。歲計機關,查照歲入預算,分項登入歲入決算賬。支付命令官之支付預算賬,照歲出預算科目,分戶登記每月終了後,根據賬簿,編成支出報告書,送呈其上級之歲出主管機關主管機關登入歲出賬,再行彙編支出總報告,送交歲計機關。歲計機關,查照歲出預算分項登入歲出決算賬。（附註。在三權憲法之政治,綜理政府之歲計事務者,係屬財政部之會計司。在五

權憲法之政治,應爲國府主計處之歲計局）歲計機關,於年度終結後,根據決算賬,編製歲入歲出決算報告書及歲計總平衡表

照上述程序辦理,政府之歲計報告,(即歲入歲出總決算,)可於會計年度終了後,經過整理手續,從賬簿自然產生。現在主計處歲計局,已設有歲入歲出決算賬,及其他補助賬簿,即係爲編製歲計總報告而設也。會計局另設有政府總會計之全套賬簿,其主要目的,係爲編製總平準表,(會計法改稱平衡表)而設,與歲計報告有互相輔助之功用。惟歲計報告,(即歲入歲出總決算)按照決算章程,由主計處呈請國府發交審計部審定後,尙須再由主計處呈請國民政府公布。其主旨在表示執行預算之結果,是爲政府對於國民全體之報告。故法定手續,較爲鄭重。會計總報告,由主計處會計局之賬簿產生。而會計局賬簿,以各機關每旬造送之甲種收支報告及乙種收支報告爲根據。此兩種報告之收支數目,均係各機關每旬內實收實支之現金數目,故會計報告之內容,與歲計報告迥不相同。會計報告,係屬政府內部之總報告,只須擇要公告。無須再送審計部審定,亦無須完全公布也。

THE LONDON NORTH EASTERN RAILWAY DYNAMOMETER CAR

BY MR. WU CHING-YUAN 吳慶源

Introduction

In order to study or analyse the working of a new type of steam or electric locomotive or to examine the effect of an alteration made to a type already in service, we have to test the locomotive.

There are two ways of testing a locomotive. One is to test it in a stationary plant and the other is by means of a dynamometer car. The Americans were the first to construct such stationary plant. In 1891, they erected in Purdue University what was called a "Test Bench." In 1905, the Pennsylvania Railroad commenced using another at its Altoona Shops.

The Locomotive Testing Plant at Vitry near Paris is the latest installation of the stationary plant. It was completed in 1933. The advantages of a stationary plant are:—

1. no variable atmospheric conditions to influence the resistance of the locomotive,
2. no incidents, such as speed restrictions, occuring during running to reduce the accuracy of the test,
3. easier to watch and check the readings of various delicate instruments used for measuring necessary data from various parts of the locomotive.

When a locomotive is tested by a dynamometer car, the car is coupled between the engine and the train which may be on regular service or on special run. By means of various instruments, we record the required data, such as speed, tractive effort, power, work, temperature and pressure.

The dynamometer car test has been greatly improved by replacing the vehicles forming the train by one or more locomotives specially equipped to act as brake engines thereby enabling the resistance to be easily and accurately regulated. In this way, a locomotive undergoing test can be operated at almost constant speed irrespective of the cut-off used. Thus it is possible to study the behaviour of a locomotive running at a given speed etc.

General Description of the London North Eastern Railway Dynamometer Car

This car has a floor space of 46 feet by 8 feet. It has two bogies of four wheels each and one special wheel called traction wheel. This traction wheel can be lifted 3 inches above the rail when no data are taken. The diameter of the bogie wheel is 3 feet 6 inches on the tread. The diameter of the traction wheel is exactly 12 feet circumference, the wheel being ground until a steel tape 12 feet long just fits it. It is impossible to give the diameter correctly using usual English Measurements. The traction wheel should be situated near the bogie. If it were in the middle of the car, it would run off the rail when the car is on a curve.

In the car, there are drop tables, benches, speed gauge, electric contacts clock, counter, mileage dial, paper drum, integrator, guide drum, electro-magnetic recording pens, loud speaker, driving drum, sliding drum, gauge for top and bottom of the vacuum brake cylinders, lifting gear for the traction wheel, Westinghouse brake valve, vacuum brake valve, hand brake, Murphy's depth gauge for measuring the water in the tender, carbon dioxide meter, train heating steam meter, microphone, lavatory, kitchen, tool lockers and a lifting bed. The electric counter referred above is on the instrument table. Owing to the one second marks being very close together when the diagram paper is moving slowly at the start, it is difficult to subdivide them until the train is moving about 10 m.p.h. In order that the number of these marks can be counted, this counter is switched into circuit at the start and switched off after about one minute. It counts the number of second marks up to the time it is switched off.

Under the floor, lies the draw-bar. It consists of three sections. The first section has the hook at one end. The second and the first are connected together by a pin while the third and the second by an adjusting screw. The other end of the third section is connected to the dynametric spring. It is made of nickel chrome steel, 1½ inches in diameter, supported at two places on ball bearings about 3 feet from each end. There is a knuckle joint so that the drawhook can move sideways on curves. The knuckle joint is formed in a square block supported on a roller, and checked by side rollers. The drawhook proper does not bear on the bottom of the slot in the headstock, but it is supported on long pendulum rods so that there is no rubbing friction. There is a special arrangement to fix the first section of the draw-bar to the frame so that it will not move the dynametric spring.

The dynametric spring consists of 30 spring plates which are kept apart by 29 distance pieces. Every distance piece is screwed on to a pin which projects out on each side of the distance piece. Every spring plate has a hole in the middle. The above mentioned pin is placed in this hole as shown in the drawing for the arrangement of dynametric spring. After these spring plates have been placed in the spring buckle, a tapered wedge is used to keep the spring plates and distance pieces tight together. An auxiliary spring is attached to this spring buckle, which is also fitted with ball bearings to reduce friction. The auxiliary spring is used to correct the action of the dynametric spring at the beginning. There are two smaller buckles which hold the ends of the spring plates on each side. They are held in position at the back by two ½ inch thick springs. At the front, they are placed against the frame stay. These buckles are fitted with rollers too.

Taking Dynamometer Car Readings

The traction wheel is lowered on to rail track. This wheel revolves 440 turns per mile run. By means of gear, drives an integrator which revolves 220 turns per mile run. It also drives a paper drum which revolves 11 turns per mile run so that the diagram paper moves one foot per mile run. A system of gear is provided to allow the diagram paper have a speed of 2 feet per mile run if so desired. The integrator consists of a horizontal and a vertical plate. The vertical one is fixed on a bar, which is connected to the dynametric spring by means of a chain and pulleys while its other end is connected to a spring which keeps the bar taut. When the dynametric spring is moved by the draw-bar pull, the bar which carries the vertical plate of the integrator is also moved. When there is no movement in the dynametric spring, the vertical plate of the integrator is adjusted to be exactly in the center of the horizontal plate. In this position it will remain motionless no matter how fast the horizontal plate is turned. As soon as it is shifted away from the center, it is turned by the horizontal plate, and further it is shifted faster it is turned. The vertical plate makes electric contact once every turn, and thus operates the electro-magnetic recording pen which automatically draws the diagram. It is so designed that for every turn of the vertical plate it means that the locomotive has done a work of 330,000 foot pounds.

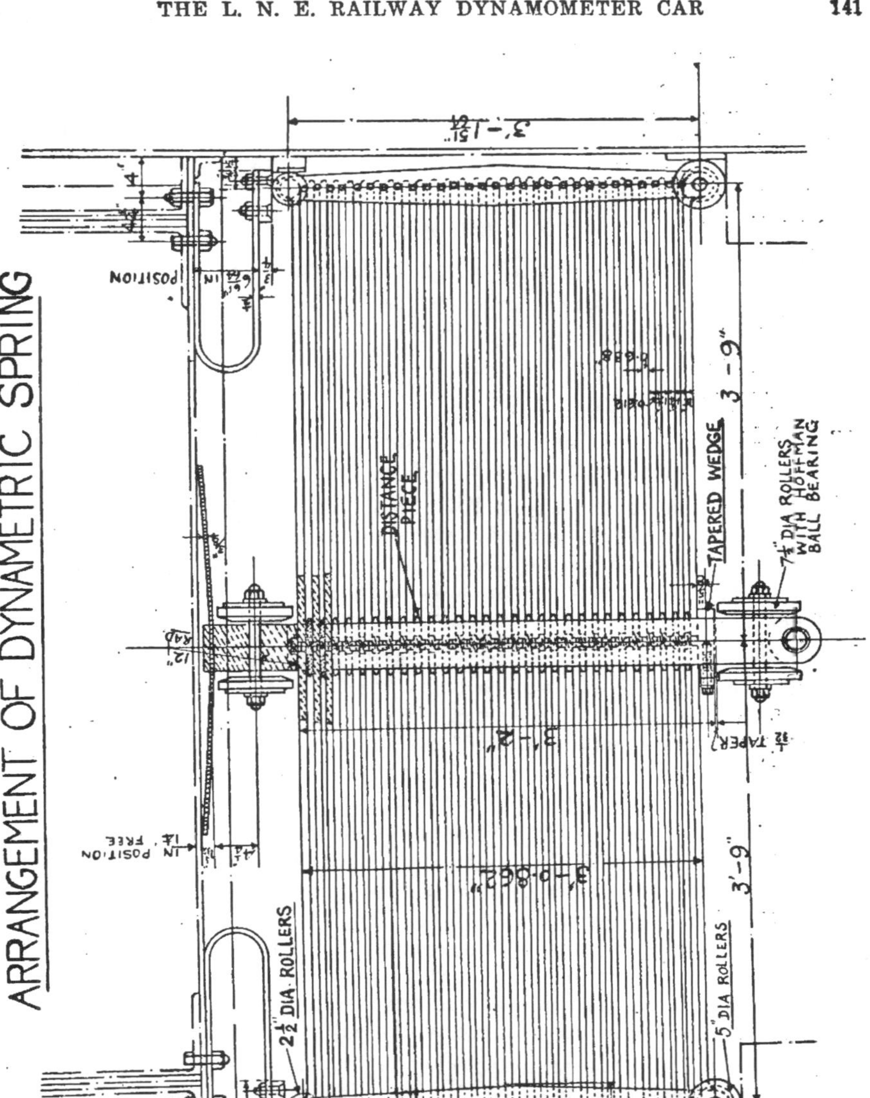
ARRANGEMENT OF DYNAMETRIC SPRING
DISTANCE PIECE
TAPERED WEDGE
7¼" DIA ROLLERS WITH HOFFMAN BALL BEARING
2½" DIA ROLLERS
5" DIA ROLLERS
3'-9"
3'-9"
IN POSITION
FREE

The following calculation shows the method of arriving at the diameter of the integrator verticle plate. The scale of the spring is .45 inch per ton, and the integrator plate makes 220 turns per mile, or one turn in 24 feet. Let there be a pull of 2 tons on the spring so the integrator verticle wheel will be .9 inch from the center. If the horizontal plate makes one turn then a point on the circumference of the vertical wheel will turn 5.66 inches. The foot lbs. of work done in this space will be:—

$$2 \times 2240 \times 24 = 107,520.$$

so in order that the vertical wheel makes one revolution for 330,000 foot lbs., its circumference must be:—

107,520 : 330,000 :: 5.66 : 17.4

or 5.54 inches diameter.

Another recording pen which is also connected to the dynametric spring draws a curve indicating the draw-bar pull in tons. The bigger the draw-bar pull, the further this pen is away from the datum line.

In addition to the above two pens, there are others which draw curves indicating every second, every minute, every 100 working units of 330,000 foot pounds mile post etc. Several spare recording pens are provided for special purpose such as to indicate the cut off of the brake engine.

The curves showing second and minute are drawn by pens operated by electric contact clocks. The "100 working unit" curve is drawn by a pen operated by certain electric contact made by integrator. The marks for the mile post and stations are made by an engineer who watches through the window and operates the electro-magnetic pen by pressing an electric button, and the engineer at the recording table writes the number and name of the mile post and the station against these marks.

The engineers in the dynamometer car and those including driver and fireman on the engine foot plate are communicated all the time by means of loud speaker and microphone. The various curves are drawn on the paper, the fuel and water consumptions are taken; and the boiler pressure, steam chest pressure, cylinder back pressure and the smoke box vacuum are reportd in the loud speaker by the engineer on the foot plate and are recorded accordingly on the paper.

The part of the track selected to run the dynamometer car test should be as level as possible. In the London North Eastern Railway Dynamometer Car, a chart is prepared to enable them to find the draw-bar pull as if the locomotive were running on a level track quickly. On this chart, it is simply a profile of the line to 1 inch to the mile scale, showing gradients, mile posts and stations. Knowing the gradients, the affect of gravity on the engine can be allowed for.

The driver and fireman on the locomotive under test should be taken among the middle class in order to get the result most useful to the railway.

The London North Eastern Railway often uses a brake engine during their dynamometer car test. The cylinders of the brake engine are cooled by a small quantity of water which is forced into cylinders by the boiler pressure through a special valve.

When a dynamometer car test has been made, there are various calculations and following printed data sheets are used to record these important results. They are as follows:—

(1)

Time	*Temperature Deg. F.*		*Back Pressure*	*Smokebox Vacuum in Inches*
	Inlet Exhaust	*Smokebox*		

(2)

Date........................ *Record No.*........................

Darlington—York

Engine No............. *Class*............ *Driver*............ *Fireman*............

Station	*Time*		*Pressures*		*Cut Off %*	*Water Readings*
	Booked	*Actual*	*Boiler*	*Steam Chest*		

(3)

Date.. Record No..............................

Newcastle To York

Engine No. ....Class ....Driver................Fireman ....

Station	Miles	Booked Time	Actual Time	Boiler Pressure	Steam Chest Pressure	Feed Temp. °F	Cut Off %	Water Reading

This shows the general view in the Dynamometer Car looking toward the instruments.

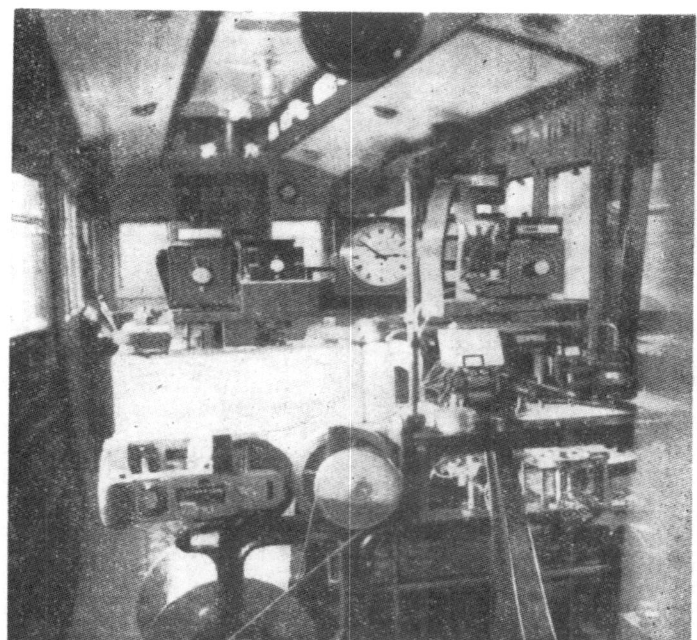

This shows the paper drum, electro-magnetic recording pens, loud speaker, microphone, CO_2 meter etc. This also shows the chart showing the profile plan of the track. This chart is wound on the rollers and can be seen in vertical position on the left side in the photo.

This shows the diagram paper, electro-magnetic pens, microphone, clock, meter etc.

This shows the horizontal and the vertical plates of the integrator. This also shows the bar carrying the vertical plate, chain, pulleys etc.

The CO_2 Metering Unit, Soot Filter, And Co Metering Unit

The Carbon Dioxide Meter installed in the London North Eastern Railway Dynamometer Car is manufactured by the Cambridge Instrument Co. Ltd. The general principles of such a meter are as follows:—

If a platinum wire, which is surrounded by a gas in a chamber, is connected to a source of constant electromotive force, the temperature of the wire will rise until a condition of equilibrium is reached when the continuous dissipation of thermal energy is equal to the electric energy supplied to the wire. The thermal energy is dissipated by conduction, by radiation and end cooling losses, and by convection. By suitably arranging the conditions, the loss of heat due to the latter two causes may be reduced to a negligible proportion of the whole so that the temperature attained by the wire when equilibrium is reached depends on the thermal conductivity of the surrounding gas. The temperature of the wire may be determined by measuring its electrical resistance, the electric current which heats the wire being used for this purpose.

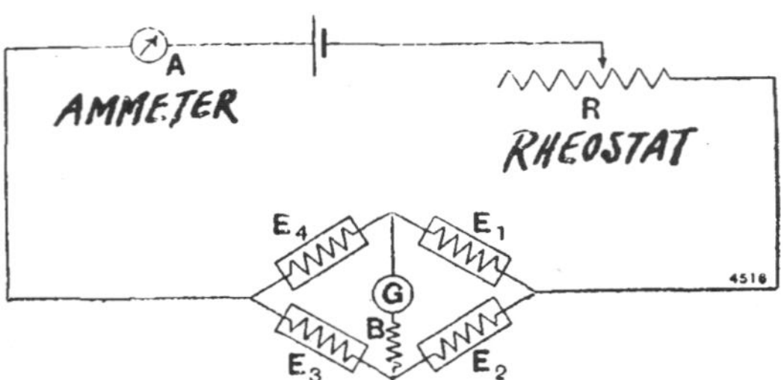

In the electric CO_2 meter, four identical spirals of platinum wire are enclosed in separate cells E_1, E_2, E_3, E_4 in a metal block, as shown diagrammatically above. Each of these spirals forms one arm of a Wheatstone bridge circuit. A definite electric current is allowed to flow through the bridge, thereby causing the spirals to become heated and to lose heat to the walls of the cells. If two gases having different thermal conductivities are introduced, one into two of the cells (say, E_1 and E_3), and the other gas into the other two cells (E_2 and E_4), the spirals E_1 and E_3 will cool at a different rate to E_2 and E_4, and will therefore be maintained at a different temperature. The consequent difference in the resistance of the spirals will throw the Wheatstone bridge out of balance, causing a deflection of the galvanometer G, the extent of which depends upon the difference in the conductivity of the two gases. The construction is such that the changes in temperature of the gases affect both sides of the bridge equally. If, therefore, the cells E_2 and E_4 contain a pure gas and the cells E_1 and E_3 the same gas mixed with some other constituent, the extent of the deflection will be an indication of the amount of the second gas present, and the galvanometer can be calibrated to show directly the percentage composition of the mixture.

The difference in conductivity between air and carbon-dioxide enables the method to be used to determine the percenage of carbon-dioxide in flue gases. These gases consist chiefly of nitrogen and carbon-dioxide mixed with small amounts of oxygen, water vapour, and carbon-monoxide. Since carbon-monoxide, oxygen and nitrogen have all nearly the same thermal conductivity, the small variations of these gases do not affect the readings. The effect of the water vapour can be counteracted by keeping the gases in all the cells saturated.

In practice, two of the cells are filled with air saturated with moisture, and the other two are exposed to the gas under test. The difference in conductivity of the gases in the cells then depends solely on the percentage of carbon-dioxide in the gas.

The current in the Wheatstone bridge circuit, as shown by an ammeter is adjusted to a constant amount by a rheostat, while the resistance B in the galvanometer circuit enables the electrical zero of the CO_2 meter to be adjusted.

The photograph shown here is a CO_2 metering unit. The metal block in which are mounted the four cells containing the platinum spirals is combined with a water-bubbler and aspirator to form a complete all-metal metering unit. This unit is so designed as to give accurate readings in widely varying conditions, and is exceptionally robust and dependable.

In the figure below the photograph the complete metering unit is shown diagrammatically in section. As mentioned before, two of the cells in the meter block A contain air. These air cells are sealed, but communicate with a central compensating *chamber* which contains a wick moistened with clean water, so that the air in the cells is saturated. The wick carries sufficient water to ensure complete saturation for a long period.

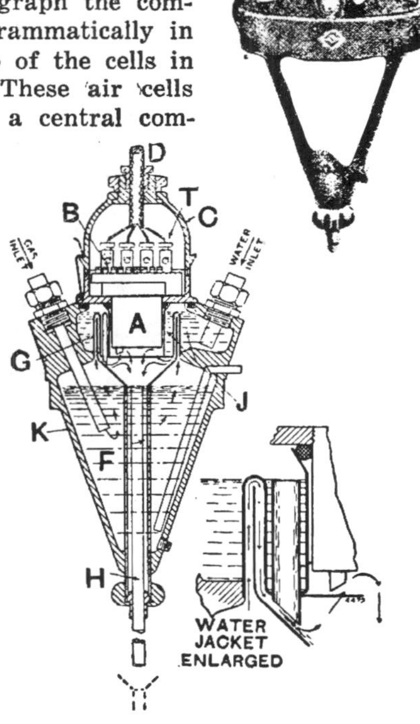

The ends of the platinum spirals are connected to terminals T in the head of the meter, which is provided with an easily detachable cover C. All meters of the same type are electrically interchangeable. Four way cable is taken from these terminals through the screwed gland D in the cover to the indicator or to the recorder. The current is either supplied by an accumulator or the outfits are arranged to run off the local main electric supply.

The CO_2 meter A is bolted to the top of the gun-metal casting K comprising the bubbler and aspirator, the joint being made gas tight by a rubber gasket, which is the only rubber seal in the instrument. The arrows show the direction of flow of the flue gases after bubbling through the water in the bubbler vessel F, the gases flow through an annular surface cooler G, and past the CO_2 meter A to the central pipe H which forms the aspirator. The gases diffuse into the remaining two cells of the meter through a shrouded hole drilled in the end of the meter block. The meter block is provided with a water-jacket J, through which the water supply passes to the bubbler; the annular cooler G is immersed in this water-jacket, so that the meter block and the flue gases are brought to the same temperature, thus eliminating temperature gradients. Any excess water vapour present in the gases after their passage through the bubbler is condensed out in the surface cooler and drained back into the bubbler. The gases are thereby brought to saturation at the temperature of the meter block. The bubbler is so designed that there is a continual slow circulation of water through the bubbler

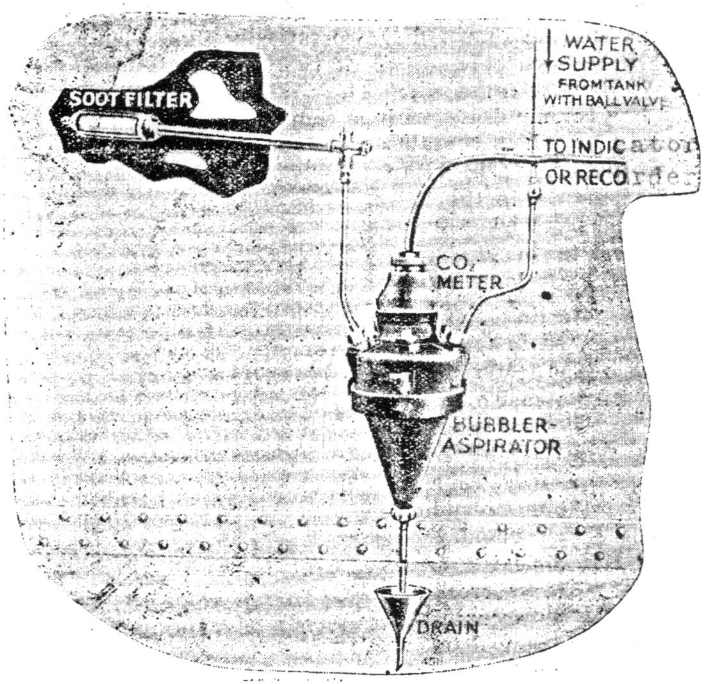

vessel F, which ensures that any SO_2 in the flue gases is washed out without any appreciable quantity of CO_2 being removed. A device B provided in the head of the meter enables the electrical zero to be adjusted.

The above photograph shows the CO_2 pipe line. For each point at which the percentage of CO_2 is to be measured, it is necessary to install a combined CO_2 meter and bubbler-aspirator and also a soot filter, for cleaning the flue gases before they are drawn through the bubbler and past the CO_2 meter. The pipe line shown above will be found to meet general requirements, and has the advantage of being easily cleaned, detachable unions being fitted so that all pipes and connections may be kept clear. The intake pipe, with a soot filter at its extremity, is arranged to project inside the wall of flue, and is fixed at right angles to the direction of the gas flow. As the length of pipe line affects the rapidity with which changes in the CO_2 percentage are measured, the bubbler should be installed in a position as near as possible to the point where the gases are tapped off.

To eliminate risk of the filterbecoming clogged up by the deposit of tarry matter, the pipe should be fixed in the flue at a point where the temperature of the gases does not fall below 400°C., thereby ensuring that any such material in the flue gases will be completely volatised. The pipe should be set at a slight incline from the horizontal, so that any moisture which may condense in the pipe when the boiler is shut down will flow away from the filter.

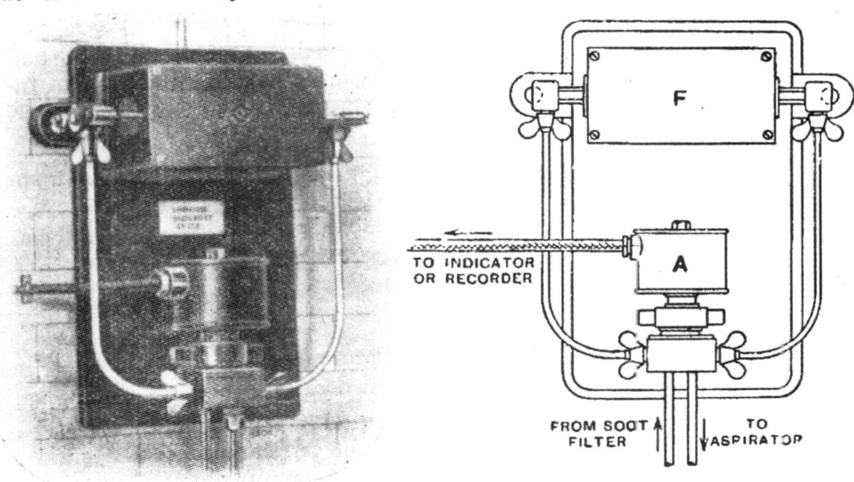

In the London North Eastern Railway Dynamometer Car test a pipe is let into the side of the smokebox. On the outside of this is a chamber filled with slag wool. A long thick walled rubber pipe leads from the top of this chamber to the aspirator in the dynamometer car, and suction is produced here by coupling it to the vacuum brake pipe by means of a fine regulator tap.

The above figure shows the CO metering unit. It is frequently important not only to measure the percentage of carbon dioxide in the flue gases and the temperature of these gases, but also to determine the percentage of carbon monoxide, and thus to have the information as to whether complete combustion has taken place. The CO percentage in the gases is measured electrically by means of the metering unit as illustrated and shown diagrammatically above. It comprises a meter A, which is similar in design to the CO_2 meter and an electrically heated furnace F. After passing through a soot-filter the flue gases are washed and cooled by passing through a water-bubbler and are drawn by an aspirator past the meter A, so that the gases diffuse into two of the cells. The gases then flow through the furnace F, where any carbon monoxide present is converted into CO_2 and any hydrogen and methane is converted into CO_2 and water. The converted gases pass over the remaining two cells in the meter A, which thus measures the increase in the CO_2 content in the gases caused by their passage through the furnace. This increase depends on the amounts of carbon monoxide, hyrogen and methane originally present, and is shown on the indicator scale (or on the recorder chart) as a percentage of combustible gases.

It is customary to take simultaneous measurements of the CO and CO_2 percentages. The CO and CO_2 meters are then connected to an indicator or a recorder. The instrument being calibrated for two ranges, 0—10% CO and 0—20% CO_2.

The method of mounting the two metering units depends upon the working conditions to which the apparatus will be subjected.

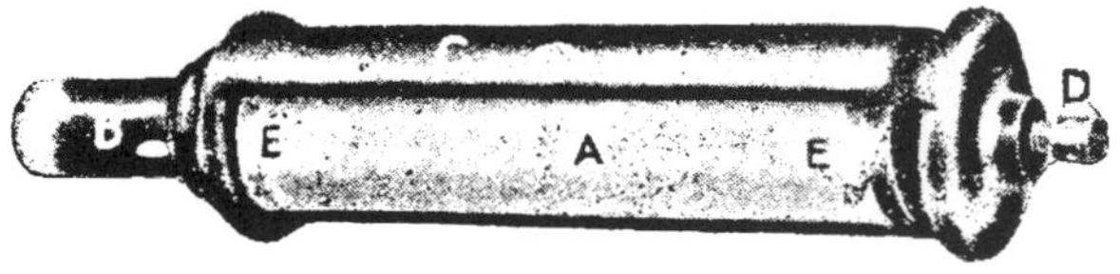

The above photo shows a porous soot filter, which is of a simple and efficient design, and is particularly suitable for use on water tube boilers. It comprises a porous alundum tube A, clamped to the end of the intake pipe B by an iron stirrup C and clamping bolt D. Leakage of gas into the pipe at the ends of the porous tube is prevented by asbestos packing E. The soot filter is directly immersed in the stream of gas inside the flue, and is thus maintained at the same temperature as the gas, so that no condensation takes place and the soot falls freely from its surface. The whole area of the porous tube is exposed to the gas, thus ensuring that the efficiency of the filter is maintained for a considerable period, and cleaning being necessary only at long intervals. The filter can be easily taken apart for cleaning when necessary, by simply removing the intake pipe from the flue and unscrewing the clamping bolt D.

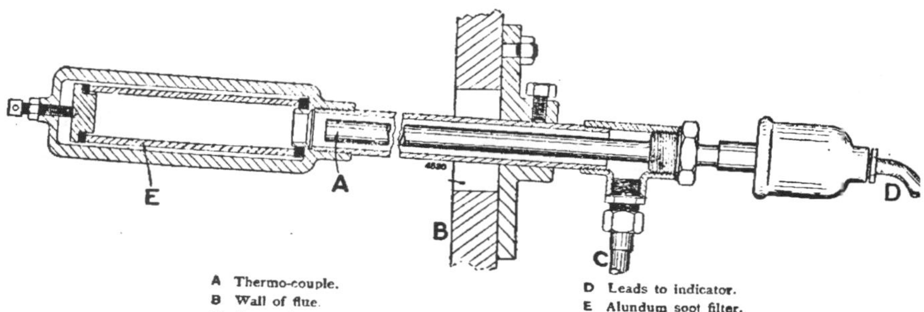

A Thermo-couple.
B Wall of flue.
C Gas outlet to meter.
D Leads to indicator.
E Alundum soot filter.

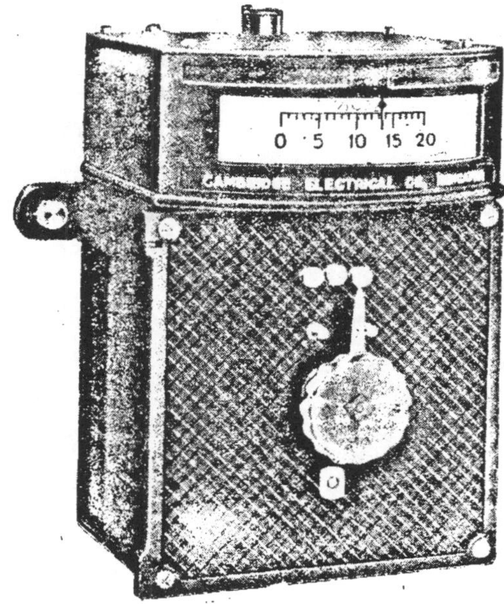

The above figure shows the combined soot-filter and thermo-couple diagrammatically. This will sometimes be found convenient when occasional tests are to be made as it eliminates the necessity of boring an additional hole in the wall of the flue for the insertion of the thermo-couple. In permanent installations, however, it is recommended that the thermo-couple and the soot-filter form separate units.

The photo on the left shows the Single Point Indicator. It is used when the percentage of CO_2 is to be measured at only one point.

This photo on the left shows the latest type of CO and CO_2 measuring panel manufactured by the Cambridge Instrument Co., Ltd.

A switch, which is operated by means of a handle on the outside of the case, has three positions marked "OFF," "TEST," "ON." When the switch is in the "TEST" position the pointer should be deflected to a definite mark on the scale, thus giving a measure of the bridge current; if this deflection is not obtained, the pointer may be brought to the desired value by means of an adjustment which operates a rheostat in the Wheatstone bridge circuit.

When both CO_2 and CO percentages are to be measured at one point, the indicator is similar but is fitted with two scales, calibrated to give direct readings of CO_2 and CO percentages respectively, while the switch is fitted with four positions, "OFF," "TEST," "CO_2," and "CO," so that readings of either CO_2 or CO percentage can be obtained at will. A similar indicator, fitted with an additional switch and a scale calibrated to read in degrees of temperature, can be used to indicate both CO_2 and CO percentages, and the temperature of the flue gases, as measured by a thermo-couple inserted in the flue.

The Murphy's Depth Gauge

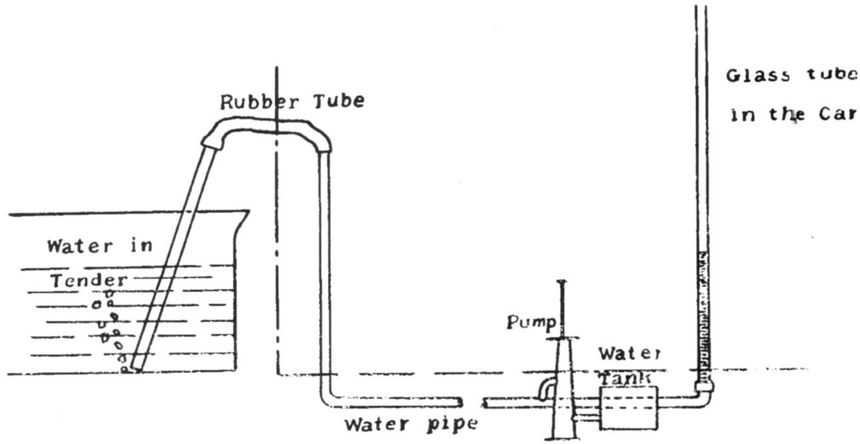

The above diagram shows the principle of the Murphy's Depth Gauge. At the beginning of the journey, we take a reading of the height of the water in tender. The reading can be taken as follows:

1. Pump water from water tank into water pipe until the water fills up the whole pipe,
2. Then stop pumping to allow the water in glass tube to settle down.

The surface of water in the glass tube indicates the level of the water in tender.

A similar reading is taken at the end of journey. From these two readings, we know how many feet of water in the tender has been consumed. The sectional area of the tender is known, therefore the quantity of water consumed can be easily found.

In conclusion, the writer wishes to tender his best thanks to Messrs. Sandberg (40, Grosvenor Gardens, London, S.W.1) for their assistance in making the necessary arrangements for viewing the L.N.E.R. Dynamometer Car; Mr. E. Thompson, (Mechanical Engineer, L.N.E.R., Darlington), for his courtesy and valuable information in connection with the above visit; and to Messrs. Cambridge Instrument Co. Ltd., (45, Grosvenor Place, London, S.W.1) for their assistance and permission to make use of the illustrations of their apparatus supplied to the Dynamometer Cars, including that of the L.N.E. Railway.

月　　賦

陳　　杜

今夕何夕,斯物何物,溶溶兮似水而不沈,皎皎兮比日而可悅,若有人兮攀桂枝,似含情兮展蛾眉,忽彷彿兮來卽,乍千里兮相期,託陰陽兮迎送,忘天地之高低,儼乎其若合,忽乎其若離,詠胡然之天帝,歌居諸之迭散,悅然自失,悠爾遐思,于是夜靜風迴,地朗天淸,雲行無跡,露滴有聲,見裙裾之綽約,聞環佩之瓏玲,夢一美人焉,斂袵而言曰,青天何歷歷,長夜何脈脈,聞君憐皎潔,得毋苦岑寂,余曰,子何人哉,奚從乎來,對曰,妾月之神,所謂希娜者也,余曰然,豈能以月事告乎,對曰,唯唯否否,雖然竊願聞先生之說,余曰,今人不見古時月,今月曾經照古人,余讀謫仙之詩,不禁涕之沾巾矣,明月白露,光陰往來,與子之別,思心徘徊,余讀江郎之詞,尤不禁爲之噓唏也。夫古人不見,來者如斯,月缺而圓,人逝不歸,以彼太始之年,以觀我未生之前,復以彼無窮之歲,以觀我已往之後,則我之爲我,果何有哉,而我獨偶焉相與値之於此世,復偶焉相與値之乎此夕,以我皓皓之身,對此皓皓之白,光陰往來,白駒過隙,月別我而長存,我辭月而永寂,撫念存亡,感懷盈戾,既恨吾身之非銅,更歎我心之匪石也,吾子其亦有說乎,對曰,吁噫,先生誤矣,昔之人有乘雲氣而騎日月者,何子自視之小也,盍從妾遊乎,于是白雲爲車,淸風爲馬,攜手就涂,忽焉冢鴐乃爲之歌曰,六合之茫茫兮,吾與子偕藏兮,明月之煌煌兮,誰與子爭光兮,歌已則止乎月之所矣,土石礫礫,邱隴崘嵢,迺高迺下,爲暗爲光,既無風雨;安有家鄉,望美人兮何處,攀桂樹兮何方,乃喟然歎曰,吁哉噫乎,月其空邪,以空爲色,故明歷萬古而無極,月其色邪,以色藏空,故光照天下而不窮,蓋能以虛應物,而得其環中也,今我獨竊竊然論盛衰於夢覺,計千秋之晨夕,不知我之本空,而欲私物之幻色,我則惑矣,于是魂怳怳而若喙,心惘惘而靡從,淒焉夢醒,密爾意悰,徘徊庭戶,仰視長空,則旭日初上,而明月既降矣。

歲寒閣記

蔣庭曜

歲寒閣者，嘉興王瑗仲蘧常南匯唐堯夫景升及庭曜以茹經師命講學無錫中學所居之屋也。庭曜自癸亥之夏始來此，二人則後一年至。三人者，舊同學於茹經師，既復相遇而相樂也，爰并屋以居。屋爲樓，東西向。中隔爲二室，其東則施臥榻，西則置几案，爲讀書處，下臨運河，東接平蕪，田塍如畫，村墟遠近，雞犬之聲相聞。西望城郭浮圖，面九龍錫山，煙雲出沒，風帆往來，如在几席間。三人者常相與嘆賞，以爲天下之奇景！

屋中置三案，合而爲一。環壁圖書縱橫，三人者暇輒相與鼎足坐，或論說書詩，或講明師法，或平騭古今天下事，或探天地鬼神之奥，或究性命道德之原，一人有得，二人輒撫掌賀，有不語，語必三人同，否則默如也。瑗仲好治三代書，堯夫喜爲古文辭，庭曜則泛濫於漢宋之間。三人者口誦手披，有終日不發一言者，有客至，三人者輒不覺，生徒喧闐，充耳不聞。休沐之日，常扃戶不外出。夜半人靜，一燈熒然，三人者猶絮絮講論不已。有知之者，莫不笑三人之迂且狂也。而三人者，方且悠然自得，以爲天下之至樂！

當三人之未來此也，常患不能相聚，既居於是，而再遭變亂，又患不能久聚。甲子之冬，乙丑之秋，環錫數百里間，丁禍災流離而散亡者，不可勝數。而三人者，卒皆無恙，復相與講學於是，咸相慶以爲天下之大幸！

於是三人者，謀所以名是屋，僉曰，是三人之居，宜莫若曰歲寒閣。中原板蕩，而我輩獨存。宜莫若曰歲寒閣。瑗仲遂架木黏紙，潑墨大書而榜於其上，三人者相與瞻顧咨嗟，以爲千百年後，或有尋其故居而表之者，相與大笑不已。

或有見而言曰：是閣非子三人之所固有，子三人不能久居是，閣豈能久存耶？三人者笑曰：天地間可久而不變者，惟精神。而形質，固不可久而無不變也。惟其不可久而無不變也，故不必爲己有也。今吾三人之所有者，可久而不變之精神而已！精神之所在，則是閣將無往而不存，雖千百年亦無往而不在，至是閣形質之有無，久與不久，吾三人皆無所容心也。

或者又曰：昔當明之季世，甯都三魏與邱彭諸子，講學翠微峯上，以文章經濟高天下，子三人其將繼易堂而起乎？三人大笑曰：易堂諸子，何敢望，何敢望，雖然，吾三人之所志，固非外人之所得而知也，問者瞠目視，嘿然退。三人者復相與撫掌大噱，瑗仲堯夫呼庭曜爲之記，庭曜遂申紙而書之如此，時某歲長至節前七日也。

PHYSICS, METAPHYSICS AND COMMON SENSE

(From "Scientific Monthly" April, 1936, Pp. 301-312.)

By Dr. Ronold King

Department of Physics, Lafayette College

I. Physical Science In A Modern World

On this day in the twentieth century, when maladjustment seems to be a major characteristics of the entire world, when ideals and institutions alike seem to be trembling in their deepest foundations, though they rest on the traditions of many centuries, thoughtful people in all civilized countries are led to scrutinize the achievements of the human race with increasing misgivings. It is all very well for a modern mind to revel in the thrill of living in the most explosive and the most dangerously uncertain period in history. In more sober moments this same mind will, nevertheless, realize that the thrill is one of primitive savagery and not of enlightened civilization. Perhaps it will then turn to seek refuge in things inspirational that transcend the merely practical and material values of matters economic and political. Such are music, art, literature for a willing spirit that loves beauty; philosophy and theology for the roaming mind that delights in things unknown and mystical; natural science and mathematics for him who finds joy in consistent logic and symetry of structure. But the mind that takes pride in calling itself modern will, no doubt, brush aside with ill-concealed impatience such achievements of the spirit, to point with genuine satisfaction to the material creations of science, and especially to its phenomenally successful applications in engineering and medicine. Here, indeed, is a wealth of visible accomplishment. Here are motor cars, airplanes, marvelous bridges and highways; floating palaces. Here are the telephone and the radio, the x-ray and the electric knife and innumerable other achievements of applied physical science and technical skill. Truly the scientific mind has made penetrating researches in many fields, all leading to an enrichment in human knowledge and to a multiplication of physical wealth. But has all this been a blessing? Is it because we have had too much science that the world is in a state of chronic depression? Have there been too many inventions and discoveries? Or is it that we have never learned to use the scientific scientifically? Are we, in fact, scientific in anything outside of the laboratories of natural science? How many of our modern minds that seek to keep abreast of this phenomenal multiplication of scientific knowledge have ever troubled seriously to discover what the so-called scientific method really is, how it works, and how it brings about the marvels of the "Age of Science"?

It is true that it is difficult for the layman, even if endowed with unusual intelligence, to obtain a clear picture of what even the most exact of the sciences, physics, deals with, and how it operates. On the surface there seems to be such an amazing contradiction between the magical success of the physical method, as measured by its applications, and the apparent instability of modern physical theory. In popular print physics seems to be overthrowing rather building, yet the public continues to assume that the seemingly endless string of discoveries which the physicist turns over to the engineer and the medical man will work and work well. This diabolical trick of drawing success out of confusion is misleading, to say the least, and it may be in part responsible for the notion that the key to success in any field of endeavor lies in having a laboratory in which observations of one sort or another may be made, in erecting imposing superstructures of conflicting and even contradicting theories and in adding the word science as a suffix. This method of beguilding the fairy, success, into a new domicile has not proved very satisfactory, and it has tended to popularize and even debase the very foundation of physical science, its methodology.

The truth is that physics is a very difficult subject, which must be understood from the ground up. The layman can, after a fashion, appreciate a symphony without knowing a thing about the technique of musical composition; but he can not well enjoy the theory of relativity without understanding much of physics, mathematics and critical philosophy. Physics work with complicated and intricate apparatus, with volumes filled with innumerable mathematical symbols—all unintelligible to the interested but unequipped layman. And even when he discovers a familiar word, he is baffled to learn that it does not mean the same thing in the laboratory as on the street. So the scientific method continues to be an unsolved mystery to most laymen and philosophers, and to not a few scientists as well.

To make a difficult situation worse, some brilliant but mystical scientists have at times left the well-trodden paths of critical philosophy to venture into realms speculative and fanciful. From their fluent pens have come fascinating and romantic fairy stories to mystify the physicist and awe the layman. From their lips have come eloquent pronouncements about physics and religion, about space-time and eternity, that have been welcomed by the naive as the united voice of science and the supernatural, and hence of nature and nature's God in unison. But, as Einstein remarked, "You must distinguish between what is a literary fashion and what is a scientific pronouncement." Sir Arthus Eddington let his fancy play with a word, he expressed an opinion, it appeared in newspaper headlines, and ever since it is supposed by many that science has disproved the law of cause and effect, that it has established the freedom of the will. Notwithstanding the clear and convincing explanations by Planck, Einstein and Weyl, revealing the limited scientific meaning of the principle of indeterminacy, philosophers and preachers have continued to build castles of prejudice and desire upon an elementary misunderstanding.

In the meantime, the creative genius of pioneers like Planck, Einstein, Dirac, Heisenberg, Weyl and many others works persistently on, setting the compass for the hundreds of experiments, correlators, theorists and mathematicians who are blazing new trails or clearing and widening old ones. Mathematical-physical science is one of the truly great experiments of the human race; it is an experiment which has succeeded, not by building skyscrapers and constructing story after story upon them, but by burrowing down into the earth, digging tunnels and never hesitating to start anew, to fill in, to shovel or to blast, if that seemed desirable in finding the simplest way through that mysterious grain of the universe, the structure of nature.

II. Common Sense And Physical Science

The scientific method was not created by waving a wand. It has evolved by gradual stages from the so-called common-sense method. This, in turn, is founded upon the faculty of the human mind to receive impressions from the external world and to formulate judgments from these as to the structure of nature. If may be questioned at this early point, by those who have been convinced by the arguments of idealistic philosophers, whether there is such a thing as an external world, whether for any one individual, it is not made up entirely of mind patterns, of ideas. However, if this contention be accepted, or even admitted for discussion, it becomes meaningless to talk about the scientific method at all. For it is precisely the object of physics to discover relations which obtain in an objective world outside of and independent of human perception and thought. Max Planck writes, "The fundamental principles and indispensable postulates of every genuinely productive science are not based upon pure logic, but on the metaphysical hypothesis that there exists an outer world which is entirely independent of ourselves." The existence of such a world is, therefore, presupposed in all that follows, together with the recognition that it is not directly knowable. Without these fundamental assumptions there would have been no science.

Before proceeding to examine the methodology of science, it is essential to examine briefly but critically the common-sense judgments of the ordinary man. These depend in the first instance upon crude perception by the senses, in particular by the eyes. No attempt will be made to discuss a theory of perception; it will be stated merely that the mind becomes aware of the outside world as a result of what are called sense-data. These are in the form of aggregates of color having a definite contour or of aggregates of sound having a definite sequence, etc. It is in searching for a cause and a comprehensive understanding of these aggregates that the mind invokes past experience as disclosed by memory. The association of successive sense impressions then leads to postulating the existence of definite objects as constituting the aggregate of repeated perception. Without enlarging upon the nature of such associations, it seems well to point out that they are not simple. Among other things they involve distinguishing between the object in question, its mirror image, a good painting or an hallucination.

The awareness of sense impressions, or memory thereof, is called a fundamental fact. Care must be exercised to distinguish between fundamental facts and inferences derived from them. Thus in the exclamation, "What a warm day!" the awareness of the individual of the sensation of hotness constitutes a fundamental fact which is not subject to further analysis or verification. On the other hand, the claim that the day is warm is an inference which may be subjected to further test, for example, with a thermometer. Fundamental facts of observation are the primary bases for ordinary or common-sense judgments. In forming such judgments, however, the individual is seldom guided alone by his awareness of certain sensations and his memory of others. Whether consciously or not, at least two other very important factors are involved. In the first place, the mind has acquired and stored in memory countless notions and ideas which are not derived directly from its own awareness, but from the accumulated judgments of other minds that have gone before it in the long evolution of the human race. In the second place, the imaginative powers of the mind are such that events which are physically meaningless or entirely impossible are readily conceived. And as a result of these, and generalizations upon them, the mind deals with innumerable subjects which are at best vaguely and extremely remotely related to direct sense-perceptions.

Such are, for example, religion and mysticism which, frankly, depend not upon direct observation, but upon a mental heritage of faith and tradition.

It is clear, therefore, that the common-sense judgments of the ordinary man are composite ideas based in part upon direct observation of immediate or past experience, in part upon acquired and unverified conceptions or upon purely imaginative associations and generalizations. The question arises, how reliable are these bases of judgment and, hence, how valuable are the judgments?

With reference to crude perception and the direct associations which depend upon it through the simple faculty of the memory, it is obvious that qualitative notions of very limited accuracy and questionable reproducibility are the best that may be expected. "The truth is," writes Whitehead, "that our sense-perceptions are extraordinarily vague and confused modes of experience." Perception depends upon relative conditions; it is limited by the shortcomings of the senses due to fatigue, nervous action or mental habits or by their innate insensibility. The eye, for example, is sensitive to only a very narrow band of electromagnetic waves and, in some individuals who are color blind, the range is still more restricted. If a drop of liquid air be placed on an individual's hand, the probability is that he will be ready to swear an oath that he has been burned by a hot liquid, simply because the sense organs are unable to distinguish between extremes of heat and cold. Optical illusions furnish a multiplicity of other examples to show how unreliable crude observations and inferences drawn from them are. Furthermore, the mind has no standard of comparison other than that furnished by memory, and this is usually vague and far from accurate, since it includes not only remembered facts of perception, but also, and in no very orderly way, accumulated judgments of other minds.

As a result of these miscellaneous accumulations in memory, the judgments of the mind are inevitably colored by personal habits of thought, by traditions of the times, by prejudices which have become parasites, by simple beliefs which are accepted on faith, by personal desires and ambitions. The human mind is not objective: It is far easier for an individual to see what he would like to see, to remember that with which he agrees or to think he understands what he hears repeated most often. Need it be said that traditions and prejudices of any kind are powerful warping influences in the forming of judgments? Thus the mind persistently seeks what it wants to find, or what it feels it ought to find. The Greeks, for example, argued that the planets must move in circles because the circle is the noblest geometrical figure. The modern mind frequently opposes the quantum theory or relatively because it feels, as a result of its limited experience, that nature should be continuous or absolute.

Unfortunately, personal prejudices about individual questions are not the only unwelcome visitors in memory's disorderly storehouse. From the beginning of science there has been a struggle between facts of observation and blind faith in an accepted authority. Religious beliefs or even unquestioning trust in the works of men like Aristotle and Newton have prevented not merely a reasonably objective association of ideas, but have definitely interfered with the correct perception of the fundamental facts of observation: Witness the distinguished professors of the University of Pisa who believed a not even correctly quoted Aristotle, rather than their own eyes, when Galileo demonstrated the laws of falling bodies. And if it is not blind faith, it is personal ambition or desire that corrupts the mind's judgments. Pope Urban VIII rejected Galileo's findings after having accepted and commended them in writing, when he was made to believe that Galileo had made fun of him. Personal vanity thus proved stronger than love of truth. The virulent nationalism of Hitler's Germany, Mussolini's Italy and Stalin's Russia represent similar situations on a large and dangerous scale in our modern times. As for America, one need but recall a recent article in Harper's Magazine entitled, "If Industry Gave Science a Chance." The world over, wherever there is selfish ambition, the human mind believes in profit, not in truth.

Just as the mind will believe blindly and insidiously, so the imagination will construct and generalize without restraint. Carefully directed imagination and generalization are among the mind's most powerful means of discovery, but the ordinary constructs of the imagination, the fanciful extrapolations from observed facts, and the facile generations of the common-sense mind are among the most dangerous enemies of scientific exactitude. To use the imagination wisely presupposes a willingness, even a deep desire to discard or modify the most beautiful picture created by the mind at a moment's notice, if fact should so require.

Common sense has maintained, and millions have been ready to swear to the truth of the following statements, selected at random from the history of knowledge: (1) The earth is flat. (2) Heavy bodies fall faster than light ones. (3) A pint of alcohol and a pint of water give a quart when mixed. (4) There can be no light spot in the center of the shadow cast by an opaque sphere. (5) The velocity of light measured by an observer moving toward a source of light must be greater than that measured by a stationary observer by the amount of his own velocity relative to the light source. Each and every one of these common-sense conclusions has been proved wrong by subsequent experimental demonstration. It follows, therefore, that the common-sense basis for passing judgments is inadequate and unreliable. Seemingly obvious generalizations drawn from crude perception, modified by past experience as revealed by a memory of uncertain dependability and as flavored by prejudice and tradition, are more often than not out of accord with the scheme of things, inconsistent with the structure of nature. To quote Millikan: "But after all, the evidence of our eyes is about the least reliable kind of evidence which we have. We are continually seeing things which do not exist, even though our habits are unimpeachable." Or, in the words of Whitehead: "The obvious common-sense notion has been entirely destroyed (by science) so far as concerns its function as the basis for all interpretation. One by one, every item has been dethroned."

The growth of science is the evolution of a means of overcoming or avoiding the limitations, the uncertainties and the ambiguities of common-sense judgments. Science has been and continues to be the development of a method for discovering the structure of nature and formulating it in a way that is simple and unfailingly true. In its quest for means by which to live in harmony with natural law, the human mind has advanced from common sense to the methodology of science.

III. The Methodology of Science

Convinced that the judgments of the unaided and untrained mind continually run counter to the true grain of things in the external world, one is led to ask modestly: What is the fundamental purpose of natural science and how does its methodology find footprints to follow in sands untouched by living feet? The man in the street never inquires beyond the first question, and its answer seems obvious to him. Is it not clear that the purpose of science must be the development of means by which man gains mastery over nature, so that he may profit from here hidden secrets and treasures? Bluntly stated, to the common man the purpose of science is a very material and practical one. Now, since the ordinary man deals entirely with things, it is only natural that his measuring stick should be that of practical value. Goethe writes: "Die Menge fragt bei einer jeden bedeutenden Erscheinung, was sie nuetze, und sie hat nicht unrecht; denn sie kann blos durch den Nutzen den Wert einer Sache gewahr werden." But the measuring stick of physical science is not that of material things. To quote Poincare: "Science cannot know things but only relations"; Goethe goes on to say: "Die wahren Weisen fragen, wie sich die Sache verhalte in sich selbst und zu anderen Dingen, unbekuemmert um den Nutzen, d. h. um die Anwendung auf das Bekannte und zum Leben notwendige, welche ganz andere Geister, scharfsinnige, lebenslustige, technisch geuebte und gewandte, schon finden werden." Finally, Whitehead writes: "The utmost abstractions are the true weapons with which to control our thought of concrete fact." Thus, the true aim of science should not be, and can not be, a practical one; science deals with relations unmindful of whether they have an immediate use or not. And the history of science reveals that the greatest scientific achievements have been the reward of those who have sought no practical value. To avoid misunderstanding, however, let it be noted that science in no way objects to having its discoveries put to practical use. But the very life of scientific research depends upon its not being engulfed in the emotional flux of human existence of which the patron saint is practical value and not scientific truth.

What then, is the real aim of science? Broadly expressed, it is to discover unity in diversity. More precisely, it is to reduce the diversified quality observed in nature to coordinated and unified quantity. The pursuit of this aim involves two groups of problems. The first of these is the problem of analysis, namely, the measurement of nature's diversity, and the positivistic coordination of these measurements. The second is a problem of synthesis. It is the creation of a system of representation into which coordinated measurements may be translated, and in which unity can be and is discovered. Before considering the solution of these two problems in turn, let it be emphasized, in the words of Planck, that "it is an indispensable postulate of all scientific research......, that natural phenomena invariably occur according to the rigid sequence of cause and effect."

Turning to the problem of analysis, Bertrand Russell writes, "The most essential characteristics of scientific technique is that it proceeds from experiment—not from tradition." And it is precisely by proceeding from experiment that the diversity of natural phenomena is measured. There are two kinds of experiment from which, in general, two kinds of facts are obtained. The first consists simply in observing carefully and repeatedly what happens in nature, and then having the observations verified by others. This type of experiment leads to qualitative facts. The second, and the more important type of experiment in physical science, leads to quantitative facts. These are the unique results of a very large number of highly accurate observations which are reproducible and observable by any trained observer. They are derived from refined experiments utilizing a high degree of technical skill and ingenuity. Their accuracy may be ascertained in terms of their reproducibility by applying the mathematical theory of errors.

As a consequence of this method of obtaining quantitative facts about nature in terms of operations and pointer readings, all physically real quantities, such as length, mass, force, etc., are defined in terms of the operations by which they are measured and in terms of arbitrary standards. It is an inevitable consequence of this operational mode of definition that the meanings of words such as force, length, etc., must be different from their meanings in the mouth of a layman. Physics defines those quantities which it measures directly in such a way that that have a precise physical significance as related to specific operations and to always available standards of comparison. The ambiguities of ordinary language are thus avoided.

To complete the analytical problem of measurement, physics correlates the measured quantities in the form of suitably tabulated and indexed groups. Such tabulations permit ready intercomparison of the results obtained by different observers and by different methods. In some cases it is then possible to draw positivistic conclusions which may be expressed in the form of empirical laws. Positivist philosophers often maintain that physics should stop at this point. But physics has not been convinced by their argument; it proceeds further; in fact, it jumps off into metaphysical spheres to find there its greatest triumphs.

In attempting to solve the problems of synthesis, physics has turned to mathematics. It is true that even in the solution of the problem of measurement mathematical language is used, but there it serves more than purpose of a convenient tool. In the solution of the problem of synthesis, on the other hand, mathematics is the very core of the mind's power to create. Without doubt mathematics is the greatest invention of the human mind; it is dynamic, amazingly powerful and unbelievably versatile. Those unfamiliar with higher mathematics are often inclined to believe that mathematics is nothing but a kind of glorified calculating machine or arithmetic on a grand scale. They are mistaken. In many ways mathematics is the greatest of humanities—it is a philosophy, a religion, a powerful tool, a true friend for leisure hours, if you will have it so. It need be neither cold nor dead nor matter of fact; and it is so many-sided that it finds its way into every field of knowledge. C. J. Keyser, of Columbia, writes: "The muse of mathematics is Logical Rigor, an austere goddess demanding though never quite securing absolute precision; demanding, though never quite securing absolute clearness; demanding, though never quite securing absolute cogency."

It is appropriate at this point to inquire what are the special characteristics of mathematics which make it the invaluable ally of theoretical physics in solving the problems of the structure of nature. First and foremost, mathematics deals with the understanding of relations. The properties of abstract relationships are expressed in terms of mathematical functions, and the mathematical theory of functions then provides the pattern for the study of relations and changes in relations. It will be recalled that physics is a search for relations existing in the structure of observable nature. Secondly, the mathematical theory of invariance deals with permanence, and hence serves as a framework for representing and studying forms, relations or properties which never change, but persist while all else is transformed. There must be permanence in the structure of nature, and physics must find and express it. Thirdly, and in the words of Weyl, "mathematics is the science of the infinite." Hence, it is peculiarly suited to handle such concepts as space and time, relativity and the absolute. In representing the infinite, mathematics introduces the concept of limit, and it is in terms of the mathematical limit that transcendental functions and transcendental concepts may be defined. For example, as C. J. Keyser points out, it is only with the aid of this concept of limit that a really satisfactory definition of an ideal in its most general sense may be given. Thus mathematical logic reaches out into the field of physics, but also into everyday life and thought. Specifically, mathematics might be explained to be a mental construct erected on arbitrary hypotheses in such a way that all steps leading from these to the final conclusions are logically related in terms of suitably designed symbols and operations.

The problem of theoretical physics is to translate the co-ordinated measurements and empirical relations obtained by the experimental method into a pattern which may be mathematically expressed. Now, mathematical hypotheses are general and abstract statements, whereas experiment yields specific sets of values. The generalization of such sets of values is a problem of intuition and creation; its result is a physical hypothesis. This may be described as being an unproved assumption, arrived at as a result of scientific reasoning, which is believed to be partly or entirely true. It must be related to or be derived from experimental facts (or other hypotheses) in such a way that these may be deduced from it as logical consequences or results. The value of such an hypothesis is measured entirely in terms of the probability of its being true, though it is important and desirable that it be simple. Once such physical hypotheses have been conceived by a well-guided and critical imagination, they can be translated into mathematical symbols to become mathematical assumptions. Beginning with these, the stage is set for mathematics to operate independently. Before discussing how mathematics must now proceed, two matters deserve brief attention.

The first of these is the distinction between physical hypotheses and physical fictions, which it is important to bear in mind. A physical fiction is a statement which is known to be inconsistent with experimentally measured facts; a physical hypothesis, on the other hand, is believed to be in accord with these. Many physical fictions are both important and useful. Among these are mathematical abstractions such as points and lines, pictures, models, analogies and approximate solutions.

The second point deals with the possible inversion of procedure. Thus, although the primary mode of attack for the theoretical physicist is to create physical hypotheses from already available experimental data, he may imagine an hypothesis and predict from it the experimental facts required to verify it. If these facts are then found to support it, all well and good; if not, the hypothesis becomes a fiction. Actually in recent years theoretical and mathematical investigation has far outrun experimental work, since this latter is facing ever-increasing technical difficulties. It is significant to note that the mathematical method has become so powerful, and the theoretical investigators turns so skilful, that in most cases predictions are verified rather than disproved when the required experiments are finally performed with the usually extremely high degree of accuracy demanded. In any event, the order in which fact and theory are obtained is immaterial, so long as they finally support each other.

Let the main thread of the discussion now be resumed with a consideration of how the mathematical physicist proceeds after he has been provided with a physical hypothesis expressed in suitable mathematical language. His problem is to create a pattern to fit nature in the form of unified mathematical representation which will satisfy all the existing hypotheses and all known facts. This is a problem in pure creation for which there is no method other than the suggested by individual intuition and genius. Before a solution of any kind is possible, however, a question of fundamental importance must be decided. The fact is that it is in general possible to represent a given set of hypotheses by a great many conceivable mathematical forms. The question is, what test is to decide which of the innumerable possible representations possesses a maximum of unity, since unity is the desired quality? The answer to this question is of primary significance; it is actually one of the basic assumptions of the entire methodology of science. It depends upon a definition, pure and simple, of what physical reality is to mean. Physical reality, and this is not to be confused with the numerous definitions of metaphysical reality provided by the several schools of philosophy, is defined to be the simplest possible representation. D'Abro expresses it in the sentence, "What we call reality reduces to the simplest coordination of the facts of observation." It is interesting to note that this definition is in accord with the Greek ideal of esthetic value, though the Greeks did not, of course, require experimental verification. The justification for this definition of reality in physical science is twofold. In the first place, the definition is convenient and it is suited to the operation of the mind; in the second place, it has led to countless results consistent with the structure of nature. Evidently, then, there must exist a correspondence of some kind between simplicity, as recognized by the human mind, and what Leibniz called "preestablished harmony" in the external world. That is all that physics knows and need know to justify its method.

The solution of the entire problem of discovering unity in diversity has thus been envisaged in so far as the method pursued is concerned. Beginning with the quantitative facts of experiment, the physicist proceeds to create general physical hypotheses, to translate these into mathematical language and then to construct the simplest possible mathematical representation consistent with all available evidence. In the words of Einstein, "the supreme task of the physicist is the discovery of the most general elementary laws from which the world-picture can be deduced logically." This is the methodology of science.

IV. New Theories And Old Truths: the Evolution of Knowledge

As a consequence of the methodology just outlined, one may conclude that scientific knowledge has its inception in the accurate investigation of a great many facts, including those disclosed by carefully arranged and controlled experiments. Knowledge itself consists of unified representations of known facts from which it is possible to derive by logical steps all phenomena quantitatively and with precision.

But knowledge is never stationary so long as increasingly skilful minds, with ever more powerful experimental and mathematical tools, are finding their way deeper and further into the secrets of nature's structure. The growth of knowledge proceeds (1) from an increase in the number or the accuracy of available facts; (2) from "the creation of new mathematical constructs representing mechanisms or systems which account for facts already known and for facts discovered as a result of the new formulation."

Every new formulation, however, must win its case before the supreme and unyielding judge of all science, experiment. If it fails it becomes fiction, but may still continue to serve a useful purpose in a limited way. Such is the case with the Bohr theory of the atom and with Newton's law of universal gravitation. Any new and more general mathematical representation must include in the new form everything in the old which is verified by experiment or crude observation. Thus, the general theory of relativity must and does contain the Newtonian law of universal gravitation as a special and limiting case. Nothing which verifies Newton's law can or does disprove Einstein's; but new evidence which can not be explained in terms of Newton's law is explained and coordinated by Einstein's. Since, moreover, Einstein's law is at the same time the simplest and the most inclusive formulation which any mind has thus far conceived, and which does satisfy all available experimental evidence, it represents physical reality. It is to be noted that it is quite easy for mathematicians to prove that Einstein's equations are not the only ones consistent with the available evidence. But all alternative solutions so far suggested fall far short of Einstein's in unity, in simplicity and in mathematical elegance.

Physical reality may change from day to day; physical fact does not, except in so far as it is determined more accurately. What has been called revolution in physics is but the pulse of a gradual and persistent evolution. The methodology undergoes no radical or violent changes; it continues to be, in the words of D'Abro, "the formulation of a mental construct capable of coordinating in a simple and rational manner the sum total of our sense impressions." Experimental facts become ever more accurately known; mathematical representations become ever more general, more comprehensive, more unified. But facts remain facts, and what was once true continues true, at least during a time-span comparable with that of human history, for such is the structure of nature. New mathematical forms and new metaphysical speculations and mind pictures in no way alter the known facts about the scheme of things; they merely rearrange an understanding of these. Thus, the ancients were satisfied to let Apollo pull the sun across the heavens each day, to let Jupiter thunder his personal wrath and to let Atlas bear the world upon his shoulders while his feet rested in the "nether regions." Some moderns are still content to let a mysterious and hidden force called gravitation draw all bodies together. Meanwhile it is the aim of science to eliminate all gods, giants and hidden forces from the mind's representation of nature, and to substitute for these unified mathematical forms which coordinate symmetrically and systematically all known facts.

It would be unfortunate and incorrect to suppose that the scientific method is all-powerful and unlimited. Such is not the case. The methodology is definitely restricted by two significant factors. They are the genius of the human mind to create and comprehend, and the structure itself. With regard to the first of these, the limit to the unity and generality of mathematical representation lies in the limit of the human mind to recognize unity, to encompass generality and to create mathematics. And the entire theoretical superstructure is limited by that most fundamental requirement—accurate experimental evidence. If and when the human mind can not devise means and methods for providing quantitative facts, then and there the methodology of science must fail to yield results consistent with the structure of nature. Among the limitations of the human mind is its inability to deal with several variables simultaneously. Many people think only in terms of one or two dimensions, although most are not incapable of comprehending three. When it becomes a question of a four-dimensional manifold, practically every one is completely baffled and helps himself by saying that common sense does not acknowledge the existence of such a monstrosity. But the limited value of such assertions has been demonstrated. Mathematics readily sets up problems in any number of dimensions or variables, such as some in quantum mechanics which require manifolds of several hundred dimensions. But the actual solution of problems involving many dimensions has not been accomplished in any general way.

Turning now to the limitations imposed upon science by the structure of nature, it is clear that every measurement reacts in at least a minute amount on the thing measured, and hence disturbs it. This is the core of the experimentally always verified Heisenberg principle of indeterminacy. It simply means that there must always remain a margin of doubt which no refinement in technique can ever eliminate. This margin of doubt or indeterminacy is of the order of magnitude of the smallest possible contact which can be made with the particle or quantity to be measured. Clearly such a contact involves the smallest package of energy which exists. Since this is of a definite, though extremely minute size, there is no way of reducing this smallest contact below a certain minimum. A single quantum of energy is so small that it plays no part whatsoever in determining the accuracy of microscopic measurement dealing with large bodies and large quantities of energy. In microscopic measurements, on the other hand, such as the measurement of the position or the velocity of an electron, a single energy quantum is relatively so large that the margin of doubt in the measurement becomes extremely great. It is clear that the structure of nature thus definitely limits the experimental physicist in his microscopic measurements. The conclusoin that, because nature does not provide infinitely divisible packages of energy, it is chaotic and not governed by cause and effect, is certainly not required by any scientific evidence. In fact, it is completely beyond the realm of scientific inquiry to draw such a conclusion. To extrapolate still further, and to affirm that science proves anything about the freedom of the human will, is absurd. The awareness of an individual of whether his will feels free or determined is entirely outside the field of application of scientific methodology at the present time.

The fact that physical science has advanced by leaps and bounds is sufficient evidence to suggest that its limitations have not as yet proved a serious handicap. The mind grows as it creates, and what may be an insurmountable obstacle in its path at a given stage of development may be overcome by a succeeding generation of scientists. On the other hand, the recognition and the discovery by physics of such fundamental limitations as that stated by the principle of indeterminacy are achievements of the first rank. It is real knowledge to know that there can be no perpetual motion and that there is a definite limit to experimental measurement of microscopic phenomena. Such discoveries are signposts that reveal that the structure of nature is not uniformly putty-like. It is between such guilding beacons that science must continue to feel its way into the fathomless unknown. Shortly before his death Newton wrote: "I do not know what I may appear to the world, but to myself I seem to have been only a boy playing by the seashore, and diverting myself in now and then finding a smoother pebble or a prettier shell than ordinary, while the great ocean of truth lay undiscovered before me."

In a brief conclusion, it may be said that the methodology of science is the only consistently successful method the human mind has discovered to learn something about the true structure of nature. And it is only with the aid of such knowledge that a groping mind can adjust itself to harmony with natural laws in the most general sense. The modern mind might well strive to realize, as Newton's did, that its judgments are like answers to the question, How many stars are in the sky? and that its enlightenment is like that of a man exploring the universe in a starless night with a single match. To be sure, science itself is but a new-born child in the great march of the centuries, and its future is unpredictable. But perhaps the time will yet come when a maturer science will lead a saner world to harmony with the scheme of things in all rational fields of human endeavor and thought. And if it does, then there will have echoed through countless centuries the words of Lord Kelvin: "When you can measure what you speaking about, and can express it in numbers, you know something about it, and when you cannot measure it, when you cannot express it in numbers, your knowledge is of a meagre and unsatisfactory kind. It may be the beginning of knowledge, but you have scarcely in your thought advanced to the stage of science."

本刊廣告價目表

等級	地位	全頁價目	半頁價目
甲	底封面外頁	伍拾元	
乙	底面裏頁及封面裏頁	三十五元	二十元
丙	封面裏頁底面裏頁之對面	二十五元	十五元
丁	普通	二十元	十二元

一、乙丙丁四分之一頁按照半頁價目六折計算
二、廣告概用白紙黑字如用彩印色紙價目另議
三、廣告如用銅鋅版由本刊代辦照收製版費
四、連登多期價目從廉請逕函本校出版處經理組接洽

交大季刊投稿簡章

一、投稿不拘文言白話凡中英德法文均所歡迎
二、論說新聞雜俎均以科學經濟管理工程學問為範圍
三、投寄之稿如係翻譯請附寄原本否則須將原文題目著者姓名出版日期及地點詳細開示
四、投寄之稿務望繕寫清楚並加新式標點凡外國文稿件並請打印之如有插圖附表必須製版者請用墨色
五、來稿請註明姓名住址以便通訊并加蓋印章俾於發給稿費時核對之
六、投寄之稿無論登載與否概不退還但預有聲明並備足回寄郵資者不在此限
七、投寄之稿經本刊揭載後每篇酌致酬金若本刊尚未揭載已先在他處發表者恕不致酬
八、投寄之稿經本刊揭載後版權即為本校出版委員會所有但有另行約定者不在此限
九、投寄之稿本院委員會有酌量增刪之權如投稿人不願有何增刪則應於投稿時聲明
十、投寄之稿應逕寄上海徐家滙交通大學出版處

中華民國二十五年六月出版

交大季刊 第二十期

編輯者 胡端
發行者 交通大學出版處 上海徐家滙
印刷者 上海中國科學公司
代售處 上海 世界出版社 上海雜誌公司 作者書社 黎明書局 蘇新書社
南京 正中書局
天津 志恆書店 大公報社代辦部
漢口 光華書局
安慶 世界書局
武昌 學生書店 新光書店
廣州 廣州圖書消費合作社
雲南 雲南文化書店

本刊價目

每冊大洋三角 全年四冊一元
郵費國內不加 國外每冊二角

THE CHIAO-TUNG UNIVERSITY QUARTERLY

Volume 5 *Number 4*

Shanghai, China

June, 1936

交大季刊

第二十一期

要目

中華民國二十五年九月 上海國立交通大學編行

中華郵政特准掛號認爲新聞紙類 內政部登記證警字第一七五三號

交通大學研究所

本所自民國十五年創設以來除辦理各廠商各鐵路局及其他公私機關等委託研究及試驗事項外對於各種工業及經濟問題按照所訂計畫聘請專家分別進行研究或調查所有工作結果不含有特殊性質者當次第發表以供各界參考茲將業已出版諸刊物列舉於下：

徐名材等：	油漆試驗報告　第一號	二角
徐名材等：	油漆試驗報告　第二號	六角
班樂夫：	地下流水問題之解法（英文本）	三角
柏　理：	解決中國運輸問題之途徑(英文本)	四角
曹麗順：	前刊譯本	三角
曹麗順：	美國鐵道會計實務　第一編(英文本)	六角
馬寅初：	中國經濟改造（商務大學叢書）	
許　靖：	鐵路零擔貨運安全辦法	四角
黃蔭萊：	中國國民經濟在條約上所受之束縛	六角
吳　正：	皖中稻米產銷之調查	六角
陳伯莊：	小麥及麵粉	五角

倘蒙訂購除叢書外請逕與上海徐家匯本校出版處接洽可也

總理遺像

同志仍須努力

革命尚未成功

總理遺囑

余致力國民革命凡四十年其目的在求中國之自由平等積四十年之經驗深知欲達到此目的必須喚起民衆及聯合世界上以平等待我之民族共同奮鬥

現在革命尚未成功凡我同志務須依照余所著建國方略建國大綱三民主義及第一次全國代表大會宣言繼續努力以求貫徹最近主張開國民會議及廢除不平等條約尤須於最短期間促其實現是所至囑

前漢時代陸路交通考

(續第二十期)

鄭師許

乙.東北方面

前漢陸路交通,關於東北方面者,其交接之民族有二:一爲北方,卽與匈奴往來;一爲東北,卽與濊貉朝鮮等國往來。茲請得先言北方之匈奴。

考人類交通之起源有二:一爲戰爭,一爲和平。淺化時代,兩族鄰居,時以爭鬥爲事,故戰爭實爲人類交通之第一步;積漸旣久,乃始有出於和平方式之一途。匈奴上世混處於河套一帶,自周以來,與我國屢有戰爭。秦始皇統一中國,築長城以防之。漢興,高祖被困白登,使婁敬(亦作劉敬)結和親之約。至文景時仍許和親如故。惟和絕不時,匈奴亦屢寇邊塞。至武帝時征匈奴最急,匈奴寇漢最力,而漢與匈奴之交通亦最頻繁。漢書匈奴傳曰:

> 武帝卽位,明和親約束,厚遇關市,饒給之。匈奴自單于以下皆親漢,往來長城下。漢使馬邑人聶翁壹間闌出物與匈奴交易,陽爲賣馬邑城,以誘單于。單于信之,而貪馬邑財物,迺以十萬騎入武州塞。單于既入漢塞。未至馬邑百餘里,見畜布野,而無人牧者,怪之,乃攻亭。時雁門尉史行徼,見寇,保此亭,單于得,欲刺之,尉史知漢謀,迺下具告單于。單于大驚,曰:『吾固疑之!』迺引兵還出,曰:『吾得尉史,天也!』以尉史爲天王。漢兵約單于入馬邑而縱兵。單于不至,以故無所得。將軍王恢部出代,擊胡輜重,聞單于還,兵

多,不敢出。漢以恢本建造兵謀而不進,誅恢。自是後匈奴絕和親,攻當路塞,往往入盜於邊,不可勝數。然匈奴貪,尙樂關市,耆漢財物,漢亦通關市不絕以中之。自馬邑軍後,五歲之後,漢使四將各萬騎擊胡關市下,將軍衞青出上谷,至龍城,得胡首虜七百人;公孫賀出雲中,無所得;公孫敖出代郡,爲胡所敗,七千;李廣出鴈門,爲胡所敗,匈奴生得廣,廣道亡歸;漢囚敖、廣,敖、廣贖爲庶人。其冬匈奴數千人盜邊,漁陽尤甚。漢使韓安國屯漁陽備胡。其明年秋,匈奴二萬騎入漢,………又入鴈門。於是漢使將軍衞青,將三萬騎出鴈門,李息出代郡,擊胡,得首虜數千。其明年,衞青復出雲中以西,至隴西,擊胡之樓煩白羊王於河南,得胡首虜數千,羊百餘萬,於是漢遂取河南地,築朔方,復繕故秦時蒙恬所爲塞,固河而爲固;漢亦棄上谷之斗辟縣造陽地以予胡,是歲元朔二年也。其後冬軍臣單于死,其弟左谷蠡王伊稚斜自立爲單于,攻敗軍臣單于太子於單,於單亡降漢,漢封於單爲涉安侯,數月死。伊稚斜單于既立,其夏,匈奴數萬騎入代郡,………秋,又入鴈門。………其明年又入代郡,定襄,上郡各三萬騎。………匈奴右賢王怨漢奪之河南地,而築朔方,數寇盜邊,及入河南,侵擾朔方。………其明年春,漢遣衞青將六將軍十餘萬人,出朔方高闕。右賢王以爲漢兵不能至,飲酒醉,漢兵出塞六七百里,夜圍右賢王,右賢王大驚,脫身逃走,精騎往往隨後去。………其秋,匈奴萬騎入代郡。………其明年春,漢復遣大將軍衞青,將六將軍十餘萬騎,仍再出定襄數百里,擊匈奴,得首虜前後萬九千餘級,而漢亦亡兩將軍,三千餘騎,右將軍建得以身脫,而前將軍翕侯趙信兵不利,降匈奴。………信教單于益北絕幕,以誘罷漢兵,徼極而取之,毋近塞。單于從之。其明年,胡數萬騎入寇上谷。………明年春,漢使票騎將軍去病,將萬騎,出隴西,過焉耆山千餘里,得胡首虜八千餘級,得休屠王祭天金人。其夏,票騎將軍復與合騎侯數萬騎出隴西北地二千里,過居延,攻祁連山,得胡首虜三萬餘級,裨小王以下十餘人。是時匈奴亦來入代郡,雁門。……漢使博望侯及李將軍廣出右北平,擊匈奴左賢王。左賢王圍李廣,廣軍四千人,死者過半,殺虜亦過當,會博望侯軍救至,李將軍得脫,盡亡其軍,合騎侯後票騎將軍期,及博望侯皆當死,贖爲庶人。其秋,單于怒昆邪王,休屠王居西方,爲漢所殺虜數萬人,欲召誅之。昆邪、休屠王恐,謀降漢,漢使票騎將軍迎之,昆邪王殺休屠王,並將其衆降漢,凡四萬餘人,號十萬,於是漢已得昆邪。則隴西北地河西,益少胡寇,徙關東貧民,處所奪匈奴河南地新秦中以實之。西減北地以西戍卒半。明年春,匈奴入右北平、定襄,各數萬騎……其年春,漢……令大將軍青、票騎將軍去病中分軍,大將軍出定襄,票騎將軍出代,咸約絕幕擊匈奴,單于聞之,遠其輜重,以精兵待於幕北,與漢大將軍接戰一日,會暮大風起,漢兵縱左右翼圍單于,單于自度戰不能與漢兵,遂獨與壯騎數百,潰漢圍西北遁走,漢兵夜追之,不得,行捕斬首虜凡萬九千級,北至寘顏山趙信城而還。單于之走,其兵往往與漢軍相亂,而隨單于,單于久不與大衆相得,右谷蠡王以爲單于死,迺自立爲單于,眞單于復得其衆,右谷蠡乃去號復其故位。票騎之出代二千餘里,與左王接戰,……左王將皆遁走,票騎封於狼居胥山,禪姑衍,臨翰海而還。是後匈奴遠遁,而幕南無王庭。漢度河自朔方以西至令居,往往通渠置田官,吏卒五六萬人,稍蠶食,地接匈奴以北。……會票騎將軍去病死於是漢久不北擊胡。數歲,伊稺斜單于立十三年死,子烏維立爲單于,是歲元鼎三年也。烏維單于立,而漢武帝始出巡狩郡縣。其後漢方南誅兩越,不擊匈奴,匈奴亦不入邊。烏維立三年,漢已滅兩越,遣故太僕公孫賀將萬五千騎,出九原二千餘里,至浮苴井,從票侯趙破奴萬餘騎,出令居數千里,至匈奴河水,皆不見匈奴一人而還。是時天子巡邊,親至朔方,勒兵十八萬騎,以見武節,而使郭吉風告單于。……吉曰:『南越王頭已縣於漢北闕下,今單于卽能前與漢戰,天子自將兵待邊;卽不能,亟南面而臣於漢,何但遠走,亡於幕北寒苦無水草之地爲?』語卒,單于大怒,……留郭吉不歸。……而單于終不肯爲寇於漢邊。……是時漢東拔濊貉朝鮮以爲郡,而置酒泉郡,以隔絕胡與羌通之路。又西通月氏、大夏,以翁主妻烏孫王,以分匈奴西方之援國。又北益廣田至眩雷爲塞。……匈奴使其貴人至漢,病,服藥欲愈之,不幸而死。單于以爲漢殺吾貴使者,……於是匈奴數使奇兵侵犯漢邊。漢迺拜郭昌爲拔胡將軍,及浞野侯屯朔方以東備胡。烏維單于立十歲死,子詹師廬立,年少,號爲兒單于,是歲元封六年也。自是後,單于益西北,左方兵直雲中,右方兵直酒泉敦煌。……是歲,漢使貳師將軍西伐大宛,而令因杅將軍築受降城。其冬……左大都尉欲殺單于,使人間告漢,……其明年春,漢使浞野侯破奴將二萬騎出朔方北二千餘里,期至浚稽山而還。浞野侯既至期,左大都尉欲發而覺,單于誅之,發兵擊浞野侯,……匈奴生得浞野侯,……軍遂沒於匈奴。單于大喜,……迺侵入邊而去。明年單于……病死。……子少,匈奴迺立其季父烏維單于弟右賢王句黎湖爲單于。是歲太初三年也。句黎湖單于立,漢使光祿徐自爲,出五原塞數百里,遠者千里,築城障列亭至廬朐,而使游擊將韓說長平侯衛伉屯其旁,使强弩都尉路博德築居延澤上。其秋,匈奴大入雲中定襄、五原朔方,……行壞光祿所築亭障;又使右賢王入酒泉,張掖;……會任文擊救,盡復失其所得而去。聞貳將軍破大宛,斬其王還,單于欲遮之,不敢。其冬,病死。……其弟左大都尉且鞮侯立爲單于。漢既誅大宛,威震外國,天子意欲遂困胡。是歲太初四年也。……明年,浞野侯破奴得亡歸漢,其明年,漢使貳師將軍將三萬騎出酒泉擊右賢王於天山,得首虜萬餘級而還。匈奴大圍貳師,幾不得脫。漢兵物故什六七。漢又使因杅將軍出西河,與强弩都尉會涿邪山,亡所得。使騎都尉李陵將步兵五千人,出居延北千餘里,與單于會,合戰,陵所殺傷萬餘人,兵食盡欲歸,單于圍陵,陵降匈奴。……後二歲,漢使貳師將軍六萬騎,步兵七萬,出朔方;强弩都博德,將萬人,與貳師會;游擊將軍說步兵三萬人出五原,因杅將軍敖,將騎萬步兵三萬人,出雁門,匈奴聞,悉遠其累重於余吾水北,而單于以十萬待水南,與貳師接戰,貳師解而引歸,與單于連鬥十餘日;游擊亡所得,因杅與左賢王戰,不利,引歸。明年,且鞮侯單于死,……長子左賢王立爲狐鹿姑單于,是歲太始元年也。初且鞮侯兩子,長爲左賢王,次爲左大將,…… ……狐鹿姑單于立,以左大將爲左賢王。數年病死,…… ……左賢王單于自以其子爲左賢王,單于既立六年,而匈奴入上谷,五原,殺略吏民。其年,匈奴復入五原,酒泉,殺兩部都尉。於是漢遣貳師將軍七萬人出五原,御史大夫商丘成將三萬餘人出西河,重合侯莽通將四萬騎出酒泉千餘里,單于聞漢兵大出,悉遣其輜重徙趙信城,北邸郅居水。左賢王驅其人民度余吾水六七百里,居兜銜山。單于自將精兵,左安侯度姑且水。御史大夫軍至,追斜徑,無所見還。匈奴使大將與李陵,將三萬餘騎追漢軍,至浚稽山合,轉戰九日,漢兵陷陳卻敵,……
……至蒲奴水,虜不利,還去。重合侯軍至天山,匈奴使大將假渠與左右呼知王將二萬餘騎要漢兵,見漢兵强,引去,重合侯無所得失。是時漢恐車師兵遮重合侯,迺遣闓陵侯將兵別圍車師,盡得其王民衆而還。貳師將軍將出塞,匈奴使右大都尉與衞律將五千騎,要擊漢軍於夫羊,句山狹,貳師遣屬國胡騎二千與戰,虜兵壞散,死傷者數百人,漢軍乘勝追北,至花夫人城。匈奴奔走,莫敢距敵。會貳師妻子坐巫蠱收聞之憂懼,……欲深入要功,遂北至郅居水上。虜已去,貳師遣護軍將二萬餘騎度郅居之水。一日逢左賢王,左大將,將二萬騎與漢軍合戰一日,漢軍殺左大將,虜死傷甚衆。軍長史與決眭都尉煇渠侯謀,……謀共執貳師,貳師聞之,斬長史,引兵還,至速邪烏燕然山。單于知漢軍勞倦,自將五萬騎遮擊貳師,……貳師降,……尊寵在衞律上,其明年,……貳師在匈奴歲餘,衞律害其寵,會母閼氏病,律飭胡巫,言先單于怒,……言得貳師以社,……遂屠貳師以祠。自貳師沒後,漢新失大將軍,士卒數萬人,不復出兵。三歲,武帝崩。前此者,漢兵深入窮追二十餘年,匈奴孕重墮殰罷極,苦之,自單于以下,常有欲和親計。

據「漢書匈奴本傳所述,武帝之世,動用數十萬衆,漢兵深入窮追匈奴凡二十餘年,匈奴遠遁,亡匿於幕北寒苦無水草之地,而幕南無復王庭;其間經行之地,如:寘馬城,龍城,焉耆山,居延海,祁連山,寘顏山,趙信城,狼居胥山,姑衍,翰海,令居,浮苴井,匈奴河(或云匈河),浚稽山,五原塞,涿邪山,蒲奴水,天山,夫羊,句山,范夫人城,郅居水,速烏邪,燕然山,等,皆在漢塞以北,遠者或至二千里。而匈奴則屢屢入寇,凡酒泉,張掖,上谷,五原,雁門,等漢邊塞,常爲胡馬所踐踏。其敗者至遠渡余吾水,居兜銜山然則因戰爭而兩大民族遷徙流動之劇,不幾可見乎!其間信使往還,爲和平交際者,尚未暇計及之也。漢東拔濊,貉,朝鮮,西通西域,無非爲斷匈奴左右臂之計,及至隔絕胡與羌通,分匈奴西方之援國，漢家之威德日震，陸路之交通益繁，此前漢陸路交通史上所由放一異彩也。武帝之勳業，對於吾國交通史之功績，不綦大哉！及後蒙古一帶全屬吾版圖，北亞諸地與吾國有深長歷史關係者，皆食武帝之所賜也。

（未完）

論編製及運用鐵路統計之一般主要基本原則

許　　靖

一　鐵路統計與鐵路管理之關係

夫統計之爲物也,乃以極簡明數字或圖表分析最複雜之事態實狀之專門學術也。其學肇始於十六世紀,而完成於十九世紀,降至晚近,其用益廣。若經濟,若政治,若教育,若宗教,若土地人口,以及工商百業,幾無一不賴統計以解答其問題。蓋自工業革命以還,生產組織日益龐大而複雜,生產技術日趨專門而銳進;因生產之發達,自由競爭之程度日益强烈;因競爭之强烈,愈見「優勝劣敗」之說確爲不可磨滅之定律;於是經營百凡事業,不得不力求管理方法之嚴密與專門,期於可能範圍内盡量祛除冗費浪費,以求實現最大之經濟;復於合理範圍内竭力提高工作能力,以冀達到最高之效率;以最高效率合以最大之經濟,庶可於近代百業劇烈競爭局勢之下立於不敗之地位,而維持其生存。惟是近代科學管理方法之確立,非若以往可以純憑個人臆造之簡而易爲,當其決定之前,務須熟審事實,而後制定之法乃能切於實用,及其施行也,又必隨時考察其效果,而後乃能鑒其利弊得失,以定應變之方針。故方法與事實殊有互爲因果之關係,將欲明其因果,察其變化,以收鑑往知來或懲前毖後之功,則非賴有一種極翔實而又極簡明之集中表現方式不可,是則統計之學尚矣。而統計之盛行於各業者,其故概可思矣。

鐵路事業,乃近代生產企業中之最專門者,而管理問題又爲整個鐵路問題中之最複雜而又縱錯萬狀者,學者雖竭畢生之力,亦不易窮其玄奥。因之代表管理鐵路方法之統計,較諸用於其他各業者尤爲繁多,而與鐵路管理之關係尤爲密切重大。請陳數義於后,以見一斑:

(一) 鐵路之事務與員工,散布全路沿線各處,不若一般工商實業之組織,人事常能集中一處,司管理者既感分身乏術,未能親臨各地監督指揮,而又不宜放任置於不管不理,如無統計,則路員服務之成績,工作之效率,殆將根本無從考核,更不能藉比較以促進其進步,此一義也。

(二) 一路之機車車輛,動輒以數千或數十萬計,在應用上又復散布各地,其實際運用是否得當,支配是否合法,關係極大,稍有虛耗,卽有不可數計之損失,故爲管理車輛機車之運用經濟,非有完善慎密之統計不可,此二義也。

(三) 鐵路一面供給社會之運輸便利,一方有行車之收入,同時又有行車之成本,行車成本之能否節省,全視行車員工能否忠於職守以爲斷,以機車用煤言,常占行車成本之大宗,雖列車每行一里少用一磅或半磅之煤,合列車全程用煤而計之,則集少成多,爲數大有可觀,故司爐用煤,在國人視爲無關緊要,然歐美鐵路則極重視,一面以極詳密之用煤方法訓練一般司爐,同時又因司爐職務之流動性質,不能時時刻刻派人隨車監督,故又製定種種統計方法,考察行車與用煤之佳果。蓋不如是,則雖有充分之訓練,終難杜其陽奉陰違之弊,其流弊所及,又豈止於浪費煤觔而已,而因升火不合一定方法,常足減低機車之發熱能力,加重機車之額外損壞,是又間接遭受之損失。此三義也。

(四) 論鐵路行車結果,舉凡列車之載重是否經濟,行車時刻是否準確,機力有無虛糜,以及其他等等問題,皆在必須考察之列;抑且不應以能明瞭現在結果爲已足,尤當根據結果究其原因,隨時糾正其錯誤，然此又非賴有完善之統計而莫辦。此四義也。

（五）以言鐵路運輸成本，除行車費用外，餘則泰半耗於站務，如貨物在起站之裝車，及在到達站之卸車，皆非人工而莫辦，而此人工之開支，即爲站務方面之大宗直接運輸成本，故員工裝卸效率之高低，不惟直接關係車輛之運用甚大，抑且間接影響整個運輸能力匪淺。假令某站一日之內，平均裝車成本能由每噸三角減至二角五分，設該站每日平均運出貨物五千噸，則以五分乘五千噸，是在一日之內可以節省二百五十元之裝車成本（5000 噸 × .05 分 = 250 元）。若合全路各站及全年計之，其爲數之鉅，當然至足驚人。然此猶專就裝車一端而言，他如卸車，交貨，調車等等尙未計及。倘有簡明合理之統計，以供日常分析裝卸貨物人事之用，則支配失當，隨在可以發生冗費浪費，一切漫無比較標準，而整個站務之不能得到經濟管理，勢爲必然之結果。此五義也。

（六）更有進焉者，近代一切科學管理方法，無非以求得最大經濟與最大效率爲其最終目的，鐵路當亦不能出此例外，此固盡人所知者矣；而最大之總經濟與總效率，又必基於各方之個別經濟與個別效率，方有實現之希望，此理或又爲盡人所能道者矣。但是個別之經濟與效率究應採用何術以促進之乎？余曰是則非從各站下級基本事務樹立科學管理方法不可，若問其道維何，余則以爲當採取學校榜示學生成績原則，將各站辦理同樣事務之成績不斷公開比較之，此則又非利用統計方式不可。例如甲站每人平均裝貨三噸，乙站何爲二噸；又或甲站裝貨成本每噸三角，乙站則爲三角五分；管理者即當運用統計方式，按期公佈甲乙兩站裝車成績，於是成績優者有以引爲自慰，而更以自勉，而劣者則因相形見絀，亦必力圖振作，以求進步，且可強其必須改進。管理裝車事務，當採此種步驟，其他各事莫不皆然，然後由站而段，由段而全路，合之即爲全路之總經濟與總效率。如辦統計而不遵循上述原則，不從各站着手，徒事全路月報或年報之編輯，則各站成績無從表現，有功者不彰，無功者亦不顯，於是功過不分，優劣莫辨，試問誰肯努力以從公乎？試問何從實現個別之經濟與效率乎？是故統計而不先從各站入手致用，縱令編有極完善之全路統計，則其所表現者，無論爲好爲壞，全路人員均應負責，反而言之，又可人人不負其責，欲依此種統計方式改良鐵路管理，是猶緣木而求魚也，烏有成效可期！我國辦理一切鐵路統計，大抵僅有代表全路之數字，各站各段均無應用統計，彼此工作成績均無考察比較，大失辦理統計之精神，無怪不過止於照例統計數字而已，毫無成效之可言也。此六義也。

以上所陳，雖屬寥寥數端，然亦足證統計與鐵路管理關係之密切矣！曠觀歐美，凡屬鐵路管理完善之國家，莫不有其種種統計，用爲考察各種事務之成績，其中尤以美國最爲詳盡，幾無一事一法不有統計以代表之，下至各站，上而總局，各級均有專門統計員司。即英國鐵路學者考察北美鐵路以後，亦盛稱其統計之完善甲於全球。所以無論自理論或他國實際觀之，統計實爲管理鐵路事務之必要工具，統計之種類愈多，亦即管理方法愈爲嚴密之反映，吾故曰鐵路統計者，不啻管理方法之結晶物也。昔者美國鐵路專家赫里門氏(Mr. Harriman)有言曰：「統計者所以使全部狀況呈露目前，披閱各表，則一覽無遺，猶之將帥登極峯而俯視三軍，其舉動歷歷在目」。又曰：「歷來路政種種失敗，或管理不良，泰半由於漠視統計，或由不善辦理統計，或由不善運用統計之所致」。誠有所察而云然也。

乃觀吾國鐵路統計：言數量，僅有鐵道部彙編之少數表格，總計不過十餘種；論各站各段應有之基本統計，各路概未自行舉辦；論編製，則又諸欠合理，至若塡造緩慢，數字失實等等，猶其次也；言運用，則照例編印而已，而無依據統計顯示之結果進而分析由來因果之事實，更無運用成效之足稱；一言以蔽之，中國鐵路統計堪供管理之用者，迄今可謂一無所有，而各路之漠視統計及不了解統計之重要,又皆確如赫里門氏之所言也。是知中國鐵路管理不良,可由統計缺乏程度而推斷也。

二 編製及運用鐵路統計之主要基本原則

統計之重要性既如上述,兹再進而一言關於編製上運用上所應注意之事項。夫統計之工作,至爲繁重精密,既非專才不辦,復費人工財力,其編制也,是否能以致用,換言之,卽能否足資運用,或其效果之有無大小,則又常視是否合於一切必要條件以爲衡,請舉數項,以示最低限度之要求:

(一) 標題務求簡明——無論任何統計表格,一切標題用字,當以言簡意賅爲原則。凡意義含糊不清者切忌使用,尤宜排除種種虛字,力求簡要。如於編製塡造方法有所指示,則當另加說明,且應印在表格正面頂端或底端空處,並在可能情形下總以不印於表格背面爲要,尤不當在標題下面附以註明,更不應以說明事項雜入格式之內,卽說明亦以少用或簡要爲妙。否則不但有礙整齊觀瞻,抑且不便參閱,而又增加印製成本。乃查我國十八年頒布之旅客貨物兩種列車日程單,均以極單簡說明事項印於背面,復以本應列入說明事項之「此欄車守不得塡寫」註釋另闢一欄,加入格式之內,更於標題之下附加括號註解,卽註釋不淸楚者亦有之,或則用字太多,如「Kilometrage of Journey」之「of」一字,如若改換其他相當字樣標題,卽可省去,是爲一例。凡此種種,均與簡明原則不合。

(二) 數字務求準確完全——統計之功能,原在呈露事實眞相,設一表之項目殘缺不全,或則計算錯誤太多,其結果僅得問題之一部分,而非全部情況,卽與顯示事實眞相之原則不合,眞相既未全完表現,數字復多錯誤,其不能發生作用也必矣。此種流弊,求之吾國鐵路統計,大抵各路難免。著者曾於民國二十三年參觀北甯路天津段塡造客貨列車統計,偶爾一對數字是否準確,立卽發現種種不符之處,追向經塡員司考其原因,始知有於機車里程少算者,有將整個車輛里程遺漏者,有於登記時誤寫者,種種疏忽謬誤,不一而足,卽此類推,其他何獨不然。此其故蓋由各路對於統計素不注意,復存奉行故事心理,而經手塡造人員,又皆毫無統計常識,段長平時既不寓目,及至送呈總局,亦不過照例總結而巳,絕不加以審核,於是由路呈部,部中亦係照例以各路數字編列一起,卽爲各路之統計。內外上下,以訛傳訛,輾轉手續愈多,其訛愈甚,繩以準確原則,卽足使現有全部鐵路統計完全失其作用。謂予不信,試取一部任何年月部編統計一加核對,或赴各路外站一加考察,當知絕非故爲誣衊也。

(三) 統計種類格式宜多而內容宜單純 —— 鐵路事務經緯萬端,則欲利用統計以爲管理之助,自非少數所能應付,蓋目的不同,統計亦當變動也。例如考查行車用煤一項,當就行車工作與用煤數量考其經濟效率,且當分爲「客運」「貨運」及「調車」三種單獨計之,以三種用煤性質各不相同,不應合併計算,否則每項數字包括三種機車用煤,內容雜亂,縱有靡費,亦不知究應由何方負責。故曰統計之種類及格式宜多,而每種格式之內容當以單純爲原則。

(四) 項目排列應有一貫之系統 —— 所有表上縱橫各欄,當就性盾之重要程度,及編製之自然程序,順次排列,凡有相互關係各項,應予連成一起,使前後項目各佔相當位置。蓋在排列上如有顚倒錯亂之現象,不僅直接增加塡造之困難,亦足減少應有之效用。我國新舊「貨車出入日報單」卽犯此弊。

(五) 表格大小務求適中 —— 每種表格之大小,應按實施對象性質而定,如其篇幅過大,既費紙張,亦不便於應用;過小則又妨礙塡寫便利。此在表面視之似爲小節,然亦極關重要,常易忽略而滋錯誤。以前吾國舊有客貨兩種列車日程單,大小完全相同,是卽不諳上述原則之結果,因客運列車之車數,通常最多不過十餘輛,而貨物列車則有多至八九十輛車者,二者何可採用同等之篇幅?此蓋由於規劃格式時未能慮及客貨兩種列車組織之異同,以致陷於錯誤而不自覺。卽此一例,其他可以類推求之。此外表格如何分行劃線,皆有研究之價値,如張幅過於長大,則爲便於塡寫參閱或省目力起見,應每間若干格加一較粗之線,或用不同顏色之線,辦法不一,其爲增進塡造應用便利之目的則一也。

(六) 編造務求迅速——辦理統計,以迅速爲第一要義,一過時效,卽成明日黃花,而作用失矣。蓋統計之最大效用,原在用作日常參考,假定今日某項事務結果不佳,遲至一月以後,方由統計表示出來,則自今日以至一月以後之中間,卽因缺乏統計而不知其弊害所在,無從及早矯正改良,迨至統計編出,則又事過境遷,必須另行考察,如此循環,統計變成有名無實,幾等虛設,不若不辦之反可節省一部分編印費用也。竊嘗推求歐美所以能收辦理迅速之效者,其道甚多:(1)各種報告統計編製呈報,均有一定期限,各塡報機關必須在規定日期以前一律辦完送達;(2)經辦人員均有訓練,得收駕輕就熟之效;(3)計算多用機器較人工省事省時;(4)廣行電話報告統計方法,雖地隔數千里,下級各站逐日編算完竣,立卽用電話報告上級段內,且報告時刻均在事前妥爲規定,如過時未接外站報告,段內卽用電話直接催促。例如車場與段長室相隔數百里,按規定前日統計必於翌日上午十時造出報段,倘十時後未接報告,段長室負責人員卽可催問。當接聽外站電話報告時,該負責員司立卽隨手將數字直接記於預備之統計簿內,故電話一完,段內統計亦成,極爲直截了當,並不一一須用書面報告,卽令需要書面報告,亦係於電話後補寄。因此由站至段,由段而局,各種日用重要統計,幾乎上下各級均能同時完成,而其最要祕訣,則得力於先以電話報告統計,及不專恃書面報告以作統計之辦法,故能省時省事,而收極度迅速之效果。乃查我國一切鐵路統計編造情形,日報非逾限一二星期不能造出,月報則非數月不能完成,年報則遲至一二年後不能出現,大與迅速原則相反,是亦處理無方之所致也。

（七）統計之期限問題 ——統計種類不一,期限亦有長期短期之別:有以一日爲單位者,有以一週爲單位者,又有以旬以月以年爲單位者,總之決定一種統計之期限 periodicity,當視事務性質及應用機關而定,凡爲日常管理所必需者,皆以日報爲妥,機關愈高者,大抵多用長期統計,如各路用以報告鐵道部者,自可不必採用日報,至多每週或每旬報告一次均可,其次要者又可每月或每年報告一次。但爲迅速完成長期統計起見,所有一切報告仍應按日結清數字,並用累計法逐日加集,如是一至月終,則月報即可與最後一日之日報同時造出;再將每月總數逐月加合一起,則又一至半年或一年終了,各種年報或半年報均可立即造出;較之臨時專爲月報年報從頭至尾另費一番計算手續,所省人工時間,不啻相差十倍之鉅。此又西國增進編製迅速之一最大祕訣,因述於此,以資注意。由是言之,統計雖有種種長期短期之分,實則一律當以日報爲基礎,以無論塡造月報年報,非從每日數字累計不可,矧爲不失各種長期統計時效着想,亦非於日報月報採用累計辦法不可,我國歷來編造統計,未曾想到逐日累計方法,不可謂非不能矯正一切遲延流弊之一大病因。

（八）編製統計應上下內外並重 ——一切管理統計,除行車方面者當以一段爲編製起點外,餘則大抵應以各站爲單位,以鐵路改良各種事務之步驟,必以各站爲基礎,然後由站而段,由段而全路,自下而上,由外而內,由局部及於全部,循序漸進,逐層考核,始得謂爲管理嚴密,始有成效之可期。以故凡屬用於管理日常事務之統計,在編製及應用上皆當首從各站着手,是爲一定不易之原則。且各站一面呈報上級之段,一面仍應編造合理格式,以爲本站日常自行考核工作成績之用;其在各段,除彙集各站報告送呈總局外,亦應各辦一段統計,以爲比較各主管車站成績之用;在總局則一面編造全路統計呈報上級機關,如吾國之鐵道部及美國之I.C.C.是也,同時亦應辦理各種統計,以爲本路自身比較各段或全路成績之用;並非各站照例造報,各段照例承轉,總局照例彙編,即爲已盡辦理統計之能事。我國各路,向未自動舉辦管理方面必使之統計,所編者不過寥寥之最上層部頒表格,各路奉令之後,照例轉令各站照塡,塡後責任即了,然後由段轉局報部,完全等於辦理例行公事,其結果不但各站各段無日常應用之統計,即總局亦如各路站段變成一種承轉統計報告機關,充其量僅有零散數字而已,絕無運用統計考核各段各站運輸成績或辦事效能之事實。故現有一般統計,徒爲部路間之點綴品,且其編製仍係仰賴於鐵道部,各路從無單獨統計可供一般之參考,除膠濟一路尙有每月運輸統計外,餘則尙無所聞。至若不按站別或段別編製各種日用統計,則又各路皆然,絕無例外。似此重上輕下之反常現象,充滿全國各路,無怪各站皆無合於科學原理之考績辦法,百弊無從改良,以視西國運用統計興革各種事務之周密,曷勝愧嘆!試就上下內外各應分別編製運用統計之原則圖示於下:

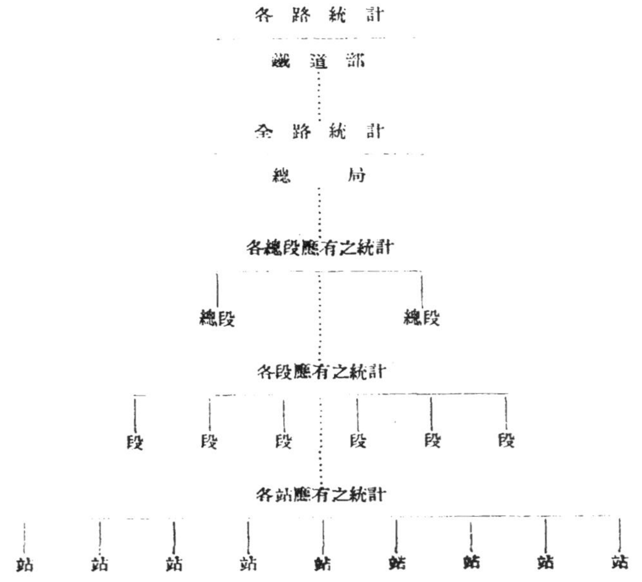

（九）百分數與平均數之運用——「百分數」在統計上有稱爲「百分比率」者，亦有名曰「百分比」或「百分率」者，名稱雖極參差不一，而實質則一。凡數字位數冗長之統計，均應在表格內另闢欄項，以爲計算百分數之用。蓋百分數之特殊功用，能使極繁多數字縮爲極簡單之數目，以之觀察變化，比較損益，至爲省事，例如客運方面之旅客人數，貨運方面之貨物噸數與夫車輛里程，列車里程，機車里程等等統計，其數字動有超過八九位以上者，故其增減變化，不易由數字一望而知，且各等旅客究占全體百分之幾，或各項貨運噸數究占總共百分之幾，皆不易於分辨，如言比較，則更難矣，故欲化繁爲簡，非用百分比率不可。而我國對於貨物運輸統計僅有各種貨物之噸數，均無百分數之計算，是乃不善運用「百分數」之一例證也。

至若統計中之「平均數」，則又不惟有同樣化繁爲簡之功能，且爲測驗一切作業成績之最爲適當標準。例如學校比較學生成績，必用各門考試之平均分數；工廠比較生產成本，必用每一出品之平均生產成本；在鐵路比較裝車成績，必用每人平均所裝噸數，又如比較裝車成本，必以每噸所費之平均成本爲標準；諸如此類，不勝枚舉。是故平均數所代表者，無論爲耗費之成本，抑爲工作之成就，原皆不外經濟與不經濟及效率大小之表現，所以測驗一切路政之經濟與效能，均非利用平均數目不可。惟應用任何平均數時，當以始終計算平均數目爲原則，切不可以各日或各月平均數字相加一起，仍然作爲一月或一年之平均數，蓋平均數祇能爲個別之計算，不能作總合之共計，否則卽不成其爲平均數也。假設某人在第一月內每日平均能寫小字五千，第二月每日平均能寫六千，則此五千六千均爲平均數字，吾人如欲計算該員在兩月內之平均寫字能力，當以五千與六千相加，再除以 2，卽得平均數五千五百字，絕不能逕以兩數相加，作爲兩個月份之總平均數。此理本極淺顯，似不應發生如此錯誤，乃查我國部編二十四年度六月份國有鐵路統計第六表平均列車載重及機車載重容量表其中平漢路旅客列車平均載重:上行計爲357,053 噸,下行計爲 433,209 噸,上下共計 790,244 噸,此爲第六月份之數字;又第九表所載該路截至六月止之上半年度統計數字,計上行爲2,051,595 噸,下行爲2,307,238 噸,共計 4,358,833 噸。由是可見六月份平均載重實爲該月各日載重之總和,不能仍稱一月內之平均載重;而第九表數字則又係積合六個月份之載重總數,亦不得謂爲代表半年期間之平均載重。如其不然,則在第六月之上行平均載重何能多至三十五萬七千餘噸?又何能在半年內遽能增至二百餘萬噸?姑無論東西各國絕無如是其重之旅客列車載重,即貨物列車亦無如此大量裝載,更無平均載重由數十萬噸一躍而爲數百萬噸之神速進步,且就兩表各種「共計」字樣觀之,更可證明純爲一種共計,絕不能仍稱平均載重;乃表中一切標題用字,中英兩方均仍用平均字樣,試問此種計算平均數目,各國曾有此惡例否?更問此種平均數在統計上有何意義及比較之價值乎?錯誤之大,殊屬駭人聽聞!茲就上述兩表數字及編製形式完全照樣摘示於下,俾便考證:

第一表:二十四年六月份旅客列車平均載重

項目 Classification	平漢
旅客列車 Passenger train	
平均列車載重 Average train loading(tons): —	
上行 Up	375,035
下行 Down	433,209
共計 Total	790,244
上年本期 Same period last year	800,893

第二表:二十四年上半年,旅客列車平均載重

項目 Classification	平漢
旅客列車	
平均列車載重	
上行	2,051,595
下行	2,307,238
共計	4,358,833
上年同期	4,899,008

其他貨物列車平均載重及機車載重容量之計算,亦犯同樣錯誤,是皆由於不諳「平均數」不能相加之原則所致,誠古今中外之奇聞也。

(十) **比較欄項** —— 比較欄項之規劃,在統計表內至關重要。爲增進統計效用計,凡屬統計表格,內中均應廣置比較項目。如爲日報,則應以上年同月同日數字逐日移於當日表內;若爲月報,則應以上年同月數字移於本月表內;其他週報旬報年報亦然。如是關係數字隨時並列一處,一望而知前後變化,較之散於各表便利多矣。除以當日兩數相比以外,尙應以累計數字另行並列比較,以僅就一日觀察,現在或者不如過去,而自各日累計相比,或又過去不如現在,故爲精密起見,不能僅就片面觀察以下判斷,而累計辦法則又適足彌補此種缺陷,所以北美鐵路統計中多有逐日逐月之累計項目。我國從前鐵路統計,各期數字極爲散漫,表中多無比較欄項,近年雖有改進,然去完善之域尙遠,悉心研究,自知其詳,姑不備述。

(十一) **數字統計與圖表統計** —— 論統計之形式,不出兩種:一爲數字,一爲圖表。二者各有特殊優點,當酌量並用而不可偏廢。圖表之特長,在能以少數縱線橫線表現極多數字之眞相,可使閱者省時省事,不若數字之難於記憶,故在比較重大變化現象,能依圖表一望而知大概。惟欲考察細微變化之場合,似又不若數字統

計之準確周密。且實際上圖表似不若表格爲用之廣,而在繪製圖表以前,必須先有數字以爲根據,是又當以表格統計爲主,圖表統計爲副,方爲合於實際運用之道也。

上爲關於編製統計必須遵守之主要基本原則,言之雖似卑無高論,然其行之甚艱,證諸以上所引事實,當可想見一斑矣。雖然,統計之本身,一無知無靈之死物也,不明以上基本原則,固不足以創立合理統計,然有統計而不殿以運用祕訣,尤不足以收統計之實效;以統計不過確定利弊因果,其功能在於表現事實眞相,至若如何根據事實以定矯正或救濟之方策,則又非賴人力爲之推動不可,統計不能自動爲鐵路興利除弊,更不能自動爲鐵路產生經濟與效率。故如何編製爲辦理統計之第一步艱鉅工作,而如何運用則爲使統計發生實際效用之第二步緊要條件。有完善統計而不以之致用,雖有亦等於零;用而不得其法,則不惟實效難期,卽判斷亦往往不免陷於謬誤。請就關於運用必具之基本觀念舉述一二,用資隅反:

第一:情形互異者不能相比——此中涵義,至爲廣泛。若天氣有變化,地域不同,所用方法制度各異等等皆屬之,因而往往同樣之事務,不能強甲乙兩路以得同樣之成績,是故無論比較任何作業成績,不能採取直接比較法 Straight comparison,必須同時顧及一切連帶問題,而後乃能發現眞正原因,得到公平結論。因此統計之最爲可靠用途,首在以同地各種狀況隨時自相比較,以其不受上述種種間接影響也。他如編製之標準不同,亦不能以同樣眼光觀察,例如英國鐵路計算調車里程,按每機車時五英里折算,而美國則依每小時六英里折算,於是比較英美兩國調車機車每小時用煤若干,或每調車里用煤若干,自應想到兩國折算調車里程之辦法,因折合比率之不同,足見兩國調車行動必有快慢之分,而一快一慢,又必自然影響每一單位調車里程之平均用煤數量也。

第二:各關係統計宜並用而不宜獨用——獨用者,指單靠一種統計單位所示結果而下判斷之謂也。並用者，則可集合多數關係統計單位所示結果而行全面各方綜合分析比較之意。鐵路各種事務既非多數統計不能表現，故每一統計祇能呈露局部之結果，而非全部之事實，如依一隅現象推論全局，則必失之於偏；既偏矣，則結論必不合於事實，必待全局統籌之後，乃能作正確之評判，其理至淺，無待煩言。例如鐵路購買大量車輛，原爲求得車輛平均載重提高之經濟，故欲考其是否獲得運用大量車輛之眞實利益，一面固當審察車輛平均裝載統計，以視載重本身有無進展，同時尤當考察貨物種類有無變化，以及車輛平均容量之狀況，誠以三者皆與平均裝載具有密切關係，倘實際平均裝載並未增高，貨物種類亦仍如舊，惟新購大量車數增多，則是徒費大宗資本，殊無改用大量車輛之必要。反之，如貨物未變，平均車輛容量及實裝重量均有進步，則是已由改用大量車輛得其效果之證明。此其一。又如購置强大機車，欲以增進行車速度或列車平均載重，倘於新添强大機車之後，僅有片面之機力進步，而平均載重及速度並無顯著進步，則是增進機力，對於實際無補，而又加重財政負担，如是而謂改進機力究爲正當乎？抑爲反面乎？若從各方分析，當然不能視爲良好現象。此其二。即此二例，足證統計在實用上誠有參照並用之必要。其他類此之事，均可準此觸類旁通。

三 結 論

上於鐵路統計與管理關係，及其編製運用原則諸端，均已擇其犖犖大者舉其大凡。其餘細微末節，要在學者自行領悟，似可勿庸一一瑣陳。蓋鐵路事務，繁賾萬端，管理方法又復盡極玄奧，鐵路事業亦又日新月異，加以統計之學，復爲歸納一切事務及代表一切管理方法之總匯學術，故其內容不啻包羅萬象，將欲編製完善統計與夫發揚統計應有之功用，非於各種路政實務先有一貫之了解，透澈之認識，必感無從着手之苦，如或冒昧爲之，又必然難免陷於絕大之錯誤。良以統計內容，皆為事務眞相之結晶，不明眞相於前，而欲規定統計，是猶庸醫之亂投藥方，盲人而騎瞎馬，其僨事乃為當然結果，决難倖免。以例言之，假令某人不知關於行車一切情狀，或於站務根本茫然不解，而令規劃一種管理行車或站務之統計，是猶强不知而為知，如此閉門造車，出門豈能合轍？且也知而不深，尚易動輒失當。所謂差之毫厘，則又必然謬以千里。曠觀吾國鐵路統計種種謬誤發生之由來。及其仍未改善之原因，當不以余言為過甚也。因此根據個人經歷所及，歸納下列諸端，以作本篇之結論：

（一）鐵路統計者，代表管理鐵路各種事務之科學方法也。

（二）無完善之鐵路統計，不足以言鐵路管理。

（三）非於鐵路管理學術之理論與實際先有一貫之透澈了解，不能規劃完善鐵路統計。

（四）非於統計學理與實際先有一貫之深切研究，不能得運用鐵路統計之方法與祕訣。

（五）有完善之統計而不善於運用，其效果必等於零。

（六）一路之有無管理或管理是否合於科學原則，可依其有無完善統計制度方法以推斷之。

（七）我國現有鐵路統計，既不完備，亦不妥善，制度方法尤多缺陷，運用更談不到。比之鐵路統計最完善之美國，相差不可以道里計，縱令急起直追，猶為晚也，若仍徘徊歧路，瞻顧不前，則雖再過千百餘年，竊恐終無迎頭趕上之一日矣！

滬杭甬綫列車車輛調度概況

吳 祿 增

（續第二十期）

第五章 車輛之調度

調度股最主要而繁複之工作，厥惟車輛及列車之調度。二者之中，尤以後者為更複雜。茲請分章述之，先述車輛之調度，次述列車之行駛與調度(第六章)。

所謂車輛之調度者，乃係利用行車專用電話之迅速便利，行使集中管理車輛之職權，使各種車輛能於最短時間內，適應各站隨時變化之需求，以達其最大之效用，同時又使其空間與虛糜，減至最小限度也。

車輛之調度，又可分為(一)客車(二)貨車及(三)機車三項述之。

一 客 車

(一) 本路滬閘段客車情形 本路係前蘇浙兩商辦鐵路合併而成。所有客車，除一部份續購者外，類多形式互異，長度不一，裝置各別。惟自收歸國有以來，設備方面，多經改良，漸趨一致；對於行車上，堪稱已無問題。

滬閘段內，現有客車一百十五輛，詳情如下：（廿四年九月一日調查）

滬杭甬綫滬閘段客車種類數目表

種類	數目
公事車	4
頭等餐臥車	2
頭等餐車	5
頭二等混合車	5
二等餐車	2
二等客車	8
頭三等混合車	1
二三等混合車	4
三等客車	44
四等客車	19
三等行李司軔車	16
郵政行李司軔車	5
共計	115

各類客車之功用，各如其名稱。混合客車，如頭二等車，二三等車，三等行李車長車及郵政行李車長車等（按車長車卽司軔車，二名个通用），一車具二種或二種以上功用，對於調度上，更稱便利。按照本路目前客運情形，各類客車數目，當能應付平日規定列車之需用；惟四等車比較缺乏，抽調每感困難。至在客運擁擠時期，則各等客車，均感不敷調度。

（二）客車之分佈　除列車上應用車輛外，所有滬閘段內備用及修理客車，均須斟酌情形，妥為分佈，以便隨時調用。

（甲）分佈之原則與方法　客車分佈，與客車房停車場等設備，均有密切關係。此外，又須隨時斟酌客運情形，及其移動方向，預定置放各等客車之數目與地點，又為預防客車損壞，隨時調用起見，各地各等客車之置放，應以各等完備為原則。通常本段之備用客車，以停放閘口及上北者為多，上南次之，（嘉興不常有），以各係列車出發及終點站也。

本段備用客車,照預算各級應有三十四輛,其中除大小修客車每日平均十二輛,及頭等餐臥車二輛,供給京滬路駛用外,實際上眞能隨時調用者,各級合計約不過二十輛。此二十輛客車之分佈,在平日以平均分散爲原則,惟須特別注意行李車長車,郵政行李車長車及公事車(即花車)等之置放。遇客運情形變化劇烈時,卽由調度員斟酌情形,隨時(或逐日)掛由客列車或夜貨車移動調劑之。

滬杭甬綫滬閘段客車車輛支配表

支配情形＼客車類別	公事車	頭等餐臥車	頭等餐車	頭二等車	二等車	二三等車	頭三等車	三等車	四等車	三等行李車長車	二等餐車	郵政行李車長車	共計	附註
2次車			1	1	1			3		2			8	一次用京滬車輛
11,12次車			1	1	1			4		1		1	9	輪流行駛
32,33次車			1		1			3		1		1	7	輪流行駛
31次車			1		1			4		1		1	8	輪流行駛
34次車			1		1			4		1		1	8	輪流行駛
61次車								3	9	2			14	
62次車								3	9	2			14	
75,76次車				1				2		1			4	
91,92次車						1		2		1			4	
201–218次車				1				1		1			3	
221–222次車					1		1						2	
備修車輛					1	1		6	1	2	1		12	
備　用	4	2		1	1	2		9		1	1	1	22	
共　計	4	2	5	5	8	4	1	44	19	16	2	5	115	

(乙)顯示方法　客車之分佈,除旅客列車組合簿及每日廿四點鐘時車輛情形報告,有永久記錄外,又用客車牌板以顯示之。顯示方法如下:(參閱第三章客車牌板圖)

(子)列車客車　各列車上所掛客車,分別用小木條依次掛之。每條除京閘通車及拱閘區間車外,上半條爲北站車輛,下半條爲南站車輛,依照列車週轉表逐日上下行更調;每次到達終點站後,並不取下放置站內,以列車車輛,非因損壞或特別原因,不常調動,當日或次日仍須原列出發也。

(丑)修理客車　修理客車分大修與小修,分掛顯示。按大修客車,一律須送閘口,以閘口爲本路機廠之所在地也。小修則不論上北,上南,嘉興等處均可,但爲數均不多;其可送閘口者,仍以送閘修理居多。客車牌板上「修理」一欄,專供閘口站用;其他各站修理客車,卽在「存站車輛」欄內,分別懸掛,另以紙片寫明「修理」字樣表明之。

(寅)在外路客車　本路車輛在外路者,現祇限於京滬。在該路之客車,不論軍用客用或借用,除二次閘京通快車上者仍掛於小木條上外,其他均於客車牌板下方,另設一欄,逐車懸牌以顯示之。

(卯)存站客車　凡存站待調之客車,均以備用客車視之。此項客車,除京滬者應掛在「京滬客車」一格中外,其餘分別閘口,杭州,拱宸橋,嘉興,上南,上北等站懸掛。

凡小站上軍用或商用客車,亦掛在「存站客車」欄內,另以小紙或小牌,上書站名以區別之,(按實際上爲便於搬動懸掛起見,常將此項客車,暫掛於貨車牌板內,以便掛由貨列車掛出)。

(辰)京滬客車　凡京滬路客車在本路,除(1)一次京閘通快車上者,(2)借用配掛於各次客列車上者,及(3)借掛於各次貨列車上者(往往係軍用),仍留於小木條上外,所有其他在本段之客車,一律依照備用客車置放方法,分別站名,掛於各相當格內。

(三)客列車之組合　在配組各次規定旅客列車車輛時,運輸課先根據平日客運情形,徵詢營業課與各關係車務段長意見,再斟酌車皮重量及機車拖力,然後決定各級客座數目及掛車輛數。輛數既定,又須查核行李車長車,郵政間查票員室,隨車憲兵室,廚房(或三等車上之茶房間)電燈等設備,是否完全;輪軸能否快行或久行;(按此係本路一小部份車輛式樣構造不一律之故,日後舊車改廢,本點即不成問題),各等客車排列次序,是否適宜等等;然後方能明文公佈實行。按本路客車排列辦法,為頭等車排在中央,二等車排列頭等兩端,三等車或四等車依次排列在二等或三等之兩端,車長車排在首尾兩極端,餐車隨頭二等車地位而定。惟本路因上海分南北兩站,除一二兩次京滬聯運通快車不到南站外,其餘客列車均分南北站兩部份。南站部份,在上行時,排列在前,下行時排列在後;北站部份反是,以便在新龍華站搗車。

上海南北站部份車輛排列圖

（上　行）

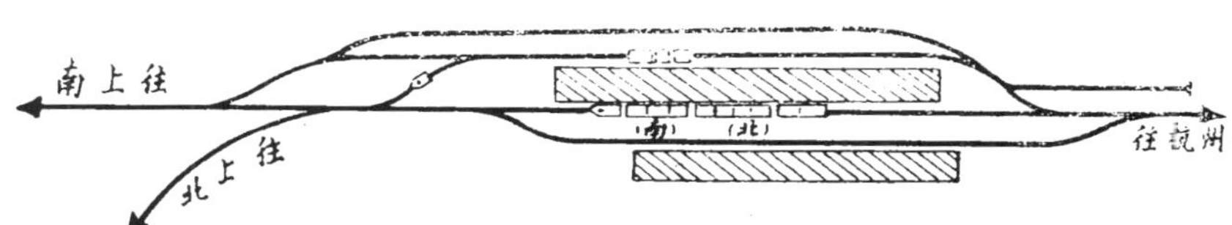

說明:南站部份車輛,由列車機車搗至他道,另由停站之小機車拖往上南。
北站部份車輛,由列車機車拖行。

（下　行）

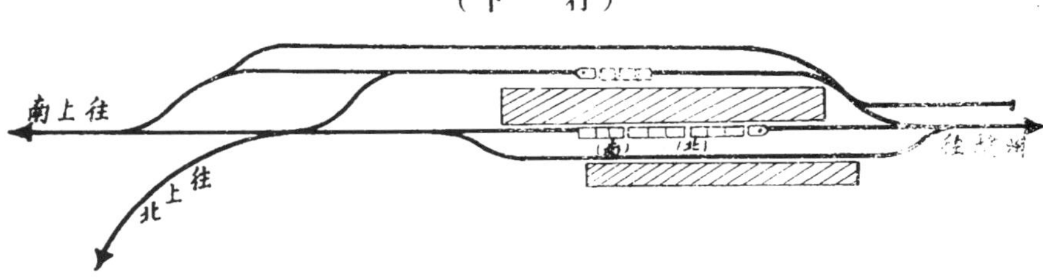

說明:南站部份車輛,由小機車頂送與上北部份車輛接連。小機車解開,列車出發。

滬杭甬線滬閘段旅客列車組合表

列車車次	列車種類	上北部份：行李車長車	郵政行李車長車	三等行李車長車	四等客車	三等客車	二三等客車	二等或頭二等客車	頭等餐車	共計輛數	上南部份：三等客車	四等客車	鐵篷車	三等行李車長車	頭三等或二等客車	行李車長車	共計輛數	總共輛數
1	京閘聯運特快通車			2		3		2	1	8								8
2	閘京聯運特快通車			2		3		2	1	8								8
11	滬閘特快車		1			2		2	1	6	2			1			3	9
12	閘滬特快車		1			2		2	1	6	1			1			2	8
31	滬閘快車		1			2		1	1	5	2			1			3	8
32	閘滬快車		1			2		1	1	5	2			1			3	8
33	滬閘快車		1			2		1	1	5	1			1			2	7
34	閘滬快車		1			2		1	1	5	2			1			3	8
61	滬閘三四等車			1	4	2				7	1	5	1	1			8	15
62	閘滬三四等車			1	4	2				7	1	5	1	1			8	15
75	鎮嘉混合區間通車	1				1		1		3	1			1			2	5
76	嘉鎮混合區間通車	1				1		1		3	1			1			2	5
91	嘉閘混合區間車			1		2	1			4								4
92	閘嘉混合區間車			1		2	1			4								4
201–218	拱閘拱杭拱長間區間車			1		1		1		3								3
221–222	上南新龍間區間車														1	1	2	3

〔註〕：(一)客列車掛車限度，參照機車牽引力表。

(二)遇旅客稀少或擁擠時，由各車務段長站長或查票員與運輸課接洽，酌量增減車輛。

(三)十一次，十二次，三十一次至三十四次及七十五次七十六次，凡自至上南站之頭二等乘客，在新龍華站換車。

(四)每星期日九十一次及九十二次照表加掛三等客車一輛。

(五)三四等列車上之鐵篷車，係專裝上南站行李包裹用。

滬杭甬綫滬閘段旅客列車客座數目表

車次＼座位（單位每次列車）	客座數目				
	頭等	二等	三等	四等	合計
聯運通快車	44	125	320		489
本路特快車	32	140	380		552
本路快車	32	70	490		592
本路三四等車			460	750	1,210
混合區間通車		28	270		298
本路區間車		28	270		298
江墅支綫區間車	18	34	140		192
上南新龍華區間車	16	42	30		88

〔註〕上表內各列車客座數目係根據旅客列車組合表計算,實際上因一二客車之調換或增減,其數目時有變動。

滬杭甬綫機車牽引力表

列車種類＼牽引力＼機車種類		牽引噸位											
		A	B	D	E	F	G	J	K	L	M	O	P
旅客列車	特別快車											410	
	快車							330	460			460	
	慢車							430	460	460	800	460	460
	區間車		360					430	460	460	800	460	460
	上南新龍華區間車	360		460	280	250							
	江墅支綫區間車						460						
貨物列車	長路									830	1090		980
	上南新龍華間	560		700	480								

此外,關於編配列車車輛時,尙有應行注意者數點:例如區間混合列車上之貨車,或快車上之銀箱車,均應掛在機車之後;包件車或零担車之直達終點站,中途並無摘車者,應掛在末端車長車

之前;定備客車應掛在機車之後,如中途站須解掛者,應掛在列車後端;公事車(卽花車)應掛在末端車長車之後(除特別更易位置外),等等皆是。但此類佈置,一經規定頒布,各站站長及各列車車長,均能熟知辦理,調度員可不必逐次通知,祇須於外站偶有疑問時,詳爲指示足矣。

(四)客車之週轉 本路各客列車所掛車輛,經組合表配定後,不常變動,故客列車之週轉,得預行規定,俾客車得充分利用,車務人員,亦有定序可循。惟在規定週轉表時,應計及驗車,搗車與清潔等項工作所須時間之是否充分,否則一遇甲列車到達終點誤時,卽將牽連延誤乙列車之出發。本路客列車次數不多,各列車週轉時,空閒時間,頗爲寬裕,卽最緊接之兩列車,亦在三小時以上。茲將本路旅客列車週轉表照錄如下:

滬杭甬綫滬閘段旅客列車車輛週轉表

轉別	組別	週轉狀況 第一日	第二日	第三日	第四日
甲	子	1	2	1	2
	丑	2	1	2	1
乙	寅	11-12	31	32-33	34
	卯	31	32-33	34	11-12
	辰	32-33	34	11-12	31
	巳	34	11-12	31	32-33
丙	午	61	62	61	62
	未	62	61	62	61
丁	申	76-75	76-75	76-75	76-75
	酉	91-92	91-92	91-92	91-92
戊	戌	201-218	201-218	201-218	201-218
己	亥	221-222	221-222	221-222	221-272

上表意義如下:客列車週轉,分爲六類:(甲)兩路特別通快車,共有車輛兩列,每日行車二次,每兩日一週轉。(乙)本路特別快車及尋常快車,共有車輛四列,每日行車六次每四日一週轉。(例如十一次在第一日到閘後,又跑十二次回滬;第二日跑卅一次至閘;第三日跑卅二次至滬,復跑卅三次回閘;第四日跑卅四次至滬,週而復始。)(丙)三四等慢車,共有車輛兩列,每日行車兩次,每兩日一週轉。(丁)兩路區間混合客車及本路區間混合客車,共有列車二列,每日行車四次,每日或每兩日一週轉(按京滬綫另有兩路區間混合客車一列,與本路者速合駛用)(戊)拱閘區間客車,有車輛一列,每日行車十八次,週流行駛。(丁)上南新龍華區間客車,有車輛一列,每日行車兩次,當日週轉。

綜上所述,可知本路現行客車週轉方法,共有三種:(1)以一組車輛,同日行駛二次列車,如嘉閘混合區間客車及江墅段與上南新龍華間各次區間客車是。(2)以兩組車輛,行駛兩次列車,間日一來回,如一次及二次京閘聯運通快車是。(3)以四組客車,行駛六次列車,四日內一週轉,如十一,十二,卅一,卅二,卅三及卅四等次特快或快車是。此外如嘉閘區間車上每逢星期六及星期日各加掛三等客車一輛,至星期一解去,則屬臨時添車性質。

(五)客車之調劑 調度客車時,比較最爲複雜者,厥惟車輛之調劑。蓋路局所備客車之數目有定,而各站客運之變化無窮;以數目有定之車輛,供應變化無窮之需求,此調劑工作之所以爲調度要務也。

(1)預測客運 調度員欲於調度客車時減少困難,必先預測客運趨向。既知客運之趨勢,即可隨時爲相當之準備,或將客車先行掛往應用車站,或與機房預行接洽機力,或先通知各關係方面及時籌備,以免臨時倉促,並可減除行車上營業上之損失,及社會上對於路局供給車輛不良之印像。

預測客運,不必任何專門學識,祇就過去經驗及歷年成例,斟酌事實,依照本人目光及推測,加以縝密之考慮,然後決斷施行。

（2）調節座位　客運常有清淡與擁擠之變化,調度員爲適應需求及減少空客座里程計,常參酌各段車務段長各站站長及查票員等通知,於規定客車數目以外,隨時斟酌加減客車,行駛全程或半程,或於中途站加減車輛,以資調節。按本路滬閘段內歷年情形,客運清淡期爲夏季及廢歷年初;客運擁擠期爲週末休息日,學校放假起訖日,中外清明節,沿線各地香汎會汎或潮汎,耶蘇聖誕節,廢歷年關臘底,以及沿綫各地運動會期等等。調度員於此項客運變化時,當斟酌日期之久暫,關係車次之多寡,旁及列車週轉上之影響,以定加減車輛之數目。（按客運清淡之屬於暫時性質或少數列車者,通常不另拆解客車,以省掏車手續及車務費用)。

（3）臨時掛車　照定章,大宗旅客或軍隊乘車,請求預定座位,或加掛客車時,須於二十四小時前,預向車務處長或車務段長或出發站站長接洽;但實際上往往有不照此項規定手續辦理,臨時到站乘車或索車者;因每次列車掛車輛數有定,於是客車座位,卽生問題。調度員一遇此項情事發生,當卽決定(a)此項臨時添掛客車事宜,時間上是否能辦到;如能辦到而又不超出機力者,卽當通知關係站站長或主管員司照掛。(b)此項臨時添掛客車事宜,如時間上已屬不及辦理者,應卽通知出發站或中途站站長轉知查票員預留座位,遇人數衆多時,得斟酌代鎖客車半輛(如三等行李車長車)或一輛,以資應付。

凡按照規定時間索車或定用車輛者,不論停放站內或掛在車上均須預爲佈置。

（4）調節修理　修理客車,除大修者外,概可視運輸情形,斟酌先後緩急,陸續送廠。如車身油漆,改裝座位等等,修理時間,並不甚急,遇客運擁擠時,可與機廠接洽延緩送修,或與機廠洽商,將已在小修中之車輛,擇其可緩可用者數輛,先行送出駛用。按照過去紀錄,本段修理客車,每日平均為十輛至十二輛,其中大修小修各以一半計,則各得五六輛;小修中可緩與不可緩假定亦各以一半計,則各得二三輛;此二三輛客車,在客運擁擠時,緩修應用,當亦不無小補也。

（5）應急調度　應急調度者,乃於客運需求孔亟客車供給奇缺時,調籌客車方法之謂也。照過去經歷,常用之方法有三:曰抽調,曰用代,曰告借。

甲.抽調　卽以甲列車之客車(全部或一部份),俟其到達終點站後,抽調行駛乙列車;另以丙列車之車輛,俟其到達終點站後,抽調補足甲列車;丙列車之車輛,另以他列車車輛遞調補充;如是互相抽用,至最後復行調正為止。此項辦法之利,在增加客車運用之次數,而並不妨礙規定客列車之週轉。茲舉例說明之如下:

舉例一.　按照本路第五號行車時刻表(自廿三年七月一日起實行),假定杭州站旅客擁擠,須要各級客車,而閘口並無備用客車可撥,則抽調方法如下:(參閱旅客列車車輛週轉表)

(子)如在上午,則調撥下午卅四次車之車輛供杭應用,而以十一次車之車輛,行駛卅四次;卅一次之車輛,行駛十二次;而以以卅四次原有車輛(卽經分撥杭州應用者)掛由

組別	原定週轉辦法		抽調後週轉辦法	
	第一日	第二日	第一日	第二日
I	34	11–12	(此列車輛折散供杭應用)	32–33
II	11–12	31	11–34	11–12
III	31	32–33	31–12	31
IV	32–33	34	32–33	34

最先下行之夜貨車送還閘口，備明晨行駛卅二次之用。惟在實行此種抽調辦法之先，應注意時間之是否寬裕，否則亦屬窒礙難行。

（丑）如在下午，則以十一次之車輛，供杭應用；晚間十二次車，以卅一次之車輛行駛；明日卅二次車，以昨夜卅三次之車輛行駛；而以十一次車原有車輛，（即經分撥杭州應用者一起或分批掛由夜貨車送還閘口，備開明日下午卅四次車。

組別	原定週轉辦法		抽調後週轉辦法	
	第一日	第二日	第一日	第二日
	11–12	31	11	34（車輛由夜貨車送回）
II	31	32–33	31–12	31
III	32–33	34	32–33	32–33
IV	34	11–12	34	11–12

（寅）如開專車，其抽調法同上。總之須時間寬裕，事後並須將原有週轉次序，逐一復正。

舉例二. 按照本路第五號行車時刻表，假定上北站十一次車旅客擁擠，須加掛二三等車一輛，但北站並無此項客車可撥，適上南站有此車一輛，本為上南站新龍華區間客車上用者，抽調辦法如下：

通知上南站站長將此二，三等車掛出；一方知照新龍華站長於車到該站後，不可解去，任其與其他南站客車同駛赴閘；另由閘口站調撥二，三等車一輛，加掛下午卅四次或夜貨車送還上南。

舉例三. 按照本路第五號行車時刻表，假定十一次車之郵政行李車長車，在上北站損壞，不能行駛，而上北站郵件適又甚多，告借不得，修理不成，替代又苦無車，

則抽調辦法如下:

十一次車移用卅一次車之郵政行李車長車;卅一次移用六十一次之三等行李車長車,如不足,另加銀箱車一輛,(按銀箱車因裝置熱汽管,故掛於客車上時,對於客車水汀之通過,並無阻礙);六十一次車改掛三等車一輛及廿五噸貨物車長車一輛替代;俟到閘後,知照該站車場站長,將各關係列車移用車輛,逐一調正,恢復舊觀。倘上北站對於掛出之銀箱車及貨物車長車,仍屬需要者,併應將此項車輛,調掛當夜貨列車送回。

乙.告借 比較簡便而適當之應急調度,為向京滬路借車。(在京滬為向滬杭借車)蓋借車能於適應需求之外,減少牽動原有車輛次序及搗車工作等繁瑣,惟遇京滬路無車可借時,本辦法即不能適用。

丙.用代 既不能抽調,又無從告借,於是不得不出於用代一法如頭等座不足,以二等座供給之,(另退還頭二等票價之差),或二等座不足,以頭等座供給之,(通常不另補票)。二等座與三等座之相代亦然。在軍運繁劇,客車萬分不足時,不得不更退而以蓬車權代客車。又運輸苦力難民等,往往數以千計,客車不敷用時,亦多以蓬車權代。在本路目前財政情形及車輛狀況下,雖知此項辦法,有背人道,但亦不得已耳。

二 貨 車

(一)本路滬閘段貨車情形 本路貨車除曹甬段及在津浦路者外,截至本年八月底止,共有四百十七輛,一〇三九二噸。以種類分,有蓬車,敞車(即邊車),平車,牲口車,油櫃車,冰鮮車,救險車及車長車等八種;以噸位分有五噸(屬小車長車),十噸,十五噸(原為二十噸),廿二噸,三十噸及四十噸六種;車身有木有鐵,木製者占少數,已裝汽軔者居大半,現正在繼續配裝中,在兩年內,預定可將

全段貨車全部裝竣。茲將各類貨車列表如下:

滬杭甬綫滬閘段貨車撮要表

種類	輛數	共計噸位
四十噸篷車	38	1,520
廿五噸篷車	164	4,100
二十噸篷車	2	40
十五噸篷車	21	315
十噸篷車	13	130
廿五噸敞車	87	2,175
十噸敞車	4	40
廿五噸平車	44	1,100
廿五噸牲口車	10	250
十噸牲口車	4	40
廿二噸冰鮮車	1	22
三十噸油櫃車	2	60
廿五噸車長車	17	425
十噸車長車	3	30
廿五噸救險車	5	125
十噸救險車	2	20
共計	417	10,392

上表內之救險車,係本路特造貨車之一,專供行車事變,機車路軌等發生障礙,或損壞時救險駛用。此項貨車,平日不給商用,分放於上北嘉興杭州閘口等站。又亞細亞煤油公司,在本路有自備油櫃車五輛(第一號至第五號),專為裝載該公司煤油之用。

(二) 貨車之分佈

1. 分佈之原則與方法　貨車除掛在列車上者及各站索用或留用者外,皆謂備用貨車,各應予以適當之分佈。貨車分佈之方法,與客車大略相似,亦應斟酌停車場之地位,但不若客車之比較固定,以貨運情形之變化,較客運更為複雜故也。茲將各

項貨車分佈之方法,擇要述之如下:

(子)車長司軔車　按照本路行車章程,凡列車之後,必須掛車長司軔車一輛,其事務較繁或列車過長者,須前後尾端各掛一輛,以便沿途前後照料,保持行車安全。如出發站缺乏車長車,列車即不能開駛(其有特別緊急原因,經車務處長特准者,不在此限)。故調度員對於各貨列車出發站車長司軔車之是否足用,須隨時加以注意。本段現有貨列車用車長司軔車,共計二十輛,內五噸者一輛,十噸者二輛,二十五噸者十七輛;前二項祇適用於短距區間,不適用於長路;後者則不限路程之短長,均能行駛。按照目前車務情形,此項車長司軔車之分配,有如下表:

滬杭甬綫滬閘段規定貨列車車長司軔車分配狀況表

列車次數	車長車		附註
	輛數	噸別	
拱閘區間貨車	二	五或十噸	
八〇一及八〇二次零貨車	四	廿五噸	每列車南北站部份各一輛
八〇三及八〇四次滬閘貨車	二	同上	閘口上南間用
八〇五及八〇六次滬閘貨車	二	同上	閘口 上南 麥根路間用
八〇六次	一	同上	麥根路新龍華間接送

除以上規定應用車長車十一輛外,應餘五噸或十噸車長車一輛,廿五噸車長車八輛,合計九輛。在此九輛盈餘車長車中,再除去修理平均每日一,二輛八一一及/或八一二兩次臨時貨車用每日一,二輛,嘉閘或鎮嘉(限用於上南部份)區間混合客列車上臨時調用一,二輛(遇客車車長車不足時權宜用之),大概每日純粹多餘,可備開專車用者,平均不過五六輛。此五六輛備用車長車之分佈,須視貨運情形,分放在閘口上南及麥根路三大貨列車出發站,並須逐日注意其過多

與不足，預行分掛佽貨車調劑之。

（丑）銀箱車　曩昔杭州造幣廠未停工前，滬杭兩地金融界，爲調節現貨起見，常有銀塊或現洋裝車，掛由客列車相互運送。本路爲適應此項運輸計，就原有鐵蓬貨車中選定四輛，爲裝運現銀之用，名之曰銀箱車，並以此項車輛，必須掛在客列車上，且必須掛在機車貼鄰，故對於設備方面除裝置汽閘外，並裝有熱汽管，以便寒季客列車上放用熱水汀。照現行辦法在夏秋兩季，此項車輛空閒時，可視同普通貨車，撥裝乾貨；在春冬兩季，調度員須隨時注意其用途，以不入他路，不被延擱爲原則，而以上北，閘口兩站爲最適宜之停放地點。（在閘口站者，即係備杭州站用，因加掛時在閘搗車，可免延誤行車也）。如遇以上兩站中任何一站缺少此項車輛時，須預行平均調補，以免臨時倉促，並誤運輸。（按自杭州造幣廠停工後，此項銀箱車之使用，幾將絕跡）。

（寅）冰鮮車　此項特種貨車，本路因實際上並不應用，故僅減剩一輛，停放閘口或拱宸橋備裝修或改造。

（卯）油櫃車　此項車輛，刻下在應用中者，共有九輛，裝載量均係三十噸，內屬於本路者二輛，屬於京滬路者二輛，屬於亞細亞煤油公司自置者五輛。此項車輛，因專供裝運汽油煤油等流質用，故空車祇停放在日暉港貨站；（按該站爲亞細亞公司碼頭所在）。裝後分運莧橋閘口等處，俟卸空後，再行掛還原裝車站候用。

（辰）救險車　本路滬閘段間，共置救險車七輛，內數輛附有救險用器件；並爲便利調用起見，該項車輛，分佈在下列各地：

上海北站	廿五噸蓬車二輛
嘉興站	十噸蓬車一輛
杭州站	廿五噸平車一輛

閘口站　廿五噸蓬車二輛,廿五噸平車一輛

(巳) 備用貨車　除上述五項特種貨車外,其餘各項貨車之分佈,須隨時斟酌各站貨運情形及待運貨物噸位而定。通常以平均分佈爲原則,惟遇特殊情形時,當由調度員臨時斟酌辦理。玆按類略述其分佈方法如次:

蓬車　備用蓬車之分佈,先閘口,上南(包括日暉港),麥根路三站,以三站爲貨運最繁劇之站也。次南星,拱宸,硤石,嘉興等站,而尤以嘉興站爲宜,以該站位在本路滬閘段中心,備用車輛,停放該站,有隨時分掛附近各站之便利。

敞車　敞車裝貨種類,不如蓬車範圍之廣,普通以木柴,石子,煤觔,磚瓦等爲多數,故此項備用車輛之分佈,應先閘口(兼備南星橋用),日暉港,吳淞(京滬水陸聯運碼頭)等站,次嘉興上南等站。

平車　平車用途更少,普通爲裝運鐵軌,道木,大件機械,汽車,汽艇,飛機,橋樑等用。分佈地點,應先上南,吳淞,閘口等站;次嘉興,上北等站。

牲口車　牲口車除裝運牛羊豕馬禽畜外,又可權作蓬車或敞車,裝運乾貨之用。此項備用貨車之分佈,應先閘口(兼供南星橋用)上南等站;次嘉興站(備供長安,斜橋,硤石,王店等鄰站用)。

2. 顯示方法　貨車分佈狀況之顯示,亦用牌板。其內容與客車牌板相似,亦分(子)列車貨車,(丑)修理貨車,(寅)存站貨車,(卯)在外路貨車及(辰)外路在本路貨車等欄。

(子) 列車貨車　上下行貨列車所掛車輛,分掛於貨車牌板左右兩邊。每次列車,各有木條兩根,以備掛車數目較多時(一條不敷掛),或隔日列車尚未到達終點當日列車又已開出時,分列懸掛車牌之用。

凡本路上下行貨列車,不論幹綫或支線,亦不論規定或臨時,以及軍用,材料等等,均逐次於本欄顯示;惟車次一項,如屬在規定列車以外者,應逐次用小紙塡寫,附掛木條頂端,以資區別。(參閱貨車牌板圖)

(丑) 修理貨車　貨車修理,亦分大修與小修兩種;大修必送閘口機廠,小修(如風管損壞,汽閘運用不靈等等)可在嘉興,上南,上北設有機車房地點修理之,但實際上爲數並不多,其可送閘口機廠修理者,仍多掛送閘口站,故牌板上修理一格內,閘口站所占之地位特多。(參閱貨車牌板圖)

(寅) 存站貨車　存站貨車,包括待卸重車,待裝空車待掛重車,待掛空車,留用空車,軍用車,材料車等等。此項貨車數目之多寡,與各站貨運業務之繁簡成正比例;貨車牌板上各站所占地位之多寡,亦依各該站平日貨運之繁簡而定。例如閘口,上南,麥根路三站,所占地位最大,以貨運比較最繁劇也;南星橋,杭州,拱宸橋,艮山門,長安,硤石,嘉興,上北,日暉港等站所占地位較小,以貨運亦較簡也;其他各站(包括筧橋,臨平,許村,斜橋,王店,七星橋,嘉善,楓涇,石湖蕩,松江,新橋,莘莊,新龍華,龍華,徐家匯,上西等十六站)貨運更簡,或竟幾等於無,故每站僅備站名牌一方,於存站車輛方格內未註站名之處,臨時懸掛,比較活動,且省地位。

(卯) 在外路貨車　本項車輛,包括(1)長期借給津浦路之貨車及(2)因直達聯運貨物關係流入外路之車輛。在懸牌顯示時,(1)(2)兩項,分別懸掛,第(2)項概作在京滬路[illegible]貨車一入京滬後之行程,概由京滬路車輛紀[illegible]也。

(辰) 外路在本路貨車　外路在本路貨車,隨所在地點,或所掛列車懸掛,無一定地點,辦法與客車相同。

(三) 貨列車之配組　貨列車之配組,隨時變動,無一定輛數或種類之可言,但亦有應行注意者數點:（1）掛車噸位,不能超過機車牽引力;（2）掛車總長,不能超過蜷線長度(在本路滬閘段內,平均以貨車三十輛爲掛車最長限度,卽連機車約計總長四百餘公尺;遇特種情形時,得配加輛數,但仍以不妨交會及行車安全爲原則(如經行灣道或上下坡道時),（3）每列車須有一輛或二輛之車長司軔車,（由一站出發或到達一站者,可用一車長車;由上海南北站出發或到達南北站者,須用二車長車);（4）裝有爆炸器或危險品之車輛,必須用保險空車數輛,前後區隔;（5）各站車輛之次序,必須排列無誤,以省搗車手續等等。茲將貨列車配組之方法,分（I）純粹貨列車及（II）混合列車二種,舉例說明之:

附滬杭甬路滬閘段內貨列車車輛排列次序圖

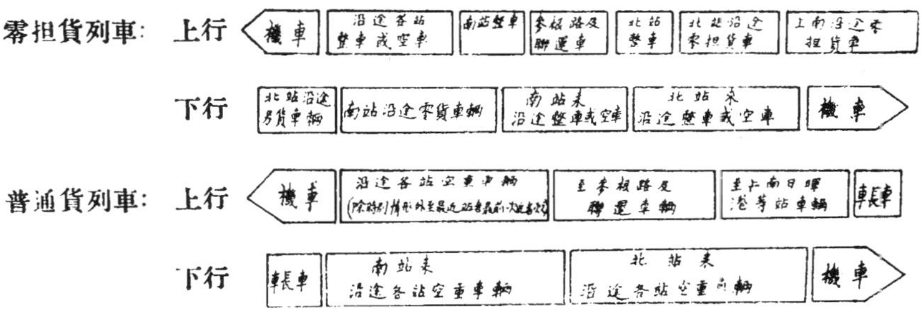

（I）純粹貨列車　純粹貨列車配組時,應按照機車牽引力,及貨車車皮噸位,根據各站所報重車輛數與裝貨淨重配合計算。在計算時,應充分利用機力,並須注意短路車輛沿路之解掛及空重車輛排列之次序。

純粹貨列車中,又可分爲零貨列車與普通貨物列車兩種,前者所掛車輛之種類與數目,須經規定,非有特別貨運變化經運輸課及車務段長等同意,不得隨意增減後者則否。

（甲）零担貨車　本項列車,上行時共掛貨車十六輛,下行時共掛貨車十四輛,詳細情形如下:

滬杭甬線零擔貨列車車輛數目表

上行八〇二次								
出發站	到達站							總計
	上南部份				上北部份			
	蓬車	牲口車	車長車	共計	蓬車	車長車	共計	
閘口	7	2	1	10	3	1	4	14
拱宸橋	1			1				1
嘉興		1		1				1
共計	8	3	1	12	3	1	4	16

下行八〇一次								
到達站	出發站							總計
	上南部份				上北部份			
	蓬車	牲口車	車長車	共計	蓬車	車長車	共計	
閘口	6	2	1	9	2	1	3	12
拱宸橋	1			1				1
嘉興		1		1				1
共計	7	3	1	11	2	1	3	14

在夏秋兩季,鮮貨上市時,南星橋至長安一段內各站,逐日零貨甚多,此時應照規定臨時添加零担整車數輛至十餘輛不等。又零貨車所裝貨物,每不十足,且因沿途隨時裝卸,故其載運噸位,除皮重部份外,不易準確計算。普通照十足噸位配算,如有盈餘機力。再行附掛普通空重貨車。(按零擔貨車各種車輛裝貨種類,另有規定,因於調度上關係不大,玆從缺)。

舉例一: 純粹零貨車輛(即並無其他空重貨車附掛)。

(1) 假定八〇一次下行零担貨列車用機車L_1號拖駛,L_1

之牽引力爲八三〇噸。

（2）掛車輛數及噸位

（子）南站部份

廿五噸蓬車七輛［內二輛解嘉興、拱宸橋］計重 二九四噸

（廿五噸蓬車每輛皮重十七噸，最高裝載量廿五噸，合計四十二噸，故五輛總重應爲二九四噸）

廿五噸牲口車三輛 計重 一二六噸

（廿五噸牲口車皮重與蓬車相等，故計算法相同）

廿五噸車長車一輛 計重 二五噸

（廿五噸車長車，不論有無貨物裝載，一律照二十五噸算）

以上共計貨車十一輛 共重 四四五噸

（丑）北站部份

廿五噸蓬車二輛 計重 八四噸

廿五噸車長車一輛 計重 二五噸

以上共計車三輛 共重 一〇九噸

（寅）南北站部份總計共十四輛 總重 五五四噸

（3）說明：照以上計算，機車 L1 之牽引力，尚未充分利用；沿途列車噸位，亦有三次變動；計最初出發時，南北站合計爲五五四噸；嘉興開出後，減少蓬車一輛，剩五一二噸；杭州開出後（按到拱宸橋之貨車，爲搗車便利計，常解於杭州），又減少一輛，剩四七〇噸。但此係規定解車次數，並係估計之載運量，實際上每次零貨列車解掛情形，决無如此簡單；且計算所得之載運量，亦不正確，因零担貨車逐站裝卸，載運噸位，普通不過在規定噸位半數上下；故本項計算，祇可作爲一種約略之估計，不能認爲標準算法也。

（4）調度員之算式

	801		L1	
7	T.C.	(S)	294	Shs
3	P.G.	(S)	126	
1	B.V.	(S)	25	
2	T.C.	(S)	84	Shn
1	B.V.	(S)	25	
14			554	
−1			42	Ksg
13			512	
−1			42	Hcw
12			470	

〔註〕調度員爲書寫便利及節省時間計，於計算及登記時，常利用英文車名站名等縮寫。茲將日常所用之縮寫英文字母，列表如下，以後舉例中，均能適用。

站名				車名	
英文縮寫	中文名	英文縮寫	中文名	英文縮寫	中文名
Shn	上海北站	Can	長安	T.C.	篷車
Mrg(*)	麥根路貨站	Sug	許村	T.O.	敞車
Shw	上海西站	Lpg	臨平	P.G.	牲口車
Swi	徐家滙	Sno	筧橋	T.F.	平車
Shs	上海南站	Ksm	艮山門	R.C.	冰鮮車
Lha	龍華	Kzc	拱宸橋	O.T.	油櫃車
Lhj	新龍華	Hcw	杭州	B.D.	救險車
Hcg	莘莊	Nsc	南星橋	B.V.	車長車
Hnc	新橋	Zkg	閘口貨站		
Skg	松江				
Sht	石湖蕩	* 或 Mrd			
Fcg	楓涇				
Ksi	嘉善				

其他	
英文縮寫	中文名
L.或Ld	重車

Cso	七星橋			E或Ey	空車
Ksg	嘉興			M	軍用
Wgt	王店			R.S.	材料
Yzh	硤石			S	零貨車
Hac	斜橋			Rep.	修理車

舉例二: 零担貨車外,附掛其他貨車。

（1） 假定八〇一次下行零貨列車,用P4機車拖駛,P4之牽引力爲九八〇噸。

（2） 八〇一次掛車輛數及噸位:

（子） 南北站部份,假定與第一例完全相同,計掛車十四輛, 共五五四噸

（丑） 附掛貨車

上南到閘口四十噸重蓬車四輛,計 二三二噸

（四十噸蓬車,每輛皮重十八噸,裝載量四十噸,合計五十八噸;四輛總重應爲二三二噸）

上南到閘口廿五噸重蓬車四輛,計 一六八噸

（算法見第一例）

上北到閘口廿五噸敞車二輛,計 二八噸

（寅） 以上共掛車二十四輛,總計 九八二噸

（3） 說明: 照以上計算,機車P4之牽引力,表面上似已能儘量利用,但因零担車之噸位,並不十足,故實際上機車P4之機力,尙未充分利用也。調度員得因時制宜,斟酌貨運情形,照以上所得總載運量,酌加若干噸,庶幾於不違定章之中,充分利用機力。又實際上到達杭州南星等站之零貨,因數量較多,爲節省卸貨及行車時間計,常在各該站解下,由車長押貨司事等與站上負責貨運人員,辦理授受事宜。

（4） 調度員之算式

801			P4	
7	T.C.	(S)	294	Shs
3	P.G.	(S)	126	Shs
1	B.V.	(S)	25	Shs
8	T.C.	(L)	400	Shs
2	T.C.	(S)	84	Shn
1	B.V.	(S)	25	Shn
2	T.O.	(E)	28	Shn
24			982	
−1			42	Ksg
23			940	
−1			42	Hcw
22			898	

附滬杭甬線貨車皮重噸位表

貨車種類	皮重	附註
四十噸篷車	18	
廿五噸篷車 廿五噸牲口車	17	
廿五噸敞車	14	
廿五噸平車	13	
二十噸篷車 十噸篷車 十噸牲口車 十噸敞車	10	
廿二噸冰鮮車	30	
三十噸油櫃車	18	

廿五噸車長司軔車	25	不論有無貨物裝載一律照此噸位計算
十噸車長司軔車	10	

〔註〕:右表於下述各例均適用。

(乙)普通貨列車　此項貨列車,包括日常行駛之一切尋常貨列車,其編配方法,與(甲)項所述者,原則相同,惟所得噸位,比較更爲準確。茲舉數例說明之,由簡而繁。

舉例三:　普通貨物列車,沿途略有解掛。

(1)假定八〇四次上行貨列車用M2機車拖駛,M2之牽引力爲一〇九〇噸。

(2)掛車輛數噸位及沿途解掛情形:

待掛重車

下行	上行				
	Zkg	11T, 1 B.V.	(Shs) (Shs)	462 T. 25 T.	804
	Nsc	10L	(Ksg)	580 T.	804
		1E	(Shs)	13 T.	804
	Ksg	14	(Shs)	588 T.	804

上係節取貨物列車組合簿內待掛重車之一部,表中各項意義如下:

八〇四次貨列車,在閘口站出發時,連車長司軔車共掛至上南站廿五噸重蓬車十二輛,計四八七噸;到南星橋站後加掛該站至嘉興四十噸重蓬車十輛(計五八〇噸),該站至上南站廿五噸空平車一輛(計十三噸),連前總共掛車廿三輛,一〇八〇噸;抵嘉興站後,解去南星橋來重車十輛,另掛由該站至上南廿五噸重蓬車十四輛(計五八八噸),全列車總計掛車廿七輛,總載運量一〇八八噸。

（3）說明：照本例計算，八〇四次車之機力，可謂已能充分利用。

（4）調度員之算式

804		M2	
12^{L}		487	Zku
$+10^{L}$	(Ksg)	580	Nsc
1^{E}		13	Nsc
23		1080	
−10		580	Ksg
+14		588	Ksg
27		1088	

〔註〕實際上長路車之到達上南或麥根路貨棧者，其到達站一項，常從缺，以資簡捷。

舉例四：普通貨物列車，沿途有多次空重車輛之解掛。

（1）假定八〇五次下行貨車，用機車P 7拖駛，P 7之牽引力為九八〇噸。

（2）掛車輛數噸位及沿途解掛情形（假定所有重車，一律照噸位裝足）：

下行				
Shs	7^{L}		326T	805
	4^{E}	(Yzh)	56	
	1 B.V.		25	
Mrg	$2^{R.S.}$		116	805
	8^{M}	(Sno)	336	
Skg	1^{L}	(Ksg)	42	805
Ksg	3^{L}		126	805
Yzh	2^{L}		78	805
Sno	10^{E}		170	805
Hcw	3		54	805

上表內各項意義如下:

八〇五次車由上海出發時,上南站掛到閘口重車七輛(內假定廿五噸者五輛,四十噸者二輛),計三二六噸;到硤石廿五噸空敞車四輛,計五六噸;到閘口廿五噸車長車一輛,計廿五噸;麥根路掛到閘口四十噸材料重車二輛,計一一六噸;到莧橋航空學校軍用車(假定裝飛機機件)八輛,計三三六噸;上南及麥根路出發,到新龍華合併後,共計掛車廿二輛,計八五九噸。到松江站後,加掛由該站至嘉興廿五噸重車一輛,四二噸。至嘉興後,解去由松江來之廿五噸重車一輛,加掛由嘉興到閘口廿五噸重車三輛,一二六噸,總計此時八〇五次上共掛車廿五輛,計九八五噸。列車到達硤石站後,解去由上南來空敞車四輛(五六噸),加掛硤石到閘口廿五噸重敞車二輛,計七八噸;此時列車上共掛貨車廿三輛,計一〇〇七噸,照規定機力,略有超過。列車到莧橋後,解去由麥根路來重車八輛(三三六噸),加掛由莧橋到閘口廿五噸空蓬車十輛(一七〇噸),此時列車上掛車較前增加二輛(共廿五輛),但噸位祇爲九四一噸。列車到杭州站後,復加掛至閘口四十噸空蓬車三輛,計五四噸。統計八〇五次到達閘口時,共掛空重貨車廿八輛,九九五噸。

(3) 說明: 本例沿途解掛略多,機力亦能充分利用;惟滬嘉段內略有虛耗;自硤石起至莧橋止一段路程中(約五四公里),掛車噸位,照規定超過二十七噸,因爲數不大,僅及機車牽引力百分之三弱,故與行車並無妨礙。又自杭州至閘口一段,亦略有超過,但亦無妨。

(4) 調度員之算式:

805		P7	
8^{L}		351	Shs
4^{E}	(Yzh)	56	

8^{M}	(Sno)	336	Mrg
$2^{R.S.}$		116	
22		859	
+1	(Ksg)	42	Skg
23		901	
−1		42	Ksg
+3		126	Ksg
25		985	
−4		56	Yzh
+2		78	Yzh
23		1007	
−8		336	Sno
+10		170	Sno
25		941	
+3		54	Hcw
28		995	

舉例五: 普通貨物列車,沿途解掛;又附掛材料車,沿途卸貨;另掛空車,停站裝貨。

(1) 假定八〇四次上行貨車,用機車P 1拖駛,P 1之牽引力為九八〇噸。

(2) 掛車輛數,噸位,及沿途解掛與裝卸情形。(內一部份貨車裝貨不十足)。

上行					
	Zkg	1^{L}		42	804
		1 B.V.		25	
	Nsc	3^{L}	(Ksg)	126	804
		8^{L}		336	
		6^{RS}	(2Sno-Lpg)	234	
			(2Lpg-Sug)		

		(2Sug-Can)		
Hcw	2^{E}	(P.g.)	34	804
Ksm	2^{F}	(30)	64	804
Sno	3^{F}	(70)	124	804
Hac	2^{L}	(Hcg)	116	804
	1^{E}		14	804
Ksi	4^{E}		72	804
Fcg	牛二十頭		(20)	804

上表各項意義如下:

(a) 八〇四次車閘口開出時,掛廿五噸重車一輛,廿五噸車長車一輛,共掛車二輛,計六七噸。

(b) 到南星橋站後,加掛廿五噸重車十一輛,內長路者八輛(三三六噸),到嘉興者三輛(一二六噸);又掛廿五噸材料重車六輛(假定裝載石子),二三四噸,內二輛在莧橋臨平間卸貨,二輛在臨平許村間卸貨,餘二輛在許村長安間卸貨。

本列車自南星橋開出時,共掛貨車十九輛,七六三噸。

(c) 到杭州後,加掛由杭至上南廿五噸空牲口車二輛,計三四噸。

本列車自杭州開出時,掛車廿一輛,七九七噸、

(d) 到艮山門站後,又加掛廿五噸長路鮮貨車二輛,此項鮮貨,因體積稍大,故車輛噸位,未曾裝足,貨物淨重,假定共為三十噸,連車皮合重六四噸。

本列車自艮山門開出時,共掛車廿三輛,八六一噸。

(e) 到莧橋後,加掛四十噸長路鮮貨車三輛,貨重七十

噸(亦未裝足),連車皮共重一二四噸。

本列車自莧橋開出時,共掛車廿六輛,九八五噸。照規定機力,超過五噸,但無妨。

(f) 莧橋臨平間,卸去石子兩車,計五十噸,空車帶往上南站候用,(空車應否解在沿途各站或帶往上海應用,由調度員隨時決定,預先知照各關係站長或車長遵辦)。

本列車經過臨平站時(假定臨平站不停),共掛車廿六輛,九三五噸。

(g) 臨平許村間再卸去石子兩車,計五十噸,空車不解。

本列車經過許村站時,掛車輛數照舊,列車重量減爲八八五噸。

(h) 許村長安間,又卸去石子兩車,計五十噸,空車未解。

本列車自長安站開出時(長安爲機車上水站故必停),掛車輛數,仍爲廿六輛,惟列車重量,減至八三五噸。

(i) 到斜橋站後,加掛至莘莊四十噸重車兩輛,計一一六噸,至上南廿五噸空敞車一輛,計一四噸。

本列車自斜橋站開出時,掛車廿九輛,九六五噸。

(j) 到嘉興站後,解去由南星橋來重車三輛,計一二六噸。

本列車自嘉興開出時,共掛車廿六輛,八三九噸。

(k) 到嘉善站後,加掛至上南四十噸空蓬車四輛,計七二噸。

本列車自嘉善開出時,共掛車三十輛,九一一噸。

(l) 假定楓涇站有耕牛二十頭,事前因車輛缺乏,索車未得;茲本列車上適有空牲口車二輛,由杭州掛至上南,經調度員預行通知楓涇站長,於列車到時,利用裝載。再假定此項牛隻之淨重,爲二十噸,則

本列車自楓涇站開出時,掛車輛數照舊,而重量已增至九三一噸。

(m) 到莘莊後,解去由斜橋來四十噸重車二輛,計一一六噸。

本列車自莘莊開出後,直至到達上南止,共掛貨車廿八輛,計重八一五噸。

(3) 說明: 本列車沿途解掛次數較多,機力當能充分利用,但猶非配組貨列車時認爲繁複之列車也。

(4) 調度員之算式:

804		P1	
2^{L}		67	Zku
8^{L}		336	Nsc
3^{L}	(Ksg)	126	Nsc
+ $6^{R.S.}$		234	Nsc
19		763	
+ 2^{E}		34	Hcw
21		797	
+ 2^{F}		64	Ksm
23		861	
+ 3^{F}		124	Sno
26		985	
−	R.S.	150	Sno-Can
26		835	
+ 2^{L}	(Hcg)	116	Hac
+ 1^{E}		14	Hac

29		965	
— 3		126	Ksg
26		839	
+ 4		72	Ksi
30		911	
+	(半)	20	Fcg
30		931	
— 2		112	Hcg
28		815	

(丙)特種貨列車　凡特種貨物,如軍用品,危險品,長大物料,笨重機件等,交由鐵路運輸,而爲量又屬非少時,鐵路爲求行車安全,或因時間等關係,遇必要時,常開專車以輸送之。此項專車之儎運量,大多不到機車規定之牽引力。兹舉例說明之。

舉例六：　軍用專車附掛炸藥車,保險車,及客車等(客車亦爲軍人用)。

(1)假定某次上行軍用專車,用L1機車拖駛,L1之牽引力爲八三〇噸。

(2)掛車輛數及噸位:

士兵乘用三等客車三輛,假定皮重各爲廿六噸,共計……七八噸

(按客車不論空重,概照皮重計算,機務處規定)。

四十噸軍用品重車五輛,假定均十足裝儎,每輛皮貨合重五八噸,五輛共計……二九〇噸

廿五噸炸藥車(蓬車)三輛,每輛淨裝十噸,皮貨合重二十七噸,三輛共重……八一噸

廿五噸,保險蓬車六輛,分加於炸藥車前後,每輛皮重十七噸,六輛共重……一〇二噸

廿五噸車長車一輛……二五噸

以上共掛車十八輛計……五七六噸

（3）說明：本列車係軍用專車，假定沿途無解掛，故機車之牽引量，一路並無增減。又因專車關係，故機力之是否充分利用，暫可不顧；惟通常在可能範圍及行車安全許可情形內，或在機力十分缺乏時，仍宜酌量附掛重車。

（4）調度員之算式：

軍專#——L1

5^{M}		290
3	（炸藥）	81
6^{E}		102
3 T.P.		78
1 B.V.		25
18		576

舉例七：材料列車，裝運長型橋樑、長大木料，及附掛起重機等。

（1）假定某次材料專車，用機車P 4拖駛，P 4之牽引力爲九八〇噸。

（2）掛車輛數及噸位：

四十噸足裝材料車四輛，每輛皮貨合重五八噸，共計……二三二噸

廿五噸平車六輛，裝儎鋼橋架三座，因每座長度超過一車地位，故各占用平車二輛，又假定每座橋架淨重三十噸，則平車六輛，連橋架三座，應共重……一六八噸

（13×6＋30×3＝168噸）

廿五噸平車九輛，裝打樁用長大木料三批，每批長度均超過二車地位，占用平車三輛，又假定每批木料淨重二十噸，則平車

九輛,連同木料三批,應共重……一七七噸

(13×9＋20×3＝177 噸)

卅六噸起重機一架,後連三十噸補空蓬車

三輛,假定共重……一二〇噸

廿五噸車長車一輛……二五噸

以上共掛車二十四輛,總重……七二二噸

（3）說明: 本列車係材料專車,噸位之是否虛耗,亦暫不顧。

（4）調度員之算式:

材料專車 #……P4

4^{L}	(T.C.)	232
6^{L}	(T.F.)	168
9^{L}	(T.F.)	177
1	(S.S.)	120
3	(T.C.)	
1	B.V.	25
24		722

(II) 混合列車　混合列車貨車部份之配組,視所用機車之牽引力,及所掛客車輛數之有無增減而定。實際上混合列車之機力,並不十足利用,理由有二:(甲)客列車之行駛,以不誤點爲最大目標;欲機車行駛時間迅速而準確,卽不能掛車至最大限度。(乙)爲維持行車時間之準確計,所掛貨車,限於到達終點站者爲多;沿途空重車輛之解掛,非不得已,均留待普通貨列車解掛之;因此可掛於混合列車上之貨車,除包件車及零担車外,爲數不多,且平時常有完全不掛者。

本路滬閘段間現有混合列車,計共四次;九一及九二爲嘉閘混合區間列車;七五及七六爲鎮嘉混合區間通列車,其組合頗爲簡便,玆舉例如下:

舉例八: 假定九一次嘉閘區間混合列車,附掛到閘重貨車五輛。

（1） 假定用機車L1拖駛,L1拖駛客車時,牽引力爲四六〇噸。

（2） 掛車輛數及噸位:

客車部份,照旅客列車組合表(參閱客列車之配組一節)之規定,應掛車四輛,約計……一五〇噸

(按本路各等客車,皮重不一,故此項噸位,隨所掛客車車號之變動而略有上下,但總差至多不出一二十噸)。

貨車部份,假定五輛重車,皆係四十噸車,則共重……二九〇噸

本列車客貨車輛,共計九輛,總重……四四〇噸

（3） 說明: 本列車掛車輛數不多,且未達到機車牽引力最大限度,故沿途行駛,可無慢行或延誤情事。

（4） 調度員因混合列車之噸位,計算便利,心算卽得故不另立式。

(四) 索車與撥車

各站貨運,繁簡不同,進出貨車,多少各異,有有貨無車者有有車無貨者,有有貨有車者而所需之容量與種類不符者,有車貨容量種類皆符而所需之數目不足者,均此複雜情形,全賴調度員之隨時調度而解決;而解決方法之是否適宜,見於索車與撥車之間。

（1） 索車手續 各站索車,應根據客商報運並已到站貨物之種類,噸數,及所需車輛種類數目等,由行車專用電話,向調度股請求撥給。調度股爲便於稽核各站所索車輛,是否合理起見,規定各站每日索車時,不論有無進口重車,可資利用,須逐日於上午九時,向該股照所需車輛種類數目請撥,同時並將待運貨物噸數說明;又每日下午六時報告待掛重車時,亦須將輛數同時報明,以資

查核。前項索車手續，須由站長親自辦理，不得假手他人。既索之後，不得隨意請求作廢；其有特別情形，由站長報明調度股，經調度股同意者，不在此例；但請求註銷時間，應距請求撥車時間，愈近愈妙。

各站索車，在本路不限時間，可隨時視貨物報運噸數，隨時向調度股請求。諸大站一日之間，索車三五次以上者，乃屬常事。

裝運軍用品，須由站長或車務段長，於收到公函及運照或車照後，按照軍運條例規定，先行發報請准車務處長，然後由調度股撥給車輛。至裝運本路材料等之索車手續，則與普通客貨報運時所需之手續相同，可由裝運部份（如工務段，機廠，機房，電氣廠，材料廠等）負責人員，通知出發站站長代索，或逕由報裝部份，用電話向調度股或用電報向車務處索車，手續雖異，效用則一。

（2）索車紀錄　各站向調度股索車時，調度員即隨手在貨物列車組合簿左上頁索車撥車欄內，依次註下索車站名，索車時刻（附在站名下），並在同行正對各類車輛之下，註明所索貨車輛數，及待運噸位等項（參閱第四章貨物列車組合簿格式）。其車輛之係裝運特種貨物，或係有特別急用者，普通用下列符號，於所需車輛數目字之右角上註明之。

F 鮮貨	H. 高邊車
S 零貨	L. 低邊車
R.S. 材料	L.S. 牲畜
M 軍用	Eng. 工程處用
W 木蓬	Ut. 急用

每日各站所索貨車，如不能當日撥給，或當日接洽撥給，或利用進口重車時，則除已撥給者外，（不論已經掛到或尚未掛出），所有未撥車輛，應由夜班調度員於二十四點鐘後，逐項轉入次日索車欄內，另於各關係站站名之旁，加註「見昨」兩字以區別之。

附索車紀錄樣張

貨物列車組合記錄

站名 (1)	(2) 需要車輛 40 TC	TC	TC	PG	TO	TO	TF			用途	已得本課允許留用輛數 (3)	(4)多餘輛數 TC	TO	TF	PG	(5)不數輛數 TC	TO	TF	PG	(6)指撥輛數 利用重車	空車	撥給站名 (7)	車次 (8)	附記 (9)
Wgt 見昨		1/21								商						1/21					1/21	Mrd	801	
Wsg 7.45					4					商	4	3												
Hac 7.55				2/10	1H					商							H1		2/10		2/10P.G 1/25T.O.	Shs ,,	801 803	
Zkg 8.15		50		3	6		1			58商 2路	32					3/30TC 5/40TC 20/25TC				3/25 TC	10/25TC 1/40T.C. 9/25T.C.	Shs & Hcg Shs Shs	801 805 803	
Zwk 8.24	2	3/25								商	3	2/25	6			2/40	(聯運				2/40T.C	Mrd	801	
Kzc 8.43	1	5/25	1/10		6		2			12商 3路	6					2/25 1/10	4	2			3/T.C. 2/T.O. 1/T.O.	Hcw Hcw Ksm	244 244 244	
Nsc 9.20		6/25			2					6軍 2商	7		3			1/25					1/25T.C.	Hcw	241	
Shn 9.22		2/25								商	2		1											
Ksm 10.55		P 1/25	1/21							商			1			1/25 1/21					1/25T.C. 1/21T.C.	Hcw	244	

（3）撥車原則　撥車以統籌全局爲不易法則，遇特殊情形時，得由調度員斟酌變通辦理；或先行請示主管高級職員後，再行酌核辦理；總之以適應需求而又不背定章爲主旨。

撥車時，最應注意之原則有十：

一.平均　不論何日，在分配貨車時，應將各站共索貨車輛數，按照可撥貨車數目，用百分比平均分配之。在辦理此項手續之前，應注意有無特種貨運（包括軍用鮮貨牲畜優先貨等），及小站貨運壅塞情形；如有之，應即視爲特別情形，參用他項原則辦理之（按顧全小站貨運之原由有二：（1）小站無貨棧，貨物堆積月台，既碍行旅，並易失竊；（2）小站暫時來貨，撥車一緩，印像甚劣，以後不易招攬）。

二.先索者先撥　在兩站或兩站以上所需貨車情形相同，而可以撥給貨車之數目，適不足平均分配，祇足供給一站之用時，則先索者先撥之原則當矣。但此項原則在實際上關係尙不甚大。

三.最優先貨物及優先貨物先撥　貨物運輸之程序，依客商所付運費之多少，分最優先，優先，及普通三種；第一第二兩種貨物，應儘先給車裝運。但此項原則，除車輛奇缺時間外，不甚多見。

四.鮮貨及牲畜先撥　鮮貨以其易於腐壞，牲畜以有豢養關係，故此項貨品，應注意先予撥車。

五.軍用品危險品及公益品先撥　軍用品除不急用者外，以有關軍機；危險品（包括爆炸品）因易生危險，損害車輛及路產；公益品（如賑濟品等）關係公衆利益及生命；均應先予撥車裝運。

六.利用到站重車　各站索車時，並不知在行駛中之貨列車上，有無掛到本站之重車；調度員則應隨時查閱貨列車紀錄單，注意此項進口重車之利用，以達到經濟車輛及免除搗車減少空車里程等耗費。如到站重車之噸位或種類,與站長所索者不同時,則往往須另行調撥空車,但仍以能儘量利用爲原則。

七.利用外路回頭空車　調度上之利用外路回空,與營業上之利用回空,意義相同,性質略異;後者係普遍的指回頭空車之利用,前者乃對於外路車輛送回時,利用以裝到達外路貨物之謂。此項回空之利用,有廣義狹義兩種:狹義云者,乃外路重車到站,卸空後,卽由原站裝貨送回外路;廣義則否,乃外路重車到站卸空後,再送本路他站裝貨後送回外路。以上兩項利用辦法,均受時間之限制,概以不超過部定聯運車輛在路往返日數爲限。(按外路車輛來兩路,每百公里作乙天,惟第一乙百公里應作兩天算,如重車回程,應再寬放一天。如由浦口至閘口,空車回程,應在六天以內,倘重車回程,可再加一天)。

八.減少空車里程　撥車時,除利用到重與回空外,應使各站空車就近互送,俾減少空車里程。例如長安索一廿五噸平車,上南閘口均有餘車可撥時,例應由閘口撥給,因如此可減少空車行程約一二五九延噸里也。(13×(141.07−45.25)=1258.66延噸里)惟本項原則,遇(1)閘口方面貨運擁擠,貨車輸送,應趨向閘口站時;或(2)上行貨列車缺乏機力而下行貨列車有餘時;或(3)因時間上或其他關係時,卽須暫時變通辦理,甚有反其道而行者。

九.減少搗車次數與時間　減少搗車次數與時間,間接卽爲節省行車費用及減少列車延誤。因爲撥給某站貨車三輛,由一站一起撥掛,較之由二站或三站集合撥掛,可減少搗車至少一次至二次,並可獲得相當搗車時間之減少。又各站岔道方向不同,順向則搗車工作少,逆向則搗車工作大(因須繞大圈也)。調度員於撥掛空車時,除有特別情形外,對於本項原則,亦應隨時注意。

十.注意站線擁塞及裝車能力　遇某站到達節季貨運或軍用車輛擁擠時,應隨時注意該站站線之有無壅塞,並應積極將其空車陸續撥掛他站,俾騰出地位,以備續到重車置放及卸貨之需。如該站到車過多,不及卸貨,應即通知出發站展緩或酌減運出,以免擁塞。反之,如某站報運節季貨物擁擠,需車極多時,亦應隨時注意其站線容量與裝車能力(即全日能裝車若干輛),以爲撥給空車數目之標準。遇必要時,亦應隨時酌減或停撥空車。(參閱下節貨車之調劑)。

(4)撥車方法　撥車方法,可斷爲(1)時間,(2)手續及(3)紀錄三項述之:

(甲)撥車時間　本段撥給空車時間,視貨物列車開行次數及時間,分上下午兩次:

(子)上午開出貨列車,有八〇一及八〇二兩次零擔貨列車,二四一及二四二兩次江墅區間貨列車。由上述四次貨列車,可以酌撥幹支線內各站昨晚結少或今晨所索空車。

上述各貨列車送到之空車,大多能當日裝貨,當晚貨列車掛出,時間較爲經濟。

又晨間閘口,南星橋,上南,麥根路等站如有空車盈餘,而零貨列車適有空餘機力時,則可酌掛空車若干輛,以備沿途各站索用;一舉兩得,迅速便利,此外如遇麥根路於早上報告有空車盈餘時,亦可酌量上南及日暉港站貨運情形,由八〇一次送出若干輛,轉掛新龍華上南區間車,備二站應用。

(丑)下午開出貨列車,有二四三及二四四兩次江墅區間貨車及八〇三至八〇六次四次夜貨車。由上列六次貨車所撥幹支線各站之空車,除江墅段外,均須於次日應用。

(乙)撥車手續

(子)上午　查貨物列車紀錄單,及昨日二十四點鐘時車輛情形報告,與每晨九點鐘時各大站貨車情形報告等,細核各站「待掛空車」及「待卸重車」二項內,有無可撥之車,再由電話查詢詳細。如有空車,立可通知站長由上午貨列車掛出。(如無機力,留待夜間)

(丑) 下午　根據貨車牌板上各站存站車輛情形,逐站查詢。隨將空重車輛之種類,噸位,及到達站等,摘入貨物列車組合簿內;重車配組夜貨列車,空車撥掛索車各站。

上項查詢及編配時間,視貨列車開行之時間而定。本段通常於每日下午十四點起至十八點止,六個小時內行之。

(寅) 臨時貨車及專車,如有機力盈餘,不論上下行,祇須有車可撥,亦可附掛若干輛。

如某站或某數站需要大批貨車,則需早為預備,至少在隔夜籌調,否則每不易如數撥足;或雖能撥足,而掛出之時間不及。

又特種貨運需要特種車輛,或小站需要一二十噸小車(按此項車輛數目甚少)時,每須預行留出,或於重車到站之初,即行接洽留用。

調度股撥車時,應與有關站長逐項接洽;惟各站之派有車號司事者,(如閘口麥根路上北及上南等站),得與車號司事接洽,以資簡捷,但仍須由站長負責。

(丙) 撥車紀錄　調度員對各站需求車輛,於空車撥給或指定利用進口重車後,即在貨物列車組合簿左上頁索車撥車欄內,逐站填註(1)「已得本課允許留用輛數」,(2)「不敷輛數」,(3)「指撥輛數」(內分利用重車及空車兩項),(4)撥給站站名,(5)掛送空車列車之車次,(6)撥車站接洽站長或其他負責人員姓名等項。(參閱第四章貨物列車組合簿格式及本節索車紀錄樣張)。又調度員於撥車手續辦妥後,常乘便將各站所索車輛,於何時何車掛到等項,通知各關係站站長,以便預備解車及佈置停放事宜。

(5) 索車撥車報告　各站於每日廿四點鐘時,除報告機車車輛情形外,應將全日索車撥車情形,按照下列各項,逐一報告調度股:

(1) 各站當日所需商用車輛,

(2) 各站當日所需路用車輛,

(3) 各站當日所需軍用車輛,

(4) 共需車輛數目,

(5) 撥給車輛數目,(包括利用重車輛數在內)

(6) 二十四點鐘時待運貨物噸數。

(五) 索車與撥車之特性

除小站外,各站索車與撥車,均有一種賡續之特性;即索車無已時,而撥車亦鮮有絕對撥足者。理由有二:(甲)大站貨物,陸續到站,站長即陸續向調度股索車,所需數目,隨時變更;(乙)調度股分撥空車,配由日夜貨列車掛出,此項貨列車,陸續到站,即空車有陸續送到;再加以到站重車之利用,於是供求兩方,隨時互相調劑,隨時變更其數目。易言之,即昨晚二十四點鐘時貨車供求之情形,與今日上午九時之情形不同;今日上午九時之情形,又與下午十六點鐘時之情形不同,今日下午十六點鐘時之情形,更與當晚二十四點鐘時之情形不同。凡此貨車供求變化無窮之狀態,我無以名之,名之曰貨車供求之賡續性。

撥派空車,常有因列車中途延誤,或其他原因,致昨夜掛出者,今日尚未送到;而當日到站重車,反有已卸空派用,當日裝貨,當晚掛出者。

空車之掛出,常有先於重車者;(但仍以不妨碍重車到達終點站及卸貨時間爲原則)有時爲撥給空車之故,貨列車恆有當取消而不取消者。又空車需求較多時,零貨車附掛空車沿途撥給,幾成爲不易之原則;蓋如此至少有二大利益:(1)儘日間撥給各站空車，以便一部份車站，能將貨物當日裝車，當夜掛出；（2）沿途各站重車，可按用解空掛重方法，允分利用機力。

因各方需要車輛種類之不同，各類空車，常有作對向之輸送，增加不少空車里程，而調度股實無法以避免者。例如麥根路需要大批敞車，由閘口南星等站送出；同時閘口南星等站，需要大批蓬車，由上南及麥根路供給是。

在貨運清淡時，客商索車，恆選精求良，儘量計較；反之，在貨運擁擠時，則但求有車，不問噸類；故調度時往往有特別困難與特別便利之時間。

附索車撥車辦事程序圖

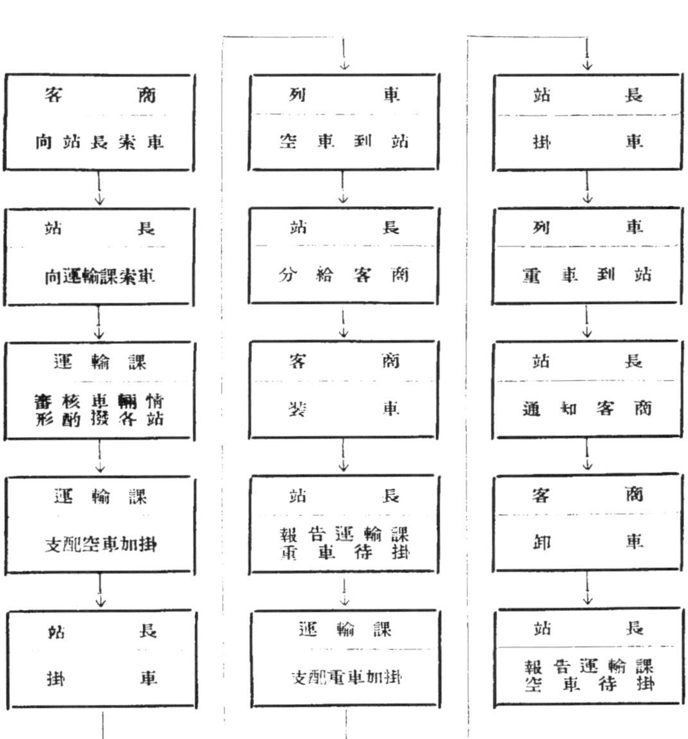

(五) 貨車之調劑

調度貨車工作中,除空車支配及列車組合外,其最繁複者,厥爲貨車之調劑。貨車數目,較之客車爲多;各站貨運之變化,亦較客運之變化爲複雜;故調劑貨車之手續,亦較調劑客車之手續爲繁複;且因客貨車輛功用之不同,故調劑方法,亦各異其趣。

(1) 預測貨運　預測貨運之方法,與預測客運之方法同,亦根據過去經驗,依照個人目光,旁徵季令寒暖,產銷狀況,推究生產與收獲,有否因風雨不調而減少,發運與報裝,有否因市價跌落而減縮。有此種種預測,然後對於貨車之調度,方能益臻適當而週密。就日常工作言,調度員每晚稽核廿四點鐘車輛情形報告時,對於各站索車撥車情形以及待運噸位等項之注意,亦卽預測各站貨運最普通之一端。

(2) 疏運積貨　豐年本路貨運擁擠時,各站出入貨物之比較有規則者,在出口有南星,杭州,拱宸橋等站之箱茶,嘉閘段內各站之鮮繭,閘口長安段內之地貨(包括棉,蔴,瓜,茄,菜蔬等),閘口南星等站之牛隻等等;在進口有到達閘口之煤觔,(本路,浙贛路及杭州電廠用),與材料,到達閘口過江之糯米,(紹興造酒),到達南星之猪隻(至金華等處製腿),以及其他北來聯運貨物等。調度員處理此項擁擠貨運時,除照常加意支配空車並開駛規定列車外,又採取下列各項疏通或補助疏運之方法:

(甲) 加速週轉　遇各大站貨運擁擠,重車衆多時,最簡便應付之方法,卽將此項重車,儘機力爲之掛出,沿途解掛如不能免,亦以減至最小限度爲原則;務使到達終點站之時間,愈速愈妙。蓋如此辦理,可使重車及早卸空,以備重行裝貨,重行掛出;一出一入,每輛貨車週轉之時間,卽可大爲減少,換言之,卽每輛貨車駛用之次數增加,間接實等於增加貨車輛數也。惟加速週轉時,機力一項,應預與機車房接洽妥善,否則縱有加速週轉之計劃,亦難期收效於實際也。

(乙) 加速裝卸　遇貨車之需求加增,供給不敷時,各站對於裝卸貨物之時間,亦應力求減少,或增添裝卸人工,或延長辦公時間,增開夜工,務使今日能掛出者,勿延至明日;第一次貨列車能掛出者,勿延至第二次貨列車;如此,不但可以減少貨車停留站內之時間,間接亦卽增加車輛應用之次數,與增加車輛數目,具同一功效。

(丙) 開駛專車　遇一二到達或出發站空重貨車衆多,軌綫有被擁塞情事時,調度員應卽預與機車房接洽機車,斟酌綫路上行車情形,定時開駛專車,以資疏通。此項專車,有全係重車者,有全係空車者,有空重車輛兼而有之者。其機力大都十足利用;但有時因特別原因,亦有不足規定牽引力者。其行駛時間,因沿途常鮮解掛,故恒較規定貨列車之行駛時間爲短。

(丁) 疏通站綫　貨運擁擠時常有之現象爲空重車輛之聚於少數車站。擁塞站綫,不但車輛因此增加置閒時間,卽行車交會等端,亦每每大受影響。故調度員對於疏通站綫一點,極爲注意,誠以疏通站綫,間接亦爲增高貨車之供給力也。

(戊) 預留空車　遇局部貨運擁擠,或臨時發現大批貨運或軍用品,必須於短時間內裝出者,應付辦法,卽爲預留空車。換言之,卽在各大站重車到站之時,預行通知留出若干輛,以備專撥某站之用。此項預留空車之數目,應斟酌各站貨運情形後定奪,以對各該站不生重大妨碍爲原則。又如零担貨列車因故延遲出發或到達,同時上南上北及閘口等出發或到達站貨運擁擠,或車輛奇缺,則須斟酌情形,知照該站等預留一部份車輛,一面再飭沿途各站預留若干輛備補。惟此項辦法,以不妨沿途各站裝貨爲原則。

(己) 指定車位與加車(專指零担貨列車言)　本路零担貨列車,平日掛車十四至十六輛,裝儎沿途各站零貨,已綽有餘裕,惟在夏季瓜蓏菜蔬上市時,原掛車輛,卽不敷支配,各站時多爭執，運商肇起責難，於是不得不將各站應裝車輛種類與地位，由車務段長依照各站貨運之需要，預行規定，公佈遵照，不得互相侵占；而於各站鮮貨特多者，另行加撥空車，預先掛站裝貨，作爲整車零担。亦附零貨列車掛出。

（3）調節閒季　在各站貨運清淡，空車供多於求時，則調度員應付之方法，又有下列數端：

（甲）利用盈餘機力，掛車至適中車站　貨運清淡時恆有之現象，卽爲空車集中在一二大站（閘口或上南），如上下行貨列車開行次數不能平衡，更有空車擁塞站綫之虞，此時調度員卽宜斟酌各站要車趨勢，及其種類與數目，先行利用貨列車盈餘機力（貨運清淡時，貨列車之機力，恆有盈餘），撥車若干輛，掛送貨運比較尙多，或地位適中車站，如嘉興，硤石，長安及拱宸橋等等備用；蓋如此可得下列諸利益：

（1）減少或免除盈餘機力之虛耗；

（2）疏通各大站空車之擁塞；

（3）減少用車站等候空車送到之時間；

（4）各鄰站間空車互送，利用解空掛重之機會益多。

（乙）加速送回外路車輛　外路車輛在本路逾規定時間後，應付延車費，故在貨運清淡時，宜隨時注意此項車輛之送回，一遇卸空，儘先掛出。

（丙）酌撥車輛借與外路　如遇外路（在滬杭甬祇限京滬）車輛缺乏，而本路貨運清淡，貨車多擱置不用時，則可酌量情形，撥借若干輛與外路應用，限期收回（以短期爲限）。本路借與京滬路者，不時有之；但因年來該路與本路貨運情形，略相彷彿，故此項辦法適用之時機漸不多。

（丁）利用閒期運輸材料　本路材料如煤觔，石碴，路軌，枕木等之運輸，如無時間性者，可利用閒期儘量運輸；但實際上本項辦法適用之時間亦少。

(戊) 平均散佈　除施用上述四項辦法之外,如仍多投閒無用之空車,聚集於三數車站時,則處置辦法,應將此項車輛,平均分散於各站以備應用。

(4) 調節修理　貨車修理,亦有大修小修及可緩不可緩之別,其調節方法,一如客車,茲不贅。

(5) 應急處置　遇貨運,或軍運,或材料,或競爭而兼有時間性之貨運擁擠時,調度即應善用疏運運積各方法;如仍不足,應併採用應急處置各辦法,按貨車應急處置,比較客車更爲複雜,而尤以軍運緊劇時爲甚。茲將通常所採用者,分項述之如次:

(甲) 車長車之抽調　在專車頻繁,而上下行方向及次數,又不平衡時,則車長車恆發生供不應求之情形。此時調度員即宜注意隨時調補,並利用抽調方法,以應急需。例如抽用上南夜貨車之車長車,開駛日間專車;而以當晚到達上南之零貨列車或專車之車長車開駛夜貨車,(按此項抽調方法,對於夜貨車出發時刻,有時有關係,有時無關係,胥視情形而定)。或酌調客列車用之行李車長車,以資應付;均由調度員隨時斟酌情形而定。

(乙) 用代　貨車之用代可分爲三大類:

(I) 同噸異類相代　如廿五噸蓬車之權作廿五噸牲口車,裝運禽畜;或十噸牲口車之權作十噸蓬車,裝運乾貨等是。

附貨車同噸異類相代範圍

(此係實際情形,並未經明文規定)

(1) 蓬車權作牲口車,裝運禽畜,車門半啓緊繫,另加或不加柵欄。

(2) 蓬車權作敞車,裝運煤觔磚石等貨。

(3) 牲口車權作蓬車,裝運各項乾貨(但限於晴天,並須密加遮蔽)。

(4) 牲口車權作敞車,裝運煤觔磚石等貨。

(5) 敞車權作蓬車,裝運乾貨,如米麥豆粟等類,但須用袋裝並密加遮蓋,以避風雨並失竊。

(6) 敞車權作平車,裝運機件木料等。

(7) 平車權作蓬車,裝運短距離間乾貨,如米,麥荳等包子是,但以晴天及日間行駛爲限。

(8) 平車權作敞車,裝運木柴磚瓦等。

(II) 異噸同類相代　如三十噸蓬車之用十五噸車二輛,或十噸及二十噸蓬車各一輛相代是。

附貨車異噸同類相代範圍

(此係實際情形,並未經明文規定)

(1) 四十噸車以二十一噸車二輛,或三十噸車及十噸車各一輛,相代。

(2) 三十噸車以十五噸車二輛,或廿一噸車及十噸車各一輛相代。

(3) 二十五噸車以十五噸車及十噸車各一輛相代。

(4) 廿一噸車以十噸車二輛相代。

(5) 餘類推。

(III) 異噸異類相代　卽參合以上(I)(II)兩類辦法而成,情形更較複雜,且實際上適用之時間亦頗多。

(丙) 借車　應急調度時,比較最簡便之方法,厥爲向京滬路借車,但此法在該路貨運擁擠或軍運頻繁時,每每不易辦到,故適用之時機仍不多。

(丁) 抽調,用代,借車三法合用　三法參合辦理,由調度員斟酌情形决定。

(戊) 應付軍運　調度員平日應付軍運索車,應以照撥爲原則;但遇車輛不足時,可斟酌情形,飭令起運站站長就近商請關係軍政機關酌減輛數;如不成,則通知各大站減裝客貨,預留空車;再不足,則呈准處長飭令某數站停止裝貨乙天或若干天;仍不足,則停止開駛混合或/及次級旅客列車一二次,騰出客車若干輛應付(惟專爲裝運軍隊用)。但末項辦法,非至萬不得已,並經車務處長允准時,不能採用。

三 機 車

本路機車之管理與維持,屬機務處職權,車務處則負使用與調度之責,(按機車之調度,機務處亦另有專管人員)。因機車使用之是否適宜,關係行車及路收者甚大,故機車之調度,亦爲調度股重要工作之一。

(一) 本路機車狀況　本路滬閘段間,共有機車三十四輛,內調車用者三輛,行駛短距離並調車用者五輛,客列車用者十三輛,貨列車用者亦十三輛,(內客貨兼用者亦三輛)詳見下頁附表。

按照本路目前客貨運輸情形,現有機車數目,尚足應付平日業務。惟遇運輸狀況繁劇時,恆感調度不易。兼之一部份機車使用年度已久,式樣陳舊,他日車務增繁,財力充裕時,尚須擇要購換若干輛,以利運務。

(二) 機車及車房之分佈

本路初係商辦,又屬合併蘇浙兩路而成,故機車房規模不大;除已廢棄不用者外,現在使用中者,計有四處,分佈於閘口,嘉興,上北,上南等站;其中以閘口上北兩站者爲大,上南者次之,嘉興者最小。

1. 分佈狀況　本路機車,除大修者因機廠在閘,必須送閘外,其餘如調車用,列車用,及備用等機車,胥視各終點站及出發站需要情形,分佈在上北,上南,嘉興及閘口等處。

2. 顯示方法　本路因機車數目不多,故無機車牌板之設置;所有各類機車之分佈,卽就客貨車輛牌板上指定或劃出相當地位顯示之。

(甲) 列車用機車　此項機車,一俟支配定奪後,卽按照其

滬杭甬綫滬閘段機車表

種類及號數	華氏式別	用途	牽引力 公斤	牽引力 公噸	始用年月	附註
A 1	0-6-0	調車及區間車	7552	360-560	民國紀元前二年一月	(三)太平洋式機車不准經過三十，三十一，及三十四號橋。(二)遇必要時，兩機車須用車輛隔離，經過三十號橋至少間隔一八·二八八公尺；三十一及三十四號橋至少間隔四八·七六八公尺(一)兩機車聯結時，不准經過三十，三十一及三十四號橋。
A 2	0-6-0	調車及區間車	7552	360-560	民國紀元前二年一月	
B 3	0-6-0	調車及區間車	7590	360	民國紀元前五年一月	
C 1	0-6-0	調車	5552		民國紀元前五年一月	
D 1	0-8-0	調車及區間車	13120	460-700	民國元年一月	
E 1	0-6-0	調車	4352	280-480	民國紀元前三年一月	
F 1	0-6-0	調車	5134	250	民國紀元前三年一月	
G 1	4-4-0	調車及區間車	8611	460	民國紀元前一年一月	
K 1	4-4-0	客列車	7630	460	民國紀元前二年一月	
K 2	4-4-0	客列車	7382	460	民國紀元前一年一月	
K 4	4-4-0	客列車	7630	460	民國元年一月	
K 5	4-4-0	客列車	7382	460	民國二年一月	
K 6	4-4-0	客列車	7382	460	民國二年一月	
L 1	2-6-0	貨列車	12959	830	民國二年一月	
L 2	2-6-0	貨列車	12959	830	民國二年一月	
L 3	2-6-0	貨列車	12959	830	民國三年一月	
M 1	2-8-0	貨列車	16796	1090	民國三年一月	
M 2	2-8-0	貨列車	16796	1090	民國三年一月	
O 1	4-4-0	客列車	7400	410-460	民國十二年一月	
O 2	4-4-0	客列車	7400	410-460	民國十二年一月	
O 3	4-4-0	客列車	7400	410-460	民國十二年一月	
O 4	4-4-0	客列車	7400	410-460	民國十二年一月	
O 5	4-4-0	客列車	7400	410-460	民國十二年一月	
O 6	4-4-0	客列車	7400	410-460	民國十二年一月	
O 7	4-4-0	客列車	7400	410-460	民國十八年十一月	
O 8	4-4-0	客列車	7400	410-460	民國十八年十一月	
P 1	2-8-0	貨列車	14210	980	民國十六年十一月	
P 2	2-8-0	貨列車	14210	980	民國十六年十一月	

P 3	2-8-0	貨列車	14210	980	民國十七年二月	
P 4	2-8-0	貨列車	14210	980	民國十七年一月	
P 5	2-8-0	貨列車	14210	980	民國十六年十二月	
P 6	2-8-0	貨列車	14210	980	民國十六年十二月	
P 7	2-8-0	貨列車	14210	980	民國十七年三月	
P 10	2-8-0	貨列車	14210	980	民國十七年五月	

滬杭甬綫滬閘段機車分佈概况

機房地點	機車分佈情形			附註
	種類	輛數	用途	
閘口	O, K, G.	4	幹支綫客列車用	大修機車，須送閘口機廠。備用，小修及洗爐等機車之種類與數目，均無一定。調車用機車不足時，可隨時利用備用機車。
	L, M, P, K.	2	幹支綫貨列車用	
	B	1	調車用	
嘉興	K, L.	2	區間混合列車	無修理
上南	E, F, A.	4	接送上南新龍華間客貨列車及調車用	備用，小修及洗爐等機車之種類與數目，無定。
	C, D.	2	調車用	
上北	O, K, L.	4	幹綫客列車用	備用，小修及洗爐等機車之種類與數目，無定。上北調車用機車，歸京滬路供給。
	L, M, P.	2	幹綫貨列車用	

所駛車次,移掛於各關係客貨列車車號牌小木條之上端,迨列車到達終點站後,再行摘下,暫掛於客車牌板「存站車輛」一格內。(參閱「備用機車」一節)

（乙）在外路機車　此項機車,爲數不多;即有之,爲時亦暫。故不復專設懸掛地位,僅於「在外路客車」格內,暫掛顯示之。因客車車號牌與機車車號牌大小形式顏色等各不相同,故極易辨別。

（丙）修理機車　此項機車，於客車號牌內劃出地位一方，分別閘口，嘉興，上南，上北四站懸掛之。每站中又分大修，小修與洗爐等三類，大修懸於上部，小修懸於中部，洗爐懸於下部。

（丁）調車用及備用機車　此項機車，普通以在閘口，上北，及上南三機房者為多。顯示辦法，亦借用「存站車輛」一格之下端，分別懸掛。

（戊）停站機車　專車機車，於到達終點站後，停留等候專車開還，如時間較久者，可將此項機車，由列車木條上摘下，移掛於客車牌板「存站車輛」一格內，另用小紙一方，塡寫站名，懸掛於機車之上區別之。普通為簡便計，常卽在貨車牌板內「存站車輛」格內懸掛。

（己）外路在本路機車　外路機車在本路運行，應按照第一項辦法，移掛於所駛列車車牌木條之上端；如在站備用，應照第四項辦法顯示。

（三）機車之使用　車務處對於機車之使用，以適應運輸狀況及充分利用機力為原則。易言之，卽除規定列車外，應隨時斟酌運輸情形，以決定貨物列車掛車之最高噸位及逐日貨物列車之應否酌減或加開是。（按客列車次數及掛車輛數，均屬固定；盈餘機力，往往無從利用；通常亦不貿然開行專車，徒耗運務費用）。

1. 規定列車機車　規定列車機車之支配，客列車用者，由閘口機車房辦理；貨列車用者，由上北機車房辦理。每日各由行車專用電話互相通知；調度員卽隨手摘記，並於各列車出發站報告各列車所用機車時，與紀錄核對，如有不符，須查明更正，以資正確。

2. 專車機車　遇開駛預定或臨時客貨軍料等專車時，調度員應逐次預與有關機車房接洽機車，告以列車掛車輛數，出發及到達地點，開行時刻等，以便機房從早佈置加煤上水及喚調開車人手等手續。

3. 雙機 列車用雙機拖駛時,應由調度員預與機車房接洽辦理,惟須注意所經區段,是否有工程上或橋樑上之限制,否則危險堪慮。調度員爲鄭重行車計,對於此項雙機之調度,非萬不得已,不輕實施。

4. 機車不能準時出用 凡例行列車之機車,因故不能準時出機車房應用時,(按此類情事,實際上祇貨列車有之,客列車者極爲少見)。機車房負責人員,應先向調度股聲明,調度員卽據以轉知出發站站長,一方斟酌機車可以出用時間,决定列車開駛之時刻,務以不妨礙其他列車之行駛爲主旨。

5. 機車不能按照十足機力拖駛 遇機車因機件有損或其他原因,致出廠後卽不能按照十足機力拖行時,機車房負責人員,應預與調度股接洽,以便配車時酌減車輛。如機車行至中途,發覺機件損壞或因其他原由,致不能依照原定機力拖行時,則關係司機,應卽報告最近中途站站長,一方照章塡簽「機力不足證明書」,交由站長轉報調度股,調度股接到此項報告後,卽將由該列車解下及/或各站應掛未掛之車輛,臨時通知各關係站站長暫停掛出,另行設法配掛其他列車。

6. 機車速度不能照常 遇機車速度,不能照常行駛時,調度股一經站長或機車房通知,(如由站長通知,應卽轉知機車房;如由機車房通知,亦應卽轉知各關係車站站長等)。卽當對於關係列車駛行之時刻,特別加意,並注意佈置交會,免使妨礙其他列車之行駛。

5. 移調列車機車担任調車 遇特別需要時,調度股得商徵機車房同意,將次要貨列車之機車,解在某站或駛往鄰站,辦理搗車事宜。事畢後,重行回駛貨列車。按照本路目前情形,此項調度方法,僅屬少見,且僅限於江墅區間貨列車,因與行車及貨運,均無大關係也。

8. 機車試行　機車輪軸等部,經修理出廠後,須先試行,以覘是否可用。此項試行,機車房須逐次先與調度股接洽,說明出發日期及行駛區段,由調度員酌定出發時間,並飭知關係站站長知照。

9. 機車損壞　當機車機件損壞,調度員得站長或車長轉據司機報告後,應即審核所報損壞情形;即與就近機車房負責人員接洽,如機車房負責人員認爲損壞情形輕微,毋須另派援機時,調度員應即轉飭站長或車長轉知司機照辦;如司機認爲損壞情形實非輕微,必須另派援機時,調度員應着司機將損壞詳情及必須派援原因,由行車專用電話,自與機車房負責人員接洽,幷決定辦法後照辦。

機車房接到調度股請求派援通知後,應即將所派何機,何時可以開出等項,先行通知調度員,俾調度員得預行佈置行車時刻及通知關係車站準備,如客列車機車在中途損壞,調度員得斟酌情形,摘派同向次級客列車或貨列車之機車,前往或後退接拖,一面與機車房接洽,另行摘派其他列車之機車,接拖被摘機車之各列車。(關於機車損壞處置辦法,詳第六章「事變與調度」一節。)

10.備用機車　機車房於每日上午九時及下午二時,報告機車情形時,均須將備用機車,分別報明。調度員對於此項機車,即應設法儘量利用;惟遇客貨運清淡,並無開駛專車必要時,仍以不妄用機車,虛耗機力爲原則。

11.起重機之使用　除救險外,本路工程上或客商報運大件貨物,須利用起重機裝卸時,照章須於六小時前,向車務處或起運站站長接洽租賃。運輸課調度股接到此項通知後,即當與關係機廠接洽配掛;並於配掛之時,特別注意該機所掛地位,(照章須在車長車之前),及該機起重桿後附掛空車輛數,(視桿之長短而定所用車輛,以敞車及平車爲上),一方通知各關係站長及車長司機等沿途注意行駛，並察看有無鬆動情事，以資安全。

（四）機車之調劑 欲達到調劑機車之功效，機車房與調度股必須時時互相合作，機車房應將逐日機車狀况，按照規定時間，詳確報告調度股；調度股應將每日客貨行車及有無專車開駛情形，隨時通知機車房；務使車機雙方情形，互相明瞭，並互得充分預備與布置之時間。

向例，調度員於接到各站機車房報告機車情形後，卽當注意有無備用貨物機車之一項；如其有之，卽應酌量各大站待掛重車輛數，及沿途各站索車情形，利用開駛專車。如因此項專車次數稍多，而開駛之方向（卽到達站地點），又係羣趨於上行或下行一方時，則滬閘兩出發站例行貨列車機車之供求，勢必不能相符；此時機車房常自動的與調度股接洽調劑，將例行貨列車必須應用之機車，單放調回補足。至本路客列車用機車，因平日旅客列車上下行開駛次數相等，兼之平日亦鮮專車之開駛，故客車機車之調劑，在本路頗爲簡便。

調劑機車之方法，大致以下列各項爲最普通：

1. 抽調 遇軍運或貨運繁劇，或因天寒慢行，或因機件損壞，致所有機車，不敷支配例行客貨列車時，則調劑辦法，厥惟抽調。惟此項抽調辦法，通常以貨物機車爲多，客運機車，幾不易見；緣旅客列車優於任何貨物列車，旅客列車機車，因任何原因，不足支配時，自當先以貨物列車機車撥充，故九九歸原，最後缺乏者爲貨車機車。

按照本路情形，最通常之機車抽調辦法，略如下列數例：

（甲）抽用第二次夜貨車之機車，行駛第一次夜貨車；而以當日到達零貨列車之機車，行駛第一次夜貨車，例如八〇四次以八〇六次之機車行駛，八〇六次以八〇一次到閘後之機車行駛是。

(乙) 抽用零貨列車之機車,行駛較要專車,(大都爲軍運或客運);而以夜貨車到着終點後之機車,挨駛零貨列車;夜貨車機車不足之數,由對方機房單機或其他專車來機補充。例如以八〇一次機車行駛某次專車,八〇一次以八〇四次機車行駛,八〇三次以八〇六次機車行駛,八〇五次以由閒單放或專車來機行駛是。

(丙) 抽用貨列車機車,救援三四等客列車,另派他機接拖貨列車。例如六一次機車在七星橋站損壞,不能行駛,補救辦法,即當以到石湖蕩後之八〇一次機車(一律照行車時刻表規定時間計算)摘下,趕往七星橋接拖,一方由上北機車房另派機車(假定移用當夜八〇三次貨列車機車),開往石湖蕩接拖八〇一次,抽調程序與甲項辦法同。

(丁) 抽用次級客列車機車,行駛特別快車及快車;再抽用貨物列車機車,行駛次級客列車,以後依次抽調,或取消例行貨物列車。例如十一次特別快客車之機車在嘉興站因機件損壞,不能行駛,補救辦法,即當以到達新橋或松江後卅一次快客車之機車摘下,前往接拖,而以到達新龍華或莘莊後六一次三四等客車之機車摘下,前往接拖卅一次;再以到達上海西站或徐家匯站或新龍華站之八〇一次零貨列車之機車,前往接拖六一次。八〇一次機車,由上北機房另放,其抽調程序,與乙項辦法同。

本路機車抽調辦法大致不外上述數種。抽調爲機車調劑中最便利而最有效之辦法,惟行車時間,不免常被延誤,且延誤程度,大時常在數小時以上者。

2. 單機　在上下行列車常爲貨列車)開駛次數不平衡,或因損壞修理等關係,致某機房機車不敷支配時,該機房可不必詢徵調度股同意,直接與他機房接洽派駛單機補湊應用;惟機車出發時刻,必須報由調度股酌定,而調度員對於該單機之要否利用行駛專車,亦有絕對權衡。本辦法亦爲調劑機車之良法,惟運務費用,比較虛耗,但亦屬不可避免之弊。

調度員利用單機開駛專車情事,平日不多見;緣單機之補湊,既由於上下行貨列車開駛次數之不平衡,而上下行貨車開駛次數之所以不平衡,復由於上下行貨運數量之不平衡;故單機開赴任何一方機房時,實際上頗少可以利用開駛專車之機會;惟在軍運繁劇時,則因加速車輛週轉關係,重來空往,往往須添開空專車次數,其機車之原須單放駛回者,卽移充拖駛專車之用。

3. 超量拖運 .在機車缺乏,週轉不及,遇軍運頻繁,應付困難時,權宜辦法,尚有超量拖運一項,卽每一機車,照規定牽引噸位,酌加一二成或一二成以上不等。例如P字機車,照規定拖重九八〇噸者,可酌加拖運至乙千二三百噸是。惟此項佈置,只能爲應急時之一種調度,不能視作常規;事前須逐次與機車房負責人員商洽,並須逐次得其允許後,方可照辦。(按載貨十足之貨列車,如米,豆,石子等,其超量噸位常較小,其他不十足者,如猪繭木料等車,可斟酌情形,决定其超過噸數)。

4. 逾時運行 機車缺乏時,每機車連續行駛時間之增加,亦爲間接增加使用機車單位之一法。惟此項逾時運行之時間,不能超過安全限度。調度員遇有必須採用此項辦法時,應逐次預與機車房負責人員商洽,然後實行。

5. 調節修理 機車修理,雖有一定時期,但於貨運擁擠或清淡時,對於小修洗爐等機車,亦能加予時間及先後上之伸縮,由機車房與調度股隨時注意洽商辦理。

(本章完,本文待續。)

無窮級數之理論及應用

（續）

Knopp 氏原著

顧 澄 達 指

十一章. 無窮級數，無窮連乘積，無窮分數.

諸數所成之敍列可以各種極不同之方法列舉其各項；此從以前所示諸實例可知，不必再行詳述. 在以前所示諸實例中，雖其第n項x_n大抵以一顯明公式表之，各項之値皆可據以算出；但此不過一種說明上之便利，實則數學各門中所用之敍列不一定如此. 凡吾人研究之敍列，其表示之法大抵出於間接（即但就其外貌論，往往似非敍列，按其內容實爲一種敍列）；除去其不甚重要之若干種外，大別爲三種型式；今先述其大略於次.

I **無窮級數.** 所謂無窮級數，即下法作成之一種敍列：先任意指定一敍列 **66**
（常直接寫出其項）

$$a_0,\ a_1,\ a_2,\cdots a_n,\cdots$$

再以此敍列爲原料作成一新敍列，其各項表以s_n，即

$$s_0=a_0;\quad s_1=a_0+a_1;\quad s_2=a_0+a_1+a_2;\cdots$$

及其公項爲

$$s_n=a_0+a_1+a_2+\cdots+a_n\qquad(n=0,1,2,\cdots)$$

此宜注意者，吾人研究之對像並非第一敍列$a_0,a_1,a_2\cdots$而實爲$s_0,s_1,s_2\cdots$所成之新敍列(s_n). 此新敍列常以記號式

(a) $$a_0+a_1+a_2+\cdots+a_n+\cdots,$$ **67**

表之，或簡爲

(b) $$a_0+a_1+a_2+\cdots,$$

或更簡爲

$$\sum_{n=0}^{\infty}a_n$$

此新記號即所謂**無窮級數**(infinite seris)，s_n謂之此敍列之部分和或部和(partial sums)或級(Sections). 於是得下定義：

定義 無窮級數爲一「數之敍列」之新記號；此敍列可由此新記號推出，即此新記號之諸級（部分和）所成之敍列是也. **68**

注意及例

1. 諸記號

$$a_0+\sum_{n=1}^{\infty}a_n,\quad a_0+a_1+\sum_{n=2}^{\infty}a_n,\quad a_0+a_1+\cdots+a_m+\sum_{n=m+1}^{\infty}a_n$$

皆與$\sum\limits_{n=0}^{\infty}a_n$相等。此下標$n$謂之**和標**(index of sumation)。此n當然可代以別種文字，例如

$$\sum_{\nu=0}^{\infty}a_\nu;\quad a_0+a_1+a_2+\sum_{p=3}^{\infty}a_p,\cdots$$

a_n謂之此級數之**項**(term)；其下標不必一定從0起。例如記號

$$\sum_{=1}^{\infty}a_\lambda\quad \text{代表級列}\ (a_1,a_1+a_2,a_1+a_2+a_3,\cdots)$$

更普通，則

$$\sum_{k=p}^{\infty}a_k$$

表諸數$s_p,s_{p+1},s_{p+2}\cdots$所成之級列，此諸數即按$n=p,p+1,\cdots$之次序，從

$$s_n=a_p+a_{p+1}+\cdots+a_n$$

所得之數；此p可爲$\geqq 0$之任意整數。最後，當和標所表之數應從何數起已經預知，雖不寫出，亦不至發生歧義時，或無論從何數起無關要旨時，皆可寫成極簡之形式

$$\sum a_\nu.$$

2. 設對於$n=0,1,2,\cdots$令a_n爲

$(a)=\dfrac{1}{2^n}$；　$(b)=\dfrac{1}{(n+1)(n+2)}$；　$(c)=1$；　$(d)=n$；

$(e)=\dfrac{(-1)^n}{n+1}$；　$(f)=(-1)^n$；　$(g)=(-1)^n(2n+1)$；

$(h)=\dfrac{1}{(\alpha+n)(\alpha+n+1)}$，　$\alpha=$數之$\neq 0,-1,-2,\cdots$者。

再將此各例之$a_0,a_1,a_2,\cdots$〔(a)之$a_0,a_1,\cdots$爲$1,\dfrac{1}{2},\cdots$餘類推〕依次作成下列各級數而論之：

$$(a)\ \sum_{n=0}^{\infty}\frac{1}{2^n}\equiv 1+\frac{1}{2}+\frac{1}{4}+\frac{1}{8}+\cdots;$$

$$(b)\ \sum_{n=0}^{\infty}\frac{1}{(n+1)(n+2)}\equiv\frac{1}{1\cdot 2}+\frac{1}{2\cdot 3}+\frac{1}{3\cdot 4}+\cdots;$$

$(c)\ 1+1+1+\cdots$；　$(d)\ 0+1+2+3+\cdots$；

$$(e)\ \sum_{\nu=0}^{\infty}\frac{(-1)^{\nu}}{\nu+1}\equiv 1-\frac{1}{2}+\frac{1}{3}-\frac{1}{4}+-\cdots;$$

$$(f)\ \sum_{\lambda=0}^{\infty}(-1)^{\lambda}\equiv 1-1+1-1+-\cdots;\qquad (g)\ 1-3+5-7+9-+\cdots;$$

$$(h)\ \sum_{k=0}^{\infty}\frac{1}{(\alpha+k)(\alpha+k+1)}\equiv\frac{1}{\alpha(\alpha+1)}+\frac{1}{(\alpha+1)(\alpha+2)}+\frac{1}{(\alpha+2)(\alpha+3)}+\cdots.$$

此諸級數僅爲諸敘列$(s_0, s_1, s_2, \cdots)$之新記號，此諸s_n爲

$$(a) = 1+\frac{1}{2}+\frac{1}{4}+\cdots+\frac{1}{2^n}=2-\frac{1}{2^n};$$

$$(b) = \frac{1}{1\cdot 2}+\frac{1}{2\cdot 3}+\frac{1}{3\cdot 4}+\cdots+\frac{1}{(n+1)(n+2)}$$

$$=\left(1-\frac{1}{2}\right)+\left(\frac{1}{2}-\frac{1}{3}\right)+\cdots+\left(\frac{1}{n+1}-\frac{1}{n+2}\right)=1-\frac{1}{n+2};$$

$$(c) = n+1;\qquad (d)=\frac{n(n+1)}{2};$$

$$(e) = 1-\frac{1}{2}+\frac{1}{3}-+\cdots+\frac{(-1)^n}{n+1}$$ （參觀45，3及48，1）；

$$(f) = \frac{1}{2}\left(1-(-1)^{n+1}\right)^{(17)};\qquad (g) = (-1)^n(n+1);$$

$$(h) = \frac{1}{\alpha(\alpha+1)}+\frac{1}{(\alpha+1)(\alpha+2)}+\cdots+\frac{1}{(\alpha+n)(\alpha+n+1)}$$

$$=\left(\frac{1}{\alpha}-\frac{1}{\alpha+1}\right)+\left(\frac{1}{\alpha+1}-\frac{1}{\alpha+2}\right)+\cdots+\left(\frac{1}{\alpha+n}-\frac{1}{\alpha+n+1}\right)$$

$$=\frac{1}{\alpha}-\frac{1}{\alpha+n+1}.$$

由此可知此諸敘列$(s_0, s_1, s_2, \cdots)$以上之級數表之，非常便利。〔例如(a)之敘列照以前本應寫作

$$1,\ 1+\frac{1}{2},\ 1+\frac{1}{2}+\frac{1}{4},\ 1+\frac{1}{2}+\frac{1}{4}+\frac{1}{8},\ \cdots\ 1+\frac{1}{2}+\frac{1}{4}+\frac{1}{8}+\cdots+\frac{1}{2^n},\ \cdots(-)$$

者，今以級數（卽敘列之新記號）代表之，只須寫作

$$\sum_{n=0}^{\infty}\frac{1}{2^n}$$ 稍詳些爲 $$1+\frac{1}{2}+\frac{1}{4}+\frac{1}{8}+\cdots,$$

再詳些 $$1+\frac{1}{2}+\frac{1}{4}+\cdots+\frac{1}{2^n}+\cdots$$

亦不過於（—）之公項 $1+\frac{1}{2}+\frac{1}{4}+\cdots+\frac{1}{2^n}$ 後加「$+\cdots$」而已。故以級數爲此類敘列之新記號，實爲一種極便利之方法。但級數之本身除作爲此種敘列之新記號外實無他種意義，讀者宜十分注意。至以後第

17. 卽照n爲偶或奇而爲1或0。

十三編，講發散級數時，雖另有解釋，不在現在範圍之內，俟後另講。〕

3. 所最宜注意者，此類新記號在其本身上皆無意義。加法爲確定之運算法，無論以兩數或任幾數相加，皆必能得惟一之結果。故不問各項a_n如何定法，其部分和終有確定之値。惟$\sum_{n=0}^{\infty} a_n$ 在其本身上則無意義；甚至如2之(a)，在外表上似乎有顯明之意義，實亦不然：蓋無窮個項之加法，其爲何物，絕無定義，故無窮個項之和實全無意義也。〔所謂級數之和，實非眞和而爲其所表敍列之極限，見下69後「注意及例」之2〕。至於以此新記號(即級數)表其部分和之敍列，不過一種慣例而已。

4. 級數與敍列[18]之辨別讀者應特別注意*：級數爲敍列之新記號，而此敍列爲按一定之規則從其推出者。

5. 此記號之用和號（Sign of sumation）Σ者，僅在級數之各項有顯明之定律可以將其作成之時，方能應用(即必須有顯明之公式可作成級數之各項，如2之(a)，(b)，…(h)時，方可以和號表級數，否則不能如此)。例如諸數

$$\frac{1}{2},\ \frac{1}{3},\ \frac{1}{5},\ \frac{1}{7},\ \frac{1}{11},\ \frac{1}{13},\ \frac{1}{17},\cdots$$

或

$$\frac{1}{3},\ \frac{1}{7},\ \frac{1}{8},\ \frac{1}{15},\ \frac{1}{24},\ \frac{1}{26},\ \frac{1}{31},\cdots$$

爲級數之諸項，則不能用和號，而須寫成

$$\frac{1}{2}+\frac{1}{3}+\frac{1}{5}+\frac{1}{7}+\frac{1}{11}+\frac{1}{13}+\frac{1}{17}+\cdots$$

及

$$\frac{1}{3}+\frac{1}{7}+\frac{1}{8}+\frac{1}{15}+\frac{1}{24}+\frac{1}{26}+\frac{1}{31}+\cdots$$

且必須寫出許多項，至預想讀者能知其作成律爲止。如此兩級數之第一級數寫至$\frac{1}{13}$後可望讀者知其諸項依次爲諸素數之倒數。至此第二級數雖寫至$\frac{1}{31}$後仍難望讀者能知其各項之分母爲

$$p^q-1 \qquad\qquad (p,q=2,3,4,\cdots)$$

所表之整數，且按其大小之次序前進。〔實則此類級數應如上寫出若干項外，並於其前後文中說明其作成

*附註　上已說明級數是一種敍列。此處忽言級數與敍列之辨別，似乎奇突。實則著者仍是意在令讀者注意級數是一種敍列之新記號，勿視爲無窮個數之和。一再言之，語重心長，惟恐人忘。著者重視級數之基本觀念至於如此；心乎教育，恐人誤解，至於如此。德國有如此之教授如此之著者，舉一反三，可知其復興之易(須知彼但顧書貌，或專以語簡文淺陋之作者，豈肯如此，抑豈能如此)。嗟乎，國之盛衰，任教育者負責至巨。言念及此，不禁感慨係之。

18. 無窮級數(及無窮敍列)在其本身已顯非有窮個項時，「無窮」兩字可省去。

律，否則如此第二級數於 $\frac{1}{31}$ 後，再寫一百項恐讀者仍不易知其以後各項之分母〕。

今再採用進一步之慣例．卽凡討論敍列歛散狀態時所用之一切名稱，皆從敍列 (s_n) 方面移用於級數 Σa_n 之本身．因此得下定義：

定義． 所謂無窮級數 Σa_n 爲收歛，或有定發散，或無定發散，皆照「其部分 69
和所成敍列 (s_n) 爲收歛，或有定發散，或無定發散」言之．卽若 (s_n) 爲收歛及 $s_n\to s$，則謂此級數爲收歛，及謂 s 爲此級數之値或和，以簡號

$$\sum_{\nu=0}^{\infty} a_\nu = s \text{ [19]}$$

表之．若 (s_n) 爲有定發散，則亦謂此級數爲有定發散，且照 $s_n\to+\infty$ 或 $-\infty$ 而謂此級數散於 $+\infty$ 或 $-\infty$．最後，若 (s_n) 爲無定發散及其下上兩限爲 $\varkappa$ 及 μ，則亦謂此級數爲無定發散，且謂此級數在此下上兩限 $\varkappa$ 及 μ 間消長(oscillates)．

注 意 及 例

1. 現已立可知**68**，2之(a)，(b)，(h)三級數爲收歛及其値依次爲2，1，及 $\frac{1}{\alpha}$；2之(c)及(d)兩級數爲有定發散之趨於 $+\infty$ 者；2之(e)爲收歛，及其和爲箝套 $(s_{2k-1} \mid s_{2k})$ [20] 所定之値；2之(f)在0及1間消長；及2之(g)在 $-\infty$ 及 $+\infty$ 間消長。

2. 此和字極易使讀者發生誤解，今特說明於下：此 s 並非如尋常所謂之和，乃諸和之敍列之極限而

---

19. 照**41**，1，現在亦可寫作 $(s_n)=s$。

20. 從 $s_{2k-1}=\left(1-\frac{1}{2}\right)+\left(\frac{1}{3}-\frac{1}{4}\right)+\cdots+\left(\frac{1}{2k-1}-\frac{1}{2k}\right)$

$$=\frac{1}{1\cdot2}+\frac{1}{3\cdot4}+\cdots+\frac{1}{(2k-1)\,2k},$$

知 $s_1<s_3<s_5<\cdots$。再從

$$s_{2k}=1-\left(\frac{1}{2}-\frac{1}{3}\right)-\cdots-\left(\frac{1}{2k}-\frac{1}{2k+1}\right),$$

知 $s_0>s_2>s_4>\cdots$。最後，

$$s_{2k}-s_{2k-1}=+\frac{1}{2k+1} \text{ 爲正而} \to 0。$$

故從**46**，4及**41**，5得 $s_n\to(s_{2k-1}\mid s_{2k})$。參閱**31**$C$，3及**32**，5，該處有普遍講法。

已。要之等式

$$\sum_{n=0}^{\infty} a_n = s \quad 或 \quad a_0+a_1+\cdots+a_n+\cdots=s$$

儘可寫作

$$\lim s_n = s \quad 或 \quad s_n \to s。$$

即前二式之意義與此後二式之意義完全相等，毫無差別。實則s與其謂之「級數之和」不如謂之「級數之極限」或「級數之値」。但此和字，當無窮級數初見於數學時卽已用之，以至於今。沿用已久，不便改去。實則彼時於極限方法之底蘊（廣言之，卽「無窮」之基本觀念）尙無人澈底了解，遂用此和字耳。

3. 從上所言，可知s並不是和，不過爲簡便計稱之爲和耳。又凡計算和之一切規則亦非關於級數之計算所能完全適用。例如於尋常之和可插入或取去括弧如

$$1-1+1-1=(1-1)+(1-1)=1-(1-1)-1=0$$

但於

$$\sum_{n=0}^{\infty}(-1)^n \equiv 1-1+1-1+-\cdots$$

則不能如此，因此級數旣非

$$(1-1)+(1-1)+(1-1)+\cdots \equiv 0+0+0+\cdots$$

亦非

$$1-(1-1)-(1-1)-(1-1)-\cdots \equiv 1-0-0-0-\cdots$$

也（注意上兩式之不同）。惟關於級數之計算與尋常和之計算亦有許多類似之處。但此種類似在各特例上之存在，必先證明而後可用，[卽凡特種級數其可用類於尋常和之計算法者，必先證明其可用，方能決定其可用。詳見下第四編]。

4. 以下所言，或有注意之價値，而非出於辭費。一級數，例如$\sum_{n=0}^{\infty}\frac{1}{2^n}$，能表「可稱爲和之任何事物」，實爲一種極奇之奇論（paradox）。試用小學教法，以先令及辨士釋此級數：我先以1先令贈與某人，再贈與$\frac{1}{2}$先令，再贈與$\frac{1}{4}$先令，再贈與$\frac{1}{8}$先令，…（每贈一次減少一半）繼續贈送，永遠不已。於是生一問題：某人所得贈款是否能逐漸增加，超過一切定數？答此題者，始或以爲此答爲「是」，蓋覺某每得一次必加一些，加後復加，永遠不已，積少成多，必能超過任何定値。但稍加考慮，卽覺不然，知此答乃非「是」而實「否」；蓋對於任何n，皆

$$s_n = 1+\frac{1}{2}+\frac{1}{4}+\cdots+\frac{1}{2^n} = 2-\frac{1}{2^n} 常<2$$

而某人所得總贈甚至永不能達於2先令。此種說法雖未嘗不可，但若不管此事而云「$\sum\frac{1}{2^n}$等於2」，則此語實仍是代替「此級數之部分和之敍列趨於極限2」之簡語而已。

5. 當級數爲有定發散時，在廣義上，亦可謂其有和及此和之值爲$+\infty$或$-\infty$。例如，級數

$$\sum_{n=1}^{\infty}\frac{1}{n}\equiv 1+\frac{1}{2}+\frac{1}{3}+\frac{1}{4}+\cdots$$

爲有定發散，可云其和爲$+\infty$；因從46，3，其部分和$\to+\infty$也(21)。此可簡寫爲

$$\sum_{n=1}^{\infty}\frac{1}{n}=+\infty,$$

實卽

$$\lim\left(1+\frac{1}{2}+\cdots+\frac{1}{n}\right)=+\infty$$

之別一寫法而已。

6. 在級數爲無定發散時，則無論如何終說不到「和」字，若其$\underline{\lim}\, s_n=\varkappa$及$\overline{\lim}\, s_n=\mu\ (>\varkappa)$，則前雖謂其在$\varkappa$及$\mu$間消長，但須十分注意（參觀61，2）：此種說法僅是描寫級數之極端狀態*(ultimate behaviour)，實則其部分和s_n未必定在$\varkappa$及μ之間。例如$a_0=2$及凡$n>0$時，

$$a_n=(-1)^n\left[\frac{n+1}{n}+\frac{n+2}{n+1}\right],$$

則立可驗明

$$S_n=a_0+a_1+\cdots+a_n=(-1)^n\frac{n+2}{n+1},\qquad (n=0,1,2,\cdots)$$

故$\underline{\lim}\, s_n=-1$，$\overline{\lim}\, s_n=+1$，但敍列$(s_n)$之各項實無一在節$-1\cdots+1$之間而皆在此節之外，且輪流在此節之左右；因是，此節之兩方皆有此敍列之無窮個項。

7. 前已鄭重說明：一級數Σa_n僅表其部分和之敍列(s_n)，故僅爲一敍列之另一記號表法。因此亦易知其逆爲眞確，卽易知任何敍列$(x_0;x_1,\cdots)$必能改寫爲級數。此極容易，只須先寫成

$$a_0=x_0,\ a_1=x_1-x_0,\ a_2=x_2-x_1,\cdots,a_n=x_n-x_{n-1},\cdots.(n\geqq 1).$$

再憑此寫出級數

$$\sum_{n=0}^{\infty}a_n=x_0+\sum_{k=1}^{\infty}(x_k-x_{k-1}).\qquad (1)$$

因此級數之部分和爲

$$s_0=x_0,\ s_1=x_0+(x_1-x_0)=x_1,$$

---

21. 照4中贈與先令之喻，以1先令，$\frac{1}{2}$先令，$\frac{1}{3}$先令，$\frac{1}{4}$先令，…依次贈與一人。則此人所得總贈額卽能超過一切定額。至何以4之總贈額不能超過一微薄之值，而此則竟能大至超過任何定額，其理由所在，初不易見。此級數之發散爲John Bernoulli 所發見，而 James Bernoulli 於 1689 刊布之；惟Leibnits似於1673已先知之。

*附註。「極端狀態」卽大多數無定發散級數所有之狀態。「極端」係「近於全體而實非全體」之意。

及凡$n\geqq 1$時

$$s_n=x_0+(x_1-x_0)+(x_2-x_1)+\cdots+(x_{n-1}-x_{n-2})+(x_n-x_{n-1})=x_n,$$

故上所寫出之級數(1)確可代表敍列(x_n)。由是，此無窮級數之新記號，儘可作爲無窮敍列之新記號，在意義上毫無廣狹偏全之別。其要旨所在則爲視「敍列(s_n)中各項與其前一項之差$a_n=s_n-s_{n-1}$」比「其各項之本身」爲較重*。

8. 無窮級數之歷史 R. Reiff 曾有一卓越之記載，此係一本小書(Tübingen 1889)。此處略述如下，已足知其大略：無窮級數之第一例，世常歸之於Archimedes(Opera, ed, J.L. Heiberg, Vol. 2, pp. 310 Seqq, Leipzig 1913)。但渠僅示，無論n爲何數，$1+\frac{1}{4}+\cdots+\frac{1}{4^n}$終小於$\frac{4}{3}$，且此兩者之差爲$\frac{1}{3}\cdot\frac{1}{4^n}$；故$n$夠大時此差能小於一所設之正數(即所設之正數無論如何小，終能令n大至使此差比其小)。自彼以後，直至十七世紀下半期之前，未再見無窮級數較廣之用途。迨1668年 N. Mercator 及W. Brouncker,研究雙曲線之面積而發見對數級數120，及 I. Newton,1669,在其所著De analysi per aequationes numero terminorum infinitas 中說其用途於穩固基礎之上，級數之用始再進。十八世紀於級數之原理幾乎全未討論，而其應用則已進展至偉大堂皇之態，其功以 Euler 之力爲最多。十九世紀 A.L. Cauchy 作成級數之理論 (Analyse Algébrique, Paris 1821)，除缺乏清明之外，可云無過之作，至其清明之缺實由彼時於數之觀念尚未楚清耳。(其餘歷史方面之情形見五十三章小引中)。

11 **無窮連乘積** 今討論形式爲

$$u_1\cdot u_2\cdot u_3\cdots u_n\cdots\quad\text{即}\quad\prod_{n=1}^{\infty}u_n$$

之積，此與上所討論之無窮級數，情形相同，亦爲代表其部分積(partial products)

---

*附註 即以Σa_n表(s_n)之要旨爲：視s_n及s_{n-1}之差

$$s_1-s_0,\ s_2-s_1,\ s_3-s_2,\cdots s_n-s_{n-1},\cdots \tag{1}$$

重於(s_n)之各項

$$s_0,\ s_1,\ s_2,\cdots s_n,\cdots \tag{2}$$

此(1)即

$$a_1,\ a_2,\cdots a_n,\cdots \tag{3}$$

以$a_0+a_1+a_2+\cdots+a_n+\cdots$表$(s_n)$則易於看出此(1)即(3)之情形。實則(2)之情形亦仍易看出，故以Σa_n表(s_n)，旣易注意(1)即(3)，並能看出(2)，在研究上非常便利。

$$p_1=u_1;\quad p_2=u_1\cdot u_2;\cdots;\quad p_n=u_1\cdot u_2\cdots u_n;\cdots$$

所定敍列之新記號，卽此$p_1,p_2,\cdots p_n,\cdots$名爲部分積，此諸部分積所成之敍列爲$(p_n)$，則此$\prod\limits_{n=1}^{\infty}u_n$爲代表此$(p_n)$之新記號，此新記號謂之無窮連乘積簡稱**無窮積** (infinite products)．至其中不能有「o因數」，及因此發生之除外例，與若干特設之公約，皆俟以後論述．

1. 例如凡$n\geqq 1$時，令$u_n=\dfrac{(n+1)^2}{n(n+2)}$，則無窮積

$$\prod_{n=1}^{\infty}\frac{(n+1)^2}{n(n+2)}\text{卽}\frac{2^2}{1\cdot 3}\cdot\frac{3^2}{2\cdot 4}\cdot\frac{4^2}{3\cdot 5}\cdot\frac{5^2}{4\cdot 6}\cdots\frac{(n+1)^2}{n(n+2)}\cdots$$

代表敍列

$$p_1=\frac{4}{3};\ p_2=\frac{2\cdot 3}{4};\ p_3=\frac{2\cdot 4}{5},\cdots;\quad p_n=\frac{2(n+1)}{n+2},\cdots$$

2. 凡I中所言應注意之點，除顯須更改者外，皆可適用於此。其詳細情形俟後第七編論之。

III **無窮連分數** 此亦爲一種敍例(x_n)，由兩他敍列$(a_1,a_2,\cdots)$，$(b_1,b_2,\cdots)$所作成；其作法爲

$$x_0=b_0,\quad x_1=b_0+\frac{a_1}{b_1},\quad x_2=b_0+\cfrac{a_1}{b_1+\cfrac{a_2}{b_2}},\quad x_3=b_0+\cfrac{a_1}{b_2+\cfrac{a_2}{b_2+\cfrac{a_3}{b_3}}}$$

以下類推，其公項x_n由x_{n-1}推出；卽以$b_{n-1}+\dfrac{a_n}{b_n}$代x_{n-1}之最後分母，卽得x_n。照此作法，再作x_{n+1}，x_{n+2}，$\cdots$卽成一無窮連分數。此無窮連分數卽是敍列(x_n)。如此作成之連分數尚無普遍承認之新記號。其最自然之新記號亦許是

$$b_0+\mathop{K}_{n=1}^{\infty}\frac{a_n}{b_n}$$

「以0除」亦須除外，故此亦有些特設之公約。但連分數一門不欲加入本書範圍之內，以後不再討論[22]．

上舉三種敍列之中，無窮級數在高等數學中用處最大，最爲重要．本書所論，以此爲主體．因級數實爲敍列，故九章所言，實與吾人以討論級數之目光：此亦有問題A，卽討論所設級數是否斂散之問題；同時亦有比此較難之問題B；卽已知一級數收斂時，何爲其和之問題．且因有同於九章所述之理由，此問題B亦可改成下之形式：

22. 連分數之理論及應用，O. Perron 曾有一完備記載，Die Lehre von den Kettenbrüchen, Leipzig 1913.

已知級數Σa_n爲收斂；其和是否與他級數之和或他敍列之極限一致？是否與他級數之和或他敍列之極限有指得出之關係？(23)

因此兩問題中，A易而B難；且A之解決，較有確定之方法．故以後先詳論A題之解法而後再論及B．

23．例如級數 $1+1+\frac{1}{2!}+\frac{1}{3!}+\cdots+\frac{1}{n!}+\cdots$

極易證明其爲斂．但如何知其和與「敍列$\left(1+\frac{1}{n}\right)^n$之極限$e$」相同．又如兩級數

$$1+\frac{1}{4}+\frac{1}{9}+\cdots+\frac{1}{n^2}+\cdots及\ 1-\frac{1}{3}+\frac{1}{5}-\frac{1}{7}+-\cdots$$

極易知其爲皆斂，但若s及s'依次爲其和，則如何知其有$s=\frac{8}{3}s'^2$，又$4s'=\pi$之關係（此π之意義及其與圓之關係等，參考下第六編二十四章1，2，3及122）．

第二編之習題[24]

9. 照14下注所示之法,證明第一編之定理15至19.

10. 照14及15所規定,詳細證明一切節套所成節套系之次序排列全合於次序律1之各定理(參觀14,4及15,2)。

11. 32面所須證明之事,詳證之;即照16及19所規定,證明合併節套之四法全合於基本律2.

12. 設ϱ爲定數及$0<\varrho<1$,證明

$$x_n=(n+1)^{\varrho}-n^{\varrho}\to 0.$$

13. 設α及β爲任意正數,證明

$$\frac{(\log\log n)^{\alpha}}{(\log n)^{\beta}}\to 0.$$

14. 問數$\left(\frac{e}{2}\right)^{\sqrt{3}}$及$\left(\sqrt{2}\right)^{\frac{\pi}{2}}$中誰大?

15. 證明下列諸極限關係:

(a) $\left[\frac{1}{n^2}+\frac{2}{n^2}+\cdots+\frac{n}{n^2}\right]\to\frac{1}{2}$;

(b) $\left[\log\left(1+\frac{1}{n^2}\right)+\log\left(1+\frac{2}{n^2}\right)+\cdots+\log\left(1+\frac{n}{n^2}\right)\right]\to\frac{1}{2}$;

(c) $\left[\frac{1}{\sqrt{n^2+1}}+\frac{1}{\sqrt{n^2+2}}+\cdots+\frac{1}{\sqrt{n^2+n}}\right]\to 1$;

(d) $\left[\frac{n}{n^2+1^2}+\frac{n}{n^2+2^2}+\cdots+\frac{n}{n^2+n^2}\right]\to\frac{\pi}{4}$;

(e) $\left[\left(\frac{n}{n}\right)^n+\left(\frac{n-1}{n}\right)^n+\cdots+\left(\frac{1}{n}\right)^n\right]\to\frac{e}{e-1}$;

(f) $\frac{1}{n}\sqrt[n]{(n+1)(n+2)\cdots(n+n)}\to\frac{4}{e}$.

須注意此(a)至(d)若項項分求極限即得錯誤之結果,而(e)則項項分求極限所得之結果仍與真確者同。

---

24. 以下若干題中,有與對數,e及π相關之幾個簡單結果.此在本書雖皆須至以下各編方得推出,但在此處則假定讀者已知及此。

16. 設$a>0$，$x_1>0$；及$n\geqq 2$時照

(a) $$x_n=\sqrt{a+x_{n-1}}$$

(b) $$x_n=\frac{a}{1+x_{n-1}}$$

之關係作成敍列$(x_1,x_2,\cdots)$。證明此照(a)所作之敍列，單調趨於$x^2-x-a=0$之正根；此照(b)所作之敍列趨於$x^2+x-a=0$之正根，但x_n輪流在此極限左右。

17. 研究下諸敍列之斂散：

(a) x_0,x_1為任意數；及$n\geqq 2$時，$x_n=\frac{1}{2}(x_{n-1}+x_{n-2})$；

(b) $x_0,x_1,\cdots x_{p-1}$為任意數；及凡$n\geqq p$時

$$x_n=a_1x_{n-1}+a_2x_{n-2}+\cdots+a_px_{n-p}$$

（此$a_1,a_2,\cdots,a_p$為已知常數；例如皆等於$\frac{1}{p}$）.

(c) x_0,x_1為正數；及凡$n\geqq 2$時，$x_n=\sqrt{x_{n-1}\cdot x_{n-2}}$；

(d) x_0,x_1為任意數；及凡$n\geqq 2$時，$x_n=\frac{2x_{n-1}\cdot x_{n-2}}{x_{n-1}+x_{n-2}}$。

18. 若在習題17，c中令$x_0=1$，$x_1=2$則其敍列之極限為$\sqrt[3]{4}$。試證之。

19. 設$a_1,a_2,\cdots a_p$為任意正數，及按$n=1,2,\cdots$寫出

$$\frac{a_1^n+a_2^n+\cdots+a_p^n}{p}=s_n\text{ 之 }\sqrt[n]{s_n}=x_n.$$

證： x_n常為單調升；又若所設諸正數中有一數，例如a_1，比其餘皆大，則$x_n\to a_1$。

（解法略示：先證$s_1\leqq\frac{s_2}{s_1}\leqq\frac{s_3}{s_2}\leqq\cdots$）

20. 如前題寫出

$$\frac{\sqrt[n]{a_1}+\sqrt[n]{a_2}+\cdots+\sqrt[n]{a_p}}{p}=s'_n\text{ 及 }(s'_n)^n=x'_n.$$

證明： x_n為單調降及$\to\sqrt[p]{a_1a_2\cdots a_p}$。

21. 以節$a\cdots b$ $(o<a<b)$分為n等分；設以$x_0=a,x_1,x_2,\cdots x_n=b$表其各分點。證明：其幾何均數

$$\sqrt[n+1]{x_0\cdot x_1\cdot x_2\cdots x_n}\to\frac{1}{e}\left(\frac{b^b}{a^a}\right)^{\frac{1}{b-a}},$$

及其調和均數$\to\frac{b-a}{\log b-\log a}$。

22. 設習題5之x_0及x_1為α及β；證

$$\frac{x_n}{\alpha^n} \to \frac{x_1-\beta x_0}{\alpha(\alpha-\beta)}.$$

23. 設$x>0$，及(x_n)爲

$$x_1=x,\ x_2=x^{x_1},\ x_3=x^{x_2},\ \cdots,\ x_n=x^{x_{n-1}},\ \cdots$$

所定之敍列。則x爲何數時，此敍列爲斂？（答：若（惟）

$$\left(\frac{1}{e}\right)^e \leqq x \leqq e^{\frac{1}{e}}$$

則此敍列爲（方）斂。）

24. 設 $\underline{\lim}\, x_n=\varkappa$，$\overline{\lim}\, x_n=\mu$，$\underline{\lim}\, x'_n=\varkappa'$，$\overline{\lim}\, x'_n=\mu'$，則各敍列

$$(-x_n),\quad \left(\frac{1}{x_n}\right),\quad (x_n+x'_n),\quad (x_n-x'_n),\quad (x_n\cdot x'_n),\quad \left(\frac{x_n}{x'_n}\right)$$

之上下兩限之位置如何？試就其可能者詳細研究之。

25. 設(α_n)爲有界及令（不多幾個開始之項不妨除外）

$$\log\left(1+\frac{\alpha_n}{n}\right)=\frac{\beta_n}{n}.$$

則(α_n)及(β_n)有相同之上限及下限。又若令

$$\log\left(1+\frac{1}{n}+\frac{\alpha_n}{n\log n}\right)=\frac{1}{n}+\frac{\beta_n}{n\log n},$$

則亦是如此。

26. 若$\eta=0$或$=+\infty$，則定理43，3是否仍能成立？

27. 若43，2及3中之敍列(x_n)及(y_n)爲單調，則其中之(x'_n)及(y'_n)亦爲單調。試證之。

28. 若敍列$\left(\frac{c_n}{b_n}\right)$爲單調及$b_n>0$，則公項爲

$$\frac{a_1+a_2+\cdots+a_n}{b_1+b_2+\cdots+b_n}$$

之敍列亦爲單調。試證之。

29. 設(a_n)及(b_n)皆爲空列，及(b_n)爲單調。若$\lim\frac{a_n}{b_n}$存在，則

$$\lim\frac{a_n}{b_n}=\lim\frac{a_n-a_{n+1}}{b_n-b_{n+1}},$$

試證之。

30. 設諸c_n爲正及單調；若$\left(\frac{nc_n}{C_n}\right)$爲有界及$C_n\to+\infty$（此$C_n=c_0+c_1+\cdots+c_n$），則

$$\frac{x_0+x_1+\cdots+x_n}{n+1}\to\xi$$

時，

$$\frac{c_0x_0+c_1x_1+\cdots+c_nx_n}{c_0+c_1+\cdots+c_n}\to\xi.$$

31. 若$b_n>0$及$b_0+b_1+\cdots+b_n=B_n\to+\infty$,及$x_n\to+\infty$,則

$$\frac{B_n}{b_n}(x_n-x_{n-1})\to\xi$$

時

$$\left[x_n-\frac{b_0x_0+b_1x_1+\cdots+b_nx_n}{b_0+b_1+\cdots+b_n}\right]\to\xi.$$

32. 無論(x_n)爲何種敍列,皆

$$\underline{\lim}\, x_n\leqq\overline{\lim}\frac{x_0+x_1+\cdots+x_n}{n+1}\leqq\overline{\lim}\, x_n$$

(參觀定理**161**).

33. 若**43**,5,Toeplitz之定理之諸係數$a_{\lambda\mu}$皆爲正,則對於任何敍列皆有

$$\underline{\lim}\, x_n\leqq\overline{\lim}\, x'_n\leqq\overline{\lim}\, x_n$$

之關係;此$x'_n=a_{n0}x_0+a_{n1}x_1+\cdots+a_{nn}x_n$.

第 二 部

無窮級數論之基礎

第 三 編

正 項 級 數

十二章. 第一主要審斂法及兩比較審斂法

本編所論之級數,專爲其各項皆爲正數或至少爲「非負數」之級數* 設以Σa_n表此種級數,及爲簡便計,名之爲**正項級數**(Series of positive terms),則因 $a_n \geqq o$,得

$$s_n = s_{n-1} + a_n \geqq s_{n-1},$$

而其諸部分和所成之敍列 (s_n) 爲單調升敍列,故其狀態特節,可以**46**之第一主要審斂法斷定之.因此得其基本審斂法如下:

第一主要審斂法 正項級數或爲收斂,或爲散於$+\infty$. 若(惟)其諸部分和 **70**
爲有界,(1) 則(方)爲收斂.

在說明此基本定理初步應用之前,先述下諸定理以便其用

定理1. 若p爲一任意正整數,則兩級數

$$\sum_{n=0}^{\infty} a_n \quad 及 \quad \sum_{n=p}^{\infty} a_n$$

必同爲收斂,或同爲發散(2) (卽此兩級數有一爲斂,則他亦爲斂;有一爲散,則他亦爲散.)

---

*附註. 「非負數(non-negative numbers)」卽「不是負數之數」.數之非負者爲正數及0.故所謂正項級數,詳言之,卽其各項爲正數或0之級數.就嚴格言,應謂之「非負項級數」.惟爲簡便計則常稱爲正項級數耳.實則在第十三編前,凡討論斂散時儘可將爲0之項先行剔去.

1. 此僅有是否爲右有界(卽上有界)之問題,因凡升敍列必爲左有界也.

證　因此兩級數之各部分和與其項之同下標相應者，所差僅爲一常數卽 $(a_0+a_1+\cdots+a_{p-1})$†；故此兩級數之諸部分和必同爲有界或同爲無界.

定理2.　設 Σc_n 爲正項斂級數(卽正項級數之爲收斂者)，若 $\Sigma\gamma_n c_n$ 中各項之因數 γ_n 皆爲正而有界††，則 $\Sigma\gamma_n c_n$ 亦爲收斂.(3)

證　若 Σc_n 之部分和皆 $<K$，及諸因數 γ_n 皆 $<\gamma$*，則 $\Sigma\gamma_n c_n$ 之部分和必皆 $<\gamma K$. 於是從基本審斂法**70**可知此定理爲眞確.

定理3.　設 Σd_n 爲正項散級數. 若 $\Sigma\delta_n d_n$ 中各項之因數 δ_n 皆爲正而有一正下界 δ，則 $\Sigma\delta_n d_n$ 亦爲發散.

證　設任意取定壹** $G>o$，則從假設知 Σd_n 之部分和，至一適當下標後，必皆 $>G/\delta$. 故從此適當下標後，$\Sigma\delta_n d_n$ 之部分和皆 $>G$. 故 $\Sigma\delta_n d_n$ 爲散.

此2，3兩定理實含在下定理中.

定理4.　若諸因數 α_n 皆能滿足不等式

$$o<\alpha'\leqq\alpha_n\leqq\alpha'',$$

則兩正項級數 Σa_n 及 $\Sigma\alpha_n a_n$ 必爲同斂或同散. 換言之：若能有常合於（至少在某 n

---

2.　簡言之，卽討論級數之斂否，其開始若干項可以不管。此「若干」二字實可代表任意有窮之數。故此種情形，可簡稱「可除去任意初部」（初部卽開始一部之意；亦卽開始若干項之意）。因此理由，和號 $\sum\limits_{n=o}^{\infty}$（或 $\sum\limits_{n=m}^{\infty}$）之兩限 $n=o$ 及 ∞（或 $n=m$ 及 ∞），常可省去不寫。

††附註。　設以 s_n 及 s'_n 依次表 $\sum\limits_{n=o}^{\infty}c_n$ 及 $\sum\limits_{n=p}^{\infty}a_n$，則 $n>p$ 時皆 $s_n=(a_0+a_1+\cdots+a_{p-1})+s'_n$。故 $s_n-s'_n=(a_0+a_1+\cdots+a_{p-1})=$ 常數。又此定理之作用爲以 **70** 第一主要審斂法審查一正項級數是否收斂時，只須審查其尾部之情形。

†附註。「γ_n 爲正而有界」卽諸 γ_n 爲任意正數且 (γ_n) 爲有界數列之意。

3.　以後以 c_n 表斂級數之項，d_n 表散級數之項。卽凡形式爲 Σc_n 之級數皆假定其爲斂級數；形式爲 Σd_n 之級數皆假定其爲散級數。

*附註　因 Σc_n 爲收斂，故必有如是之 K。因 (γ_n) 爲有界故必有如是之 γ。

**附註。　因一二之「一」排印時，易與負號「－」混。故從此以後凡記號旁之一皆改爲壹以防與負號相混。但不在記號左旁者仍作一。例如「一 $G>o$」，「一 $\varepsilon>o$」，「必有一 m」皆改作「壹 $G>o$」，「壹 $\varepsilon>o$」，「必有壹 m」。但「一次方程式」，「一數」，「一級數」則不改作「壹次方程式」，「壹數」，「壹級數」。

後合於），

$$\alpha' \leqq \frac{a'_n}{a_n} \leqq \alpha''.^{(4)}$$

之兩定正數α'及α''則Σa_n及$\Sigma a'_n$爲同歛或同散。其特例，若$a'_n \sim a_n$，則Σa_n及$\Sigma a'_n$爲同歛或同散；又若$a'_n \cong a_n$，則$\Sigma a'_n$及Σa_n自必更爲同歛或同散。（參觀40,5）.

注意及例 71

1. 若K爲正項級數Σa_n之一上界，則此級數之和s必$\leqq K$(參觀46,1)。

2. **幾何級數** 設$a>o$，而討論所謂幾何級數

$$\sum_{n=o}^{\infty} a^n \equiv 1+a+a^2+\cdots+a^n+\cdots$$

如下。若$a \geqq 1$，則$s_n>n$而(s_n)顯爲無界。故此級數在$a \geqq 1$時爲發散。

若$a<1$，則

$$s_n=1+a+a^2+\cdots+a^n=\frac{1-a^{n+1}}{1-a}, \quad \text{(參觀21面下注11)。}$$

而對於各n，皆

$$s_n<\frac{1}{1-a},$$

故此級數在$a<1$時爲收歛。

又因諸數

$$\left|s_n-\frac{1}{1-a}\right|=\frac{1}{1-a}a^n, \qquad a<1$$

成一空列(10,7及26,1)，故在$a<1$時，此級數之和可以簡式

$$\sum_{n=o}^{\infty} a^n=\frac{1}{1-a}$$

表之。

3. 級數 $\sum_{n=1}^{\infty}\frac{1}{n(n+1)} \equiv \frac{1}{1\cdot2}+\frac{1}{2\cdot3}+\frac{1}{3\cdot4}+\cdots$ 之部分和爲

$$s_n=\left(1-\frac{1}{2}\right)+\left(\frac{1}{2}-\frac{1}{3}\right)+\cdots+\left(\frac{1}{n}-\frac{1}{n+1}\right)=1-\frac{1}{n+1}.$$

此諸部分和常<1，故此級數爲收歛；且從上式可知$s_n \to 1$，故$s=1$。

---

4. 此假設中，既有以a_n除，則此假設中自必含有「a_n皆$>o$而決不$=o$」之假定。以後凡類此之假設，皆含有類此之限制，須加注意。

4. **調和級數** $\sum_{n=1}^{\infty}\frac{1}{n}\equiv 1+\frac{1}{2}+\cdots+\frac{1}{n}+\cdots$ 爲發散。此因從46，3已知其部分和

$$s_n=1+\frac{1}{2}+\cdots+\frac{1}{n}$$

散於$+\infty$[5]，故此級數必爲發散。又級數

$$\sum_{n=1}^{\infty}\frac{1}{n^2}=1+\frac{1}{4}+\frac{1}{9}+\frac{1}{16}+\cdots$$

則爲收斂。此因其第n部分和爲

$$s_n=1+\frac{1}{2\cdot 2}+\frac{1}{3\cdot 3}+\cdots+\frac{1}{n\cdot n}<1+\frac{1}{1\cdot 2}+\frac{1}{2\cdot 3}+\cdots+\frac{1}{(n-1)n}$$

$$=1+\left(1-\frac{1}{2}\right)+\left(\frac{1}{2}-\frac{1}{3}\right)+\cdots+\left(\frac{1}{n-1}-\frac{1}{n}\right)=2-\frac{1}{n},$$

故s_n常<2，而此級數必爲收斂。但其和不易即得；就上式而論，所能知者惟$s\leqq 2$而已。又後可知此$s=\frac{\pi^2}{6}$。凡級數之形式爲$\sum\frac{1}{n^\alpha}$者，謂之**調和級數**。

5. 級數$\sum_{n=0}^{\infty}\frac{1}{n!}\equiv 1+1+\frac{1}{2!}+\frac{1}{3!}+\cdots$之部分和爲$s_0=1$，$s_1=2$。及$n\geqq 3$則

$$s_n=2+\frac{1}{2}+\frac{1}{2\cdot 3}+\cdots+\frac{1}{2\cdot 3\cdots n}\leqq 2+\frac{1}{2}+\frac{1}{2\cdot 2}+\cdots+\frac{1}{2\cdot 2\cdot 2\cdots 2}\text{[6]}$$

$$=2+\frac{1}{2}+\frac{1}{2^2}+\cdots+\frac{1}{2^{n-1}}=3-\frac{1}{2^{n-1}}<3.$$

故此級數爲收斂，而其和<3。以後可知此和與諸數$\left(1+\frac{1}{n}\right)^n$之極限一致。

6. 上已說明凡正項級數皆代表一單調升數列。今可知凡單調升數列$(x_0, x_1, \cdots)$，只要其x_0爲正，必可以一正項級數表之；欲明此理，只須令

$$a_0=x_0,\quad a_1=x_1-x_0, \cdots, a_n=x_n-x_{n-1}, \cdots,$$

因如是則

$$s_n=x_0+(x_1-x_0)+\cdots+(x_n-x_{n-1})=x_n$$

及凡a_n皆$\geqq 0$也。

今將從上之根本定理，按適當程序，推出性質益益特殊而運用益益便利及效力益益增大之一組審斂法．至其推出之法，要以下兩**比較審斂法**（Comparison tests）爲工具：

---

5. 參觀119面下註21。

6. 此以各分母中之最小因數(即2)代替其他各因數。

第一種比較審斂法 72

設Σc_n爲正項斂級數及Σd_n爲正項散級數.若Σa_n爲欲知其是否收斂之另一正項級數,則:（一）,如Σa_n之各項能合

(a) 凡$n>$某*m時, $a_n \leqq c_n$†

之條件,則Σa_n必爲斂;（二）,如Σa_n之各項能合

(b) 凡$n>$某m時, $a_n \geqq d_n$

之條件,則Σa_n必爲散.(7)

證 從70,1,此只須證明$\sum\limits_{n=m+1}^{\infty} a_n$之斂或散.先就（一）言,因諸$a_n$既合(a)之條件,則凡$n>m$時必能將諸$a_n$寫作$a_n=\gamma_n c_n$（此$\gamma_n \leqq 1$）; 於是憑70,2之理,即可從$\sum\limits_{n=m+1}^{\infty} c_n$斂斷定$\sum\limits_{n=m+1}^{\infty} a_n$斂.再就(二)言,因諸$a_n$既合(b)之條件,則凡$n>m$時必能將諸$a_n$寫作$a_n=\delta_n d_n$（此$\delta_n \geqq 1$）; 於是憑70,3之理,即可從$\sum\limits_{n=m+1}^{\infty} d_n$散斷定$\sum\limits_{n=m+1}^{\infty} a_n$散(8).

---

*附註. 「某m」爲確有一某數m之意.此(a)全體之意爲:必有一數m,能使凡$n>m$時皆$a_n \leqq c_n$.故此(一)詳言之爲:如必能覓出一確定之數m,使凡$n>m$時所有之a_n皆$\leqq c_n$,則Σa_n爲收斂.凡以下與(a)相類之條件皆可作如是解.

†附註. 倘a_n不$\leqq c_n$而能有壹$\gamma>0$,使凡$n>m$時皆$a_n \leqq \gamma c_n$;亦可斷定Σa_n必爲斂.此從70,定理4之$\alpha' \leqq \frac{a'_n}{a_n} \leqq \alpha''$可知.因$\frac{a'_n}{a_n} \leqq \alpha''$即$a'_n \leqq \alpha'' a_n$也.同理,(b)中之$a_n \geqq d_n$亦可改爲$a_n \geqq \gamma d_n$.故此(a),(b)兩條件不可呆用.遇$a_n>c_n$時應注意是否有一正數$\gamma$能使$a_n \leqq \gamma c_n$;及遇$a_n<d_n$時應注意是否有正數$\gamma$能使$a_n \geqq \gamma d_n$.

7. Causs 曾於1812年用此審斂法(見其Werke III, p. 140).但在Cauchy之Aualyse algébrique(Paris 1821)前,此審斂法未曾有顯明之陳述,下之第二種審斂法亦然.

8. 換一證法,更可簡明,如下:就(一)言,凡Σc_n之諸部分和之上界亦必爲Σa_n之諸部分和之上界.又就(二)言,因Σd_n之諸部分和逐漸增大終必能超過任意界,故Σa_n之諸部分和亦必如此.〔卽a_n既合於(b)之條件,則因Σd_n之諸部分和爲無界而Σa_n之諸部分和亦必隨之而爲無界.〕

73　第二種比較審斂法

設Σc_n為正項斂級數及Σd_n為正項散級數．若Σa_n為欲知其是否收斂之另一正項級數，則：（一），如Σa_n之各項能合於

$$(a)\qquad 凡n\geqq 某m時,\quad \frac{a_{n+1}}{a_n}\leqq\frac{c_{n+1}}{c_n}$$

之條件，則Σa_n必為斂；（二），如Σa_n之各項能合於

$$(b)\qquad 凡n\geqq 某m時,\quad \frac{a_{n+1}}{a_n}\geqq\frac{d_{n+1}}{d_n}$$

之條件，則Σa_n必為散．

證　先證（一）．從(a)知凡$n\geqq m$時，

$$\frac{a_{n+1}}{c_{n+1}}\leqq\frac{a_n}{c_n}.$$

如是，則諸比$\gamma_n=\frac{a_n}{c_n}$所成之敍列，必至某定點後，為單調降；且因此敍列之項皆為正，此敍列必為有界．於是從**70**，2可知Σa_n必為斂*．再證（二）．同理，得$\frac{a_{n+1}}{d_{n+1}}\geqq\frac{a_n}{d_n}$，而因此知諸比$\delta_n=\frac{a_n}{d_n}$必至某定點後為單調升．且因此諸比皆為正，可知其必有一正下界†．於是從**70**，3可知Σa_n必為散．

此兩比較審斂法，既須以Σa_n與已知之Σc_n及Σd_n比較；自須先知許多斂及散之正項級數，將其牢記胸中，方便於用．故以下諸例，極為重要；讀者宜熟記之，備以他級數與之比較之用：

74　1.　前已知$\sum\limits_{n=1}^{\infty}\frac{1}{n}$為發散及$\sum\limits_{n=1}^{\infty}\frac{1}{n^2}$為收斂．故從第一種比較審斂法，可知所謂**調和級數**

$$\sum_{n=1}^{\infty}\frac{1}{n^{\alpha}}$$

---

*附註．此證用**70**，定理4之$\alpha'\leqq\frac{a'_n}{a_n}\leqq\alpha''$式更易明白．因既凡$n\geqq m$時$\frac{a_{n+1}}{a_n}\leqq\frac{c_{n+1}}{c_n}$，則

$$\frac{a_{n+1}}{c_{n+1}}\leqq\frac{a_n}{c_n}\leqq\frac{a_{n-1}}{c_{n-1}}\leqq\cdots\leqq\frac{a_{m+1}}{c_{m+1}}\leqq\frac{a_m}{c_m}.$$

此$\frac{a_m}{c_m}$為一確定之正數，以α''表之，則凡$n>m$時皆$\frac{a_n}{c_n}<\alpha''$．故$\sum\limits_{n=m}^{\infty}a_n$必為斂；因此，$\Sigma a_n$必為斂（**70**，1）．

†附註．專就此句論，微有語病．因諸比為正未必即有正下界也．但從$\frac{a_{n+1}}{d_{n+1}}\geqq\frac{a_n}{d_n}\geqq\cdots\geqq\frac{a_m}{d_m}$可知自$m$起之諸比必以$\frac{a_m}{d_m}$為正下界．因此理易明未改原文．

在$\alpha\leqq1$時爲散，及在$\alpha\geqq2$時爲斂。(但就其和論，則僅在$\alpha=$偶正數時，知其和與他數有如何之關係；例如以後可知 $\alpha=4$ 則其和爲$\frac{\pi^4}{90}$)。

2. 從上所言，$\Sigma\frac{1}{n^\alpha}$之斂散問題僅在$1<\alpha<2$時尚須討論。今可證明凡$\alpha>1$時此級數皆爲收斂如下：爲求得此級數之任意部分和之上界計；先擇一其大合於$2^k>n$之k，則

$$s_n\leqq s_{2^k-1}=1+\left(\frac{1}{2^\alpha}+\frac{1}{3^\alpha}\right)+\left(\frac{1}{4^\alpha}+\frac{1}{5^\alpha}+\frac{1}{6^\alpha}+\frac{1}{7^\alpha}\right)+\cdots+\left(\frac{1}{(2^{k-1})^\alpha}+\cdots+\frac{1}{(2^k-1)^\alpha}\right).$$

此爲以「凡項之其下標自2之某一羃(在內)至2之其後一羃(在外)者」集在一括弧之內(例如4爲2^2；8爲2^3即2^2之後一羃；自下標爲$4=2^2$之項至下標爲$8=2^3$之項共五項。除去最後一項外，以其餘四項置之一括弧內；此即上式第二括弧內之四項。餘類推。)。再在各括弧內，以第一項代替其他各項(例如在第二括弧內，以第一項代其他各項，則得$\frac{1}{4^\alpha}+\frac{1}{4^\alpha}+\frac{1}{4^\alpha}+\frac{1}{4^\alpha}=\frac{4}{4^\alpha}$)，則

$$s_n\leqq 1+\frac{2}{2^\alpha}+\frac{4}{4^\alpha}+\cdots+\frac{2^{k-1}}{(2^{k-1})^\alpha}.$$

再爲簡明計，令$\frac{1}{2^{\alpha-1}}=\vartheta$(因$\alpha>1$，此$\vartheta$必爲$<1$之正數)，則

$$s_n\leqq1+\vartheta+\vartheta^2+\cdots+\vartheta^{k-1}=\frac{1-\vartheta^k}{1-\vartheta}<\frac{1}{1-\vartheta}.$$

因此式對於一切n皆能成立，故此級數之諸部分和爲有界而此級數之本身必爲收斂。已證完。故：

<u>凡調和級數$\Sigma\frac{1}{n^\alpha}$在$\alpha\leqq1$時皆爲發散；在$\alpha>1$時皆爲收斂。</u>此諸調和級數及諸幾何級數皆爲極有用之比較級數。*

3. 設a,b爲正數，則形式爲

$$\sum_{n=1}^{\infty}\frac{1}{(an+b)^\alpha}$$

之級數亦在$\alpha\leqq1$時爲散；在$\alpha>1$時爲斂。此因

$$\frac{n^\alpha}{(an+b)^\alpha}=\left(\frac{1}{a+\frac{b}{n}}\right)^\alpha\to\frac{1}{a^\alpha}，得\quad\frac{1}{(a+nb)^\alpha}\sim\frac{1}{n^\alpha},$$

從70，4可知所言此級數之斂散情形爲眞確。

從此可知其特例，即級數

*附註。 $\Sigma\frac{1}{n^\alpha}$須看作許多級數；因每與α一值即成一級數。例如 $\alpha=\frac{1}{2}$，1，$\frac{3}{2}$，2，……即成$\Sigma\frac{1}{n^{\frac{1}{2}}}$，$\Sigma\frac{1}{n}$，$\Sigma\frac{1}{n^{\frac{3}{2}}}$，$\Sigma\frac{1}{n^2}$，…諸級數。$\alpha$之值有無窮個，故$\Sigma\frac{1}{n^\alpha}$實表無窮個級數。「此諸調和級數」之「諸」字即欲顯出此意。「比較級數」即「備比較用之級數」之意。

$$1+\frac{1}{3^\alpha}+\frac{1}{5^\alpha}+\cdots\equiv\sum_{n=0}^{\infty}\frac{1}{(2n+1)^\alpha}$$

在$\alpha>1$時爲斂；在$\alpha\leqq1$時爲散。

4. 設$\sum_{n=0}^{\infty}c_n$爲正項斂級數。若除去其中任意個項後，以$c'_0, c'_1,\cdots$表留下之項而作新級數$\sum c'_n$，及名此$\sum c'_n$爲$\sum c_n$之**子級數**(sub-series)，則此子級數亦爲收斂。此理易明：因凡數之爲$\sum c_n$之部分和之上界者亦必爲$\sum c'_n$之部分和之上界也。

從此可知：以p表自2起之一切素數，則級數$\sum\frac{1}{p^\alpha}$即

$$\frac{1}{2^\alpha}+\frac{1}{3^\alpha}+\frac{1}{5^\alpha}+\frac{1}{7^\alpha}+\frac{1}{11^\alpha}+\cdots$$

在$\alpha>1$時必爲收斂。(但無進一步之研究，自不能但憑此4即斷定$\alpha\leqq1$時此$\sum\frac{1}{p^\alpha}$爲發散！)。

5. 因已知$\sum a^n$在$0<a<1$時爲收斂，故其特例

$$\sum_{n=1}^{\infty}\frac{1}{10^n}=\frac{1}{10}+\frac{1}{10^2}+\cdots+\frac{1}{10^n}+\cdots$$

必爲收斂，亦即可憑以斷定。若$z_1, z_2,\cdots z_n,\cdots$各表任意數字(即各$z_n$表$0,1,2,\cdots9$中任意一數)，及$z_0$爲$\geqq0$之任意整數，則從70，2可知

$$\sum_{n=0}^{\infty}\frac{z_n}{10^n}$$

亦爲收斂。因此，凡不盡十進小數皆可作爲無窮級數。照此意義可云：凡不盡十進小數皆爲收斂，故各可代表一確定之實數。從級數之此種形式，吾人可照習慣上之意思遲得「其和之值」之觀念。

十三章 根審法及比審法

預備上舉兩比較審斂法之更有統系之用法，述下之兩定理．以幾何級數，$\sum a^n$，$(0<a<1)$爲比較級數，則從第一種比較審斂法得：

75 **定理1.** 設$\sum a_n$爲正項級數．若此級數中自某項以後皆$a_n\leqq a^n$及$0<a<1$，即

$$\sqrt[n]{a_n}\leqq a<1,$$

則此級數爲斂．但若自某項後皆

$$\sqrt[n]{a_n}\geqq1,$$

則此級數爲散.(Cauchy氏根審法(9)).

補註。 就發散方面言，只須知對於無窮個不同之n皆能$\sqrt[n]{a_n}\geqq 1$，卽足斷定此Σa_n爲散。蓋對於此類n既皆$\sqrt[n]{a_n}\geqq 1$，自必$a_n\geqq 1$；故若擇定一夠大之m，使$o\leqq n\leqq m$時不等式$a_n\geqq 1$至少發生G次，則此Σa_n之部分和s_m自必超過此G（正整數）；故敘列(s_n)爲無界而Σa_n必爲散。

再從第二種比較審斂法(仍以幾何級數爲比較級數)得：

定理2. 若級數Σa_n中自某項以後皆$a_n>o$及

$$\frac{a_{n+1}}{a_n}\leqq \alpha<1,$$

則此級數Σa_n爲斂.但若自某項以後皆

$$\frac{a_{n+1}}{a_n}\geqq 1,$$

則此級數Σa_n爲散.(Cauchy氏比審法(10)).

註意及例 76

1. 在此兩定理中之$\alpha<1$，皆須注意。卽$\sqrt[n]{a_n}$及$\frac{a_{n+1}}{a_n}$各須凡$n>m$時皆小於一確定之某正眞分數(proper fraction)α；方能斷Σa_n爲斂。否則縱已知，對於任意n，皆

$$\sqrt[n]{a_n}<1 \text{ 或 } \frac{a_{n+1}}{a_n}<1,$$

仍不足以斷Σa_n爲收斂。此以調和級數$\Sigma\frac{1}{n}$爲例，卽可明白：因$n>2$時，皆

$$\sqrt[n]{\frac{1}{n}}<1 \quad \text{及} \quad \frac{1}{n+1}:\frac{1}{n}=1-\frac{1}{n+1}<1$$

但此級數仍爲發散。故此根及比須不與1任意接近，乃極應注意之事。

2. 若敘列$\left(\sqrt[n]{a_n}\right)$或$\left(\frac{a_{n+1}}{a_n}\right)$中有一爲斂，而其極限爲$\alpha$，則從定理1及2知$\alpha<1$時$\Sigma a_n$爲斂，$\alpha>1$時$\Sigma a_n$爲散。

先設$\sqrt[n]{a_n}\to\alpha<1$；則令$\varepsilon=\frac{1-\alpha}{2}>o$時，必能定出一$m$使

$$\sqrt[n]{a_n}<\alpha+\varepsilon=\frac{1+\alpha}{2}=a,\quad n>m,$$

---

9. Analyse algébrique, p.132起。

10. Analyse algébrique, p.134起。

因此$a<1$，故從定理1可知Σa_n爲收歛。又若$\alpha>1$，則令$\varepsilon'=\frac{\alpha-1}{2}>0$時，必能定出壹$m'$使

$$\sqrt[n]{a_n}>\alpha-\varepsilon'=\frac{1+\alpha}{2}=a,\quad n>m.$$

因此$a>1$，故從定理可知Σa_n爲發散。

又比$\frac{a_{n+1}}{a_n}$方面，可以同法證明。

若$\alpha=1$，則此兩定理完全無用；即不能憑以證明Σa_n爲歛或散。

3. 2中推理，其第一部分當$\overline{\lim}\sqrt[n]{a_n}$或$\overline{\lim}\frac{a_{n+1}}{a_n}<1$時顯仍合理；其第二部分當$\underline{\lim}\sqrt[n]{a_n}$或$\underline{\lim}\frac{a_{n+1}}{a_n}>1$時亦顯仍合理。故亦可憑$\overline{\lim}\sqrt[n]{a}<1$或$\overline{\lim}\frac{a_{n+1}}{a_n}<1$斷定$\Sigma a_n$爲收歛；及憑$\underline{\lim}\sqrt[n]{a_n}>1$或$\underline{\lim}\frac{a_{n+1}}{a_n}>1$斷定$\Sigma a_n$爲發散，至此類上限或下限中，有一上限或一下限$=1$，或一上限$>1$，一下限$<1$，皆不能憑以推斷$\Sigma a_n$爲歛或散。但從75，1之補註可知憑$\overline{\lim}\sqrt[n]{a_n}>1$亦足斷定$\Sigma a_n$爲發散。[11]

4. 2及3中所當應注意處，皆極顯明；以後遇類此之情形不再講述。

5. 此根審法及比審法在實用上極爲重要，因應用上所遇之級數大抵可以此兩法審定其歛散。今附若干例於下，其中x在此處皆但表正數〔其表任意數者俟後討論之〕：

(a) $\Sigma n^{\alpha}x^n$，（α爲任意數）。

因 $\frac{n+1}{n}=1+\frac{1}{n}\to1$，且常爲正(38，8)，得

$$\frac{a_{n+1}}{a_n}=\left(\frac{n+1}{n}\right)^{\alpha}\cdot x\to x.$$

故此級數，不論其中之α爲何值，必在$x<1$時爲歛；在$x>1$時爲散。當$x=1$時，根比兩審歛法皆無所斷定；*但$x=1$則此級數變爲調和級數，**其歛散情形前已講過。

(b) $\sum\limits_{n=0}^{\infty}\binom{n+p}{p}x^n\equiv\sum\limits_{n=0}^{\infty}(-1)^n\binom{-p-1}{n}x^n$，　　（$p$爲$\geqq1$之整數）。

因

---

11. 從此得一分離式（disjuctive form）之審歛法：Σa_n在$\overline{\lim}\sqrt[n]{a_n}<1$或$>1$時爲歛或散（其詳見三十六及四十二章）。

*附註。因$x=1$，則$\frac{a_{n+1}}{a_n}=\left(\frac{n+1}{n}\right)^{\alpha}$。此在$\alpha\leqq0$時常$\leqq1$，而在$\alpha>0$時又常$>1$故與下例($b$)不同(參觀下例($b$))。

**附註　因$n^{\alpha}=\frac{1}{n^{-\alpha}}$。

$$\frac{a_{n+1}}{a_n}=\frac{(n+p+1)(n+p)\cdots(n+2)\cdot p!}{(n+p)(n-1+p)\cdots(n+1)\cdot p!}x=\frac{n+p+1}{n+1}x\to x,$$

故此級數，不論其中之p爲何值，必在$x<1$時爲歛；在$x>1$時爲散。當$x=1$時，因對於任何n皆$\frac{a_{n+1}}{a_n}>1$故此級數爲散。又此級數爲歛時，其和爲$\left(\frac{1}{1-x}\right)^{p+1}$，後當講及。

$$(c)\quad \sum_{n=o}^{\infty}\frac{x^n}{n!}\equiv 1+x+\frac{x^2}{2!}+\cdots+\frac{x^n}{n!}+\cdots.$$

因凡$x>o$時，皆

$$\frac{a_{n+1}}{a_n}=\frac{x}{n+1}\to 0\quad(<1),$$

故此級數在$x\geqq o$時常爲收歛，其和爲e^x，後當講及。

(d) $\Sigma\frac{x^n}{n^n}$在$x\geqq o$時爲收歛；此因$\sqrt[n]{\frac{x^n}{n^n}}=\frac{x}{n}\to o$，

(e) $\Sigma\frac{1}{(\log n)^n}$爲收歛；此因$\sqrt[n]{a_n}\to o$。[12]

(f) $\Sigma\frac{1}{1+n^2}$爲收歛；此因$a_n<\frac{1}{n^2}$。

$\Sigma\frac{n!}{n^n}$爲收歛；此因凡$n\geqq 2$時皆$a_n=\frac{1\cdot 2\cdots n}{n\cdot n\cdots n}\leqq\frac{2}{n^2}$。

$\Sigma\frac{1}{\sqrt{n(n+1)}}$爲發散；此因$a_n>\frac{1}{n+1}$。

$\Sigma\frac{1}{\sqrt{n(1+n^2)}}$爲收歛；此因$a_n<\frac{1}{n^{\frac{3}{2}}}$。

(g) $\Sigma\frac{1}{(\log n)^p}$($p$爲$>o$之定數)爲發散；此因從**38**，4知必有壹$m$能使凡$n>m$時皆$(\log n)^p<n$.

(h) $\Sigma\frac{1}{n\sqrt[n]{n}}$爲發散；此因$\sqrt[n]{n}\to 1$。

(i) $\Sigma\frac{1}{(\log n)^{\log n}}$爲收歛，此因其公項可寫作

---

12. 因$\log 1=0$，此級數之和祗能從$n=2$起。此種限制及與此相類之限制，其顯而易見者，以後不再詳細註明，讀者可自思得之。要之，關於歛或散之問題，只須知標出之項自何處起皆有定値可耳。以後無相反之說明時，凡記號log皆表自然對數，卽e爲底之對數(**46**，a)。

$$\frac{1}{n^{\log\log n}}\ *$$

之形式。又級數

$$\Sigma\frac{1}{(\log n)^{\log\log n}}=\Sigma e^{-(\log\log n)^2}\ \dagger$$

爲發散；此因從38及習題13，知從某n起$(\log\log n)^2<\log n$，故此級數之公項$>\frac{1}{n}$，由是此級數必爲發散。

十四章　各項依次單調降之正項級數

在經過此類極基本之討論之前，再述一類極簡單之正項級數 此類正項級數，即至少從某n起，其項悉爲單調遞降之數列．以前所示諸例，幾全爲此類級數；而在應用上所發生之級數亦大部屬於此類．關於此類級數之定理如下：

77　Cauchy 氏收歛定理　若Σa_n爲正項級數且其中之項成一單調降數列(a_n)，則此級數與

$$\sum_{n=0}^{\infty}2^k a_{2^k}\equiv a_1+2a_2+4a_4+8a_8+\cdots\cdots(13)$$

同歛或同散．

---

*附註　$(\log n)^{\log n}=e^{\log[(\log n)^{\log n}]}$

$$=e^{\log n\cdot\log\log n}$$

$$=e^{\log\log n\cdot\log n}$$

$$=e^{\log[n^{\log\log n}]}$$

$$=n^{\log\log n}.$$

†附註　$(\log n)^{\log\log n}=e^{\log[(\log n)^{\log\log n}]}$

$$=e^{(\log\log n)^2}$$

$$\therefore\quad\frac{1}{(\log n)^{\log\log n}}=e^{-(\log\log n)^2}$$

13. Analyse algébrque, p. 135.

應先注意處。 此應特加注意者，爲此定理表示：憑此級數中一小部分之項已足決定全級數之斂或散。故此定理亦謂之**緊縮定理**(Condensation Theorem)。

例如，從此定理可知調和級數 $\Sigma\frac{1}{n}$ 爲散。蓋由此定理知 $\Sigma\frac{1}{n}$ 與

$$\Sigma\frac{2^k}{2^k}\equiv 1+1+1+\cdots \qquad (一)$$

同斂或同散，而此(一)顯爲發散也。又從此定理，知級數 $\Sigma\frac{1}{n^\alpha}$ 與

$$\Sigma\frac{1}{(2^k)^\alpha}\equiv\Sigma\left(\frac{1}{2^{\alpha-1}}\right)^k \qquad (二)$$

同斂或同散。此(二)爲幾何級數，故可從 $\alpha>1$ 或 $\alpha\leqq 1$ 而斷定其爲斂或散。

從此兩例，非可知 $\Sigma 2^k a_{2^k}$ 之斂或散常比 Σa_n 之斂或散易於斷定。此定理之價值即在於此。

證. 原級數 $\sum\limits_{n=1}^{\infty}a_n$ 之部分和以 s_n 表之，新級數 $\sum\limits_{k=0}^{\infty}2^k a_{2^k}$ 之部分和以 t_k 表之．則(參觀74，2)

(a)　凡 $n<2^k$ 時，

$$s_n<a_1+(a_2+a_3)+\cdots+(a_{2^k}+\cdots+a_{2^{k+1}-1})$$
$$\leqq a_1+2a_2+4a_4+\cdots+2^k a_{2^k}=t_k$$

即
$$s_n<t_k;$$

(b)　凡 $n>2^k$ 時，

$$s_n>a_1+a_2+(a_3+a_4)+\cdots+(a_{2^{k-1}+1}+\cdots+a_{2^k})$$
$$>\tfrac{1}{2}a_1+a_2+2a_4+\cdots+2^{k-1}a_{2^k},$$

即
$$2s_n>t_k.$$

從(a)中不等式可知：若敍列 (t_k) 爲有界，則敍列 (s_n) 亦爲有界；又從(b)中不等式可知：若 (s_n) 爲有界則 (t_k) 亦爲有界．由是，此兩敍列必或皆有界或皆無界，故此原新兩級數必爲同斂或同散．已證完．

因2在此定理中顯非主要部分，此定理尙有推廣之餘地[14]．故於即將再加釋例之前，先述下之較廣定理：

定理　設 Σa_n 爲正項級數且其中之項成一單調降敍列 (a_n)，及 $(g_0, g_1, \cdots)$ 爲 78

14. Schlömilch, O.: Zeitschr. f. Math. u. Phys., Vol. 18, p.425. 1873.

任意整數之單調升敘列．若凡$k>0$時，g_k皆合於

$$g_k>g_{k-1}\geqq 0 \quad 及 \quad g_{k+1}-g_k\leqq M\cdot(g_k-g_{k-1})$$

之條件（M為一正常數），[15] 則兩級數

$$\sum_{n=0}^{\infty} a_n \quad 及 \quad \sum_{k=0}^{\infty}(g_{k+1}-g_k)a_{g_k}$$

必同斂或同散．

證． 仍如前證，得

(a) 凡$n<g_k$時（如$\sum_{n=0}^{\infty} a_n$中在a_{g_0}前尚有若干項，則以A表此若干項之和；否則A即為0），

$$s_n<s_{g_k}\leqq A+(a_{g_0}+\cdots+a_{g_1-1})+\cdots+(a_{g_k}+\cdots+a_{g_{k+1}-1})$$

$$\leqq A+(g_1-g_0)a_{g_0}+\cdots+(g_{k+1}-g_k)a_{g_k}$$

即

$$s_n<A+t_k$$

(b) 凡$n>g_k$時，

$$s_n>s_{g_k}>(a_{g_0+1}+\cdots+a_{g_1})+\cdots+a_{g_{k-1}+1}+\cdots+a_{g_k})$$

$$\geqq(g_1-g_0)a_{g_1}+\cdots+(g_k-g_{k-1})a_{g_k}$$

$$Ms_n>(g_2-g_1)a_{g_1}+\cdots+(g_{k+1}-g_k)a_{g_k}.$$

即

$$Ms_n>t_k-t_0.$$

從此(a)及(b)兩不等式，可得與前證同樣之結論．

79 注　意

1. 此兩定理中之條件只須從某定項起，凡其後之項皆能與之適合．故推廣定理（即**78**）中之

---

15. 此第二條表示敘列(g_k)中之空隙，（比諸自然數之敘列）不能增率太大．〔空隙指(g_k)中依次兩項之差言（即指依次兩項之距離言），空隙之增率不能太大即謂比

$$\frac{g_2-g_1}{g_1-g_0},\ \frac{g_3-g_2}{g_2-g_1},\ \frac{g_4-g_3}{g_3-g_2},\ \frac{g_5-g_4}{g_4-g_3},\ \cdots$$

不能無窮增大，而必須有界〕

g_k，可以

$$g_k=3^k,=4^k,\cdots,\text{或}=[g^k],$$

爲其特例；$[g^k]$中之g爲>1之任意實數，記號$[g^k]$表不大於g^k之最大整數*。又令g_k爲

$$g_k=k^2,=k^3,=k^4,\cdots$$

亦能適合此定理之條件。例如，從$g_k=k^2$可得一定理：若(a_n)爲正項單調降敍列，則$\sum\limits_{n=0}^{\infty}a_n$與

$$\sum_{k=0}^{\infty}(2k+1)a_{k^2}\equiv a_0+3a_1+5a_4+7a_9+\cdots \qquad (一)$$

必同歛或同散（此定理即推廣定理之一特例）。又從70，4，此級數（一）亦可以$\Sigma ka_{k^2}\equiv a_1+2a_4+3a_9+\cdots$代之。

2. $\sum\limits_{n=2}^{\infty}\frac{1}{n\log n}$之各項雖很小於調和級數之各項**，但此級數仍爲發散。蓋從定理77，此級數必與

$$\sum_{k=1}^{\infty}\frac{2^k}{2^k\cdot\log(2^k)}\equiv\sum_{k=1}^{\infty}\frac{1}{(\log 2)\cdot k} \qquad (二)$$

同歛或同散。又從70，2，此（二）與調和級數$\sum\limits_{k=1}^{\infty}\frac{1}{k}$爲同散。故此級數爲散。此級數及以下諸例所論諸級數之爲發散，係N.H. Abel[16]所發見（見Euvres II,p.200）。

3. $\sum\limits_{n=3}^{\infty}\frac{1}{n\log n\cdot k\log\log n}$之各項雖很小於2中Abel氏級數之各項，但仍爲發散。蓋從Cuchy氏定理（77），此級數與

$$\sum_{k=2}^{\infty}\frac{2^k}{2^k\cdot\log 2^k\cdot\log(\log 2^k)}\equiv\sum_{k=2}^{\infty}\frac{1}{k\log 2\cdot\log(k\log 2)} \qquad (三)$$

---

*附註。 例如$3\cdot1^2=9.61$，不大於9.61之最大整數爲9.故$[3\cdot1^2]=9$.

**附註 上總稱$\Sigma\frac{1}{n^\alpha}$爲調和級數，而以$\Sigma\frac{1}{n}$爲調和級數中之一種.但此處所謂調和級數實但指$\Sigma\frac{1}{n}$。又所謂$\sum\limits_{n=2}^{\infty}\frac{1}{n\log n}$之各項很小於調和級數之各項一語中之「很小」二字，指n很大時$\frac{1}{n\log n}$比$\frac{1}{n}$很小，即$n\to\infty$時$\frac{1}{n\log n}\Big/\frac{1}{n}\to0$。原文因此種情形，讀者自易想得；遂略示大意，而說得不十分清楚耳。他處與此相類者，讀者可自想得之不一一再加附註。（上爲便利說明計，以$\frac{1}{n\log n}$與$\frac{1}{n}$比較（70，1）。如就「各項」二字言，宜以$\frac{1}{n\log n}$與$\frac{1}{n-1}$比較，在n很大時情形仍同）。

16. Niels Henrik Abel, Aug. 5th, 1802 生於與 Stavanger 相近之 Findoe (Norway), April 6th, 1829 死於與 Arendal 相近之 Froland ironworks

同歛或同散。又因此$\log 2<1$,(三)之各項比2中Abel級數 $\sum_{k=2}^{\infty}\frac{1}{k\log k}$ 之各項大;故此數必爲發散。

4.　2及3中之 Abel 級數尙可任意繼續下去。爲簡便計,以 $\log_r x$表正數x之第r層對數,卽令

$$\log_0 x=x,\quad \log_1 x=\log x,\quad \log_2 x=\log(\log x),\cdots$$

$$\log_r x=\log(\log_{r-1} x);$$

并可以$\log_{-1} x=e^x$。

此類層疊對數僅在x大至相當程度時方有意義。例如$x>0$時$\log x$方有意義；$x>1$時$\log_2 x$方有意義;$x>e$時$\log_3 x$方有意義，以下類推。又層疊對數必須正數方能置之此類級數之各項之分母中，卽必$x>1$方能以$\log x$置之項之分母中；必$x>e$方能以$\log_2 x$置之項之分母中；必$x>e^e$方能以$\log_3 x$置之項之分母中,以下類推。故若討論級數

$$\sum_n \frac{1}{n\log n\log_2 n\cdots\log_p n},\qquad (p\text{爲}\geqq 1\text{之整數})$$

則和號下之n必須從相當大之數起,但亦不必細考其恰合之數(此從70,1 可知)。因此類對數皆隨n單調升,故此級數之項必爲單調降。由是從 Couchy 氏定理(77),此級數必與

$$\sum_k \frac{1}{\log 2^k\cdot\log_2 2^k\cdots\log_p 2^k}\qquad (\text{四})$$

同歛或同散。又因$2<e$,故若

$$\sum_k \frac{1}{k\log k\cdots\log_{p-1} k}\qquad (\text{五})$$

爲散則(四)亦必爲散。此級數(五)已證明其在$p=1$(及$p=2$)時爲散，由從數學歸納法(2,V)可知凡$p\geqq 1$時級數

$$\sum_n \frac{1}{n\log n\cdot\log_2\cdots\log_p n}$$

爲發散。

5.　上例所論之級數若其分母中末一因數 $\log_p n$改爲$(\log_p n)^\alpha$及$\alpha>1$,則立變爲收歛。卽級數

$$\sum_n \frac{1}{n\log n\cdot\log_2 n\cdots\log_{p-1} n(\log_p n)^\alpha},\quad \alpha>1,\quad (p\text{爲}\geqq 1\text{之整數})$$

爲收歛。其理如下：因前已證明$\alpha>1$則$\sum\frac{1}{n^\alpha}$爲歛。今若再假定對於一特種整數$p\geqq 1$已證明

(α)　$$\sum_k \frac{1}{k\cdot\log k\cdots\log_{p-2} k\cdot(\log_{p-1} k)^\alpha}\ [17]$$

17.　$p=1$則此級數爲 $\sum\frac{1}{k^\alpha}$。

爲收歛，則用前法可證明

(b) $$\sum_n \frac{1}{n\log n\cdots\log_{p-1}n\cdot(\log_p n)^{\alpha}}$$

亦爲歛如下：從 Cauchy 氏定理之推廣定理78，取$g_k=3^k$，則此(b)必與

(c) $$\sum_k \frac{3^{k+1}-3^k}{3^k\log 3^k\cdots(\log_p 3^k)^{\alpha}}$$

爲同歛或同散，因$3>e$，此(c)乘以$\frac{1}{2}$後之項必小於(a)之項（從702，3以$\frac{1}{2}$乘(c)；於(c)之歛否不生影響），故(a)歛則(c)歛，而(b)亦因(c)而必歛。〔故從數學歸納法知p爲≧1之正整數時(b)皆爲歛〕。

此末兩例之級數，乃先行講述，備以後作比較級數之用。且其效用甚大，入後自知。

今再證明一關於正單調降項級數*之重要定理於下，參觀下編82定理1.

定理 若正單調降項級數Σa_n爲收歛，則不但$a_n\to o$，且必 80

$$na_n\to o^{18}$$

證，從假設，諸部分和$a_0+a_1+\cdots+a_n=s_n$之級列(s_n)爲收歛，故任設壹$\varepsilon>o$，必能覓得壹m使凡$\nu>m$及$\lambda\geqq 1$時，皆

$$|s_{\nu+\lambda}-s_\nu|<\frac{\varepsilon}{2},$$

即

$$a_{\nu+1}+a_{\nu+2}+\cdots+a_{\nu+\lambda}<\frac{\varepsilon}{2}.$$

若任取壹$n>2m$，及令 $\nu=[\frac{1}{2}n]$（即≦$\frac{1}{2}n$之最大整數），則$\nu\geqq m$而必

$$a_{\nu+1}+a_{\nu+2}+\cdots+a_n<\frac{\varepsilon}{2};$$

故更必

$$(n-\nu)a_n<\frac{\varepsilon}{2}$$

及

* 附註 正單調降項級數爲「正項級數之其各項依次單調降者」。本章所言之級數皆此類級數。但$n>m$時a_n始爲正單調降者，自亦歸入此類之中。

18. Olivier, L: Journ. f. d. reine u. angew. Math., Vol. 2, p. 34. 1827

$$\frac{n}{2}\cdot a_n<\frac{\varepsilon}{2}，\text{即}\quad na_n<\varepsilon.$$

故 $na_n\to o$，已證完.

注意 此須鄭重注意者，此$na_n\to o$但爲「此種級數爲收斂」之必要條件，而非其充分條件。即na_n不$\to o$時此種級數自必爲發散[19]；但$na_n\to o$時則此種級數未必爲斂。例如Abel氏級數$\Sigma\frac{1}{n\log n}$雖爲正單調降項級數且

$$na_n=\frac{1}{\log n}\to o,$$

然此級數並不收斂而實爲發散。

19. 例如，因$n\cdot\frac{1}{n}$不$\to o$，調和級數$\Sigma\frac{1}{n}$必爲發散。

第三編習題

34. 以下列各式爲級數Σa_n之公項作成各種級數而研究其狀態(即研究其斂或散)，又其項之下標自應從適當之數起，例如以$\frac{1}{n^{1+\frac{1}{n}}}$爲公項，則$\Sigma\frac{1}{n^{1+\frac{1}{n}}}$之$n$應自1起不應自0起。

$$\frac{1}{n^{1+\frac{1}{n}}},\ \frac{n^a}{n!},\ \frac{n+\sqrt{n}}{n^2-n},\ \frac{(n!)^2}{(2n)!},\ \frac{2^n\cdot n!}{n^n},\ \frac{3^n\cdot n!}{n^n},$$

$$\binom{a+n}{n},\ \frac{1}{1+a^n},\ \left(\sqrt[n]{a}-1\right),\ \left(\sqrt[n]{a}-1-\frac{1}{n}\right),\ \left(\sqrt{n+1}-\sqrt{n}\right),$$

$$\left(\sqrt[3]{n+1}-\sqrt[3]{n}\right),\ \frac{\sqrt{n+1}-\sqrt{n}}{n},\ \frac{1}{(\log\log n)^{\log n}},\ \frac{1}{(\log_{\varepsilon} n)^{\log n}},$$

$$a^{\sqrt{n}},\ a^{\log n},\ a^{\log\log n},\ \left(1-\frac{\log n}{n}\right)^n,\ \left(\sqrt[n]{n}-1\right)^a,\ \left(\sqrt[n]{n}-1\right)^n,$$

35 若Σd_n爲散，則$\Sigma\frac{d_n}{1+d_n}$亦爲散。$\Sigma\frac{d_n}{1+nd_n}$及$\Sigma\frac{d_n}{1+n^2d_n}$之狀態如何?$(d_n>o)$。

36 設Σd_n爲散及$d_n>o$，則級數$\Sigma\frac{d_n}{1+d_n{}^2}$之狀態如何?

37 設$p_n\to\infty$，級數

$$\Sigma\frac{1}{p_n{}^n},\quad\Sigma\frac{1}{p_n{}^{\log n}},\quad\Sigma\frac{1}{p_n{}^{\log\log n}}$$

之狀態如何?

38 設$p_n\to\infty$，而

$$o<\overline{\lim}\,(p_{n+1}-p_n)<+\infty.$$

則數列(ϱ_n)之上限及下限應爲何數始能使

$$\Sigma\frac{1}{p_n{}^{\varrho_n}}$$

爲斂(或散)?

39 凡$n>1$時皆

$$\frac{n}{2}<1+\frac{1}{2}+\frac{1}{3}+\frac{1}{4}+\cdots+\frac{1}{2^n-1}<n.$$

40 證數

$$x_n=\left[1+\frac{1}{2}+\cdots+\frac{1}{n}-\log n\right]$$

所成之數列爲單調降。

41　若Σa_n爲正項斂級數，則$\Sigma\sqrt{a_n a_{n+1}}$亦爲收歛。試設一列以證明此定理之逆不眞確，並證明(a_n)爲單調則此逆成立。

42　若Σa_n爲斂，則$\Sigma\frac{\sqrt{a_n}}{n}$亦爲斂，且凡$\delta>o$時$\Sigma\frac{\sqrt{a_n}}{\sqrt{n}^{1+\delta}}$皆爲斂。

43　凡正數x_1皆可以

$$x_1=a_1+\frac{a_2}{2!}+\frac{a_3}{3!}+\frac{a_4}{4!}+\cdots$$

之形式表之，但此種表法只有一種；此a_n爲「非負之整數」及$a_n\leqq n-1$，並須凡$n>n_0$時a不盡$=n-1$之條件。若(惟)x_1爲有理，則(方)此級數有盡(即其項數爲有窮)。

44　若$o<x\leqq1$，則必有及只有一正整數敘列(k_ν)之

$$1<k_1\leqq k_2\leqq k_3\leqq\cdots$$

者能使

$$x=\frac{1}{k_1}+\frac{1}{k_1k_2}+\cdots+\frac{1}{k_1k_2\cdots k_n}+\cdots;$$

若(惟)此諸K_ν在某下標ν_0後皆相等則(方)x爲有理。

引擎之擬似律

(*The Law of Similarity of Engines*)

徐震池譯述

吾人爲便利研究起見，常預製模型，以實驗新設計之引擎，在工程上稱爲模型試驗。此模型與實型之大小尺寸，有一定之比率A，猶之繪圖，依A倍放大，或依A倍縮小，則A可稱爲模擬係數，或擬似係數。當實型大於模型時，$A>1$；當實型小於模型時$A<1$。

設引擎之壓縮率(Compression ratio)爲γ，其值在兩型(模型及實型)通同，其擬似各點，可類列如下。

(I) 實型之爆發力 (Farce of oxplosion)，較諸模型，應依A^2之比值增減。且當角速度不變時，其工作率依A^3之比值增減，蓋每馬力之機重(wt. per H.P.)在兩型通同，而機重則依A^3增減者也。

滑油壓力p爲力與面積相除之商，故p在兩型不變。

引擎轉力量T (Torque)爲力與長度相乘之積，故T依A^3增減。關於引擎轉力量，有下之公式：——

$$T=km_m+kR_k\sin\frac{k\alpha}{2}.$$

式中之k爲氣缸數，km_m爲平均主轉量(Mean turning moment)，kR_k爲T就km_m而言之振幅(因在每一Cycle中，活塞推動曲拐軸之主轉量時大時小，成爲震盪形式，其最大值與最小值之距離爲振幅，其平均值則爲平均主轉量)，α又爲曲拐軸從一任定始點計算之迴轉角度。由此可知R_k之值，應依A^3增減。

又關於飛輪之慣性，有下之公式：——

$$I = \frac{4R_k m}{\omega^2}$$

式中之m爲調速係數(Coefficient of Speed regulation), ω爲角速度。設m及ω在兩型均通同,則慣性I應依A^3增減。但因其值原依飛輪本身之線度之四乘方增減,今欲得一近似之飛輪,故飛輪本身之線度應各乘以$A^{3/4}$,而不照普通擬似乘以A倍。

(II) 撓力量(Bending moment)爲力與長度之乘積,故應依A^3增減。其截面撓率(Section modulus)$\frac{I}{y}$亦依A^3增減。其時金屬内之應力(stress)從公式

$$t = \frac{M}{\frac{I}{y}}$$

推求,可知其值在兩型爲不變。又其他擠壓應力,剪割應力,及扭捩應力,等,均爲力與面積相除之商數,其值在兩型爲不變。

(III) 摩阻力爲外力F與摩阻係數μ之乘積,故依A^2增減。

(IV) 爆發熱之總量,依氣缸容積之大小增減,即依A^3增減。氣缸四壁面積則依A^2增減。故缸壁每單位面積之導熱量,應依$\frac{A^3}{A^2} =$ A之比值增減。由是更可知在鉅型之引擎,缸壁常有受熱過甚之趨勢。而較小之引擎則似不妨應用較高之壓縮率也。

(V) 唧筒之輸水與馬力成正比例,故應依A^3增減。又唧筒輸油,因滑油壓力p在兩形爲不變,常視潤滑面積之多寡而輸油多寡以適應之,故輸油量應依A^2增減。至若假定油及水之流轉速度在兩型爲相等,則油路截面應依A^2增減,此無問題(因油量＝截面×速度)。惟水路體積就與馬力成正比,須依A^3增減,而速度又須相等,勢不當使其截面照常依A^2增減,故後一假定(指水速度相等)不合擬似定律。

(VI) 當角速度不變時,線速度爲角速度ω及長度之乘積,應依A增減。

氣缸進氣爲活塞截面與其線速度之乘積,應依A^3增減。若假

定兩型氣路流速相等，則氣路截面須依 A^3 增減，而不照常依 A^2 增減、此假定不合擬似定律。

滑瓣通路之截面亦須依 A^3 增減，因之圓瓣離座之高度與其直徑之乘積應依 A^3 增減。就物體之運動慣性言，圓瓣被掀起離座之高度甚不易以大於 A 之因數乘大為是瓣直徑應依 A^2 增減，此又較之擬似定律凡直經係以 A 作比率增減者為不同矣，在大型引擎，勢非用兩進氣瓣及兩出氣瓣不可。又當氣缸直徑大過某一限度時，為確使爆發之傳播率甚速在變際上能使全體氣體瞬時着火起見，吾人應用兩火星塞。

(VII)慣性力 (Force of inertia) 為物質，長度及角速度平方之連乘積。物質依 A^3 增減，故慣性力在角速度不變時係依 A^4 增減，而慣性壓力 (Inertia pressure) 則依 A^2 增減。所謂慣性壓力也者，機小時其值小，機大時其值大，其間相差甚遠，故小機之旋轉速度不妨較高，例如，慣性壓力常足以限制引擎馬力之發展，但若其值在兩型為不變時，角速度竟可依擬似定律作反比率之增減焉。

活塞平均線速度之最大值，常不因雛型鉅型而生差別，吾人早知此項速度 $u_m = 14.75(1 + \frac{l}{d})$ 呎/秒為一均勻函數 (Homogeneous function) 且就 l 及 d 之關係而言，為 O 次 (Zero degree) 函數，又迴轉速度 $n = \frac{30u_m}{l}$ 為(−1)次函數(就長度作參考)。

慣性力依 A^4 增減，前已言之，故滑瓣發條之發力，應以 A^4 乘大之。

按以上各節，係依 R. Devillers' Automobile and Aero Engines 節譯。但要知此係直接推理得來，在實用上仍不時發見多少越軌之現象。例如活塞及機械各部之摩阻力，及曲拐軸之空氣阻力常因溫度不同，而發生變化可知 μ 之值在兩型並非絕對之定值也，又氣缸進氣出氣之活瓣，其截面之大小及形式影響及於換氣損失 (Pumping loss) 之處亦甚大，在事實上並不若增減直徑，增減瓣數便可將就一切之簡單，以故吾人利用模型試驗，求其十全像真，勢不可得，惟冀其結果能迫近臆測而已。

廿五，八，十，於英國。

法國鐵路參觀記

吳 慶 源

(一) 鐵路之客箱房,爲管理客箱之機關。每日由客箱房將列車送往車站,準時出發,再由他站回至客箱房。當其回來時,須經檢查工匠之檢驗,如有損壞之處,即行修理。在客箱房中,除修理工作外,車身內外,又須舉行灑掃及揩拭等工作。茲將法國北方鐵路之Landy客箱房各種情形,述之如下:

第 一 圖

客箱回至客箱房時,先到檢查之處。該處有水泥修築之檢驗車道(見第一二兩圖)。工匠檢查車底各部時,可在車道中行走。檢查車身外部時,可在兩車道間人行道上行走,如是可以免去爬行及攀登之不便。此種檢查客箱方法,易而省時也。

第 二 圖

檢驗車道中,裝有電燈,以便夜間驗車之用。每列客車,需檢查機匠三人,電氣工匠一人。四人同時檢驗,塡具報告,先交驗車領班審查。該領班彙集四人之報告,加以評註,用運送管送至客箱房主管人員,由該員決定修理辦法,然後開單用運送管(Pneumatic Despatch Pipe)送至修理匠領班,命該領班分派工人前往修理。玆將驗車報告單式樣列下:

驗車機匠姓名	列車次數	年	月	日

客箱號數	應行修理各項

驗車電氣匠姓名	列車次數	年	月	日

客箱號數	應行修理各項

列車次數		驗車領班評註
日期	年 月 日	
開始檢查時間		
檢查完畢時間		
停在軌道號數		
驗車報告		
檢查機匠(A)		
檢查機匠(B)		
檢查機匠(C)		
檢查電氣工匠		
驗車領班簽字		

檢查匠(A),(B),(C)所查各部,均有規定,茲以下圖明之:

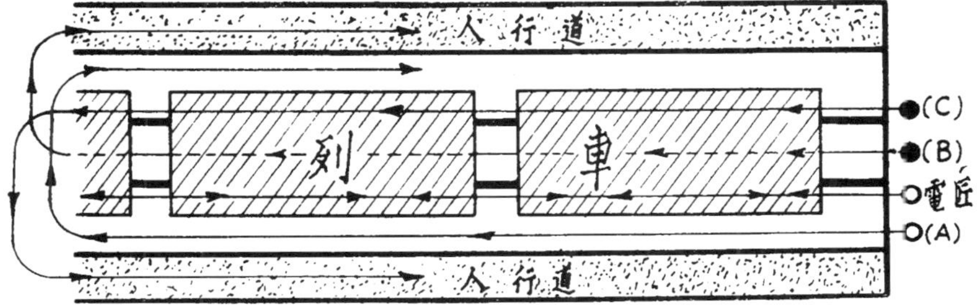

列車驗畢後,即送至洗刷及小修之處(見客箱房全圖),以便施行洗刷及修理工作。該項洗刷工作,歸商家承辦,對於客箱內絲

絨墊子,及地毯等,用眞空吸收器(Vacuum Cleaner)將灰塵吸去。地板上則用消毒藥水揩拭,以求衞生。客箱外面則用能去灰塵而不傷油漆之藥水揩拭,然後再用清水冲洗之。同時修理工匠,施行各項修理工作,塡具報告,內分電氣,氣閘,木工,水作等等,先交修理匠領班審查,然後由該領班彙集每列車之修理報告,加以評註,用運送管送至客箱房主管人員處,以資考核。

該客箱房駐有萬國臥車公司之辦事處,修理間,材料室(卽客箱房全圖中所載通濟隆公司各處),以資就近管理該公司往來國際間之飯車及臥車。

該客箱房有鍋爐兩座,以便於冬季供給停在客箱房之列車中暖氣之用。所用燃料,卽爲機車煙箱中取出之煤灰 (Smoke box Ashes),誠利用廢物而節省金錢之道也。

(二) 法國國有鐵路,有自動洗車間之設(見第三圖)。內有八個旋轉的柱子,每柱結以布條,當列車拖過洗車間時(速度甚低)將柱子用電轉動,布條因之飛起,與客箱兩旁摩擦。同時有水射出

第 三 圖

第 四 圖

將擦下之灰塵冲掉。據云此種洗車間,較人工洗車爲快,惟究欠清潔。如客箱輛數不多,此種自動洗車間無甚可取之處。

又人工洗車,可利用自來水噴射,藉以減少洗車時間(見第五圖)。至於洗車所用除去灰塵之藥水,各處不同,以能去除灰塵而不傷油漆爲要。亦有不用此種藥水及清水者,祇用一種油料,可稱『乾揩之法』。

(三) 歐洲各國鐵路,對於在路人員之教育,頗爲注意。德國鐵路,備有教科書百餘種之多。比國鐵路,對於司機及火伕,亦編有教科書。第六圖所示,爲法國北方鐵路機車房中之講堂。凡各司機及火伕,每年必須上課若干小時。於相當時期,并舉行考試焉。

第五圖

第六圖

(四) 機車汽缸 (Locomotive Cylinder),有時破損,極難修補。近來電焊之術進步,可用電焊方法修補之。第七圖所示,爲法國北方鐵路機車房中行將修補之汽缸。先將裂縫刮清,加以『Taper』。再於裂縫四週及『Taper』上,鑽無數小孔,孔中用『Screw Tap』切螺旋紋,然後將鋼條(先亦切螺旋紋)旋入此孔中,繼而隨根截去,然後施行電焊。據云此種修補方法，結果甚佳。

（五）鐵路上之水鶴，爲機車加水之用。第八圖所示，爲法國北方鐵路機車房所見之水鶴。其放水一端裝一個可以拆卸的接頭（見第十一圖）。用此接頭後，水放出時，成一個『Solid Jet』，直貫水櫃進水洞中。其開水盤所裝之地位甚爲便利。

第七圖

第八圖

（六）機車房機車生火時，黑煙四佈，殊非所宜。故機車房中，多裝有煙罩（Smoke Shoot），俾將黑煙導至屋頂之上。或裝有煙管，管下有活動之煙囱，可以套在機車煙囱之上。管中并有電風扇，可將黑烟吸出，且有幫助燃燒之作用。第九圖所示，爲法國北方鐵路機車房中鋼筋水泥所造之烟罩。罩上有極高之烟囱，藉以帮助黑烟之上升。據云此種水泥烟罩，造價甚昂，惟頗能耐久而無火災之虞。

（七）鐵路對於客箱每有規定其主管之客箱房。對於貨車則並無此種規定。普通在貨物羣集之處，或在貨車會合之樞紐地點，設立分排場(Marshalling Yard)及貨車房，以資管理。該車房設備之大小則視該處貨車來往之多寡而定。所有來往之貨車，須由檢查

第九圖

機匠檢驗。凡須修理者,當卽用標記表明之。其後分排主管人見之,卽將欲修之貨車,先送修理處,以便從速修理。法國北方鐵路印有各種標記,上載『此車不可裝載』,『挽鈎有損』,『只可輕裝』,『此車應送回原主』,『卸貨後須修理』,『氣閘失去效用』等等字樣,用備檢查工匠標明之用。

第十圖所示,爲法國北方鐵路Bourget貨車房之全景。凡欲修理之貨車,均由右端送入(見貨車房全圖),視其修理之性質,送至各部。該車房有修理廠二,(一廠專修氣閘)備有各種金工木工機械,幷有軸箱洗滌室鍛鐵間等,一切甚稱完美也。

第十圖

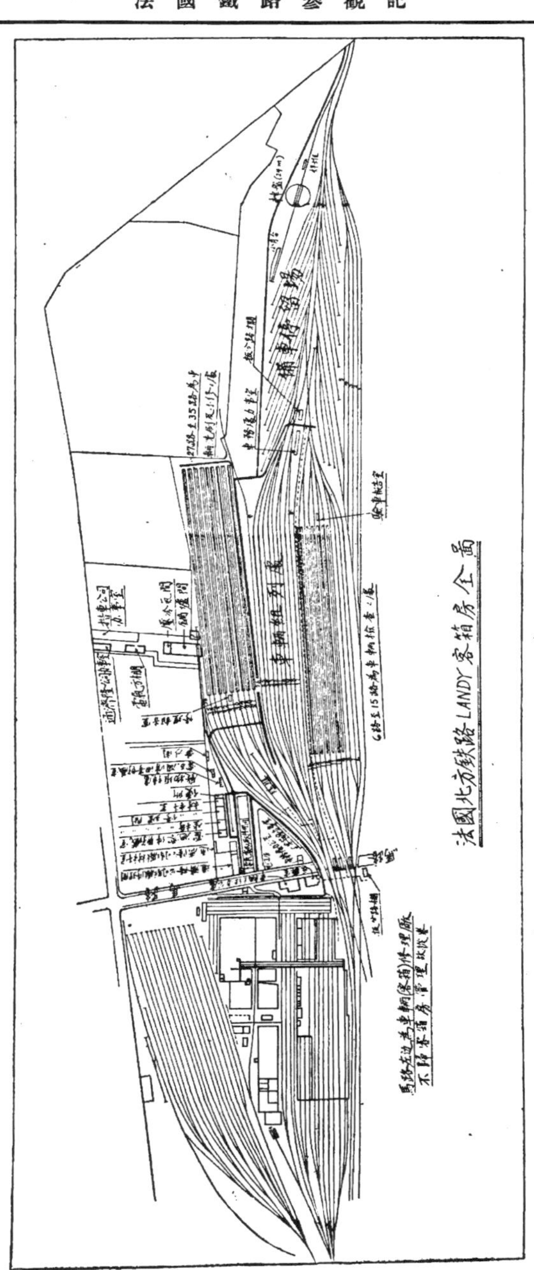

法國北方鐵路LANDY客箱房全圖

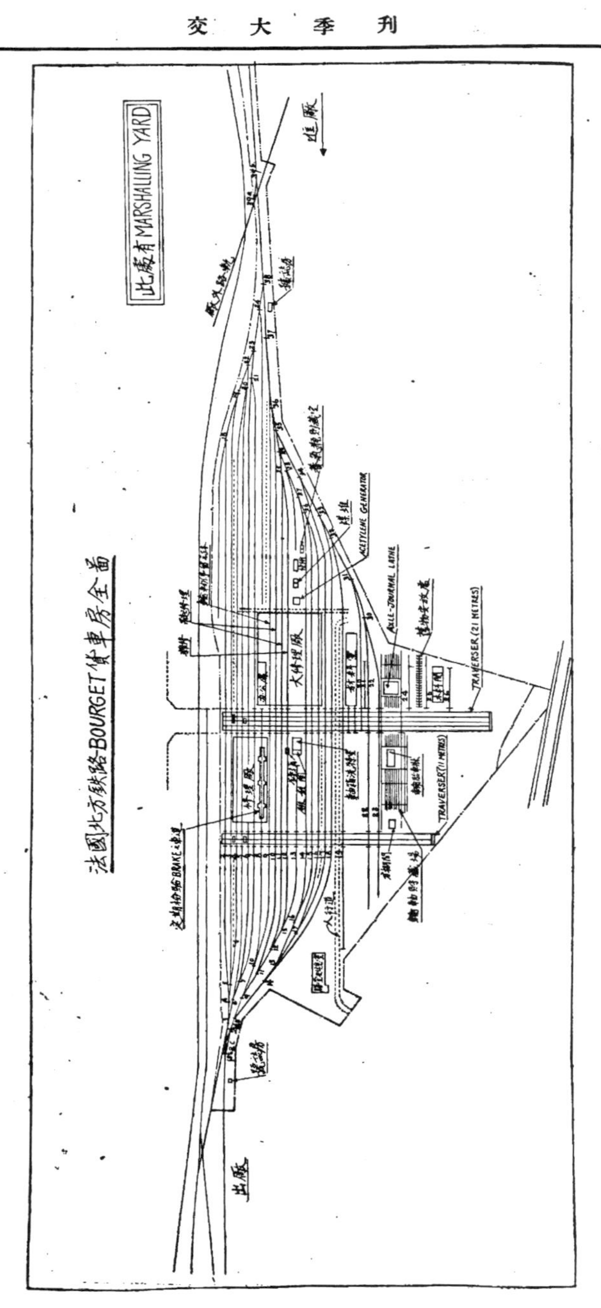
法國北方鐵路BOURGET貨車房全圖
此處有MARSHALLING YARD
進廠
出廠
ACETYLENE GENERATOR
ROLL-JOURNAL LATHE
TRAVERSER (21 METRES)
TRAVERSER (11 METRES)

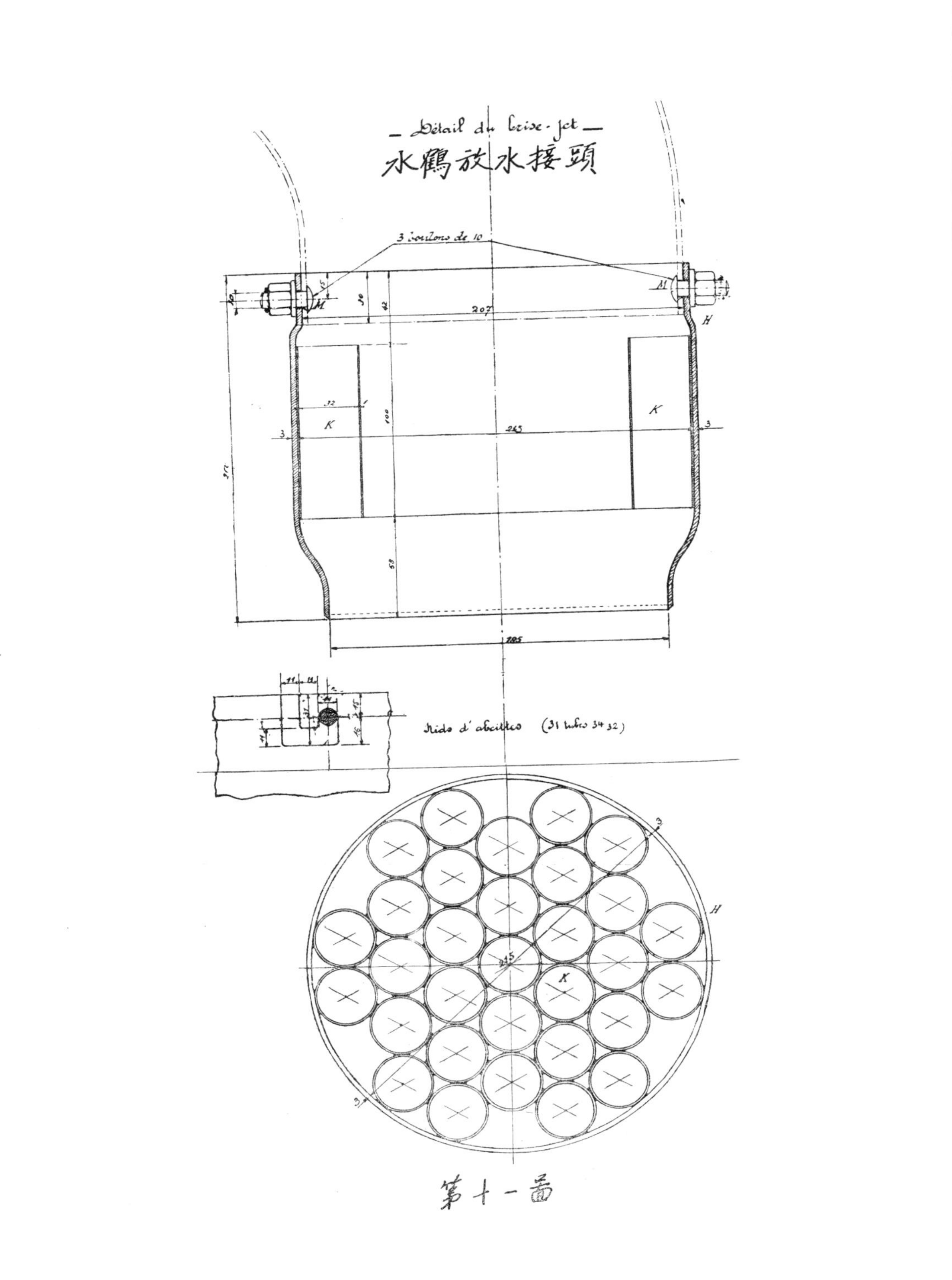

第十一圖

看雲圖記

陳柱

一人南向坐,巨石上,大樹下,面與足微東北向,一人左,一人右,皆東向坐,面皆微北向,略成品字形,同仰首望,年皆四十左右,望之疑爲晋宋人,白雲逢逢從東方起,須臾瀰漫於西北,大風從東南來,樹石盡欲西走避,風愈大雲愈急愈多而愈高,如海底蛟龍欲奔天然,羊角起幾萬里,雲中時時閃閃作金銀光,雲到處山不見,雲不到處山見,山見處夕陽般紅,由石壁返射與山樹之青蔥色相映,光處如火,雲處如煙,其光焰炎熊萬丈迷人目處疑益烈山澤時也。最遠最高二峯,雲尚不能飛渡,東視縣崖千丈,唯桂林陽朔間之畫山,差足與侔,南下山頂稍平處,有人家,隱者所廬也,高樹四五株,如招隱然,再下有石橋,終日不見行人,唯落葉如大雨傾天下,於雲中遇之不復知爲晴天矣,又下有茅亭,又下爲三人所坐石,稍左而南,大樹三,其一卓然中正立,其左右兩株,身盡東傾,勢欲壓此三人者,枝葉則盡西向,然樹身愈傾而气力愈欲上振,故卒不能傾,老枝幹牙牙,風來時颯颯如訴呼,揚子雲稱太玄,支葉扶疏,獨說數十餘萬言,深者入黃泉,高者出蒼天,大者含元气,纖者入無倫,其文境庶幾於此悟之,三人所坐石,大約十數丈,下臨大海,其東南諸山,有峭然獨立如春筍者,如劍拔者,如人有老幼喜怒美醜等不一,然人醜者則醜,若山則醜者益奇而加妍矣,東北遠山重重,如搖蕩洪波中,望之尤有遠情,眞山水之大觀也,不知黃賓翁從何處得此神境而爲我圖之,自題唐人詩曰,坐看雲起時。意者其桂林之山,黃山之雲,東海之濤,孔明祠前之老柏,皆盤鬱於匈中,久而不得不發之邪,余爲篆額曰,看雲圖,作畫時二十四年五月,作記時二十五年一月一日也。

嶺表紀蠻序

陳　　柱

予與錫蕃,始相識於梧州,時錫蕃長省立第一師範學校,予長省立第二中學校,每相見,未嘗不論學,亦未嘗不詢吾省苗猺事,錫蕃累累爲予道之不倦,予亦聽之如不足,蓋錫蕃生長百壽萬山之中,與苗猺所居爲近,而留心邊事,以謂若輩雖無知,眞邊省治亂之所重系,未嘗不相與歎息,有治國敎民之責職者,不早爲之所也,既而錫蕃因事去梧,未幾予亦以忌離省,不通問者三四年,俄而錫蕃以書抵予曰,近治何學,並述其將有志於苗猺之述作,余復書嘉之,且私自喜曰,吾省尙有斯人乎,蓋當此之時,談黨治,說革命者,皆可以無故富貴矣,何必從事乎窮愁著書,已而去年之冬,錫蕃竟以其書至,發緘啓視,褎然巨製也,其名曰嶺表紀蠻,其事則皆得之身歷目論,爲自來著作者所不詳,圖象之精且備,尤足使讀之者亦如身居其中,而相與飲食談笑也,乃爲之介於商務書館,布諸天下,自此書出,則滇黔桂諸邊省之苗猺民俗,昔人所視爲神祕而不能知者,乃如接鄰而處矣,然不一月間,書尙未出,而桂柳間之苗猺,竟揭竿而起,以反漢獨立爲名,省政府以大軍及飛機痛剿之,逾月而後稍定,則夫予與錫蕃往日所慮以爲邊省之大患者,今乃果諗矣,若今猶不爲之圖,則他日受外人之利誘,必爲邊省腹心之禍,是又吾所不欲獲知言之名者矣,又吾著書不下百餘種,而皆求之於故紙堆中,讀錫蕃此書,一一皆出於已身之所經,而非空談可比,故不勝慚愳向往之至云。民國廿二年九月三十日北流陳　柱謹序

茹經先生政治學跋

唐　慶　詒

右友人崔君雲潛所著家父政治學凡十卷。首四卷廣蒐家父奏疏,文集,年譜,政治學大義,等作。纓絡微言。洪纖畢舉。次六卷標救國要旨。分外交,軍事,理財,等門。而於外交一門。論列尤精覈詳盡。蓋家父服官商部時屢奏經營東北條陳。先闢營口商埠。擴三省交通商務。東陲既固。爰及外內蒙古,新疆,西藏。作一大圈椅形。屏蔽京畿。疏屢上。不報。泯泯棼棼。淪胥以漸。非一朝一夕之故矣。吾嘗縱觀中國百餘年來外交史。約分四期。自道光十四年至咸豐十年。我國當局。等歐美各國於夷狄。無足重輕。交涉悉委諸懵昧無知之國行（Co-hong）鴉片爭端起後。罷林文忠。議弛軍備。撤要塞。於是英艦橫行海上。隨浙潮而至。犯長江。窺白下。東南震驚。自南京和約以迄天津北京條約。門戶洞開。昔之以華制夷者。今且爲夷所制。此中外衝突第一時期也。未幾。洪楊構亂。海內俶擾。安南,喪於法。緬甸喪於英。琉球喪於日。雖中俄交涉。曾惠敏以外交之雄才。辯詘格爾斯放策。收回伊黎。然使節折衝之殊勳。適足固朝野恬嬉之積習。此不獨法國外交家第歐氏曾發此論,即曾惠敏亦洞燭危機。奏疏中以微臣鰓鰓過慮爲言矣。惜乎當局之不能用耳。此藩籬剝削第二時期也。甲午戰後。列强稔我國之無能爲。攫取租界。角逐爭雄。瓜分之說日囂。排外之風日熾。乂用不明。清社以屋。此國權喪失第三時期也。清季八十年來。國家盛衰得失之故。其機如此。向使甲午之後。怵然懼禍至之無日。聽用良謀。經營邊務。外藩雖撤。東隅可鞏。即不然。而國鼎初革。咸與維新。於天造草昧之秋。行生聚教訓之政。不難規復版圖。稱伯東亞。何至第四時期內。迭生五九九一八一二八千古未有之奇變哉。不幸權奸竊柄。國運凌替。均勢之局已殘。席捲之機可乘。於是東瀛剽掟之師。海陸空並進。豕奪狠奔。一發而不可制。白山黑水之間。遽拔漢幟。王孫哀怨。野老吞聲。此愛國志士所爲怵目驚心北望流涕而長嘆息者也。然而天道周星。物極必反。強梁者不得其死。好勝者必遇其敵。盱衡當世。倘有豪傑之士。實行家父政治學說。宗誠信。去詐僞，學道愛民。整軍經武。揮天戈而迴日馭者乎。企予望之矣。敬撰此跋。藉以自勉而謝崔君。民國念五年秋日唐慶詒謹跋

TELEVISION

(From "The Economist", Vol. CXXIV., No. 4853, Aug. 29, 1936, p. 381-382)

The first organised television programme in Great Britain was transmitted last Wednesday from the British Broadcasting Corporation's station at Alexandra Palace in North London, and received by an expectant and somewhat generously enthusiastic audience at the Radio Exhibition some few miles away at Olympia in West London. What are the technical features and the financial prospects of this new form of public entertainment which, after much experimental work and a full-dress official inquiry, has thus made its public *debut*?

To a generation accustomed to the marvels of electrical communication the development of television has often appeared to be unduly retarded. But the technician, with his special knowledge, has always insisted on the inherent difficulties of the subject, and warned us that progress would be slow. Basic problems arise in connection with the transmission and reception of the mosaic of changing detail which makes up an acceptable representation of a moving picture. Pictorial representation may be regarded as essentially granular in structure, and, in order to transmit images by wire or by radio, separate signals indicating the relative brilliance of each elementary area must be conveyed to the receiving point, at which, by an electrical translation, a corresponding brilliancy is given to the correlated spot on the observation screen.

But the mere complexity of the signals does not constitute the whole of the difficulty of television. In addition the component signals must be transmitted in an ordered sequence. At the transmitting station the "electric eye" runs over the object to be televised in a way closely resembling the action of the human eye in reading a column of print, left to right, and line by line. At the receiving end, the illuminating spot must travel over the observational screen in an exactly synchronous manner. Moreover, since in television the pictures are moving, the whole image must be reproduced many times per second in order that the observer, by persistence of vision, experiences the illusion of continuous motion although he is really witnessing a rapid succession of snap-photographs.

Much of the controversy which has raged round the subject of television has been concerned with the question of definition and flicker in the received images. The technical problems are obviously much reduced if the number of picture-elements in the image is small and only a relatively few photographs are transmitted in a second. As far back as the autumn of 1929 the B.B.C. gave the Baird Company facilities for the experimental transmission of low-definition pictures (2,100 picture-points repeated 12½ times per second). But the public response to this feature was well-nigh negligible; for the received pictures had no value as entertainment. The result was that the Selsdon Television Committee, the recommendation of which were accepted early last year by the Postmaster-General, gave no encouragement to the continuation of such a service, and it was ultimately dropped.

It was the considered opinion of the Committee that, for a satisfactory picture, there should be details of the order of 6,000 picture-points with a minimum picture frequency of 25 per second. It was further pointed out that, for the reception of such high-definition pictures, the cathode-ray tube was usually employed, in which the pictorial delineation at the receiver was brought about by the rapid transit of a pencil of electrons over a fluorescent screen. For the transmission of such complicated signals it was realised that the ultra-short waves constituted the only available and satisfactory medium. But since, with such wave-lengths, the range of a sending station is practically limited to the horizon as seen from the transmitting aerial, a number of such stations would be necessary to serve the whole country. The two systems of television developed by Baird Television, Ltd., and by Marconi-E.M.I. Television Company, Ltd., were regarded by the Committee as being sufficiently advanced to warrant their incorporation in a London station, to operate alternately under the B.B.C. as a public service. The Technical Advisory Committee ultimately chose Alexandra Palace as the site for this station, and the visitor to Olympia this week has been able to see for himself the results of the first series of transmissions from this station.

It is quite clear from the latter part of the Report of the Selsdon Committee that its members envisaged that television would be likely ultimately to develop into an art with which would be associated an industry comparable with that which at present caters for the ordinary listener. It was, for example, suggested there might possibly be a television patent pool, comparable with that already in existence in connection with the grouping of radio manufacturers. But so far no general move in this direction has been made. Instead there appears to be very keen rivalry between the two companies, Baird and Marconi-M.E.I., who were chosen for representation in the initial service. Not until an extended trial has been made in the matter of reception in different parts of London will it be possible to say which of the two systems gives the better results. At the moment there appears little to choose between them. The Bair system of "spot-light" scanning provides a most acceptable representation of a "close-up," but for outside "shots" the use of an intermediate film, causing a delay of 30 seconds before the picture signal is radiated, is used. The Marconi-E.M.I. system has, as its central feature, the use of the Emitron camera, which lends itself admirably to extended indoor and outdoor scenes. The pictures sent out by the two systems differ in respect of numbers of lines and picture-frequency, the Marconi-E.M.I. picture being claimed to be completely free from flicker.

Leaving the more technical aspects, we may note that, while the B.B.C. has purchased the London station equipment from the two companies concerned, and will doubtless purchase more from them (and possibly others) for the provincial stations, the bulk of the future profits in television may be expected to accrue in other ways. But it is difficult to see considerable scope for immediate large-scale turnover. The sets on view and on sale at Olympia cost about £100, so that it is clear that sales will be limited. "Servicing" is likely to be expensive with such relatively complicated apparatus.

At the first announcement of the Television Committee's proposals for the inauguration of a television service the sales of ordinary receivers dropped sharply. This was due to a misconception on the part of the public about the nature of the situation. It was not for some time that people realised that the B.B.C. sound and vision services would be conducted in parallel, and that to obtain both two types of equipment would be necessary. Recognition of that fact, however, has now become more general.

One further aspect of the television situation calls for notice, namely the possibility of large-screen demonstrations suitable for use in cinemas. The time may not be far distant when each cinema will include in its news reel the instantaneous presentation of certain special events while they are happening some distance away. In this connection the two companies mentioned above may find a serious competitor in Scophony, Ltd., who, developing optico-mechanical methods, have paid special attention to large-scale projection. The Scophony system has been reported on favourably by two well-known scientists. But here again the very problematical nature of the immediate future of television prompts caution. It is clear, in short, that though the ultimate possibilities of the development of television are impressive, it is most difficult, at the moment, to make any confident estimate of its financial prospects.

英國工廠實習簡况

曾 潤 琛 編

（I）電機

（甲） Metropolitan Vickers Electrical Co. Ltd. （裘復生）

1. 廠址.— Trafford Park, Manchester

2. 性質.— 製造透平發電機馬達以及一切儀器等。其中部份甚多，實習生通常可得而入者如下:—

(1) Foundry (2) Tank Shop (3) Pattern Shop (4) Machine Shop.

以上係基本工作。此外關於電機方面:—

(1) Switchboard Erection & Test

(2) Switchgear Erection & Test

(3) Motor Erection & Test

(4) Transformer Erection & Test

(5) Dynamo Erection & Test

(6) Traction Equipment

(7) Coil Winding

關於機械方面:—

(1) Turbine Erection & Test

(2) Condenser Erection

以上各部份欲入內比較容易。此外如 Drawing Office 及 Engineering Department，則不易入內。

3. 工作時間及狀況.—工人上午七時半至十二時,下午一時至五時。職員上午八時半起,餘同。在廠實習一如工人,初來每苦不慣,作職員時始稍舒。

4. 津貼.—外國實習生有(1)每星期50先令(2)每星期30先令。以上全視接洽實習時之結果而定,在廠待遇則同。

5. 膳宿.—每星期約30先令可得臥室一間,起居室一間。除工作日之午餐不供給外(通常可在廠中購食,每星期5先令),一切在內。進膳時間如下:—

晨餐(茶,麵包,火腿蛋等)	七時
午餐(一菜,一點)	十二時半
茶點(一菜,麵包蛋糕等)	六時
晚餐(牛奶,餅干)	九時半

6. 車費.—普通住所離廠均近,無須乘車。

到倫敦單程	23/—,約四小時。
來回	30/—,限一月。
半日遊覽	10/—

7. 日常零用.—每星期生活費40—45先令。

8. 娛樂.—(1)公園有網球場,單打每小時8 d.,雙打每小時1/—。游泳池4 d.—6 d.滑冰門票1/6,租冰鞋另加1/3—2/—。

(2)電影院有 Paramount, Gaumont 等;日戲佳座1/6,夜戲2/6—3/6。戲院有 Prince's, Palace 等;日戲3/——4/—,夜戲5/——6/—。舞場有Ritz,門票日間1/—,夜1/6—2/6。

(3)附近名勝有 Buxton, Hebden Bridge, Chester, Southport, Blackpool 等。

9. 商情.—商場以Market Street爲中心,自 Piccadilly 至 Exchange Station,商店林立,以Lewis' Ltd.爲最大,價亦不昂。

(乙) **British Thomson Houston Ltd.** **(姒南笙)**

1. 廠址.— 總廠在Rugby,分廠在 Birmingham, Coventry, Chesterfield及 Willesden。Rugby 距倫敦83哩, L.M.S. 及L.N.E.R.俱有車站。

2. 性質.— 製造:(甲) Heavy Machinery(1)Turbine(2)Turbo-Generator (3)Condensing Plant(4)Air Compressor & Turbo-Blower。

(乙) Static Transformers (1) Power Transformer(2) Instrument Transformer for Power & Radio Use。

(丙) Current Convertors (1) Rotary Covertors (2) MercuryArc Rectifier(爲英國先進,產量最多)。

(丁) Generator & Motors(1)D.C. & A.C. High tension (2)D.C. & A.C.Low tension。

(戊) Control Switchgears(1) Automatic Motor starting Pillar & Protective Contact Panels (2) Rheostat & Resistance。

(己) Electrical Home Appliances, Electric Fans, Radiators, Cooker, Washing Machines, Refrigerators。

(庚) Lamps(1)Mazda Lamps(2)Gas Discharge Lamps & Mazda Mercury Discharge Lamps.

3. 工作時間及狀況.— 實習生與職工同等待遇,每日上午七時半至十二時,下午一時至五時,工作8½小時。實習生分(1)Student Apprentice (大學畢業生)及(2) Engineering Apprentice (中學畢業,必須上夜校訓練,五年卒業,不收國外生)二種。實習生有Apprentice Department之Superintendant管理,每兩週請工程師及廠長講演。

4. 津貼.— Student Apprentice每星期45先令。

(II) 鍋爐

(甲) Babcock & Wilcox Ltd. (盧濟滄)

1. 廠址.— Renfrew, Scotland

2. 性質.— 製造:(1) Water Tube Boilers (2)Stirling Boilers (3)Waste Heat Boilers(4)Stokers(Mechanical, Underfeed,Pulverized Fuel & Stepped & Inclined Grates) (5)Oil firing Plant (6) Conveyors(7)Electrical Cranes (8)Oil Engines (9)Factory Structures, etc.

廠內計分下列各部:(1)Stoker Shop(2)Machine Shop(3) Pattern Shop(4)Foundry(5)Steel Foundry(6)Marine Drum Shop (7) Plating Shop(8)Pipe Shop (9)Research Dep't(10) Welding(11)Land Drum Shop (12)Smithy (13)White Heat Dep't. (14) Wrought Iron Dep't(15) Valve Shop (16) Tube Mill (17) Crane Shop (18) Structural Shop (19) Conveyor Shop(20)Plant Dep't.

辦公室內應實習者:(1)Drawing Office(2)Progress Dep't. (3)Accounts Office。

3. 工作時間及狀況.—工廠每日上午七時五十四分至十二時,下午一時至五時半。星期六下午休息。每星期四十七小時。在 Progress Dep't., Research Dep't., Drawing Office, Accounts Office 時,上午九時至十二時,下午一時至五時廿三分。

實習兩年中均須依照 Programme 進行,在各部實習時,則由各部主任按期輪派至各組工作。

實習生有 B. & W. Students Association 之組織,平均每三星期出外參觀工廠一次,每月聘請專家講演一次,並有圖書室一處。

每年年假二星期,春假一天,暑假二星期,秋假二天。

4. 津貼.—並無一定。英國學生每星期50先令,外國學生則自30至40先令,成績優良者,滿一年後可加5先令。短期實習者不給津貼。

5. 膳宿.—本處附近寓所易尋。工廠內有空屋登記簿,初來時均由廠派人同往接洽。每星期全膳（一日四餐）及洗衣,火爐等在內,約30—35先令。房間只一間,客廳多公用。如午餐在廠吃（Staff Canteen 每餐10d.,價廉物美),則房金可減少4—5先令。

6. 車費.—實習生住所多在工廠附近,進廠走十五分鐘足矣。卽離廠稍遠,乘電車亦不過每次½d.

Renfrew 離 Glasgow 與徐家匯離大自鳴鐘相似,有電車及公共汽車直達,電車最高票價爲2¼d.,時間約須三十五分鐘。

Glasgow 到倫敦相距400哩。火車票單程 50/3,來回(一月內可用) 67/—。當日遊覽26/6,在倫敦可停留18小時。

7. 日常零用.—無定,必要零用約每星期10/— 足矣。

8. 娛樂.—(1) B. & W. 有體育場。分足球,棍球,網球,乒乓,檯球,自行車等組。加入每星期繳 1d., 另加分組會費。網球每季 6/—, 餘皆不過 2/—。Renfrew 有網球會,會費每季30/—,公共游泳池每次收費 6d.,冬季有溫水。滑冰在公園內,不收門票,但須自備冰鞋。

(2) 蘇格蘭爲多山之地,風景甚佳。愛丁堡有中國飯館,晚間遊覽車每次來回2/—。

(3) 電影 Glasgow 最佳,1/— 至 1/6。中等可至 Paisley,電車1½d.可到,票價 9d. 至 1/—。Glasgow 有戲院,演 Variety 居多,票價約1/6至3/—。

9. 商情。—Renfrew 市面較小,日用品尚可買到。挑選則可至 Glasgow。

(III) 機械工具

(甲) John Lang & Sons. Ltd. (施履楷)

1. 廠址.— Johnstone, Near Glasgow

2. 性質.— 專門製造各式 Centre Lathe。大概分 (1) Progress Dep't. (2) Bonus Office (2) Fitting Dep't. (4) Testing Dep't. (5) Planing Dep't. (6) Boring & Drilling Dep't. (7) Grinding Dep't. (8) Lathe Dep't. (9) Capstan & Turret Lathe Dep't. (10) Gear Cutting Dep't. (11) Heat Treatment Shop (12) Pattern Shop (13) Foundry (14) Laboratoy。

3. 工作時間.— 上午 7.55 至 12.15,下午 1.15 至 5.30。星期六下午休息。工人薪資採用 Premium Bonus System。

4. 津貼.— 每星期 50/—,扣去 1/8。

5. 膳宿.— 每星期 35/— 全膳,洗衣,煤在內。臥室一間,客室公用。環境係鄉間,空氣尚好,附近多山可散步。每日四餐,質量尚佳。

6. 車費.— 進廠坐公共汽車十五分鐘可到,費 1d.。步行須半小時。

7. 日常零用.— 每星期剪髮,電影,報紙等 5/— 至 10/—。每星期生活費共合 40/— 至 45/—。

8. 娛樂.— Johnstone 係小鎮,故看電影,滑冰須往 Paisley 或 Glasgow。附近甚少名勝,但由 Glasgow 搭車至 Loch Lomond 或乘船沿 Clyde River 遊覽,風景佳麗。(Pleasure Boat 於冬季停止航行)。

9. 商情.— 日用物品在 Johnstone 鎮上可購得。但往 Paisley 或 Glasgow, 則更多選擇。往 Paisley 來回公共汽車費 5d., 往 Glasgow 來回 10d.

(乙) TheChurchill Machine Tool Co. Ltd. (施履楷)

1. 廠址.— Broadheath, near Manchester

2. 性質.— 專門製造各式Grinding Machine。廠內組織與J. Lang & Sons Ltd.大同小異。Foundry, Laboratory 等部尚未舉辦。

3. 工作時間.— 上午7.30至12.00, 下午1.00至5.00。星期六下午休息。亦採用Bonus System。

4. 津貼.— 每星期50/—,扣去1/8。

5. 膳宿.— 每星期32/— 全膳,臥室及客室各一。每日四餐。

6. 車費.— 進廠不需乘車,步行二十分鐘。

7. 日常零用.— 每星期生活費40/— 至45/-

8. 娛樂.— 電影,游泳,跳舞,附近皆有。往 Manchester 更佳。乘電汽火車二十餘分鐘可到London Road Station。亦可乘47或48號公共汽車,則費時較多,三刻鐘可到。附近有公園可散步。

9. 商情.— 日用物品可在附近商店購得,往Altricham 或 Manchester 則更多選擇。

(丙) The Butler Machine Tool Co. Ltd. (施履楷)

1. 廠址.— Halifax, Yorkshire

2. 性質.— 專門製造 Planing, Shaping & Slotting Machines。組織與J. Lang 廠相仿, 但規模較小。Progress Dep't., Bonus Office, Laboratory 等部,皆付缺如。

3. 工作時間.— 上午7.45至12.15,下午1.15至5.15。星期六下午休息。

4. 津貼.— 每星期50/—,扣去1/8。

5. 膳宿.— 每星期30/— 全膳;洗衣,煤在內。臥室客室各一。每日四餐。

6. 車費.— 步行進廠五分鐘可到。

7. 日常零用.— 每星期生活費約40/—。

8. 娛樂.— 電影院,舞場皆在市中心,電車 1d. 直達。離 Leeds, Bradford, Manchester 皆不遠。附近 Hardcastle Crags, 風景頗佳,可聽瀑布聲。

9. 商情.— Halifax 爲一中等城市,市中心卽在車站附近,各種物品,亦應有盡有。

(丁) **James Archdale & Co. Ltd.** (施履楷)

1. 廠址.— 舊廠在 Ledsam Street, Birmingham.
   新廠在 Blackpole, Worcester.

2. 性質.— 專門製造 Drilling & Milling Machines。組織與 J. Lang 廠相仿,但無 Laboratory.

3. 工作時間.— 上午 8.00 至 12.30,下午 1.30 至 5.30。星期四下午1.30 至 6.00。星期六上午 8.00—12.00,下午無。

4. 津貼.— 每星期 50/—,扣去 1/8。

5. 膳宿.— 每星期全膳約 30/— 至 35/—,每日四餐。

6. 娛樂及商情.— Worcester 係一小城,日用物品,商店皆有。有一古禮拜堂甚著名。夏季設游泳池於河濱,附近鄉景甚佳,以 Great Malvern 最著名。市中心電影院戲院皆有,車費 $1\frac{1}{2}$d. 可到。往 Birmingham 有公共汽車或火車,一小時可達。

(戊) **H.W. Ward & Co. Ltd.** (施履楷)

1. 廠址.— 舊廠在 Dale Rd., Selly Oak, Birmingham
   新廠在 Blackpole, Worcester

2. 性質.— 專門製造 Capstan & Turret Lathes。

4. 附註.— 餘與 J. Archdale 廠相仿。

(IV) 鐵路設備

(甲) **Sir W.C. Armstrong Whitworth & Co, Ltd.** (楊仁傑)

1. 廠址.— Scotswood Works, Newcastle-Upon-Tyne

2. 性質.— 製造:(1) Locomotives (2) Diesel-Rail Traction (3) Marine

Engines & Boilers (4) Pneumatic Tools (5) Metal Melting Furnaces (6) Non-Ferrous Casting, etc.

3. 津貼.— 每星期30/—

4. 膳宿.— 每星期30/—至35/—。

5. 車費.— 市内電車每程不出3d.,換車則須增加。

到倫敦單程35/—,約五小時。

來回45/—

遊覽15/—

6. 娛樂.— (1)網球可參加萬國協會,會費每季學生10/—,職員15/—,則乒乓球免費,網球另加12/—。

(2)電影普通1/—。戲劇最貴7/6,普通2/—。

(3)附近名勝Castle. Jesmond Dene Park, Black Gate Museum, Grey Monument 皆就地風光。Whitley Bay, Tynemouth 可覽海景,來回約1/—。Durham 有 St. Paul 相仿之古教堂,夏日風景頗佳,回來約2/—。

7. 商情.— Newcastle 爲英格蘭東北大城,購物極便。便宜貨可上 Cooperative Society, Woolworth, British Home Market 之類。

(乙) Thd Vulcan Foundry Ltd. (曾潤琛)

1. 廠址.— Newton-le-Willows, Lancashire

2. 性質.— 製造機車,魚雷,風鋤器等。實習可至下列各部:(1)Lathe, Small & Heavy (2) Planing & Slotting (3) Milling & Drilling(4)Automatic(5)Motion(6)Cylinder(7)Wheel(8)Tender (9) Forge & Smithy (10) Coppersmith (11) Casehardening (12) Pattern (13) Iron & Brass Foundry (14) Fitting (15) Boiler, Marking Off, Flanging & Mounting (16) Erecting (17) Drawing Office。

3. 工作時間.— 工廠每日上午7.55至12.30,下午1.30至5.30。星期六上午7.55至12.00，下午無。繪圖房每日上午9.00至12.30，下午1.30至5.30。星期六上午9.00至12.00，下午無。

4. 津貼.—有不給津貼，有每星期30/—，有每星期60/—，全視接洽時結果而定。

5. 膳宿.—每星期全膳30/—至35/—。每日四餐。臥室客室各一。

6. 車費.—進廠步行約一刻鐘，上工放工時有公共汽車，取費1d.。

7. 日常零用.—每星期10/—。生活費約每星期45/—。

8. 娛樂.—(1)公園有網球場，每小時8d.工廠有網球會，每季10/6，乒乓球在內。星期日皆不開放。Newton 網球會每季15/—，有草地網球場，星期日亦開放。鎮上酒店內可打檯球，每小時1/—。

(2)電影院有二，皆小，6d.至1/—。舞場無，惟Town Hall或各體育會之Pavilion中，冬季時有跳舞，門票1/—。

(3) 附近無名勝，皆工業區小鎮，地多平坦。稍遠可至Chester, Llandudno, Southport等。

9. 商情.—Newton-le-Willorrs 介 Liverpool 與 Manchester 之中，鎮甚小，星期四下午商店不開。購物可往以上二處。晚間遊覽車往Manchester來回1/6，往Liverpool來回1/3。

(丙) The Hunslet Engine Co. Ltd. **(曾渭琛)**

1. 廠址.—Leeds

2. 性質.—製造機車。廠規模較小，分(1)Pattern Shop(2)Forging & Casehardening(3) Machine Shop(4) Tank Shop (5) Fitting Shop(6)Boiler Shop(7)Erecting Shop。實習並可至(8)Drawing Office。

3. 工作時間.—工廠每日上午7.30至12.00，下午1.00至5.00，星期六下午無。繪圖房每日上午9.00至12.00，下午1.15至5.30，星期六下午無。

4. 津貼.—有不給津貼，有每星期30/—，有每星期50/—。

5. 膳宿.—工廠在市南,附近不宜居住。住宅區在市北,較清靜。離市中心約電車1½d.可到。每星期全膳約35/—。每日四餐。臥室客室各一。

6. 車費.—進廠坐電車三十分鐘可到,車費2d.

到倫敦L.M.S.或L.N.E.R.單程27/—,來回33/—,遊覽10/6。

7. 日常零用.—每星期十幾先令。

8. 娛樂.—(1)公園有網球場,每小時單打8d.,雙打1/—。Roundhay Park有划船,每人每小時6d.。

(2)電影院舞場皆在市中心。電影約1/—至3/6。舞場門票1/—至2/6。

(3)附近名勝有 Harrogate, York, Ripon, Scarborough, Whitby等。本地風光則有幾個公園如Roundhay, Temple Newsham, Golden Acre等。

9. 商情.—市中心即在車站附近,商店多在 Briggate。百貨公司有Lewis', 衣飾零件有Marshall & Snelgrove, 茶店糖果有Fullers'。另有幾條Arcade, 頗可觀覽。

(丁) Nasmyth Wilson & Co. Ltd. (沈誠)

1. 廠址.—Patricroft, near Manchester

2. 性質.—製造機車,汽鎚,棉花壓榨機等。

3. 工作時間.—每日上午8.00至12.30, 下午1.30至5.30, 星期六下午無。

4. 津貼.—每星期30/—。

5. 膳宿.—每星期35/—全膳,臥室客室各一。

6. 附註.—生活情形,與Manchester大致相同。

(戊) Birmingham Carriage & Wagon Co. Ltd. (沈誠)

1. 廠址.—Smethwick, near Birmingham.

2. 性質.—專製客貨車,公共汽車,無軌電車等。

3. 工作時間.—上午7.55至12.30,下午1.30至5.30,星期六下午無。

4. 津貼.—每星期30/—

5. 膳宿.—每星期35/—全膳.最好在 Handsworth 附近找寓所, Edgbaston太遠, Smethwick一帶工廠太多,居住不宜。

(己) Metropolitan Cammell Carriage & Wagon Co. Ltd. (陸世榮)

1. 廠址.—(甲) Saltley, Birmingham (乙)Washwood Heath, Birmingham(丙)Old Park, Wednesbury。

2. 性質.—製造客貨車輛,公共汽車,無軌電車等。

3. 工作時間.—半日上午7.55至12.30,下午1.30至5.30。星期六7.55至12.00。

4. 津貼.—每星期30/—。

5. 膳宿.—每星期30/—半膳,臥室客室各一。

6. 車費.—(甲)(乙)二廠進廠車費來回5d.,(丙)廠另須搭火車約一小時,需費一先令多。

到倫敦約二小時,月返票18/9,半日遊覽6/6。

7. 娛樂.—電影院1/4,舞場二三先令,俱在市中。

(庚) The Westinghouse Brake & Saxby Signaling Co.Ltd.(吳其鈺)

1. 廠址.—Drawing Office及Demonstration Room在King's Cross, London。總廠在Chippenham。

2. 製質.—製造(1) Air & Vacuum Brake Equipments

(2) Mechanical & Power Signaling Equipments

(3) Train Heating Equipments

(4) Metal Rectifier

3. 工作時間.—上午8.00—12.30,下午1.30—5.30,星期六下午無。

4. 津貼.—不給津貼或每星期30/—。

5. 膳宿.—每星期全膳30/—,可由廠方介紹。Chippenham甚小,進廠不需坐車。

6. 車費.—到倫敦單程約10/—。來回15/—,遊覽6/—。

7. 日常零用.— 約十數先令。

8. 娛樂.— 電影院一家,6d. 至 1/—。附近有 Bath, Cotswolds, Cheddar Gorge, Wells, Bristol, 皆可遊覽。

9. 商情.— Chippenham 僅有街市一條,星期五有 Market。購物可往 Bath, 遊覽車來回 2/6。

(辛) J. Stone & Co. Ltd. (吳其鉦)

1. 廠址.— Deptford, London, S.E. 14.

2. 性質.— 製造:(1)Train Lighting Equipments

(2)Non-Ferrous Castings

3. 工作時間.— 上午 8.00 至 12.30, 下午 1.30 至 5.30,星期六下午無。

4. 津貼.— 不給津貼。

5. 膳宿.— 每星期全膳 35/—。每日三餐。

6. 附註.— Deptford 卽在東倫敦,離 Charing Cross 車費 5d.,生活情形與倫敦同。

(V) 造船

(甲) Messrs. Barclay, Curle & Co. Ltd. (王世銓)

1. 廠址.— Clydeholm Shipbuilding Yard, Whitewich, Glasgow

2. 性質.— 建造各種客貨船。

3. 工作時間.— 工廠上午 8.00 至 12.5,下午 1.00 至 5.30, 星期六 8.00 至 12.00。Office 上午 9.00 至 1.00,下午 2.00 至 5.30.星期六 9.00 至 12.15。

4. 津貼.— 無。

5. 膳宿.— 每星期 35/— 全膳,每日四餐。

6. 車費.— 進廠電車二十五分鐘,車費 1½d.

7. 日常零用.— 每星期 5/— 至 10/—。

8. 娛樂.— 每週尾可到附近名勝作短途旅行。

9. 商情.— Glasgow 各物俱備,頗方便。

(乙)Messrs. Swan Hunter & Wigham Richardson Co. Ltd.(楊仁傑)

1. 廠址.— Neptune Works, Walker, Newcastle-upon-Tyne

2. 性質.— Shipbuilder, Marine Engine & Boiler Maker

3. 附註.— Newcastle 生活情形,見上 Armstrong Whitworth & Co.

(VI) 飛機

(甲) Bristol Aeroplane Co. Ltd. (林致平)

1. 廠址.— Filton, Bristol

2. 性質.— 共分兩廠,相距半哩。

(甲)Aircraft Conctruction Works.內分 (1)Design & Drawing Office (2) Metal Detail Shop (3) Fitting Shop (4) Electroplating Shop (5)Heat Treatment Shop (6)Propellor Shop (7) Machine Shop (8)Material Testing, Inspection & Standardization Dep't(9)Research Laboratory.

(乙)Aero-Engine Works. 內分 (1) Machine Shop(2) Foundry & Forge(3)Heat Treatment & Electroplating Shop (4)Fitting, Stripping & Testing Shop(5) Material Testing, Inspection & Standardization Dep't (6) Air Ministry Research Dep't.

3. 工作時間.—每星期48小時。

4. 津貼.—無。

5. 膳宿.—該廠離 Bristol 火車站有數哩之遠,有電車通。附近可住,約離半哩許,皆新興區域。每星期全膳 35/—。每日三餐。

6. 車費.—到倫敦火車遊覽票來回6/6。可乘長途汽車,單程10/—,沿途風景甚佳。

7. 日常零用.—每星期10/—至15/—。

8. 遊覽.—附近名勝有 Weston-Super-Mare, Bath, Cheddar Gorge等。

(乙) **Armstrong-Siddeley Motor & Aero Engine Works** (林致平)

1. 廠址.— Coventry
2. 性質.— 該廠分四大部: (1) Automobile (2) Aero Engine(3)Tank (4)Torpedo。後兩部謝絕參觀。實習在Aero Engine Works之 Fitting, Stripping & Testing Dep'ts。該廠規模甚大, Machine Shop 最負盛名。
3. 工作時間.— 每星期48小時,工作時間甚嚴。
4. 津貼.— 無。
5. 膳宿.— 廠離車站甚近,附近可住,進廠走十分鐘,無須乘車。全膳每星期約30/—,每日三餐。
6. 遊覽.— Coventry 有電影院, Opera House, Hippodrome。惟風景不甚佳。附近僅 Warwick 及 Stratford-on-Avon 可以一遊。

(VII) 鋼鐵

(甲) **Dorman, Long & Co. Ltd.** (董大墳)

1. 廠址.— Middlesborough
2. 性質.— 道門廠的組織,花樣煩多。Britania Works 可分兩部,一爲 Metallurgy, 一爲 Structure。煉鋼部分 (1) Coke Oven (2)Blast Furnace (3) Steel Smelting Plant (4) Rolling Mill。建築橋樑部分 (1) Design & Drawing Office (2) Costing Dep't(3)Fabrication & Erecting Shop。那邊有一只很大的 Testing Machine, 是造 Sydney Bridge 時留下來的東西,可以到1200噸,同學到此不妨去一看。
3. 工作時間.— 一星期五天半,工廠中上午7.00起, Office 8.50到5.20, 中間有吃飯的時間。如半膳可在工廠食堂吃午飯,很便宜,還可免奔波之苦。
4. 津貼.— 無。
5. 膳宿.— 工廠附近找不到合式的房子,要住就得到 Linthorpe

去,很好的住宅區,大概有二三哩。半膳約在25/一左右,全膳 30/一 至 35/一。新到那裏的同學,我勸他們先到車站對面Grand Hotel住一宵,Bed & Breakfast 8/6。

6. 車費.— 從倫敦到Middlesborough的車價單程是29/一。有遊覽車最好,不然還不如坐長途汽車。在King's Cross 上車。十個鐘頭到Middlesborough, 價19/一, 行李沒有限制。沿路風景很不差,對此有興趣的不妨一試。

7. 娛樂.— 在小地方工作,當然消遣是最要緊的。米城有五家電影院,一家雜耍,頂好輪流着看,要不然賣票的女招待甚至賣冰淇淋的都有認識你的危險。

說到附近的名勝,祇有一個很下流的 Resort 叫做 Redcar,再過去有 Saltburn, 比較清靜些。星期日遊覽勸你們到 Scarborough 去一趟。York 也不能不去,因為有城牆,很有蘇州的風味。並且電車沒有頂蓬,也很滑稽的。

(乙) Colville Constructional Co. Ltd. (胡滙泉)

1. 廠址.— Glengarnoch, Ayrshire, Scotland
2. 性質.— General Fabrication of Structural Parts, Building, etc.
3. 工作時間.— 工廠上午7.30至12.00, 下午 12.45 至 5.00, 星期六 7.30 至 10.45。Office 上午 9.00 至 1.00, 下午 2.00 至 5.30, 星期六 9.00 至 12.00。
4. 津貼.— 每星期 42/一
5. 膳宿.— 全膳每星期 30/一
6. 車費.— 進廠步行或乘車 1d. 到 Glasgow 來回 2/4。
7. 附註.— 娛樂購物皆可往 Glasgow 或 Paisley.

(丙) Head, Wrightson & Co. Ltd. (沈誠)

1. 廠址.— Stockton-on-Tees
2. 性質.— 製造橋樑,貨車並承鑄各種鑄鋼鑄鐵機件。

3. 工作時間.— 上午7.30至12.00,下午1.00至5.00,星期六下午無。

4. 津貼.— 每星期30/—

5. 膳宿.— 每星期35/—

6. 車費.— 進廠公共汽車五分鐘,四程來回票5d.
到倫敦太遠,遊覽票約30/—。

7. 日常零用.— 如省儉些約每星期10/—。

8. 娛樂.— 附近有公共運動場,取費甚廉。
地近英格蘭東北海岸,Redcar, Saltburn均不遠。
電影院High Street有四五家,舞場無。

9. 商情.— 星期三,六High Street有Market.

(丁) English Steel Corporation Ltd. (曾潤琛)

1. 廠址.— Vickers Works, Sheffield.

2. 性質.— 與Vickers-Armstrong一家,專造軍用及飛機上所用各種合金鋼。Smelting 有Acid Open-Hearth, Herrault Arc Furnace等。Research Laboratory有Analysis, Micro & Macro, Mechanical Testing等。Work Shop有Foundry, Forging & Press, Machine Shop等。有7000噸Hydraulic Press可以一看。

3. 工作時間.— 實習生上午9.00至下午5.00,有一小時吃飯,星期六下午無。

4. 津貼.— 有不給津貼,有每星期30/—

5. 食宿遊覽.— Sheffield和Leeds正相反,工廠區在東北,住宅區在西南。全膳每星期30/—至35/—,在工廠吃午飯可稍減。進工廠電車須經過市中心,約3d.。到倫敦遊覽票8/6。就地Rivelin, Fulwood皆可遊覽。離Leeds, Manchester皆不遠。大街有High Street, Fargate. 吃茶可往Victoria Café.

(VIII) 電焊

(甲) **Quasi-Arc Electric Welding Co.** (朱國洸)

1. 廠址.— 15 Grosvenor Gardens, London, S.W.I.
2. 性質.— 製造電焊焊條及電機。
3. 工作時間及狀況.— 上午9.00至1.00,下午2.00至5.00。實習在總公司內有 Training School,專人負責教練電焊技術。另有化學試驗室,應力試驗室及製圖室,經特種交涉,可以實習。電焊條製造廠,謝絕參觀。關於電機方面有修理及裝配廠在東倫敦,可以實習,但電機均在G. D. Peters製造,在此參觀一二日足矣。
4. 津貼.— 無。

(IX) 煤礦機械

(甲) **Mavor & Coulson Ltd.** (陳錫祥)

1. 廠址.— 47 Broad St., Glasgow, S.E.
2. 性質.— 製造(1)Coal Cutters & Conveyors(2) Joy Loaders & Construction Work(3)Switchgear
3. 工作時間.— 上午7.55至12.30,下午1.30至5.30,星期六下午無。
4. 津貼.— 每星期30/—。
5. 膳宿.— 每星期全膳30/—至35/—。
6. 附註.— Glasgow概況已見前Babcock & Wilcox。

(X) 水力機械

(甲) **Glendfield & Kennedy Ltd.** (張光宙)

1. 廠址.— Kilmarnock, Scotland
2. 性質.— 製造各程水閘,水表,濾水器以及抽水機等等。
3. 工作時間.— 每星期47小時。上午7.55至12.30,下午1.30至5.30,星期六7.55至12.00。

   假期(1)五月十六日至十八日(2)八月一日至十日(3)九月十四日(4)一月一日至三日。

4. 工作狀況.—工人分件工與日工二種。

(1) 件工按工作件數多寡而定薪給,大致其規定之標準,使工人每週所得之工資在三鎊至四鎊之間,紅利在外。

(2) 日工普通每週工資三鎊,小工二鎊十先令,學徒自九先令六便士至一鎊,視年代多寡而定。

(3) 全廠雇員約二千人,每年出品(Valves)計八萬件有奇。翻砂場每週產量約400噸。

5. 津貼.—每星期30/—。

6. 膳宿.—每星期30/— 全膳。

7. 日常零用.—每星期十幾先令,生活費約45/—。

8. 遊覽.—往Ayr來回1/3。往Glasgow來回 2/6。本地公園亦有一二,惟無可取處。

交通大學管理學院叢書

(1) 鐵道經濟論叢

編者 鍾偉成
定價 大洋二角

▲內容 本書內有關於鐵道之專論十篇，其中以編者所著之創辦鐵路押滙芻議，整頓鐵路運輸負責之我見等篇爲最有價值。

(2) 東北鐵路問題之研究（上下册）

作者 王同文
定價 一元二角

▲內容 本書上册共有十章，先述中東路之史的發展，經濟價值，組織概要，營業與運輸概況，後敍日本侵略下之鐵路問題，如滿鐵社會之組織，財務，營業等概況，日本對東北之鐵路侵略政策。又分析研究南滿路之營業狀况與營業統計，及運輸狀况與運輸統計，最後論述吉會鐵路問題。共一百四十餘頁。下册計有八章，另加續編四章。內容爲：滿鐵租用地問題，南滿鐵路之倉庫理管，東北鐵路聯運及競運問題，葫蘆島築港與東北鐵路網，東北鐵路與國際關係，東北現有鐵路與總理計劃，今後東北鐵路之整理計劃。續編中有：中日鐵道交涉問題。九一八後之東北鐵路，李頓報告書中之東北鐵道問題述評，中東路出售問題。敍簡甚詳，立論尤新。共二百頁，誠爲研究東北鐵路問題之唯一有價值書籍。

(3) 吾國鐵路枕木問題之研究

作者 楊城 王以瑗 陳善繼
定價 大洋四角

▲內容 本書共分八章，其對於枕木之購買，枕木之管理，枕木折舊法之討論，枕木之製煉，發揮尋理甚詳，作者並注重於中國急應造林，以提倡國貨平木等問題，凡欲研究鐵路材料者，宜各執一書。

(4) 鐵路估值

作者 涂宓
定價 大洋二角

▲內容 本書共有七章，其對於估值原理，估值方法，有形與無形的財產估值，多多討論。

發行者 上海交通大學管理學院

代售處
上海 作者書社 新中國書局 神州國光社 黎明書局 民智書局 大公報社代辦部
漢口 光華書局 杭州 現代書局
南京 正中書局 天津 大公報社代辦部
武昌 新光書局 北平 北平交通大學圖書館
安慶 世界書局

本刊廣告價目表

等級	地位	全頁價目	半頁價目
甲	底封面外頁	伍拾元	
乙	底面裏頁及封面裏頁	三十五元	二十元
丙	封面裏頁底面裏頁之對面	二十五元	十五元
丁	普通	二十元	十二元

一、乙丙丁四分之一頁按照半頁價目六折計算

二、廣告概用白紙黑字如用彩印色紙價目另議

三、廣告如用銅鋅版由本刊代辦照收製版費

四、連登多期價目從廉請逕函本校出版處經理組接洽

交大季刊投稿簡章

一、投稿不拘文言白話凡中英德法文均所歡迎

二、論說新聞雜俎均以科學經濟管理工程學問為範圍

三、投寄之稿如係翻譯請附寄原本否則須將原文題目著者姓名出版日期及地點詳細開示

四、投寄之稿務望繕寫清楚並加新式標點凡外國文稿件並請打印之如有插圖附表必須製版者請用墨色

五、來稿請註明姓名住址以便通訊并加蓋印章俾於發給稿費時核對之

六、投寄之稿無論登載與否概不退還但預有聲明並備足回寄郵資者不在此限

七、投寄之稿經本刊揭載後每篇酌致酬金若本刊尚未揭載已先在他處發表者恕不致酬

八、投寄之稿經本刊揭載後版權即為本校出版委員會所有但有另行約定者不在此限

九、投寄之稿本院委員會有酌量增刪之權如投稿人不願有何增刪則應於投稿時聲明

十、投寄之稿應逕寄上海徐家滙交通大學出版處

中華民國二十五年九月出版

交大季刊 第二十一期

編輯者 胡端行

發行者 交通大學出版處 上海徐家滙

印刷者 上海中國科學公司

代售處
上海 世界出版社 上海雜誌公司 作者書社 黎明書局 蘇新書社 生活書店
南京 正中書局
天津 志恆書店 大公報社代辦部
漢口 光華書局
安慶 世界書局
武昌 學生書店 新光書店
廣州 廣州圖書消費合作社
雲南 雲南文化書店

本刊價目

每冊大洋三角 全年四冊一元

郵費國內不加 國外每冊二角

THE CHIAO-TUNG UNIVERSITY QUARTERLY

Volume 6 *Number 1*

Shanghai, China
September, 1936

交大季刊

第二十二期

要目

中華民國二十五年十二月 上海國立交通大學編行

中華郵政特准掛號認爲新聞紙類 內政部登記證警字第一七五三號

交通大學出版刊物

一. 期刊

1. 交大季刊	每册三角	全年一元
2. 交大三日刊	半年五角	全年一元
3. 科學通訊(全年八期)	每册二角	全年一元四角
4. 管理二月刊(全年五期)	每册四角	全年一元六角

二. 本校一覽

1. 中文本	每册四角
2. 英文本	每册六角

三. 本校研究所編輯刊物

1. 油漆試驗報告,第一號	每册二角
2. 油漆試驗報告,第二號	每册六角
3. 油漆試驗報告,第三號	每册一元
4. 地下流水問題之解法(英文本)	每册三角
5. 美國鐵道會計實務,第一編(英文本)	每册六角
6. 解決中國運輸問題之途徑(英文本)	每册四角
7. 解決中國運輸問題之途徑(譯本)	每册三角
8. 鐵路零担貨運安全辦法	每册四角
9. 中國國民經濟在條約上所受之束縛	每册六角
10. 皖中稻米產銷之調查	每册六角
11. 小麥及麵粉	每册五角

經售處　上海徐家匯本校出版處

總理遺像

同志仍須努力

革命尚未成功

總理遺囑

余致力國民革命凡四十年其目的在求中國之自由平等積四十年之經驗深知欲達到此目的必須喚起民衆及聯合世界上以平等待我之民族共同奮鬥

現在革命尚未成功凡我同志務須依照余所著建國方略建國大綱三民主義及第一次全國代表大會宣言繼續努力以求貫澈最近主張開國民會議及廢除不平等條約尤須於最短期間促其實現是所至囑

四十年來公文程式之變革

鄭師許

斯篇原係本校四十週紀念特刊之徵文嗣以該刊篇幅已多故改載季刊以饗閱者　　編者誌

一

公文程式的改革,在近年已高唱入雲。作者不敏,在本校担任這項功課的教學,已有五年,先後參加行政院行政效率委員會會事的朋友王榮佳,李樸生等屢屢來信,誤認為老馬識途,囑為這事發表一點意見。可是屢以事阻,直到現在尚未得暇報命。日昨接到本校四十週年紀念籌備會主席胡粹士院長通知,囑為本刊撰一『四十年……』文一篇,以本校教科或與有關者為限。作者是專攻考古學的,最近由考古學擴充到博物館學,並且預備專心為我國博物館事業服務,視為終身的事業。但是我國的考古學發達史和東方各國的考古學如日本如印度(最近預備為考古學社寫一篇安南考古學發達史)都寫過不下十數篇的論文,近且又在學術世界第九期寫了一篇論我國急宜提倡博物館事業和在歷史周刊上寫了一篇我國博物館事業之回顧與前瞻,倘要句句不離本行,恐怕要重複而乏興味;因此就作者年來担任這門功課對於這個問題的見解,寫成了這樣一個題目的文章,一則可以交卷,一則用以請教王,李兩兄以至熱心討論公文改革的朋友。

二

今年是一九三六年距今四十年是一八九七年,那時正是前清庚子義和團之亂的醞釀成熟之年。在庚子戰後，我國事業開始維新，在這時正是舊制度舊思想的總結束。現在講公文程式的變革要從這時講起，那自然前清的公文程式不能不講了，更何況民國初元有多少制度是沿襲前清的呢。

前清的上行文大概有：奏疏，片奏，附片，章表，密奏，密呈，申狀，牒，牍，揭，咨呈，詳，稟，摺子等；平行文有：移，咨，關，照會等；下行文大概有：訓，誥，令，冊，璽書，檄，制，詔，敕，批，札，告示，堂諭等。雖其中或有沿自元明，未見明令規定；然各官署所用的申，詳，咨，移，牒，稟，批，札等，莫不皆有一定不移的格式。我們今日若讀清官的檔案和各大臣的奏議，便可看見不少的公文術語和程式了。

至民國成立，則公文程式變革甚繁。民國初元臨時政府，制甚簡易，其所公布的公文程式，僅分五種：一，令，二，咨，三，呈，四，示（或佈告），五，狀。及後袁世凱時代，政府已遷至北京，遂在元年十一月六日重頒公文程式，計二十條，分爲：大總統令，院令，部令，委任令，訓令，指令，處分令，布告，任命狀，咨，公函，呈，批，十三種。這回的改革，可謂上結清代公文的舊體制，而下開近代公文的新體制。其中公布，副署，署名蓋印等手續，均有規定。至民國三年五月袁氏已入全盛時代，顧盼自雄，於是年五月公布的公文程式，全屬帝制思想。其程式分爲三部：（一）大總統公文程式令，共十一條，分爲四種：一，策令，二，申令，三，告令，四，批令。（二）大總統府政事堂公文程式令，共七條，亦分爲四種：一，封寄，二，交片，三，咨呈，四，公函。（三）官署公文程式令，共十二條，分爲八種：一，呈，二，詳，三，飭，四，咨，五，咨陳，六，示，七，批，八，稟。究其全部，儼然前清公文程式的復活。至民國五年夏，洪憲帝制已終，共和恢復，乃於是年七月二十九日復經改定公文程式，大體略與元年十一月之舊制相仿。分令爲六：曰大總統令，各部院令，委任令，訓令，指令，合之任命狀，布告，咨，公函，呈，咨呈，批等，共十三種。至十四年以後，國民政府在廣州成立，爲我中華民國劃期時代。凡百庶政，咸與更新。是年八月乃公布新定公文程式，令及訓令，指令三者不復以機關爲區別，改稱布告爲通告，批曰批答，並廢去委任令不用，共分爲七種。卽：令，通告，批答，任命狀，呈，咨，公函，是也。及至十六年，國民政府遷至南京，以公文程式，不敷應用，重新修正公布，卽依照十四年八月在廣州時國民政府所公布的程式，而加入訓令，指令，咨呈三種，凡爲十類。卽：一，令，二，通告，三，訓令，四，指令，五，任命狀，六，呈，七，咨，八，咨呈，九，公函，十，批答，是。至十七年六月十一日國民政府復重新公布公文程式條例，廢咨及咨呈，恢復布告與批的舊稱；並別稱人民之呈曰狀，而以呈爲下級機關所專用。其特點則在公文書得用語體文，並得分段敍述及使用標點。其第二條公文書的類別，有：一，令，二，訓令，三，指令，四，布告，五，任命狀，六，呈，七，狀，八，公函，九，批，共九種。同年冬，五院成立，體制稍異，因於十一月十五日重新改定，卽現行的公文程式。其所不同於是年六月所公布者之點，爲廢狀不用，使人民對於官署所用的，與下級機關對於上級機關所用者相同。二爲語體文及分段敍述，使用標點各項，廢棄不用。其制共分令，訓令，指令，布告，任命狀，呈，咨，公函，批，九種。同時對於含有概括性質的條例又逐漸加以具體地規定，如十七年九月七日國民政府訓令各機關，規定以後各機關對於人民有所通知時，宜用公函。十八年四月二十四日行政院訓令各省市政府，規定以後各省商會對於本省主管官署行文時，一律用呈。同年七月十三日又規定縣商會對於縣政府一律用呈。二十年四月三日行政院通令對於銓敍部行文程式有特別的規定，大略云：『……揆之公文程式，凡不相隸屬之機關，原應用函。惟銓敍關係公務員之任免升降，爲便於督促起見，似又以用令爲宜。……以後對於中央各部會所屬京內各機關往復行文時，概由各主管部會咨轉，其部會所屬京外各機關及省政府所屬各廳所，局所與該部公文往來時，以此照公文程式內關於有所指揮或諭飭及指示時得用令之規定，一律用令。其各該機關對該部行文時，一概用呈，以歸一致……』同月十六日又由國民政府訓令各機關規定各公署以後行文，於名稱上均冠『本』字。自是無論上行平行或下行公文,於自稱時一律於本機關名稱之上,皆得冠以『本』字矣。這是四十年來公文體制的大概。

三

及後九一八事起,繼之有一二八戰役,國難日益嚴重,朝野內外,莫不憬然覺悟,默國事之日非。而究其根源,則行政效率之太不講究,實爲其主要原因之一。於是懷疑我國公文程式之不善,而思有以改革之者日益多,同時袞袞諸公亦早見及此。二十二年八月二十八日行政院紀念週,汪精衞院長遂報告行政院關於公文處理之改革的經過,大致說:

> 關於處理公文,兄弟覺得過去積弊,對於行政效率上之影響甚力,故於六月二十日在行政院會議席上,提出召開審查會議計劃改革,參加審查者,爲行政院秘書處政務處及各部會共十四個機關,歷時兩個多月,開會凡五次,各審查人員均能不辭勞苦,且於酷暑之下照常工作,繼續研究,卒於前星期二日完成初步工作,這是兄弟所感佩的。

這可見當時行政院裏大家都懷疑我國處理公文的不善了。據這回報告所說的壞處有五點:一是遲,二是複,三是沒標點,四是沒檢查的規定,五是處理檔案的法子不好。其中遲複兩事,簡直是和程式有了關係了。次日上海晨報便有一篇論文,題爲『公事監禁』,暢論遲慢的弊病。於是國內的出版界裏漸漸有人討論到現行公文應當改革及應如何改革了。

後來接到王榮佳兄寄來行政院會議關於處理公文改良辦法決議案附各部會審查報告一書,原來就是八月二十八日汪院長所報告的那一回事。其中最重要而與程式有關的,算是十六,十七兩案。十七案內政部提議改革公文體式草案俾供研究案一條云:

> 本部對於改革公文問題,曾經指定人員從事研討,迄未得有澈底解決之妥善辦法,嗣有人提出改用代電式辦法,其理由具見原案,………茲特將是項原案開列,俾供研究之用。

改革公文體式辦法

一.本辦法所稱公文,暫以左列各項為限:

甲.訓令

乙.指令

丙.呈文

丁.咨或公函

二.凡公文起首處,均冠以收文之機關,結尾處,殿以發文之機關或職官姓名與普通電文體裁略同。

三.公文內用語,應力求切要。

四.公文前半頁事由一欄,仍照向例詳細摘錄。

五.公文號數,應力求詳確,凡復文須一律敘明原發文字號,以便查考。

六.原發文有附送文件者復文時須將附送文件數目敘明。

七.本辦法施行後各機關管理檔案手續及收發文稿簿籍,有須另行改善者,應將改善辦法,隨時呈報行政院。

這案大體上可說是易而可行,可惜審查結果,暫從緩辦。故其後所認為改革範本者仍祇是蔣夢麟編的教育部公布的畫一教育機關公文程式一書而已。

其十六案內政部提議改革公文用語案原案云:

一.同一案件,同時須分辦咨、呈、函、令、批、等稿,各稿中應注重之點,各有不同,摘引來文時,其取材應有區別。

1.非必要時不得錄全文。

2.各稿所摘來文,不必一樣。

例如本部准銓敘部函復審查陝西現任縣長資格一案:

內有 1.某某等縣縣長已審查合格,且係現任……須呈行政院存任。

2.某某等縣縣長審查不合格,……須咨陝西省政府立予撤換。

3.某某等縣縣長發還證件,……須咨陝西省政府轉發。

4.某某等縣縣長證件不全或履歷不明,……須咨陝西省政府轉飭另送履歷證件。

5.某某等縣縣長須俟前任縣長免職事由查明後,一併呈請任免。

6.某某等縣縣長准省政府來文已經調省,雖已審查合格,無庸呈荐。

7、..........................

此類案件,如呈行政院之呈文,祇須摘引銓敘部來文中之『某縣縣長已經審查合格』一語,其餘不須呈荐與審查程序未合之各縣長姓名事實,均可不必牽入。倘係不會辦稿之人,對於此類呈文,必全錄銓敘部來文,或摘錄來文而與咨陝西省政府文稿用同一式樣之語句,結果必須於『等由准此』之下,再加以『除某事已如何辦理,某人已如何處罰,某件已如何送發外』等字樣,每有呈荐一個縣長而連篇累牘不下千數百字之呈文(此係就繕文計算,若辦稿時則只有『云云』兩字,在辦稿及核稿者均不覺其累贅耳。)殊屬太不經濟。故此類稿件須分別摘引來文,求其一字不能增,一字不能減,但辦稿者須經過一番考慮,稍覺費事耳。

二、查復轉行之案件,不必錄來文全部,其式如下:

『爲呈復事:案查前奉發交.........一案,當經咨請〇〇省政府查復在卷(或用去後),玆准咨復(此處原文前半段所敘本案往來行文經過完全删去),本案經據民政廳呈復..........等情,咨請查照轉呈等由准此............

三、指示辦法處,如原文太長,是否應置在『相應......』之前,則前文既已有『應如何如何』字樣,末尾又說『相應〇請.........』,無論如何閃避,語尾總不免有所重複,如將指示辦法全文置在『相應〇請.........』之後,則文句太長,形式不合,且似近於例案,不大鄭重,究應如何改良,經已詳加討論,認爲應以避免重複爲原則。

四、『職』字之用法,文義不可通,考其起源,係因前清內閣辦稿之人,遇有應寫全銜之處,均寫一職字以爲代表,而正文仍須繕錄全銜。厥後輾轉沿用,將『職』誤作形容詞,與『敝』字『貴』字同一用法,已不可通,又有用作『卑職』意義,爲對長官之謙稱,更屬費解。(無論何種字書辭典,均無此解說。)現且民國官吏職務上雖有統系,人格上不分尊卑,亦毋須保存此種專制時代之『奴才』意義。(滿清時代,漢人稱卑職,滿人稱奴才,同一意義。)北京中央各部在民國二、三年,卽已革除此『職』字之用法,國民政府行政院亦屢次通令不准用『職』字,(對上公文統用本字)惟下級官吏爲格外討好長官起見,每不能切實奉行。本部爲環境所迫者,亦未能革除此種陋習,至今仍有沿用所謂『職部』『職署』『職司』『職科』『職某某』等類之名詞,習俗移人,賢者不免,曷勝浩歎。嗣後本部『部內外公文私文,擬一槪不用『職』字,『職部』『職司』『職科』,統改稱『本部』『本司』『本科』,倘用個人名義對長官呈簽,則可直稱官銜(如部長司長署長科長科員……之類),以昭畫一。

五、關於人事方面之部令,祇須表明某職某姓名應予以某種獎懲卽可,似不必更冠以所隸屬之司室,例如考績部令『本部土地司科長陳湛恩進支荐任一級俸,李錫五進支荐任二級俸……』餘可類推。

六、呈請簡荐職員案,應敍以請簡某員爲本部司長,某員爲本部科長不必冠某司或某司科字樣,蓋司科爲組織上之職官,掌理某司科之事務,係職務上之分配,其性質爲截然兩事。如呈請簡荐時,註明某司司長或某司某科科長,如遇職務上分配上有所調更時,勢須重請任命,手續上亦多繁複,似有改良之必要。

七、委任科員『委任狀』與『部令』之內容應有區別,其式如下(每次均應有一狀一令):

委任狀——茲委任〇〇〇爲本部科員,此狀。

部令(一)　茲派〇〇〇爲本部科員,此令。

部令(二)　派科員〇〇〇在案司室服務,此令。

八、敍俸進級及各種獎懲,部令應一人一令,不能彙案辦理。

九、摘錄來文或照錄全文內已有檢同原件字樣,則(等因/由/情)下卽可不用計附〇件等字樣,以免重複。

一〇、呈咨起首語,如爲呈請事爲咨行事之類,均可不用。(凡一切通套首語均可不用。)

一一、事由以簡明爲要,無關緊要之語,不必摘入。更不必用內開等因/由/情,理合合行相應除外等字樣。

一二、公告本部各司室會各件,似應通知或不必用令。
奉令前因

一三、准咨前由等語非必要時,可不用。
據呈前情

一四、某處請轉行之件,已轉行某機關,隨後某機關已復,再行某處,此類行處文件,應先敍來源及辦理經過,不可僅抄某機關復文,其他與此

類相似之件,亦宜照此辦理,舉例如左:

案查前准○○○○等○○號咨○○○○一案,當經轉○○○在案,茲准○○○○復開(可摘敘時仍須摘敘)○○○○○○○○等由,相應復請查照,此咨。

一五、凡復文內,絕對不可將原來文完全照錄,只可摘敘來文。

一六、凡用本機關口氣,摘敘來文(即未用內開,節等字樣者)文內相應貴部等字樣,不可襲用。

一七、呈咨函某某機關公文末尾,上款祇書某某機關。

一八、凡應在本文內附送之件,文內不能用『除檢送○○件外』等語。

一九、『呈件均悉,准予留備查考,此令』之下,不可再用件存字樣。

二○、『相應檢同表册○分函請貴○查收爲荷』此係通用式,若上句『同』字改爲送字,則下句『函』字,應以改爲『即』字爲妥。

二一、『相應函達復咨達復查照』,此係通用語,若查照二字下,再添『辦理見復』『轉飭知照』等字樣,或『爲荷』二字,則上面應改爲『函咨請』或復請等字樣。

二二、『案准貴部咨送○○表○分過部』,此係通用語,咨送二字,本可聯讀,若咨字上加來文號數,則不能聯讀,應於送字上加一『檢』字或一『轉』字,或其他字樣,其他與此相類之件,亦須注意。

二三、上行平行用『以便』字樣,下行用『以憑』字樣。

二四、對上用下部 平行用過部 對下用到部 此係舊式,現時擬改一律用到部。

二五、『爲荷』二字不可用,即勿用,如某機關咨請辦理之件,本部已經照辦咨復查照,則查照二字下,即可不用爲荷字樣,餘可類推。

二六、應行糾正習用錯誤各字如下:

1. 計劃 籌劃 籌劃 劃分 區劃 劃一之劃字應作畫字。
2. 佔用 侵佔 佔領 佔有之佔字,應作占字。
3. 迭經 經據 迭准之迭字,應作疊字。
4. 祗得 祗有 祗可之祗字,應作祇字。
5. 祇請○安之祇字,應作祗字。
6. 份数 份資 附件幾份之份字,應作分字。
7. 記賬 賬簿之賬字,應作帳字。

上述各條,僅略舉例,以供參考。倘有未詳盡之處,務希各部會同仁共同研究，俾臻完善，是爲厚幸。

這案審查的結果。議决由行政院令行各部會參酌辦理。所以在民國二十二年九月以後各機關所用的公文，除依照教育部公布的當一致育機關公文程式一書之外，更清新的便採用內政部這一個提案。可是這提案的內容，不但是程式方面有了不少的改革，連用字的正謨都有說及，於是『職』字便永遠不能出現於公文之中而可作上行自稱的了。

此外行政院這次關於公文處理的改革，各部會的提案，凡十八條，再審查時新提案有六條，除軍政部有提議再擬改良公文體式一案外，大都是關於檔案保管或公文標點符號的。總之：這次的提議改革，可說是一種新劃期的改革。

四

其後行政院認爲這一件事，有愼重研究的必要，乃在內政部設立一『行政效率研究會籌備處』，聘請專家共同研究，並出版行政效率半月刊一種。廿四年二月乃改爲行政效率研究會，現時半月刊已出至三卷五期，各方面討論的文章，確可說是不少。就中關於程式的改革而最值得注意的，有：李樸生的公文改革底商榷，邱祖銘的外交文書之研究，孔充的公文程式之革新與試驗，批與指令之程式的改良，馮介如的一個改革『簽呈』的試驗諸文，而尤以馮介如一文最切實用而急待實行的。李樸生於文後附記云：

> 介如先生這個試驗，是極有價值的。簽呈紙應有一定的尺度格式，以便歸檔保存，本刊在前一期曾提出討論（改善公文用具之我見）。介如先生在天津商品檢驗局把平常簽呈最多的事由按類編定格式，用時只抽來塡上便成，很是便利。各機關手續上照例的簽呈也應該依法來做。在這簽呈的格式上，分條注重事實的報告，一洗油腔滑套，足證明拙著『縣政府公文的處理』，獻試『簡易公文』的體裁是行之甚便的，只要長官不因看慣『呈請鑒核』的老架子，不以爲不恭便行了。

這便可見他改革的價値了。

雖然這回改革的公開討論已有二年餘,而政府的最後決定尚未發表,將來究應如何改革,現在尚不可得而知啦!

五

最後說到與我本校同學最有關係的一樁公文改革的事情了。在民國二十一年三月五日金士宣君發表一篇北甯鐵路改革文書制度之成功的論文,這本在行政院報告處理公文之改革的一件事情以前,可是他的試驗尚早於此時。其原文第四節新公文程式之要素,主張:(一)關於文字方面,以簡明淺近為要素,復文只敘來文之日期號數及事實,勿敘全文,以省繁冗;(二)關於程式方面的,所定分抄關係部分之辦法,以減省分辦稿文手續;原文用點句法,以免有上下句聯解之誤會或糾紛;(三)關係用紙方面者,主張:均用單頁,既便複寫,且資節省;(四)關於繕寫方面,擬將公文紙按其需要之張數,夾墊炭紙,用打字或鉛筆抄寫,則繕成一份,其他各份可同時印成。其原文第六節並謂;

> 北甯路新訂公文程式,自試用而實行,至今已有二年之歷史,從未發現何項弊端。茲將施行以後之利益,約舉於次.
>
> (1)內外員司凡文理通順者均能執筆辦理公牘,稍明文理者,亦能了解之。現除電報以及與洋員有關之公牘,仍用洋文外,所有公牘一律改用國文,毫無阻礙,本路數十年沿用英文之積習,竟得藉此而改革之。
>
> (2)普通文稿,每件祇須數十分鐘,即可辦出。
>
> (3)繕寫公文,利用複寫辦法,費時少收效多。
>
> (4)公文用紙,以前因文字之冗長,與夫摺疊之式樣,頗不經濟。現在文字簡約,紙式全係單頁,打字所佔地位復少,每件公文,至多不過用紙二頁,較之以前,節省過半。

這文經過本校公文程式教授汪一貫與作者一番研究,以為在現在青黃不接的改革當中,在我鐵路上同人確是最切實用的。

凡是人事的進化,一是由繁複而趨於簡便,一是由粗略而趨於細密公文之事,也不能逃出這例。試觀近四十年來公文程式變革的演進史,可謂無時不在這進行中。取其易於辦稿,易於了解,舍此別無他途。

我以為今後公文種類,可省併的便當省併,如咨文與公函同類,則寧舍棄咨文而存公函,則平行機關可用,不相隸屬之機關也可用;批與指令為同類,則當舍棄指令而用批,其格式同一,可用於人民呈請的批示,亦可用於直轄下級機關呈請的批復。這是由繁複趨於簡便這一方面的。至於用紙的單頁複寫,尺度大小,行格寬窄,均須規定;行文術語,標點符號,以及改用表格以替代油腔滑調等又復為嚴格地編訂,這是由粗略而趨於細密這一方面的。這兩點我敢說是必然的趨勢。

至於如何定立出一種新程式,則恕不在這文中論列了。

民國二十五年三月七日匆促地寫於滬上四部書齋。

鐵甲車和坦克車

史久華

坦克車和鐵甲車這兩個名詞，聽來不免有『風聲鶴唳』之慨。因爲他們不但用來禦敵，還用來殺敵。其實無論何種武裝車輛，無不後方主守，前線主攻，坦克車及鐵甲車亦不外此例，本篇主旨，擬敍述幷說明這兩種武裝車輛在實用上幾種應有的機能，一得之見，想亦爲關心軍事運輸者，所贊同。

從戰略上剖視

從戰略上看來，這種車輛的第一個必要條件，全在底盤能越野開行，要履險如夷，周旋如意，方能分頭應急，汽車式樣既各不同，其越野動力亦各有異，至於何式樣之底盤，最能適合上述條件，則須顧價值等問題，且亦跟着各種情形而變，既未可執一而論，更未便信口雌黃，不過就實際戰鬥而言，惟裝設全副『轍輪』的車輛，方能有戰略上行動較遠敵之動力，所以主要問題在製造裝設『轍輪』的車輛，其速率須較高於商業使用者。

野戰砲隊　現在的野戰砲隊，有二重使命，一是隨從砲隊，緊貼護衛坦克車，二是護衛全體軍隊，坦克車易遭敵人隱伏的防坦克車 *Anti-Tank* 砲及機關槍之襲擊，爲便利坦克車前進起見，一經發現敵人防坦克車砲及機關槍之所在，野戰炮隊，應立卽發炮轟擊，掩護過去，若待通知後而炮隊開火，則時機一失，爲人所制，禍不旋踵矣。至衛護炮隊，其中等炮必須極易移動至前面，炮徑普通爲四·七英寸,或稍大。

應備軍械 坦克車上應備攻擊人馬用之〇·三英寸徑機關槍,射擊飛機用之〇·五英寸徑機關槍,射擊飛機及鐵甲車之三十七粍糎(一英寸半)徑之半自動式機關槍,以及攻襲敵人坦克車及防坦克車砲之一·八五英寸徑半自動式機關炮,在露營或其他聚集地點,應裝置沿海用之輕便器械,如探海燈等器械,隨從炮大概全係七十五糎(三英寸)徑護衞炮,往往用四·七英寸徑甚至六英寸徑之重炮。

夾層玻璃 直接視線之危險,不可不加注意。子彈碎屑因擊撞生熱而溶化,雖坦克車周圍鐵甲上任何細微之罅隙,均能鑽入,而用以窺察敵情之洞眼,尤有大量納入之可能,據聞歐戰時坦克車隊人員所受之傷泰半均係因受彈屑而致眼傷云。即用普通護目鏡,亦覺美中不足,因一經子彈片屑留痕於玻璃上,眼鏡即減少效力,現在多數軍隊,均用夾層之禦彈玻璃,外面二層用厚薄片玻璃,裏面一層用賽璐珞之質料,此種玻璃之禦彈能力,有能抵禦機關槍於十五碼之距離者,惟其透明性必因此破壞,倘用窺望洞上,則所受影響較輕,因可多備此厚薄片數套,以便損碎,或受彈傷過重,透明性損虧時更換。

高強速度 歐戰時護送充分之軍需,極感困難,蓋因缺少運輸之機器車輛故也。此類車輛,需要之數既大,且必特製,故應專限於緊急時使用,且式樣種類不宜過多,如是坦克車及其他設備全副『轍輪』之機器車輛最爲合用,其應加注意之點,爲轉向傳動懸置『轍輪』鐵甲殼,砲塔,坦克車炮及炮架等問題。然此皆非困難所在之點,所難者在速度,因商用曳引機之速度最高每小時不過六英里,而軍用所需之最高速度每小時二十英里至三十英里,而坦克車全部包裹於鐵甲之中,同時應有充分之裝載軍械及戰士之地位,欲增高速率又須將其重量減輕,設計之困難可以想見。

靈敏轉向 速度雖高,倘無靈活之管理機具,其效果亦等於零，轉向桿務必靈動異常，稍施輕撥，卽能行動，無論前進或後退，駕駛者務須能在半個車身的長度內轉向，駕駛應毋須多費氣力，使駕駛人能全神貫注，留心前方動靜，隨機應付。

最低載量 坦克車之負載力量，須能載重十二噸，卽二萬四千磅，以便容置機關槍幾架，七十五糎徑炮一架，及戰士三人或四人。

越野能力 車輪直徑應以車能跨越五英尺之沼池爲度，坦克車須能爬過七英尺之濠溝，上下四十五度之斜坡，攀登四英尺墻壁，衝毁鐵絲網及矮樹叢。坦克車及其他鐵甲車，既有鐵甲保護，且不怕崎嶇沼澤，越野奔馳，故無論步兵馬隊，或取攻勢，或取守勢，有時靠他來衝鋒沿陣，有時靠他來掩護解圍，在現代戰爭上，的確是急要的利器。

車中通訊設備及一切應用工具，斷不可忽視，至信號方面，那幾種爲應備物品，必須經過周詳之研究審度而後定。無線電，信號旗，傳信鴿及烟火等等，均須先加測驗，然後置用。

從機構上剖視

老式坦克車在現代已失效用，原因在於缺乏準備動力，蓋此種車輛需要較有彈性的驅進機械，較高的速度和較靈的調節，至其在康莊大道上用車輛，在不平之地用『毛虫式轍輪』則仍可沿用，毋庸更改。

動力 理想中的坦克車，重量應爲八噸，其三百四至三百五十四馬力之引擎，應有充足之準備動力，以供攀緣之用，老式坦克車上坡須用低速度齒輪，新式坦克車乃可使用其準備動力，開足速度，疾馳上山也，此點非常重要，因現代『防坦克車』炮之奏效，實因坦克車爬山遲緩，不及逃避之故。自歐戰以來，『防坦克車』炮，更有進步，然而坦克車越野速度，若每小時能達四十英里，則此炮火亦不易命中。準備動力之缺乏，爲軍用車一般之錯誤，商用車多單獨

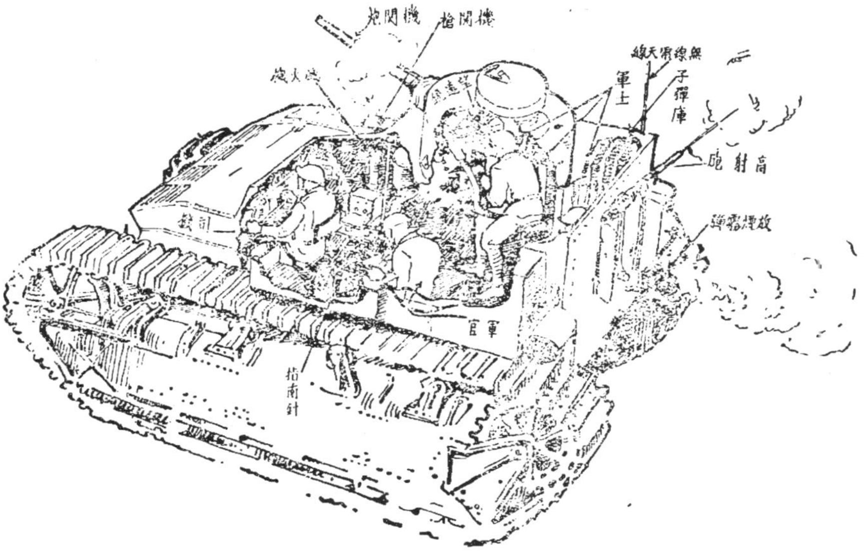

使用,毋須結隊行駛,故司機者可視其引擎之能力而限制其速度,在軍用者則不然,共同動作,共同調節,勢所當然,進退行止,不能單獨自立,在峻峭之下,須停即停,開行之際,各守原位,時或有幾輛正在下山,幾輛尚在掙扎上山,影響所及,必致聯絡損失,是以不可不有準備動力,以資應急,且商用車所不經之路,不走之地,軍用車迫於形勢,不得不經之走之,雖荒僻無路,亦弗能避,在戰鬥之際,動力不足之車,其駕駛人遇有小阻礙,亦必轉換齒輪,是正爲敵人造機會,便可趁此瞄準槍桿,發彈射擊,所以戰鬥車,若無充分之準備動力,無異自投死地也。

『轍輪』 如何使『轍輪』壽命延長是一重要問題。其次即坦克車之懸置部份,因此兩點,均較車上其他部分壽命短促,歐戰時所造的坦克車,其『轍輪』之壽命無過於一百至二百英里,現在已改良,可從二千英里至三千英里,然在此時期內,視情形之需要,應將其梢子及套墊更換,倘欲獲完滿之速度,必須採用新式驅進齒輪,重量小,抗張力足,壽命久長,伸縮性富强,爲其不可缺乏之特點,就過去經驗,在高速度時,『轍輪』應有輪緣,用資保護,大抵平常巡行時,最低速度每小時二十英里,最高速度用『轍輪』者每小時須四十二英里,用車輪者每小時須七十五英里,有此完善之『轍輪』,則坦克車所經道路無傷,而車之本身及車中人,均得安然無患,以視他種坦克車之用鐵質滾輪,而懸置於硬質無伸縮能力靠墊者,眞優劣懸殊也。

懸置 然而坦克車最關緊要的一點,還是他的懸置,所謂懸置,就是葉子彈簧等物組成一個機系,有了這種機系,坦克車無異託起在富有強性之軟墊上,將受不到彈性的重量減至極低,因此可行駛於不平之地,免除過剩之震動,速度高時,亦不起軋轢之聲,車既安穩甯靜,駕駛機件可免損壞,車中人員可能貫注心神於戰鬥所以懸置一點,對於坦克車關係非小。

通氣 現在的坦克車應妥慎保護,勿使毒氣侵入,一則因毒氣害人甚烈,再則因坦克車之機件構造極爲複雜也。故坦克車應嚴密封閉,勿使毒氣有隙可乘,其法有二:(一)使坦克車密不通風,然此因機械上有困難,勢在不可能(二)使用一種區別的壓力,藉以抵拒外面的氣流此項區別壓力辦法,爲將外來之空氣濾淸,以化學方法剔除其中毒氣,同時尙須備有養氣,以供車中人員緊急時應用,十立方尺養氣在車行四十英里速度時巳足以供給全車人員脫避施放毒氣地帶之用,防毒嘴套等具,亦應隨身攜備。

修繕 軍用車之修繕,往往必於露天行之,所以風､雨､沙､水､雪等等之影響,遠過於藏躲在水汀暖房中之商用車。且氣候嚴酷之時,往往卽係軍事忙迫之秋,所能羅賓以應付必要工作之人,未必卽是熟練之匠,所以軍用車之引擎,應有強固之構造,而式樣愈簡便愈佳。

其他 設計製造坦克車,因特別注意軍械架,錶板,旋轉儀,潛望鏡,防毒套,各種工具及配件,調節器,前後及內部車燈,烟火,滅火機,食物箱,照相機等等。

劃一各個單位

明定標準,在製造上是必需的,凡設計製造坦克車和鐵甲車者,應知此種車輛在軍事上用途岐多,若能將一機械隊內所有車輛,劃一其製造標準,則於調制,供應,添補,修繕等事項,簡便甚多.軍用車底盤之標準化,實爲增進機械隊的效能之要素,而底盤之標準化,與各部分設備之選擇有直接關係.標準戰鬥車共有五種,其中三種屬於鐵甲車類,卽福特與雪佛蘭之輕便鐵甲車,別克與拉薩耳之中號鐵甲車,以及半商用式之重鐵甲車,其他二種則爲輕便坦克車及中號坦克中,其重量分別爲七噸至八噸及十五噸至十八噸,在設計之時,並應顧及使用此車輛之隊伍,如步隊,馬隊,或炮隊,因各種之動作速率不同,需要亦各異,其所使用之坦克車或鐵甲車亦有差別,玆爲表明設計之責職及各部設備之需要起見,逐項分述於下:

機關槍 機關槍隊分成三個分隊,每一個分隊有機關槍三枝,每一個機關槍隊連同機關槍軍火兵士及設備,用載重一噸半六輪越野之雪佛蘭式輕便鐵甲運貨車輸送之,另有運貨車五輛,載運預備槍及輜重等物隨行。

高射炮 戰鬥車隊在停駛或露營時往往易遭飛機之射擊或轟炸,故較大之高射炮不可不備,再助以沿海用之較小的高射炮及探海燈,以廣其用。

工程師 戰鬥車隊越野行駛,須隨時隨地興工築路,架橋濟川,爲求迅速成功,以利軍事起見,常有工程師若干人,隨車出發。

傳訊隊 傳迅隊使用輕便鐵甲車及中號鐵甲車,亦是一個重要部分,賴以溝通各方面消息,實乃一個聯絡機系,而人員四散,流動性最强,故管理問題,最難解决,然於軍事上最關重要,所以傳訊隊中,應將各項交通上必要之設備,如信號烟火無線電電話機器脚踏車等等,供備齊全。

騎兵隊 騎兵隊需要鐵甲車,一則爲求安全,一則藉以偵探,在追逐或刼掠時,鐵甲車尤爲不可缺少,因其行駛極速保護周全也。

軍需隊 軍需隊分爲兩組,一掌供應,一掌修繕,所用之車爲半商用式之鐵甲車,其所攜帶之軍械,包括炮,自動槍械彈藥以及特別戰鬥車輛,如鐵甲車,坦克車,炮車,高射炮車,特別修理車輛等等,隊中設官長若干人,經受特別訓練的隊員若干人,至隊中自用設備,則有各種卡車,或載發電機,以供蓄電池過電,電焊,電燈之用,或設置各項機具,儼如一間機器工場,或跟隨戰鬥車越野奔馳,以便隨時隨地實施修繕維護,或載運公文案卷,行李雜件,以及各項零件。

坦克車 坦克車隊方面之問題極多,且極困難,因輕快之坦克車普通認作全機械隊之脊骨,倘欲武備周密,不免將速率與動力減低,亦所不可,是以一輛輕便坦克車,最低限度究竟應攜帶若干軍械,方爲充足,同時能維持最高的速度和動力爲一重要問題。坦克車隊應備〇·三〇徑的機關槍一枝,〇·五〇徑的機關槍一枝,三十七糎低動力自動槍若干枝,三十七糎高動力自動槍若干枝,及新式一·八五英寸三磅的半自動槍一枝,此外坦克車速度的變化亦可用作決定應備武裝數量的標準。

設計上之商榷

汽車工程師因不甚明瞭軍事上之需要,往往偏重機械方面,殊爲一大缺陷,所以現在設計製造戰鬥車,應將注意點從機械方面移到戰略方面。例如鐵甲車和坦克車,凡軍隊中重要偵察,無不用之,復有多用以攻擊敵人,防禦飛機及各種戰鬥車,故必須有高速度,且能越野馳駛,必須能開火轟擊,殺敵製勝,又必須能防護周到,不受敵害。應加注意者有四點,卽驅進機械原動力機械,駕駛者及炮手是也。驅進機械必安置車下,故能不發生阻礙,車中人員應集合一處，或在引擎房之前，或在引擎房之後，俾便始終合作，惟引擎若在前面，易致妨害駕駛者視線，且其熱度及烟焰令人難受，故倘於車輛動作無礙，以放在後面為宜，庶幾前面及中央可供駕駛者及炮手之用，當越野行駛時，駕駛者須能見到路上一切阻礙，故其適當地位應在前部，雖此處震撼遠甚於中部，然在駕駛者自有餘力可以應付，至炮手則心在軍械，須擇穩固地位，故以中部為宜。第一步應先決定車身之形態和體積，車身須觀察極便，四面可以轟擊，上面構架和重心力均宜低下，須能平衡，須有相當餘地應付原動力機械，軍用物品及各項人員應佔之地位，凡此各點，似屬自相矛盾，然亦不難解決，車身之底宜平，駕駛位置在前，引擎房在後，中部則供其他人員之用，駕駛者雙手無閑，故必有炮手至少一人持執兵器，另由第三人管理信號機關，再加一人，協助動作，有四人則已足數。以上蓋言幾個主要部份的位置，至各部份之設計製造，則驅進機械及原動力機械責在汽車工程師，車身設計應由軍用機關負其責任。故軍用機關應詳細說明其需要，俾可獲得良好結果。各種驅進機械，經已嘗試，或四輪，或六輪，乃至八輪，或後面用「轍輪」，前面用普通車輪，或全用「轍輪」，或在平坦之大道上用普通車輛，在越野時用「轍輪」，倘此兩種車輪互相更換並不困難，則自以視情形之需要，而分別換用，較適宜於軍事用途也。在速行之車輛，彈簧系及制震器極關重要，即在緩行時，亦不可忽視，因機械若不位置在軟墊之上，易為震動所損傷也，又在疾駛之戰鬥車，炮手所在位置之穩固，亦屬不可忽視，欲求其穩固，務先除絕一切震動，所以彈簧系制震器在軍用車上，是一個值得深切注意的大問題。轉向亦為鐵甲車及坦克車之要點，現在轉機器採用「轉向接合器」*Steering-Clutch* 式，雖在高速度時不若前之安全，轉向靈活則遠勝從前矣。

移棋相間

姜長英

一 引言

民國十八年,余始爲『移棋相間』之戲。暇時試演,僅強記其法,而不知求其通則。二十年春,遇舊同窗田藍田於瀋陽,相與共同研究,遂得一移棋通則。又推廣舊法,創『移三』及『成雙』。此後,余仍常藉之消遣,且漸覺其變化倘多。然終以爲耗時之遊戲,無當於大雅也。及見書籍雜誌,時載『移棋相間』之論述,始知中外學者,未嘗以小道而忽之。故余樂記所得,以公諸同好。

二 參考書

關於移棋相間之參考書,有下列數種:

1. 褚人穫:堅瓠集戊集卷一。
2. 俞　樾:春在堂隨筆卷一。
3. W.W.Rouse Ball:*Mathematical Recreations And Essays*,1892初版1927十版。
4. 陳懷書:數學遊戲大觀,民十五初版。
5. 高行健:移棋相間之研究,科學世界,一卷二期,二十一年十二月。
6. 趙　繚:黑白交錯圖研究,李儼序,學藝雜誌,十二卷十號,二十二年十二月。
7. 羅　河:黑白交錯之排列法,朱皆平附識。交大唐院季刊,四卷四期,二十四年十二月。

三 源流

W. W. Rouse Ball 稱,移棋相間之戲,傳自日本,不知何據。復於

其書中,介紹參考數種:

1. Bibliotheca Mathematica, 1896, series 3, vol. VI, p. 323.

2. P. G. Tait, Philosophical Magazine, London, Jan. 1884, series 5, vol. XVII, p. 39.

3. Collected Scientific Papers, Cambridge, vol. II, 1890, p. 93.

4. La Nature, June, 1887, p.10.

惜皆三四十年前之舊籍,無機獲見。歐西之有此戲,不知始於何時,日本之有此戲,亦不知傳自何地也。

褚人穫堅瓠集『移棋相間』條云:『幼時,見友人胡礪之將黑白棋子各三枚左右分列,三移則黑白相間。余因問曰:「多亦可移乎」?礪之曰:「自三以至十外,皆可移。多一子則多一移」。余歸試之,自三以至於十,果相間不亂。今已三十餘年,偶雨窗復試,忘其大半。因繹數四,始得就。』據堅瓠集序,此條當記於康熙三十年以前。故胡礪之之移棋,當在順治末,去今已二百七八十年.按西曆必在1660以前矣。日本有移棋之戲,不知尚早於此否?

俞曲園春在堂隨筆記云:『長洲褚稼軒堅瓠集,有移棋相間法……余試之良然,而內子季蘭復推廣之,自十一子以至二十子。』以曲園之博,只引堅瓠集,可見二百年中,繼起乏人。而胡礪之亦可認爲棋移相間之創始者矣。

四 移 棋

以棋子兩種,各若干,各排一列,接兩列成一直線。先取二相連之子,移接於直線之一端。然後另移二相連之子,以補其缺,或置於端。使所有棋子,任何不分爲三段.如是若干移後,鄰子相接,仍爲一直線,但兩種棋子,已相間排列矣.此卽所謂『移棋相間』之戲也。此種移法,每移限爲二子,故可簡稱爲『移二』。其所須移動次數,最少須等於每種棋子之數。設棋分黑白,各三子,白列左,則其移動步驟,可如第一圖。又設黑白各四子,則其移法見第二圖。

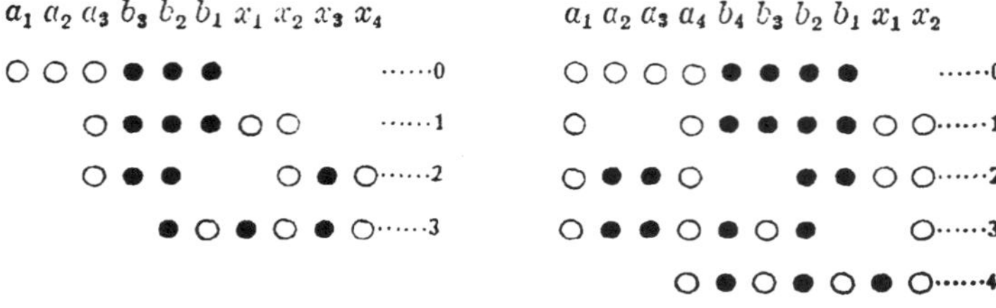

第一圖　　第二圖

五　記錄法

中國舊數學中,一切事物,習以口訣記之。褚人穫亦用口訣記錄移棋方法。其記三子及四子移法云:『三子從根起,二三望前移。四子根空一,從根還空位,二三復歸所,末子向前備。』又可以圖(如第一二圖)記棋子之移動,此法最爲明顯,且可見每移後之形勢。但棋子增多,則步驟加繁,用口訣勢難明瞭,用圖記之,則又嫌冗長費紙,於是有俞曲園之『數子法』。俞法『凡自左移之右,則曰左,從左起數。自右移之左,則曰右,從右起數。』其記三子移法云:『左一二,左四五,左一二。』記四子則云:『左二三,右五六,右二三,左一二。』此較口訣及圖記法,已簡明多矣。前此著述,多不外以上之範圍。

余所用之『記位法』,與俞法略同。其所異者,乃不數棋子,只記棋位而已。蓋如此則移棋之規律,較易發見也。今以 $a_1, a_2, \cdots, b_1, b_2, \cdots$ 代黑白棋子原有之地位,以 $x_1, x_2, \cdots$ 代一端之空位。設黑白各有 n 子,而第一次移棋向右,則各位置之排別當如下:

$$a_1, a_2, a_3, \cdots a_{n-1}, a_n, b_n, b_{n-1}, \cdots b_3, b_2, b_1, x_1, x_2, \cdots$$

每移二子,即記以二子之地位。第一次移棋向右之後,如棋子仍爲連續之直列(如第一圖),則第二次移向右端。如第二移須向左,則加用←符號以明之(如第四第九圖)。否則直列之內,必餘二空,所移二子,必須塡入。故每移二子,只記其地位,不須另記左右矣。第一二圖如用記位法,可記之如下:

$$n=3,\ a_1a_2,\ b_1x_1,\ a_3b_3$$

$n=4,\ a_2a_3,\ b_4b_3, b_1x_1,\ a_1a_2$

六移二

三子移法爲例外,可不論。四子至七子,移法各異,惟其第一及末一二移,則皆相同。八子以上,則皆不出四子至七子之範圍。今列四子至十五子之移法於下,其中規律,甚易見也。

$n=4$	a_2a_3	b_4b_3	b_1x_1	a_1a_2			
$n=5$	a_2a_3	b_3b_2	a_5b_5	b_1x_1	a_1a_2		
$n=6$	a_2a_3	b_5b_4	a_4a_5	b_4b_3	b_1x_1	a_1a_2	
$n=7$	a_2a_3	b_4b_3	a_5a_6	b_5b_4	a_7b_7	b_1x_1	a_1a_2

$n=8$	a_2a_3	b_4b_3	a_6a_7	b_8b_7	b_5b_4	a_5a_6	b_1x_1	a_1a_2			
$n=9$	a_2a_3	b_4b_3	a_6a_7	b_7b_6	a_9b_9	b_5b_4	a_5a_6	b_1x_1	a_1a_2		
$n=10$	a_2a_3	b_4b_3	a_6a_7	b_9b_8	a_8a_9	b_8b_7	b_5b_4	b_5b_6	b_1x_1	a_1a_2	
$n=11$	a_2a_3	b_4b_3	a_6a_7	b_8b_7	a_9a_{10}	b_9b_8	$a_{11}b_{11}$	b_5b_4	a_5a_6	b_1x_1	a_1a_2

$n=12$	a_2a_3	b_4b_3	a_6a_7	b_8b_7	$a_{10}a_{11}$	$b_{12}b_{11}$	b_9b_8	a_9a_{10}	b_5b_4	a_5a_6	b_1x_1	a_1a_2			
$n=13$	a_2a_3	b_4b_3	a_6a_7	b_8b_7	$a_{10}a_{11}$	$b_{11}b_{10}$	$a_{13}b_{13}$	b_9b_8	a_9a_{10}	b_5b_4	a_5a_4	b_1x_1	a_1a_2		
$n=14$	a_2a_3	b_4b_3	a_6a_7	b_8b_7	$a_{10}a_{11}$	$b_{13}b_{12}$	$a_{12}a_{13}$	$b_{12}b_{11}$	b_9b_8	a_9a_{10}	b_5b_6	a_5a_6	b_1x_1	a_1a_2	
$n=15$	a_2a_3	b_4b_3	a_6a_7	b_8b_7	$a_{10}a_{11}$	$b_{12}b_{11}$	$a_{13}a_{14}$	$b_{13}b_{14}$	$a_{15}b_{15}$	b_9b_8	a_9a_{10}	b_5b_4	a_5a_6	b_1x_1	a_1a_2

黑白各有n子,則共須n移。其前$\frac{n}{2}$(或$\frac{n-1}{2}$)移之二子。皆爲同色,後$\frac{n}{2}$(或$\frac{n+1}{2}$)移之二子,皆爲異色。除每種之末一移外,其餘之次序,可以先後互換,亦無害於結果。上所列同色各移,皆自外而內,異色各移,皆自內而外,以其順序自然,易於比較也。

n可變爲$4m$, $4m+1$, $4m+2$或$4m+3$之形式。m相同者,可列爲一組。每組中之移動,又可分爲前後中三部。前部計$2m-1$移,後部

計 $2m$ 移。中部可有一,二,三或四移,視 n 之形式而定。每組之中,前部後部皆同。所有變化,皆極規則,可得移棋通法如下:

前部移法: $a_2a_3(b_4b_3\ a_6a_7),(b_8b_7\ a_{10}a_{11}),\cdots(b_{4m-4}b_{4m-5},\ a_{4m-2}a_{4m-1})$。

中部移法: $n=4m$ b_nb_{n-1}.

$n=4m+1$ $b_{n-2}b_{n-3}$, a_nb_n.

$n=4m+2$ $b_{n-1}b_{n-2}$, $a_{n-2}a_{n-1}$, $b_{n-2}b_{n-3}$.

$n=4m+3$ $b_{n-3}b_{n-4}$, $a_{n-2}a_{n-1}$, $b_{n-2}b_{n-3}$, a_nb_n.

後部移法: $(b_{4m-3}b_{4m-4},\ a_{4m-3}a_{4m-2}),\cdots(b_5b_4,\ a_5a_6),\ b_1x_1,\ a_1a_2$.

每 m 增一,則前後二部,各增二移。此二移不可分,故以括弧包之。前後二部之中,a 與 b 必相間,且 a 與 a 及 b 與 b 之間,相差皆爲四。後部之 b_5b_4 與 b_1x_1 兩移亦差四,因 x_1 可認爲 b_0 也。

七 第二法

n 爲四,五,六或七,棋子之移動,必須如上法,毫無其他變化。但棋子加多,則移棋相間,已不限於前法矣。今列 $m=2$ 一組之第二種移法於後。其移法亦可分爲三部,其中部與前之第一法,完全相同。前後二部,雖與前法不同,其通法亦不難求之。

$n=8$	a_2a_3	b_5b_4	a_5a_6	b_8b_7	a_6a_7	b_4b_3	b_1x_1	a_1a_2			
$n=9$	a_2a_3	b_5b_4	a_5a_6	b_7b_6	a_9b_9	a_6a_7	b_4b_3	b_1x_1	a_1a_2		
$n=10$	a_2a_3	b_5b_4	a_5a_6	b_9b_8	a_8a_9	b_8b_7	a_6a_7	b_4b_3	b_1x_1	a_1a_2	
$n=11$	a_2a_3	b_5b_4	a_5a_6	b_8b_7	a_9a_{10}	b_9b_8	$a_{11}b_{11}$	a_6a_7	b_4b_3	b_1x_1	a_1a_2

前部移法: $a_2a_3(b_5b_4\ a_5a_6),(b_9b_8\ a_9a_{10})\cdots(b_{4m-3}b_{4m-4},\ a_{4m-3}a_{4m-2})$.

中部移法: 同前法

後部移法: $(a_{4m-2}a_{4m-1},\ b_{4m-4}b_{4m-5}),\cdots(a_6a_7,\ b_4b_3),\ b_1x_1,\ a_1a_2$.

此法之第一移與第三移,相差爲三而非四。末一二移與末三四移,相差亦不爲四。後部移法,先 a 後 b,與前法之先 b 後 a 正相反。設依上式而逆推之,使 $m=1$,則前部只第一移,後部只末一二移,已與第一法無異。故謂 n 爲四,五,六或七,則棋子之移動,難有變化也。

八 第三法

m在二以上,移棋法又可如下:

$n=8$	a_2a_3	b_6b_5	a_6a_7	b_4b_3	b_7b_6	a_5a_6	b_1x_1	a_1a_2		
$n=9$	a_2a_3	b_6b_5	a_6a_7	b_3b_2	a_9b_9	b_7b_6	a_5a_6	b_1x_1	a_1a_2	
$n=10$	—	—	—	?	?	?	—	—	—	—
$n=11$	—	—	—	?	?	?	?	—	—	—	—

$n=12$	a_2a_3	b_6b_5	a_6a_7	$b_{10}b_9$	$a_{10}a_{11}$	b_4b_3	$b_{11}b_{10}$	a_9a_{10}	b_7b_6	a_5a_6	b_1x_1	a_1a_2			
$n=13$	a_2a_3	b_6b_5	a_6a_7	$b_{10}b_9$	$a_{10}a_{11}$	b_3b_2	$a_{13}b_{13}$	$b_{11}b_{10}$	a_9a_{10}	b_7b_6	a_5a_6	b_1x_1	a_1a_2		
$n=14$	—	—	—	—	—	?	?	?	—	—	—	—	—	—	
$n=15$	—	—	—	—	—	?	?	?	?	—	—	—	—	—	—

前部移法: $a_2a_3(b_6b_5,\ a_6a_7),\ (b_{10}b_9,\ a_{10}a_{11}),\cdots(b_{4m-2}b_{4m-3},\ a_{4m-2}a_{4m-1})$。

中部移法: $n+4m$ b_4b_3

$n=4m+1$ $b_3b_2,$ a_nb_n

$n=4m+2$? ? ?

$n=4m+3$? ? ? ?

後部移法: $(b_{4m-1}b_{4m-2},\ a_{4m-3}a_{4m-2}),\cdots(b_7b_6,\ a_5a_6),\ b_1x_1\ a_1a_2$。

此法之特點,在前後二部之對稱。其尤異者,乃其中部之形式。設依此通則,求$n=4$, $n=5$之移法,其結果仍與前第一法同。凡已有通則,則無論棋子若干,其移法皆可推之。但中部之移法,計有四種,其間似少關係。故$n=10$, $n=11$之第三法,雖其中僅缺三四移,竟屢試而不可得。若其爲不可能,則亦難得確證也。

俞曲園所記三子至二十子各法中,其$n=3, 4, 5, 6, 7$及11之法,同上第一法。其$n=10$及14,同上第二法。其$n=9$及13,則同第三法。$n=8$之法,與第三法極似。但其$n=12, 15, 16, 17, 18, 19$及20各法,則與一二三諸法,皆有不同。可見棋子愈多,變化亦愈繁。如已知n,而問究有幾許根本不同之方法,則殊難置答矣。

九　倒移二

W. W. Rouse Ball 謂 P. G. Tait 曾創一法,列黑白各 n 子爲一線,每移二子,亦如前。但所移二子,須互相倒置,再補入空位。最少須 $n+1$ 移,則黑白棋子可以相間此法可名爲「倒移二」。惜 Rouse Ball 不曾例舉移法,Tait 之原著,亦無緣一見。余曾得倒移二之通則一種,茲錄三子四子移法,於下:

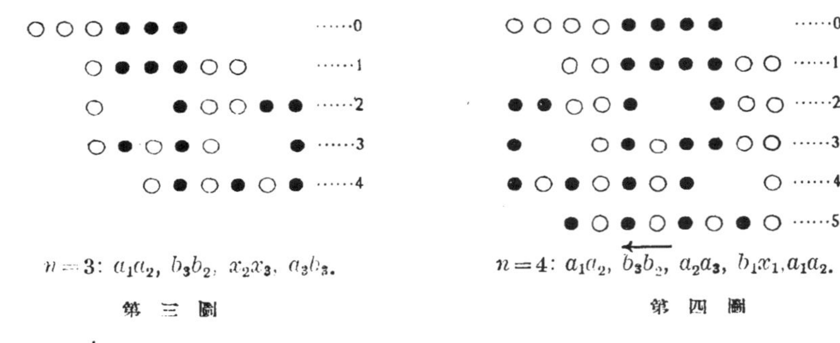

$n=3$: a_1a_2, b_3b_2, x_2x_3, a_3b_3.

第三圖

$n=4$: a_1a_2, $\overleftarrow{b_3b_2}$, a_2a_3, b_1x_1, a_1a_2.

第四圖

n														
$n=3$	a_1a_2	b_3b_2	x_2x_3	a_3b_3										
$n=4$	a_1a_2	b_2b_2	a_4b_1	x_2b_3	a_3a_4	(自第四圖變來)								
$n=4$	a_1a_2	b_3b_2	x_2x_3	a_4b_4	x_3x_4	(自第四圖變來)								
$n=5$	a_1a_2	b_4b_3	a_4a_5	b_3b_2	x_2x_3	a_3a_4								
$n=6$	a_1a_2	b_4b_3	a_4a_5	b_3b_2	a_6b_6	x_2x_3	a_3a_4							
$n=7$	a_1a_2	b_4b_3	a_5a_6	b_7b_6	a_4a_5	b_3b_2	x_3x_3	a_3a_4						
$n=8$	a_1a_2	b_4b_3	a_5a_6	b_7b_6	a_4a_5	a_8b_8	b_3b_2	x_2x_3	a_3a_4					
$n=9$	a_1a_2	b_4b_3	a_5a_6	b_8b_7	a_8a_9	b_7b_6	a_4a_5	b_3b_2	x_2x_3	a_3a_4				
$n=10$	a_1a_2	b_4b_3	a_5a_6	b_8b_7	a_8a_9	b_7b_6	$a_{10}b_{10}$	a_4a_5	b_3b_2	x_2x_3	a_3a_4			
$n=11$	a_1a_2	b_4b_3	a_5a_6	b_8b_7	a_9x_{10}	$b_{11}b_{10}$	a_8a_9	b_7b_6	a_4a_5	b_3b_2	x_2x_3	a_3a_4		
$n=12$	a_1a_2	b_4b_3	a_5a_6	b_8b_7	a_9x_{10}	$b_{11}b_{10}$	a_8a_9	$a_{12}b_{12}$	b_7b_6	a_4a_5	b_3b_2	x_2x_3	a_3a_4.	

五子以上,雖皆須有四空位,其移法皆成系統,且可爲前後二部。設 $n=2p+1$ 或 $n=2p+2$,則前部有 p 移,後部有 $p+2$ 或 $p+3$ 移前

部各移,自前而後,1, 2, 3, 4, 5, 6, …, 皆成自然順序。後部除末一二移外,自後而前,亦成2, 3, 4, 5, 6, 7, … 之次序。但 $n=2p+2$, 則後部第二移後,須加 a_nb_n 一移。據上所列,可得通則如下,但 $n=3$ 及 $n=4$, 皆爲例外.

前部移法:

$$\left.\begin{array}{l} n=2p+1=4m+1 \\ n=2p+2=4m+2 \end{array}\right\} a_1a_2,\ b_4b_3,\ a_5a_6,\ b_8b_7, \cdots a_{2p-3}a_{3p-2},\ b_{2p-1}b_{2p}.$$

$$\left.\begin{array}{l} n=2p+1=4m+3 \\ n=2p+2=4m \end{array}\right\} a_1a_2,\ b_4b_3,\ a_5a_6,\ b_8b_7, \cdots b_{2p-2}b_{2p-3},\ a_{2p}a_{2p-1}.$$

後部移法:

$n=2p+1=4m+1$: $a_{2p}a_{2p+1},\ b_{2p-1}b_{2p-2}, \cdots a_4a_5,\ b_3b_2,\ x_2x_3,\ a_3a_4.$

$n=2p+2=4m+2$: 同上,但第二移後加 a_nb_n 一移。

$n=2p+1=4m+3$: $b_{2p+1}b_{2p},\ a_{2p-2}a_{2p-1}, \cdots a_4a_5,\ b_3b_2,\ x_2x_3,\ a_3a_4.$

$n=2p+2=4m$: 同上,但第二移後加 a_nb_n 一移。

陳懷書數學遊戲大觀中,「八小兒」一題(第300題)爲四子倒移二之逆(卽原式爲相間,五移後爲不相間),空位只限有二.書中答案,除舉一例外,謂「除七八兩兒而外,其餘皆可於第一次移動」。余試得其法,共可八種:

1. $a_1a_2,\ \overleftarrow{b_3b_2},\ a_2a_3,\ b_1x_1,\ a_1a_2.$(見第四圖)

2. $a_1a_2,\ \overleftarrow{b_3b_2},\ b_1x_1,\ a_2a_3,\ x_1x_2.$(自1變來)

3. $a_2a_3,\ b_3b_2,\ b_1x_1,\ b_4b_3,\ a_1a_2.$(數學遊戲大觀答案)

4. $a_2a_3,\ b_3b_2,\ b_1x_1,\ a_3a_4,\ a_1a_2.$(自3變來)

5. $a_4b_4,\ b_3b_2,\ a_1a_2,\ \overleftarrow{b_4b_3},\ x_1x_2$

6. $b_3b_2,\ a_2a_3,\ x_1x_2,\ b_2b_1,\ a_1a_2$

7. $b_2b_1,\ a_2a_3,\ a_4b_4,\ b_1x_1,\ a_1a_2$

8. $b_2b_1,\ a_2a_3,\ b_1x_1,\ a_4b_4,\ a_1a_2$ (自7變來)

據以上各法,四五兩兒及七八兩兒,皆不能於第一次同移。但以單人論,僅第八兒不可於第一次移動。用2或5法,五移之後, x_1x_2

仍為空位,四子倒移二,以4法逆行之卽同7,以7法逆行之卽同4,亦頗有趣。

十移三

黑白各n子,排為一列如前,每次移置相連之三子,n次之後,則黑白相間。趙繚亦曾舉例介紹之。五六兩圖,示三子及四子之移法。n為奇數之移法,亦記於下:

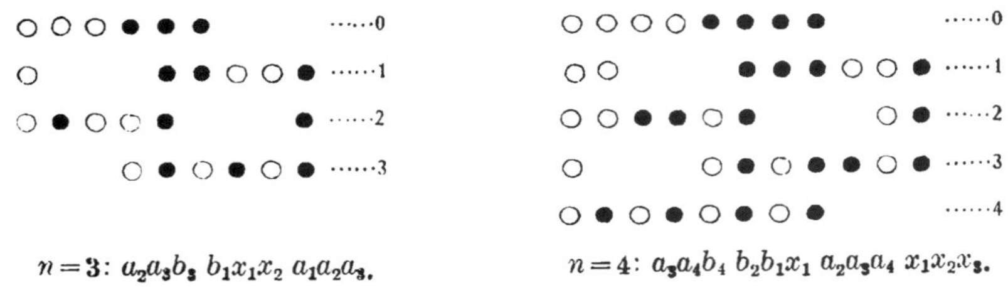

$n=3$: $a_2a_3b_3\ b_1x_1x_2\ a_1a_2a_3$.

第五圖

$n=4$: $a_3a_4b_4\ b_2b_1x_1\ a_2a_3a_4\ x_1x_2x_3$.

第六圖

$n=3$ $a_2a_3b_3\ b_1x_1x_2\ a_1a_2a_3$

$n=5$ $a_4a_5b_5\ b_2b_1x_1\ a_2a_3a_4\ b_3b_2b_1\ a_1a_2a_3$

$n=7$ $a_6a_7b_7\ b_2b_1x_1\ a_4a_5a_6\ b_4b_3b_2\ a_2a_3a_4\ b_5b_4b_3\ a_1a_2a_3$

$n=9$ $a_8a_9b_9\ b_2b_1x_1\ a_6a_7a_8\ b_4b_3b_2\ a_4a_5a_6\ b_6b_5b_4\ a_2a_3a_4\ b_7b_6b_5\ a_1a_2a_3$

n為奇數,移法不難,其規律甚為明顯。全部n移中,a b相間,而移a較移b多一次。移a者計$\frac{n+1}{2}$次,其第一次為$a_{n-1}a_na_na_{n+1}$(卽$a_{n-1}a_nb_n$),以後每次減二;但至末一次,則只減一而為$a_1a_2a_3$。移b者計$\frac{n-1}{2}$次,其第一次為$b_2b_1b_0$(卽$b_2b_1x_1$),以後每次增二;但至末一次,則只增一而為$b_{n-2}b_{n-3}b_{n-4}$。

n為偶數,$n=4$則如第六圖所示,但似為例外六子移三,則曾百試而未得。但稍寬n移之限,為$n+1$移,則亦不難。今將六,八,十子之移法錄下。其通則與奇數移三似,故略之。

$n=6$ $a_2a_3a_4\ b_1x_1x_2\ a_5a_6b_6\ b_3b_2b_1\ a_4a_5a_6\ b_4b_3b_2\ a_1a_2a_3$(末移$a_1a_2a_2$皆可改為$x_1x_2x_3$).

$n=8$ $a_2a_3a_4\ b_1x_2x_2\ a_7a_8b_8\ b_3b_2b_1\ a_5a_6a_7\ b_5b_4b_3\ a_4a_5a_6\ b_6b_5b_4\ a_1a_2a_3$.

$n=10$ $a_2a_3a_4\ b_1x_1x_2\ a_9a_{10}b_{10}\ b_3b_2b_1\ a_7a_8a_9\ b_5b_4b_3\ a_5a_6a_7\ b_7b_6b_5\ a_4a_5a_6\ b_8b_7b_6\ a_1a_2a_3$.

十一 移三成雙

每移三子,是為『移三』。『移三成雙』則為移後非一黑一白相間,而為雙黑雙白相間排列也。設黑白各有n子(n當然為偶數),則最少須移$n-1$次。其法如下:

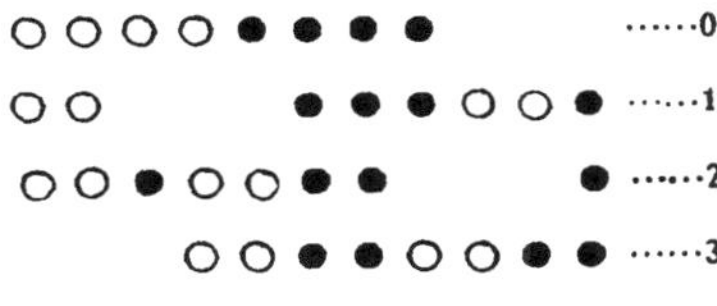

$n=4$: $a_3b_4b_4$ $b_1x_1x_2$ $a_1a_2a_3$.

第七圖

$n=4$ $a_3a_4b_4$ $b_1x_1x_2$ $a_1a_2a_3$.

$n=6$ $a_6b_6b_5$ $b_2b_1x_1$ $a_2a_3a_4$ $b_4b_3b_2$ $a_1a_2a_3$.

$n=8$ $a_7a_8b_8$ $b_1x_1x_2$ $a_5a_6a_7$ $b_4b_3b_2$ $a_3a_4a_5$ $b_5b_4b_3$ $a_1a_2a_4$.

$n=10$ $a_{10}b_{10}b_9$ $b_2b_1x_1$ $a_5a_6a_7$ $b_6b_5b_4$ $a_3a_4a_5$ $b_4b_3b_2$ $a_2a_3a_4$ $b_8b_7b_6$ $a_1a_2a_3$.

但$n=12$,可以$a_{11}a_{12}b_{12}$ $b_1x_1x_2$ $a_9a_{10}a_{11}$ $b_6b_5b_4$ $a_2a_3a_4$ $b_8b_7b_6$ $a_7a_8a_9$ $b_9b_8b_7$ $a_5a_6a_7$ $a_1a_2a_3$十次移成之。故上述之$n-1$移,尚非最少次數也。

十二 移四

每次移棋四枚,亦可使黑白相間。余曾得四子五子六子之移法。n為四或六,則須$n+1$移;n為五,則須$n+2$移。四子之移四成雙,亦可以$n+2$移成之。奇數移三,須n移,偶數則須增一移,移三成雙則可少一移。移四與移三,頗不相同也。

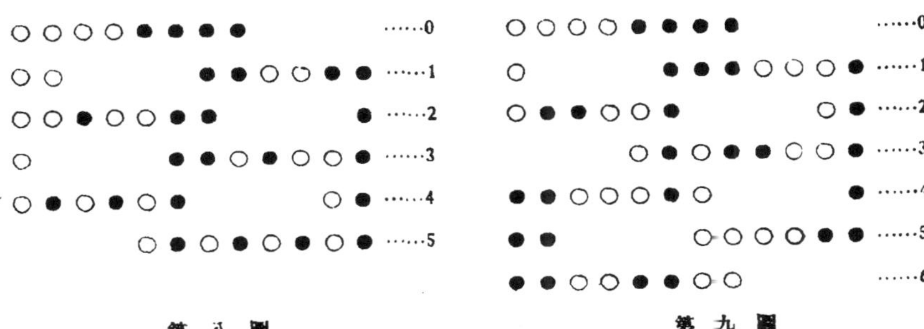

第八圖　　第九圖

上海交通大学百年报刊集成·第一辑（1896—1949）·学术学科

移四

$n=4$, $a_3a_4b_4b_3$ $b_1x_1x_2x_3$ $a_2a_3a_4b_4$ $b_2b_1x_1x_2$ $a_1a_2a_3a_4$.

$n=5$, $a_3a_4a_5b_5$ $b_2b_1x_1x_2$ $a_4a_5b_5b_4$ $b_1x_1x_2x_3$ $a_2a_3a_4a_5$ $b_2b_1x_1x_2$ $a_1a_2a_3a_4$.

$n=6$, $a_4a_5a_6a_7$ $b_2b_1x_1x_2$ $a_2a_3a_4a_5$ $b_3b_2b_1x_1$ $a_4a_5a_6b_6$ $b_4b_3b_2b_1$ $a_1a_2a_3a_4$.

移四成雙

$n=4$, $a_2a_3a_4b_4$ $b_2b_1x_1x_2$ $a_1a_2a_3a_4$ $\overleftarrow{b_1x_1x_2x_3}$ $a_3a_4b_4b_3$ $x_1x_2x_3x_1$.

十三　三色移二

以黑白紅三色棋各n子,列為一線,每移二子,若干移後,可使三色相間,順序皆同。余曾試用三色棋各三子,屢敗屢試之後,卒以九移成之。其方法見第十圖,亦可記錄如下: a_3b_1 c_1c_2 a_2a_3 b_3c_1 a_3b_1 c_2c_3 a_2a_3 c_3x_1 a_1a_2.

a_1	a_2	a_3	b_1	b_2	b_3	c_1	c_2	c_3	x_1	x_2	
○	○	○	●	●	●	⊕	⊕	⊕			……0
○	○			●	●	⊕	⊕	⊕	○	●	……1
○	○	⊕	⊕	●	●			⊕	○	●	……2
○			⊕	●	●	○	⊕	⊕	○	●	……3
○	●	○	⊕	●			⊕	⊕	○	●	……4
○	●			●	○	⊕	⊕	⊕	○	●	……5
○	●	⊕	⊕	●	○	⊕			○	●	……6
○			⊕	●	○	⊕	●	⊕	○	●	……7
○	⊕	○	⊕	●	○	⊕	●			●	……8
		○	⊕	●	○	⊕	●	○	⊕	●	……9

第十圖

十四　尾聲

移棋相間,每次亦可只移一子。設n之形式為$2q$或$2q+1$,則共須$2q+1$移。其移法極簡單,二子以上可列其通則如下:

移一通則: a_2, b_2, a_4, b_4, $\cdots a_{2i}$, b_{2i}, x_1.

二十年春,余與同窗田藍田所研究之移二,皆屬前述之第一法。當時記錄其結果,方法亦頗簡易,見十一圖。移二開始,自左端移第二三子及自右端移第三四子後，皆每隔二子移二子(皆同色)，移至中央，所除未曾移動之子，即如十一圖所示。然後移實線及虛線所圈定之子，再移黑白異色之子，以補空位，即可完成。此與高行健羅河之方法極似。現用之記位法較之舊法，似已前進不少矣。

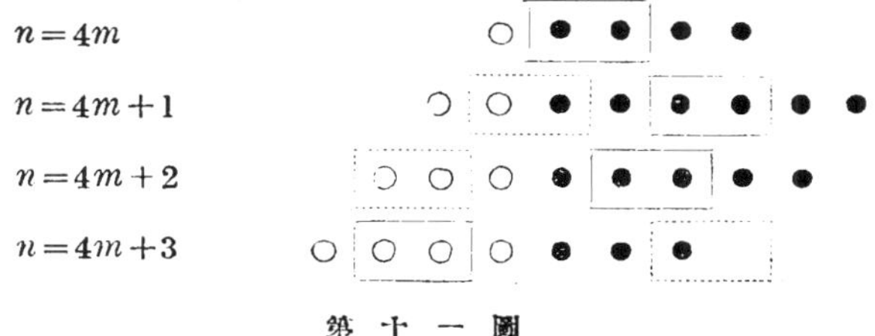

第十一圖

移棋戲中，可變者頗多。如 n 可變，移法(如正移倒移)可變，每移子數可變，移成之結果(如單子相間雙子相間)可變，棋子種數亦可變。n 愈大，則變愈多，其變化可謂難窮矣。雖然此戲實毫無用途，只可美其名為訓練堅忍性之耗時消遣而已。

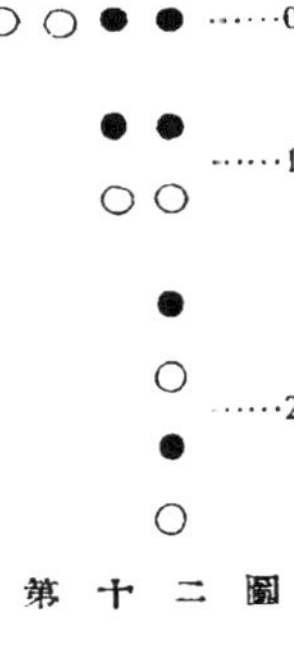

第十二圖

移二之戲，n 最小限為三。蓋黑白各一子，則不須移，黑白各二子，則不能移也。然二白二黑，亦可於二移後，使黑白相間。其法見十二圖(見萬奇彙刊第十八期)將一橫列變為直列，是則又戲中之戲矣。

無窮級數之理論及應用

(續)

Knopp 氏原著

顧澄達指

综合卷(第七册)　交大季刊　第二十二期(1936)

第四編

任意項之級數*

十五章　第二主要審斂法及斂級數之代數**

現在所論之無窮級數 $\sum_{n=0}^{\infty} a_n$，其項已無任何限制而可爲任意之數矣.前曾說明此級數實爲其諸部分和

$$s_n = a_0 + a_1 + \cdots + a_n \qquad (n = 0, 1, 2, \cdots)$$

所成敍列 (s_n) 之新記號,及以「表示 (s_n) 之斂或散之諸名稱」移用於此級數之本身.目前之討論仍注重其是否收斂之問題.從**47**至**51**之第二主要審斂法（表示收斂之必要及充分條件者),卽可得:

°**基本定理(第一形式)**　級數 Σa_n 收斂之必要及充分條件爲:先任意取定壹 $\varepsilon>0$,必能再覓得一數 $n_0 = n_0(\varepsilon)$ 使凡 $n>n_0$ 及 $k \geqq 1$ 時皆 **81**

$$|s_{n+k} - s_n| < \varepsilon,$$

卽

$$|a_{n+1} + a_{n+2} + \cdots + a_{n+k}| < \varepsilon.$$

從第二主要審斂法之第二形式(**50**),又可得此基本定理之第二形式:

°**第二形式**　設 (k_n) 爲任意正整數之任意敍列,若(惟)諸數 **81a**

$$T_n = (a_{n+1} + a_{n+2} + \cdots + a_{n+k_n})$$

所成之敍列†皆爲空列,則(亦) Σa_n 爲收斂.(1)再從**51**此又略可推廣爲:

°**第三形式**　設 (ν_n) 及 (k_n) 皆爲任意正整數之任意敍列,且此二者之中至 **81b**

---

*附註.　前編所論之級數,限其項爲「非負數」.今已去此限制而論各項可爲任意數之級數.因其各項無限制,故名之爲任意項級數(series of arbitrary terms).

**附註.　級數之代數(algebra of convergent series)卽以代數中之運算法施於級數之意.級數之和既爲其部分和之極限,而非尋常所謂之和;則代數運算是否能適用於一切級數必須討論,其詳見後.

†附註.　注意此種敍列有無窮多;皆爲空列者,謂每一此種敍列皆爲空列也.下做此.

1. N. H. Abel 於其二項級數之基本論文 (Journ. f. die reine u. angew. Math., Vol. 1, p. 311. 1826)所作之審斂法,實爲此種形式.

少第一敍列趨於$+\infty$；若(惟)諸數

$$T_n=(a_{\nu_n+1}+a_{\nu_n+2}+\cdots+a_{\nu_n+k_n})$$

所成之敍列皆爲空列，則(方)Σa_n爲收斂.

注 意

1. 級數既僅爲「數之敍列」之新記號，且不但凡級數皆代表敍列，而凡敍列亦皆可以級數代之。故前93面至98面之注意及例，讀者可再依次參觀，與以上所言，平行對照。

2. 此基本定理之內容*可如下云云：任定壹$\varepsilon>0$時，此級數之每一段(portion)，無論其爲如何長，只要其首下標夠大，皆其和之絕對值必能$<\varepsilon$。亦可如下云云：先任定壹$\varepsilon>o$，必能再覓得壹m，使凡$n>m$時，以任意個a_n後之項加於s_n之結果與s_n之本值所差決不能過ε.

3. 此處所言之諸定理及諸注意，自必於正項級數亦皆有效，讀者可分別實驗之。

級數之有窮部分，如

$$a_{\nu+1}+a_{\nu+2}+\cdots+a_{\nu+\lambda}$$

者，可簡稱爲此級數一段；若其首項自第ν項後之第一項起，則以T_ν表之．若更欲顯出其中之項數，則以$T_{\nu,\lambda}$表之．†若欲討論「首下標→∞之此種諸段」所成之敍列，則爲簡便計稱此種敍列爲級數之**段敍列**(sequence of portions)．於是，上基本定理之第二及第三形式，亦可以下第四形式表之：

81c °**第四形式** 若(惟)級數Σa_n之每一段敍列皆爲空列，則(方)此級數爲收斂.**

*附註。 此內容實即基本定理中所言「必要及充分之條件」之內容。

†附註。 λ爲表示其中項數者。例如$\lambda=4$，則

$$T_{\nu,\lambda}=a_{\nu+1}+a_{\nu+2}+a_{\nu+3}+a_{\nu+4}.$$

**附註 $T_{\nu,\lambda}$之λ須爲任意正整數，不可稍有限制。例如限λ爲定數p，而Σa_n爲

$$\log1+(\log2-\log1)+(\log3-\log2)+\cdots+(\log n-\log(n-1))+\cdots,$$

則

$$T_{n,p}=[\log(n+1)-\log n]+[\log(n+2)-\log(n+1)]+\cdots+[\log(n+p)-\log(n+p-1)]$$
$$=\log(n+p)-\log n=\log\left(1+\frac{p}{n}\right)\to0,$$

但此級數實爲發散。

上第一，二，三形式中之k及k_n皆須爲任意正整數而不可稍有限制。此雖從各形式中云云可知，但恐讀者稍不留意，或有誤用，故作一例於此。

注意及例

1. 若(惟)級數 Σa_n 之段敍列至少有一個不是空列，則（方）此級數爲發散。* 例如調和級數，$\Sigma \frac{1}{n}$，可從之得

$$T_n = T_{n,n} = \frac{1}{n+1} + \frac{1}{n+2} + \cdots + \frac{1}{2n} > n \cdot \frac{1}{2n} = \frac{1}{2}.$$

此敍列(T_n)顯非空列，故 $\Sigma \frac{1}{n}$ 爲發散。

2. 從 $\Sigma \frac{1}{n^2}$ 得

$$T_\nu = T_{\nu,\lambda} = \frac{1}{(\nu+1)^2} + \cdots + \frac{1}{(\nu+\lambda)^2}$$

$$< \frac{1}{\nu(\nu+1)} + \frac{1}{(\nu+1)(\nu+2)} + \cdots + \frac{1}{(\nu+\lambda-1)(\nu+\lambda)}$$

$$= \left(\frac{1}{\nu} - \frac{1}{\nu+1}\right) + \left(\frac{1}{\nu+1} - \frac{1}{\nu+2}\right) + \cdots + \left(\frac{1}{\nu+\lambda-1} - \frac{1}{\nu+\lambda}\right)$$

$$= \frac{1}{\nu} - \frac{1}{\nu+\lambda}.$$

故 $T_\nu < \frac{1}{\nu}$，而 $\nu \to \infty$ 時 $T_\nu \to 0$。因 λ 爲任何正整數皆如此，故此級數爲收斂。

3. 從級數

$$\sum_{n=1}^{\infty} \frac{(-1)^{n-1}}{n} = 1 - \frac{1}{2} + \frac{1}{3} - \frac{1}{4} - + \cdots$$

得

$$T_n = T_{n,k} = (-1)^n \left[\frac{1}{n+1} - \frac{1}{n+2} + \frac{1}{n+3} - + \cdots + \frac{(-1)^{k-1}}{n+k}\right]. \qquad (一)$$

無論 k 爲偶或奇，此方括弧中之式皆爲正且 $< \frac{1}{n+1}$。蓋若將此式中每一正項與其下一項兩兩合併，而成

$$\left(\frac{1}{n+1} - \frac{1}{n+2}\right) + \left(\frac{1}{n+3} - \frac{1}{n+4}\right) + \left(\frac{1}{n+5} - \frac{1}{n+6}\right) + \cdots \qquad (二)$$

則此各圓括弧中之數皆爲正。若 k 爲偶，則(一)右方括弧中之項，可照(二)式兩兩括盡無餘；若 k 爲奇，則照(二)式每兩項一括雖不能括盡，而所餘之末項必爲正項。故無論 k 爲偶或奇，(一)右方括弧中之式必爲正數。

又若將(一)右方括弧中之式從 $\frac{1}{n+2}$ 起每兩項一括，而成

---

*附註。 詳言之，若級數爲發散，則至少有一段敍列不成空列；若級數有一段敍列不成空列，則必爲發散。故凡級數，只要能察知其有一段敍列不成空列，即可斷定其必爲發散。

$$\frac{1}{n+1}-\left(\frac{1}{n+2}-\frac{1}{n+3}\right)-\left(\frac{1}{n+4}-\frac{1}{n+5}\right)-\cdots \qquad (三)$$

則k為奇時適能括盡，k為偶時最後剩一負項．故無論k為偶或奇，皆為從$\frac{1}{n+1}$遞減正數；而(一)右方括弧中之式必$<\frac{1}{n+1}$．

由是，知

$$|T_n|=|T_{n,k}|<\frac{1}{n+1};$$

故

$$T_n\to 0,$$

而此級數為$\mathfrak{C}$．入後可知此級數之和與**46**，2數列之極限等，且其值為log2(參觀**120**)．

上為第二基本審斂法之四種不同形式，下述諸定理既極簡要且易從之推出，故附於此：

因在第二形式中，令$k_n=1$則得$a_{n+1}\to 0$，並從**27**，4知a_n亦$\to 0$．故

82　**定理1**　凡斂級數之諸項必成一零列．

此$a_n\to 0$僅為收斂之必要條件，而非其充分條件．此以調和級數$\Sigma\frac{1}{n}$為例可知．

又若已知Σa_n為收斂，則級數

$$a_{n+1}+a_{n+2}+a_{n+3}+\cdots\equiv\sum_{\nu=n+1}^{\infty}a_\nu$$

亦為收斂，其和常謂之Σa_n之**剩餘** (remainder)，而以r_n表之(故$s_n+r_n=s=$全級數之和)．

今在「對於凡$n>n_0$及凡$k\geqq 1$皆能成立之不等式

$$|a_{n+1}+a_{n+2}+\cdots+a_{n+k}|<\varepsilon$$

中」令k增大超過一切界*(bounds)，則凡$n>n_0$時，皆$|r_n|\leqq\varepsilon$．故

定理2　凡斂級數$\sum_{n=0}^{\infty}a_n=s$之諸剩餘$r_n\equiv\sum_{\nu=n+1}^{\infty}a_\nu$即諸數

$$(r_{-1}=s),r_0,r_1,r_2,\cdots,\quad r_n,\cdots$$

*衍註．此句語病，∞既不是數，則決無能超過一切界之數k．此改為「令k無窮增大」較妥．

常成一空列.

在80中，曾述若正項斂級數 Σa 之諸項爲單調降，則在上定理1外尙有一必要條件 $na_n\to 0$ 必能成立．惟 Σa_n 若不是正項級數而爲任意項級數，則此條件卽不能成立；此從81c,3可知．但仍能證明：若Σa_n爲收斂，則

$$\frac{a_1+2a_2+\cdots+na_n}{n}\to 0, \qquad (一)$$

卽敍列(na_n)之諸項之算術均數爲甚小.*下爲可以包括此理之較廣定理：

°定理 3 若$\sum_{n=0}^{\infty}a_n$爲任意項斂級數†及$(p_0,p_1,\cdots)$爲任意「正數之單調升敍列」之趨於$+\infty$者，則比

$$\frac{p_0a_0+p_1a_1+\cdots+p_na_n}{p_n}\to 0.^{(2)} \qquad (二)$$

證 從44,2知 $s_n\to s$，則

$$\frac{p_1s_0+(p_2-p_1)s_1+\cdots+(p_n-p_{n-1})s_{n-1}}{p_n}\to s.$$

因$\dfrac{p_ns_n}{p_n}\to 0$ 及 $s_n\to s$，故

$$s_n-\frac{(p_1-p_0)s_0+(p_2-p_1)s_1+\cdots+(p_n-p_{n-1})s_{n-1}}{p_n}\to 0. \qquad (三)$$

將(三)式通分(p_n爲公分母)，並將含 $p_0,p_1,\cdots,p_n$ 之項依次各集成一項，** 卽可得

---

*附註。此「甚小(small)」二字，意義不清楚。讀者但以此句作(一)式之福辭可耳。又此(一)之證明包括於下定理3之證明中。

†附註。「任意項斂級數」卽任意項級數之收斂者。

2. L. Kronecker, Comptes rendus de l' Ac. de Paris, Vol. 103 p. 980. 1886. 又此條件不但爲必要，且在確定意義之下爲充分(詳見習題58a)。

**附註。卽將(三)先改爲

$$\frac{p_ns_n-[(p_1-p_0)s_0+(p_2-p_1)s_1+\cdots+(p_n-p_{n-1})s_{n-1}]}{p_n}\to 0,$$

再改爲

$$\frac{p_0s_0+p_1(s_1-s_0)+p_2(s_2-s_1)+\cdots+p_n(s_n-s_{n-1})}{p_n}\to 0$$

此卽

$$\frac{p_0a_0+p_1a_1+p_2a_2+\cdots+p_na_n}{p_n}\to 0.$$

(二).[3]

凡以前所舉之收斂條件,其條文常從(且只須從)級數中某定項後之一切項立言,且所謂某定項,其下標又可任意改大.故欲斷一級數是否收斂,此級數之前部可以不管;此乃一種簡便說法;其較密之說法如下:

°**定理4**　設將一已知級數 $\sum_{n=0}^{\infty} a_n$ 改為一新級數 $\sum_{n=0}^{\infty} a_n'$;其改法為於原級數中取去有窮個項,或加入有窮個項,或變更其有窮個項(或此三者同時並施),并以 a_0', a_1', a_2' … 依次表其改後之項.[4] 則此原新兩級數必為同斂或同散.

證　從此諸假設,知必有一確定整數 $q \gtreqless 0$,能使自某項起(例如凡 $n>m$ 時)皆

$$a_n' = a_{n+q}.$$

由是,原新兩級中,此級數之每一段亦必為彼級數之一段(只要其首下標 $>m+|q|$).再從基本定理**81a**,即可知此定理中所言必為真確.

注　意

1. 極宜注意者,以前所言之各種比較審斂法,對於任意項級數完全無效.例如兩級數 Σa_n 及 $\Sigma a_n'$ 之項縱為漸近相等($a_n \simeq a_n'$),仍能此斂而彼散.此可以 $a_n=\frac{(-1)^n}{n}$ 及 $a_n'=a_n+\frac{1}{n\log n}$ 為例.

凡級數之其項正負相間者.謂之 **交錯級數** (alternating series).今再證一關於交錯級數之審斂法於次.此審斂法,因其簡易明白,頗為重要.

定理5.　〔Leibnitz法則[5]〕凡交錯級數之其諸項之絕對值成一單調零列者,常為收斂.

證.　此可照**81c**,3之證法步驟證之.蓋若 Σa_n 為交錯級數,則 a_n 之符號或為 $(-1)^n$(對各 n 皆如此),或為 $(-1)^{n+1}$(對各 n 皆如此).故若令 $|a_n|=\alpha_n$,則

---

3. 此正 p_n 可改為(參觀**44**,3及5)合於下(1),(2)兩條件之任意數列(p_n):(1) $|p_n|\to\infty$;(2) 有一常數 K 能使對於各 n 皆

$$|p_0|+|p_1-p_0|+\cdots+|p_n-p_{n-1}|<K|p_n|.$$

4. 簡言之,即「…其改法為於原級數之項之數列(a_n)施有窮次改易(**27**,4),并…」

5. 見其致J. Hermann 書(26. VI. 1705)及致 John Bernoulli 書(10. I. 1714).

$$T_n=T_{n,k}=\pm[\alpha_{n+1}-\alpha_{n+2}+\alpha_{n+3}-+\cdots+(-1)^{k-1}\alpha_{n+k}].$$

因諸α為單調降，可照**81c**,3之證法，知此方括弧中之值常為正，且常小於 α_{n+1}. 故

$$|T_n|=|T_{n,k}|<\alpha_{n+1}.$$

又因(α_n)為空列(從假設)，可知$T_n\to 0$；故$\Sigma\alpha_n$為收斂(從**81c**).

斂級數之代數

前於116面曾鄭重說明：以「和」名「級數之部分和所成敍列之極限」，常易令人發生誤會，以致臆斷凡可施於「有窮個項之眞和*例如$a+b+c+d$」之計算規則亦可施於無窮級數.須知此種規則縱有仍適於特種無窮級數者，然此種臆斷實有根本上之錯誤.代數中關於眞和之主要定律(照**2**，I及III) 為結合，分配，及交換三律.下諸定理，乃示此諸定律對於無窮級數之效力可至何種程度(卽在何種情形之下方能適用於無窮級數).

°**定理1.** 結合律可無限制適用於斂級數.卽若 **83**

$$a_0+a_1+a_2+\cdots=s,\dagger \qquad (一)$$

則

$$(a_0+a_1+\cdots+a_{\nu_1})+(a_{\nu_1+1}+a_{\nu_1+2}+\cdots+a_{\nu_2})+\cdots=s. \qquad (二)$$

卽若$\nu_1,\nu_2,\nu_3,\cdots$為任一「不同諸正整數所成之升敍列」；及以(二)各括弧中之和依次作為新級數

$$A_0+A_1+\cdots+A_k+\cdots \qquad (三)$$

之各項，卽(三)中諸項為

$$A_k=a_{\nu_k+1}+a_{\nu_k+2}+\cdots+a_{\nu_{k+1}}, \qquad k=0,1,2,\cdots \qquad (\nu_0=-1);$$

---

*附註. 眞和(actual sum)謂尋常有窮個數之和.眞字乃對「無窮級數之和」而言,因「無窮級數之和」乃極限 $\lim_{n\to\infty} s_n$ 而非眞是尋常由加法所得之和也.至尋常加法之和不與無窮級數之和同論時，自無加此眞字之必要.

†附註. 凡級數之言及其和者必為斂級數，因不斂則無所謂和也. 至下十三章所論發散級數之和，另是一事.以後再講.

則可從(一)斷(三)亦收斂及其和亦為s.**

證. ΣA_k之部分和之叙列(S_k)卽是Σa_n之部分和叙列(s_n)之子叙列$s_{\nu_1}, s_{\nu_2}, \cdots, s_{\nu_k}, \cdots$.故從**41**,4知$S_k$趨於「$s_n$之極限」.

注意及例

1. 從 $$\sum_{n=0}^{\infty}\frac{(-1)^{n-1}}{n}\equiv 1-\frac{1}{2}+\frac{1}{3}-\frac{1}{4}+-\cdots \qquad (1)$$

為收斂,可斷定

$$\sum_{k=1}^{\infty}\left(\frac{1}{2k-1}-\frac{1}{2k}\right)\equiv\sum_{k=1}^{\infty}\frac{1}{(2k-1)\cdot 2k}\equiv\frac{1}{1\cdot 2}+\frac{1}{3\cdot 4}+\frac{1}{5\cdot 6}+\cdots \qquad (2)$$

亦為收斂及(1),(2)之和相同;同理可知

$$1-\left(\frac{1}{2}-\frac{1}{3}\right)-\left(\frac{1}{4}-\frac{1}{5}\right)-\cdots\equiv 1-\frac{1}{2\cdot 3}-\frac{1}{4\cdot 5}-\frac{1}{6\cdot 7}-\cdots \qquad (3)$$

亦為收斂及(1),(2),(3)之和相同.若此和以s表之,則從(2)知

$$s>\frac{1}{1\cdot 2}+\frac{1}{3\cdot 4}=\frac{7}{12},$$

又從(3)知

$$s<1-\frac{1}{2\cdot 3}=\frac{10}{12}.$$

故

$$\frac{7}{12}<s<\frac{10}{12}.$$

2. 所宜注意者，凡斂級數雖可插入括弧如此定理1所言;但斂級數中之括弧則不能不加考慮卽將除去.例如級數$0+0+0+\cdots$顯為收斂而其和為0.若凡此級數中之0皆以$(1-1)$代之,則得

$$(1-1)+(1-1)+\cdots\equiv\Sigma(1-1)=0 \qquad (4)$$

**附註. 此定理實有第一二語已足。著者欲將「無限制」三字說得明白,及欲說明(二)中各括弧內之和作一項觀,並說明A_k之記號以備後用;故作許多語.但譯成中文,欲旣成定理之形式而又能字句明顯易解,實無法直譯.故略改之.要之此定理之要義為譯文之第一語;其內容為「若$\sum_{n=0}^{\infty}a_n$為收斂而$=s$,則$\sum_{k=0}^{\infty}A_k$亦收斂而$=s$」.此A_k自須照此定理中所言之意義.但此定理之逆則不眞,卽不能從「$\sum_{n=0}^{\infty}A_k$為收斂而$=s$」斷定「$\sum_{n=0}^{\infty}a_n$亦收斂而$=s$」,須加注意;詳見下「注意及例」中之2.

而此等式顯爲眞確。但若再去其中之括弧則得一發散級數

$$1-1+1-1+-\cdots \tag{5}$$

而不能仍合其"$=0$"。蓋若此(5)爲0，則可再將其括成

$$1-(1-1)-(1-1)-\cdots=1-0-0-0-\cdots \tag{6}$$

而此(6)仍爲收斂及其和爲1。是則竟能推得$0=1$矣!![6] 決無是理。*

定理1僅能用於加括弧之問題，再加一關於去括弧之定理以求完備如下：

°**定理2.** 設斂級數$\sum\limits_{k=0}^{\infty}A_k$中之項各自爲一眞和（如前，$A_k=a_{\nu_k+1}+\cdots+a_{\nu_{k+1}}$；$k=0,1,\cdots$；$\nu_0=-1$）.若(惟)取去「括各眞和爲一項之括弧」後所得之新級數$\sum\limits_{n=0}^{\infty}a_n$亦爲收斂，則此種括弧悉可取去.

此理易明.因從前定理1，知$\Sigma a_n=\Sigma A_k$；又若Σa_n爲不斂，則此等式即變爲無意義也.

至在何種情形之下，此新級數爲收斂，可以下之補充定理說明之：

°**補充定理** 設Σa_n爲前定理2中所謂由ΣA_k所得之新級數.若諸數

$$A_k'=|a_{\nu_k+1}|+|a_{\nu_k+2}|+\cdots+|a_{\nu_{k+1}}|$$

成一空列，則Σa_n爲收斂.[7]

證. 若任定壹$\varepsilon>0$，則必有一夠大之m_1能使凡$k>m_1$時皆

---

6. 當無窮級數之代數未立嚴密基礎之時(參觀小引)，數學家一遇此類怪事(paradox)即完全入於迷途。縱智識較優者其本能上自知避去如上之議論($0=1$)，而腦筋稍次之輩往往途生妄想愈有肆其謬說之機會。例如 Guido Grandi(見69，8所言R. Reiff 之記載中) 因誤於此種由0變1之謬論，自信「由無生有，造成世界」之說彼已在數學上得其可能之證明!

*附註。 此 2 所言要在定理 1 之逆定理不能成立。即雖可從(一)斷(二)，而未必能從(二)斷(一)。例如不能從(4)斷「(5)爲斂及其和爲0」。至(5)爲無定發散及無所謂和，乃顯而易見之事。原文作加數語者，意在引出上註6，以明「無窮級數之代數」之嚴密基礎不可無，無則將發生種種謬論耳。

7. 因ΣA_k既收斂，自必$A_k\to0$。故若組成A_k之諸項（即a_{ν_k+1}，$a_{\nu_k+2}\cdots$等）皆爲同符號，則Σa_n自必爲斂(因此諸項爲同號，則$A_k\to0$時A_k'亦必$\to0$)。故其特例，若ΣA_k爲收斂及取去其中括弧後所得之新級數爲正項級數，則此新級數亦自必收斂。

$$\left|S_{k-1}-s\right|^{*}<\frac{\varepsilon}{2},$$

又必有一夠大之m_2能使凡$k>m_2$時皆

$$A'_k<\frac{\varepsilon}{2}.$$

再若m比m_1及m_2皆大，則必凡$n>\nu_m$時皆

$$|s_n-s|<\varepsilon$$

其理如下.

因對於如此之各n，必各有一合於

$$\nu_k<n<\nu_{k+1}$$

之k，且此k必$\geqq m$.如是，則

$$s_n=S_{k-1}+a_{\nu_k+1}+\cdots+a_n,\quad \left|s_n-S_{k-1}\right|\leqq A'_k<\frac{\varepsilon}{2}.$$

又因

$$s_n-s=(s_n-S_{k-1})+(S_{k-1}-s),$$

故

$$|s_n-s|<\varepsilon,\quad \text{卽}\quad \sum_{n=0}^{\infty}a_n=s.$$

已證完.†

例

$$\sum_{k=1}^{\infty}A_k\equiv\left(1+\frac{1}{3}-\frac{1}{2}\right)+\left(\frac{1}{5}+\frac{1}{7}-\frac{1}{4}\right)+\cdots+\left(\frac{1}{4k-3}+\frac{1}{4k-1}-\frac{1}{2k}\right)+\cdots$$

爲收斂；此因凡A_k皆爲正，及凡$k>1$時皆

---

*附註。此處之s爲ΣA_k之和，讀者勿誤以爲Σa_n之和，因尚未證完Σa_n爲收斂之前，不能預知Σa_n是否有和也。故凡此證中之s似宜改爲S，以防誤會。蓋此證要在證明Σa_n爲斂及Σa_n之和卽是ΣA_k之和也。

†附註。此後可補一附理如下：

設$\sum_{k=0}^{\infty}A_k$爲收斂及A_k中所含之項數爲有界（卽各$\nu_n-\nu_{n-1}\leqq$某常數C）且$a_n\to0$，則$\sum_{n=0}^{\infty}a_n$亦爲收斂且其和與$\sum_{k=0}^{\infty}A_k$之和同。

此附理中之記號與定理2中之記號同。此證易明不贅。此附理頗便應用，故附於此以便讀者。

$$A_k < \frac{2}{4k-4} - \frac{1}{2k} = \frac{1}{2(k-1)\cdot k} \leqq \frac{1}{k^2},$$

故 $\sum_{k=1}^{\infty} A_k$ 必爲斂。

又因，凡 $k>1$ 時皆

$$A'_k < \frac{2}{4k-4} + \frac{1}{2k} < \frac{1}{k-1};$$

故 (A_k') 爲空列．故級數

$$1 + \frac{1}{3} - \frac{1}{2} + \frac{1}{5} + \frac{1}{7} - \frac{1}{4} + + - \cdots$$

亦爲收斂。名其和爲 S，則因 $\sum_{k=1}^{\infty} A_k$ 中之項皆爲正，自必 $S > A_1 + A_2 > \frac{11}{12}$。

°**定理3.** 兩斂級數可項與項加．詳言之，即若

$$\sum_{n=0}^{\infty} a_n = s \quad 及 \quad \sum_{n=0}^{\infty} b_n = t,$$

則

$$\sum_{n=0}^{\infty} (a_n + b_n) = s + t;$$

且可去其中括弧而爲

$$a_0 + b_0 + a_1 + b_1 + a_2 + \cdots = s + t.$$

證． 設前兩級數之部分和依次爲 s_n 及 t_n，則 $(s_n + t_n)$ 爲第三級數之部分和．再從81，9即可知 $(s_n + b_n) \to s + t$．至此第三級數中括弧可去之理由，從上之補充定理可知．蓋已證明 $\sum_{n=0}^{\infty} (a_n + b_n)$ 爲收斂；且從假設，知 $(|a_n|)$ 及 $(|b_n|)$ 皆爲空列，而 $(|a_n| + |b_n|)$ 亦必因此而爲空列也．

°**定理4.** 兩斂級數可項與項減．即若

$$\sum_{n=0}^{\infty} a_n = s \quad 及 \quad \sum_{n=0}^{\infty} b_n = t,$$

則

$$\sum_{n=0}^{\infty} (a_n - b_n) = s - t$$

且可去其中括弧而爲

$$a_0-b_0+a_1-b_2+a_2-+\cdots=s-t.$$

證　此可照前證類推.

°**定理5**　斂級數可以一常數乘之，即若$\Sigma a_n=s$及c為任意常數，則

$$\Sigma(ca_n)=cs.$$

證　若原級數Σa_n之部分和為s_n則新級數$\Sigma(ca_n)$之部分和為cs_n.再從定理41，10，即可證明此定理所云云.此定理，在某種園範之內，可作結合律對於無窮級數之一種推廣.

84　注意及例

1．此數簡單定理皆極重要；因不但可憑以知新級數為收斂，且可憑以知「新級數之和」與「原級數之和」之關係也.故此諸定理實為「以級數為項*之實際計算」之基礎.

2．級數

$$\sum_{n=1}^{\infty}\frac{(-1)^{n-1}}{n} \tag{1}$$

為收斂前已證過.以s表其和，則從定理1知

$$\sum_{k=1}^{\infty}\left(\frac{1}{2k-1}-\frac{1}{2k}\right) \tag{2}$$

及

$$\sum_{k=1}^{\infty}\left(\frac{1}{4k-3}-\frac{1}{4k-2}+\frac{1}{4k-1}-\frac{1}{4k}\right) \tag{3}$$

兩級數亦皆收斂且其和皆為s.照定理5以$\frac{1}{2}$乘此(2)，則得

$$\sum_{k=1}^{\infty}\left(\frac{1}{4k-2}-\frac{1}{4k}\right)=\frac{1}{2}s. \tag{4}$$

再以(4)及(3)項與項加，則得

$$\sum_{k=1}^{\infty}\left(\frac{1}{4k-3}+\frac{1}{4k-1}-\frac{1}{2k}\right)=\frac{3}{2}s. \tag{5}$$

詳言之，即從上之計算，知(5)左之級數為收斂並知其和之值〔此和以(1)之和表之〕。此(5)左之級數，雖於定理2後之例中(154面)，已直接證明其為收斂，但此處之討論為較勝；因不但能證明其為收斂，且於其和能有確定之說明也。

今將進考交換律及結合律在何種情形之下方於級數為有效，及兩級數之積(與結合律相關者)在何種情形之下可以作成.在討論此二者之前，須先有重要之預備

*附註．此「項」即尋常代數中所謂之項．

如次.

十六章 絕對收斂 級數之變列

前在**81**C, 3已證明級數 $1-\frac{1}{2}+\frac{1}{3}-\frac{1}{4}+\cdots$ 爲收斂. 但若以其各項之絕對值代其各項而成新級數 $1+\frac{1}{2}+\frac{1}{3}+\cdots$，則此新級數爲發散. 由是可知：設原級數 Σa_n 爲收斂，則以其各項之絕對值 $|a_n|$ 代其各項 a_n 後所成之新級數 $\Sigma|a_n|$ 是否仍爲收斂極有辨別之必要. 詳言之，Σa_n 爲收斂時，$\Sigma|a_n|$ 亦許仍爲收斂，亦許變爲發散；此二者之別必須注意. 今先言下之定理：

°**定理.** 若(正項)級數 $\Sigma|a_n|$ 爲收斂，則級數 Σa_n 亦必收斂.[8] 又若 $\Sigma a_n=s$，$\Sigma|a_n|=S$ 則 $|s|\leqq S$. **85**

證. 因

$$|a_{n+1}+a_{n+2}+\cdots+a_{n+k}|\leqq|a_{n+1}|+\cdots+|a_{n+k}|,$$

故若此式之右邊 $<\varepsilon(>0)$，則其左邊亦必 $<\varepsilon$；故從定理**81**，可知本定理第一語所言之理必爲眞確.

又因

$$|s_n|\leqq|a_0|+|a_1|+\cdots+|a_n|<S,$$

故再從**41**, 2可知 $|s|\leqq S$.

從此定理，凡斂級數可分爲兩類，卽 Σa_n 斂而 $\Sigma|a_n|$ 亦爲斂者爲一類，及 Σa_n 斂而 $\Sigma|a_n|$ 不爲斂者爲又一類. 故作下之定義：

定義. 若 Σa_n 爲斂時 $\Sigma|a_n|$ 亦爲斂，則稱 Σa_n 爲絕對收斂(absolutely convergent). 否則稱 Σa_n 爲非絕對收斂[9] (non-absolutely convergent). **86**

例 級數

8. Cauchy, Analyse algébrique, p. 142. (但其證明則不甚適當). 又從下示之例，可知 Σa_n 爲收斂時 $\Sigma|a_n|$ 未必收斂.

9. 卽凡級數之僅爲收斂而非絕對收斂者皆謂之[非絕對收斂]. 故[非絕對收斂]之名稱只能用於收斂級數，[須注意發散級數不能謂之非絕對收斂級數].

$$\sum_{n=1}^{\infty}\frac{(-1)^n}{n^2};\qquad \sum_{n=1}^{\infty}\frac{(-1)^{n-1}}{n^{\alpha}},(\alpha>1);\qquad \sum_{n=1}^{\infty}\alpha^n,\quad 0>\alpha>-1;$$

$$\sum_{n=0}^{\infty}\frac{x^n}{n^n},\quad x<0;\qquad \sum_{n=1}^{\infty}\frac{x^n}{n!},\quad x<0$$

皆爲絕對收歛。至正項歛級數自必更爲絕對收歛。

絕對收歛之觀念，其最重要處先爲：「絕對收歛級數之爲收歛」較「非絕對收歛級數之爲收歛」易於認識，蓋欲知Σa_n是否絕對收歛，常可以$\Sigma|a_n|$與他種正項歛級數相比較，而前編中簡單而又深入之諸定理遂皆可利用也．且從此可知：凡絕對收歛級數皆可以運算「有窮個項之眞和」之法運算之；而非絕對收歛之級數則大抵不能如此，其詳見以下諸定理：

87　°**定理1．** 若Σc_n爲正項歛級數，及凡$n>m$時Σa_n能滿足

$$|a_n|\leqq c_n\quad 或\quad \left|\frac{a_{n+1}}{a_n}\right|\leqq\frac{c_{n+1}}{c_n}$$

之條件，則Σa_n爲(絕對)收歛．[10]

證　從第一及第二比較審歛法(72及73)，知$\Sigma|a_n|$在此兩種情形之下皆爲收歛，再從85可知Σa_n必爲收歛．[11]

從此定理可知：凡與正項級數相關之一切審歛法皆可用之於「任意項級數」．由是可得下定理：

°**定理2．** 若Σa_n爲絕對收歛級數．及諸因數α_n成一有界敍列；則級數

$$\Sigma\alpha_n a_n$$

亦爲(絕對)收歛．

---

10. 此第二條件，暗中假定：凡$n>m$時，$a_n\neq0$及$c_n\neq0$。

11. 因$\Sigma|a_n|$爲散時，Σa_n未必亦散，故關於發散之審核法

$$|a_n|\geqq d_n\ 及\ \left|\frac{a_{n+1}}{a_n}\right|\geqq\frac{d_{n+1}}{d_n}\qquad(一)$$

自應廢除決不可用。參觀註8。

卽設Σd_n爲正項散級數及Σa_n爲任意項級。萬不可因凡$n>m$時皆能滿足(一)中條件而斷Σa_n爲發散(此亦假定凡$n>m$時$a_n\neq0$及$d_n\neq0$)。

*附註。 審不歛法須除外，參觀上註11。至任意項級數之非絕對收歛者，自不能利用正項級數之審歛法以審核其歛否。

證. 因(α_n)爲有界，則$(|\alpha_n|)$亦必爲有界；故從**70**,2,自必因$\Sigma|a_n|$爲收斂而

$$\Sigma|\alpha_n|\cdot|a_n|\equiv\Sigma|\alpha_n a_n|$$

亦爲收斂.

例

1. 若Σc_n爲正項斂級數及諸α_n爲有界，則$\Sigma\alpha_n c_n$亦爲收斂；因此Σc_n亦爲絕對收斂也。例如$\Sigma c_n=c_0+c_1+c_2+\cdots$中$c_0,c_1,c_2,\cdots$前之＋號任意改爲＋及－號後†仍得一斂級數；因諸因數±1爲一有界敍列也。又如級數

$$\Sigma(-1)^n c_n,\qquad \Sigma(-1)^{[\sqrt{n}]}c_n,\qquad \Sigma(-1)^{[\log n]}c_n,\cdots$$

皆爲收斂；此中$[z]$，仍如常例，表不大於z之最大整數。

2. 若Σa_n爲絕對收斂，則任意變更其各項之符號所得之結果必仍爲絕對收斂級數。

今再討論十五章末節所提出之問題，而說明凡「絕對收斂級數」盡能適用「眞和之代數之諸基本定律」，而「非絕對收斂級數」則不然.

交換律$a+b=b+a$不對於一切無窮級數皆能有效. 欲明此語之意，爲便利計，先作一定義：凡任意變更Σa_n中各項之次序而得之新級數，謂之原級數Σa_n之變列(derangement).詳言之，若$(\nu_0,\nu_1,\nu_2,\cdots)$爲敍列$(0,1,2,\cdots)$之任意更列(**27**,3)，則級數

$$\sum_{n=0}^{\infty}a_n'\equiv\sum_{n=0}^{\infty}a_{\nu_n},\quad (\text{即} n=0,1,2,\cdots \text{時} a_n'=a_{\nu_n})$$

稱爲原級數Σa_n之變列*.於是可說明上語之意義矣. 凡「項數有定之眞和」無論如何變更其中各項之次序(即無論如何變更其中各項之列法)，其和之值絕不因之而

---

†附註。 即改$c_0+c_1+c_2+c_3+c_4+\cdots$爲

$$-c_0+c_1-c_2+c_3-c_4+c_5-+\cdots$$

或 $$c_0+c_1-c_2-c_3+c_4+c_5--++\cdots$$

或 $$c_0-c_1-c_2+c_3-c_4-c_5+--\cdots$$

$$\cdots\cdots\cdots\cdots$$

*附註。 此「變列」二字，亦可活用，如以Σa_n變列而得$\Sigma a_n'$；或$\Sigma a_n'$爲由Σa_n之變列所得之結果；或Σa_n因變列而其和亦變；或變Σa_n之列得$\Sigma a'_n$；或Σa_n之變列爲$\Sigma a_n'$。凡「變列」二字之此種用法，讀者自可意會。

變.但無窮級數則不能常是如此.[12]此以81c,3及83定理1,2中所論之兩級數

$$1-\frac{1}{2}+\frac{1}{3}-\frac{1}{4}+-\cdots \text{及} \ 1+\frac{1}{3}-\frac{1}{2}+\frac{1}{5}+\frac{1}{7}-\frac{1}{4}++-\cdots$$

爲例可知.因此兩級數顯是此爲彼之變列而其和實不相等.此第一級數之和 $s<\frac{10}{12}$,而第二級數之和 $s'>\frac{11}{12}$;且從84,2更可知 $s'=\frac{3}{2}s$.

此種情形在計算無窮級數時必須十分注意;爲簡便計,可云計算無窮級數時應注意其項之次序[13,*].由是可知:能明「在何種情形之下,無須注意及此」,乃更有價值之事.因此有下定理:

88 °**定理1.** 交換律可無限制適用於絕對收斂級數.[14)十]

證 (a)先就正項斂級數證明此定理如下.設 Σc_n 爲正項斂級數,其部分和爲 s_n,其和爲 s;幷設 $\Sigma c_n' \equiv \Sigma c_{\nu_n}$ 爲 Σc_n 之變列,其部分和爲 s_n'.若 N 比所有 $\nu_0, \nu_1, \nu_2, \cdots, \nu_n$ 皆大,則

$$s_n' < s_N; \qquad \text{(一)}$$

此因凡「(一)左邊之和中各項」皆在「(一)右邊之和」內也.又因 $s_n<s$,則必對於各 n 皆能 $s_n'<s$;而因此知 $\Sigma c_n'$ 必爲斂(從70).再以 s' 表 $\Sigma c_n'$ 之和,則必 $s'\leqq s$(從41,2).但逆言之,Σc_n 亦爲 $\Sigma c_n'$ 之變列,故照上法亦可推知 $s\leqq s'$.由是非 $s'=s$ 不可;而本定理已就正項斂級數證明矣.

(b) 設 Σa_n 爲任一絕對收斂級數,即 $\Sigma|a_n|$ 亦爲收斂之級數.再設 $\Sigma a_n' \equiv \Sigma a_{\nu_n}$

12. Cauchy首先注意及此(Résumés analytiques, Turin 1833).

13. 級數 Σa_n 所表者僅爲數列 (s_n),且「變更 Σa_n 中各項次序所生之 $\Sigma a_n'$」之部分和 s_n' 必與 Σa_n 之部分和 s_n 不同;此種不同並非 (s_n') 僅爲 (s_n) 之更列,而實係諸 s_n' 與諸 s_n 爲不同之數.故級數經此種變列而於其狀態不生影響,但爲極不易遇之事.

*附註. 凡斂級數但變更其有窮個項之次序仍不變其和.

14. Lejeune-Dirichlet, G.: Abh. Akad. Berlin 1837, p. 48 (Werke I, p. 319).上所舉級數因變列而變和之實例,亦見此書之中.

十附註. 此定理即「凡絕對收斂級數之和與其變列之和同」.又此理簡稱爲「凡絕對收斂級數皆許任意變列」.

爲Σa_n之變列，則從(a)知$\Sigma|a_n'|$必爲斂，再從**85**，自必$\Sigma a'_n$亦爲斂. 由是，此Σa_n之斂性不因變列而消滅. 且其和之值亦不因變列而亦變；其理由如下：任設壹$\varepsilon>0$，先照**81**，取一夠大之m，使對於每壹$k\geqq 1$皆

$$|a_{m+1}|+|a_{m+2}|+\cdots+|a_{m+k}|<\varepsilon.$$

再取一夠大之n_0使$\nu_0,\nu_1,\nu_2,\cdots\nu_{n_0}$中至少含有$0,1,2,\cdots m$諸數[15]. 則凡$n>n_0$時，$a_0$, $a_1,a_2,\cdots,a_m$諸項必在差$s_n'-s_n$中消去；而此差中所留之項必僅爲下標$>m$之項，即此差中僅有$a_{m+1},a_{m+2}\cdots$諸項（且其個數有定）. 因如此之項無論有若干個，其絕對值之和必常$<\varepsilon$，故凡$n>n_0$時必

$$|s_n'-s_n|<\varepsilon,$$

而$(s_n'-s_n)$爲空列. 由是知$s_n'=s_n+(s_n'-s_n)$之極限必與s_n之極限同，即$\Sigma a_n'$之和必與Σa_n之和同. 已證完.[16]

絕對收斂之此種性質非常重要，應有一專門名稱：

°**定義.** 凡斂（無窮）級數之能無限制地服從交換律者（即經任意變列而其和不變者）謂之**無條件收斂**(unconditionally convergent)級數. 又凡斂級數之可以變列變更其收斂之狀態，及因此而必須注意其項之次序者，謂之**有條件收斂**(conditionally convergent)級數.* **89**

---

15. 從「變列」之定義，可知必有如此之n_0.

16. **別證.** 因Σa_n及$\Sigma|a_n|$皆爲收斂，則兩級數

$$\Sigma\frac{|a_n|+a_n}{2} \quad 及 \quad \Sigma\frac{|a_n|-a_n}{2} \tag{1}$$

必亦皆收斂（從**83**,3,4,及5）；此兩級數之和依次以P及N表之. 此(1)中兩級數皆爲正項級數（此兩級數爲何種級數，又其各和所表者爲何數），故從(a)知其皆許任意變列；其特例爲

$$\Sigma\frac{|a_n'|+a_n'}{2}=P \quad 及 \quad \Sigma\frac{|a_n'|-a_n'}{2}=N.$$

若在此第一級數中減去此第二級數（從**83**,4知可項與項減），則得$\Sigma a_n'=P-N$；而於(1)中第一級數減去第二級數則亦得$\Sigma a_n=P-N$. 故$\Sigma a_n'$爲收斂，且其和必與Σa_n之和同. 已證完.

*附註. 凡$\Sigma a_n'$爲Σa_n之變列時，嚴格言之，縱$\Sigma a_n'$之和與Σa_n之和同，仍$\Sigma a_n'$與Σa_n爲兩級數而非一級數. 所謂「Σa_n經任意變列而不變其和」不過一種便利之說法而已，「其和」之「其」字實有語病. 至$\Sigma a_n'$之和與Σa_n之和不同時，$\Sigma a_n'$與Σa_n更顯是不同兩級數，所謂「Σa_n可以變列變更其收斂之

上所證明之定理1今可以下一語表之：

凡絕對收斂級數皆爲無條件收斂.

此定理之逆亦眞，卽

°**定理2.** 凡「非絕對收斂級數」僅爲「有條件收斂」.[17]換句話說，凡 Σa_n 爲非絕對收斂級數時，等式

$$\sum_{n=0}^{\infty} a_n = s$$

之效力與其左邊級數中各項之次序有關；卽可以適當之法變更其各項之次序，使此等式不能成立.

證、 此只須證明：Σa_n 可以一適當變列法將其變成一發散級數 $\Sigma a_n'$. 此法如下：

凡 Σa_n 中之項其 $\geqq 0$ 者，按其在 Σa_n 中之次序，以 $p_1, p_2, p_3, \cdots$ 表之；其 <0 者，亦照其在 Σa_n 中之次序，以 $-q_1, -q_2, -q_3, \cdots$ 表之. 則 Σp_n 及 Σq_n 皆爲正項級數. 此兩級數中至少有一級數爲發散；蓋倘此兩級數皆爲收斂而其和爲 P 及 Q，則必對於各 n 皆

$$|a_0|+|a_1|+\cdots+|a_n| \leqq P+Q,$$

而 Σa_n 將爲絕對收斂矣（從**70**），此與假設相矛盾.[18] 設 Σp_n 爲發散，則可就形式爲

$$p_1+p_2+\cdots+p_{m_1}-q_1+p_{m_1+1}+p_{m_1+2}+\cdots+p_{m_2}-q_2+p_{m_2+1}+\cdots \qquad (一)$$

之級數討論之；此（一）中爲一羣正項後繼以一個負項，再加一羣正項後繼以一個負項，依次如此一羣正項與一個負項交互前進. 此級數（一）顯爲原級數 Σa_n 之變列，及仍可以 $\Sigma a_n'$ 表之. 今既假定 Σp_n 爲發散，則其諸部分和必爲無界；故在（一）中先取定一夠大之 m_1 使 $p_1+p_2+\cdots+p_{m_1}>1+q_1$，再取定一夠大之 $m_2>m_1$ 使

狀態」中之「其」字更有語病。凡此類措辭皆意求簡便，讀者勿以辭害意可也。惟 $\Sigma a_n'$ 之和與 Σa_n 之和相同時，可云此兩級數同表一數，不同而實同。至 $\Sigma a_n'$ 之和與 Σa_n 之和不同，則此兩級數所表之數亦顯爲不同矣。

17. 參觀第四十四章之基本定理。

18. 實則此 Σp_n 及 Σq_n 兩級皆爲發散。此不難察知（參觀第四十四章）。但現在只須知其中有一爲散已足。

$$p_1+p_2+\cdots+p_{m_1}+\cdots+p_{m_2}>2+q_1+q_2,$$

再照此前進，其公例爲取定一夠大之$m_\nu>m_{\nu-1}$使

$$p_1+p_2+\cdots+p_{m_\nu}>\nu+q_1+q_2+\cdots+q_\nu,\qquad(\nu=3,4,\cdots).$$

如是則由此所得之$\Sigma a_n'$顯爲發散．蓋此$\Sigma a_n'$之部分和其末項爲Σa_n中之負項$-q_\nu$者，照上所言必$>\nu(\nu=1,2,\cdots)$；且ν既爲每一正整數之代表，則$\Sigma a_n'$之諸部分和自必爲無界；而$\Sigma a_n'$之本身必爲發散無疑矣，已證完．(19)

若Σq_n爲發散，則只須Σp_n及Σq_n互換，仍可照上法得相同之結論．

例

1．$\sum_{n=1}^{\infty}\frac{(-1)^n}{n}=-1+\frac{1}{2}-\frac{1}{3}+\frac{1}{4}-\frac{1}{5}+-\cdots$爲一非絕對收斂級數，前已證明．因凡（參觀46，3）$\lambda=1,2,\cdots$時，

$$\frac{1}{2}+\frac{1}{4}+\frac{1}{6}+\cdots+\frac{1}{2^\lambda}>\frac{\lambda}{4}$$

故凡$\nu=1,2,\cdots$時，必

$$\frac{1}{2}+\frac{1}{4}+\frac{1}{6}+\cdots+\frac{1}{2^{8\nu}}>2\nu.$$

故若欲以上述之方法施之於$\Sigma\frac{(-1)^n}{n}$，則只須令$m_\nu=8\nu$，即可將此級數變列得一發散級數

$$\frac{1}{2}+\frac{1}{4}+\frac{1}{6}+\cdots+\frac{1}{2^8}-1+\frac{1}{2^8+2}+\cdots+\frac{1}{2^{16}}-\frac{1}{3}+\cdots\qquad(一)$$

蓋此級數（一）之部分和其末項爲第ν個負項者，必大於「2ν中減去ν個眞分數」*，即必大於ν．

關於絕對收斂級數之定理88，1，仍頗可推廣．爲達此目的，先述下之簡理：

°**定理3．** 若Σa_n爲絕對收斂，則其各子級數Σa_{λ_n}（此λ_n表不同正整數所成之純升敍列）亦皆收斂且皆爲絕對收斂．

證． 從74，4，知因$\Sigma|a_n|$爲收斂而$\Sigma|a_{\lambda_n}|$亦爲斂．再從85，知此定理爲眞

19．此$\Sigma a_n'$顯爲散於$+\infty$．

*附註．眞分數譯proper fraction，實則此所謂ν個眞分數中，第一個爲1並非眞分數．其餘$\nu-1$個方是眞分數，即

$$\frac{1}{3},\ \frac{1}{5},\ \frac{1}{7},\ \cdots\frac{1}{2\nu-1}.$$

確.

今可將變列定理**88**,1推廣如下.先在一原有絕對收斂級數 Σa_n 中取出第一子級數,及將此第一子級數中之各項列成任意次序,而以

$$a_0^{(0)}+a_1^{(0)}+\cdots+a_n^{(0)}+\cdots$$

表之.設 z^0 爲此子級數之和(從前定理3,知此和必存在,且從**88**,1知此和無關於變列**)[20].此子級數亦可爲有窮級數† 而不必爲無窮級數,以下所言之各子級數亦是如此.再在所留之項†† 內,任意取出* 一(有窮或無窮)子級數(其中之項列成任意次序),而以

$$a_0^{(1)}+a_1^{(1)}+a_2^{(1)}+\cdots+a_n^{(1)}+\cdots$$

表之,並以 $z^{(1)}$ 表其和.以下照此進行,得無窮個子級數(此類子級數或爲有窮級數,或爲無窮級數之絕對收斂者):

$$a_0^{(0)}+a_1^{(0)}+a_2^{(0)}+\cdots+a_n^{(0)}+\cdots=z^{(0)},$$

$$a_0^{(1)}+a_1^{(1)}+a_2^{(1)}+\cdots+a_n^{(1)}+\cdots=z^{(1)},$$

$$a_0^{(2)}+a_1^{(2)}+a_2^{(2)}+\cdots+a_n^{(2)}+\cdots=z^{(2)},$$

…………………………………………………

若在此類子級數之取法中,令 Σa_n 之各項各在一(及只在一)個此種子級數中,則級數

$$z^{(0)}+z^{(1)}+z^{(2)}+\cdots$$

卽

$$(\Sigma a_n^{(0)})+(\Sigma a_n^{(1)})+(\Sigma a_n^{(2)})+\cdots$$

**附註。〔此和無關於變列」卽「無論如何變更此子級數中各項之次序,此和之值不因之而變」,亦卽『此子級數之和與「此子級數之任意變列」之和同』。

20。此 z 字與下之「兩重無窮陣」(doubly infinite array)之列(rows)有關。卽此陣之各列以各 z ($z_0, z_1, z_2, \cdots$)表之。

†附註。有窮級數卽項數有窮之級數,亦卽有窮個項所成之級數。

††附註。「所留之項」卽在原級級數 Σa_n 中取去此子級數後所留之項。

*附註　既云取出一子級數則當然不能將所留之項盡行取完。又此處暗存「取出此第二子級數後仍留無窮個項」之意。雖所留之項僅爲有窮個仍無妨於下之定理,但此處以「所留之項有無窮多」爲目的。因就此處言,前者爲後者之特例也。

謂之原級數之廣義變列.[21]於是又可得一與定理58,1相應之定理:

°**定理4.** 凡絕對收斂級數皆許廣義變列†,即級數

$$z^{(0)}+z^{(1)}+z^{(2)}+\cdots$$

仍爲絕對收斂及其和仍與原級數Σa_n之和同.

證. (1)從85,得

$$|z^{(0)}|\leqq|a_0^{(0)}|+|a_1^{(0)}|+\cdots+|a_n^{(0)}|+\cdots$$

$$|z^{(1)}|\leqq|a_0^{(1)}|+|a_1^{(1)}|+\cdots+|a_n^{(1)}|+\cdots$$

$$\cdots\cdots\cdots\cdots\cdots\cdots\cdots\cdots\cdots\cdots\cdots\cdots$$

$$|z^{k}|\leqq|a_0^{(k)}|+|a_1^{(k)}|+\cdots+|a_n^{(k)}|+\cdots$$

再照83,3加之,可知

$$|z^{(0)}|+|z^{(1)}|+\cdots+|z^{(k)}| \qquad (一)$$

必$\leqq\Sigma|a_n|$之某種子級數之變列之和,故此(一)決不大於此$\Sigma|a_n|$之本身之和s. 因上言之理對於$k=0,1,2,\cdots$皆眞,故級數

$$|z^{(0)}|+|z^{(1)}|+|z^{(2)}|+\cdots$$

之諸部分和必爲有界.由是,$\Sigma|z^{(k)}|$爲收斂,而$\Sigma z^{(k)}$爲絕對收斂.

(2) 先任定壹$\varepsilon>0$,則必能再覓得壹m使凡$k\geqq1$時皆$|a_{m+1}|+|a_{m+2}|+\cdots+|a_{m+k}|<\varepsilon$. 於是必能再覓得壹$n_0$使原級數$\Sigma a_n$中之項$a_0,a_1,a_2,\cdots a_m$皆在其前$n_0+1$個子級數$\Sigma a_n^{(\nu)}$中$(\nu=0,1,2,\cdots,n_0)$.由是,若$n>n_0$及$>m$,則級數

$$(z^{(0)}+z^{(1)}+\cdots+z^{(n)})-s_n \qquad (二)$$

中僅有下標$>m$之項$\pm a_n$.故就如此取定之m而論,此差(二)之絕對值必$<\varepsilon$; 且必隨n增而趨於0;因此,知

$$\lim_{n\to\infty}(z^{(0)}+z^{(1)}+\cdots+z^{(n)})=\lim_{n\to\infty}s_n=s=\Sigma a_n.$$

---

†附註。參觀88定理1之附註†

21. 例如在Σa_n中取a_0,a_1兩項及凡2可除盡n之諸a_n組成(各項之次序可以隨意)第一子級數;再於Σa_n中留下之項內取凡3可除盡n之諸a_n組成(各項之次序可以隨意)第二子級數;再於留下之項內取凡5可除盡n之諸a_n組成(各項之次序可以隨意) 第三子級數;以下照此進行,依次按素數7, 11, 13,…可除盡n之a_n組成第四,五,六,…子級數。

已證完.

此定理之逆不眞，如無進一步之研究，其用處尙不如83定理1之逆．即設有諸斂級數

$$z^{(k)}=\sum_{n=0}^{\infty}a_m^{(k)},\qquad k=0,1,2,\cdots$$

若以其中諸項$a_n^{(k)}$之集合排成一敍列(a_n)[參觀53,4]，則Σa_n不一定亦爲收斂；甚至$\sum_{n=0}^{\infty}z_n^{(k)}$爲收斂時亦是如此．例如各級數$z^{(k)}$皆爲

$$1-1+0+0+0+\cdots$$

即可知上言爲眞確.*又卽使此Σa_n爲收斂，其和亦未必與$\Sigma z^{(k)}$之和相等．

在何種情形之下，此定理4之逆方爲眞確？此問題之普遍研究，雖屬於二重級數(double series)之理論．但現可證明下定理，此乃於應用上頗特別重要者也．

90　°**主要變列定理**　設有無窮個斂級數

---

*附註。

$$1-1+0+0+0+\cdots=z^{(0)},$$
$$1-1+0+0+0+\cdots=z^{(1)},$$
$$1-1+0+0+0+\cdots=z^{(2)},$$
$$1-1+0+0+0+\cdots=z^{(3)},$$
$$\cdots\cdots\cdots\cdots$$

之諸$a_n^{(k)}$之集合，即

$$1,-1,\ 0,\ 0,\ 0,\cdots$$
$$1,-1,\ 0,\ 0,\ 0,\cdots$$
$$1,-1,\ 0,\ 0,\ 0,\cdots$$
$$1,-1,\ 0,\ 0,\ 0,\cdots$$
$$\cdots\cdots\cdots$$

按其對角綫排成之敍列爲

$$1,1,-1,1,-1,0,1,-1,0,0,1,-1,0,0,0,\cdots$$

由此敍列作成之Σa_n爲

$$1+1-1+1-1+0+1-1+0+0+1-1+0+0+0+\cdots$$

此級數顯不收斂。

$$(A)\quad \begin{cases} z^{(0)}=a_0{}^{(0)}+a_1{}^{(0)}+\cdots+a_n{}^{(0)}+\cdots \\ z^{(1)}=a_0{}^{(1)}+a_1{}^{(1)}+\cdots+a_n{}^{(1)}+\cdots \\ \cdots\cdots\cdots\cdots\cdots\cdots\cdots\cdots\cdots\cdots\cdots\cdots \\ z^{(k)}=a_0{}^{(k)}+a_1{}^{(k)}+\cdots+a_n{}^{(k)}+\cdots \\ \cdots\cdots\cdots\cdots\cdots\cdots\cdots\cdots\cdots\cdots\cdots\cdots \end{cases}$$

及假定此諸級數不但爲絕對收斂且能滿足更嚴之條件:即令

$$\sum_{n=0}^{\infty}|a_n{}^{(k)}|=\zeta^{(k)},\qquad (k=0,1,2,\cdots\text{各定數})$$

而得之級數

$$\sum_{k=0}^{\infty}\zeta^{(k)}=\sigma$$

須爲收斂．則(A)內每縱行由上而下之諸項所成之各級數亦皆爲(絕對)收斂;又若令

$$\sum_{k=0}^{\infty}a_n{}^{(k)}=s^{(n)}\,{}^{(22)},\qquad (n=0,1,2,\cdots\text{各定數})$$

則$\Sigma s^{(n)}$亦爲絕對收斂,且

$$\sum_{n=0}^{\infty}s^{(n)}=\sum_{k=0}^{\infty}z^{(k)};$$

換句話說,即「由諸列之和所成之級數」與「由諸行之和所成之級數」皆爲絕對收斂,且其和相等.*

證． 此證極簡易．設以(A)中之一切項,照**53**,4所言,按任何方法排成一單敍列† (simple sequence),幷以 $a_0,a_1,a_2,\cdots$ 表此敍列之諸項．則Σa_n爲絕對收斂;其

22． 此s與(A)中之各行有關。即此(A)之第0,第1,第2,…行,之和依次以以$s^{(0)},s^{(1)},s^{(2)},\cdots$表之。

*附註。 此定理意思複雜,且照原文直譯,恐不清楚。玆再提要說明如下:

設(A)中諸級數不但爲絕對收斂且能滿足「$\sum\limits_{k=0}^{\infty}\zeta^{(k)}$爲收斂」之條件,則$\Sigma s^{(n)}$亦爲絕對收斂,且$\sum\limits_{n=0}^{\infty}s^{(n)}=\sum\limits_{k=0}^{\infty}z^{(k)}$。此$\sum\limits_{k=0}^{\infty}\zeta^{(k)}$及$\Sigma s^{(n)}$之意義見原定理中。

又$\sum\limits_{k=0}^{\infty}z^{(k)}$爲諸列之和所成之級數;$\sum\limits_{n=0}^{\infty}s^{(n)}$爲由諸行之和所成之級數。

†附註。 單敍列乃對二重敍列,三重敍列,…而言。以前所言之敍列$(x_n)\equiv x_0,x_1,x_2,\cdots$皆是單敍列。

理如下：凡$\Sigma|a_n|$之部分和，例如

$$|a_0|+|a_1|+\cdots+|a_m|,$$

必$\leqq\sigma$；何則，因取定一夠大之k使諸項$a_0, a_1, a_2, \cdots a_m$盡見於$(A)$之前$k$列中，則必

$$|a_0|+|a_1|+\cdots+|a_m|\leqq\zeta^{(0)}+\zeta^{(1)}+\cdots+\zeta^{(k)}$$

$$\leqq\sigma$$

也．故$\Sigma|a_n|$爲收歛而Σa_n爲絕對收歛．再以(A)中之一切項另排成一單敍列$a_0', a_1', a_2', \cdots$，則由此所成之級數$\Sigma a_n'$僅爲Σa_n之一種變列，故必亦爲絕對收歛，且其和必仍與Σa_n之和同．設此種不變之和以s表之．

如是，則$\Sigma z^{(k)}$及$\Sigma s^{(k)}$亦皆爲$\Sigma a_n=s$之廣義變列（照定理4中之意義）．故此兩級數必皆爲絕對收歛及其和皆爲s．

此變列定理，可表以更普遍之形式如下：

°**補充定理**　設M爲可編號之數集*（countable set of numbers），A_k爲M中有窮個或無窮個原素之和．若有一常數K，能使M中任何有窮個原素之絕對值之和皆$<K$，則每一級數ΣA_k皆爲絕對收歛且其和盡同一卽此類級數有一不變之和s．——（但M中每一原素須在一個A_k中且只能在一個A_k中）．又M中原素可以重複，只要其在一切A_k中重複之次數與其在M中重複之次數相同†，則本定理仍成立．(23)

此類重要定理之實例，以後在若干緊要之處可以遇到．今示其一二顯明應用如下．

1．設$\Sigma a_n=s$爲絕對收歛級數，及令

$$\frac{a_0+2a_1+4a_2+\cdots+2^n a_n}{2^{n+1}}=a_n'.$$

則　$\Sigma a_n'=s$．證．此就

---

*附註．凡數集之可與自然數1, 2, 3, …一一相應者謂之可編號數集．因與1, 2, 3, …能一一相應，卽能以其中原素編爲第一號，第二號，第三號，…也．

†附註．例如M中有五個原素皆爲1，只要A_0, A_2, A_4, A_6中共有五個1，其他各A_k中皆無1，此定理仍能成立．

23．凡0以外之數當然不能重複無窮次．因否則，不能有此定理中所謂之K也．至於0，則自然不妨有無窮個．

$$\begin{cases} a_0 = \frac{a_0}{2} + \frac{a_0}{4} + \frac{a_0}{8} + \frac{a_0}{16} + \cdots \\ a_1 = 0 + 2\frac{a_1}{4} + 2\frac{a_1}{8} + 2\frac{a_1}{16} + \cdots \\ a_2 = 0 + 0 + 4\frac{a_2}{8} + 4\frac{a_2}{16} + \cdots \\ \cdots\cdots\cdots\cdots\cdots\cdots \end{cases}$$

觀察，卽可從前之變列定理知$\Sigma a_n' = s$。

2． 同上，從$\frac{1}{p(p+1)} + \frac{1}{(p+1)(p+2)} + \cdots = \frac{1}{p}$（參觀68，2）及

$$\begin{cases} a_0 = \frac{a_0}{1\cdot 2} + \frac{a_0}{2\cdot 3} + \frac{a_0}{3\cdot 4} + \cdots \\ a_1 = 0 + 2\frac{a_1}{2\cdot 3} + 2\frac{a_1}{3\cdot 4} + \cdots \\ a_2 = 0 + 0 + 3\frac{a_2}{3\cdot 4} + \cdots \\ \cdots\cdots\cdots\cdots\cdots\cdots \end{cases}$$

知無論Σa_n爲何種絕對收斂級數，下等式必常有效：

$$\sum_{n=0}^{\infty} a_n = \frac{a_0}{1\cdot 2} + \frac{a_0 + 2a_1}{2\cdot 3} + \frac{a_0 + 2a_1 + 3a_2}{3\cdot 4} + \cdots$$

3． 在前之變列定理中，若將原有條件改爲：凡$a_n^{(k)}$皆$\geqq 0$及兩級數$\Sigma z^{(k)}$及$\Sigma s^{(n)}$中至少有一個爲收斂，則仍可得$\sum\limits_{n=0}^{\infty} s^{(n)} = \sum\limits_{k=0}^{\infty} z^{(k)}$。又改爲能組織一與$(A)$相似之第二陣$(A')$，使其中之項皆爲正且皆$\geqq (A)$中相應項之絕對值，並使$(A')$中之諸列之和或諸行之和合成一斂級數，則此定理之結果仍能成立，卽

諸$\sum\limits_{k=0}^{\infty} a_n^{(k)}$，諸$\sum\limits_{n=0}^{\infty} a_n^{(k)}$，並$\sum\limits_{n=0}^{\infty} s^{(n)}$及$\sum\limits_{k=0}^{\infty} z^{(k)}$皆爲絕對收斂，且$\sum\limits_{n=0}^{\infty} s^{(n)} = \sum\limits_{k=0}^{\infty} z^{(k)}$，…。

十七章 無窮級數之乘法

今討論在何種範圍內，結合律 $a(b+c) = ab + ac$ 方能適用於無窮級數（卽何種無窮級數方能服從結合律）．前於83，5 中已說明凡斂（無窮）級數之各項可以一常數乘之，其簡式爲

$$c(\Sigma a_n) = \Sigma(ca_n).$$

故此結合律可適用於一切斂級數．又求尋常眞和之積，可從此結合律得

$$(a+b)(c+d) = ac + ad + bc + bd,$$

其公例爲

$$(a_0+a_1+\cdots+a_l)(b_0+b_1+\cdots+b_m)=a_0b_0+a_0b_1+\cdots+a_lb_m$$

以簡號表之，卽

$$\left(\sum_{\lambda=0}^{l}a_\lambda\right)\left(\sum_{\mu=0}^{m}b_\mu\right)=\sum_{\substack{\lambda=0,\cdots,l\\ \mu=0,\cdots,m}}a_\lambda b_\mu$$

此右邊之記號，其意爲下標 λ 及 μ 各依次代表由 o 至 l 及由 o 至 m 之諸整數，且二者各自獨立無相互之關係，以及所有 $(l+1)(m+1)$ 個積 $a_\lambda\ b_\mu$ 可按任意次序將其相加.

此種結果，是否對於無窮級數仍能繼續有效？若 $\Sigma a_n=s$ 及 $\Sigma b_n=t$ 爲兩斂(無窮)級數，其和爲 s 及 t；是否能以相類之法乘之，得

$$s\cdot t=\left(\sum_{\lambda=0}^{\infty}a_\lambda\right)\cdot\left(\sum_{\mu=0}^{\infty}a_\mu\right),$$

及在何種意義之下此爲可能？更細言之，設諸積

$$a_\lambda\ b_\mu \qquad \begin{pmatrix}\lambda=0,1,2,\cdots\\ \mu=0,1,2,\cdots\end{pmatrix}$$

按任意擇定之次序排列之，再依次以 $p_0,p_1,p_2,\cdots$[24] 表之，則級數 Σp_n 是否爲收斂？若爲收斂，其和是否爲 $s\cdot t$？此仍絕對收斂級數其情形與眞和相類，卽：

91 °**定理.** 若級數 $\Sigma a_n=s$ 及 $\Sigma b_n=t$ 皆爲絕對收斂，則級數 Σp_n 亦爲絕對收斂且其積爲 $s\cdot t$.[25]

24. 例如此可先將諸積 $a_\lambda\ b_\mu$ 列成一個二重無窮陣 (A)，如53，4及90之 $a_n^{(k)}$ 或 $a_\lambda^{(\mu)}$，卽

$$(A)\qquad \begin{matrix} a_0b_0, & a_1b_0, & a_2b_0, & a_3b_0, & \cdots\\ a_0b_1, & a_1b_1, & a_2b_1, & a_3b_1, & \cdots\\ a_0b_2, & a_1b_2, & a_2b_2, & a_3b_2, & \cdots\\ \cdots & \cdots & \cdots & \cdots & \cdots \end{matrix}$$

或

$$(A)\qquad \begin{matrix} a_0b_0, & a_0b_1, & a_0b_2, & a_0b_3, & \cdots\\ a_1b_0, & a_1b_1, & a_1b_2, & a_1b_3, & \cdots\\ a_2b_0, & a_2b_1, & a_2b_2, & a_2b_3, & \cdots\\ \cdots & \cdots & \cdots & \cdots & \cdots \end{matrix}$$

之類，再按對角線法或平方法將此諸積排列成一單級列，而後依次以 $p_0,p_1,p_2,\cdots$ 表之。

25. Cauchy: Analyse algébrique, p. 147.

證 (1) 設n為>0之定整數，及「$p_0, p_1, \cdots, p_n$所表之諸積$a_\lambda b_\mu$」之下標λ及μ之最大者為m.若σ及τ為級數Σa_λ 及Σb_μ 之和，則必

$$|p_0|+|p_1|+\cdots+|p_n|\leqq\left(\sum_{\lambda=0}^{m}|a_\lambda|\right)\cdot\left(\sum_{\mu=0}^{m}|b_\mu|\right)$$

$$\leqq\sigma\cdot\tau.$$

為顯而易見之事.故$\Sigma|p_n|$之諸部分和為有界，而Σp_n為絕對收斂.

(2) Σp_n為絕對收斂已經證明，現在只須决定其和，設名此和為S. 此可就諸積$a_\lambda b_\mu$之特種排列（例如平方排法）所成之Σp_n决定之(**88**). 今就平方排列法言，顯為

$$a_0b_0=p_0, \quad (a_0+a_1)(b_0+b_1)=p_0+p_1+p_2+p_3,$$

及其公例為

$$(a_0+\cdots+a_n)(b_0+\cdots+b_n)=p_0+\cdots+p_{(n+1)^2-1},$$

再從**41**，10及4，知$n\to\infty$時上式變為

$$s\cdot t=S.$$

此卽所須證明之關係.

注意及例

1. 因上已説明$\Sigma p_n=s\cdot t$在上晉假設之下爲有效，則(88)諸積$a_\lambda b_\mu$儘可不拘次序隨意將其列成一單敍列(p_n)後再作Σp_n. 在各種列法中，對角線列法在應用上特別重要.若將各對角線上諸積各集成一項如88^1，之形式，則得下關係式:

$$\sum_{n=0}^{\infty}a_n\cdot\sum_{n=0}^{\infty}b_n=a_0b_0+(a_0b_1+a_1b_0)+(a_0b_2+a_1b_1+a_2b_0)+\cdots \qquad (一)$$

$$\equiv\sum_{n=0}^{\infty}c_n$$

此末式爲一簡號，其中之c_n爲

$$a_0b_n+a_1b_{n-1}+a_2b_{n-2}+\cdots+a_nb_0=c_n.$$

如是，則此關係式(一)在其左邊兩級數皆爲絕對收斂時必爲有效.

當討論兩有理整函數之積及兩冪級數之積時（後者之討論，見下編），常發生積級數*(product

---

*附註。積級數卽兩級數之積所成之級數，卽諸積$a_\lambda b_\mu$所成之級數Σp_n。

series) 之此種排列式，有時謂之兩級數之 Cauchy 氏積。(26) 例如兩有理整函數(即多項式)爲

$$a_0+a_1x+a_2x^2+\cdots+a_lx^l \text{ 及 } b_0+b_1x+b_2x^2+\cdots+b_mx^m$$

而作其積，及將其結果依x之升羃排列之，則其開始諸項爲

$$a_0b_0+(a_0b_1+a_1b_0)x+(a_0b_2+a_1b_1+a_2b_0)x^2+\cdots$$

而其係數即是上關係式(一)中之$c_0, c_1, c_2, \cdots$。因此，兩級數之Cauchy氏積常常發生。

2. 因 $|x|<1$ 則 Σx_n爲收歛，故對於此種x得

$$\left(\frac{1}{1-x}\right)^2=\sum_{n=0}^{\infty} x^n \cdot \sum_{n=0}^{\infty} x^n=\sum_{n=0}^{\infty}(n+1)x^n.$$

3. 無論 x 爲何數，$\Sigma \frac{x^n}{n!}$爲絕對收歛(參觀**76**, 5c及 85)。故 x_1及x_2爲任意兩數時，可照 Cauchy 氏規則作成

$$\Sigma a_n \equiv \Sigma \frac{x_1^n}{n!} \text{ 及 } \Sigma b_n \equiv \Sigma \frac{x_2^n}{n!}$$

之積，而得

$$c_n=\sum_{\nu=0}^{n} a_\nu b_{n-\nu}=\sum_{\nu=0}^{n}\frac{x_1^{\nu}x_2^{n-\nu}}{\nu!(n-\nu)!}=\frac{1}{n!}\sum_{\nu=0}^{n}\frac{n!}{\nu!(n-\nu)!}x_1^{\nu}x_2^{n-\nu}=\frac{(x_1+x_2)^n}{n!}$$

故若x_1及x_2爲任意兩數，及令$x_1+x_2=x_3$，則

$$\sum_{n=0}^{\infty}\frac{x_1^n}{n!}\cdot\sum_{n=0}^{\infty}\frac{x_2^n}{n!}=\sum_{n=0}^{\infty}\frac{x_3^n}{n!}.$$

從上定理**91**，可知若兩已知級數皆爲絕對收歛，則結合律即可推廣其範圍照常適用於此兩級數，且諸積 $a_\lambda b_\mu$ 之次序可任意排列之。至其假設上之限制似無須如此嚴格，雖常在吾人意想之中。惟 Cauchy 氏曾設一例如下，(27) 以明必須有些限制，否則此定理即不成立。其例爲：設

$$a_0=b_0=0 \text{ 及凡 } n\geqq 1 \text{ 時皆 } a_n=b_n=\frac{(-1)^{n-1}}{\sqrt{n}};$$

則照 Leibnitz氏規則**85**, 5，知Σa_n及Σb_n皆爲收歛。由是，$c_0=c_1=0$及$n\geqq 2$ 時

$$c_n=(-1)^n\left[\frac{1}{\sqrt{1}\sqrt{n-1}}+\frac{1}{\sqrt{2}\sqrt{n-2}}+\cdots+\frac{1}{\sqrt{n-1}\sqrt{1}}\right].$$

26. Cauchy loc. cit. 專論積級數之此種排列式。

27. Analyse alge'brique, p. 149.

此諸分母中之各根數一律改爲其中最大之$\sqrt{n-1}$，則凡$n\geqq 2$時皆

$$\left|c_n\right|\geqq\frac{n-1}{\sqrt{n-1}\cdot\sqrt{n-1}}=1;$$

故此積級數$\Sigma c_n=\Sigma(a_0b_n+a_1b_{n-1}+\cdots+a_nb_0)$爲發散(從**82**，1)．故取去$\Sigma c_n$户括弧後之結果，自必亦爲發散．

但於此仍有問題，卽上定理(**91**)之假設爲Σa_n及Σb_n皆爲絕對收斂，是否其假設稍寬卽不能證明其積級數Σp_n爲歛，或甚至由諸積$a_\lambda b_\mu$之特種排列所成之級數(例如上之Σc_n)亦不能證明其爲歛？此問題之討論，俟下四十五章中言之．

第四編之習題

45. 討論級數$\Sigma(-1)^n a_n$之斂散，此a_n爲下列諸數之一，其n從適當之數前進：

$$\frac{1}{a+n},\quad \frac{1}{an+b},\quad \frac{1}{\sqrt{n}},\quad \frac{1}{\log n},\quad \frac{1}{\log\log n},\quad \frac{1}{\sqrt[n]{n}},\quad \frac{1}{\sqrt{n}}+\frac{(-1)^n}{n}.$$

46. 前編末習題34之Σa_n改爲$\Sigma(-1)^n a_n$，則如何？

47. 設

$$\varepsilon_n=\begin{cases}+1,\text{對於}2^{2k}\leqq n<2^{2k+1},\\ -1,\text{對於}2^{2k+1}\leqq n<2^{2k+2},\end{cases}\qquad (k=0,1,2\cdots)$$

則級數

$$\sum_{k=2}^{\infty}\frac{\varepsilon_n}{n\log n}$$

爲收斂。$\Sigma\frac{\varepsilon_n}{n}$之狀態如何？

48. $\Sigma(-1)^{n-1}\frac{2n+1}{n(n+1)}$爲收斂及其和爲1。

49. 設以s_n及s表級數$1-\frac{1}{2}+\frac{1}{3}-\frac{1}{4}+-\cdots$之部分和及和，並令$\frac{1}{n+1}+\frac{1}{n+2}+\cdots+\frac{1}{2n}=x_n$試證對於各$n$皆

$$x_n=s_{2n}$$

由是，$\lim x_n=\sum_{n=1}^{\infty}\frac{(-1)^{n-1}}{n}=s(=\log 2)$。

50. 以$s(=\log 2)$表級數$1-\frac{1}{2}+\frac{1}{3}-+\cdots$之和，證明下之諸關係式：

(a)　$\frac{1}{3}-\frac{1}{5}-\frac{1}{7}+\frac{1}{5}-\frac{1}{9}-\frac{1}{11}+\frac{1}{7}-\frac{1}{13}-\frac{1}{15}+--\cdots=\frac{1}{3}-\frac{1}{2}\log 2$

(b)　$1-\frac{1}{2}-\frac{1}{4}+\frac{1}{3}-\frac{1}{6}-\frac{1}{8}+\frac{1}{5}-\frac{1}{10}-\frac{1}{12}+--\cdots=\frac{1}{2}\log 2;$

(c)　$1-\frac{1}{2}-\frac{1}{4}+\frac{1}{5}+\frac{1}{7}-\frac{1}{8}-\frac{1}{10}++--\cdots=\frac{2}{3}\log 2;$

(d)　$1+\frac{1}{3}+\frac{1}{5}-\frac{1}{2}-\frac{1}{4}+++--\cdots=\frac{1}{2}\log 6;$

(e)　$1+\frac{1}{3}+\frac{1}{5}-\frac{1}{2}-\frac{1}{4}-\frac{1}{6}+++---\cdots=\log 2$。

51. 根據上兩習題，證明：在級數 $1-\frac{1}{2}+\frac{1}{3}-+\cdots$ 之各項中，依次先取其 p 個正項，再取其 q 個負項；再取其 p 個正項，再取其 q 個負項；照此進行（即 p 個正項，q 個負項永遠相間前進）作成一新級數，則此新級數仍爲收斂，及其爲和 $\log 2+\frac{1}{2}\log\frac{p}{q}$。

52. 變調和級數 $1+\frac{1}{2}+\frac{1}{3}+\frac{1}{4}+\cdots$ 中各項之符號，使其前 p 個項仍爲正號，其後 q 個項變爲負號；其後 p 個項仍爲正號，其後 q 個項變爲負號；依次如此（p 個正號，q 個負號，相間前進），作成一新級數；則此新級數仍爲收斂，但須 $p\neq q$。若 $p=q$ 則此新級數爲收斂。

53. 照習題50及51作 $\sum_{n=1}^{\infty}\frac{(-1)^{n-1}}{n}$ 之各變列法，作級數 $\sum_{n=1}^{\infty}\frac{(-1)^{n-1}}{\sqrt{n}}$ 之各變列時。其何種結果爲斂？何種結果爲散？何種結果之和可以原級數之和之名詞表之*？

54. 照習題52中級數 $\sum\frac{1}{n}$ 之變號法，變級數 $\sum\frac{1}{\sqrt{n}}$ 之號。其何種結果仍爲收斂？

55. α 爲何數則下兩級數爲斂：

$$1-\frac{1}{2^{\alpha}}+\frac{1}{3}-\frac{1}{4^{\alpha}}+\frac{1}{5}-\frac{1}{6^{\alpha}}+-\cdots$$

$$1+\frac{1}{3^{\alpha}}-\frac{1}{2^{\alpha}}+\frac{1}{5^{\alpha}}+\frac{1}{7^{\alpha}}-\frac{1}{4^{\alpha}}++-\cdots?$$

56, 凡 $\alpha>0$ 時，級數 $1-\frac{1}{2^{\alpha}}+\frac{1}{3^{\alpha}}-\frac{1}{4^{\alpha}}+-\cdots$ 之和在 $\frac{1}{2}$ 及1之間。

57. 設

$$\sum_{n=1}^{\infty}\frac{1}{n^2}=s\left(=\frac{\pi^2}{6}\right),$$

證明

$$1+\frac{1}{3^2}+\frac{1}{5^2}+\frac{1}{7^2}+\cdots=\frac{3}{4}s,$$

$$1+\frac{1}{5^2}+\frac{1}{7^2}+\frac{1}{11^2}+\frac{1}{13^2}+\cdots=\frac{2}{3}s,$$

$$1-\frac{1}{2^2}-\frac{1}{4^2}+\frac{1}{5^2}+\frac{1}{7^2}-\frac{1}{8^2}-\frac{1}{10^2}++--\cdots=\frac{4}{9}s.$$

---

*附註 例如習題50，原級數 $\sum_{n=1}^{\infty}\frac{(-1)^{n-1}}{n}$ 之和爲 $\log 2$。(a)左邊級數之和，以右邊 $\frac{1}{3}-\frac{1}{2}\log 2$ 表之，即所謂以原級數之和之名詞表之；蓋此 $\frac{1}{3}-\frac{1}{2}\log 2$ 式中以 $\log 2$ 爲主體也。此係數學中之一種慣語，而無適當之文言或白話，可以表明其意，故註明於此。

(此末式參觀習題50c。)

58. 凡(有條件)收斂級數,可集其若干項爲一項(即插入括弧)將其變成絕對收斂級數。

58a. 下爲 Kronecker氏定理**82**,3之補充定理。若級數Σa_n合於下之條件:對於每一「正項單調數列(p_n)之趨於$+\infty$者」,皆諸商

$$\frac{p_0a_0+p_1a_1+\cdots+p_na_n}{p_n}$$

趨於o。則Σa_n爲收斂。試證之。從此可知 Kronecker氏條件爲收斂之必要及充分條件。

59. 設級數 Σa_n之部分和爲 s_n。若任意分部集合此級數中之項而作一新級數ΣA_k,其部分和爲S_k;則無論Σa_n爲收斂與否,不等式

$$\underline{\lim}\, s_n\leqq\underline{\lim}S_k\leqq\overline{\lim}\, s_n$$

常能成立。

60. 若Σa_n(其部分和爲s_n)爲無定發散,及s'爲數列(s_n) 之一聚點之值(參觀**52**),則常可分部集合Σa_n中之項作成一個和爲s'之級數ΣA_k。

61. 若Σa_n(其部分和爲s_n)爲無定發發散,及$a_n\to0$;則從s_n之上限至下限之一節間之點皆爲數列(s_n)之聚點。

62. 若Σa_n之子級數皆爲收斂,則Σa_n之本身亦爲收斂。

63. 兩有定發散級數

$$1-\frac{3}{2}-\left(\frac{3}{2}\right)^2-\left(\frac{3}{2}\right)^3-\cdots$$

及

$$1+\left(2+\frac{1}{2^2}\right)+\frac{3}{2}\left(2^2+\frac{1}{2^3}\right)+\left(\frac{3}{2}\right)^2\left(2^3+\frac{1}{2^4}\right)+\cdots$$

之 Cauchy氏積爲

$$1+\frac{3}{4}+\left(\frac{3}{4}\right)^2+\left(\frac{3}{4}\right)^3+\cdots$$

此級數顯爲絕對收斂。此種奇論(paradox)如何說明之?

第五編

冪級數

十八章 收斂半徑

以前所論之級數，大抵爲各項皆爲定數之級數．爲顯此特性計，可稱此種級數爲**常項級數**．但所有級數並不皆爲常項，例如幾何級數Σa^n〔其a可爲任何數，因此而其各項a^n亦可爲任何數〕，必先定a爲某數而後其各項始爲定數．故討論此種級數之狀態，不能單以斂或散之語了之；而其討論之結果只能云：若$|a|<1$則Σa^n爲斂，若$|a|\geqq 1$則Σa_n爲散．如是則討論此類級數之斂散問題，其答案實靠在一未定量之值上（其情形正與此類級數中各項之值靠在一未定量之值上相同，且因此各項之值靠在一未定量之值上，而此答案自須亦靠在一未定量之值上），此未定量卽是一個變數．凡級數之其各項之值靠在一變數上（及因此而其斂或散亦靠在此變數上）者，謂之**變項級數**[(1)]；此變數常以x表之．此種變項級數，俟後詳論．現在先專論其中之一類，卽其各項不爲a_n而爲

$$a_n x^n$$

者；詳言之，卽現所論之級數專爲：形式爲

$$a_0+a_1x+a_2x^2+\cdots+a_nx^n+\cdots\equiv\sum_{n=0}^{\infty}a_nx^n \quad {}^{(2)}$$

之級數．此種級數謂之（x之）**冪級數**（power series），其中各數a_n皆謂之（此冪級數之）**係數**（coefficients）．由上所言，吾人對於此種冪級數並非單論其斂或散，而實爲討論其更精之問題：x爲如何之諸值則此種級數爲斂？x爲如何之諸值則此種級數爲散？

以前曾見之數簡例。

1. 調和級數$\Sigma\frac{1}{n^x}$亦爲此種級數。$x>1$時此級數爲斂，$x\leqq 1$時此級數爲散。〔簡言之，凡級數之各項含變數x者，謂之變項級數。各項之值既隨x而變，則由此各項所成之級數亦自必隨x而變其狀態。至如$1-\frac{x^3}{3!}+\frac{x^5}{5!}-\frac{x^7}{7!}+-\cdots$之類雖無論$x$爲何數而終爲收斂（但其和仍隨$x$而變），亦仍可謂之變項級數；因其各項之值隨$x$變而亦變也〕。

2. 此處爲便利計特定一規約：凡$x^0=1$，甚至$x=0$時亦是如此。

1. 幾何級數Σx^n在$|x|<1$時爲斂;在$|x|\geqq 1$時爲散.又在$|x|<1$時並爲絕對收斂

2. 不論x爲何數,$\Sigma\frac{x^n}{n!}$爲(絕對)收斂;以下兩級數亦是如此:

$$\sum_{k=0}^{\infty}(-1)^k\frac{x^{2k}}{(2k)!},\quad \sum_{k=0}^{\infty}(-1)^k\frac{x^{2k+1}}{(2k+1)!}.$$

3. 因$\left|\frac{x^n}{n}\right|\leqq|x|^n$,故$\Sigma\frac{x^n}{n}$在$|x|<1$時爲絕對收斂。又從**38**,1及**40**,知$|x|>1$時$\left|\frac{x^n}{n}\right|\to+\infty$,故在$|x|>1$時此級數爲散。又$x=1$時此級數變爲發散之調和級數,及$x=-1$時此級數變爲一斂級數(從**82**,定理5)。

4. $\sum\limits_{n=1}^{\infty}\frac{x^n}{n^2 2^n}$在$|x|\leqq 2$時爲絕對收斂;在$|x|>2$時爲發散。

5. $\sum\limits_{n=1}^{\infty}n^n x^n$在$x=0$時爲斂,但在$x\neq 0$時,則無論$x$爲何數此級數終是發散;蓋若$x\neq 0$,則$|nx|\to+\infty$而自必$|n^n x^n|\to+\infty$,故從**82**,定理1可知$x\neq 0$時此級數決不收斂。

凡冪級數$\Sigma a_n x^n$在$x=0$時,皆不論其係數a_n爲何數,必爲收斂,乃顯而易見之事.故就通常言,冪級數大抵對於x之某某值爲斂而對於其他之值爲散;必在特種情形之下,其兩極端之例始能遇到;所謂兩極端之例,卽x爲任何數時皆爲斂(如上之例2),及凡$x\neq 0$時皆爲散(如上之例5)之兩種冪級數是也.

凡冪級斂之屬此第一極端之例者,吾人常謂此級數**處處收斂**(everywhere convergent);屬此第二極端之例者(除在$x=0$之點上顯爲收斂,置之不論外),吾人常謂此級數**無處收斂**(nowhere convergent).凡點x之能使某級數$\Sigma a_n x^n$收斂者,其全體謂之此級數之**收斂區**(region of convergence).

如上例2中之級數$\Sigma\frac{x^n}{n!}$等,其收斂區爲x軸之全體;上例5之$\sum\limits_{n=1}^{\infty}n^n x^n$,其收斂區僅爲一點0.如上例1,3及4中級數$\Sigma x^n$,$\Sigma\frac{x^n}{n}$及$\sum\limits_{n=1}^{\infty}\frac{x^n}{n^2 2^n}$之類,其收斂區爲$x$軸上以原點爲中點之一節,其兩端點或全在此區中,或全不在此區中,或一在此區中一不在此區中.

由是,最普通之冪級數,已可還下之基本定理察知其狀態.

93 **基本定理.** 若$\Sigma a_n x^n$爲冪級數之非處處收斂或無處收斂者,則必有一正數r能使此$\Sigma a_n x^n$在凡$|x|<r$時皆爲收斂(並爲絕對收斂),而在凡$|x|>r$時皆爲發

散．此r謂之此級數之**收斂半徑**(radius of convergence)，及節$-r\cdots+r$謂之此級數之**收斂節**[(3)](interval of convergence)．略稱**斂節**．

下第二圖卽表示此定理之情形者：

二　圖

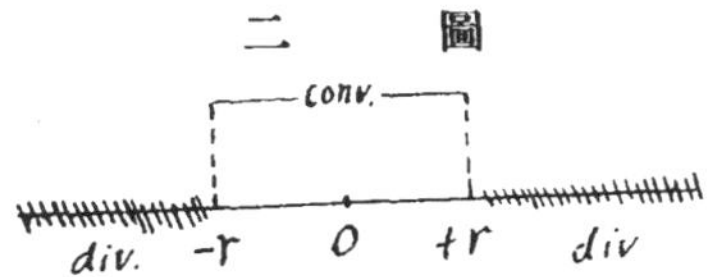

此定理之證明，以下兩定理爲根據．

°**定理1．** 若冪級數Σa_nx^n在$x=x_0(x_0\neq0)$時爲收斂(或僅其項之敍列$(a_nx_0^n)$爲有界)，*則此Σa_nx^n對於較x_0近原點之各$x=x_1$皆爲絕對收斂(卽凡x_1之合於$|x_1|<|x_0|$者，此級數對之皆爲絕對收斂)．

證． 若$|a_nx_0^n|<K$，則

$$|a_nx_1^n|=|a_nx_0^n|\cdot\left|\frac{x_1}{x_0}\right|^n\leqq K\vartheta^n$$

此$\vartheta=$眞分數$\frac{x_1}{x_0}$．由**87**，1可從此結果知本定理爲眞．

°**定理2．** 若冪級數Σa_nx^n在$x=x_0$時爲發散，則此級數對於較x_0離原點遠之各$x=x_1$皆爲發散(卽凡x_1之合於$|x_1|>|x_0|$者，此級數對之皆爲發散)．

證． 若此級數能對於x_1爲斂，則從定理1此級數將對於較x_1近原點之x_0亦爲斂；此與假設相矛盾．

上基本定理之證明． 從假設知此級數至少必有一散點及至少必有一斂點(不$=0$者)．*故必能擇定一「較此斂點近原點之正數x_0」及一「較此散點離原點遠之正數

*附註． 卽此定理之假設可爲「Σa_nx^n在$x=x_0$ $(x_0\neq0)$時爲收斂」，亦可將此假設改爲「$x=x_0$ $(x_0\neq0)$時此級數Σa_nx^n之諸項所成之敍列$(a_nx_0^n)$爲有界」．此後一假設可從前一假設推得，因$\Sigma a_nx_0^n$爲斂則$(a_nx_0^n)$爲空列自必爲有界也．從此後一假設雖不能推出前一假設，然用此後一假設已足得本定理之結論．「或僅其…」中「僅」字之用意，卽僅用此後一假設已足之意．

3． 凡冪級數之處處收斂者亦可云其收斂半徑$r=+\infty$，其無處收斂者亦可云其收斂半徑爲$r=0$．

*附註　x之値能使Σa_nx^n斂者謂之Σa_nx^n之斂點，能使Σa_nx^n散者謂之散點．

y_0」.從定理1及2知此$\Sigma a_n x^n$對於$x=x_0$爲斂及對於$x=y_0$爲散，且因此而必$x_0<y_0$.施逐次平分法於節$J_0=x_0\cdots y_0$,而照$\Sigma a_n x^n$在J_0之中點上爲散或斂而以J_1表J_0之左半節或右半節.再依此法擇定J_1之半節爲J_2,並照此進行.則所得節套$J_n=(x_n \mid y_n)$中之各節皆有「$\Sigma a_n x^n$在其左端點x_n上皆爲斂而在其右端點y_n上皆爲散」之性質.故此節套所定之數r(自必爲正)即此定理中所謂之r.

實則，若$x=x'$爲任意數之合於$|x'|<r$(而不$=r$)者，則必有一夠大之k能使$|x'|<x_k$,即必有一夠大之k能使J_k之長小於$r-|x'|$.從定理1知x'必與x_k同爲斂點；且此級數必在x'上爲絕對收斂.反是，若x''爲數之合於$|x''|>r$者，則必有一夠大之m能使J_m之長小於$|x''|-r$而得$|x''|>y_m$,從定理2知x''必與y_m同爲散點.由是，本定理所言已全證明.

此證雖極簡明，惟僅能證實收斂半徑之存在，而於半徑之值則絕無所示，終覺不甚適當.故此基本定理應再以別法證之，使同時可得其所謂收斂半徑之值.爲達此目的計，再證一與上定理無關之較爲精細之定理，即

94 °定理[(4)] 若$\Sigma a_n x^n$爲已知冪級數及μ爲諸正數

$$|a_1|,\quad \sqrt{|a_2|},\quad \sqrt[3]{|a_3|},\cdots,\quad \sqrt[n]{|a_n|},\cdots$$

所成(正項)敍列之上限，即

$$\mu=\overline{\lim}\sqrt[n]{|a_n|},$$

則

(a) 若$\mu=0$,則此冪級數爲處處收斂；

(b) 若$\mu=+\infty$,則此冪級數爲無處收斂；

(c) 若$0<\mu<+\infty$,則此冪級數

$$\text{必對於各}\ |x|<\frac{1}{\mu}\ \text{爲絕對收斂，}$$

$$\text{而對於各}\ |x|>\frac{1}{\mu}\ \text{爲發散.}$$

4. Cauchy: Analyse algébrique p.151.此美麗之定理初未爲世注意，直至J. Hadamard (J. de math. pures et appl., (4) Vol. 8, p 107. 1892) 再發見此理及作其諸要用，始爲世所重視.

由是，按適宜之解釋，

$$r=\frac{1}{\mu}=\frac{1}{\overline{\lim}\sqrt[n]{|a_n|}}$$

爲此冪級數之收斂半徑.[(5)]

證. 先證(a).若x_0爲$\neq 0$之任意一數，則$\frac{1}{2|x_0|}>0$；故(從**59**)必有壹m能使凡$n>m$時皆

$$\sqrt[n]{|a_n|}<\frac{1}{2|x_0|} \quad \text{卽} \quad |a_nx_0^n|<\frac{1}{2^n}.$$

再從**87**,1,可知$\Sigma a_nx_0^n$爲絕對收斂.因x_0爲$\neq 0$之任意數,故此冪級數必爲處處收斂.

再證(b). 倘 $x=x_1\neq 0$ 時 Σa_nx^n 爲斂，則敍列 $(a_nx_1^n)$ 必爲有界，而敍列$(\sqrt[n]{|a_nx_1^n|})$自必更爲有界.設對於各n皆$\sqrt[n]{|a_nx_1^n|}<K_1$,則必對於各n皆$\sqrt[n]{|a_n|}<\frac{K_1}{|x_1|}=K$，而$(\sqrt[n]{|a_n|})$爲一有界敍列. 此與(b)中假定$\sqrt[n]{|a_n|}$)無上界(卽$\mu=+\infty$)相矛盾，故此$\Sigma a_nx^n$必對於任何$x_1\neq 0$皆不收斂.

末證(c). 若x'爲合於$|x'|<\frac{1}{\mu}$之任意數，則必有合於$|x'|<\varrho<\frac{1}{\mu}$之正數$\varrho$；由是$\frac{1}{\varrho}>\mu$.從$\mu$之定義，必有壹$n_0$能使凡$n>n_0$時皆

$$\sqrt[n]{|a_n|}<\frac{1}{\varrho}, \quad \text{及因此得} \quad \sqrt[n]{|a_nx'^n|}<\frac{|x'|}{\varrho}<1.$$

故從**75**，1知$\Sigma a_nx'^n$必爲(絕對)收斂.

又若x''爲合於$|x''|>\frac{1}{\mu}$之任意數，則$\frac{1}{|x''|}<\mu$；故必有無窮個n屢屢合於(參觀**59**)

$$\sqrt[n]{|a_n|}>\frac{1}{|x''|} \quad \text{卽} \quad |a_nx''^n|>1.$$

---

5. 爲便於說明計，此處可寫作$\frac{1}{0}=+\infty$，及 $\frac{1}{+\infty}=0$（但此係一種例外寫法，乃一種極限之簡號，不可因此誤認可以0除1及$+\infty$是數）。又須注意$\frac{1}{\underline{\lim}\sqrt[n]{|a_n|}}$與$\overline{\lim}\frac{1}{\sqrt[n]{|a_n|}}$不同。讀者可自取簡單易明之例實驗之，並參觀第二編末習題24.

由是,從82,定理1可知$\Sigma a_n x''^n$必不收斂.[6]

上已將此定理之各部分完全證明矣.

注意及例

1. 因前定理之(a);(b),(c)皆互不相容(mutually exclusive),故其中諸條件對於「與之相應之$\Sigma a_n x^n$狀態」不但爲充分並且爲必要(例如$\mu=0$不但爲「$\Sigma a_n x^n$爲處處收斂」之充分條件且兼爲其必要條件)。

2. 其特例,凡冪級數$\Sigma a_n x^n$爲處處收斂者,必$\sqrt[n]{|a_n|}\to 0$.蓋從上1,必$\mu=0$;又因所討論者爲正數之敘列,則其下限$\varkappa$必不小於0,而因此得$\varkappa\geqq\mu$。但$\varkappa$必$\leqq\mu$,故非$\varkappa=\mu=0$不可。從63可知此敘列$(\sqrt[n]{|a_n|})$爲收斂而其極限爲0。

例如,因$\Sigma\frac{x^n}{n!}$爲處處收斂,可知

$$\sqrt[n]{\frac{1}{n!}}\to 0\quad 即\quad \sqrt[n]{n!}\to\infty.$$

3. 當$x=+r$及$x=-r$時不能從定理93及94知$\Sigma a_n x^n$之狀態爲如何。此實隨冪級數之情形而不一。例如Σx^n,$\Sigma\frac{x^n}{n}$,$\Sigma\frac{x^n}{n^2}$三級數,其收斂半徑雖皆爲1;但此第一級數在$x=1$及$x=-1$上皆不收斂,而第二級數在此兩者之一上收斂(卽在$x=-1$上收斂),第三級數則在此兩者上皆爲收斂。

4. 冪級數之他例,將在以下各章中陸續遇見。故此處無須再述。

從上可知冪級數在其「收斂節之內部」中之收斂盡爲絕對收斂.* 今再進示其收斂極堅固,以致引入確實無疑之大因數後仍無所變†,其詳見下定理:

95 °**定理** 若$\sum_{n=0}^{\infty}a_n x^n$有一收斂半徑$r$,則冪級數$\sum_{n=0}^{\infty}na_n x^{n-1}$及與之相同之$\sum_{n=0}^{\infty}(n+1)a_{n+1}x^n$

---

6. (c)照下法證之,更覺簡潔:若

$$\overline{\lim}\sqrt[n]{|a_n|}=\mu,\quad 則\quad \overline{\lim}\sqrt[n]{|a_n|}\cdot|x|=\overline{\lim}\sqrt[n]{|a_n x^n|}=\mu|x|.$$

(何故?)。從76,3可知$\mu|x|<1$則此冪級數爲收斂,及$\mu|x|>1$則此冪級數必爲發散。已證完。

*附註。 收斂節之去其兩端點者謂之收斂節之內部。注意冪級數在收斂節之端點上不但可以不斂,卽斂亦未必爲絕對收斂。

†附註。 此種地方不過略提醒下定理之用意而已,措辭無法精密,讀者注意下定理及下之各例可耳。他處類此之簡短提醒語仿此,讀者幸勿以辭害意。

亦有此半徑.**

證. 此定理可直接從**94**推知:若令$na_n=a'_n$,則

$$\sqrt[n]{|a'_n|}=\sqrt[n]{a_n}\sqrt[n]{n}.$$

因(從**38**,7) $\sqrt[n]{n}\to 1$,故從定理**62**立可知$(\sqrt[n]{|a'_n|})$及$(\sqrt[n]{a_n})$之上限同.蓋若在此兩敍列中取出相同之子敍列,則因其相應項所異者僅為因數$\sqrt[n]{n}$而此$\sqrt[n]{n}\to 1$,故此兩子敍列必皆為發散或皆為收斂於相同之極限.(7)

例

1. 重複應用此定理,可知以下諸級數,不論k為何種正整數,皆與$\Sigma a_n x^n$有相同之收斂半徑:

$$\Sigma na_nx^{n-1},\ \Sigma n(n-1)a_nx^{n-2},\ \cdots,\ \Sigma n(n-1)\cdots(n-k+1)a_nx^{n-k};$$

即

$$\Sigma(n+1)a_nx^n,\ \ \Sigma(n+1)(n+2)a_{n+2}x^n,\cdots,$$

$$\Sigma(n+1)(n+2)\cdots(n+k)a_{n+k}x^n\equiv k!\Sigma\binom{n+k}{k}a_{n+k}x^n.$$

2. 以下諸級數亦與$\Sigma a_n x^n$有相同之收斂半徑:

$$\Sigma\frac{a_n}{n+1}x^{n+1},\ \Sigma\frac{a_n}{(n+1)(n+2)}x^{n+2},\ \cdots,\ \Sigma\frac{a_n}{(n+1)(n+2)\cdots(n+k)}x^{n+k}.$$

**附註.「亦有此半徑」即「亦有$\sum\limits_{n=0}^{\infty}a_nx^n$之收斂半徑$r$」,省文也.下仿是.

7. 別證.從**76**,5a或**91**,2知級數$\Sigma n\theta^{n-1}$在$|\theta|<1$時為斂.若$|x_0|<r$及照$|x_0|<\varrho<r$擇定ϱ,則$\Sigma a_n\varrho^n$為斂,而$(a_n\varrho^n)$因之有界;於是可設$|a_n\varrho^n|<K$.從此可推得$|na_nx_0^{n-1}|<\frac{K}{\varrho}\cdot n\left|\frac{x_0}{\varrho}\right|^{n-1}$;因$\left|\frac{x_0}{\varrho}\right|<1$,故從此可證明$\sum\limits_{n=0}^{\infty}na_nx_0^{n-1}$為斂.

附註.此但證明$|x_0|<r$時$\sum\limits_{n=0}^{\infty}na_nx_0^{n-1}$皆為斂,尚不能確定$r$為$\sum\limits_{n=0}^{\infty}na_nx^{n-1}$之收斂半徑.必再證明$|x_0|>r$時$\sum\limits_{n=0}^{\infty}na_nx^{n-1}$為散,而後本定理之證明方為完全.今證此如下.

若$|x_0|>r$時,$\sum\limits_{n=0}^{\infty}na_0x_0^{n-1}$為斂,則

$$a_0+x_0\sum_{n=0}^{\infty}na_nx_0^{n-1}=a_0+\sum_{n=0}^{\infty}na_nx_0^n$$

亦必為斂,而$\sum\limits_{n=0}^{\infty}a_nx_0^n$必更為斂矣.此與假設相矛盾.故$|x_0|>r$時$\sum\limits_{n=0}^{\infty}na_nx_0^{n-1}$決不能斂.

以前所論者皆爲$\Sigma a_n x^n$式之冪級數.若取形式更普通之冪級數

$$\sum_{n=0}^{\infty} a_n (x-x_0)^n$$

論之,則所有情形幾與前同.令$x-x_0=x'$及r仍爲定理94所定之數r,卽可知此類級數在

$$|x'|=|x-x_0|<r$$

時爲絕對收斂,而在$|x-x_0|>r$時爲發散.故此類級數,除兩極端之例(卽僅在$x=x_0$上爲斂及對於任何x皆斂之兩特例)外,其收斂區爲x軸上以x_0爲中點之「一節之含有兩端點或除去兩端點或除去一端點者」.除收斂節有此種移動之外,以前所得結果仍皆有效.此點x_0,爲簡便計,謂之**此級數之中心**(centre of the series).若$x_0=0$則仍得前之形式$\Sigma a_n x^n$.

此冪級數$\Sigma a_n(x-x_0)^n$,在其收斂區中,對於各x皆有一確定之和s,且通例因x變而其和亦變.故此和s與x之關係,常以

$$\sum_{n=0}^{\infty} a_n (x-x_0)^n = s(x)$$

表之;並謂此冪級數,在其收斂節中,定出壹x之函數.

實函數論之基礎(卽微積分之基礎),如小引中所言,已假定讀者早知其要素.惟其中事實當以後引用之時,恐讀者尙有未能澈底明晰之處,特取其中定義定理之爲以後必須應用者先從速分別說明一次(不加嚴證),而後再從二十章起進講冪級數之理論.

十九章　實變數函數

定義1(函數).　若對於「x軸上一節中各值x」,按照「某種定律」,有一「定值y」與之相應;則謂y爲此節中所定之「**x之函數**」.以簡號

$$y=f(x)$$

表之.此f爲表示此定律之記號;此定律卽各x遞之而有其相應之y之值者也.(8)

8. 此定義中雖以x軸上之一節爲基礎,但亦可改爲以x軸上之一「確定點集M」爲基礎.如是則函數$f(x)$之定義更普遍.而謂此函數定於一「確定之點集M」上.惟以下各章皆假定專以「x軸上之節」爲函數定義之基礎.

此節之一端或兩端可閉或開，又其左或右可有界或無界．又此節謂之$f(x)$之**定義節**(interval of definition)．

定義2(界)． 若有一常數K_1能使對於定義節中各x皆

$$f(x)\geqq K_1,$$

則謂此函數$f(x)$在此節中**左有界**（或**下有界**），而此K_1謂之$f(x)$之**左界**(或**下界**)．若有一常數K_2能使對於定義節中各x皆$f(x)\leqq K_2$，則謂$f(x)$在此節中**右有界**(或**上有界**)，而K_2謂之$f(x)$之**右界**(或**上界**)．凡$f(x)$在左右兩方皆有界者，單謂之**有界**．凡$f(x)$之有界者，必有一常數K能使對於定義節中各x皆

$$|f(x)|\leqq K.$$

定義3（上境界，下境界，消長度）．有界函數之一切上界中常有一**最小者**，又在其一切下界中常有一**最大者**．[9]此最小上界謂之**上境界**，最大下界謂之**下境界**．上境界及下境界之差謂之$f(x)$在其定義節中之**消長度**(oscillation)．此諸名稱在「定義節之子節$a'\cdots b'$」中亦成立(卽亦可照以上所言下其定義)．

定義4(函數之極限)． 若ξ爲「函數$f(x)$之定義節」中之一點，或爲此定義節之一端點，則記號

$$\lim_{x\to\xi} f(x)=c$$

或

$$x\to\xi \text{ 時 } f(x)\to c$$

之意義爲：

(a) 設(x_n)爲定義節中諸數x_n所成之敍列，及此敍列趨於ξ而其中諸項全與ξ不等．* 若與每壹(x_n)相應之函數之諸值

$$y_n=f(x_n) \qquad (n=1,2,3,\cdots)$$

---

9. 參觀 8，及 62．

*附註． 注意定義節中有如此之(x_n)無窮多．每一如此之(x_n)必有一相應之(y_n)．必一切(y_n)皆$\to c$，方能謂之$x\to\xi$時$f(x)\to c$．萬不可但就一種(x_n)着想．例如 $y=\sin\frac{\pi}{x}$，當(x_n)爲$\left(\frac{1}{n}\right)$時，其相應之$(y_n)\equiv(0)$雖$\to 0$，而$\lim\limits_{x\to 0}\sin\frac{\pi}{x}$實不存在．因$(x_n)$爲$\left(\frac{2}{4n+1}\right)$時，其相應之$(y_n)\equiv(1)\to 1$而不$\to 0$，又$(x_n)$爲$\left(\frac{2}{2n+1}\right)$時，其相應之$(y_n)$爲$1,-1,1,-1,1,-1,\cdots$而無定趨．非$(x_n)$爲任何敍列(其項無一爲0)之$\to 0$者時其相應之$(y_n)$皆趨於惟一之數也．

皆趨於c，則謂之$x\to\xi$時$f(x)$之極限為c，而以記號

$$x\to\xi \text{ 時 } f(x)\to c$$

或

$$\lim_{x\to\xi} f(x)=c$$

表之.

(b) 若先任意取定一正數ε時，必再能覓得第二正數$\delta=\delta(\varepsilon)$，使對於「凡定義節中$x$之合於

$$|x-\xi|<\delta \quad (\text{但} x\neq\xi)$$

者」皆能

$$|f(x)-c|<\xi;$$

則謂之$x\to\xi$時$f(x)$之極限為c，而以記號

$$x\to\xi \text{ 時 } f(x)\to c$$

或

$$\lim_{x\to\xi} f(x)=c$$

表之.[10]

此定義之(a)及(b)兩種形式，貌雖不一，內容實同.

定義5(右極限及左極限). 若定義4中之x_n(或x)專在ξ之右，則謂之$f(x)$之**右極限**(right hand limit 或 limit on the right)為c，而以記號

$$\lim_{x\to\xi+0} f(x)=c$$

表之.同理，若定義4中之x_n(或x)專在ξ之左，則謂之$f(x)$之**左極限**(left hand limit 或limit on the left)為c，而以記號

$$\lim_{x\to\xi-0} f(x)=c$$

表之.

定義5a(極限之他式). 極限之形式在上舉三種之外，尚有其他各式：對於「x之五種變動」即

$$x\to\xi,\quad \to\xi+0,\quad \to\xi-0,\quad \to+\infty,\quad \to-\infty$$

中之各一種，各可有三種極限，即

10. $\lim\limits_{x\to\xi} f(x)$之舊記號$\lim\limits_{x=\xi} f(x)$萬不可再用。其要點在$x$不能等於$\xi$。注意(a)中之$x\neq\xi$。

或
$$\left.\begin{array}{r}\lim f(x)=\\ f(x)\rightarrow\end{array}\right\}c,+\infty,-\infty^{*}\ (11)$$

此參觀2及3，不難各照(a)或(b)作成其定義.

上已說明本書已假定「此類極限讀者早知其要素」，故不再加詳細說明與釋例。今須鄭重說明令讀者注意者爲：$x\to\xi$時，$f(x)$所趨之c無須與「在ξ上之$f(x)$之值」發生何種關係。今設一例以明之如下：

設$f(x)$對於每壹 x 皆有一相應值，其定義爲：凡 x 爲無理數時，皆令$f(x)=0$；又凡x爲有理數$\frac{p}{q}$ $(q>0)$時，令 $f(x)=\frac{1}{q}$ （$\frac{p}{q}$爲約盡分數）。例如 $f\left(\frac{3}{4}\right)=\frac{1}{4}$，$f(0)=f\left(\frac{0}{1}\right)=1$，$f(\sqrt{2})=0$.

由是，無論ξ爲何數，皆

$$\lim_{x\to\xi} f(x)=0.$$

其理如下：若 ε 爲任意取定之一正數，及m爲其大能使$\frac{1}{m}<\varepsilon$之正整數。如是，則節 $\xi-1\cdots\xi+1$ 中之「有理點之其分母$\leqq m$者」至多只有「有窮個」。** 設以此類有理點記於節 $\xi-1\cdots\xi+1$ 中。既此節中只有有窮個此類有理點，則必能在此類有理點中覓出與ξ最近之一點（如ξ之本身亦爲此類有理點之一，此一點當然除去不算）。設名此點爲p.若δ爲p與ξ之(正)距離，則凡x之合於

---

11. 就此三種之第一種言，謂之$f(x)$趨於或斂於c.就其第二或三種言，謂之 $f(x)$趨於（或定散於）$+\infty$或$-\infty$。就此三種全體言，謂之$f(x)$有定態，或謂之有廣義極限．若$f(x)$無此三種狀態之一，謂之$x\to\xi$(或$\to\xi+0$,或$\to\xi-0$,或$\to+\infty$,或$\to-\infty$)時，$f(x)$爲無定發散(即無極限)。

*附註　此類極限定義，通行初高等微積分皆無嚴密之說明，讀者應參觀 Pierpont 實函數論第一册。又凡本章所言定義定理皆應參觀此書。否則但讀過今日學校所謂初高等微積分者，恐於此仍難澈底明白。因本章限於篇幅說得太簡，不能盡爲作註，只得提出此書備讀者參觀耳。

**附註　此處原文不清楚，故改之使讀者易明。例如ξ爲2,m爲4,則節$2-1\cdots2+1$中之有理點其分母$\leqq4$者爲 $2+\frac{1}{1}$, $2+\frac{1}{2}$, $2+\frac{1}{3}$, $2+\frac{2}{3}$, $2+\frac{1}{4}$, $2+\frac{3}{4}$, $1+\frac{0}{1}$, $1+\frac{1}{1}$, $1+\frac{1}{2}$, $1+\frac{1}{3}$, $1+\frac{2}{3}$, $1+\frac{1}{4}$, $1+\frac{3}{4}$，即 $\frac{3}{1}$，$\frac{5}{2}$，$\frac{7}{3}$，$\frac{8}{3}$，$\frac{9}{4}$，$\frac{11}{4}$，$\frac{1}{1}$，$\frac{2}{1}$，$\frac{3}{2}$，$\frac{4}{3}$，$\frac{5}{3}$，$\frac{5}{4}$，$\frac{7}{4}$十三個，又上已假定分母q爲正，及$\frac{p}{q}$爲約盡分數。此處對於分母不必再說明其爲最小及正等。

又有理點之分母$\leqq m$者，若不加以須在節$\xi-1\cdots\xi+1$中之限制，則如上令$m=4$時，3雖小於4,而以3爲分母之有理點已有無窮個，即$\frac{1}{3}$，$\frac{2}{3}$，$\frac{4}{3}$，$\frac{5}{3}$，$\frac{7}{3}$，$\frac{10}{3}$，…不能云至多只有「有窮個」。從以上云云及原文對照自知原文非改不可。

$$0<|x-\xi|<\delta^{\dagger}$$

者或爲無理數，或爲有理數之其分母$q>m$者。就前者言皆$f(x)=0$,就後者言皆$f(x)=\frac{1}{q}<\frac{1}{m}$

$<\varepsilon$.故凡x合於$0<|x-\xi|<\delta$時，皆能

$$|f(x)-0|<\varepsilon.$$

卽

$$\lim_{x\to\xi} f(x)=0.$$

故若ξ爲某一有理數，此極限(卽0)與$f(\xi)$之本值絕不相同。

凡須用極限之計算，可應用下述諸定理：

定理1. 設$f_1(x), f_2(x), \cdots f_p(x)$爲已知函數（$p$爲確定之正整數）. 若此各函數，對於$x$之同一變動（如定義5$a$中所言者，卽$x\to\xi$之類），各趨於一有窮極限例如$f_1(x)\to c_1, \cdots f_p(x)\to c_p$，則

(*a*) 此諸函數之和所成之函數

$$f(x)=[f_1(x)+f_2(x)+\cdots+f_p(x)]\to c_1+c_2+\cdots+c_p;$$

(*b*) 此諸函數之積所成之函數

$$f(x)=[f_1(x)\cdot f_2(x)\cdots f_p(x)]\to c_1c_2\cdots c_p;$$

(*c*) 其特例，$af_1(x)\to ac_1$($a=$任意一數)，及$[f_1(x)-f_2(x)]\to c_1-c_2$;

(*d*) 若 $c_1\neq 0$，則$\frac{1}{f_1(x)}\to\frac{1}{c_1}$.

定理2. 若$\lim_{x\to\xi} f(x)=c(\neq\pm\infty)$，則$f(x)$在$\xi$之鄰近中有界；卽必有兩正數$K$及$\delta$能使

$$|x-\xi|<\delta \text{ 時 } |f(x)|<K,$$

又在 $x\to\xi+0$, $\xi-0$, $+\infty$, $-\infty$ 時，若$\lim f(x)$爲有窮，則其類此之定理亦各能成立。

定義6(在一點上連續). 設ξ爲$f(x)$之定義節中一點.若

---

† 附註. 此$0<|x-\xi|<\delta$乃代表

$$|x-\xi|<\delta \text{ 及 } x\neq\xi$$

兩式者。其左邊之「$0<$」，卽限制x使不能$=\xi$。尋常書中但寫$|x-\xi|<\delta$而又不加$x\neq\xi$，實是一種錯誤。須注意。

$$\lim_{x\to\xi} f(x)$$

存在且與「在此函數在ξ上之值$f(\xi)$」相等，即

$$\lim_{x\to\xi} f(x)=f(\xi),$$

則謂$f(x)$在ξ上**連續**.

若以極限之定義包括在此新定義中，則得：

定義6a. 若對於定義節中「每一諸x_n之敍列之趨於ξ者」，其函數之相應諸值

$$y_n=f(x_n)\to f(\xi),$$

則謂$f(x)$在點ξ上**連續**.

定義6b. 若先任意擇定壹$\varepsilon>0$時，必能再覓得壹$\delta=\delta(\varepsilon)>0$使對於「每一定義節中$x$之合於

$$0<|x-\xi|<\delta^*$$

者」，皆能

$$|f(x)-f(\xi)|<\varepsilon,$$

則謂$f(x)$在點ξ上**連續**.

定義7(右連續及左連續). 若$x\to\xi+0$時$\lim f(x)$存在且等於$f(\xi)$，則謂$f(x)$在ξ上**右連續**.又若$x\to\xi-0$時$\lim f(x)$存在且等於$f(\xi)$，則謂$f(x)$在ξ上**左連續**.

與定理1相應之定理爲：

定理3 設$f_1(x)$，$f_2(x)\cdots$，$f_p(x)$爲已知函數(p爲確定之正整數).若此諸函數皆在ξ上連續，則諸函數

---

*附註 原文如此。但其左邊之「0＜」應删。至他處原書刊誤，譯時隨手爲之改正，而於此特加附註者，因原文上有「若以極限之定義包括在此新定義中…」耳。因此而有此「0＜」，雖不能謂之錯。但實不必如此。因連續之定義屬於6b式者實不必有此「0＜」也。極限定義4之(b)式中必須作

$$|x-\xi|<\delta\ (\text{但}\ x\neq\xi)$$

或

$$0<|x-\xi|<\delta$$

者，因欲明

$$|f(x)-c|<\varepsilon$$

中之c不必$=f(\xi)$且意在令人注意此定義中應絕不管$f(\xi)$爲何數耳。至連續之定義既與$f(\xi)$有關，實無$x\neq\xi$之必要。故以去此「0＜」爲宜。

(a)　$f_1(x)+f_2(x)+\cdots+f_p(x)$，

(b)　$f_1(x)\cdot f_2(x)\cdots f_p(x)$，

(c)　$af_1(x)$，(a=任意一數)，$f_1(x)-f_2(x)$，

(d)　$\dfrac{1}{f_1(x)}$，設$f_1(\xi)\neq 0$

皆在ξ上連續．上言之連續僅爲右連續或左連續時，其相類之定理亦各能成立．

$f(x)\equiv x$爲處處連續之函數（因$x\to\xi$時$f(x)\equiv x$自必亦$\to\xi$）．以此定理重複應用於此函數，卽可推得：

凡有理函數(rational function)，除在能使其分母爲0之點（此種點至多有窮個）上外，皆處處連續．其特例，凡有理整函數則無處不連續．

同理，從極限關係式**42**，1－3可知：

a^x，($a>0$)，對於各x皆連續，

$\log x$對於各$x>0$皆連續，

x^α，(α=任意數)，對於各$x>0$皆連續．

定義8（**在一節中連續**）．　若一函數在一節J中之各點上皆連續，則謂此函數在**此節中連續**．至J之端點，可各照其情形算入或不算入此節中．凡函數之在一閉節(closed interval)中連續者，有與之相關之一組重要定理，今述其中若干條於下：

定理4．　若$f(x)$在閉節$a\leqq x\leqq b$中連續，且$f(a)>0$及$f(b)<0$，則在a及b間（卽在此節內）至少有一點ξ能使$f(\xi)=0$．

定理4a．　若$f(x)$在閉節$a\leqq x\leqq b$中連續，及η爲$f(a)$及$f(b)$間任意一數，則在a及b間至少有一數ξ能使$f(\xi)=\eta$．卽方程式$f(\xi)=\eta$在此節中至少有一解．

今再以「$\lim\limits_{x\to\xi} f(x)$存在之必要及充分條件」及「$f(x)$在$a$上連續之必要及充分條件」列舉於下。一經比較卽可知此「$0<$」之宜刪：

$\lim\limits_{x\to\xi} f(x)$存在之必要及充分條件爲：對於每壹$\varepsilon>0$，必有一$\xi$之鄰近，能使$x_1$及$x_2$爲此鄰近中之任意兩點時皆$|f(x_1)-f(x_2)|<\varepsilon$，但$x_1$及$x_2$皆$\neq\xi$。

$f(x)$在$x=\xi$上連續之充分及必要件爲：在上條中除去「但x_1及$x_2\neq\xi$」六字外，餘均與上條同。

兩條件所差僅此六字，而六字中之要件又爲「$\neq\xi$」，從此更可知上定義6b中與「$\neq\xi$」同之「$0<$」以刪去爲宜。

定理5.　若$f(x)$在閉節$a\leqq x\leqq b$中連續，則任意擇定壹$\varepsilon>0$時必能常有一數$\delta>0$使「若x'及x''爲此節中任意兩點之其距離$|x''-x'|<\delta$者，則此函數之相應兩值之差$|f(x'')-f(x')|$必$<\varepsilon$.」〔「在閉節中連續之函數」所有之此種性質（卽此定理所言者）謂之此函數在此節中**均勻連續**(uniform continuity)〕.

定義9（單調）.　設函數$f(x)$定於一節$a\cdots b$中.若對於此節中任意兩點x_1及x_2之$x_1<x_2$者常$f(x_1)\leqq f(x_2)$或$f(x_1)\geqq f(x_2)$，則謂之此函數爲**單調升**或**單調降**.當此後兩不等式中除去等號後，亦能成立時，謂之此兩函數爲**純升**或**純降**.

定理6.　若定理4及4a中之函數$f(x)$在節$a\cdots b$中爲**純升或純降**，則此兩定理中之點ξ只能各爲惟一之點.故在此種情形之下，與「$f(a)$及$f(b)$間之各η」相應之「能使$f(\xi)=\eta$之ξ」必有一個且只有一個.在此種情形之下，謂之「$y=f(x)$**之反函數**」在**此節中處處存在且爲一值**〔或謂之$y=f(x)$爲**可反**(reversible)〕.

10（可微分）.　設函數$f(x)$定在點ξ上及ξ之某鄰近中，若極限

$$\lim_{x\to\xi}\frac{f(x)-f(\xi)}{x-\xi}$$

存在，則謂之此函數在ξ上**可微分**(differentiable)，略稱可微.此極限之値謂之$f(x)$在ξ上之**微係數**(differential coefficient)，以$f'(\xi)$表之.若此極限僅在左或右（卽僅在$x\to\xi-0$或$x\to\xi+0$時）存在，則以上之名稱依次改爲**左可微**或**右可微**，及**左微係數**或**右微係數**.

若一函數在一節J中之各點上皆爲可微，則爲簡便計謂之此函數**在此節中爲可微**.

微分「有窮個函數之和或積，兩函數之差或商，及函數之函數」之規則，及微分「基礎函數，及若干基礎函數合成之函數」之規則，皆作爲讀者已經知道。

下**112**中以極直接之方法決定之極限。如現在作爲已經知道而應用之，則構成此類微分規則所需之方法，只須從上述之定義定理已可悉將推出。例如欲知a^x($a>0$及$\neq1$)是否可微；如爲可微，則其在點ξ上之微係數爲何數。則從定義10及4，先任擇*一空列(x_n)之其中諸項皆$\neq0$者，及再考察諸數

$$X_n=\frac{a^{\xi+x_n}-a^{\xi}}{x_n}=a^{\xi}\cdot\frac{a^{x_n}-1}{x_n}$$

---

*附註　注意此「任擇」二字及上定義4之(α)。必任意擇定之此種(x_n)皆如以下云云能使$X_n\to a^{\xi}\cdot\log a$，方能云$a^x$在$\xi$上爲可微。參觀上定義4，($\alpha$)之附註及定義10。

所成之斂列。若令 $y_n=a^{x_n}-1$，則從**35**，3可知(y_n)亦爲空列，且其中之項無一等於0。於是X_n可寫作

$$X_n=a^{\xi}\cdot\frac{y_n\cdot\log a}{\log(1+y_n)}.$$

(y_n)爲如上所言之空列，則從**112**得

$$\frac{\log(1+y_n)}{y_n}\to 1.$$

又從**41**，11a可知

$$\frac{y_n}{\log(1+y_n)}\to 1,$$

故必$X_n\to a^{\xi}\log a$。如是，則函數a^x對於各x皆可微分而其微係數爲$a^x\cdot\log a$。

同法，欲知$\log x$在$\xi>0$上是否可微及其微係數爲何數，可就

$$X_n=\frac{\log(\xi+x_n)-\log\xi}{x_n}=\frac{\log\left(1+\frac{x_n}{\xi}\right)}{x_n}=\frac{1}{\xi}\cdot\log\left(1+\frac{x_n}{\xi}\right)^{\frac{\xi}{x_n}}$$

考察之，祇如上例求得此微係數爲$\frac{1}{\xi}$。

可微函數之性質爲目前所需要者，但述下列諸簡單定理，已經足用.

定理7. 若函數$f(x)$在一節J中爲可微及其微係數常等於0，則此$f(x)$在此J中爲常數；卽$f(x)\equiv f(x_0)$，此x_0爲J中之任一點.

若兩函數$f_1(x)$及$f_2(x)$皆在節J中爲可微，且其微係數在J中常相等，則此兩函數之差在J中爲常數；因此得

$$f_2(x)=f_1(x)+c=f_1(x)+[f_2(x_0)-f_1(x_0)],$$

此x_0爲J中任一點.

定理8. （**微分中第一均値定理**）. 若$f(x)$在閉節$a\leqq x\leqq b$中連續，且至少在開節$a<x<b$中爲可微，則在此開節中至少有一點ξ能使

$$f'(\xi)=\frac{f(b)-f(a)}{b-a}.$$

（簡言之，卽「關於此閉節兩端點之有窮差商」等於「此節內一適當點上之微係數」.）

定理9. 若$f(x)$在ξ上爲可微，且$f'(\xi)>0$（或<0），則$f(x)$在ξ上升（或降），卽：

在$|x-\xi|$小於一適當數δ時，

$f(x)-f(\xi)$與$(x-\xi)$爲同號(或異號).

定理10. 設$f(x)$在ξ上爲可微.若非$f'(\xi)=0$,則$f(\xi)$不能在「形式爲$|x-\xi|<\delta$之ξ之隣近」中$\geqq f(x)$之其他一切值;卽若非$f(\xi)=0$,則ξ不能爲$f(x)$在此鄰近中之極大點(maximum point);亦卽$f'(\xi)=0$爲「ξ爲極大點之必要條件」.同理,$f'(\xi)=0$爲「ξ爲極小點之必要條件」(設有壹ξ之隣近,凡x在其中時,$f(\xi)$不比$f(x)$之其他一切値皆大,則謂ξ爲此隣近中$f(x)$之極小點;又若$f(\xi)$在ξ之某鄰近中不比$f(x)$之其他一切値皆小,則謂ξ爲此隣近中$f(x)$之極大點).

定義11(高階微係數). 若$f(x)$在節J中爲可微,則(照定義1)$f'(x)$仍爲此J中所定之函數.* 若此函數在此J中仍爲可微,則其微係數謂之$f(x)$在此J中之第二階微係數,以$f''(x)$表之.$f(x)$之第三,第四…階微係數之意義可照此類推;$f(x)$之第k階微係數以$f^{(k)}(x)$表之.** 故(照定義10)必先$f(x)$之第$(k-1)$階微係數在ξ及「ξ之某隣近中各點」上皆存在,而後$f(x)$之第k階微係數在ξ上方能存在.$f^{(k)}(x)$之第l階微係數爲$f^{(k+l)}(x)$,$k\geqq 0$,$l\geqq 0$(並可以$f(x)$之本身爲$f(x)$之第0階微係數).

積分中之觀念及定理爲以後需用者,除關於Fourier級數之兩章須較深之材料外,餘頗簡易.

定義12(不定積分). 若$f(x)$爲定在節$a\cdots b$中之函數,又若有一可微函數$F(x)$能在此節中一切點上皆$F'(x)=f(x)$,則謂$F(x)$爲「此節中$f(x)$之**不定積分**(indefinite integral)」.又$F(x)$外,諸函數$F(x)+c$亦皆爲「此節中$f(x)$之不定積分」(此c爲任意常數).但此外再無$f(x)$之他種不定積分.此可寫作

$$F(x)=\int f(x)\,dx.$$

不定積分之最簡單者,皆可從微分中初等公式反求而得。例如從$(\sin\alpha x)'=\alpha\cos\alpha x$可得$\int\cos\alpha x\,dx=\frac{\sin\alpha x}{\alpha}$。此類初等規則假定讀者已經盡知。此類特種積分,除極簡者外,以下用處極

---

* 謂之$f(x)$導出函數(derived function)。

**附註　照上註*,$f(x)$之第二,三,四,…階微係數宜謂之第二,三,四,…導出函數。注意$f'(x)$,$f''(x)$,$f'''(x)\cdots f^{(k)}(x)$皆是函數而非專爲一數。

以下凡言「$f(x)$在節$a\cdots b$中之微係數$f'(x)$」或簡爲「$f(x)$之微係數$f'(x)$」時,$f'(x)$爲一函數。凡言「$f(x)$在點ξ上之微係數$f'(\xi)$」時,$f'(\xi)$爲一數卽定義10所定之一種極限値。

少；茲略述數種於下以備後用：

$$\int \frac{dx}{1+x^3}=\frac{1}{3}\log(1+x)-\frac{1}{6}\log(1-x+x^2)+\frac{1}{\sqrt{3}}\tan^{-1}\frac{2x-1}{\sqrt{3}},$$

$$\int \frac{dx}{1+x^4}=\frac{\sqrt{2}}{8}\log\frac{x^2+x\sqrt{2}+1}{x^2-x\sqrt{2}+1}+\frac{\sqrt{2}}{4}\tan^{-1}\frac{x\sqrt{2}}{1-x^2},$$

$$\int\left[\cot x-\frac{1}{x}\right]dx=\log\frac{\sin x}{x}.$$

不定積分雖不過為微分公式之一種新寫法，但定積分實紹介一種重要新觀念.

定義13(定積分). 設函數 $f(x)$ 定於一閉節 $a\cdots b$ 中，且在此節中為有界．若此 $f(x)$ 合於下之條件，則謂 $f(x)$ 在此節上為可積(integrable over this interval):

將此節任意分為 n 個相等或不相等之部分（n 為 $\geqq 1$ 之正整數)，及以 $x_1, x_2, \cdots, x_{n-1}$ 表 $a=x_0$ 及 $b=x_n$ 間之分點．再在此 n 個部分之各部分（兩端點在內）中，任意各取一點，按其所在部分之次序以 $\xi_1, \xi_2, \cdots, \xi_n$ 表之．於是作成下和：

$$S_n=\sum_{\nu=1}^{n}(x_\nu-x_{\nu-1})f(\xi_\nu).^{(12)}$$

設按 $n=1,2,3,\cdots$ 作成如此之種種 S_n，且其作法各自獨立前後無關(即 x_ν 及 ξ_ν 每次均可任意重新擇定)；但作 S_n 時，以節 $a\cdots b$ 分為 n 個部分之際，須其最長部分之長 l_n 隨 n 增而趨於0.[13]

若照上言之法，任意作成之「$S_1, S_2\cdots$ 之敘列 (S_n)」皆為收斂，且凡此類敘列皆趨於相同之極限 S；[14] 則謂之，照Riemann之意，$f(x)$ 在 $a\cdots b$ 上為可積，及此極限謂之 $f(x)$ 在 $a\cdots b$ 上之定積分，以

$$S=\int_a^b f(x)\,dx$$

12. 若 $f(x)>0, a<b$，而討論「x 軸及其 a, b 上兩垂線井曲線 $y=f(x)$ 所圍之一部分平面 S」，則 S_n 為「S 之面積」之一個遞近值．但必 $y=f(x)$ 為一直覺曲線(curve in the intuitive sense)時，此種遞近值始能為滿意之表示．

13. 此亦可云：n 無窮增大時，此 n 個部分互相無窮接近．

14. 此易證明：若各敘列 (S_n) 常為收斂亦必常趨於相同之極限．

表之．x謂之積分之變數，自可將其改寫爲他種字母．又作S_n時，可以「節$x_{\nu-1}\cdots x_\nu$中$f(x)$之一切值之上境界或下境界」代替$f(\xi_\nu)$．[15]

定理11(Riemann氏可積審查法)． 設一函數$f(x)$定於閉節$a\cdots b$中，且在此節中爲有界．則此函數在此閉節上爲可積之必要及充分條件爲：

先任意取定壹$\varepsilon>0$，則必能再覓得壹n及諸點$x_1, x_2, \cdots, x_{n-1}$使

$$\sum_{\nu=1}^{n} i_\nu \sigma_\nu < \varepsilon,$$

此$i_\nu=|x_\nu-x_{\nu-1}|$爲$a\cdots b$之第ν部分之長，及σ_ν爲此子節中$f(x)$之消長度(參觀定義3)．

從此審查法可得以下諸定理：

定理12．凡函數之在$a\leqq x\leqq b$中爲單調者，及凡函數之在$a\leqq x\leqq b$中連續者，皆在$a\cdots b$上爲可積．

定理13． 若函數$f(x)$在$a\cdots b$中有界及只有「有窮個不連續點」，則此函數在$a\cdots b$上爲可積．

Riemann 氏可積審查法亦可改爲下之形式：

定理14． 若(惟)函數$f(x)$在$a\cdots b$中爲有界及任取定壹$\varepsilon>0$時，凡$a\cdots b$中此$f(x)$之不連續點(無論爲有窮個或無窮個)常能圍於「總長小於ε之有窮個或無窮個節」中，則此$f(x)$在此$a\cdots b$上爲可積．即$f(x)$在$a\cdots b$上爲可積之必要及充分條件爲：

(1) $f(x)$在$a\cdots b$中爲有界．

(2) 任取定壹$\varepsilon>0$時，凡$a\cdots b$中$f(x)$之不連續點(無論爲有窮個或無窮個)皆能圍於「有窮個或無窮個小節之其總長小於ε者」之中．[16]

定理15． 若$f(x)$在$a\cdots b$中一切點上皆不連續，則$f(x)$不能在$a\cdots b$上爲可積．

15. $f(\xi_\nu)$爲此處所云之上境界，則S_n爲S之外切多邊形之面積；$f(\xi_\nu)$爲此處所云之下境界，則S_n爲S之內接多邊形之面積．

16. 其須以無窮個小節圍$f(x)$之不連續點者，此定理之證明須用較深之方法。此定理之此一部分僅偶用之，195之末註中有一補充註釋。

定理16. 若$f(x)$在$a\cdots b$上爲可積，則$f(x)$在$a\cdots b$之任何子節$a'\cdots b'$上亦爲可積.

定理17. 若$f(x)$在$a\cdots b$上爲可積，則$f_1(x)$在$a\cdots b$上亦爲可積，且

$$\int_a^b f_1(x)\,dx=\int_a^b f(x)\,dx;$$

此$f_1(x)$爲將$f(x)$之值（在$a\cdots b$中者）任意換去有窮個後（其餘照舊）之結果.即若$f(x)$及$f_1(x)$在$a\cdots b$中有有窮個值不同而其餘盡同，則如$f(x)$在$a\cdots b$上可積時$f_1(x)$在$a\cdots b$上亦爲可積，且此兩函數之積分相同.

定理18. 若$f(x)$及$f_1(x)$皆在$a\cdots b$上爲可積，* 則此兩函數至少在「$a\cdots b$中處處稠密之點組(例如$a\cdots b$中之一切有理點)」上皆相等時始有相同之積分.

關於積分之計算，可應用下列諸簡單定理，其中$f(x)$皆假定其在節$a\cdots b$上爲可積者:

定理19. $\int_a^b f(x)\,dx=-\int_b^a f(x)\,dx$. 又若$a_1,a_2,a_3$爲節$a\cdots b$中任意三點，則

$$\int_{a_1}^{a_2} f(x)\,dx+\int_{a_2}^{a_3} f(x)\,dx+\int_{a_3}^{a_1} f(x)\,dx=0.$$

定理20. 若$f(x)$及$g(x)$兩函數皆在$a\cdots b\,(a<b)$中爲可積及在$a\cdots b$中常$f(x)\leqq g(x)$，則

$$\int_a^b f(x)\,dx\leqq\int_a^b g(x)\,dx.$$

定理20a. $|f(x)|$與$f(x)$同爲可積;** 又若$a<b$則

$$\left|\int_a^b f(x)\,dx\right|\leqq\int_a^b |f(x)|\,dx.$$

---

*附註. 此$f(x)$與$f_1(x)$之關係與定理17中所言者相類似.即$f(x)$及$f_1(x)$在$a\cdots b$中雖不全等(而在$a\cdots b$上皆爲可積)，只要能在$a\cdots b$中處處稠密之點組上相等即能有相同之積分.

**附註. 上已假定此$f(x)$在$a\cdots b$中爲可積.

定理21.（積分中第一均值定理.） 設$a\cdots b$中$f(x)$之下境界爲m及上境界爲M，則必有一合於$m\leqq\mu\leqq M$之μ能使

$$\int_a^b f(x)dx=\mu\cdot(b-a).$$

其特例，若K爲$a\cdots b$中$|f(x)|$之上界，則

$$\left|\int_a^b f(x)dx\right|\leqq K\cdot(b-a).$$

定理22. 若諸函數$f_1(x),f_2(x),\cdots,f_p(x)$皆在$a\cdots b$上爲可積（$p$=定正整數），則其和及積亦均爲可積.其和之積分之公式爲

$$\int_a^b(f_1(x)+\cdots+f_p(x))dx=\int_a^b f_1(x)dx+\cdots+\int_a^b f_p(x)dx.$$

即有窮個可積函數之和可分項求其積分.

定理22a. 若$f(x)$在$a\cdots b$上爲可積及$a\cdots b$中$f(x)$之下境界>0或上境界<0，則$\frac{1}{f(x)}$在$a\cdots b$上亦爲可積.

定理23. 若$f(x)$在$a\cdots b$上爲可積，則函數

$$F(x)=\int_a^x f(t)dt$$

在此$a\cdots b$中爲連續；且凡$a\cdots b$中點之$f(x)$在其上連續者，$F(x)$必在其上爲可微.又若x_0爲如此之一點，則$F'(x_0)=f(x_0)$.

定理24. 若$f(x)$在節$a\cdots b$上爲可積及$F(x)$爲$f(x)$在此節中之不定積分，則

$$\int_a^b f(x)dx=F(b)-F(a)$$

（此爲求定積分之主要公式）.

定理25（積分變數之變換）. 若$f(x)$在$a\cdots b$上爲可積，及$x=\varphi(t)$在$\alpha\cdots\beta$中爲可微而$\varphi(\alpha)=a$及$\varphi(\beta)=b$；又若t從α變至β時，$\varphi(t)$從a變至b之情形爲純升或純

降；又若$\varphi(t)$之微係數$\varphi'(t)$在$\alpha\cdots\beta$上為可積；[17] 則

$$\int_a^b f(x)dx=\int_\alpha^\beta f[\varphi(t)]\cdot\varphi'(t)dt.$$

定理26（分部積分）． 若$f(x)$在$a\cdots b$上為可積，及$F(x)$為$f(x)$之不定積分；又若$g(x)$為$a\cdots b$中之可微函數，且其微係數在$a\cdots b$上為可積，則

$$\int_a^b f(x)g(x)dx=[F(x)\cdot g(x)]_a^b-\int_a^b F(x)\cdot g'(x)dx.^{(18)}$$

下定理較上述諸簡理稍深入：

定理27（積分中第二均值定理）． 若$f(x)$及$\varphi(x)$在節$a\cdots b$上為可積及$\varphi(x)$在此節中為單調，則必有一合於$a\leqq\xi\leqq b$之ξ，能使

$$\int_a^b \varphi(x)\cdot f(x)dx=\varphi(a)\int_a^\xi f(x)dx+\varphi(b)\int_\xi^b f(x)dx.$$

又令$\varphi_a=\lim\limits_{x\to a}\varphi(x)$則可以此極限$\varphi_a$代$\varphi(a)$；同理，可以$\varphi_b=\lim\limits_{x\to b}\varphi(x)$代$\varphi(b)$（在此定理之假設之下，此兩極限當然存在）．[19]

積分觀念之應用，今但述其兩種於下：

定理28（面積）． 若$f(x)$在節$a\cdots b(a<0)$上為可積，且在此節中常為正，[20] 則x軸及「其a及b上之兩縱標」及曲線$y=f(x)$所圍平面之部分〔更細言之，即凡「x合於$a\leqq x\leqq b$及y在此各x上合於$0\leqq y\leqq f(x)$」之一切點(x,y)所成之點集〕有一可量面積(measurable area)，而其量數(measure)為$\int_a^b f(x)dx$.

17. 可微函數之導出函數未必為可積．惟此種實例之作成不甚容易（參觀H. Lebesgue, Lecons sur l'intégration, Paris 1904, pp. 93-94）．

18. $[h(x)]_a^b$為差$h(b)-h(a)$之記號．

19. 因x應從節$a\cdots b$之內部趨於a或b，此處兩極限自必為一方面之極限．即此$\lim\limits_{x\to a}\varphi(x)$為$\lim\limits_{x\to a+0}\varphi(x)$，$\lim\limits_{x\to b}\varphi(x)$為$\lim\limits_{x\to b-0}\varphi(x)$．

20. 倘$f(x)$在$a\cdots b$中不常為正，只須加一適宜常數c使之為正後再用適當之法處理之．

定理29(長). 若$x=\varphi(t)$及$y=\psi(t)$皆在$\alpha\leqq t\leqq\beta$中爲可微，並$\varphi'(t)$及$\psi'(t)$皆在$\alpha\cdots\beta$中爲連續，則t由α至β時點$x=\varphi(t)$，$y=\psi(t)$在「直交軸$0x$，$0y$之平面」中畫成之曲線有一可量長(measurable lenth)而其量數爲

$$\int_{\alpha}^{\beta}\sqrt{\varphi'(t)^2+\psi'(t)^2}\,dt.$$

最後就非正義積分(improper integrals)再略述數語：

定義14. 若$f(t)$定於$t\geqq a$，且對於每壹x皆在$a\leqq t\leqq x$上爲可積，於是函數

$$F(x)=\int_{a}^{x}f(t)\,dt$$

亦定於每壹$x\geqq a$；如是，則$\lim\limits_{x\to\infty}F(x)$存在及$=c$時，稱非正義積分

$$\int_{a}^{+\infty}f(t)\,dt$$

爲收斂及其値爲c.

定理30. 若$t\geqq a$時，$f(t)$常>0，或常<0，則$\int_{a}^{\infty}f(t)\,dt$爲收斂之必要及充分條件爲：定義14所定之$F(x)$在$x>a$時爲有界．若$t\geqq a$時，$f(t)$可有兩種符號，*則此積分爲收斂之必要及充分條件爲：先任意取定壹$\varepsilon>0$時，必能再覓得壹$x_0>a$使

$$\left|\int_{x'}^{x''}f(t)\,dt\right|<\varepsilon$$

對於$>x_0$之任意x'及x''皆能成立.

下爲與此相類之定義及定理：

定義15. 若$f(t)$定於左邊開之節$a<t\leqq b$中，且對於$a<x<b$中各x皆在節$x\leqq t\leqq b$上爲可積(但不在全節$a\cdots b$上爲可積)，於是函數

*附註．即有時正有時負．

$$F(x)=\int_x^b f(t)\,dt$$

亦定於此種各x；如是，則$\lim\limits_{x\to a+0}F(x)$存在而$=c$時，稱非正義積分（在$a$上非正義）

$$\int_a^b f(t)\,dt$$

爲收斂及其值爲c.

定理31. 若在定義15中，再假定處處$f(t)\geqq 0$或處處$f(t)\leqq 0$，則其非正義積分存在之必要及充分條件爲：$F(x)$在$a<x\leqq b$中爲有界. 又若$f(t)$可有兩種符號，則此積分存在之必要及充分條件爲：先任意取定壹$\varepsilon>0$時必能再覓得壹$\delta>0$使

$$\left|\int_{x'}^{x''} f(t)\,dt\right|<\varepsilon$$

對於「a（不在內）及$a+\delta$中之任意x'及x''」皆能成立.

表面能（Surface Energy）

范 棠

一 緒言

普通恆以泡沫（*foam*），霧雾（*fog*），乳膠（*emulsion*）及懸膠（*suspension*）爲膠體化學研究之對象，而統稱爲膠體（*colloid*）。初視之，吾人或將疑其幾如風馬牛之各不相關，安得併爲一談，蓋此等體系，或固體，或液體，或氣體，相互間之關係未嘗明顯。初學膠體化學者，類有如是感想。但吾人設捨其形態而自其表面之多寡一方面着想，則上述諸體系，亦未嘗不可歸入一類，蓋不論其爲固體，爲液體，爲氣體，其富有極多之表面則一。然則吾人苟稱膠體化學爲表面化學，亦未始不可。

固體或液體分裂至極細狀態而仍能保持其表面者，卽有形成膠體之可能。膠體擁有極大之表面，爲其各種特性之基本原因。溶液中，雖固體或液體分裂極細，達分子狀態，但因斯時已失其表面，形成單相體系（*Homogenlous System*），故其性狀乃與膠體逈異。然則表面之影響旣若此，其故安在？曰，任何表面均有表面能，表面大，則表面能亦大，呈極大表面之物體，乃因是而更形活潑焉。

表面能爲位能（*Potential energy*）之一種，物理化學上更視之爲自由能，故亦稱表面自由能（*Free surface energy*）。其單位爲爾格每平方公分（erg/cm^2）。表面能與其他功能相同，亦可分爲二個因數（註一），其强度因數爲表面張力（單位 $dyne/cm$），其容量因數爲面積(單位 cm^2)。

二 表面能之存在

間隔兩相(*Phase*)之界限,謂之交界面(*Interface*),或簡稱表面。平衡系中之相,卽以表面之存在與否而確定。如包含氣體與液體兩相之體系,卽有液一氣表面之存在,包含固體,液體與氣體三相之體系,卽有固一液,固一氣,與液一氣表面之存在。玆試錄交界面之種類如次:

(甲)液體與氣體間之交界面,簡稱液體之表面,

(乙)液體與液體間之交界面,簡稱液一液表面,

(丙)固體與氣體間之交界面,簡稱固體之表面,

(丁)固體與液體間之交界面,簡稱固一液表面,

(戊)固體與固體間之交界面,簡稱固一固表面。

表面之生成,由於分子間之吸引力,卽內聚力(*Cohesive force*)及附着力(*Adhesive force*)是;前者爲同質分間之吸引力,後者爲異質分子間之吸引力。包含兩相之體系,內中必有一相之內聚力,大於兩相間之附着力,始能形成表面。如水與空氣,因水之內聚力大於水與空氣間之附着力,故能生成表面;否則兩者將相互吸引,形成單相溶液,而失去其表面。氣體分子間相距較遠,跳躍厲害,幾無吸引力可言,故任何氣體之混合體,均能組成均一之溶液,無表面存在。

任何表面於一定狀態下,均有一定之表面能,其大小則因組成表面兩相之性質而異,卽可視其分子間吸引力之相互關係而定。玆將各種表面間之表面能,分述如下:

(甲)液體與氣體間之表面能　液體表面上之分子,一方受外界氣體分子之吸引(附着);一方受內部同類分子之牽引(內聚),因後者恆大於前者,故呈不平衡狀態,而生表面張力。表面張力恆以每單位長度所呈之拉力表示之,如 20°C 時水於空氣中之表面

張力爲 72.8 *dynes/cm*。假擬將水面上一公分長之線條沿其表面移動一公分,結果即生成一平方公分之表面,所費功能爲 72.8 *erg*,故液體之表面能,其數值即等於其表面張力,如水於空氣中之表面能在 20°*C* 時爲每平方公分 72.8 *erg*.液體於空氣中之表面張力,可自毛細管現象或細滴之大小形狀測定之.茲從略。

不同之液體具不同之表面張力或表面能。而同一液體之表面能亦可因他種溶質之存在而變異。液體於空氣中之表面能,恆因溫度增高而降低。各種液體於同溫度下之表面能,則恆與其沸點成正比例。液體於其蒸汽中之表面能,視蒸汽壓力大小而異,溫度增高,蒸汽壓愈大,則表面能愈低,待達臨界狀態(*Critical point*)時,則液體與氣體間之界面消失,表面能乃等於零。茲錄數種液體於空氣中之表面能如下(20°*C*):

液體	表面能(erg/cm^2)
水銀	520
水	72.8
甘油	62
橄欖油	34.7
二硫化碳	30.5
松節油	28.8
苯	28.8
石油	25.9
乙醇	21.7
乙醚	18.4

同一液體之表面相接時,表面能變成零,所作功能,即等於一表面所有能之兩倍,稱爲內聚功(*Work of cohesion*),如水滴於 20°*C* 接合時,每平方公分之表面,可生 145.6 *erg* 之功。故表面能愈大,細滴愈易聚合,所呈表面可愈趨減小,易言之即內聚力愈大,分裂愈難也。

兩不同而能互溶之液體,接觸時,表面盡失,所生之附着功,即等於其表面能之總和。但兩種不能互溶之液體接觸時,生成交界面,故仍保有一部分之表面能。

（乙）液體與液體間之表面能　水與油類,不能互溶,雖混和後,仍不能成均勻之溶液,表面依然存在。此種現象,乃因水與油類間之附着力小於水或油類本身之內聚力所致。設水之內聚力較大,則其表面恆凸起。液體間之界面張力,可依哈金斯之細滴法測定之(*Harkins'drop-Volume Weight method* 註二),茲從略。普通液體間之界面能,舉例如下:

相接液體	界面能 (erg/cm^2)
水與水銀	375
水與石油	28.9
水與橄欖油	18.6
水與松節油	11.5
水與乙醇	(能互溶,未能測定)
水與水	

液體間之界面能,可因第三者固體之存在而變易,如水與石油之混合物中加入少許矽酸膠或活性碳,其界面能即可大爲減低。界面能愈小,則乳狀液生成愈易,且愈穩定。

（丙）固體與氣體間之表面能　固體因其分子所具動能較小,故與液體迥異。當液體冷却時,分子之動能漸次降低,待達凝固點,各原子乃依一定之次序排列,生成結晶體。結晶體表面上之原子,呈不平衡狀態,因生表面張力,與液體同。故固體之表面,亦具一定之表面能。擊碎結晶體,必費相當功能,以抵抗其內聚力。生成之表面,化學上趨於不飽和狀態,故具表面自由能,而呈活潑狀態。設將每邊一公分長之立方體,分裂成每邊半公分,則其表面可增加一倍。如更分裂使達膠體大小(每邊長約 100$m\mu$ 至 1$m\mu$),則總面積可增至十萬倍至千萬倍,計算法如下:

立方體每邊長度	每立方體之面積	立方體之數目	總面積
1 Cm	1 Cm^2	1	1 Cm^2
1/2 Cm	$(1/2)^2Cm^2$	2^3	2 Cm^2
1/10 Cm	$(1/10)^2\ Cm^2$	10^3	10 Cm^2
.. ..	.. ..	.. ..	.. ..
$10^{-5}Cm(100m\mu)$	$(10^{-5})^2Cm^2$	$(10^5)^3$	$10^5\ Cm^3$
$10^{-7}Cm(1m\mu)$	$(10^{-7})^2Cm^2$	$(10^7)^3$	$10^7\ Cm^2$

由是可知,固體分裂愈細,表面能乃愈增。膠質細粒之具有特殊性狀,即因其富有大量表面能所致。如毛織廠麵粉廠中之發生塵埃爆炸(*Dust explosion*),即因細粒之富於活潑性而起。

固體之分裂,可應用機械能完成之,由是機械能乃可轉變成表面能。所費機械能,當與生成之表面能成正比例,理論上且應相等。觀夫上述總表面之計算法,可知總表面與細粒每邊長度之倒數成正比,由是乃有李廷革氏(*Rittinger*)關於碾碎固體所費功作之定律,式如下:

$$碾碎所費機械能=K\times\left(\frac{1}{l_2}-\frac{1}{l_1}\right)。$$

式中l_1爲最初每邊之長度,l_2爲碾碎後每邊之長度;K爲常數,視固體之硬度及其他性質而定。蓋硬度愈高,分子間結合愈堅,表面能亦愈大,故與所費動能成正比。由是以觀,則李氏定律實與表面能說素相符。

固體之表面能測定頗難,雖可應用李氏定律由實地試驗計算之,但因內中因素複雜,僅能得各種固體之比較值耳。

(丁) 固體與液體間之表面能　固體於液體間之表面能,常較其於氣體間之表面能爲低,因固體與液體間之吸引力(附着力),常較其與氣體間之吸引力爲大也。至於相差之程度,則因液體而異。設固體與液體間之吸引力大於固體自身之內聚力時,固體即行溶解,表面因以消失。固體之細粒小於萬分之一公分時,於液體中即成膠體,雖具極大之表面,因同時生成其他特性,仍不致凝聚下沉。

（戊）固體與固體間之表面能　固體與固體間亦有相當之吸引力，但欲得完密之接合，則頗非易事，因固體表面上類能吸附薄層之氣體也。如粉狀固體，細粒間實未直接接觸，而合金則已成為固體溶液，亦無界面存在。故固體與固體間之表面，實不常見，其表面能之測定亦較難。

三　表面能與平衡之關係

根據理論化學上熱力學定律，某一體系自動趨向平衡時，其自由能必行減低。易言之，卽某一體系中所有自由能愈小，則愈行穩定，自由能不變化時，卽達平衡狀態。由斯可知，任何體系中之自由能，恆自動趨達最小度。因表面能亦為自由能之一種，故與體系之平衡，頗有關係。茲試擇要舉例如次：

（甲）乳膠與乳化劑　設加苯於水中急搖之，使成一乳狀液，靜置後，苯之細滴，卽能漸次相聚，最後乃全部浮於水上，成一苯—水之交界面。苯與水之分離，由於其間表面能極大所致，苯粒乃不得不自動聚合，使交界面縮小，以減低表面能，而達穩健狀態。但設此混合液中預先加入少許油酸鈉，則急搖後生成之乳狀體，可較穩定。此時油酸鈉聚於苯—水界面上，使界面張力減低，靜置後仍不致析離。

故兩液體達於平衡狀態時，其表面能必減至最低限度；其途徑有二，一為乳濁狀細粒之聚合，以減低表面總和，卽減小其容量因數；一為交界面上吸收某種物質，使其界面張力減低，卽減小其強度因數。此類能減低液體間界面張力之物質，卽稱乳化劑。

（乙）泡沫與霧雰之穩定度　泡沫與霧雰均為富有液—氣表面之膠體，其穩定度全由表面能左右之。肥皂液表面張力極低，故易起泡沫，因生成此等表面，所費功能較少也。但自熱力學定律觀察之，則此等泡沫，究因富於表面能，猶未得稱為穩定，蓋靜置後，能自漸次合併,終於消滅,惟消滅之速度極慢云。又如啤酒含多量之二氧化碳,瓶塞啓開時,泡沫叢生,但設遇乙醚蒸汽,卽能迅速消滅。此乃由於啤酒與乙醚間附着力較大,表面因以消失所致。故泡沫間表面能愈大,愈屬不穩,消滅亦愈速。

霧由細微水滴浮集而成,表面甚衆,亦屬不穩狀態,唯因細滴間距離較遠,接觸機會極小,乃不易凝聚。但久後自能消滅,因細滴跳動相遇時,不難聚合也。倫敦人烟稠密,空氣中之烟垢油汽,乃附着於水滴表面,使其表面張力降低,霧雰乃愈形穩定,雖水滴相碰時,聚合之機會亦減小多多。是故倫敦多霧,當非無因。事實上凡城市中亦較鄉間爲多也。

(丙) 固體之濡濕　固體爲液體濕潤與否,全視其間表面能之變化如何而定。如濡濕時表面能之總和減低,卽能自動進行,設表面能之總和增加,卽不能自動進行,苟欲使之完成,則非加外力不可。關於固體之濡濕,普通恆以其界面能變化現象之不同而分爲三類,曰附着濡濕,散佈濡濕及浸漬濡濕。

(1) 附着濡濕(*Adhesional Wetting*)　固體之液體表面於氣體中平行接合時,卽爲附着濡濕,表面能之變化如下:(見圖一)

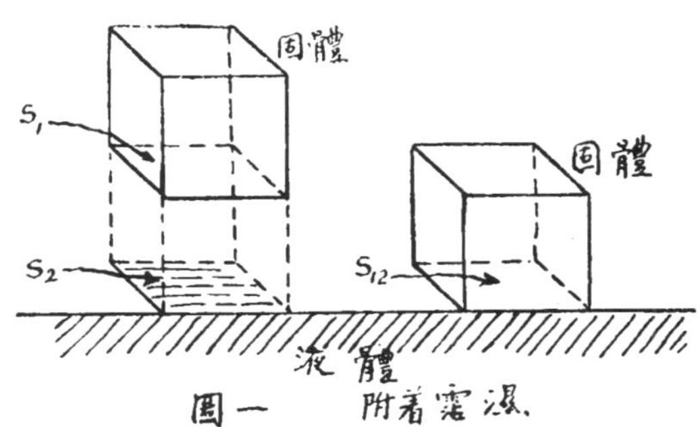

圖一　附着濡濕

a, 固液與氣體間表面能 (S_1) 之消失,

b, 液體與氣體間表面能 (S_2) 之消失,

c, 固體與液體間界面能 (S_{12}) 之生成。

表面能之變化 $=S_{12}-(S_1+S_2)=-[S_2+(S_1-S_{12})]$。

式中 (S_1-S_{12}) 可稱爲固體與液體間之附着張力（*Adhesional Tension*, 註三），其與液體表面張力 (S_2) 之和，可證明常爲正數，故固體與液體平行接觸時，表面能必有減低之傾向，卽固體於此種情況下必能霑濕。在此情形下，液體之表面能愈大，霑濕時自由能之減低亦愈大，霑濕乃愈易。固體之藉膠類粘合，卽屬此種現象。

（2）散佈霑濕（*Spreading Wetting*）——油漆之塗，敷卽屬散佈霑濕，其變化如下：（見圖二）

a，固體與液體間表面能 (S_1) 之消失，

b，固體與液體間界面能 (S_{12}) 之生成，

c，液體與氣體間表面能 (S_2) 之生成。

表面能之表化 $=(S_{12}+S_2)-S_1$。

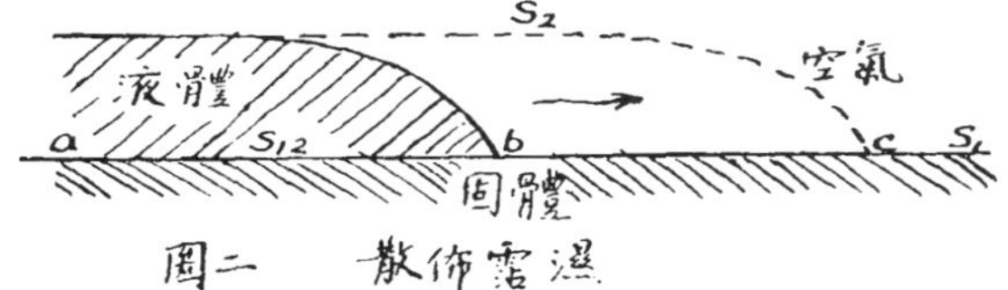

圖二 散佈霑濕

設此值爲負數，霑濕時表面能可減低，易言之，卽液體可繼續濕潤固體，以替代氣體。故普通可謂設某一界面能大於其他二界面能之和時，則該一界面能可自行消滅。散佈霑濕中液體之表面張力愈大，則霑濕愈難。設 $(S_{12}+S_2)$ 大於 S_1，則液體不能自動散佈，苟欲其潤濕固體，則非另加功能不可。

（3）浸漬霑濕（*Immersional Wetting*）——以固一氣交界面改成固一液交界面，卽屬浸漬霑濕。設空氣中有一固體之單位表面，其表面能爲 S_1，浸入液體中後，其表面能變爲 S_{12}，故自由能之減低 $=S_1-S_{12}$。由斯可知於浸漬霑濕中，液體之表面能 (S_2) 與霑濕之程度無何關係。

（丁）固體於兩液體間之分佈　設有一粉狀固體，置兩種不

能互溶之液體中,如水(液體3)與一有機液體(液體2),急搖後靜置之,則固體之全部,或溜入水中,或溜入有機液體中,或界於兩者之間,而決不勻散分佈。圖三卽示此類情形,假定不受地心引力之影響。

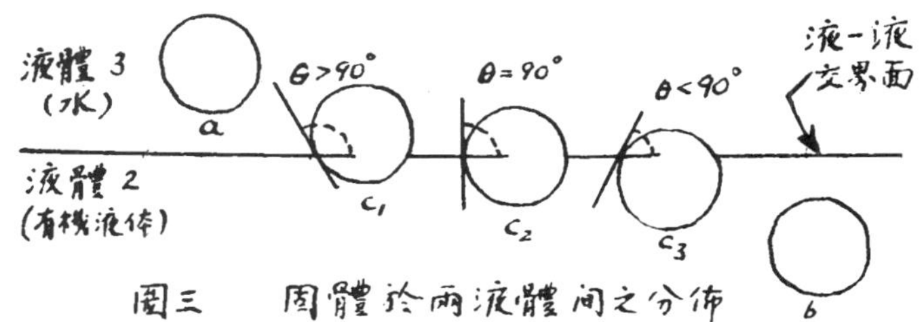

圖三 固體於兩液體間之分佈

a, 設 $S_{12}>S_{13}+S_{23}$, 則固體全部溜入液體3中,因將固體自液體 2移至液體3,產生 S_{13} 及 S_{23} 而消失 S_{12}。設消失之表面能大,則此種移動爲自動的。

b, 設 $S_{13}>S_{12}+S_{23}$. 則固體全部溜入液體2中,理同上。

c, 設 $S_{23}>S_{12}-S_{13}$. 則固體全部位於交界面上 (C_1, C_2, C_3)。

(戊) 選擇性濡濕(*Specific Wetting*) 此種現象,爲平日所常見者,如應用表面能之觀念,則均可一一解釋。原則如次:固體每爲某種液體所濕潤,卽能使濡濕時表面能減低最多者。今試舉例如下:

(1) 加水於以火油濕潤之陶土,可使火油排出,成水與陶土之交界面,因水與陶土間之界面能,小於火油與陶土間之界面能,卽水與陶土間之吸引力較大。同理,鉛粉上之水可以油類替代之,銅片上之油類可以酒精替代之。

(3) 肥皂液表面能極小,故可濕潤織物,而排去油垢積塵,其除垢能力卽緣此。同理,肥皂液更可加於果園中所用之殺蟲噴霧劑中,使桿葉易於濡濕(以固—液界面替代固—氣界面)。

(3) 防雨布與水分間之表面能極大,故水分不易四散,而成水滴滑去。

(4) 眼鏡,防毒面罩及汽車前端之玻璃上,爲防止水蒸汽或雨點不生成水滴起見,最近已有『汽敵』(*Anti-dimmer*)之發明。其原理即由於其與水有極大之附着力,可使水分自動散佈,不致形成水滴,阻礙視線。

(5)火柴梗上恆塗以橡皮或蜂蠟,以防水濕,因水與此類防水物質間之表面能極大。

(6)細篩與油類間之界面能極低,故油類可濕潤而通過,但與水分間之界面能則極大,故水分不能濕潤通過。藉此,吾人可將油與水之乳狀混合液分離。同理,沉澱碳酸鈣可用以將油自水分離,因其與水之界面能較低,使水通過而油類殘留其上。

(7)硫化物鑛石易爲油類所濕潤,而砂石等夾雜物則易爲水分所濕潤;故鑛砂可藉油漂法(*Oil Flotation*)濃集之,其理與(6)同。

(己)選擇性吸附(*Specific Adsorption*)　富有極大表面之固體,可用以吸附某種氣體或液體,吸附之程度,亦可以表面能之變化表示之。活性碳能吸附少量空氣,但如遇水分或毒氣,空氣即爲其擠出,因碳素與空氣間之界面能較大。防毒面具中活性碳之能吸收毒氣即緣此。又如某種酸性陶土能除去水中之浮懸雜質,亦因其與雜質間之界面能較其與液體間之界面能爲低所致。其他類似之現象,實不勝枚舉,讀者苟能運用上述原理,則不難觸類旁通,得明確之解釋也。

〔註一〕　任何功能均可分成二個因數,一爲強度因數(*Intensity factor*),一爲容量因數(*capacity factor*)。前者表示能之性質,後者則表其數量,如熱能由溫度與熱容量二因數合成,電能由電壓與電量(*Coulonbs*)二因數合成。

〔註二〕　參閱 Alexander "*Colloid Chemistry*" Vol. I, pp. 228-264, "*Surface Tension and Surface Energy*"。

〔註三〕　參閱 Alexander "*Colloid Chemistry*" Vol. III, pp. 41-60, "*Wetting of Solids by Liquids*"。

新興實業

陳同素譯

化學一科,至十九世紀而大為發展,其學理經年累月,一本醫學冶金等實用而多所闡明。自原子學說出,原子有質有量之見解,既可推論元素與化合物之關係,於是化學一科自然成為有系統之科學,昔日研究方式悉行改觀,而對於解决各種問題,盡依所謂科學方法者求之,不專事懸想,必佐以精密確切之實驗,藉得證實其理論,其實驗之目的,不在創造新事物,而在創立新原則,但新事物之創作,卽從此發明焉。職是之由,實業界需要此項專門人才,尤為孔亟,蓋以科學日進,而實業研究工作,不容稍緩也。於過去三十年間,研究發明,頗著成效;若電炬,電化學,電話,無綫電,汽車,飛機,冶金等諸事業,均在此期間,經過有系統之科學研究而突飛猛進者也。

科學進化,素無止境,故吾人今日之智識仍屬淺薄;例如電之表顯,僅能熟察其性質與現象,而對於電之究竟迄未洞悉,似此複雜問題,玆不姑論。試就普通之水言之,吾人固早知其為二原子氫與一原子氧之化合物;然據二年前化學家研究之結果,始知此純粹之水,其中實有五千份之一之重水在焉。重水組成,含有重氫,重氫原子之重量大於尋常氫原子者一倍,因別之為重水,今可在實驗室中製造之,其性質與普通之水逈不相同,其冰點在弗氏三十九度而非三十二度;植物與魚類均不克生存於其內,但對於生長諸物質,不無稍有裨益。重水中之重氫亦可與氧分離而獨立試思將此重氫代入數千萬化合物中之普通氫元素,其結果爲何如耶?

今舍此理想上之前途發展,先行細察目下科學之如何成功進化,可以見近代工廠幾無一不需要化學藥品者;實業之應用化學愈廣,則其事業愈健全,至於減低成本,尤其餘事;須知技術上之進步,一方廢除舊業,一方創立新猷,是實業研究之對於救濟失業問題,亦非淺鮮,蓋因此而興之新實業,總可引用不少被擠於他方之失業工人。所以科學與實業,息息相通,不特維持現今之生活狀態,且可提高吾人之生活平衡,使得享受更爲新進之物質文明,物美價廉,無憂匱乏。

自化學工業之研究,日新月異,製造改良,出品精緻,創造新穎實用品既層出不窮,他種工業亦隨以發達;如最近酚之製造法改進後,成本減低,因得成就人造樹脂之偉大發明,不但媲美天然,有時且勝過之。時至今日,吾人需用樹脂,額量陡增,而天產品有限,不敷應用,於是不得不取材於人造樹脂。其樹脂之用於油漆,席布,電器,無線電,及汽車諸工業者,種類甚繁,今且進而可以塑鑄各種建築材料矣;如室內一切物件除五金,家具,爐灶,瓷器等外,諸凡天花板,墻壁,門窗,地板,架,盤,杯,瓶,甚至瑣屑如煙盒,燈罩等,無不取用人造樹脂爲材料。

近代所享受之舒適便利,盡美矣,不知數十年後,再行經過一番研究改良,若光熱設備,空氣流通,日用器具以及各種建築材料等,不將視爲陳舊落伍,一若機械之於牲畜,代以引重致遠者乎。人工合成法可以補救天產品之缺乏,人造樟腦出世以後,樟腦市價降低,有江河日下之勢,其因來源有限,所起壟斷情形,於焉絕跡。他若人造橡皮之人工合成法,研究已有相當成績,將來對於代價改更,亦必有甚大之影響。物質之可用人工合成法製造者,品類正多,今僅啓其端耳。

一般人以爲科學家之主要目的,在摹仿生物消長之天機,換言之,即以人工合成動植物界之天然物質是;然以經濟立場,其研究之最有價值者,乃在如何利用原料,如煤,石油,棉,木材,五穀等,以製成新穎有價值之商品耳。近世文明立足於煤鐵,而煤鐵又賴乎焦煤,製焦煤所得之副產品,更以近代化學方法提製之,可得千百種貨品如肥料,炸藥,香料,醫藥,染料消毒劑等,一隅三反,觸類旁通,覓得新途徑,卽所以開闢新利源。

因油漆工業之改進,乃有人工合成之新溶劑,硝棉漆乃出而問世;由此又有其他二種新工業興起,一以五穀爲原料,一以石油爲原料;於是大量低廉之有機化學藥品,來源充裕,應用廣施焉。

纖維亦係有價值之原料,木棉等植物纖維可利用化學方法以製成人造絲,今日之織品,因有全人造絲或與棉,毛,眞絲等交織之區別;將此纖維,製造之時,稍加改變手續,又可製成透明片頁,光滑細密,潔薄如紙,稱爲玻璃紙,可用以包裹肉脯,糖菓,雪茄煙等之用;故人工合成新物品時,每可發見新奇之性質,賦與斯物以更有價值。

新事物之發明,於社會甚有裨益,因商業上繼續不斷與不能避免之變遷,遂引起一息不停之改進方法,冀得精良物品,以供市場之需要,於是精益求精,各方競勝,其品質且超越相需之標準;經此日進不暇之科學研究,新奇物品乃能源源不絕,或竟發覺舊有物品之新用途。

近日因鞣皮術之改良而有新式之皮革,堅韌耐用,品質柔和,色澤鮮明,皮面光滑,其過陳舊者,一經整理,宛若新製。又有一種粘合新術,用相當輕金屬爲粘附劑,藉以接合纖維於鋼鐵之上;自是發覺此纖維如氈,紙,布等,可以先用地瀝青,油,樹脂等處理之,適合防水及防銹功用,卽今之所謂油毛氈是,可再加油漆或舖木板以裝飾之;近今各種工業與有關係者,對於此種物品之改進,正在埋頭研究之中。

六間燐酸鈉於過去五年內在工業上之改進,亦爲一近代科學研究之成績,初僅用以處理鍋爐用水以防止鍋垢,今則洗滌業中亦廣用之矣;蓋用此藥品後,肥皂在硬水中仍得施展其效能,而阻止鈣皂之沉澱,肥皂之用量因以減少,用以洗濯織品或皮毛等,較之獨用肥皂轉易清潔;一舊有之物,至今日而發見其新用途者,此其一例也。

善良之空氣通風,煙灰塵埃之減少,飲食物品之安全純潔,其用法得當與否,實與個人及公共衛生至關重要;多數科學家對此問題,探討研究,不厭其詳,其目的在如何利用科學,以求得人生之快樂康健,與開闢利源,由是而知實業研究之精神,全在援引科學方法,以開豁眞理,雖問題之來,錯綜複雜,一時無所適從,要其最後之成功,須得堅心毅力,毋畏難索解,毋躊躇不決,法天道而盡人爲,創造新事物而不沿襲陳法。

近代社會情形,爲勢所趨,基於二點;其一爲人情,蓋人之願欲與企圖實爲推動社會前進之原動力;其一爲學術,其進化一順社會自然之趨向,以推進人生之舒適快樂安全;人情學術,迭爲消長,於是物質文明,造乎其極。

此文譯自美國一九三四年十二月出版之科學月報原著者韋特闌博士(Dr. E. R. Weidlein)。

澹然齋集序

陳　柱

人莫悲於死，而尤莫悲於死非其命，且死於盜賊之手，人莫樂於有賢子孫，而尤莫樂於子孫之能光其道，而刊布其集，海豐李梓材先生，篤行君子也，敝屣功名，而獨樂得天下之英才而教育之，教人必以廉恥爲本，誠嫉夫今世之士，冒進無恥，無氣節，無操守，深足爲民族憂也，已而先生竟死於[illegible]之難，支解其身，不圖先生之爲天下憂者，乃竟先以身親嘗之，嗚呼慘已，其子學豐，輕百死，歷萬難，乃始得其遺屍而葬之，閱二年，始獲以其遺集而刊行之，學豐曾畢業上庠，今猶與余同事，以曾受業於余，爲之請序，余曰，人生之至悲與至樂，先生蓋兼而有之矣，雖然先生之悲雖甚，而先生之樂也長，人孰不死，刀鋸斧鑊，等死耳，短則須臾，極其慘酷，一日數日之間耳，或數十日之間耳，而先生之喆嗣，能光先生之業，垂先生之集於無窮，先生之身雖死，先生之聲音笑貌，未嘗不歷歷長在人間也，然則工詩與文者，不誠大可貴邪，其孰能死之哉，其孰能死之哉，民國二十二年九月三十日比流陳柱謹序。

覽勝亭圖記

陳　　杜

此灕江覽勝亭樂水合流處也，兩岸石壁森立，中有小島，屹如中流砥柱，然態甚雍容，不作劍拔弩張形，羣山浮翠欲滴，青松參天，橫柯斷日，銳葉刺風，舟經其下，如入桂林風洞矣，再進至會流處，南望則豁然開朗，漸見遠天，山不甚高，對岸參差處，人家三五，炊烟可相接，自此以上，愈上則山愈奇，樹愈蒼古，一小山歸然中立，橫望略如筆架，而左峯特高，中峯次之，右峯又次之，北向望則似老人拱手豎膝坐，意若哦詩者，有鳥飛來其大如鵰，立於山顛，細審之，則雲也，又上則羣峯疊障，有如佛手者，如蓮華者，如萏萳者，其小而高者，萬峯直指，有如會稽之竹箭矣，又上則白雲觸石而出，處處有之，有幢幢如車蓋者，有蜒蜿如游龍者，有繚繞於半山者，有蒙於山之巔墜於水之涯者，遠望諸山，或如老人戴笠杖而行，而兒孫隨之者，或如漁翁披蓑衣而霜雪滿身者，其散而游翔於空中者，則又如羣雁之亂飛矣，賓翁題詩云，奇峯靈岫簇江濱，嵐影陰晴紫翠分，五色補天鞭起石，千尋拔地劍撐雲，梯縋路絕筇無力，環佩波明玉有紋，雙槳夜投何處宿，前川蕩漾月澐澐，朝釆天邊遠樹低，平蕪簪玉萬峯齊，仙縱桂勝探珠洞，客路蠻音迓玉溪，灕樂會心流水合，烟霞豁眼絕塵迷，幽尋澗畔深深入，逾嶺前邨聞午雞，民國十七年夏秋之交，杜與黃賓翁游之，後七年春夏之交，黃賓翁爲吾友林次颰圖之，又後九月杜爲賓翁記之，又爲次颰題之曰，天下第一佳山水。

株韶段完工與所得築路之教訓

（粵漢鐵路株韶段通車紀念刊）

凌鴻勛

粵漢路之株韶段，已於廿五年四月鋪軌完竣，南北幹綫遂告接通。計此段原定工期爲四年，而自開工至接軌，則只歷三十四個月，國人對茲路施工之過程，與通車之有日，乃至注目，論者或訝其迅速，或仍病其遲緩，以茲路經營之始，已在四十年前，中間停頓凡十餘載，而最困難一段工程，在株韶段未動工前，實尚未開始，世人對於此路，幾已淡焉忘之，即不然，亦有河清難俟之感，一旦以完成聞，訝其迅速，自非無因，而同時國家處此危急存亡之境，對此關係救亡圖存之國防幹綫，不能再行提早完成，致仍嫌其進步之遲緩，亦不爲無故，時勢不同，責備亦異，此乃國家建設迎頭趕上精神上之一種良好表現，自不可以一概論也。

抑株韶段初定工期爲四年，非謂此段工程非四年不克完成也。此段工款，乃來自中英庚款，其中分爲國外與國內兩部，國外購料之部，有積存之款及一九三三年三月至一九三六年十二月到期之款，國內施工所用現款之部，則已無積存，而有一九三三年三月至一九三六年十二月到期之款，及一九三七年一月以至一九四六年庚款，滿期可提前發行公債之款，後者亦須分四年發行之（一九三三年至一九三六年）。蓋其時鐵道部與中英庚欵董事會商議，以爲一九三三年一月即可開工。（事實上則中英庚款借款，是年七月始解決，六月始招標開工）而至一九三六年底前爲止。四年之中，全部工料款，可以籌足，是此謂四年計畫，實係一四年籌款計畫，而四年施工計畫，則全受四年籌款計畫所支配者也。

當民國二十二年四月間,鐵道部正與中英庚款董事會商議借款具體辦法,而工程局亦正在準備工程計畫,招工開投之際,忽有庚款停付一年之說,雖後來未成事實,而其影響已甚大。蓋庚款果停付,則公債之發行,將大受打擊,而遠近包工公司,方以此路工程,屢作屢輟,視為畏途,今款項動搖,工事更無把握,故工程局初期招標開工,幾至無人過問。迨至二十二年七月,鐵道部與董事會,正式簽訂借款合約,工程局始克為工事上之積極設施,去理想上之開工時期已半年矣。

工程局自開始施工之後,卽知此路無款施工則已,倘有款積極動工,則定有提前趕工之必要。故一切施工步驟,均以三年完成為主,務於二十五年六月得以接軌,其料款未到期者,則先將到期之款,訂購鋼軌橋梁,未到期者,留購車輛。國內工款,則以英庚款國內部份原本不敷數百萬元,請由鐵道部提前籌畫,將通車所急要工程,先為趕辦。計民國二十四年一年,為工事最緊張之一年,亦為全段提前完工關鍵之所在,而是年之工款,因工事遠超原來按月撥款之數,故每月均感短絀,在此時間,幸能勉籌應付,而一切主要工事,得於是年積極辦理。迨是年年底,鐵道部再度催促提前完工,卒能能於四個月之短期內,將軌道鋪竣,是以苟非工款計畫之權宜,則斯時接軌,或尚不可能。反之,假使工款能提前撥足,使主持工事者,無所顧慮,則全段兩年半或兩年完成亦屬意中之事,為遲為速,有非完全主持工事者,所能答解者也。

株韶段成功之關鍵

株韶段施工,係國府成立後大規模鐵路建設中之第一事,為中外視綫之所繫,玆幸工事粗告段落,不誤工期,其中經過,有數事或為其成功關鍵之所在,請略述之:

(一) 路綫之愼選 粵漢路初分南北兩段建築,南段歸商之粵漢鐵路公司經營,北段則由四國銀團中之英國工程司主理,對於湘粤兩省交界,長江與珠江分水嶺一帶,南北路綫,如何銜接,只知假定以宜章爲共同目的地,而於此最關重要之一段路綫,究應如何經行,俾得一最經濟之綫路,未曾爲整個之研究,其時外籍工程司,曾選定由樂昌至宜章一段之路綫,須鑿山洞六十六座,共長五千八百公尺,其後株韶局幾經復測,認爲宜章一地,本無必經之需要,因之捨棄宜章水而取白沙水之路,計自樂昌以達郴州,減去山洞五十二座。又因正工程司李耀祥,測得廖家灣爲跨越分水嶺比較最低之處,因之路綫遂取道廖家灣,而避免磨心潭之困難工程,前者省却山洞約四千公尺,至少節省四百萬元,時間亦得以減省不少。後者則有裨於此段坡度甚大,蓋此段路綫,其始多認爲須用百分之一·五之坡度,昔年測量隊所選,即用百分之一之坡度,亦須長達七英里,株韶段復工之時,經三段技術會議討論,亦認爲此段可用至百分之一·五坡度,而最後所選定之綫,最大坡度爲百分之一(曲線減折率並未計),其最長之一段,只及四公里,於行車困難大見減少。

(二) 先難而後易 株韶全段,以樂昌以北至分水嶺間九十餘公里一段,最爲困難,堅石開鑿爲數達三百萬公方。且此段交通最不便,人烟亦稀少,自韶樂段通車後,工程局即立刻着手繼續樂昌以北之一段,蓋以北段路工平易,且有江流,足助運輸,難工先爲進行,易工更可趕辦。至於北段,則以淥河,洣河,耒河三大橋工爲較鉅,亦於廿二年復工之始,立即從事於鑽驗河底工作,趕先於是年十一月間動工,經兩個冬季,而一切橋墩工作以成,難工先有把握,其餘更可迎刃而解。及至鋪軌最後之一個月,每日鋪軌,輙由一公里至三四公里,再無進展上之障碍。

(三) 衡郴一段同時進行 當廿二年夏間,借用中英庚款,全案解決,工程局即認爲南北對向動工,工事尙不能速進,當以株洲至衡州一段路線,沿湘江東岸有運輸之方便,因決遷局於衡州,俾得於南北對向展築外,中間衡州至郴州一段,亦能同時進行。故廿三年四月起,衡州以南土方,即分段動工,所有衡州南迄接軌處,凡一百六十餘公里之鋼軌枕木橋梁洋灰鋼筋,均於徐家棚起岸後,由火車運送株洲,即裝上民船,溯江而至衡州上岸,其數量達三萬餘噸,又同樣運達衡州者,尚有機車九輛,客貨車一百三十餘輛,江上船隻雇用最多時,達二百餘艘,又衡州以南,以至耒陽棲鳳渡一帶,尚可用較小民船拖運洋灰及鋼筋等,沿耒河而上,沿路運送最多時,曾雇用民船三百餘艘,雖行程濡滯,費用浩大,而於時間,頗能趕上,故衡州以南之一段,與南北兩段,幾能同一速率進展,北段三大鋼橋通車以前,衡州以南已鋪有一百公里以上之軌道,全段接軌所以能趕前辦到,此為一重要原因。

（四）訂購外洋材料程序之變更 按照中英庚款之規定,所有應存倫敦之料款,係指定為在英購料之用。凡路局需用材料,開單呈送鐵道部,經審核後送中英庚款董事會,先交技術委員會審查,大會通過,再寄交倫敦中國購料委員會公開招標,然後選購,手續既繁,時間遂不經濟,加以鐵道部與董事會對於提用庚款,甚為鄭重,每批定購材料,均以各段之動工先後為依歸,即各段所需之鋼橋鋼軌及工具等,均須分批訂購,以期節省利息,其後以訂購手續繁複,外料鮮能依期到達應用,而同時國內路工,進行又較預定為速,因即變更計畫,得庚款董事會之同意,將全路未訂購之橋梁鋼軌等材料,於廿三年三月間一批購足,而手續上自經鐵道部核定後,一面送董事會,而同時即寄交倫敦購料委員會詢價招標,倘董事會方面,無甚變更,則時間即可節省,他如枕木材料,亦係整批訂購,使湘鄂段與南段路局,得有充分時間運達工次。自此以後,路上始無待料停工之事,而路軌之進行,因得邁進。

（五）工程主管權力之集中 凡一路工程之實施,金錢與時間,均有一定之限度,如何能使此有限之金錢,在一定之時限內,將此項工事告成,則工程主管之責任,至為重大!況工程問題,常視天時地利而有所變更,施工地點,又多在偏僻之地,交通不便,倘辦事手續過於呆滯,主管者無權宜之處置,其結果必使主管者無從爲緊急之應付,於時間及金錢兩不經濟。譬如招投工程一事,按照規定手續,凡工程費在若干以上者,必須在大城市報紙上先爲一個月之公告,然後開標,選擇後並須呈部核准,方能立約承包,而事實上,則因工事僻在內地,即使包工有意承包,而工地之視察與調查,已需時日,苟非單獨鉅大工程,則城市包工,多不願來,而按照規定,必須有三標以上,方得開投,否則又須登報續投,或包工所投包價與預算相差過遠之時,又須取消再投,即使勉能合格,而所選包工之真正能力與經驗,尚不可知,反之當地小包工常有承辦某一部分工程之能力,而獨不願加入競投者（如担保難覓,押款難繳之故),倘必要按照法定手續,舍此取彼,主管工程司不能因人因地制宜,成效之差,有非可預料者。又如購買材料,倘必按照公開招投辦法,其結果每有價昂時緩而質料不如就地選購者。他如用人一事,尤爲工作效率之所繫,工事性質與普通行政機關不同,故任免升降亦不能悉律以常例,譬如某一監工得力,即須爲之超升,而按之定章,則凡加薪五元者,必須呈部,俟核准後,方能加薪,而非滿一年以上者,又不得邀准。部中司考核者,遠處千里之外,而謂對於人臧否之判斷力勝於其所日與共事之工程主管,國家能付工程主管者以伯千萬元工程之重任,而不令其有五元薪水之處置,輕重顛倒,孰甚於是。以上三者在株韶段開工之始,即得部中主管之明瞭同情,在三年工作過程中工程局長對於包工購料與用人者有相當之權宜處置,省却不少繁縟上之損失,工事能進展順利,不爲無因。

又工程局對於工程總段,亦曾予以較大之權力,雖一切設計之事,由局主辦,但工程總段,於實施之時,仍得因地制宜,請准變通,而對於某一種之工程之招工,得依地理上或人事上之方便,就地覓工承辦,每有局准之電發出,翌日即行動工者。其有不能按照包工通例,由包工到總局領款,而須就地支付,且須按五日或十日發款,藉減少包工經濟上之困難者,亦得由局予工叚以方便,撥存較鉅之數量,以資就地應付。此類包工多係屢次承包路工者,有可靠之頭目及基本工人與工具,其能力如何?爲管叚工程司所素知,惟缺乏資本以爲周轉,倘律以常例,必須覓保或繳納押款,其工款須每月方領一次,且須赴局領款,則必無力承包。株韶叚開工以來,各大小包工對於路上之信用已固,所有郴州至樂昌一帶工程之交包,多採用此項辦法,其結果包價較合理,而工期亦不至躭誤,以上所舉,工程主管之責任較大,自須付託得人,方能施行無礙也。

今後築路之教訓

近年以還,政府感國勢之日危,民生之日敝,良由於內地交通之困難,致使國本動搖,失其控御與抵抗之力量,因亟謀鐵路之建設。西北則有同蒲之建築與隴海之通達西京。東南則有浙贛之通達南昌。同時則株韶叚亦應時完成,國人對於築路之觀感,爲之丕變,今後三五年內,新興之路,必有驚人之成就。第鐵路建設,需款浩繁,際茲財政枯竭之時,如何能以最難得之金錢,爲最有用之設置,以應國家最大之需要,乃爲路界人士當前之問題;顧鐵路事業,一專門事業也。築路政策,執政者主之,而築路事業,則技術家之責,今有璞玉於此,必使玉人雕琢之,茲本此義依據以往之經驗,爲今後築路者供其一得之愚,當不以爲費辭也。

路綫之選擇 一鐵路之綫,首尾兩端之選擇,與必須經過之重要城市,每非一純粹鐵路問題,而爲一政治或軍事問題,但兩端間或重要城市間,路線之選擇,則純然爲一技術之事。路線選擇之良否?直接影響於築路經費與完工時限,間接影響於一路之修養與業務之維持,前者猶屬一時一次之事,後者乃屬永久性質,而爲一路生存之所繫,是以築路之始,必須愼擇富有建築與養路經驗之工程司,俾有充分時間,測勘線路。今後吾國築路之趨向,多係經過山嶺崎嶇工程困難之地,尤須多爲比較,以資選擇。苟於開工之始,多費若干時間爲路線之研究,必能獲得較好之結果。若只顧惜有形的及一時的測勘,時間與金錢之多耗,而忽却無形的,及永久的事業之犧牲,甯可謂當;卽使在非常時期,爲國防急計,不能多所顧慮,但鐵路建設,無論如何亦非咄嗟可就之事,徒急於一時之開始,而貽將來無窮之累,甚且欲達其國防上之使命而不可得,甯非至可惜之事。是以鐵路主管,對於路線選擇之重要,宜根本有所審愼,而負責之工程司,於受事之始,亦宜要求其對於測勘路線之必需時間與費用,本其個人之經驗,與愼選之助手,擇得一最適宜之路線而後開工,方得謂忠於所學也。

技術標準問題 我國早年建築線路,多沿用借款國之習慣,無所謂技術標準,所幸者,北甯路唐山一段興建之始,係用標準軌距,至今除少數小路外,此軌距遂爲我國之標準軌距。自舊交通部設立鐵路技術委員會頒布築路各項標準,始有一定之準則可循,嗣後隴海之靈潼段,潼西段,與粵漢之株韶段,皆依此標準興建。惟自浙贛路之杭江段以三十五磅鋼軌 E20 橋梁及四公尺半寬路基建設後,費短時速,曾盛稱於一時,而株韶段所用八十五磅鋼軌,E 50橋梁,六公尺路基,資本之增加綦鉅,每公里平均築路之費用,遂呈一引人注目之差異,而世人對於技術標準之信仰,遂不免發生動搖,而不知杭江段與株韶段,各有其歷史與環境之不同,不可以一概論。獨今後築路,應採取何種標準,爲至堪研究之事。部定標準,原爲主要幹線而定今後築路,既着重於西南與東南各省,工事比較困難,制定標準,自不無可以變通之處,然擬築各路,皆爲幹線,經濟前途,亦待發展,其情形與杭江株韶均屬不同,下述範圍,或可供工程界之參考:

一, 曲度限制不宜過於犧牲,惟坡度則須視各路情形而異,其有必須採用較峻坡度者或難避免(以上係以部定標準爲比較)。

二, 鋼軌不宜用六十五磅以下之重量。

三, 橋梁基礎宜用 E50 載重,鋼橋至少宜用35載重。

四，路基寬度不宜在五公尺以下。

五，路基絕對不宜在洪水位以下。

六，不宜圖一時之節省，對於涵洞之數量與大小，過分減省。

此外關於行車設備及建設之妨護，如何從國防上着想，則又工程司所宜注意者也。

抑有進者，築路宜求經濟，固今日首所注重，但所謂經濟，宜以全部觀察之，譬如籌劃現款，則担保之支配，利率之高低，與其他一切金融上之運用，為損為益，關係至大。又如籌劃材料，則尤為世界市場之所左右，國際匯兌之所轉移，其中出入，乃至鉅大。退就鐵路本身而論，路線選擇之適宜與否？直接關係於建設費之支出，而主持工事者之技術與能力，能否將全線時間材料與人事為適宜之支配，以收最大之效率，亦與建築支出，有極大之關係。至於鋼軌橋梁之重量機車車輛之大小直接用於路上者，不過整個經濟問題中之一部份而已。倘經濟之籌備得法，材料之訂購適宜，路線善擇，人才善任，路工問題，已思過半。苟不然，則根本基礎已不鞏固，徒於技術標準上計較減削，致使必須具備之物質條件而不存在，未見其為眞正經濟也。

材料之選購 鐵路材料費，居建築費之大宗，且什九須購自外洋，年來我國向外國購辦鐵路材料，因款項來源關係，須指定在某一國購貨（如株韶之購英料，浙贛之購德料，隴海之購比法料）。不能在世界市場，有所選擇，對於品質價格及交貨期限，遂不免有若干之遷就，今後大批購買材料自不免仍有墊款之關係，而其趨勢，則歐美各國必皆分潤，而不限於某一國，因之我國可在各國材料中，擇其品質最良，價格最低者訂購，完全以材料本身為準則，不一定以某某材料專由某國供給。如此於墊款束縛條件之下，外商仍有出品之競爭，在我則仍有自由選擇之餘地，至於訂購之手續，宜派人駐在國外，使之接近市場，就最合宜者訂購，庶免假手洋行，徒增費用。至於檢驗材料，亦宜自己有所組織，派遣人員自己負責辦理，免致永久假手於國外顧問工程司，固可減輕費用，亦可逐漸養成檢驗材料之人才也。關於枕木之供給問題，亦至爲嚴重，假使今後三年之中，擬築二千公里之路，則每年需用枕木，至少在一百萬根以上，國內既難供給，則宜預先調查世界各處市場，其有產量甚富，價格較低，而供給較遲者，宜早爲準備，俾得較廉之材料，而不至於需用急亟之時，爲少數慣售枕木之外商所壟斷。

包工問題 欲路之進行順利，則除充足工款與良好工程人員外，尚須有良好之包工，徵工兵工或以工代賑之辦法，作者無此經驗，不敢論列，即能實行，諒亦以土方爲限，他如石方橋工隧道等，除小範圍或一部份之趕工可用裏工外，其他大部份，當仍賴於包工，近年，國內鐵路與公路，新工並舉，包工亦漸有養成，然大都規模甚小，工具不全，資本薄弱，他日路工大舉，倘嚴格以繩，則合格之包工，乃至有限。加以凡營包工業者，多注意於城市，工作物料之供給，工匠之雇用，與資本之週轉，均較方便，自己亦便於督察，今在僻遠之地，工作之範圍寥遠，一切均帶有冒險性，而最困難者則爲內地金融之不流通，是以選擇包工，首宜視其能力與工作之誠意，對於資本之保證，不能不有所通融，城市包工深入內地，工作太少則無利可圖，工作太多又恐其難於招料，主管工程者，必須了解包工之目的，係以施工之能力博利，完全爲一營業之事，在路上只求其工作良好，工價相當，至於合理之利益，爲包工應有之權利，必須爲之顧及，嘗考之政府工作之包工合同，所訂條件，多偏於資方之利益，對於包工之責任，唯恐其規定不嚴，而包工之發言權，乃至有限，卽發生爭執，資方每可引證種種條文，而包則竟難於置喙，以致包工破產解體者，不少概見，包工不願承包鐵路工作，非爲無因，此種現象，亦殊非宜，故主管工程者，於愼選包工之中，亦宜常以商業關係相處，包工遇有困難，宜以合理方法解決，助其成功。其有本無能力而希圖嘗試，或開價太低難於實行者，自始卽不宜交辦，致發生日後之困難。至於小包工及判工制度，大可倣行，蓋當路工開始之際，必有若干小頭目,有相當號召與工作之能力者,於一件工作完後,不令其遣散,而按其經濟與工作之能力,及其現成之工人,繼續給以工作,使能維持,則其代價必較低,成績必較好,此種小包工,對路方既有相當之信仰,遇有急要,則添工趕工必得其力,有非外間包工所能及者,株韶工程局之往事,頗可倣行(參閱株韶局工程月刊第二卷第六期著者「一年來株韶段工程之包工及判工」一文)。

人才之善用 我國築路,至詹公天佑以來,人才輩出,然民初以後路工停頓者,凡十餘年,雖不乏工程學者,而苦無經歷之機會,繼起無人。識者憂之。自東三省添築路線數條,人才漸有養成,而近年來隴海浙贛粵漢相繼展築,中級人才之訓練獨多,然今後苟積極大舉興工,仍有人才缺乏之感,良以鐵路工程,究以經驗爲重,非於下層工作有充分之經驗,則加以重責,必難勝任愉快。且鐵路工程,除其本身技術問題外,舉凡金錢時間材料人事之支配,均須有充分之常識與相當之肆應本能,方能應付。國家養士,宜注重技術人員本能之發展,所有技術人員之任用與待遇,不宜與行政人員併爲一談,工程司不應有簡任薦任之分,亦不必有幾等幾級之限,其待遇一一依其能力與其所負工事責任之輕重爲準,務使工程人員得安心鞏固其下層工作之基礎,而不至營營役役求其等級與名目之升轉,國家對於有資格富經驗之人員,宜於付以重責之時,假以事權,用其計畫,俾於其專門所長,有所發揮,不宜掣肘其行動或外行的强改其計畫,致不能貫澈。而技術人員之本身,亦宜力加修養與振奮,不必亟亟爲其名位之改進而先求取得,並緊握其歷練之良機,於施展工事之時,不忘新知識之增進,不一定成功自我,不必忌青勝於藍,倘一旦工事重責加之我身,即宜深思熟慮,務求精密穩妥,非自己有相當把握,甯可讓賢,不宜輕於嘗試,致萬一僨事,有失社會上對於技術人員之信仰而隳壞個人之聲譽。今後國家銳意建設,正吾人効力之時,深願用技術人員者與技術人員之本身深切注意之!(完)

平綏鐵路自造冷藏車

（平綏技術叢刊，第三卷第二期）

楊 毅

我國鐵道事業甚屬幼稚，加以歷年內戰，損壞更重，最近雖竭力整理，略有起色，以視近年來國外之進步，不可同日而語。即以冷藏車一項而言，十年前各路亦曾向國外訂購，而因經過戰事，竟致散失，至今已不復見有運用者矣。

平綏鐵路經濟狀況，不若他路之充裕，更無向國外訂購冷藏車之準備。惟以路線甚長，自豐台站起經過北平，張家口，大同，綏遠，及包頭各大城市，魚肉，水菓，蔬菜，之運輸，非常暢旺，每遇夏季酷暑，深感困難，遂有自造冷藏車之計劃。爲急應需要起見，決定利用原有之四十噸蓬車二輛，由南口機廠設計改造，越兩閱月即告完成。茲將該項冷藏車之構造及經過情形，略述於後，亦可供國內各路之參攷焉。

該四十噸蓬車，原爲鐵道部規定之四十公噸鋼質蓬車，週圍均屬鋼鈑，最易傳熱。茲以改造冷藏車，即利用該項鋼鈑爲支撑，內外加裝隔熱材料，盡量使車外熱量不致傳入車內。普通製造冷藏車，均採用軟木爲隔熱材料。本路因前年自製特快客車二列，剩餘平常隔熱紙板，即用以加層妥裝並利用隔空，其隔熱効力並不弱於軟木，而價值甚屬低廉。

（一）車頂之構造　車頂構造，頗爲複雜，共分十二層，如第一圖所示。

1）最外層　此層爲受冷熱最甚之層，故用不受熱脹冷縮影彎之棉帆布,上塗灰鉛油以延壽命,下附第二層而釘於第三層之上。

(2)第二層　此層爲黑油氈,用以避水下浸,並保護第三層木板。

(3)第三層　爲求車內容量之不太減少,隔熱效率之增進,車皮潮濕之降低,乃於原車皮之外,加鋪此層 3/4″ 厚縱釘之美松槽縫板。

(4)第四層　爲圖充分達到第三層加添木板之目的,特留 1½″ 空隙。兩邊每格木頂梁均鋸通氣槽,空氣經車檐孔眼排出空中。

(5)第五層　1/2″ 厚隔熱紙板一層。

(6)第六層　此層爲原來之車頂,係 1/8″ 厚之鋼鈑。

(7)第七層　因車頂原有彎梁,不便嵌釘隔熱紙或木板,故此附加木彎梁,其 2¾″ 厚之空隙,均用木刨花填實,以增加隔熱效率。

(8)第八層　此層爲 3/4″ 厚之美松槽縫板。.

(9)第九層　爲 1½″ 厚之空隙。

(10)第十層　爲 1/2″ 厚之隔熱紙板兩層。

(11)第十一層　又爲 3/4″ 厚之美松槽縫板。

(12)最內層　此層爲 1/16″ 厚之白鋅鈑,使與車牆及地板之面完全相同。

隔熱紙接縫處,均用木條封釘,並塗鉛油以阻空氣流通。槽縫板之兩面及槽縫處亦均塗鉛油以保護之。車頂最外層之上設有走板,以備裝冰時易於工作。

(二)車牆　邊牆及端牆之構造,均爲十層。最外層不裝棉帆布及油氈,僅爲直釘之 3/4″ 厚美松槽縫板。車牆鐵鈑外不裝隔熱紙板,車牆鐵鈑內不裝木刨花。其餘各層與車頂之構造相同,可參觀第一圖。

(三)地板　地板構造共分六層。

(1)最外層　此層爲 1/4″ 厚之鋼鈑車底。

(2)第二層　爲防地板之霉濕,及求隔熱效率之增高,乃安置木條而留空隙。

(3)第三層　此層爲橫鋪於第二層上之 3/4″ 厚美松板。

(4)第四層　爲 1/2″ 厚之隔熱紙板。

(5)第五層　爲縱鋪之 3/4″ 厚美松板。

(6)最內層　爲防止浸蝕及易於洗滌起見,此層用1/16″厚之白鋅鈑,兩旁隔成水槽。因裝卸貨物行走甚滑及易於磨損,中間地面上設置空格木條。

車內近四角處各設一上大下小之洩水門,洗滌時可以啓開,放洩車內之水,並加裝銅套以防水浸蝕地板,第二圖中之A處卽是。

(四)車門之構造　車門時常開關,若不嚴密,車外熱氣最易侵入車內,減少冷藏效率,所以車門構造應有特別裝置。

每車邊牆中央各設一門,高 6·5 呎,寬 4 呎。每門分大小兩扇,合縫處非常嚴密,每扇內外均用 3/4″ 厚美松槽縫板釘成,中置 1/2″ 厚隔熱紙板三層,並盡量留有空隙,以增隔熱效率。

門框及門邊均用柚木製成,門框及門邊之接觸面較平常爲寬,均鑲裝橡皮條,下門坎係用生鐵製造,以期耐久。門外裝設一關門器如第三圖所示,AB 爲一鐵桿,關門時,先將小門關上,手持鐵把 C 將大門向內推移,轉動鐵桿,使兩端均插入門框上之鍵鍵 a, b, 愈轉愈緊,至鐵把能套入鎖鍵 D 爲止。

平常裝卸小包件之貨物時,卽開大門一扇,開放時間,不可太久,否則熱氣衝入,效率減低,此爲裝貨時所應時常注意也。

(五)油漆　爲保護表面,增加美觀,並減少吸收陽光起見,冷藏車之油漆,以白色爲最佳,平綏路因有山洞,烟灰太多,改用灰色漆。

(六)容量　四十噸蓬車原來空重爲 19.2 公噸,容積爲 79.10 立方公尺,經改造爲冷藏車後,空重約增十二公噸,容積亦已縮小。現在車內可以裝貨之容積爲50立方公尺,重量爲20公噸.

附屬品

(一)冰箱

冰箱爲冷藏車內部重要之附屬品,其容積與(1)路上裝冰地點,(2)行經路程及日期,及(3)車外傳入熱量之多少,有密切之關係。平綏路全線,僅有北平爲出產天然冰地點,全路往返須有四晝四夜,所以冰箱容積,需裝可溶四晝夜之冰塊。至於車外傳入車內熱量之多少,可依下列公式計算之。

設H 爲車外傳入車內之總熱量。

h_1 爲每小時車頂傳入之熱量。

h_2 爲每小時邊牆及端牆傳入之熱量。

h_3 爲每小時地板傳入之熱量。

h_4 爲每小時由隙縫襲入之熱量。

h_5 爲每小時裝卸物品平均襲入之熱量。

$H=h_1+h_2+h_3+h_4+h_5$

$h_1=A_1\mu_1(t_1-t)$

A_1 = 車頂面積

μ_1 = 車頂導熱係數

t_1 = 車頂最外層之溫度爲125°F

t = 擬定車內之溫度爲45°F

$h_1=315\times0\cdot065(125-45)=1638$ B.T.U.

以同式計算,得

$h_2=704\times0\cdot1028(112-45)=4860$ B.T.U.

$h_3=315\times0\cdot1824(92-45)=2700$ B.T.U.

又 $h_4=QC(t_4-t)$

Q = 每小時由隙縫襲入之空氣量 = 1520立方呎 C =按定

壓比熱每立方尺空氣每降低1°F 放出之熱量＝0.019 B.T.U.

$h_4=1520\times0\cdot019\ (105-45)=1733$ B.T.U.

以同式計算,得

$h_5=Q_1C(t_5-t)=840\times0\cdot019(105-45)=960$ B.T.U.

$\therefore\ H=11891$ B.T.U.

冰在32°F以下時,每升高1°F可吸收熱量0·5B.T.U.。但平常購買之冰,溫度多在32°F,故僅能利用其溶解熱及溶解後吸收之熱。其溶解熱每磅爲143 B.T.U.溶解後每磅吸收之熱爲45－32＝13B.T.U.。

每小時需冰量爲$\dfrac{11891}{143+13}=76$磅

每晝夜需冰量爲1824磅,或30.4立方呎。

既知每晝夜所需冰之容量,若每車裝置8呎高,4呎長,2呎寬之冰箱兩只,即可供四晝夜之用矣。

冰箱之構造,以3″×3″×3/8″角鐵爲柱,三面以扁鐵爲欄,扁鐵間貫以圓鐵,圓鐵上裝以管節,使其間隔爲3吋。冰箱下部裝置兩水盒,以1/8″厚鐵鈑爲之,上水盒之下墊以6吋高之方木條,使得稍有彈性,以延水盒壽命。並使水盒高於水槽,冰水得以流下。在裝冰之時,水盒受猛擊,易致損傷,故設置兩個,上者有損,水可由下者U字形彎管排出。冰溶解後,水由上水盒兩邊之小管,導入兩旁水槽中。冰箱之外裝以白鋅魚鱗板,使空氣自由流通,冷氣得以散放。冰箱蓋之構造層次,與車頂略同,並於周圍鑲以橡皮條,以防熱氣襲人。

（二）裝冰器

冰箱蓋在車頂之上,每次裝冰須由車頂裝入,故於每車之兩端,各設裝冰器一組,以便吊裝冰塊。該器有滑車一套及可以升降之折叠式桿一條,如第四圖所示。裝冰時將此桿提高,用滑車將冰吊上,惟吊桿須轉至與車牆外面成九十度,始行拉繩,以免損傷車牆。冰裝妥後,即將裝冰器放落,並隨將滑車蔴繩,及網斗收藏車端鐵匣中。

（三）排水器

每車設有水槽四個,每水槽之兩端各設一排水器。水槽內之水達到相當高度,即由車底下之U字形排水器口流出。如此既可時常保持水槽內水平之一定高度,以防熱空氣襲入,又可利用此低溫度水以吸收車內熱量。該項排水器,在每水槽中,原設一個,可以足用,惟因平綏路關溝段坡道太陡,水槽兩端水位相差較大,恐水槽中之水,溢流至地板及貨物上,故特裝前後兩個。

試驗

該項冷藏車,改造完工後,曾經試驗車內溫度。同時用寒暑表八個,置於車內各部,結果靠近冰箱處,最低為41°F,車牆各部平均為60°F,車內總平均溫度55°F,其時車外最高溫度為105°F,總平均溫度為88°F,所以平均溫度差為33°F。

根據車內各處溫度之不同,魚蝦等類,最易腐壞,可置靠近冰箱之處,蔬菜菓類,可置車之中央,此為裝置貨物時所應注意者也。

冰量消耗,經過四晝夜實驗結果,每小時平均為36.2磅,比較原來設計之76磅,減少約40磅,其減少之原因為(1)空車試驗,車內並無吸收熱量之物。(2)車外溫度較原擬定者為低。(3)試驗時該車停留廠內,並無裝卸貨物時之熱空氣襲入。

此冷藏車出廠駛用以後,車內冷藏情形,尚稱滿意,運輸狀況,亦頗發達。總計每輛改造之價值,除車底原值八千三百元,共用工資材料三千餘元,較諸國外訂購者,價值僅及一半以下,而在北方氣候,運用尚屬適宜,將來再改造時,尚可加以改善,使其車內溫度再為減少。此車造成後,各路多來函詢問,深望對於技術方面,賜以指正為幸。

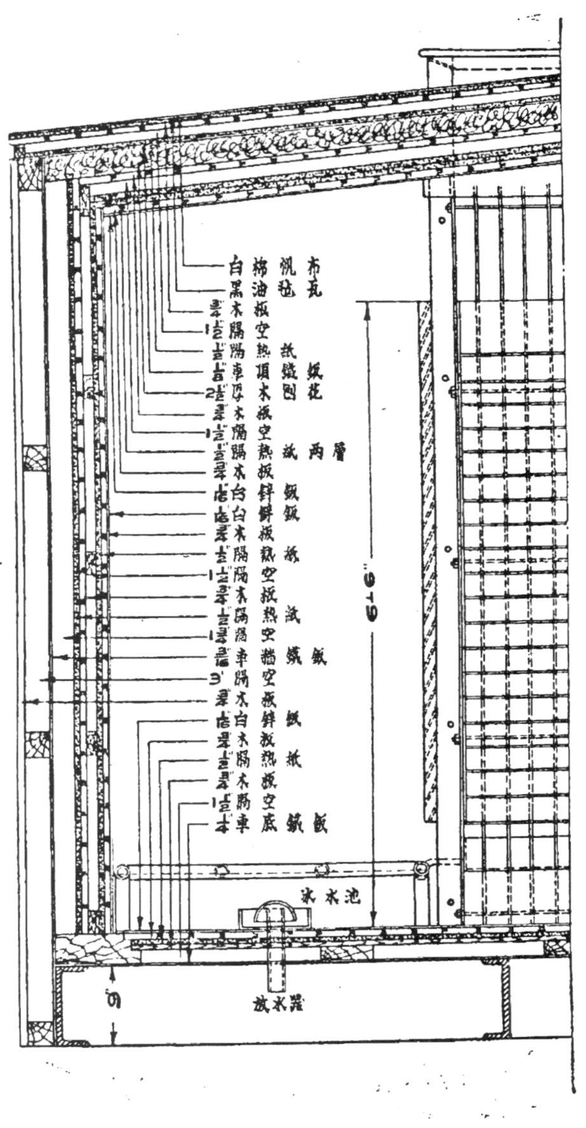

第一圖

综合卷（第七册）　交大季刊　第二十二期（1936）

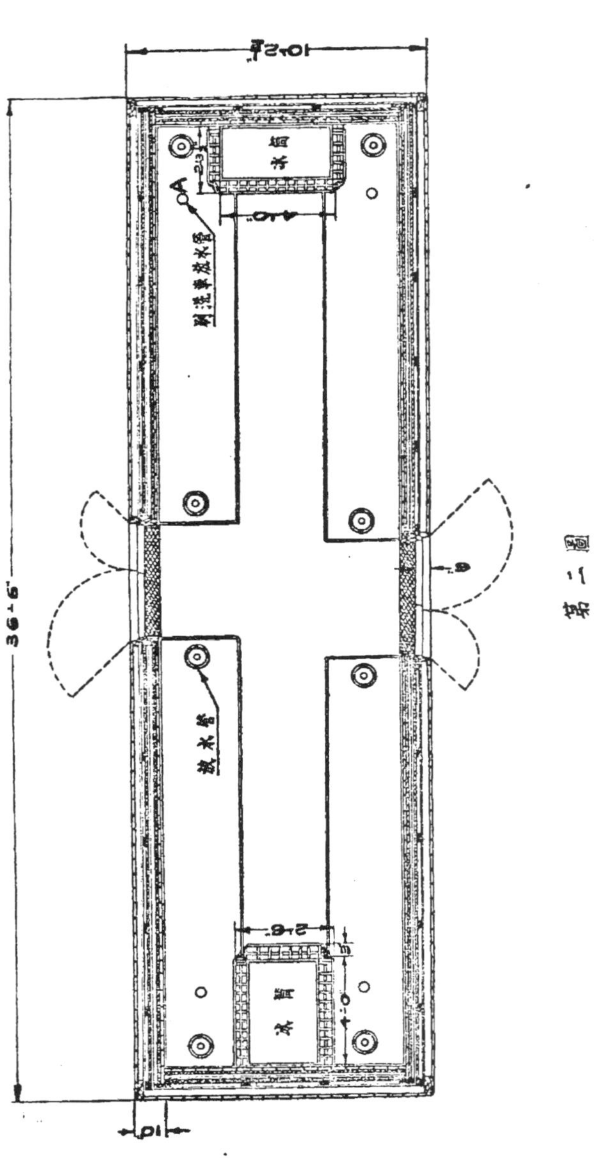

第二圖

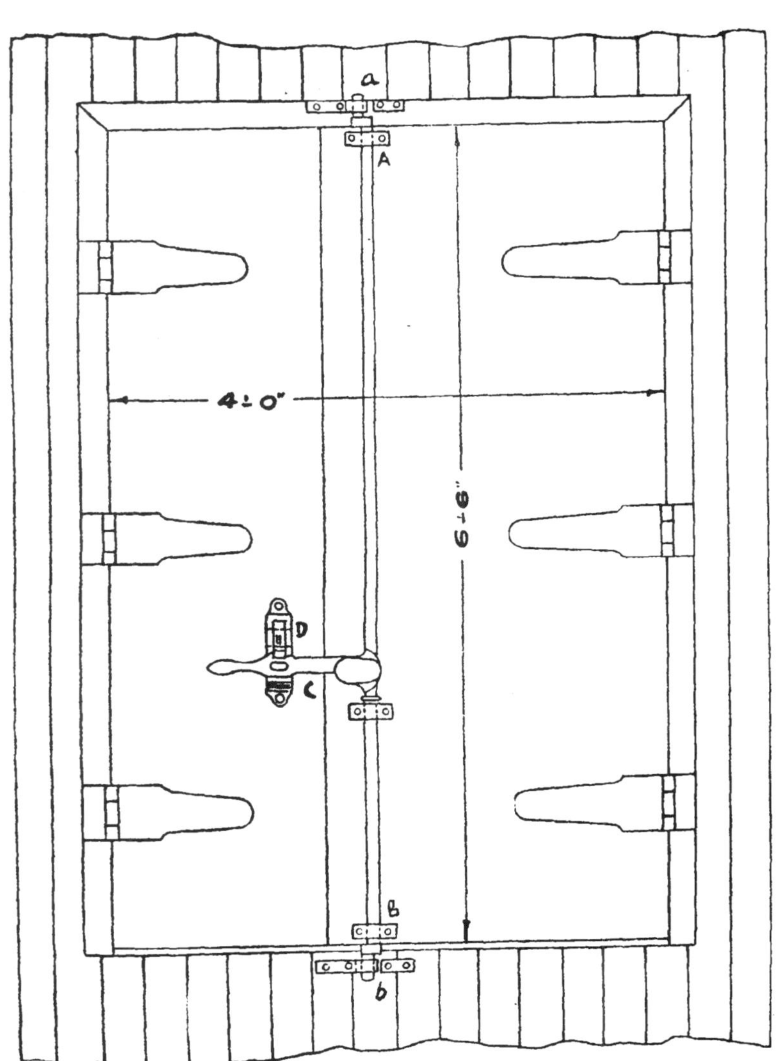

第三圖

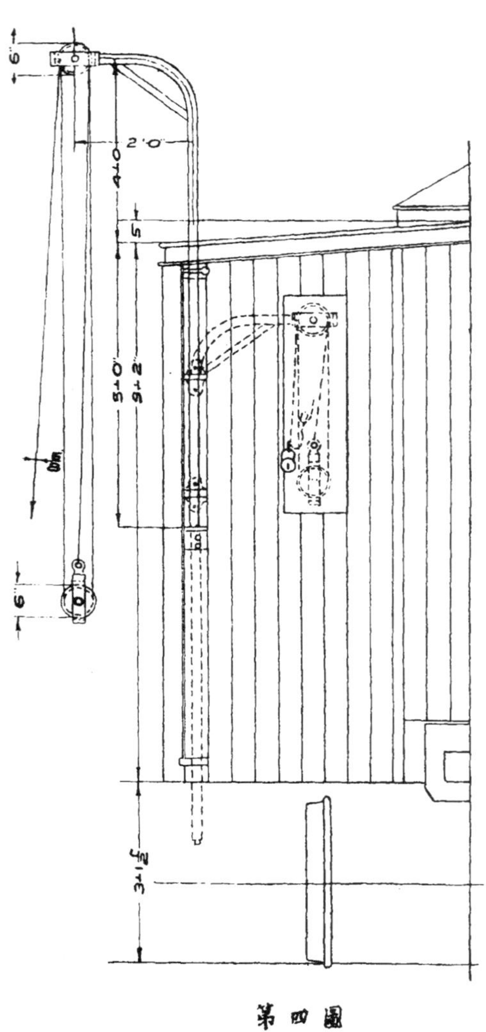

第四圖

FIVE YEARS IN THE UNIVERSITY

(From "The Political Quarterly," Vol. VII, No. 4, p. 551-564, Dec., 1936.)

By Isabel Bisson.

貝女士之「大學五年」，載於政治季刊，詳述英國大學資助委員會之工作報告，對于大學行政及經費，學生人數及選科，導師制與講師制俱有相當批評，用特轉載本刊，幸吾國關心大學教育者留意焉。　編者識

Since the constitution of the University Grants Committee in 1919 the publication of its quinquennial Reports has served as a periodic stock-taking for the Universities of this country. Those who have not been in close contact with University affairs since the War can hardly realise the admirable work of this Committee during the sixteen years of its existence. Appointed to act in an expert advisory capacity between the Treasury and the University institutions—sixteen Universities, three independent University Colleges and two Technical Colleges—in receipt of the annual Treasury grant, it has discharged its important and difficult function with remarkable tact and understanding, never forgetting its responsibility for the spending of a substantial sum of public money, yet always keeping a watchful and sympathetic eye on the developing activities and growing needs of the recipients. A fact mentioned in the present Report gives some indication of the Committee's sense of its dual responsibility. In 1930-31 the Treasury approved an increase of a quarter of a million in the annual grant to the Universities, an increase which, in the crisis of 1931, the Committee on National Expenditure proposed to discontinue. But the representations of the Grants Committee were so convincing and, in the words of the Report, "deemed to be so reasonable" that no cut was made in the annual grant, the Committee showing its appreciation of this concession by surrendering its accumulated reserve of £150,000 which would normally have been expended in non-recurrent grants to the Universities. At a time when public opinion was infected by a general sense of panic, this was a signal proof of the Treasury's confidence in the judgment of the Committee; and, on the other side, it is common knowledge in the Universities that their interests could not be in better hands. That it can report "a very satisfactory measure of progress" during the past five years is in very large measure due to the wisdom of the Committee itself.

In considering the Report and its possible bearing on University policy it is well to keep two important points in mind. In 1934-35, the last year for which figures are given, the Treasury grants to the Universities accounted for nearly £2,000,000 out of their total income of just over six millions; when other Parliamentary grants are added to this sum it amounts to £2,058,914 or 33.9 per cent. of annual income. It is a substantial amount, the right expenditure of which is a public responsibility; and the work of the Grants Committee is a singularly happy solution of what have proved a difficult relationship between the Universities and the State. Recent events in other countries have served to remined us here that the price of intellectual freedom is eternal vigilance, and few will question that the Universities are right in guarding their autonomy as jealously as they do. In the newer civic Universities any danger to such autonomy—and there is certainly some—comes rather from the pressure of local feeling than from a policy of Government control, the possibility of which, in the present state of public opinion, is very remote. It is therefore important to realise just how far the Grants Committee extend. The success of its survey depends on the willing cooperation of the University authorities, who supply statistics, reports, statements of affairs, and also arrange for the quinquennial visit of the Committee between November, 1933 and May, 1935. In all 59 visits were paid, including each of the constituent units of such a University as London. "In the normal course of our visits," runs the Report, "we examined sites,, buildings and equipment, we met the Governing Bodies and interviewed representatives of the professorial and non-professorial staffs, and we also met representatives of the students. In a word, we had full opportunities of discussing the position of each institution both at formal and informal meetings." On the knowledge thus variously acquired the Committee recommends the allocation of a proportion of the total Treasury Grant to each of the recipient institutions. While it is therefore true that these "visits are in no sense inspections," and in their give and take points of practice and policy are revealed and discussed far more freely than they could possibly be if everyone connected with the University felt that both they and their institution were on trial, there is at the same time a natural desire, even a compulsion, to seek the good opinion of the Committee and respect the findings of its published Report. It would be a bold University which pursued a policy running clean counter to the publicly expressed opinions of this most tactful of Committees.

University teachers, who are accustomed to speak with some authority on their own subject, do not always willingly accept the judgment of other people, even their colleagues, on the conduct of academic affairs. The composition of the Grants Committee is therefore of the first importance. Its nine members--eight men and one woman—have all had long and varied experience in higher education. It is enough merely to recall the names of its successive Chairmen: Sir William McCormick, Sir Walter Riddell, and now Sir Walter Moberly, once a don at Oxford, then Professor at Birmingham, Principal of a University College, and Vice-Chancellor of the largest modern English University outside London. Every one who has had any dealings with the Committee must share in its eloquent tribute in this Report to the tradition of magnificent work handed on by his two predecessors in office, and no less devotedly by Alan Kidd, the Secretary of the Committee from 1922 till his death in 1933. With so much collective experience among its members, removed as they now are from the daily and often confusing routine of academic work, the Committee is in an unequalled position to survey the whole field of University education. From their own knowledge they can follow the course of its historic development in modern times, from first-hand observation they can compare one institution or system with another; on every score their judgment is likely to be more fully-informed and more independent than that of University teachers and administrators who are primarily concerned with the detail of their own University and work. But it can hardly have the same intimate knowledge of actual working conditions, and it would be a poor compliment to this interesting Report to accept all its conclusions and suggestions without question.

About the facts set out in its opening section and the tables of statistics at the end there can be little difference of opinion. The picture they present is one of growth in every direction since the close of the previous quinquennium: five thousand more students; an additional five University institutions qualified to be put on the Treasury list; total annual income up by £898,000; a capital increase for endowments of £2,280,000; a sum of more than five millions expended on buildings and the acquisition of sites; an increase of 13 per cent. in the numbers of staff, including the founding of 83 new full-time Chairs, 33 of them wholly or partly endowed; a much needed rise of £50,000 in the annual expenditure on Libraries. The period has not been notable for constitutional changes, except the work of the Royal Commission on the University of Durham, whose recommendations for very considerable reforms are now being embodied in the necessary Statutes. Here, too, may be reckoned the creation, in 1929, of the central Court of the University of London, to which the Grants Committtee has handed over the task of allocating to the various colleges their appropriate share of the University's block grant from the Treasury, and whose work in coordinating activities on the Bloomsbury site is perhaps the most remarkable development going on at the present moment. It is inevitable that the more spectacular features in the picture of University life should bulk largest in the public eye—the new Library and Laboratories at Cambridge, the Bloomsbury buildings, the great new Brotherton Library at Leeds. But every University in the country is feeling this ceaseless need for growth, and is keeping pace with it to a degree which is astonishing. The Report therefore does well to record how much is due to those generous private benefactors who make development possible. Five and a quarter million pounds is the munificent total of their benefactions in the present quinquennium, nearly half of which took the form of endowments. Everybody will endorse the Committee's opinion that "a University's general endowment fund is the surest foundation upon which to build its independence and stability," and fortunately there is no sign of any break in the long succession of those who have been willing to devote some part of their riches to secure this end. But the Committee suggests that it is not only the rich who might be asked and expected to help. There are obvious difficulties of organisation, and few professional men and women would welcome an increase in the number of societies and causes which claim their loyalty and their subscription; but it is no doubt true that more use might be made of the affection and gratitude of many graduates for their old University.

When the Committee turns to the "Needs and Problems" of the Universities, it gives by far the largest space to the consideration of the student population. There are few experienced University teachers or administrators who would quarrel with that proportioning of attention at the present moment. Since the beginning of the century the number of full-time students in England, Wales and Scotland has risen from 20,249 to 50,638, a figure which represents, in comparison with the total population of each country, in England 1 in 1,013, in Wales 1 in 741, in Scotland 1 in 473: as a whole, 1 in 885.. It is notoriously difficult to make any exact comparison with other countries, where the term University student bears varying meanings often different from ours. But approximate figures are given as: Italy, 1 in 808; Germany, 1 in 604; France, 1 in 480. Even allowing for a liberal margin of error, Great Britain as a whole, and England especially, come badly out of the comparison, and it looks as if there were a pressing need for increased facilities for University education. But it would be unwise to accept the obvious conclusion too readily. The delegates from the English Association to the International Conference of University Teachers held in June of last year at Grenoble could not fail to be impressed by the anxiety of the French and German delegates about the unemployment of their graduates. In this connection it is a significant fact, mentioned by the Grants Committee, that "in 1934 only some 16,000 students from secondary schools in Germany were allowed to enter the German institutions of higher learning as compared with something like 30,000 students in 1932." In this country the problem of the graduate who cannot find suitable employment has never been so pressing as on the Continent; but it is worth noting that it is least serious in England, and that it has been and still is extremely serious in Wales, where, with a diminishing population, the number of students rose by nearly a thousand in the decade 1925-35 (1 in 1,005 to 1 in 741). In Scotland, with its long tradition of bringing University education within reach of all who can profit by it, and proportionately a larger outlet for University graduates in the professions, the great difficulty in finding employment in recent years has reacted on the number of students, which has fallen by 701 since 1928-29.

Other facts emerge which are clearly connected with this problem of future employment. While the total number of students has risen by five thousand, the number of women students has fallen by 864, almost entirely in Scotland; and there has been a radical change in the distribution of students according to Faculties. Pure Science shows a rise of 1,315; Medicine one of 2,769 as against a fall of 2,610 in the preceding quinquennium; while Arts, though still containing nearly half the total student population, rose by only 162, as compared with 4,644 between 1924 and 1929. The Report further notes, with approval, that the number of full-time advanced students has grown from 2,082 to 2,813, an increase of 35 per cent. in the period under review. It would indeed be surprising if, even with their increased numbers, the Universities had discovered 731 additional students capable of doing advanced work of such a kind that its pursuit is wholly justified by its intrinsic excellence. In fact, every University teacher knows that the numbers of advanced students have been artificially swollen by the unwillingness of those newly-graduated to join the ranks of the unemployed before they need, and that many have welcomed the opportunity of putting in a post-graduate year in the hope that their prospects would improve. The Universities may yet have to guard against the tendency of young men and women to hang on after taking their first Degree, collecting further paper qualifications but sometimes, in the process, becoming less and not more employable, if only because they are older. By that time, too, they often expect a better post than their abilities warrant, and set an entirely wrong value on the kind of "advanced" work they have been doing. There are, of course, many students who benefit immeasurably from a post-graduate year or years, even when they are never going to become experts and scholars in their subject. But the Committee's method of measuring this "important element in University progress" by counting heads must awake misgiving in those who know just how much—and how little—these heads may hold. Certainly no encouragement should be given to the production of bad Research, of which there is already more than enough in the Universities. It is only fair to the Committee to say that elsewhere in their Report they show themselves fully aware of this.

The new distribution over the various Faculties seems, on the whole, a healthy feature, though it remains to be seen how far the doctors and scientists now in training can be absorbed in their respective professions. It is significant that some Medical Schools are already inclined to limit the number of entrants, and many people will agree with the Committee's suggestion that each University should seriously ask itself what is the largest number of students it can effectively teach. University authorities have been known to refer to the "marginal student," which apparently means the last in number whom it pays that University to teach; and in their franker moments Colleges at Oxford and Cambridge admit that they have to fill their rooms with whatever entrants are available in order to keep the College going. But financial considerations, though of course they enter into the question, are not the sole or the right standard of measurement. It is at least open to question whether, in number of students, the Universities have not reached, or gone beyond, their maximum effective capacity for the moment. We are at last beginning to doubt whether the sensational development in a very academic kind of secondary education since the beginning of this century is in itself necessarily a good thing. It is often forgotten, except by those actively engaged in teaching, how many young people drift into and through the secondary schools without much purpose or interest, and having satisfied the modest requirements of school-leaving examinations equally drift into the Universities with no intellectual vocation, and merely in search of a qualification for a job. How often has the weary University teacher heard the average and less than average student say that he "supposes he will have to teach"; and unfortunately, in spite of the laudable efforts of University Appointments Committees to open up new fields of graduate employment, the great majority do teach. And so the vicious circle goes on.

There are signs that the number of students may tend to stabilise itself about the present figure, but those 50,000 have to be reckoned with, and in asking whether they are receiving all that a University education should imply the Report puts a question which all University teachers are in practice forced to ask themselves every day. It is impossible, at present, to be satisfied with the answer; and although most is heard on this score about the Scottish and the modern English Universities it would be wrong to assume that Oxford and Cambridge are beyond help or criticism. In the last resort what a student gets from his University must depend on what he brings to it, and a disquieting number of those who enter our Universities are not ready or able to make the most of the opportunities offered them. It is naturally in the newer Universities that these opportunities leave most room for improvement, but conditions at Oxford and Cambridge have changed profoundly since the war, and an increasing proportion of their undergraduates are not very different intellectually or in social experience from their fellow undergraduates elsewhere. Broadly speaking, teachers are agreed in deploring the premature specialisation which has grown up in the higher school forms, partly owing to University Scholarship demands. The very best pupils thrive on it as they will thrive on almost any intellectual discipline, but the vast majority of those who enter the Universities are below that level. A large number of them are already tired, knowing a good many facts, often at second-hand and inaccurately, and without the slightest intellectual curiosity or real taste for the subjects they elect to study. In all the Universities the growth of Honour Schools has thrown the broader curriculum of the Pass Degree completely into the shade, and University teachers, themselves, it must be remembered, specialists in their subject, are being slowly brought to recognise that for many undergraduates, including some of parts and ability, a specialist training is far from being the best. Already several Universities are experimenting with carefully arranged combinations of subjects, designed to provide a more general education and allow full opportunity for distinguished work of a real University character.

In Scotland and the newer English Universities the last decade has seen a great development in social conditions and the training they may be expected to give their students as what this Report call "a member of society and a human being." Though much remains to be done, Students' Unions, Common Rooms, Refectories, Playing Fields have been provided on a scale which is often splendid. A small beginning has been made with general health services, the need for which cannot be overestimated and on which a useful Report, showing the importance attached to this question by students themselves, was issued by the National Union of Students in 1933. University authorities, usually remembering their own Oxford and Cambridge days, have pushed on with a policy of building Halls of Residence, until there are now over 6,000 students housed in these. It is a system which the Grants Committee has always commended with force and eloquence, and nobody would deny that it has some of the advantages, real or potential, which its enthusiasts claim. But a Hall of Residence can never be a miniature Oxford or Cambridge College transported to the conditions of a modern industrial town, and, while it provides opportunities for the humanising intercourse which is rightly regarded as important, it also encourages a good deal of wasted social energy. A man or woman at Oxford or Cambridge can largely select occasions for contact with his fellows and enjoy privacy when he wants it. In a modern Hall of Residence, with its greater promiscuity, its fixed routine, its public meals and corridors of study bedrooms, the individual tends to become merged in the crowd and its activities. The effect can be the very reverse of that intended, and advocates of the policy of Halls of Residence should not consider those students merely unreasonable or unsociable who prefer even indifferent lodgings because of the greater privacy and independence they offer. Besides, the policy does not touch that half of the student population who live in their own homes, often travelling considerable distances daily to and from the University, some of them living under home conditions conducive neither to good work nor to a full social life. Yet among their number in every University are to be found some of the best all-round students of their generation.

However important the provision of social facilities, they obviously lose much of their value without a stimulating intellectual and personal contact between students and their teachers. Opportunities of meeting outside "working hours" are increasingly welcomed on both sides; but University opinion at the moment is focussing rather on the relative merits of a lecturing and a tutorial system. In the modern Universities lectures undoubtedly occupy too large a place, and there are grim legends of their being given in relays in Scottish lecture-rooms packed to capacity with a couple of hundred students. The pros and cons of the two systems are set out in the Report with considerable fairness, but it seems to beg most of the questions it has raised when it concludes that "in most Universities, owing to the very great expenditure entailed, anything like a complete tutorial system is an ideal." All this discussion at present tends to make too much of the tutorial and too little of the lecture. Of course it is true that lectures should be good when given at all, that they should have—as they obviously can have—a real educational purpose and value, that not all good University teachers have the gift of lecturing. But there is some tendency to assume that the man who cannot lecture will be better in tutorial work, and that the quality of the teaching will inevitably improve if lectures are cut down to give him scope. There is, however, little danger that lectures will be abandoned as an integral part of the teaching system, but the compulsory lecture has fewer defenders, and this seems at least partly due to a misunderstanding of its commonest though not its only function. In every field of study there is a body of knowledge and criticism which all students must take into account and which can be most economically and effectively dealt with in lectures, however far they may pursue and supplement it in private tutorials. A "Complete tutorial system" would be a sheer waste of time and energy, for teachers as well as students. With an elite of able and interested students it has admirable possibilities; under existing circumstances, it would involve much wearisome drudgery, endless repetition and spoon-feeding, devastating to the teacher and with no very clear advantage to the student. As a lively French observer remarked about the daily routine of some Oxford dons: 'C'est un travail de femme de chambre."

The success of University education is likely to depend on the quality of its teachers more than on any other single factor, and in the last resort, though there will always be many who choose this work in preference to anything else, the Universities must pay adequate salaries if they are to secure the right talent. It is therefore satisfactory to find a gradual rise in the status of University teachers and what the Report calls "a definite if modest improvement" in average salary. But University teachers may well hold that the position of the staff generally is less satisfactory than the Report might suggest to the outside reader. If notes, for example, an average increase of £16 in the salaries of lecturers since 1929: £455 to £471. It should be remembered that the vast majority of the lecturers of 1934-5 are those of 1928-9, grown five years older and on an average £16 a year richer. This grade of men and women, who have been anything from six years upwards in University teaching, admittedly offers the greatest problems in salary and status. Though the number of higher and better-paid posts shows a satisfactory rise, it is obvious that they must remain few in comparison to the large and increasing middle-grade, and the suggestion in the Report for meeting this position of stale-mate is not one that greatly commands itself to University teachers. It emphasises the benefits of a practice already in operation in some Universities, of fixing the size or proportionate size of this permanent lecturing staff, and only promoting from the probationary grade of young University teachers when a vacancy occurs or in cases of exceptional merit. Other "probationers," on this system, must leave at the end of three year's trial—in practice the period is often longer—while they are still of an age to find other employment, for instance in secondary schools. Without asking whether the secondary schools wish to become asylums for disappointed aspirants to University posts, there are other drawbacks. The majority of young men and women engage in post-graduate study before becoming lecturers, so that they tend to start about the age of 25 or over. At 28, still more at 30, it is growing late to change, especially when they have incurred responsibilities. It is common knowledge, also, that the policy of dismissal, failing the vacancy which seldom occurs just when it is wanted, involves, a serious leakage of real ability and valuable experience. In the end this irreparable loss to the Universities .must inevitably be increased by the unwillingness of young people to embark on a career which promises them no security for honest and able work.

All those who have first-hand knowledge of the Universities must share the opinion, so strongly conveyed in this Report, that under conditions of extreme difficulty they are doing admirable work of which the country has deep and urgent need. It seems likely that in the immediate future their task will be less to increase their size or number or multiply the subjects they profess than to strengthen their existing work and develop its usefulness with all the power they can command. It is therefore good to learn that the Chancellor of the Exchequer is making provision in the Estimates for an increase of £270,000 in the Universities vote, thus raising it to £2,100,000; and that the Treasury proposes to restore the reserve of £150,000 surrendered in 1931. No grant of public money is likely to be more carefully or more usefully spent.

交大季刊投稿簡章

一、投稿不拘文言白話凡中英德法文均所歡迎

二、論說新聞雜俎均以科學經濟管理工程學問爲範圍

三、投寄之稿如係翻譯請附寄原本否則須將原文題目著者姓名出版日期及地點詳細開示

四、投寄之稿務望繕寫清楚並加新式標點凡外國文稿件並請打印之如有插圖附表必須製版者請用墨色

五、來稿請註明姓名住址以便通訊并加蓋印章俾於發給稿費時核對之

六、投寄之稿無論登載與否概不退還但預有聲明並備足回寄郵資者不在此限

七、投寄之稿經本刊揭載後每篇酌致酬金若本刊尚未揭載已先在他處發表者恕不致酬

八、投寄之稿經本刊揭載後版權即爲本校出版委員會所有但有另行約定者不在此限

九、投寄之稿本院委員會有酌量增刪之權如投稿人不願有何增刪則應於投稿時聲明

十、投寄之稿應逕寄上海徐家滙交通大學出版處

中華民國二十五年十二月出版

交大季刊

第二十二期

編輯者　胡端行

發行者　交通大學出版處（上海徐家滙）

印刷者　上海中國科學公司

代售處　上海　世界出版社　上海雜誌公司　作者書社　黎明書局　蘇新書社　生活書店

南京　正中書局

天津　志恆書店　大公報社代辦部

漢口　光華書局

安慶　世界書局

武昌　學生書店

廣州　廣州圖書消費合作社　新光書店

雲南　雲南文化書店

本刊價目

每册大洋三角　全年四册一元

郵費國內不加　國外每册二角

THE CHIAO-TUNG UNIVERSITY QUARTERLY

Volume 6 *Number 2*

Shanghai, China
December, 1936

交大季刊

第二十三期

要目

中華民國二十六年三月 上海國立交通大學編行

中華郵政特准掛號認爲新聞紙類 內政部登記證警字第一七五三號

交通大學出版刊物

一. 期刊

1. 交大季刊	每册三角	全年一元
2. 交大三日刊	半年五角	全年一元
3. 科學通訊(全年八期)	每册二角	全年一元四角
4. 管理二月刊(全年五期)	每册四角	全年一元六角

二. 本校一覽

1. 中文本	每册四角
2. 英文本	每册六角

三. 本校研究所編輯刊物

1. 油漆試驗報告,第一號	每册二角
2. 油漆試驗報告,第二號	每册六角
3. 油漆試驗報告,第三號	每册一元
4. 地下流水問題之解法(英文本)	每册三角
5. 美國鐵道會計實務,第一編(英文本)	每册六角
6. 解决中國運輸問題之途徑(英文本)	每册四角
7. 解决中國運輸問題之途徑(譯本)	每册三角
8. 鐵路零担貨運安全辦法	每册四角
9. 中國國民經濟在條約上所受之束縛	每册六角
10. 皖中稻米產銷之調查	每册六角
11. 小麥及麵粉	每册五角

經售處　上海徐家匯本校出版處

總理遺像

同志仍須努力

革命尚未成功

總理遺囑

余致力國民革命凡四十年其目的在求中國之自由平等積四十年之經驗深知欲達到此目的必須喚起民衆及聯合世界上以平等待我之民族共同奮鬥

現在革命尚未成功凡我同志務須依照余所著建國方略建國大綱三民主義及第一次全國代表大會宣言繼續努力以求貫澈最近主張開國民會議及廢除不平等條約尤須於最短期間促其實現是所至囑

前漢時代陸路交通考

(續第二十一期)

鄭師許

匈奴之名,出現甚早,據傳說所載,當在唐虞之世;餘亘夏,商,周,春秋,戰國,秦,漢以來,史不絕書。惟其名稱則至不一致,巴克爾(*E. H. Parker*) 匈奴史(*The Empire of the Hiung-Nu*) 第一章云:

> 匈奴一辭,屢見後來正史,唯在古初,不曰匈奴而爲其他音近之字。

日人三宅雪嶺冒頓傳第三章云:

> 往昔軒轅氏奠定國土以來,北方民族,不絕來寇。堯時曰葷粥,周曰玁狁,秦曰匈奴,雖三者互相異名,然種族則固相同也。在今日類不能確和上代之語音,惟曰葷,曰獫,曰匈,元爲北人自稱所表之音;其他曰胡,曰羌,又疑於其音有多少關係。現時讀葷爲 *hiun*,讀獫爲 *hien*,讀匈爲 *hiung*,讀胡爲 *hu*,其發音皆同,卽屬日語『波行』者也。昔時地方方言則屬『加行』,漢之朝廷,其普通讀法,或亦爲『加行』未可知也。而拉丁文則爲 *hunni*,稍有自『加行』移呼『波行』之意。

桑原隲藏張騫西征考則云:

> 所謂匈奴一種族,除匈奴之普通名稱外,見於中國記錄上者,復有左列種種名稱:
>
> 1,獫狁(史記匈奴傳)
>
> 2,玁狁(詩經采薇篇)
>
> 3,薰粥(史記匈奴傳)

4，獯粥(史記匈奴傳注)

5，葷粥(史記五帝本紀)

6，獯鬻(孟子梁惠王下)

7，薰育(史記殷本紀)

8，薰鬻(吳越春秋吳太伯傳)

9，恭奴(漢書匈奴傳)

10,凶奴(釋迦方志卷上)

11,獫允(漢書匈奴傳)

12,兇奴(大唐求法高僧傳卷上)

13,熏粥(史記五帝本紀註)

14,葷狁(會昌一品集卷二)

有清之何秋濤於其王會篇箋釋中言曰:『按葷粥,獫狁,匈奴三名,並一聲之轉。』而白鳥博士於所著匈奴及東胡種族語言考中亦略述同樣之意見。實則不僅葷粥,獫狁,匈奴三名爲然,卽上揭十數種名稱,其間雖有輕重差別,然所表者畢竟爲同一之音也。

據釋迦傳記中所書 *Lalita-Vistara*, 釋迦在其學生時代,與師匠之 *Viçvârnitra* 毘奢蜜多(選友),就六十四種書問答之,而其六十四種文字中,有所謂 *Hoûna* 之書。*Lalita-Vistara* 之漢譯,在西晉時代完成之普曜經第三卷中,對此 *Hoûna* 以匈奴二字充之。又在唐時完成之方廣莊嚴經第四卷中,則以『護那』二字充之。按梵語之所謂 *Houna* (*Huna*), 係指一般野蠻種族,尤其是指芬種族而言。

普曜經中之匈奴,常被視爲 *Hoûna* 之義譯,但又爲其音譯。義譯云者,以匈奴充 *Hoûna*, 其事頗饒興味;若以匈奴與護那相等而爲 *Hoûna*(*Huna*)之音譯時,則中文之匈奴一音與西洋之 *Hanni* 或 *Hunnen* 頗接近而得譯也。

西洋學者中,以中國之匈奴與西洋 *Hunnen* 創唱爲同一種族者,爲*De Guignes*。氏於公元一七五七年公布其名著匈奴通史中,以*Hunni*或*Hunnen*之種族,即中國人訛稱之匈奴。氏言匈奴與*Hunni*爲同一發音。惟其後之*Klaproth*氏,謂中國之匈奴爲突厥種族,而西洋之*Hunnen*屬於芬種族,決難承認其爲同一之種族。故卒致匈奴與*Hunnen*之同一說,一時頗失其勢力。但至公元一八九九年時,*Hirth*氏於其所著*Volga=Hunnen*及匈奴考中,主張見於魏書之匈奴王忽倪,即*Hunnen*王之少子*Hernac*其人,自此以後,使*De Guignes*氏所唱之匈奴與*Hunnen*同一說,再得學者多數之贊同。………

據史記之匈奴傳:匈奴祖先爲夏后氏之後,即所謂淳維者是。其與夏后氏之關係,固難憑信,惟淳維(*Shun-Wei*)之發音,與*Hunni*想稍接近。或謂此因淳維始祖之名,方發生所謂匈奴種族之名稱,然乎?否乎?始祖之名或有力之君主之名稱,嘗負有其種族或部族之名稱,在塞外種族之間,其實例甚夥。如鮮卑種族之吐谷渾部,即取名於其祖先吐谷渾。又如白匈奴嚈噠*Ephthal*種族,亦係取其王之名,而定爲種族之名稱者。其餘雖不甚可信,然又據*Abulgusi*傳稱突厥,蒙古,韃靼等種族之名稱,爲其祖先*Türk*或*Türk*之六世孫因雙生兄弟之*Tatter-Chan*或*Mungel-Chan*而得名。

視淳維與匈奴爲同一之發音者,雖稍涉牽强附會,然*Sh' Kh' H'*三音之彼此轉訛,在音韻學上,嘗非絕無其例。據樂彥之括地譜:『夏桀無道,湯放之鳴條,三年而死,其子獯鬻………避居北野,隨畜移徙,中國謂之匈奴。』然則史記之淳維與此獯粥,當爲同一人矣又唐司馬貞之史記索隱中:『唐虞已上曰山戎,亦曰熏粥,夏曰淳維,殷曰獯狁,漢曰匈奴。』右記所說就全體言,尙有彼此爭論之點,惟總之,熏粥,淳維,獫狁,匈奴等文字縱異,而表示同一種族之證據卻極充分,且足證所謂淳維之文字,用作種族名稱,同時復爲其祖先名稱,因此吾儕前述之臆測,大可以此爲根據之材料也。

吾國學者則崔述豐鎬考信錄卷七云:

鄭氏以西戎爲昆夷獫狁爲北狄;孔氏詩疏云,獫狁大於西戎,出師主伐獫狁,故戒敕戍役,以獫狁爲主,而略於西戎也。余(指崔氏自稱)按:大原(卽今陝西固原)及方,皆在周之西北,獫狁之國,當在涼鞏之間。所謂西戎,蓋卽獫狁。而變其文以叶韻耳。獫狁之爲周患,見於出車六月,采薇,采芑四篇詳矣,而傳記初未有言者。國語有犬戎,有姜氏之戎,而史伯則但稱西戎。足爲周患者皆戎也。史記秦本紀厲王時反王室,滅犬邱大駱之族,宣王時以秦仲爲大夫,誅西戎,西戎殺秦仲。(在宣王之六年。)宣王召其子莊公,與兵七千,使伐西戎,破之。幽王時,戎圍犬邱,莊公子世父爲戎所虜。(在幽王之六年。)厲宣間能爲周患者惟西戎,然則詩之獫狁,卽西戎也。是以一篇之中,或稱獫狁或稱西戎,非兩事也。蓋西戎之國不一,而獫狁爲最强;專言之則曰獫狁,概言之則曰西戎。猶赤狄有潞氏,甲氏,留,吁,鐸辰,而潞氏最爲强,傳或專言潞氏,亦或概言爲赤狄也。獫狁文皆從犬,疑卽周語之犬戎,猶鄭瞞之或稱爲長狄也。以獫狁,西戎爲二國,而曲爲之解,誤矣。程子疑西戎兵不加而服,朱子疑旣卻獫狁而還師以伐昆夷,亦沿鄭孔之誤。

王國維氏鬼方昆夷獫狁考云:

我國古時有一彊梁之外族,其族而自汧隴,環中國而北,東及太行常山間,中間或分或合,時入侵暴中國,其俗尙武力,而文化之度,不及諸夏遠甚,又本無文字,或雖有而不與中國同。是以中國之稱之也,隨世異名,因地殊號,至於後世,或且以醜名加之。其見於商周間者,曰鬼方,曰混夷,曰獯鬻,其在宗周之季,則曰玁狁,入春秋後則始謂之戎,繼號曰狄,戰國以降,又稱之曰胡,曰匈奴。綜上諸稱觀之,則曰戎,曰狄者,皆中國人所加之名;曰鬼方,曰混夷,曰獯鬻,曰玁狁,曰胡,曰匈奴者,乃其本名;而鬼方之方,混夷之夷,亦爲中國所附加。當中國呼之爲戎狄之時,彼之自稱,决非如此。其居邊裔者尤當仍其故號。故戰國時中國戎狄既盡,强國辟土,與邊裔接,乃復以其本名呼之。

王氏下文更由古器物與古文字之助,言其名稱異同之故,謂:

此族見於最古之書者,實爲鬼方,易既濟爻辭曰,高宗伐鬼方,三年克之;未濟爻辭曰,震用伐鬼方,三年有賞于大國;詩大雅蕩之篇曰,內奰于中國,覃及鬼方。……竹書紀年稱王季伐西落鬼戎……今徵之古器物,則宣城李氏所藏小盂鼎,與濰縣陳氏所藏梁伯戈,皆有鬼方字。……由是觀之,鬼方地在汧隴之間,或更在其西,蓋無疑義。雖游牧之族,非有定居,然殷周間之鬼方,其一部落,必在此地無疑也。然其全境猶當環周之西北二垂,而控其東北,……與下所考昆夷,玁狁正同。

又謂:

鬼方之名,易詩作鬼,然古金文作䰠或作魃,盂鼎曰,王囗盂以囗囗伐䰠方;其字從鬼從戈。梁伯戈云,魃方𧴪;其字從鬼從攴,二字不同,皆爲古文畏字。……從戈之䰠,亦卽魃字。凡從攴從戈,皆有擊意,故古文往往相通。……由此觀之,則䰠魃二字,確爲畏字。鬼方之名,當作畏方。……鬼方與昆夷,玁狁,其國名與地理上遞嬗之跡,當詳於下,其可特舉者,則宗周之末,尙有隗國,春秋諸狄,皆爲隗姓,是也。……原其國姓之名,皆出於古之畏方,可得而徵論也。

又謂:

混夷之名,亦見於周初之書。大雅緜之詩曰混夷駾矣;說文解字,馬部引作昆夷,口部引作犬夷。而孟子及毛詩采薇序作昆夷史記,匈奴傳作緄夷,尙書大傳則作畎夷。顏師古漢書匈奴傳注云,畎音工犬反,昆混緄並工本反,四字聲皆相近。余(指王氏自稱)謂皆畏與鬼之陽聲。又變而爲葷粥(史記五帝本紀及三王世家),爲薰育(史記周本紀),爲獯鬻(孟子),又變而爲玁狁,亦皆畏,鬼二音之遺。畏之爲鬼,混(胡本反或胡渾反)之爲昆,爲緄,爲畎,爲犬,古喉牙同音也。畏之爲混,鬼之爲昆,爲緄,爲畎,爲犬,古陰陽對轉也。混,昆,與葷,薰,非獨同部,亦同母之字(古音喉牙不分),玁狁則葷,薰之引而長者也。故鬼方,昆夷,薰育,玁狁,自係一語之變,亦卽一族之稱,自音韻學上證之有餘矣。

然徵之舊說,則頗不同。鬼方,混夷,古人無混而一之者;至混夷與獯鬻,玁狁,則又畫然分而爲二。孟子言太王事獯鬻,文王事昆夷。詩序言文王之時,西有昆夷之患,北有玁狁之難。逸周書序,亦謂文王立,西距昆夷,北備玁狁。然孟子以獯鬻,昆夷並舉,乃由行文避複之故。據緜詩本文則太王所事,正是混夷;此詩自一章至七章皆言太王遷都築室之事,八章云,柞棫拔矣,行道兌矣,混夷駾矣,維其喙矣。亦當言太王定都之後,伐木開道,混夷畏其强而驚走也。(經於第九章虞芮質厥成以下始言文王,鄭箋以第八章繫之,殊無所據。)太王所喙者旣爲混夷,則前此所事者,亦當爲混夷。孟子易以獯鬻者,以下文云文王事昆夷,故以異名同實之獯鬻代之,臨文之道,不得不爾也。此古書之不可泥者一也。詩序所言,亦由誤解經語。案出車詩云,赫赫南仲玁狁于襄;又云,赫赫南仲薄伐西戎;旣云玁狁復云西戎。鄭君注尙書大傳據之,遂云南仲一行,並平二寇。序詩者之意,殆亦以昆夷當經之西戎與鄭君同。不知西戎卽玁狁,互言之以諧韻,與孟子之昆夷,獯鬻錯舉之以成文,無異也。不㜸敦以玁狁與戎錯舉,正與出車詩同。此古書之不可泥者二也。然則舊說以昆夷與獯鬻,玁狁爲二,蓋無所據。昆夷之地,自太王之遷自北而南觀之,則必從豳北入寇。又史記謂自隴以西,有緜諸,緄戎,翟貆之戎,楊惲亦謂安定山谷之間,昆戎舊壤,則其地又環岐周之西,與上所考鬼方疆域,若合符節。而自殷之武丁,訖於周之成王,鬼方國大民衆,常爲西北患;不容太王文王之時絕不爲寇,而別有他族介居其間。後世玁狁所據之地,亦與昆夷略同。故自史事及地理觀之,混夷之爲畏夷之異名,又爲玁狁之祖先,蓋無可疑,不獨有音韻上之證據也。

又謂:

獯鬻,玁狁,皆宗周以前之稱,而當時書器,均不見獯鬻二字。其見於傳記者,以孟子爲最古。史記五帝本紀稱黃帝北逐葷粥。匈奴傳亦云,唐虞以上有山戎,獫狁,葷粥,居於北蠻,晉灼曰,堯時曰葷粥。皆後世追紀之辭,不足爲據。猶伊尹四方令,周書王會解,並有匈奴,非事實也。然以理勢度之,尙當爲玁狁以前之稱。葷薰之音,同於混昆,而玁字其聲雖同,其韻已變,合玁狁二字,乃得薰音,其名或當在獯鬻之後也。詩玁狁之玁,釋文云本或作獫,音險史記以降,亦多作獫狁。古金文如兮甲盤,虢季子白盤,作嚴𤞤;不㜸敦作㠯允,又作竅允。……竅自當讀險,不當讀魚音反,陸音是也。此字之音,與畏,混,葷,獯,異部,其變化唯可於雙聲求之。殆先有獯音,而後有玁狁之二合音也。然則舊說之先獯鬻而後玁狁,或非無據矣。

獯鬻地理,一無可考。唯玁狁出入之地,則見於書器者較

> 多。其見於詩,曰焦穫,曰涇陽,曰鎬,曰方,曰朔方,曰太原,此六者昔儒考證至多,未有定說也。更求之於金文中,則見於不嬰敦者曰西俞,曰畧,曰高陵,見於兮甲盤者曰𡨦盧,見於虢季子白盤者曰洛之陽。此十一地中,方與朔方,畧與洛當爲一地。故得九地。……可知玁狁自宗周之東北,而包其西,與鬼方,昆夷之地,全相符合也。

又謂:

> 於是胡與匈奴之名,始見於戰國之際,與數百年前之獯鬻,玁狁,先後相應,其爲同種,當司馬氏作匈奴傳時,蓋已知之矣。

據此,則匈奴之名,其在古初,有鬼方,𢦏方,鬾方,畏方,隗國,混夷,昆夷,緄夷,畎夷,犬夷,葷粥,薰育,獯鬻,薰粥,獯粥,薰鬻,熏粥,葷狁,玁狁,獫狁,嚴𤞤,㺍允,玁允,戎,犬戎,西戎,緄戎,狄,北狄,胡,匈奴,恭奴,凶奴,兇奴,等三十四種名稱,除戎狄等六種名稱爲中國人所加之名外,其餘皆爲匈奴一辭近似之音,或爲聲轉,或爲陰陽對轉,或爲合音引長,要不出各時代音譯之異變。或以爲淳維亦其譯音之異,則 *H. Sh. Kh.* 三聲母之轉訛也。方庭論狄謂:『周易,天問,山海經所稱王亥喪僕牛於易,易與狄本可通用,則有易之疆域,自亦爲後世狄人所踞之上黨,常山。』蓋亦以音轉而異名也。至梁任公師則更有說,其少作史記匈奴傳戎狄名義考云:

> 吾乃據羣籍以比推之,臆斷史記本文所述者,凡爲三族,一曰根據今山西陝西而侵入雜居於內地者。……其根據今山西陝西之族,則史記本文所舉,什八九屬焉。其族爲控絃游牧之衆,最悍盛,而蹂躪之地最廣。在黃帝時謂之獯鬻,五帝本紀所謂黃帝北逐獯鬻是也。在堯時謂之狄,其種可知者八,墨子所謂堯北教八狄是也。堯都平陽,即今太原,太原羣狄之根據地也。自堯以前,我族皆宅河南,至堯乃渡河而北,突入狄窟奠都焉。堯之明德遠矣。及

舜封后稷棄於邰,棄,堯之母弟,而邰今陜西延安也。其地夙爲我族勢力所不及,至是開殖焉。自兹以往,周人與此族交涉最繁,國語所謂不窋失官,竄於戎狄之間,(史記本文作公劉,而周本紀作不窋,與國語合,當從本紀。)蓋周之受封,本在狄地,至是而國爲狄所陷也。公劉崎嶇,稍復舊業,及太王又見偪南遷,孟子稱太王事獯鬻,故知太王所避者與黄帝所逐者爲同族也。其時彼燄張甚,史稱武乙之世,犬戎寇邊,故王季始卽位,伐西落鬼戎,次乃伐義渠之戎,燕京之戎,余無之戎,始呼之戎翳徒之戎(見後漢書及竹書紀年。)至文王時,其在西者謂之昆夷,其在北者謂之玁狁,其總稱曰畎夷,本文所謂西伯昌伐畎夷是也。逸周書曰:文王立,西距昆夷,北備玁狁;此釆薇出車之所爲作也。(詩釆薇序云:文王之時,西有昆夷之患,北有玁狁之難。)知昆夷,玁狁爲同族者,出車之詩曰:天子命我,城彼朔方,赫赫南仲,薄伐西戎,是西北同一役,而主師皆南仲也。夫曰玁狁,曰畎夷,與獯鬻之獯皆從犬,故知卽太王所避之狄,至西伯而始大雪其恥也。史記周本紀又稱:閎夭求驪戎之文馬獻紂以釋西伯,則春秋時驪戎之原始,可得稽焉。王季所伐義渠之戎,則至戰國而猶存者也。其余無之戎,後儒謂春秋之東山臯落氏也。是皆緣此可以推見春秋諸戎之關係者也。史稱:武王始放逐之涇洛之北,則武王以前,其族錯居涇洛南可知。是今之西安鳳翔一帶,皆戎跡也。穆王以還,周威墜地,其族復東南徙。六月之詩曰:玁狁孔熾,我是用急;又曰:玁狁匪茹,整居焦穫,侵鎬及方,至於涇陽;又曰:薄伐玁狁,至於太原;是宣王時,其勢力復及於涇水以南,今鳳翔及甘肅平涼地矣。周伐之至太原,其跡不可謂不遠,而終不能勝也。翌代而遂有犬戎入周殺幽王之事,周遂以東,此犬戎卽文宣所伐之獯狁、王季所伐之畎夷，而太王所避黃帝所逐之獯鬻也。自茲以後，其族散居腹地，隨王室而東，徧於揚，拒，泉，皋，伊，雒間，（杜注云：伊闕北有皋亭，顧棟高春秋大事表云：今洛陽縣西南有泉城，卽皋戎地也。）統稱曰赤狄；時最强悍，兩次陷京師，又滅邢，滅衞，侵齊，侵魯，侵晉，侵鄭，前後百年間，患不絕於中國。知諸戎卽爲狄者，僖十一年，二十四年兩次陷京師，春秋前書曰揚拒諸戎，後書曰狄，而皆王子帶召之，事同一貫也。知其爲赤狄種者，赤狄隗姓，而惠王之狄難（僖二十四年之難），由狄后隗氏也（晉文公取廧咎如二女叔隗，季隗卽此族。）蓋自周之旣東，此族一部落，雜處中原；而其本部有在今陝西者，有在今山西者。在陝西者，則秦當其衝；在山西者，則晉當其衝。秦與此族世爲仇讎，自周宣王時，使秦仲爲大夫誅戎，爲戎所殺，仲之子莊公兄弟五人，皆伐戎；莊公長子世父棄位讓其弟，襄公自入戎窟者十數年，而驪山之難，襄公捍，戎功最高焉。時戎奪我岐豐，平王命秦能逐戎，卽以其地畀之。歷襄公文公，戎地遂復，是爲秦立國之始也。然岐豐以西，猶然戎也。及秦繆公用由余以霸西戎，闢地千里，益國十二。（此秦本紀文，匈奴傳言服八國，未知孰是。）故此族之別部，雖跳梁於東，其本部已迫蹙於西，自是戎不能復爲秦患。惟義渠一部，延殘喘及於戰國，秦昭王滅之，則秦地無復戎跡矣。晉始興於曲沃，本戎狄之窟穴，故籍談曰，晉居深山之中，戎狄之與鄰，而遠於王室，王靈不及，拜戎不暇（左傳昭二十五年）。故終春秋之世，晉與狄競，未嘗一日寧息。若東山皋落氏，若廧咎如，若潞氏，若甲氏，若留吁，若鐸辰，皆赤狄也。若鮮虞，若肥，若鼓，皆白狄也。若鄋瞞，長狄也，若驪戎，則亦其種落也。大抵春秋之初，赤狄之本部在晉，而侵略及中原；白狄之本部在秦，而侵略及晉。（左傳晉侯使呂相絕秦曰,白狄與君同州,君之仇讎,而我之婚姻也。)其後則竟東北趨入直隸界矣。(宣十五年荀林父敗赤狄於曲梁曲梁,今廣平府也。白狄最後亡者爲鮮虞,鮮虞今正定府也。)自晉滅潞,滅肥,滅鼓以後,腹地之狄大衰。昭公元年,荀吳敗狄于太原,傳美之曰,崇卒也;蓋至是而我族聲威始能復及唐堯,周宣所經略之地。蓋自今甘肅之平涼,陝西之延安,山西之汾州,太原,直隸之保定,順天,此界線以南,則我族之土地也。彼族雖有居者,亦既同化焉。界線以北,若今甘肅之鞏昌,蘭州,則翟貆,䝠諸戎地也。慶陽則義渠戎地也。寧夏則朐衍戎地也。今山西之大同朔平間,則樓煩地也。今直隸之宣化,則林胡地也。此戰國初期形勢之大凡也。厥後經趙李牧,燕秦開,秦蒙恬數次大挫之,我族與彼族始劃長城以爲界。夫自秦以前,戎狄之名稱以百數,而未聞有匈奴;及秦而此絕大之種族,忽發現於西北者,蓋前此縱橫馳突於我中原腴沃之地,各自趨利,而又有我族諸强國間隔犄角之故,其勢莫能統一;及經春秋,戰國,爲我族殲擊殆盡,其存者宛轉竄於穹北苦瘠之地,蹉躓頻續,則同胞互相急難之情生,地段毘連,則雄主臂指相使之勢易,故頭曼冒頓繼起,遂能組織一大國,南向復與我族爭也。當是時也,我族非有秦漢之統一,則必爲彼所鯨吞,彼族非有匈奴之統一,亦將爲我族所蠶食;兩族相鬩凡數千年,而其統一事業同成於前後數十年之間,豈不異哉!今更槩括黃帝至漢初數千年間彼族之形勢綜論之:自黃帝至堯,舜,彼族初起,殆自西北游牧而來,我名之曰獯鬻;時陝西之全部及山西什之九,(山西入我族者,惟鄰河南之平陽一隅。)皆其所佔地;堯起而攘之,有山陝之半,而彼之勢力一挫,舜禹因之,威稜更遠,是爲第一期。夏殷之衰,國威不振,於是彼

> 族漸復唐虞以前所佔地，（成湯奄有氐羌時，彼族嘗一小挫，然其時不久。）我名之曰獯鬻，曰畎夷，曰狄；殷、周之交，猾擾滋甚，始分兩支，其在西者我名之曰昆夷，亦曰西戎，其在北者我名之曰玁狁，是爲第二期。周之統一，並力攘之，輒復辟易，而我族勢力之遠，尚不能如堯禹時，是爲第三期。穆王以後，西北二支，更迭交侵，遂亡宗周，徂東以避其鋒，猶復躡跡而至，蹂躪中原；至春秋上半紀，彼族聲光達於全盛，是爲第四期。秦晉急難，汲汲外攘，亘百餘年，殲彼醜虜，臥榻之側，無復鼾睡；洎春秋末，光復之烈，已過堯禹，戰國時，趙燕秦三雄繼之，敺其餘孽，投諸北裔，豐功偉烈，前古未聞，是爲第五期。秦一天下，國力益充，威震殊俗，而彼族亦以憂患之餘，亟相保聚，又得英鷙之主，整齊以合之，於是南北帝國對峙，至成漢代之劇爭；是爲第六期。以上就史記匈奴傳略加申詮次之，史公所記，大致蓋不謬也。今更就六時代記其重要之名義，爲表如下。

梁師之意，蓋謂匈奴爲游牧民族，其先世遷徙無常，在春秋戰國時與我民族雜處西北各地，隨地異名，至秦漢間，始統一殘餘部族，號曰匈奴；我國古代史傳所以稱呼不一者，卽以此也。其晚年梁師得讀王國維鬼方昆夷玁狁考後乃稍稍嚴密其說。其中國歷史上民族之研究論羣狄組一云：

> 匈奴與我族交涉最早最密且最久，古代所謂獯鬻，（亦作葷粥，葷粥。）玁狁，（亦作獫狁，厥允，厥𤞤。）鬼方，（亦作鬼戎。）昆夷，（亦作昆戎，混戎，緄戎。）犬戎，（亦作畎夷。）皆同族異名。（今人王國維著有鬼方昆夷玁狁考，在雪堂叢刻中，考證最精覈。）史記五帝本紀稱：『黃帝北逐葷粥，合符釜山』，是否徵信，今難確考。易爻辭：『高宗伐鬼方，三年克之』*(1300 B.C. ?)*，是此族在殷時已勞征伐。周之先，太王居豳（今陝西邠縣），爲獯鬻所迫，遷於岐（今陝西岐山縣），

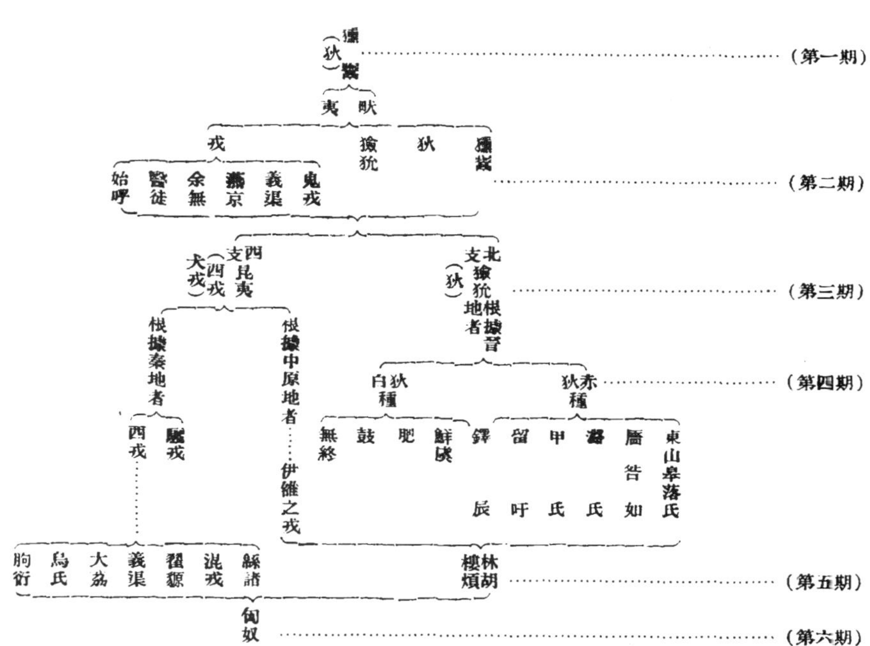

(*1260 B. C. ?*)見孟子。王季伐西落鬼戎，俘二十翟王，見竹書紀年。文王初事昆夷，後䮾昆夷，見孟子及詩經。（詩緜：『混夷駾矣，唯其喙矣』，言混夷畏周之强而驚走也。）武王放逐戎夷於涇洛之北（*1134 B. C.* 以後），穆王伐畎夷取其五王，遂遷戎於太原(今甘肅慶陽縣，)(*1001—909 B. C.*)，見史記。而宣王(*827—782 B. C.*)以伐玁狁之績，號爲中興，詩之采薇，出車，六月及金文中之小盂鼎，梁伯戈，虢季子白盤，不𡢁敦等，皆歌頌其功德。然非久至幽王(*771 B. C.*)，終有犬戎滅宗周之禍(*771 B. C.*)。綜合古籍所紀，大約匈奴當商周五六百年間，久以秦隴一帶爲根據地。商之末年，已侵入今陝西關中道之西北境，周初興時攘斥之，乃西北徙，居於今陝西之榆林道及甘肅之涇原道，所謂涇洛以北也。及周中衰，此族漸次內侵，宣王時玁狁『侵鎬及方,至於涇陽;』不忌敦又言:『伐之於高陵』;涇陽,高陵皆今縣,在長安之東,已到河渭合流處。蓋宗周西北東三面,皆在玁狁包圍中矣。宣王迫伐之至太原,(詩,『薄伐玁狁,至於太原;』薄迫也,太原卽慶陽,非今山西省會。)彼族乃稍戢威暴,蜷伏隴西,迨幽王時,遂入居涇渭間,奪取周故京,而周乃東遷洛陽以避之。

入春秋後,我族則稱彼爲狄(或作翟),前文所言,不過專指其居於西徼陝甘間之一部分而已。其還彼族自周初,已在北部山西一帶占有根據地。周成王以『怀姓九宗』封唐叔於晉(*1115—1079 B. C.*),此九宗卽匈奴部落,(說詳下。)故晉人自謂:『在深山之中,戎狄之與居,王靈不及,拜戎不暇』(左傳昭十五年),又曰:『狄之廣莫,於晉爲都』(莊二十八年),可見今山西一省;當晉霸未興以前,殆全屬狄族勢力範圍。春秋初期,此族之西方部落(戎),與北方部落(狄),相呼應,諸夏全體,皆受其擻,滅邢(今直隸邢台縣。莊三十二年。),滅衞(今河南淇縣。閔元年。),滅溫(今河南溫縣。僖十年。)伐晉(僖八,十六,宣六,七,成九,定三,哀元年。),伐衞(衞爲狄滅,遷於楚丘,今河南滑縣。此所伐者,楚丘之衞也。僖十三,十六,二十一,三十一,文十三年。),伐鄭(今河南鄭州。僖十四,二十四年。),侵齊(僖三十,三十三,文四,九,十一,宣三,四年。),侵魯(文七年),侵宋(文十年),甚至兩次殘破京師(僖十一,二十四年。),諸夏根據地之河南,山東,幾於無歲無戎狄之難,其猖獗可想,當時爲諸夏捍患者,前有齊後有晉,吾儕試將史蹟比次研究,方知桓,文霸業之足貴,方知孔子曷爲稱『微管仲,吾其被髮左衽矣』!

此族部落名稱見經傳者,赤狄有東山皋落氏(今山西垣曲縣)有廧咎如(今地難確指。),有潞氏(今山西潞城至直隸永年,皆潞氏轄境。),有甲氏(今直隸雞澤。),有留吁(今山西屯留。),有鐸辰(今潞安附近。);白狄有鮮虞,有肥,有鼓(今直隸保定道全境及大名道北部,皆白狄轄境。);此皆積年出沒於北徼,故謂之狄。其商,周以來居西徼久爲邊患者,則謂之戎。實則皆與後此所謂匈奴者同族也。晉自文公稱霸以後,未嘗一滅諸夏之國。然及春秋末年,晉之領土,占當時所謂中國者之半。蓋因彼百餘年間,盡滅羣狄,凡狄地及狄人所掠諸夏之地,皆入於晉也。同時秦人亦向西部發展一面服屬西南諸羌,一面攘斥西北諸戎,此族始不復能逞志於內地。然猶散布於西北徼,史記匈奴傳所謂『自隴以西有緜諸,緄戎,翟豲之戎;岐,梁山,涇,漆之北,有義渠(今甘肅慶陽),大荔(陝西今縣),烏氏,朐衍之戎;而晉北有林胡(今山西大同東北),樓煩(今朔州西南)之戎。』蓋春秋末,西徼之匈奴,以今甘肅涇原道爲根據地,復周武王時之舊觀。其最深入一部落,則在潼關以西,長安以東,今之大荔縣是也。北徼之匈奴,則屏居雁門關外,今朔州大同一帶。逮戰國之末,秦趙武功皆極盛,秦滅大荔,義渠,趙滅中山(今直隸正定),各築長城爲塞,今長城所界,西自寧夏,東迄大同,其南殆無復匈奴。商,周以來,累代爲患之獯鬻,玁狁,至此乃告一結束。

此族人與諸夏錯居垂千年,其間必有一部分同化於我,此事理之至易推見者。據可信之史料,則此族有姓曰隗,而與我族廣通婚姻,周襄王有狄后,亦稱隗后。晉文公出亡居狄,狄人贈以二女叔隗,季隗,文公娶季隗以叔隗妻趙衰生盾,爲則後此之趙氏,蓋已混狄血之一半,而古金文中之包君鼎,包君盉,鄭同媿鼎,芮伯作叔媿鼎,鄧公子敦,皆爲隗氏作。古器流傳至今者如彼其少,而與隗姓有關係者且如此其多,則當時雜婚之盛可想。不寧惟是,據世本稱:陸終取鬼方之妹,謂之女嬇。(大戴禮帝系篇作女隤。鬼貴同聲，故餽亦通作饋，女隤即女隗，女隗即女媿也。）此雖神話，抑亦諸夏與諸隗通婚甚早之一暗示矣。（國語鄭語云：『當成周者西有虞，虢，晉，隗，』是隗本爲國名，即鬼方之鬼，古文中地名，後世皆加邑旁爲識別，其例甚多。）其後秦始皇時有丞相隗狀，漢有隗囂，魏有隗禧，其籍貫皆在秦隴間，必爲春秋時羣狄遺種無疑。不寧惟是，晉初封時，所受『怀姓九宗』，據近世學者所推定，怀隗同音，則晉之民族，或最初即以諸隗爲主要成分。再考晉文公兄弟所自出，則左傳所記『大戎狐姬生重耳，小戎子生夷吾，驪戎之驪姬生奚齊，』殆無一不雜異種之血。注家謂小戎即陰戎（氐羌組），大戎即狄，『狐』音與『隗』，『怀』皆近，則文公母系，殆即諸隗；故出亡時處狄十二年，備蒙優待。而舅犯（狐偃）一族在春秋爲晉貴閥者，實狄胤也。要之：春秋二百餘年中，羣狄之次第同化者必不少，而晉實筦其樞。今山西直隸之中華民族，其與匈奴混血，蓋在二千五六百年以前矣。

匈奴之部分，化爲諸夏，已如上述。其未化者，經戰國秦趙開邊之後，遠徙塞外，漸次蕃息，至漢而驟强，集合諸部，成一大國，南嚮與中國爭衡。漢武殫國力，從事撻伐，僅乃卻之（*140—87 B. C.*）。至宣，成間，匈奴內亂，裂爲南北。甘露二年（*52 B. C.*）南匈奴呼韓邪單于遂款塞稱臣。其北匈奴至後漢永元三年（*88 A. C.*）爲竇憲擊攘，越阿爾泰山北遁。至晉武帝寧康二年（*374 A. C.*）卒侵入歐洲開西方民族大移徙之局。

綜核全文，雖於殷前獯鬻史事不復稱引，然其根本觀念言匈奴上世環周民族西北東三面侵擾，其間分合之迹，固一如前文也即以考證匈奴古史而言，梁師所言亦最詳。近人錢穆謂西周戎禍，常在東方，周室避狄患，乃由東西遷（見錢氏西周戎禍考，禹貢半月刊二卷四期,十二期);蒙文通謂匈奴卽義渠,本紀言『韓,趙,魏,燕,齊,帥匈奴共攻秦』,卽秦策言義渠事(見蒙氏犬戎東侵考,禹貢六卷七期);皆爲片面之考證,不賅不備者也。呂思勉中華民族史第三章匈奴亦謂:『其名稱:或曰獫狁,或曰獯鬻,或曰匈奴,皆一音之異譯。又稱:昆夷,畎夷,串夷,則胡字之音轉耳。』林惠祥中國民族史第九章匈奴系亦謂:『此族之名稱甚多,所謂獯粥,葷粥;玁狁亦作獫狁,玁允,嚴狁;鬼方亦作鬼戎;昆夷亦作昆戎,混戎,緄戎;犬戎亦作畎夷,串夷;皆由一音異譯或音轉而致,實皆一族。入春秋後且改稱爲狄或翟,又曰戎。』謂爲漢族以外之異族,蓋皆根據王國維氏,梁任公節諸家研究之結果也。

最近日人白鳥庫吉著塞外民族一書,其第二章論匈奴云:

> 其民族在公元前三世紀,從所謂中國戰國之頃,中國人旣已知之。自古爲北狄中之雄族。蓋匈奴二字之漢字音,以現在官話音讀之爲 *Hsiung-Nu*。但古音則爲 *Kiong-Nu* 或 *Khiong-Nu*。其證據則漢書匈奴傳明記『號匈奴曰恭奴』;恭之音爲 *Kung* 或 *Kioung* 而知也。
>
> 匈奴一族,中國又記作『胡』字,此『胡』爲匈奴自稱乎?抑漢人方面所與之名稱乎?此亦値得考察之一問題也。據余輩所研究,其意義爲『人』,蒙古語所訛轉也。總之:漢人記外國名,每厭其音長,縮短其音字;有此風習,故省略匈奴(*Hsiung-Nu*)之首一字匈'*Hsiung, Hun, Hu*)而來。現在 *Da*)(*ur* 語『人』字意味之語呼爲(*Hun*,則事實勝於雄辯也。以周代之玁狁,獯鬻爲匈奴類似音則可,若從而以爲匈奴之先,則殊未確也。

白鳥氏爲彼輩研究蒙古史東胡史之權威,獨云『匈奴自古爲北狄中之雄族』;又謂『玁狁,獯鬻不足以爲匈奴之先』;倡爲異說,則吾未之敢信。

(未完)

「聶高萊」式自動平衡鞲鞴汽閥

陸祥百

一 構造說明

1. 構造要義 「聶高萊」(Nicolai)式平衡壓力鞲鞴汽閥之構造,可使汽缸內鞲鞴兩面壓力完全平衡裝置此式汽閥者凡通常所用之風力人力或自動平衡壓力器具,如淌行汽閥(*Drifting Valve*)旁通閥(*By Pass Valve*)及附件等皆可廢除不用。

2. 裝置說明 整個「聶高萊」汽閥,可分爲前後相同之兩節。每節爲下列四部所構成:即(1)金屬墊筒(*Liner*), (2)鞲鞴內體,連同導桿(3)螺簧及(4)鞲鞴外體是也。(參閱第一圖)墊筒與鞲鞴外體,均

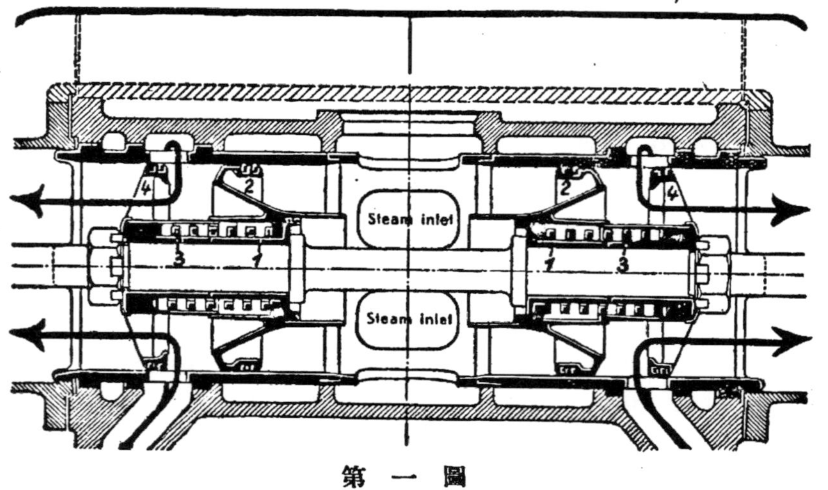

第一圖

套於汽閥桿上，鞲鞴外體再用扁銷銷牢，防其旋轉，鞲鞴內體則滑走於墊筒與鞲鞴外體凸出圓筒上。至於螺簧，則按裝於鞲鞴內外體之間，其滑承面，甚為光滑。

3．構造與動作　當總汽門關閉後前後兩鞲鞴內體（7）之間，幾無蒸汽壓力存在，遂受螺簧（3）之彈力，各與鞲鞴外體分離如第一圖所示。（卽停車或淌行地位）當機車淌行時，汽缸鞲鞴二面之壓力，藉鞲鞴外體上之孔洞，溝通兩端，而得平衡。如圖中粗線箭頭所示總汽門開時，則蒸汽壓力施於活動鞲鞴內體（2），勝過螺簧彈力，使與鞲鞴外體緊併，成為一體。如是保持其地位，直至總汽門關閉時為止。（參閱第二圖）故在給汽運轉時，「毳高萊」汽閥，實與一般鞲鞴汽閥（*Piston Valve*）完全相倣。

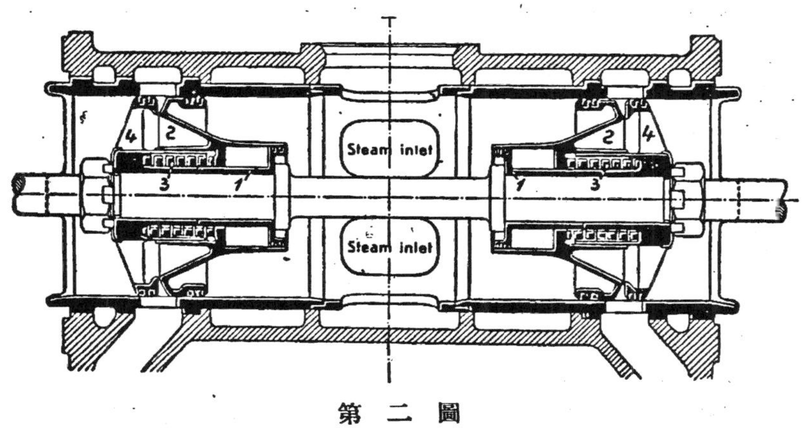

第二圖

汽罨內壓力達0.5至1.0大汽壓力（7.5—15#/□"）時，則能勝過螺簧擠力。

汽缸內如有積水衝擊（*Hydraulic Shocks*）現象，「毳高萊」汽閥倘可作為保安設計之用。蓋積水冲擊時，卽將汽閥鞲鞴擠開而溢出。至下次廢汽排洩時水卽一同帶出矣。

4．毳式優點　裝「毳高萊」汽閥之機車，較之裝平衡壓力器者，其優點有如下述者：

（1）縮短兩站間蒸汽供給時間。蓋汽缸鞲鞴兩面壓力，既屬平衡，則無需耗費若干有用蒸汽以抗背壓力也。

（2）保持鞲鞴及汽閥之清潔，因烟灰不能由廢汽管吸入也。

（3）汽閥體內之油潤，不致汚凝成塊，蓋無進風閥設備，則無冷空氣侵入熱蒸汽地段也。

（4）平衡壓力之工作及時間，準確而迅速。

（5）節省維持用費，因首節所述之附帶機件，均可不用。

二　檢脩要義

5. 定期檢驗　「毳高萊」式汽閥與普通汽閥同樣需要定期檢驗。先則每月一次。苟發覺附着油汚不多，可稍延時日。各磨擦面全部必須塗以過熱潤油及黑鉛粉(*Graphite*)之混合物。每二次檢驗，更須完全拆卸，將內部亦施以檢驗及洗刷。當脩理後裝配時，各磨擦面務必全部塗以脂潤。

6. 油垢問題　檢驗時發見油垢太厚，以致鞲鞴體內，不甚活動，則油潤器必須加以調整使減少油潤供給量，若油潤器供給情况，認爲失當，則須將油垢，加以化學分析；或係黏度過厚，或因炭質過多；須易以相當品質，俾油潤適宜。以上所云，若不予以注意，必致積存油垢，因而損及鞲鞴內體之活動。亦卽必須有較0.5至1.0大氣壓力爲高之壓力方得關閉此鞲鞴內體矣。再則對於鞲鞴漲圈之活動能力，亦有相當影響，甚至有將磨損汽罨壁之可能。

7. 備用機件　汽閥前後節(1)至(4)各部尺寸相同，故前後各件，均得互易使用。

汽閥鞲鞴環及螺簧，應置備品，以利脩理。

8. 裝配手續　裝配時，先將汽閥及汽閥桿，（二扁銷槽在上）放置於承軸木架上，將滑成面全部敷上油脂後，墊筒(1)套入汽閥桿上，達軸肩止。然後裝上鞲鞴內體(2)及螺簧(3)。再插入兩扁銷(*Cotter*)於汽閥桿槽內，最後裝配鞲鞴外體(4)，與螺帽扣及螺帽當緊螺帽時,務必注意鞲鞴體(2)之保險螺榫桿,是否正對鞲鞴(4)之相對孔。

9. 汽閥調整 「毳高萊」汽閥之調整,卽用該機車附帶之伸張尺桿插入兩鞲鞴內體之間,以抵抗螺簧彈力,用時旋轉尺桿之雙進螺旋頭使內外鞲鞴體合併,成爲有汽壓時狀態,然後按照普通汽閥調整之。

10. 換用注意 「毳高萊」汽閥之汽罨套筒,伸展於進汽端者較普通汽閥者爲長。故普通汽閥,雖能裝於「毳高萊」汽閥內,動作自如,而「毳高萊」汽閥裝入普通汽閥之汽罨內,則因閥體較寬,其漲圈或致脫出,恐發生危險,故不相宜。

無窮級數之理論及應用

（續）

Knopp 氏原著

顧 澄 達 恉

二十章　冪級數所表函數之要性

十八章末已言及冪級數之和在其收斂節中所定之函數．今再繼續此項討論，以$f(x)$表此種函數，即

$$f(x)=\sum_{n=0}^{\infty}a_n(x-x_0)^n,\quad |x-x_0|<r.$$

幷規定討論此種函數時，所謂收斂節（凡無相反之說明時）皆爲除去其兩端點之開節；即使冪級數在此兩端上收斂，亦是如此．

凡討論「無窮級數在某定節中所定之函數」，其首要問題實爲「如何從此級數推出其所表函數之要性」．所謂要性卽前章所舉「函數之各性質」，如連續，可微，可積，…之類．

如無窮級數爲冪級數，則此類討論無甚困難；且冪級數所表之函數盡有「吾人認爲特別重要之性質」，而冪級數之代數亦頗簡易．因此，冪級數居級數中重要之地位，而其討論亦應置之級數論之基礎中．

在此種討論中，可假定$x_0=0$而仍不限制其結果之範圍；卽上舉冪級數之形式簡爲Σa_nx^n後，所得結果之範圍並不因此而狹．其收斂半徑自應假定爲正（>0），惟亦可爲$+\infty$（卽此級數可處處收斂），今先述下定理：

°**定理．** 設$f(x)$爲「冪級數$\sum\limits_{n=0}^{\infty}a_n(x-x_0)^n$在其收斂節中所定之函數」，則$f(x)$在$x=x_0$上連續；卽 **96**

$$\lim_{x\to x_0}f(x)=\lim_{x\to x_0}\sum_{n=0}^{\infty}a_n(x-x_0)^n=a_0=f(x_0).$$

證． 若$0<\varrho<r$，則從**83**，5 可知

$$\text{因}\ \sum_{n=0}^{\infty}|a_n|\varrho^n\ \text{斂而}\ \sum_{n=1}^{\infty}|a_n|\varrho^{n-1}\ \text{亦斂}.$$

若$\sum\limits_{n=1}^{\infty}|a_n|\varrho^{n-1}$之和爲$K(>0)$，則凡$|x-x_0|\leqq\varrho$時，皆

$$|f(x)-a_0|=\left|(x-x_0)\cdot\sum_{n=1}^{\infty}a_n(x-x_0)^{n-1}\right|\leqq|x-x_0|K.$$

故若$\varepsilon>0$爲任意取定之數，及$\delta>0$比ϱ及$\dfrac{\varepsilon}{K}$皆小，則凡$|x-x_0|<\delta$時皆

$$|f(x)-a_0|<\varepsilon.$$

從十九章定義$6b$，知此式已證明本定理.

97 °**冪級數之恒等定理.** 若兩冪級數

$$\sum_{n=0}^{\infty} a_n x^n \text{ 及 } \sum_{n=0}^{\infty} b_n x^n$$

有相同之收斂半徑$r \geqq \varrho > 0$（此 ϱ 可任意小，只要>0），且對於每壹$|x|<\varrho$[21]有相同之和，則此兩級數爲恆等；卽對於每壹$n=0,1,2,\cdots$，皆

$$a_n=b_n.$$

證. 從前定理，在

$$(a)\qquad a_0+a_1x+a_2x^2+\cdots=b_0+b_1x+b_2x^2+\cdots \qquad 0<|x|<\varrho$$

之兩邊令$x\to 0$，則得

$$a_0=b_0.$$

在(a)中取去此a_0及b_0，再以x除之，則

$$(b)\qquad a_1+a_2x+a_3x^2+\cdots=b_1+b_2x+b_3x^2+\cdots, \qquad 0<|x|<\varrho.$$

在此(b)之兩邊再令$x\to 0$，[22]得

$$a_1=b_1,$$

及再照上法得

$$a_2+a_3x+\cdots=b_2+b_3x+\cdots.$$

依次如此進行，可知對於每壹n皆$a_n=b_n$（更精密言之，從數學歸納法可知$a_n=b_n$）.

例及釋義

1. 此恆等定理乃以後理論及應用兩方面所常見者。亦可釋之如下：若一函數可在「原點鄰近」中以冪級數表之，**則只能有一種表法**. 此定理照此種說法時，謂之**惟一性定理**(theorem of uniqueness)。普通冪級數 $\sum a_n(x-x_0)^n$自亦有類此之定理，及可用與此相類之說法。

2. 此定理既極言（a）式兩邊中相應係數皆是相等，故應用此定理時亦可謂之 **等係數法**

---

21. 甚至此兩級數但對於空列(x_ν)中之每壹x_ν有相同之和時，亦得同樣之結果。如是則其證中須用十九章定義$4a$之極限法。

22. (b)爲以x除$a_1x+a_2x^2+\cdots=b_1x+b_2x^2+\cdots$兩邊之結果。雖因此不能在($b$)中令$x=0$而得$a_1=b_1$，但令$x\to 0$而由($b$)得$a_1=b_1$則無妨。因$x\to 0$時$x\neq 0$也（參觀十九章定義4）。

(method of equating coefficients)。

3. 應用此法之簡例如下：無論x爲何數，自必

$$(1+x)^k(1+x)^k=(1+x)^{2k},$$

卽

$$\sum_{\nu=0}^{k}\binom{k}{\nu}x^{\nu}\cdot\sum_{\nu=0}^{k}\binom{k}{\nu}x^{\nu}=\sum_{\lambda=0}^{2k}\binom{2k}{\lambda}x^{\lambda}.$$

若照91，注意1，乘出左邊，而令其兩邊之相應係數相等，則以x^k之係數相等爲例，得

$$\binom{k}{0}\binom{k}{k}+\binom{k}{1}\binom{k}{k-1}+\cdots+\binom{k}{k}\binom{k}{0}\equiv\binom{k}{0}^2+\binom{k}{1}^2+\cdots+\binom{k}{k}^2=\binom{2k}{k}.$$

此爲一種「二項係數(binomial coefficients)之關係式」，以他種方法證之决不能能如此之易。

4. 若$f(x)$定於$|x|<r$，且對於此種x皆

$$f(x)=f(-x),$$

則稱$f(x)$爲偶函數(even function)。若此$f(x)$以一冪級數表之，則用等係數法得

$$a_1=a_3=a_5=\cdots=a_{2k+1}=0,^*$$

而此$f(x)$之冪級數中僅x之偶冪(even power)能有不等於0之係數。

5. 又若$f(x)=-f(-x)$，則此$f(x)$稱爲奇函數(odd function)。以之展爲冪級數後，其中只有x之奇冪(odd power)，並$f(0)=0$。

以下諸定理爲無窮級數論中最重要者： **98**

°**定理1.** 若

$$\sum_{n=0}^{\infty}a_n(x-x_0)^n \tag{1}$$

爲一冪級數其半徑爲(正)r，[†] 則其所表之函數$f(x)$在$|x-x_0|<r$時亦可展爲「以其收斂節中另一任意點x_1爲中心之另一冪級數」；卽可將此$f(x)$展爲新級數

$$f(x)=\sum_{n=0}^{\infty}b_k(x-x_1)^k, \tag{2}$$

其b_k爲

$$b_k=\sum_{n=0}^{\infty}\binom{n+k}{k}a_{n+k}(x_1-x_0)^n,$$

而此新級數之半徑至少等於正數$r-|x_1-x_0|$.

證. 若x_1在此級數(1)之收斂節中，卽$|x_1-x_0|<r$，則

*附註。 因從97，須$+a_{2k+1}=-a_{2k+1}$，故必$a_{2k+1}=0$。

† 附註。「半徑」卽「收斂半徑」，下仿是。

$$f(x)=\sum_{n=0}^{\infty}a_n[(x_1-x_0)+(x-x_1)]^n, \tag{3}$$

卽

$$(a)\quad f(x)=\sum_{n=0}^{\infty}a_n\left[(x_1-x_0)^n+\binom{n}{1}(x_1-x_0)^{n-1}(x-x_1)+\cdots+\binom{n}{n}(x-x_1)^n\right];$$

而現在所須證明者爲「可在此(a)中將凡含$(x-x_1)$之同冪之項集成一項」,卽所須證明者爲「可以主要雙列定理90應用於(a),而將(a)列成(2)之形式」.今欲審明此定理是否可用,先將(3)卽(a)中各項改爲其絕對值,得

$$\sum_{n=0}^{\infty}|a_n|\,[\,|x_1-x_0|+|x-x_1|\,]^n; \tag{4}$$

又若

$$|x_1-x_0|+|x-x_1|<r \quad 卽 \quad |x-x_1|<r-|x_1-x_0|,$$

則此(4)必仍爲收斂.故若x比原收斂節各端點皆距x_1較近,則必可應用此定理而將(a)列成

$$f(x)=\sum_{k=0}^{\infty}b_k(x-x_1)^k,\quad (|x-x_1|<r-|x_1-x_0|).$$

若再將凡含$(x-x_1)^k$之項集成一項之事詳細爲之,可先將(a)中各項自上至下依次排列作成一方陣(自第一項起,每項爲此陣之一列),如是則此陣之第k行卽爲

$$b_k=\binom{k}{k}a_k+\binom{k+1}{k}a_{k+1}(x_1-x_0)+\cdots=\sum_{n=0}^{\infty}\binom{n+k}{k}a_{n+k}(x_1-x_0)^n,$$ [23]

已證完.

從此定理可推得與此相隔甚遠之諸定理:

°**定理2.** 冪級數所表之函數

$$f(x)=\sum_{n=0}^{\infty}a_n(x-x_0)^n$$

在其斂節內任一點x_1上爲連續.

證. 從前定理知在x_1之某鄰近內,可寫作

$$f(x)=\sum_{n=0}^{\infty}a_n(x-x_0)^n=\sum_{n=0}^{\infty}b_n(x-x_1)^n, \tag{5}$$

23. 表此各係數b_k之各種不同級數,前在95中已證明其皆斂。今在此處又得其皆爲收斂之新證矣(參觀90)。

及此中之 b_0 爲

$$b_0=\sum_{n=0}^{\infty} a_n(x_1-x_0)^n=f(x_1).$$

從**96**知 $x\to x_1$ 時，立可由(5)之右邊得所求之關係式(參考十九章定義6)

$$\lim_{x\to x_1} f(x)=f(x_1).$$

°**定理3.** 冪級數所表之函數 **99**

$$f(x)=\sum_{n=0}^{\infty} a_n(x-x_0)^n$$

在其斂節內任一點 x_1 上爲可微（參觀十九章定義10），且其在此點 x_1 上之微係數 $f'(x_1)$ 可以分項求微分法求得之，即

$$f'(x_1)=\sum_{n=0}^{\infty} na_n(x_1-x_0)^{n-1}=\sum_{n=0}^{\infty}(n+1)a_{n+1}(x_1-x_0)^n.$$

證. 因 $f(x)=\sum_{n=0}^{\infty} b_n(x-x_1)^n$，故對於與 x_1 夠近之每壹 x 得

$$\frac{f(x)-f(x_1)}{x-x_1}=b_1+b_2(x-x_1)+\cdots,$$

由是，$x\to x_1$ 時，從**96**及 b_1 之意義，立可得

$$f'(x_1)=b_1=\Sigma na_n(x_1-x_0)^{n-1}.$$

°**定理4.** 冪級數所表之函數

$$f(x)=\sum_{n=0}^{\infty} a_n(x-x_0)^n \tag{6}$$

在其斂節內任一點 x_1 上有各階微係數，及

$$f^{(k)}(x_1)=k!\,b_k=\sum_{n=0}^{\infty}(n+1)(n+2)\cdots(n+k)a_{n+k}(x_1-x_0)^n.$$

證. 從前定理知：對於其斂節內每壹 x，皆

$$f'(x)=\sum_{n=0}^{\infty}(n+1)a_{n+1}(x-x_0)^n. \tag{7}$$

如是，則 $f'(x)$ 仍爲一冪級數所表之函數，且從**95**知此(7)右級數之斂節仍與(6)右級數之斂節同．故前定理之結果仍可應用於此 $f'(x)$，而得

$$f''(x)=\sum_{n=0}^{\infty} n(n+1)a_{n+1}(x-x_0)^{n-1}=\sum_{n=0}^{\infty}(n+1)(n+2)a_{n+2}(x-x_0)^n.$$

以此種簡單方法陸續應用，則對於每壹k得：對於「原斂節（卽(6)右級數之斂節）內任壹x」皆爲有效之

$$f^{(k)}(x)=\sum_{n=0}^{\infty}(n+1)(n+2)\cdots(n+k)a_{n+k}(x-x_0)^n.$$

其特例，介$x=x_1$卽得本定理之結果．

以現在所得之諸$\frac{1}{k!}f^{(k)}(x_1)$代定理1中展開式之諸係數b_k，則從以上所言可推得所謂

°**Taylor 級數.**[21] 若

$$f(x)=\sum_{n=0}^{\infty}a_n(x-x_0)^n, \qquad |x-x_0|<r,$$

且x_1爲其斂節內之一點，則凡$|x-x_1|<r_1=r-|x_1-x_0|$時皆

$$f(x)=f(x_1)+\frac{f'(x_1)}{1}(x-x_1)+\frac{f''(x)}{2!}(x-x_1)^2+\cdots+\frac{f^{(k)}(x_1)}{k!}(x-x_1)^k+\cdots.^{(25)}$$

今再述與「關於微分級數之前定理3」相應之「積分方面之定理」．因冪級數所表之函數在其斂節內連續；又從十九章定理12，知此函數在「其斂節內之任何閉子節」上爲可積．故得

°**定理5.** 設$f(x)$爲$\sum_{n=0}^{\infty}a_n(x-x_0)^n$在其斂節中所表之（連續）函數，則$f(x)$之積分可以分項求積分法求之；卽若$x_1$及$x_2$皆爲此級數斂節內之點，則

---

24. Brook Taylor: Methodus incrementorum directa et inversa, London 1715.——Cf. A. Pringsheim, Geschichte des Taylorschen Lehrsatzes, Bibl. math. (3) Vol. 1, p. 433. 1900.

25. 此$r_1=r-|x_1-x_0|$不必恰爲此新級數之收斂半徑．此新級數之收斂半徑亦許比此r_1大不少．例如$f(x)=\Sigma x^n=\frac{1}{1-x}$及$x_1=-\frac{1}{2}$，則極易求得

$$f(x)=\sum_{k=0}^{\infty}\left(\frac{2}{3}\right)^{k+1}\cdot\left(x+\frac{1}{2}\right)^k,$$

但此級數之收斂半徑實爲$\frac{3}{2}$，而並不是$r-|x_1-x_0|=\frac{1}{2}$.

$$\int_{x_1}^{x_2} f(t)\,dt=\sum_{n=0}^{\infty}\frac{a_n}{n+1}\Big[(x_2-x_0)^{n+1}-(x_1-x_0)^{n+1}\Big].$$

證. 從十九章，定理19，此只須證明：凡x爲斂節內之點時，皆

$$\int_{x_0}^{x} f(t)\,dt=\sum_{n=0}^{\infty}\frac{a_n}{n+1}(x-x_0)^{n+1}. \qquad (8)$$

今從**95**，2知凡 $|x-x_0|<r$ 時，此式右邊之級數常爲收斂；其微係數顯爲 $\Sigma a_n(x-x_0)^n=f(x)$ （從**98**，3）．又從十九章，定理23，知(8)式左邊函數之微係數亦是此$f(x)$．如是，則(1)之兩邊皆爲「對於$|x-x_0|<r$爲有定義及可微分之確定函數」；而其導函數對於此種 x 爲相同．由是，此兩函數所差至多僅爲一常數．若令$x=x_0$即可知此所差之常數$=0$，故(8)之兩邊確表一相同之函數，已證完．*

上述冪級數諸定理尙有不甚完全之處；以下云云，極爲重要，可補其特種方法之不足：今須注意定理2雖言明冪級數所表函數$f(x)$在其斂節內任一點上連續，但此定理只能在開斂節上有效；至$f(x)$在其斂節之兩端點上是否連續，仍非從此定理所能知．例如幾何級數Σx^n所表之 $\dfrac{1}{1-x}$，不能遜從Σx^n觀察斷定其在$x=-1$上連續或在$x=1$上不連續．** 甚至冪級數在其斂節端點之一上爲收斂時（例如 $\Sigma\dfrac{x^n}{n}$ 在 $x=-1$ 上），亦不能直接斷定此事。惟就後者而論，則有下之定理：

---

*附註． 此證如下較爲簡妥：從**95**，2知 $\sum\limits_{n=0}^{\infty}\dfrac{a_n}{n+1}(x-x_0)^{n+1}$ 之斂節與 $\sum\limits_{n=0}^{\infty}a_n(x-x_0)^n$ 之斂節同。設在此斂節內 $\sum\limits_{n=0}^{\infty}\dfrac{a_n}{n+1}(x-x_0)^{n+1}$ 所表之函數爲 $F(x)$。則從**98**，3 知$F'(x)=\sum\limits_{n=0}^{\infty}a_n(x-x_0)$ $=f(x)$。再從十九章，定理24，即可得本定理之結果。

附註． 此句照原文，但讀者幸勿以爲「Σx^n之和$\dfrac{1}{1-x}$在$x=-1$上確爲連續及在$x=1$上確爲不連續，但不能遜從Σx^n觀察而斷定之」。須知$\dfrac{1}{1-x}$不表Σx^n之和而自爲x之函數時，雖可一望而知其在$x=-1$上連續，及在$x=1$上不連續。但以$\dfrac{1}{1-x}$爲Σx^n所表之函數時，則Σx^n之斂節爲$-1\cdots+1$，$\dfrac{1}{1-x}$僅在$|x|<1$時（即僅在$-1<x<+1$時）方爲Σx^n所表之函數。至在$x=-1$及$x=1$上，則$\dfrac{1}{1-x}$與Σx^n純是兩物，决不能因「普通之$\dfrac{1}{1-x}$」在$x=-1$上連續而謂「表Σx^n之$\dfrac{1}{1-x}$」亦在 $x=-1$ 上連續。再進一層，即使$\Sigma a_n x^n$在其斂節端點$-r$及$+r$上皆爲收斂，而其所表之 $f(x)$在此兩端點上亦能爲$\Sigma a_n x^n$之代表；然仍不能由「普通之$f(x)$」在此兩端點上連續與否而即憑定理2斷定「$\Sigma a_n x^n$所表之$f(x)$」亦在此兩端點上連續與否。故下定理100**極爲重要。惟須注意其中所謂連續係左連續。

100 **Abel氏極限定理.**[26] 設冪級數 $f(x)=\sum\limits_{n=0}^{\infty}a_nx^n$ 有收斂半徑r且在$x=+r$上仍爲收斂,則

$$\lim_{x\to r-0} f(x)\ \text{存在,且}=\sum_{n=0}^{\infty}a_nr^n.$$

換句話說,卽:若$\sum\limits_{n=0}^{\infty}a_nx^n$在$x=+r$上亦爲收斂,則此級數在 $-r<x\leqq +r$ 中所定之函數 $f(x)$ 在右端點 $+r$ 上爲左連續.

證. 若假定$r=+1$, 則理論上不因此而生限制(卽以下之論證仍不失其普遍性).[27] 蓋若Σa_nx^n之半徑爲r,則$\Sigma a'_nx^n$之半徑顯然爲1$(a'_n=a_nr^n)$;且若(惟)Σa_nx^n在$+r$或$-r$上收斂,則$\Sigma a'_nx^n$亦在(方在)$+1$或-1上收斂也.

故以下假定$r=+1$;於是本定理之假設遂爲「$f(x)=\Sigma a_nx^n$之半徑爲1及$\Sigma a_n=s$爲斂」,及其結論爲

$$\lim_{x\to 1-0} f(x)=s\quad \text{卽}\quad =\sum_{n=0}^{\infty}a_n.$$

今證此如下. 從**91** (及參考之下**102**)知$|x|<1$時

$$\frac{1}{1-x}\sum_{n=0}^{\infty}a_nx^n=\sum_{n=0}^{\infty}x^n\sum_{n=0}^{\infty}a_nx^n=\sum_{n=0}^{\infty}s_nx^n,$$

此右邊中之s_n爲Σa_n之部分和. 由是, $f(x)=(1-x)\Sigma s_nx_n$. 且因$|x|<1$時$1=(1-x)\Sigma x^n$,故可推知$|x|<1$時

$$(\alpha)\qquad s-f(x)=(1-x)\sum_{n=0}^{\infty}(s-s_n)x^n\equiv(1-x)\sum_{n=0}^{\infty}r_nx^n,^{*}$$

此(α)式右邊中之r_n爲Σa_n之剩餘,卽$s-s_n=r_n$;從**82**,定理2知敍列(r_n)爲空列.

---

26. Journal f. d. reine u. angew. Math. Vol. 1, p. 311. 1826.(參觀**233**及六十二章). 此定理 Gauss 曾講過及用過(Disquis. generales circa seriem…, 1812; Werke III, p. 143), 且進證方式確爲$r_n\to 0$包含「若x從左$\to 1$,則$(1-x)\Sigma r_nx^n\to 0$」(根據(α)式). 惟上舉書中 Gauss 之證明則不正當,蓋其以「此定理之討論所生之兩種極限手續」先後互換,而絕未審查其此種作法是否合理也.

27. 凡「正半徑爲r之冪級數(不處處收斂者)」之究研,此項方法普遍有效.

* 附註.

$$s-f(x)=s\cdot 1-(1-x)\sum_{n=0}^{\infty}s_nx^n$$

(接下頁)

若任意取定壹$\varepsilon>0$，*則必能先覓得一夠大之m使凡$n>m$時皆$|r_n|<\frac{\varepsilon}{2}$. 於是凡$x$合於$0\leqq x<1$時，皆

$$|s-f(x)|\leqq|(1-x)\sum_{n=0}^{m}r_nx^n|+\frac{\varepsilon}{2}(1-x)\cdot\sum_{n=m+1}^{\infty}x^n;$$

故若命

$$|r_0|+|r_1|+\cdots+|r_m|=p,$$

則因$|x|<1$而

$$|s-f(x)|\leqq p\cdot(1-x)+\frac{\varepsilon}{2}(1-x)\cdot\frac{x^{m+1}}{1-x}.$$

再命 $\delta=\frac{\varepsilon}{2p}$，則凡 $1-\delta<x<1$時，皆

$$|s-f(x)|<\frac{\varepsilon}{2}+\frac{\varepsilon}{2}=\varepsilon,$$

從十九章定義5，知此式已證明所求之結論"$x\to1-0$時$f(x)\to s$".

同理，得「關於斂節左端點之 Abel 氏定理」如下：

若$\sum_{n=0}^{\infty}a_nx^n$在$x=-r$上亦為收斂，則

$$\lim_{x\to-r+0}f(x)\text{ 存在，且}=\sum_{n=0}^{\infty}(-1)^na_nr^n.$$

此兩定理及本章下兩定理之注意及釋例，下編中有詳細之說明.

以連續定理**98**，2及Abel氏定理**100**合在一處得：

若$\Sigma a_n\xi^n$為收斂，及x從原點所在之一邊趨於ξ，†則

$$\lim_{x\to\xi}(\Sigma a_nx^n)=\Sigma a_n\xi^n. \qquad \textbf{101}$$

若$\Sigma a_n\xi^n$為發散，則非別加假定不能對於「$x\to\xi$時之 Σa_nx^n 之狀態」作任何斷

$$=s\cdot(1-x)\sum_{n=0}^{\infty}x^n-(1-x)\sum_{n=0}^{\infty}s_nx^n$$

$$=(1-x)\sum_{n=0}^{\infty}(s-s_n)x^n$$

*附註． 此>0原文誤刊為<1.以前原文誤刊未註出，今始註之，理由見原註34後附註.

†附註． 例如原點在ξ之左，則x從ξ之左邊趨於ξ.

語.但此有下之定理:

°**定理.** 若Σa_n爲正項發散級數,及$\Sigma a_n x^n$有半徑1,則x從原點所在之一邊趨於1時

$$f(x)=\sum_{n=0}^{\infty} a_n x^n \to +\infty.$$

證. 凡正項級數之爲發散者只能散於$+\infty$.故若任取定壹$G>0$,則必能覓得一夠大之m,使$a_0+a_1+\cdots+a_m>G+1$.如是,則從十九章定理3,必能有一夠小之正[十]數$\delta<1$,使凡$1>x>1-\delta$時仍

$$a_0+a_1x+\cdots+a_mx^m>G;$$

而自必

$$f(x)=\sum_{n=0}^{\infty} a_n x^n>G,$$

已證完.

二十一章 冪級數之代數

無窮級數論之應用至爲廣大,而其應用之中樞實爲前章所述冪級數之諸定理.今於講此諸定理之作用之前,先述可以化簡冪級數計算之若干問題.

設兩冪級數之收斂區一爲R一爲R',則此R及R'之公共部分可簡稱爲此兩級數之**公斂區**.[*]從**83**,3及4可知兩冪級數在其公斂區中可項與項加或減.又因冪級數在其斂節內爲絕對收斂,故從**91**可知兩冪級數在其公斂區中可項與項乘.故凡x在$\Sigma a_n x^n$及$\Sigma b_n x^n$之公斂區中時,

$$\Sigma a_n x^n \pm \Sigma b_n x^n=\Sigma(a_n \pm b_n)x^n,$$

及

$$\sum_{n=0}^{\infty} a_n x^n \cdot \sum_{n=0}^{\infty} b_n x^n=\sum_{n=0}^{\infty}(a_0b_n+a_1b_{n-1}+\cdots+a_nb_0)x^n.^{(28)}$$

91,注意2及3中之公式即此定理之第一種應用.若此第二冪級數爲幾何級

十附註. 原文無正字,加之較妥.

*附註. 此處稍改原文及加此一名,可比原文意思較醒.他處仿此.

28. 從此可知Cauchy氏積之重要(參觀**91**,1).

數，則 x 在 $\sum_{n=0}^{\infty} a_n x^n$ 及 $\sum_{n=0}^{\infty} x^n$ 之公斂區中時，

$$\sum_{n=0}^{\infty} a_n x^n \cdot \sum_{n=0}^{\infty} x^n = \sum_{n=0}^{\infty} s_n x^n,$$

卽

$$\frac{1}{1-x} \cdot \sum_{n=0}^{\infty} a_n x^n = \sum_{n=0}^{\infty} s_n x^n,$$

卽

$$\sum_{n=0}^{\infty} a_n x^n = (1-x) \sum_{n=0}^{\infty} s_n x^n. \qquad \textbf{102}$$

此三式右邊中之 s_n 爲 Σa_n 之部分和，卽 $s_n = a_0 + a_1 + \cdots + a_n$. x 在此兩級數之公斂區中，卽 x 旣須 $|x|<1$ 叉須小於 $\Sigma a_n x^n$ 之半徑.

從上可知凡冪級數，在其斂節中，皆可以其本身乘之，而法至簡易．卽

$$\left(\sum_{n=0}^{\infty} a_n x^n\right)^2 = \sum_{n=0}^{\infty} (a_0 a_n + a_1 a_{n-1} + \cdots + a_n a_0) x^n;$$

叉凡 k 爲正整數時

$$\left(\sum_{n=0}^{\infty} a_n x^n\right)^k = \sum_{n=0}^{\infty} a_n^{(k)} x^n, \qquad \textbf{103}$$

此右邊中之係數 $a_n^{(k)}$ 可從係數 a_n 用極確定之方法作成之（雖 k 甚大時，其作法頗不簡明．[29] 但確有定法）．叉此類級數在 $\sum_{n=0}^{\infty} a_n x^n$ 之斂節中皆爲絕對收斂.

由此結果知「似亦可以冪級數除」，[*] 例如似可令

$$\frac{1}{a_0 + a_1 x + a_2 x^2 + \cdots} = c_0 + c_1 x + c_2 x^2 + \cdots \qquad (1)$$

及其右邊之係數 c_n 仍可從係數 a_n 用極確定之方法作成之．蓋令 $a'_n = -\frac{a_n}{a_0}$，

29. 求 $a_n^{(k)}$ 之循環公式（recurrance formulae）見 J. W. L. Glaisher, Note on Sylvester's paper: Development of an idea of Eisenstein (Quarterly Journal, Vol. 14. p. 79—84, 1875)，其他參考書目亦可在此中求得。叉可參觀 B. Hansted, Tidskrift for Mathematik, (4) Vol. 5, pp. 12—16, 1881.

*附註。 此處言「似亦可以」而不作確定之辭者，因此處僅爲下定理104之導言耳。叉須知雖可以冪級數除而仍有「可除之條件」；當僅作導言，而未明示「可除條件」之際，尙不能作確定之斷語。

$(n=1,2,3,\cdots$，及$a_0\neq 0)$，而(1)之左邊代以

$$\frac{1}{a_0}\cdot\frac{1}{1-(a'_1x+a'_2x^2+\cdots)},\tag{2}$$

則亦可代以

$$\frac{1}{a_0}[1+(a'_1x+a'_2x^2+\cdots)+(a'_1x+\cdots)^2+(a'_1x+\cdots)^3+\cdots],\dagger\tag{3}$$

若照**103**法展開(3)中各項後，再集合 x 爲同冪之項，則所得結果必爲形式如Σc_nx^n之冪級數．

以上所言是否合理，可從一較廣之論點審查之：

設有一冪級數$\Sigma a_nx^n\left[\text{在(3)中爲}\sum_{n=1}^{\infty}a_n'x^n\right]$*，其和以$f(x)$表之，爲更簡計以$y$表之；再設有一變數爲$y$之冪級數，例如$g(y)=\Sigma b_ny^n\left[\text{在(3)中爲幾何級數 }\Sigma y^n\text{ 卽(3)中以 }\Sigma a_n'x^n\text{ 爲}y\right]$．在此第二級數中以前級數$\Sigma a_nx^n$代$y$，得

$$b_0+b_1(a_0+a_1x+\cdots)+b_2(a_0+a_1x+\cdots)^2+\cdots\tag{4}$$

在此(4)中，先照**103**展開其中各項，再集合x爲同冪之項，得一形式爲

$$c_0+c_1x+c_2x^2+c_3x^3+\cdots\tag{5}$$

之新冪級數．試問在何種條件之下，此(5)爲收斂且以「函數之函數$g[f(x)]$之值」爲其和？此問之答爲下之定理：

104 °定理． 凡x之「既能使$\sum_{n=0}^{\infty}|a_nx^n|$爲收斂又能使$\sum_{n=0}^{\infty}|a_nx^n|$之和小於$\Sigma b_ny^n$之半徑」者亦必能使「上之(5)爲收斂，及其和爲$g[f(x)]$在此種$x$上之值」．

證． 上之由(4)得(5)，顯爲一種主要變列，故此證只須證明「主要變列定理**90**中之假設」在此均能滿足．

若先照**103**作成y之各冪，而以記號

$$y^k=(a_0+a_1x+\cdots)^k=a_0^{(k)}+a_1^{(k)}x+a_2^{(k)}x^2+\cdots$$

表之，並於$k=0$及$k=1$時亦用此種記號，[30]則

---

†附註。須$\left|\sum_{n=1}^{\infty}a'_nx^n\right|<1$時方能由(2)得(3)。

*附註。原文誤刊x^n爲x_n。

30. 此卽令$a_0^{(0)}=1$，$a_1^{(0)}=a_2^{(0)}=\cdots=0$；及令$a_n^{(1)}=a_n$，$(n=0,1,2,\cdots)$．

$$(A)\quad\begin{cases} b_0=b_0(a_0{}^{(0)}+a_1{}^{(0)}x+\cdots+a_n^{\dagger}{}^{(0)}x^n+\cdots) \\ b_1y=b_1(a_0{}^{(1)}+a_1{}^{(1)}x+\cdots+a_n{}^{(1)}x^n+\cdots) \\ \cdots\cdots\cdots\cdots\cdots\cdots\cdots\cdots\cdots\cdots\cdots\cdots \\ b_ky^k=b_k(a_0{}^{(k)}+a_1{}^{(k)}x+\cdots+a_n{}^{(k)}x^n+\cdots) \\ \cdots\cdots\cdots\cdots\cdots\cdots\cdots\cdots\cdots\cdots\cdots\cdots \end{cases}$$

中各級數卽是定理90中之各級數$z^{(k)}$.若再以級數 $\eta=\Sigma|a_nx^n|$代 $y=\Sigma a_nx^n$,及令$|x|=\xi$,而作成與(A)同樣之**

$$(A')\quad\begin{cases} |b_0|=|b_0|(\alpha_0{}^{(0)}+\alpha_1{}^{(0)}\xi+\cdots+\alpha_n{}^{(0)}\xi^n+\cdots) \\ |b_1|\eta=|b_1|(\alpha_0{}^{(1)}+\alpha_1{}^{(1)}\xi+\cdots+\alpha_n{}^{(1)}\xi^n+\cdots) \\ \cdots\cdots\cdots\cdots\cdots\cdots\cdots\cdots\cdots\cdots\cdots\cdots \\ |b_k|\eta^k=|b_k|(\alpha_0{}^{(k)}+\alpha_1{}^{(k)}\xi+\cdots+\alpha_n{}^{(k)}\xi^n+\cdots) \\ \cdots\cdots\cdots\cdots\cdots\cdots\cdots\cdots\cdots\cdots\cdots\cdots \end{cases}$$

則此(A')陣中數皆$\geqq0$,且因已假定x爲本定理所言之x時$\Sigma|b_k|\eta^k$爲收斂,*故主要變列定理90必能應用於(A')陣;又(A)陣中各數之絕對值顯爲$\leqq(A')$陣中之相應各數,故定理90自必更能應用於(A)陣（參觀90,注意3）。故其特例,(A)陣各縱行中依次由上至下之諸係數必能各成一(絕對)收斂級數

$$\sum_{k=0}^{\infty}b_ka_n{}^{(k)}=c_n,\quad(n=0,1,2,\cdots)\tag{6}$$

而以此諸數爲係數之冪級數

$$\sum_{n=0}^{\infty}c_nx^n$$

---

†附註。此$a_n^{(0}$原文誤刊爲$a_0^{(0)}$。

**附註。下(A')中之諸α_n^k爲：$\alpha_n^0=|a_n^{(0)}|,\alpha_n^{(1)}=|a^{(1)}|,(n=1,2,\cdots)$；又 $k=2,3,\cdots$ 時可以$|a_n^{(1}|$代103左邊中a_n作成之。

*附註。此處雖因「y表$\sum\limits_{n=0}^{\infty}a_nx^n$所定$x$之函數」而$y^k$存在,此$\eta^k$亦必存在;但仍不能因此遂謂$\Sigma|b_k|\eta^k$爲收斂。如是則所謂已假定$\Sigma|b_k|\eta^k$爲收斂,究竟在何處假定,讀者或難索解。故於原文加「x爲本理所言之x時」八字,意似較醒。

「本定理所言之x」卽凡x之「既能使$\sum\limits_{n=0}^{\infty}|a_nx^n|$爲收斂又能使$\Sigma|a_nx^n|$之和小於$\Sigma b_ny^n$之半徑」者。既言$\Sigma b_ky^n$之半徑,卽已假定$\Sigma b_ky^k$有斂節。既假定此種$x$能使$\eta=\sum\limits_{n=0}^{\infty}|a_nx^n|$小於$\Sigma b_ky^k$之半徑,卽已假定$x$爲此種$x$時$\Sigma|b_k|\eta^k$爲收斂矣。

在「本定理所言x之諸值」上必仍爲(絕對)收斂,及其和與$\Sigma b_n y^n$之和同. 因此可斷言:c_n照(6)中之意義時,

$$g[f(x)]=\sum_{n=0}^{\infty} c_n x^n.$$

105 注意及例

1. 此定理中之 $g(y)=\Sigma b_k y^k$ 謂之外級數 (outer series).*若此外級數爲處處收斂,則凡 x 之能使 $\Sigma a_n x^n$ 絕對收斂者皆能使此定理之結論成立。若內外兩級數皆爲處處收斂,則此定理之結論對於x毫無限制(卽對於一切x皆能成立)。

2. 若$a_0=0$及內外兩級數皆有正半徑,則此定理對於每一夠小之x有效; 卽必有一正數 ϱ 能使凡$|x|<\varrho$時此定理皆有效。蓋若 $y=a_1x+a_2x^2+\cdots$, 則 $\eta=|a_1||x|+|a_2||x^2|+\cdots$; 又從**96**, 知$x\to 0$則$\eta\to 0$;故凡$x$之絕對值小於一適宜之$\varrho$時,$\eta$自能小於$\Sigma b_k y^k$之半徑。

3. 在級數 $\Sigma\frac{y^n}{n!}$ 中,可以「$|x|<1$時之$y=\Sigma x^n$」或「x†爲任何數之$y=\Sigma\frac{x^n}{n!}$」代入後, 再依x之升冪排列之。

4. 現在可知213面之(1)卽

$$\frac{1}{a_0+a_1x+a_2x^2+\cdots}=c_0+c_1x+c_2x^2+\cdots, \tag{1}$$

在$a_0\neq 0$及x之絕對值小至能使

$$\eta=\left|\frac{a_1}{a_0}x\right|+\left|\frac{a_2}{a_0}x^2\right|+\cdots<1 \tag{7}$$

時,確能成立〔卽在a_0及x合上條件時,213面(1)前之「似可合」之「似」字可改「確」字〕; 從2知必有一適宜之ϱ使凡$|x|<\varrho$時(7)能成立。故:若 $\sum_{n=0}^{\infty} a_n x^n$ 有正半徑及其常數項 $a_0\neq 0$ 並限$|x|$爲適當小,[31] 則可以此冪級數除。

求諸係數 c_n 之值,若以證明其存在之普通方法求之,則非常繁難(甚至其前幾個已是如此)。但於「(1)左可展成(1)右」已經證明之後(從**97**,此種展開式只有一種),則儘可由

$$\Sigma a_n x^n \cdot \Sigma c_n x^n \equiv 1 \tag{8}$$

求c_n,此法較爲便利;故依次得

---

*附註。此名因$\Sigma b_k y^k$中之y亦爲一級數$\sum_{n=0}^{\infty} a_n x^n$之故。「外」卽對在內之 $\sum_{n=0}^{\infty} a_n x^n$ 言也。故對此$\Sigma b_k y^k$ 亦可謂 $\sum_{n=0}^{\infty} a_n x^n$ 爲內級數。又原文此處誤刊$\Sigma b_k y^k$爲$\Sigma b_k x^k$。

†附註。 此x原文誤刊爲n。

31. x應爲如何小常無關重要,所重要者實爲「必須有一正半徑ϱ能使$|x|<\varrho$ 時(a)之關係皆能成立」。至欲精定「x之有效區域」則須用函數論中較深方法。

$$a_0c_0=1$$

$$a_0c_1+a_1c_0=0$$

$$a_0c_2+a_1c_1+a_2c_0=0$$

$$a_0c_3+a_1c_2+a_2c_1+a_3c_0=0$$

....

因 $a_0\neq0$，從此諸式可依次惟一决定諸係數 c_0，c_1，c_2，…。[32]

5. 下例在以後許多研究上頗關重要：[33]

試依 x 之遞升冪展開下式

$$\frac{1}{1+\frac{x}{2!}+\frac{x^2}{3!}+\cdots} \quad 即 \quad \frac{x}{(1+x+\frac{x^2}{2!}+\frac{x^3}{3!}+\cdots)-1}.\dagger$$

此只須照上言之法求諸係數c_n之值；若以$\frac{c_n}{n!}$代上(8)中之c_n，則求法更覺優美可愛；惟就歷史上之理由言，則以$\frac{B_n}{n!}$代此c_n尤佳。如是，則上之(8)式變爲

$$(1+\frac{x}{2!}+\frac{x^2}{3!}+\cdots)(B_0+\frac{B_1}{1!}x+\frac{B_2}{2!}x^2+\cdots)\equiv1;$$

而依次定B_n之方程式爲

$$B_0=1,\quad \frac{1}{2!}\cdot\frac{B_0}{0!}+\frac{1}{1!}\cdot\frac{B_1}{1!}=0,$$

及對於 $n=2, 3, 4,\cdots$之公式爲

$$\frac{1}{n!}\cdot\frac{B_0}{0!}+\frac{1}{(n-1)!}\cdot\frac{B_1}{1!}+\frac{1}{(n-2)!}\cdot\frac{B_2}{2!}+\cdots+\frac{1}{1!}\cdot\frac{B_{n-1}}{(n-1)!}=0.$$

以$n!$乘之，更可簡爲

$$\binom{n}{0}B_0+\binom{n}{1}B_1+\binom{n}{2}B_2+\cdots+\binom{n}{n-1}B_{n-1}=0. \qquad (9)$$

若在此式中，對於各ν以B^ν代B_ν，則此式可代以

$$(B+1)^n-B^n=0. \qquad (10)$$

106

須注意此(10)爲(9)之記號方程式(symbolic equation)，不能按常義解釋之*，而只能在特種規約

---

32. 求兩冪級數之商時，有决定展開式中諸係數之顯明公式。例如在 J. Hagen, On division of series, Americ. Journ. of Math., Vol. 5, p. 236, 1883 中有此公式。

33. Euler: Institutiones calc. diff., Vol. 2, §122. 1755.

†附註。 此式中x^2原文誤刊爲x_2。

*附註。 例如照常義以$n=2$，$B=1$ 入此(10)中得$2^2-1=3=0$即爲一不通之式。但照下言(10)之規約，$n=2$時先從$(B+1)^2-B^2=B^2+2B+1-B^2=0$ 得 $2B+1=0$，再改B爲B_1得$2B_1+1=0$，即可從之求得 $B_1=-\frac{1}{2}$。

上爲有效，凡所謂記號方程式皆是如此．此(10)之規約爲：將$(B+1)$之第n冪展開後，再以各B^{ν}改爲B_{ν}。照此規約，對於$n=2, 3, 4, 5,\cdots$可從(10)依次得

$$2B_1+1=0,$$
$$3B_2+3B_1+1=0,$$
$$4B_3+6B_2+4B_1+1=0,$$
$$5B_4+10B_3+10B_2+5B_1+1=0,$$
$$\cdots\cdots\cdots\cdots\cdots\cdots$$

於是由此諸方程式先依次得

$$B_1=-\frac{1}{2}, \quad B_2=\frac{1}{6}, \quad B_3=0, \quad B_4=-\frac{1}{30},$$

再從之得

$$B_5=B_7=B_9=B_{11}=B_{13}=B_{15}=0,$$

及

$$B_6=\frac{1}{42}, \quad B_8=-\frac{1}{30}, \quad B_{10}=\frac{5}{66}, \quad B_{12}=-\frac{691}{2730}, \quad B_{14}=\frac{7}{6}.$$

此諸數謂之 Bernoulli數，而爲以後常常言及者(二十四章，4；三十二章，4；五十五章，IV，六十四章)。在此處只能推知此諸數皆爲確定之有理數。但其間無淺顯之前進定律可以看出，而因此成爲許多著名研究之主題。(34)

最後，將證一意義更廣之冪級數定理．茲先略述其情形於次．設冪級數$y=\sum_{n=0}^{\infty}a_n(x-x_0)^n$*對於$|x-x_0|<r$爲收斂．如是則對於$x_0$之隣近中每壹$x$，必有壹$y$

---

34. Bernoulli 數之下標在各書中，往往不同。有省去$B_0, B_1, B_3, B_5, B_7,\cdots$而對於$k=1, 2, 3,\cdots$以$(-1)^{k-1}B_k$代$B_{2k}$者。從$B_2, B_4,\cdots$至$B_{124}$之數，有一表見"J. C. Adams, Journ. f. d. reine u. angew. Math., Vol. 85, 1878"中。於此可附帶說及者，B_{120}之分子有113位，而其分母爲 2 358 255 930；B_{122}則分母爲 6，而分子爲有 107 位之數。$B_2, B_4,\cdots$至B_{62}之諸數，Ohm 已先計算之，ibid., Vol. 20, p. 111, 1840.——James Bernoulli 首先發現之諸數B_p，見 Ars conjectandi, 1713, p. 96.—— L. Saalschütz 於此有一廣博之記事，見"Vorlesungen über die Bernoullischen Zahlen," Berlin (J. Springer) 1893. G. Frobeinius 對此之新研究，要爲其算術方面之理論，Sitzgsber. d. Berl. Ak., 1910, p. 809—847.

*附註。此$(x-x_0)^n$原文誤刊爲$(x-x_0^n)$。此類誤刊本不必註出。實因本譯前有此類極易明白之誤刊，竟有故意來函詢問者，特將原書誤刊誌出，以明英國印刷素精，尚六頁之內有誤刊十處之多。可見數百頁巨書，刊誤終不能免。

之定值與之相應；其特例，$x=x_0$時$y=a_0$，故（爲美觀計）以y_0表此a_0。由是得

$$y-y_0=a_1(x-x_0)+a_2(x-x_0)^2+\cdots$$

因此函數爲連續，必對於「與x_0相近之每壹x」能有一「與y_0相近之y之值」與之相應。現在所須研究者，爲：與y_0相近之每壹y是否皆能得到或得至如何遠，及是否只能各得一次？* 如只能各得一次，則不但y可被x決定，抑且x可被y決定，而x遂可爲y之函數。在此種情形之下，爲簡便計，可云此$y=f(x)$在「此x_0鄰近」中爲可反(reversible)（參觀十九章定理6）。此可反問題，以下定理解決之：

°**冪級數之反求定理．** 設 展開式 **102**

$$y-y_0=a_1(x-x_0)+a_2(x-x_0)^2+\cdots \tag{1}$$

對於$|x-x_0|<r$爲收斂及$a_1\neq 0$，則由此所定之函數$y=f(x)$在x_0之鄰近中爲可反；即若$a_1\neq 0$，則必有（及只有）一函數$x=\varphi(y)$既能以「在y_0之某鄰近內收斂及形式爲

$$x-x_0=b_1(y-y_0)+b_2(y-y_0)^2+\cdots \tag{2}$$

之冪級數」表之，又能在此鄰近中（如**104**之意義）合於

$$f[\varphi(y)]=y.$$

又$b_1=1:a_1$.**

證.† 前曾說明：在證中令 x_0及y_0 皆$=0$；(35) 所證之理不因此而受限制。今於

*附註。此所謂「得到」實即存在之意。現在但講收斂，此種 y 如何得法，讀者尚難着想，故但言其存在已足。此兩句之用意，讀者或難明白，略作說明於下：$y=\sum_{n=0}^{\infty}a_n(x-x_0)^n$ 既對於$|x-x_0|<r$爲收斂，則必有正收斂半徑。凡x_1在收斂區中而其相應之y之值爲y_1，則此y_1爲能得到（即$x=x_1$時，如$y=y_1$則此y_1爲能得到）。所謂得至如何遠，即能得到之y之值其距y_0最遠者爲如何遠。又如$x=x_1$時$y=y_1$，而$x=x_2$（$x_2\neq x_1$）時y仍$=y_1$，則此y_1爲能得到二次而非得到一次（x_2自須在斂區中）。所謂是否只能各得一次，即可以得到之「與y_0相近之每一個y之值」是否只能得一次（而不能得二次或多次）。故此所註之一問，換言之，即有如何大之「y_0之鄰近」，凡其中y之值皆能與「x_0之某鄰近」中之x之值相應，及「此y_0鄰近中每壹y之值」是否只與「此x_0鄰近中x之值」相應一次（即是否與此x_0鄰近中x之一值相應後不再與其他值相應）。再簡言之即有如何大之y_0之鄰近，凡其中之y能與x_0之某鄰近中之x一一相應。要之原文此節僅爲下定理**107**之導言，意在淺顯而不事嚴密。以$y=f(x)$之可反要件首爲y與x一一相應，特提明之（此問上半節，非此處所宜答，故置之耳）。

**附註。由(1)求(2)謂之冪級數(1)之反求。

†附註。此證頭緒太繁，故略改原文，使各段之用意益顯，以便讀者。

35. 此無異爲簡便計，先在(1)中令$x-x_0=x'$及$y-y_0=y'$，再去x'及y'上之一「'」。

(1)中，假定$x_0=y_0=0$之外如再假定$a_1=1$，則(1)變爲

$$(a)\qquad y=x+a_2x^2+a_3x^3+\cdots$$

以此爲「被反級數」† 於所證之理仍不生限制．蓋從假設$a_1\neq 0$，則$a_1x+a_2x^2+\cdots$可寫成

$$a_1x+\frac{a_2}{a_1^2}(a_1x)^2+\frac{a_3}{a_1^3}(a_1x)^3+\cdots$$

之形式．再爲簡便計，令$a_1x=x'$及凡$n\geqq 2$時令

$$\frac{a_n}{a_1^n}=a'_n;$$

並爲更簡計，再省去x'及a'_n上之「'」，卽得上之(a)式，如是，則改本定理之(1)爲(a)而討論之仍無損於通性．亦卽本定理所應證明者，今可變爲應證：* 必有(及只有)一(a)之反函數能以「在$y=0$之某鄰近中收斂及形式爲

$$(b)\qquad x=y+b_2y^2+b_3y^3+\cdots$$

之冪級數」表之，而以之代入(a)後所得之

$$(c)\qquad (y+b_2y^2+\cdots)+a_2(y+b_2y^2+\cdots)^2+a_3(y+b_2y^2+\cdots)^3+\cdots$$

依y之遞升冪重列之，其結果在此鄰近中照**104**之意義應恆$=y$，——卽(c)經此重列後，除y^1之係數應$=1$外，其他一切係數應盡$=0$．*

因上爲簡便計，已以x代a_1x；可知(b)右之級數爲「$a_1x+a_2x^2+\cdots$(此a_1爲$\neq 0$之任意常數)之反級數」之除以a_1者 故在普通情形之下(卽被反級數爲此$a_1x+a_2x^2+\cdots$

---

† 附註。 由(1)求(2)時，稱(1)爲「被反級數」，及稱(2)爲(1)之「反級數」。加此兩名於說明上可生便利。

* 附註 此段之要義分兩層。(I)爲便利計，改(1)爲(a)而就(a)立證，所證之理並不因此而受限制。所宜附帶注意者，(1)既對於$|x-x_0|<r$爲收斂，則(a)亦必有正收斂半徑。(II)。(a)既有正收斂半徑，則可證明必有(及只有)一合於下列條件之(b)：

(α). (b) 亦有正收斂半徑；

(β). (b) 表(a)之反函數；故

(γ). 以(b)代入(a)中得(c)後，(c)依y之遞升冪排列之，其結果應恆$=y$。

惟此處雖言「可證明有如此之(b)，而此段中尙未證實．故將原文改爲「…今可變爲應證…」，藉以提醒(I)(II)兩層之意。

時)，反級數中y^1之係數爲$b_1=\frac{1}{a_1}$〔上(a)中 x^1 之係數爲1，故(b)中y^1之係數爲$\frac{1}{1}=1$〕.**

今暫假定確有如此之(b)可爲(a)之反函數，則其中諸係數b_ν可由「(c)經此重列後，凡$y^2, y^3, \cdots$之係數須皆$=0$」之條件惟一決定之；蓋從此條件可得諸方程式

$$(d)\quad \begin{cases} b_2+a_2=0 \\ b_3+2b_2a_2+a_3=0 \\ b_4+(b_2^2+2b_3)a_2+3b_2a_3+a_4=0 \\ \cdots\cdots\cdots\cdots\cdots\cdots\cdots\cdots, \end{cases}$$

而諸係數b_ν必能由此諸方程式依次決定而毫無歧義，乃顯而易見之事也.由是得諸b_ν之值：

$$(e)\quad \begin{cases} b_2=-a_2 \\ b_3=-2b_2a_2-a_3=2a_2^2-a_3 \\ b_4=-(b_2^2+2b_3)a_2-3b_2a_3-a_4 \\ b_5=\cdots \\ \cdots\cdots\cdots\cdots\cdots\cdots\cdots\cdots \end{cases}$$

雖此種計算，稍進即太複雜，無從明悉其全體之情形；惟上所寫出之諸方程式已顯示：若$y=f(x)$能有反函數之可展成冪級數者，則此種反函數只有一個.

從上之計算，可知無論原級數(a)爲如何(即無論其係數$a_2, a_3, \cdots$爲何數)，終能完全決定諸b_ν之值，而因此終能構造一冪級數$y+b_2y^2+\cdots$之「至少能在形式上滿足本問題之條件〔即(c)恆等於y〕」者.現在所須考察者，僅爲此冪級數是否有一正收斂半徑.若能證明其有此，則此「反求」已全做成.

此種證明(如Cauchy氏所首示者)，通例在實際上皆能得到，如下：設先任意取定合於下兩條件之諸正數α_ν；其(一)爲

**附註。 此段說明定理中。「$b_1=\frac{1}{a_1}$之一語」爲眞確。就嚴格言，此應俟前註(II)中之(b)已證實存在後言之。但亦不妨於此先言，以明改(1)爲(a)後定理中所言仍全確眞。省得(b)之存在證實後言之；前後不接，須多說數句。

$$|a_\nu| \leqq \alpha_\nu$$

其(二)爲 $\Sigma\alpha_\nu x^\nu$ 有正收斂半徑.再照上由(a)求(b),經過(d)得(e)之法,求

$$y = x - \alpha_2 x^2 - \alpha_3 x^3 - \cdots {}^{*} \qquad (3)$$

之反函數

$$x = y + \beta_2 y^2 + \beta_3 y^3 + \cdots$$

卽可得其諸係數β_ν爲

$$\beta_2 = \alpha_2$$

$$\beta_3 = 2\beta_2\alpha_2 + \alpha_3$$

$$\beta_4 = (\beta_2^2 + 2\beta_3)\alpha_2 + 3\beta_2\alpha_3 + \alpha_4$$

$$\cdots\cdots\cdots\cdots\cdots\cdots\cdots\cdots\cdots\cdots\cdots\cdots$$

此諸式中之各項皆爲正.故對於各ν,必皆

$$\beta_\nu \geqq |b_\nu|.$$

故若所取諸α_ν能使此$\Sigma\beta_\nu y^\nu$有一正收斂半徑,則$\Sigma b_\nu y^\nu$亦必有正收斂半徑,而所須證明者已全證明.但如此之諸α_ν究能求得否?

今示如此之諸α_ν定能求得,及其求法如下:必有一正數ϱ能使原級數$x + a_2x^2 + \cdots$在$x = \varrho$時爲絕對收斂,故必有正數K(從**82**定理1及**10**,11)能使凡$\nu = 1, 2, 3, \cdots$時皆

$$|a_\nu|\varrho^\nu \leqq K \quad \text{卽} \quad |a_\nu| \leqq \frac{K}{\varrho^\nu}.$$

於是對於$\nu = 1, 2, 3, \cdots$擇定

$$\overset{\dagger}{\alpha_\nu} = \frac{K}{\varrho^\nu}$$

及以之代入(3)中,則得在$|x| < \varrho$時收斂之級數

$$y = x - K\cdot\frac{x^2}{\varrho^2}\left(1 + \frac{x}{\varrho} + \frac{x^2}{\varrho^2} + \cdots\right) = x - \frac{K\cdot x^2}{\varrho(\varrho - x)}, \quad |x| < \varrho. \quad (4)$$

---

*附註。 $\Sigma\alpha_\nu x^\nu$ 爲收斂,則$y = x - \alpha_2 x^2 - \alpha_3 x^3 - \cdots$自必亦斂。又原文此處誤刊$-\cdots$爲$+\cdots$。

†附註。 此α_ν原文誤刊爲α_n。

以此爲被反級數，可直接求其反級數如下．以微分法施諸此(4)〔*此(4)爲簡單拋物線，讀者可自繪其圖〕，即可知x在

$$-\infty<x<x_1=\varrho\left(1-\sqrt{\frac{K}{K+\varrho}}\right) \tag{5}$$

中時，此函數y爲純升，而自$-\infty$至

$$y_1=2K+\varrho-2\sqrt{K(K+\varrho)}; \tag{6}$$

故$y<y_1$時，此函數y有惟一確定之反函數其值皆$<x_1$．因

$$y=x-\frac{K\cdot x^2}{\varrho(\varrho-x)} \quad 卽 \quad (K+\varrho)x^2-\varrho(\varrho+y)x+\varrho^2y=0,$$

此惟一之反函數爲

$$x=\frac{\varrho}{2(K+\varrho)}\left[\varrho+y-\sqrt{y^2-2(2K+\varrho)y+\varrho^2}\right].^{**} \tag{7}$$

今再將此反函數展爲級數如下：爲簡便計，令

$$y_2=2K+\varrho+2\sqrt{K(K+\varrho)}$$

及y_1如(6)，則(7)右根號內之式爲

$$y^2-2(2K+\varrho)y+\varrho^2\equiv(y-y_1)(y-y_2).$$

又因y_2爲正及y_1乘y_2之積爲ϱ^2，此y_1及y_2必皆爲正．故(7)可寫作

$$x=\frac{\varrho^2}{2(K+\varrho)}\left[1+\frac{y}{\varrho}-\left(1-\frac{y}{y_1}\right)^{\frac{1}{2}}\cdot\left(1-\frac{y}{y_2}\right)^{\frac{1}{2}}\right]. \tag{8}$$

在下一編中將說明：在$|z|<1$時，$(1-z)^2$可展爲由$1-\frac{z}{2}+\cdots$開始之冪級數．今假定此事爲已知，則立可展(8)之x爲冪級數

$$x=\frac{\varrho^2}{2(K+\varrho)}\left[1+\frac{y}{\varrho}-\left(1-\frac{y}{2y_1}+\cdots\right)\left(1-\frac{y}{2y_2}+\cdots\right)\right] \tag{9}$$

$$=y+\beta_2y^2+\cdots$$

---

*附註． $y'=1-\frac{K(2\varrho x-x^2)}{\varrho(\varrho-x)^2}=\frac{\varrho+K}{\varrho(\varrho-x)^2}\left\{x-\varrho\left(1-\sqrt{\frac{K}{K+\varrho}}\right)\right\}\left\{x-\varrho\left(1+\sqrt{\frac{K}{K+\varrho}}\right)\right\}.$

故

$$x<\varrho\left(1-\sqrt{\frac{K}{K+\varrho}}\right)時，\ y'>0 \quad (甲)$$

$$x>\varrho\left(1+\sqrt{\frac{K}{K+\varrho}}\right)時，\ y'>0 \quad (乙)$$

但x須$<\varrho$，故只能用(甲)．下之(5)卽由此(乙)所定。

**附註． 因x及y須同時$\to 0$，故此式根號$\sqrt{\ }$前只能取負號。

此(9)至少在$|y|<y_1$時爲收斂，其必有正半徑可知．總上所言本定理至此，已全證明矣．*

由級數

$$x+a_2x^2+\cdots$$

造成級數

$$y+b_2y^2+\cdots$$

之實際方法，就通例言，頗有煩難之處；[36] 故對於各種特例，各須用特設之捷法．其例見下二十六及二十七章．

再專就以後需用之點，略述於次．若(b)爲(a)之反級數，則級數

(a') $$y=x-a_2x^2+a_3x^3-+-\cdots$$

之反級數爲

(b') $$x=y-b_2y^2+b_3y^2-+-\cdots$$

此(a')爲將(a)改爲符號正負相間者，(b')爲依同法將(b)改爲符號正負相間者，此理極易明白，先在(c)中展開

$$(y+b_2y^2+\cdots)$$

之各冪，設其結果爲

(c) $$(y+b_2y^2+\cdots)+a_2(y^2+b_3^{(2)}y^3+\cdots)+a_3(y^3+b_4^{(3)}y^4+\cdots)+\cdots$$

再照新假定，以(b')代入(a')後而展開其中$(y-b_2y^2+-+\cdots)$之各冪，則因兩「係數正負相間之級數」之積亦爲「係數正負相間之級數」，其結果必爲

(c') $$(y-b_2y^2+\cdots)-a_2(y^2-b_3^{(2)}y^3+\cdots)+a_3(y^3-b_4^{(3)}y^4+\cdots)+\cdots$$

於是，令y^2，y^3，$\cdots$之係數等於0，則所得之方程式必盡與(d)同，而由此決定之b_ν亦必盡與前同．

---

*附註． 此證第一，二段之用意前已註明。今再說明其第三，四，五，六各段之用意如下。第三段，先假定(a)有反函數(b)；再從(d)及(e)證明(a)如有反函數，則至多只有一種；但(a)究竟有無反函數尚是不知。第四段，說明如照(e)造成之(b)有正斂半徑，則(a)有反級數(b)而本定理已經證明；但此正收斂半徑究竟有無尚是不知。第五段，言必能證明此收斂半徑爲有：並言其證法，即照(一)，(二)兩條件取定之諸α_ν如能使$\Sigma\beta_\nu y^\nu$有正收斂半徑，即足證明。但此正收斂半徑之有無仍尚未知。第六段，示求出「既合(一)(二)兩條件又能使$\Sigma\beta_\nu y^k$有正收斂半徑之諸α_ν」之法；并先證(4)有反函數，再證此反函數可展成有收斂半徑之(9)(即第五段之$\Sigma\beta_\nu y^\nu$)，於是本定理始完全證明。(9)非(a)之反級數乃(4)之反級數。不過證明(9)有正收斂半徑以證明(a)必有反級數(b)耳。

36. 展開式中係數b_n之公值曾求至b_{13}，此係 C. E. Van Orstrand 所求出者，見 Reversion of power series, Philos. Magazine (6), Vol. 19, p. 366, 1910.

第五編之習題

64. 設冪級數$\Sigma a_n x^n$之係數a_n（從$n>$某m後）爲習題34或45中之諸值，而求其收斂半徑。

65. 求下列諸冪級數之收斂半徑：

$$\Sigma\ \vartheta^{n^2}\cdot x^n,\quad 0<\vartheta<1;\quad \Sigma\left(\frac{1\cdot 2\cdots n}{3\cdot 5\cdots(2n+1)}\right)^2 x^n;$$

$$\Sigma\frac{n!}{n^n}x^n;\quad \Sigma\frac{n!}{a^{n^2}}x^n,\quad a>1;\quad \Sigma\frac{(n!)^3}{(3n)!}x^n.$$

66. 設$\left|\frac{a_n}{a_{n+1}}\right|$之下限及上限爲$\varkappa$及$\mu$，則冪級數$\Sigma a_n x^n$之收斂半徑$r$常能滿足$\varkappa\leqq r\leqq\mu$*之關係。其特例，若$\lim\left|\frac{a_n}{a_{n+1}}\right|$存在，則其值爲$\Sigma a_n x^n$之收斂半徑。

67. 設$\Sigma a_n x^n$之收斂半徑爲r，及$\Sigma a_n' x^n$之收斂半徑爲r'。則冪級數

$$\Sigma(a_n\pm a_n')x^n,\quad \Sigma a_n a_n' x^n,\quad \Sigma\frac{a_n}{a_n'}x^n$$

之收斂半徑如何？

67a. 若$0<\lim|a_n|<+\infty$，則$\Sigma a_n x^n$之收斂半徑如何？

68. 設ε_n之值與習題47中所言者同，則冪級數$\sum\limits_{n=2}^{\infty}\frac{\varepsilon_n}{n\log n}$在其收斂節之兩端點上皆爲收斂，但皆爲有條件收斂。

69. 證明（參觀**97**，例3）

$$\sum_{\nu=0}^{n}\binom{n}{\nu}^2=(-1)^n\sum_{\nu=0}^{2n}(-1)^\nu\binom{2n}{\nu}^2=\binom{2n}{n}.$$

70. 下可爲Abel氏定理**100**之補充定理：凡冪級數$\Sigma a_n x^n$之收斂半徑爲$r\geqq 1$，則

$$\underline{\lim}\ s_n\leqq\overline{\lim_{x\to 1-0}}\left(\sum_{n=0}^{\infty}a_n x^n\right)\leqq\overline{\lim}\,s_n,$$

上式中之s_n爲$a_0+a_1\cdots+a_n$。

71. Abel氏定理**100**之逆定理不常爲眞，但若諸係數$a_n\geqq 0$，則此逆定理爲眞；故諸係數$a_n\geqq 0$時，若

$$\lim_{x\to r-0}\Sigma a_n x^n$$

存在，則$\Sigma a_n r^n$收斂，及其和等於此極限。

72. 設

*附註。此μ原文漏刊。

$$\sum_{n=1}^{\infty} a_n x^n = f(x) \quad 及 \quad \sum_{n=1}^{\infty} b_n x^n = g(x)$$

皆在$|x|<\rho$時爲收歛。則(x爲何値時?)

$$\sum_{n=1}^{\infty} b_n f(x^n) = \sum_{n=1}^{\infty} a_n g(x^n).$$

(以各種特値爲其係數，可得許多有趣味之恒等式。例如，令$b_n\equiv 1, (-1)^{n-1}, \frac{1}{n}, \cdots$)。

73. 用除法求「由

$$\frac{1}{1-\frac{x^2}{2!}+\frac{x^4}{4!}-+\cdots}, \quad \frac{1}{1+\frac{x}{2!}+\frac{x^3}{3!}+\cdots}$$

展成之羃級數」之前數項。

羃級數之其他習題，見下編中。

LEBESGUE 積分論

Erich Kamke 原著　武崇林譯

第一章　點集及節集

§1　發端

§1·1　集合(Menge,或簡作集)之定義,簡括言之,乃相異事物之一羣也,組成集合之事物,稱作集合之元(Elemente)。

例如1, 2, 3三數成一集合,共有三元;1至100間之質數成一集合,共有25元;偶數全體,成一集合,具有無限個數之元。不能書作二奇質數之和之偶數亦成一集合,確含有2及4二元,但此外是否尙有其他之元,則尙不得而知之也。正方形之角點,成一四元之集合,圓內及圓界上之點均成無限個數元之集合。

本書所論成集合之事物,將限於實數,點及節三種,「數」及「點」二者,常視同物之異名,以任何實數可以用直線上之點表示之也,同理「數偶」及「點」亦常視作同義,因平面上一點恆可以其直角坐標表之。

如專言集合,則元之秩序,可以勿論,如1, 2, 3三元所成之集合[(1)]{1, 2, 3}, {3, 1, 2}及{2, 1, 3}均視爲同一集合。再一集合中不能具有相同之元,如下之五數

1, 2, 1, 2, 3

(1) 集合常須以符號表之,以後均將其元以折括弧括之爲記。

必先去其重見者始得成為集合也。

二集合 $\mathfrak{M}$ 及 $\mathfrak{N}$ 若具有同樣之元,則稱作**相等**(gleich),以符號示之則為 $\mathfrak{M}=\mathfrak{N}$,例如 $\{1, 2, 3\}=\{3, 2, 1\}$。

§1·2 其次吾人將區分**有限**(endliche)及**無限**(unendliche)集合。設 n 為一正整數,而 $x_1, x_2, \cdots x_n$ 為 n 個相異之數或點或節,則此等相異之數或點或節成一有限集合。任何集合,其元數非有限者,稱作無限集合。

在無限集合中,吾人將特標舉正整數所成之集合,書以尋常次序如

$$\{1, 2, 3\cdots\}$$

者,名之為**可數集合**(abzählbare Menge),普遍言之,如一集合可以書作

$$\{x_1, x_2, x_3, \cdots\}$$

式之敍列,換言之,對於集合之任一元素,可以一自然數與之相應,使一元素恰有一自然數對應,且一自然數亦恰有一元素對應者,則名曰可數。

例。世間所有印刷所中之字模,成一有限集合,勿論其元素若何之多,若實數則成一可數集合。所有分子為1之分數

$$\{1, -1, \tfrac{1}{2}, -\tfrac{1}{2}, \cdots\}$$

及1000之正整數乘冪

$$\{1000, 1000^2, 1000^3\cdots\}$$

均成可數集合。

如有集合於此,若僅知其「如非有限卽係可數」,則可簡稱作「**至多可數**」(höchstens abzählbar),若既非有限又非可數,則稱作「**不可數**」(nicht-abzählbar)。此種集合存在之實例,將於以後§1·6中見之。

§1·3。 吾人將更證明兩特殊集合之可數,是二集合,由直覺之認識,殊未能望其為可數者也。

定理 1。 所有有理數成一可數集合。

證。 任何有理數 $r\neq0$ 可以書作 $r=a/b$ 之惟一形狀,其 a, b 為

互質之二整數，$b\geqslant1$。因此吾人得將有理數敍列如下：吾人托始於 0，次則書有理數之 $|a|+b=2$ 者（卽 $-1/1$，$+1/1$），次再書有理數之 $|a|+b=3$ 者（卽 $-2/1$，$2/1$，$-1/2$，$1/2$），次再書有理數之 $|a|+b=4$ 者，（卽 $-3/1$，$3/1$，$-1/3$，$1/3$，其中 $-2/2$ 及 $2/2$ 已經棄去，因其可以簡化也）。次再書有理數之 $|a|+b=5$ 者，（卽 $-4/1$，$4/1$，$-3/2$，$3/2$，$-2/3$，$2/3$，$-1/4$，$1/4$）以下類推。吾人更訂以下之規律，如上書各分數排次方法所已示者，卽凡有理數有同樣之和 $|a|+b$ 者，依分母漸大之次序列之，若更有同樣之分子者則負者居前，依此則有理數卽具有一定之秩序。在如此所成之一敍列中，任何有理數均恰發現一次蓋任何 $r=a/b\neq0$ 者，其 $|a|+b$ 必 $\geqslant2$，是以此 r 必已計及也。由是所有有理數，必可列成敍列，因而必係可數。

爲次之一定理，將示「更廣義」一集合之可數性者，吾人須回憶「代數數」之定義。所謂代數數（algebraische Zahl）卽表一多項式

$$f(x)=a_nx^n+a_{n-1}x^{n-1}+\cdots+a_1x+a_0$$

之零點（Nullstelle）之數也，其各係數均爲整數，且不全爲零。有理數全部屬此類，同時有理數之任何次根亦係如此。

定理 2。 所有代數數成一可數集合。[2]

證。設 $f(x)$ 爲上所云之一多項式，且無損於定理之普遍性，吾人得設 $a_n>0$。所謂此多項式之高度（Höhe）云者，係指整數

$$h=n+a_n+|a_{n-1}|+\cdots+|a_0|$$

而言。高度顯見爲 $\geqslant1$ 之正整數。高度 h 既定，則隸屬此高度之多項式之個數必爲有限，蓋因 $n\leqslant h$ 且任一 $|a_\nu|\leqslant h$ 故也。玆自高度 2 起算，屬於此高度者爲二函數：x 及 2，有一零點爲 0，此應視爲敍列之第一數。其次依某種次序書出所有高度爲 3 之多項式：

$$x^2,\ 2x,\ x+1,\ x-1,\ 3,$$

零點爲 0，$+1$，-1，於是棄去已發現之 0，書下未曾發現之 -1，$+1$。

（2） 吾人所論僅及實數，若兼論複虛數之代數數，則定理及證明均仍可用。

再次卽爲高度等於4之多項式:

$$x^3,\ 2x^2,\ x^2+x,\ x^2-x,\ x^2+1,\ x^2-1,\ 3x,\ 2x+1,\ 2x-1,$$
$$x+2,\ x-2,\ 4。$$

除去巳發現之各零點不計外,再以任何次序書下此等多項式之實數零點,$-2,\ -1/2,\ 1/2,\ 2$。其次再計算高度爲5之多項式之實數零點且未曾發現者,如

$$-3,\ -1/2-\tfrac{1}{2}\sqrt{5},\ -\sqrt{2},\ -\tfrac{1}{2}\sqrt{2},\ \tfrac{1}{2}-\tfrac{1}{2}\sqrt{5},\ -\tfrac{1}{3},\ \tfrac{1}{3},$$
$$-\tfrac{1}{2}+\tfrac{1}{2}\sqrt{5},\ \tfrac{1}{2}\sqrt{2},\ \sqrt{2},\ \tfrac{1}{2}+\tfrac{1}{2}\sqrt{5},\ 3;$$

以下類推。由是卽得相異諸數所成之一敍列,其各數均爲代數數;旣任何多項式必有其一定之高度,故所有代數數必發現於此敍列中,由是得定理之證明。

§1·4。 茲將續證一定理,有此二定理則在多種情形之下,吾人得以證明一集合之可數性,最先吾人且引進一種新概念。

有集合$\mathfrak{M}$於此。若他一集合$\mathfrak{N}$之任一元均係$\mathfrak{M}$之元,則$\mathfrak{N}$稱爲$\mathfrak{M}$之子集(Untermenge oder Teilmenge)。譬如任何集合,均爲其本身之子集,但吾人視此類爲假子集;至若云眞子集,則將指不與本身相同之子集而言也。屬於$\mathfrak{M}$而不屬於子集$\mathfrak{N}$之元所成之集合$\mathfrak{R}$,稱爲$\mathfrak{N}$對$\mathfrak{M}$之餘集 (Restmenge oder Komplementare Menge)。以符號表之爲$\mathfrak{R}=\mathfrak{M}-\mathfrak{N}$。爲欲令此定義當$\mathfrak{N}$爲$\mathfrak{M}$之假子集時亦可通用,則亦如在幾何學中視爲意想點(uneigentliche Punkte)而引入無窮遠點,又如在論數之系統中曾視爲意想數[3] 而引入零。吾人於此處亦引入一意想集合爲虛無集合,(Nullmenge oder leere Menge 簡稱虛集,以0表之),[4] 虛集應視作有限集合,且應爲任何集合之子集,特殊亦必爲其本身之子集。

例。 $x^2+y^2=1$之界點,爲$x^2+y^2\leq 1$圓面上點之子集,其餘集卽係$x^2+y^2<1$

---

(3) 此係指數之概念之歷史的演進而言,並非指其依公設展造(axiomatische Aufbau)時零所顯之功用也。

(4) 虛集0與以零之一數所成之一元集合{0}應加區別。

圓內點之集合;有理數集合爲實數集合之子集,其餘集即爲無理數集合。

定理3。 可數集合之任何子集爲至多可數。

證 有可數集合$\mathfrak{M}$,吾人可設想其書爲敍列$\{x_1, x_2,\cdots\}$之形式,設子集爲$\mathfrak{N}$,吾人只須考究$\mathfrak{N}\neq 0$之情形即可。於敍列$\mathfrak{M}$中,必有最先之一元屬於$\mathfrak{N}$者,命之爲$y_1=x_{n_1}$,在此之後必仍有最先之一元屬於$\mathfrak{N}$者,命之爲$y_2=x_{n_2}$;以下類推。此之運算,或適盡而止,或永無休息,胥視$\mathfrak{N}$之有限無限而定。因$\mathfrak{M}$含有$\mathfrak{N}$所有之元,(或許更多)故此或許終止之敍列,必適即含$\mathfrak{N}$之各元,因而$\mathfrak{N}$必爲有限或可數。

例。凡能書作三正分數立方之和之正分數,其集合以其爲有理數之子集故必可數,又所有實數次,不可分解方程式之根,其集合爲代數數集合之一子集,亦爲可數。

§1·5。 吾人玆進至他二重要概念。如有有限個數或無限個數集合於此,所謂其和集$\mathfrak{S}$ (Vereinigungsmenge oder Summe)(4·1)云者,乃指至少屬於其中之一集合之元所成之集合而言,至多可數個數集合$\mathfrak{M}_1, \mathfrak{M}_2,\cdots$之和集,書作以下之形式

$$\mathfrak{S}=\mathfrak{M}_1+\mathfrak{M}_2+\cdots \text{ 或 } \mathfrak{S}=\sum_{\nu}\mathfrak{M}_\nu$$

所謂有限或無限數集合之**最大公約**$\mathfrak{D}$(Durchschnitt 簡稱公約)云者,即指屬於所有各集合之元所成之集合,欲指示$\mathfrak{D}$爲二集合$\mathfrak{M}_1$及$\mathfrak{M}_2$之公約,吾人書

$$\mathfrak{D}=\mathfrak{D}(\mathfrak{M}_1, \mathfrak{M}_2) \text{ 或 } \mathfrak{D}=\mathfrak{M}_1\cdot\mathfrak{M}_2,$$

而若集合$\mathfrak{M}_1, \mathfrak{M}_2, \mathfrak{M}_3\cdots$個數至多可數,則書爲

$$\mathfrak{D}=\mathfrak{D}(\mathfrak{M}_1, \mathfrak{M}_2\cdots) \text{ 或 } \mathfrak{D}=\mathfrak{M}_1\cdot\mathfrak{M}_2\cdots=\prod_{\nu}\mathfrak{M}_\nu$$

第二種書法,以後吾人將多所應用,其便利在示集合之「和」及「積」,

(4·1) Vereinigungsmenge 及 Summe 有時作爲含義不全同。如$\mathfrak{M}$及$\mathfrak{N}$無共同元,則依吾人本節之造和法所得者稱爲 Summe;如$\mathfrak{M}$及$\mathfrak{N}$有共同元,則所造者稱爲 Vereinigungsmenge,參攷 Carathéodory, Vorlesungen über reelle Funktionen (1927) §§33–35 SS. 22–24。本書所用係指第二義。

與尋常數量之和及積有相似之計算定律,如在作和式時如有虛集,直可棄去,且虛集之和仍係虛集是也。在作積式時,若有一集合爲虛集,則公約應卽爲虛集;同樣各集合公元者亦係如此。

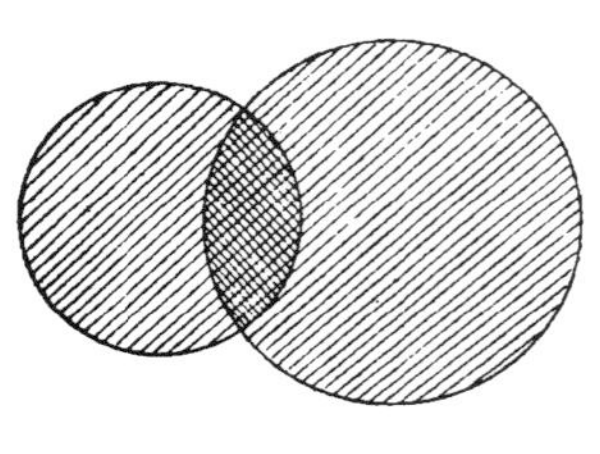

圖 1

例。自然數集合及集合 $\{5, 7, 9\}$,其和爲自然數之集合,其公約爲 $\{5, 7, 9\}$ 集合;偶數集合及奇數集合,其和爲整數集合,其公約爲虛無集合。圖 1 所示二圓之點,其和爲單掩覆區域,其公約爲複掩覆區域,又無限數集合 $\{1, 2, 3, 4, \cdots\}$, $\{2, 3, 4, \cdots\}$, $\{3, 4\cdots\}\cdots$,其和爲自然數集合,其公約爲虛無集合。

定理 4。 至多可數個數之至多可數集合,其和集仍係至多可數。

證 如有兩集合

$$\mathfrak{M}=\{x_1, x_2, \cdots\}, \mathfrak{N}=\{y_1, y_2\cdots\}$$

各爲有限或係可數,吾人得藉以作下之敍列

$$x_1, y_1, x_2, y_2\cdots$$

迄至二集合中各元俱行用過時爲止。於此之敍列中,遇有重見之元,則棄去之,於是見此敍列顯然表 $\mathfrak{M}+\mathfrak{N}$, 因而和集至多爲可數。至若有限個數之集合,則亦可用此種「同流合進」之辦法證明之也。

於普遍之情形,則可以用以下之方法。設所與集合爲

$$\mathfrak{M}_1, \mathfrak{M}_2\cdots$$

且 $\mathfrak{M}_\mu$ 之元爲 $x_{\mu 1}, x_{\mu 2}\cdots$。最先吾人書下元 x_{11},次書各元 $x_{\mu\nu}$ 之 $\mu+\nu=3$ 者(顯然有限個數),卽 x_{21}, x_{12} 是,幷棄去重見者,次再書各之 $x_{\mu\nu}$ 之 $\mu+\nu=4$ 者,卽 x_{31}, x_{22}, x_{13} 是,同樣,重見者亦棄去之,以下類推。若是吾人卽求得一(或許終止)之敍列,於其中,屬於一 $\mathfrak{M}_\mu$ 之任何元,皆恰發現一次,故此之敍列顯然卽係和集 $\mathfrak{M}_1+\mathfrak{M}_2+\cdots$ 因而和集必爲可數。

此處所應用之證法,前於定理 1 及 2 之證明,顯已用過,尋常

稱之爲「**第一對角線證法**」(1st Diagonalverfahren)，所以名者，蓋因在作和集敍列時，其各元係由各集合之元之列表，

$$\begin{array}{llll} x_{11} & x_{12} & x_{13}\cdots & (\mathfrak{M}_1) \\ & \nearrow & \nearrow & \\ x_{21} & x_{22} & x_{23}\cdots & (\mathfrak{M}_2) \\ & \nearrow & & \\ x_{31} & x_{32} & x_{33}\cdots & (\mathfrak{M}_3) \\ \cdots\cdots & \cdots\cdots & \cdots\cdots & \cdots\cdots \end{array}$$

依次取所畫對角線上，各元而得之如下

$$x_{11},\ x_{21},\ x_{12},\ x_{31},\ x_{22},\ x_{13}\cdots$$

者也。

例。平面上所有之點，其二坐標皆係有理數者，成一可數集合，蓋若指 x 爲固定之有理橫坐標，則所有縱坐標 y 爲有理數之點，依定理1爲可數集合，再令 x 通過所有之有理數，則得可數個數之可數集合，其和應自可數也。——由此推知兩端點皆爲有理數之節，所成集合，亦爲可數，此因數偶 x，y 之集合，其 x 及 y 均爲有理者，由適所言，成一可數集合。但此所云之節，卽係由此等數偶中 $x<y$ 者之子集所構成，是以必爲可數。——再，圓心之坐標及半徑均係有理數者，其所有圓之集合爲可數，同樣四角點俱屬有理坐標之四邊形，亦成可數集合。

§1·6。綜前所舉，一似所有集合，統係可數然者，至可數與不可數，究竟有何區別，必俟證明確有不可數集合存時，始有義意可言也。因此吾人證明下之

定理5。 節 $0\leqslant x\leqslant 1$ 中所有實數所成集合，換言之，卽所謂綿續統(Kontinum)者爲不可數。

證　證明亦將應用所謂「對角線證法」(Diagonalverfahren)[4·2]者，此處吾人姑名之爲「第二對角線證法」。證明僅須指示集合 $0<x\leqslant 1$ 之不可數性卽可，因加減一元與集合之可數性了無關係

(4·2) Diagonalverfahren係Cantor最先發明致用者，近代用途更不僅限于點集論矣。吾人此處，所謂第二對角綫證法，乃Cantor之所用，尋常亦僅有對角綫證法之說，而未見分有第一第二也。

也。任何 $0<x\leqslant 1$ 之一數,可以書作無盡(十進)小數 $0, a_1, a_2, a_3\cdots$,(譬如 $\frac{1}{2}=0,499\cdots, 1=0,999\cdots$是。)且僅有一式。若云節 $0<x\leqslant 1$ 間之實數爲可數,則必可以書作如下列無盡小數之敍列:

$$\begin{array}{l} 0,\ a_{11}\ a_{12}\ a_{13}\cdots \\ 0,\ a_{21}\ a_{22}\ a_{23}\cdots \\ 0,\ a_{31}\ a_{32}\ a_{33}\cdots \\ \cdots\cdots\cdots\cdots\cdots\cdots \end{array}$$

今吾人更造一無盡小數

$$d=0,\ b_1b_2b_3\cdots,$$

令其與由對角線所成之 $0, a_{11}\, a_{22}\, a_{33}\cdots$ 在小數點後同位上無相同之數字,且無一爲零,則必有 $0<d\leqslant 1$。因 d 中無一位小數爲零,因而係無盡,故必與敍列 (1) 中某一小數在各位上完全重合。但由 d 之構造,知其與 (1) 中之任何一數至少有一位小數相異,(卽與第 n 數在第 n 位小數相異,)故爲不可能,由是得證。

§1·7。應用以下之一二定理,吾人得造成不可數之集合。

定理 6。若 $\mathfrak{M}$ 爲不可數集合,而 $\mathfrak{N}$ 爲任一集合,則 $\mathfrak{M}+\mathfrak{N}$ 亦不可數。

證。因如 $\mathfrak{M}+\mathfrak{N}$ 爲有限或可數,則 $\mathfrak{M}$ 爲 $\mathfrak{M}+\mathfrak{N}$ 之子集,因而亦將爲可數也。

定理 7。於一不可數集合 $\mathfrak{M}$ 中,棄去一至多可數之子集 $\mathfrak{A}$,則餘集 $\mathfrak{M}-\mathfrak{A}$ 亦不可數。

證 因若 $\mathfrak{M}-\mathfrak{A}$ 爲有限或可數,則由定理 4 知 $(\mathfrak{M}-\mathfrak{A})+\mathfrak{A}=\mathfrak{M}$ 亦將爲可數,而與假設牴牾也。

自定理 7 推得 $0<x\leqslant 1$, $0\leqslant x<1$, $0<x\leqslant 1$ 各集合均不可數,通例則有

定理 8。任何節 a, b 間之點,勿論端點計及其二,其一,或全不計入與否,成一不可數集合。

證　設 x 爲節 a, b 中之一數,命 $y=\frac{x-a}{b-a}$,(4·3) 則相應於任一在 a, b 間之 x,必有一在 0,1 間之 y,反之亦然。今若 x 成一可數集合,換言之,可以書作一敍列,則由 x, y 間之關係,節 0, 1 間之各數 y,亦將成一敍列,但此爲不可能之事。

例。直綫上所有之點成一不可數集合,因其含有一不可數子集,卽任何一節是也。同理圓內所有之點,正方形內所有之點,以及全部平面上之點,均成不可數集合,——無理數成一不可數集合,因實數集合既不可數,棄去有理數之可數子集,其餘集卽無理數集合亦自必不可數也;同理超越數亦成一不可數集合。

§ 1·8。玆終以下之一應用,有多種函數在節 0,1 間之任何點均不綿續,譬如熟知之函數:

$$f(x)=\begin{cases}0, & x\text{ 有理},\\ 1, & x\text{ 無理}\end{cases}$$

卽其一也。一函數在某點若不綿續,則其點稱爲函數之**間斷點**(Unstetigkeitspunkt), 故吾人得云有種函數其間斷點成不可數集合也。但關於**限制變分之函數**(5) (Funktionen von beschränkter Schwankung)則有

定理 9。在一節 $a\leqslant x\leqslant b$ 內任何爲限制變分之函數 $f(x)$,在其節內之間斷點,至多爲可數。

證　因任何限制變分之函數可以書作兩單調函數之和,(5·1)

(4·3)　原書誤爲 $y=\frac{x}{b-a}$。

(5)　吾人謂一函數 $f(x)$ 在節 $a\leq x\leq b$ 內爲限制變分者,係指不論此節內有若何分點 $a=x_0<x_1<x_2<\cdots<x_p=b$,分數有限,必有一(與分法,分點個數無關之)數 A,使不等式

$$\sum_{\nu=1}^{p}|f(x_\nu)-f(x_{\nu-1})|<A$$

成立者之函數。

(5·1)　證明譬如見 A. Gibson, *Advanced Calculus* (1931) § 104 pp. 263–4 或 G. Kowalewski, *Grundzüge der Differential- und Integralrechnung*, (1928) § 154 SS. 197–200。

且二單調函數之共同綿續點,亦卽限制變分函數之綿續點,故由定理4,吾人僅對單調函數證明卽爲已足,復因若$f(x)$爲一單減函數,則$-f(x)$爲單增,故吾人更僅須對單增函數證明卽得之也。是以命

$$f(x_1)\leqslant f(x_2),\quad a\leqslant x_1<x_2\leqslant b。$$

若ξ爲$f(x)$之一間斷點,則

$$\sigma(\xi)=f(\xi+0)-f(\xi-0)>0,$$

其中$f(a-0)$須視爲$f(a)$, $f(b+0)$視爲$f(b)$。最先吾人且研究能使$\sigma(\xi)>1/n$之間斷點ξ,其n爲一正整數,且>0。設

$$a<\xi_1<\xi_2<\cdots<\xi_p<b,^{(5\cdot2)}$$

又設$x_1, x_2\cdots x_{p-1}$等爲$\xi_\nu<x_\nu<\xi_{\nu+1}$節中之點,且$x_0=a$, $x_p=b$,則

$$f(x_\nu)-f(x_{\nu-1})\geqslant f(\xi_\nu+0)-f(\xi_\nu-0)=\sigma(\xi_\nu),$$

因而

$$f(b)-f(a)=\sum_{\nu=1}^{p}\{f(x_\nu)-f(x_{\nu-1})\}\geqslant\sum_{\nu=1}^{p}\sigma(\xi_\nu)。$$

今若命ξ_ν爲能使$\sigma(\xi_\nu)>1/n$之點,則

$$p<n\{f(b)-f(a)\}。$$

換言之,卽屬於節a, b中之間斷點ξ,能使$\sigma(\xi)>1/n$者,連a, b均行計及,其個數至多爲有限也。因相應於任一間斷點ξ,必可求得一n,使$\sigma(\xi)>\frac{1}{n}$,故若將可數個數之間斷點ξ集合,能使$\sigma(\xi)>1$, $\sigma(\xi)>1/2$, $\sigma(\xi)>1/3\cdots$者相加,卽得$f(x)$所有之間斷點,而其結果由定理4知其爲一至多可數之集合也。

史略 集合論之創始著作爲Goerg Cantor(1845—1918)之工作,此處所述,

(5·2) 此處並非假定若此種之點ξ僅有p個,乃謂在此種點之中取出p個而已。不然則已假設使$\sigma(\xi)>\frac{1}{n}$之ξ個數爲可數矣。

(6) 尋常定義爲

$$f(\xi+0)=\lim_{\substack{x\to\xi\\x>\xi}}f(x),\qquad f(\xi-0)=\lim_{\substack{x\to\xi\\x>\xi}}f(x)。$$

僅其發端之匯略耳,欲悉其通論之一斑,可閱卷末文獻所載之籍 B. 4 以及 B. 6。

§2 點集及節集類別略論

§2·1。 前節關於集合 $\mathfrak{M}$ 內點之「個數」之分類方法,已略述端倪,知集合可以分爲有限,可數無限及不可數三種;此之類別方法,與各點所在之位置,毫無關係;然於以下之研究,則在平面或直線上,點之分佈却有極重要之意義也。

兹先綜述此後所用之名辭,且設所研究之點集皆在平面或直線上;於平面上,吾人常固定一直角坐標系,使一點 P 得以一雙數值(即其坐標)决定之,且爲欲提示此事實,吾人將應用通常之書法 $p(x, y)$。至於一直線上之點,(此吾人設爲與 x 軸相合),則應用相當之書法 $P(x)$。

直線上之**節**(Intervalle)吾人將分別其爲**開**(offene)及閉(abgeschlossene)二種。記號 $<a\ b>$ 用以表 a, b 所成之閉節,(1)換言之,即 a, b 兩端點均得計及者亦即謂 $a \leqslant x \leqslant b$ 之 x 所成點集也。反之如 (ab) 則將以表開節 $a<x<b$, a, b 二端點均不計入。若 $a<x<b$, 則 $P(x)$ 稱爲節 a, b (開或閉)之**內點**(innerer Punkt),同理,圓及矩形亦有開閉之別,各視其界線之計入與否而定。

二點 $P_1(x_1)$, $P_2(x_2)$ 或 $P_1(x_1, y_1)$, $P_2(x_2, y_2)$ 之**距離**(Enterfernung)定義爲 $|x_2-x_2|$ 或 $\sqrt{(x_2-x_1)^2+(y_2-y_1)^2}$。

若 $\varepsilon>0$, 則所謂 $P_0(x_0)$ 點或 $P_0(x_0, y_0)$ 點之 ε-**隣近**,(ε-Umgebung,或簡曰 ε-**隣**)云者,乃指與 P_0 距離小於 ε 之點 $P(x)$ 或 $P(x, y)$ 所成之點集而言,此等點形成一開節 $|x-x_0|<\varepsilon$ 或一開圓 $(x-x_0)^2+(y-y_0)^2<\varepsilon$,

有一平直點集 $\mathfrak{M}$ 於此,若吾人能求得一(開或閉)節,使 $\mathfrak{M}$ 之點

(1) 如在 G. Kowalewski, *Grundzüge der Differential- und Integralrechnung*。Leipzig und Berlin, 一版, 1909, 三版, 1923。

悉隸屬此節,則稱作**有界**(beschränkte),若一平面點集之點,皆得括於一圓(或矩形)之中,亦稱作有界。

§ 2·2。 有(平直或平面)點集$\mathfrak{M}$於此,若一點P_0之任何鄰近,皆具有$\mathfrak{M}$之無限個數之點,則P_0稱爲$\mathfrak{M}$之**極限點** (Häufungspunkt),但P_0點不必屬於$\mathfrak{M}$。

例。 若除$P_0(0, 0)$外,平面上所有之點成一點集$\mathfrak{M}$,則平面上之任何點,皆係$\mathfrak{M}$之極限點,即P_0亦然。若論節<0,1>中有理數所成點集,則節點任何點皆係其極限點,即不屬此集之無理數亦然。至若相異諸數所成敍列,則其上限(Limes superior)若下限(Limes inferior)以及極限,假若存在,均係極限點。

一點集中之點,可以分作兩類,其一係點集之極限點,又一則非是,後者吾人稱作點集之**孤離點**(isolierte Punkte)。

例。 有理數集無孤離點,分數$\{\frac{1}{2}, \frac{1}{3}, \cdots\}$集合全係孤離點,以其惟一之極限點 0 尙不屬於此集合也。

定理 1。 欲P_0爲點集$\mathfrak{M}$之極限點,其充要條件爲在P_0之任何ε-鄰近內,至少必有一與P_0相異之點屬於$\mathfrak{M}$。

證。 條件之必要,顯爲自明,至其亦爲充分,則可如下示之:如云在P_0之某一鄰近,僅有有限個數之點屬於$\mathfrak{M}$,則$\mathfrak{M}$必有一點P與P_0相異且距P_0最近。但依假設,在P_0點之$\varepsilon=\frac{1}{2}P_0P$鄰近內,必更有與$P_0$相異之點屬於$\mathfrak{M}$,此與距離最近一語牴牾。

應用定理1吾人可云若一點集$\mathfrak{M}$之一點P具有一鄰近,其中除P外無$\mathfrak{M}$之點,則P必係$\mathfrak{M}$之孤離點。

定理 2。 (Bolzano-Weierstrass)任何有界無限點集$\mathfrak{M}$,至少必具有一極限點,若點集爲平直,則任何極限點皆位於含此點集之直線上。

證 因點集假設爲有界,故必有一矩形$\mathfrak{r}_1$存在,(圖 2),括$\mathfrak{M}$於其中。將此矩形分作四個全等之矩形,(任一矩形之界線均行計入),則此四矩形中至少必有一矩形$\mathfrak{r}_2$,亦含有$\mathfrak{M}$無限個數之點。此矩形又可以分作四等分,至少又必有一矩形$\mathfrak{r}_3$含有$\mathfrak{M}$無限個

數之點,以下類推。由是吾人卽得一遞相包含之矩形敍列

$$\mathfrak{r}_1, \mathfrak{r}_2, \mathfrak{r}_3\cdots,$$

其二邊之極限均爲零,故依[1·1]**包孕原理**(Schachtelungsprinzip),此敍列確定一點 P_0,含於所有之矩形 $\mathfrak{r}_\nu$ 內。此點 P_0,卽係一極限點。蓋因若與一 $\varepsilon>0$,吾人必可求得一 n,使 $a<\varepsilon\cdot 2^{n-2}$,其 a 爲矩形 $\mathfrak{r}_1$ 之較長一邊,是以 P_0 之 ε-鄰,必括矩形 $\mathfrak{r}_n$ 於其內,因而必含有 $\mathfrak{M}$ 無限個數之點,由是得定理前部之證明。至於後部則可證之如下:若 P_0 爲含 $\mathfrak{M}$ 之直線外一點,則以 P_0 爲中心,以自 P_0 至直線之垂線作半徑作一開圓,切於此直線,則 $\mathfrak{M}$ 之任何點皆不能隸屬於此圓內,因而 P_0 決非 $\mathfrak{M}$ 之極限點。

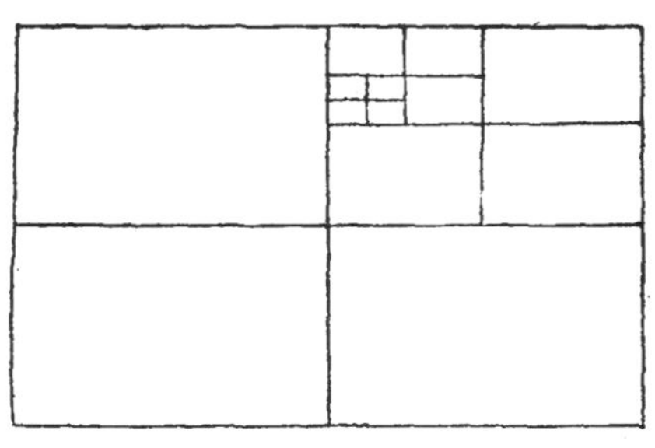

圖 2

§ 2·3。點集 $\mathfrak{M}$ 之**從集** (Ableitung) $\mathfrak{M}'$ 云者,乃指 $\mathfrak{M}$ 之極限點所成點集而言也,若 $\mathfrak{M}$ 無極限點,則吾人稱 $\mathfrak{M}$ 之從集爲虛集,若虛集之從集仍命爲虛集,則任何點集之二級從集 $\mathfrak{M}''=(\mathfrak{M}')'$ 皆可做出,以下仿此。

例。函數 $sin\frac{1}{x}$ 之零點集合,從集爲 $\{0\}$,而二級從集則爲虛集 0。若有理數集合,則任何級從集皆係實數集合。又如下所定之點 $P(x,y)$

$$y=\begin{cases}0 & x=0,\text{或無理數時},\\ 1/q & x=p/q,\ p,q\ \text{互質且}\ q>0\ \text{時},\end{cases}$$

其 P 點所成點集之從集爲 x 軸。整數集合之從集爲 0,同樣任何有限點集亦然。

由前之舉例,可見一點集之可數性,不能推之於其從集。然在另一方面則有以下之

(1·1) 此卽綿續原理(Stetigkeitaxiom)之變相,譬如可參攷 K. Knopp, *Theorie und Anwendung der Unendlichen Reihen*, 無窮級數之理論及應用第一章。

定理 3。 若點集$\mathfrak{M}$之某級從集爲至多可數，則$\mathfrak{M}$亦至多可數。

爲證明此事，實吾人須應用他之一定理，關於（開或閉）節所成之集合，若其中任二節無公共之內點，則吾人稱之爲**分離**(getrennt)節集；同理矩形及圓之集合，如無公共內點，亦得稱爲分離。關於此有

定理 4。 同直線上分離節所成集合，至多爲可數，同樣任何分離矩形或圓之集合亦然。[(2)]

證　任何節a必含有有理數。於任何節a之內部，取分母最小之最小有理數，使與此節相伴。因與此節組成一一對應之有理數，其集合爲有理數集合之子集，故必係至多可數，所以節集亦然。至矩形及圓亦可如此證之，吾人只須於矩形或圓中取一特點，其兩坐標皆爲有理數者，與之相伴，即可矣。

定理3之證。先設$\mathfrak{M}'$爲有限或可數，命$\mathfrak{M}_1$爲$\mathfrak{M}$及$\mathfrak{M}'$之公約，且$\mathfrak{M}_2=\mathfrak{M}-\mathfrak{M}_1$爲$\mathfrak{M}_1$對$\mathfrak{M}$之餘集。若$\mathfrak{M}_2=0$，則$\mathfrak{M}=\mathfrak{M}_1$爲$\mathfrak{M}'$之子集，自必可數。不然，則$\mathfrak{M}_2$中所含必盡係孤離點；因非此則$\mathfrak{M}$之極限點將不盡存於$\mathfrak{M}'$中也。此等孤離點中之任一點，必具有不含$\mathfrak{M}_2$點之一鄰近，且其各鄰近，可取爲充分之小使其各不相掩覆。[(3)]由定理4知此等鄰近所成之節集，（或矩形或圓所成集合）至多爲可數，故$\mathfrak{M}_2$亦至多可數。但$\mathfrak{M}_1$爲$\mathfrak{M}'$之子集而至多可數，故$\mathfrak{M}=\mathfrak{M}_1+\mathfrak{M}_2$亦必至多可數也。

今若某級從集$\mathfrak{M}^{(\nu)}$爲可數，則由適所證明，知$\mathfrak{M}^{(\nu-1)}$亦爲可數，從而$\mathfrak{M}^{(\nu-2)}$以迄$\mathfrak{M}$均爲可數。

---

(2)　此定理自然對于普通區域(Bereich)均係眞實，但吾人所需，只此已足。

(3)　因若吾人先有以$\mathfrak{M}_2$各點爲中心而作成各隣近之集合，其每一隣近內除中心外，不再含$\mathfrak{M}_2$之點，吾人只須再將每一隣近之半徑折半即得。

§2·4。在一點集$\mathfrak{M}$及其從集$\mathfrak{M}'$之間,吾人設想其可有下之兩種關係:

a) $\mathfrak{M}'$爲$\mathfrak{M}$之子集,

b) $\mathfrak{M}$爲$\mathfrak{M}'$之子集。

事實上兩類均有實例,於a)則點集$\{0,\frac{1}{2},\frac{1}{3},\cdots$爲$\}$一例,於b)則有理數集卽是也。由是吾人得以下定義之佐證:

若點集$\mathfrak{M}$含有其從集$\mathfrak{M}'$,則$\mathfrak{M}$稱爲**自閉集**,(3·1)(abgeschlossene Punktmenge,簡稱閉集),若$\mathfrak{M}$爲其從集之子集,則稱爲**自密集**(in-sich dicht Punktmenge),但設$\mathfrak{M}$非虛集;換言之卽云$\mathfrak{M}$中不含有孤離點也。若既爲自閉,又係自密,則稱作**滿集**(perfect Punktmenge),卽$\mathfrak{M}=\mathfrak{M}'$而$\mathfrak{M}\neq0$也。

例。任何閉節均係閉集,同時亦爲滿集,又任何閉圓及閉矩形皆然;任何開節皆係自密,但非閉集,任何開圓及開矩形亦然。任何有限集合皆爲閉集,同樣自然數集合亦然,因其從集皆爲虛集,而虛集則視爲含於任何集合之中也。有限點集決無有能爲自密或滿集者,虛集亦復如此。

與此相屬,更有其他之二相似定義。一平直(或平面)點集$\mathfrak{M}$位於一(開或閉)節(矩形或圓)內,設若在其任何小之分節(矩形或圓)內,必有$\mathfrak{M}$無限個數點存在,則$\mathfrak{M}$稱作**遍密集**(dicht oder überall dicht Punktmenge)若$\mathfrak{M}$不在任何小分節(矩形或圓)爲遍密,換言之,卽在任何小之分節(矩形或圓)內,必更有一分節(矩形或圓),其中無$\mathfrak{M}$之點,則$\mathfrak{M}$稱爲**不密集**(nirgends dicht Punktmenge)。

例。有理數集合,在任何節內爲遍密集,坐標爲二有理數之平面點集,在任何矩形或圓內爲遍密集,任何僅由孤離點所成點集爲不密集。又如此後(§3·5)所尙須論及者,一不密集可以僅用0及1二數字所成小數造成之;此因在一分節內,若有二如此之小數,比如

$$0{,}1001011\cdots,$$

$$0{,}1001101\cdots$$

(3·1) Abgeschlossen,自閉,係Cantor所始用,英譯作closed,並不全完密合,且易與open (offene)之義,合生不正確之聯想,故改今譯。

則其首若干位小數必係相同,(於此用粗體字示之),于是吾人分節內之一分節 $0,100102 \leq x \leq 0,100109$ 中,所有實數,皆不屬於此點集也。至於其中任二小數在若干位相同數字之後,一則繼之以0,一則繼之以1,則不僅於此例中可以證之,卽在通例亦正復如此也。

玆將證明下二簡單之事實:

定理 5. 任何在一節(矩形或圓)內,遍密之點集,必兼係自密。

證 若 P 爲點集 $\mathfrak{M}$ 之一點,則在 P 之任何鄰近內,$\mathfrak{M}$ 必有無限個數之點,換言之卽 P 必爲 $\mathfrak{M}$ 之一極限點也。

定理 6。 於一節 $\mathfrak{a}$ (矩形 $\mathfrak{r}$ 或圓 $\mathfrak{K}$) 中遍密集 $\mathfrak{M}$ 之從集,卽係此閉節 $\mathfrak{a}$ (矩形 $\mathfrak{r}$ 或圓 $\mathfrak{K}$)。

證 若 Q 爲閉節(矩形或圓)之一點,則 Q 之任何鄰近必含有 $\mathfrak{M}$ 無限個數之點,故 Q 必係 $\mathfrak{M}$ 之極限點。

§2·5。 極限點之概念,可以更爲精密分析如下:如有點集 $\mathfrak{M}$ 於此,若在一點 P (屬於 $\mathfrak{M}$ 或不屬於 $\mathfrak{M}$)之任何鄰近內,$\mathfrak{M}$ 之點之在其中者,均不不可數,則 P 稱作 $\mathfrak{M}$ 之凝聚點 (Verdichtungspunkt oder Kondensationspunkt)。

例。 若 $\mathfrak{M}$ 爲節 $<0,1>$ 內無理數集合,則此節內任何點均係 $\mathfrak{M}$ 之凝聚點,又若 $\mathfrak{M}$ 爲平面上所有之點,除去二坐標爲有理數者不計,則平面上任何點皆係 $\mathfrak{M}$ 之凝聚點。

關於凝聚點,與定理2相應,有以下之

定理 7。 任何不可數點集 $\mathfrak{M}$,至少必具有一凝聚點,若係平直點集,其凝聚點必位於含有 $\mathfrak{M}$ 之直線上。

證 先設 $\mathfrak{M}$ 爲有界,則證法與定理2完全相同,只須將「極限點」及「無限」二名辭,易之以「凝聚點」及「不可數」卽得之。若 $\mathfrak{M}$ 非有界點集,則吾人可將平面分作諸矩形

$$a \leqslant x < a+1, \quad b \leqslant y < b+1$$

其 a, b 須通過所有之整數。在此等矩形中,至少必有一矩形含有 $\mathfrak{M}$ 不可數個數之點,因若不然,則 $\mathfrak{M}$ 將爲其在可數個數諸分矩形

內各子集之和,由§1,定理4,$\mathfrak{M}$自身亦將爲可數也。至此再用已證明之部分,卽知$\mathfrak{M}$至少必具有一凝聚點。

此定理以後(§3,定理4附註)將更加以精密之分析,卽謂$\mathfrak{M}$必具有不可數個數之凝聚點是也。不甯唯是,如後§4·2之所將述,至少必有一凝聚點爲屬於$\mathfrak{M}$。

§2·6。關於閉集之概念及與此相連之他一重要概念,吾人得有以下之說明:有點集$\mathfrak{M}$於此,P爲$\mathfrak{M}$之一點,若P有一鄰近存在,其中所有之點皆隸屬於$\mathfrak{M}$,則P稱爲$\mathfrak{M}$之**內點**(innerer Punkt);若P不屬於$\mathfrak{M}$,且具有一鄰近其中所有之點全不屬於$\mathfrak{M}$,則P稱爲$\mathfrak{M}$之**外點**(ausserer Punkt);若於P點之任何鄰近內,至少有一點屬於$\mathfrak{M}$,亦至少有一點不屬於$\mathfrak{M}$,則P稱作$\mathfrak{M}$之**界點**(Grenzpunkt oder Begrenzungspunkt);但P點之屬於$\mathfrak{M}$與否則可勿論。

例。若有開節於此,視作平直點集,則所有之點皆係內點,但若視作平面點集,則所有之點皆係界點,任何僅由孤離點所成點集及任何不密集,所含皆純係界點。對於平面上二坐標皆爲有理數之點所成點集而言,平面上任何點均係界點,一節之端點勿論其節之開閉與否,均係界點。

點集$\mathfrak{M}$之極限點,顯然僅能爲$\mathfrak{M}$之內點或界點,更因由定義知$\mathfrak{M}$之界點或係孤離點或係極限點,故吾人得云所謂$\neq 0$之閉集者,卽兼含有其界點者也。反之若點集若全不含其界點,則稱作**開集**(offene Menge)。

例。有平直點集,依此普通定義,任何開節必係開集,(但視爲平面點集則否),任何開矩形以及開圓均係開集,至於無限直綫,全部平面,其爲開閉與否,與吾人殊無關係也。

§2·7。關於開及閉集,以下之運算定則,甚易證明:

定理8。若$\mathfrak{M}_1\cdots\mathfrak{M}_n$爲有限個數開集,則其公約$\mathfrak{D}=\mathfrak{M}_1\cdots\mathfrak{M}_n$爲虛集或開集,和集$\mathfrak{S}=\mathfrak{M}_1+\cdots+\mathfrak{M}_n$亦係開集。

證。設P爲$\mathfrak{D}\neq 0$之一內點,則P點爲每一$\mathfrak{M}_\nu$之內點,因而P必具有一鄰近與P全屬於所有之$\mathfrak{M}_\nu$,亦卽隸屬於$\mathfrak{D}$,卽$\mathfrak{D}$亦爲開集也。又設Q爲$\mathfrak{S}$之一點,則Q必至少屬於一$\mathfrak{M}_\nu$而爲其內點,故亦爲

$\mathfrak{S}$之內點,所以$\mathfrak{S}$亦係開集。

定理9。 設$\mathfrak{M}_1\cdots\mathfrak{M}_n$爲有限個數之閉集,則公約$\mathfrak{D}=\mathfrak{M}_1\cdots\mathfrak{M}_n$爲虛集或閉集,和集$\mathfrak{M}_1+\cdots+\mathfrak{M}_n$亦係閉集。

證 設P爲$\mathfrak{D}\neq 0$之一極限點,則必爲任何$\mathfrak{M}_v$之極限點,因各$\mathfrak{M}_v$均係閉集,故P必屬於所有之$\mathfrak{M}_v$,因而亦屬於$\mathfrak{D}$,故$\mathfrak{D}$亦係閉集。又設Q爲$\mathfrak{S}$之一極限點,則至少必有一$\mathfrak{M}_v$存在,在Q之任何鄰近內,$\mathfrak{M}_v$有無限個數之點;換言之,即Q必屬於$\mathfrak{M}_v$,因而亦必屬於$\mathfrak{S}$,所以$\mathfrak{S}$亦係閉集也。

上二定理之各一部,可以推之於無限個數點集:

定理10。 無限個數開集之和仍爲開集。

定理11。 無限個數閉集之積爲虛集或閉集。

此二定理之證,與上二定理有限個數點集相應部分之證明,完全相同。

最末有關於點集之差之一二定理。

定理12。 若$\mathfrak{M}$爲開集,而$\mathfrak{N}$爲$\mathfrak{M}$之閉子集,則$\mathfrak{M}-\mathfrak{N}$亦係開集。

證 設P爲$\mathfrak{M}-\mathfrak{N}$之一點,亦即$\mathfrak{M}$之一點,在$P$之某一鄰近內,必盡係$\mathfrak{M}$之點。若$P$點不能具有一鄰近盡爲屬於$\mathfrak{M}-\mathfrak{N}$之點,則在$P$之任何鄰近,必至少有$\mathfrak{N}$之一點,於是$P$必係$\mathfrak{N}$之極限點,因而必屬於$\mathfrak{N}$,而不能屬於$\mathfrak{M}-\mathfrak{N}$,此與假設牴牾,故$\mathfrak{M}-\mathfrak{N}$亦爲開集。

定理13。 若$\mathfrak{M}$爲閉集而$\mathfrak{N}$爲$\mathfrak{M}$之開子集,則$\mathfrak{M}-\mathfrak{N}$亦爲閉集。

證 設P爲$\mathfrak{M}-\mathfrak{N}$之一極限點,亦即$\mathfrak{M}$之一極限點,故必屬於$\mathfrak{M}$,今若$P$不屬於$\mathfrak{M}-\mathfrak{N}$,則$P$必係$\mathfrak{N}$之一點,而以其同時又爲$\mathfrak{M}-\mathfrak{N}$之極限點,故必爲開集$\mathfrak{N}$之界點,但開集並無界點,故假設爲不可能。

§ 3. 論開,閉,及滿集之構造

§3·1。 吾人將以下之二定理開始,此在平直及平面點集均可通用者(§3·1—§3·3)。

定理 1。 一點集之任何級從集爲閉集。[(1)]

證　自然吾人僅須對於初級從集$\mathfrak{M}'$證明卽爲已足,再者亦可見$\mathfrak{M}''$得設爲非虛集。[(1·1)]設P''爲$\mathfrak{M}''$之一點,吾人之所需證者,卽係P''必爲$\mathfrak{M}$之極限點。因P''爲$\mathfrak{M}'$之極限點,故對任意之$\varepsilon>0$,在P''之$\frac{1}{2}\varepsilon$-鄰內,至少必有$\mathfrak{M}'$之一點P'(圖3)。因此點爲$\mathfrak{M}$之一極限點,且以此鄰近完全位於P''之ε-鄰內,故在P''點之任何ε-鄰內,必有$\mathfrak{M}$無限個數之點,由是得證。

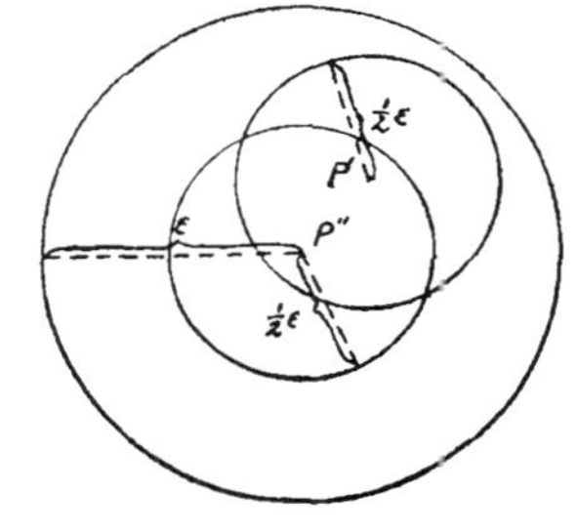

圖　3

定理 2。 任何不可數點集之凝聚點,成一滿集。[(2)]

證　設$\mathfrak{B}$爲$\mathfrak{M}$之凝聚點所成點集,最先吾人證明$\mathfrak{B}$係閉集,且可設$\mathfrak{B}'\neq 0$。[(2·1)]因在$\mathfrak{B}'$之一點V'之任何鄰近,內至少必有$\mathfrak{B}$之一點,故由與上定理相似之證法,知在此鄰近內必有$\mathfrak{M}$不可數個數之點,所以V'必屬於$\mathfrak{B}$,卽$\mathfrak{B}$必係閉集。在另一方面,$\mathfrak{B}$亦係自密;換言之,卽在$\mathfrak{B}$之任一點V之任何鄰近內,至少必更有$\mathfrak{B}$之其他一點;因如不然,則V必有一ε-鄰$\mathfrak{u}$,其中不再有V之點。於是吾人卽得以V爲中心,作一同心閉圓之敍列$\mathfrak{k}_1, \mathfrak{k}_2\cdots$其半徑之極限爲零,且全位於$\mathfrak{u}$內。設$\mathfrak{l}_\nu$表閉環

$$\mathfrak{l}_\nu=\mathfrak{k}_\nu-\mathfrak{k}_{\nu+1},\quad \nu=1,2,\cdots\quad \mathfrak{l}_0=\mathfrak{u}-\mathfrak{k}_1,$$

則任何$\mathfrak{l}_\nu$只能含有$\mathfrak{M}$至多可數個數之點,因

$$\mathfrak{u}=\{V\}+\mathfrak{l}_1+\mathfrak{l}_2+\cdots,$$

故在$\mathfrak{u}$中$\mathfrak{M}$之點數至多可數,因係可數個數至多可數點集之和集故也。但如此則V將不能爲一凝聚點,與假設牴牾。

---

(1)　從集之可爲虛集,自亦包含于其中。

(1·1)　因若$\mathfrak{M}'=0$,則$\mathfrak{M}'$已係閉集。

(2)　對可數集此定理不成立,因如此則凝聚點成虛集不再能爲滿集也。

(2·1)　由§2定理7。

§3·2。 以上之定理其逆亦爲眞實。

定理3。 任何閉集$\mathfrak{M}$得視爲一點集$\mathfrak{N}$之從集。

證　設$\mathfrak{M}'$爲$\mathfrak{M}$之從集,命

$$\mathfrak{M}_1=\mathfrak{M}-\mathfrak{M}',$$

君人可設$\mathfrak{M}_1\neq 0$。於是$\mathfrak{M}_1$卽係由$\mathfrak{M}$之孤離點所形成;關於此等孤離點之任一點P_1,吾人可取其一鄰近$\mathfrak{u}(P_1)$,使此等鄰近相互分離,且在任一$\mathfrak{u}$中不再含有$\mathfrak{M}$其他之點。(3) 於任一$\mathfrak{u}(P_1)$內,吾人可作一同心之鄰近$\mathfrak{v}(P_1)$,其半徑爲$\mathfrak{u}$之半,且於$\mathfrak{v}(P_1)$內更作一點之敍列,使P_1爲其唯一之極限點。設此等點集之和爲$\mathfrak{M}_2$,則

$$\mathfrak{N}=\mathfrak{M}-\mathfrak{M}_2$$

卽係所求之點集。

最先吾人示$\mathfrak{M}$之任何點P必係$\mathfrak{N}$之極限點,此因P或則係$\mathfrak{M}'$之點,或則係$\mathfrak{M}_1$之點,於前之情形,P爲$\mathfrak{M}$之極限點。於後之情形,p爲$\mathfrak{M}_2$之極限點,故無論若何,p均係$\mathfrak{N}$之極限點。

在另一方面$\mathfrak{N}$之任何極限點Q亦必屬於$\mathfrak{M}$。此因Q既係$\mathfrak{N}$之極限點,故在Q點之任何ε-鄰內,至少二點集$\mathfrak{M}_1\mathfrak{M}_2$必有一者有無限個數之點在其內。若在$Q$之任何$\varepsilon$-鄰內,$\mathfrak{M}$有無限個數之點,則$Q$卽係$\mathfrak{M}$之極限點,因而以$\mathfrak{M}$爲閉組故,$Q$必屬於$\mathfrak{M}$。若$\mathfrak{M}$在$Q$點之任何$\varepsilon$-鄰內末有無限個數之點,則$\mathfrak{M}_2$必有無限個數之點。故或則$Q$屬於一$\mathfrak{u}$,而爲位於$\mathfrak{u}$中心之$\mathfrak{M}_2$之極限點,因而卽爲$\mathfrak{M}_1$之一點,卽亦$\mathfrak{M}$之一點,或則$Q$不屬於任何一$\mathfrak{u}$,因而在$Q$之任何鄰近內,有無限個數之$\mathfrak{v}$,因如不然,則在$Q$之某一鄰近內,僅有有限個數之$\mathfrak{v}$之點,則因$Q$既不屬於任一$\mathfrak{u}$,且任何$\mathfrak{v}$爲與某一$\mathfrak{u}$同心且半徑較小,故在此有限個數之$\mathfrak{v}$,中必有一$\mathfrak{v}$其界綫與$Q$有一最小之距離$e$。於是在$Q$之$\frac{1}{2}e$-鄰內,卽不能再有$\mathfrak{M}_2$之點,因而$Q$卽不能爲$\mathfrak{M}_2$之限極點,與假設抵牾。由是對任一$\varepsilon>0$,在$Q$之$\frac{1}{2}\varepsilon$-鄰內,必有無限個數之$\mathfrak{v}$,又因一$\mathfrak{v}$之半徑,爲其所屬$\mathfrak{u}$之半徑之半,且$Q$

(3) 見§3底註3。

不屬於任何一$\mathfrak{u}$,故在Q之 ε- 鄰中,必有無限個數之 $\mathfrak{u}$。因此Q必係$\mathfrak{u}$之中心之極限點,故為$\mathfrak{M}'$之一點,亦卽$\mathfrak{M}$之一點,由是得證。

定理 4。 任何滿集$\mathfrak{M}$爲不可數,且等於其凝聚點所成點集。

證 欲證定理之前部,吾人將應用第二對角綫證法之推廣,此法吾人在證明綿續統之不可數性時(§1)卽已用之。吾人先設定理爲不眞實,換言之,卽設所與之滿集M爲可數:

$$\mathfrak{M}=\{P_1, P_2, P_3\cdots\},$$

因$\mathfrak{M}$爲自密,故P_1必爲其一極限點,所以$\mathfrak{M}$必更具有(圖 4)一點 $Q_1 \neq P_1$;且若 $\varepsilon=P_1Q_1$,則在Q_1之 ε- 鄰近內,除去P_1外,$\mathfrak{M}$必更有無限個數之點。命Q之此 ε- 鄰爲$\mathfrak{u}_1$。其次再作一新鄰$\mathfrak{u}_2$;其作法:若$\mathfrak{u}_1$不含有P_1,則將$\mathfrak{u}_1$之半徑縮小其半卽得,若$\mathfrak{u}_1$含有P_2,則在$\mathfrak{u}_1$內必另有一點$Q_2 \neq P_2$,繞Q_2作一新

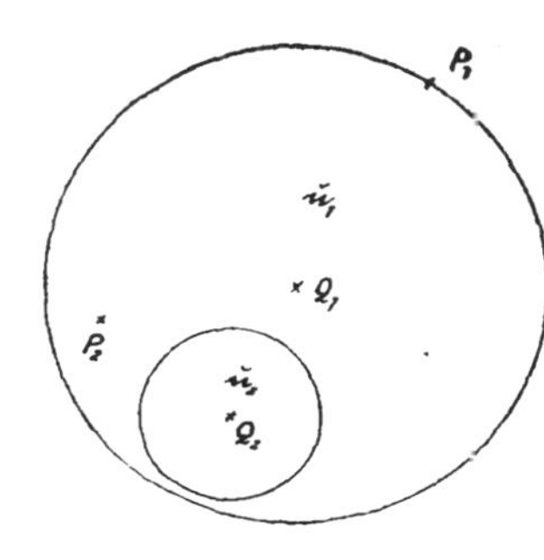

圖 4

鄰$\mathfrak{u}_2$全位於$\mathfrak{u}_1$之中,直徑至大爲$\mathfrak{u}_1$之半,且不含有P_2。$\mathfrak{u}_2$自亦含有$\mathfrak{M}$無限個數之點,但既不含P_1,又不含P_2。此之方法,可以賡續至於無盡,於是吾人卽得一開圓之敍列:

$$\mathfrak{u}_1, \mathfrak{u}_2, \mathfrak{u}_3, \cdots,$$

其中任一$\mathfrak{u}_\nu$皆含有$\mathfrak{M}$無限個數之點,但不含有$P, P_2, \cdots P_\nu$。此等圓順次包孕,且漸斂至零,故必確定一點P_0,屬於所有之$\mathfrak{u}_\nu$。但P_0爲$\mathfrak{M}$之極限點且此$\mathfrak{M}$又係閉集,故P_0必卽係某一 P_ν。但如此則$P_0=P_\nu$將不能屬於$\mathfrak{u}_\nu, \mathfrak{u}_{\nu+1}, \cdots$,此與$P_0$盡屬於所有之$\mathfrak{u}$一語牴牾。

欲證定理之後部,吾人先見凝聚點所成點集,因其爲從集$\mathfrak{M}'$之子集,故必屬於閉集$\mathfrak{M}$;是以吾人僅須示M之任何點P均係凝聚點卽得。爲此,吾人先考究P之某一 ε- 鄰。設位於此鄰內,$\mathfrak{M}$之子集爲$\mathfrak{M}_1$。因$\mathfrak{M}_1$中任一點之任何充分小鄰近,必屬於P之 ε- 鄰,且$\mathfrak{M}$又係自密,故$\mathfrak{M}_1$亦係自密;再者 $\mathfrak{M}_1$ 又必含有其所有之極限點,除去在此 ε- 鄰之界綫上者不計。若於$\mathfrak{M}_1$內再補以其在界綫上之

極限點,[3·1]則得點集$\mathfrak{M}_2$爲$\mathfrak{M}$之滿子集,故由已證之部分,知$\mathfrak{M}_2$爲不可數,而P即爲一凝聚點也。

注意　應用此等定理可以使§2之定理7更臻精密,蓋由本節定理2,知任何不可數點集之凝聚點成滿集,再由此定理4,知其亦係不可數也。

§3·3。閉集與滿集間之關係,由下之定理可略明了。

定理 5。(Cantor-Bendixson)任何閉集$\mathfrak{M}$,係爲至多可數,或係滿集,或可表作一滿集及一至多可數點集之和。

證　設$\mathfrak{M}$爲不可數,則其凝聚點成一點集$\mathfrak{B}$爲閉集$\mathfrak{M}$之子集。若$\mathfrak{M}$亦非滿集,則餘集$\mathfrak{R}=\mathfrak{M}-\mathfrak{B}\neq 0$。今考究$\mathfrak{R}$中某類點所成點集,其各點與$\mathfrak{B}$之任何點距離爲大於$\delta$者,因$\mathfrak{M}$非滿集,故於此際亦非自密,是以對於充分小之$\delta$,此類之點必能存在,且係至多可數,因若不然,則必將含有凝聚點也。今命與$\mathfrak{B}$之任何點距離大於1者之點所成點集(或係虛集)爲$\mathfrak{A}_1$,與$\mathfrak{B}$之任何點距離大於1/2者命爲$\mathfrak{A}_2$,以下類推,一般令$\mathfrak{A}_v$爲與$\mathfrak{B}$各點距離大於$\frac{1}{2^{v-1}}$者之點所成點集。[3·2] $\mathfrak{R}$之任何點,必發現於一(因而於無限個數之)$\mathfrak{A}_v$內,蓋因若在$\mathfrak{R}$之一點之任何鄰近而尚有$\mathfrak{B}$之點,則由定理2,此點亦將爲凝聚點而不屬於$\mathfrak{R}$也。由是此係集爲至多可數個數可數點集之和,故其本身亦爲可數,由是得證。

§3·4。應用以下之定理,則此處所論點集,其構造問題,可自另一方面研究之;在論點集之構造方面,以直覺而言,平直者自較平面者爲易多多,事實所囿,以下平直與平面點集不得不分論之也。

有限或可數個數分離開節所成點集,顯係平直開集,但反之亦有

定理 6。對於任何平直有界開集$\mathfrak{M}$,必有至多可數個數之

(3·1)　此等極限點自仍屬于M,因M爲自閉也。

(3·2)　$\frac{1}{2^{v-1}}$之$v-1$,疑係v之誤。

分離開節

存在,使

$$\mathfrak{M}=\mathfrak{i}_1+\mathfrak{i}_2+\cdots$$

換言之,卽$\mathfrak{M}$直可由此等節所有之點構成也。此等開節$\mathfrak{i}_\nu$,如次序勿論,可由$\mathfrak{M}$唯一决定之。

證　設$P(x)$爲$\mathfrak{M}$之一點,因$\mathfrak{M}$爲僅由內點所構成,故在$P(x)$之左及右,必有二點,依次爲x_l及x_r,能使節$<x_l, x_r>$之點,全部屬於$\mathfrak{M}$。設(4)對於固定之一$P(x)$,

$$x_*=\text{fin inf }x_l,\quad x^*=\text{fin sup }x_r$$

則開節(x_*, x^*)所有之點全屬於$\mathfrak{M}$。再者x_*及x^*二點,不能屬於$\mathfrak{M}$;因若屬於$\mathfrak{M}$,則將爲$\mathfrak{M}$之內點,而不能爲x_l及x_r之下限及上限也;命此之開節(x_*,x^*)計爲各節$\mathfrak{i}_\nu$之一,則見任一$P(x)$,均生出如此之一節$\mathfrak{i}_\nu$,此等節互爲分離,因如不然,則自吾人之構造上,顯可指出牴牾所在也。由節之分離性,卽由§4之定理2推知其可數性。最後,此等節之表現方式顯然僅有一種。

再如應用閉節,則平直開集之一表現亦爲可能:

定理7,　對於任何平直開集$\mathfrak{M}$,必有至多可數分離閉節

$$\mathfrak{i}_1, \mathfrak{i}_2, \cdots$$

存在,使
$$\mathfrak{M}=\mathfrak{i}_1+\mathfrak{i}_2+\cdots,$$

證　假如吾人能推示前定理內之開節$\mathfrak{i}$均可以下述方式

(4)　"Untere Grenze"（下限）及"obere Grenze"（上限），吾人此處書作"fin inf"(finis inferior)及"fin sup"(finis superior)，而"untere"及"obere Grenze"二字,則將用以表Weierstrass所引用之意義。然現代尙每有以吾人所用之記號表Weierstrass之意義者也。吾人之記號,與Pasch(以及Hausdorf及Hahn等)所謂之"untere"及"obere Schrauke"及Pringsheim所謂之"ideales Minimum"及"ideales Maximum"同意,(後之二定義見Pringsheim, Vorlesungen über Zahlen- und Funktionenlehre, II, 1, S5 —譯註。)

表現之，則本定理卽可由 §1 定理4推得。此所云之方式如下：分 $\mathfrak{i}$ 爲四等分，命其中間之二閉節爲 $\mathfrak{k}_1$ 及 $\mathfrak{l}_1$（圖5）其外面兩四分之一，

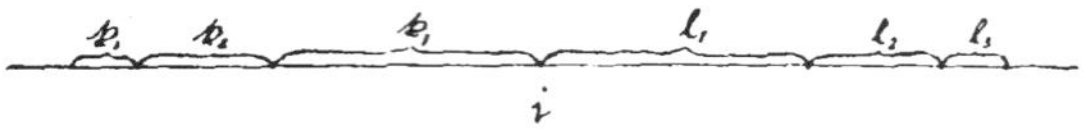

圖 5

各更等分之，而命其在內之閉子節爲 $\mathfrak{k}_2$ 及 $\mathfrak{l}_2$ 再更將外部二部等分之，以下同此。則得閉節所成之一敍列

$$\mathfrak{k}_1,\ \mathfrak{l}_1,\ \mathfrak{k}_2,\ \mathfrak{l}_2\cdots$$

因屬於 $\mathfrak{k}_\nu$ 或 $\mathfrak{l}_\nu$ 之任一點，必爲 $\mathfrak{M}$ 之一點，且 $\mathfrak{M}$ 之任一點，至少必屬於一 $\mathfrak{k}_\nu$ 或 $\mathfrak{l}_\nu$ 所以

$$\mathfrak{i}=\mathfrak{k}_1+\mathfrak{l}_1+\mathfrak{k}_2+\mathfrak{l}_2+\cdots^{(4\cdot1)}$$

旣各閉節 $\mathfrak{k}_\nu$，$\mathfrak{l}_\nu$ 任二者至多有端點公用，是以得定理之證明。

注意　自然，在定理7所得集合 $\mathfrak{M}$ 之表現，其唯一性無從證明也。

§3·5。定理6不能推之於平面點集，但定理7則能之，此可衍爲

定理8。 任何平面有界開集 $\mathfrak{M}$，可以表作可數個數分離閉矩形之和：

$$\mathfrak{M}=\mathfrak{r}_1+\mathfrak{r}_2+\cdots$$

其所有之 $\mathfrak{r}_\nu$，皆有相同之方向，且方向並可以預定。

證　設 $\mathfrak{M}$ 位於某一矩形 $\mathfrak{S}$ 內，其方向可以隨意取定。用與此矩形二邊平行之直綫，分矩形爲四全等閉矩形 $\mathfrak{s}_1\cdots\mathfrak{s}_4$。若某一矩形 $\mathfrak{s}_\nu$ 所含全係 $\mathfrak{M}$ 之點，則可取爲矩形集合 $\mathfrak{N}$ 之一元；若其中所含尙有不屬於 $\mathfrak{M}$ 之點，則再四等分之爲四新閉矩形 $\mathfrak{s}_{\nu1}\cdots\mathfrak{s}_{\nu4}$，於此等矩形中之任一 $\mathfrak{s}_{\nu\mu}$，若所含皆 $\mathfrak{M}$ 之點，則視爲 $\mathfrak{N}$ 之一元，不然則再四分之。依此方法繼續進行，則得一閉矩形之集合

$$\mathfrak{N}=\{\mathfrak{r}_1,\ \mathfrak{r}_2\cdots\}$$

(4·1)　此"$\mathfrak{i}$"或係 $\mathfrak{M}$ 之誤。

吾人將指示此集合能具有定理中所指示之性質。

任何二 $\mathfrak{r}_\mu$ 及 $\mathfrak{r}_\nu$ 之至多僅有界點公用,與任何屬於 $\mathfrak{r}_\nu$ 之點之必屬於 $\mathfrak{M}$,則由各矩形之構造已可概見。在另一方面,若 P 爲 $\mathfrak{M}$ 之一點,則因其爲 $\mathfrak{M}$ 之內點而必具有一鄰近 $\mathfrak{u}$,其中盡係 $\mathfrak{M}$ 之點,因吾人之矩形 $\mathfrak{s}_{\nu_1\cdots\nu_n}$,當 n 增大無限時,兩邊之極限均爲0,故至少必有一矩形 $\mathfrak{s}_{\nu_1\cdots\nu_n}$,含有 P 點,且全位於 $\mathfrak{u}$ 之中,因而所含卽全係 $\mathfrak{M}$ 之點;且如此之矩形,必有一個,其 n 爲最小,此之一矩形,當然隸屬於集合 $\mathfrak{N}$,因其固爲在累次四分時,含有 P 且所含盡係 $\mathfrak{M}$ 之點之最初一矩形也。最末,$\mathfrak{N}$ 中矩形之個數,決不能有限,因有限個數閉矩形之和集,決不能成爲開集也。

§3·6。論開集者止此,由下之定理,則可得開,閉集間之簡單關係:

定理 9。設 $\mathfrak{M}$ 爲一開集,且設若 $\mathfrak{M}$ 爲平直集,則含於一閉節 $\mathfrak{a}$ 中,若爲平面集,則括於一閉矩形 $\mathfrak{r}$ 中,於是 $\mathfrak{a}-\mathfrak{M}$ 若 $\mathfrak{r}-\mathfrak{M}$ 皆爲閉集。

證 在§2之定理13內,若則 $\mathfrak{M}$ 以 $\mathfrak{a}$ 若 $\mathfrak{r}$ 代之,$\mathfrak{N}$ 以此處之 $\mathfrak{M}$ 代之,則證明立可推得。

定理 10。設 $\mathfrak{M}$ 爲一閉集,且設若 $\mathfrak{M}$ 爲平直集,則含於一開節 $\mathfrak{a}$ 中,若爲午面集,則括於一開矩形 $\mathfrak{r}$ 中,於是 $\mathfrak{a}-\mathfrak{M}$ 若 $\mathfrak{r}-\mathfrak{M}$ 皆爲開集。

證 在§2之定理12內,若其 $\mathfrak{M}$,$\mathfrak{N}$ 順次以 $\mathfrak{a}$ 若 $\mathfrak{r}$ 及 $\mathfrak{M}$ 代之,則證明立可推得

與定理6結合則關於平直點集有:

定理 11。若於一閉節內取去(至多可數個數)分離開節,則餘集爲閉集.

定理12。任何平直有界閉集可由於一閉[4·2]節中取去(至多可數個數)分離開節得之。

§3·7。若論及滿集,則吾人將限於平直之類,而有以下之二

(4·2) 原書作"開"疑誤植。以下定理14當係同誤。

定理。

定理 13. 若自閉節內,取去一至多可數開節所成節集 𝔐,其各開節,互相分離,且無公共端點,則餘集爲滿集。

證 因由定理 11,知餘集爲閉集,故吾人僅須再證其爲自密即得。設 P 爲餘集之一點。若 P 係孤離點,則必具有一 ε- 鄰,其中除 P 以外,全係節集 𝔐 之點;若然,則 P 點之 ε- 鄰之左部及右部各屬於 𝔐 之一節,於是 𝔐 中必有兩節具有公共端點與假設牴牾。

定理 14. 任何平直有界滿集 𝔐 可由自一閉節中取去至多可數之分離開節得之,其各開節不得有公共端點。

證 因 𝔐 係閉集,故可用定理 12 之方法造成之;若取去之二節有公共界點,則此界點必係 𝔐 之孤離點,但此係不可有之事。

§ 3·8. 由以上定理之解釋閉集及滿集其各點集之構造,似乎可以完全淸楚矣,然事實却非如吾人意想者之簡單;卽如自一節內取去無限個數無公共點之開節,吾人决無由知其餘集之必爲一組之閉節也。所謂**不密滿集**(nirgends dicht perfekt Menge)者,亦常存在,因而不密閉集亦非不可能,此由 §2·4 之實例卽可以見之。設 𝔐 爲純由 0, 1 兩數字所成十進小數之集合,前已證其爲不密抑知其乃係滿集也。何以言之,蓋若 P 爲此集之一點,設如

$$0,\ 1001011\cdots,$$

則對於任何 $\varepsilon>0$, 必有一 n 使 $10^{-n}<\varepsilon$, 於是作一十進小數,其數字全爲 0 及 1, 且其首 n 位與 P 全同,而以後則至少有一位相異,則見在 P 點之 ε- 鄰內, 𝔐 具有與 P 相異之一點, 故 P 必係極限點,因而 𝔐 必係自密。欲示 𝔐 亦爲自閉,吾人姑研究節 $0\leqslant x\leqslant\frac{1}{9}$(𝔐 之極限點自僅能位於此節內)中之數而以十進小數表現之,但於此次,吾人須設小數之某位數字後數字全爲 9 者除去不計, 於是此節內之小數遂均得表作惟一之形式。今設 d 爲一小數,非盡由 0,1 二數字所成者,如云

$$d=\mathbf{1\cdot 001998}\cdots。$$

於是吾人考究其第一次數字非 0 非 1 處之位置,且容易以顯見之方法作下之二小數:

$$d'=0\cdot101111\cdots \quad d''=0\cdot102$$

則 $d'<d<d''$, 且在 d' 及 d'' 之間, $\mathfrak{M}$ 決無一數。由是知 d 決不能為 $\mathfrak{M}$ 之極限點,因而 $\mathfrak{M}$ 必係自閉。

用以下之方法,亦可得不密滿集此稱作 **Cantor 氏法**(Cantorsche Verfahren)。吾人自閉節 $\langle 0,1\rangle$ 起始,而於其中取去一開節之

圖 6

敍列:如第一,先取去其中間之三分之一,再於餘下之部分,各取去其中節之三分之一,以下仿此,則餘集顯為不密,且由定理 13 知其為滿集。此集顯為由三進無限小數其小數位無 1 者:

$$\sum_{\nu=1}^{\infty}\frac{a_\nu}{3^\nu},\quad a_\nu=0 \text{ 或 } 2$$

所構成,此例之構造方法,乃自前例推衍而成者也。

再者關於不密集之構造,下之定理亦有關係:

定理 15。任何平直有界不密閉滿集 $\mathfrak{M}$,得由可數個數分離開節(無公共端點者)之端點及其極限點構成之。

證 吾人依定理 12 或定理 14 作開節之集合。開節之端點,為屬於 $\mathfrak{M}$,以各開節為相互分離故也,同樣端點之極限點,亦為屬於 $\mathfrak{M}$,因 $\mathfrak{M}$ 固係閉集。在另一方面,若 P 為 $\mathfrak{M}$ 之一點,但非一節之端點,則因 $\mathfrak{M}$ 為不密,故在 P 之任何鄰近必有不屬於 $\mathfrak{M}$ 之點,是以必有吾人之節之端點,換言之即 P 必為端點之極限點也。

自定理 15 及定理 4,得見有可注意之事實,即由可數個數開節之端點及其極限點所成點集得為不可數是也。

§4　覆被定理(1)

§4·1。吾人先證明下之二定理,此在近代解析上有甚重要之應用,而常以『**覆被定理**』(Überdeckungssätze) 見稱者也。關於此類,尚有Vitali所發現之他一定理,將於此後§7中論之。設$\mathfrak{M}$爲一平直點集,$\mathfrak{J}$爲(分離或不分離)節所成(有限,可數或不可數)節集,$\mathfrak{M}$之任一點,至少屬於$\mathfrak{J}$之二節,於是吾人卽稱$\mathfrak{J}$爲**覆被** (überdeckt) 點集$\mathfrak{M}$。同樣吾人亦可云矩形集合$\mathfrak{R}$覆被$\mathfrak{M}$,假如$\mathfrak{M}$之任何點至少屬於$\mathfrak{R}$之一矩形內。例如對於任何眞分數p/q,吾人可以p/q爲中心,作一長度等於$1/q$之節,則此等節卽稱爲覆被眞分數集合之節集。

定理 1。 (Borel覆被定理) 設$\mathfrak{M}$爲一平直有界點集,$\mathfrak{J}$爲覆被$\mathfrak{M}$之開節所成節集,則$\mathfrak{J}$必具有一有限子集

$$\{i_1, i_2 \cdots i_n\}$$

亦覆被$\mathfrak{M}$。

證　設$\mathfrak{M}$位於節$\langle a\ b\rangle$內。假如定理非眞實,則至少對於位於$\langle a, \frac{a+b}{2}\rangle$ $\langle\frac{a+b}{2}, b\rangle$二節內$\mathfrak{M}$之二子集之一,定理亦不眞實。如此之一子集,命之爲$\mathfrak{M}_1$且命其所屬之子節爲$\langle a_1,b_1\rangle$。關於$\langle a_1,b_1\rangle$,吾人仍可應用上之推斷,得$\mathfrak{M}_1$之一子集爲$\mathfrak{M}_2$,$\langle a_1, b_1\rangle$之一子節爲$\langle a_2, b_2\rangle$,長度爲$\frac{1}{2}(b_1-a_1)$,以下類推,逐次如此,吾人卽可得諸節$\langle a_v, b_v\rangle$之一包孕,此之包孕,確定一點$p$,屬於所有之節$\langle a_v, b_v\rangle$,但吾人原設定理對於子集$\mathfrak{M}_v$爲不眞實,自謂任何$\mathfrak{M}_v$均具有無限個數之點,故$P$點必係$\mathfrak{M}$之極限點;且以$\mathfrak{M}$設爲閉集,故$P$點必屬於$\mathfrak{M}$,因而在節集$\mathfrak{J}$內,必有一節i含$P$爲其內點。但自v之某值起,所有各節$\langle a_v\ b_v\rangle$,必皆含於i內,是則云$\mathfrak{M}_v$可以一節i覆被之也;此與原設抵牾,故定理必爲全眞實。

(1)　本節各部,讀者可以分別俟需用時讀之,其最末二段,當可以使讀者相信,在研究點集理論,宜若何審愼將事而不可輕心掉之也。

關於平面點集有相應之

定理1a。 設$\mathfrak{M}$爲一平面有界點集，且$\mathfrak{R}$爲覆被$\mathfrak{M}$之開矩形或開圓所成集合，則$\mathfrak{R}$必有一有限子集

$$\{\mathfrak{r}_1\,\mathfrak{r}_2\cdots\mathfrak{r}_n\}$$

亦覆被$\mathfrak{M}$。

證　設$\mathfrak{M}$位於閉矩形$\mathfrak{s}$內。吾人亦可假設定理對於$\mathfrak{M}$爲不眞實，再用與前定理相似之方法，將矩形$\mathfrak{s}$繼續等分，如在定理2所用者然，於是亦必可以求得一相似之牴牾，卽得定理之證明。

注意1。作爲定理1之系，吾人可書Borel定理之原來形式如下：若一閉節$\mathfrak{a}$爲一開節所成之節集$\mathfrak{i}$所覆被，則$\mathfrak{i}$必有一有限子集，亦覆被$\mathfrak{a}$。由定理1a，亦可推得關于閉矩形之相應事實。

注意2。由定理1之證明，見此節之起點及終點，不必亦爲覆被節之內點。但若二者各係某二節之(左邊或右邊)端點，則令其各節含有其左邊或右邊之端點卽得。

§4·2。若$\mathfrak{M}$非閉集，則(比如在平直之類)覆被節之有限子集，未必常能覆被$\mathfrak{M}$。例如點集爲

$$\mathfrak{M}=\{\tfrac{1}{2},\ \tfrac{1}{3},\ \tfrac{1}{4},\cdots\}$$

且任何點$1/n$卽以$1/n$爲中心，以長度$1/n(n+1)$之節覆被之卽係如此。但吾人却更有下之

定理2。 (Lindelöf覆被定理)設$\mathfrak{M}$爲任意平直點集，且$\mathfrak{J}$爲覆被$\mathfrak{M}$之開節所成節集，則$\mathfrak{J}$必有一至多可數子集亦覆被$\mathfrak{M}$。

證　在§1·5之末，吾人曾言兩端點爲有理數之節，其集合爲可數。設$\mathfrak{i}$爲$\mathfrak{J}$之一節覆被$\mathfrak{M}$之一點P。因此係關節，故必可以縮小爲$\mathfrak{i}^*$，使其兩端皆係有理數，且仍含有P。將所有含$\mathfrak{M}$之點之節，均如此法製之，則如此所製成之各$\mathfrak{i}^*$所成節集，除去相重者不計，必係互多可數，且亦覆被$\mathfrak{M}$。對於任何一$\mathfrak{i}^*$，在$\mathfrak{J}$內亦必轉有一節$\mathfrak{i}$包含之。如此所選之$\mathfrak{i}$節，其集合必亦爲至多可數，且亦覆被$\mathfrak{M}$也。

定理2a。 設$\mathfrak{M}$爲一任意平面點集，且$\mathfrak{R}$爲覆被$\mathfrak{M}$之開矩形

或開圓所成集合,則𝔑必有一至多可數子集亦覆被𝔐。

證　設𝔑爲一矩形集合,若P爲𝔐之任一點,則𝔑內必有一矩形𝔯覆被p,此矩形必含有以P爲中心之一正方形q,而q又必有一四邊形𝔯,其四角點皆係有理之坐標。但由§1·5,知此類四邊形至多可數,故𝔐必可以𝔑之一可數子集覆被之。若𝔑係圓之集合,則證明亦相似,因半徑及中心坐標皆係有理數之圓,其個數亦係可數也。

由Lindelöf覆被定理,吾人得將§2定理1更精密化爲:任意不可數點集𝔐,至少必具有一凝聚點亦屬於點集。因若不然,則𝔐之任何點,必有一鄰近,其中所含𝔐之點至多可數。由定理2（定理$2a$）,自所有鄰近所成集合內,必可選一至多可數子集,亦覆被𝔐。於是𝔐亦將爲至多可數個數可數點集之和集,故亦必將爲可數,而與假設牴牾也。

§4·3。在某種假設之下,吾人亦容易指示在覆被一不閉點集時,用有限個數之節,亦爲可能。爲此吾人先定節之長度（Länge eines Intervals）之義:若i爲一節,其起爲a,其迄爲b,則勿論其節之開閉與否,吾人將以數值$b-a$爲其長度$|i|$。(2)

定理3。　設𝔐爲一平直有界點集,對於𝔐之任一點P,有一（開或閉）節i隸屬之,其節以P爲中心,且長度須長於一定數l。於是在此等i中,必有有限個數亦能覆被𝔐。

證　設𝔐位於$<a,b>$之內。吾人可將此節分作有限個數之閉子節,使任一子節之長度均$<\frac{1}{2}l$。在任何子節內,若含有𝔐之一點,則尋求其某點P所屬之節i,如此所得有限個數之i,必覆彼所有子節之含有𝔐之點者,故亦必覆被𝔐。

除去上定理中節長之制限,則吾人有

定理4。　設𝔐爲一平直有界點集,𝔍爲覆被𝔐之（開或閉）節

(2)　此定義取用之當否,俟于後§5之首論之。

集，對於$\mathfrak{M}$之任一點P，$\mathfrak{J}$有以一P爲中心之節隸屬之，則$\mathfrak{J}$必有一至多可數子集，亦覆被$\mathfrak{M}$，且此子集之節，可以書作一敍列$\mathfrak{i}_1, \mathfrak{i}_2\cdots$，而

$$|\mathfrak{i}_1|\geqslant|\mathfrak{i}_2|\geqslant\cdots$$

證　設$\mathfrak{M}_n$爲$\mathfrak{M}$之一子集，其諸點P有長度$\geqslant\frac{1}{n}$之諸節$\mathfrak{i}(P)$與之相配，吾人顯見

$$\mathfrak{M}=\mathfrak{M}_1+(\mathfrak{M}_2-\mathfrak{M}_1)+(\mathfrak{M}_3-\mathfrak{M}_2)+\cdots$$

由定理3，知欲覆被$\mathfrak{M}_1$，吾人只須取$\mathfrak{J}$中有限個數之節，此自可依其大小敍列之爲$\mathfrak{i}_1\cdots\mathfrak{i}_{n_1}$，再欲覆被$\mathfrak{M}_2-\mathfrak{M}_1$，亦仍僅須取$\mathfrak{J}$中有限個數之節，再依其大小敍列之爲$\mathfrak{i}_{n_1+1}\cdots\mathfrak{i}_{n_2}$，又因此第二次所取之節，其長度均小於1，換言之亦卽謂小於第一次各節之長，故在全敍列$\mathfrak{i}_1\cdots\mathfrak{i}_{n_2}$，節長亦係單減，逐次如此，卽得證明。

§4·4。應用Borel覆被定理，吾人得證明下之一定理，此在點集度量理論上極爲重要。

定理5。 設$\{\mathfrak{i}_1, \mathfrak{i}_2\cdots\}$爲至多可數任意分離節所成節集，又設$\{\mathfrak{i}_1, \mathfrak{i}_2\cdots\}$爲至多可數任意（不必分離）節所成節集。設前之節集所覆被之點所成點集

$$\mathfrak{J}=\mathfrak{i}_1+\mathfrak{i}_2+\cdots$$

爲有界，且係

$$J=\mathfrak{i}_1+\mathfrak{i}_2+\cdots$$

之子集，則如下式右端之和式收斂，吾人有

$$|\mathfrak{i}_1|+|\mathfrak{i}_2|+\cdots\leqslant|\mathfrak{i}_1|+|\mathfrak{i}_2|+\cdots$$

注意。定理之精要處，係在節集之節數，得爲無限，但吾人之證明，則將藉在有限個數時爲眞實而得完成之也。

證　設與$\varepsilon>0$，由$\mathfrak{J}$之有界性，知和式$|\mathfrak{i}_1|+|\mathfrak{i}_2|+\cdots$確爲收斂，所以必有一$m$存在，使

$$\Sigma|\mathfrak{i}_\nu|-\sum_1^m|\mathfrak{i}_\nu|<\varepsilon\tfrac{1}{3},$$

其$\Sigma|i_\nu|$表和式$|i_1|+|i_2|+\cdots$之全部。吾人兹将$i_1\cdots i_m$各節,均縮為閉節,使對如此所得之新節$i_1^*\cdots i_m^*$,有

$$\sum_1^m|i_\nu|-\sum_1^m|i_\nu^*|<\tfrac{1}{3}\varepsilon,$$

最末將每一i_ν均擴成開節i_ν^*,且

$$\Sigma|i_\nu^*|-\Sigma|i_\nu|<\tfrac{1}{3}\varepsilon。$$

於是吾人即得一閉集$i_1^*+\cdots+i_m^*$為開節$i_1^*,i_2^*\cdots$所覆被。由Borel覆被定理知吾人僅須取有限個數開節$i_{\nu_1}\cdots i_{\nu_n}$,即足有同樣之功用,且以$i_\nu^*$等俱係分離,故有

$$|i_{\nu_1}^*|+\cdots+|i_{\nu_n}^*|\geqslant|i_1^*|+\cdots+|i_m^*|,$$

因而

$$\Sigma|i_\nu|+\tfrac{1}{3}\varepsilon>\Sigma|i_\nu^*|\geqslant\sum_1^m|i_\nu|-\tfrac{1}{3}\varepsilon>\Sigma|i_\nu|-\tfrac{2}{3}\varepsilon,$$

即

$$\Sigma|i_\nu|>\Sigma|i_\nu|-\varepsilon$$

對於任何$\varepsilon>0$為真,故得證。

系　若$\mathfrak{J}=J$,且兩節集皆係由分離節所組成,則得

$$\Sigma|i|\leqslant\Sigma|i|\quad 且\quad \Sigma|i|\leqslant\Sigma|i|,$$

因而

$$\Sigma|i|=\Sigma|i|,$$

關於平面,亦有相應之定理,若$\mathfrak{r}$為一矩形,(勿論開閉)其二邊之長度為p及q,則其面積$|\mathfrak{r}|$將取為數值pq。於是即有

定理 5a。設$\{\mathfrak{r}_1,\mathfrak{r}_2\cdots\}$為至多可數個數任意分離矩形所成集合,又設$\{\mathfrak{s}_1,\mathfrak{s}_2\cdots\}$為至多可數個數任意不必分離)矩形之集合,且設

$$\mathfrak{R}=\mathfrak{r}_1+\mathfrak{r}_2+\cdots$$

為有界點集,且為

$$\mathfrak{S}=\mathfrak{s}_1+\mathfrak{s}_2+\cdots$$

之子集,則如下式右端之和式收斂,吾人即有

$$|\mathfrak{r}_1|+|\mathfrak{r}_2|+\cdots\leqslant|\mathfrak{s}_1|+|\mathfrak{s}_2|+\cdots$$

證　於定理5之證明中『節』, i, i 順次以『矩形』, $\mathfrak{r}$, $\mathfrak{s}$ 代之卽得.[3]

§4·5。吾人將特對某種節集加以細密之研究。設 $\mathfrak{M}$ 爲在節 $<0, 1>$ 內遍密之點集，譬有有理數集合。設想以 $\mathfrak{M}$ 之各點爲中心，各作開節。旣 $\mathfrak{M}$ 在 $<0, 1>$ 內爲遍密，自然各人直卽以爲此節集必完全覆被 $<0, 1>$ 矣，詎知事乃有大謬不然者！今如 i_1, $i_2\cdots$ 爲覆被 $\mathfrak{M}$ 之節，則如其完全覆被 $<0, 1>$，由定理5必有

$$\Sigma|i_\nu|\geqslant 1。$$

然吾人却可作一種開節，其和 $\Sigma|i_\nu|$ 得使爲任何小。設 r_1, $r_2\cdots$ 爲有理數之集合，對於任一 r_n，吾人以 r_n 爲中心，作長度等於 $2^{-n}\varepsilon$ 之開節 i_n，此等節 i_n，必卽覆被有理數集合，而其長度之和則爲

$$\Sigma|i_\nu|=\frac{\varepsilon}{2}+\frac{\varepsilon}{2^2}+\frac{\varepsilon}{2^3}+\cdots=\varepsilon$$

再與前所書之結果比之，則見此等節 i_n 幷未能完全覆被 $<0, 1>$ 也。

如欲證實此可異之結論，吾人茲將確行指出恰有某種點決不位於任何節內，此或亦讀者之所欲亟知者也。爲此，吾人先將有理數依下之特殊敍列排次之：將各分數，依分母漸大之次序排列成羣，在各羣內，分母相同，則依分子漸大之次序列之，未經簡化之分數仍之，此敍列之開始部分將爲

$$\frac{1}{1},\ \frac{0}{1},\ \frac{0}{2},\ \frac{1}{2},\ \frac{2}{2},\ \frac{0}{3},\ \frac{1}{3},\ \frac{2}{3},\ \frac{3}{3}\cdots$$

在此敍列中，分數 p/q 之序數爲[3.1]

$$k=k(p, q)=p+\frac{q(q+1)}{2}。$$

(3)　當然在矩形集合爲有限時，定理亦自眞實，此事實之其他證明，可參攷 E. Schmidt, *Über die Darsttellung der Lehre vom Inhalt der Integralrechnung* [Math Zeitschr. 12 (1922) S.298 ff]

(3·1)　卽係 $p+1+\frac{q(q+1)}{2}-1$

至於覆被之節組，則與前述之製法相同而取 $\varepsilon=1$。吾人將證點 $\xi=\frac{1}{2}\sqrt{2}$ 不屬於任何節內。質言之，若 ξ 位於某節內，則必有一雙之數 $p, q,$ $(q\geqslant p\geqslant 0\ q\geqslant 1)$ 使

$$\left|\frac{p}{q}-\xi\right|<\frac{1}{2}\cdot\frac{1}{2^{p+\frac{q(q+1)}{2}}}\leqslant\frac{1}{2^{\frac{q(q+1)}{2}+1}}$$

但對於任何一雙 p 及 q, $(q\geqslant p\geqslant 0,\ q\geqslant 1)$，因 $\frac{1}{2}\sqrt{2}$ 爲無理數，必有 $|2p^2-q^2|\geqslant 1$，因而

$$\left|\frac{p}{q}-\frac{1}{2}\sqrt{2}\right|=\frac{\left|\left(\frac{p}{q}\right)^2-\frac{1}{2}\right|}{\frac{p}{q}+\frac{1}{2}\sqrt{2}}=\frac{|2p^2-q^2|}{2pq+q^2\sqrt{2}}>\frac{1}{4q^2}\geqslant\frac{1}{2^{\frac{2(q+1)}{2}+1}}$$

末式則因其對 $q=1$ 及 2 顯然爲眞，再下則分母 $2^{\frac{q(q+1)}{2}+1}$ 較 $4q^2$ 增加爲速也。

節集 i_v 是否覆被節 $\langle 0\ 1\rangle$ 每一點之問題，與以有理數逼近實數之精密程度問題有連帶之關係。因若實數 ξ 爲節

$$\left(\frac{p}{q}-\varepsilon_{k(p,q)},\ \frac{p}{q}+\varepsilon_{k(p,q)}\right)$$

所覆被，亦卽謂有一分數 p/q 存在，使

$$\left|\frac{p}{q}-\xi\right|<\varepsilon_{k(p,q)},$$

換言之，卽實數 ξ 至少得以一有理數逼近，其誤差不至超過 $\varepsilon_{k(p,q)}$ 也。若有一實數 ξ 存在，不位於任何節中，則對於所有之整數 p, q $(p\geqslant 0,\ q\geqslant 1)$。

$$\left|\frac{p}{q}-\xi\right|>\varepsilon_{k(p,q)},$$

關於此之方面有以下 Liourille 也定理：

定理 6。 設 ξ 爲一 n 次 $(n\geqslant 2)$ 代數數，換言之，卽 ξ 爲不可分解多項式

$$f(x)=\sum_{\nu=0}^{n} a_\nu x^\nu \qquad (a_n \neq 0)$$

之零點，其 a_ν 爲整數，則必有一數 ε $(0\geqslant\varepsilon\geqslant 1)$ 存在使對於所有之整數 p, q $(p>0, q>1)$ 有

$$\left|\frac{p}{q}-\xi\right|>\frac{\varepsilon}{q^n}$$

證．於證明吾人顯可以只論使 $\left|\frac{p}{q}-\xi\right|<1$ 之分數 p/q。由中值定理

$$f\left(\frac{p}{q}\right)=f\left(\frac{p}{q}\right)-f(\xi)=\left(\frac{p}{q}-\xi\right)f'(u),$$

其 u 位於 p/q 及 ξ 之間，所以直得

$$|u-\xi|<1, \text{ 亦卽 } |u|<|\xi|+1。$$

於是卽有

$$\left|\frac{p}{q}-\xi\right|=\left|\frac{f\left(\frac{p}{q}\right)}{f'(u)}\right|=\frac{\left|\sum_{\nu=0}^{n} a_\nu p^\nu q^{n-\nu}\right|}{q^n\left|\sum_{1}^{n}\nu a_\nu u^{\nu-1}\right|},$$

因 $f(x)$ 爲不可分解，故末之分數分子不能等於零，且以其爲整數而至少等於1，而分母中之和，則至多爲

$$\sum_{1}^{n}\nu|a_\nu||u|^{\nu-1}<\sum_{1}^{n}\nu|a_\nu|(|\xi|+1)^{\nu-1}=\frac{1}{\varepsilon}。$$

其 ε 爲 >0 且 <1 之數，且僅與多項式之零點 ξ 有關係，由是

$$\left|\frac{p}{q}-\xi\right|>\frac{\varepsilon}{q^n}。$$

若吾人選取覆被之節與前稍異，比如對於分數 p/q 而取

$$\left(\frac{p}{q}-\frac{\varepsilon}{q^2},\ \frac{p}{q}+\frac{\varepsilon}{q^2}\right) \qquad (1)$$

爲覆被節，則由 Liouville 定理，直接推知對於充分小之 ε，確有二次不盡根存在決不屬於任何節內也。

§4·6。最末吾人將更論一可注意之結果，如 Borel[4] 之所已指示者。如前，吾人先以節

$$\left(\frac{p}{q}-\frac{\varepsilon}{q^2},\ \frac{p}{q}+\frac{\varepsilon}{q^2}\right)$$

覆被節 $<0,1>$ 內各有理點 p/q，且命 ε 順次通過 $1/2, 1/3, 1/4\cdots$ 諸數，而攷究其所得各種不同之節集。命屬於 $\varepsilon=1/n$ 之節集為 $\mathfrak{I}_n$，覆被 p/q 而屬於所有之 $\mathfrak{I}_n$ 之節（1）當 n 增大無限時，其長度之極限為 0。故若自每一 $\mathfrak{I}_n$ 中，僅取其隸屬於一定數 p/q 之節，$i_n=i_{n,p,q}$，而研究之，則確見僅有一點屬於所有此等之節 i_n 內，卽 p/q 是也。

若然，則審以為受所有諸節集所覆被之數，直卽係眞分數之集合矣，抑又不然；吾人次當見外此尙有無限個數之(超越)數，亦同為每 $\mathfrak{I}_n$ 所有各節所覆被也。

欲明此點，吾人且研究

$$z=\frac{a_1}{10^{1!}}+\frac{a_2}{10^{2!}}+\frac{a_3}{10^{3!}}+\frac{a_4}{10^{4!}}+\cdots$$

之一數其各 a_ν 為正整數 $(0\leqslant a_\nu\leqslant q)$。吾人將示任何此等之 z，或為有理數，或為超越數，於後者則稱為 **Liouville 氏超越數** (Liouvillesche Transzendente)。

事實如此，若 $m\geqslant 1$，$q=10^{m!}$ 且 $p=a_1 10^{m!-1!}+a_2 10^{m!-1!}+\cdots+a_m$ 則

$$\left|\frac{p}{q}-z\right|=\frac{a_{m+1}}{q^{m+1}}+\frac{a_{m+2}}{q^{(m+1)(m+2)}}+\frac{a_{m+3}}{q^{(m+1)(m+2)(m+3)}}+\cdots$$

$$<\frac{1}{q^m}\left(\frac{9}{10}+\frac{9}{10^2}+\frac{9}{10^3}+\cdots\right)=\frac{1}{q^m}。$$

若非自某處起所有之 a_ν 皆等於零，則因 z 既非有限，又不循環，故必無理，若 z 為 n 次代數數，$(n\geqslant 2)$ 則由定理 6，知必有一正數 δ，存在使對於任何分數 p/q，有

$$\left|\frac{p}{q}-z\right|>\frac{\delta}{q^n}$$

(4) 參攷卷末文獻欄，*B*. 1 *S*44-46。

但吾人於上式可以適當取m之值使對於上之p,q有

$$q^m > \frac{1}{\delta} q^n \text{因而} \left| \frac{p}{q} - z \right| < \frac{1}{q^m} < \frac{\delta}{q^n}$$

故不可能也。

是以任何如此之z,假如有無限個數之$a_\nu \neq 0$,必係超越數,且位於$(0, 1)$之間,再者任何如此之z,至少屬於任何$\mathfrak{Z}_n$中之至少一節;此因吾人可取m爲充分之大,使$q=10^{m}$而有$q^m > \frac{1}{\varepsilon} q^2$,於是若$p/q$表

$$\frac{a_1}{10^{1!}} + \frac{a_2}{10^{2!}} + \frac{a_3}{10^{3!}} + \cdots + \frac{a_m}{10^{m}}$$

則

$$\left| \frac{p}{q} - z \right| < \frac{1}{q^m} < \frac{\varepsilon}{q^2}$$

也。

再者如用第二對角綫證法,吾人亦可示Liouville氏超越數成一不可數集合。

鐵路與化學

郭鍾福

節譯下列各著:

R. L. Overin: Chemistry in the Railwag Industry
Industrial Chemist, Aug. 1936, p.p. 358-359.
H. N. Bassett: The Railway Chemist and His Work
Chem. and Ind. Vol. 55, 1936, p.p. 740-743.
Wm. M. Barr: Railroad Chemistry
Howe: Chemistry in Industry Vol. II. Chap. XVII.

近年各重要工業,無不注重科學研究,亦無不受科學之管理,鐵路事業亦不能例外。蓋驟視之,似一專管運輸之事業,與科學無與也。然試一研討之,則其中須要科學之急切,不待明者始知也。

在此事業中各種工程問題,原料問題,管理問題皆極重要,無不須科學家之研究與主持。茲專就原料問題言,無論其爲生料半竣工料或竣工料,如生鐵,碳鋼,銅屬,鍜鐵,合金,鋼條,銅絲,鉛條,鋅,白鉛,煤炭,焦炭,模型,砂,潤滑料,木料,建築材料等,在在需要化學家,物理家之試驗與指示也。茲篇請專就鐵路與化學之關係言之。

英國鐵路企業早在1864年卽設置化學部。其先專任水源,鋼鐵,煤炭,油類,漆類之分析檢驗;其後運輸股亦特聘化學家檢查貨運,防止危險品之混雜而致發生不幸事端。至今英四大鐵路幹線,聘有百人以上之化學家,担任此類任務,占有極重大之地位。

在美國最初祇知有鐵路網之聯絡,有一時鐵路熱之稱。其於器具之質地,未曾注意。及1875年本薛爾溫尼亞路局首先察覺因購料時不注意品質之浪費,而决定設物理試驗室,化學試驗室,以檢查商品。請雅爾大學卒業生獨特雷博士(*Dr. Charles B Dudley*)為化學總工程師,在1875年十一月十日開始工作。獨氏終其生致力於此,貢獻,特多。不數年後美國各路,卒皆隨之添設化學物理檢驗室,至於今日成為鐵路事業中一重要之組織云。近又與各大學聯絡,專事研究鐵路化學問題。如意利諾大學(*Illinois University*)在塔爾勃脫博士(*Dr. Talbot*)指導下研究之枕軌問題,是一例也。

化學家對於鐵路之工作可分五大端:

（1）原料或竣工料之檢驗

（3）待運貨品之檢查

（3）訂定或覆核各項說明書

（4）機車,鋼軌等遇意外發生一切破裂時,研究其原因

（5）代鐵路有關事業之服務,如鐵路旅館,休憩室等。

如貨品經檢查後可分為『危險品』與『普通品』兩種,對於危險品,如爆炸物,可燃物,壓縮氣體,以及毒性,腐蝕性或驟燃性等物品,得視其性質之不同,要求貨商依規定之包紮法實行包裝;同時指示搬運夫運用一定搬運,裝車等方法,以免意外,有妨旅客之安全。且商品往往以特別名詞作商標,而人莫知其成份之究竟,若不經化學家之檢驗而任其夾帶,其為害公衆,無論直接(如爆炸)或間接(如毒物,細菌),皆鐵路服務不週之過。然則又庸可忽視之哉。至如原料等之化驗,路方可知其品質,使用得其宜。鐵路問題之研究,使路局多方面得以改進。化學與鐵路關係之密切,蓋有如此者。茲更擇要條列於下:

（一）.機關車

現在大的機關車,每輛值十萬至廿萬元。在製造時需用各種金屬:如特種鋼,合金,青銅,黃銅,鉛及鋼鐵之類。各鐵路所有機關車甚夥,路局為顧全乘客安全,及機械效力之增高起見,必須知製造

原料之品質,此問題化學家能詳細報告之。又機關車製就後,用測力車(*Dynamometer car*)試驗之,此時化學家可分析其流出氣體,以定其空氣供給量之確當與否。

(二) 油漆選擇

鐵路上一切用具及建築等財產,經油漆塗飾,始能耐久。然此不僅爲經濟問題,同時且足使外觀整齊美麗,與旅客以良好之印像。然用劣質油漆,因其質地不純,塗飾不易,雖以賤價購來,亦不合經濟原理。故路局採購時,應先以樣品送實驗室,作化學上物理上檢驗以後,始可就選擇標準,決定捨取。試驗時在曝露機(*Weatherometer*)下,尤簡捷可靠。

近化學家用纖維素製人造假漆,試用於汽車上,結果甚佳。最近又有合成樹脂,質更優美。如是則油漆之來源增加。與人選擇之機會更多。鐵路爲油漆一大顧客,當然亦有利益。

(三) 水的問題

僅水一端已爲鐵路上一重大的化學問題。或以爲水係最多最普通的化合物,有何問題;殊不知水量雖多,潔淨者少。蓋自然水常含其他化合物:如二氧化矽,鐵鋁鹽,鈣鎂鈉之酸性碳酸及硫酸鹽,氯化鈉,硝酸鈉,以及少量之鉀鹽,二氧化碳,硫化氫,有機物與其餘之礦物質等。因水源有江湖井泉之不同,其硬軟程度亦有異,太硬者,用生蒸汽,易積鍋垢;太軟者,腐蝕性鹽類含量或過多,故水之處理,却一重大化學問題也。

普通鐵路沿線上兩水源,常相距二十至三十哩,則兩處之水,可有絕對不相同的化合物混和其間,在同一鍋爐中,用不同水源之水,不免引起化學作用,生成其他足以損傷或堵塞鍋爐的物質,而破壞機件。然化學家能用分析法,測知各水源之雜質,並且用定量法,知其含量之多寡,藉此種報告,可以利用其他化學物除去雜質,使水適於應用而無妨礙。

英國各鐵路最近十年內,致力於給水問題之研究,進步極速。

現已設一百所軟水廠，專備路局應用，其中六十所爲1930年以後所建造。此外尚有四十所則在預備中。其中蘇打石灰式（*Soda-lime type*）與矽酸鋁式（*Zeolite type*）皆有。惟矽酸鋁式雖較簡單，猶嫌其含鈉量較高耳。

（四）金屬檢驗

金屬檢驗可分爲物理的及化學的兩部，均極重要。在歐美各國皆有標準釐訂局規定其合格標準，俾各試驗室一致遵循。鐵路事業上常事化驗之金屬有鋼鐵等建造原料，銅錫鉛等合金之軸承用料。化驗方法，亦應依已經規定者實行。又可注意者，爲今日分析鋼鐵，定其含錳量時，可用鉍酸鈉（*Sodium bismuthate*）滴定法。此乃英國二位鐵路化學家 *Reddrop* 及 *Ramage* 所發明。既可靠，又省時；較舊時麻煩之重量法簡易多多。蓋鐵路化學家常與鋼鐵接觸，日積月累，自有心得貢獻於世也。

鋼鐵之外，各種合金應用於機車客車之建造者日多，故其分析工作亦日見重要，因此各種簡單而準確之分析法亦日有改進。試舉例言之：錫類合金之分析，英國路局另覓得改良之方法。逕以樣品溶於氫溴酸與溴液中，蒸發待乾，使錫與銻揮發而去，其殘餘體中之鉛與銅，用滴定法檢之，二小時卽可完畢。由此可知路局得藉化學家分析之結果，而知所用原料之品質，而化學家復可以其經驗貢獻於化學界，此中關係甚爲密切也。

（五）潤滑料

旅客總希望車行平穩，此則非藉潤滑料不爲功。現雖有球承軸等設計，以減少磨擦，然潤滑料總不可省去。而化學家不只能深切認識潤滑料之性質，某者適用於某部，某者能耐高溫而已；且能改良各種品質。在今日新式機關車，汽缸溫度逐漸增加，油脂類要在此溫度不炸裂，不分解，可以當爲潤滑料者，比較上很少。故此問題極重大，須待機械工程師與化學家之共同研究。

潤滑油之檢驗多物理的，但如用在過熱蒸汽之機件時，物理的化學的性質,皆須注意。又如蒸汽輪機(*Steam turbine*)須特種潤滑油,但經相當時期後,油之酸度漸增,有危及機械時,須得更換。此一問題化學家可以正確報告,使應用時得合經濟原理。

英國阿契巴脫(*Archbutt*)爲一潤滑油檢驗之權威者。彼係英國米蘭鐵路(*Midland Railway*)之一化學總技師。嘗設計製一粘度檢定器(*Coleman-Archbutt viscometer*),雖少量之潤滑油,亦能精確檢驗無誤云。

(六) 燃料

固體燃料,如煤炭之類,亦一化學問題。我國各鐵路,年耗煤須三百至六百萬元,則煤質能提高一成,熱能亦得增加一成,其中利害,至足驚人。故化學工程師,時常研究燃燒之效力,空氣供量之適當諸問題。若煤質中含硫量多至足以損及機械時。當可停止採購,以免意外損失。

液體燃料,如柴油,火油等,檢驗時其燃點極重要。蓋高速度之機器,其燃點須一定。普通機械試驗頗費時,現有一種新穎方法,逕以油與等量之苯胺(*Aniline*)混合,加熱至一定溫度,得一澄清液時,此溫度稱『苯胺點』『*Aniline point*』,可以表示油之性質,而推知其燃點是否合度云。

(七) 飲水

火車上實一社會組織,有旅客,有工匠,有員司,有役夫。任何人均須飲水解渴,則衞生上不能不講究。故公司必設置化學檢查部,時時檢查此類用水之潔淨與否,有毒害之微生物否,有傳染病之細菌否;並設法純潔之:或經砂濾,或通臭氧,或滴入若干液態氯素。故化學家之職責,備極重大。

(八) 鍋鑪問題

鍋鑪上汽管,普通溫度達華氏三百八十度,且在高壓之下,故易與水中之氧或酸起反應而生鐵銹。現在新式機關車中,換一副汽管,須二千元,用普通的水,平均六個月後,已須另換一次。故用水不當,極不經濟。用時汽管經腐蝕後,在不斷蒸發中,雜物的濃度增加,時會發生泡沫,使蒸汽混雜水霧,減少效能。故機關車之年齡問題及效能問題,亦須得化學家去解决。

水中之雜質,如鈣鎂等鹽類,當高溫時,常沉積於鍋爐蒸汽管表面,成一硬層垢積,與瓦磁相似。因此層係不良導體,故熱能之耗費,可以推知,通常八分之一吋厚之垢積,卽耗煤料百分之十五,苟一旦垢積發生隙縫,水達至過熱之管邊,驟化蒸汽,壓力大增,則更有爆裂之危險,故去垢一事,極其重要,化學家可使硬水軟化,避免此病;加入適當之化學品,以沉澱有害物質,或使垢積質地疏鬆,再壓入空氣以吹出之。

(九) 有關鐵路問題之研究

英國凸緣路軌 (*Flanged rails*) 在數年前,時常發現折裂,卽未經用者亦然而化學分析,物理檢驗,皆不能推究其原因,後經顯微鏡檢察後,覺其中有迴旋組織足以致之。故以後注意鑄造時之引展狀況,卽去此弊。又鑄型某物,亦常無故碎裂,後在顯微鏡下視之,亦因組織關係,使澆鑄時稍加改良,卽可避免。又合金中加微量雜物,分析不能檢出者,亦可自顯微鏡下檢之。故顯微鏡可補分析之不足,兩者相輔,其利益彰。

分析方法,日進不已,如前述鋼鐵中定錳量,及錫合金之定鉛,銅等,其例甚多。現又有微量分析 (*Microanalysis*) 之方法,更簡捷正確。故各試驗所,同相研究,交換經驗,鐵路事業,間接受益當復不淺。

貨品合格標準之規定,亦一重大任務。蓋商家徒知務其外表,形式與色澤固佳,但性質則多忽略,故研究一定之標準,確屬需要。

英某鐵路曾運鐳素而獲鉅利,此事得化學家不少指示包裝運輸之法云。又某鐵路運豬時,常發現豬中途死去,後經化學家之檢查,始知車箱中消毒藥未經滌盡之故。凡此種種臨時待推究者甚多,亦莫不須化學家之襄助也。

(十) 物產調查

各鐵路營業之發展，全賴沿途工商業之進步，欲求達到此目的，非使各種天產儘量供人利用不爲功。故美國各鐵路，多探求土產之性質用途及其數量，刋行報告，以招徠各實業家來沿線各地設立工廠；幷利用各項展覽會之機緣，陳列沿線土產，布置裝飾，備極精美，其用意至爲深遠。吾國工業尙未發達，急宜仿行此法，服務鐵路之化學家，其責任尤重也。

結論

總觀上列諸端，可知鐵路事業之成敗與化學有重大關係。此外又有水泥，枕木，鋼軌，瀝青，焦炭，砂石，煤氣，氫，氧，乙炔等氣體，亦皆鐵路上之應用品，須化學家之指示，作採購時或應用時之參考。在歐美各國之鐵路事業，對於此類問題，備極注意。我國鐵路亦在發展時期，又豈可忽略此點而步美國當初鐵路網熱之後塵，徒知量而不知質，致遺後悔無及哉。故習化學而有志於開發交通者，亦須注意研究此類實際問題。衆擎易舉，願我國人共同努力。

送沈君希乾講學星洲序

陳　柱

沈君希乾以錫山唐蔚芝師之介。以詩禮教學於星洲。將行。若甚異之。徧請諸師友題贈。而諸師友亦若甚異之。皆以詩文贈別。客有見者曰。曷足異哉。夫昔之時。舟載馬行。交通阻艱。故自楚之吳。自晉之燕。猶視爲畏塗。臨行。顧父母。戀妻子。牽衣拭袖。泣數行下。欲行却顧。十步九回首。猶不能已。若有自燕之越。渡大海。波濤洶洶而不畏却者。則人以爲異而壯之矣。何者。去難歸亦難也。今則飛機飛船飛車。日行萬數千里。天下一家。五洲如咫尺。往來倏忽。如飛鳥然。若星洲者尤迫在國南。殊於他洲。中土之人。爲工商而往來於其間者歲以萬千計。失職之士觀風之吏往來其間者歲以千百計。以教育爲業往來考察於其間者歲亦以百數十計。曷足異哉。余曰不然。昔有名畫家於深山中遇古木。徘徊觀瞻。俯仰上下。審其氣勢。相其曲直。終日不能去。既而以筆狀其形。凝神畢精。目不轉瞬。惟恐其不肖也。樵者過而笑之。曰。曷足異哉。取之以爲薪。不足以炊三日。今夫衆人之於星洲。亦不過以爲炊焉而已。或爲三日之炊。或爲三月之炊。或爲三年三十年之炊。爲炊之大小雖不同。而視以爲炊則一而已。夫千萬人而皆以星洲爲可炊之地而已。則星洲誠無足奇。沈君則不然。曰:星洲者吾國南疆之門戶也。星洲之華僑。吾祖國之同胞也。欲固吾國之門戶。必先淪吾同胞之靈智。欲淪吾同胞之靈智。尤必先漸以吾國之禮教。夫往來星洲者歲以千萬計。皆視爲可炊之地而已。而沈君獨視以爲可漸以祖國禮教之地。是沈君者蓋以異星洲於每歲千萬人所共往之星洲。而吾輩又安能不異沈君於每歲往星洲之千萬人哉。客曰。雖然。吾聞沈君學於錫山。深得其師之學。今中土庠序。方滅裂禮教。沈君豈宜舍近而圖遠。余曰。不然。今有玉於此。既彫既琢。或已爲圭爲璋。爲龍爲鳳皇。或已爲簪珥。爲蛇爲罔兩。或已被擊而破碎之。夫其爲圭爲璋爲龍爲鳳皇者。固無勞吾人之再彫再琢。其爲蛇爲罔兩。或被擊而破碎者。豈亦容吾人之改作或收拾哉。今有璞於此。彫琢弗加。內含夜光。外被混沙。衆人視之。以爲頑石而已。而玉人見之則必亟取而彫之。以謂可以隨吾意之所爲，而不困於前人。今夫星洲之同胞亦一未彫之璞也。沈君若不亟往。以詩書爲鑿。以禮義爲斧。彫之琢之。使爲圭爲璋爲龍爲鳳皇。則妄者將使之爲蛇爲罔兩。其甚者且將擊而破碎之矣。可不思哉。可不思哉。客曰然則沈君此去。眞有以異於人人。遂書以壯沈君之行。

贈四年級旅行諸同學

胡端行

古來嘗稱孔席不煖，墨突不黔。蘇子由言太史公周覽天下名山大川，故其文有奇氣。後人稱杜工部作詩無時不憂國憂民，亦莫不本於其所歷之多。何哉。蓋人必籍旅行而後見聞廣博而眞切，所至愈遠，則山川之形勢，地質之宜否，品物之多寡，風俗之得失，政治之良窳，農礦工商之盛衰，與夫民生之疾苦安樂，乃能知之愈遠而愈切，則救國救民之念自有不期而悠然以生，勃然以起，而孰興孰革，亦若燭照而數計，犂然當於治安而無迂闊之病，夫豈徒憑弔古跡，流連風景之足以怡情性，發感慨而已哉。後世學者，足不出戶，徒恃書本以爲學，故於民生國計，冥然無所知見，漠焉若不相關，是以爲學日益，爲用日少，閉門造車，欲其出而合轍，豈不難哉。今五洲交通，潛艇飛機，鳶所飛，魚所躍，無所不至，萬里如咫尺，五洲爲一家。旅行之便利且爲急務，更十百萬倍於前時。吾人求學，豈可尙如株守劍刻，只求之於口耳而已乎。此吾校每屆將畢業同學所以必有旅行之舉也。今先旅行國內，吾知他日旅行世界，亦必以此行爲嚆矢也。吾又有以知我同學此行，於身之所經，目之所見，必將有以審其利害得失，他日視其職之所在，力之所及，必有以興革之也。

THE CHIAO-TUNG UNIVERSITY RESEARCH INSTITUTE

An Address in Commemoration of Its Tenth Anniversary

BY DR. J. USANG LY,

President

In last April when we celebrated the Fortieth Anniversary of this University, I had the honour of presenting a brief report on its conditions; but I did not deal with our Research Institute. Now that we gather here to commemorate its Tenth Anniversary, let us survey how it is related to our University as a component part.

Our University is composed of three separate units located at Shanghai (formerly known as Nanyang College), at Tangshan and Peiping. During the past forty years we have had about two thousand graduates from Shanghai, seven hundred from Tangshan and over a thousand from Peiping. Nearly one hundred of these graduates have been sent abroad for advanced studies on different occasions formerly by the Ministry of Communications and later by the Ministry of Railways, besides more than two hundred who went at different times through official and private support. Our alumni are working in different departments of government and private organizations where they hold technical or executive positions. While our University has contributed an important chapter to the history of cultural as well as educational advancement in China by its scientific training and venerable tradition for solid work and unassuming good character, our alumni have distinguished themselves with unusual achievement, particularly in the railway service where their number is over a thousand. In the early period of our Chinese railway development, both construction and operation were chiefly dependent on foreign engineers and managers, except the construction of the Peiping-Suiyuan Line and of parts of the Canton-Hankow Line which stand out as the accomplishment of the celebrated Jeme Tien-Yao, a Chinese pioneer engineer. Within recent years our railway system has been manned by our own engineers and operating experts and now a few lines still retain certain foreign engineers, traffic managers and accountants only because of loan agreements. In the last few years, the extension of the Lunghai Line, the completion of the Canton-Hankow Line, the construction of the train ferry at Nanking, the building of the Chekiang-Kiangse Line and the erection of the Chien-tang River Bridge, which together with the completion of the Kiangse-Hunan Line will make through railway traffic from Shanghai to Canton possible, all have been done by engineers who are either our graduates or formerly our professors. Our contribution to the national railway development speaks for itself.

As to the scholastic standing and moral tradition of our University, we are all grateful to the untiring effort and exceptional devotion of our ex-President, Tang Wen-chi who, as you know, is a great Chinese scholar as well as a loyal modern educator. Furthermore, that our University has been provided with funds from the Ministry of Communications and then from the Ministry of Railways during a period of great political upheaval while other government educational bodies suffered great financial distress and that these ministries have been pursuing a consistent policy in promoting technical education in order to man the various systems of communication and transport under their control contribute no small part in the laying of our foundation and in the assurance of our progress.

Then in the trend of development of thought along the line of economic construction as Dr. Sun Yat-sen projected, this University Research Institute was born. Now besides serving as a historical outline of the Institute, what I am going to say would indicate our object of, our endeavour in, and responsibility, to research.

Officially this Institute, which was conceived by His Excellency Yeh Kung-cho about sixteen years ago when he was Minister of Communications, has its birthday on the 30th of October in the 15th year of our Republic (1926). The then President Mr. H. H. Ling sponsored its organization. It was then called the Nanyang Industrial Research Institute with four divisions of Physics, Chemistry, Mechanical Engineering, and Material Testing; the latter two divisions were combined into one in the next year when a division on Electrical Engineering was established in addition. Since the Nationalist Government came to rule the country, our University took a new turn in its development. In 1928, its name once abolished was renewed i.e. Chiao-Tung University, and in 1929, the three separate units, Shanghai, Peiping and Tangshan, were amalgamated into one organization under the administration of His Excellency Sun Fo who was then concurrently the Minister of Railways. During his presidency our Research Institute was extended to cover a wider field and its present development is a direct outcome of his reorganization. In order to help solve the all important problem of railway development, he considered that research should be conducted along the line of economics as well as that of engineering and science. Our Research Institute was then reconstituted with these two main divisions each sub-divided into certain departments. Besides, the Tangshan as well as the Peiping units installed their respective branches of research; the former branch was established in February, 1931, and the latter, in September, 1933.

That the promotion of science necessarily depends upon active research and that the advancement of academic standing for any seat of learning would be greatly benefited by research work constitute the *raison d'etre* of our Institute; and in this respect our Institute has much in common with other research organizations attached to different universities. On the other hand, our Research Institute has its special mission which is to help solve the problems of railway development. It only should be so as our University belongs to the Ministry of Railways.

One may well remember what Dr. Sun Yat-sen enunciated about the importance of railways. Our great Leader once said: "Communication is the mother of industrial development and the railway is the mother of the communication system." This ringing sentence should inspire every one of us who is connected with this Research Institute to great scientific endeavour. Verily the railway system is but a means to economic development which is its logical mission. This is in no way deprecating the importance of railway itself considered as a national instrument. Its proper management as well as sound construction is all important to the proper functioning of its aims and objects. At the same time, to find out where the concrete requirements of our economic development lie, i.e., the aims and objects specially stated, is essential to the rational development and utilization of the instrument itself.

It is to be regretted that in our past railway development sufficient attention has not been paid to this latter phase of the instrument. I wish to take this opportunity to lay particular emphasis upon the parallel importance of the end as well as the means in considering our national economic progress and railway development, such being Dr. Sun Fo's purpose of reorganizing this Institute. We want to study the problems of railway construction and management, but we want also to study the function of our railway system. We must first of all ascertain the needs of our national economy in order to find out the different functions for the railway to fulfill.

Such being our object, it goes without saying that our Institute should be strongly staffed and amply provided with funds and time in order to achieve our comprehensive program. Most members of this Institute are concurrently members of our University teaching staff. I have tried to reduce their teaching hours in order to enable them to devote more time to research, but I regret to say that so far we are as yet confronted with a very real difficulty. Since the curricula of the different departments cannot be reduced, the reduction of teaching hours necessarily means further increase of faculty members together with additional budgetory appropriation. As to the budget of the Institute itself, it has been still less satisfactory; from 1926 to 1931 the Institute had no definite budget and since its reorganization its budget only averaged 60,000 dollars per annum.

Being so handicapped—if it can be so-called at all—we have to limp along—and slowly at that. I wish to take this occasion to thank my colleagues for their very best endeavour and their conscientious regard for the economical use of the funds entrusted to their hands.

The studies which have been pursued by our Institute are as follows:

A. Of the Industrial and Engineering Division:

1. Study and Designing of Re-inforced Concrete Sleepers.
2. Comparative Physical Tests for Chinese Cement.
3. Record of Test on the Anti-Seawater Property of Cement and Reinforced Concrete.
4. Tests on Chinese Timber.
5. Tests on the Compressive Stress of Concrete.
6. Comparative Tests on Chinese Sand.
7. Full Analysis and Tests on Shih-Chia-Chuang Coal-Tar Oil.
8. A Laboratory Study of Several Mineral Fillers for Low-Cost Road Construction.
9. A Study of Solid Fuel for Automobile as a Substitute for Gasoline.
10. A Study of Chinese Vegetable Oil for Automobile as a Substitute for Fuel Oil.
11. A Study of the Distance of Transmission by Ultra-Short Wave.
12. An Analysis of High Frequency Electric Wave.
13. Material Test by X-Ray.
14. A Study on the Solution of Ground Water Problems.

15. A Study on the Apparent Mass of a Body Moving in Fluid.
16. A Study on the Conversion of Castor Oil into Drying Oil.
17. Studies on Metallic Soaps.
18. The Compatibility of Driers and Solvents with Chinese Lacquer.
19. A Study of Anti-Corrosive Paints.
20. Weatherometer Testing of Railway Paints.
21. The Optimum Conditions for Roasting Tung Seeds.
22. Oil Soluble Resins from Polyhydric Alcohol and Polybasic Acids.
23. Recovery of Tin from Tin-Can Scraps.
24. A Comparative Study of Varnishes made from Different Drying Oils.
25. A Study of Relations between Permeability and Elasticity Tests of Paint Films and Durability of Paints by Weathering Test.
26. Property Changes of Castor Oil on Blowing with CO_2 at High Temperature and under Pressure.
27. Synthetic Oils from Tung Oil acid.
28. Removal of Vegetable Fats from Stillingia Oil.
29. Effects of Driers on Blown Castor Oil.
30. Comparative Tests on Some Oil Paints, Enamels and Varnishes.
31. Stillingia Oil as Tung Oil Substitute.
32. An Investigation on the Practical Methods of Manufacturing Ultramarine Blue.
33. Preparation of Oil-Soluble Resins.
34. A Study of the Properties of Eleostearic Acid Esters from Polyhydric Alcohols.
35. Studies on Soyabean Casein.
36. Preparation of Low-Viscosity Nitrocellulose.
37. A Study of Chinese Lacquer.
38. Lacquer Solvents from Fusel Oil.

B. Of the Economic Division:

1. A Study of China's Economic Reconstruction.
2. China's New Monetary Policy.

3. A Documentary Study of the Treaty Restrictions Imposed upon the Free Functioning of the Chinese National Economy.
4. A Survey on the Rice Production and Marketing in Central Anhwei with a Supplementary Article on the Position of the Rice Trade of China in the Asiatic Rice Market.
5. Wheat and Flour Industry.
6. A Survey of the Rural Conditions along the Peiping-Hankow Line, being a Structural Study of the Rural Economy.
7. A Study of the Trading and Movements of the Principal Commodities in China, being an Analysis based upon Customs and Railway Statistics.
8. Cotton and Textile Industry.
9. The Production, Transportation, and Consumption of Coal in China.
10. The Supply and Demand for Soya Bean and its Products—Oil and Cake—in China, excluding Manchuria.
11. Proposed Formulae for Calculating the Utilization Efficiencies for Locomotives and for Wagons.
12. A Study of the Chinese Railway Rates and Suggested Policies for Rate-making.
13. A Study of the Marketing System and Organization of Chinese Agricultural Products with a Proposal for Railway to Assume the Responsibility of Fixing the Date of Delivery Concerning their Transport of Agricultural Products.
14. A Study of Capital Formation in China.
15. A Study of the Influence of Silver Price and Foreign Exchange upon the Foreign Trade in China.
16. Railway Statistics, its Analysis and Study.

Studies of the above-mentioned subjects are in various stages of progress, ranging from those already published to topics still under active research. They are all being done by the Institute members in Shanghai. As to work done by the Tangshan and Peiping Branches the following may be mentioned:

C. Of the Tangshan Branch:

1. Transients of Electric Wave Filters with a Terminating Resistance.
2. Measurement of Dielectric Constants and Power Factors of Various Kinds of Dielectrics at a Frequency of 1,000 Cycles per Second.

3. A Study on Grading of Aggregates.
4. Stresses in Hingeless Arches due to Arch Shortening with an Exact Method of Solution Proposed by the Author.

D. *Of the* Peiping Branch:

1. Selected Bibliography on Railway Problems.
2. A Plan for the Development of Industries along the Railway Lines.
3. Chinese Railway Loans, Domestic and Foreign.
4. Cost of Building and of Operation of the Chinese Railways.
5. Railways in Manchuria since September 18, 1931.
6. The Legal Aspect of the Carrier.
7. Problems of Coal Transportation.
8. Chinese Railway Finance.
9. Problems of Development of Highway Traffic in China.

In addition to research our Institute has been carrying on auxiliary works on

1. Material testing in compliance with requests from various government and public institutions and commercial organizations,
2. Compilation of a dictionary on technical terms used by railways, and
3. Compilation and translation of different technical works.

In the last five years we have been entrusted with the following materials for tests:

403 cases on steel
180 ,, ,, bricks
150 ,, ,, reinforced concrete
46 ,, ,, alloy steel and other metals
40 ,, ,, timber
656 ,, ,, electrical machinery and materials, engine testings and tests for paints, varnishes, ores and fuels.

Concerning the compilation of the railway dictionary, I am glad to say that this laborious work has been finished. It is a work ordered by the Ministry of Railways and we have presented our draft to the

Ministry which in turn has sent copies to different railway administrations for criticism. When the unified code of different technical terms is finally adopted, it will fulfill a long felt need in our railway world. Confusions arising out of independent translations, particularly of terms in mechanical engineering and locomotive parts, have been giving great trouble to the railway administration, for instance, in the way of proper classification of stores. The adoption of unified terms is essential for proper administration. We have added some 17,000 terms to the previous draft made by the commission which had charge of this work in the Ministry of Communications prior to its transferring to our Institute from the Ministry of Railways.

As to the work of compilation and translation, two pamphlets have been published, one on "A Proposal to Solve China's Transportation Problem" and another on "The American Method for Handling Less-than-Carload Freight."

Now, a few words on our future endeavour. Naturally we shall keep on with the courses of research as already mapped out. And it is needless to say that how well can we fare in future necessarily depends upon how properly the Institute will be staffed and provided with funds. We shall go on with persistent patience as mountaineers scale the Alps. The industrial division will keep on with its experiments on utilization of native materials and products, with its research on sleepers and paints and, furthermore, with designs and studies of railway construction and equipment. All these have direct practical aspects. Its subdivisions on physics and electrical engineering will go on with the problems some of which are highly theoretical in nature but no less important than those practical ones, although being less direct of application. We must be patient with such kind of research as we should in all scientific efforts dealing with the mysterious unknown. Our economic research staff will go on with a program as already announced in the preface to their first published study. They will study the Chinese national economy as a whole and will approach their subject from three directions: (1) its structure and contents, (2) its institutions and organizations, and (3) its activities and policies. They have adopted a plan of commodity studies which will be used as connecting links to survey our national economy and to analyze its various aspects, to be approached from the three above-mentioned directions. Whenever such linkings are found insufficient for our purpose, special studies will be taken in supplement. In the past we have made one special study each year. As to the commodity studies, valuable contributions to the immediate problems of railway freight traffic are being made. The final goal of the economic division is to work out all the problems concerning railways as a means to national economic development.

In recent years different universities and colleges as well as special institutions have taken up the work of research. This is indeed a very optimistic sign of Chinese progress as it indicates that China is already on the road of cultural synthesis and modernization. It is also gratifying to observe that the public in general are beginning to understand the real significance of research. Our modest institution has the honour to be one of those vanguards. On the other hand, it is rather surprising that General Hammond, an adviser to our National Government on railways in the year of 1935, should have given his very adverse criticism on our Institute,—particularly surprising in view of his very hasty visit to our University without inquiring into our Institute activity. General Hammond may be a practical railway man, but he certainly risked himself in strange waters if he tried to pose as an authority in the scientific world. I mention this in passing only with the purpose of clarifying any possible misunderstanding about our Institute that might have arisen because of his remarks. Certainly to pass any verdict upon a case without examining it is unjust as well as unscientific. On the other hand, let me say that we shall appreciate all constructive criticisms from you ladies and gentlemen who are with us to-day as well as any person who would be kind enough to take an interest in our work. It is only by taking good criticism that improvement can well continue.

Our industrial division has from time to time received contributions from the outside world in the way of equipment for which I wish to take this opportunity to express again our heartfelt gratitude. Our debt is particularly due to the China Foundation for the Promotion of Education and Culture which has endowed us to the extent of 37,500 dollars in 1926 and 90,000 dollars in addition since 1930. The Foundation Board of Trustees has given us academic honour as well as material support—a memorable event in the history of this University.

CHIAO-TUNG UNIVERSITY,

Shanghai, Dec. 21, 1936.

THE ELECTRON: ITS INTELLECTUAL AND SOCIAL SIGNIFICANCE

BY DR. KARL T. COMPTON

President of the Mass. Institute of Technology.

(From "Science" Vol. 85, No. 2193, Page 27-37, Jan. 8, 1937)

Within the past five years, centenaries, bicentenaries and tercentenaries have been much in vogue. Every town or institution or event which has claim to distinction has sought the excuse of the calendar to remind the world of its claims to greatness. Thus we have recently celebrated the centenary of Faraday's discovery of the principles of electromagnetism and the bicentenary of Watt's invention of the steam engine—discoveries which have introduced the eras of electricity and of mechanical power. The city of Chicago has reminded us that the progress of mankind really began with the founding of that community, and has led us to spend millions of dollars to gain the impression that there is really some causal relationship between Chicago and world progress. In my part of the country, the city of Boston and its suburbs staged a succession of tercentenary celebrations, as proud of their past as Chicago is of its present. Greatest of all was last summer's tercentenary celebration of Harvard University, signalizing the firm basis of intellectual freedom and leadership which is the prime requisite for a free people in a democracy.

Encouraged by the success of the Chicago Century of Progress and the Harvard Tercentenary, I venture to feature my address as signalizing an anniversary of the discovery of the electron. To be sure, it is only one generation old, and a generation is a sufficiently vague unit of time for my purposes. Yet, in spite of its youth, it bids fair to rival Chicago in its contributions to economic progress, and Harvard University in its contributions to the understanding of this world in which we live. So I venture to assert that no institutions or community, which has used one of these milestones to take stock of its achievements and plot its future course, has stronger claims to intellectual significance and practical utility than I will to-night claim for the electron.

The history of science abounds with instances when a new concept or discovery has led to tremendous advances into vast new fields of knowledge and art whose very existence had hitherto been unsuspected. The discoveries of Galileo, Faraday and Pasteur are such instances. But, to my notion, no such instance has been so dramatic as the discovery of the electron, the tiniest thing in the universe, which within one generation has transformed a stagnant science of physics, a descriptive science of chemistry and a sterile science of astronomy into dynamically developing sciences fraught with intellectual adventure, interrelating interpretations and practical values.

I take particular pleasure in mentioning these practical values, for even the most unimaginative and shortsighted, hard-headed, "practical" business man is forced to admit the justification for the pure research—of no preconceived practical use whatsoever in the minds of those who led in its prosecution and of all degrees of success and significance—which has been directed at the electron. For out of this research have come the following things which all can understand and appreciate: a growing business in manufacture of electronic devices which now amounts to fifty million dollars a year in America alone; a total business of some hundreds of millions of dollars a year which is made possible by these electronic devices; innumerable aids to health, safety and convenience, and an immense advance in our knowledge of the universe in which we live.

In science, as in human affairs, great events do not occur without a background of development. The electron had an ancestry which can be traced back through the centuries. Its immediate progenitors were the electromagnetic theory of light, spectroscopy and the leakage of electricity through gases. First Cousins were x-rays and radioactivity and quantum theory, for, out of a background of long investigation of bewildering and apparently unrelated phenomena, there burst upon the scientific world the x-ray in 1895, radioactivity in 1896 and the electron in 1897—all while investigators in the older fields of heat radiation and thermodynamics were finding those bothersome inconsistencies in these hitherto respectable subjects which led to that unexpected extension of Newtonian mechanics which we now call quantum mechanics. The concept of the electron, behaving according to the laws of quantum mechanics, is now the basis of most of our interpretation of all that falls under the good old name of natural philosophy.

That only the pioneers of the scientific world were prepared for these discoveries, however, is witnessed by the fact that a standard textbook of chemistry widely used in my student days in 1904 stated that,

"Atoms are the indivisible constituents of molecules," and as late as 1911 a prominent physicist warned his colleagues not to be too hasty in accepting these newfangled ideas.

The existence of electrons had been foreshadowed for a century by the facts of electrolysis which led Davy and Berzelius to conclude that chemical forces were electrical in nature, and Faraday to conclude that electrical charges exist only in multiples of some fundamental unit. For chemical acids and salts, dissolved in water, tend to split up into ions, i.e., atoms or groups of atoms which move in an electric field in such directions as to indicate that they carry either positive or nega-tive electric charges. Furthermore, it is found that the amounts of these ions which carry equal amounts of electricity are exactly propor-tional to the chemical combining weights of the ions. Faraday saw that this fact would be simply explained by assuming that every ion carries a charge proportional to its chemical valency, i.e., the valency times a fundamental unit charge. But Faraday could not, from these facts, deduce the size of this unit of charge; he could only state the ratio of this charge to the mass of the chemical substance with which the charge was associated. Hydrogen, being the lightest of all ions, had of all known substances therefore the largest value of this ratio of charge to mass.

The first real evidence of particles of larger ratio of charge to mass than hydrogen ions came from the field of optics. Ever since Maxwell's equations of electromagnetism had predicted the existence of electromagnetic waves with the velocity of light, and Hertz, seventeen years later, had discovered them experimentally, physicists had felt sure that light must be caused by some sort of oscillations of electricity with-in atoms. But only the vaguest and most unsatisfactory speculations, such as whirling vortices or pulsating spheres of electricity, had been suggested.

In 1896, however, Zeeman tried the experiment of examining the spectrum of a light source placed in a strong magnetic field, and dis-covered that the spectrum lines thus became split into components of slightly differing wavelengths, and that these components of the light showed characteristic types of polarization, depending on the direction in which the light emerged from the magnetic field. Almost at once, in January, 1897, Lorentz showed that this experiment proved that light is caused by the oscillation of electric charges, whose motions are affect-ed by the magnetic field in the manner to explain Zeeman's experi-ments. This much was not unexpected, but what was startling was Lorentz's proof that the Zeeman effect could only have been produced by electrified particles whose ratio of charge to mass is nearly two thousand times larger than that of a hydrogen ion, and whose mass is therefore presumably nearly two thousand times lighter than hydrogen.

Almost at once this conclusion was confirmed in a more dramatic and understandable way by J. J. Thomson, and then youthful director of the Cavendish Laboratory. But let me first pick up this thread of the story a little farther back.

All through the eighteen-eighties and early eighteen-nineties a series of most striking and unexpected discoveries followed from investigations of electric arcs, sparks and especially the glowing discharges of electricity at high voltages through glass tubes containing various gases at pressures far below atmospheric pressure. The striking color effects, mysterious luminous streamers and entirely bizarre behavior of these discharges made them the most popular, yet most elusive subject of laboratory research of those days.

It was these phenomena which led Crookes to postulate the existence of a mysterious "fourth state of matter," different from the solid, liquid or gaseous states. (Of course we now know that Crookes's fourth state is simply the ionized state of matter.)

Once, while attempting to photograph the appearance of a discharge at very low gas pressure, Crookes was bothered by the fact that all the photographic plates in the room with his apparatus became fogged, as if light-struck in spite of their opaque wrapping. He avoided the trouble subsequently, however, by keeping his new supply of plates in another room until, one at a time, they were wanted for use. Thus he solved an experimental difficulty and missed making a great discovery.

At about the same time Roentgen, in Germany, was trying the same experiment, and he too was troubled by the fogging of his photographic plates. But, as the story goes, his laboratory assistant called his attention to the peculiar fact that these fogged plates, when developed, showed the image of a bunch of keys which had accidentally been lying on top of the box of plates while the electric discharge experiments were in operation. Roentgen immediately looked into this and discovered that the fogging was due to penetrating radiations produced in the discharge tube where the cathode rays struck the target or anode. Thus by accident were x-rays discovered, that type of accident not uncommon in science when an observant experimenter is at work.

While on the subject of accidents, I might digress to tell of another accident which did not happen, also in connection with x-rays. For more than fifteen years after their discovery, dispute raged as to whether x-rays were radiations, like light but of very short wave-length, or electrically neutral particles of small mass and high speed. It was evident that they were not electrically charged, since their paths were unaffected by electric fields. The leading advocate of the neutral particle theory was W. H. Bragg. In 1912, at Princeton, O. W. Richardson tried an experiment to see if x-rays could be refracted by a prism. A positive result would support the wave theory of x-rays. People had tried this with x-rays through glass prisms without success, but Richardson had a hunch that an iron prism might be more effective. So he passed x-rays for hours and days through the tapering edge of a Gillette safety razor blade, but without finding any refraction. If he had happened to try the edge of a crystal instead of the edge of the razor blade, he would undoubtedly have discovered the peculiar diffraction of x-rays in passing through crystals, discovered a couple of years later by Laue. Friederich and Knipping and developed by father and son, W. H. and W. L. Bragg, and which proved both the wave nature of x-rays and the atomic lattice structure of crystals. If Roentgen's discovery of x-rays was an accident, then I suppose Richardson's failure to discover diffraction of x-rays was a negative accident. I often wonder how many important negative accidents slip past us week by week.

But to get back on the subject of the electron, it was the cathode rays, which produce the x-rays, which finally turned out to be electrons traveling at high speeds. These cathode rays had been observed to shoot out in straight lines from the surfaces of cathodes in rarefied gases through which electric currents were forced by high voltage. Objects which they struck became luminous with fluorescent light, and objects in their paths cast shadows. But their true nature was disclosed when a magnet was placed near the discharge tube, for then their paths were curved in a direction showing that cathode rays were negatively charged.

By measuring this curvature produced by a magnetic field of known strength, and making a pretty sure assumption that the kinetic energy of these rays was determined by the voltage applied to the tube, J. J. Thomson in 1897 first showed that cathode rays are negatively charged particles with a ratio of charge to mass nearly two thousand times that of hydrogen. He furthermore showed that these particles are of the same type, as regards artio of charge to mass, from whatever gas or cathode material they are produced. He therefore announced these particles, which he called "corpuscles," to be universal constituents of all substances. Thus was the electron discovered.

Quick and fast came experiments of ingenious design to study the electrons more accurately. They were pulled this way and that by electric and magnetic fields. They were caught in miniature metal fly traps, called Faraday cages, to measure their charge and kinetic energy. They were detected in their paths electrically, or by photographic plates or by fluorescence. Continually refined from that day to this, we now know that an electron has a ratio of charge to mass which is about 1,842 times the similar ratio for a hydrogen atomic ion.

But it was very desirable to know separately the charge and the mass of an electron, and not just the ratio between these quantities. So an even more interesting lot of experiments has been carried on to measure the electron's charge. One of the papers on this week's program of the American Physical Society gives the latest results of such measurements. But they were begun back in about 1900 by J. J. Thomson and his colleagues, Townsend, H. A. Wilson and C. T. R. Wilson. I think a brief resume of attempts to measure the electron's charge will throw an interesting sidelight on the versatility of scientific attack on a difficult problem.

The first attempts were by Townsend by measurements on the motion and electrification of fog produced when electrolytic gas was bubbled into a region of air which was slightly supersaturated with vapor, but too many uncertainties were involved to make this work convincing. The first accepted results were by J. J. Thomson, who, after an earlier attempt, employed a technique of producing fog under controlled conditions, developed by his colleague, C. T. R. Wilson, and whose method was refined further by his pupil, H. A. Wilson.

It has long been known that water droplets of fog do not form in air which is somewhat supersaturated with water vapor unless there are nuclei, like specks of dust, on which the moisture can condense. Later Townsend found that fog will also condense on ions, and more readily on negative than on positive ions. C. T. R. Wilson designed an apparatus in which dustfree air could be supersaturated with moisture sufficiently to permit condensation of fog droplets on negative but not on positive ions, which were produced by some convenient ionizing agent. So a fog was formed, in which each droplet of water was condensed on a negative ion. Thomson employed this apparatus in the following manner.

Of course this fog gradually settled downward under the pull of gravity—slowly because the drops were small compared with the viscous resistance of the air through which they fell. It was like the slow settling of dust onto the furniture and floor of a room. But the theory of the rate at which spheres move when a force drives them through a viscous medium was already well known, due to Stokes's law. From this law, measurement of the rate of fall of the fog in centimeters per second as measured by a little telescope focused on the top edge of the fog, combined with knowledge of the force of gravity and the viscosity of air, enabled Thomson to calculate the size of the individual fog droplets. Dividing the total amount of water in the fog by the amount in one drop gave him the total number of fog droplets, and therefore the total number of negative ions. H. A. Wilson added the refinement of superposing an electric field on the gravitational field which pulled the drops through the air.

Then, as the fog settled to the bottom of the apparatus, it deposited its electric charge, which, altogether, was large enough to be measured with an electrometer. So, dividing this total charge by the number of ions composing it gave, as the charge of one ion, $3.4(10)^{-10}$ electrostatic units. This was the first real measurement of the charge of an electron, and was the value quoted in the tables of physical constants when I became a graduate student in 1910.

But about that time Millikan, who has always had a flair for picking strategically important subjects to which to devote his investigative talents, undertook with his students a revaluation of the electronic charge. Sources of error in the fog method were well recognized: fog droplets were not all the same size, though measurements could only be made on those smallest ones which fell most slowly; also droplets did not remain of constant size, smaller ones tending to evaporate and larger ones to grow; also there were unavoidable convection currents in the air which modified the rate of fall of the fog; and some droplets might contain more than one ion.

Millikan cleverly avoided or minimized these difficulties by using only a single droplet of some relatively non-volatile liquid like oil or mercury. By ionizing the surrounding air in an electric field he could put various electric charges on the drop. Illuminating it by a powerful light and viewing it like a star through a measuring telescope, he could measure its rate of fall under gravity and its rate of rise when pulled upward against gravity by an electric field, and keep repeating these observations for hours. These measurements were so precise that, to keep pace with them, he had to measure the viscosity of air with hitherto unequalled accuracy. When all this was done he had proved conclusively that all electric charges are integral multiples of a fundamental unit charge, the electron, whose value he set as $4.774(10)^{-10}$ electrostatic units, about 40 per cent. larger than the earlier estimates and believed by Millikan to be correct within one part in a thousand.

Within the past half dozen years, however, doubt has been thrown on the estimated accuracy of this value from quite a different direction, in work with x-rays. Originally x-ray diffraction experiments in crystals proved the geometric arrangement of atoms in the crystals, but did not establish the scale of distances between atoms or the x-ray wave-length. These distances, once the arrangement of atoms was known, were calculated from absolute values of the weights of the atoms, which in turn were derived from electro-chemical equivalents and the value of the electronic charge. Thus x-ray wave-lengths, masses of atoms and distances between atoms in crystals all had values dependent on knowledge of the charge of the electron.

Recently, however, A. H. Compton, Beardon and others have succeeded in making measurements of x-ray wave-lengths by diffracting x-rays from a grating ruled with 15,000 to 30,000 parallel fine lines to the inch, and operating near the angle of grazing incidence. These measurements involve only knowledge of the number of lines per inch on the grating, and the angles of incidence and diffraction of the x-rays —both depending only on measurements of length and capable of high precision. X-ray wave-lengths thus measured were a little different from the earlier accepted values, and this cast doubt on the accuracy of the electron charge value which had been used in the earlier x-ray estimates. The difference was not large, only one part in two hundred, but it meant either that experiments had not been as accurate as believed or that there was some unrecognized complicating factor.

So Millikan's work has been repeated in various laboratories with refinements, such as the use of a remarkably non-volatile oil for the drop. But the chief error was found to lie in the measurements of the viscosity of air. During the past year Kelletrop, of Uppsala, has thus published a revised "oil-drop" determination of electronic charge as $4.800(10)^{-10}$ e.s.u., which is in excellent agreement with the "x-ray" determinations. This morning Beardon has presented his own confirmation of this agreements. This morning Beardon has presented his own confirmation of this agreement before the American Physical Society.

It is an interesting coincidence that this best value of the electron's charge is exactly the same as the figure given by Rutherford thirty years ago, though then determined with so much less precision that not much confidence was placed in it, except as to order of magnitude. It was then known that the alpha rays from radium are helium atoms which have lost two electrons and are therefore doubly positively charged. Rutherford caught a lot of these alpha rays in a metal trap, measuring their aggregate electric charge with an electroscope, and counting them by the scintillations which they produced on striking a flourescent screen or otherwise. Dividing the total charge by the number gave him double the electronic charge, which he thus calculated to be $4.8(10)^{-10}$ e.s.u.

Already knowing the ratio of charge to mass with high precision, this value of the charge enables us to fix the electron's mass as $9.051(10)^{-28}$ grams.

But when speak of an electron's mass, we enter a whole new field of ideas. Some years before the discovery of electrons, J. J. Thomson had pointed out that an electrified particle will possess inertia, i.e., mass., simply in virtue of its charge alone, irrespective of whether or not it has any mass of the gravitational type which we have been accustomed to think of. This "electromagnetic" mass comes about from the fact that any mechanical energy which is expended in accelerating an electric charge is transformed into the energy of the magnetic field which surrounds the electrified particle in virtue of its motion. In fact, the kinetic energy of a moving electric charge is found to be simply the energy of its magnetic field and depends only on the square of the velocity of the charge, the amount of charge and the geometrical shape of the charge.

Making the simplest possible assumptions about the shape of an electron, such as a solid sphere or a hollow spherical shell of electricity, and assuming all its mass to be of electromagnetic origin, the diameter of an electron was calculated to be of the order of $(10)^{-13}$ cm. It must be emphasized, however, that this estimate of size is not like the charge and mass, a definite measurement, but is simply an estimate based on assumptions at least one of which is quite uncertain. For while we have both logic and experiment to back up the assumption that all the electron's mass is of this electromagnetic origin, we must confess to utter ignorance regarding the electron's shape. Indeed, some facts suggest that it may have different sizes and shapes in different environments, as in the free state or in an orbit of an atom or in the nucleus of an atom. So our estimate of $(10)^{-13}$ cm. for the size of an electron is, at best, very crude.

The idea of electromagnetic mass was strongly supported by the fact that measurements of the mass of very fast moving electrons, through measurements of the ratio of charge to mass of beta rays from radium or cathode rays in high voltage discharge tubes, showed that their mass is not really a constant thing but increases with the speed of the electron. The value of electron mass given above applies, strictly speaking, only to an electron at rest. Practically, however, it is accurate enough for practical purposes for electron speeds below about one tenth the speed of light. At this speed the electron's mass is about half of one per cent. larger than if it were at rest. At still higher speeds, the mass increases more and more rapidly, approaching infinite mass as the speed of light is approached.

These facts, experimentally determined, were shown by Abraham to be of the type expected if the entire mass of an electron is of electromagnetic origin, due entirely to its electric charge. It was this argument, which has since received confirmation from other directions, which was the basis of the theory that all mass, i.e., all matter, is electrical. However, the simple electromagnetic concepts were not quite adequate to give an accurate quantitative interpretation of these experiments, and it required the additional introduction by Lorentz of the concepts of the special theory of relativity to bring about complete interpretation of the experiments.

Just two things more do we know accurately about the properties of electrons, in addition to their charge and mass. We know that they are also tiny magnets of strength equal to the basic unit of magnetic moment generally called the Bohr magnetron. Once the electron had been discovered, it became natural to seek in it also the explanation of magnetic phenomena, since it was only necessary to assume that the electricity of an electron is whirling about an axis and the electron becomes endowed with the properties of a tiny magnet. Parsons, Webster and others examined the possibilities inherent in various assumed configurations, with interesting results. But it was only with the introduction of the quantum theory for the interpretation of atomic structure and spectra that the magnetic character of the electron has, within the last dozen years, been put on a well-established basis.

The other thing we know is perhaps the most unexpected of all the electron's properties—it behaves like a wave when it collides with other objects. Davisson and Germar discovered this in the Bell Laboratories, while examining the way in which a beam of electrons, incident on a solid surface, was scattered or reflected by it. They found, if the surface were crystalline, that the electrons were scattered just like diffracted x-rays, but that, unlike x-rays, the wave-length of an electron is not fixed but varies inversely as its speed. J. J. Thomson's son, G. P. Thomson, has made very illuminating studies of this phenomenon, which is the inverse of the Compton effect and which together have given physicists two mottoes: "Particles behave like waves and waves behave like particles" and "Here's to the electron: long may she wave." One of the triumphs of the new wave-mechanics (a brand of quantum mechanics) is that it offers a medium of explanation of these strange phenomena. But my subject of the electron is too long to let me attempt a digression on wave mechanics.

With this sketch of the electron itself before us, let us turn to some of the more important directions in which the electron has given us an interpretation of the physical universe generally. Immediately were explained the phenomena of electrolysis and of ionization generally, for ions were simply atoms or groups of atoms which had gained or lost one or more electrons. Primary chemical forces were explained as the electrostatic attraction between atomic groups which, respectively, contained an excess or a deficiency of electrons. (The more refined interpretation of chemical forces within the past half dozen years by Pauling and Slater, has been based upon the quantum theory of atomic structure).

The three types of rays from radioactive substances were interpreted: alpha rays as helium atoms which had lost two electrons; beta rays as electrons, and gamma rays as x-ray-like radiations. In fact Becquerel showed the magnetic deflection of beta rays in the same year, 1897, that Thomson showed the magnetic deflection of cathode rays and interpreted them as electrons.

For many years two unexplained phenomena had been studied in metals. When highly heated or when illuminated by ultra-violet light, metals had been shown to emit negative electricity. It was the work of but a year, after the discovery of the electron, for J. J. Thomson and his pupils to show that both these phenomena consist in the emission of electrons. But by what mechanisms are they thus emitted? That was a question whose study has led to most important theoretical and practical consequences.

Richardson, first as a pupil of Thomson and then as a professor at Princeton in the early nineteen hundreds, developed the theory of thermonic emission of electrons, according to which the electrons are evaporated from the surface of a metal at high temperatures by a process very analogous to evaporation of molecules. The electrons are assumed to have the same distribution of kinetic energies that molecules possess at the same temperature in accordance with the principles of kinetic theory. They escape from the surface if they reach it with enough energy to take them away in spite of the attraction tending to pull the electron back into the metal. This attraction is expressed in terms of the now famous "work-function," a sort of latent heat of evaporation of electrons, which is the work that must be done to get an electron clear of the surface. With these simple assumptions, an equation was derived for the rate of emission of electricity as a function of temperature which has stood the test of perhaps as wide a range of experimentation as any other equation of physics, a range of values of more than a million-million fold in current without any detectable departure from the theory, if this is properly applied.

Richardson's measurements of the "work-functions" of various metals showed that these values run closely parallel with one of the longest known but least understood properties of metals—their contact potential properties. By contact difference of potential is meant the voltage difference between the surfaces of two metals when they are placed in contact. Richardson found that the difference between the "work-functions" of two metals was, within the limits of accuracy of the data, the same as their contact difference of potential. He therefore proposed the theory that the contact potential property of a metal is determined simply by the work necessary to remove an electron from its surface.

As a beginning graduate student under Richardson in 1910 I was given the job of undertaking a test of this theory through experiments on the other electron-emitting phenomenon, the photoelectric effect. Einstein a few years before had proposed his famous photoelectric equation, which was a contribution to physical theory certainly comparable in importance and thus far more useful in its application than his more impressive and wider publicized general theory of relativity. According to it an electron in a metal may receive from the incident light an amount of energy proportional to the frequency of the light—to be exact, an energy equal to Planck's constant h times the frequency v. If it escapes from the metal it must do an amount of work w to get away, so that its kinetic energy after escape from the metal would be the difference $hv-w$. Obviously, by measuring these kinetic energies of electrons liberated from various metals by light of various frequencies, it should be possible to find out if the "work-functions" w of different metals are indeed related to their contact differences of potential in the manner predicted by Richardson's theory.

In two papers, by me in 1911 and joint with Richardson in 1912, it was concluded first that the contact differences of potential are related to the "work-functions" as Richardson had predicted, and second that Einstein's photoelectric equation, rather than a rival theory then under discussion, properly described the facts. Practically simultaneously with this second paper, there appeared the report of a similar verification of Einstein's equation by A. L. Hughes, then in England, though lacking the quantitative connection with contact differences of potential.

This early work was not very accurate, partly because of lack of good vacuum technique for maintaining untarnished surfaces in a vacuum, partly through lack of constant sources of ultra-violet light and partly because the ultra-violet spectrographs used to isolate the various wave-lengths of light gave a certain spectral impurity of scattered light of other wave-lengths. These sources of error were recognized but not over-come when Millikan, in 1916, made a striking advance by using doubly purified light or otherwise correcting for the effects of impurity, and secured a verification of Einstein's equation which was far more accurate than the earlier work as regards the value of Planck's constant *h*. In fact, Millikan's work remains to this day as one of the best determinations of this important constant. In regard to the "work-function," however, this work of Millikan's was not so successful, for, after having apparently discovered facts at variance with Richardson's interpretation of the equation and its relation to contact potentials, these differences were ultimately found to reside in faults of experimental procedure or interpretation, so that Richardson's interpretation of Einstein's equation still holds.

In both thermionic and photoelectric effects, theoretical refinements have been introduced by the recent quantum mechanics and great advances made in experimental technique. However, it is fair to say that their interpretations on the electron theory have been among the major achievements of this theory.

While we are on the subject of electricity in metals, what constitutes the phenomenon of easy flow of electricity that is the distinguished feature of metals? J. J. Thomson at once suggested that this must be due to the existence in metals of electrons free from their parent atoms, moving freely, except for collisions, whenever an electric field was applied in the metal. The theory thus worked out was attractive, but it encountered inconsistencies. There was not even any real evidence that electricity in metals was conducted by electrons.

Then along came Tolman with one of his brilliant ideas, skilfully followed by experiment. It had earlier been suggested that, whatever are the carriers of electric current in metals, it should be possible to centrifuge them toward the periphery of a disk if this were rotated very rapidly about its axis. To be more specific, if electrons are free to move in metals and if a wire connects the center and the periphery of the rotating disk through lightly pressing brush contacts, electrons should be thrown out of the disk at its periphery and pass back into the center of the disk through the wire. It would be rather analogous to a current of water driven by a centrifugal pump through a pipe circuit. But all attempts to detect such currents proved futile, because the currents produced by the friction of the contact against the periphery were far larger than the currents to be expected from the centrifuging of electrons.

But Tolman devised two methods of giving powerful accelerations to metal conductors in such manner that he was able to measure the feeble electric currents that were produced as the carriers of electricity in the metal were shaken back and forth, and his calculations showed that these currents were indeed of the size to be expected if the current is carried by electrons. This is our direct evidence that electrons carry the electric current in metals. The mechanism by which they do this is now beginning to be disclosed by Slater, on the basis of an application of quantum mechanics and spectroscopic ideas to metals, and again is an example of the refining power of the quantum theory to succeed where older classical theory was gropingly suggestive, but inadequate.

And now that I come to the most basic of all the phenomena which the electron has been called upon to interpret, I almost lose courage, for the subject is too vast and complex for anything but encyclopedic treatment. I refer to the structure of atoms. Previous to the discovery of the electron, literally nothing was known of the internal structure or composition of atoms. With this discovery, however, it immediately became evident that all atoms contain electrons and an equivalent amount of positive electricity in some form. It was again J. J. Thomson's genius which began to investigation of the inner atom. This was only about twenty-five years ago.

Thomson reasoned that if x-rays were made to fall on any substance the electrons in the atoms of the substance would be forced to vibrate back and forth by the powerful alternating electric forces in the x-ray waves. But, in thus vibrating back and forth, these electrons would reradiate secondary x-rays in all directions. He calculated just what fraction of the original x-ray energy ought to be thus reradiated by each electron and then set his pupils to measure just what this fraction was in specific cases. From the experimental results he was thus able to calculate the number of electrons which performed the reradiation in each case. These results indicated that the number of such acting electrons in each atom was about half the value of the chemical atomic weight of the atom. Thus first were counted the electrons in an atom.

Rutherford and his pupils, aided by the mathematical analysis of Darwin, tackled the problem from a different point of view. They studied the distribution of deflection of alpha particles, shot out of radioactive materials, as these alpha particles traversed thin sheets of solid materials. They found that this distribution was quantitatively what would be expected if the deflections were produced by ordinary electrostatic forces, varying inversely as the square of the distance, between the alpha particle and a very small object containing most of the mass in each atom. They were thus able to show that this small object was not more than one ten-thousandth of the diameter of the atom, that it contained substantially all the mass of the atom and that it carried a positive electric charge equal, in electronic units, to about half the chemical atomic weight of the atom.

Thus arose the concept that the atom is composed of a positive nucleus of small dimensions, surrounded by electrons to the number of about half the atomic weight.

This had scarcely become established when it was brilliantly refined and extended by Moseley, just before he went to his untimely death in the war in 1914. Moseley had made a most ingenious study of the spectra of x-rays of a large number of the chemical elements, using a modification of the x-ray spectroscopy technique developed by the Braggs. He found that the square roots of the frequencies of the characteristic x-ray lines were numerically very simply related to the number which gave the place of the element in the periodic table of the elements, so useful to chemists but so far entirely without explanation. Thus this number acquired a definite physical significance and is now well known as the "atomic number."

For all the elements heavier than hydrogen, this atomic number is about half the atomic weight and, to make a long story short, this atomic number turns out to be exactly the number of electronic units of charge on an atomic nucleus, or the number of electrons in the atom outside the nucleus. At the same time, Moseley's work proved to be one of the greatest advances ever made in the basic interpretative side of chemistry.

Now that the number of electrons in each atom was known, the next step was to wonder about how they were arranged, what held them in place and what they were doing in their spare time. Suggestions were not slow in coming. In fact, even before Moseley's work, two rival theories had appeared, one devised by chemist Lewis and extended by Langmuir to explain the directional symmetries of atoms as indicated by their molecular combining forms, and the other devised by physicist Bohr to account for spectra. Gradually the Bohr theory has been developed to include the symmetries of the Lewis-Langmuir theory, so that both may be said to be merged, with many major additions too numerous to mention.

It was Bohr's bold genius to cast off some of the fetters of classical mechanics, which had been pretty well proved inadequate to meet the situation, and to devise a new mechanics frankly to meet the simplest known facts of atomic structure and spectroscopy—the hydrogen atom and the atomic hydrogen spectrum. In doing so, he at one stroke brought into the same picture the quantum theory of radiation, the electronic structure of the atom and the facts of spectroscopy. He had his electron moving in a circular orbit around the nucleus under the regular laws of electrostatic attraction and centrifugal force. But he stipulated that only such orbits were possible in which the angular momentum of the electron was an integral multiple of Planck's constant h divided by 2π. And he stipulated that the electrons should not radiate energy while revolving in their orbits, but only when they jumped from one orbit to another. In this case the frequency of light radiated was equal to the change of energy of the electron between the two orbits, divided by Planck's constant h. With these assumptions, the spectra of hydrogen and of ionized helium were quantitatively explained in their main features, but not in their finer details.

Then came the war, and we heard little of atomic structure in this country. But in Germany, Sommerfeld was extending Bohr's ideas in most interesting ways. He showed that, by considering elliptic as well as circular orbits and taking account of the variation of the electron's mass with speed, the fine details as well as the main features in the spectra of hydrogen and ionized helium were accurately explained. He also showed how the theory could be extended to deal with atoms where there were many electrons moving in orbits. He showed that these additional concepts were in the right direction to explain the more complicated spectra both in the visible and in the x-ray regions.

When this new work first was known in America, it started the most feverish and earnest scientific activity that the country has ever known and which is still in progress with undiminished zeal and with increasing productive effectiveness.

I well remember when the first copy of Sommerfeld's "Atombau und Spektrallinien" came to America in the possession of our friend, P. W. Bridgman. Until later copies arrived he knew no peace and enjoyed no privacy, for he was besieged by friends wanting to read the book, which he would not allow to go out of his possession. I recall too the sudden popularity of the only two or three men in this country who knew what a spectral series was. Heretofore practically our only interest in spectra had been in the culinary variety of spectroscopy used by chemists in identifying chemical elements. No interpretive quality to speak of had hitherto been attached to the peculiar numerical regularities which had been discovered in the vibration frequencies of groups of spectrum lines.

I recall, too, the dismay with which we found only a handful of mathematical physicists versed in the analytical dynamics underlying the new atomic structure theories. In the summer of 1921, having been taught by one of these few mathematical physicists, I went to the University of Michigan to lecture on Sommerfeld's theory, and found there also F. A. Saunders, invited to impart his knowledge of spectrum series. In the winter of 1926, Born and Jordan having just announced a new development in quantum mechanics, I found over twenty Americans in Gottingen at this fount of quantum wisdom. A year later they were at Zurich, with Schroedinger. A couple of years later Heisenberg at Leipzig and then Dirac at Cambridge held the Elijah mantle of quantum theory. In our own country contributions are coming rapidly, in the fields of application to chemical interpretations, metals and other complex situations.

From all this has come the situation which permitted Dirac, a few years ago, to write: "The underlying physical laws necessary for the mathematical theory of a large part of physics and the whole of chemistry are thus completely known, and the difficulty is only that the exact application of these laws leads to equations much too complicated to be soluble." But if any ambitious young scientist be discouraged lest there be little left to do, let him consider the unexplored atomic nucleus or the fact that every attempt to apply these laws, which look so satisfactory to us now, discloses new realms of knowledge still unexplored.

Time forbids mention of the most interesting work which was done to check and extend the theories of atomic structure, through direct measurement of the energy states of atoms and molecules by carefully controlled bombardment of these molecules by electrons. Begun by Frank and Hertz in Germany, much of this work was done in America by Foote and Mohler at the Bureau of Standards, by my students at Princeton and by Tate's group at Minnesota, all since 1920. In fact, both the addresses in Section B to-morrow morning are on this subject, retiring vice-president Tate discussing, "Electron Impacts in Gases" and President Richtmyer, of the Physical Society, speaking on "Multiple Ionization of Atoms."

Before leaving the interpretive triumphs of the electron, however, I can not refrain from jumping from the atom to the universe, to the interpretation of conditions on the stars. Spectra of stars had long been known, and these were interpreted as indicating that some stars consist principally of hydrogen, others of helium and others of many chemical elements like our sun. But in 1922 a young Indian physicist, Megh Nad Saha, first applied atomic structure theory and knowledge of ionizing potentials to the sun and stars. He considered ionization in the hot vapors of the stars to be like a chemical dissociation produced by heat, in which the products of dissociation are electrons and the positive ionic residues of the atoms, and in which the heats of dissociation are given by the ionizing potentials of the atoms. In this way was developed a rational quantitative interpretation of stellar spectra which has thrown enormous light on the problem of conditions of temperature, pressure and condition of the chemical elements in stars. Russell in America and Milne in England have ably applied and extended this theory.

And now, finally, I come to the last phase of my subject, the social significance of the electron. By this I mean, of course, its useful applications. The first of these was Edison's invention of a thermionic rectifier, based on his discovery that negative electricity would flow across a vacuum from a hot filament to an adjacent electrode, but would not flow in the opposite direction. This was some years before the electron was discovered as the responsible agent in this phenomenon. But within a few years after the discovery of the electron, Fleming had shown that this same device will operate to rectify radio wave impulses, and thus permit their detection with a sensitive direct current instrument. From this was patented the Fleming valve.

Once the basic character of thermionic emission was understood, and spurred on by the opportunities opening up in the radio field, new inventions, improvements and applications of thermionic devices came rapidly. Of major importance was the three-electrode tube amplifier of De Forest. Industrial research laboratories in the communications and electric manufacturing business took the lead in developing techniques and in penetrating scientific exploration. Noteworthy were the vacuum techniques and the monomolecular layers of activating materials developed by Langmuir and the high-vacuum thermionic x-ray tube of Coolidge. In the Bell Laboratories, oxide-coated filament tubes of good performance were developed and applied particularly to use in long-distance telephony. Let me give just two illustrations of the marvelous powers of some of these instruments.

It has been calculated that the energy of a trans-atlantic radio signal caught by the receiving station in Newfoundland comes in at about the rate required to lift a fly seven inches in a year!

What is the largest number that has any physical significance? This is impossible to answer, being largely a matter of definition. But one common answer to this is $(10)^{110}$, or one followed by 110 ciphers. This is about the number of electrons (the smallest things known) which would be required to fill up the universe to the greatest distances discovered by astronomy, if the electrons could be imagined to be closely packed side by side to fill up this whole space. Yet this number, large as it is, is very small indeed compared with the aggregate factor by which the energy of a voice striking a telephone transmitter in San Francisco is amplified by electronic tubes in the process of a long distance telephone conversation to London. This amplification factor is about $(10)^{256}$, or unity followed by 256 ciphers. If the universe were multiplied in size by the number of times it is larger than an electron, it could still not hold as many electrons as the number of this telephone amplification factor!

Then, mostly within ten years or so, has come an active introduction of thermionic devices which are not highly evacuated, but operate with supplementary action of intense ionization of the gas in the tube. First of these were the low voltage arc rectifiers, like the Tungar. Most interesting and versatile are the thyratrons, which permit easy control of powerful currents and machinery, and which give a new means of converting alternating into direct current, or vice versa. In this group also are some of the new types of lamps, of high efficiency or special color.

Not so striking, but equally interesting have been the useful applications of the photoelectric effect. First was the use of sensitive photoelectric cells to replace the eye or photographic plate in astronomical telescopes. Then came sunshine meters, devices to open doors or count people or sort merchandise automatically or to register the speed and license number of the unwary autoist. Most important thus far are the current-producing mechanism in the sound-movie apparatus and in television equipment.

While, commercially, radio, sound movies and long-distance telephony are at present of greatest importance, of no less importance, especially to us as scientists, are the marvelous tools which have been put into our hands for further research in practically every field of science, from physics and chemistry to psychology and criminology.

So we see how, within one generation, the electron has been discovered and examined, with its aid our intellectual outlook upon the universe has expanded in content and simplified in basic concept, and in its use mankind has the most versatile tool ever put to use. The end of the story is far from told. Every fact or relationship of the electron appears fuzzy with uncertainties when closely examined, for it can truly be said that every discovery discloses a dozen new problems. The field of practical and commercial uses of electronic devices is certainly still largely in its early stages of exploration.

This story illustrates in vivid manner a number of characteristics of scientific work, some of which I shall simply enumerate: (1) progress comes by spurts of advance as some big new idea opens up new territory, alternating with periods of consolidation; (2) progress comes not by revolution or discarding of past knowledge and experience, but is built upon past experience and is its natural extension once the vision from new vantage points is secured; (3) there is nothing so practical in its values as accurate knowledge, and the pursuit of such knowledge has been most successful when not fettered with the initial demand that it be directed toward practical ends.

I would not give you the impression that it is only the electron which has given new life to modern physical science. A story of similar interest could be built around the new concepts of radiation and atomic energy as expressed in the quantum theory, or about the electron's big brother, the proton, or his rather nondescript cousin, the neutron. In the atomic nucleus is a field of further exploration of enormous promise, now only beginning to be opened up by use of radioactive materials, cyclatrons and high-voltage generators.

Although these things have happened very recently, no one has better described the process and intellectual value of this type of scientific research than did Aristotle in the quotation which is inscribed in Greek on the facade of the National Academy of Sciences Building in Washington: "The search for truth is in one way hard and in another easy, for it is evident that no one can master it fully nor miss it wholly. But each adds a little to our knowledge of Nature, and from all the facts assembled there arises a certain grandeur."

寒假參觀無錫各大工廠報告

張汴增

無錫一邑，北臨長江，南面太湖，地勢低窪，土地肥沃，米麥桑蠶產額極富。南北有運河環繞，東西有鐵路橫貫，年來汽車公路發達，無錫更爲交通中心，有錫澄，錫宜，錫溧，錫滬各綫以達江陰，宜興，溧陽，上海各地。交通既如此便利，自足以促進工商業之發達，加以原料供應源源不絕，以及工資之低廉，迄今工廠凡三四百家，工人達十萬左右，工業之盛可見一般。今值寒假返里之暇，爰有赴各廠參觀之意，特承胡院長及李鑒雲蔡有常諸先生備函介紹，並蒙各廠派人殷勤指導，實深感戴。計先後歷經參觀大小各廠二十餘家，茲將參觀經過所得筆之於後。匆匆寫就，誤漏之處自多，尚希明者從而正之則幸甚矣。

張汴增謹識民國廿六年一月廿八日

（甲）繅絲廠

無錫農田得太湖灌溉之利，土地肥沃，氣候溫和，堪爲產繭區，農家婦女莫不以植桑養蠶爲業，至清光緒二十七年邑人周舜卿始創裕昌絲廠於周新鎮，歐戰以還，各國絲料缺乏，遂皆仰給於我國，是時無錫絲廠四五十家莫不獲厚利，堪稱絲廠全盛時代。自是而後日絲逐漸改進，卒至超越吾國而霸佔全球市場。加以洋行轉銷又倍加剝削，以致華絲銷路日益慘淡，邇來除數廠改組，成立中國興業製絲股份公司下轄永泰，華新，民豐，錦記，永盛，隆昌，振藝，鼎昌，泰孚，振元，永昌，永裕，森明，振裕十四廠外，其他如乾甡，瑞昌各廠亦均能照常開車。絲廠情況亦可稍轉機，絲廠位置遍佈城外各地，

尤以南門一帶爲多,計先後經參觀者有瑞昌,永泰,華新三家,茲分述如下:

(一) 瑞昌絲廠

瑞昌絲廠位於周山浜廣勤第三支路,計有二廠,以銷路關係,現僅有一廠開車,該廠成立於民國十七年,經理係鄭海泉先生,資本五萬元,廠內職員十餘人,工友六百餘名,全廠絲車三百四十八部(大部爲意大利式,餘爲日本式及其他)。搖絲車(或複搖車)四列約百餘部,煮繭機二,繅絲機械除一部份係購自國外,餘均係上海寰球鐵工廠出品或仿製,該廠日出斑馬牌之生絲四五担,由上海洋行轉銷意大利及其他各國。

繅絲程序並不繁難,雖用機械,大部仍不離人工。乾繭購入先經檢查去其塵屑及劣品,再經剝衣工作去其亂絲。次輸至煮繭機用水汀煮沸,去其膠質而便抽絲,繭經煮沸後卽送至絲車抽絲,所抽之絲再送至搖絲機上複搖一次,斷續之絲卽成整條。繅絲手續遂畢。卽送打包房裝包,每三十條成一包,每二十八包爲一担,經裝札之後由洋行收買,運銷國外。

該廠絲車全部均由一十六匹馬力蒸汽機拖動,搖絲間有二匹馬力馬達一座拖動全部搖絲車,廠中設金工場一所,以修繕及整理機件。

(二) 永泰一廠

永泰絲廠亦分兩廠,一廠係於民國十五年由上海遷此,廠址在知足橋,二廠創於前清宣統元年,廠址位於西倉浜,一二兩廠均由薛潤培先生經理。資本共十餘萬元,絲車共計九百零二部。

永泰一廠有上海寰球鐵工廠出品煮繭機一具,水篋絲車四百九十二部,搖絲車五百七十二部。日出生絲五担,商標係金鹿及月兎二種。

該廠有鍋爐一具,二十四馬力蒸汽引擎一具,以拖動全部絲車。至於搖絲車動力則仰給於七匹馬力之馬達一座。

(三) 華新製絲養成所

華新製絲養成所成立於民國十八年,資本三十餘萬元。該所並非學校性質,實際乃一新式之繅絲廠,以該所創辦時,錫邑工潮正熾,爲避人耳目計,特名爲華新製絲養成所。

該所設備機件均極新穎,有日本御法川式絲車六百三十二部。該式絲車與舊式者多所不同,茲列表以明其分別之大概:——

	御法川式絲車	老式絲車
每分鐘迴轉速率(r.p.m)	30—50	數倍之
每工人管絲根數	20	5或6
工人工作時之姿勢	立	坐

其他改進之點尚多,如絲車之繞絲盤係用鋁製以代木製。該式絲車雖迴轉甚慢,然每工人管絲達二十根之多,以是產量並不減於舊式者。

該所日出生絲十担,絲均上乘,每担值價自八百元至九百元不等。該所於美國紐約自設辦事處,生絲經包裝之後逕運美行銷,不由洋行轉售,以免剝削而增成本,此亦華絲自謀振興之一道也。

全所動力由戚墅堰電廠供給,繅絲間有五匹馬力之馬達一座,轉動絲車六百三十二部。搖絲間亦有五匹馬力之馬達一座轉動搖絲車三百三十七部。煮繭機之水汀及絲車間之熱水均由一鍋爐供給。

該所對工人管理亦與其他各絲廠不同。採宿舍制,全廠工人千餘名均宿所內。工人分日夜班。每人每日工作十小時,每工作二小時休息十五分鐘。工人工資以其每日工作情況及出品優劣而定,所內並設醫院,課堂,合作社,膳堂。工人生活亦頗優適。

(乙) 紡紗,織布,漂染廠

大江下流一帶植棉盛,甚無錫既爲工業區域,紡織工業早已萌芽。最早有業勤紡紗廠成立於前清光緒二十年後,相繼成立者有廣勤,申新(三),豫康,慶豐(一,二)各廠。業勤,豫康二廠僅營紡紗。廣勤,申新,慶豐各廠除紡紗外兼營織布。染織廠有大小十餘家,最早成立於清宣統年間,營織而不染者有賡裕等家,兼營染織者有麗新等家,先後歷經參觀之紡織廠有豫康紡紗廠,慶豐紡紗新舊兩廠,申新第三紡織廠,賡裕織布廠,麗新紡織漂廠等五家,玆分述如下:——

(一) 豫康紡紗廠

豫康紡紗廠位於周山浜廣勤路梨花莊。該廠成立於民國十年十一月經理楊冠常先生。資本一百十五萬元,廠中職員五十餘人,工友一千餘名。該所用原料大部取自南通一帶。亦有來自河南安徽者。出品有正牌(月娥牌)及副牌(九龍牌)二種,每年出紗七千件。十分之六銷於上海十分之三銷於本邑十分之一銷行其他各埠。年來日趨進化,大部機械均購自英國或由上海大陸鐵工廠仿造,對工人管理亦能仿諸英日各國,是以出品日漸精良,而工人人數反可較前減少,成本因之減輕。

全廠工作分爲清花,粗紗,細紗,搖紗,打包各部。清花間担任整理去雜工作蓋購來之花常夾有棉子樹梗,落葉及其他雜質。清花工作全仗機器。工作之迅速妥善勝於人力,經數番清花工作,終則軋成棉花卷,再送至鋼絲車上拉成棉條,該廠設鋼絲車十二部。工作趨於機械化,所需司車工人甚少,而工作效率甚高,如此製就之棉條再輸至粗紗部,粗紗部計有頭道粗紗機十部,二道粗紗機十二部三道粗紗機二十四部,棉條每入一機則由六條拚爲一條,最後所得之粗紗則爲最初之棉條二百十六根所成,所成粗紗較原來棉條質純且軟,條紋亦長,是以所經步驟愈多則所得紗質愈佳,粗紗製成之後再入細紗機,該廠共有細紗機五十一部,錠一萬九千七百六十個,細紗紡成之後卽送至搖紗部,該廠所備搖紗機亦手搖式者以便於整理,控掣故也,搖成之紗經打包後卽可出廠行銷於市矣。

該廠原動乃仰給於蒸汽，鍋爐間有鍋爐一座。引擎間有英式蒸汽機一座，馬力五百匹，值價十六七萬元，全廠動力由皮帶及繩傳動，該廠設修械所一，專任檢查及修械工作，紡紗機每星期必須檢查清潔一次，蓋紡紗機械多係高速度者稍有垢膩即易損拆故也。

（二）慶豐紡織廠

慶豐紡織廠包括新舊二廠，皆位於周山浜，老廠，創於民國四年，新廠則於民國二十二年成立，資本共約五百萬元。經理係唐星海先生，職員共約二百餘人，工友四千餘名，分日夜工作，該廠工作情形大致與豫康相仿，惟另設織布部而已。

該廠全部機械全仗電力馬達轉動，自設發電場一她有鍋爐四座，透平交流電發電機三座。惟今使用者僅一座而已。該座透平係雙汽缸者，蒸汽壓力爲 412 lb/in^2，溫度爲 752°F，透平旋轉速率爲 3000 r.p.m.，工作能力（output）爲 4000 K.W. 發電機係三相式交流電。發電機（3 phase, A.C. generator, 50 cycle/sec）。電壓爲 2300 v. 電流爲 1250 amp. 工作能力爲 5000 K.V.A.

（三）申新第三紡織廠

申新第三紡織廠位於西門外迎龍橋。該廠成立於民國十年。資本六百萬元。經理係榮德生先生。職工共計四千餘名，亦分日夜工作，該廠有錠子五萬一千餘枚。每年用花七萬餘担，出紗四五萬担，織布一百萬匹。出品除紗外有直貢呢，嗶嘰，斜紋，平布等粗細十餘種。商標有人鐘，平蓮，好做，美女握手等數種。

該廠設備大致與前述各廠相仿，紡紗部機械多係美國 Sac-Lowell 廠及 Leesona 廠出品，織布間機械多係英國 Howard & Bullough 廠，Dicksons 廠，及日本名古屋織機製造株式會社出品，其中亦有一部份機械係由本邑公益鐵工廠仿製。

該廠自設透平發電，原動力部刻由本校民十九級電機學院電力門校友陸慰宗君任工程司之職,該廠有鍋爐一座。(Stirling boiler) 附有自動機械加煤裝置鍋爐所用給水除一部取自凝結器外,尚備有蒸餾器皿以蒸餾水取用。該廠所備之透平發電機係瑞士 Brown Boveri 廠出品與慶豐紗廠所有者相伯仲。透平係雙汽缸者工作能力 (output)爲 4000 K. W. 發電機係三相交流電發電機(3 phase. A. C. generator),工作能力(output)爲五千 K. V. A. 電壓爲 2300V. 電流爲 1250 Amp. 有配電盤 (Switch board) 分布各部。

(四) 慶裕織布廠

慶裕織布廠位於西門外,資本二十五萬元,工友三百餘名,經理係王樂水先生。

由該廠吳萃其君引導赴各部參觀,初至製紓間。此間專任製筒子及紓之工作有英國 Dicksons 廠出品之筒子車二具,美國 Leesona 廠之長紓車四具,日本式圓紓車六具,凡自紗廠購來之紗均分別繞成筒子或紓,次至經紗間,此間有 Dicksons 廠出品之經紗車六部將紗數百根繞於一軸成爲經紗,凡此製就之經紗數捲再卸入漿紗機,經輥子(Rollers)及風扇(fans)之作用終則漿卽乾粘於紗上。該廠織布間有織布機二百零八檯,大都係 Dicksons 廠出品,餘爲日本名古屋織機製造株式會社出品。視工人技藝每人可操機二,三,四部不等。織布間旁附設括絨間有 Dicksons 廠出品之括絨機一具,凡織就之布欲夾絨者須經括絨六次始成絨布。檢查間則担任檢驗,登記,整理及丈量工作。每工人之所得以其出品之精良與否而定。最後經打包而可出售矣。

該廠動力乃仰給於戚墅堰電廠,各部機械分接馬達轉動。另有鍋爐一座專爲供漿紗及織布時用之水汀而設。

廠該並無漂染之部,故出品僅有本色之嗶嘰,斜紋絨布平布等粗細各布,日出五百五十餘匹,行銷本邑及上海各地。

(五) 麗新紡織漂染整理廠

麗新廠位於通運路惠商橋,該廠創於民國九年十月,資本二百七十餘萬元,經理係邑人唐驤廷先生,全廠職員百餘人工友二千餘名,該廠紡織漂染多仿採歐西新法,是以營業蒸蒸日上,迄今猶在擴充中。他如員工宿舍,消費合作社,托兒所亦均在興建。

廠中設備有鐵織機五百餘檯,鐵木混製織布機一百五十檯,絲布紗機全副,漂染,整理,提花漿紗機械全副及其他附屬品。原動力方面有蒸汽引擎一具,計三百匹馬力。另有馬達二十座,總共計有馬力四百匹.其他設備,正在裝配,故未能得其詳。

(丙) 麵粉廠

無錫麵粉工業亦頗發達,在歐戰時銷路暢廣,堪稱極盛時代,自是原料亦感缺乏,銷路亦見滯鈍,年來稻麥雖見豐收,奈以銷路不暢,開工者僅有九豐及茂新二廠兩家。茲分述該兩廠概況如下:

(一) 九豐麵粉廠

九豐麵粉廠位於北門外黃浦墩對岸,該廠創於清宣統元年,資本二十萬兩,全廠職工二百餘人,分日夜工作。廠中備有工人宿舍,該廠刻由蔡文鑫先生任經理之職。

製粉工作均賴鐵木機械,凡購入之麥先經打麥機搯成麥粒,再經三道麥篩以除雜質,此純淨之麥粒可乃入鋼磨而軋成碎粉,然此時仍爲麩皮及麵粉之混合物,除一部麵粉由吸粉機吸收外,餘盡入平篩,此時則皮粉分離矣,麵粉再經複篩以分等次,麩皮亦經麩皮篩以分粗細.麵粉及麩皮均分別輸送至打包機裝包出售。

該廠製粉部有打麥機,頭,二,末道麥篩全副,美國Columbia feed governor Co. 出品之鋼磨二十四部,平篩六部,複篩十部,麩皮篩全副,及其他漂粉機等應有附屬品,動力部有鍋爐二座,各附自動加煤裝置,日需煤十二三噸,有四百五十匹馬力蒸汽引擎一座,係美國 Allis Chalmers Mfg. Co 出品,另有同廠出品之二百七十五匹馬力馬達一座,由慶豐紗廠輸電,現在停頓中。

該廠生產量依市場需要而有所更易,刻每日需麥三千餘担,出粉八千包,麩皮千餘包,商標係山鹿牌,行銷於江浙各地。

(二) 茂新二廠

茂新麵粉廠有廠二,均係邑人榮德生先生所經營,茂新一廠位於西門外,刻因銷路滯鈍而停工,茂新二廠位於惠山浜,兩廠資本共計一百二十萬元。

茂新二廠成立於民國九年,廠中有鋼磨二十四具及其他附屬機械,中有二百五十匹馬力馬達一具,由申新第三紡織廠輸電。

全廠職工二百餘人,年用小麥四十萬担,出粉一百萬包,麩皮十二萬包,商標有紅綠兵船兩種行銷江浙及河北各地。

(丁) 機械工業各廠

無錫工業繁盛,絲紗各廠林立。其中固多自設修械所者,但大都均付厥如。偶遇繁難或大量之機器,則各廠往往不能自修,不得不就地覓廠修理或補充,加以四鄉農民多植稻桑,灌田及輾米工作亦以利用機器較為經濟,是以柴油機戽水機軋稻機等需要亦夥,機器工業日見發達,自民國元年萌芽以來,迄今鐵工廠有八九十家之多。惟資本微小,其逾千元者寥寥無幾,其中機器廠之較大者有工藝震旦,合衆等數家。餘均設備簡單,光復門外及新馬路一帶小廠比比皆是,大都僅有車床二三座,鑽床一二具,利用二三匹馬力之馬達為動力,他如刨床,銑床,磨床等則多付厥如,總之無錫各機器廠多具有下列數點:—

(a) 模仿性强:——無錫機器工業年來發達甚速,自數匹至四五十匹馬力之柴油機以其及他戽水機,礱穀機織襪機等均能仿製,卽普通小廠亦均能勝任。

(b) 設備方面:——無錫各機械工廠所用車床概可分大小二種,大者可自一呎二吋至一呎四吋,小者自六吋至八吋,除有極少數購自日本外,餘多為上海陳順興鴻興發,興業等鐵工廠出品。鑽床則多係各廠自行仿製,至於鉋床,銑床等則各小廠多不自備。

(c)動力來源——除工藝機器廠用柴油機發動外,餘皆用電力,所費亦屬無幾。

茲將資本較厚之機器廠十八家列表如下:

廠名	地址	廠長或經理	設備大概				資本	出品
			車床	鉋床	鑽床	銑床		
工藝機器廠	東門亭子橋	陳子寬	12具	3具	2具	1具	二十萬元	柴油引擎及其他農具
震旦機器廠	周三浜	薛震祥	21	2	7	1	三十萬元	救火機及修理零件
公益鐵工廠	榮巷	榮伊仁	未詳……………				未詳	織布機，農具等
民生機器廠	北倉門	陸潤三	7	1	3	0	一萬五千元	農具
合眾鐵工廠	光復門外	談家駿 陶志良	13	3	4	0	一萬三千元	仝上
廣勤鐵工廠	周三浜	江玉山	8	2	2	1	一萬元	紗廠機件及其他
達鑫鐵工廠	周三浜	過仲清	5	1	2	0	八千元	農具及修理機件
永興鐵工廠	太平巷	謝仲璋	8	2	3	0	五千元	仝上(兼有翻砂廠)
俞寶昌機器廠	周三浜	俞寶爾	4	1	1	0	五千元	仝上
普明機器廠	仝上	倪明岐	3	1	1	0	四千五百元	仝上
華錫機器廠	新馬路	徐順金	2	1	1	0	四千五百元	仝上
祥興機器廠	光復門外	朱壽根	6	1	1	0	四千元	仝上
興聯機器廠	新馬路	(未詳)	4	1	1	0	四千四百元	仝上
華興機器廠	新馬路	謝榮發	4	0	2	0	三千五百元	仝上
消鑫機器廠	漢昌路	胡珊海	3	1	1	0	三千元	仝上(兼營翻砂)
無錫鐵工廠	學前街	吳錫麟 毛祖鈞	5	1	1	0	二千五百元	仝上
蕭熾昌鍋爐機器廠	光復門	蕭雲祥	4	1	1	0	一千六百元	鍋爐之修配及其他
協興機器廠	太平巷	孫虎臣	5	1	2	0	一千五百元	農具及其他

註:各廠工人人數均無定額,視工作之繁忙與否而有增減,故無從調查。

其他附屬於機器工業者有翻砂廠,鍛鐵間,電焊間,茲分述如

翻砂廠亦於前清末年隨機器廠而起,初則僅鑄鐵鍋及粗陋鑄件等,繼因機械鑄件需要日多,翻砂廠相繼而起,迄今有大小翻砂廠十餘家,其資本薄弱者僅業鑄銅,其資本較厚者亦不逾三千元,蓋翻砂無需繁重之機械也。各廠所用鎔鐵爐多係我國舊式鐵

爐以熟鐵皮鍛成爐體後再以本地白泥搪刷,爲便於整理爐壁（Lining)計,將爐分爲三層,所用盛鐵桶(Ladle)亦熟鐵皮製成,再搪以白泥,所用生鐵,來自湖北,價值每噸約至九十餘元,焦炭係購自本地煤行,每噸約值三十元,各廠均無製型機器,是故各廠產量甚小,然亦足以供本地之需要矣鑄鐵機件每磅值銀七分至八分,鑄銅機件每磅值銀四角左右,鑄鋁機件每磅值銀七角至八角,然亦視模型之繁易而稍有出入,茲將資本較厚之八廠列表如下:——

廠名	地址	資本	出品	備註
永興	光復門	一千五百元	鋼鐵鑄件	
祥泰	太平巷	二千元	仝上	
三新	東白頭巷	二千元	仝上	
新公記	惠農橋	二千元	仝上	
成泰	惠農橋	二千元	仝上	
金盛	新馬路	二千元	鐵鍋鑄	用乾砂型法,鍋可薄自$\frac{1}{16}''$至$\frac{1}{8}''$
錫成	仝上	二千五百元	鋼鐵鑄件	
曹三房	南門	二千元	仝上	

至於鍛鐵各廠則範圍極小,各廠零星分佈城內外各地,毫無設備可言,較大鐵件均不能勝任。

無錫電焊廠亦多,惟均用電石氣焊接 (Acetylene gas welding) 除工藝機器廠用電弧焊接(Electric arc welding) 外,餘均爲氣焊,電焊之名殊不相宜。各廠所用電石氣或係購自上海中國煤氣公司或自備發生器, 所用氧氣則均係購自該公司, 各廠除備有氣筒(gas tank),龍頭(Injector),焊棒 (welding rod) 及其他附件外,並無預熱(Preheating)等設備。所焊機件亦僅限於鐵族金屬 (ferrous metals & alloys)。

茲將歷經參觀之工藝,震旦,民生三廠槪况分述如下:——

(一) 工藝機器廠

工藝機器廠爲錫邑最大機器廠,廠址在東門亭子橋,該廠成立於民國十年,資本逐年擴充,迄今已達二十萬元,經理係陳子寬先生,廠中職員二十餘人,工人百餘名,該廠出品有狄賽爾引擎,離心力抽水機,礱穀機,碾米機,軋豆機,磨豆機等,此外並代邑中各絲紗廠修配零件。

該廠計分機器間,翻砂間,電焊間,檢驗及包裝間四部,機器間設有大小車床十二部,鉋床三部,鑽床二部(內一爲Radial drill,在錫邑各廠中頗爲罕見)銑床一部。全部機械均由廠中自製之二十匹馬力四行程臥式狄賽爾柴油引擎拖動。翻砂間面積甚廣,設備與其他翻砂廠無甚大異,設有中國式熔鐵爐二,柴油鼓風機一座。電焊間設有電弧焊機全套。檢驗及包裝間有技師數人,凡製就之引擎均經檢查,試用後方可包裝出廠。現該廠又建水汀烘繭機製造廠一所,尚未完工。

(二) 震旦機器廠

震旦機器廠位於廣勤路口,該廠創於民國十七年,經理辞震祥先生全廠職員九人,工人百三十餘名,該廠主要出品爲救火機計有六,十四,二十匹馬力者三種。該項救火機除一部汽油機購自歐美外,大部均係自製,所有銅鋁及生鐵鑄件均由附近翻砂廠代製。該廠設備有6′至8′車床十六部14′車床四部,24′車床一部。萬能銑床一部,鑽床大小七部,汽缸磨床一部,普通磨床一部,鋸床一部。

該廠出品除有救火機行銷全國各埠外,並代本邑各絲紗廠修配另件,昔曾製造農具甚多,今以救火機仰求過多已無暇顧及其他矣。

(三) 民生機器廠

民生機器廠位於北倉門,該廠創於民國二十三年,資本一萬五千元。理經陸潤三先生,全廠職員四五人,工人五十餘名。

該廠設有車床九部,鑽床三部,鉋床二部,出品有礱穀機,軋稻機戽水機及柴油引擎,現該廠正仿製大批柴油引擎。該項引擎有四行程,二行程二種,馬力能自七匹至二十五匹,價格以每匹馬力爲單位,約每匹值五十餘元。

(戊) 其他

無錫工廠二三百家,他如織襪,輾米,造磚,印刷,製皂等零星各廠甚多,資本皆不甚厚,茲姑略其他,僅將恆德榨油廠及利用造紙廠概况分述如下:——

(一) 恆德榨油廠

恆德榨油廠位於無錫東門,該廠創於民國八年,資本十萬元,經理係浦文汀先生,全廠職員工友共約六十餘人。

榨豆手續至爲簡易,先將大豆輸入燒豆機燻燒,次將已燒熟之豆轉入軋豆機,此時大豆已成碎粉,再以此豆粉製成豆餅,入螺旋管蒸籠終而將油軋出。

該廠所用原料——大豆——昔曾仰給於東三省所謂大連豆是也。自九一八而後,運輸不便,故今已改用皖北一帶大豆,雖質地稍次然價格低廉,亦足以代之矣。該廠生產並無定量,依市面需求而有所更易,現每日榨油六十餘担,豆油每担價格約值二十五元,附產品爲豆餅每片重48斤約值二元。

全廠設備有燒豆機全副,軋豆機九部,蒸籠兼榨油機九十六具,儲油櫃七具,每具可容豆油一百担。全廠機械均賴蒸汽機轉動,該廠有鍋爐一具,二百匹馬力英式蒸汽引擎一具。

(二) 利用造紙股份有限公司

利用造紙廠位於通運路惠商橋,於民國十五年七月由陳蓉軒先生創辦,該廠乃係上海家庭工業社所經營者,出品有道林紙,毛邊紙,草紙,乃以道林紙爲大宗,專供作牙粉袋之用,日出一百令。所用原料爲破布,紙屑,草等。

全廠職工二百五十餘人,資本十萬元,設備有球形蒸籠一具,打漿機一套(三具,担任搗碎及漂白工作),造紙機二座,切紙機一具,抽水機一具,25匹馬力馬達一具。

結　論

總觀上述各廠或爲紡織工業者,或爲化學工業者,或爲日用食品工業者,捨機械直無從工作,凡製造程序中一舉一動均與機械有密切關係,由是吾人當知機械工程之至爲重要也。

本刊廣告價目表

等級	地位	全頁價目	半頁價目
甲	底封面外頁	伍拾元	
乙	底面裏頁及封面裏頁	三十五元	二十元
丙	封面裏頁底面裏頁之對面	二十五元	十五元
丁	普通	二十元	十二元

一、乙丙丁四分之一頁按照半頁價目六折計算
二、廣告概用白紙黑字如用彩印色紙價目另議
三、廣告如用銅鋅版由本刊代辦照收製版費
四、連登多期價目從廉請逕函本校出版處經理組接洽

交大季刊投稿簡章

一、投稿不拘文言白話凡中英德法文均所歡迎
二、論說新聞雜俎均以科學經濟管理工程學問爲範圍
三、投寄之稿如係翻譯請附寄原本否則須將原文題目著者姓名出版日期及地點詳細開示
四、投寄之稿務望繕寫清楚並加新式標點凡外國文稿件並請打印之如有插圖附表必須製版者請用墨色
五、來稿請註明姓名住址以便通訊幷加蓋印章俾於發給稿費時核對之
六、投寄之稿無論登載與否概不退還但預有聲明並備足回寄郵資者不在此限
七、投寄之稿經本刊揭載後每篇酌致酬金若本刊尚未揭載已先在他處發表者恕不致酬
八、投寄之稿經本刊揭載後版權卽爲本校出版委員會所有但有另行約定者不在此限
九、投寄之稿本院委員會有酌量增删之權如投稿人不願有何增删則應於投稿時聲明
十、投寄之稿應逕寄上海徐家滙交通大學出版處

中華民國二十六年三月出版

交大季刊

第二十三期

編輯者 胡端行

發行者 交通大學出版處 上海徐家滙

印刷者 上海中國科學公司

代售處 上海 世界出版社 上海雜誌公司 作者書社 黎明書局 蘇新書社・生活書店
南京 正中書局 大公報社代辦部
天津 志恆書店
漢口 光華書局
安慶 世界書局
武昌 學生書店 新光書店
廣州 廣州圖書消費合作社
雲南 雲南文化書店

本刊價目

每冊大洋三角 全年四冊一元

郵費國內不加 國外每冊二角

THE CHIAO-TUNG UNIVERSITY QUARTERLY

Volume 6 *Number 3*

Shanghai, China
March, 1937

交大季刊

第二十四期

要目

中華民國二十六年六月 上海國立交通大學編行

中華郵政特准掛號認為新聞紙類 內政部登記證警字第一七五三號

交通大學出版刊物

一. 期刊

1. 交大季刊	每冊三角	全年一元
2. 交大三日刊	半年五角	全年一元
3. 科學通訊（全年八期）	每冊二角	全年一元四角
4. 管理二月刊（全年五期）	每冊四角	全年一元六角

二. 本校一覽

1. 中文本	每冊四角
2. 英文本	每冊六角

三. 本校研究所編輯刊物

1. 油漆試驗報告,第一號	每冊二角
2. 油漆試驗報告,第二號	每冊六角
3. 油漆試驗報告,第三號	每冊一元
4. 地下流水問題之解法（英文本）	每冊三角
5. 美國鐵道會計實務,第一編（英文本）	每冊六角
6. 解决中國運輸問題之途徑（英文本）	每冊四角
7. 解决中國運輸問題之途徑（譯本）	每冊三角
8. 鐵路零担貨運安全辦法	每冊四角
9. 中國國民經濟在條約上所受之束縛	每冊六角
10. 皖中稻米產銷之調查	每冊六角
11. 小麥及麵粉	每冊五角

經售處　上海徐家匯本校出版處

總理遺像

同志仍須努力

革命尚未成功

總理遺囑

余致力國民革命凡四十年其目的在求中國之自由平等積四十年之經驗深知欲達到此目的必須喚起民衆及聯合世界上以平等待我之民族共同奮鬥

現在革命尚未成功凡我同志務須依照余所著建國方略建國大綱三民主義及第一次全國代表大會宣言繼續努力以求貫澈最近主張開國民會議及廢除不平等條約尤須於最短期間促其實現是所至囑

海疆防禦建築概說

顧康樂

固防海疆之工程問題包括炮台之建築;炮台內之機械裝置,以使用彈藥;探海燈,水雷,等之設計;及動力廠之設置。

1. 炮臺——炮臺之主要部份爲炮與炮架之堅穩支座及士兵之便利平臺與行道,俾得最易與最速之裝彈及發射。對於士兵與軍備應盡力保護,以禦敵方之射擊。又須有安全之所,以藏彈藥及大炮之供應品,更須於可能範圍,謀士兵之舒適。炮台之一般性格須隨地址,炮架式樣,炮徑大小,及發射界之範圍,等項而差。下圖示最普通之炮台佈設。

往昔以加厚之混凝土胸牆作對於敵方發射之防禦。然混凝土遭炮彈轟擊,則爆炸而發生飛散裂塊之危險。已毁之混凝土惟有重新建築以修復之。反之,設炮彈觸及砂堆胸牆,不致發生巨量碎片。且炮彈爆炸前,先已透入砂牆若干距離;此時即生爆炸,亦因被砂粒包圍而減弱其碎裂影響。況砂堆損壞,修理最易,僅需塡塞炸穴可矣。更據實驗證知,當海艦炮彈觸及砂牆,在向上折回退出前所穿入之距程甚短云。

據1916年美國之實驗,戰艦轟擊一試驗炮台,得知於45至60呎之砂堆後置10呎混凝土,可獲充量之保護。彈藥庫之上,砂層厚度不得小於10呎(豎向)及14呎(45°斜向)。若以如許厚度之砂堆覆於上面,則7或8呎之混凝土已足。

現用於炮台建築之混凝土,其主要性質與普通商用者無何區别。常用之配合料爲碎石,惟亦可代以礫石。工作地之附近每可取得砂料。混凝土之比配視所需强度而異,如1:2:4, 1:2$\frac{1}{2}$:5, 1:3:6等。

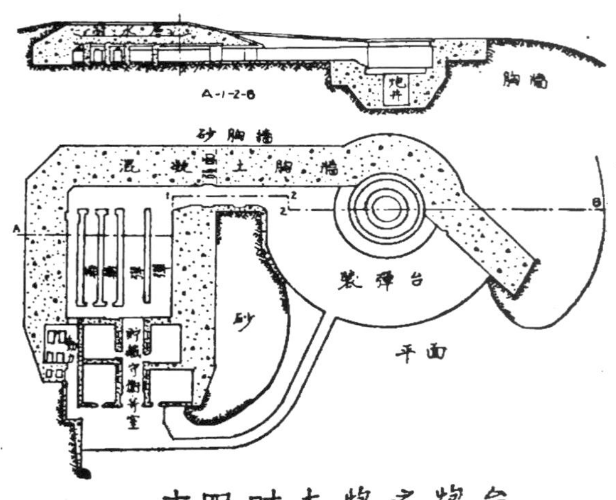

十四吋大炮之炮台

設計彈藥庫,坑道,等之鋼骨混凝土頂版,須引用與普通房屋設計不同之定律。蓋房屋之設計,假定混凝土頂版一旦築成,則永留其原有之位置,且版之中和軸以上之全部厚度,悉計作襄助承受壓縮應力。炮台之設計,假定混凝土上部受炮彈之破毀影響。更須於全部混凝土之間,安置耐水夾層。因此,鋼骨混凝土頂版之設計,常假定絕對需要厚度以支持重量,而此最小厚度以上之一切混凝土,僅屬加添之靜載重而已。

炮台內部潮濕,對於電氣機械與裝線,發生損害之效應。考其成因,或由穿經混凝土之滲水,或由內牆濕氣之凝結。透入彈藥庫之滲水得以下法控制之: (a) 止之於外表面,而防止其流入混凝土中; (b) 止之而藉中間耐水層移去之; (c) 止之而處置之於欲流入內室時。

防止滲水透入混凝土之上部及外表之方法,全繫此表面是否顯露於空氣或是否遮覆以泥層。設無泥層覆蓋,則表面作充分之排水坡度與敷塗濃密之混凝土,概可防止滲水。但混凝土爲不良導熱體,其表面顯露於溫度巨變之下,每致形成細隙,漸向內面伸展。為輔助防止細隙所致之滲漏計,常放置正交鋼條一層於表面下數吋。此項鋼條非絕對防止細隙之形成,乃防止裂隙之擴大而已。

設於混凝土外覆以泥層,則耐水之方較易。僅將混凝土表面作適當之排水坡面,覆以柏油,瀝青或油氈之屬,並於其外鋪置多孔之瓦一層,俾滲入之水卽時排出。此間之耐水層因不受日光空氣之直接影響,故能持久。

混凝土質體內之溫度變遷遠小於表面者,故中間不易形成裂隙。若能置備排水適當之耐水層於其內,並與外部之混凝土分離,俾裂隙不致傳達於斯,則此內面應恆久耐水。依經驗所示,對滲水之最佳防護,為以上述各法聯合而成:外面採用豐密之料,加鋼骨以減少裂隙,並設中間耐水層。

未曾採用前法之舊式炮台,或須制止滲水於欲流入內室或坑道之時。塗漆「耐水化合物」於內面,每無效力。實際上所採方法乃於舊室或彈藥庫之內築一獨立房間。此項建築對避水功效甚確,惜已感狹小之舊炮台再行縮小之弊耳。

沿海堡壘受海洋之影響,此處空氣含蓄水汽之百分數甚高,尤當春夏之季為甚。溫暖之含水空氣流入炮台而與其間較冷之頂版或牆面接觸,乃發生凝結。凝結之數量得以下法之一減低之:(1)防止含蓄水分之熱空氣流入炮台;(2)減低入流空氣之水分凝結趨向。前法因炮台應用時,必須開啓門窗,難於施行。故祗得採用第二法。考凝結之起原為混凝土表面所致空氣冷却之結果,故曰,凝結之防止,乃提高炮台牆壁溫度之問題。

實際上,最時代化之炮台暖化法,為於彈藥庫及其他主要房間之四周,建築二呎寬之空氣穿道,後者與外界空氣直接通聯,但設有堅固之門。門之正當用法,需注意外界空氣溫度在內部牆面溫度之下時,則關閉之;反之則敞開。炮台四周之暖和空氣漸使其內部暖化,而不能免之凝結僅發生於無妨礙之穿道中矣。

空氣穿道另有他一功用:卽彈藥庫與貯藏室牆面之熱之發散亦得減少。欲減少牆壁本身之導熱性,其最易採用之方法厥爲引用空隙性之表面,卽以多孔磚瓦鋪砌於牆面,乃成極不良之導熱體。如是則凝結之數量減低,而此種凝結卽使發生,亦被多孔磚瓦所吸收而不見矣。

減少凝結之又一趨於一般採用之方法,於必要時以熱空氣暖化炮台,熱空氣之來源乃自炮台之汽油運用的動力廠所用環流水之冷却而成。當熱空氣非作此項用途時,卽排洩於外界空氣中。

炮台之基礎與尋常圬工所需者,其重要性適同。惜炮台之地址每因他項情形而非必能擇定穩固之基地,致建築佳良之基礎輒成工程上之重大問題。設原有基地爲岩石層,任何合理的載重皆能承受。或時,海岸炮台位於砂層地面,且此處離海潮水面僅數呎之距。設砂層之下爲岩石,堅壓礫石,或硬泥,則造作適宜基礎尙不甚難。法於牆脚部份開掘砂層至地下水面,而後覆以混凝土之基層。

若其地砂層之承壓能力較弱,則炮台之全部地面應覆置鋼骨混凝土版層,使之充分强固以負載巨重,並均勻分配之於基地上。

或時用樁基法,樁之分佈應使其各個擔負之重量均等。淹沒水中之樁可用松木;顯露空氣之處應採用木油煉製之木樁,混凝土樁較佳。

加增基礎困難之又一問題,爲炮台各部重量分配之不一致。以每方呎地面而言,炮台之前部重於後部。若築炮台於沈陷之地基則前部下陷必大於後部,而以全部炮台言之,將有前傾之趨向。

爲減低不等下陷之惡劣效應,與防止因溫度變化而形成之裂隙起見,每於炮台建築中留餘,若干弱面 (Plane of weakness)。其法乃分離爲獨立之部份,中間留存空隙之豎面。

大炮台之炮座支持巨重之炮,與承受發放之震動,故宜設置弱面俾與四周混凝土分離。他若巨量之胸牆亦常與後部之質體分離,或時並加弱面使之分成各段。

大炮前端之混凝土前牆(Blast apron),須謹愼施工,務使不受轟發時之鼓風影響而碎裂或坍陷。最妥方法以建造胸牆之上部愈成整塊爲愈佳。正常之混凝土放置工作至最後水平面 4 或 5 呎爲止,將餘剩之混凝土部份作一次急速放置。若得全部整塊之混凝土胸牆自屬最佳,惟築之匪易耳。

2. **彈藥給送**—— 自彈藥庫至大炮間之彈藥移動,須以最大可能速度行之,將歷次藥量連續交付至大炮,至少與發射次數之速度相應。爲是項給送而設計之一切設備,非特須有使揮彈藥之急速方法,且須具有堅固,簡單,耐愚弄,與絕對可靠等條件。所備移動彈藥之方法,當恃所移各件之重量與大小而差。5 吋以內之炮,其彈丸與火藥通常作完全之藥筒,裝納於金屬箱匣,而貯藏或運送至炮位。此類藥筒之重量殊輕,易以手力運送而無需機力設備。

5 吋以上之大炮,其火藥與彈丸常分隔貯藏,使揮,與裝配。6 吋炮彈重約 100 磅,能以手力擕送短距離,若須擕送任何長程或提升任何高度,則用機力裝置爲便。6 吋以上炮彈重量,自 8 吋炮彈之 300 磅至 16 吋炮彈之 2400 磅不等。其運輸方法以機力爲主要。

6 吋炮之火藥常放置於一藥筒內,旣不過大亦非過重,易以手力運送,8 吋炮之火藥亦然。較大者之火藥則分裝爲 80 磅以內之包,俾便持握。

彈藥得以數種不同方法作平向移動:手力;手車;卡車;或行動滑車。藉手力移動彈藥爲實際上所常用者,設各個重量非屬過重。此法用於 5 吋與較小之炮,及 6 吋炮之火藥給送。偶用於擕運 6 吋炮彈及大炮藥量之各個藥筒。

以二或四人擕行之手車爲給送大炮火藥之標準方法。手車之容量足以載運大炮一次裝量之全部藥筒。彈藥汽車駛行於炮台內平向或近乎平向之地板面,以載運炮彈。

以行動滑車平向移動彈藥,其優點甚多。若軌道與行動滑車之設計妥善,則摩擦極小;固着於頂版之軌條毫不妨礙行道。軌道佈設應作環綫,俾甫經卸去炮彈之滑車得推向環綫,而不致妨礙後行之滑車。

提升炮彈作豎向移動之通用器械爲差動滑車 (Differential block),後者之摩擦阻力足以防止炮彈因自己重量之下降,但欲使之升降僅需拉動鏈條,無需過度力量。又一法爲「連續鏈條舉重機」。此以鏈條與鏈輪裝配而成。設有電動機以供正常運用,或藉手力運用於曲柄亦可。

在近時建築之炮台,裝彈台與彈藥庫之地板面高度相等,是則彈藥給送無需藉助於舉重機。炮彈直接自彈室移置於卡車而輸送至炮位。

歐戰前,各國所築炮台類皆前述之普通形式。近年來,爲與加增軍備之戰艦作有效的爭鬥計,防禦海岸之大炮需有加增之射程。因隱座式之最大高度與最大射程俱屬有限,故須採用城垛炮座(Barbette mount)爲標準。但此式對於炮身及炮手之防護較遜,更以空中襲擊方法之連續改進,大炸彈之轟炸爲可慮。設地面廣大,則可採用新式防護法,對敵方發射之防禦不藉耐炸之建築,而賴分散,隱蔽,與重複等法。分散法使敵人射擊目標恍惚;隱蔽法使敵人之直接或空中觀察俱不確定;重複法設置二組以上之重要部份,如動力及電鍵板等,損毀其一而軍器之使用仍不間斷。

3. 探燈—— 現時用以照明沿海堡塞前方戰鬥地面之最佳方法爲探燈。其主要部份乃一强電弧光,位於凹鏡之焦點,藉反射作用得並行之柱光,照耀遠處之目的物。標準探燈之反射鏡爲60吋對經。

燈之構造包括一圓柱形之金屬筒,其徑略大於鏡;筒之後方爲嵌於框架之鏡,前方爲若干玻璃條。二碳棒之端,位於鏡之焦點附近。圓筒以二「耳軸」支持,能在垂直面內旋轉。另有一種裝置能使之左右旋動。

弧光之構造與商用者同。探燈內正極碳棒之徑粗須遠逾負極者,始得最佳之光線。因大部份之光發自正極碳棒,故常置正極碳棒於鏡之軸綫內,位火口於焦點,指向鏡面。負極碳棒置於正極碳棒與鏡面之間,務使截去最少光線。60吋探燈所需標準碳棒直徑計為正極2″與負極1″。其間最佳弧光得自180至200安培之電流强度。

設正極碳棒火口每單位表面之電流密度加增,則表面溫度隨之加增,而在理論上,所發出之光量亦將加增。但於普通燈內,常見火口之邊因高溫度而漸次鱗解,致火口形狀不整,而實際上反將減少發出之光量。茲有二法以消散火口之高熱,俾得施用較高電流密度。在所謂培克(Beck)光,將酒精汽噴向正極碳棒之表面。又一種司判烈(Sperry)光,以空氣鼓風。欲得較大電流密度而不變更原有之發電設備,可減小碳棒之徑粗,新置之正極碳棒直徑約八分之五吋,負極減半。

舊式探燈前部之玻璃條用以防止弧光因空氣流動所致之閃爍。但高「强度」電弧之機構設有射氣器,免除空氣流動之阻礙,而前部之玻璃條可以省略。碟盤式(Dishpan)探燈為新設計之較輕而較簡單者。舊式標準60吋探燈重約六七千磅,新式者僅約650磅云。

最佳之鏡為鍍銀玻璃。惟弧光之高熱可使之碎裂,又若受彈擊則破損不堪。因之屢有金屬鏡之實驗,冀得滿意之效用,想不久可告成功也。

靠近探燈之人僅能略見柱光照耀之物體,故控別燈光移動之人須站於較遠處,在舊式10吋燈旁150碼及在高强度燈旁200碼。自遠處保持燈光於目標之法,可用電力運用之遠距控制機構。觀察者移動控制器之手柄,司探燈柱光之位置方向。惟用於防空之探燈,該項遠距控制不屬需要,故略之。

最新式60吋探燈之正常照明遠程,在普通空氣狀態下,約爲15,000碼。因大炮之有效射程約在30,000碼以上,故若欲以探燈照明大炮最遠射程處之地面,則須設法置燈於炮之前方。然須勿使過前,致招位於我方炮台射程外之敵艦轟擊。

欲照明極遠之目標,須用探燈之全部可用功能。附近水面之空氣透明度恆不及較高處,故探燈應愈高駕爲愈明。數處或可覓得適宜高處以駕置探燈。或可建一高塔於密林間,使之不易被敵窺見。另有一種隱塔之設計,與豎面開動橋或簡單對重桿之原理相似。晝間放下於砂丘或胸牆之後以避敵人視線,夜間則昇高至工作地位,燈光離高水面約60呎。

另有可攜式之輕便探燈二種。其一駕探燈於卡車,而以另一卡車駕25千瓦之發電機組。尤見輕便之一種,將碟盤式探燈駕於汽車,車之引擎供給電力於探燈。車上備有電纜,得移置探燈離汽車遠處。是項可攜式探燈概用於防空工作。若用之於海岸,或須加設遠處控制機構,及一可縮架塔,俾將探燈昇高至約40呎處。

4. 水雷——水雷統系之重要部份曰:(a)暗炮台(Mining casemate)。(b)複電纜(Multiple cables),自暗炮台引至分配箱,每組水雷之中央及後部各一。(c)單導體電纜(Single conductor cables),自分配箱輻射至前部,每纜引至每一水雷。(d)水雷(Submarine mines),約以19個爲組,伸展於所防禦之水道內,相距約100呎,碇泊於低水面下約10呎。

暗炮台爲誤用之名稱,蓋多數舊時水雷統系之運用房係廢棄炮壘之舊址改造而成也。暗炮台實爲水雷統系之運用房,各水雷所接之電纜引入其內。共包括四室:(1)運用室,有電鍵板,試驗儀器,及運用統系之各項器具;(2)動力室,有發電機組,供給電力於爆炸水雷及灌電於蓄電池;(3)蓄電池室,有用以試驗水雷之蓄電池;(4)宿舍及辦公室。

暗炮台之設計與建築問題包含：(1)為所需人員與設備作充分謀畫。(2)對敵人發射之防護。關於第一問題無特殊之困難。牆壁，屋面，等常以鋼骨混凝土築成；運用室之地板與天花板俱屬木板築成，便於裝設電綫。運用室之下設有淺窖，水雷之電纜引入其內而後分佈於運用室之適當部份。

多數舊式裝置中，為防禦敵人發射計，每築暗炮台於廢棄之炮壘中，或雜於其他建築內以避直接射擊。惟因舊式炮壘潮濕過甚，及高角度發射與空中轟炸之現代方法，益以加設頂部防禦為上策。故近時之設計對頂部與各旁俱加嚴密保護，仿效炮台之採用混凝土與砂層。

5. **動力廠**——堡塞中之電氣設備與商用者比較，有不同之要點。商業上雖視確定的作用為重要，然不若經濟的運用為亟需。反之，堡塞電廠之經濟問題較之可靠作用僅居次要。蓋此類動力廠在平時僅斷續運用，至戰時始見正式應用，偶遭中斷則為害何堪設想。故當選擇或設計電氣機械或裝具，務須縝密研究最可靠之設置，並須對任何不測或敵方攻擊作最大可能之防護。

電氣在海岸堡塞中之主要用途為：探燈，炮台照明，運用舉重機，大炮之運轉機具，及水雷等。置備之方法有二：每一炮台或相互接近之炮台組，各設分離獨立之電氣設備；或將一切炮台之電氣設備作一大廠之分部。前者名曰分廠制度而後者稱曰總廠制度。

若惟總廠制度是賴，則每一炮台之電力繫於總廠之電氣聯接，而有遭遇損害或破毀之可能。設以可恃性為首要條件，自應採用分廠制度為妥。

與若干小廠之聯合動力相等之總廠，其運用費較為經濟。且某一炮台之電力需要甚小，而不值得發動局部電廠。因此，在平時，為經濟與便利計，宜設常用之總廠，僅將局部小廠維持於良佳狀態。倘附近商業電廠可供電氣，則通接之而毋庸設立總廠矣。

總廠之位置，對敵艦射擊，應得最大防護；對飛機轟炸，應有最佳隱蔽。通常以蒸汽廠為最經濟,惟數處採用狄士爾內燃機之成績亦佳,廠中應備若干單位,所得容量總和應至少容許一預備單位。

蒸汽引擎不適用為局部小廠之原動機,蓋其所佔地位廣大與發動運用所費時間較久。反之,內燃機之發動殊速,且裝置在耐炸之狹窄地位亦稱便利。往時小廠之標準單位每用25千瓦容量之汽油引擎發電機。近年來,遠程大炮之動力需要加增,與狄士爾引擎之急速進展,均致造成採用後者為原動機之結果。

化學家與國防

璩定一

一 緒言

化學家對於國防上之關係殊密切,雖在和平之時,並無戰事發生,然化學家之工作綦多,如炸藥之試驗,化學防衞上之研究,軍需品製造上之方法,以及如何貯藏管理等等,均宜加以嚴密之注意,以爲將來一旦發生戰事之準備。倘有戰事發生,則其原有工作,更向各方面迅速的發展,蓋近日之戰爭,非少數人之戰,而實全體羣衆之戰,且有賴乎一國工業發展之程度。故人言:化學家之無論在任何一方面工作者,倘有戰事發生,均爲國防上之基本人員,並不十分誇張也。

以短促之時間,而欲討論範圍如此廣大之問題,事實上似不可能,且因大戰之發生,凡討論化學家於戰爭時在前方應有之工作,以及在後方軍需品之供給等等一類之問題,已屢見不鮮,吾人諒已熟知,不必再爲詳論。但現在余所欲論列之問題,以前注意及此者尙少,卽人民對於毒氣空襲時應有之防衞。此問題實爲國防上之基本問題,將來一國之戰敗與戰勝,幾全依乎該問題之是否已得一相當之解决方法也。世界各國之討論是項問題者多矣,且有數國,已將其研究所得之詳細計劃,向國內公布,且甚者亦有作假想之空襲者,以實地試驗其所擬之計劃,是否合乎實際情形,組織之是否健全,策略之是否適用。故民衆已熟知毒氣空襲時威力之程度，而習慣防衛時其所應取之步驟。本國政府，似尚未注意及此，但自近日國家之公布，可斷言政府對於是項複雜之問題，亦漸漸有相當之準備，且將提議，最近將由紅十字會等等原有之各項團體，主持從事向民衆灌輸該項教育。但同時民衆方面，因對於是項知識之缺乏，而更因受許多出版物在討論毒氣空襲文字時，故作驚人之語之影響，於是常焦慮萬分，其實發表該項文字之人，亦未必十分瞭解是種問題，但民衆方面，則往往因此發生一種不必要之恐懼影像，故欲限制是種喜作驚人語之文字之發表，實莫善於由政府公布關於毒氣空襲時之實際情形，編爲小册，分發民間，以糾正以往之錯誤。

或有人問曰，現在國際間早已禁用毒氣，對於防衛毒氣之討論，似覺多此一舉矣。余將反問曰，誠然，日內瓦盟約確經多數國家之簽字，決定禁用毒氣戰爭，但倘一旦戰爭眞正發生，是種盟約，是否有用？由上次大戰所得之經驗，一切禁約，均屬無用，任何一交戰國認爲盟約已不屬需要之時，均可任意將其撕毁。想人類天性，仍無大變，倘第二次大戰發生，是種盟約，恐仍難奉行耳。余雖堅信國際聯盟爲維持和平之唯一工具，但實際上國聯乃一空洞之組織，其行動當依乎會員國之行動爲定，倘會員國各欲逞所欲爲之時，則國際聯盟之組織，不亦仍等於虛設乎。但當一國之國難發生，空談已無補於事，宜從實際工作上設法解除之，故時處今日，既不能將人類之天性根本改造，則爲自身防衛計，『備戰』實爲世界各國之第一大事。

雖目前日內瓦盟約依然存在，但對於化學戰爭之防衛，仍爲亟切而重要之一事，其理甚明。化學戰爭所需用之材料，大部卽係日常所不可少之日用品，或將其他原有之化學工廠，略加改良，卽可得之。故換言之，倘一國之化學工業，已臻發達之境，則化學戰劑，均可臨時製造，並無十分困難，卽施放各種戰劑之工具，亦能臨時製成，無論何種容器，大概均可用之於飛機，以施放毒氣。故倘一國之空軍設備完善,化學工業發達,則其對於化學戰爭之準備,可謂已達完全之途,一旦戰事發生,卽可利用原有設備,略加改良,而向敵方施用毒氣矣。此乃吾人亟應注意之第一點。

第二點,亟須提出討論者,卽毒氣攻擊破壞力之强弱,不在毒氣之本身,而在於民衆對於防衞之是否得法,故倘一國對於民衆之防毒訓練,並不充份,或甚至毫無具體之計劃,則一旦毒氣降臨,必將驚惶失措,最易受毒氣之傷害,而敵國則更將利用其空襲完美之設備,以獲得其迅速之勝利,雖禁約亦所不顧,而於是得勝遂易如反掌也。

以上所言,可知防空之重要性,而對於向民間灌輸防毒敎育,尤爲重要,政府亟須定出合於實際情形之具體計劃,以爲不時之需,而此時全國化學家,當利用其已有之化學知識,而担負起重大之責任矣。

二 空襲之威力

欲明空襲之防衞,當先明空襲所用之方法,飛機爲空襲所必要之工具,利用飛機,各種炸彈,始可發生效力。炸彈之種類殊多,小至數兩,大至數噸,當炸彈着地碎裂後,而內所裝之各種毒氣,遂得放出,或更有某種炸彈,並不碎裂,藉炸藥之力量,僅開一小口,而將毒氣放出。所用毒氣,種類不一,總之以傷害人體爲原則,如窒息性毒氣光氣與苦氯劑之傷肺,催淚性毒氣碘乙酸乙酯與苯氯乙酮之傷眼,噴嚏性毒氣氯化二苯胂,氰化二苯胂,與亞當氏氣之傷呼吸器,糜爛性毒氣芥氣與路易氏氣之使人之皮膚以及其他各部,一經接觸,卽行發生潰瀾或發泡之作用。故如遇糜瀾性毒氣,宜將全身保護,而其他毒氣,則一防毒面具以保護眼部,喉部,以及肺部等已足矣。故於防衞上言,宜先明瞭各種毒氣之性質,例如芥氣與路易氏氣均爲高沸點液體,可自飛機上噴洒而至地面之上,如下雨然,則其破壞力之猛烈,可以想見矣。

毒氣防衛上,最重要之問題,為各種毒氣物理性狀之研究,例如光氣為一低沸點液體,施放後均成毒烟,如雲或霧之狀,但是項毒烟,因比重較輕,極易為風吹散,故施放光氣之地域,經數分鐘之後,可謂已完全無毒氣存在矣。此種毒氣,平常均稱之為不永久性毒氣。但有數種高沸點液體,則大部均為永久性毒氣,當炸彈碎裂之時,此種高沸點液體,卽向四週分散,附着於附近物體上,有如夏日早晨之露,而是項露狀液體,卽漸漸蒸發,使附近空氣內,於相當之時間後,均含有毒氣,而倘係糜爛性毒氣,如芥氣然,則施毒地域,在液體尚未完全蒸發以前,將永為危險地域,例如施放芥氣之地域,危險期限,倘天氣晴好,亦須數日,始無危險。故自防衛方面言,是二類毒氣之分別,在於永久性毒氣須要相當之處理,設法消毒之,而不永久性毒氣則不必要消毒之工作。但倘遇關閉之地,如房屋或地窖之內,則二者均需要良好之通風也。

以上所言,僅限於毒氣,但事實上敵人同時當更利用其猛烈性之炸藥,以及縱火彈,故防衛之計劃,宜自三方面着想。前已言之,倘敵人施放永久性毒氣,而尤其如糜爛性毒氣中之芥氣等,防衛上已深感困難,如再加用猛烈性炸藥,以致碎片横飛,則更覺困難萬分矣。但一切能適用於防衛芥氣之方法,均能適用於一切不永久性毒氣也。

三　防衛方法

前方士兵,對於毒氣之防衛,當為普通面具與氧面具,集體防護,如避免毒氣之蔭蔽所以及地窖等,在前方,實屬毫無用處,因軍隊决不能在地窖中作戰也。但後方民衆,則適為其反,因民衆能常在戶內工作,而一旦毒氣侵襲之驚報發出,避入室內,實為最最安全之辦法。一切動作,均宜迅速,因飛機潰洒毒氣,實不能設法預知也。飛機雖在數哩之高度,如人在戶外,當發覺有毒氣侵襲時,其自身必早已受傷也無疑。每一家內,辦公室內,或一獨立建築物內,至少須有一間或數間之避毒室,其大小當能完全容納全體人員於內,直至空襲過去爲止。至於避毒室之位置,宜自毒氣攻擊及炸彈攻擊雙方兼顧,而一切避毒室內之裝置,則均爲吾化學家之責任,吾人宜儘量幫助或勸告民衆,使其不致發生困難。除私人避毒室外,更應備公共避毒室,以便在街上行走之人,得隨時入內停留。有人主張採用地下室,此實爲最好之辦法,因既可避免毒氣之侵襲,又可避免炸彈之攻擊,但爲經濟所限,除少數不得已之情形外,似乎不能合乎實際情形。但在許多大城市中,現在頗有建造地下汽車貯藏所之需要,倘於建造之時,略加改良,加以防衞毒氣之設備,則於戰爭之時,即可以之改爲地下避毒室,於經濟上,似屬可能之事也。

在城市中,當空襲之時,決不能每一人均進避毒室,凡重要之工作,決不能因此而停頓,故防毒面具,實爲必需之物,而對於警察以及消防員,因須在施毒地域行救護以及維持秩序等等重要之工作,故其所用之防毒設備,更宜十分嚴密,是種工作人員,宜身穿防毒衣,以防護敵人施用糜爛性液體。但其他人員之因工作而不能入避毒室者,亦應每人有一面具,但可用比較簡單之一種。至於是否每一人民均宜備一防毒面具,則一時頗爲難以決定之問題。爲避免人民心理上之騷亂起見,似乎每一人民均應備一防毒面具,但臨時供給數百萬枚之面具,事實上爲一不可能之事,故在戰事尚未發生之時,宜備多量價廉而比較簡單之面具,任人民自由購買,則一旦戰事發生,即可應用矣。

防毒面具,僅能保護面部,倘遇敵人施放芥氣時,則對於全身,仍無辦法,但人民之知識有限,往往反因之而發生誤會,以爲既備有面具,則可以防止毒氣矣,於是有少數冒險之人,往往僅佩戴一面具,而走入尚未將芥氣消除之地域,而發生不幸之危險。但大體上言,似乎每一人民均備一比較簡單之面具,利多於弊也。化學家即應對於各種面具之製造上,負起相當之責任,檢驗證明面具之是否能合乎標準。及格之後，始可發出，當應用之時，宜作再度之檢驗，以定面具之是否仍屬可用，對於面具之掉換，修理，等等重要之工作，均吾化學家分內之事也。

以上僅論及防衛毒氣之避毒室，及防毒面具而已，請再論炸彈之威力。炸彈之種類殊多，其所藏之材料，不外炸藥，毒氣，及縱火物三種。倘有毒氣，則防衛上最為重要，其手續約為對於施毒地域之消毒工作，以及對於受傷者之處理問題，而對於區別敵人施放毒氣之究為何種，則又為吾化學家之事。化學家應分工合作，於一定地域之內，即有一相當之組織，倘有敵人炸彈落下於該地域內時，即應出發至炸發地點，辯明毒氣之性質，但此為一十分困難之事，猛烈之炸藥，常有烟霧，頗似毒氣，殊難區別，故宜自炸彈破壞之力量而判斷之。更有進者，炸彈往往既有猛烈炸藥，又含毒氣，故其判斷，頗為不易，化學家於觀察之後，宜立即決定，敵人是否已應用毒氣，如已應用，則其施毒地域，是否需要消毒之工作，此時化學家不應猶豫，宜立即在當場決定之，但如一時不能十分決定，則可取已經受毒之物體，詳加研究，而斷定毒氣之性質。但因新毒氣日有發明，故困難殊多，例如大戰時德國首次施用芥氣時，協約國方面，雖經數星期之詳細研究，其性質尚不能十分明瞭也。但化學家恃其已往之經驗，迅速辯明毒氣之性質，對於消毒工作人員，以及醫生，實有莫大之幫助，反之，如判斷錯誤，則危險殊甚。由是觀之，化學家實為防衛毒氣工作上最重要之人員，故當戰爭尚未發生之時，化學家對於是項工作，應多受相當之訓練，以為不時之需也。

防衛毒氣之工作，其次當推消毒人員之工作，其動作宜迅速，空襲過後，宜立刻將受毒區域內之建築物以及車輛等等，設法消毒，以備重要之工作，能繼續進行，不致中斷，化學家此時宜隨時指導消毒之方法，監視其工作，而同時觀察消毒工作之是否已經完畢。化學家宜具有冒險進取之精神，機警而靈敏，如消毒用藥品已將完畢，則宜設法利用泥土以及水等容易得到之物質。

除對於什物之消毒外,對於已受糜爛性毒氣之人民,及其衣服之設法消毒,亦爲一重要之問題。人民往往因炸彈炸裂而受到液體毒氣之飛沫,或因飛機上潰洒液體毒氣,或因接觸已經受毒之什物,或因步入施毒地域而被侵蝕。人民因受毒而創傷者,其輕重不一,故普通救護用藥箱,爲防衛設備上不可缺少之物。更宜另闢一地,名曰消毒中心,已受芥氣侵害之人,宜在消毒中心先脫去其衣服,沐浴以清理其全身,如係輕傷,則卽可在此包紮,如係重傷,則宜直接送至救護所或醫院,而再設法消毒。此種工作,當完全托之醫生及救護隊,化學家可以不必顧問。但對於受毒衣服之消毒工作,化學家宜決定消毒之方法,而觀察消毒之是否已屬完畢。

以上所論,爲防衛毒氣工作之大概情形,由此可知化學家之工作實多矣。同時對已被破壞機件之設法修理,化學家亦當注意之,例如水管煤氣管之被破裂,電線之被割斷,凡此種種,均宜有相當之處理,此時化學家,宜恃其可貴之知識與經驗,迅速決定其所應採用之方法,而處理之。建築物及房屋等之被破壞後,修理與處置,其理亦同。其他工作之需要化學家設法處理者甚多,一時不能盡述矣。

以上僅述及化學家對於防衛毒氣空襲工作上之重要性,至於組織方面之具體辦法,以及實行時之各種方法,雖甚重要,但以其過於複雜,又爲時間所限,當緩論之。

四 化學家對於化學戰爭應取之態度

前論均自防衛毒氣方面着想,尙未稍稍述及毒氣之攻擊,或對抗,請再論毒氣之攻擊。當日內瓦盟約簽字之際,各國一致贊成國際禁用毒氣,但如有一國首先利用毒氣以作戰者,則無論何國,均將利用毒氣以報復之。是以日內瓦盟約,暗中已早失其效力,因卽有某國對毒氣攻擊方面,作種種之準備,他國亦不能設法干涉之,因其尙未應用,僅爲防衛其他國家應用毒氣之一種準備耳。但因其對於毒氣攻擊,已有充份之準備,可以隨時應用,故其結果,必爲一旦如有戰事發生,必也採用毒氣。

日內瓦軍縮會議技術委員會,曾對於如何可使國際禁用毒氣一案設法實現,詳加討論,但因國際間之檢查與制裁,均覺感有十分困難,恐難以達此目的。故如欲眞正達到不用毒氣以作戰之目的,則唯有一法,雖似理想,但倘能實現,効力必大,卽倘全世界之化學家,均能爲道德與人道方面着想,一致聯合同意,不爲毒氣製造或其他有關係之各方面工作。而倘發現仍有人在工作者,任何人均得檢舉而公布之,於是因無化學家之工作,毒氣遂無法製造,而任何國家,亦遂不能秘密製造,其結果必爲毒氣戰爭,不禁而自禁也。此種提議,亦不能目之爲純理想,因自上次大戰所得之可怕結果,諸化學家之良心上,莫不已大受譴責,實因其發明太不講人道,而太殘忍矣。化學家現在均宜負起責任,爲消滅是種不講人道之戰爭而努力,醫生與律師所有之人道主義,吾化學家均宜具之也。但此種提議之實行,事實上深感困難,大部國家之化學家,聯合組織尚未達如此成熟之境,卽有之,亦深有困難,如非每一國家均能實行,否則仍屬無效。由國際聯盟之組織,吾人可知,國際間之同意,實屬最最困難之事,且大部國家之人民,均受各該政府之縛束,一切服從命令,不然將受嚴厲之處罰,故是種理想,實屬不可能也明矣。抑更有進者,一旦戰事發生,各人之天職,均爲爲國家效勞,當不能僅以國際間之禁用毒氣而失其服務國家之機會也。但吾人並不失望,吾化學家當絕對不願以其發明而破壞吾人類光明之文化也。

至此,余將結束今日所討論之各點,重要者有二,一卽吾化學家當負起責任,設法使毒氣戰爭完全消滅。此目的雖非最近所能達到者。另一點,則比較實際,卽化學家遇其國家受毒氣空襲之時,當盡其最大之能力,設法保護其同胞也。

上文係英國 J. Davidson Pratt 氏,向英國化學工業會 Glasgow 分會之演講稿,原文載英國化學工業會會刊,所論頗有獨到之處,而又深合吾國現在之情形,因節譯其大意,以饗讀者。 譯者附誌

GENERALIZED LAURENT'S DEVELOPMENT

HWANG CHENG CHUNG

本校科學學院數學系三年生黃正中聰穎好學，雖一二兩年須兼習理化及中英德文等每週上課須三十餘小時，本年仍須兼習高等物理每週上課仍近三十小時，而於所定課外參考諸書皆能瀏覽無遺多所發見，良由天賦獨厚異日必成大器。茲取其近作論文一篇付諸本刊，雖屬當然之推廣究爲課本所未載．以入校僅兩年半之學生竟能作此，視研究多年稍有所獲即自矜創作者爲何如。（黃生此類作品頗多，本刊限於篇幅不能備載，此乃擇其最短者登之藉見一斑耳）。

顧 澄 識

In 1843 Laurent published his theorem how to expand an analytic function in the neighborhood of its singular point into a two way power series. His development is valid only in the neighborhood of the singular point in which the function is analytic. But if a function is analytic except at finite number of singular points in the whole z plane, the expansion of the function by means of a series, so far as I know, is still an open question. Now I suggest the following generalization which sometimes may be found useful.

Let $f(z)$ be a one valued and analytic in the whole z plane except at finite number of points $a_1, a_2, \ldots a_m$. We draw small circles $c_1, c_2, c_3, \ldots c$ in such a way that these circles have no common points, then at any point outside these circles $f(z)$ can be represented by a series, namely

$$\begin{aligned} f(z) \equiv\ & \alpha_0 + \alpha_1 (z-a_1) + \alpha_2 (z-a_1)^2 + \cdots\cdots \\ & + \frac{\beta'_1}{z-a_1} + \frac{\beta'_2}{(z-a_1)^2} + \frac{\beta_3'}{(z-a_1)^3} + \cdots\cdots \\ & + \frac{\beta_1''}{z-a_2} + \frac{\beta_2''}{(z-a_2)^2} + \frac{\beta_3''}{z-a^3} + \cdots\cdots \\ & + \cdots\cdots\cdots\cdots\cdots\cdots\cdots\cdots \\ & + \frac{\beta_1^{(m)}}{z-a_m} + \frac{\beta_2^{(m)}}{(z-a_m)^2} + \frac{\beta_3^{(m)}}{(z-a_m)^3} + \cdots\cdots \end{aligned} \tag{1}$$

in which the coefficients $\alpha's$ and $\beta 's$ are what we shall determine.

In the first place the construction of $c_1, c_2, \ldots c_m$ which have no common points is always possible because m is finite and the points $a_1, a_2, \ldots a_m$ are distinct

Take any point z without these circles and draw a small circle E about z such that E is enterior to $c_1, c_2, c_3, \ldots c_m$.

With a_1, as center draw a large circle A which inscribes all the circles $E, c_1, \ldots c_m$ internally

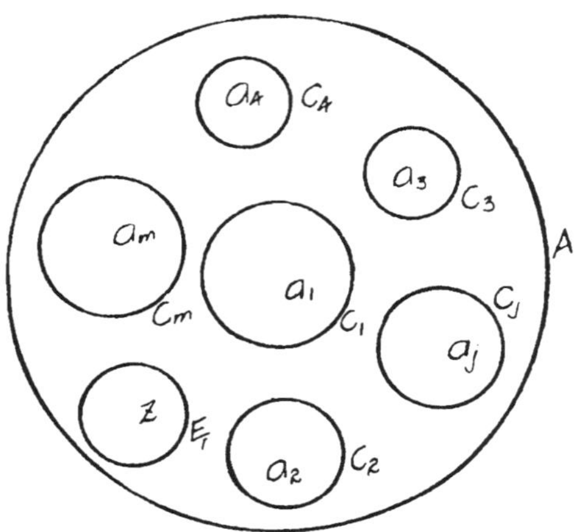

As $f(z)$ is analytic on $A, E, c_1, c_2, \ldots c_2$ all the integrals

$$\int_A \frac{f(u)\,du}{u-z}, \int_E \frac{f(u)\,du}{u-z}, \ \ldots \ \int_{cj} \frac{f(u)\,du}{u-z}$$

$j=1, 2, 3, \ldots m$

exist.

Further $f(z)$ is analytic within and on the circle E, by Cauchy's integral theorems we have:

$$f(z) = \frac{1}{2\pi i} \int_E \frac{f(u)\,du}{u-z} \quad \ldots \tag{2}$$

$$\int_E \frac{f(u)\,du}{u-z} = \int_A \frac{f(u)\,du}{u-z} - \sum_{j=1}^{m} \int_{cj} \frac{f(u)\,du}{u-z} \tag{3}$$

Let $B=|u-a_1|$ on A,

$B_j=|z-a_j|$ $j=1, 2, \ldots m$.

Let u any point on A, obviously

$$\left|\frac{z-a_1}{u-a_1}\right| < \varrho < 1$$

Hence the absolute value of each term in

$$\frac{1}{u-a_1}\left\{1+\frac{z-a_1}{u-a_1}+\left(\frac{z-a_1}{u-a_1}\right)^2+\left(\frac{z-a_1}{u-a_1}\right)^3+\cdots\cdots\right\} \qquad (5)$$

is less than the corresponding term of a positive convergent series

$$\frac{1}{B}\left\{1+\varrho+\varrho^2+\cdots\right\} \qquad (6)$$

Thus according to Weierstrass' criterion the series (5) is absolutely and uniformly convergent for u on the circle A.

For u on the circle c

$$|z-a_j|>|u-a_j|$$

$$\left|\frac{u-a_j}{z-a_j}\right|<\varrho_j<1 \qquad (7)$$

$$j=1,\ 2,\ \ldots m.$$

The absolute value of each term in

$$\frac{1}{z-a_j}\left\{1+\left(\frac{u-a_j}{z-a_j}\right)+\left(\frac{u-a_j}{z-a_j}\right)^2+\cdots\cdots\right\} \qquad (8)$$

is less than the corresponding term in

$$\frac{1}{B_j}\left\{1+\varrho_j+\varrho_j^2+\cdots\right\} \qquad (9)$$

But (9) is convergent, hence (8) is absolutely and uniformly converge for u on the circle c_j. Consequently, we obtain

$$\int_A \frac{f(u)\,du}{u-z}=\int_A \frac{f(u)}{u-a_1}\left\{1+\sum_{n=1}^{\infty}\left(\frac{z-a_1}{u-a_1}\right)^n\right\}du$$

$$=\sum_{n=0}^{\infty}(z-a_1)^n\int_A \frac{f(u)\,du}{(u-a_1)^{n+1}}.$$

$$-\int_{c_j}\frac{f(u)\,du}{u-z}=\int_{c_j}\frac{f(u)}{z-a_j}\left\{1+\sum_{n=1}^{\infty}\left(\frac{u-a_j}{z-a_j}\right)^n\right\}du$$

$$=\sum_{n=1}^{\infty}\frac{1}{(z-a_j)^n}\int_{c_j} f(u)(u-a_j)^{n-1}\,du.$$

$$2\pi i\,f(z)=\sum_{n=0}^{\infty}(z-a_j)^n\int_A\frac{f(u)\,du}{(u-a_1)^{n+1}}$$

$$+\sum_{j=1}^{m}\sum_{n=1}^{\infty}\frac{1}{(z-a_j)^n}\int_{c_j} f(u)(u-a_j)^{n-1}\,du.$$

Compare this series with (1) we find

$$\alpha_n=\frac{1}{2\pi i}\int_A\frac{f(u)\,du}{(u-a_1)^{n+1}}\quad(n=0,1,2,\cdots) \qquad (9)$$

$$\beta_m^{(j)} = \frac{1}{2\pi i}\int_{c_j} \frac{f(u)\,du}{(u-a_j)^{n+1}}$$

$(j=1, 2, \ldots m)$ $(n=1, 2, 3\ldots)$

For any point z within the circle A, the coefficients α's remain constant. So far this point is distinct from $a_1, a_2, \ldots a_m$ the circles $c_1, c_2, \ldots c_m$ can always be constructed so that z is an exterior point. Evidently the coefficients $\beta_n^{(j)}$ $(n=1, 2, \ldots)$ are uneffected when c is replaced by any smaller concentric circle. If z is on or without the circle A, we should replace A by a larger circle A' which contains z as an interior point, again this changing of A has no influence on the coefficient α's. Thus we prove that the series is convergent and equal to $f(z)$ for all points in z plane after delating the points $a_1\ a_2 \ldots a_m$ Therefore the series (1) is the most powerful development of $f(z)$. If the singular point is a_1 alone, the series (1) becomes Laurents' original development. If the number of singular points is infinite, they should have limiting points, one or more. If all the limiting points are without the circle A, the number of singular points within the circle A is still finite (no singular point on A) hence even in this case we still have such a development of $f(z)$ valid within the circle A.

In particular if $f(z)$ is a rational function i.e.

$$f(z) \equiv \frac{\Phi(z)}{(z-a_1)^{m_1}(z-a_2)^{m_2}\cdots(z-a_n)^{m_n}}$$

where $\Phi(z)$ is a polynomial. Since

$$\int_{c_j} f(u)(u-a_j)^{n-1}\,du = o$$

when $n \geqq m_j+1$ the series (1) becomes

$$f(z) \equiv \alpha_0 + \alpha_1 z + \alpha_2 z^2 + \cdots\cdots$$
$$+\frac{\beta_1'}{z-a_1} + \frac{\beta_2'}{z-a_2} + \cdots\cdots + \frac{\beta_{m1}'}{(z-a_1)^{m_1}}$$
$$+\cdots\cdots\cdots\cdots\cdots\cdots\cdots\cdots\cdots$$
$$+\frac{\beta_1^{(n)}}{z-a_n} + \frac{\beta_2^{(n)}}{(z-a_n)^2} + \cdots\cdots + \frac{\beta_{mn}^{(n)}}{(z-a_n)^{m_n}} \qquad (10)$$

Let $m_1+m_2+\cdots+m = p$ and the degree of $\varphi(z)$ be q. If $q>p$, the order of the pole of $f(z)$ at infinity is $q-p$; since the fractional part of (10) is regular at infinity we must have

$$\alpha_{q-p} \neq o, \qquad \alpha_{q-p+1} = \alpha_{q-p+2} = \cdots\cdots = o.$$

If $q<p$, $f(z)$ is regular at infinity, then

$$\alpha_1 = \alpha_2 = \alpha_3 = \cdots\cdots = o.$$

In all cases the number of terms in the first row of (10) is finite. Thus we prove that a rational function can be separated into partial fractions.

蒸汽機車設計之研究

陸祥百

(一)標準化與機車

近十年來,國人漸知標準化之利益,而加以注意焉。鐵路工程當然不在例外。夫標準云者,無非使一切工作,依照一定順序而進行。勵行以後,在製造商販及使用三方面,均受其益。

標準化之釐訂,須依據合理化與簡單化之原則,兼顧習慣上之實施情况,以求達到經濟之道為目的。現就鐵路機務而論,如訂立機車車輛之製造標準,則各種機件之備品可以減少。在資本帳方面可節省支出,而在存料方面因種類減少,儲量可以充足,若遇到機件損壞時,負責人員,無需焦慮備品,而得迅速予以修復,不致因機件損壞而躭誤行車。再則停留修理時期,因此減短。於鐵路之運輸經濟,豈不大有裨益耶。

標準化固然重要,但應何時施行始稱適當,亦有研究之必要。蓋施行太晚,則式樣已多,難以求得完善的標準。反之,施行過早,因工業進化,日新月異,標準既經決定,不能儘量採取新穎方法反與進展有礙。然觀於吾國鐵路現狀實為施行機車標準構造之適宜時期,何則,吾國已成鐵路不過萬公里,新興之路正在猛進時期。再則吾國鐵路所用機車年齡超過二十年者,有百分之五十四,亦卽有過半數之機車,須購新者替換。三則吾國現有機車機力,有待於改進者甚多。綜上觀之,吾國機車標準化之釐訂,此其時矣。

鐵路工程標準化之可能性,海外儘多先例。攷德國聯邦政府鐵路在西歷1920年,有機車210類,嗣後竟減爲12種標準式。修理工作,自施行標準化後,每一機車修理所需時期,自110天減至18天。英國London Midland & Scottish鐵路自西歷1923年起,從事標準化後,機車種類,自393類,減至261類。而在同等運輸量之下,所需調度之機車輛數,省去12.5%,又據另一統計,在1928及1929二年間,英國鐵路所受標準化之利益,每年節省不下六百萬金磅云。

(二) 吾國機車標準之初步檢討

標準化非直抄他國之標準所能成功,惟有審度情勢逐漸改進,方合於事實之需要。換言之,機車設計,須詳細考慮並應顧及已有機車之狀況也。

玆將研究所得,分別陳述如下。

1. 式別　吾國現有機車,可大別爲24種。而式別標準可規定如下。即

調車用　0—6—0及0—8—0

客運用　4—6—0及4—6—2

貨運用　2—8—0及2—8—2以上與他國之標準式相仿。

2. 單漲與複漲　複漲式機車,雖云可增加效率10%至15%之譜,但當低速度時,並不能達到此項百分率。法國鐵路多採用複漲機車。而德國工程師,則主張採用單漲,因其構造簡單,維持用費亦較省故也。複漲機車在吾國僅佔7.3%之少數,自當以單漲爲標準。

3. 汽缸　吾國機車大多數爲二汽缸式。約7%弱爲四汽缸。英法比荷鐵路均喜用四汽缸式。美國祇有少數三汽缸。德國工程師則不贊成用四汽缸,以爲徒增麻煩,並無多大利益。吾國標準機車自以仍用二汽缸式爲宜。

4. 汽壓　汽壓與機車之進展息息相關,即機車愈新式,鍋爐

汽壓增高愈多。吾國機車汽壓在180#/□″以上者,佔67%,但新設計機車,其汽壓宜直接自180磅增至225磅,不必再經過200磅之一級。蓋在此種情形之下,機車重量可不增加,卽每軸負重,並無增加也。標準機車之汽壓當規定爲每方吋225磅,卽每方公分16公斤。

5. 過熱蒸汽 百年來機車改良之最著成效者,厥爲過熱蒸汽。其顯明之利益,卽在比飽和蒸汽機車可節省煤斤20%,鍋水30%故新製機車均應採用過熱蒸汽式自無可疑。據云現下全世界裝Schmidt式過熱管者,約有十萬輛。吾國過熱蒸汽機車僅佔39%耳,但以後必有增無減,可斷言也。

過熱蒸汽機車所用之過熱器,尙有A式及E式及小焰管式三種。後者應用較少。據云E式有增加熱面積10%之利益,在保養上或者較爲困難,著者之意不妨採用A式爲標準。

關於過熱蒸汽機車設計,尙有一點宜注意者,卽應採用高汽壓與中級過熱度,而不用中級汽壓與高級過熱度。其故蓋欲求保養及油潤費用之節省也。吾國所採用之過熱度未曾調查,國外都用200—300度的過熱度。

6. 鍋爐 鍋爐爲機車修理工程中最費工費時之機件,亦卽最宜注意其構造標準化者也。吾國機車因大部購自美英比法德諸國,故鍋爐式樣隨各國習慣而定。大概的統計,吾國所用火箱寬式同狹式各佔半數。致英國都用狹式,美國則用寬式。寬式壽命較長,可用較劣之煤質,修理較便,在灣道上燒乾鍋之危險可以減少。職此之故,以寬式爲標準較爲適宜。

以論火箱質料,銅質鋼質在吾國鐵路約各佔50%,此問題則與沿線用水,工人技術及其他購置,使用等情形,大有關係。且各有利弊,固難斷定何者應爲標準也。惟以近年來銲綴工程之孟晉,一般意見,認爲鋼火箱較爲有利矣。

焰管壽命較短,更換又繁。但對於機車整個計劃上之影響較少。故焰管尺寸標準化,實易辦理。吾國現用小焰管尺寸(僅指直徑而言)有八種之多,其中44.45公厘($1\frac{3}{4}''$)及50.8公厘($2''$)二種居大多數,亦可認作爲標準矣。

7. 動輪 行動部份之動輪,因與輪距灣道速度牽引力等關係複雜,標準尺寸,頗難規定。惟德國則亦規定一種標準尺寸。茲就吾國情形列表如下。並附德國標準,以資比較。

機車種類	吾國所擬標準	德國標準
客運機車	1676——2067	1829
貨運機車	1372——1524	1524
混合機車	1500——1524	
調車機車	1067——1200	1067——1372

8. 閥動機關 吾國普遍採用之閥動機關,不外瓦氏及司氏兩種。惟膠濟裝有阿氏式者22輛。司氏式於最近二十餘年漸漸爲瓦氏式所淘汰。因司氏閥動機關有二大弊病,裝於構架間,不易檢修,一也。磨耗部份太多,易使汽閥位置不準確,二也。吾國機車閥動機關,瓦氏式佔70%之多數,已有採作標準之趨勢。

9. 構架 構架之式樣,與車輪排列及火箱式樣之選擇,有連帶關係。英式美式之不同,亦基於此。

至於條式及鈑式兩種構架各有利弊所在。某鐵路專家曾云,吾國鐵路軌道之平直,不及英德遠甚。再則路線日益增長,列車亦增長。如是則機車勢必加大,條鋼構架尙焉。條式尙有一利,卽便於檢修是也。

(三) 結 語

就實際而論,現下所謂改進而達於標準化,無非適當地採用國外已有,而合於吾國經濟狀況之各項完善機件而已。待至吾國能自製機車,屆時當有進一步之標準化。美國Lima機車公司副經理W. E. Woodard曾云,所謂「超優機車」之應有各點,可歸納如下:每方吋225至275磅之汽壓,寬大爐篦面積,管制絕汽推動機,E式過熱器及給水預溫器,使其結果得到節省燃料,增加總延噸公里,而維持費用,不致因此增高云云。

EXAMPLE OF DESIGNING A BACK PRESSURE TURBINE FOR ADVANCED STUDENTS

BY

FORD T. FEE 費福燾

方今工業建設正有萌芽之望，此篇對於 *Balance of Heat and Power for Industrial Purpose and Coal Economy by Improving The Steam Condition for Existing Low Pressure Power Plant* 或可引起讀者之注意，且可示諸生以透平設計之概要，其內容均有本原，初非虛構，亦非譯著，透平設計頭緒繁複，非本篇可盡，僅示其概要而已。如讀者欲研究，費君極願詳答，特此介紹。

編 者 識

Steam conditions: Live steam pressure 33 ata; Live steam temperature 410°C.

Steam quantity: 55,000 Kg/h normal, 67,250 Kg/h maximum.

Back pressure: 13.5 ata.

(Throttling loss=4 WE)

i'_1	at	33 ata/410°c 30.7 ata/409°c	775.5	WE	before nozzle
i'_2	at	13.5 ata	721.0	WE	
		Total Heat Drop—H_{oD} =	54.5	WE	

CALCULATION

(I) 4/4 Load:

The turbine will be an impulse reaction type.

Back Pressure formula:

$$P_{RX} = \sqrt{\left(\frac{G^2{}_X}{G^4/_4}\right)^2 \left(P^2_{R^4/_4} - P^2_G\right) + P^2_G}$$

$$P_{RX} = \sqrt{\left(\frac{55.5}{67.25}\right)^2 \cdot (30.7^2 - 13.5^2) + 13.5^2} = 26.4 \text{ ata}$$

Impulse Part:

i_1 = 775.5 WE at 30.7 ata/410°c

$i_2 = 764.1$ WE at 26.4 ata/384°c

$h_{oA} = 11.4$ WE

$$u = \frac{\pi D \times RPM}{60} = \frac{\pi \times I \times 3000}{60} = 157 \ m/sec.$$

$$C_{oo} = 91.5\sqrt{h_{oA}} = 91.5\sqrt{11.5} = 311 \ m/sec$$

$$u/C_{oo} = \frac{157}{311} = 0.503$$

$\therefore \eta_u = 79\%$ —blade efficiency

(Blade height=20 mm)

$h_u = 0.79 \times 11.5 = 9$ WE

$G = 55.5$ T/h or 15.4 kg/sec.

$L_u = 4.185 \times G \times h_u = 4.185 \times 15.4 \times 9$

$= 580$ KW—Output at impulse part.

V at 26.4 ata, 392°C=0.115 cbm/kg—Specific Volume

$$N_{R+V} = \frac{1.7 + 2.5 \times 1.1 \times 1.6}{0.115} = 53 \text{ KW — Friction Loss}$$

$L_{iA} = 580 - 53 = 527$ KW

$L_o = 4.185 \times 11.4 \times 15.4 = 782$ KW

$$\therefore \eta_i = \frac{527}{782} = 67.2\% \text{ (indicated efficiency)}$$

$h_i = 0.672 \times 11.4 = 7.67$ WE

$i'_2 = 775.5 - 7.67 = 767.8$ WE

$t_2 = 392$°C

$V = 0.115 \times 15.4 = 1.7$ m^3/sec.

Balance Piston:

$\Phi = 480$ mm

Stages $= 24$

Clearance$= 0.5$ mm

$$P_2/P_1 = \frac{13.5}{26.54} = 0.51$$

$k = 1.75$

$$G_{piston} = KDS\sqrt{\frac{p_1}{v_1}} \cdot 100 \text{ (from Stodola V. p. 158)}$$

$$= 1.75 \times 0.465 \times \frac{0.5}{100}\sqrt{\frac{26.4}{0.115}} \cdot 100$$

$=0.64$ kg/sec.——Steam taken by the balance piston

$G_R=15.4-0.64=14.76$ kg./sec.

Reaction Part:

$i'_2 = 767.8$ WE

B. P.: $i_3 = 723.5$ WE

$h_{oR} = 44.3$ WE

$\Phi_a=450$; $u=70.5$; $V=1.7\ m^3/\text{sec}$ $C_a/u=0.355$; $C_a=25$

$\Phi_m=465$; $u=73.0$; $u^2=5300$; $Z=29$; $u^2Z=154,000$

$$\left(\omega = \text{Reaction factor} = \frac{u^2 Z}{RH_o} \cong 3,400\right.$$

$$\left.\therefore\ Z = \text{no. of stages} = \frac{3400 \times 1.011 \times 44.3}{5300} \cong 29\right)$$

$\Phi_e=480$; $u=75.3$; $V=2.9\ m^3/\text{sec}$, $C_a=26.7$

Blade Height:

At beginning: $h_a = \frac{V}{\Phi_a \pi C_a} = \frac{1.7 \times 1.1 \times 1000}{0.45 \times \pi \times 25} = 52.2\ mm.$

At end: $h_e = \frac{2.9 \times 1.1 \times 1000}{0.48 \times \pi \times 26.7} = 79.2\ mm \cong 80mm$

$\eta_o=93.4-2.4=91\%$—blade efficiency

Clearance loss $=\left(\frac{0.5}{52.2}+\frac{0.55}{80}\right)\times\frac{4}{2}=3.5\%$

Outlet loss $= h_a \cong 0.3\%$

Regenerating factor—$R=1.011\%$

η_i=indicated efficiency$=91\times0.965\times0.997\times1.011=88\%$

$h_{iR}=39$ WE $i'_3=729$ WE

$t_3=306\ ^\circ C$; $V=14.8\times0.195=2.9\ \text{m}^3/\text{sec}.$

$L_{iR} = 4.185 \times 14.8 \times 39 = 2,410$ KW

$L_{iA} = 527$ KW

$\Sigma L_i = 2937$ KW

Mechanical loss — 1.5% $\backsim$ 45 KW

Total Output at Coupling = 2892 KW

Steam consumption at Circumference $= DV_o = 15.8$ kg/kwh.

Steam consumption at Coupling $= DV_{kup} = 19.3$ kg/kwh. $\left(= \frac{55,000}{2,892}\right)$

η_{kup} = Efficiency at coupling = 81.8%

(II) Overload Condition:

Steam pass through bypass, i.c. reaction part only

(Steam—67,250 kg/hour)

Reaction part:

$G_X = 18.7$ kg/sec.

$$N_{R+V} = \frac{1.7 + 2.5 \times 1.1 \times 1.6}{0.105} = 58 \text{ KW}$$

Balance Piston:

$P_2/P_1 = 0.44, \left(\frac{13.5}{30.7}\right), \quad k = 1.8$

$G_{piston} = 0.74\ ^{kg}/_{sec}, \qquad G_R = 17.96\ ^{kg}/_{sec}.\ (= 18.7 - 0.74)$

$$\left(G_{piston} = 1.8 \times 0.48 \times \frac{0.5}{1000} \sqrt{\frac{30.7}{0.105}} \times 100\right)$$

i'_2 at 30.7 ata/409°c = 775.5 WE

i_3 at 13.5 ata = 721.0 WE

H_{oR} = 54.5 WE

$$\omega = \frac{u^2 Z}{R H_{oR}} = \frac{5300 \times 29}{1.013 \times 54.5} = 2,810 \text{ (Parsons factor)}$$

$\eta_o = 92.3\%$

h_A = outlet loss = 0.3%

$R = 1.013$

n_{st} = stage efficiency = (N_0 − binding loss) × clearance loss
$= (N_0 - 2\%) \times 0.965 = 87\%$

$n_i = 1.013 \times 87\% \times (1 - h_A) = 1.013 \times 87\% \times .997 = 88\%$

$h_i = 0.88 \times 54.5 = 48$ *WE*

$t_3 = 302°C$

$V = 3.56\ m^3/\text{sec.}$

$L_{iR} = 4.185 \times G_R \times h_i = 4.185 \times 17.96 \times 48 = 3605\ KW$

$\Sigma L_i = 3605\ KW$

Mechanical loss $\sim 45\ KW$

$L_{kup} = L_i - (L_{mech.} + N_{R+V}) = 3605 - (45 + 58) = 3502\ KW$

(Output at Coupling)

η_{kup} = Efficiency at Coupling $= \dfrac{3502}{4270} \times 100 = 82.2\%$

DV_{kup} = Steam consumption at Coupling $= \dfrac{860}{54.5 \times 0.822}$

$= 19.2\ kg/kwh.$

(III) Calculation of Steam Inlet and Outlet:

(a) Maximum Allowable Inlet Velocity=45 $m/\text{sec.} = W_Z$

(b) Maximum Allowable Outlet Velocity=50 $m/sec. = W_A$ for back pressure turbine.

By Flow Formula:

$$G \times v = F \times W$$

(a) By cut and trial by inlet $\Phi = 250\ mm.$ or 0.25 m

$$W_Z = \frac{G \times v}{F}$$

$G = 18.7$ kg/sec v at 33 ata/410°c=0.095 m³/kg

$$F = \pi \times \left(\frac{250}{2}\right)^2$$

$$\therefore\ W_Z = \frac{18.7 \times 0.095}{\pi \times \left(\frac{0.250}{2}\right)^2} = 36.2\ \text{m/sec}$$

∵ The velocity 36.2 m/sec is within the allowable limit, ∴ the inlet diameter is correctly designed.

(b) Try outlet Φ=300mm or 0.3 meter, v at 13.5 ata/302°c =0.19m³/kg.

$$\therefore\ W_A = \frac{0.19 \times 18.7}{\pi \times \left(\frac{0.3}{2}\right)^2} = 49.8\ \text{m/sec.}\ \text{(right)}$$

Reference:

(I)

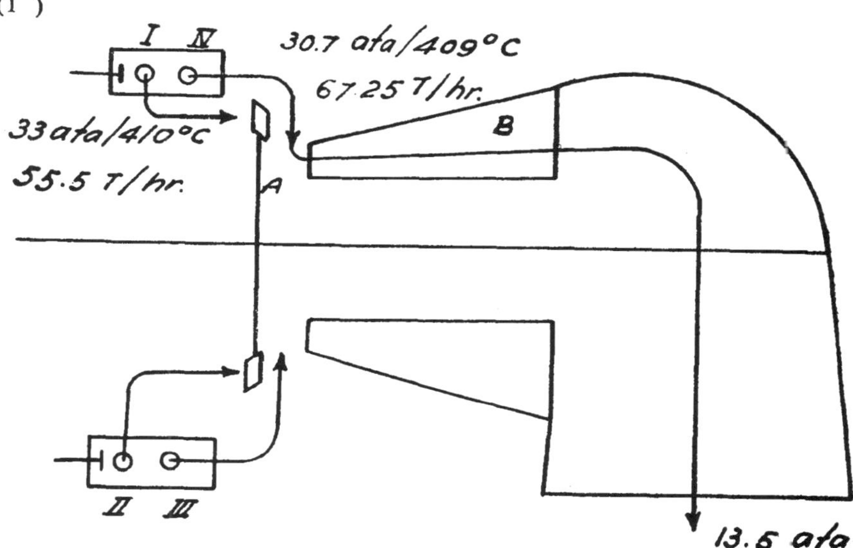

Valves I, II—open, III, IV—close } for normal load

I, II—close, III, IV—open } for maximum load

A=impulse stage

B=reaction stage

(II) All heat expansion refers to Entropy Chart of Stodola's Steam and Gas Turbine.

(III) Balance piston:

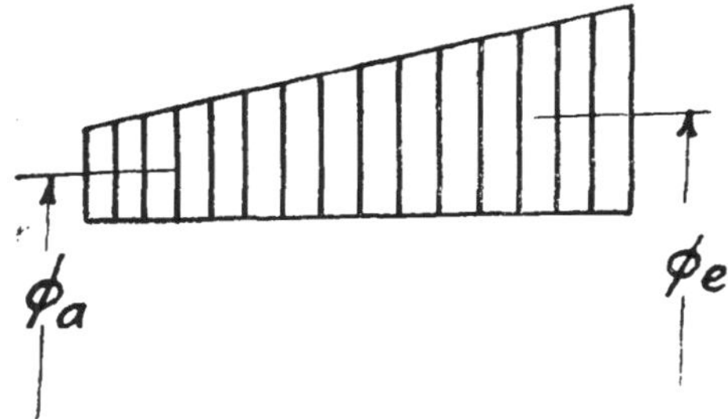

$$h_e \cong \frac{\Phi_e}{6 \text{ to } 7}$$

無窮級數之理論及應用

（續）

Knopp 氏 原 著
顧 澄 達 旨

第六編

基本函數之展開式

前兩章（二十，二十一）之定理可藉以精研許多級數，玆就其最重要者說明此事．

有幾個冪級數或其所表之函數，於全部解析頗有關係，故常稱之爲基本函數(elementary function)．特先論之．

二十二章 有理函數

幾何級數

$$1+x+x^2+\cdots=\sum_{n=0}^{\infty}x^n=\frac{1}{1-x}\qquad |x|<1$$

爲以下許多特種研究之根據；今照93，4將其一再微分，*即可推得

$$\sum_{n=0}^{\infty}(n+1)x^n=\frac{1}{(1-x)^2},\qquad \sum_{n=0}^{\infty}\binom{n+2}{2}x^n=\frac{1}{(1-x)^3},\quad\cdots$$

其公例爲：p爲任意正整數**時，

$$\sum_{n=0}^{\infty}\binom{n+p}{p}x^n=\frac{1}{(1-x)^{p+1}},\qquad |x|<1.\qquad \mathbf{108}$$

若照91，再以 $\Sigma x^n=\frac{1}{1-x}$ 乘上式，則（從91及108）得

$$\sum_{n=0}^{\infty}\left[\binom{p}{p}+\binom{p+1}{p}+\cdots+\binom{p+n}{p}\right]x^n=\sum_{n=0}^{\infty}\binom{n+p+1}{p+1}x^n.$$

照97比較其係數，得

$$\binom{p}{p}+\binom{p+1}{p}+\cdots+\binom{p+n}{p}=\binom{n+p+1}{p+1}.\qquad (一)$$

此式雖從上推出，但亦易用數學歸納法直接證明之．若此（一）先以歸納法證明，則

*附註．「一再微分」乃微分後再微分，一連微分若干次之意．並非只微分兩次卽止．故此「一再」乃白話中之「一再」，卽文言中之「屢次」；不可照字面呆講．因以後常用，如「一再將x自乘」卽將x自乘爲x^2，再以x乘之爲x^3，再以x乘之爲x^4，再以x乘之爲x^5如是者連續若干次，故註明之．

**附註．原書爲「正數」，但應改爲「正整數」．因須至下二十五章中，p 方可爲分數或實數也．

108之等式，亦可憑以直接推得；推此之法只須將 $\Sigma x^n=\frac{1}{1-x}$ 一再自乘（從**103**），及用歸納法證明之．

因

$$\binom{n+p}{p}=\binom{n+p}{n}=(-1)^n\binom{-p-1}{n},$$

故若在**108**中令x爲$-x$，及$p+1$爲$-k$，則得公式

109 $$(1+x)^k=\sum_{n=0}^{\infty}\binom{k}{n}x^n,\qquad |x|<1$$

此在$|x|<1$及k爲負整數時爲有效．此公式顯爲二項定理（**29**，4）之推廣於負整指數者；因二項定理之k雖只爲正整數或0，而亦可寫成**109**之形式也（二項定理式中$n>k$之項皆$=0$；此**109**式當k爲正整數時$n>k$之項亦皆$=0$）．

如上所推得之諸公式，皆有兩重意義（此可直接察知，故僅在此處說明一次，他處可以類推）；即此種公式若從左向右看起來，爲一函數展成冪級數，或以一冪級數代表一函數；而從右向左看起來，則又爲「以一「有盡式」†（closed expression）爲一冪級數之和」。至此兩種解釋中，究以何種爲主，則須各隨所遇之情形而定。

用此幾個簡單公式可將有理函數

$$f(x)=\frac{a_0+a_1x+\cdots+a_mx^m}{b_0+b_1x+\cdots+b_kx^k}$$

之可分爲簡單部分分數者展成冪級數，卽$f(x)$之可以「形式爲

$$\frac{A}{(x-a)^p}$$

之諸分數之和」表之者，常可用此幾個簡單公式將其展成冪級數．* 因凡形式爲 $\frac{A}{(x-a)^p}$ 之分數，皆可用公式**108**將其展成一冪級數，則$f(x)$亦自必因之而可展爲一冪級數．實則此種展開，對於每一點$x_0(\neq a)$之鄰近皆可實行．此只須先寫成

$$\left(\frac{1}{x-a}\right)^p=\frac{1}{(x_0-a)^p}\cdot\left(\frac{1}{1-\left(\frac{x-x_0}{a-x_0}\right)}\right)^p,\qquad（二）$$

†附註。「有盡式」爲寫得完之式。如級數 $1+x+x^2+\cdots$ 及無盡小數 1·414… 寫不完者皆爲無盡式而非「有盡式」矣。

*附註。此處原文頗不清楚，故改之。因與原文微有出入，特註明之，以負文責。

综合卷（第七册） 交大季刊 第二十四期（1937）

再以此右邊末一分數照108展開之．用此法展開時，并可知所得展開式對於$|x-x_0|<|a-x_0|$爲收斂，且惟對於此種x之值方爲收斂．

惟此法僅在用複素數時始有根本上之重要．*

例 110

1．$\sum\limits_{n=0}^{\infty}\frac{1}{2^n}=2$．　　2．$\sum\limits_{n=0}^{\infty}\frac{n+1}{2^n}=4$．

3．$\sum\limits_{n=0}^{\infty}\frac{(n+1)(n+2)}{2^{n+1}}=8$．　　4．$\sum\limits_{n=0}^{\infty}\binom{n+p}{p}\left(\frac{2}{3}\right)^n=3^{p+1}$．

二十三章 指數級數

1． 在幾何級數之外，所謂指數級數

$$\sum_{n=0}^{\infty}\frac{x^n}{n!}\equiv 1+x+\frac{x^2}{2!}+\frac{x^3}{3!}+\cdots+\frac{x^n}{n!}+\cdots$$

亦極重要，爲以後研究之一種根據．今取其所表之函數細論之．此卽所謂指數函數(exponential function)，暫以$E(x)$表之．因此級數處處收斂(從92,2)，故$E(x)$必對於每壹x皆有定義，皆爲連續，並皆能微分任幾次(從98)．其導出函數立可求得，卽

$$E'(x)=E(x),$$

故其高階導出函數亦必盡爲

$$E^{(\nu)}(x)=E(x).$$

今再從此級數之本身，進求其他諸性質．前在91,3已證明：若x_1及x_2爲任意兩實數，則

(a) $$E(x_1+x_2)=E(x_1)\cdot E(x_2).$$

此基本公式常簡稱爲指數函數之加法定理[1] (addition theorem for the expo-

---

*附註． 此言(二)式在x爲實變數時，無甚用處．但至以後講複變數時，則極重要．可參觀下五十五章解析函數之I，有理函數．

1． 別證． $E(x)$之Taylor氏級數99

$$E(x)=E(x_1)+\frac{E'(x_1)}{1!}(x-x_1)+\cdots$$

對於x及x_1之一切値皆爲有效．若已察知$E^{(\nu)}(x_1)=E(x_1)$，則以x_1+x_2代此級數中之x，立得

$$E(x_1+x_2)=E(x_1)\cdot\left(1+\frac{x_2}{1!}+\frac{x_2^2}{2!}+\cdots\right)=E(x_1)\cdot E(x_2)$$

已證完．

nential function).從此進推,得

$$E(x_1+x_2+x_3)=E(x_1+x_2)\cdot E(x_3)=E(x_1)\cdot E(x_2)\cdot E(x_3),$$

再一再進推,可知對於無論幾個實數$x_1,x_2,\cdots,x_k$,皆

(b) $$E(x_1+x_2+\cdots+x_k)=E(x_1)\cdot E(x_2)\cdots E(x_k).$$

若對於各ν皆令$x_\nu=1$,則得其特例爲

$$E(k)=[E(1)]^k, \tag{一}$$

且此式對於任何正整數k皆爲有效.因$E(0)=1$,故此(一)在$k=0$時亦眞.若在(b)中,對於各ν皆令$x_\nu=\frac{m}{k}$及令此m亦爲$\geqq 0$之整數,則得

$$E\left(k\cdot\frac{m}{k}\right)=\left[E\left(\frac{m}{k}\right)\right]^k, \tag{二}$$

又因$E(m)=[E(1)]^m$,故從(二)得

$$E\left(\frac{m}{k}\right)=[E(1)]^{\frac{m}{k}}.$$

爲簡便計,令 $E=E(1)$,則上已證明

(c) $$E(x)=E^x$$

對於任何有理數$x\geqq 0$皆爲有效.

再若ξ爲任一正無理數,則可作一「正有理數之敍列(x_n)之歛於ξ者」(此種敍列之作法自然有許多,可任取一法作之).於是從(c)可知對於各n皆能

$$E(x_n)=E^{x_n}.$$

當$n\to+\infty$時,此式之左邊趨於$E(\xi)$(從98,2),而其右邊趨於E^ξ(從42,1),故得

$$E(\xi)=E^\xi.$$

上已證明凡x爲$\geqq 0$之實數時,(c)必爲眞.

最後,從(a)得

$$E(-x)\cdot E(x)=E(x-x)=E(0)=1;$$

因此,可知「無論x爲何種實數,$E(x)$終$\neq 0$」[(2)],及凡$x\geqq 0$時皆

2. 就此級數直接觀察,已立可知$x\geqq 0$時,$E(x)$决不能$=0$;因此級數爲正項級數,而其0次項爲1也(0次項卽x爲0次之項,亦卽x^n爲x^0之項)。

$$E(-x)=\frac{1}{E(x)}=\frac{1}{E^{x}}=E^{-x}.$$

由是，凡x爲負實數時，(c)亦有效.

從上可知無論x爲何種實數，(c)必爲眞；且同時可知函數$E(x)$名爲指數函數之理由亦在於此；$E(x)$爲一「定底」之第x冪，此底爲

$$E=E(1)=1+\frac{1}{1!}+\frac{1}{2!}+\frac{1}{3!}+\cdots+\frac{1}{n!}+\cdots$$

2. 再就此底略作研究，可得些別種知識.今先證其與46, a[*]所言之數e全等，即

$$\lim\left(1+\frac{1}{n}\right)^{n}=\sum_{\nu=0}^{\infty}\frac{1}{\nu!}.^{(3)}$$

欲證此理，可證較此更廣之下定理（因此理可包括在下定理中），且因此可完成46, a[**]之研究：

°定理. 無論x爲何種實數，$\lim\limits_{n\to\infty}\left(1+\dfrac{x}{n}\right)^{n}$必存在，且必等於級數$\sum\limits_{\nu=0}^{\infty}\dfrac{x^{\nu}}{\nu!}$ 111

之和.[4]

證. 爲簡便計，先令

$$\left(1+\frac{x}{n}\right)^{n}=x_{n}\quad 及\quad \sum_{\nu=0}^{\infty}\frac{x^{\nu}}{\nu!}=s(x)=s.$$

則只須證明$(s-x_{n})\to 0$，已足證明本定理. 今先任意取定壹x之值，及任意取定壹$\varepsilon>0$；則必能再覓得一夠大之p，使

$$\frac{|x|^{p+1}}{(p+1)!}{}^{\dagger}+\frac{|x|^{p+2}}{(p+2)!}+\cdots<\frac{\varepsilon}{2}.$$

再凡$n>2$時，

---

*附註. 此 a 原文誤刊爲 4.

3. 此爲問題 B之要例，參觀九章開始之導言.

**附註. 此 a 原文誤刊爲 4.

4. 首先證此者爲 Euler（但證法不全適當），Introductio in analysin infinitorum, Lausanne 1748, p. 86. Newton (1669) 及 Leibnitz(1676) 已先知此指數級數及其和爲 e^{x}.

†附註. $(p+1)!$原文誤刊爲$(p+1!)$.

$$x_n=1+\binom{n}{1}\frac{x}{n}+\cdots+\binom{n}{k}\frac{x^k}{n^k}+\cdots+\binom{n}{n}\frac{x^n}{n^n}$$

$$=1+x+\frac{1}{2!}\left(1-\frac{1}{n}\right)x^2+\cdots$$

$$\cdots+\frac{1}{k!}\left[\left(1-\frac{1}{n}\right)\left(1-\frac{2}{n}\right)\cdots\left(1-\frac{k-1}{n}\right)\right]x^k+\cdots \qquad (三)$$

爲至第n項自能終止之有窮級數。(三)中項之含x^k者($k=0,1,2,\cdots$),其係數皆顯爲$\geqq 0$而$\leqq$指數級數中相應項之係數$\frac{1}{k!}$.故「前者及後者之差」中「含x^k之項」之係數亦是如此.*因此,凡$n>p$時(p照前所覓定者),(5)

*附註。此處所言,再略作說明於下:先

(a) $x_n=1+x+\frac{1}{2!}\left(1-\frac{1}{n}\right)x^2+\cdots+\frac{1}{k!}\left[\left(1-\frac{1}{n}\right)\left(1-\frac{2}{n}\right)\cdots\left(1-\frac{k-1}{n}\right)\right]x^k+\cdots$

(b) $\sum_{\nu=0}^{\infty}\frac{x^\nu}{\nu!}=1+x+\frac{1}{2!}x^2+\cdots+\frac{1}{k!}x^k+\cdots=s$

此處所謂前者及後者之差乃指$(b)-(a)$而非指$(a)-(b)$,卽指

(c) $(b)-(a)=\frac{1}{2!}\left[1-\left(1-\frac{1}{n}\right)\right]x^2+\cdots$

$$\cdots+\frac{1}{k!}\left[1-\left(1-\frac{1}{n}\right)\left(1-\frac{2}{n}\right)\cdots\left(1-\frac{k-1}{n}\right)\right]x^k+\cdots$$

此處前一句所言爲:$k=0,1,2,\cdots$時皆

(I) (a)中「含x^k之項」之係數$\frac{1}{k!}\left[\left(1-\frac{1}{n}\right)\left(1-\frac{2}{n}\right)\cdots\left(1-\frac{k-1}{n}\right)\right]\geqq 0$;

(II) (a)中「含x^k之項」之係數$\frac{1}{k!}\left[\left(1-\frac{1}{n}\right)\left(1-\frac{2}{n}\right)\cdots\left(1-\frac{k-1}{n}\right)\right]\leqq(b)$中「含$x^k$之項」之係數$\frac{1}{k!}$。

末一句所言爲:$k=2,3,4,\cdots$時,皆

(III) (c)中「含x^k之項」之係數$\frac{1}{k!}\left[1-\left(1-\frac{1}{n}\right)\left(1-\frac{2}{n}\right)\cdots\left(1-\frac{k-1}{n}\right)\right]\geqq 0$;

(IV) (c)中「含x^k之項」之係數$\frac{1}{k!}\left[1-\left(1-\frac{1}{n}\right)\left(1-\frac{2}{n}\right)\cdots\left(1-\frac{k-1}{n}\right)\right]\leqq(b)$中「含$x^k$之項」之係數$\frac{1}{k!}$。

5。自始假定$p>2$。

$$|s-x_n|\leqq\frac{1}{2!}\left[1-\left(1-\frac{1}{n}\right)\right]\cdot|x|^2+\cdots$$

$$\cdots+\frac{1}{p!}\left[1-\left(1-\frac{1}{n}\right)\cdots\left(1-\frac{p-1}{n}\right)\right]\cdot|x|^p+\frac{\varepsilon}{2}.$$

此右邊前$(p-1)$個項中之各項皆爲空列之公項;[6] 故其和必 $\to 0$(因p爲一定數);而可取一夠大之$n_0>p$,使凡$n>n_0$時此和常$<\frac{\varepsilon}{2}$.由是,凡$n>n_0$時,皆

$$|s-x_n|<\varepsilon,$$

而所須證者已經證明.[7] 令$x=1$,則得其特例

$$E=\sum_{\nu=0}^{\infty}\frac{1}{\nu!}=\lim_{\nu\to\infty}\left(1+\frac{1}{n}\right)^n=e,$$

於是從(c)得:凡x爲實數時,皆

$$E(x)=\sum_{\nu=0}^{\infty}\frac{x^\nu}{\nu!}=e^x.$$

以上所得以指數級數表e之法,於e之研究較爲便利.一則,用此表法易得e之接近值.因此級數之項皆爲正,故對於每壹n皆

$$s_n<e<s_n+\frac{1}{(n+1)!}+\frac{1}{(n+1)!\,(n+1)}+\frac{1}{(n+1)!\,(n+1)^2}+\cdots,$$

卽

$$s_n<e<s_n+\frac{1}{(n+1)!}\cdot\frac{n+1}{n},$$

卽

---

6. 因 $\left(1-\frac{1}{n}\right)\to 1$, $\left(1-\frac{2}{n}\right)\to 1$, $\cdots$, $\left(1-\frac{p-1}{n}\right)\to 1$,故其積亦$\to 1$(40, 10),故$\left[1-\left(1-\frac{1}{n}\right)\left(1-\frac{2}{n}\right)\cdots\left(1-\frac{p-1}{n}\right)\right]\to 0$;又因$p$及$x$皆爲定數,故此末一式與$\frac{1}{p!}|x|^p$之積亦$\to 0$;同理,他項亦是如此。又此結果亦可從41,12直接推得。

7. 此處所用之法,並非證此之際臨時想得之特法,乃一種常用之證法。設一數列(x_n)之公項爲一和$x_n=x_0^{(n)}+x_1^{(n)}+\cdots+x_{k_n}^{(n)}$, 及此和中之被加諸項不但各自隨$n$ 而變, 且其個數亦隨 n 增加(卽$k_n\to\infty$)。若$n\to\infty$時,此和中各項前進之狀態已知(例如,對於每一定ν,已知$x_\nu^{(n)}\to\xi_\nu$); 則爲達吾人之目的計, 常可先在此和中分出若干項例如 $x_0^{(n)}+x_1^{(n)}+\cdots+x_p^{(n)}$ (p 爲定數, 若干二字亦指一定數), 得 $n\to\infty$ 時此式 $\to\xi_0+\xi_1+\cdots+\xi_p$ (從41, 9)。 再求分餘諸項之上下界, 以估計$x_{p+1}^{(n)}+x_{p+2}^{(n)}+\cdots+x_{k_n}^{(n)}$之總値(只要$p$取得合宜,卽不難如此)。

(a) $$s_n<e<s_n+\frac{1}{n!n},$$

此處之s_n皆為「表e之級數之部分和」. 只須就其簡單之值計算之, 例如就$n=9$時計算之, 即可求得

$$2.718281<e<2.718282$$

而使吾人對於「此數e之值」獲一良好之印像(參觀下三十四章3). 二則, 從公式(a)倘可推得較進之要理.[8] 凡數之非有理數者不能自呈其全體〔僅有理數可以$\frac{p}{q}$之形式寫出其全體, 無理數即無法寫出其全體, 第一編中已早言明〕. e是否為一有理數? 從(a)極易推知「此e決非有理數」. 蓋倘若$e=\frac{p}{q}$, 則$n=q$時應從(a)得

$$s_q<\frac{p}{q}<s_q+\frac{1}{q!q},$$

其中$s_q=2+\frac{1}{2!}+\cdots+\frac{1}{q!}$. 再以$q!$乘此不等式, 則$q!s_q$應為一整數; 此整數以$g$表之, 則$q!$乘此不等式之結果為

$$g<p\cdot(q-1)!<g+\frac{1}{q}\leqq g+1. \qquad (四)$$

但兩連接整數g及$g+1$間不能有與此兩數不同之他整數$p\cdot(q-1)!$ 故此(四)為不能成立之式, 由此可知 e必為一無理數.

3. 從上之研究, 凡吾人對於$\left(1+\frac{1}{n}\right)^n$之極限所欲知者均已盡知; 即關於此極限之$A$及$B$兩問題(九章)均已得適當之解決. 惟此極限, 至為重要, 再以他法決定之(此與以上所言之法全不相涉).

$\left(1+\frac{1}{n}\right)^n\to e$ 早經證實. 現在只用此理, 即可將其先推廣為: 若(y_n)為任意正數之敍列之$\to+\infty$者, 則亦必

$$\left(1+\frac{1}{y_n}\right)^{y_n}\to e. \qquad (五)$$

8. 此數e曾求至346位小數, 此係J.M. Boormann所計算(Math. Magazine, Vol.1, No. 12, p. 204, 1884). 此種極長之計算, 效用甚微.

此可分兩層證明之：

(*I*) 當對於各n皆y_n爲壹正整數時，此理極易明白；因此僅爲$\left(1+\frac{1}{n}\right)^n\to e$之一種直接結果也。[(9)]

(*II*) 若諸數y_n不盡爲整數，則對於各n必有一(且只有一)整數k_n能合於

$$k_n\leqq y_n<k_n+1,$$

而此諸整數k_n之敍列亦必$\to+\infty$。再若$k_n\geqq1$，則

$$\left(1+\frac{1}{k_n+1}\right)^{k_n}<\left(1+\frac{1}{y_n}\right)^{y_n}<\left(1+\frac{1}{k_n}\right)^{k_n+1}.$$

又因諸數k_n皆爲整數，故敍列

$$\left(1+\frac{1}{k_n}\right)^{k_n+1}=\left(1+\frac{1}{k_n}\right)^{k_n}\cdot\left(1+\frac{1}{k_n}\right)$$

及敍列

$$\left(1+\frac{1}{k_n+1}\right)^{k_n}=\left(1+\frac{1}{k_n+1}\right)^{k_n+1}\cdot\frac{1}{1+\frac{1}{k_n+1}}$$

必皆$\to e$(此從(*I*)可知)．故從41，可知

$$\left(1+\frac{1}{y_n}\right)^{y_n}\to e$$

今再可證明：若$y_n'\to-\infty$，則

$$\left(1+\frac{1}{y'_n}\right)^{y'_n}\to e; \tag{六}$$

換言之，卽若$y_n\to+\infty$，則

$$\left(1-\frac{1}{y_n}\right)^{-y_n}\to e, \tag{七}$$

其證如下．

此諸數y_n'皆須假定其<-1，卽須假定$y_n>1$，*如是則此冪之底不至有時爲0或

因任定壹 $\varepsilon>0$ 及取定壹n_0 使(46a)

$$\left|\left(1+\frac{1}{n}\right)^n-e\right|<\varepsilon,\qquad n>n_0$$

則只須取定壹n_1使凡$n>n_1$時皆$y_n>n_0$，卽能

$$\left|\left(1+\frac{1}{y_n}\right)^{y_n}-e\right|<\varepsilon,\qquad n>n_1$$

*附註。此處原文認$y_n=-y_n'$；此(六)(七)雖不妨分開。但(六)頗重要，(七)不過爲(六)之換一說法，借此證(七)卽以證(六)，無(六)，(七)分開之必要。故從原文而加此註。因原文雖意在$y_n=-y_n'$而未明言，爲之註明，於讀者較便耳。

負數;此常可用有窮次改易法,將其做到如此.因

$$\left(1-\frac{1}{y_n}\right)^{-y_n}=\left(\frac{y_n}{y_n-1}\right)^{y_n}=\left(1+\frac{1}{y_n-1}\right)^{y_n-1}\cdot\left(1+\frac{1}{y_n-1}\right),$$

及$y_n\to\infty$時y_n-1亦必$\to\infty$;故從(II)知(七)爲眞,因此(六)亦爲眞.

令 $\frac{1}{y_n}=z_n$, 則可合(五),(六)兩結果爲:若(z_n)爲空列,且其中之項專爲正或專爲負,並專爲負時皆>-1,則

$$(1+z_n)^{\frac{1}{z_n}}\to e. \qquad (八)$$

總上所言,得:

12 定理. 若(x_n)爲一任意空列,其諸項皆不等於0,且自第一項起皆>-1,[10] 則

(a) $$\lim_{n\to\infty}(1+x_n)^{\frac{1}{x_n}}=e.\text{[11]}$$

證 既一切x_n皆$\neq0$,自可將此敍列(x_n)分爲兩子敍列;其一專爲正項所成,以(x'_n)表之;其二專爲負項所成,以(x''_n)表之;而從上之(八)可知 $\lim\limits_{n\to\infty}(1+x'_n)^{\frac{1}{x'_n}}$ 及 $\lim\limits_{n\to\infty}(1+x''_n)^{\frac{1}{x''_n}}$ 皆爲存在,且皆$=e$.[12] 再從**41**,5可知$(1+x_n)^{\frac{1}{x_n}}$必爲收斂,及其極限亦必爲e.已證完.

從**42**,2,此結果亦可以

(b) $$\frac{\log(1+x_n)}{x_n}\to1$$

之形式表之.

從十九章,定義4,知可由(a)推得

$$\lim_{x\to0}(1+x)^{\frac{1}{x}}=e.$$

10. 原非自第一項起>-1者,常可以有窮次更易法將其作成自第一項起皆>-1.

11. Cauchy: Résumé des leçons sur le Calcul infinit., Paris 1823, p. 81.

12. 倘此兩子敍列之一只有「有窮個項」,則可以有窮次改易法施於原敍列而將其除去不算〔例如(x_n)中只有五十個正項,則(x_n')亦只有五十項可除去不算。因可以有窮次改易法施於(x_n)使其中只有負項也〕。

從此諸結果，又可（與1及2中之研究絕無關係）逕推得

$$\left(1+\frac{x}{n}\right)^{n}\to e^{x};$$

此因$\left(\frac{x}{n}\right)$顯爲空列，[13] 從(a)得

$$\left(1+\frac{x}{n}\right)^{\frac{n}{x}}\to e.$$

故

$$\left(1+\frac{x}{n}\right)^{n}\to e^{x}.^{(14)}$$

4. 若$a>0$及x爲任意實數，則

$$a^{x}=e^{x\log a}=1+\frac{\log a}{1!}x+\frac{(\log a)^{2}}{2!}x^{2}+\frac{(\log a)^{3}}{3!}x^{3}+\cdots$$

爲一任意冪展成之級數，由此可推得

113 $$x\to 0\text{ 時，}\quad\frac{a^{x}-1}{x}\to\log a\qquad a>0.^{(15)}$$

此公式可用作求對數之初步方法，在某種範圍內可以實用，例如，從之可得（參觀九章，87面）

$$\log a=\lim_{n\to\infty}n(\sqrt[n]{a}-1)$$
$$=2^{k}(\sqrt[2^{k}]{a}-1).$$

---

13. 此專就$n>|x|$時之空列討論之．因$n>|x|$，則常可$\frac{x}{n}>-1$也〔但無論x爲何數，n終有$>|x|$之時，故此理仍不因此而有限制；因可專從$\left(\frac{x}{n}\right)$之末尾着想也〕。

14. 以此與2中所得結果合觀，可知此$\left(1+\frac{x}{n}\right)^{n}$之極限値與指數級數$\sum_{\nu=0}^{\infty}\frac{x^{\nu}}{\nu!}$之和相同。由是，又得此指數級之和$=e^{x}$之第二證明。

15. 直接證法。若(x_n)爲空列，則從**35**，3可知$y_n=a^{x_n}-1$亦爲空列$(a>0)$；再從**112**(b)得

$$\frac{a^{x_n}-1}{x_n}=\frac{y_n\cdot\log a}{\log(1+y_n)}\to\frac{\log a}{1}=\log a.$$

〔此因$a^{x_n}=y_n+1$，兩邊求對數得$x_n\log a=\log(1+y_n)$．故$\frac{1}{x_n}=\frac{\log a}{\log(1+y_n)}$．上式中間之一式由此得來〕。

因凡根之其指數爲「2之冪」者，可由一再求平方根法直接算得．故此法雖陳舊初淺，亦仍可用作求對數之方法．

5．吾人已知e^x爲處處連續，及可將其微分至任意次而得 $e^x=(e^x)'=(e^x)''=(e^x)'''=\cdots$ 又此e^x與普通冪a^x（底$a>1$）皆有處處爲正及隨x增而單調升之性質．

此外倘有許多「可以簡單不等式表示之性質」，爲以後所常用，而更值得注意者．此類性質，大抵可以指數級數與幾何級數比較而得．今列舉如下，其證可由讀者自爲之：

114 (α) 無論x爲何數，皆 $e^x>1+x$，[16]

(β) $x<1$ 時， $e^x<\dfrac{1}{1-x}$，

(γ) $x>-1$ 時， $\dfrac{x}{1+x}<1-e^{-x}<x$，

(δ) $x<+1$ 時， $x<e^x-1<\dfrac{x}{1-x}$，

(ε) $x>-1$ 時， $1+x>e^{\frac{x}{1+x}}$，

(ζ) $x>0$ 時， $e^x>\dfrac{x^p}{p!}$，$(p=0,1,2,\cdots)$，

(η) $x>0$ 及 $y>0$ 時， $e^x>\left(1+\dfrac{x}{y}\right)^y>e^{\frac{xy}{x+y}}$，

(ϑ) 凡 $x\neq0$ 時， $|e^x-1|<e^{|x|}-1<|x|e^{|x|}$．

二十四章 三角函數

現可專用數理方法嚴密講述圓函數矣．爲達此目的計，討論處處收斂之級數（92，2）

16．僅$x=0$時，此式及下四式始變爲等式．讀者宜作其相關之曲線以釋明其意義．

$$C(x)=1-\frac{x^2}{2!}+\frac{x^4}{4!}-+\cdots+(-1)^k\frac{x^{2k}}{(2k)!}+\cdots$$

及

$$S(x)=x-\frac{x^3}{3!}+\frac{x^5}{5!}-+\cdots+(-1)^k\frac{x^{2k+1}}{(2k+1)!}+\cdots.$$

此兩級數各表一處處連續及可微分任幾次之函數．此兩函數之性質先就其級數形之展開式證明之，至最後即可知其與初等三角中之 $\cos x$ 及 $\sin x$ 完全一致．

1．先照98，3，求得其各階導出函數為

$$\begin{aligned}&C'=-S,\quad C''=-C,\quad C'''=S,\quad C''''=C;\\&S'=C,\quad S''=-S,\quad S'''=-C,\quad S''''=S;\end{aligned}\qquad(一)$$

此諸關係式對於任何 x 皆能成立〔此諸記號中略去 x．例如 $C'=-S$ 即是 $C'(x)=-S(x)$ 之簡式〕，因此中第四階導出函數與其原函數一致，可知(一)中各函數之第四階導出函數亦必回復其本身；故在遞求 C 或 S 之微分時，必照(一)中式樣，每四階一循環，周而復始，前進不已；且自(一)中每橫行內之任一個起，亦每四階一循環，向右前進．其次，從此兩函數之本身極易知 $C(x)$ 為偶函數及 $S(x)$ 為奇函數，†即

$$C(-x)=C(x),\quad S(-x)=-S(x).$$

復次，此兩函數，亦如指數函數，各能滿足一種簡單加法定理；而憑此加法定理即可進考此兩函數之其他性質．此項加法定理極易從 Taylor 氏展開式求得(參觀二十三章末註1)如下：因此兩級數皆處處(絕對)收斂，故對於 x 之任何兩值 x_1 及 x_2，皆可從 Taylor 氏級數得

$$C(x_1+x_2)=C(x_1)+\frac{C'(x_1)}{1!}x_2+\frac{C''(x_1)}{2!}x_2^2+\cdots,$$

又因此級數為絕對收斂，可將其任意變列(從39，4)；其特例，可將其中含同類導出函數* 之項集成一項，即

†附註． 此處原文誤刊偶為奇及奇為偶．

*附註． 同類導出函數指 $C'=-S, C'''=S, C^{(5)}=-S, C^{(7)}=S,\cdots$ 等，又 $C''=-C, C''''=C, C^{(6)}=-C, C^{(8)}=C,\cdots$ 亦為同類導出函數．「同類」原文為「同值」即同為 $\pm S$ 或同為 $\pm C$ 之意；但 $+S$ 與 $-S$ 不同，此「同值」二字不妥，而又無簡單之語可明之．故只得暫改為「同類」，但亦不清楚，故加此註以明之．

$$C(x_1+x_2)=C(x_1)\left[1-\frac{x_2^2}{2!}+\frac{x_2^4}{4!}-+\cdots\right]$$

$$-S(x_1)\left[x_2-\frac{x_2^3}{3!}+\frac{x_2^5}{5!}-+\cdots\right],$$

即

$$(a)\qquad C(x_1+x_2)=C(x_1)C(x_2)-S(x_1)S(x_2);$$

同理，得

$$(b)\qquad S(x_1+x_2)=S(x_1)C(x_2)+C(x_1)S(x_2).$$ [17]

此(a)及(b)即是$C(x)$之加法定理，及$S(x)$之加法定理.

此兩加法定理之形式與初等三角中 $\cos x$及 $\sin x$ 之加法定理一致.從此(a)及(b)兩加法定理，極易推知此 $C(x)$及 $S(x)$兩函數亦能滿足初等三角中之一切測角公式(goniometrical formulae).例如從(a)，令$x_2=-x_1$，即可推得：對於任何x皆

$$(c)\qquad C^2(x)+S^2(x)=1;$$

再在(a)及(b)中，令x_1及x_2皆爲x，則得

$$(d)\qquad C(2x)=C^2(x)-S^2(x),$$

$$S(2x)=2C(x)S(x).$$

2. 欲從此兩級數直接推知其週期性質，亦無甚困難.此可如下推之：先

$$C(0)=1>0.$$

再$C(2)<0$；此因

$$C(2)=1-\frac{2^2}{2!}+\frac{2^4}{4!}-\left(\frac{2^6}{6!}-\frac{2^8}{8!}\right)-\left(\frac{2^{10}}{10!}-\frac{2^{12}}{12!}\right)-\cdots \qquad (二)$$

---

17. 第二證. 以

$$C(x_1)C(x_2)-S(x_1)S(x_2)$$

中各項乘出之，并將乘出後之此式列成級數之形式，即得級數 $C(x_1+x_2)$—照91,3對於指數級數之方法.

第三證. 求

$$f(x)=[C(x_1+x)-C(x_1)C(x)+S(x_1)S(x)]^2+[S(x_1+x)-S(x_1)C(x)-C(x_1)S(x)]^2$$

之導出函數，立可知其$\equiv 0$.故(從十九章，定理7)$f(x)\equiv f(0)=0$. 由是，上式右邊兩方括弧中之數應各$\equiv 0$. 從此可立得此兩加法定理(a)及(b).

及凡$n\geqq 2$時皆

$$\frac{2^n}{n!}-\frac{2^{n+2}}{(n+2)!}>0,$$

故(二)式括弧中之數必皆為正；而因此知

$$C(2)<1-\frac{4}{2}+\frac{16}{24}=-\frac{1}{3}$$

確是為負.於是,從十九章定理4,知此函數$C(x)$在0及2間必至少為0一次. 又從

$$S(x)=x\left(1-\frac{x^2}{2\cdot 3}\right)+\frac{x^5}{5!}\left(1-\frac{x^2}{6\cdot 7}\right)+\cdots$$

可知凡x為0*及2間之數時$S(x)$常為正；因此,$C'(x)=-S(x)$在0*及2間必常為負；故$C(x)$在0*及2間必為純降,及只能在「此節中一單獨之點ξ」上可以為0.由是,$C(x)$之此最小正0(the least positive zero)**即ξ,為一可以定得很好之實數.因入後即可知此數適等於「半徑為1之圓周」之四分之一,故現可以$\frac{\pi}{2}$表之,即

$$\xi=\frac{\pi}{2},\quad C\left(\frac{\pi}{2}\right)=0.^{(18)}$$

再從(c),得$S^2\left(\frac{\pi}{2}\right)=1$；因$S(x)$在0* 及2間常為正,故從此知

$$S\left(\frac{\pi}{2}\right)=1.$$

再從(d)得

$$C(\pi)=-1,\quad S(\pi)=0,$$

並由此及(d)得

*附註。 0不在內；因$x=0$時$S(x)=0$而不為正。

**附註。 凡$x=a$時$f(a)=0$,則稱a為$f(x)$之0。$f(x)$之0往往不止一個，其最小者謂之最小0。其正0中之最小者謂之其最小正0。

18. 以現在論,此π只能作為2ξ之簡號〔純是一實數之記號,與圓周絕無關係〕,至以下(3中)始能示其與圓周相關之意義〔此處所論，要在離開幾何上之直覺,純從數的方面討論$C(x)$及$S(x)$〕。實則,上「半徑為1之周之四分之一」等,最好一字不提；至下3中,再言及此。原文此註，想亦因上已提及圓周，恐人誤會,再作此註,以明本意耳〕。

$$C(2\pi)=1,\ S(2\pi)=0.$$

於是，從加法定理及以上各式得：無論x爲何數，必

$$(e)\quad \begin{cases} C\left(x+\frac{\pi}{2}\right)=-S(x), & S\left(x+\frac{\pi}{2}\right)=C(x), \\ C(x+\pi)=-C(x), & S(x+\pi)=-S(x), \\ C(\pi-x)=-C(x), & S(\pi-x)=S(x), \\ C(x+2\pi)=C(x), & S(x+2\pi)=S(x). \end{cases}$$

由是，可知此兩函數有2π之週期.[19]

3. 現在所須證明者，僅爲此π有幾何上之意義.蓋2中所定之π純爲一數，與幾何中之圓渺不相涉.今若能證明「此π與圓周之關係」與吾人所素知者相一致；則兩函數$C(x)$及$S(x)$能與兩函數 $\cos x$ 及 $\sin x$ 依次全等，亦已證實而毫無疑義矣.

如三圖，設一點 P 在直交坐標系 OXY 之平面中運動，其運動律爲「當時間爲t時，其兩標須合

$$x=C(t),\ y=S(t) \tag{三}$$

之條件」簡言之，P之運動爲照（三）之關係而進行.如是，則此P與原點之距離$|OP|=\sqrt{x^2+y^2}$常$=1$（此從(c)可知）．由是可知此P係沿「中心爲0，半徑爲1之圓周」而運動．其特例，t從0增至2π時，P從正x軸上一點A起按數學上正向（反鐘針尖行走之方向）繞圓周恰一次，其理如下.當 t 從 0增至π時，$x=C(t)$今已顯爲從$+1$起單調降至-1爲止，而P之橫標因此必經過$+1$及-1間之各值恰一次；同時，$S(t)$常爲正．由此可知當t從0增至π時，P從A至

三　圖

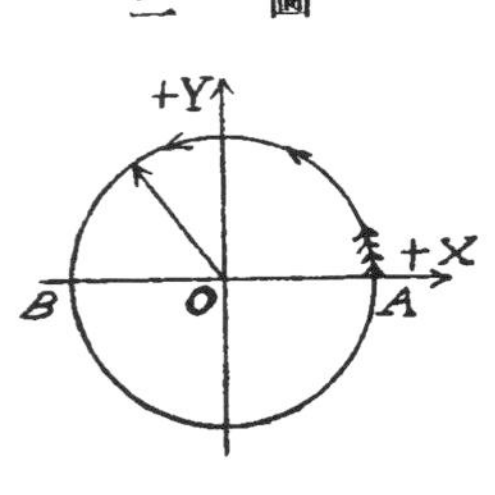

19，2π亦稱此兩函數之**主要週期**(primitive period)，即週期之「以（眞）分數乘之不能再爲週期」者.〔例如16π雖爲$C(x)$之週期；但其$\frac{1}{2}$即8π，其$\frac{1}{4}$即4π及其$\frac{1}{8}$即2π亦各爲$C(x)$之週期；故16π不是主要週期〕.至此 2π 所以能爲主要週期者，因從(e)中諸公式知$\frac{2\pi}{2}=\pi$顯非週期.且$m>2$時之$\frac{2\pi}{m}$亦決不能爲週期；因否則，例如$S\left(\frac{2\pi}{m}\right)$應$=S(0)=0$，但此爲不可能之事；蓋前已知$S(x)$在0及2間爲正，且 $S(\pi-x)=S(x)$ 在 $0<x<\pi$ 中亦常爲正而不爲0也.同理$\frac{2\pi}{m}(m>1)$亦不能爲$C(x)$之週期.

B畫成此圓之上半部，且逕過其中各點恰一次．再從(e)可知t從π增至2π時，P又從B至A畫成下半圖，且亦經過其中各點恰一次．從以上之研究先得：

定理． 若x及y爲能滿足$x^2+y^2=1$之任意兩實數，則在0及2π間（0在內，2π不在內）必有（且只有）一數t能同時滿足

$$C(t)=x \text{ 及 } S(t)=y$$

兩式．

再求「t從0增至t_0時，P所行路之長」；則從十九章定理29之公式，可得此長爲

$$\int_0^{t_0}\sqrt{C'^2+S'^2}\,dt=\int_0^{t_0}dt=t_0.$$

其特例，此圓之全周爲

$$\int_0^{2\pi}\sqrt{C'^2+S'^2}\,dt=\int_0^{2\pi}dt=2\pi.$$

由是，$C(x)$及$S(x)$與圓之關係，早在吾人意想之中，而欲將其證明者，今已完全證實：當弧$\widehat{AP}=t$時，點P之橫標$C(t)$與「此弧（或其相應圓心角）之餘弦」完全一致，及P之縱標$S(t)$亦與「此弧（或此角）之正弦」完全一致．故此後儘可將$C(t)$寫作$\cos t$，及將$S(t)$寫作$\sin t$．至以上處置此兩函數之方式，與初等三角不同之點，要在三角中講此兩函數先從幾何入手，而其展成級數僅爲最後之結果；如是，則須以長，角，弧，及面積之測數爲始基，其根本意義皆難精定．今反其道，先從「定此兩函數之級數」入手，以考此兩函數之性質；最後始以積分所定之「長之觀念」，證實其可用圓作釋，正如吾人所素知；此乃專以實數爲始基，欲其根本觀念精確穩固，不再有絲毫之含混耳．*

4． 兩函數$\cot x$及$\tan x$爲兩比$\dfrac{\cos x}{\sin x}$及$\dfrac{\sin x}{\cos x}$所定之函數，卽

---

*附註． 此節與原文頗多出入。原文大意爲：以上論此函數之方式與初等方法不同之點，要在初等方法從幾何講此兩函數，自須先用長，角，弧及面積之測數，而此兩函數之展成級數不過其最後之結果。今反其道，先從此兩級數考其所定之函數之性質，最後始用積分所釋「長之觀念」以證實吾人所熟知之「其用圓之解釋」。

初學於此，必疑用此後法討論此兩函數，遠離於初等方法，自討苦吃，有何好處，而必如此。故特略加增益以解讀者之疑。

$$\cot x=\frac{\cos x}{\sin x},\quad \tan x=\frac{\sin x}{\cos x},$$

故此二者絕不代表何種基本新要義.

但此兩函數之級數展開式則頗不簡單．此兩展開式開始數項之係數，固易照105，4以除法求得.但無從洞悉其間之關係；即無論已得其幾項之係數，此後各項之係數仍難通體明瞭.故以別法求其展開式如下：在105，5中已知展開式[20]

$$\frac{x}{e^x-1}=\sum_{\nu=0}^{\infty}\frac{B_\nu x^\nu}{\nu!}=1-\frac{x}{2}+\frac{B_2x^2}{2!}+\frac{B_3x^3}{3!}+\cdots$$

此式中之Bernoulli氏數B_ν,雖亦非顯然盡知之數；但易用106之遞求公式(此公式極明白易用)將其求得．故此諸數B_ν以後作為已經盡知.[21] 因是，對於夠小之x(參觀105，2,4)，得

$$\frac{x}{e^x-1}+\frac{x}{2}=1+\frac{B_2x^2}{2!}+\cdots$$

此左邊之函數等於

$$\frac{x}{2}\left(\frac{2}{e^x-1}+1\right)=\frac{x}{2}\;\frac{e^x+1}{e^x-1}=\frac{x}{2}\;\frac{e^{\frac{x}{2}}+e^{-\frac{x}{2}}}{e^{\frac{x}{2}}-e^{-\frac{x}{2}}}$$

及從此可知其為偶函數.再從97，4可知 Bernoulli氏數B_3, B_5, B_7, $\cdots$* 盡$=0$.於是從 $e^{\frac{x}{2}}$之級數，及為簡便計令$\frac{x}{2}=z$,得

$$z\cdot\frac{1+\frac{z^2}{2!}+\frac{z^4}{4!}+\cdots}{z+\frac{z^3}{3!}+\frac{z^5}{5!}+\cdots}=1+\frac{B_2}{2!}(2z)^2+\frac{B_4}{4!}(2z)^4+\cdots\ ^{**}$$

若將此式左邊分母子各項之符號改為＋－相間，則改後之結果適為$z\cot z$.又此左邊中用除法消去一因數z後，分母子皆僅有偶次冪，可否將上等式中之符號一律改

20. 此展開式之左邊在「0之鄰近」中有定義，但此點須除去(即在0上無定義)；而此展開式之右邊則不但亦在此「0之鄰近中」有定義，且在0上亦有定義，甚至在0上為連續.在此種情形之下，常不加特别說明，而逕以其右邊在0上之值，定其左邊在$x=0$時之值.

21. 從其定義可知其皆為有理數.

*附註。 原文此處脫去…。

**附註。 原文誤刊B_4為B^4。

爲＋－相間，使所得之

$$z\cot z=\frac{1-\frac{z^2}{2!}+\frac{z^4}{4!}-+\cdots}{1-\frac{z^2}{3!}+\frac{z^4}{5!}-+\cdots}=1-\frac{B_2}{2!}(2z)^2+\frac{B_4}{4!}(2z)^4-+\cdots$$

亦爲有效？此答顯然爲可．此可就通例說明之，設對於夠小之z得

$$\frac{1+a_2z^2+a_4z^4+\cdots}{1+b_2z^2+b_4z^4+\cdots}=1+c_2z^2+c_4z^4+\cdots,$$

則將其中符號改爲＋－相簡後之結果仍是有效．蓋原式及改後之式，照**105**，4定其係數$c_{2\nu}$之方程式皆爲

$$c_2+b_2=a_2;\quad c_4+c_2b_2+b_4=a_4;\quad c_6+c_4b_2+c_2b_4+b_6=a_6;\quad\cdots;$$
$$c_{2\nu}+c_{2\nu-2}b_2+\cdots+c_2b_{2\nu-2}+b_{2\nu}=a_{2\nu};\quad\cdots$$

也．

由是，儘可如前所臆測，以x代z，得

$$x\cot x=1-\frac{2^2B_2}{2!}x^2+\frac{2^4B_4}{4!}x^4-+\cdots+(-1)^k\frac{2^{2k}B_{2k}}{(2k)!}x^{2k}+\cdots$$ (22) **115**

$$=1-\frac{1}{3}x^2-\frac{1}{45}x^4-\frac{2}{945}x^6-\frac{1}{4725}x^8-\cdots$$ (23)

至 $\tan x$之展開式，今已易從加法定理

$$2\cot 2x=\frac{\cos^2x-\sin^2x}{\cos x\cdot\sin x}=\cot x-\tan x$$

求得之，因從此式得

$$\tan x=\cot x-2\cot 2x,\tag{四}$$

故

---

22. 此展開式及以下之展開式，差不多皆爲 Euler 所發見。見其所著 Introductio in analysin infinitorum, Lausanne 1748 之第9第10兩編中。

23. 入後可知B_{2k}有符號$(-1)^{k-1}$（參閱**136**），故$x\cot x$之展開式中在第一項1後只有負係數；雖 $\tan x$ 及$\frac{x}{\sin x}$之展開式中皆只有正係數。

116(a)
$$\tan x=\sum_{k=1}^{\infty}(-1)^{k-1}\frac{2^{2k}(2^{2k}-1)B_{2k}}{(2k)!}x^{2k-1}$$
$$=x+\frac{1}{3}x^3+\frac{2}{15}x^5+\frac{17}{315}x^7+\cdots.^{(23)}$$

從此兩展開式及公式

$$\cot x+\tan\frac{x}{2}=\frac{1}{\sin x},$$

又可得

116(b)
$$\frac{x}{\sin x}=\sum_{k=0}^{\infty}(-1)^{k-1}\frac{(2^{2k}-2)B_{2k}}{(2k)!}x^{2k}$$
$$=1+\frac{1}{6}x^2+\frac{7}{360}x^4+\frac{31}{15120}x^6+\cdots.^{(23)}$$

($1/\cos x$之展開式見下三十二章**139**之前).——此諸展開式仍難滿意;因其有效之節未能決定,僅知其有一正收斂半徑,而不能知此半徑之值究爲何數也.

5. Euler 曾從另一極不同之起點推得$\cot x$之有趣展開式,此式在許多級數問題中極重要,且從之可得**115**及**116**級數之收斂半徑(參觀**241**).今進求此式如下.[24]

從上之(四),得

$$\cot y=\frac{1}{2}\left(\cot\frac{y}{2}-\tan\frac{y}{2}\right),$$

或

(α)
$$\cot\pi x=\frac{1}{2}\left\{\cot\frac{\pi x}{2}+\cot\frac{\pi(x\pm1)}{2}\right\},$$

此式右邊$x\pm1$之+-兩號可任用其一.設x爲一任意實數之不同於 0, ±1, ±2,…者,但在以下各式中其值仍有一定(卽以下各式中之x爲不等於 0, ±1, ±2, …之

24. 以下求得此展開式法比 Euler 氏原法簡多,乃 Schröter之方法也 (Ableitung der Partialbruch- und Produktentwicklungen für die trigonometrischen Funktionen. Zeitschrift für Math. u. Phys., Vol. 13, p. 254. 1868).

任意而有一定之數）.則

$$\pi x\cot\pi x=\frac{\pi x}{2}\left\{\cot\frac{\pi x}{2}+\cot\frac{\pi(x+1)}{2}\right\},\tag{五}$$

再應用公式(α)於(五)右兩函數，並於前一項取$x\pm1$之＋號，於後一項取$x\pm1$之－號，得

$$\pi x\cot\pi x=\frac{\pi x}{4}\left\{\cot\frac{\pi x}{4}+\left[\cot\frac{\pi(x+1)}{4}+\cot\frac{\pi(x-1)}{4}\right]\right.$$
$$\left.+\cot\frac{\pi(x+2)}{4}\right\}.\tag{六}$$

再依同法，得

$$\pi x\cot\pi x=\frac{\pi x}{8}\left\{\cot\frac{\pi x}{8}\begin{array}{c}+\cot\frac{\pi(x+1)}{8}+\cot\frac{\pi(x+2)}{8}+\cot\frac{\pi(x+3)}{8}\\ \bullet\\ +\cot\frac{\pi(x-1)}{8}+\cot\frac{\pi(x-2)}{8}+\cot\frac{\pi(x-3)}{8}\end{array}+\cot\frac{\pi(x+4)}{8}\right\},\tag{七}$$

此式右邊對大括弧中心 ● 居對稱地位之每對函數，照公式(α)，除因數$\frac{1}{2}$外，生自(六)右括弧中之一項.* 若照此前進n次，則得凡$n>1$時皆

---

*附註。例如（七）中之$\cot\frac{\pi(x+1)}{8}$及$\cot\frac{\pi(x-3)}{8}$生自（六）中之$\cot\frac{\pi(x+1)}{4}$。因$\cot\frac{\pi(x+1)}{4}=\frac{1}{2}\left\{\cot\frac{\pi(x+1)}{8}+\cot\frac{\pi(x-3)}{8}\right\}$，故云「除因數$\frac{1}{2}$以外」。原文之意爲從$\cot\frac{\pi(x+1)}{8}$及$\cot\frac{\pi(x-3)}{8}$照公式(α)，除因數$\frac{1}{2}$外，得$\cot\frac{\pi(x+1)}{4}$。今反其意改「得」爲「生自」者，一則爲進推計，意思較順；二則旣除去因數$\frac{1}{2}$言，「生自」無「必等」意，措辭較妥耳．又$\cot\frac{\pi(x+1)}{8}$及$\cot\frac{\pi(x-3)}{8}$對於●居對稱地位。$\cot\frac{\pi(x-1)}{8}$及$\cot\frac{\pi(x+3)}{8}$對●居對稱地位，生自(六)之$\cot\frac{\pi(x-1)}{4}$。$\cot\frac{\pi(x+2)}{8}$及$\cot\frac{\pi(x-2)}{8}$對●居對稱地位，生自(六)之$\cot\frac{\pi(x+2)}{4}$。$\cot\frac{\pi x}{8}$及$\cot\frac{\pi(x+4)}{8}$對●居對稱地位，生自(六)之$\cot\frac{\pi x}{4}$。又照公式(α)由(六)得(七)時，仍依(六)右各項之次序在±中依次取＋－＋－。爲便讀者易知下(β)之來源計，故作此詳註，以便進推。

(β) $\pi x\cot\pi x=\frac{\pi x}{2^n}\left\{\cot\frac{\pi x}{2^n}+\sum_{\nu=1}^{2^{n-1}-1}\left[\cot\frac{\pi(x+\nu)}{2^n}+\cot\frac{\pi(x-\nu)}{2^n}\right]-\tan\frac{\pi x}{2^n}\right\}.$

今從**115**,知

$$\lim_{z\to 0}z\cot z=1,$$

故對於各$\alpha\neq 0$,皆

$$\lim_{n\to\infty}\frac{1}{2^n}\cot\frac{\alpha}{2^n}=\frac{1}{\alpha};$$

若在(β)中,介 $n\to\infty$,及先試分求各項之極限,則得

$$\pi x\cot\pi x=1+x\sum_{\nu=1}^{\infty}\left(\frac{1}{x+\nu}+\frac{1}{x-\nu}\right)-0=1+2x^2\sum_{\nu=1}^{\infty}\frac{1}{x^2-\nu^2}. \qquad (八)$$

此種由(β)得(八)之求極限法大抵為謬誤,但此處所得之結果實為正確.今證明之如下.**

先注意此(八)中諸項之絕對值與級數$\Sigma\frac{1}{\nu^2}$中諸項漸近相等(參觀74面及129面),故凡$x\neq\pm1,\pm2,\cdots$時,級數(八)皆為絕對斂(**70**,4).今任取一正整數$k>6|x|$,并介其暫時有定.若n大至能使$2^{n-1}-1>k$,并為簡便計以m表$2^{n-1}-1$,則表$\pi x\cot\pi x$之式(β)可分為兩部如下:[25] †

$$\pi x\cot\pi x=\frac{\pi x}{2^n}\left\{\cot\frac{\pi x}{2^n}-\tan\frac{\pi x}{2^n}+\sum_{\nu=1}^{k}[\cdots]\right\}+\frac{\pi x}{2^n}\left\{\sum_{\nu=k+1}^{m}[\cdots]\right\}, \qquad (九)$$

〔此方括弧內…處,自然與(β)中方括弧內之項同〕.以 A_n 及 B_n 表此(九)右之前後兩部.因A_n中項數有窮,可分項求極限(**41**,9),而得

附註. 此結果為眞確,乃偶然之事。故必須再證明其眞確,而後可用。讀者於此宜特加注意。尋常高等代數中往往犯此種分項求極限之謬法。恐高中學生有已染此種惡習及入大學而尚不知改正者。故特作此註。參觀下四十七章194**。惟先分項求極限,再研究所得結果是否眞確,亦無不可。惟研究時須精細,不可草率耳。

25. 參觀232面末註7。

†附註. 原文此處刊誤甚多(字刻不清,如脫漏字母等),推測著者之意改正之。

$$\lim_{n\to\infty} A_n = 1 + 2x^2 \sum_{\nu=1}^{k} \frac{1}{x^2-\nu^2}.$$

又因B_n爲$\pi x\cot\pi x - A_n$，故$\lim B_n$必存在．設以γ_k表$\lim B_n$之值，此γ_k亦如$\lim B_n$與所取定之k有關；如是，則

$$\lim_{n\to\infty} B_n = \gamma_k = \pi x\cot\pi x - \left[1 - 2x^2 \sum_{\nu=1}^{k} \frac{1}{x^2-\nu^2}\right]. \qquad (十)$$

此諸數B_n之上界極易估定，因此其極限γ_k之上界亦易估定，故（十）式右邊之差之上界亦易估定；今依次估定之如下：

因

$$\cot(a+b)+\cot(a-b) = \frac{-2\cot a}{\dfrac{\sin^2 b}{\sin^2 a}-1},$$

故

$$\cot\frac{\pi(x+\nu)}{2^n} + \cot\frac{\pi(x-\nu)}{2^n} = \frac{-2\cot\alpha}{\dfrac{\sin^2\beta}{\sin^2\alpha}-1},$$

此右爲簡便計，暫命 $\frac{\pi x}{2^n}=\alpha$ 及 $\frac{\pi\nu}{2^n}=\beta$．

因 $2^n>k>6|x|$，故 $|\alpha|$* $=\left|\frac{\pi x}{2^n}\right|<1$，而

$$|\sin\alpha| = \left|\alpha - \frac{\alpha^3}{3!}+\cdots\right| \leqq |\alpha|\left(1+\frac{1}{3!}+\frac{1}{5!}+\cdots\right) < 2|\alpha|.^{(26)}$$

又因 $0<\beta<\frac{\pi}{2}<2$，得

$$\sin\beta = \beta\left(1-\frac{\beta^2}{2\cdot3}\right)+\frac{\beta^5}{5!}\left(1-\frac{\beta^2}{6\cdot7}\right)+\cdots > \frac{\beta}{3}.^{(27)}$$

故

$$\left|\frac{\sin\beta}{\sin\alpha}\right| > \frac{\beta}{6|\alpha|} = \frac{\nu}{6|x|} > 1,$$

*附註。$|\alpha|$原文誤刊爲$|a|$。

26. 因爲後用計，將此種約略之估計作成此種粗草之式。

27. 參觀241面。

此式右之>1，乃由於$\nu>k>6|x|$．由是得（因$\nu>k$）

$$\left|\cot\frac{\pi(x+\nu)}{2^n}+\cot\frac{\pi(x-\nu)}{2^n}\right|<\frac{2\left|\cot\frac{\pi x}{2^n}\right|}{\frac{\nu^2}{36x^2}-1},$$

及因此知

$$|B_n|\leqq\left|\frac{\pi x}{2^n}\cot\frac{\pi x}{2^n}\right|\cdot\sum_{\nu=k+1}^{m}\frac{72x^2}{\nu^2-36x^2}.$$

此式右邊「和號左之因數」粗估之，知其 <3；蓋$\frac{\pi x}{2^n}<1$，及凡$|z|<1$時，皆

$$|z\cot z|=\left|\frac{1-\frac{z^2}{2!}+\frac{z^4}{4!}-+\cdots}{1-\frac{z^2}{3!}+\frac{z^4}{5!}-+\cdots}\right|<\frac{1+\frac{1}{2!}+\frac{1}{4!}+\cdots}{1-\frac{1}{3!}-\frac{1}{5!}-\cdots}<3.^{(26)}$$

也．故從上得

$$|B_n|<216x^2\cdot\sum_{\nu=k+1}^{m}\frac{1}{\nu^2-36x^2}<216x^2\cdot\sum_{\nu=k+1}^{\infty}\frac{1}{\nu^2-36x^2}.$$

此式之右邊為一與n絕不相關之數，故亦可寫作

$$|\lim B_n|=|\gamma_k|\leqq 216x^2\cdot\sum_{\nu=k+1}^{\infty}\frac{1}{\nu^2-36x^2}.$$

但此γ_k之上界 $216x^2\sum\limits_{\nu=k+1}^{\infty}\frac{1}{\nu^2-36x^2}$ 適為一斂級數之第k項後之剩餘，(28) 故先任定壹$\varepsilon>0$，*必能再覓得壹k_0使凡$k>k_0$時皆

$$|\gamma_k|<\varepsilon.$$

再回顧以前所定γ_k之意義，可知能由此得

$$\lim_{k\to\infty}\left\{\pi x\cot\pi x-\left[1+2x^2\sum_{n=1}^{k}\frac{1}{x^2-\nu^2}\right]\right\}=0,$$

即

---

28. 照上審明$\Sigma\frac{1}{x^2-\nu^2}$為斂之法，即可審明$\sum\limits_{\nu=1}^{\infty}\frac{1}{\nu^2-36x^2}$為斂。故$216x^2\sum\limits_{\nu=1}^{\infty}\frac{1}{\nu^2-36x^2}$亦為斂，而$216x^2\sum\limits_{\nu=k+1}^{\infty}\frac{1}{\nu^2-36x^2}$為其第$k$項後之剩餘。

*附註。 $\varepsilon>0$ 原文誤刊為 $\varepsilon=0$

$$\pi x\cot\pi x = 1 + 2x^2\sum_{\nu=1}^{\infty}\frac{1}{x^2-\nu^2}, \qquad \mathbf{117}$$

此爲$x\neq 0,\pm 1,\pm 2,\cdots$時有效之公式，已經證明矣.

6. 上之**117**常謂之餘切函數之散分數展開式(expansion in partial fractions of the function cot.).此係一極著名之展開式，在下一編中有其重要應用. 從此展開式自易推出許多相類之公式；今述其最要者於下:

從公式

$$\pi\cot\frac{\pi x}{2}-2\pi\cot\pi x=\pi\tan\frac{\pi x}{2}$$

可得

$$\pi\tan\frac{\pi x}{2}=\sum_{\nu=0}^{\infty}\frac{4x}{(2\nu+1)^2-x^2}, \qquad x\neq\pm 1,\pm 3,\pm 5,\cdots \text{ (29)}$$

$$=2\sum_{\nu=0}^{\infty}\left(\frac{1}{(2\nu+1)-x}-\frac{1}{(2\nu+1)+x}\right).$$

再從公式

$$\cot z+\tan\frac{z}{2}=\frac{1}{\sin z}$$

得：凡$x\neq 0,\pm 1,\pm 2,\cdots$時，皆

$$\frac{\pi}{\sin\pi x}=\frac{1}{x}+\frac{2x}{1^2-x^2}-\frac{2x}{2^2-x^2}+-\cdots$$

$$=\frac{1}{x}+\left(\frac{1}{1-x}-\frac{1}{1+x}\right)-\left(\frac{1}{2-x}-\frac{1}{2+x}\right)+-\cdots$$

最後，以$\frac{1}{2}-x$代x，則得

$$\frac{\pi}{\cos\pi x}=\frac{2}{1-2x}+\left(\frac{2}{1+2x}-\frac{2}{3-2x}\right)-\left(\frac{2}{3+2x}-\frac{2}{5-2x}\right)+-\cdots$$

從**83**，2補充定理，可知此中括弧皆可取去.若取去後再從首項起每兩項一併，即得：凡$x\neq\pm\frac{1}{2}, \pm\frac{3}{2}, \pm\frac{5}{2},\cdots$時皆

---

29. 此公式先從 $x\neq 0,\pm 1,\pm 2,\cdots$ 時求得。但不難驗明其在 $x=0,\pm 2,\pm 4,\cdots$ 時有效(從第二屬開式極易推知x爲偶整數時，此級數之和爲0)。

118 $$\frac{\pi}{\cos\pi x}=\frac{4\cdot 1}{1^2-4x^2}-\frac{4\cdot 3}{3^2-4x^2}+\frac{4\cdot 5}{5^2-4x^2}-+\cdots$$

此餘切，正切，$\frac{1}{\text{正弦}}$及$\frac{1}{\text{餘弦}}$諸函數之散分數展開式既經講完，三角函數之研究可以告一結束矣．

二十五章　二項級數

前於二十二章中，已講明正整指數之二項定理若寫作

$$(1+x)^k=\sum_{n=0}^{\infty}\binom{k}{n}x^n$$

之形式，則指數k爲負整數時，此式仍能有效；[30]惟須加$|x|<1$之條件而已．今再證明在此條件之下，此定理對於任意實指數亦皆有效．卽

119 $$(1+x)^\alpha=\sum_{n=0}^{\infty}\binom{\alpha}{n}x^n \qquad \begin{cases}|x|<1\\ \alpha\text{爲任意實數}\end{cases}$$ [31]

今仍可如前兩章，從此右邊之級數起，證明其能表左邊之函數．

$|x|<1$ 時此級數爲收斂，極易證明；此因其第$n+1$項及第n項之比爲

$$\left|\frac{\alpha-n}{n+1}x\right|^{*}\text{，故}\to|x|.$$

從**76**，2可知此二項級數之收斂半徑爲1，但其和等於$(1+x)^\alpha$之值（自必爲正），則頗不易知．設$|x|<1$時此級數所定之函數暫以$f_\alpha(x)$表之，而證明此事如下．

因$|x|<1$時，無論α爲何數，$\Sigma\binom{\alpha}{n}x^n$皆爲絕對收斂；故從**91**，注意1，可知凡

30　指數爲正整數時，此級數之項數有窮。指數爲負整數時，此級數始項數無窮，而確爲一無窮級數。

31.　此記號$\binom{\alpha}{n}$之定義如下：α爲任意實數，n爲$\geqq 0$之整數時，皆

$$\binom{\alpha}{0}=1 \text{ 及 } \binom{\alpha}{n}=\frac{\alpha(\alpha-1)(\alpha-2)\cdots(\alpha-n+1)}{1\cdot 2\cdot 3\cdot\cdots n},\quad n\geqq 1.$$

又凡α爲任意實數及n爲$\geqq 1$之任意整數時，皆

$$\binom{\alpha-1}{n-1}+\binom{\alpha-1}{n}=\binom{\alpha}{n};$$

此可用計算法驗明之（注意前兩式爲定義，此末一式爲定理）。

*附註。　此$n+1$原文誤刊爲$n-1$。

$|x|<1$ 時，對於任意兩數α及β皆

$$\sum_{n=0}^{\infty}\binom{\alpha}{n}x^n\cdot\sum_{n=0}^{\infty}\binom{\beta}{n}x^n=\sum_{n=0}^{\infty}\left[\binom{\alpha}{0}\binom{\beta}{n}+\binom{\alpha}{1}\binom{\beta}{n-1}+\cdots+\binom{\alpha}{n}\binom{\beta}{0}\right]x^n.$$

用數學歸納法極易證明[32]

$$\binom{\alpha}{0}\binom{\beta}{n}+\binom{\alpha}{1}\binom{\beta}{n-1}+\cdots+\binom{\alpha}{n}\binom{\beta}{0}=\binom{\alpha+\beta}{n}. \qquad (一)$$

故 $|x|<1$ 時，對於任意兩數α及β皆

$$f_\alpha\cdot f_\beta=f_{\alpha+\beta}\ .$$

再照二十三章由指數函數加法定理 $E(x_1)\cdot E(x_2)=E(x_1+x_2)$ 推出對於每壹 x 皆 $E(x)=[E(1)]^x$ 之法，卽可斷定：若已知「令 x 爲定數而視 f_α 爲α之函數時，此函數對於每一實數α爲連續」，則對於每壹α皆能

$$f_\alpha=(f_1)^\alpha.$$

如是，則因 $f_1=1+x$ 而等式

$$f_\alpha=(1+x)^\alpha \qquad (二)$$

對凡合 $|x|<1$ 之 x 必能成立，明矣.

惟 f_α 之對於各α爲連續，尙須證明〔因必先證明此事而後(二)之證明方云完全〕.

32. 先假定(一)式爲眞，以 $n!$ 乘之，得

$$\binom{n}{0}\cdot\overline{\beta(\beta-1)\cdots(\beta-n+1)}+\cdots+\binom{n}{k}\overline{\alpha(\alpha-1)\cdots(\alpha-k+1)}\cdot\overline{\beta(\beta-1)\cdots(\beta-n+k+1)}+\cdots$$
$$\cdots+\binom{n}{n}\overline{\alpha(\alpha-1)\cdots(\alpha-n+1)}$$
$$=(\alpha+\beta)(\alpha+\beta-1)\cdots(\alpha+\beta-n+1). \qquad (1)$$

此(1)左邊 $(n+1)$ 個項中之各項，先依次以

$$\alpha,\ (\alpha-1),\cdots,(\alpha-k),\cdots,(\alpha-n)$$

乘之[卽以α乘第一項，$(\alpha-1)$ 乘第二項，…，$(\alpha-k)$ 乘第 $k+1$ 項，…]，再依次以

$$(\beta-n),(\beta-n+1),\cdots,(\beta-n+k),\cdots,\beta$$

乘之[乘後再以相加，卽無異各項皆乘以 $(\alpha+\beta-n)$]，於是集其同類項并各以 $(n+1)!$ 除之，再以相加，卽得 $\binom{\alpha}{0}\binom{\beta}{n+1}+\binom{\alpha}{1}\binom{\beta}{n}+\cdots+\binom{\beta}{1}\binom{\alpha}{n}+\binom{\beta}{0}\binom{\alpha}{n+1}$. 此(1)右邊以 $(\alpha+\beta-n)$ 乘之再以 $(n+1)!$ 除之，卽得 $\binom{\alpha+\beta}{n+1}$. 由上所言，無異以 $\frac{\alpha+\beta-n}{(n+1)!}$ 乘(1)之左右兩邊得

$$\binom{\alpha}{0}\binom{\beta}{n+1}+\binom{\alpha}{1}\binom{\beta}{n}+\cdots+\binom{\alpha}{n}\binom{\beta}{1}+\binom{\alpha}{n+1}\binom{\beta}{0}=\binom{\alpha+\beta}{n+1}.$$

(一)必成立，已全證明. 此(一)常謂之**二項係數之加法定理**(addition theorem for the binomial coefficients).

附註. 此32中原文太簡，恐讀者難明，故加數語補充之.

今證此甚易，只須應用主要變列定理**90**如下：先將f_α寫成更顯明之形式

$$(a)\qquad f_\alpha=1+\alpha x+\left(\frac{\alpha^2}{2}-\frac{\alpha}{2}\right)x^2+\left(\frac{\alpha^3}{6}-\frac{\alpha^2}{2}+\frac{\alpha}{3}\right)x^3+\cdots$$

再以其各項之絕對值代其各項，*則得級數

$$\sum_{n=0}^{\infty}\frac{|\alpha|(|\alpha|+1)\cdots(|\alpha|+n-1)}{1\cdot 2\cdots n}|x|^n=\sum_{n=0}^{\infty}\binom{|\alpha|+n-1}{n}|x|^n,$$

此從比審法，亦可知其在$|x|<1$時爲收斂．於是可將級數(a)依α之遞升冪排列之，而得

$$(b)\qquad f_\alpha=1+\left(x-\frac{x^2}{2}+\frac{x^3}{3}-+\cdots+\frac{(-1)^{n-1}}{n}x^n+\cdots\right)\alpha+\cdots,$$

此爲α之冪級數．因(令x爲合於$|x|<1$之一定數時)從以上得此(b)之情形，可知此(b)對於每壹α爲收斂；故此(b)爲一處處收斂之冪級數(變數爲α)，而f_α自必爲α之連續函數．

119之等式爲有效，至此已完全證明；(33) 而二十一章可反定理證中之空隙，同時

---

*附註。此句從原文。但此所謂各項乃以α爲主元之各項，非以x爲主元之各項。例如$\left(\frac{\alpha^2}{2}-\frac{\alpha}{2}\right)x^2=\frac{\alpha^2}{2}x^2-\frac{\alpha}{2}x^2$應作爲兩項，各改爲絕對值即改爲$\frac{|\alpha^2|}{2}|x|^2+\frac{|\alpha|}{2}|x|^2=\frac{|\alpha|(|\alpha|+1)}{2}|x|^2$；並非視$\left(\frac{\alpha^2}{2}-\frac{\alpha}{2}\right)x^2$爲一項而將其改爲$\left|\frac{\alpha^2}{2}-\frac{\alpha}{2}\right||x|^2$。此種地方，不易作既概括而又詳明之辭句，讀者視下式而意會可耳。

33. 別證。此證較易。惟須用微分法如下。從$f_\alpha(x)=\sum_{n=0}^{\infty}\binom{\alpha}{n}x^n$得

$$f'_\alpha(x)=\sum_{n=0}^{\infty}n\binom{\alpha}{n}x^{n-1}=\sum_{n=0}^{\infty}(n+1)\binom{\alpha}{n+1}x^n.$$

又因$(n+1)\binom{\alpha}{n+1}=\alpha\binom{\alpha-1}{n}$，故可從上式得

$$f'_\alpha(x)=\alpha\cdot f_{\alpha-1}(x).$$

又因

$$(1+x)f_{\alpha-1}(x)=(1+x)\cdot\sum_{n=0}^{\infty}\binom{\alpha-1}{n}x^n$$

$$=1+\sum_{n=1}^{\infty}\left[\binom{\alpha-1}{n}+\binom{\alpha-1}{n-1}\right]x^n=\sum_{n=0}^{\infty}\binom{\alpha}{n}x^n;\qquad (II)$$

故凡$|x|<1$時，皆

$$(1+x)f'_\alpha(x)-\alpha f_\alpha(x)=0.$$

因$(1+x)^\alpha>0$，從上式可知商

$$\frac{f_\alpha(x)}{(1+x)^\alpha}$$

之微係數處處爲0，故此商必全等於一常數。因$x=0$時，此商之值爲1，故必$f_\alpha(x)=(1+x)^\alpha$。

亦已補足矣.*

此二項級數亦如指數級數,可作任意冪a^ϱ之展開式用如下.先照兩條件擇定一正數c;此兩條件爲(甲)c^ϱ是已知,(乙) $0<\frac{a}{c}<2$. 再令$\frac{a}{c}=1+x$ 及 $|x|<1$. 如是,則可得a^ϱ之展開式爲

$$a^\varrho=c^\varrho\cdot(1+x)^\varrho=c^\varrho\left[1+\binom{\varrho}{1}x+\binom{\varrho}{2}x^2+\cdots\right].$$

例如,

$$\sqrt{2}=2^{\frac{1}{2}}=\left(\frac{49}{25}\right)^{\frac{1}{2}}\cdot\left(\frac{50}{49}\right)^{\frac{1}{2}}=\frac{7}{5}\cdot\left(\frac{49}{50}\right)^{-\frac{1}{2}}=\frac{7}{5}\cdot\left(1-\frac{1}{50}\right)^{-\frac{1}{2}}$$

$$=\frac{7}{5}\left[1-\binom{-\frac{1}{2}}{1}\frac{1}{50}+\binom{-\frac{1}{2}}{2}\frac{1}{50^2}-\binom{-\frac{1}{2}}{3}\frac{1}{50^3}+-\cdots\right]$$

爲$\sqrt{2}$之一種便利展開式.

Newton[34]之發見二項級數,爲數學進步上之一種著名偉績.此實受 J. Wallis 插入法研究之暗示. Newton未示其證明; James Bernoulli於1713曾發表一關於正整指數之證明; Euler 於1774曾發表一不完善之普遍證明. 後 Abel[35]曾作一以此爲主題之研究;此在級數論之進步上,亦是重要之偉績,其價值或能與 Newton 之發見相頡頏(參觀下170,1及247).

附註. 此別證中(*II*)式頗重要.若認爲不必照(*II*),而逕可得

$$(1+x)f_{\alpha-1}(x)=(1+x)(1+x)^{\alpha-1}=(1+x)^\alpha=\sum_{n=0}^{\infty}\binom{\alpha}{n}x^n, \qquad (II)'$$

則大誤矣.須知$f_{\alpha-1}(x)$是否$=(1+x)^{\alpha-1}$此時尚屬未知, 必須證明 $f_\alpha(x)=(1+x)^\alpha$ 後, 方能知 $f_{\alpha-1}(x)=(1+x)^{\alpha-1}$也. 若證中一用 $(II)'$ 式則無異已承認 $f_\alpha(x)=(1+x)^\alpha$, 而此證完全失效矣.

*附註. 此指223面之 $\left(1-\frac{y}{y_1}\right)^{\frac{1}{2}}$及$\left(1-\frac{y}{y_2}\right)^{\frac{1}{2}}$,在該處但假定其可展成級數, 而未證明其可展成級數.今119爲有效, 既經證明;則此兩式自可展成級數,而該處之證自亦完全有效矣.

34. 有一書致 Oldenburg, 13 June 1676.但 Newton 之得此式當已在若干年前.

35. J.f.d. reine u. angew. Math., Vol. 1, p. 311, 1826.

二十六章　對數級數

前在63面，曾言凡理論上之研究，以專用自然對數爲最便．所謂自然對數卽e爲底之對數．以後凡$\log x$皆指$\log_e x\ (x>0)$．

若$y=\log x$，則$x=e^y$，卽

$$x-1=y+\frac{y^2}{2!}+\frac{y^3}{3!}+\cdots$$

故從冪級數之反求定理**107**，可知 $y=\log x$ 必能依$(x-1)$之升冪展爲級數之「對於與1夠近之一切x爲有效」者；卽$y=\log(1+x)$必能依 x 之升冪展成「對夠小之每壹$|x|$爲有效之級數」

$$y=\log(1+x)=x+b_2x^2+b_3x^3+\cdots.$$

但**107**證中所言求b_n之法，不能應用．*只能憑此反求定理先證明展成級數之可能，而後再覓他種便利方法以求此諸係數b_n．爲達此目的計，前章之展開式已經足用．若$|x|<1$及α爲任意數，則函數$f_\alpha=f_\alpha(x)$爲

$$(1+x)^\alpha=e^{\alpha\log(1+x)}. \qquad (一)$$

以此式之左邊展成前章之(b)，及右邊展成指數級數，則兩邊皆爲一處處收斂之級數

$$1+\left[x-\frac{x^2}{2}+\frac{x^3}{3}-+\cdots+\frac{(-1)^{n-1}}{n}x^n+\cdots\right]\alpha+\cdots$$

$$=1+[\log(1+x)]\alpha+\cdots$$

再從冪級數之全等定理**97**，此兩邊中α之相應係數必相等，故其特例，凡$|x|<1$時，必

120(a)　　$$\log(1+x)=x-\frac{x^2}{2}+\frac{x^3}{3}-+\cdots+\frac{(-1)^{n-1}}{n}x^n+\cdots.$$ [36]

由是，所求之展開式已經得到，並可知其在$|x|>1$時不能有效．** 此級數謂之**對數級數**．若在(a)中令x爲$-x$，及變其兩邊之符號，則得：凡$|x|<1$時，必

---

*附註．不能應用，謂不能求得普遍係數 b_n．

36.　參觀**69**，8之歷史上之註語．

附註．$|x|>1$時不能有效，並不含有$|x|=1$時必能有效之意．至$x=1$時，此120**(a)式爲有效；亦須根據 Abel 氏極限定理**100**證明之；不可但因此式右邊之級數在$x=1$時爲收斂，卽云此式在$x=1$時爲有效；蓋此式乃從$|x|<1$時之等式(一)推出，苟無 Abel 定理，當$x=1$時，此式右邊之級數雖斂而仍不能謂其與左邊相等也．

(b) $$\log\frac{1}{1-x}=x+\frac{x^2}{2}+\frac{x^3}{3}+\cdots+\frac{x^n}{n}+\cdots.$$

以(a)，(b)相加，得：凡$|x|<1$時，必

(c) $$\log\frac{1+x}{1-x}=2\left[x+\frac{x^3}{3}+\frac{x^5}{5}+\cdots+\frac{x^{2k+1}}{2k+1}+\cdots\right].$$

求此諸展開式之法，自然尙有許多．惟或則不從「對數函數爲指數函數之反函數」之定義直接推出；或則，須用及微積分．[37]

以上求得對數級數之法，及下註所言之兩法，皆不能憑以決定此展開式在$x=$或$x=-1$上是否仍能有效．惟$x=1$時，**120**，a之右邊化爲歛級數(參觀**81**c,3)

$$1-\frac{1}{2}+\frac{1}{3}-\frac{1}{4}+-\cdots.$$

從 Abel 氏極限定理，此級數之値爲

$$=\lim_{x\to 1-0}\log(1+x)=\log 2.$$

由是可知展開式(a)在$x=1$時仍爲有效；但$x=-1$時，(a)右之級數爲散，而展開式(a)亦卽無效．

二十七章 測圜函數

因三角函數 $\sin y$及 $\tan y$皆能展爲冪級數，且其變數y之一次冪之係數爲1(不等於0)，故亦必有反函數，卽所謂測圜函數(cyclometrical function)$\sin^{-1}x$ 及 $\tan^{-1}x$,

37. 今示其兩法於下。

1. 從冪級數反求定理，可先寫出

$$\log(1+x)=x+b_2x^2+b_2x^3+\cdots;$$

再從 Taylor氏級數**99**，得

$$b_k=\frac{1}{k!}\left(\frac{d^k\log(1+x)}{dx^k}\right)_{x=0}=\frac{(-1)^{k-1}}{k}.$$

2. $$\frac{d\log(1+x)}{dx}=\frac{1}{1+x}=1-x+x^2-+\cdots+(-1)^kx^k+\cdots\equiv\sum_{n=0}^{\infty}(-1)^kx^k.$$

再求其積分(從**99**，定理5)，及因$\log 1=0$，得

$$\log(1+x)=\sum_{k=0}^{\infty}\frac{(-1)^k}{k+1}x^{k+1}=\sum_{k=1}^{\infty}\frac{(-1)^{k-1}}{k}x^k.$$

前面正文中求**120**，(a)之法極簡，可全不用微積分．

故對於夠小之每壹$|x|$，可寫出

$$y=\sin^{-1}x=x+b_3x^3+b_5x^5+\cdots$$

$$y=\tan^{-1}x=x+b_3'x^3+b_5'x^5+\cdots,$$

因此兩函數皆爲奇函數，故不必寫出其偶次冪．此亦不便用107證中之法求其係數b及b'，而有較便之法如下：此 $\tan^{-1}x$ 之級數爲

$$(a)\qquad x=\tan y=\frac{\sin y}{\cos y}=\frac{y-\frac{y^3}{3!}+\frac{y^5}{5!}-+\cdots}{1-\frac{y^2}{2!}+\frac{y^4}{4!}-+\cdots}$$

之反級數〔(a)所表之級數即照105，4 於(a)之右邊行除法後，再用乘法所得之級數〕．若(a)之分母子中符號皆改爲＋，則(a)變爲

$$(a)'\qquad x=\frac{e^y-e^{-y}}{e^y+e^{-y}}=\frac{e^{2y}-1}{e^{2y}+1}.$$

求此$(a)'$之反級數，可立得

$$\frac{1}{2}\log\frac{1+x}{1-x}=x+\frac{x^3}{3}+\frac{x^5}{5}+\cdots.\qquad(二)$$

再從二十一章末所言之變號通例，即可知 $x=\tan y$ 之反級數逕可從「改(二)右級數中符號爲＋－相間」得之，即

121　$$\tan^{-1}x=x-\frac{x^3}{3}+\frac{x^5}{5}-+\cdots$$ [38]

此冪級數之收斂半徑顯然是1．若以此冪級數代(a)右商中之y後，再依x之升冪重列之（此當然可許），則所得之結果必$\equiv x$．故凡$|x|<1$時此級數之和爲 $\tan y=x$ 之

38．求此之別法如下：先

$$\frac{d\tan^{-1}x}{dx}=\frac{1}{\frac{d\tan y}{dy}}=\frac{1}{1+\tan^2 y}=\frac{1}{1+x^2}=1-x^2+x^4-+\cdots,$$

此右邊對$|x|<1$爲有效．因$\tan^{-1}0=0$，故從99，定理5得：凡$|x|<1$時，必

$$\tan^{-1}x=x-\frac{x^3}{3}+\frac{x^5}{5}-+\cdots$$

但與前註37第一法相類之法，則在此頗不便利；因 $\tan^{-1}x$ 之高階微係數（甚至在0上）不易直接求出也．$\tan^{-1}x$之展開式 J. Gregory已於1671求得，惟直至1712始知於世．

附註．上式右邊第二項分母3原文誤刊爲2．

一解，亦卽爲此處所定 $\tan^{-1}x$ 之主値(principal value)，* 卽主値之「$x=0$時爲0」者．如是，則此主値隨x而連續變，及對於

$$-1<x<+1,\quad 居\quad -\frac{\pi}{4}及+\frac{\pi}{4}$$

之間，而定在此節$-1\cdots+1$之內，毫無歧義．

當$|x|>1$時，此展開式**121**不復有效；但從 Abel 氏極限定理可知其在$x=\pm1$上仍是有效．因此級數在其收斂節之兩端點上仍爲收斂，及$\tan^{-1}x$在此兩端點上皆爲連續；故得級數

$$\frac{\pi}{4}=1-\frac{1}{3}+\frac{1}{5}-\frac{1}{7}+-\cdots. \qquad \textbf{122}$$

此極明白簡單，以之决定 π，有非常之價値．在 Leibnitz 後常稱此式爲美麗之等式；[39] 而同時亦可謂之π由此純屬於數(卽由此所定之π，已全無幾何上之意味而專爲一數)．此猶「一怪數(π)所遮之面冪」已爲此展開式將其揭去．

求$\sin^{-1}x$之級數，上所用以求 $\tan^{-1}x$之法不能再用．但仍可用前一下註之法求之：先對於$|x|<1$，得

$$\frac{d\sin^{-1}x}{dx}=\frac{1}{\left(\dfrac{d\sin y}{dy}\right)}=\frac{1}{\cos y}=\frac{1}{\sqrt{1-x^2}}=(1-x^2)^{-\frac{1}{2}};$$

因 $\sin^{-1}x$之導出函數在$-1\cdots+1$中常爲正，故此$\sqrt{1-x^2}$只能取＋號．再從

---

*附註． 主値之意義，讀者或已早知．惟防或有不明者計，略附說明於下：

從二四章241面(e)，可推得

$$\tan(n\pi+y)=\tan y.$$

由是，$x=\tan y=\tan(n\pi+y)$，則

$$\tan^{-1}x=n\pi+y,\quad n=0,1,2,\cdots$$

而$\tan^{-1}x$爲x之多値函數．在此多値中取出一値，卽$n=0$時 $\tan^{-1}x$之値y，謂之$\tan^{-1}x$之主値．除此主値外，$\tan^{-1}x$之其他各値皆 $x=0$ 時不爲0．惟此主値方 $x=0$ 時爲0．上**121** 乃假定「 $x=0$ 時 $y=\tan^{-1}x=0$」而得者．故上所定出之**121**右之級數之和爲$\tan^{-1}x$之主値．又此處言「$\tan y=x$之一解」亦因其有多解而此但爲其一解之故．

39. Leibnitz 發見此式大約在1673.

$$(\sin^{-1}x)'=1-\binom{-\frac{1}{2}}{1}x^2+\binom{-\frac{1}{2}}{2}x^4-+\cdots$$

及$\sin^{-1}0=0$,可遞**99**,定理5得:$|x|<1$ 時,必

123 $$\sin^{-1}x=x+\frac{1}{2}\cdot\frac{x^3}{3}+\frac{1\cdot3}{2\cdot4}\cdot\frac{x^5}{5}+\frac{1\cdot3\cdot5}{2\cdot4\cdot6}\cdot\frac{x^7}{7}+\cdots.$$

此冪級數亦有收斂半徑1,且有類於上言之理由可斷定:凡$|x|<1$ 時此級數之和爲$\sin^{-1}x$之主值,即「方程式$\sin y=x$之惟一決定之解y」之「在$-\frac{\pi}{2}$及$+\frac{\pi}{2}$之間」者.†

惟$x=\pm1$時,此等式是否有效,倘未能定.從 Abel 氏極限定理可知:若(惟)此級數在$x=\pm1$上爲收斂,則(方)此等式在$x=\pm1$上爲眞. 因由x至$-x$此級數僅變符號,故只須就$+1$審查之. 又因 $x=+1$ 時,此級數爲一正項級數;故能證明其部分和爲有界,已經足夠. 今在 $0<x<1$ 時,若以$s_n(x)$表**123**之部分和,則

$$s_n(x)<\sin^{-1}x<\sin^{-1}1=\frac{\pi}{2}.$$

又因對於每一正數$x<1$,此皆爲眞(n爲定數),故

$$\lim_{x\to1}s_n(x)=s_n(1)\leqq\frac{\pi}{2},$$

又此式對於每壹n爲眞,故所須證明者已經證明.由是,

124 $$\frac{\pi}{2}=1+\frac{1}{2}\cdot\frac{1}{3}+\frac{1\cdot3}{2\cdot4}\cdot\frac{1}{5}+\frac{1\cdot3\cdot5}{2\cdot4\cdot6}\cdot\frac{1}{7}+\cdots.^*$$

凡應用上最重要之冪級數,自二二至二七章已全講過.

---

†附註. 此句之意爲:「方程式 $\sin y=x$」所決定之解y,其在$-\frac{\pi}{2}$及$+\frac{\pi}{2}$之間者有一無二;此解y即是$\sin^{-1}x$之主值。參觀前面附註。

*附註. 凡以上之一切推理,不可稍就「以幾何爲基礎之尋常三角公式」着想。須處處就二四章專以數爲根據之一切結果着想。宜熟練之。

第六編之習題

74 證明以下各函數可展成級數如下:

(a) $e^{x}\sin x=\sum_{n=0}^{\infty}\frac{s_n}{n!}x^n$，其中$s_n=\sqrt{2^n}\cdot\sin n\frac{\pi}{4}$，即 $s_{4k}=0$. $s_{4k+1}=(-1)^k2^{2k}$，

$s_{4k+2}=(-1)^k2^{2k+1}$，$s_{4k+3}=(-1)^k2^{2k+1}$；

(b) $\frac{1}{2}(\tan^{-1}x)^2=\sum_{k=1}^{\infty}(-1)^{k-1}b_k\cdot\frac{x^{2k}}{2k}$，其中 $b_k=1+\frac{1}{3}+\frac{1}{5}+\cdots+\frac{1}{2k-1}$；

(c) $\frac{1}{4}\tan^{-1}x\cdot\log\frac{1+x}{1-x}=\sum_{k=0}^{\infty}c_k\cdot\frac{x^{4k+2}}{4k+2}$，其中 $c_k=1-\frac{1}{3}+\frac{1}{5}+\cdots+\frac{1}{4k+1}$；

(d) $\frac{1}{2}\tan^{-1}x\cdot\log(1+x^2)=\sum(-1)^{k-1}h_{2k}\cdot\frac{x^{2k+1}}{2k+1}$，

其中 $h_n=1+\frac{1}{2}+\cdots+\frac{1}{n}$；

(e) $\frac{1}{2}\left[\log\frac{1}{1-x}\right]^2=\sum_{n=2}^{\infty}\frac{h_{n-1}}{n}x^n$，其中$h_n$之意義與(d)中$h_n$同。

75 證明以下各函數之級數展開式之前數項可以如下:

(a) $\frac{x}{\log\frac{1}{1-x}}=1-\frac{x}{2}-\frac{x^2}{12}-\frac{x^3}{24}-\cdots$；

(b) $(1-x)e^{x+\frac{x^2}{2}+\cdots+\frac{x^m}{m}}=1-\frac{x^{m+1}}{m+1}+\cdots$，$(m\geqq 1)$；

(c) $\tan(\sin x)-\sin(\tan x)=\frac{1}{30}x^7+\frac{29}{756}x^9+\cdots$；

(d) $\frac{1}{e}(1+x)^{\frac{1}{x}}=1-\frac{x}{2}+\frac{11}{24}x^2-\frac{7}{16}x^3+\frac{2447}{5760}x^4-\frac{959}{2304}x^5+\cdots$；

(e) $\frac{x^2}{x-\log(1-x)}=2+\frac{4}{3}x-\frac{1}{9}x^2+\frac{8}{135}x^3+\cdots$

76 參照105,5，115及116求以下各函數之級數展開式:

(a) $\log\cos x$；

(b) $\log\frac{\sin x}{x}$；

(c) $\log\frac{\tan x}{x}$；

(d) $\frac{x}{\sin x}$；

(e) $\frac{x^2}{1-\cos x}$；

(f) $\frac{1}{\cos x}$；

(g)　$\log\frac{x}{2\sin\frac{1}{2}x}$;　　(h)　$\frac{1}{e^x+1}$;

(i)　$\frac{e^x}{e^x+1}$;　　(k)　$\frac{1}{\cos x-\sin x}$。

77　試證:

$$\frac{1}{\sqrt{1-x}}\cdot\left[\frac{1}{a}+\frac{1}{2}\cdot\frac{x}{a+2}+\frac{1\cdot3}{2\cdot4}\cdot\frac{x^2}{a+4}+\cdots\right]=$$

$$=\frac{1}{2}\left[1+\frac{a+1}{a+2}x+\frac{(a+1)(a+3)}{(a+2)(a+4)}x^2+\cdots\right].$$

78　$\left(\frac{2n+1}{2n-1}\right)^n\to e$此敘列是否單調?升乎?降乎?諸敘列

$$\left(1+\frac{1}{n}\right)^{n+\alpha},\ 0<\alpha<1?$$

之狀態如何?

79　從$x_n\to\xi$常可斷

$$\left(1+\frac{x_n}{n}\right)^n\to e^{\xi}.$$

又若x_n及ξ皆爲正,則從$x_n\to\xi$常可斷$n(\sqrt[n]{x_n}-1)\to\log\xi$。

80　若(x_n)爲任一實敘列及$\frac{x_n^2}{n}\to0$並令$\left(1-\frac{x_n}{n}\right)^n=y_n$,則在各種情形之下,皆

$$y_n\cong e^{-x_n}.$$

81　試證114之諸不等式。

82　以下諸級數之和,試以諸基礎函數所成之有盡式表之:

(a)　$\frac{1}{2}+\frac{x}{5}+\frac{x^2}{8}+\frac{x^3}{11}+\cdots$

(略示:若$f(x)$爲所求之函數,則顯爲

$$[x^2\cdot f(x^3)]'=\frac{x}{1-x^3},$$

故$f(x)$可由此決定之,以下各例仿此)

(b)　$\frac{x^3}{1\cdot3}-\frac{x^5}{3\cdot5}+\frac{x^7}{5\cdot7}-\frac{x^9}{7\cdot9}+-\cdots$;

(c)　$\frac{1}{1\cdot2\cdot3}+\frac{x}{2\cdot3\cdot4}+\frac{x^2}{3\cdot4\cdot5}+\cdots$;

(d)　$x+\frac{x^3}{3}-\frac{x^5}{5}-\frac{x^7}{7}++--\cdots$.

83　試證以下各級數之和各爲一種基礎函數之特值。

(a) $\frac{1}{2!}+\frac{2}{3!}+\frac{3}{4!}+\frac{4}{5!}+\cdots=1;$

(b) $\frac{1}{2}+\frac{1}{2\cdot4}+\frac{1\cdot3}{2\cdot4\cdot6}+\frac{1\cdot3\cdot5}{2\cdot4\cdot6\cdot8}+\cdots=1;$

(c) $\frac{1}{2}+\frac{1\cdot3}{2\cdot4\cdot6}+\frac{1\cdot3\cdot5\cdot7}{2\cdot4\cdot6\cdot8\cdot10}+\frac{1\cdot3\cdot5\cdot7\cdot9\cdot11}{2\cdot4\cdot6\cdot8\cdot10\cdot12\cdot14}+\cdots=\frac{1}{2}\sqrt{2};$

(d) $\frac{1}{2}-\frac{1\cdot3}{2\cdot4\cdot6}+\frac{1\cdot3\cdot5\cdot7}{2\cdot4\cdot6\cdot8\cdot10}-\frac{1\cdot3\cdot5\cdot7\cdot9\cdot11}{2\cdot4\cdot6\cdot8\cdot10\cdot12\cdot14}+-\cdots=\sqrt{\frac{\sqrt{2}-1}{\sqrt{2}}}.$

84 從117及其下諸散分數展開式推出下之表π之式:

$$\pi=\alpha\tan\frac{\pi}{\alpha}\cdot\left[1-\frac{1}{\alpha-1}+\frac{1}{\alpha+1}-\frac{1}{2\alpha-1}+\frac{1}{2\alpha+1}-+\cdots\right],$$

$$\pi=\alpha\sin\frac{\pi}{\alpha}\cdot\left[1-\frac{1}{\alpha-1}-\frac{1}{\alpha+1}+\frac{1}{2\alpha-1}+\frac{1}{2\alpha+1}--++\cdots\right],$$

此中$\alpha\neq0$, $\pm1,\pm\frac{1}{2}$, $\pm\frac{1}{3}$, $\cdots$試以特值$\alpha=3,4,6$,代入上兩式中而求其值。

LEBESGUE 積分論

（續）

Erich Kamke 原著　武崇林譯

第二章 平直點集之容量及度量

§5 容 量

§5·1。設 $i=\langle a,b\rangle$ 為一閉節,所謂其節之長度 (Länge) $|i|$ 云者,乃指數值 $|a-b|$ 而言,同樣開節 $\mathfrak{i}=(a,b)$ 之長度 $|\mathfrak{i}|$,亦指此數,他如所謂半開節 $a\leqslant x<b$, $a<x\leqslant b$, 此吾人以 $\langle a, b)$ $(a, b\rangle$ 表之,其各長度,亦均視作 $b-a$。至於此等四節 $\langle a, b\rangle$, (a, b) $\langle a, b)$, $(a, b\rangle$ 之須具同一長度,其在容量及度量之理論上確具意義與否。此時姑不具論,不久吾人將指示:在吾人已建立三個公設之後,且命「欲一種長度或容量之概念為合理,則所立公設必須無條件滿足」,則以上四節中如有一節之長度為 $b-a$,而餘三者亦必將為 $b-a$,將可不證而自明也。所謂三公設者卽:

A. 一點集之「容量」(「長度」或「度量」)為 $\geqslant 0$ 之一數值。

B. 若點集 $\mathfrak{M}$ 為 $\mathfrak{N}$ 之子集,且二者均具「容量」(「長度」或「度量」),則 $\mathfrak{M}$ 之容量為二容量中之小者,相等情形亦不除外。

C. 若點集 $\mathfrak{M}$ 及 $\mathfrak{N}$ 無公共點,且 $\mathfrak{M}$, $\mathfrak{N}$, $\mathfrak{M}+\mathfrak{N}$ 各具「容量」(「長度」或「度量」),則和集 $\mathfrak{M}+\mathfrak{N}$ 之「量容」(「長度」或「度量」)為 $\mathfrak{M}$ 及 $\mathfrak{N}$ 兩「容量」(「長度」或「度量」)之和。

公設 C 所命「容量」(「長度」或「度量」)之特性,吾人將稱之為其可加性(additive Eigenschaft)。

今如確定閉節 $i=\langle a, b\rangle$ 之長度為 $b-a$,且設開節 $\mathfrak{i}=(a,b)$ 亦須具有長度,則由公設 B,知 $|\mathfrak{i}|\leqslant|i|$,因 $\mathfrak{i}$ 為 i 之子集也。但假如眞有 $|\mathfrak{i}|<|i|$,則吾人在 $\mathfrak{i}$ 之兩邊,可以作二閉節 $\mathfrak{k}$ 及 $\mathfrak{l}$,使其長度 $|\mathfrak{k}|=|\mathfrak{l}|=\frac{1}{2}(|i|-|\mathfrak{i}|)$,於是由公設 C 得

$$|\mathfrak{k}+\mathfrak{i}+\mathfrak{l}|=|\mathfrak{k}|+|\mathfrak{i}|+|\mathfrak{l}|=\frac{1}{2}(|i|+|\mathfrak{i}|)<|i|,$$

而由公設 B,因 i 為 $\mathfrak{k}+\mathfrak{i}+\mathfrak{l}$ 之子集,固原有 $|\mathfrak{k}+\mathfrak{i}+\mathfrak{l}|\geqslant|i|$ 者也,所以必

$|i|=|i|$。

同樣由上之公設。知 $<a, b)$ 及 $(a, b>$ 二節之長度均爲 $b-a$。

更進一步言之,吾人亦得與一點以「長度」,若必須上之公設仍爲眞實,則顯然見一點之長度之必爲零也。

§5·2。 欲研究普通平直點集,是否具有長度,或者如吾人之所常言,是否具有容量,則如以下積分之施用,殊爲便利。

設 $\mathfrak{M}$ 爲一有界點集,云如位於節 $<a, b>$ 內。命

$$f(s)=\begin{cases}1, & \text{對隷屬 } \mathfrak{M} \text{ 之點 } s,\\ 0. & \text{對不隷屬 } \mathfrak{M} \text{ 之點 } s,\end{cases}$$

此 $f(s)$ 稱爲點集 $\mathfrak{M}$ 之容量函數(Inhaltsfunktion),(1) 而上積分(2)

$$\overline{I}(\mathfrak{M})=\overline{\int_a^b} f(s)ds$$

則稱作 $\mathfrak{M}$ 之外容量 $\overline{I}(\mathfrak{M})$, (äusser Inhalt),下積分

$$\underline{I}(\mathfrak{M})=\underline{\int_a^b} f(s)ds$$

稱作 $\mathfrak{M}$ 之內容量 $\underline{I}(\mathfrak{M})$, (inner Inhalt), 而 $\mathfrak{M}$ 之容量,(Inhalt)則直爲

$$I(\mathfrak{M})=\int_a^b f(s)ds,$$

假如其積分存在。

因上積分及下積分常存在,(2·1) 故有界點集之外容量及內容量亦常存在,且此外內容量之數值,顯然與節 $<a, b>$ 之選擇無關,只須其括有 $\mathfrak{M}$ 卽已足矣。由 Riemann 積分之定義,知容量之存在,乃在上下二積分之須相等,而此相等之數值,卽係其容量。亦自與節 $<a, b>$ 之選擇無關也。再者,虛集之容量,須設爲零。

§5·3。 各容量之定義,若追索其積分之意義,亦可不用積分之概念得之。如有有界函數 $f(s)$ 於此,其上下積分尋常習知之定

(1) 于 De la Vallée-Poussin, B 12, S.7 作 fonction caractéristique.

(2) 于 §5 之全節所用積分,均指 Darboux 式或 Riemann 式者。

(2·1) 譬如參考 G. A. Gibson, *Advanced Calculus* §103, pp261, 262。

義如下:用諸點

$$a=s_0<s_1<\cdots<s_p=b$$

分積分節 $\mathfrak{a}=<a,b>$ 為 p 個子節 $\mathfrak{i}_\nu=<s_{\nu-1},s_\nu>$,此之分解,命名為 $\mathfrak{Z}$。再命

$$\mu(\mathfrak{i}_\nu)=\operatorname{fin}\inf_{s_{\nu-1}\leqq s\leqq s_\nu} f(s),$$

$$\mathbf{M}(\mathfrak{i}_\nu)=\operatorname{fin}\sup_{s_{\nu-1}\leqq s\leqq s_\nu} f(s).$$

則

$$\underline{\int_a^b} f(s)ds=\operatorname{fin}\sup\sum_{\nu=1}^{p}|\mathfrak{i}_\nu|\mu(\mathfrak{i}_\nu),$$

$$\overline{\int_a^b} f(s)ds=\operatorname{fin}\inf\sum_{\nu=1}^{p}|\mathfrak{i}_\nu|\mathbf{M}(\mathfrak{i}_\nu),$$

其中之上下限,係指對於 $\mathfrak{a}$ 節所有可能之分解 $\mathfrak{Z}$ 而言。

於吾人之情形,則 $f(s)$ 即係 $\mathfrak{M}$ 之容量函數;故若閉節 $\mathfrak{i}_\nu$ 中至少含 $\mathfrak{M}$ 之一點,則 $\mathbf{M}(\mathfrak{i}_\nu)=1$,否則為0;又若 $\mathfrak{i}_\nu$ 中所有各點俱屬 $\mathfrak{M}$,則 $\mu(\mathfrak{i}_\nu)=1$,否則為0;由是外容量及內容量可以如下定其義:設 $\mathfrak{a}$ 為含有 $\mathfrak{M}$ 之一閉節,$\mathfrak{Z}$ 為此節之一種分解,且

$$\mathfrak{i}_1,\ \mathfrak{i}_2,\cdots,\mathfrak{i}_h$$

為分解之子節,其中至少含有 $\mathfrak{M}$ 之一點者,又

$$\mathfrak{i}_1,\ \mathfrak{i}_2,\cdots,\mathfrak{i}_k$$

為分解之子節,其中所有之點俱屬於 $\mathfrak{M}$ 者,則

$$\overline{I}(\mathfrak{M})=\operatorname{fin}\inf\sum_{\nu=1}^{h}|\mathfrak{i}_\nu|,\quad \underline{I}(\mathfrak{M})=\operatorname{fin}\sup\sum_{\nu=1}^{k}|\mathfrak{i}_\nu|,$$

其中之上下限係指對 $\mathfrak{a}$ 節所有可能之分解 $\mathfrak{Z}$ 而言。吾人甚易見 $\overline{I}(\mathfrak{M})$ 及 $\underline{I}(\mathfrak{M})$ 之值,與掩括節 $\mathfrak{a}$ 之選取,略無關係也。

最後,定義之陳述,亦可以不藉 $\mathfrak{a}$ 節之助。適所已述之定義,與以下之所將述者,實質全同,僅不過棄去括點集之節 $\mathfrak{a}$,且將互相噉接之子節,各易以合成之一節而已:將有界點集 $\mathfrak{M}$ 以無公共點[3]

(3) 「無公共點」四字,在此處顯可略去。

之有限個數閉節 $i_1, i_2, \cdots, i_h$ 所成節集 $\mathfrak{J}$ 覆被之,則

$$\overline{I}(\mathfrak{M}) = \text{fin inf} \sum_{\nu=1}^{h} |i_\nu|,$$

其下限係指對於所有可能之節集 $\mathfrak{J}$ 而言。次命 $\mathfrak{J}$ 爲有限個數開節 $i_1, i_2, \cdots, i_k$ 所成節集,其各節無公共點,且所有之點俱屬於 $\mathfrak{M}$,則

$$\underline{I}(\mathfrak{M}) = \text{fin sup} \sum_{\nu=1}^{k} |i_\nu|,$$

其上限係指對所有可能之節集 $\mathfrak{J}$ 而言。

由此等定義之任一,吾人均可推得對於任何有界點集 $\mathfrak{M}$,

$$0 \leqq \underline{I}(\mathfrak{M}) \leqq \overline{I}(\mathfrak{M}),$$

而若 $\overline{I}(\mathfrak{M})=0$, 則亦有 $\underline{I}(\mathfrak{M})=0$, 因而卽有 $I(\mathfrak{M})=0$ 也。

§5·4。 茲舉例一二,以說明容量之概念。

$a)$ 設 $\mathfrak{M}=\{1, \frac{1}{2}, \frac{1}{3}, \frac{1}{4}\cdots\}$,

則 $I(\mathfrak{M})=0$。蓋因如已與 $\varepsilon>0$, 則必可以求得一正整數 N, 使 $\frac{1}{N+1} \leqq \frac{\varepsilon}{2} < \frac{1}{N}$。今於凡 $n \leqq N$ 之有限個數點 $1/n$, 卽以其點爲中心,以長度至大爲 $2^{-n-1}\cdot\varepsilon$ 爲半徑, 作一覆被此點之節 i_n, 且使如此所得之各節,互相分離,幷與節 $i_0=<0, \frac{\varepsilon}{2}>$ 亦相分離,則節集 $i_0, i_1, \cdots, i_N$ 卽覆被 $\mathfrak{M}$, 且

$$\sum_{n=0}^{N}|i_n| = |i_0| + \sum_{n=1}^{N}|i_n| < \frac{\varepsilon}{2} + \frac{\varepsilon}{2} = \varepsilon,$$

對於任何 $\varepsilon>0$ 爲眞實,所以 $\overline{I}(\mathfrak{M})=0$ 故亦必 $I(\mathfrak{M})=0$。

$b)$ 設有點集 $\mathfrak{M}$, 爲由

$$\frac{1}{\mu} + \frac{1}{\nu} \quad (\mu, \nu=1, 2, 3, \cdots \mu \leqq \nu)$$

各數所集成者,則此處亦係 $\overline{I}(\mathfrak{M})=0$。何以言之,最先吾人見

$$\mathfrak{M}'=\{0, 1, \frac{1}{2}, \frac{1}{3}, \frac{1}{4}\cdots\};$$

折括弧內所有之數,均係 $\mathfrak{M}$ 之極限點,但 $\mathfrak{M}$ 亦僅有如許之極限點,

因對於固定之μ_0，爲$\mu \leqslant \nu$之故，僅有有限個數之μ,ν能令$\mu>\mu_0$且$\frac{1}{\mu}+\frac{1}{\nu} \geqslant \frac{1}{\mu_0}$也。[3.1]其次設已與$\varepsilon>0$，且命$i_0=<0,\frac{\varepsilon}{3}>$。在$i_0$之外，自僅能有$\mathfrak{M}$有限個數之極限點，設云爲$1,\frac{1}{2},\cdots,\frac{1}{N}$。以此等有限個數之點爲中心，各作一節$i_n$，使其總長不超過$\frac{\varepsilon}{3}$，且使其互相分離，并與節$i_0$亦相分離。在$i_0,i_1,\cdots,i_N$之外，$\mathfrak{M}$僅能有有限個數之點，云如有$M$個。將此等點亦各作節$i_{N+1},i_{N+2},\cdots,i_{N+M}$覆被之，使其總長不超過$\frac{\varepsilon}{3}$，且所有之節$i_\nu$均互相分離。於是$\mathfrak{M}$卽爲諸節$i_0,i_1,\cdots,i_{N+M}$所覆被，而其節之總長至多爲$\varepsilon$，是以$\overline{I}(\mathfrak{M})=I(\mathfrak{M})=0$。

c) 若論在0及1間之有理數集，則顯然見$\overline{I}=1$，$\underline{I}=0$，故不能具有容量；同樣0及1間之無理數集亦然。

§5·5。 點集之容量，既經視爲節長之廣義，故凡對於節長已知之種種定理，對於容量之必爲眞實，吾人必可以證明之，玆蒐集此類定理如下。

定理 I。 任何節$\mathfrak{a}$，勿論開閉，必具容量爲$|\mathfrak{a}|$。

證 若節$\mathfrak{a}$之二端點爲a及b，且$f(s)$爲其容量函數，則

$$I(\mathfrak{a})=\int_a^b f(s)ds=\int_a^b ds=b-a=|\mathfrak{a}|.$$

定理 II。 任何有限點集具有容量爲0。

證 此由容量定義直接可以推得。

定理 III。 可重合之有界點集有相等之容量：換言之，卽若$\mathfrak{M}$爲由點x所成之點集，則取適當[3.2]之c，由$y=x+c$成一點集$\mathfrak{N}$，$\mathfrak{N}$之

(3·1) 如欲$1/\mu_0<1/\mu+1/\nu<1/\mu_0-1$，則除$1/\mu_0+1/\nu$式者不計外，須$\mu_0<\mu<2\mu_0$。但相當於每一$\mu=\mu_0+k$，如此之數，其$\nu$須小於$k/\mu_0(\mu_0+k)$。故所有在此二數間之數，除$1/\mu_0+1/\nu$式者不計外，其個數最多爲有限。是以$1/\mu_0$及$1/\mu_0-1$二數間之任何數不能爲集合之極限點也。

(3·2) 「適當」當係指$c\neq0$或（於定理IV）$c\neq1$。

是否具有容量，正與$\mathfrak{M}$相同，且有之則爲相等。

證 設$\mathfrak{M}$位於節$<a, b>$間，且容量函數爲$f(s)$，則$\mathfrak{N}$位於節$<a+c, b+c>$間，而容量函數爲$f(s-c)$；是以

$$I(\mathfrak{M})=\int_a^b f(s)\,ds=\int_{a+c}^{b+c} f(s-c)\,ds=I(\mathfrak{N}).$$

定理IV。設點集有相似之擴大，則其容量亦有同比之擴大；換言之，若有界點集$\mathfrak{M}$爲由點x所集成，則取適當(3.2)之常數$c>0$，由$y=cx$所成之點集爲$\mathfrak{N}$，則$\mathfrak{N}$之是否具有容量與$\mathfrak{M}$正相同，且若有之則

$$I(\mathfrak{N})=cI(\mathfrak{M}).$$

證 若命$f(s)$爲$\mathfrak{M}$之容量函數，則$f(s/c)$卽爲$\mathfrak{N}$之容量函數，而定理之證明，仍可由第一容量定義推得。

定理 V。設有界點集$\mathfrak{M}$及$\mathfrak{N}$，各具容量，則其公約$\mathfrak{M}\cdot\mathfrak{N}$以及其和$\mathfrak{M}+\mathfrak{N}$亦各具容量，且

$$I(\mathfrak{M}+\mathfrak{N})+I(\mathfrak{M}\cdot\mathfrak{N})=I(\mathfrak{M})+I(\mathfrak{N}).$$

是以特殊若二集合無公共點，則

$$I(\mathfrak{M}+\mathfrak{N})=I(\mathfrak{M})+I(\mathfrak{N}).$$

證 設$f(s)$，$g(s)$，$h(s)$爲$\mathfrak{M}$，$\mathfrak{N}$ $\mathfrak{M}+\mathfrak{N}$，之容量函數，則$f(s)\cdot g(s)$爲$\mathfrak{M}\cdot\mathfrak{N}$之容量函數，且

$$h(s)+f(s)g(s)=f(s)+g(s).$$

因$f(s)$及$g(s)$均爲可積，故$f(s)g(s)$亦爲可積，因而$h(s)$亦爲可積，如將積分得出，卽係定理之證明。

定理 VI。若$\mathfrak{N}$爲有界點集$\mathfrak{M}$之子集，且二者俱有容量，則$\mathfrak{M}-\mathfrak{N}$亦必具容量，且

$$I(\mathfrak{M}-\mathfrak{N})=I(\mathfrak{M})-I(\mathfrak{N}).$$

證 若$\mathfrak{M}$及$\mathfrak{N}$順次具有容量函數$f(s)$及$g(s)$，則$\mathfrak{M}-\mathfrak{N}$亦具有可積之容量函數$f(s)-g(s)$，由是直接卽得證明。

用定理V及VI，則公設B及C之適用，已得以更精密之形式

示之也。

由定理V,知對於各具容量之有限個數點集

$$\mathfrak{M}_1,\ \cdots,\ \mathfrak{M}_n,$$

其和集若公約,均具容量,但對於可數之無限個數點集,此事卽不必眞實。比如 r 爲一眞分數,則任何 $\{r\}$ 集合之容量爲零,但所有此等眞分數所成之可數和集並不具有容量也。

§5·6。 茲更附益關於容量定理之一二。

定理 1。 若 $\mathfrak{M}$ 位於節 $\mathfrak{a}$ 內,[4] 則

$$\underline{I}(\mathfrak{M})=|\mathfrak{a}|-\overline{I}(\mathfrak{a}-\mathfrak{M}).$$

證 先設 $\mathfrak{a}$ 爲閉節。將 $\mathfrak{a}$ 分作有限個數之子節,設在此等子節中,有 $\mathfrak{i}_1,\cdots,\mathfrak{i}_h$ 爲至少具有 $\mathfrak{a}-\mathfrak{M}$ 中一點之子節,而 $\mathfrak{i}_1,\cdots,\mathfrak{i}_k$ 爲僅含 $\mathfrak{M}$ 之點之子節。合此二種子節,必卽係 $\mathfrak{a}$ 節所有之子節,所以

$$\Sigma|\mathfrak{i}|+\Sigma|\mathfrak{i}|=|\mathfrak{a}|.$$

由是若對於 $\mathfrak{a}$ 之所有各種不同之分解而求上下限,則

$$\text{fin sup}\,\Sigma|\mathfrak{i}|=|\mathfrak{a}|-\text{fin inf}\,\Sigma|\mathfrak{i}|^{(4\cdot1)},$$

是卽定理之證明。次若 $\mathfrak{a}$ 爲開節,則加入其二端點而得閉節 $\mathfrak{b}$, 因 $|\mathfrak{b}|=|\mathfrak{a}|$, 故吾人僅須證明 $\overline{I}(\mathfrak{a}-\mathfrak{M})=\overline{I}(\mathfrak{b}-\mathfrak{M})$ 卽足。因 $\mathfrak{b}-\mathfrak{M}$ 對 $\mathfrak{a}-\mathfrak{M}$ 而言,所多者僅係兩點,而此兩點,卽令其未含在括有 $\mathfrak{a}-\mathfrak{M}$ 之各節內,亦得以總長爲 ε 之二節括之,於是 $\overline{I}(\mathfrak{a}-\mathfrak{M})\leqslant\overline{I}(\mathfrak{b}-\mathfrak{M})\leqslant\overline{I}(\mathfrak{a}-\mathfrak{M})+\varepsilon$, 卽得證。

本定理之內容,亦可取作內容量之定義。如外容量係 §5·3 之第二定義,則 $\mathfrak{M}$ 內容量之定義卽爲

$$\underline{I}(\mathfrak{M})=|\mathfrak{a}|-\overline{I}(\mathfrak{a}-\mathfrak{M}),\tag{1}$$

其 $\mathfrak{a}$ 爲 $\mathfrak{M}$ 所居之節。由此之定義,可以推得對於任何具有容量之點集 $\mathfrak{M}$, 及其關於 $\mathfrak{a}$ 之餘集 $\mathfrak{N}=\mathfrak{a}-\mathfrak{M}$, 以下之等式

$$I(\mathfrak{M}+\mathfrak{N})=I(\mathfrak{M})+I(\mathfrak{N}),$$

---

(4) $\mathfrak{a}$ 節之開閉並無假設。

(4·1) $\Sigma|\mathfrak{i}|$ 僅能有上限, $\Sigma|\mathfrak{i}|$ 僅有下限。

必能成立;此因

$$\overline{I}(\mathfrak{N})=|\mathfrak{a}|-\underline{I}(\mathfrak{M})=|\mathfrak{a}|-\overline{I}(\mathfrak{M})=\underline{I}(\mathfrak{N}),$$

故 $\mathfrak{N}$ 必具有容量,而由 (1) 式則得

$$I(\mathfrak{M})+I(\mathfrak{N})=|\mathfrak{a}|.$$

此之用 (1) 以引進內容量,乃係對於餘集應用 §5·1 之公設 C 而得之者也。

定理 2。 設 $\mathfrak{i}_1, \mathfrak{i}_2\cdots$ 爲至多可數個數分離開節,全位於一節 $\mathfrak{a}$ 中,則開集

$$\mathfrak{M}=\mathfrak{i}_1+\mathfrak{i}_2+\cdots$$

具有內容量

$$\underline{I}(\mathfrak{M})=|\mathfrak{i}_1|+|\mathfrak{i}_2|+\cdots.$$

證 因對於任一 n,

$$|\mathfrak{i}_1|+\cdots+|\mathfrak{i}_n|\leqslant|\mathfrak{a}|,$$

故

$$|\mathfrak{i}_1|+|\mathfrak{i}_2|+\cdots$$

必係收歛。設 $\mathfrak{j}_1, \cdots, \mathfrak{j}_k$ 爲若干分離閉節,其各節所含之點,悉屬於 $\mathfrak{M}$,則由 §4 定理 5,

$$|\mathfrak{j}_1|+|\mathfrak{j}_2|+\cdots+|\mathfrak{j}_k|<|\mathfrak{i}_1|+|\mathfrak{i}_2|+\cdots,$$

因而

$$\underline{I}(\mathfrak{M})\leqslant|\mathfrak{i}_1|+|\mathfrak{i}_2|+\cdots。\qquad(2)$$

再設 $\varepsilon>0$,則必有一 n 使

$$|\mathfrak{i}_{n+1}|+|\mathfrak{i}_{n+2}|+\cdots<\frac{\varepsilon}{2}.$$

若將 $\mathfrak{i}_1, \cdots, \mathfrak{i}_n$, 各節兩端,均各縮小使成閉節,而每端縮小之度,以 $\varepsilon/4n$ 爲限,則吾人所得之節 $\mathfrak{j}_1, \cdots, \mathfrak{j}_n$, 其中所含盡係 $\mathfrak{M}$ 之點,且

$$|\mathfrak{j}_1|+|\mathfrak{j}_2|+\cdots+|\mathfrak{j}_n|>|\mathfrak{i}_1|+|\mathfrak{i}_2|+\cdots+\cdots-\varepsilon,$$

因而

$$\underline{I}(\mathfrak{M})\geqslant|\mathfrak{i}_1|+|\mathfrak{i}_2|+\cdots.\qquad(3)$$

由 (2) 及 (3) 卽得證明。

定理 3。 設 $\mathfrak{a}$ 爲一任意節,$\mathfrak{M}$ 及 $\mathfrak{J}$ 關於 $\mathfrak{a}$ 互爲餘集,$\mathfrak{M}$ 閉而 $\mathfrak{J}$ 開,云如

$$\mathfrak{J}=\mathfrak{i}_1+\mathfrak{i}_2+\cdots$$

其 $\mathfrak{i}_1,\mathfrak{i}_2\cdots$ 爲至多可數個數分離開節,則

$$I(\mathfrak{M})=|\mathfrak{a}|-\underline{I}(\mathfrak{J})=|\mathfrak{a}|-\Sigma|\mathfrak{i}_\nu|.$$

證 此定理直接可由定理 1 及 2 推得。

§5·7。 **定理** 4。 任何有界點集 $\mathfrak{M}$,與其從集有同一外容量。

證 最先吾人見

$$\overline{I}(\mathfrak{M}')\leqslant\overline{I}(\mathfrak{M}). \tag{4}$$

因若 $\mathfrak{i}_1,\cdots,\mathfrak{i}_h$ 爲覆被 $\mathfrak{M}$ 之有限個數分離閉節,則 $\mathfrak{M}'$ 亦必爲所覆被,因有限個數閉集之和仍係閉集也。今若 $\mathfrak{i}_1',\cdots,\mathfrak{i}_k'$ 爲覆被 $\mathfrak{M}'$ 之某種分離閉節,則

$$\text{fin inf}\ \Sigma|\mathfrak{i}'|\leqslant\Sigma|\mathfrak{i}|,$$

因而

$$\text{fin inf}\ \Sigma|\mathfrak{i}'|\leqslant\text{fin inf}\ \Sigma|\mathfrak{i}|,$$

故 (4) 式爲眞實。

在另一方面,設已與一數 $\varepsilon>0$,吾人必可以求得有限個數閉節 $\mathfrak{i}_1,\cdots,\mathfrak{i}_h$,無公共點,覆被 $\mathfrak{M}'$,且

$$\Sigma|\mathfrak{i}|<\overline{I}(\mathfrak{M}')+\frac{1}{3}\varepsilon.$$

將此等節之兩端各行擴大(4·2)而成新閉節 $\mathfrak{k}_\nu$,亦使互相分離且綜計其延長之度不得大於 $\frac{\varepsilon}{3}$,則

$$\Sigma|\mathfrak{k}_\nu|<\overline{I}(\mathfrak{M}')+\frac{2}{3}\varepsilon.$$

在此等 $\mathfrak{k}_\nu$ 之外,$\mathfrak{M}$ 至多僅能有有限個數之點,此等點可以有限個

(4·2) 擴大 $\mathfrak{i}_\nu$ 等而成 $\mathfrak{k}_\nu$ 之理由,乃因節集 $\mathfrak{i}_\nu$ 雖覆被 $\mathfrak{M}'$,而在 $\mathfrak{i}_\nu$ 等節外,或許尙有 $\mathfrak{M}$ 無限個數之點也。

數之閉節 $\mathfrak{l}_\nu$ 覆被之,其各 $\mathfrak{l}_\nu$ 互相分離,且與各 $\mathfrak{k}_\nu$ 亦互分離,而總長小於 $\frac{1}{8}\varepsilon$。於是合 $\mathfrak{k}_\nu$ 及 $\mathfrak{l}_\nu$ 所成之節集,必覆被 $\mathfrak{M}$, 且

$$\Sigma|\mathfrak{k}_\nu|+\Sigma|\mathfrak{l}_\nu|<\overline{I}(\mathfrak{M}')+\varepsilon,$$

是以對於任何 $\varepsilon>0$,

$$\overline{I}(\mathfrak{M})<\overline{I}(\mathfrak{M}')+\varepsilon$$

爲眞實,因而

$$\overline{I}(\mathfrak{M})\leqslant\overline{I}(\mathfrak{M}').$$

將此式與(4)結合,卽得定理之證。

由此定理,可以推知若點級之某級從集爲有限點集,則其容量爲零;是以由本定理直接可以推得 §5·4 之例 b) 點集

$$\frac{1}{\mu}+\frac{1}{\nu}\quad(\mu,\ \nu=1,\ 2,\ 3\cdots;\ \mu\leqslant\nu)$$

之容量爲0, 因其二級從集爲{0}故也,吾人亦得見眞分數之外容量爲1, 因其從集卽係節 $<0,\ 1>$。

§5·8。 此下吾人對於容量與可數性間之關係將綴以一二言。

a) 若一點集爲可數,則如眞分數之例所指,不必具有容量。

b) 若一可數點集具有容量,則容量必係爲0。蓋因若不爲0, 則內容量必係正數,於是必有一節存在,其節之點盡屬於此點集,但此與點集可數性之假設牴牾也。

c) 若一點集爲不可數,則仍得具有等於0之容量,若Cantor之不密滿集,其一例也。(§3·8) 蓋點集旣係滿集,自不可數,但其外容量仍得證明爲零。此因如與 $\varepsilon>0$, 則吾人必可以求得一 n, 使 $\left(\frac{2}{3}\right)^n<\varepsilon$。在節 $<0,\ 1>$ 中,吾人第一步取去其中間之三分之一,再於賸餘之節各取去其三分之一,此爲第二步,以下逐步如此,以迄第 n 步。迄 n 步止,所取去之總長,計爲

$$\frac{1}{3}+\frac{2}{3}\cdot\frac{1}{3}+\left(\frac{2}{3}\right)^2\cdot\frac{1}{3}+\cdots+\left(\frac{2}{3}\right)^{n-1}\cdot\left(\frac{1}{3}\right)=1-\left(\frac{2}{3}\right)^n.$$

取去後所餘之閉節i即覆被Cantor點集,而其長度綜合爲

$$\Sigma|i|=1-\left(1-\left(\frac{2}{3}\right)^n\right)=\left(\frac{2}{3}\right)^n<\varepsilon,$$

故得證明。

§5·9。 爲示容量概念之應用,吾人茲證明 Riemann 形式積分存在之測驗法。若$f(x)$爲有界函數,吾人將稱

$$\sigma(\mathfrak{a})=\underset{a\leqslant x\leqslant b}{\text{fin sup}}\ f(x)-\underset{a\leqslant x\leqslant b}{\text{fin inf}}\ f(x)$$

爲$f(x)$在節$\mathfrak{a}=<a, b>$內之顫動$\sigma(\mathfrak{a})$ (Schwankung im Intervall $\mathfrak{a}$),而所謂在一點ξ ($a\leqslant\xi\leqslant b$) 之顫動 (Schwankung im Punkte ξ) 者,則謂

$$\sigma(\xi)=\text{fin inf}\ \sigma(i),$$

其下限乃指對於節$\mathfrak{a}$中所有含ξ爲內點之子節i而言 (假如ξ爲$\mathfrak{a}$之內點),或對所有含ξ爲端點之子節i而言 (假如$\xi=a$或b)。所云之測驗則爲

定理 5。 設$f(x)$在$<a, b>$內爲有界,則Riemann積分

$$\int_a^b f(x)\,dx$$

存在之充要條件爲:對任何$\eta>0$,使$f(x)$之顫動$\geqslant\eta$之點所成點集容量爲0。

證 a) 設已知積分係存在。命已與$\eta>0$, $\varepsilon>0$。因積分既存在,故節$<a, b>$必有一種分解,分此節爲有限個數之子節i_ν,使

$$\Sigma|i_\nu|\sigma(i_\nu)<\tfrac{1}{2}\eta\varepsilon.$$

設i_ν爲節i_ν中至少有一內點使顫動$>\eta$者,則直接有

$$\Sigma|i_\nu|\sigma(i_\nu)<\tfrac{1}{2}\eta\varepsilon$$

因任何i_ν內至少有一內點其顫動$\geqslant\eta$,所以亦必$\sigma(i_\nu)\geqslant\eta$,因而

$$\Sigma|i_\nu|<\tfrac{1}{2}\varepsilon.$$

除去此等節i_ν之內點外,或許在節i_ν之端點ξ處,亦有$\sigma(\xi)\geqslant\eta$。但此等點之個數,至多爲有限,於此種情形下,將i_ν稍形擴大,或再增入若干節,即可使所有合$\sigma(\xi)\geqslant\eta$之點ξ,悉屬於修正後之i_ν,同時且

$$\Sigma|i_\nu|<\varepsilon.$$

所以必要條件卽已證明,至第二部證明,則須先證以下之

補定理 設 $f(x)$ 在閉節 $\mathfrak{a}$ 之任何點上顫動均 $\leqslant\eta,(\eta>0)$, 則對任何 $\delta>0$, 吾人得將節 $\mathfrak{a}$ 分作有限個數之子節 i_ν, 使在任何子節內,

$$\sigma(i_\nu)<\eta+\delta.$$

證 相應於 $\mathfrak{a}=<a,b>$ 之任一內點 ξ, 必有含 ξ 之一開節 i, 使函數在完成 i 爲閉節後之 i 內顫動 $<\eta+\delta$; 且若 $\xi=a$ 或 $\xi=b$, 則必有以 ξ 爲左端點或右端點之節 i, 亦有同樣之性質。此等節 i 所成節集,顯然覆被 $\mathfrak{a}$ 節, 是以由 Borel 覆被定理,及其所繫之注意 2, 必有有限個數之 $i_1,\cdots,i_p$ 各節,同具有此性質。於此等節中,除去相掩覆之部份,得稍縮小之閉節 $i_1,\cdots,i_p$, 卽爲節 $\mathfrak{a}$ 之一種分解。因在任何 i_ν 中,顫動均小於 $\eta+\delta$, 故亦必有 $\sigma(i_\nu)<\eta+\delta$。

吾人茲回至定理5之證明,且設

b) 凡能使 $\sigma(\xi)\geqslant\eta$ 之點 ξ,其集合之容量爲0。若已與一 $\varepsilon>0$, 則在節 $\mathfrak{a}$ 內,必有有限個數之分離子節 i_ν, 使凡有 $\sigma(\xi)>\frac{\varepsilon}{3(b-a)}$ 之點,均爲其內點,或若 $\xi=a$ 或 b, 則爲其端點,且其總長不能超逾 $\frac{\varepsilon}{4A}$, 其 A 爲 $|f(x)|$ 之上界。其在 $<ab>$ 內賸餘之有限個數子節,可以補成閉節,而於其中之任何點上, 顫動均至大爲 $\frac{\varepsilon}{3(b-a)}$。此等子節中之任何節,用補定理均可更爲分析,使在任何新子節 i_ν 內,其顫動

$$\sigma(i_\nu)<\frac{\varepsilon}{2\,(b-a)}.$$

此等節 i_ν 與前此之節 i_ν 結合,卽成 $<a\,b>$ 之一種分解,而

$$\Sigma|i_\nu|\sigma(i_\nu)+\Sigma|i_\nu|\sigma(i_\nu)<\frac{\varepsilon}{2\,(b-a)}\,\Sigma|i_\nu|+2A\,\Sigma|i_\nu|<\frac{\varepsilon}{2}+\frac{\varepsilon}{2}=\varepsilon,$$

故積分必存在也。

史略　此處所多方討論之容量定義係 C. Jordan 所創,(B. 8. S.28,29), G. Cantor 亦曾有另一容量之定義,然與 Jordan 所云之外容量全同。欲知其詳,則閱 A. 1—3 所舉諸書可也。

§6 度量

§6·1。　前於§5所反復申言之Jordan容量概念,自可視作節之長度概念極自然之推廣,然用於組織相當單簡之點集,如多種之開集者,即已不甚適宜,若此之一例,自前§4之研究即可容易得之。如在彼處,將眞分數設法列成敍列 $r_1, r_2\cdots$ 之後,以其第 n 個爲中心,以長度爲 $2^{-n}\cdot\varepsilon$ 作一開節, $\mathfrak{i}_n$ 且凡節之伸出開節 (0,1) 以外者之部分,則割去之。因任何此等 $\mathfrak{i}_n$ 俱係開節,故其和集 $\mathfrak{M}$ 亦係開集,故必有至多可數個分離開節 $\mathfrak{i}_n$ 存在,使

$$\mathfrak{M}=\mathfrak{i}_1+\mathfrak{i}_2+\cdots$$

由§5定理2及§4定理5知

$$\underline{I}(\mathfrak{M})=\Sigma|\mathfrak{i}_n|\leqq\Sigma|\mathfrak{i}_n|<\varepsilon.$$

在另一方面,在節 $<0\ 1>$ 內有理數集合,既係遍密,且又係 $\mathfrak{M}$ 之子集,故 $\mathfrak{M}$ 在 $<0\ 1>$ 亦必遍密,所以 $\overline{I}(\mathfrak{M})=1$; 故若取 $\varepsilon<1$, 則見 $\mathfrak{M}$ 顯然不具容量也。

關於開集及得表爲有限個數或可數個數分離節 $\mathfrak{i}_n$ 之和者之點集,其容量概念之一種擴張,殊可以「近取諸身」: 吾人僅須將所有各節 $\mathfrak{i}_n$ 長度相加,而視其和 $\Sigma|\mathfrak{i}_n|$ 爲此種特式點集之廣義容量斯得之矣。至容量定義之此種推廣,亦得應用之於普通點集;如欲得外容量,則如在§5·3(最後定義)內,不用有限個數分離節覆被點集,而用可數個數分離節覆被之,且欲由此而得其內容量之一適當定義,其可能亦由§5定理1之注意即可見其端倪。至於定義中所用點集之計畫的逼近,則其各節之爲開,爲閉,或爲其他種之節,均無不可,蓋任意可數節集,固可以用可數個數任意預定種類之節所成節集,以任意精密之程度逼近之也。

然如§2·7所示，於求和之基本運算，即在項數爲無限多之開集，其結果仍不能出於開集範圍之外，是則用此類點集爲廣義容量之載荷負重者，其勝任愉快殆無有逾此者已。

§6·2。 爲實現前所申述之計畫，吾人先有以下之定義：

觀$\mathfrak{I}$爲一有界開集，由§3·4知有至多可數分離節[0·1] $\mathfrak{i}_\nu$存在，使

$$\mathfrak{I}=\mathfrak{i}_1+\mathfrak{i}_2+\cdots$$

所謂**開集$\mathfrak{I}$之度量**(Mass der offene Menge $\mathfrak{I}$) $|\mathfrak{I}|$者，即指和式

$$|\mathfrak{I}|=|\mathfrak{i}_1|+|\mathfrak{i}_2|+\cdots$$

而言，(如遇有無限個數$\mathfrak{i}_\nu$時，則因$\mathfrak{I}$爲有界，和式必收斂。)

度量$|\mathfrak{I}|$與此特殊節集$\{\mathfrak{i}_1, \mathfrak{i}_2\cdots\}$選擇，幷無關係，蓋因若$\{\mathfrak{i}_1, \mathfrak{i}_2\cdots\}$爲另一分離(不必爲開節所成)節集，其和亦爲$\mathfrak{i}$，則由§4定理5知

$$|\mathfrak{i}_1|+|\mathfrak{i}_2|+\cdots=|\mathfrak{i}_1|+|\mathfrak{j}_2|+\cdots$$

也。

若命虛集之度量爲0，則有以下之基本

定理1。 <u>若$\mathfrak{I}$及$\mathfrak{J}$爲有界開集，則</u>

$$|\mathfrak{I}+\mathfrak{J}|+|\mathfrak{I}\cdot\mathfrak{J}|=|\mathfrak{I}|+|\mathfrak{J}|.$$

證 設

$$\mathfrak{I}=\mathfrak{i}_1+\mathfrak{i}_2+\cdots,\quad \mathfrak{J}=\mathfrak{i}_1+\mathfrak{i}_2+\cdots,$$

其中$\mathfrak{i}_\nu$等爲可數個數分離開節，$\mathfrak{i}_\nu$亦如此。若$\mathfrak{i}_\nu$及$\mathfrak{i}_\nu$之個數均係有限，則須證者，即由§5之定理V即可以推得；因若此則$\mathfrak{I}$，$\mathfrak{J}$各有容量，而容量亦即等於度量也。[2] 茲證普遍之情形。吾人見對任何$\varepsilon>0$，必有二下誌m, n存在，使對於

$$\mathfrak{I}_m=\mathfrak{i}_1+\cdots+\mathfrak{i}_m,\quad \mathfrak{J}_n=\mathfrak{i}_1+\cdots+\mathfrak{i}_n$$

(0·1) 由§3·4之定理6及7，知此處之分離節$\mathfrak{i}_\nu$爲開閉均可，(參閱§6·1)，但依後此之習用法，知此等$\mathfrak{i}_\nu$恆指開節。

(1) 依§2定理8，知$\mathfrak{I}+\mathfrak{J}$爲開集，而$\mathfrak{I}\cdot\mathfrak{J}$則爲開集或虛集，故各具度量。

(2) 爲簡便計，吾人在此應用積分之助，(定理V)然固非缺此不可者，此於後§8論平面點集時即可以見之也。

不等式

$$|\mathfrak{I}|-|\mathfrak{I}_m|<\varepsilon,\quad |\mathfrak{J}|-|\mathfrak{J}_n|<\varepsilon$$

均成立。今

$$\mathfrak{I}+\mathfrak{J}=(\mathfrak{I}_m+\mathfrak{J}_n)+(\mathfrak{I}-\mathfrak{I}_m)+(\mathfrak{J}-\mathfrak{J}_n).$$

於此處,因 $\mathfrak{I}+\mathfrak{J}$ 爲兩開集之和,故仍係開集,因而得以分離開節之和表之。同理 $\mathfrak{I}_m+\mathfrak{J}_n$ 亦係如此,再點集 $\mathfrak{I}-\mathfrak{I}_m$ 顯然等於 $i_{m+1}+i_{m+2}+\cdots$ 故爲開集,同樣 $\mathfrak{J}-\mathfrak{J}_n$ 亦然。設想將此等開集俱表爲節之和,則由§4之定理5,

$$\begin{aligned}|\mathfrak{I}+\mathfrak{J}|&<|\mathfrak{I}_m+\mathfrak{J}_n|+|\mathfrak{I}-\mathfrak{I}_m|+|\mathfrak{J}-\mathfrak{J}_n|\\&=|\mathfrak{I}_m+\mathfrak{J}_n+|\mathfrak{I}|-|\mathfrak{I}_m|+|\mathfrak{J}|-|\mathfrak{J}_n|\\&<|\mathfrak{I}_m+\mathfrak{J}_n|+2\varepsilon.\end{aligned}$$

其次 $\mathfrak{I}\cdot\mathfrak{J}$ 顯然爲

$$\mathfrak{I}_m\cdot\mathfrak{J}_m+(\mathfrak{I}-\mathfrak{I}_m)+(\mathfrak{J}-\mathfrak{J}_n)$$

之子集,因各項俱係開集,故均可以開節之和集表之,因而如以上得

$$\begin{aligned}|\mathfrak{I}\cdot\mathfrak{J}|&\leqslant|\mathfrak{I}_m\cdot\mathfrak{J}_n|+|\mathfrak{I}-\mathfrak{I}_m|+|\mathfrak{J}-\mathfrak{J}_n|\\&<|\mathfrak{I}_m\cdot\mathfrak{J}_n|+2\varepsilon,\end{aligned}$$

但如在開始所云,對於有限個數節之和,有

$$|\mathfrak{I}_m+\mathfrak{J}_n|+|\mathfrak{I}_m\cdot\mathfrak{J}_n|=|\mathfrak{I}_m|+|\mathfrak{J}_n|,$$

故對任何 $\varepsilon>0$ 有

$$\big|\,|\mathfrak{I}+\mathfrak{J}|+|\mathfrak{I}\cdot\mathfrak{J}|-|\mathfrak{I}|-|\mathfrak{J}|\,\big|<6\varepsilon,$$

故得證.

§6·3。 設 $\mathfrak{M}$ 爲一有界點集,命 $\mathfrak{I}$ 爲覆被 $\mathfrak{M}$ 之一開集,所謂**點集 $\mathfrak{M}$ 之外度量** (äussere Mass) $\overline{\mathfrak{M}}$ 云者,卽指

$$\overline{\mathfrak{M}}=\text{fin inf}|\mathfrak{I}|,$$

其下限乃指對所有可能覆被 $\mathfrak{M}$ 之開集 $\mathfrak{I}$ 而言。若係虛集則其外度量將命爲0。

關於外度量有以下常用之四事實:

a) 任何有界點集$\mathfrak{M}$必具有外度量,且

$$0\leqslant\overline{\mathfrak{M}}\leqslant\overline{I}(\mathfrak{M}).$$

此因若在§5·3容量之最末定義,內取$\mathfrak{i}_1,\cdots,\mathfrak{i}_n$爲有限個數閉節,無公共點,且覆被$\mathfrak{M}$,則此等節必可以$n$個分離開節$\mathfrak{i}_1,\cdots,\mathfrak{i}_n$覆被之,且長度之差$\Sigma|\mathfrak{i}_\nu|-\Sigma|\mathfrak{i}_\nu|$爲任意小。易辭以言,在求外容量時,對於其所取用之任一節集$\{\mathfrak{i}_1,\cdots,\mathfrak{i}_n\}$,在求外度量時,必有可取用之相應節集,且其二節集總長之相差,得爲任意小,(2·1) 由是直接得證。

b) §5之公設B亦得滿足:

若$\mathfrak{M}$爲一有界點集$\mathfrak{N}$之子集,則

$$\overline{\mathfrak{M}}\leqslant\overline{\mathfrak{N}}.$$

此因任何覆被$\mathfrak{N}$之開集$\mathfrak{I}$,同時亦覆被$\mathfrak{M}$,故對於任何取法之覆被$\mathfrak{M}$之開集$\mathfrak{J}$,必有

$$\text{fin inf}|\mathfrak{J}|\leqslant\text{fin inf}|\mathfrak{I}|.$$

c) 對於任何有界開集$\mathfrak{I}$有$\overline{\mathfrak{I}}=|\mathfrak{I}|$。

此因對於任何覆被$\mathfrak{I}$之開集$\mathfrak{J}$,由§4定理5有

$$|\mathfrak{J}|\geqslant|\mathfrak{I}|,$$

是以

$$\text{fin inf}|\mathfrak{J}|\geqslant|\mathfrak{I}|,$$

但在所有此等$\mathfrak{J}$之中,$\mathfrak{I}$之自身亦係其一,是以下限直卽係$|\mathfrak{I}|$也。

d) 任何至多可數有界點集$\mathfrak{M}$,具有外度量爲0。

因若設

$$\mathfrak{M}=\{x_1,\ x_2\cdots\},$$

命與$\varepsilon>0$,則可以任何x_n點爲中心,以長度等於$2^{-n}\varepsilon$之開節$\mathfrak{i}_n$覆被之,於是

$$\mathfrak{I}=\mathfrak{i}_1+\mathfrak{i}_2+\cdots$$

爲一開集且

(2·1) 因$\Sigma|\mathfrak{i}|<\Sigma|\mathfrak{j}|+\varepsilon$,故$\text{fin inf}\ \Sigma|\mathfrak{i}|\leqslant\text{fin inf}\ \Sigma|\mathfrak{i}|$,卽謂$\overline{\mathfrak{M}}\leqslant\overline{I}(\mathfrak{M})$。再者$\overline{\mathfrak{M}}$之存在,並無須證明。

$$|\mathfrak{I}|\leqslant|i_1|+|i_2|+\cdots\leqslant\varepsilon.$$

是以 $\overline{\mathfrak{M}}\leqslant\varepsilon$ 故得證。

舉例,如眞分數集合之外度量即等於0。然同時不可數點集之外度量亦得為0,如 §4 所論 Liouville 超越數集合,即是。又如常經討論之 Cantor 不密滿集,亦係如此,後者如 §5·8 之所示,固已見其容量之為0也。

下之定理亦復重要。

定理 2。 設 $\mathfrak{M}$ 及 $\mathfrak{N}$ 為二有界點集,則

$$\overline{\mathfrak{M}+\mathfrak{N}}+\overline{\mathfrak{M}\cdot\mathfrak{N}}\leqslant\overline{\mathfrak{M}}+\overline{\mathfrak{N}}.$$

證　命 $\mathfrak{I}$ 為覆被 $\mathfrak{M}$ 之有界開集, $\mathfrak{J}$ 為覆被 $\mathfrak{N}$ 之同類點集則由 §2 定理 8, $\mathfrak{I}+\mathfrak{J}$ 若 $\mathfrak{I}\cdot\mathfrak{J}$ 均係開集,[3] 且 $\mathfrak{I}+\mathfrak{J}$ 顯然覆被點集 $\mathfrak{M}+\mathfrak{N}$, 而 $\mathfrak{I}\cdot\mathfrak{J}$ 則覆被 $\mathfrak{M}\cdot\mathfrak{N}$。但由定理 1

$$|\mathfrak{I}+\mathfrak{J}|+|\mathfrak{I}\cdot\mathfrak{J}|=|\mathfrak{I}|+|\mathfrak{J}|$$

故若 $\mathfrak{K}$ 覆被 $\mathfrak{M}+\mathfrak{N}$ 之任意有界開集, $\mathfrak{L}$ 為覆被 $\mathfrak{M}\cdot\mathfrak{N}$ 之同類點集,則

$$\text{fin inf}|\mathfrak{K}|+\text{fin inf}|\mathfrak{L}|\leqslant\text{fin inf}|\mathfrak{I}|+\text{fin inf}|\mathfrak{J}|,$$

由是得證。

系 1。 特殊若 $\mathfrak{M}$ 及 $\mathfrak{N}$ 無公共點,則

$$\overline{\mathfrak{M}+\mathfrak{N}}\leqslant\overline{\mathfrak{M}}+\overline{\mathfrak{N}}.$$

普通對有限個數之有界點集 $\mathfrak{M}_1\cdots\mathfrak{M}_n$, 任二者均無公共點,則有

$$\overline{\mathfrak{M}_1+\cdots+\mathfrak{M}_n}\leqslant\overline{\mathfrak{M}}_1+\cdots+\overline{\mathfrak{M}}_n \tag{1}$$

系 2。 若於定理 2 內,點集 $\mathfrak{N}$ 之外度量為 0, 則 $\mathfrak{M}\cdot\mathfrak{N}$ 之外度量亦為 0, 而定理即成為

$$\overline{\mathfrak{M}+\mathfrak{N}}\leqslant\overline{\mathfrak{M}},$$

但因 $\overline{\mathfrak{M}}\leqslant\overline{\mathfrak{M}+\mathfrak{N}}$, 是以

$$\overline{\mathfrak{M}+\mathfrak{N}}=\overline{\mathfrak{M}}.$$

換言之,即謂加減一外度量為 0 之點集,(譬如一至多可數點集)於一點集,則其點集之外度量不動是也。特殊如 $\langle a, b\rangle$, $\langle a, b)$, $(a, b\rangle$

(3)　至 $\mathfrak{I}\cdot\mathfrak{J}$ 為一虛集之情形,則無須特加討論也。

每一節均與開節 (a, b) 有相同之外度量 $b-a$。

吾人更舉一例,示定理2內之符號「$\leqslant$」可以等號代之者。

定理 3。設 $\mathfrak{M}$ 及 $\mathfrak{N}$ 為二分離有界節集,換言之,即謂有一節 $\mathfrak{a}$ 存在,使 $\mathfrak{M}$ 全位於閉節 $\mathfrak{a}$ 中,而 $\mathfrak{N}$ 在開節 $\mathfrak{a}$ 中不具一點,則

$$\overline{\mathfrak{M}+\mathfrak{N}}=\overline{\mathfrak{M}}+\overline{\mathfrak{N}}.$$

證 $\mathfrak{M}$ 及 $\mathfrak{N}$ 至多僅能以 $\mathfrak{a}$ 節之端點為公共點,但因除去有限個數之點,亦不致影響於外容量,故吾人得設 $\mathfrak{a}$ 之端點,既不屬於 $\mathfrak{M}$,亦不屬於 $\mathfrak{N}$。於是先由定理2,系1,[4]

$$\overline{\mathfrak{M}+\mathfrak{N}}\leqslant\overline{\mathfrak{M}}+\overline{\mathfrak{N}}.$$

若吾人能證明更有

$$\overline{\mathfrak{M}+\mathfrak{N}}\geqslant\overline{\mathfrak{M}}+\overline{\mathfrak{N}}, \qquad (2)$$

則定理即已證實。為此吾人引進一開節 $\mathfrak{c}$,含有 $\mathfrak{N}$ 及 $\mathfrak{a}$,且設 $\mathfrak{b}$ 為自 $\mathfrak{c}$ 中棄去閉節 $\mathfrak{a}$ 後之餘集。由§2定理12,知 $\mathfrak{b}$ 為一開集,且係由一開節或二開節所形成。自此處後命 $\mathfrak{a}$ 僅表開節。若 $\mathfrak{K}$ 為覆被 $\mathfrak{M}+\mathfrak{N}$ 之某一開集,則

$$\mathfrak{I}=\mathfrak{a}\cdot\mathfrak{K}, \quad \mathfrak{J}=\mathfrak{b}\cdot\mathfrak{K}$$

俱為開集,無公共點且順次覆被 $\mathfrak{M}$ 及 $\mathfrak{N}$。

因 $\mathfrak{I}+\mathfrak{J}$ 為 $\mathfrak{K}$ 之子集,故

$$|\mathfrak{K}|\geqslant|\mathfrak{I}+\mathfrak{J}|=|\mathfrak{I}|+|\mathfrak{J}|.$$

所以若 $\mathfrak{I}$ 及 $\mathfrak{J}$ 依次為任意覆被 $\mathfrak{M}$, $\mathfrak{N}$ 之開集,則

$$\text{fin inf}|\mathfrak{K}|\geqslant\text{fin inf}|\mathfrak{I}|+\text{fin inf}|\mathfrak{J}|,$$

即(2)式亦為真實。

§6·4。設 $\mathfrak{M}$ 為一有界點集,位於某節 $\mathfrak{a}$ 中,其節為任何種類均可。所謂點集 $\mathfrak{M}$ 之**內度量** (innere Mass) $\underline{\mathfrak{M}}$ 者,定義即係

$$\underline{\mathfrak{M}}=|\mathfrak{a}|-\overline{\mathfrak{a}-\mathfrak{M}}.$$

自字面言之,內度量依然與節 $\mathfrak{a}$ 之選擇有關係,故吾人最先必需證明 $\underline{\mathfrak{M}}$ 與 $\mathfrak{a}$ 節絲毫無關,易詞言之,即若 $\mathfrak{b}$ 節亦含有 $\mathfrak{M}$,則必有

(4) 即不藉此系亦直可推得。

$$|\mathfrak{a}|-\overline{\mathfrak{a}-\mathfrak{M}}=|\mathfrak{b}|-\overline{\mathfrak{b}-\mathfrak{M}}$$

是也,欲示此事,顯然僅需證明$\mathfrak{b}$節含有$\mathfrak{a}$節之情形卽爲已足。於是定理 3 卽可以應用於二點集$\mathfrak{a}-\mathfrak{M}$及$\mathfrak{b}-\mathfrak{a}$,且因其和爲$\mathfrak{b}-\mathfrak{M}$而得

$$\overline{\mathfrak{b}-\mathfrak{M}}=\overline{\mathfrak{a}-\mathfrak{M}}+\overline{\mathfrak{b}-\mathfrak{a}}$$

於是再應用定理3于$\mathfrak{b}-\mathfrak{a}$及$\mathfrak{a}$而得

$$\overline{\mathfrak{b}-\mathfrak{M}}=\overline{\mathfrak{a}-\mathfrak{M}}+\overline{\mathfrak{b}}-\overline{\mathfrak{a}}$$

$$=\overline{\mathfrak{a}-\mathfrak{M}}+|\mathfrak{b}|-|\mathfrak{a}|,$$ 故得證。

關於內度量,吾人先蒐集以下一二簡單之事實:

a) 任何有界點集$\mathfrak{M}$必具有內度量,且

$$0\leq\underline{I}(\mathfrak{M})\leq\underline{\mathfrak{M}}\leq\overline{\mathfrak{M}}\leq\overline{I}(\mathfrak{M}).$$

$\underline{\mathfrak{M}}$之存在,乃自$\overline{\mathfrak{a}-\mathfrak{M}}$之存在而來,其$\mathfrak{a}$爲含有$\mathfrak{M}$之一節。應用定理2於$\mathfrak{M}$及$\mathfrak{a}-\mathfrak{M}$,則因$\mathfrak{M}\cdot(\mathfrak{a}-\mathfrak{M})=0$故,而

$$|\mathfrak{a}|\leq\overline{\mathfrak{M}}+\overline{\mathfrak{a}-\mathfrak{M}},$$

因而$\underline{\mathfrak{M}}\leq\overline{\mathfrak{M}}$。最後由§5定理1及§6·3*a*得

$$\underline{I}(\mathfrak{M})=|\mathfrak{a}|-\overline{I}(\mathfrak{a}-\mathfrak{M})\leq|\mathfrak{a}|-\overline{\mathfrak{a}-\mathfrak{M}}=\underline{\mathfrak{M}}.$$

b) 若$\mathfrak{M}$爲有界點集$\mathfrak{N}$之子集,則

$$\underline{\mathfrak{M}}\leq\underline{\mathfrak{N}}.$$

此因若$\mathfrak{a}$含有$\mathfrak{N}$,則$\mathfrak{a}-\mathfrak{N}$爲$\mathfrak{a}-\mathfrak{M}$之子集,是以

$$\underline{\mathfrak{M}}=|\mathfrak{a}|-\overline{\mathfrak{a}-\mathfrak{M}}\leq|\mathfrak{a}|-\overline{\mathfrak{a}-\mathfrak{N}}=\underline{\mathfrak{N}}.$$

c) 對於任何有界開集$\mathfrak{J}$,有$\underline{\mathfrak{J}}=|\mathfrak{J}|$。

此因,由 *a*) 及§5定理2與§6·3*c*,知

$$\underline{\mathfrak{J}}\geq\underline{I}(\mathfrak{J})=|\mathfrak{J}|=\overline{\mathfrak{J}},$$

但吾人常有 $\underline{\mathfrak{J}}\leq\overline{\mathfrak{J}}$,是以$\underline{\mathfrak{J}}=\overline{\mathfrak{J}}=|\mathfrak{J}|$。

定理 4。 設$\mathfrak{M}$及$\mathfrak{N}$爲二有界點集,則

$$\underline{\mathfrak{M}+\mathfrak{N}}+\underline{\mathfrak{M}\cdot\mathfrak{N}}\geq\underline{\mathfrak{M}}+\underline{\mathfrak{N}}.$$

證 設$\mathfrak{M}$及$\mathfrak{N}$均位於節$\mathfrak{a}$中,則因餘集$\mathfrak{a}-\mathfrak{M}$及$\mathfrak{a}-\mathfrak{N}$之和爲$\mathfrak{a}-\mathfrak{M}\cdot\mathfrak{N}$,而公約爲$\mathfrak{a}-(\mathfrak{M}+\mathfrak{N})$,故應用定理2,得

$$\overline{\mathfrak{a}-\mathfrak{M}\cdot\mathfrak{N}}+\overline{\mathfrak{a}-(\mathfrak{M}+\mathfrak{N})}\leqq\overline{\mathfrak{a}-\mathfrak{M}}+\overline{\mathfrak{a}-\mathfrak{N}}.$$

自$2|\mathfrak{a}|=2|\mathfrak{a}|$減去此之不等式,即得證明。

特殊若$\mathfrak{M}$及$\mathfrak{N}$無公約,則

$$\underline{\mathfrak{M}+\mathfrak{N}}\geqq\underline{\mathfrak{M}}+\underline{\mathfrak{N}}.$$

且普通若$\mathfrak{M}_1,\cdots,\mathfrak{M}_n$皆係有界點集任二者皆無公共點,則

$$\underline{\mathfrak{M}_1+\cdots+\mathfrak{M}_n}\geqq\underline{\mathfrak{M}_1}+\cdots+\underline{\mathfrak{M}_n}.$$

定理5。 若$\mathfrak{M}$及$\mathfrak{N}$爲二分離有界點集,則

$$\underline{\mathfrak{M}+\mathfrak{N}}=\underline{\mathfrak{M}}+\underline{\mathfrak{N}}.$$

證 設節$\mathfrak{a}$之意義與在定理3內者相同,且命$\mathfrak{a}+\mathfrak{N}$位於$\mathfrak{b}$節內,則$\mathfrak{b}-\mathfrak{a}-\mathfrak{N}$及$\mathfrak{a}-\mathfrak{M}$爲分離點集,是以由定理3

$$\overline{\mathfrak{b}-\mathfrak{a}-\mathfrak{N}}+\overline{\mathfrak{a}-\mathfrak{M}}=\overline{\mathfrak{b}-(\mathfrak{M}+\mathfrak{N})};$$

同樣$\mathfrak{b}-\mathfrak{a}-\mathfrak{N}$與$\mathfrak{a}$亦係分離,故

$$\overline{\mathfrak{b}-\mathfrak{a}-\mathfrak{N}}+|\mathfrak{a}|=\overline{\mathfrak{b}-\mathfrak{N}}.$$

將上之二等式相減,則得

$$|\mathfrak{a}|-\overline{\mathfrak{a}-\mathfrak{M}}=\overline{\mathfrak{b}-\mathfrak{N}}-\overline{\mathfrak{b}-(\mathfrak{M}+\mathfrak{N})},$$

故若兩端再加以$|\mathfrak{b}|$,則有

$$|\mathfrak{a}|-\overline{\mathfrak{a}-\mathfrak{M}}+|\mathfrak{b}|-\overline{\mathfrak{b}-\mathfrak{N}}=|\mathfrak{b}|-\overline{\mathfrak{b}-(\mathfrak{M}+\mathfrak{N})}.$$

但此即係所須證明者。

吾人將更給與內度量以另一定義,爲此先有以下之事實。

於任何有界點集$\mathfrak{M}$,其內度量等於$\mathfrak{M}$之閉子集外容量之上限。

此因若$\mathfrak{M}$位於節$\mathfrak{a}$中且$\mathfrak{H}$爲$\mathfrak{M}$之一閉子集,(吾人得設$\mathfrak{a}$爲開節),於是$\mathfrak{H}$對$\mathfrak{a}$之餘集$\mathfrak{J}$亦係開集,且覆被$\mathfrak{a}-\mathfrak{M}$,且由§5定理3,知

$$\overline{I}(\mathfrak{H})=|\mathfrak{a}|-|\mathfrak{J}|.$$

是以若$\mathfrak{J}$爲覆被$\mathfrak{a}-\mathfrak{M}$之任一開集,則

$$\text{fin sup}\,\overline{I}(\mathfrak{H})\leqq|\mathfrak{a}|-\text{fin inf}|\mathfrak{J}|^{(4\cdot1)}=|\mathfrak{a}|-\overline{\mathfrak{a}-\mathfrak{M}}=\underline{\mathfrak{M}}.$$

(4·1) 若$\mathfrak{H}$爲固定,則對所有可能之$\mathfrak{J}$, $I(\mathfrak{H})\leqq|\mathfrak{a}|-\text{fin inf}|\mathfrak{J}|$由此得本式。

在另一方面,若吾人自閉節 a 及覆被 $a-\mathfrak{M}$ 之一開集 $\mathfrak{J}$ 研究之,則將得

$$\text{fin sup}\,\overline{I}(\mathfrak{H})\geqslant\underline{\mathfrak{M}}.$$

由上之二不等式,卽得證明。

由是外度量及內度量之定義得取爲如下之形式:

$\overline{\mathfrak{M}}=\text{fin inf}\,\underline{I}(\mathfrak{J})$,其 $\mathfrak{J}$ 爲覆被 $\mathfrak{M}$ 之任意有界開集;

$\underline{\mathfrak{M}}=\text{fin sup}\;\overline{I}(\mathfrak{H})$,其 $\mathfrak{H}$ 爲 $\mathfrak{M}$ 之任意閉子集。

§6·5。 若關於一有界點集 $\mathfrak{M}$,有

$$\overline{\mathfrak{M}}=\underline{\mathfrak{M}},$$

則此相等之値,稱爲點集 $\mathfrak{M}$ 之**度量** (Mass) $|\mathfrak{M}|$,而點集 $\mathfrak{M}$ 則稱作**可度** (messbar)。

由 §6·3c 及 §6·4c 可見在惟一之情形,使「度量」二字於前此卽可應用時,(卽在開集之類)兩種定義均與吾人以同一之結果。

由 §6·3a 及 §6·4a 直接可以類推以下之事實,示度量乃容量之一廣義也。

若一有界點集 $\mathfrak{M}$ 之容量 $I(\mathfrak{M})$ 存在,則 $\mathfrak{M}$ 亦必可度,而

$$I(\mathfrak{M})=|\mathfrak{M}|.$$

由 §6·3b 及 §6·4b 知公設 B 亦得滿足,卽

若 $\mathfrak{M}$ 爲可度,且係一可度點集 $\mathfrak{N}$ 之子集,則必

$$|\mathfrak{M}|\leqslant|\mathfrak{N}|.$$

最後 §6·3d 之事實,亦得更以下之形式述之

任何至多可數有界點集之度量爲0。

至此則 §5 之定理 I 及 II,在可度點集,已有其相當之定理,若其定理 III 及 IV,亦可容易證明[4·2] 其對度量與對容量爲同樣之眞實,至相當於定理 V 及 VI 者亦然,卽如:

(4·2) 可參閱如 Schlesinger-Plessner, *Lebesguesche Integrale und Fouriersche Reihen* (Berlin 1926) §18, S. 57–59.

定理 6。 設 $\mathfrak{M}$ 及 $\mathfrak{N}$ 爲有界可度點集,則其和 $\mathfrak{M}+\mathfrak{N}$ 若公約 $\mathfrak{M}\cdot\mathfrak{N}$ 亦均可度,且

$$|\mathfrak{M}+\mathfrak{N}|+|\mathfrak{M}\cdot\mathfrak{N}|=|\mathfrak{M}|+|\mathfrak{N}|, \tag{4}$$

而特殊在 $\mathfrak{M}$ 及 $\mathfrak{N}$ 無公共點時,

$$|\mathfrak{M}+\mathfrak{N}|=|\mathfrak{M}|+|\mathfrak{N}|.$$

證 由定理 4 及 2, 因 $\mathfrak{M}$ 及 $\mathfrak{N}$ 之可度性,得

$$\underline{\mathfrak{M}+\mathfrak{N}}+\underline{\mathfrak{M}\cdot\mathfrak{N}}\geqslant\underline{\mathfrak{M}}+\underline{\mathfrak{N}}=\overline{\mathfrak{M}}+\overline{\mathfrak{N}}\geqslant\overline{\mathfrak{M}+\mathfrak{N}}+\overline{\mathfrak{M}\cdot\mathfrak{N}},$$

但因必有 $\overline{\mathfrak{M}+\mathfrak{N}}\geqslant\underline{\mathfrak{M}+\mathfrak{N}}$ 及 $\overline{\mathfrak{M}\cdot\mathfrak{N}}\geqslant\underline{\mathfrak{M}\cdot\mathfrak{N}}$, 故得

$$\overline{\mathfrak{M}+\mathfrak{N}}=\underline{\mathfrak{M}+\mathfrak{N}},\quad \overline{\mathfrak{M}\cdot\mathfrak{N}}=\underline{\mathfrak{M}\cdot\mathfrak{N}},$$

因而由定理 2 及 4 得等式 (4)

定理 7。 若 $\mathfrak{N}$ 爲有界可度集 $\mathfrak{M}$ 之可度子集,則 $\mathfrak{M}-\mathfrak{N}$ 亦爲可度,且

$$|\mathfrak{M}-\mathfrak{N}|=|\mathfrak{M}|-|\mathfrak{N}|. \tag{5}$$

證 設 $\mathfrak{M}$ 位於 $\mathfrak{a}$ 節內, 則 $\mathfrak{a}-\mathfrak{M}$ 之可度性,卽由 $\mathfrak{M}$ 可以推得;再由定理 6, 卽得 $(\mathfrak{a}-\mathfrak{M})+\mathfrak{N}=\mathfrak{a}-(\mathfrak{M}-\mathfrak{N})$ 之可度性, 因而又知其餘集之可度性,卽 $\mathfrak{M}-\mathfrak{N}$ 爲可度也。由定理 6,知對無公共點二點集 $\mathfrak{M}-\mathfrak{N}$ 及 $\mathfrak{N}$ 之和集,有

$$|\mathfrak{M}-\mathfrak{N}|+|\mathfrak{N}|=|\mathfrak{M}|,$$

因得 (5) 式之證。

亦如在容量時之情形,自定理 6 可以推得對於有限個數有界可度點集 $\mathfrak{M}_1,\cdots,\mathfrak{M}_n$, 其和若公約俱爲可度,且常有

$$|\mathfrak{M}_1+\cdots+\mathfrak{M}_n|\leqslant|\mathfrak{M}_1|+\cdots+|\mathfrak{M}_n|;$$

並如此等 $\mathfrak{M}_\nu$ 之任二者均無公共點,則

$$|\mathfrak{M}_1+\cdots+\mathfrak{M}_n|=|\mathfrak{M}_1|+\cdots+|\mathfrak{M}_n|$$

不寧唯是——且此亦係度量概念之所以重要者,——卽上式之事實對於可數無限個數之點集,亦復眞實,(5) 換言之,卽公設 C 於此

(5) 僅有些微之制限,在求和時,因和集必須有界也。

爲眞實之範疇遠爲廣大也。此下將證明此事實。

定理 8。 設 $\mathfrak{M}_1, \mathfrak{M}_2\cdots$ 爲可數個數有界可度點集，且其和

$$\mathfrak{M}=\mathfrak{M}_1+\mathfrak{M}_2+\cdots$$

亦爲有界，則 $\mathfrak{M}$ 亦爲可度，且若下式之和式收斂，則

$$|\mathfrak{M}|\leqslant\Sigma|\mathfrak{M}_\nu|;$$

又若此等 $\mathfrak{M}_\nu$ 任二者均無公約，則

$$|\mathfrak{M}|=\Sigma|\mathfrak{M}_\nu|. \qquad (6)$$

證 吾人先設此等 $\mathfrak{M}_\nu$ 俱無公共點，則 §6·4 之不等式 (3) 將成爲

$$|\mathfrak{M}_1|+\cdots+|\mathfrak{M}_n|=\underline{\mathfrak{M}_1}+\cdots+\underline{\mathfrak{M}_n}\leqslant\underline{\mathfrak{M}_1+\cdots+\mathfrak{M}_n}\leqslant\underline{\mathfrak{M}};$$

是以級數 $\Sigma|\mathfrak{M}_\nu|$ 收斂，且

$$\Sigma|\mathfrak{M}_\nu|\leqslant\underline{\mathfrak{M}}$$

在另一方面，對已與之 $\varepsilon>0$，點集 $\mathfrak{M}_\nu$ 得以一開集 $\mathfrak{J}_\nu$ 覆被之，且

$$|\mathfrak{J}_\nu|<\overline{\mathfrak{M}}_\nu+2^{-\nu}\cdot\varepsilon.$$

由 §2 定理 2，知

$$\mathfrak{J}=\mathfrak{J}_1+\mathfrak{J}_2+\cdots$$

亦係開集，而自 §4 定理 5，知

$$|\mathfrak{J}|\leqslant\Sigma|\mathfrak{J}_\nu|<\varepsilon+\Sigma\overline{\mathfrak{M}}_\nu$$

因 $\mathfrak{J}$ 顯然覆被 $\mathfrak{M}$，以此

$$\overline{\mathfrak{M}}\leqslant|\mathfrak{J}|<\varepsilon+\Sigma|\mathfrak{M}_\nu|,$$

因而

$$\overline{\mathfrak{M}}\leqslant\Sigma|\mathfrak{M}_\nu|.$$

再與 (7) 式相結合，即因 $\underline{\mathfrak{M}}\leqslant\overline{\mathfrak{M}}$ 而知 $\mathfrak{M}$ 爲可度，且 (6) 式亦爲眞實。

若未知此等點集是否無公共點，則在 $n\geqslant2$ 時，吾人命

$$\mathfrak{D}_n=(\mathfrak{M}_1+\cdots+\mathfrak{M}_{n-1})\cdot\mathfrak{M}_n,$$

於是即得

$$\mathfrak{M}=\mathfrak{M}_1+(\mathfrak{M}_2-\mathfrak{D}_2)+(\mathfrak{M}_3-\mathfrak{D}_3)+\cdots.$$

因右端各項均無公共點，且由定理6及7知其均係可度，故由已證得者之部分知$\mathfrak{M}$亦可度，且

$$|\mathfrak{M}|=|\mathfrak{M}_1|+|\mathfrak{M}_2-\mathfrak{D}_2|+|\mathfrak{M}_3-\mathfrak{D}_3|+\cdots\leqslant|\mathfrak{M}_1|+|\mathfrak{M}_2|+|\mathfrak{M}_3|+\cdots.$$

定理 9。 設$\mathfrak{M}_1, \mathfrak{M}_2\cdots$為可數個數可度點集，則其公約

$$\mathfrak{D}=\mathfrak{M}_1\cdot\mathfrak{M}_2\cdots$$

亦可度，且

$$|\mathfrak{D}|=\lim_{n\to\infty}|\mathfrak{M}_1\cdot\mathfrak{M}_2\cdots\mathfrak{M}_n|.$$

證　此定理可以由前之定理推得。為簡捷計，命

$$\mathfrak{D}_n=\mathfrak{M}_1\cdots\mathfrak{M}_n,\ n\geqslant 2;\ \mathfrak{D}_1=\mathfrak{M}_1,$$

則任何$\mathfrak{D}_n$均係可度，且$\mathfrak{D}_1,\mathfrak{D}_2\cdots$成一單減之點集敍列，換言之即任一$\mathfrak{D}_\nu$為$\mathfrak{D}_{\nu-1}$之子集也。若$\mathfrak{D}_1$位於某節$\mathfrak{a}$中，於是$\mathfrak{a}-\mathfrak{D}_1, \mathfrak{a}-\mathfrak{D}_2\cdots$即成一單增之點集敍列，而

$$\mathfrak{a}-\mathfrak{D}=(\mathfrak{a}-\mathfrak{D}_1)+(\mathfrak{a}-\mathfrak{D}_2)+\cdots=(\mathfrak{a}-\mathfrak{D}_1)+(\mathfrak{D}_1-\mathfrak{D}_2)+(\mathfrak{D}_2-\mathfrak{D}_3)+\cdots.$$

因此處之各項無公共點，故由定理8得$\mathfrak{a}-\mathfrak{D}$之可度性，因而得$\mathfrak{D}$之可度性以及下之關係

$$|\mathfrak{a}-\mathfrak{D}|=|\mathfrak{a}-\mathfrak{D}_1|+|\mathfrak{D}_1-\mathfrak{D}_2|+|\mathfrak{D}_2-\mathfrak{D}_3|$$
$$=\lim_{n\to\infty}\{\mathfrak{a}-\mathfrak{D}_1|+|\mathfrak{D}_1-\mathfrak{D}_2|+\cdots+|\mathfrak{D}_{n-1}-\mathfrak{D}_n|\},$$
$$|\mathfrak{a}|-|\mathfrak{D}|=|\mathfrak{a}|-\lim_{n\to\infty}|\mathfrak{D}_n|;$$

故得證。

§6·6。 於§6·5之開端，曾有言謂任何有界開集皆為可度，而§5之定理2，則指示其度量即等於其內容量。自定理7可以推得任何有界閉集$\mathfrak{M}$皆為可度，且其度量，實即等於其外容量：蓋以若$\mathfrak{M}$位於開節$\mathfrak{a}$內，則$\mathfrak{a}-\mathfrak{M}$為一開集而可度，因而$\mathfrak{M}=\mathfrak{a}-(\mathfrak{a}-\mathfrak{M})$亦可度，且更由§5定理3即可得

$$|\mathfrak{M}|=|\mathfrak{a}|-|\mathfrak{a}-\mathfrak{M}|=\overline{I}(\mathfrak{M})$$

任何有界可數點集度量之等於0，前於§6·5即已證明。此一事實，最宜由定理8推得，因可數個數之點中任何一點之度量均

爲0也。同樣不可數集之度量亦得爲0,前於§6·3亦已提及,不寧唯是,即度量爲0而凝聚點則充塞於節 <0, 1> 間之節集,亦可以造出之。吾人姑利用 Cantor 不密滿集以造之,此點集係不可數,且度量爲零,同時其平行之推移與相似之緊縮所得點集,亦復如此。設以x代 Cantor 點集之點,而以$\mathfrak{M}(x)$代其點集。將$\mathfrak{M}(x)$內之任何點以$\frac{\mu+x}{2^{\nu}}$代之,則吾人將得一新點集$\mathfrak{M}\left(\frac{\mu+x}{2^{\nu}}\right)$;由上所云,知此新點集亦不可數,且度量亦爲0。今若令ν通過所有之正整數,而對固定之一ν,則令μ通過$0, 1\cdots 2^{\nu}-1$,則吾人將得可數個數之點集,全位於節 <0, 1> 中,其和集之度量爲0,而其凝聚點則充塞於節 <0, 1> 之間也。

史略 自容量之理論,修正而進於此所申述之度量理論,此劃時代之一進步,Borel(6) 於1898年,即已得其端倪。伊先定點,節之度量定義,以及用無公共點之此等點集,以至多可數次數之加法所得之點集,與以至多可數次數減法所得之點集之度量定義,再及自後得之點集,用至多可數次數之和差運算所得點集之度量定義。如次進行,(6·1) 伊即得出逐次加繁之點集,而度量之定義,則爲點集加減時表度量之數亦隨之加減。如此方式所得之點,稱作 Borel 點集,而顯然開集閉集等俱包括其中。1902年 Lebesgue(7) 曾將 Borel 定義加以修正,使其能適用於更多種類之點集,而與 Lebesgue 無關,有 G. Vitali(8) 及 W. H. Young,(9) 約在同時,又各有與此大致相同之度量理論發表。至本節所述,則係 Lebesgue 氏之理論,以後吾人將見其爲用將不僅限於平直點集而已也。(參見§8)

---

(6) B. 1。

(6·1) 進行之次數,得爲可數之無限。

(7) *Intégrale, Longueur, Aire* [Annali di Matematica (3) **7** (1902) S. 231ff.];關於此亦可參考 B.9。

(8) Reale Instituto Lombordo di scienze e lettere. Rendiconti (2) **37** (1904) S. 69ff.; 又 Rendiconti del Circolo Matematico di Polermo **18** (1904) S. 113ff.

(9) Proceedings of the London Mathematical Society (2) **2** (1904) p. 16ff 亦可參考 B. 13.

§7 關於度量之其他定理

§7·1。 是否任何有界點集均具度,此吾人當前待考之問題也。此其答案爲否,蓋自以下 Vitali 所示之例卽可知之。設 ξ 爲一無理數或 0,命 $\mathfrak{M}(\xi)$ 爲所有諸數 $\xi+r$ 所成之(可數)點集,其中 ξ 爲固定,而 r 則須通過所有之有理數。若自不同之數值 ξ 托始,而造成此種點集,則見 $\mathfrak{M}(\xi_1)=\mathfrak{M}(\xi_2)$ 顯然適在 $\xi_2-\xi_1$ 爲有理數時。自所有此等實際不相重合之點集 $\mathfrak{M}(\xi)$,各取一數 $\eta(\xi)$,位于節 $(0,\frac{1}{2})$ 中者,且集此所有之 η 而成一點集 $\mathfrak{N}(\eta)$,吾人將證此點集 $\mathfrak{N}(\eta)$ 爲不可度。蓋因如謂 $\mathfrak{N}(\eta)$ 爲可度,則以下可數個數點集

$$\mathfrak{N}(\eta),\ \mathfrak{N}(\eta+\tfrac{1}{2}),\ \mathfrak{N}(\eta+\tfrac{1}{3}),\ \mathfrak{N}(\eta+\tfrac{1}{4})\cdots$$

統係可度,因其各爲由首集合向右平推 $1/n$ 而得者也。再此等點集亦確無公共點,因如有

$$\eta_1+s_1=\eta_2+s_2,$$

在 s_1, s_2 爲有理,η_1, η_2 屬于相異之點集,則必可得 $\eta_2-\eta_1=s_1-s_2$ 因而此等 η(應屬於相異之 $\mathfrak{M}(\xi)$ 內者)將反於假設而相差爲有理數也。今和集

$$\mathfrak{N}(\eta)+\mathfrak{N}(\eta+\tfrac{1}{2})+\mathfrak{N}(\eta+\tfrac{1}{3})+\cdots$$

因全位於節 $<0,1>$ 中,故必可度,且其度量至大爲 1,但因其各項皆具有相等之度量,故必

$$|\mathfrak{N}(\eta)|=0,$$

因而對於任何有理數 s,

$$|\mathfrak{N}(\eta+s)|=0.$$

今若以 $\mathfrak{D}(\eta+s)$ 表點集 $\mathfrak{N}(\eta+s)$ 及節 $<0,1>$ 之公約,則亦必有

$$|\mathfrak{D}(\eta+s)|=0.$$

又若命 s 通過所有之有理數,則所有 $\mathfrak{D}(\eta+s)$ 之和集度量亦必爲零。然而此所云之和集直卽等於節 $<0,1>$,故與事實矛盾也。[1]

(1) 此上之討論,須用及所謂選擇原理,(Auswahlprinzip(1.1))如不

§7·2。 上例指示吾人以可度性測驗之追求,確有正確之理由,以下將就此種測驗述其一二。

定理 1。 設$\mathfrak{M}$爲一有界點集,譬如位於開節$\mathfrak{a}$中,且$\mathfrak{N}$爲其餘集,則$\mathfrak{M}$(及$\mathfrak{N}$)爲可度之充要條件爲:若已與任一$\varepsilon>0$,必有開集$\mathfrak{I}$及$\mathfrak{J}$存在,順次覆被$\mathfrak{M}$及$\mathfrak{N}$,且使

$$|\mathfrak{I}\cdot\mathfrak{J}|<\varepsilon.$$ (2)

證 *a*) 設$\mathfrak{M}$爲可度,換言之,卽謂若

$$\overline{\mathfrak{M}}+\overline{\mathfrak{N}}=|\mathfrak{a}|,$$

則必有位於$\mathfrak{a}$內且覆被$\mathfrak{M}$之一開集$\mathfrak{I}$,使

$$|\mathfrak{I}|<\overline{\mathfrak{M}}+\frac{\varepsilon}{2},$$

同時在$\mathfrak{a}$節內亦必有覆被$\mathfrak{N}$之一開集$\mathfrak{J}$,使

$$|\mathfrak{J}|<\overline{\mathfrak{N}}+\frac{\varepsilon}{2},$$

因而

$$|\mathfrak{I}|+|\mathfrak{J}|<\overline{\mathfrak{M}}+\overline{\mathfrak{N}}+\varepsilon=|\mathfrak{a}|+\varepsilon. \qquad (1)$$

又因$\mathfrak{I}+\mathfrak{J}=\mathfrak{a}$,故由§6定理1得

$$|\mathfrak{I}|+|\mathfrak{J}|=|\mathfrak{a}|+|\mathfrak{I}\cdot\mathfrak{J}|, \qquad (2)$$

自 (1) 及 (2), 卽得所欲證。

應用此原理而欲造出不可度集,則迄於此日尙未之見也。關於此可參考 A. 1. S. 977/978。

(1·1) 於 Carathédory, *Vorlesungen uber reelle Funktionen* (Leipzig 1927) S.33, 此原理書作 "Unter den Zuordnungen, bei denen jeder nicht leeren Punktmengen A eines n-dimensionalen Raumes ein Punkt P dieses Raumes entspricht, existieren solche, bei denen P stets in A enthalten ist."

彼處曾有註解,謂『卽相應於一n度空間之任一點集A,得取其一點與之相伴,而此事關於空間所有之點集,可以同時成立是也』云云。

(2) 因$\mathfrak{I}\cdot\mathfrak{J}$係一開集,故其度量之定義,得不藉助於其他任意點集之度量定義,故此處尙不致蹈循環邏輯之誤也。

b) 設$\mathfrak{I}$, $\mathfrak{J}$爲二節集,具有定理所指定之性質者,吾人自可以設二者均位於$\mathfrak{a}$內,於是亦有

$$|\mathfrak{I}|+|\mathfrak{J}|=|\mathfrak{a}|+|\mathfrak{I}\cdot\mathfrak{J}|<|\mathfrak{a}|+\varepsilon$$

因而

$$\text{fin inf}\,|\mathfrak{I}|+\text{fin inf}\,|\mathfrak{J}|=|\mathfrak{a}|,$$

卽謂

$$\overline{\mathfrak{M}}+\overline{\mathfrak{N}}=|\mathfrak{a}|,$$

故得證。

定理 2。有界點集$\mathfrak{M}$爲可度之充要條件,爲$\mathfrak{M}$可以書作至多可數個數滿集及一度量爲0之點集之和。

證 因不僅任何有界滿集卽有界閉集亦爲可度,故有定理所云構造方式之點集必爲可度。兹再設$\mathfrak{M}$爲可度,則$|\mathfrak{M}|$爲$\mathfrak{M}$之閉子集外容量之上限,故相當於任何正整數n,點集$\mathfrak{M}$必有一閉子集$\mathfrak{M}_n$存在,使

$$0\leqq|\mathfrak{M}|-|\mathfrak{M}_n|=|\mathfrak{M}|-\overline{I}(\mathfrak{M}_n)<\frac{1}{n}. \qquad (3)$$

今命

$$\mathfrak{M}_0=\mathfrak{M}_1+\mathfrak{M}_2+\cdots,$$

則$\mathfrak{M}_0$亦爲可度;且因任一$\mathfrak{M}_n$皆係$\mathfrak{M}_0$之子集,而$\mathfrak{M}_0$又係$\mathfrak{M}$之一子集,故

$$|\mathfrak{M}_n|\leqq|\mathfrak{M}_0|\leqq|\mathfrak{M}|,$$

因而由(3)

$$|\mathfrak{M}-\mathfrak{M}_0|=0.$$

今任何閉集$\mathfrak{M}_n$可以表作一滿集$\mathfrak{P}_n$及一至多可數點集$\mathfrak{A}_n$之和,其滿集亦許付之缺如(§3定理5),所以

$$\mathfrak{M}_0=\mathfrak{A}+\mathfrak{P}_1+\mathfrak{P}_2+\cdots,$$

其$\mathfrak{A}$爲可數個數可數集合之和,故亦爲可數,而度量爲0。因此吾人得

$$\mathfrak{M}=(\mathfrak{M}-\mathfrak{M}_0)+\mathfrak{M}_0=(\mathfrak{M}-\mathfrak{M}_0+\mathfrak{A})+\mathfrak{P}_1+\mathfrak{P}_2+\cdots.$$

因 $\mathfrak{M}-\mathfrak{M}_0+\mathfrak{A}$ 之度量爲 0, 故得證。

§7·3。 以下更有二定理,此可以視作 §6 內定理 8 及 9 之精密化,因其中點集之可度與否,並非計及也。

定理 3。 設 $\mathfrak{M}_1, \mathfrak{M}_2\cdots$ 爲可數個數點集,且其和 $\mathfrak{M}=\mathfrak{M}_1+\mathfrak{M}_2+\cdots$ 爲有界。則

$$\overline{\mathfrak{M}}=\lim_{n\to\infty}\overline{\mathfrak{M}_1+\cdots+\mathfrak{M}_n}.$$

證 設 $\mathfrak{M}$ 位於某開節 $\mathfrak{a}$ 內。爲簡便計,命

$$\mathfrak{N}_n=\mathfrak{M}_1+\cdots+\mathfrak{M}_n.$$

則當 n 漸次增大時, $\mathfrak{N}_n$ 成一單增之點集叙列,換言之,即 $\mathfrak{N}_n$ 係 $\mathfrak{N}_{n+1}$ 之子集也。由是因 $\overline{\mathfrak{N}}_n\leqslant\overline{\mathfrak{M}}$ 而得

$$\lim_{n\to\infty}\overline{\mathfrak{N}_n}\leqslant\overline{\mathfrak{M}}. \tag{4}$$

欲證 (4) 內僅有等號眞實則先須知對已與之一 $\varepsilon>0$, $\mathfrak{N}_n$ 必可以因開集 $\mathfrak{J}_n$ 覆被之,其 $\mathfrak{J}_n$ 等亦成單增之點集叙列,任何 $\mathfrak{J}_n$ 均位於 $\mathfrak{a}$ 內,且

$$|\mathfrak{J}_n|<\overline{\mathfrak{N}}_n+\varepsilon. \tag{5}$$

此因第一吾人得選取 $\mathfrak{J}_1$ 爲在 $\mathfrak{a}$ 內覆被 $\mathfrak{N}_1$ 之開集,且

$$|\mathfrak{J}_1|<\overline{\mathfrak{N}}_1+\varepsilon$$

次再選一輔助點集 $\mathfrak{J}_2'$ 爲覆被 $\mathfrak{N}_2$ 之開集,且能滿足

$$|\mathfrak{J}_2'|<\overline{\mathfrak{N}}_2+\overline{\mathfrak{N}}_1+\varepsilon-|\mathfrak{J}_1|.$$

命 $\mathfrak{J}_2=\mathfrak{J}_1+\mathfrak{J}_2'$, 則 $\mathfrak{J}_2$ 亦位於 $\mathfrak{a}$ 中,且由 §6 定理 1, 因 $\mathfrak{J}_1\cdot\mathfrak{J}_2'$ 覆被集合 $\mathfrak{N}_1$ 之故,

$$|\mathfrak{J}_2|=|\mathfrak{J}_1|+|\mathfrak{J}_2'|-|\mathfrak{J}_1\cdot\mathfrak{J}_2'|\leqslant|\mathfrak{J}_1|+|\mathfrak{J}_2'|-\overline{\mathfrak{N}}_1;$$

故由 (6) 得

$$|\mathfrak{J}_2|<\overline{\mathfrak{N}}_2+\varepsilon.$$

關於 $\mathfrak{N}_3$ 吾人仍於 $\mathfrak{a}$ 內取一輔助點集 $\mathfrak{J}_3'$ 爲覆被 $\mathfrak{N}_3$ 之開集,且使

$$|\mathfrak{J}_3'|<\overline{N}_3+\overline{N}_2+\varepsilon-|\mathfrak{J}_2|,$$

故如$\mathfrak{J}_3=\mathfrak{J}_2+\mathfrak{J}_3$,卽可求得

$$|\mathfrak{J}_3|<\overline{\mathfrak{N}}_3+\varepsilon.$$

依此方式,吾人可以逐次進行,因而得示(5)式所指一羣之事實爲眞實也。

今點集$\mathfrak{J}_n$爲單增且可度,故$\mathfrak{J}_{n+1}-\mathfrak{J}_n$亦爲可度,因而(3)

$$\mathfrak{J}=\mathfrak{J}_1+(\mathfrak{J}_2-\mathfrak{J}_1)+(\mathfrak{J}_3-\mathfrak{J}_2)+\cdots$$

爲一可度集。因其各項並無公共點,故

$$|\mathfrak{J}|=|\mathfrak{J}_1|+|\mathfrak{J}_2-\mathfrak{J}_1|+|\mathfrak{J}_3-\mathfrak{J}_2|+\cdots$$

$$=\lim_{n\to\infty}\{|\mathfrak{J}_1|+|\mathfrak{J}_2-\mathfrak{J}_1|+\cdots|\mathfrak{J}_n-\mathfrak{J}_{n-1}|$$

$$=\lim_{n\to\infty}|\mathfrak{J}_n|。$$

但顯然點集$\mathfrak{J}$覆$\mathfrak{M}$,故由計及(5)式而得

$$\overline{\mathfrak{M}}\leqslant|\mathfrak{J}|=\lim_{n\to\infty}|\mathfrak{J}_n|\leqslant\lim_{n\to\infty}\overline{\mathfrak{N}}_n+\varepsilon.$$

是以

$$\overline{\mathfrak{M}}\leqslant\lim_{n\to\infty}\overline{\mathfrak{N}}_n,$$

再用(4)式卽得

$$\overline{\mathfrak{M}}=\lim_{n\to\infty}\overline{\mathfrak{N}}_n.$$

定理4。 設$\mathfrak{M}_1,\mathfrak{M}_2\cdots$爲可數個數有界點集,則若命$\mathfrak{D}=\mathfrak{M}_1\cdot\mathfrak{M}_2\cdots$,卽有

$$\underline{\mathfrak{D}}=\lim_{n\to\infty}\underline{\mathfrak{M}_1\cdot\mathfrak{M}_2\cdots\mathfrak{M}_n}.$$

證 爲簡捷計命

$$\mathfrak{D}_n=\mathfrak{M}_1\cdots\mathfrak{M}_n,\ n\geqslant2;\ \mathfrak{D}_1=\mathfrak{M}_1$$

則顯然見

$$\mathfrak{a}-\mathfrak{D}=(\mathfrak{a}-\mathfrak{D}_1)+(\mathfrak{a}-\mathfrak{D}_2)+\cdots$$

故由定理3

(3) 此下之點集$\mathfrak{J}$之所以有界者,以各$\mathfrak{J}_n$俱位於節$\mathfrak{a}$內也。

$$\overline{\mathfrak{a}-\mathfrak{D}}=\lim_{n\to\infty}\overline{(\mathfrak{a}-\mathfrak{D}_1)+(\mathfrak{a}-\mathfrak{D}_2)+\cdots(\mathfrak{a}-\mathfrak{D}_n)}=\lim_{n\to\infty}\overline{\mathfrak{a}-\mathfrak{D}_n},$$

是以

$$|\mathfrak{a}|-\overline{\mathfrak{a}-\mathfrak{D}}=\lim\{|\mathfrak{a}|-\overline{\mathfrak{a}-\mathfrak{D}_n}\};$$

是卽所須證明者.

§7·4。 應用度量之概念,則§5·9所證之函數可積性測驗,亦可述作以下之形式:

定理 5。 設 $f(x)$ 在 $<a,b>$ 內爲有界,則 Riemann 積分

$$\int_a^b f(x)dx$$

存在之充要條件,爲 $f(x)$ 間斷點集之度量爲0。

證 一點 ξ 之適爲一間斷點,係當在其點上 $f(x)$ 之顫動 >0 時。今以 $\mathfrak{M}_n$ 表 $f(x)$ 之顫動 $\geqslant\frac{1}{n}$ 者之間斷點集,則

$$\mathfrak{M}=\mathfrak{M}_1+\mathfrak{M}_2+\cdots$$

卽係 $f(x)$ 之間斷點集。若 $f(x)$ 爲可積,則由§5定理5,知各 $\mathfrak{M}_n$ 之容量爲0,因而度量亦爲0,是以 $|\mathfrak{M}|=0$。反之若 $|\mathfrak{M}|=0$,則各 $|\mathfrak{M}_n|=0$;但因各 $\mathfrak{M}_n$ 均係閉集,故由§6·6得 $\overline{I}(\mathfrak{M}_n)=|\mathfrak{M}|=0$。再由§5,定理5,卽知 $f(x)$ 必爲可積。

§7·5。 作爲度量概念之另一應用,吾人將證明關於限制變分函數之他一定理;於前之§1·8,吾人已指示此類函數之間斷點集爲可數;Lebesgue[4]曾證明任何限制變分函數,爲幾全(fast überall)可微分,換言之,卽謂微商不存在之點所成點集度量爲0也,欲證此事,吾人須應用以下之重要

定理 6 (Vitali 覆被定理) 設 $\mathfrak{M}$ 爲一有界點集,其外度量 $\overline{\mathfrak{M}}>0$,且相應於點集 $\mathfrak{M}$ 之任何點 P,設有閉節叙列 $i_1(P)$, $i_2(P)\cdots$ 存在,每節皆含 P 點,且

(4) 參見 B9, S.128.

$$\lim_{\nu\to\infty}|\mathfrak{i}_\nu|=0,$$

則對於任何 $0<\varepsilon<1$, 在所有與點集 $\mathfrak{M}$ 相配之節 $\mathfrak{i}$ 內,必有有限個數分離節存在,云如爲 $\mathfrak{i}_1,\cdots,\mathfrak{i}_n$, 使

$$\overline{\mathfrak{M}-\mathfrak{M}\cdot(\mathfrak{i}_1+\cdots+\mathfrak{i}_n)}<\varepsilon\cdot\overline{\mathfrak{M}}, \qquad (7)$$

及

$$\overline{\mathfrak{M}\cdot(\mathfrak{i}_1+\cdots+\mathfrak{i}_n)}>(1-\varepsilon)\overline{\mathfrak{M}}. \qquad (8)$$

證 不等式(8)乃(7)之推論。因若命 $\mathfrak{J}=\mathfrak{i}_1+\cdots+\mathfrak{i}_n$, 則

$$\mathfrak{M}=\mathfrak{M}\cdot\mathfrak{J}+(\mathfrak{M}-\mathfrak{M}\cdot\mathfrak{J}),$$

因而

$$\overline{\mathfrak{M}}\leqslant\overline{\mathfrak{M}\cdot\mathfrak{J}}+\overline{\mathfrak{M}-\mathfrak{M}\cdot\mathfrak{J}}, \qquad (9)$$

所以由(7)卽可推得(8)也,[5]故吾人僅須證明(7)卽亦足。

最先吾人指示(7)之左端,得使其小於 $\overline{\mathfrak{M}}$ 之某一定之百分數,($\varepsilon=90\%$),詳情如下:

設 $\mathfrak{O}$ 爲覆被 $\mathfrak{M}$ 之一有界開集,且

$$|\mathfrak{O}|<1{,}02\ \overline{\mathfrak{M}}; \qquad (10)$$

則在定理所與之節 $\mathfrak{i}$ 中,必有有限個數之分離節,云爲 $\mathfrak{i}_1,\cdots,\mathfrak{i}_m$, 全位於 $\mathfrak{O}$ 中,且

$$\overline{\mathfrak{M}-\mathfrak{M}\cdot(\mathfrak{i}_1+\cdots+\mathfrak{i}_m)}<\frac{9}{10}\overline{\mathfrak{M}}. \qquad (11)$$

欲證此事,吾人姑僅論全位於 $\mathfrak{O}$ 中之 $\mathfrak{i}(P)$。因 $\mathfrak{O}$ 必全等於一分離開節之節集,故相應於 $\mathfrak{M}$ 之任一點 P, 顯必有如此所云之一節 $\mathfrak{i}(P)$ 存在。相應於此等任一節 $\mathfrak{i}(P)$, 吾人作一輔助節 $\mathfrak{k}(P)$, 以 P 爲其中心,且長度 $|\mathfrak{k}(P)|=2|\mathfrak{i}(P)|$。對於 $\mathfrak{k}(P)$ 所成之節集,吾人得應於§4定理4。由此定理,知在此等 $\mathfrak{k}(P)$ 中,必有至多可數之節

$$\mathfrak{k}_1,\ \mathfrak{k}_2,\ \mathfrak{k}_3\cdots \qquad (12)$$

存在,同樣覆被 $\mathfrak{M}$, 且其諸長度爲單減。於節敘列(12)中,凡有與其

(5) 再者(7)式亦得由(8)式推出,因(9)式實僅能有等號爲眞實,此由累次應用§6定理3可以知之者也。

前一節至少有一公共點者棄去之。設賸餘叙列爲

$$\mathfrak{k}_{n_1},\ \mathfrak{k}_{n_2}\cdots$$

則此等節均互分離,因而其所係屬之各節 $\mathfrak{i}_{n_\nu}$ 亦互相分離,是以

$$\sum_\nu|\mathfrak{k}_{n_\nu}|=2\sum_\nu|\mathfrak{i}_{n_\nu}|<2|\mathfrak{D}|,$$

因各 $\mathfrak{i}_{n_\nu}$ 均位於 $\mathfrak{D}$ 之內也,所以知 $\Sigma|\mathfrak{k}_{n_\nu}|$ 亦爲收斂。欲估計此和式之最小限度,則相應於每一 $\mathfrak{k}_{n_\nu}$ 吾人更造輔助節 $\mathfrak{l}_\nu$,與 $\mathfrak{k}_{n_\nu}$ 同心,而長度爲其 3 倍: $|\mathfrak{l}_\nu|=3|\mathfrak{k}_{n_\nu}|$,於是知 $\Sigma|\mathfrak{l}_\nu|$ 亦收斂,吾人且將證明

$$\overline{\sum_\nu\mathfrak{k}_\nu}\leqslant\sum_\nu|\mathfrak{l}_\nu|. \tag{13}$$

質言之,在叙列 (12) 中,任何一 $\mathfrak{k}_u$ 之因與 $\mathfrak{k}_{n_\nu}$ 有一公共點而被棄去者,均係在 $\mathfrak{k}_{n_\nu}$ 從之節,其長度亦因而必 $\leqslant|\mathfrak{k}_{n_\nu}|$,所以亦必位於 $\mathfrak{l}_\nu$ 中,是以 $\Sigma\mathfrak{k}_\nu$ 乃 $\Sigma\mathfrak{l}_\nu$ 之一子集故有 (13) 式也。但以 $\Sigma\mathfrak{k}_\nu$ 覆被 $\mathfrak{M}$,故此和集之外度量至少爲 $\overline{\mathfrak{M}}$,所以

$$\overline{\mathfrak{M}}\leqslant\sum_\nu|\mathfrak{l}_\nu|=3\sum_\nu|\mathfrak{k}_{n_\nu}|=6\sum_\nu|\mathfrak{i}_{n_\nu}|. \tag{14}$$

由是在此等 $\mathfrak{i}_{n_\nu}$ 中,必有有限個數之節,云爲 $\mathfrak{i}_1,\cdots,\mathfrak{i}_m$ 者存在,使對於 $\mathfrak{J}=\mathfrak{i}_1+\cdots+\mathfrak{i}_m$ 有

$$\overline{\mathfrak{M}}<8|\mathfrak{J}|,$$

因 $\mathfrak{M}$ 爲 $\mathfrak{D}$ 之一子集,故 $\mathfrak{M}-\mathfrak{M}\cdot\mathfrak{J}$ 亦爲 $\mathfrak{D}-\mathfrak{D}\cdot\mathfrak{J}$ 之一子集,但因 $\mathfrak{J}$ 全部位於 $\mathfrak{D}$ 內,所以適所云之點集,直卽等於 $\mathfrak{D}-\mathfrak{J}$。由是用 (12) 及 (14)

$$\overline{\mathfrak{M}-\mathfrak{M}\cdot\mathfrak{J}}\leqslant\overline{\mathfrak{D}-\mathfrak{J}}=|\mathfrak{D}|-|\mathfrak{J}|<1{,}02\overline{\mathfrak{M}}-\tfrac{1}{8}\overline{\mathfrak{M}}<0{,}9\overline{\mathfrak{M}},$$

如所欲證。

此所得之結果,以如下之方式應用之,卽得 Vitali 定理之證明。命

$$\mathfrak{M}_1=\mathfrak{M}-\mathfrak{M}\cdot\mathfrak{J},\quad \mathfrak{D}_1^*=\mathfrak{D}-\mathfrak{D}\cdot\mathfrak{J}=\mathfrak{D}-\mathfrak{J},$$

則 $\mathfrak{M}_1$ 爲 $\mathfrak{D}_1^*$ 之子集,而 $\mathfrak{D}_1^*$ 則以其爲一開集與閉集之差而亦爲開集,是以 $\mathfrak{D}_1^*$ 亦必有一開子集 $\mathfrak{D}_1$ 存在,覆被 $\mathfrak{M}_1$,且使

$$|\mathfrak{D}_1|<1{,}02\overline{\mathfrak{M}_1}$$

故應用上已證之事實,知在所有節 i 中,必有有限個數分離節,云如 $i_{m+1},\cdots,i_{m_1}$ 者存在,全位於 $\mathfrak{D}_1$, 中且對於 $\mathfrak{J}_1^*=i_{m+1}+\cdots+i_{m_1}$, 有

$$\overline{\mathfrak{M}_1-\mathfrak{M}_1\cdot\mathfrak{J}_1^*}<\frac{9}{10}\overline{\mathfrak{M}}_1. \qquad (15)$$

但因

$$\mathfrak{M}_1-\mathfrak{M}_1\cdot\mathfrak{J}_1^*=\mathfrak{M}-\mathfrak{M}\cdot\mathfrak{J}-(\mathfrak{M}-\mathfrak{M}\cdot\mathfrak{J})\cdot\mathfrak{J}_1^*=\mathfrak{M}-\mathfrak{M}\cdot\mathfrak{J}-\mathfrak{M}\cdot\mathfrak{J}_1^*,$$

(此因 $\mathfrak{J}$ 與 $\mathfrak{D}_1^*$ 亦卽與 $\mathfrak{J}_1^*$ 無公共點之故), 故應用 (11) 式自 (15) 式, 得

$$\overline{\mathfrak{M}-\mathfrak{M}\cdot(\mathfrak{J}+\mathfrak{J}_1^*)}<\left(\frac{9}{10}\right)^2\overline{\mathfrak{M}}.$$

若命 $\mathfrak{J}_1=\mathfrak{J}+\mathfrak{J}_1^*$,則

$$\overline{\mathfrak{M}-\mathfrak{M}\cdot\mathfrak{J}_1}<\left(\frac{9}{10}\right)^2\cdot\overline{\mathfrak{M}},$$

其 $\mathfrak{J}_1$ 爲由有限個數分離節所組成, 各節全位於 $\mathfrak{D}$ 中,且係節集 i 之子集。

此之證法可以累次施用至 n 爲充分大之次數,使 $\left(\frac{9}{10}\right)^n<\varepsilon$, 卽得不等式 (7) 之證明。

§7·6。 兹吾人乃可以證明上所述及之 Lebesgue 定理。

定理 7。 設 $f(x)$ 在節 $<a, b>$ 內爲限制變分函數,則 $f(x)$ 不可微分之點,在節內成一度量爲 0 之點集,或簡之卽謂 $f(x)$ 在節 $<a\ b>$ 內爲「幾全」可微分。

證[6] 因任何限制變分函數得書作二單增函數之和,故顯然僅須對於單增函數證明卽爲已足,故設對於

$$a\leqq\alpha<\beta\leqq b, \text{ 常有 } f(\beta)\geqq f(\alpha)。$$

證明中吾人將利用以下三種簡略記號:[7]對於一固定之 ξ 及 $<a,b>$

(6) 此處證明方法,大體係採自 A. Rajchman 及 S. Saks, *Sur le dérivabilitée des fonctions montones*, [Fundamenta Mathematicae 4 (1923) S. 204ff.] 但在彼處證明係全基於 Sierpinski 之陳述稍簡之一補定理者。

(7) 吾人習知

內之任意點 $x\neq\xi$ 者,命

$$\underline{D}f(x)=\liminf_{x\to\xi}\frac{f(\xi)-f(x)}{\xi-x},$$

$$\overline{D}f(x)=\limsup_{x\to\xi}\frac{f(\xi)-f(x)}{\xi-x}.$$

且若 $\mathfrak{i}=\langle\alpha,\beta\rangle$ 爲 $\langle a,b\rangle$ 之一子節,則

$$\Delta\mathfrak{i}=f(\beta)-f(\alpha)。$$

設 $\mathfrak{M}$ 爲 $f'(\xi)$ 不存在之點 ξ 所成點集。於如此之一點 ξ,或則差商非有界,換言之,即謂

$$\overline{D}f(\xi)=\infty; \tag{16}$$

或則 $\overline{D}f(\xi)$ 縱係有限,然亦有 $\underline{D}f(\xi)<\overline{D}f(\xi)$,於此後之情形,必有二有理數 $o<u<v$ 存在,使

$$0\leqq\underline{D}f(\xi)<u<v<\overline{D}f(\xi).$$

是以若命使 (16) 成立之點 ξ 所成點集爲 $\mathfrak{N}_1$,又使 $\overline{D}f(\xi)$ 有限,而對有理數 $o<u<v$ 能使 (17) 成立之點 ξ 所成點集爲 $\mathfrak{N}_2(u,v)$,則

$$\mathfrak{M}=\mathfrak{N}_1+\sum_{u,v}\mathfrak{N}_2(u,v).$$

其和式係指對於所有有理數偶 u,v 而言。吾人之所需證者爲 $|\mathfrak{M}|=0$,故若能指示

$$\text{I)}\qquad |\mathfrak{N}_1|=0,$$

$$\text{II)}\qquad |\mathfrak{N}_2(u,v)|=0,$$

則證明即已完成。是二者之證明,均將用反證法,而皆須借助於 Vitali 定理也。

$$\liminf_{x\to\xi}F(x)=\underset{\mathfrak{i}}{\text{fin sup}}\,(\underset{x\text{在}\mathfrak{i}\text{內}}{\text{fin inf}}\,F(x)),$$

其中右端之下限,係指已取定含 ξ 爲內點之某一節 $\mathfrak{i}$,(或若 $\xi=a$ 或 b 則爲端點)且命 x 通過此節中所有 $x\neq\xi$ 之值而言。如此所得之下限,命之爲 $g=g(\mathfrak{i})$。至欲得其上限,則將上述種類之節 $\mathfrak{i}$ 取其所有可能者而求 $g(\mathfrak{i})$ 之上限即是。同樣

$$\limsup_{x\to\xi}F(x)=\underset{\mathfrak{i}}{\text{fin inf}}\,(\underset{x\text{在}\mathfrak{i}\text{內}}{\text{fin sup}}\,F(x)).$$

I) $|\mathfrak{N}_1|=0$ 之證明。

吾人先設$\overline{\mathfrak{N}_1}=\mu>0$。設$u>0$爲任意一實數。因在$\xi$處差商增大無制限，故相應於$\mathfrak{N}_1$之任何點$\xi$，必有全位於$<a, b>$內之閉節叙列

$$i_1(\xi),\ i_2(\xi)\cdots$$

存在，ξ爲其各節之一端點，且

$$\lim_{\nu\to\infty}|i_\nu(\xi)|=0$$

及
$$\Delta i_\nu>u|i_\nu|, \tag{18}$$

由 Vitali 定理，在所有此等節中，必有有限個數之分離節$i_1,\cdots,i_n$存在，使

$$|i_1|+\cdots+|i_n|\geqslant\overline{\mathfrak{N}_1\cdot(i_1+\cdots+i_n)}>\tfrac{1}{2}\mu,$$

且各節$i_\nu=<\alpha_\nu\beta_\nu>$得如下叙列之

$$a\leqslant\alpha_1<\beta_1\leqslant\alpha_2<\beta_2\leqslant\cdots\leqslant\alpha_n<\beta_n\leqslant b$$

由是自 (18) 式

$$\sum_{\nu=1}^{n}\{f(\beta_\nu)-f(\alpha_\nu)\}=\sum_{\nu=1}^{n}\Delta i_\nu>u\sum_{\nu=1}^{n}|i_\nu|>\tfrac{1}{2}u\mu,$$

故由$f(x)$之單調性，有

$$f(b)-f(a)>\tfrac{1}{2}u\mu,$$

且勿論u爲若何大均爲眞實，此係不可能之事。故吾人之假設爲不可能，而$|\mathfrak{N}_1|=0$也。

II) $|\mathfrak{N}_2(u,v)|=0$ 之證。

吾人先設$\overline{\mathfrak{N}_2}=\mu>0$。命$\mathfrak{O}$爲覆被$\mathfrak{N}_2$之開集，且

$$|\mathfrak{O}|<\mu(1+\varepsilon),$$

其$\varepsilon>0$爲任與之數，則相應於$\mathfrak{N}_2$之任何一點ξ，必有一閉節之叙列

$$i_1(\xi),\ i_2(\xi)\cdots$$

存在，其各節皆位於$<a\ b>$及$\mathfrak{O}$中，且各以ξ爲其一端點，且

$$\lim_{\nu\to\infty}|i_\nu(\xi)|=0,$$

及
$$\Delta i_\nu < u | i_\nu |. \tag{19}$$
其最後一事,乃係由 $\underline{D}f(\xi) < u$ 得來。應用 Vitali 定理,知在所有此等節 $i_\nu(\xi)$ 之中,必有有限個數分離閉節 $i_1, \cdots, i_m$,存在,使
$$\overline{\mathfrak{N}_2 \cdot (i_1 + \cdots + i_m)} > \mu(1-\varepsilon). \tag{20}$$
但以此等節俱位於 $\mathfrak{O}$ 中,故先有
$$| i_1 | + \cdots + | i_m | \leqslant | \mathfrak{O} | < \mu(1+\varepsilon),$$
而再由 (19) 卽有
$$\sum_{\nu=1}^{m} \Delta i_\nu < u(1+\varepsilon) \cdot \mu. \tag{21}$$

茲以 $\mathfrak{J}$ 表各節 $i_1, \cdots, i_2$(於此處視作開節)之和集,(亦自係開節),且命 $\mathfrak{N} = \mathfrak{N}_2 \cdot \mathfrak{J}$。因 $\mathfrak{J}$ 與其完成爲閉集後所差不過在有限個數之點,故由 (20) 得
$$\overline{\mathfrak{N}} > (1-\varepsilon)\mu. \tag{22}$$
相應於 $\mathfrak{N}$ 之任一點 ξ,因其亦係 $\mathfrak{N}_2$ 之一點,故亦必有一閉節叙列
$$\mathfrak{k}_1(\xi), \quad \mathfrak{k}_2(\xi) \cdots$$
存在,其各節均在 $\mathfrak{J}$ 內,各以 ξ 爲其一端點,且
$$\lim_{\nu \to \infty} | \mathfrak{k}_\nu(\xi) | = 0,$$
及
$$\Delta \mathfrak{k}_\nu > v | \mathfrak{k}_\nu |. \tag{23}$$
其最後之關係乃係由 $\overline{D}f(\xi) > v$ 得來。由 Vitali 定理,知在所有此等節 $\mathfrak{k}_\nu(\xi)$ 之中,必有有限個數之分離閉節 $\mathfrak{l}_1, \cdots, \mathfrak{l}_n$ 存在,使
$$| \mathfrak{l}_1 | + \cdots + | \mathfrak{l}_n | \geqslant \overline{\mathfrak{N} \cdot (\mathfrak{l}_1 + \cdots + \mathfrak{l}_n)} > \overline{\mathfrak{N}} \cdot (1-\varepsilon).$$
故由 (22) 及 (23) 得
$$\sum_{\nu=1}^{n} \Delta \mathfrak{l}_n > v(1-2\varepsilon) \cdot \mu \tag{24}$$
因 $\mathfrak{l}_\nu$ 等既位於 $\mathfrak{J}$ 內,故必係 i_ν 各節之某部分,是以由 $f(x)$ 之單調性而得
$$\sum_{\nu=1}^{m} \Delta i_\nu \geqslant \sum_{\nu=1}^{n} \Delta \mathfrak{l}_\nu,$$

因此由 (21) 及 (24) 得

$$u(1+\varepsilon)>v(1-2\varepsilon),$$

對於任何 $\varepsilon>0$ 爲眞，但此與 $u<v$ 之假設牴牾，故吾人之假設不能成立而亦有 $|\mathfrak{N}_2|=0$。

上期本文正誤表

		誤	正
頁 54		第五行最右端添 (1)	
		倒第四頁最後之 $0<x\leqslant 1$ 改 $0<x<1$	
頁 56	末行	第二 $x>\xi$	$x<\xi$
頁 57	倒第六行	距雜	距離
頁 58	第九行	若下限	若下限
	第十一行	弧離點	孤離點
頁 61	第四行	爲 }	} 爲
頁 63	倒第三行	之一內點	之一點
頁 65	第十六行	不再有 V 之點	V 係德文大字母 $\mathfrak{V}$ 之誤
	倒第四行	因若 $\mathfrak{M}'=0$	因若 $\mathfrak{M}''=0$
	倒第一行	由 §2 定理 7	參見註 (1·1)
頁 66	第五行	君人	吾人
	第十行	$\mathfrak{M}-\mathfrak{M}_2$	$\mathfrak{M}+\mathfrak{M}_2$
	倒第一行	末有	未有
頁 67	第十二行	P_1	P_2
	第十五行	删去 (3·2)	
	第十六行	近而尙有	近尙有
	倒第一行	删去	
頁 71	倒第十行	午面集	平面集
頁 77	倒第一行	$<\varepsilon\frac{1}{3}$	$<\frac{1}{3}\varepsilon$
頁 80	倒第三行	Liourille	Liouville
頁 82	第十行	折又不然	抑又不然
	第十四行	$0\leqslant a_\nu\leqslant q$	$0\leqslant a_\nu\leqslant g$
	第十七行	$a_2\cdot 10^{m!-1!}$	$a_2\cdot 10^{m!-2!}$

贈林君嶽威序

陳　　杜

世嘗有寒儒窮儒之稱。吾以謂特患其不儒耳。儒則已立立人。已達達人。彼以其富我以吾仁。彼以其爵,我以吾義。行而世爲天下法,言而世爲天下則。天下富貴孰有逾於是者哉。吾生四十八年,交遊遍海內。其不自以爲儒者,固不必論。而凡自負爲儒者,多嘆窮嗟卑,發爲文章寒苦特甚。予甚非之。以爲去儒愈遠者也。飯疏食飲水,曲肱而枕之,樂亦在其中。此吾儒之眞樂也。蓋儒不特須能窮能寒,且須能樂於窮樂於寒,而後不能窮之不能寒之者愈顯。求之交遊之中,能此者蓋尠。惟老友林嶽威先生,獨有近乎是。先生客居滬濱,破屋一間,破書數千卷,狼籍床上。吾嘗笑之曰。不特先生枕經籍史,嫂夫人與如夫人亦枕經籍史矣。夏則破葛,冬則破裘.自朝至暮,口不輟於講授,晨出夜歸,步行無車。凡自不知者視之,孰不曰此窮儒寒儒哉。然而先生每食必飲,每飲必醉。吾昔與鄰居,每夜必相與攜酒至酒家,一飲盡數斗,高歌達夜半,步行而歸,遇風雪益以爲樂。十餘年來,凡與余語,未嘗有一言之及於窮也,豈非有得於吾儒之眞樂者哉。丁丑元旦,爲先生六十壽辰。長公子建英世兄畢業交通大學之二年,初任職於澳門工廠,今任職於京貴鐵道,特宴戚友爲先生稱觴,禮也。酒數巡,杜起而祝曰。不知者以先生爲寒儒爲窮儒。然先生男女公子三人,均在上庠。長公子與猶子亦均已學成業就,一不窮也。先生教學將二十年。自小學以至大學皆曾任講席,弟子滿海內,博士碩士,爲教授於上庠者日衆。二不窮也。先生曾與中山先生之兄壽屏先生爲同盟友，努力革命。清社既屋，爲令吳川靈山。平土寇，撫流亡，清積獄。去任之日，民咸歌其德。三不窮也。近今吏治不修，競於貪墨。爲令一年，而起家數萬，或十餘萬者，比比皆是。先生令劇邑。當亂世。去之日，囊無積錢，恃教讀爲生者，將二十餘載，是先生之富於廉也。四不窮也，先生十歲，能爲詩賦古文，驚其郡人，老而益娟。著詩文集等身。是先生富於文也，五不窮也，先生今年六十，神貌如四十時。飲量日增，昔人所謂上壽百歲者，可爲先生預祝。是先生必能富於壽也。六不窮也。先生有此六不窮，天下之富貴，孰善於是。又孰得而窮之哉。况先生德配某夫人，淑善塞淵，有后妃逮下之德，與如夫人相夫子，襄教育，尤足樂先生之晚年。言未已，衆賓皆曰善。既奉觴以爲先生壽，且序之以爲他日七十八十九十一百歲時，重爲先生頌之也。

致葉長卿教授論文書

陳　柱

長卿吾兄足下。前日惠臨。敬悉吾兄有力治古文之宏志。方今士不悅學。其賤視古書者固無論。卽號稱好古者亦不過略涉詩詞。能爲普通應酬之作,便已附庸風雅,言及古文,則敢問津者希矣。柱嘗有此志,而每苦乎無友。往年振心甚有志於此,嘗相約爲之。然近年以來,振心已專於子學。頗少執筆。獨學鮮友,亦覺興趣未易增長也。今得吾兄同志斯業,得時時切摩而領教,曷勝厚幸。古文之道,宋代作者,尚有可觀。元明以還,古文僞體,固不必論。卽號稱能者,如清之桐城文派,非不貌似潔淨,然幾已千篇一律。今試閱王氏所續古文辭類纂,其學術之卓然能自成家幾人乎。其文章門戶各異,能如宋六家之各自有其面貌者幾人乎。夫人人皆曰能潔淨而已,其極也則千萬井之水,皆無以異於一井之水而已,烏知有所謂江海者哉。然彼當八股極盛之時,士不知古文,爲文冗雜餖飣,如陰溝穢水,於此之時,有能於潔之一字致力,亦難能可貴者。然非所以語於大方之家矣。此無他,取徑太狹而已。柱以爲文章體裁雖異,約而言之,可分五體。一曰說理。此宜以周秦諸子爲宗。漢人子書,唯繁露淮南,足與古頡頏。其餘已爲下乘。王充論衡,雖識見稍越時俗,而文實率易平衍,殆無足觀。近人章太炎亟稱之,不可解也。二曰論政。此宜以漢人爲宗。漢人書疏,存於今者,幾可謂無一不工。韓昌黎謂漢朝人無不能爲文,其指此乎。三曰記傳。此宜以左氏及馬班爲宗。范陳二史,亦足參考。若夫碑誌之文,雖主記事,實與史傳體製迥別。此類之文,自古別爲一派。蓋金石體之文,專重美術,專重琢鍊。此宜以周秦兩漢金石文爲宗。書之盤誥等,修詞亦頗與古金文相類。昌黎碑誌多從兩漢碑文化出,不知者以爲專學史記。四曰寫景。古代寫景之文,多以詩賦出之。故唐以前寫風景之散文絕少。東漢馬第伯封禪儀記,惜已亡佚,十不存一。今惟六朝陶宏景吳筠鮑照諸作,及水經注足以爲宗。然此類取材,杜意當極爲廣博。屈宋之楚辭,漢人之賦,以及六朝唐宋人之詩,寫景均多奇句。苟能精熟,隨時變化,爲散文,必極有足觀。五曰舒情。舒情之文,古代亦多以韵文出之。惟莊生善以情說理,至太史公始最善以散文言情。世皆稱昌黎善學太史公,其實昌黎散文有情韵者實不多覯,惟送董邵南序,題李生壁等略能截子長之長篇,以爲小品而已。世皆稱歐陽永叔善學昌黎,實則永叔散文,專以情韵見長,得力於太史公爲多。然學永叔易平庸。此宜以史公爲宗,而取材於詩賦駢文。以上五者,體製不同,故取不徑得不異。若墨守一師,則難期兼精矣。杜於諸子漢賦史漢昌黎,昔雖頗曾致力,而苦無深造。近則專讀漢碑,期於每篇成誦,且取拓本或影本讀之,兼收習隸之功。漢碑畢再專讀周秦金石文,亦取拓本或影本讀之,其樂當與讀壁中古文無異也。大約此五類之文,每類專讀一二年,此後優游涵泳,如昌黎所謂終吾身而已。其庶幾乎。雖然食古不化,君子所戒。善學古者必不襲古。居今之世,爲今之人,則今日之事物,皆當以入吾之文。則今日之新名詞,與夫新造之字,其不乖六書義例者,皆不當避也。未審兄以爲然邪不邪。謹書以就教。二十六年四月七日杜敬上。

REPORT ON CHUNGTEH AND WUSHING SHEEP AND WOOL

based upon a

Visit to the Sheep Exhibition

at

Chungteh

BY PROF. ALDRED F. BARKER

On 27th November, 1936, having received an invitation, through Mr. K. T. Lee, to visit the exhibition of Sheep, Wool and Manufactures as organized by the First and Second District of Chekiang Province at Chungteh, I took the opportunity of making a thorough examination of the Chekiang district and have now pleasure in reporting as follows:

BODY TYPES:

These varied considerably but all the sheep of the district seem to be long-legged. The body shape is the most important factor so far as weight of wool produced is concerned. In Figure I is illustrated a Chungteh sheep which presents most of the best body characteristics. There is depth and roundness betokening a robust constitution while the head is large and the nose is of the Roman type which breeders seem to look for the world over. In Figure 2 is shown a Wushing sheep with body characteristics nearly equal to those of Figure 1. The hind quarters and head are, however, not quite up to the first standard. In Figure 3 another Chungteh sheep is illustrated with even less depth of body but with good head characteristics while in Figure 4 an even lighter build of body is illustrated. In Figure 6 a Merino type (probably not quite pure) is illustrated. It is almost certain that the sharp, as distinct from the Roman nose, is indicative of more delicate constitution.

It will be noticed that all these sheep, with of course the exception of the Merino, are of the broad tailed type. Whether this type is essential for a "domestic" breed of sheep is open to question and is discussed later in this Report. It does seem, however, that broadly speaking up to the present time, for China, the broad tail has been an advantage in tiding the animal over "food-shortage" irregular periodicities as well as over the longer seasonal and more regular periodicities. The problem of bodily form is obviously important in cross-breeding and is specially considered in this aspect later in this Report.

FLEECE TYPES:

From the Wool point of view the "Fleece Type" is probably the most important point at issue. In Figure 2a is illustrated an ordinary type of Wushing fleece in which the body of the fleeces is composed of fine fibres. The "staple analysis", Figures 2b and 2c, however, reveal the usual coarse outer-coat fibres though fewer in number than is observable in many cases. There is also a tendency for the staple to show a "curl" which may be taken as indicative of a useful wool. A development of this type of fleece is shown in Figures 4a and 4b in which it will be noticed that there is little coarse fibre in evidence and a very nice curl upon the fine fibres principally composing the staple. This is undoubtedly the best of all the wools of native sheep examined. In Figure 3a and 3b are illustrated bad points in staple structure. There is here a remarkable development of the strong outer-coat fibres resulting in a wool difficult to manufacture and giving distinctly inferior Yarn and cloth. The sheep appears to have a "Halo" which on examination proves to be an effect of the out-growth of the strong fibres while the fine fibres are comparatively short and form less of the bulk of the staple than is the case in any other of the fleeces examined. Figure 5a and 5b are remarkable as they give the staple constitution from a lamb's fleece. There appears to be little evidence of grouping of the fibres into outer and under coats but a sort of regularly distributed difference from the finest to the coarsest fibres. It will be noticed that the fibres are all pointed thus indicating that the fleece is a "hogg" fleece, i.e., the first year's growth. This failure to group itself into "outer" and "under" fibres but rather to grade itself from "outer" to "under" fibres, suggests that among Chinese sheep greater varieties of "fleece growths" are to be noted than anywhere else in the world. Reference will be made to this point later.

The Merino fleece is in a class to itself and demonstrates the fact that there are broadly two types of fleeces, viz., "uni-fleeces" and "non-uni-fleeces". In the first type there is one character of fibre throughout—these fibres may vary in diameter from say shoulder to britch but broadly speaking the type is the same throughout. In the second type of fleece there is obviously an outer and an under or inner array of fibres and in this case as will be shown in this Report there is a greater tendency for variation in fibre-structure as revealed by the microscope.

A point about the normal Merino fleece is its beautiful "crimp", the staple showing anything from 10 to 20 crimps per inch. It would seem that for Merino fleeces the crimps per inch are given by the formula—

$$\frac{d}{60} = \text{crimps per inch (where "d" is the diameter reciprocal in fractions of an inch)}$$

As already pointed out the Native Chinese wools with the most curl or wave are the best; but owing to the V shape of the staples the crimps are not to be observed on the full length of the staple as in Merino wools. Wool staples which show crimps the full length are undoubtedly to be preferred and the Chinese wools which show the most crimp are the best from the manufacturing point of view.

To sum up with reference to this section of our Report: Of the Native fleeces presented for examination the Chungteh curly fleece (Figure 4) is the best. The next best is the Wushing ordinary fleece (Figure 2), while the worst is the Chungteh "halo" fleeces (Figure 3). Although none of these fleeces will show uniformity of growth all over the body of the sheep it may be taken as desirable to obtain as much uniformity as possible even at the sacrifice of some of the fineness of the under-coat, for until means are discovered of separating the fine from the coarse fibres for manufacturing purposes, the quality of the fleece must be judged as a whole. Should means be discovered of separating the fine fibres from the coarse, then it will become desirable to judge the fleece by its fine under coat—and at the root of some of the coarsest outer-coat fibres will be found the finest under-coat fibres.

The Merino fleece, even in its cross-bred form, presents greater uniformity than any of the Chinese native breeds, and as crossing with the Merino may ultimately produce the uni-fleece there is certainly much experimental work to be done along these lines. Should it prove possible to separate the fine under-coat from the coarse outer-coat then a second line of breeding enterprise will be opened up.

FIBRE DIAMETER ANALYSIS:

In judging the "quality" of wool it is admitted that "fibre diameter" is by far the greatest influencing factor. In the accompany List the tabulated results of one hundred measurements of each of the fibres dealt with are presented.

List of Diameter Frequency Distributions

Unit=1/7800″	Fig. 2 Wushing "Ordinary"	Fig. 3 Chungteh "Halo"	Fig. 4 Chungteh "Curl-tip"	Fig. 5 Chungteh "Lambs"	Fig. 6 Merino
3=1/2600″	—	—	2	7	—
4=1/1950″	3	2	17	15	16
5=1/1560″	12	12	20	10	19
6=1/1300″	27	24	18	5	19
7=1/1110″	21	16	18	8	11
8=1/975″	15	7	9	8	10
9=1/867″	2	4	4	7	6
10=1/780″	1	11	1	8	5
11=1/710″	1	3	—	5	3
12=1/650″	1	3	1	5	3
13=1/600″	1	1	—	3	2
14=1/560″	1	1	1	4	2
15=1/520″	1	—	—	3	1
16=1/485″	1	—	—	2	2
17=1/455″	1	—	1	3	—
18=1/430″	1	—	1	2	—
19=1/410″	1	—	1	4	—
20=1/390″	—	1	1	1	1
21=1/372″	—	1	1	—	—
22=1/355″	1	2	1	—	—
23=1/339″	1	1	—	—	—
24=1/325″	2	2	—	—	—
25=1/312″	1	1	—	—	—
26=1/300″	1	1	—	—	—
27=1/289″	—	2	1	—	—
28=1/278″	—	2	1	—	—
29=1/269″	—	—	1	—	—
30=1/260″	—	1	—	—	—
31=1/252″	—	—	—	—	—
32=1/244″	1	1	—	—	—
33=1/236″	—	—	—	—	—
34=1/229″	1	1	—	—	—
Average Dia.=1/-	890″	755″	1080″	890″	1075″

Note: These results may usefully be considered in the form of a Frequency Distribution Graph. Such a graph is here given.

The following observations based on these results may usefully be considered:

1. The particulars for Figures 2, 3, 4 show concentrations of fine fibres, which are defined as Under-coat, from 1/800″ diameter to 1/2600″ diameter. Unfortunately the stronger fibres from 1/800″ downwards to the coarser end are by no means neglible—sometimes they total up to 50% of the weight of the fleece and always they reduce the spinning quality of the wool at least 50%. It will be noticed that the average diameter of Figure 4 fibre is 1/1080″ while the average diameter of the Merino is only 1/1075″, nevertheless owing to the few strong fibres in the Chinese Wool over 1/400″ diameter the Merino may probably be spun to counts as fine again as the Figure 4 fibre. Should it become possible to separate the coarse fibres from the fine then altogether new possibilities for Chinese wools will be opened up. The fibre analysis of Figure 5 suggests that Merino cross breeding is one way of levelling up the fibre diameters to a good average spinning quality.

2. Not only is it necessary to endeavour to breed the fibres in a fleece to a uniform diameter—say approximately to 1/1000″—but it is also desirable to grow each fibre regularly avoiding thick and thin places *ALONG THE LENGTH OF THE FIBRE*. In the outer-coat fibres of Figure 1 there are variations of from 1/1000″ to 1/300″, and even in the under-coat from 1/1300″ to 1/900″. In the fibres from Figure 5 (Lambs) the variation along the fibre length is much less this being probably due to the lamb being less subject to weather conditions than the adult sheep.

And here an interesting point of some scientific interest may usefully be discussed. It is usually taken for granted that the Merino sheep has succeeded in throwing off the outer-coat and keeping only the inner-coat of fine wool. The British sheep which carry the double coat, such as the Black-face breed, tend to cast the under-coat at spring time and not to cast the outer-coat at any definable period. But the Merino never seems to cast its wool (the under coat)—and it ought to cast it every spring if it be derived from an animal of the British sheep type. If Figure 2c, a wool staple from the Wushing sheep, be examined it will be noted that the strong fibres are pointed, in other words, they are new growth, while the fine fibres have square tips suggesting that these are due to the previous shearing. If this be so then in China is to be found a sheep which fulfils the requirements for the Merino, viz., it sheds its outer-coat annually but grows its under-coat continuously. If this should prove to be the case then it may be possible to evolve a Chinese sheep along the lines of the Merino. There is, however, a farmer's prejudice in favour of the strong fibre as well as in favour of black fibre—they are both said to betoken a robust constitution. From the manufacturing point of view both should be eliminated if by any means possible.

MICROSCOPIC EXAMINATION:

The microscopic examination of these wools reveals many points of considerable scientific and practical interest. The following points should be specially noted:

1. The fibres may be—
   a. Medullated; (Fig. 7 A.)
   b. Non-medullated; (Fig. 7 B.)
   c. Brokenly or interruptedly medullated. (Fig. 7 C.)

   As it may be taken that medullated or partly medullated fibres spin badly, it is desirable to have some ready means of estimating the percentage of medullated fibres in any given wool staple. This may be done by immerging the staples in benzene when the medullated fibres may readily be picked out on a sheet of glass. The medullation may also be seen under the microscope with ordinary dry mounting and more precisely if the fibres be mounted in Canadian Balsam.

2. There appear to be four distinctive types of fibre structures, viz.,
   a. Mosaic structures which are usually defined as "kemps"; these being thick and brittle (1/170″ diameter) Fig. 8A.
   b. Hair structures which show scale structure striated irregularly across the fibre which is usually of considerable thickness; (1/240″ diameter) Fig. 8B.
   c. Broken scale structures which are to be noted on both the thicker outer-coat fibres and also on the finer under-coat fibres; (1/650″ diameter) Fig. 8C.
   d. Encircling scale structures which are almost invariable associated with the finest under-coat fibres, in fact would seem to be dependent upon the fineness of the fibre. (1/670″ diameter) Fig. 8D.

3. There appear to be several shapes of wool scales in Chinese wools of which the more ordinary are the encircling or nearly encircling scale structures. There also appear to be rounded and pointed scale structures, and scale structures which suggest elongation during the

production of the scale substance. (See Figure 9, A & B.) Why Chinese wools should show practically none of the crimpiness of good Merino wools, and the remarkable change in shape of the wool scales particularly on the thicker fibres, is a matter for further investigations which are already in progress.

For the time being it may be stated that the best wools will present the following characteristics—

a. No medullated fibres;

b. The encircling or the fine broken scale structure;

c. Little or no variation upon individual wool fibres from root to tip;

d. A variation of not more than 25% between the finest and the thicknest fibres of the fleece;

e. Crimps per inch which respond to the formula $\frac{d}{60}$, in which *d* equals the diameter reciprocal of the fibre in fractions of an inch.

f. The length of the fibre, if intended for Wollen yarn, should be one and a half to two inches; if for Worsted yarn from three to five inches. This brings up the question of shearing once or twice a year and also the question of "pulling" or "rouing" in the spring, whether the wool tends to fall in the autumn or not.

SUMMARY

1. The Native sheep should be long-legged and have depth and roundness of body with a strong head and Roman nose.
2. The question as to whether the broad-tail might not now be dispensed with and more wool grown should be considered with reference to the Domestic sheep. Cross-breeding with say a Romney Marsh sheep would be necessary to make this change.
3. With the suggested change greater care should be taken to ensure a regular food supply, otherwise the wool will be irregular and its value enormously decreased.
4. Endeavour should be made to select the native sheep along lines calculated to eliminate the outer-coat of strong hair and to develop greater weight of the under or fine wool coat.
5. Crossing with the Merino (right type), or if a more elastic wool is desired with an English Down type (Ryeland for example), to

eliminate the outer-coat fibres and to produce only the finer under-coat fibres should be taken in hand and persistently and carefully pursued. The uni-fleece should here be the ideal.

6. Selection should be applied to the Native sheep to ensure the heaviest possible fleece being grown. Woolled belly and legs should be developed.
7. Not only should a uniform fleece be bred but uniform diameter of fibre along its length should also be attained. Regular feeding may be a dominant factor in ensuring this.
8. The Diameter Frequency Graph should show an average fibre diameter of about 1/1000″ or finer but the most important point is that there shall be no strong thick fibres in the staple and that kemps (hair fibres) shall be bred out altogether.
9. The shape of the staple should be square—excepting in the case of "hogg" or lamb's wool.
10. Fully medullated and partially medullated fibres should be bred out of the fleeces.
11. A fine encircling scale structure of the fibre should be sought for and a regular crimping of the fibres, from 10 to 20 per inch, should be attained.
12. Length of fibre by shearing at stated intervals should be decided in accordance with the requirements of the Woollen and Worsted Industries.

SPECIAL NOTE ON THE FEEDING OF SHEEP ON THE MULBERRY LEAF DURING THE WINTER SEASON: From the Wool point of view there are here two important points to be considered. In view of it being most desirable that there should be no "break" in the fibre it is very important to notice if there be a "break" when (a) the sheep is changed from the "grass feed" to the "mulberry feed"; and (b) when the sheep is changed from the "mulberry feed" back to the "grass feed". There is such a tendency for the wool fibre to register such a change that under any circumstances the change of "feed" should be made gradually if this be possible. Sometimes such a change is registered in length rather than diameter of fibre. This effect having been noted with reference to the Wensleydale breed in England in which change from "grass feeding" to "turnip feeding" and "lambing" were both registered in a decreased length of fibre produced rather than in the diameter. On the other hand a snow storm has been known to produce a weak place in all the wool grown in the particular district subjected to it. If feeding with mulberry leaves is likely to be of great importance in wool-growing a small flock of sheep should be experimented with under controlled conditions. Possibly one of the Nanking University institutions might be induced to carry out the necessary experimental work.

The second important point for consideration is as to whether a "mulberry fed" wool is better, or worse in quality than a "grass fed" wool; or whether this difference in feed has no practical significance so far as the manufacturing quality of the wool is concerned. Here again it is obvious that experimental work should be undertaken and "grass fed" and "mulberry fed" wool subjected, under controlled conditions, to precise manufacturing tests.

Note: I wish specially to mention the valuable assistance rendered me by Mr. S. Y. Shah in preparing this Report.

April, 1937.

Chiao-Tung University. ALDRED F. BARKER
Shanghai, China.
April, 1937.

圖一： 崇德羊中最優的體格

Figure 1: Chungteh Sheep showing the best body characteristics.

圖一甲： 羊之四種

Figure 1A: Illustrating four types of sheep.

圖二： 吳 興 羊
Figure 2: Wushing Sheep

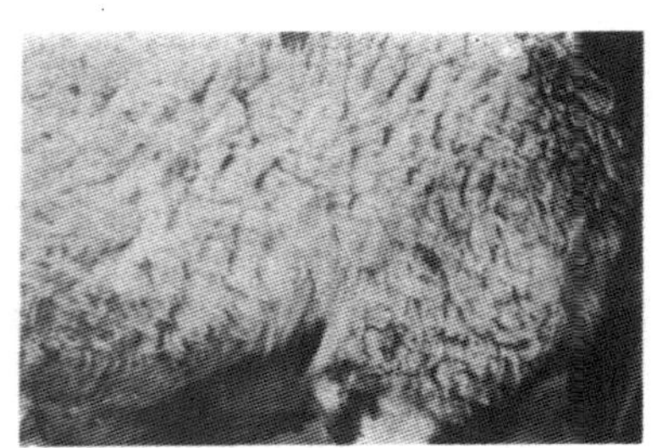

圖二甲：吳興羊毛皮
Figure 2A: Wushing Fleece

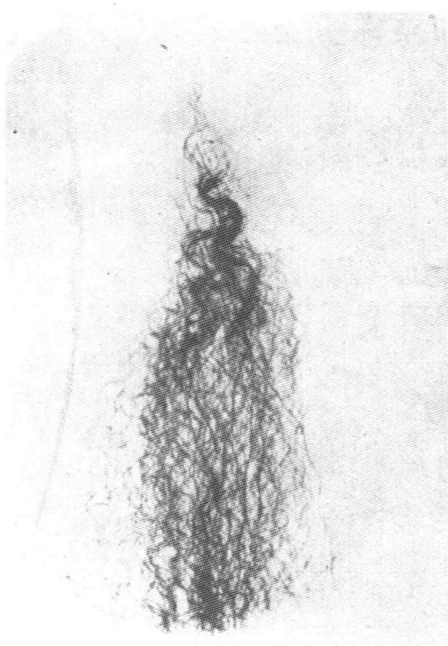

圖二乙：吳 興 毛 之 一 束
（注意其中之粗纖維）
Figure 2B: Wushing Staple
(Note the strong fibres)

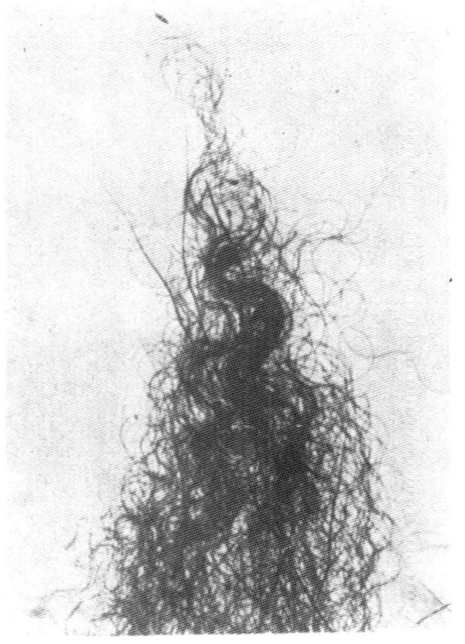

圖二丙：吳 興 毛 之 一 束
（注意其中粗毛之尖頭）
Figure 2C: Wushing Fibres
(Note the pointed fibres)

圖三： 崇德羊
Figure 3: Chungteh Sheep

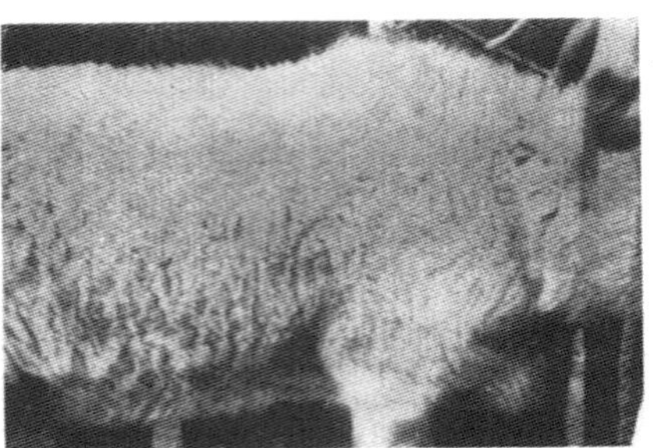

圖三甲： 崇德毛皮
Figure 3A: Chungteh Fleece

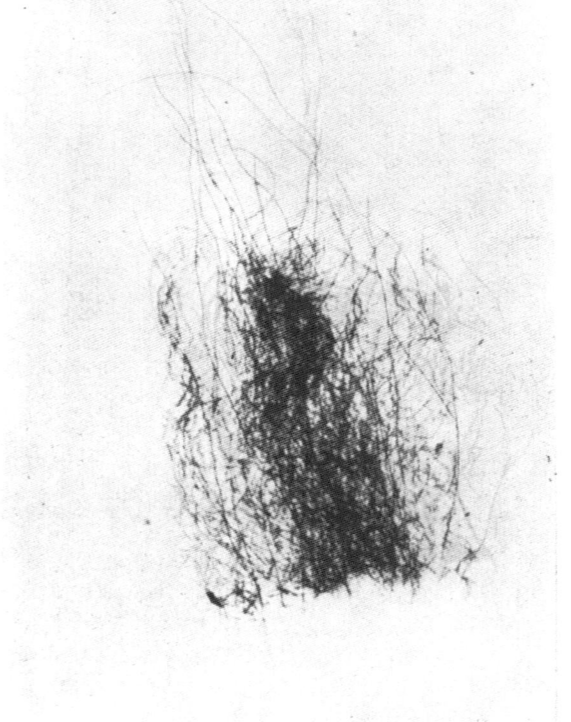

圖三乙： 表明「粗毛」之一束
Figure 3B: Showing "Hohlo" staple.

圖四： 輕小之體格
Figure 4: Light Body

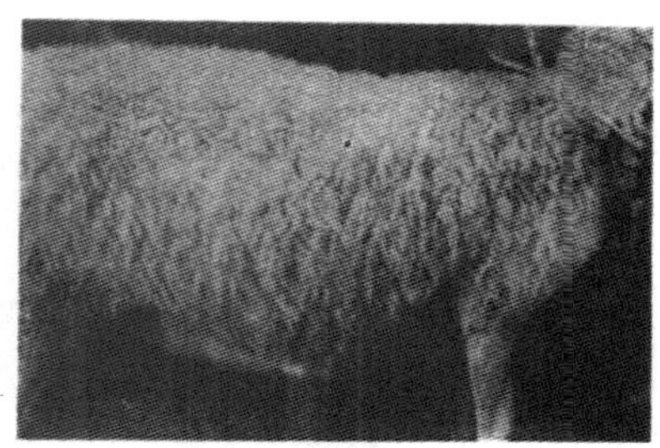

圖四甲； 捲毛皮
Figure 4A: Curly Fleece

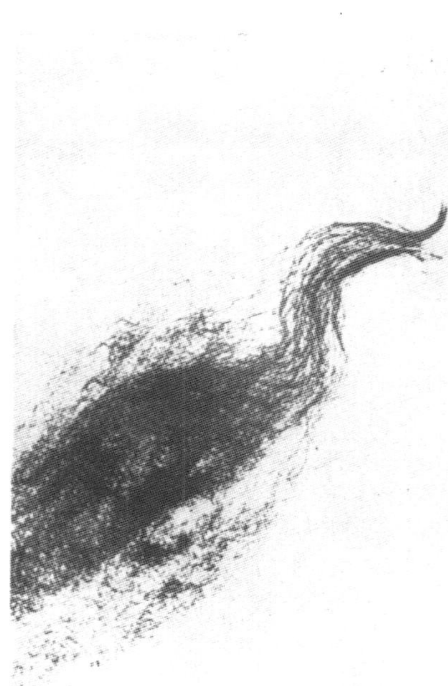

圖四乙； 捲毛之一束
Figure 4B: Curly Staple

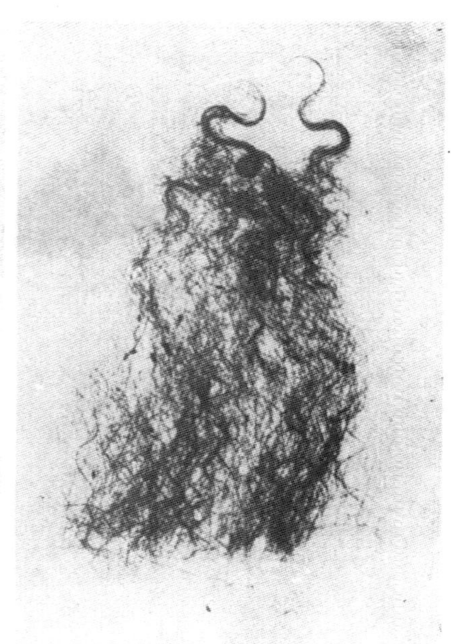

圖四丙： 捲 毛
Figure 4C: Curly Fibres

圖五：崇德羔羊
Figure 5: Chungteh Lamb

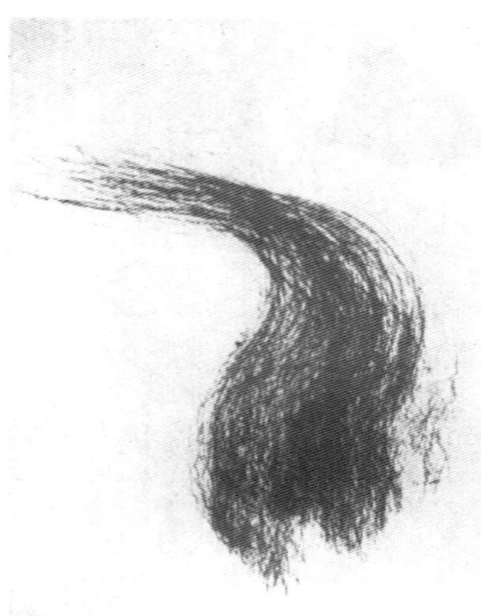

圖五甲：羔毛之一束
Figure 5A: Lamb's Staple

圖五乙：羔羊毛（尖頭）
Figure 5B: Lamb's Fibre (Pointed)

圖六： 美利奴羊
Figure 6: Merino Sheep

圖六甲： 美利奴羊毛皮
Figure 6A: Merino Fleece

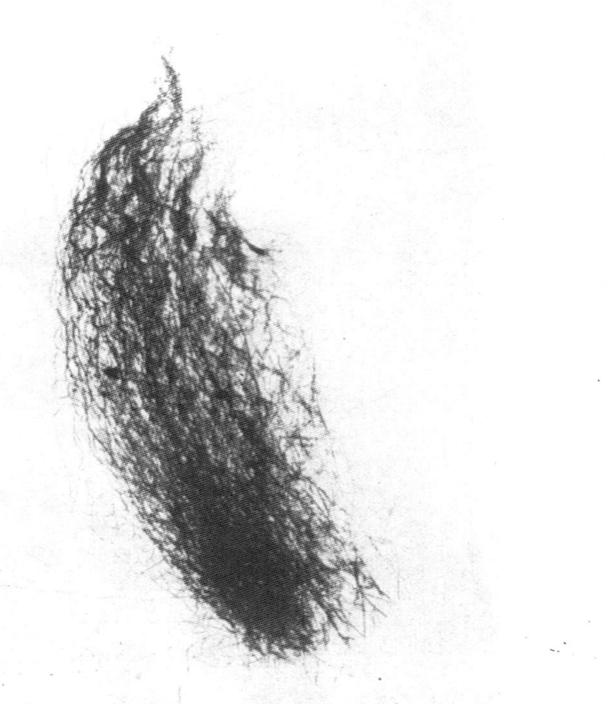

圖六乙： 美利奴毛之一束
Figure 6B: Merino Staple

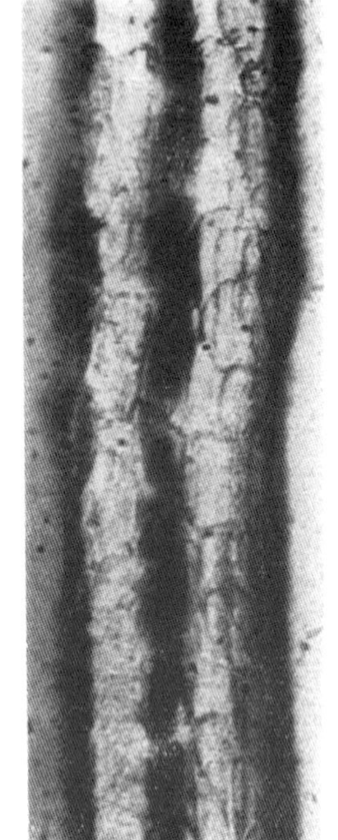

A 甲

甲：有髓的

A: Medullated

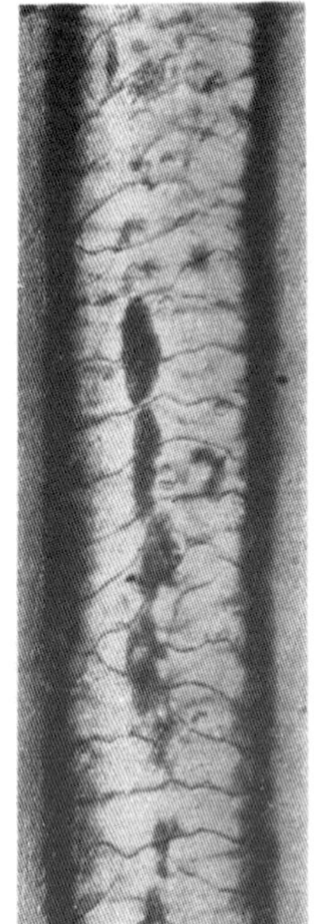

B 乙

圖七：（四二〇倍）

Figure 7 (X420)

乙：無髓的

B: Non-medulated

C 丙

丙：有斷續不連之髓的

C: Broken Medullated

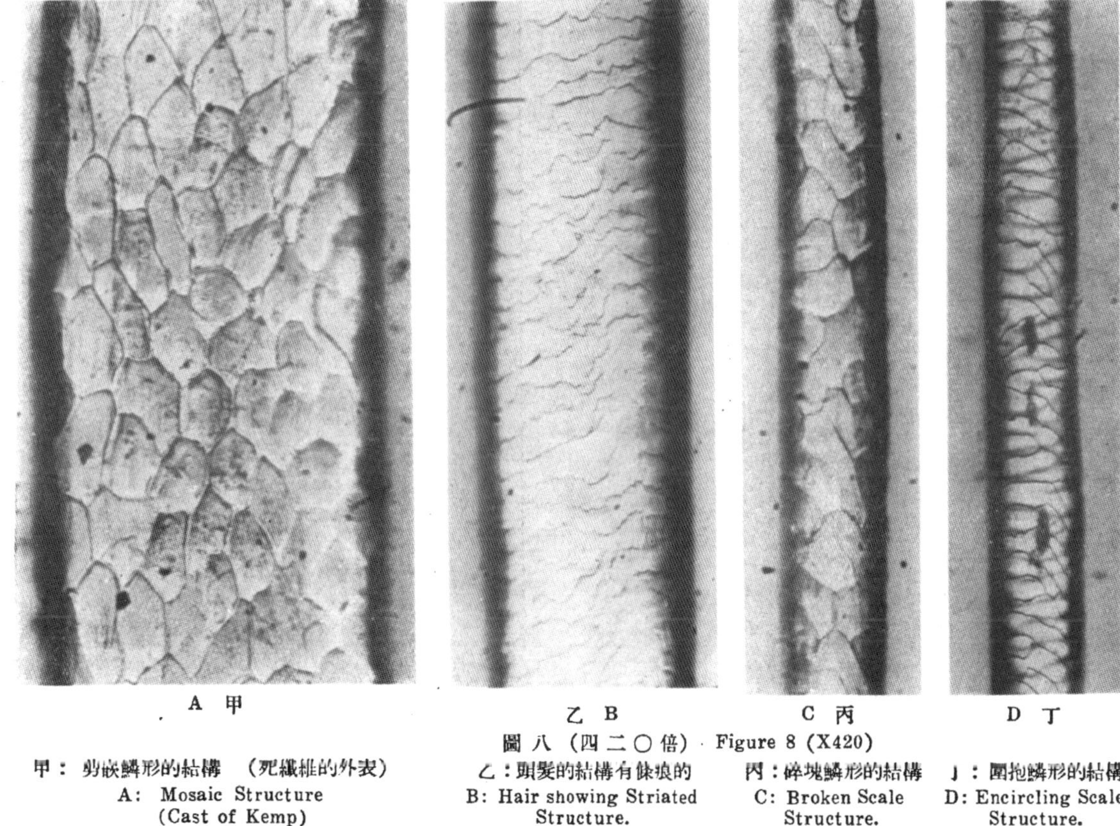

A 甲　乙 B　C 丙　D 丁

圖八（四二〇倍）Figure 8 (X420)

甲：剪嵌鱗形的結構　（死纖維的外表）
A: Mosaic Structure
(Cast of Kemp)

乙：頭髮的結構有條痕的
B: Hair showing Striated Structure.

丙：碎塊鱗形的結構
C: Broken Scale Structure.

丁：圍抱鱗形的結構
D: Encircling Scale Structure.

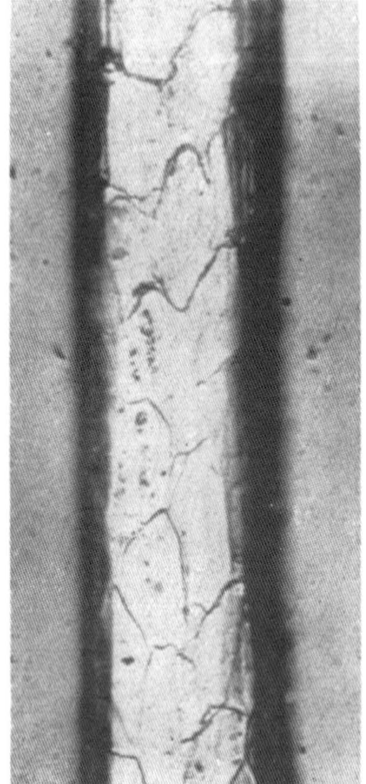

甲 A

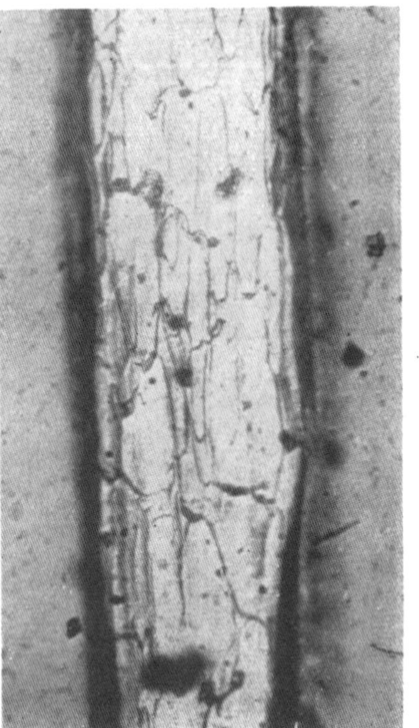

乙 B

圖九 （四二〇倍）
施以膠質的兩種奇形鱗狀的外表
Fig 9 (X420)
Gelatine Casts of Curiously Shaped Wool Scales

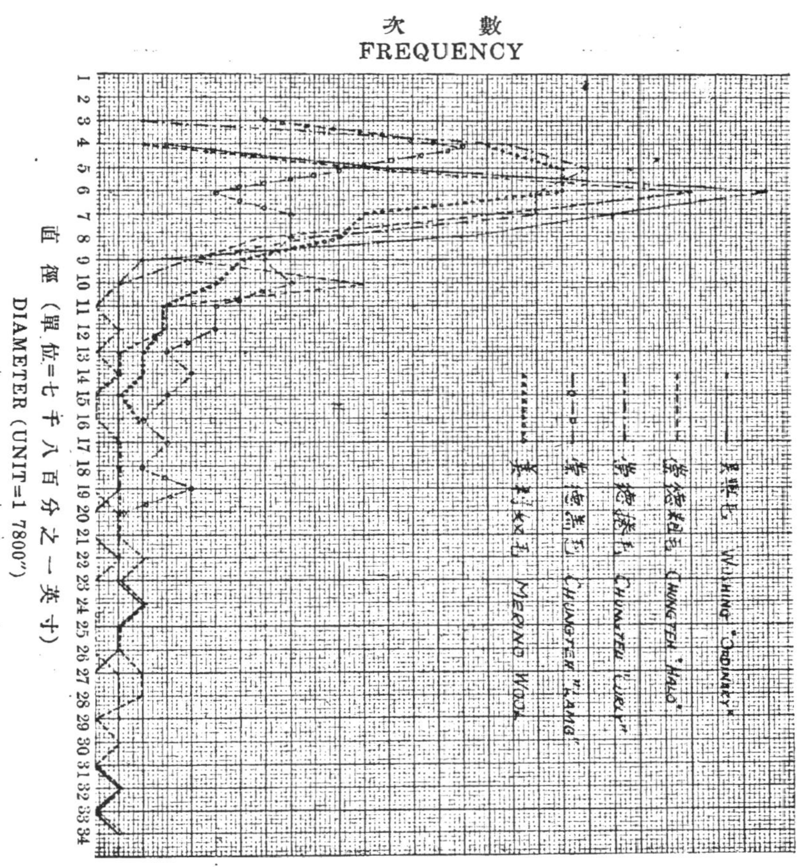
次 數
FREQUENCY
直 徑（單位=七千八百分之一英寸）
DIAMETER (UNIT=1/7800")
1 2 3 4 5 6 7 8 9 10 11 12 13 14 15 16 17 18 19 20 21 22 23 24 25 26 27 28 29 30 31 32 33 34

交大季刊投稿簡章

一、投稿不拘文言白話凡中英德法文均所歡迎

二、論說新聞雜俎均以科學經濟管理工程學問爲範圍

三、投寄之稿如係翻譯請附寄原本否則須將原文題目著者姓名出版日期及地點詳細開示

四、投寄之稿務望繕寫清楚並加新式標點凡外國文稿件並請打印之如有插圖附表必須製版者請用墨色

五、來稿請註明姓名住址以便通訊并加蓋印章俾於發給稿費時核對之

六、投寄之稿無論登載與否概不退還但預有聲明並備足回寄郵資者不在此限

七、投寄之稿經本刊揭載後每篇酌致酬金若本刊尚未揭載已先在他處發表者恕不致酬

八、投寄之稿經本刊揭載後版權卽爲本校出版委員會所有但有另行約定者不在此限

九、投寄之稿本院委員會有酌量增删之權如投稿人不願有何增删則應於投稿時聲明

十、投寄之稿應逕寄上海徐家滙交通大學出版處

中華民國二十六年六月出版

交大季刊

第二十四期

編輯者　胡端行

發行者　交通大學出版處　上海徐家滙

印刷者　上海中國科學公司

代售處

上海　世界出版社　上海雜誌公司　作者書社　黎明書局　蘇新書社　生活書店

南京　正中書局

天津　志恆書店　大公報社代辦部

漢口　光華書局

安慶　世界書局

武昌　學生書店　新光書店

廣州　廣州圖書消費合作社

雲南　雲南文化書店

本刊價目

每冊大洋三角　全年四冊一元

郵費國內不加　國外每冊二角

THE CHIAO-TUNG UNIVERSITY QUARTERLY

Volume 6 *Number 4*

Shanghai, China

June, 1937